강정훈
감정평가 및 보상법규
2차 | 판례정리분석

강정훈 편저 동영상강의 www.pmg.co.kr

박문각

박문각 감정평가사

1 공익사업을 위한 토지 등의 취득 및 보상에 관한 법률이 통합(2003.1.1.)·시행된 지도 어느덧 20여년이 흐르고 있고, 1989년 토지공개념 이후에 지가공시법을 통해 감정평가사제도로 통합·운영된지도 35여년의 시간이 흘렀습니다. 그동안 감정평가사제도는 많은 변화를 가져왔고, 실천학문으로서 **감정평가 및 보상법규**도 눈부신 학문적 발전을 거듭하였습니다. 최근 부동산 가격공시 및 감정평가에 관한 법률이 분법되어 2016년 9월 1일자로 시행되면서 부동산 가격공시에 관한 법률, 감정평가 및 감정평가사에 관한 법률 시대를 맞았습니다. 감정평가 및 감정평가사에 관한 법률은 2020년 3월 6일 제376회 제9차 본회의에서 감정평가업자의 명칭이 감정평가법인등으로 명칭이 변경되었습니다. 감정평가업자는 보상평가, 담보평가 등 국민재산권과 국가경제에 영향을 미치는 공공성이 높은 감정평가업무를 수행하고 있으나 일선에서 업자로 불림에 따라 단순한 용역기관으로 인식되어 수행하는 업무의 성격에 맞지 않으며 감정평가사에 대한 긍정적인 이미지 형성을 저해하는 측면이 있어 왔습니다. 이에 감정평가법인과 감정평가사무소를 지칭하고 있는 감정평가업자 용어(감정평가법 제2조 제4호)를 감정평가법인등으로 변경하여 전문자격사인 감정평가사에 대한 이미지를 향상하고 위상을 제고할 수 있도록 하려는 것으로 평가됩니다. 또한, 동법 개정 법률에서 감정평가사의 자격증·등록증과 감정평가법인, 사무소의 인가증을 대여를 알선하여 자격 없는 자가 감정평가를 하도록 하여 국민들의 혼란유발과 자격제도의 근간을 훼손하는 것을 막기 위해 대여를 알선하는 자도 처벌(감정평가법 제27조)할 수 있도록 근거를 마련하였습니다. 또한 감정평가 및 감정평가사에 관한 법률이 최근 전면개정(2022.7.21. 시행)되어 감정평가사는 공공성을 지닌 가치평가 전문직으로서 활동하는 내용 등이 반영되고, 미성년자도 시험을 볼 수 있도록 하였으며, 감정평가서의 적정성에 대한 검토를 할 수 있도록 법령이 정비되었습니다. 최근 부동산시장에서 전세사기가 활개를 쳐서 서민들이 많은 피해를 입고 있어서 전세사기에 적극 가담한 감정평가사에 대해서는 강력한 처벌을 하도록 하고, "감정평가사의 직무와 관련하여 금고 이상의 형을 선고받아 그 형이 확정된 경우 과실범인 경우에도 자격을 취소"할 수 있도록 감정평가법을 개정(2023.5.9.)하여 2023년 8월 10일부터 시행하고 있습니다.

2 부동산 가격공시에 관한 법률도 국회 제376회 본회의(2020.3.6.)에서 통과되어 공시가격의 불균형 등에 대한 내용이 개정되었습니다. 부동산 공시가격은 조세·부담금 등 다양한 행정목적에 활용되는 기초자료로서 공정하고 적정하게 산정될 필요가 있었으나, 그간 부동산 공시가격에 적정한 가격을 반영하지 못하는 불합리한 관행으로 인하여 공시가격의 유형·지역 간의 불균형이 발생하였으며, 이는 공시가격을 활용하는 행정에 있어서의 형평성과 공정성을 저해하는 문제로 이어졌습니다. 이에 일관되게 부동산 공시가격을 적정가격으로 현실화할 수 있도록 국토교통부장관이 계획을 수립하여 이에 따라 추진하도록 하여 공시가격의 불균형을 해소할 수 있도록 하고(부동산공시법 제26조의2), 부동산 공시가격을 조사·평가 및 산정하는 경우 인근지역 및 다른 지역과의 형평성·특수성, 예측가능성 등 제반사항을 종합적으로

고려하도록 하며(부동산공시법 제3조 제9항, 제16조 제7항 및 제18조 제8항), 부동산 공시가격의 신뢰성과 투명성을 강화하기 위해 공시가격을 최종 심의하는 중앙부동산가격공시위원회 및 시·군·구부동산가격공시위원회의 회의록을 공개하는 등 근거(부동산공시법 제27조의2)를 법률이 마련하였습니다. 최근 법령개정으로(2020.12.10. 개정시행) 한국감정원이 한국부동산원으로 명칭이 변경되고 법령이 정비되었습니다. 다만 부동산업계에서는 부동산공시법상 공시가격의 현실화율 반영에 대하여 부동산 과세표준조정이라는 문제가 야기되어 조세법률주의에 어긋난다는 비판의 목소리도 상존하고 있었고, 최근 정부에서는 공시가격 현실화율 정책을 폐지한다는 발표(2024년 3월 19일)를 하였습니다. 현실화 계획 폐지는 공시가격 산정에 있어 시세 반영을 부정하는 것이 아니라, 인위적인 시세반영률 인상을 폐기하겠다는 취지로 현실화 계획을 증세수단으로 활용하는 왜곡된 구조를 바로 잡겠다는 것이며, 공정과세를 위한 기준인 부동산 공시가격을 활용하여 무리한 증세를 하지 않겠다는 의미입니다. 하지만 세수문제는 헌법상 주요 원칙인 "조세법률주의"에 따라 공정시장가액비율, 세율 등 세제정책을 통해 결정할 사항입니다.

3 공익사업을 위한 토지 등의 취득 및 보상에 관한 법률도 2024년 4월 25일자로 개정·시행되어 새로운 **감정평가 및 보상법규** 3법 시대가 열리게 되었습니다. 최근에 감정평가업계는 한국감정평가사협회로 법정단체화되었고, 한국감정평가사협회의 사옥 신축으로 감정평가연수원이 설립되었습니다. 해당 법령에 감정평가사의 권리와 의무를 신설하여 국민에 대한 의무를 다하도록 하고 있으나, 여전히 보상현장과 평가현장의 갈등은 산재한 실정입니다. 이에 본 **감정평가 및 보상법규 판례정리분석**은 감정평가사 2차 수험생, 그리고 감정평가실무사들을 위하여 보상행정의 갈등을 원만히 해결하기 위한 지침서로 만들어졌습니다. 2024년 5월까지 최근 법령 개정사항과 최신 판례를 모두 반영하였으며 법조문을 기본으로 하여 각 조문별로 판례를 정리하여 보기 쉽고 이해하기 쉽게 정리하였습니다. 본 판례정리분석의 편제는 제1편 최근 대법원 쟁점 판례 요약정리와 전원합의체 판결, 제2편은 보상행정법, 제3편은 **감정평가 및 보상법규**로 편제하였습니다.

4 제1편에서 최근 감정평가업계에 이슈가 되고 있는 중요 판례들에 대한 중요 내용 정리, 기출문제 유형, 관련 판례 등를 통하여 감정평가사 수험생뿐만 아니라 보상실무자들에게 쉽게 접근할 수 있도록 하였고, **감정평가 및 보상법규**와 관련된 최근의 전원합의체 판결 전문을 실어 현장에 도움이 되도록 하였습니다. **감정평가 및 보상법규**는 실천학문으로써 평가현장 및 보상현장에서 문제되는 사안들을 해결할 수 있는 능력을 배양하기 위해서 최근의 새로운 유형의 판례 요약과 평석들도 수록하였습니다. 최근 토지보상법 제85조 제2항 보상금증감청구소송의 당사자적격에 대한 전원합의체 판결, 주거이전비 지급은 동시이행관계에 있으며 이를 지급하지 않고 버티는 경우 유죄에 해당된다는 판결, 공익사업시행지구 밖 간접손실에 대한 새로운 해석 판결, 재결신청청구거부에 대한 거부처분취소소송 판결, 협의성립확인 시 진정한 소유자

동의를 요한다는 판결, 수용재결무효확인판결로 수용재결이 나온 상태에서 당사자가 협의를 진행한 판결, 접도구역에 대한 잔여지 가치하락에 대한 법제처 해석과 대법원 판례, 풍납토성 공익사업에서 사업시행자의 공익사업의 수행능력과 의사가 있어야 한다는 사업인정의 요건 판례, 잔여지 수용재결 거부에 대한 소송의 형태 판례, 수용보상금 증액을 구하는 소송에서 하자의 승계 판례, 토지보상법 제85조 제1항의 원처분주의 판례, 환매권 행사제한에 관련된 사업인정 여부와 제3자에게 처분한 경우 새로운 해석을 내놓은 판례, 영업보상의 대상으로써 가격시점에 관련된 판례, 주거이전비의 보상청구권과 행정소송절차와 관련된 판례, 공시지가 확정취소에 관한 감정평가서의 기재내용과 정도에 관련된 판례, 개별공시지가의 이의신청이 강학상 이의신청이라는 판례, 개별공시지가 산정업무 손해배상책임 판례와 최근 건축신고와 관련된 전원합의체 판결, 토지보상법 이주대책 제78조 제1항은 물론 제4항 본문은 강행규정 등 새로운 이슈 판결, 감정평가법인에 대한 과징금부과 판결 등을 수록하여 현장학문으로써 **감정평가 및 보상법규**를 이해할 수 있도록 하였습니다.

5 제2편에서 보상행정법 분야에서 기본이론을 습득하기 위해 꼭 필요한 헌법, 행정소송법, 행정심판법, 행정절차법 등을 반영하고 불필요한 판례 논제들은 제외하여 보상행정에 주요한 논제를 중심으로 빨리 정리하고, 학습할 수 있도록 하였습니다.

6 제3편에서는 감정평가사 수험생들을 위하여 수험목적에 적합하도록 감정평가 및 감정평가사에 관한 법률 시행령 제9조 제1항 [별표 1]에 의거하여 공익사업을 위한 토지 등의 취득 및 보상에 관한 법률과 부동산 가격공시에 관한 법률, 감정평가 및 감정평가사에 관한 법률을 기준으로 판례를 정리하였습니다. 특히 본 교재는 보상행정에 있어서 피수용자의 권익이 한층 신장된 중요한 판결들로 새로운 **감정평가 및 보상법규** 판례의 동향을 반영하였습니다.

7 최근 **감정평가 및 보상법규** 시험의 유형인 중요 판례 중심의 문제 출제에 적절히 대응할 수 있도록 최근 **감정평가 및 보상법규** 관련 판례를 중심으로 구성하여 수험적합도와 보상행정의 실무적합도로는 최고라고 할 것입니다. 본 **감정평가 및 보상법규 판례정리분석** 교재가 나오기 까지 많은 조언과 자료를 제공하여 주신 선후배 감정평가사님들과 부족한 사람을 믿고 열심히 공부해 주시는 많은 수험생분들과 실무자 여러분에게 지면을 통해 감사의 인사를 전합니다.

이번 **감정평가 및 보상법규 판례정리분석** 개정판에서는 주요 쟁점 내용도 판례 내용을 반영하여 판례를 잘 이해할 수 있는 폭을 넓히도록 하였습니다.

특히 본서 출간에 많은 도움을 주신 박문각 박용 회장님과 노일구 부장님 등 출판사 관계자 여러분들께 진심으로 감사드립니다. 그리고 **감정평가 및 보상법규** 판례분석 자료의 수집과 편집에 많은 도움을 준 김가연 예비감정평가사에게도 감사드립니다. 독자 여러분들의 많은 독려와 좋은 질책 바랍니다. 고맙습니다.

좌우명 : "미래는 준비하는 자의 것이다!"

편저 강정훈

📖 감정평가사란?

감정평가란 토지 등의 경제적 가치를 판정하여 그 결과를 가액으로 표시하는 것을 말한다. 감정
평가사(Certified Appraiser)는 부동산·동산을 포함하여 토지, 건물 등의 유무형의 재산에 대한
경제적 가치를 판정하여 그 결과를 가액으로 표시하는 전문직업인으로 국토교통부에서 주관, 산
업인력관리공단에서 시행하는 감정평가사시험에 합격한 사람으로 일정기간의 수습과정을 거친
후 공인되는 직업이다.

📖 시험과목 및 시험시간

가. 시험과목(감정평가 및 감정평가사에 관한 법률 시행령 제9조)

시험구분	시험과목
제1차 시험	❶ 「민법」 중 총칙, 물권에 관한 규정 ❷ 경제학원론 ❸ 부동산학원론 ❹ 감정평가관계법규(「국토의 계획 및 이용에 관한 법률」, 「건축법」, 「공간정보의 구축 및 관리 등에 관한 법률」 중 지적에 관한 규정, 「국유재산법」, 「도시 및 주거환경정 비법」, 「부동산등기법」, 「감정평가 및 감정평가사에 관한 법률」, 「부동산 가격공시에 관한 법률」 및 「동산·채권 등의 담보에 관한 법률」) ❺ 회계학 ❻ 영어(영어시험성적 제출로 대체)
제2차 시험	❶ 감정평가실무 ❷ 감정평가이론 ❸ 감정평가 및 보상법규(「감정평가 및 감정평가사에 관한 법률」, 「공익사업을 위한 토 지 등의 취득 및 보상에 관한 법률」, 「부동산 가격공시에 관한 법률」)

나. 과목별 시험시간

시험구분	교시	시험과목	입실완료	시험시간	시험방법
제1차 시험	1교시	❶ 민법(총칙, 물권) ❷ 경제학원론 ❸ 부동산학원론	09:00	09:30~11:30(120분)	객관식 5지 택일형
	2교시	❶ 감정평가관계법규 ❷ 회계학	11:50	12:00~13:20(80분)	

제2차 시험	1교시	❶ 감정평가실무	09:00	09:30~11:10(100분)	과목별 4문항 (주관식)
	중식시간 11:10 ~ 12:10(60분)				
	2교시	❷ 감정평가이론	12:10	12:30~14:10(100분)	
	휴식시간 14:10 ~ 14:30(20분)				
	3교시	❸ 감정평가 및 보상법규	14:30	14:40~16:20(100분)	

※ 시험과 관련하여 법률·회계처리기준 등을 적용하여 정답을 구하여야 하는 문제는 시험시행일 현재
   시행 중인 법률·회계처리기준 등을 적용하여 그 정답을 구하여야 함

※ 회계학 과목의 경우 한국채택국제회계기준(K-IFRS)만 적용하여 출제

다. 출제영역 : 큐넷 감정평가사 홈페이지(www.Q-net.or.kr/site/value) 자료실 게재

응시자격 및 결격사유

가. 응시자격 : 없음

※ 단, 최종 합격자 발표일 기준, 감정평가 및 감정평가사에 관한 법률 제12조의 결격사유에 해당하는
   사람 또는 같은 법 제16조 제1항에 따른 처분을 받은 날부터 5년이 지나지 아니한 사람은 시험에 응
   시할 수 없음

나. 결격사유(감정평가 및 감정평가사에 관한 법률 제12조, 2023.8.10. 시행)
   다음 각 호의 어느 하나에 해당하는 사람
   1. 파산선고를 받은 사람으로서 복권되지 아니한 사람
   2. 금고 이상의 실형을 선고받고 그 집행이 종료(집행이 종료된 것으로 보는 경우를 포함한
      다)되거나 그 집행이 면제된 날부터 3년이 지나지 아니한 사람
   3. 금고 이상의 형의 집행유예를 받고 그 유예기간이 만료된 날부터 1년이 지나지 아니한
      사람
   4. 금고 이상의 형의 선고유예를 받고 그 선고유예기간 중에 있는 사람
   5. 제13조에 따라 감정평가사 자격이 취소된 후 3년이 지나지 아니한 사람. 다만, 제 6호에
      해당하는 사람은 제외한다.
   6. 제39조 제1항 제11호 및 제12호에 따라 자격이 취소된 후 5년이 지나지 아니한 사람

합격자 결정

가. 합격자 결정(감정평가 및 감정평가사에 관한 법률 시행령 제10조)
- **제1차 시험**

  영어 과목을 제외한 나머지 시험과목에서 과목당 100점을 만점으로 하여 모든 과목 40점 이상이고, 전 과목 평균 60점 이상인 사람
- **제2차 시험**
  - 과목당 100점을 만점으로 하여 모든 과목 40점 이상, 전 과목 평균 60점 이상을 득점한 사람
  - 최소합격인원에 미달하는 경우 최소합격인원의 범위에서 모든 과목 40점 이상을 득점한 사람 중에서 전 과목 평균점수가 높은 순으로 합격자를 결정
  - ※ 동점자로 인하여 최소합격인원을 초과하는 경우에는 동점자 모두를 합격자로 결정. 이 경우 동점자의 점수는 소수점 이하 둘째 자리까지만 계산하며, 반올림은 하지 아니함

나. 제2차 시험 최소합격인원 결정(감정평가 및 감정평가사에 관한 법률 시행령 제10조)

제1차 시험 면제

가. 2024년도 제35회 감정평가사 제1차 시험 합격자(2025년도 시험에 한함, 별도의 서류 제출 없이 인터넷 원서접수, 제1차 시험 '**재응시자**'로 선택하여 접수)

나. 감정평가 및 감정평가사에 관한 법률 시행령 제14조에서 정한 다음 기관에서 제2차 시험 시행일 현재 5년 이상 감정평가와 관련된 업무에 종사한 사람

※ 제출 서류에 다음 **법정기관, 면제대상 기관, 면제대상 업무**가 모두 명확히 명시된 경력에 한하여 인정 가능(예 국세청 재산세과에서 실제 기준시가 조사·결정업무를 수행하였으나 제출한 서류상 확인 불가한 경우 인정 불가)

1. 감정평가법인
2. 감정평가사사무소
3. 한국감정평가사협회
4. 한국부동산원법에 따른 한국부동산원
5. 국유재산 관리 기관

6. 감정평가업무 지도 · 감독 기관
7. 개별공시지가, 개별주택가격, 공동주택가격 결정 · 공시업무를 수행 또는 지도 · 감독 기관
8. 토지가격비준표, 주택가격비준표 및 비주거용 부동산가격비준표 작성업무 수행 기관
9. 과세시가표준액 조사 · 결정업무 수행 또는 지도 · 감독 기관

 공인어학성적

가. 제1차 시험 영어 과목은 영어시험성적으로 대체

• 기준점수(감정평가 및 감정평가사에 관한 법률 시행령 별표 2)

시험명	토플		토익	텝스	지텔프	플렉스	토셀	아이엘츠
	PBT	IBT						
일반응시자	530	71	700	340	65 (level-2)	625	640 (Advanced)	4.5 (Overall Band Score)
청각장애인	352	–	350	204	43 (level-2)	375	145 (Advanced)	–

• 제1차 시험 응시원서 접수마감일부터 역산하여 2년이 되는 날 이후에 실시된 시험으로, 제1차 시험 원서 접수 마감일까지 성적발표 및 성적표가 교부된 경우에 한해 인정함

※ 이하 생략(공고문 참조)

CONTENTS
이 책의 차례

CONTENTS
이 책의 차례

CONTENTS
이 책의 차례

CONTENTS
이 책의 차례

PART 03   감정평가 및 보상법규

Chapter 01   공익사업을 위한 토지 등의 취득 및 보상에 관한 법률 ···································· 532

CONTENTS
이 책의 차례

PART

01

최근 대법원
판례 쟁점 요약

※ 문화재보호법
  → 문화유산의 보존 및 활용에 관한 법률로 개정됨

Chapter

01

공익사업을 위한 토지 등의 취득 보상에 관한 법률

판례 01 토지보상법 시행규칙 제48조 영농보상의 성격

영농보상은 원칙적으로 농민이 기존 농업을 폐지한 후 새로운 직업 활동을 개시하기까지의 준비기간 동안에 농민의 생계를 지원하는 생활보상으로서의 성격을 가진다.

쟁점사항

▶ 영농보상은 원칙적으로 농민이 기존 농업을 폐지한 후 새로운 직업 활동을 개시하기까지의 준비기간 동안에 농민의 생계를 지원하는 간접보상이자 생활보상으로서의 성격을 가진다. 영농보상은 그 보상금을 통계소득을 적용하여 산정하든, 아니면 해당 농민의 최근 실제소득을 적용하여 산정하든 간에, 모두 장래의 불확정적인 일실소득을 예측하여 보상하는 것으로, 기존에 형성된 재산의 객관적 가치에 대한 '완전한 보상'과는 그 법적 성질을 달리한다. 결국 토지보상법 시행규칙 제48조 소정의 영농보상 역시 공익사업시행지구 안에서 수용의 대상인 농지를 이용하여 경작을 하는 자가 그 농지의 수용으로 인하여 장래에 영농을 계속하지 못하게 되어 특별한 희생이 생기는 경우 이를 보상하기 위한 것이기 때문에, 위와 같은 재산상의 특별한 희생이 생겼다고 할 수 없는 경우에는 손실보상 또한 있을 수 없고, 이는 토지보상법 시행규칙 제48조 소정의 영농보상이라고 하여 달리 볼 것은 아니다.

▶ 공익사업을 위한 토지 등의 취득 및 보상에 관한 법률 시행규칙(2020.12.11. 국토교통부령 제788호로 개정되기 전의 것, 이하 '구 토지보상법 시행규칙'이라고 한다) 제48조 제2항 단서 제2호의 신설 경과 등에 비추어 보면, 국토교통부장관이 농림축산식품부장관과의 협의를 거쳐 관보에 고시하는 '농작물실제소득인정기준' 제6조 제3항 [별지 2]에 열거된 작목 및 재배방식에 시설콩나물 재배업이 포함되어 있지 않더라도 시설콩나물 재배업에 관하여도 구 토지보상법 시행규칙 제48조 제2항 단서 제2호를 적용할 수 있다고 봄이 타당하다.

관련판례

✦ 대판 2023.8.18, 2022두34913[손실보상금]

판시사항

[1] 구 공익사업을 위한 토지 등의 취득 및 보상에 관한 법률 제77조 제2항, 같은 법 시행규칙 제48조 제2항 본문에서 정한 '영농손실보상'의 법적 성격 / 같은 법 시행규칙 제48조에서 규정한 영농손실보상은 공익사업시행지구 안에서 수용의 대상인 농지를 이용하여 경작을 하는 자가 그 농지의 수용으로 인하여 장래에 영농을 계속하지 못하게 되어 특별한 희생이 생기는 경우 이를 보상하기 위한 것인지 여부(적극)

[2] 구 공익사업을 위한 토지 등의 취득 및 보상에 관한 법률 시행규칙 제48조 제2항 단서 제2호의 '직접 해당 농지의 지력을 이용하지 아니하고 재배 중인 작물을 이전하여 해당 영농을 계속하는 것이 가능하다고 인정하는 작목 및 재배방식'을 규정한 '농작물실제소득인정기준'(국토교통부고시) 제6조 제3항 [별지 2]에 열거되어 있지 아니한 시설콩나물 재배업에 관하여도 같은 시행규칙 제48조 제2항 단서 제2호를 적용할 수 있는지 여부(적극)

판결요지

[1] 공공필요에 의한 재산권의 수용·사용 또는 제한 및 그에 대한 보상은 법률로써 하되, 정당한 보상을 지급하여야 한다(헌법 제23조 제3항). 구 공익사업을 위한 토지 등의 취득 및 보상에 관한 법률(2020.6.9. 법률 제17453호로 개정되기 전의 것, 이하 '구 토지보상법'이라고 한다) 제77조 소정의 영업의 손실 등에 대한 보상은 위와 같은 헌법상의 정당한 보상 원칙에 따라 공익사업의 시행 등 적법한 공권력의 행사에 의한 재산상의 특별한 희생에 대하여 사유재산권의 보장과 전체적인 공평부담의 견지에서 행하여지는 조절적인 재산적 보상이다. 특히 구 토지보상법 제77조 제2항, 구 공익사업을 위한 토지 등의 취득 및 보상에 관한 법률 시행규칙(2020.12.11. 국토교통부령 제788호로 개정되기 전의 것, 이하 '구 토지보상법 시행규칙'이라고 한다) 제48조 제2항 본문에서 정한 영농손실보상(이하 '영농보상'이라고 한다)은 편입토지 및 지장물에 관한 손실보상과는 별개로 이루어지는 것으로서, 농작물과 농지의 특수성으로 인하여 같은 시행규칙 제46조에서 정한 폐업보상과 구별해서 농지가 공익사업시행지구에 편입되어 공익사업의 시행으로 더 이상 영농을 계속할 수 없게 됨에 따라 발생하는 손실에 대하여 원칙적으로 같은 시행규칙 제46조에서 정한 폐업보상과 마찬가지로 장래의 2년간 일실소득을 보상함으로써, 농민이 대체 농지를 구입하여 영농을 재개하거나 다른 업종으로 전환하는 것을 보장하기 위한 것이다. 즉, 영농보상은 원칙적으로 농민이 기존 농업을 폐지한 후 새로운 직업활동을 개시하기까지의 준비기간 동안에 농민의 생계를 지원하는 간접보상이자 생활보상으로서의 성격을 가진다.

영농보상은 그 보상금을 통계소득을 적용하여 산정하든, 아니면 해당 농민의 최근 실제소득을 적용하여 산정하든 간에, 모두 장래의 불확정적인 일실소득을 예측하여 보상하는 것으로, 기존에 형성된 재산의 객관적 가치에 대한 '완전한 보상'과는 그 법적 성질을 달리한다.

결국 구 토지보상법 시행규칙 제48조 소정의 영농보상 역시 공익사업시행지구 안에서 수용의 대상인 농지를 이용하여 경작을 하는 자가 그 농지의 수용으로 인하여 장래에 영농을 계속하지 못하게 되어 특별한 희생이 생기는 경우 이를 보상하기 위한 것이기 때문에, 위와 같은 재산상의 특별한 희생이 생겼다고 할 수 없는 경우에는 손실보상 또한 있을 수 없고, 이는 구 토지보상법 시행규칙 제48조 소정의 영농보상이라고 하여 달리 볼 것은 아니다.

[2] 관련 법리와 구 공익사업을 위한 토지 등의 취득 및 보상에 관한 법률 시행규칙(2020.12.11. 국토교통부령 제788호로 개정되기 전의 것, 이하 '구 토지보상법 시행규칙'이라고 한다) 제48

조 제2항 단서 제2호의 신설 경과 등에 비추어 보면, 국토교통부장관이 농림축산식품부장관과의 협의를 거쳐 관보에 고시하는 '농작물실제소득인정기준' 제6조 제3항 [별지 2]에 열거된 작목 및 재배방식에 시설콩나물 재배업이 포함되어 있지 않더라도 시설콩나물 재배업에 관하여도 구 토지보상법 시행규칙 제48조 제2항 단서 제2호를 적용할 수 있다고 봄이 타당하다. 그 이유는 다음과 같다.

(가) 관련 법령의 내용, 형식 및 취지 등에 비추어 보면, 공공필요에 의한 수용 등으로 인한 손실의 보상은 정당한 보상이어야 하고, 영농손실에 대한 정당한 보상은 수용되는 '농지의 특성과 영농상황' 등 고유의 사정이 반영되어야 한다.

(나) 농지의 지력을 이용한 재배가 아닌 용기에 식재하여 재배되는 콩나물과 같이 용기를 기후 등 자연적 환경이나 교통 등 사회적 환경 등이 유사한 인근의 대체지로 옮겨 생육에 별다른 지장을 초래함이 없이 계속 재배를 할 수 있는 경우에는, 유사한 조건의 인근대체지를 마련할 수 없는 등으로 장래에 영농을 계속하지 못하게 되는 것과 같은 특단의 사정이 없는 이상 휴업보상에 준하는 보상이 필요한 범위를 넘는 특별한 희생이 생겼다고 할 수 없다.

(다) 시설콩나물 재배시설에서 재배하는 콩나물과 '농작물실제소득인정기준' 제6조 제3항 [별지 2]에서 규정하고 있는 작물인 버섯, 화훼, 육묘는 모두 직접 해당 농지의 지력을 이용하지 않고 재배한다는 점에서 상호 간에 본질적인 차이가 없으며, 특히 '용기(트레이)에 재배하는 어린묘'와 그 재배방식이 유사하다.

(라) 시설콩나물 재배방식의 본질은 재배시설이 설치된 토지가 농지인지 여부, 즉 농지의 특성에 있는 것이 아니라 '고정식온실' 등에서 용기에 재배하고, 특별한 사정이 없는 한 그 재배시설 이전이 어렵지 않다는 점에 있다. 본질적으로 같은 재배방식에 대하여 '고정식온실' 등이 농지에 설치되어 있다는 사정만으로 2년간의 일실소득을 인정하는 것은 정당한 보상 원칙에 부합하지 않는다.

(마) 구 토지보상법 시행규칙 제48조 제2항 단서 제2호가 적용되어 실제소득의 4개월분에 해당하는 농업손실보상을 하는 작물에 관하여 규정한 '농작물실제소득인정기준' 제6조 제3항 [별지 2]는 '직접 해당 농지의 지력을 이용하지 아니하고 재배 중인 작물을 이전하여 해당 영농을 계속하는 것이 가능하다고 인정하는 경우'를 예시한 것으로, 거기에 열거된 작목이 아니더라도 객관적이고 합리적으로 '직접 해당 농지의 지력을 이용하지 아니하고 재배 중인 작물을 이전하여 해당 영농을 계속하는 것이 가능'하다고 인정된다면 구 토지보상법 시행규칙 제48조 제2항 단서 제2호에 따라 4개월분의 영농손실보상을 인정할 수 있다고 보는 것이 영농손실보상제도의 취지에 부합한다.

관련내용

농업손실보상

I. 의의, 취지

농업손실이란 공익사업 시행으로 인하여 당해 토지가 공익사업시행지구에 편입되어 영농을 계속할 수 없게 됨에 따라 발생하는 손실로서, 농업손실보상이란 농민에게 영농손실액을 보상하는 것을 말한다. 농업손실에 대하여 보상하는 취지에 대하여는 공익사업 시행 전의 생활유기체가 복원되는 데 필요한 생활재건조치의 실시라는 면, 대체농지의 구입에 소요되는 기간 동안의 일실손실의 지급이라는 면, 대체농지의 구입에 소요되는 기간 동안의 일실손실의 지급이라는 면, 영업보상과 균형유지를 위하여 상실된 기대이익의 전보라는 면 등이 있다.

II. 보상대상

1. 물적 대상

지목에 불구하고 「농지법」 제2조 제1호 가목 및 같은 법 시행령 제2조 제3항 제2호 가목에 해당하는 토지를 말한다(토지보상법 시행규칙 제48조 제1항). "농지"란 전·답, 과수원, 그 밖에 법적 지목(地木)을 불문하고 실제로 농작물 경작지 또는 다년생식물 재배지로 이용되는 토지(「초지법」에 따라 조성된 초지 등 대통령령으로 정하는 토지는 제외한다)를 말한다. 다음 어느 하나에 해당하는 토지는 보상대상인 농지로 보지 아니한다. ① 사업인정고시일 등 이후부터 농지로 이용되고 있는 토지, ② 토지이용계획·주위환경 등으로 보아 일시적으로 농지로 이용되고 있는 토지, ③ 타인소유의 토지를 불법으로 점유하여 경작하고 있는 토지, ④ 농민이 아닌 자가 경작하고 있는 토지, ⑤ 토지의 취득에 대한 보상 이후에 사업시행자가 2년 이상 계속하여 경작하도록 허용하는 토지(규칙 제48조 제3항).

2. 인적 대상

자경농지의 경우 농지 소유자에게 지급한다. 자경농지가 아닌 농지에 대하여는 농지소유자가 해당 지역에 거주하는 농민인 경우 농지소유자와 실제 경작자의 협의 내용에 따라 보상하는 것이 원칙이나, 협의 불성립 시 도별 연간 농가평균 단위경작면적당 농작물총수입으로 영농손실액이 결정된 경우는 각각 영농손실액의 50%에 해당하는 금액을 보상하고, 실제소득을 입증하여 실제소득의 2년분의 영농손실액으로 결정된 경우 농지 소유자에게는 도별 연간 농가평균 단위경작면적당 농작물총수입의 50%의 금액을 보상하고, 실제 경작자에게는 실제소득의 2년분의 영농손실액 중 농지 소유자에게 지급한 금액을 제외한 나머지에 해당하는 금액을 보상한다. 농지 소유자가 해당 지역에 거주하는 농민이 아닌 경우는 실제 경작자에게 보상한다(토지보상법 시행규칙 제48조 제4항).

실제 경작자란 농지의 임대차계약서, 농지소유자가 확인하는 경작사실확인서, 해당 공익사업시행지구의 이장·통장이 확인하는 경작사실확인서, 그 밖에 실제 경작자임을 증명하는 객관적 자료에 의하여 사업인정고시일 등 당시 타인소유의 농지를 임대차 등 적법한 원인에 의하여 점유하고 자기소유의 농작물을 경작하는 것으로 인정된 자를 말한다. 실제 경작자가 이장·통장의 경작사실확인서만 제출한 경우 사업시행자는 농자 소유자에게 그 사실을 서면으로 통지할 수 있고, 소유자가 통지일부터 30일 이내에 이의제기하지 않으면 자료가 소유자의 경작사실확인서가 제출된 것으로 본다(규칙 제48조 제7항).

🐾 관련기출

✦ 기출문제 제32회 문제1 – 농업손실보상을 청구할 수 있는지 여부

[문제1] 국토교통부장관은 2013.11.18. 사업시행자를 'A공사'로, 사업시행지를 'X시 일대 8,958,000㎡로, 사업시행기간을 '2013.11.부터 2017.12.까지'로 하는 '◇◇공구사업'에 대해서 「공익사업을 위한 토지등의 취득 및 보상에 관한 법률」에 따른 사업인정을 고시하였고, 사업시행기간은 이후 '2020.12.까지'로 연장되었다. 甲은 ㉮토지 78,373㎡와 ㉯토지 2,334㎡를 소유하고 있는데, ㉮토지의 전부와 ㉯토지의 일부가 사업시행지에 포함되어 있다. 종래 甲은 ㉮토지에서 하우스 딸기농사를 지어 왔고, ㉯토지에서는 농작물직거래판매장을 운영하여 왔다. 甲과 A공사는 사업시행지내의 토지에 대해 「공익사업을 위한 토지등의 취득 및 보상에 관한 법률」에 따른 협의 매수를 하기 위한 협의를 시작하였다. 다음 물음에 답하시오. (아래의 물음은 각 별개의 상황임) **40점**

(물음1) 협의 과정에서 일부 지장물에 관하여 협의가 이루어지지 않아 甲이 A공사에게 재결신청을 청구했으나 A공사가 재결신청을 하지 않는 경우 甲의 불복방법에 관하여 검토하시오. **15점**

(물음2) ㉮토지에 대하여 협의가 성립되지 않았고, A공사의 수용재결신청에 의하여 ㉮토지가 수용되었다. 甲은 ㉮토지가 수용되었음을 이유로 A공사를 상대로 「공익사업을 위한 토지등의 취득 및 보상에 관한 법률」에 따른 재결절차를 거치지 않은 채 곧바로 농업손실보상을 청구할 수 있는지를 검토하시오. **10점**

판례 02 이주대책 1차 결정도 처분, 새로운 신청에 대한 2차 결정도 처분에 해당함

원심판단은 이주대책대상자 2차 결정이 1차 결정과 별도로 행정쟁송의 대상이 되는 처분에 해당하지 않는다고 판단하였으나, 이러한 원심판단에는 행정소송의 대상인 처분에 관한 법리를 오해하여 판결에 영향을 미친 잘못이 있다. 이를 지적하는 상고이유 주장은 이유 있다. 즉 2차 결정도 처분에 해당된다.

쟁점사항

▶ 항고소송의 대상인 '처분'이란 "행정청이 행하는 구체적 사실에 관한 법집행으로서의 공권력의 행사 또는 그 거부와 그 밖에 이에 준하는 행정작용"(행정소송법 제2조 제1항 제1호)을 말한다. 행정청의 행위가 항고소송의 대상이 될 수 있는지는 추상적·일반적으로 결정할 수 없고, 구체적인 경우에 관련 법령의 내용과 취지, 그 행위의 주체·내용·형식·절차, 그 행위와 상대방 등 이해관계인이 입는 불이익 사이의 실질적 견련성, 법치행정의 원리와 그 행위에 관련된 행정청이나 이해관계인의 태도 등을 고려하여 개별적으로 결정하여야 한다(대법원 2010.11.18. 선고 2008두167 전원합의체 판결 참조). 행정청의 행위가 '처분'에 해당하는지가 불분명한 경우에는 그에 대한 불복방법 선택에 중대한 이해관계를 가지는 상대방의 인식가능성과 예측가능성을 중요하게 고려하여 규범적으로 판단하여야 한다.

▶ 수익적 행정처분을 구하는 신청에 대한 거부처분은 당사자의 신청에 대하여 관할 행정청이 이를 거절하는 의사를 대외적으로 명백히 표시함으로써 성립된다. 거부처분이 있은 후 당사자가 다시 신청을 한 경우에는 신청의 제목 여하에 불구하고 그 내용이 새로운 신청을 하는 취지라면 관할 행정청이 이를 다시 거절하는 것은 새로운 거부처분이라고 보아야 한다(대법원 2019.4.3. 선고 2017두52764 판결 등 참조). 관계 법령이나 행정청이 사전에 공표한 처분기준에 신청기간을 제한하는 특별한 규정이 없는 이상 재신청을 불허할 법적 근거가 없으며, 설령 신청기간을 제한하는 특별한 규정이 있다 하더라도 재신청이 신청기간을 도과하였는지 여부는 본안에서 재신청에 대한 거부처분이 적법한가를 판단하는 단계에서 고려할 요소이지, 소송요건 심사단계에서 고려할 요소가 아니다.

관련판례

✦ 대판 2021.1.14, 2020두50324[이주대책대상자제외처분취소]

판시사항

[1] 행정청의 행위가 항고소송의 대상이 될 수 있는지 결정하는 방법 및 행정청의 행위가 '처분'에 해당하는지 불분명한 경우, 이를 판단하는 방법

[2] 수익적 행정처분을 구하는 신청에 대한 거부처분이 있은 후 당사자가 새로운 신청을 하는 취지로 다시 신청을 하였으나 행정청이 이를 다시 거절한 경우, 새로운 거부처분인지 여부(적극)

판결요지

[1] 항고소송의 대상인 '처분'이란 "행정청이 행하는 구체적 사실에 관한 법집행으로서의 공권력의 행사 또는 그 거부와 그 밖에 이에 준하는 행정작용"(행정소송법 제2조 제1항 제1호)을 말한다. 행정청의 행위가 항고소송의 대상이 될 수 있는지는 추상적·일반적으로 결정할 수 없고, 구체적인 경우에 관련 법령의 내용과 취지, 그 행위의 주체·내용·형식·절차, 그 행위와 상대방 등 이해관계인이 입는 불이익 사이의 실질적 견련성, 법치행정의 원리와 그 행위에 관련된 행정청이나 이해관계인의 태도 등을 고려하여 개별적으로 결정하여야 한다. 행정청의 행위가 '처분'에 해당하는지 불분명한 경우에는 그에 대한 불복방법 선택에 중대한 이해관계를 가지는 상대방의 인식가능성과 예측가능성을 중요하게 고려하여 규범적으로 판단하여야 한다.

[2] 수익적 행정처분을 구하는 신청에 대한 거부처분은 당사자의 신청에 대하여 관할 행정청이 이를 거절하는 의사를 대외적으로 명백히 표시함으로써 성립된다. 거부처분이 있은 후 당사자가 다시 신청을 한 경우에는 신청의 제목 여하에 불구하고 그 내용이 새로운 신청을 하는 취지라면 관할 행정청이 이를 다시 거절하는 것은 새로운 거부처분이라고 보아야 한다. 관계 법령이나 행정청이 사전에 공표한 처분기준에 신청기간을 제한하는 특별한 규정이 없는 이상 재신청을 불허할 법적 근거가 없으며, 설령 신청기간을 제한하는 특별한 규정이 있더라도 재신청이 신청기간을 도과하였는지는 본안에서 재신청에 대한 거부처분이 적법한가를 판단하는 단계에서 고려할 요소이지, 소송요건 심사단계에서 고려할 요소가 아니다.

주문

원심판결을 파기하고, 사건을 서울고등법원에 환송한다.

이유

상고이유를 판단한다.

1. 사안의 개요와 쟁점
　가. 원심판결 이유와 기록에 의하면, 다음과 같은 사정을 알 수 있다.
　　(1) 피고 한국토지주택공사(이하 '피고 공사'라고 한다)는 2006.10.27. 택지개발예정지구 지정 공람공고가 이루어진 인천검단지구 택지개발사업(이하 '이 사건 사업'이라고 한다)의 사업시행자이고, 원고는 피고 공사에 이 사건 사업에 관한 이주대책 대상자 선정 신청을 한 사람이다.
　　(2) 이 사건 사업지구 내의 이 사건 주택에 관하여, 2009.11.6. 원고의 동생인 소외인 명의의 소유권보존등기 및 증여를 원인으로 하는 원고 명의의 소유권이전등기가 순차로 이루어졌다.

(3) 피고 공사는 2016.12.경 이 사건 사업의 이주대책을 수립하여 공고하였는데(이하 '이 사건 공고'라고 한다), 여기에서는 이주자택지(단독주택용지)의 공급대상자 요건에 관하여 '택지개발예정지구 지정 공람공고일(2006.10.27.) 1년 이전부터 보상계약체결일 또는 수용재결일까지 계속하여 사업지구 내 가옥을 소유하고 계속 거주한 자로 피고 공사로부터 그 가옥에 대한 보상을 받고 이 사건 사업 시행으로 인하여 이주하는 자(1989.1.25. 이후 무허가 건물소유자 및 법인, 단체는 제외)'라고 정하였다.

(4) 원고는 이 사건 공고에 따라 2017.3.29. 피고 공사에 이주자택지 공급대상자 선정 신청을 하였다. 이때 원고는 신청서에 '자신이 1970년대에 이 사건 주택을 건축하여 소유권을 취득하였으므로 이주자택지 수급 자격에 해당한다.'는 내용을 기재하고 건축물대장, 이웃 주민들의 확인서, 전력 개통사용자 확인, 수도개설 사용, 등기사항증명서, 소외인이 작성한 양도양수확인서 등의 증빙자료를 첨부하여 제출하였다.

(5) 피고 공사는 2017.7.28. 원고에게 '기준일 이후 주택 취득'이라는 이유로 원고를 이주대책 대상에서 제외하는 결정을 통보하였는데(이하 '1차 결정'이라고 한다), 그 통보서에는 "부적격 결정에 이의가 있으신 경우 본 통지문을 받으신 날로부터 30일 이내에 안내드린 바 있는 이 사건 공고에 의한 대상자 선정 요건을 충족할 수 있는 증빙자료와 함께 우리 공사에 서면으로 이의신청을 하실 수 있으며, 또한 90일 이내에 행정심판 또는 행정소송을 제기하실 수 있음을 알려드립니다."라는 안내문구가 기재되어 있다.

(6) 이에 원고는 2017.8.25. 피고 공사에 이의신청을 하였다. 이때 원고는 이의신청서에 '자신이 1970년대에 이 사건 주택을 신축하여 소유권을 취득하였고, 다만 동네 이장의 착오로 건축물대장에 건축주가 소외인으로 등재되었다.'는 내용을 기재하고 수용사실확인서, 1972년도 사진, 2010년 당시 지장물 조사사진, 소외인 명의의 사실확인서, 마을 주민확인서 등의 증빙자료를 추가로 첨부하여 제출하였다.

(7) 피고 공사는 2017.12.6. 원고에게 "부동산 공부에 등재되었던 소유자를 배제하고 사실판단에 기하여 과거 소유자를 인정할 수 없음"이라는 이유로 원고의 이의신청을 받아들이지 않고 여전히 원고를 이주대책 대상에서 제외한다는 결정을 통보하였다(이하 '2차 결정'이라고 한다). 한편 2차 결정의 통보서에는 "우리 공사의 이의신청 불수용처분에 대하여 다시 이의가 있으신 경우 행정소송법에 따라 본 처분통보를 받은 날로부터 90일 이내에 행정심판 또는 행정소송을 제기할 수 있음을 알려드리니 참고하시기 바랍니다." 라는 안내문구가 기재되어 있다.

(8) 원고는 2018.3.5. 피고 중앙행정심판위원회(이하 '피고 위원회'라고 한다)에 2차 결정의 취소를 구하는 행정심판을 청구하였는데, 피고 위원회는 2018.10.17. 2차 결정이 처분에 해당하지 않는다는 이유로 원고의 행정심판 청구를 각하하는 재결을 하였고(이하 '이 사건 재결'이라고 한다), 그 재결서가 2018.10.31. 원고에게 송달되었다.

나. 이 사건의 쟁점은 2차 결정이 1차 결정과 별도로 행정심판 및 취소소송의 대상이 되는 '처분'에 해당하는지 여부이다.

2. 원심의 판단

가. 원심은, ① 원고의 이의신청은 당초의 신청과 별개의 새로운 신청으로 보기 어렵고, ② 원고가 1차 결정에 대하여 이의신청을 할 당시에 1차 결정에 대하여 행정심판이나 취소소송을 제기할 수 있었으며, ③ 2차 결정은 1차 결정의 내용을 그대로 유지한다는 취지로서 이는 원고의 권리·의무에 어떠한 새로운 변동을 초래하지 아니할 뿐만 아니라, ④ 이 사건에 신뢰보호의 원칙이 적용된다고 볼 수도 없다는 등의 이유로, 2차 결정을 1차 결정과 별도로 행정쟁송의 대상이 되는 처분으로 볼 수 없다고 판단하였다. 그런 다음 이 사건 소중 피고 공사에 대한 2차 결정 취소청구 부분은 각하하고, 피고 위원회에 대한 이 사건 재결 취소청구 부분은 재결 자체에 고유한 위법이 없다는 이유로 기각하였다.

나. 그러나 이러한 원심판단은 아래와 같은 이유에서 그대로 수긍하기 어렵다.

3. 대법원의 판단

가. 항고소송의 대상인 '처분'이란 "행정청이 행하는 구체적 사실에 관한 법집행으로서의 공권력의 행사 또는 그 거부와 그 밖에 이에 준하는 행정작용"(행정소송법 제2조 제1항 제1호)을 말한다. 행정청의 행위가 항고소송의 대상이 될 수 있는지는 추상적·일반적으로 결정할 수 없고, 구체적인 경우에 관련 법령의 내용과 취지, 그 행위의 주체·내용·형식·절차, 그 행위와 상대방 등 이해관계인이 입는 불이익 사이의 실질적 견련성, 법치행정의 원리와 그 행위에 관련된 행정청이나 이해관계인의 태도 등을 고려하여 개별적으로 결정하여야 한다(대판(전) 2010.11.18, 2008두167 참조). 행정청의 행위가 '처분'에 해당하는지가 불분명한 경우에는 그에 대한 불복방법 선택에 중대한 이해관계를 가지는 상대방의 인식가능성과 예측가능성을 중요하게 고려하여 규범적으로 판단하여야 한다(대판 2018.10.25, 2016두33537 등 참조).

나. 이러한 법리에 비추어 이 사건 사실관계를 살펴보면, 2차 결정은 1차 결정과 별도로 행정쟁송의 대상이 되는 '처분'으로 봄이 타당하다. 구체적인 이유는 다음과 같다.

    (1) 수익적 행정처분을 구하는 신청에 대한 거부처분은 당사자의 신청에 대하여 관할 행정청이 이를 거절하는 의사를 대외적으로 명백히 표시함으로써 성립된다. 거부처분이 있은 후 당사자가 다시 신청을 한 경우에는 신청의 제목 여하에 불구하고 그 내용이 새로운 신청을 하는 취지라면 관할 행정청이 이를 다시 거절하는 것은 새로운 거부처분이라고 보아야 한다(대판 2019.4.3, 2017두52764 등 참조). 관계 법령이나 행정청이 사전에 공표한 처분기준에 신청기간을 제한하는 특별한 규정이 없는 이상 재신청을 불허할 법적 근거가 없으며, 설령 신청기간을 제한하는 특별한 규정이 있다 하더라도 재신청이 신청기간을 도과하였는지 여부는 본안에서 재신청에 대한 거부처분이 적법한가를 판단하는 단계에서 고려할 요소이지, 소송요건 심사단계에서 고려할 요소가 아니다.

    (2) 행정절차법 제26조는 행정청이 처분을 할 때에는 당사자에게 그 처분에 관하여 행정심판 및 행정소송을 제기할 수 있는지 여부, 그 밖에 불복을 할 수 있는지 여부, 청구절차 및 청구기간, 그 밖에 필요한 사항을 알려야 한다고 규정하고 있다. 이 사건에서 피고 공사

가 원고에게 2차 결정을 통보하면서 '2차 결정에 대하여 이의가 있는 경우 2차 결정 통보일부터 90일 이내에 행정심판이나 취소소송을 제기할 수 있다.'는 취지의 불복방법 안내를 하였던 점을 보면, 피고 공사 스스로도 2차 결정이 행정절차법과 행정소송법이 적용되는 처분에 해당한다고 인식하고 있었음을 알 수 있고, 그 상대방인 원고로서도 2차 결정이 행정쟁송의 대상인 처분이라고 인식하였을 수밖에 없다고 보인다. 이와 같이 불복방법을 안내한 피고 공사가 이 사건 소가 제기되자 '처분성'이 인정되지 않는다고 본안전항변을 하는 것은 신의성실원칙(행정절차법 제4조)에도 어긋난다(대판 2020.4.9, 2019두61137 참조).

원심이 원용한 대법원 2012.11.15. 선고 2010두8676 판결은, 행정청이 구 「민원사무처리에 관한 법률」(2015.8.11. 법률 제13459호로 전부 개정되기 전의 것) 제18조에 근거한 '이의신청'에 대하여 기각결정을 하였을 뿐이고 기각결정에 대하여 행정쟁송을 제기할 수 있다는 불복방법 안내를 하지는 않았던 사안에 관한 것이므로[해당 사안에 적용되는 구 「민원사무처리에 관한 법률 시행령」(2012.12.20. 대통령령 제24235호로 전부 개정되기 전의 것) 제29조 제3항은 행정기관의 장이 법 제18조 제2항에 따라 이의신청에 대한 결과를 통지하는 때에는 결정 이유, 원래의 거부처분에 대한 불복방법 및 불복절차를 구체적으로 명시하여야 한다고 규정하고 있었다], 이 사건 사안에 원용하기에는 적절하지 않다.

다. 그런데도 원심은, 2차 결정이 1차 결정과 별도로 행정쟁송의 대상이 되는 처분에 해당하지 않는다고 판단하였다. 이러한 원심판단에는 행정소송의 대상인 처분에 관한 법리를 오해하여 판결에 영향을 미친 잘못이 있다. 이를 지적하는 상고이유 주장은 이유 있다.

4. 결론

그러므로 원심판결을 파기하고, 사건을 다시 심리·판단하게 하기 위하여 원심법원에 환송하기로 하여, 관여 대법관의 일치된 의견으로 주문과 같이 판결한다.

(출처: 대법원 2021.1.14. 선고 2020두50324 판결 [이주대책대상자제외처분취소])

 관련내용

이주대책

Ⅰ. 이주대책에 대한 개관

이주대책이란 공익사업 시행으로 인해 생활의 근거를 상실한 자에게 사업시행자가 기본적 생활시설이 포함된 택지를 조성, 주택 건설 공급, 인근 산업단지 공장에 입주 등을 하게 하는 생활보상을 의미한다. 대규모 산업단지, 택지개발사업 등 공익사업에 주거용 건축물을 제공한 자는 정당보상을 받는다 하더라도 거주이전에 따른 대체지의 마련과 이주정착에 상당한 시일이 소요된다. 이들에 대한 생활재건의 대책으로서 여러 가지 방안이 마련되어 왔으나, 가장 근본적인 이주대책은 미흡한 점이 있었다. 이러한 사정을 고려하여 형식적 이주대책이 아닌 생활정착지를 마련해 주기 위하여 사업시행자에게 주택지 조성 등 이주대책을 의무적으로 시행하도록 하고 있다. 최근에는 주거용 건축물을 제공하여 생활근거를 상실한 자뿐만 아니라, 공장부지를 제공한 자에게도 사업시행자가 공장의 이주대책을 수립·실시하도록 하고 있다.

II. 이주대책의 근거

1. 이론적 근거

이론적으로는 원상회복, 생활보상, 생활안정, 감정존중 등의 근거를 들 수 있고, 판례는 이주자들에 대하여 종전의 생활상태를 원상으로 회복시키는 동시에 인간다운 생활을 보장하여 주기 위한 생활보상의 일환으로 국가의 적극적이고 정책적인 배려라고 하였다.

2. 헌법적 근거

(1) 문제점

생활보상이 정당보상의 범위에 포함되는가 정당보상의 범위 밖에 있는가와 관련하여 헌법적 근거에 대하여 견해가 나뉘고 있다.

(2) 학설

① 〈헌법 제34조 생존권설〉 정당보상은 재산권의 객관적 가치를 지향하는 바, 이주대책은 이에 포함되지 않아 사회권적 기본권 조항에서 도출된다고 한다. ② 〈제34조 및 제23조 통일설〉 우리나라는 재산권보상을 대전제로 생활보상을 지향하는 바, 헌법 제23조의 정당보상은 손실보상이 복리국가적 관점에서 생활보상을 지향한다는 점을 근거로 한다.

(3) 판례

〈헌법재판소〉는 이주대책은 헌법 제23조 제3항에 규정된 정당한 보상에 포함되는 것이라기보다는 이에 부가하여 이주자들에게 종전의 생활 상태를 회복시키기 위한 생활보상의 일환으로서 국가의 정책적인 배려에 의하여 마련된 제도라고 한다(헌재 2006.2.23, 2004헌마19). 〈대법원〉은 공익사업으로 인해 주거용 건축물을 잃게 되는 자가 종전 생활을 회복하여 인간다운 생활이 보장될 수 있도록 생활보상의 일환으로 정책적인 배려에서 마련된 제도라 한다(대판 2003.7.25, 2001다57778).

(4) 검토

종전 생활을 회복시키는 생활보상이 현대의 손실보상에서는 불가결한 점을 고려하여 생활보상 역시 정당보상의 범위에 포함시키는 것이 타당하여 헌법 〈제34조 및 제23조 통일설〉이 타당하다고 판단된다.

3. 이주대책에 대한 개별법적 근거

토지보상법 제78조 및 제78조의2, 전원개발촉진법 등 개별법에 이주대책에 관한 근거를 두고 있다.

III. 이주대책에 대한 수립 · 실시

1. 이주대책의 수립 대상자

(1) 이주대책대상자

사업시행자는 공익사업의 시행으로 인하여 주거용 건축물을 제공함에 따라 생활의 근거를 상실하게 되는 자(이하 "이주대책대상자"라 한다)를 위하여 대통령령으로 정하는 바에 따라 이주대책을 수립 · 실시하거나 이주정착금을 지급하여야 한다(제78조 제1항).

> ① '공익사업에 주거용 건축물을 제공한 자'란 당해 사업에 토지가 제공됨으로 인하여 주거용 건축물을 상실하게 되는 자이다. 1989년 1월 24일 이전 무허가건축물 소유자도 그 대상이 된다.
> ② 주거용 건축물이 철거 또는 이전됨으로 인하여 생활의 근거를 상실하게 되는 자이다. 헌법재판소는 이주대책의 실시 여부는 입법자의 입법정책적 재량의 영역에 속하므로 이주대책의 대상자에서 세입자를 제외하고 있는 것이 세입자의 재산권을 침해하는 것이라 볼 수 없다고 한다. 또한 소유자와 세입자는 생활 근거의 상실 정도에 있어서 차이가 있고, 세입자에 대하여 주거이전비와 이사비가 보상되고 있는 점을 고려할 때 불합리한 차별로서 세입자의 평등권을 침해하는 것이라고 볼 수 없다 한다(헌재 2006.2.23, 2004헌마19).
> ③ 공익사업시행지구 안에서 주거용 건축물을 소유하고 그 건축물에 사실상 거주한 자이다(대판 1994.2.22, 93누15120). 사실상 거주한 자란 주민등록과는 관계없이 실제 거주한 자를 말한다.
> ④ 공익사업을 위한 토지 등의 취득 및 보상에 관한 법률(2007.10.17. 법률 제8665호로 개정되기 전의 것, 이하 '구 공익사업법'이라 한다)은 공익사업에 필요한 토지 등을 협의 또는 수용에 의하여 취득하거나 사용함에 따른 손실 보상에 관한 사항을 규정함으로써 공익사업의 효율적인 수행을 통하여 공공복리의 증진과 재산권의 적정한 보호를 도모함을 목적으로 하고 있고, 위 법에 의한 이주대책은 공익사업의 시행에 필요한 토지 등을 제공함으로 인하여 생활의 근거를 상실하게 되는 이주대책대상자들에게 종전 생활상태를 원상으로 회복시키면서 동시에 인간다운 생활을 보장하여 주기 위하여 마련된 제도이므로, 사업시행자의 이주대책 수립 · 실시의무를 정하고 있는 구 공익사업법 제78조 제1항은 물론 이주대책의 내용에 관하여 규정하고 있는 같은 조 제4항 본문 역시 당사자의 합의 또는 사업시행자의 재량에 의하여 적용을 배제할 수 없는 강행법규이다(대판(전) 2011.6.23, 2007다63089 · 63096 판결).

(2) 이주정착지에 이주를 희망하는 자

이주대책은 ① 공익사업시행지구의 인근에 택지 조성에 적합한 토지가 없는 경우 또는 ② 이주대책에 필요한 비용이 당해 공익사업의 본래의 목적을 위한 소요비용을 초과하는 등 이주대책의 수립 · 실시로 인하여 당해 공익사업의 시행이 사실상 곤란하게 되는 경우(규칙 제53조 제1항)를 제외하고는 이주대책대상자 중 이주정착지에 이주를 희망하는 자의 가구 수가 10호(戶) 이상인 경우에 수립 · 실시한다(영 제40조 제2항).

(3) 이주대책 제외 대상자

다음 어느 하나에 해당하는 자는 이주대책대상자에서 제외한다.

① 허가를 받거나 신고를 하고 건축 또는 용도변경을 하여야 하는 건축물을 허가를 받지
아니하거나 신고를 하지 아니하고 건축 또는 용도변경을 한 건축물의 소유자
② 해당 건축물에 공익사업을 위한 관계 법령에 따른 고시 등이 있은 날부터 계약체결일
또는 수용재결일까지 계속하여 거주하고 있지 아니한 건축물의 소유자. 다만, 다음 각
목의 어느 하나에 해당하는 사유로 거주하고 있지 아니한 경우에는 그러하지 아니하다.
가. 질병으로 인한 요양
나. 징집으로 인한 입영
다. 공무
라. 취학
마. 해당 공익사업지구 내 타인이 소유하고 있는 건축물에의 거주
바. 그 밖에 가목부터 라목까지에 준하는 부득이한 사유
③ 타인이 소유하고 있는 건축물에 거주하는 세입자. 다만, 해당 공익사업지구에 주거용 건
축물을 소유한 자로서 타인이 소유하고 있는 건축물에 거주하는 세입자는 제외한다(토지
보상법 시행령 제40조 제5항).

관련판례

① 대법원은 사업시행자가 위 법령에서 정한 이주대책대상자의 범위를 확대하는 기준을 수
립하여 실시하는 것은 허용되고, 그러한 기준을 수립·실시함에 있어서 이주대책 등은
이주자들에 대하여 종전의 생활상태를 원상으로 회복시키면서 동시에 인간다운 생활을
보장하여 주기 위한 제도라는 점을 염두에 두고 형평에 어긋나지 않도록 하여야 한다고
판시하고 있다(대판 2009.9.24, 2009두9819).
② 이 규정의 문언, 내용 및 입법취지 등을 종합하여 보면 '공익사업을 위한 관계 법령에
의한 고시 등이 있은 날'은 이주대책대상자와 아닌 자를 정하는 기준이다(대판 2009.6.11,
2009두3323).
③ '공익사업을 위한 관계 법령에 의한 고시 등이 있은 날'에는 토지수용 절차에 공익사업을
위한 토지 등의 취득 및 보상에 관한 법률을 준용하도록 한 관계 법률에서 사업인정의
고시 외에 주민 등에 대한 공람공고를 예정하고 있는 경우에는 사업인정의 고시일뿐만
아니라 공람공고일도 포함될 수 있다(대판 2009.2.26, 2007두13340).
④ '공익사업을 위한 관계 법령에 의한 고시 등이 있은 날(이하 '이주대책기준일'이라 한다)'
당시 건축물의 용도가 주거용인 건물을 의미한다고 해석되므로, 그 당시 주거용 건물이
아니었던 건물이 이주대책기준일 이후에 주거용으로 용도변경된 경우에는 건축 허가를
받았는지 여부에 상관없이 수용재결 내지 협의계약 체결 당시 주거용으로 사용된 건물이
라 할지라도 이주대책대상이 되는 주거용 건축물이 될 수 없다고 할 것이다(대판
2009.2.26, 2007두13340).

(4) 이주대책 수립 · 실시의 의제

사업시행자가 「택지개발촉진법」 또는 「주택법」 등 관계 법령에 따라 이주대책대상자에게 택지 또는 주택을 공급한 경우(사업시행자의 알선에 의하여 공급한 경우를 포함한다)에는 이주대책을 수립 · 실시한 것으로 본다(영 제40조 제2항 단서). 이 경우에는 이주정착금의 지급 대상도 아니다.

2. 이주대책의 수립 · 실시

(1) 수립 시 사업시행자의 재량

사업시행자는 이주대책을 수립하려면 미리 관할 지방자치단체의 장과 협의하여야 한다(제78조 제2항). 사업시행자가 이주대책을 수립하려는 경우에는 미리 그 내용을 이주대책대상자에게 통지하여야 한다(영 제40조 제1항). 사업시행자는 이주대책을 수립할 의무를 지지만(제78조 제1항), 이주대책의 내용 결정에 대해서는 재량권을 갖는다. 대법원은 일관되게 사업시행자가 이주대책의 내용 결정에 재량을 갖는다는 입장을 취하고 있다.

> **관련판례**
>
> ① 사업시행자가 이주대책기준을 정하여 이주대책대상자 중에서 이주대책을 수립 · 실시하여야 할 자를 선정하여 그들에게 공급할 택지 또는 주택의 내용이나 수량을 정할 수 있고 이를 정하는데 재량을 가진다(대판 2010.3.25, 2009두23709; 대판 009.3.12, 2008두12610).
> ② 이주대책의 수립 · 시행에 따른 사항을 정한 피고의 이주자택지의 공급에 관한 예규는 이주대책에 관한 피고 내부의 사무처리준칙을 정한 것에 불과하고, 대외적으로 국민이나 법원을 기속하는 효력이 없을 뿐 아니라, 법원으로서는 이주대책의 근거 법령인 공공용지의 취득 및 손실보상에 관한 특례법의 규정 취지를 감안하여 위 예규에 나타난 사업시행자의 의사를 합리적으로 해석할 수 있다(대판 1997.2.11, 96누14067).
> ③ 사업시행사는 이주대책기준을 성하여 이수대책대상자 중에서 이주대책을 수립 · 실시하여야 할 자를 선정하여 그들에게 공급할 택지 또는 주택의 내용이나 수량을 정할 수 있고 이를 정하는 데 재량을 가지므로, 이를 위해 사업시행자가 설정한 기준은 그것이 객관적으로 합리적이 아니라거나 타당하지 않다고 볼 만한 다른 특별한 사정이 없는 한 존중되어야 한다(대판 2010.3.25, 2009두23709).

(2) 이주정착지의 조성과 공급

이주대책을 수립하는 자는 사업시행자이다. 사업시행자는 이주대책이 수립되면 이에 따라 이주단지 조성사업을 실시한다. 아주단지조성사업이란 주택 · 공장 등의 이주단지 조성에 관한 사업이다. 이주대책의 내용에는 이주정착지(이주대책의 실시로 건설하는 주택단지를 포함한다)에 대한 도로, 급수시설, 배수시설, 그 밖의 공공시설 등 통상적인 수준의 생활기본시설이 포함되어야 하며, 이에 필요한 비용은 사업시행자가 부담한다. 다만, 행정청이 아닌 사업시행자가 이주대책을 수립 · 실시하는 경우에 지방자치단체는 비용의 일부를 보조할 수 있다(제78조 제4항). 이주단지조성사업이 완료되면 이주대상자에게 이주택지를 분양한다. 국가나 지방자치단체는 이주대책의 실시에 따른 주택지의 조성 및 주택의 건설에 대하여는 「주택도시기금법」에 따른 주택도시기금을 우선적으로 지원하여야 한다(제78조 제3항).

(3) 부수사업의 이주대책에 대한 협조

토지보상법 시행령 제40조 제3항에서는 "법 제4조 제6호 및 제7호에 따른 사업(이하 이 조에서 "부수사업"이라 한다)의 사업시행자는 다음 각 호의 요건을 모두 갖춘 경우 부수사업의 원인이 되는 법 제4조 제1호부터 제5호까지의 규정에 따른 사업(이하 이 조에서 "주된사업"이라 한다)의 이주대책에 부수사업의 이주대책을 포함하여 수립·실시하여 줄 것을 주된사업의 사업시행자에게 요청할 수 있다. 이 경우 부수사업 이주대책대상자의 이주대책을 위한 비용은 부수사업의 사업시행자가 부담한다."라고 규정하고 있다.

① 부수사업의 사업시행자가 법 제78조 제1항 및 이 조 제2항 본문에 따라 이주대책을 수립·실시하여야 하는 경우에 해당하지 아니할 것

② 주된사업의 이주대책 수립이 완료되지 아니하였을 것

토지보상법 시행령 제40조 제4항에서는 "동법 시행령 제3항 각 호 외의 부분 전단에 따라 이주대책의 수립·실시 요청을 받은 주된사업의 사업시행자는 법 제78조 제1항 및 이 조 제2항 본문에 따라 이주대책을 수립·실시하여야 하는 경우에 해당하지 아니하는 등 부득이한 사유가 없으면 이에 협조하여야 한다."라고 규정하고 있어 협조규정을 두고 있다.

3. 이주대책의 절차

사업시행자는 이주대책계획을 수립하려는 경우 미리 그 내용을 이주대책대상자들에게 통지하여야 한다(영 제40조 제1항). 사업시행자는 이주대책계획을 수립하고자 하는 때에는 미리 관할 지방자치단체의 장과 협의하여야 하고, 공익사업 면적이 10만 제곱미터 이상이고, 토지등의 소유자가 50인 이상인 공익사업 시행시는 보상협의회를 두어야 하는데, 이주대책 수립에 관한 사항에 대해 보상협의회의 협의를 거쳐야 한다(제82조 제1항).

관련기출

✦ 기출문제 제20회 문제1 - 이주대책

[문제1] A시는 도시개발사업을 하면서 주거를 상실하는 거주자에 대한 이주대책을 수립하였다. 이주대책의 주요내용은 다음과 같다. 이를 근거로 다음 물음에 답하시오. **45점**

(1) 이주대책의 이론적 및 헌법적 근거를 설명하시오. **5점**

(2) 주택소유자 甲이 보상에 합의하고 자진 이주하지 아니한 경우에도 이주대책에 의한 분양아파트의 공급 혹은 이주정착금의 지급을 요구할 수 있는지의 여부를 검토하시오. **20점**

(3) 무허가건축물대장에 등록되지 않은 건축물 소유자 乙이 당해 건축물이 무허가 건축물이라는 이유로 이주대책에서 제외된 경우에 권리구제를 위하여 다툴 수 있는 근거와 소송방법에 관하여 검토하시오. **20점**

> – 기준일 이전부터 사업구역 내 자기 토지상 주택을 소유하고 협의계약 체결일까지 당해 주택에 계속 거주한 자가 보상에 합의하고 자진 이주한 경우 사업구역 내 분양아파트를 공급한다.
> – 분양아파트를 공급받지 않은 이주자에게는 이주정착금을 지급한다.
> – 무허가건축물 대장에 등록된 건축물 소유자는 이주대책에서 제외한다.

판례 03 집행정지 – 제34회 기출

행정소송법 제23조에 따른 집행정지결정의 효력은 결정 주문에서 정한 종기까지 존속하고, 그 종기가 도래하면 당연히 소멸한다.

쟁점사항

▶ 행정소송법 제23조에 따른 집행정지결정의 효력은 결정 주문에서 정한 종기까지 존속하고, 그 종기가 도래하면 당연히 소멸한다. 따라서 효력기간이 정해져 있는 제재적 행정처분에 대한 취소소송에서 법원이 본안소송의 판결 선고 시까지 집행정지결정을 하면, 처분에서 정해 둔 효력기간(집행정지결정 당시 이미 일부 집행되어있다면 그 나머지 기간)은 판결 선고 시까시 신행하지 않다가 판결이 선고되면 그때 집행정지결정의 효력이 소멸함과 동시에 처분의 효력이 당연히 부활하여 처분에서 정한 효력기간이 다시 진행한다.

▶ 효력기간이 정해져 있는 제재적 행정처분의 효력이 발생한 이후에도 행정청은 특별한 사정이 없는 한 상대방에 대한 별도의 처분으로써 효력기간의 시기와 종기를 다시 정할 수 있다. 이는 당초의 제재적 행정처분이 유효함을 전제로 그 구체적인 집행시기만을 변경하는 후속 변경처분이다. 이러한 후속 변경처분도 특별한 규정이 없는 한 의사표시에 관한 일반법리에 따라 상대방에게 고지되어야 효력이 발생한다. 위와 같은 후속 변경처분서에 효력기간의 시기와 종기를 다시 특정하는 대신 당초 제재적 행정처분의 집행을 특정 소송사건의 판결 시까지 유예한다고 기재되어 있다면, 처분의 효력기간은 원칙적으로 그 사건의 판결 선고 시까지 진행이 정지되었다가 판결이 선고되면 다시 진행된다.

🔗 관련판례

✦ 대판 2022.2.11, 2021두40720[위반차량운행정지취소등] 집행정지

판시사항

[1] 효력기간이 정해져 있는 제재적 행정처분에 대한 취소소송에서 법원이 본안소송의 판결 선고 시까지 집행정지결정을 한 경우, 처분에서 정해 둔 효력기간은 판결 선고 시까지 진행하지 않다가 선고된 때에 다시 진행하는지 여부(적극) / 처분에서 정해 둔 효력기간의 시기와 종기가 집행정지기간 중에 모두 경과한 경우에도 마찬가지인지 여부(적극) / 이러한 법리는 행정심판위원회가 행정심판법 제30조에 따라 집행정지결정을 한 경우에도 그대로 적용되는지 여부(적극)

[2] 효력기간이 정해져 있는 제재적 행정처분의 효력이 발생한 이후 행정청이 상대방에 대한 별도의 처분으로 효력기간의 시기와 종기를 다시 정할 수 있는지 여부(적극) / 위와 같은 후속 변경처분서에 당초 행정처분의 집행을 특정 소송사건의 판결 시까지 유예한다고 기재한 경우, 처분의 효력기간은 판결 선고 시까지 진행이 정지되었다가 선고되면 다시 진행하는지 여부(적극) / 당초의 제재적 행정처분에서 정한 효력기간이 경과한 후 동일한 사유로 다시 제재적 행정처분을 하는 것이 위법한 이중처분에 해당하는지 여부(적극)

판결요지

[1] 행정소송법 제23조에 따른 집행정지결정의 효력은 결정 주문에서 정한 종기까지 존속하고, 그 종기가 도래하면 당연히 소멸한다. 따라서 효력기간이 정해져 있는 제재적 행정처분에 대한 취소소송에서 법원이 본안소송의 판결 선고 시까지 집행정지결정을 하면, 처분에서 정해 둔 효력기간(집행정지결정 당시 이미 일부 집행되었다면 그 나머지 기간)은 판결 선고 시까지 진행하지 않다가 판결이 선고되면 그때 집행정지결정의 효력이 소멸함과 동시에 처분의 효력이 당연히 부활하여 처분에서 정한 효력기간이 다시 진행한다. 이는 처분에서 효력기간의 시기(始期)와 종기(終期)를 정해 두었는데, 그 시기와 종기가 집행정지기간 중에 모두 경과한 경우에도 특별한 사정이 없는 한 마찬가지이다. 이러한 법리는 행정심판위원회가 행정심판법 제30조에 따라 집행정지결정을 한 경우에도 그대로 적용된다. 행정심판위원회가 행정심판 청구 사건의 재결이 있을 때까지 처분의 집행을 정지한다고 결정한 경우에는, 재결서 정본이 청구인에게 송달된 때 재결의 효력이 발생하므로(행정심판법 제48조 제2항, 제1항 참조) 그때 집행정지결정의 효력이 소멸함과 동시에 처분의 효력이 부활한다.

[2] 효력기간이 정해져 있는 제재적 행정처분의 효력이 발생한 이후에도 행정청은 특별한 사정이 없는 한 상대방에 대한 별도의 처분으로써 효력기간의 시기와 종기를 다시 정할 수 있다. 이는 당초의 제재적 행정처분이 유효함을 전제로 그 구체적인 집행시기만을 변경하는 후속 변경처분이다. 이러한 후속 변경처분도 특별한 규정이 없는 한 의사표시에 관한 일반법리에 따라 상

대방에게 고지되어야 효력이 발생한다. 위와 같은 후속 변경처분서에 효력기간의 시기와 종기를 다시 특정하는 대신 당초 제재적 행정처분의 집행을 특정 소송사건의 판결 시까지 유예한다고 기재되어 있다면, 처분의 효력기간은 원칙적으로 그 사건의 판결 선고 시까지 진행이 정지되었다가 판결이 선고되면 다시 진행된다. 다만 이러한 후속 변경처분 권한은 특별한 사정이 없는 한 당초의 제재적 행정처분의 효력이 유지되는 동안에만 인정된다. 당초의 제재적 행정처분에서 정한 효력기간이 경과하면 그로써 처분의 집행은 종료되어 처분의 효력이 소멸하는 것이므로(행정소송법 제12조 후문 참조), 그 후 동일한 사유로 다시 제재적 행정처분을 하는 것은 위법한 이중처분에 해당한다.

판례 04 집행정지 제34회 기출

집행정지는 행정쟁송절차에서 실효적 권리구제를 확보하기 위한 잠정적 조치일 뿐이므로, 본안 확정판결로 해당 제재처분이 적법하다는 점이 확인되었다면 제재처분의 상대방이 잠정적 집행정지를 통해 집행정지가 이루어지지 않은 경우와 비교하여 제재를 덜 받게 되는 결과가 초래되도록 해서는 안 된다.

쟁점사항

▶ 집행정지결정의 효력은 결정 주문에서 정한 기간까지 존속하다가 그 기간이 만료되면 장래에 향하여 소멸한다. 집행정지결정은 처분의 집행으로 회복하기 어려운 손해를 예방하기 위하여 긴급한 필요가 있고 달리 공공복리에 중대한 영향을 미치지 않을 것을 요건으로 하여 본안판결이 있을 때까지 해당 처분의 집행을 잠정적으로 정지함으로써 위와 같은 손해를 예방하는 데 취지가 있으므로, 항고소송을 제기한 원고가 본안소송에서 패소확정판결을 받았더라도 집행정지결정의 효력이 소급하여 소멸하지 않는다.

▶ 그러나 제재처분에 대한 행정쟁송절차에서 처분에 대해 집행정지결정이 이루어졌더라도 본안에서 해당 처분이 최종적으로 적법한 것으로 확정되어 집행정지결정이 실효되고 제재처분을 다시 집행할 수 있게 되면, 처분청으로서는 당초 집행정지결정이 없었던 경우와 동등한 수준으로 해당 제재처분이 집행되도록 필요한 조치를 취하여야 한다. 집행정지는 행정쟁송절차에서 실효적 권리구제를 확보하기 위한 잠정적 조치일 뿐이므로, 본안 확정판결로 해당 제재처분이 적법하다는 점이 확인되었다면 제재처분의 상대방이 잠정적 집행정지를 통해 집행정지가 이루어지지 않은 경우와 비교하여 제재를 덜 받게 되는 결과가 초래되도록 해서는 안 된다. 반대로, 처분상대방이 집행정지결정을 받지 못했으나 본안소송에서 해당 제재처분이 위법하다는 것이 확인되어 취소하는 판결이 확정되면, 처분청은 그 제재처분으로 처분상대방에게 초래된 불이익한 결과를 제거하기 위하여 필요한 조치를 취하여야 한다.

관련판례

✦ **대판 2020.9.3, 2020두34070[직접생산확인취소처분취소]**

판시사항

[1] 제재처분에 대한 행정쟁송절차에서 처분에 대해 집행정지결정이 이루어지고 본안에서 해당 처분이 최종적으로 적법한 것으로 확정되어 집행정지결정이 실효되고 제재처분을 다시 집행할 수 있게 된 경우 및 반대로 처분상대방이 집행정지결정을 받지 못했으나 본안소송에서 해당 제재처분이 위법하다는 것이 확인되어 취소하는 판결이 확정된 경우, 처분청이 취할 조치

[2] 중소기업제품 구매촉진 및 판로지원에 관한 법률에 따른 1차 직접생산확인 취소처분에 대하여 중소기업자가 제기한 취소소송절차에서 집행정지결정이 이루어졌다가 본안소송에서 중소기업자의 패소판결이 확정되어 집행정지가 실효되고 취소처분을 집행할 수 있게 되었으나 1차 취소처분 당시 유효기간이 남아 있었던 직접생산확인의 전부 또는 일부가 집행정지기간 중 유효기간이 모두 만료되고 집행정지기간 중 새로 받은 직접생산확인의 유효기간이 남아 있는 경우, 관할 행정청이 직접생산확인 취소 대상을 '1차 취소처분 당시' 유효기간이 남아 있었던 모든 제품에서 '1차 취소처분을 집행할 수 있게 된 시점 또는 그와 가까운 시점'을 기준으로 유효기간이 남아 있는 모든 제품으로 변경하는 처분을 할 수 있는지 여부(적극)

판결요지

[1] 집행정지결정의 효력은 결정 주문에서 정한 기간까지 존속하다가 그 기간이 만료되면 장래에 향하여 소멸한다. 집행정지결정은 처분의 집행으로 회복하기 어려운 손해를 예방하기 위하여 긴급한 필요가 있고 달리 공공복리에 중대한 영향을 미치지 않을 것을 요건으로 하여 본안판결이 있을 때까지 해당 처분의 집행을 잠정적으로 정지함으로써 위와 같은 손해를 예방하는 데 취지가 있으므로, 항고소송을 제기한 원고가 본안소송에서 패소확정판결을 받았더라도 집행정지결정의 효력이 소급하여 소멸하지 않는다.

그러나 제재처분에 대한 행정쟁송절차에서 처분에 대해 집행정지결정이 이루어졌더라도 본안에서 해당 처분이 최종적으로 적법한 것으로 확정되어 집행정지결정이 실효되고 제재처분을 다시 집행할 수 있게 되면, 처분청으로서는 당초 집행정지결정이 없었던 경우와 동등한 수준으로 해당 제재처분이 집행되도록 필요한 조치를 취하여야 한다. 집행정지는 행정쟁송절차에서 실효적 권리구제를 확보하기 위한 잠정적 조치일 뿐이므로, 본안 확정판결로 해당 제재처분이 적법하다는 점이 확인되었다면 제재처분의 상대방이 잠정적 집행정지를 통해 집행정지가 이루어지지 않은 경우와 비교하여 제재를 덜 받게 되는 결과가 초래되도록 해서는 안 된다. 반대로, 처분상대방이 집행정지결정을 받지 못했으나 본안소송에서 해당 제재처분이 위법하다는 것이 확인되어 취소하는 판결이 확정되면, 처분청은 그 제재처분으로 처분상대방에게 초래된 불이익한 결과를 제거하기 위하여 필요한 조치를 취하여야 한다.

[2] 직접생산확인을 받은 중소기업자가 공공기관의 장과 납품 계약을 체결한 후 직접생산하지 않은 제품을 납품하였다. 관할 행정청은 중소기업제품 구매촉진 및 판로지원에 관한 법률 제11조 제3항에 따라 당시 유효기간이 남아 있는 중소기업자의 모든 제품에 대한 직접생산확인을 취소하는 1차 취소처분을 하였다. 중소기업자는 1차 취소처분에 대하여 취소소송을 제기하였고, 집행정지결정이 이루어졌다. 그러나 결국 중소기업자의 패소판결이 확정되어 집행정지가 실효되고, 취소처분을 집행할 수 있게 되었다. 그런데 1차 취소처분 당시 유효기간이 남아 있었던 직접생산확인의 전부 또는 일부는 집행정지기간 중 유효기간이 모두 만료되었고, 1차 취소처분 당시 유효기간이 남아 있었던 직접생산확인 제품 목록과 취소처분을 집행할 수 있게 된 시점에 유효기간이 남아 있는 직접생산확인 제품 목록은 다르다.

위와 같은 경우 관할 행정청은 1차 취소처분을 집행할 수 있게 된 시점으로부터 상당한 기간 내에 직접생산확인 취소 대상을 '1차 취소처분 당시' 유효기간이 남아 있었던 모든 제품에서 '1차 취소처분을 집행할 수 있게 된 시점 또는 그와 가까운 시점'을 기준으로 유효기간이 남아 있는 모든 제품으로 변경하는 처분을 할 수 있다. 이러한 변경처분은 중소기업자가 직접생산하지 않은 제품을 납품하였다는 점과 중소기업제품 구매촉진 및 판로지원에 관한 법률 제11조 제3항 중 제2항 제3호에 관한 부분을 각각 궁극적인 '처분하려는 원인이 되는 사실'과 '법적 근거'로 한다는 점에서 1차 취소처분과 동일하고, 제재의 실효성을 확보하기 위하여 직접생산확인 취소 대상만을 변경한 것이다.

관련내용

✦ 집행정지(채점위원 강평 시 적극적 요건과 소극적 요건으로 나누어서 기재요망)

I. 의의

집행정지란 취소소송이 제기된 경우 처분 등이나 그 집행 또는 절차의 속행으로 인하여 생길 회복하기 어려운 손해를 예방하기 위하여 긴급한 필요가 있다고 인정할 때에는 본안이 계속되고 있는 법원은 당사자의 신청 또는 직권으로 처분 등의 효력이나 그 집행 또는 절차 속행의 전부 또는 일부를 정지하는 결정을 말한다(행정소송법 제23조 제2항). 행정소송법은 집행부정지원칙을 채택하고(행정소송법 제23조 제1항), 예외적으로 요건이 충족되는 경우 집행정지를 인정한다.

II. 집행정지의 요건

1. 적극적 요건

   적극적 요건이란 신청인이 주장·소명하는 요건이다.

   (1) 본안이 계속 중일 것

   집행정지 신청은 본안소송이 적법하게 제기되어 계속될 것을 전제로 한다. 본안에 대한 다툼이 없는 한 집행정지는 의미를 가질 수 없기 때문이다.

(2) 처분 등이 존재할 것

집행정지의 대상이 되는 처분 등이 존재해야 한다. 처분 전이거나, 부작위 또는 처분 소멸 후 처분은 집행정지 대상이 되는 처분 등이 아니다. 다만 거부처분취소소송에서 집행정지신청이 가능한지 견해 대립이 있다.

1) 문제점

집행정지는 소극적으로 처분이 없었던 것과 같은 상태를 만드는 것이므로 거부처분의 경우 집행정지가 인정될 수 있을지 문제된다.

2) 학설

① 〈부정설〉 다수견해는 집행정지를 인정한다 하여도 신청인의 지위는 거부처분이 없는 상태로 돌아가는 것에 불과하고, 집행정지결정의 기속력과 관련하여 행정소송법 제23조 제6항은 기속력에 관한 규정은 행정소송법 제30조 제1항만을 준용할 뿐 재처분의무인 제30조 제2항을 준용하지 않으므로 부정한다. ② 〈제한적 긍정설〉 원칙적으로 부정함이 타당하나, 기간 제한이 있는 자의 기간 만료 전 갱신허가 거부의 경우처럼 집행정지를 인정할 실익이 있는 경우가 있으므로 제한적으로 긍정할 필요가 있다고 한다.

3) 판례

대법원은 신청에 대한 거부처분의 효력을 정지하더라도 거부처분이 없었던 것과 같은 상태 즉 신청 시의 상태로 되돌아가는 데에 불과하고 행정청에게 신청에 따른 처분을 하여야 할 의무가 생기는 것이 아니므로, 신청인에게 효력정지를 구할 이익이 없다고 하였다.

4) 검토

원칙적으로 부정함이 타당하나, 거부처분이 집행정지됨으로써 신청인에게 어떠한 법적 이익이 있다고 인정되는 경우는 예외적으로 인정해주어야 할 것이므로 그러한 경우는 제한적 긍정설이 타당하다고 판단된다.

(3) 회복하기 어려운 손해를 예방하기 위한 것일 것

처분 등이나 그 집행 또는 절차의 속행으로 인하여 회복하기 어려운 손해 발생의 우려가 있어야 한다. 판례는 회복하기 어려운 손해를 특별한 사정이 없는 한 금전으로 보상할 수 없는 손해로 이해하고, 금전보상이 불능인 경우뿐만 아니라 금전보상으로는 사회관념상 당사자가 참고 견딜 수 없거나 또는 참고 견디기 현저히 곤란한 경우의 유형·무형의 손해로 이해한다. 그리고 기업의 경우는 사업 자체를 계속할 수 없거나 중대한 경영상 위기를 기준으로 한다.

(4) 긴급한 필요가 있을 것

긴급한 필요란 회복하기 어려운 손해 발생 가능성이 시간적으로 절박하여 손해를 피하기 위한 본안 판결을 기다릴 여유가 없는 것을 의미한다(판례).

2. 소극적 요건

소극적 요건은 행정청이 주장·소명한다.

(1) **공공복리에 중대한 영향이 없을 것**

집행 정지가 공공복리에 중대한 영향을 미칠 우려가 없어야 한다(행정소송법 제23조 제3항).

(2) **본안청구의 이유 없음이 명백하지 않을 것**

이 요건은 판례가 요구하는 요건으로서, 학설은 소극적 요건으로 보는 견해와 요건으로 보지 않는 견해, 적극적 요건으로 보는 견해가 대립하나, 본안에서 처분의 취소가능성이 명백히 없다면 처분의 집행정지를 인정하는 취지에 반하므로 소극적 요건으로 보는 견해가 타당하다.

Ⅲ. 집행정지의 절차와 불복

① 〈절차〉 정지결정절차는 당사자의 신청이나 법원에 의해 개시된다(행정소송법 제23조 제2항). 정지의 결정은 재판에 의한다(동조 동항). 다만, 처분의 효력정지는 처분 등의 집행 또는 절차의 속행을 정지함으로써 목적을 달성할 수 있는 경우에는 허용되지 아니한다(행정소송법 제23조 제2항 단서). 관할 법원은 본안이 계속된 법원이다. ② 〈불복〉 집행정지의 결정 또는 기각의 결정에 대해서는 즉시항고할 수 있다. 이 경우 집행정지의 결정에 대한 즉시항고에는 결정의 집행을 정지하는 효력이 없다(행정소송법 제23조 제5항).

Ⅳ. 집행정지의 대상

1. 효력의 정지

효력이 정지되면 처분이 갖는 효력이 정지(예 업무정지처분의 효력이 정지되는 것)되어 처분이 형식상으로는 있으되, 실질상으로는 없는 것과 같은 상태가 된다.

2. 집행의 정지

집행의 정지란 처분내용의 강제적인 실현의 정지를 의미한다(예 강제퇴거명령서에 따른 강제퇴거 집행의 정지).

3. 절차 속행의 정지

절차 속행의 정지란 단계적으로 발전하는 법률관계에서 선행행위의 하자를 다투는 경우 후행행위를 하지 못하게 함을 말한다(예 대집행계고처분에서 대집행영장에 의한 통지행위를 하지 못하게 하는 것).

Ⅴ. 집행정지의 효과

1. 형성력

① 효력정지 결정은 효력 자체를 정지시켜 행정처분이 없었던 것과 같은 상태를 가져온다. 집행정지 결정과 절차 속행정지 결정은 처분의 효력에는 영향이 없으나, 처분의 집행 또는 절차의 속행을 정지하는 효과를 지닌다. ② 제3자효 있는 행위는 제3자에게도 효력이 미친다(행정소송법 제29조 제2항).

2. 기속력

정지결정은 당사자인 행정청과 그 밖의 관계 행정청을 기속한다(행정소송법 제23조 제6항, 동법 제30조 제1항). 따라서 처분 등의 효력이나 집행 또는 절차 속행의 전부 또는 일부의 정지결정이 있으면 정지결정에 위배된 후속행위들은 무효이다(판례).

3. 시간적 효력

집행정지결정의 효력은 집행정지결정시점부터 발생한다. 그 효력은 결정주문에서 정한 시기까지 존속한다.

Ⅵ. 정지결정 취소의 사유 및 효과

집행정지결정이 확정된 후 집행정지가 공공복리에 중대한 영향을 미치거나, 그 정지사유가 없어진 때에는 당사자의 신청 또는 직권에 의하여 결정으로써 집행정지의 결정을 취소할 수 있다(행정소송법 제24조 제1항). 정지결정이 취소되면 처분의 원래의 효과가 발생한다.

관련기출

✦ 기출문제 제34회 문제3 - 집행정지

[문제3] A감정평가법인(이하 'A법인'이라 함)에 근무하는 B감정평가사(이하 'B'라 함)는 2020.4.경 갑 소유의 토지 (이하 '갑 토지'라 함)를 감정평가하면서 甲 토지와 이용가치가 비슷하다고 인정되는 부동산 가격공시에 관한 법률에 따른 표준지공시지가를 기준으로 감정평가를 하지도 않았고 적정한 실거래가보다 3배 이상 차이가 나는 금액으로 甲 토지를 감정평가하였다. 그러나 그 사실은 3년여가 지난 후 발견되었고 이에 따라 국토교통부장관은 감정평가관리ㆍ징계위원회(이하 '위원회'라 함)에 징계의결을 요구하였으며 위원회는 3개월의 업무정지를 의결하였고, 국토교통부장관은 위원회의 의결에 따라 2023.7.10. B에 대해서 3개월의 업무정지처분(2023.8.1.부터)을 결정하였으며 A법인과 B에게 2023.7.10. 위 징계사실을 통보하였다. 이에 B는 위 징계가 위법하다는 이유로 2023.7.14. 취소소송을 제기하면서 집행정지를 신청하였다. 집행정지의 인용가능성과 본안에서 B의 청구가 기각되는 경우 징계의 효력과 국토교통부장관이 취해야 할 조치에 관하여 설명하시오. 20점

✦ 기출문제 제23회 문제3 - 집행정지

[문제3] 20년 이상 감정평가업에 종사하고 있는 감정평가사 甲은 2년 전에 국토교통부장관 乙의 인가를 받아 50명 이상의 종업원을 고용하는 감정평가법인을 설립하였다. 그 후 乙은 甲이 정관을 거짓으로 작성하는 등 부정한 방법으로 감정평가법인의 설립인가를 받았다는 이유로, 「부동산 가격공시 및 감정평가에 관한 법률」 제38조 제1항 제6호에 따라 설립인가를 취소하였다. 甲은 乙의 인가취소가 잘못된 사실관계에 기초한 위법한 처분이라는 이유로 취소소송을 제기하면서 집행정지신청을 하였다. 甲의 집행정지신청의 인용여부를 논하시오. 20점

판례 05 이주자택지 공급한도를 초과한 부분이 이주대책으로 특별공급에 해당되는지

한국토지주택공사는 이주자택지 공급한도를 265㎡로 정하였을 뿐 이를 초과하는 부분까지 이주대책으로서 특별공급한 것으로 단정하기 어려운데도, 이와 달리 본 원심판단에 법리오해 등의 잘못이 있다.

쟁점사항

▸ 사업시행자가 공익사업을 위한 토지 등의 취득 및 보상에 관한 법률 시행령 제40조 제2항 단서에 따라 택지개발촉진법 또는 주택법 등 관계 법령에 의하여 이주대책대상자들에게 택지 또는 주택을 공급하는 것은 공익사업을 위한 토지 등의 취득 및 보상에 관한 법률 제78조 제1항의 위임에 근거하여 선택할 수 있는 이주대책의 한 방법이고, 사업시행자는 이주대책을 수립·실시하여야 할 자를 선정하여 그들에게 공급할 택지 또는 주택의 내용이나 수량을 정함에 재량을 갖는다.

▸ 한국토지주택공사는 이주자택지 공급한도를 265㎡로 정하였을 뿐 이를 초과하는 부분까지 이주대책으로서 특별공급한 것으로 단정하기 어렵다.

▸ 공익사업을 위한 토지 등의 취득 및 보상에 관한 법률(이하 '토지보상법'이라고 한다) 제78조에 의하면, 사업시행자가 공익사업의 시행으로 인하여 주거용 건축물을 제공함에 따라 생활의 근거를 상실하게 되는 이주대책대상자를 위하여 수립·실시하여야 하는 이주대책에는 이주정착지에 대한 도로 등 통상적인 수준의 생활기본시설이 포함되어야 하고, 이에 필요한 비용은 사업시행자가 부담하여야 한다. 위 규정 취지는 이주대책대상자에게 생활의 근거를 마련해 주고자 하는 데 있으므로, '생활기본시설'은 구 주택법(2012.1.26. 법률 제11243호로 개정되기 전의 것, 이하 '구 주택법'이라고 한다) 제23조 등 관계 법령에 따라 주택건설사업이나 대지조성사업을 시행하는 사업주체가 설치하도록 되어 있는 도로와 상하수도시설 등 간선시설을 의미한다고 보아야 한다.

관련판례

✦ 대판 2023.7.13, 2023다214252[채무부존재확인]〈택지개발사업 이주자택지 공급대상자로 선정된 주민들이 사업시행자를 상대로 납입 분양대금 중 생활기본시설 설치비용 상당액이 포함되어 있다고 주장하면서 부당이득반환을 청구한 사건〉

판시사항

[1] 공익사업의 시행자가 이주대책을 수립·실시하여야 할 자를 선정하여 그들에게 공급할 택지 또는 주택의 내용이나 수량을 정할 재량을 가지는지 여부(적극) 및 이주대책대상자들에게 이주자택지 공급한도로 정한 265㎡를 초과하여 공급한 부분이 사업시행자가 정한 이주대책의 내용이 아니라 일반수분양자에게 공급한 것과 마찬가지로 볼 수 있는 경우, 초과 부분에 해당하는 분양면적에 대하여 생활기본시설 설치비용을 부담시킬 수 있는지 여부(적극)

[2] 택지개발사업의 시행자인 한국토지주택공사의 '이주 및 생활대책 수립지침'에서 점포겸용·단독주택용지의 경우 이주자택지의 공급규모를 1필지당 265㎡ 이하로 정하면서, 당해 사업지구

의 여건과 인근지역 부동산시장동향 등을 종합적으로 고려하여 불가피한 경우에는 위 기준을 다르게 정할 수 있다고 규정하고 있고, 한국토지주택공사는 사업지구 내 이주자택지를 1필지당 265㎡ 상한으로 공급하되, 265㎡를 초과하여 공급하는 경우 초과 면적에 대하여도 감정가격을 적용하지 않고 조성원가에서 생활기본시설 설치비용을 제외한 금액으로 공급하기로 하는 내용의 이주자택지 공급공고와 보상안내를 한 후 이주자택지 공급대상자로 선정된 갑 등과 분양계약을 체결하였는데, 분양면적 중 이주자택지 공급한도인 265㎡ 초과 부분도 이주대책으로서 특별공급된 것인지 문제 된 사안에서, 제반 사정에 비추어 한국토지주택공사는 이주자택지 공급한도를 265㎡로 정하였을 뿐 이를 초과하는 부분까지 이주대책으로서 특별공급한 것으로 단정하기 어렵다고 한 사례

[3] 공익사업을 위한 토지 등의 취득 및 보상에 관한 법률 제78조 제4항에서 정한 '생활기본시설'의 의미 및 일반 광장이나 생활기본시설에 해당하지 않는 고속국도에 부속된 교통광장과 같은 광역교통시설광장이 생활기본시설에 해당하는지 여부(소극) / 대도시권의 대규모 개발사업을 하는 과정에서 광역교통시설의 건설 및 개량에 소요되어 대도시권 내 택지 및 주택의 가치를 상승시키는 데에 드는 비용이 생활기본시설 설치비용에 해당하는지 여부(소극)

판결요지

[1] 사업시행자가 공익사업을 위한 토지 등의 취득 및 보상에 관한 법률 시행령 제40조 제2항 단서에 따라 택지개발촉진법 또는 주택법 등 관계 법령에 의하여 이주대책대상자들에게 택지 또는 주택을 공급하는 것은 공익사업을 위한 토지 등의 취득 및 보상에 관한 법률 제78조 제1항의 위임에 근거하여 선택할 수 있는 이주대책의 한 방법이고, 사업시행자는 이주대책을 수립 · 실시하여야 할 자를 선정하여 그들에게 공급할 택지 또는 주택의 내용이나 수량을 정함에 재량을 갖는다.
이주대책대상자들에게 이주자택지 공급한도로 정한 265㎡를 초과하여 공급한 부분이 사업시행자가 정한 이주대책의 내용이 아니라 일반수분양자에게 공급한 것과 마찬가지로 볼 수 있는 경우 초과 부분에 해당하는 분양면적에 대해서는 일반수분양자와 동등하게 생활기본시설 설치비용을 부담시킬 수 있다.

[2] 택지개발사업의 시행자인 한국토지주택공사의 '이주 및 생활대책 수립지침'(이하 '수립지침'이라고 한다)에서 점포겸용·단독주택용지의 경우 이주자택지의 공급규모를 1필지당 265㎡ 이하로 정하면서, 당해 사업지구의 여건과 인근지역 부동산시장동향 등을 종합적으로 고려하여 불가피한 경우에는 위 기준을 다르게 정할 수 있다고 규정하고 있고, 한국토지주택공사는 사업지구 내 이주자택지를 1필지당 265㎡ 상한으로 공급하되, 265㎡를 초과하여 공급하는 경우 초과 면적에 대하여도 감정가격을 적용하지 않고 조성원가에서 생활기본시설 설치비용을 제외한 금액으로 공급하기로 하는 내용의 이주자택지 공급공고와 보상안내를 한 후 이주자택지 공급대상자로 선정된 갑 등과 분양계약을 체결하였는데, 분양면적 중 이주자택지 공급한도

인 265㎡ 초과 부분도 이주대책으로서 특별공급된 것인지 문제 된 사안에서, 한국토지주택공사는 이주대책기준 설정에 관한 재량에 따라 수립지침 등 내부 규정에 의하여 사업지구 내 이주자택지 공급규모의 기준을 1필지당 265㎡로 정하였고, 공급공고와 보상안내에 따라 이를 명확하게 고지한 점, 한국토지주택공사가 이주자택지 공급한도를 초과하는 부분의 공급가격을 그 이하 부분과 동일하게 산정하기로 정하였다거나 분양계약서에 분양면적 전체가 이주자택지로 표시되어 있다고 하여 그로써 당연히 공급규모의 기준을 변경하는 의미로 볼 수 없는 점, 특히 이주자택지 공급규모에 관한 기준을 달리 정하였다고 보기 위해서는 수립지침에 따라 획지분할 여건, 토지이용계획 및 토지이용의 효율성 등 당해 사업지구의 여건과 인근지역 부동산시장동향 등을 고려한 불가피한 사정이 있어야 하는 점 등 제반 사정에 비추어 보면, 한국토지주택공사는 이주자택지 공급한도를 265㎡로 정하였을 뿐 이를 초과하는 부분까지 이주대책으로서 특별공급한 것으로 단정하기 어려운데도, 이와 달리 본 원심판단에 법리오해 등의 잘못이 있다고 한 사례

[3] 공익사업을 위한 토지 등의 취득 및 보상에 관한 법률(이하 '토지보상법'이라고 한다) 제78조에 의하면, 사업시행자가 공익사업의 시행으로 인하여 주거용 건축물을 제공함에 따라 생활의 근거를 상실하게 되는 이주대책대상자를 위하여 수립·실시하여야 하는 이주대책에는 이주정착지에 대한 도로 등 통상적인 수준의 생활기본시설이 포함되어야 하고, 이에 필요한 비용은 사업시행자가 부담하여야 한다. 위 규정 취지는 이주대책대상자에게 생활의 근거를 마련해 주고자 하는 데 있으므로, '생활기본시설'은 구 주택법(2012.1.26. 법률 제11243호로 개정되기 전의 것, 이하 '구 주택법'이라고 한다) 제23조 등 관계 법령에 따라 주택건설사업이나 대지조성사업을 시행하는 사업주체가 설치하도록 되어 있는 도로와 상하수도시설 등 간선시설을 의미한다고 보아야 한다. 그러나 광장은 토지보상법에서 정한 생활기본시설 항목이나 구 주택법에서 정한 간선시설 항목에 포함되어 있지 않으므로, 생활기본시설 항목이나 간선시설 항목에 해당하는 시설에 포함되거나 부속되어 그와 일체로 평가할 수 있는 경우와 같은 특별한 사정이 없는 한 생활기본시설에 해당하지 않는다. 따라서 일반 광장이나 생활기본시설에 해당하지 않는 고속국도에 부속된 교통광장과 같은 광역교통시설광장은 생활기본시설에 해당한다고 보기 어렵다. 또한 대도시권의 대규모 개발사업을 하는 과정에서 광역교통시설의 건설 및 개량에 소요되어 대도시권 내 택지 및 주택의 가치를 상승시키는 데에 드는 비용은 대도시권 내의 택지나 주택을 공급받는 이주대책대상자도 그에 따른 혜택을 누리게 된다는 점에서 생활기본시설 설치비용에 해당하지 않는다.

판례 06 공법상 제한받는 토지의 평가

> 특정 공익사업의 시행을 위하여 용도지역 등의 지정 또는 변경을 하지 않았다고 볼 수 있으려면, 토지가 특정 공익사업에 제공된다는 사정을 배제할 경우 용도지역 등의 지정 또는 변경을 하지 않은 행위가 계획재량권의 일탈·남용에 해당함이 객관적으로 명백하여야만 한다.

쟁점사항

어느 수용대상 토지에 관하여 특정 시점에서 용도지역 등의 지정 또는 변경을 하지 않은 것이 특정 공익사업의 시행을 위한 것일 경우 이는 당해 공익사업의 시행을 직접 목적으로 하는 제한이라고 보아 용도지역 등의 지정 또는 변경이 이루어진 상태를 상정하여 토지가격을 평가하여야 한다. 여기에서 특정 공익사업의 시행을 위하여 용도지역 등의 지정 또는 변경을 하지 않았다고 볼 수 있으려면, 토지가 특정 공익사업에 제공된다는 사정을 배제할 경우 용도지역 등의 지정 또는 변경을 하지 않은 행위가 계획재량권의 일탈·남용에 해당함이 객관적으로 명백하여야만 한다.

관련판례

✦ 대판 2015.8.27, 2012두7950[토지보상금증액]

판시사항

수용대상 토지에 관하여 특정 시점에서 용도지역 등의 지정 또는 변경을 하지 않은 것이 특정 공익사업의 시행을 위한 것인 경우, 공익사업의 시행을 직접 목적으로 하는 제한으로 보아 용도지역 등의 지정 또는 변경이 이루어진 상태를 상정하여 토지가격을 평가해야 하는지 여부(적극) 및 특정 공익사업의 시행을 위하여 용도지역 등의 지정 또는 변경을 하지 않았다고 보기 위한 요건

판결요지

구 공익사업을 위한 토지 등의 취득 및 보상에 관한 법률 시행규칙(2012.1.2. 국토해양부령 제427호로 개정되기 전의 것) 제23조 제1항, 제2항의 규정 내용, 상호 관계와 입법 취지, 용도지역·지구·구역(이하 '용도지역 등'이라 한다)의 지정 또는 변경행위의 법적 성질과 사법심사의 범위, 용도지역 등이 토지의 가격형성에 미치는 영향의 중대성 및 공익사업을 위하여 취득하는 토지에 대한 보상액 산정을 위하여 토지가격을 평가할 때 일반적 계획제한에 해당하는 용도지역 등의 지정 또는 변경이라도 특정 공익사업의 시행을 위한 것이라면 당해 공익사업의 시행을 직접 목적으로 하는 제한이라고 보아야 하는 점 등을 종합적으로 고려하면, 어느 수용대상 토지에 관하여 특정 시점에서 용도지역 등의 지정 또는 변경을 하지 않은 것이 특정 공익사업의 시행을 위한 것일 경우 이는 당해 공익사업의 시행을 직접 목적으로 하는 제한이라고 보아 용도지역 등의 지정 또는 변경이 이루어진 상태를 상정하여 토지가격을 평가하여야 한다. 여기에서 특정 공익사업의 시행을

위하여 용도지역 등의 지정 또는 변경을 하지 않았다고 볼 수 있으려면, 토지가 특정 공익사업에 제공된다는 사정을 배제할 경우 용도지역 등의 지정 또는 변경을 하지 않은 행위가 계획재량권의 일탈·남용에 해당함이 객관적으로 명백하여야만 한다.

이유

상고이유(상고이유서 제출기간이 경과한 후에 제출된 각 보충서의 기재는 이를 보충하는 범위 내에서)를 판단한다.

1. 원고의 상고이유 제1, 3점, 피고의 상고이유 제1점에 대하여

가. 1) 구 공익사업을 위한 토지 등의 취득 및 보상에 관한 법률(2011.8.4. 법률 제11017호로 개정되기 전의 것, 이하 '법'이라 한다) 제70조 제2항은 "토지에 대한 보상액은 원칙적으로 가격시점에 있어서의 현실적인 이용상황과 일반적인 이용방법에 의한 객관적 상황을 고려하여 산정하되, 일시적인 이용상황 등은 이를 고려하지 아니한다."고 규정하고 있고, 그 구체적인 보상액 산정 및 평가방법을 국토해양부령으로 정하도록 한 법 제70조 제6항의 위임을 받은 구 공익사업을 위한 토지 등의 취득 및 보상에 관한 법률 시행규칙(2012.1.2. 국토해양부령 제427호로 개정되기 전의 것, 이하 '법 시행규칙'이라 한다) 제24조는 "관계 법령에 의하여 허가를 받거나 신고를 하고 형질변경을 하여야 하는 토지를 허가를 받지 아니하거나 신고를 하지 아니하고 형질변경한 토지(이하 '불법형질변경토지'라 한다)에 대하여는 토지가 형질변경될 당시의 이용상황을 상정하여 평가한다."고 규정하고 있다. 이에 의하면 토지에 대한 보상액은 현실적인 이용상황에 따라 산정함이 원칙이므로, 수용대상 토지의 이용상황이 일시적이라거나 불법형질변경토지라는 이유로 본래의 이용상황 또는 형질변경 당시의 이용상황에 의하여 보상액을 산정하기 위해서는 그와 같은 예외적인 보상액 산정방법의 적용을 주장하는 쪽에서 수용대상 토지가 불법형질변경토지임을 증명하여야 한다(대판 2012.4.26, 2011두2521 등 참조).

그런데 위와 같이 불법형질변경의 경우 형질변경 당시의 현황으로 평가한다는 취지의 규정은 1995.1.7. 구 공공용지의 취득 및 손실보상에 관한 특례법 시행규칙(2002.12.31. 건설교통부령 제344호 법 시행규칙 부칙 제2조로 폐지)이 건설교통부령 제3호로 개정되면서 제6조 제6항에 최초로 신설되었는데, 그 부칙 제4항에서 위 시행규칙 시행 이전에 공공사업 시행지구에 편입된 경우에는 종전의 규정에 의하도록 하는 경과규정을 두었고, 법 시행규칙 부칙(2002.12.31.) 제6조도 1995.1.7. 당시 공익사업 시행지구에 편입된 불법형질변경토지에 대하여는 제24조의 규정에 불구하고 이를 현실적인 이용상황에 따라 보상하여야 한다고 규정하고 있으므로, 1995.1.7. 이전에 이미 도시계획시설의 부지로 결정·고시되는 등 공공사업 시행지구에 편입되고 불법으로 형질변경이 된 토지에 대하여는 형질변경이 될 당시의 토지이용상황을 상정하여 평가하도록 규정한 위 시행규칙 제6조 제6항 또는 법 시행규칙 제24조를 적용할 수 없고, 일시적인 이용상황이 아닌 한 현실적인 이용상황에 따라 평가하여야 한다(대판 2008.5.15, 2006두16007·16014 등 참조).

2) 법 제70조 제6항의 위임을 받은 법 시행규칙 제23조 제1항은 "공법상 제한을 받는 토지에 대하여는 제한받는 상태대로 평가한다. 다만 그 공법상 제한이 당해 공익사업의 시행을 직접 목적으로 하여 가하여진 경우에는 제한이 없는 상태를 상정하여 평가한다."고 규정 하고 있고, 제2항은 "당해 공익사업의 시행을 직접 목적으로 하여 용도지역 또는 용도지구 등이 변경된 토지에 대하여는 변경되기 전의 용도지역 또는 용도지구 등을 기준으로 평가 한다."고 규정하고 있다. 따라서 공법상 제한을 받는 토지에 대한 보상액을 산정할 때에 해당 공법상 제한이 용도지역·지구·구역(이하 '용도지역 등'이라 한다)의 지정 또는 변 경과 같이 그 자체로 제한목적이 달성되는 일반적 계획제한으로서 구체적 도시계획사업과 직접 관련되지 아니한 경우에는 그러한 제한을 받는 상태 그대로 평가하여야 하지만, 도 로·공원 등 특정 도시계획시설의 설치를 위한 계획결정과 같이 구체적 사업이 따르는 개 별적 계획제한이거나 일반적 계획제한에 해당하는 용도지역 등의 지정 또는 변경에 따른 제한이더라도 그 용도지역 등의 지정 또는 변경이 특정 공익사업의 시행을 위한 것일 때에 는 당해 공익사업의 시행을 직접 목적으로 하는 제한으로 보아 위 제한을 받지 아니하는 상태를 상정하여 평가하여야 한다(대판 2012.5.24, 2012두1020 등 참조). 한편 이와 같은 법 시행규칙 제23조 제1항 단서와 제2항은 모두 당해 공공사업의 영향을 배제하여 정당한 보상을 실현하려는 데 그 입법 취지가 있다(대판 2007.7.12, 2006두11507 참조).

그리고 용도지역 등의 지정 또는 변경행위는 전문적·기술적 판단에 기초하여 행하여지는 일종의 행정계획으로서 재량행위라 할 것이지만, 행정주체가 가지는 이와 같은 계획재량 은 그 행정계획에 관련되는 자들의 이익을 공익과 사익 사이에서는 물론이고 공익 상호 간과 사익 상호 간에도 정당하게 비교·교량하여야 하고 그 비교·교량은 비례의 원칙에 적합하도록 하여야 하는 것이므로, 만약 행정주체가 행정계획을 입안·결정함에 있어서 이익형량을 전혀 행하지 아니하였거나 이익형량의 고려대상에 마땅히 포함시켜야 할 중요 한 사항을 누락한 경우 또는 이익형량을 하였으나 그것이 비례의 원칙에 어긋나게 된 경우 에는 그 행정계획결정은 재량권을 일탈·남용한 것으로 위법하다(대판 2005.3.10, 2002두 5474, 대판 2012.5.10, 2011두31093 등 참조).

이상과 같은 법 시행규칙 제23조 제1항, 제2항의 규정 내용, 상호 관계와 그 입법 취지, 용도지역 등의 지정 또는 변경행위의 법적 성질과 그 사법심사의 범위, 용도지역 등이 토지 의 가격형성에 미치는 영향의 중대성 및 공익사업을 위하여 취득하는 토지에 대한 보상액 산정을 위하여 토지가격을 평가할 때 일반적 계획제한에 해당하는 용도지역 등의 지정 또는 변경이라도 특정 공익사업의 시행을 위한 것이라면 당해 공익사업의 시행을 직접 목적으로 하는 제한이라고 보아야 하는 점 등을 종합적으로 고려하면, 어느 수용대상 토지에 관하여 특정 시점에서 용도지역 등의 지정 또는 변경을 하지 않은 것이 특정 공익사업의 시행을 위한 것일 경우 이는 당해 공익사업의 시행을 직접 목적으로 하는 제한이라고 보아 그 용도 지역 등의 지정 또는 변경이 이루어진 상태를 상정하여 토지가격을 평가하여야 한다. 여기 에서 특정 공익사업의 시행을 위하여 용도지역 등의 지정 또는 변경을 하지 않았다고 볼 수 있으려면, 그 토지가 특정 공익사업에 제공된다는 사정을 배제할 경우 용도지역 등의 지정 또는 변경을 하지 않은 행위가 계획재량권의 일탈·남용에 해당함이 객관적으로 명백하여야만 할 것이다.

– 중략 –

2. 원고의 상고이유 제2점에 대하여

원심은, 가격시점 당시 이 사건 토지는 1필지에 해당하지만 이는 2007.5.11.경 원고의 신청에 따라 병합된 결과일 뿐이고 이 사건 토지는 1971년 매수 당시부터 위 병합 시까지 독립된 4필지의 토지로 소유·관리되어 온 점, 공법상 제한이 없었던 상태를 상정하여 평가하는 이상 해당 기간 동안 당시의 관련 법규에 따라 개발행위허가가 제한되는지 여부 등을 필지별로 판단할 필요가 있는 점 등을 고려할 때 이 사건 토지의 용도지역이나 이용상황은 그 병합 전 필지를 기준으로 하여 개별적으로 검토하는 것이 타당하다고 판단하고, 이 사건 토지가 1필지이므로 전체를 단일하게 평가하여야 한다는 원고의 주장을 배척하였다. 관련 법리와 기록에 비추어 보면, 원심의 위와 같은 판단은 정당하다고 수긍할 수 있고, 거기에 상고이유 주장과 같이 일단의 토지의 평가에 관한 법리를 오해하는 등의 위법이 없다.

3. 피고의 상고이유 제2점에 대하여

가. 표준지 선정이 위법하다는 주장에 대하여

비교표준지는 특별한 사정이 없는 한 도시지역 내에서는 용도지역을 우선으로 하고, 도시지역 외에서는 현실적 이용상황에 따른 실제 지목을 우선으로 하여 선정하여야 한다. 또한 수용대상 토지가 도시지역 내에 있는 경우 용도지역을 같이 하는 비교표준지가 여러 개 있을 때에는 현실적 이용상황, 공부상 지목, 주위환경, 위치 등의 제반 특성을 참작하여 그 자연적, 사회적 조건이 수용대상 토지와 동일 또는 유사한 토지를 당해 토지에 적용할 비교표준지로 선정하여야 하지만, 이러한 토지가 없다면 지목, 용도, 주위환경, 위치 등의 제반 특성을 참작하여 그 자연적, 사회적 조건이 감정 대상 토지와 동일 또는 가장 유사한 토지를 선정하여야 하고, 표준지와 감정 대상 토지의 용도지역이나 주변 환경 등에 다소 상이한 점이 있더라도 이러한 점은 지역요인이나 개별요인의 분석 등 품등비교에서 참작하면 되는 것이지 그러한 표준지의 선정 자체가 잘못된 것으로 단정할 수는 없다(대판 2009.9.10, 2006다64627, 대판 2011.9.8, 2009두4340 등 참조).

원심은 이 사건 토지 중 (주소 3 생략) 토지와 (주소 4 생략) 토지 부분에 대한 비교표준지 선정과 관련하여, ① 수용재결 및 이의재결 당시 실시한 감정평가에서 비교표준지로 선정한 서울 강남구 (주소 5 생략) 임야 7,322㎡는 이 사건 토지와 동일한 공원용지에 편입된 기준시점 당시 공시지가가 ㎡당 150,000원에 불과한 토지로서 행정조건 등의 상향조정을 통하여 공법상 제한을 받지 않은 상태로 보정하기에는 일정한 한계가 있는 점, ② 서울 강남구 (주소 6 생략) 대 307㎡는 지목과 이용상황이 이 사건 토지와 그대로 일치하지는 아니하나 이러한 점은 지역요인이나 개별요인의 분석 등 품등비교에서 적절히 참작할 수 있고 기준시점 당시의 용도지역은 일반주거지역으로 대상 토지와 동일하며 공원용지로 편입되지 않은 토지인 점, ③ 이 사건의 경우 현실적으로 서울 강남구 일원에서 공원용지로 지정되어 있지 않은 임야 상태의 표준지를 찾기 어려운 점 등을 고려할 때 위 (주소 6 생략) 대 307㎡를 비교표준지로 선정하여 감정평가를 실시한 법원 1차감정(추가보완)이 이 사건 토지 중 (주소 3 생략) 토지와 (주소 4 생략) 토지 부분의 객관적 가치를 제대로 평가한 것으로 볼 수 있다는 이유로 위 감정결과를 채택하였다.

위 법리와 기록에 비추어 살펴보면, 원심의 위와 같은 판단은 정당하고, 거기에 상고이유 주장과 같이 비교표준지 선정에 관한 법리오해 내지 이유모순의 위법이 없다.

나. 보상선례 참작이 위법하다는 주장에 대하여

손실보상액 산정에 관한 관계 법령의 규정을 종합하여 보면, 수용대상 토지에 대한 보상액을 산정하는 경우 거래사례나 보상선례를 반드시 조사하여 참작하여야 하는 것은 아니지만, 인근의 유사한 토지가 거래된 사례나 보상이 된 사례가 있고 그 가격이 정상적인 것으로서 적정한 보상액 평가에 영향을 미칠 수 있는 것임이 증명된 경우에는 그 토지의 정상거래가격을 참작할 수 있고, 보상선례가 인근의 유사한 토지에 관한 것으로서 당해 수용대상 토지의 적정가격을 평가하는 데 있어 중요한 자료가 되는 경우에는 이를 참작함이 타당하다(대판 2007.7.12, 2006두11507 참조).

위 법리와 기록에 비추어 살펴보면, 원심이 서울 강남구 (주소 7 생략) 답 333㎡를 보상선례로 참작하여 이 사건 토지 중 (주소 3 생략) 토지와 (주소 4 생략) 토지 부분의 감정평가를 실시한 법원 1차감정(추가보완)이 적정하다고 보아 그 감정결과를 채택한 것은 정당하다고 수긍할 수 있고, 거기에 상고이유 주장과 같이 토지에 대한 손실보상액 산정원칙에 관한 법리를 오해하는 등의 위법이 없다.

(출처: 대법원 2015.8.27. 선고 2012두7950 판결 [토지보상금증액])

 관련내용

공법상 제한받는 토지 평가

I. 공법상 제한받는 토지의 평가의 意義 등

1. 공법상 제한받는 토지의 평가의 의의

공법상 제한을 받는 토지란 개별 법률에 의해 이용 규제를 받고 있는 토지를 말한다. 공법상 제한에는 일반적 계획제한과 개별적 계획제한이 있다. 일반적 계획제한은 제한 그 자체로 목적이 완성되고 구체적 사업시행이 필요하지 않은 제한을 말한다. 개별적 계획제한이란 그 제한이 구체적 사업시행을 필요로 하는 제한이다.

2. 공법상 제한받는 토지의 평가에 대한 구체적 예시

① 〈일반적 계획제한〉 그 예시로서, 국토계획법에 따른 용도지역 등 지정 및 변경, 「군사기지 및 군사시설보호법」에 따른 군사시설보호구역의 지정 및 변경, 「수도법」에 따른 상수원 보호구역의 지정 및 변경, 「자연공원법」에 따른 자연공원 및 공원보호구역의 지정 및 변경 등이 있고, 그 밖에 이와 유사한 토지이용계획제한 등이 있다. ② 〈개별적 계획제한〉 그 예시로서, 국토계획법에 따른 도시·군계획시설 및 도시·군 관리계획의 결정고시, 토지보상법상 사업인정고시, 그 밖에 관련 법령에 따른 공익사업 계획 또는 시행의 공고 또는 고시, 공익사업 시행을 목적으로 한 사업구역·지구·단지 등의 지정고시 등이 있다.

II. 공법상 제한받는 토지의 평가 보상평가기준

1. 공법상 제한받는 토지의 평가에 대한 원칙

공법상 제한받는 토지는 제한받는 상태대로 평가한다(규칙 제23조 제1항 본문).

2. 공법상 제한받는 토지의 평가에 대한 예외

(1) 해당 공익사업시행을 직접 목적으로 하여 가하여진 경우

다만 그 공법상 제한이 당해 공익사업의 시행을 직접 목적으로 하여 가하여진 경우에는 제한이 없는 상태를 상정하여 평가한다(규칙 제23조 제1항 단서). 즉 당해 사업으로 가해진 제한으로 인한 가격 변동은 고려하지 않고 감정평가한다. 그 이유는 토지보상법 제67조 제2항의 해당 공익사업으로 인한 토지가치 변동 시 이를 고려하지 않는다는 원칙 때문이다.

(2) 해당 공익사업 시행을 직접 목적으로 하여 용도지역 등이 변경된 경우

해당 공익사업의 시행을 직접 목적으로 하여 용도지역 또는 용도지구 등이 변경된 토지에 대하여는 변경되기 전의 용도지역 또는 용도지구 등을 기준으로 평가한다(규칙 제23조 제2항). 이와 같이 감정평가하는 이유는 토지보상법 제67조 제2항의 해당 공익사업으로 인한 토지가치 변동 시 이를 고려하지 않는다는 원칙 때문이다.

3. 공법상 제한받는 토지의 평가에 대한 쟁점 판례

① 당해 공익사업 시행을 직접 목적으로 용도지역 또는 용도지구 등이 변경된 토지에 대하여는 변경되기 전의 용도지역 또는 용도지구 등을 기준으로 평가한다(규칙 제23조 제2항). 예를 들어 수용대상 토지가 보전용도에서 개발용도로 전환된 것이 당해 공익사업의 시행으로 인해 이루어진 경우 보상액은 개발용도로 해제되기 전의 용도지역에 대한 공법상 제한이 가해지고 있는 상태대로 평가하여야 한다(대판 1999.3.23, 98두13850).

② 이와 같이 당해 사업을 직접 목적으로 하는 제한을 제외하는 것은 공법상 제한이 가해짐으로써 지가가 하락하고, 당해 사업을 위한 제한까지 하락된 가격수준으로 보상하게 되면 피보상자에게 부당한 피해를 가져다주기 때문이다. 대법원은 이와 같은 규정을 둔 것은 정당보상을 실현하기 위한 조치라 한다(대판 2000.4.21, 98두4504).

③ 공법상 제한을 받는 토지의 수용보상액을 산정함에 있어서는 그 공법상 제한이 당해 공공사업 시행을 직접 목적으로 하여 가하여진 경우에는 그 제한을 받지 아니하는 상태대로 평가하여야 하고, 당해 공공사업의 시행 이전에 이미 당해 공공사업과 관계없이 도시계획법에 의한 고시 등으로 일반적 계획제한이 가하여진 경우에는 그러한 제한을 받는 상태대로 평가하여야 한다.

④ 공익사업을 위한 토지 등의 취득 및 보상에 관한 법률 제68조 제3항은 손실보상액의 산정기준 등에 관하여 필요한 사항은 국토교통부령으로 정한다고 규정하고 있다. 그 위임에 따른 공익사업을 위한 토지 등의 취득 및 보상에 관한 법률 시행규칙 제23조는 "공법상 제한을 받는 토지에 대하여는 제한받는 상태대로 평가한다. 다만 그 공법상 제한이 당해 공익사업의 시행을 직접 목적으로 하여 가하여진 경우에는 제한이 없는 상태를 상정하여 평가한다."(제1항), "당해 공익사업의 시행을 직접 목적으로 하여 용도지역 또는 용도지구 등이 변경된 토지에 대하여는 변경되기 전의 용도지역 또는 용도지구 등을 기준으로 평가한다."(제2항)라고 규정하고 있다. 따라서 공법상 제한을 받는 토지에 대한 보상액을 산정할 때에 해당 공법상 제한이 구 도시계획법(2002. 2. 4. 법률 제6655호 국토의 계획 및 이용에 관한 법률 부칙 제2조로 폐지)에 따른 용도지역·지구·구역의 지정 또는 변경과 같이 그 자체로 제한목적이 달성되는 일반적 계획제한으로서 구체적 도시계획사업과 직접 관련되지 아니한 경우에는 그러한 제한을 받는 상태 그대로 평가하여야 하고, 도로·공원 등 특정 도시계획시설의 설치를 위한 계획결정과 같이 구체적 사업이 따르는 개별적 계획제한이거나 일반적 계획제한에 해당하는 용도지역·지구·구역의 지정 또는 변경에 따른 제한이더라도 그 용도지역·지구·구역의 지정 또는 변경이 특정 공익사업의 시행을 위한 것일 때에는 당해 공익사업의 시행을 직접 목적으로 하는 제한으로 보아 위 제한을 받지 아니하는 상태를 상정하여 평가하여야 한다.

⑤ 자연공원법은 자연공원의 지정·보전 및 관리에 관한 사항을 규정함으로써 자연생태계와 자연 및 문화경관 등을 보전하고 지속가능한 이용을 도모함을 목적으로 하며(제1조), 자연공원법에 의해 자연공원으로 지정되면 그 공원구역에서 건축행위, 경관을 해치거나 자연공원의 보전·관리에 지장을 줄 우려가 있는 건축물의 용도변경, 광물의 채굴, 개간이나 토지의 형질변경, 물건을 쌓아 두는 행위, 야생동물을 잡거나 가축을 놓아먹이는 행위, 나무를 베거나 야생식물을 채취하는 행위 등을 제한함으로써(제23조) 공원구역을 보전·관리하는 효과가 즉시 발생한다. 공원관리청은 자연공원 지정 후 공원용도지구계획과 공원시설계획이 포함된 '공원계획'을 결정·고시하여야 하고(제12조 내지 제17조), 이 공원계획에 연계하여 10년마다 공원별 공원보전·관리계획을 수립하여야 하지만(제17조의3), 공원시설을 설치·조성하는 내용의 공원사업(제2조 제9호)을 반드시 시행하여야 하는 것은 아니다. 공원관리청이 공원시설을 설치·조성하고자 하는 경우에는 자연공원 지정이나 공원용도지구 지정과는 별도로 '공원시설계획'을 수립하여 결정·고시한 다음, '공원사업 시행계획'을 결정·고시하여야 하고(제19조 제2항), 그 공

원사업에 포함되는 토지와 정착물을 수용하여야 한다(제22조). 이와 같은 자연공원법의 입법 목적, 관련 규정들의 내용과 체계를 종합하면, 자연공원법에 의한 '자연공원 지정' 및 '공원용도지구계획에 따른 용도지구 지정'은, 그와 동시에 구체적인 공원시설을 설치·조성하는 내용의 '공원시설계획'이 이루어졌다는 특별한 사정이 없는 한, 그 이후에 별도의 '공원시설계획'에 의하여 시행 여부가 결정되는 구체적인 공원사업의 시행을 직접 목적으로 한 것이 아니므로 공익사업을 위한 토지 등의 취득 및 보상에 관한 법률 시행규칙 제23조 제1항 본문에서 정한 '일반적 계획제한'에 해당한다(대판 2019.9.25, 2019두34982[손실보상금]).

III. 일반적 계획제한과 개별적 계획제한

1. 일반적 계획제한

일반적 계획제한은 제한받는 상태를 기준으로 감정평가한다. 다만, 그 공법상 제한이 해당 공익사업 시행을 직접 목적으로 하여 가하여진 경우는 제한이 없는 상태를 상정하여 감정평가한다.

2. 개별적 계획제한

개별적 계획제한은 제한을 받지 않는 상태를 기준으로 하여 감정평가한다. 여기에서 "당해 공익사업의 시행을 직접 목적으로 하여 가하여진 경우"는 확장 해석하는 경향을 보이고 있다. 예를 들어 당초 목적사업은 물론 다른 목적의 공익사업에 편입 수용되는 경우에도 그 제한을 받지 않는 상태대로 평가하여야 한다고 한다(대판 1989.7.11, 88누11797). 이와 같이 확장해석하는 것은 사업변경 내지 고의적 사전제한 등으로 인한 토지소유자의 불이익을 방지하기 위한 것으로 보고 있다. 이 규정에서 적용되는 '공법상 제한'의 범위는 그 제한이 구체적인 사업의 시행을 위하여 필요로 하는 것에 한정한다.

관련기출

✦ 기출문제 제31회 문제1-2 - 자연공원법에 의한 자연공원구역지정

[문제1] A시 시장 甲은 1990년에 자연공원법에 의하여 A시내 산지 일대 5㎢를 'X시립공원'으로 지정·고시한 다음, 1992년에 X시립공원 구역을 구분하여 용도지구를 지정하는 내용의 'X시립공원 기본계획'을 결정·공고하였다. 甲은 2017년에 X시립공원 구역 내 10,000㎡ 부분에 다목적광장 및 휴양관(이하 '이 사건 시설'이라 한다)을 설치하는 내용의 'X시립공원 공원계획'을 결정·고시한 다음, 2018년에 甲이 사업시행자가 되어 이 사건 시설에 잔디광장, 휴양관, 도로, 주차장을 설치하는 내용의 'X시립공원 공원사업'(이하 '이 사건 시설 조성사업'이라 한다) 시행계획을 결정·고시하였다. 甲은 이 사건 시설 조성사업의 시행을 위하여 그 사업구역 내에 위치한 토지(이하 '이 사건 B토지'라 한다)를 소유한 乙과 손실보상에 관한 협의를 진행하였으나 협의가 성립하지 않자 수용재결을 신청하였다. 관할 지방토지수용위원회의 수용재결 및 중앙토지수용위원회의 이의재결에서 모

두 이 사건 B토지의 손실보상금은 1990년의 X시립공원 지정 및 1992년의 X시립공원 용도지구 지정에 따른 계획제한을 받는 상태대로 감정평가한 금액을 기초로 산정되었다. 다음 물음에 답하시오. **40점**

(물음1) 乙은 위 중앙토지수용위원회의 이의재결이 감정평가에 관한 법리를 오해함으로써 잘못된 내용의 재결을 한 경우에 해당한다고 판단하고 있다. 乙이 공익사업을 위한 토지 등의 취득 및 보상에 관한 법률에 따라 제기할 수 있는 소송의 의의와 그 특수성을 설명하시오. **15점**

(물음2) 乙이 물음1)에서 제기한 소송에서 이 사건 B토지에 대한 보상평가는 1990년의 X시립공원 지정·고시 이전을 기준으로 하여야 한다고 주장한다. 乙의 주장은 타당한가? **10점**

(물음3) 한편, 丙이 소유하고 있는 토지(이하 '이 사건 C토지'라 한다)는 문화유산의 보존 및 활용에 관한 법률상 보호구역으로 지정된 토지로서 이 사건 시설 조성사업의 시행을 위한 사업구역 내에 위치하고 있다. 甲은 공물인 이 사건 C토지를 이 사건 시설 조성사업의 시행을 위하여 수용할 수 있는가? **15점**

✦ 기출문제 제28회 1-3번 – 공법상 제한받는 토지의 평가

[문제 1] 甲은 A시의 관할구역 내 X토지를 소유하고 있다. A시는 그동안 조선업의 지속적인 발전으로 다수의 인구가 거주하였으나 최근 세계적인 불황으로 인구가 급격하게 감소하고 있다. 국토교통부장관은 A시를 국제관광특구로 발전시킬 목적으로 「기업도시개발 특별법」이 정하는 바에 따라 X토지가 포함된 일단의 토지를 기업도시개발구역으로 지정하고, 개발사업시행인 乙이 작성한 기업도시개발계획(동법 제14조 제2항에 따른 X토지 그밖의 수용 대상이 되는 토지의 세부목록 포함, 이하 같다)을 승인·고시하였다. 乙은 협의 취득에 관한 제반 절차를 준수하여 X토지에 대한 협의 취득 절차를 시도하였으나 甲이 응하지 않았다. 이에 乙은 X토지에 대하 수용재결을 신청하였고 중앙토지수용위원회는 그 신청에 따른 수용재결을 하였다. 다음 물음에 답하시오. **40점**

(1) 甲은 기업도시개발계획승에 대한 취소소송의 제소기간이 도과한 상태에서 「공익사업을 위한 토지등의 취득 및 보상에 관한 법률」 제21조 제2항에 따른 중앙토지수용위원회 및 이해관계자의 의견청취절차를 전혀 시행하지 않은 채 기업도시개발계획승인이 발급된 것이 위법함을 이유로 수용재결 취소소송을 제기 하려고 한다. 갑의 소송상 청구가 인용될 수 있는 가능성에 관하여 설명하시오(단 소송요건은 충족된 것으로 본다). **20점**

(2) 갑은 수용재결 취소소송을 제기하면서, 을이 기업도시개발계획승인 이후에 재정상황이 악화되어 수용재결 당시에 이르러 기업도시개발사업을 수행할 능력을 상실한 상태가 되었음에도 불구하고 수용재결을 한 위법이 있다고 주장한다. 갑의 소송상 청구가 인용될 수 있는 가능성에 관하여 설명하시오(단, 소송요건은 충족된 것으로 본다). **10점**

(3) 중앙토지수용위원회는 보상금을 산정하면서, X토지는 그 용도지역이 제1종 일반주거지역이기는 하지만 기업도시개발사업의 시행을 위해서 제3종 일반주거지역으로 변경되지 않은 사정이 인정되므로 제3종 일반주거지역으로 변경이 이루어진 상태를 상정하여 토지가격을 평가한다고 설시하였다. 이에 대해 을은 X토지를 제1종 일반주거지역이 아닌 제3종 일반주거지역으로 평

가한 것은 공법상 제한을 받는 토지에 대한 보상금 산정에 위법이 있다고 주장하면서 보상금감
액청구소송을 제기하고자 한다. 을의 소송상 청구가 인용될 수 있는 가능성에 관하여 설명하시
오(단, 소송요건은 충족된 것으로 본다). **10점**

판례 07

공익사업을 위한 토지 등의 취득 및 보상에 관한 법률에 따른 토지소유자 또는 관계인의 사업시
행자에 대한 손실보상금 채권에 관하여 압류 및 추심명령이 있는 경우, 채무자인 토지소유자 등이
보상금의 증액을 구하는 소를 제기하고 그 소송을 수행할 당사자적격을 상실하는지 여부(소극)

쟁점사항

토지보상법에 따른 토지소유자 또는 관계인(이하 '토지소유자 등'이라 한다)의 사업시행자에 대한 손실
보상금 채권에 관하여 압류 및 추심명령이 있더라도 채무자인 토지소유자 등이 보상금 증액 청구의
소를 제기하고 그 소송을 수행할 당사자적격을 상실하지 않는다고 보아야 함.

관련판례

✦ 대판 2022.11.24, 2018두67 숯슴[손실보상금]

사건의 개요

중앙토지수용위원회는 2012.4.6. 피고가 시행하는 이 사건 보금자리주택사업에 관하여 원고가 운
영하는 공장 영업시설을 이전하게 하고 원고의 영업손실에 대한 보상금을 6,825,750,000원으로
정하는 내용의 수용재결을 하였다.
원고는 위 보상금을 이의를 유보하고 수령한 뒤 2012.5.22. 보상금의 증액을 구하는 이 사건 소를
제기하였다.
원고의 채권자들은 이 사건 소 제기일 이후부터 원심판결 선고일 이전까지 사이에 원고의 피고에
대한 손실보상금 채권에 관하여 압류·추심명령(이하 '이 사건 추심명령'이라 한다)을 받았다.

사안의 쟁점

이 사건 추심명령으로 인하여 원고가 이 사건 보상금 증액청구소송을 수행할 당사자적격을 상실하
는지 여부이다.

공익사업을 위한 토지 등의 취득 및 보상에 관한 법률(이하 '토지보상법'이라 한다) 제85조 제2항에 따른 보상금의 증액을 구하는 소(이하 '보상금 증액 청구의 소'라 한다)의 성질, 토지보상법상손실보상금 채권의 존부 및 범위를 확정하는 절차 등을 종합하면, 토지보상법에 따른 토지소유자또는 관계인(이하 '토지소유자 등'이라 한다)의 사업시행자에 대한 손실보상금 채권에 관하여 압류및 추심명령이 있더라도, 추심채권자가 보상금 증액 청구의 소를 제기할 수 없고, 채무자인 토지소유자 등이 보상금 증액 청구의 소를 제기하고 그 소송을 수행할 당사자적격을 상실하지 않는다고보아야 한다. 그 상세한 이유는 다음과 같다.

① 토지보상법 제85조 제2항은 토지소유자 등이 보상금 증액 청구의 소를 제기할 때에는 사업시행자를 피고로 한다고 규정하고 있다. 위 규정에 따른 보상금 증액 청구의 소는 토지소유자등이 사업시행자를 상대로 제기하는 당사자소송의 형식을 취하고 있지만, 토지수용위원회의재결 중 보상금 산정에 관한 부분에 불복하여 그 증액을 구하는 소이므로 실질적으로는 재결을다투는 항고소송의 성질을 가진다.

행정소송법 제12조 전문은 "취소소송은 처분 등의 취소를 구할 법률상 이익이 있는 자가 제기할 수 있다."라고 규정하고 있다. 앞서 본 바와 같이 보상금 증액 청구의 소는 항고소송의 성질을 가지므로, 토지소유자 등에 대하여 금전채권을 가지고 있는 제3자는 재결에 대하여 간접적이거나 사실적·경제적 이해관계를 가질 뿐 재결을 다툴 법률상의 이익이 있다고 할 수 없어직접 또는 토지소유자 등을 대위하여 보상금 증액 청구의 소를 제기할 수 없고, 토지소유자등의 손실보상금 채권에 관하여 압류 및 추심명령이 있더라도 추심채권자가 재결을 다툴 지위까지 취득하였다고 볼 수는 없다.

② 토지보상법 등 관계 법령에 따라 토지수용위원회의 재결을 거쳐 이루어지는 손실보상금 채권은관계 법령상 손실보상의 요건에 해당한다는 것만으로 바로 존부 및 범위가 확정된다고 볼 수없다. 토지소유자 등이 사업시행자로부터 손실보상을 받기 위해서는 사업시행자와 협의가 이루어지지 않으면 토지보상법 제34조, 제50조 등에 규정된 재결절차를 거친 뒤에 그 재결에 대하여 불복이 있는 때에 비로소 토지보상법 제83조 내지 제85조에 따라 이의신청 또는 행정소송을 제기할 수 있을 뿐이고, 이러한 절차를 거치지 않은 채 곧바로 사업시행자를 상대로 손실보상을 청구하는 것은 허용되지 않는다.

이와 같이 손실보상금 채권은 토지보상법에서 정한 절차로서 관할 토지수용위원회의 재결 또는행정소송 절차를 거쳐야 비로소 구체적인 권리의 존부 및 범위가 확정된다. 아울러 토지보상법령은 토지소유자 등으로 하여금 위와 같은 손실보상금 채권의 확정을 위한 절차를 진행하도록정하고 있다. 따라서 사업인정고시 이후 위와 같은 절차를 거쳐 장래 확정될 손실보상금 채권에 관하여 채권자가 압류 및 추심명령을 받을 수는 있지만, 그 압류 및 추심명령이 있다고 하여추심채권자가 위와 같은 손실보상금 채권의 확정을 위한 절차에 참여할 자격까지 취득한다고볼 수는 없다.

③ 요컨대, 토지소유자 등이 토지보상법 제85조 제2항에 따라 보상금 증액 청구의 소를 제기한 경우, 그 손실보상금 채권에 관하여 압류 및 추심명령이 있다고 하더라도 추심채권자가 그 절차에 참여할 자격을 취득하는 것은 아니므로, 보상금 증액 청구의 소를 제기한 토지소유자 등의 지위에 영향을 미친다고 볼 수 없다. 따라서 보상금 증액 청구의 소의 청구채권에 관하여 압류 및 추심명령이 있더라도 토지소유자 등이 그 소송을 수행할 당사자적격을 상실한다고 볼 것은 아니다.

* [판례 변경] 종래 토지보상법상 손실보상금 채권에 관하여 압류 및 추심명령이 있는 경우 채무자가 보상금 증액청구의 소를 제기할 당사자적격을 상실하고 그 보상금 증액소송 계속 중 추심채권자가 압류 및 추심명령 신청의 취하 등에 따라 추심권능을 상실하게 되면 채무자는 당사자적격을 회복한다는 취지의 대법원 2013.11.14. 선고 2013두9526 판결을 변경함[1]

관련내용

✦ 토지보상법 제85조 제2항 보상금증감청구소송

1. 보상금증감청구소송의 의의 및 취지
   보상금증감청구소송은 보상금 증감의 다툼에 대하여 직접적 이해관계를 가진 당사자인 사업시행자와 토지소유자 및 관계인이 소송제기를 통해 직접 다투는 당사자소송이다. 분쟁을 일회적으로 해결하고, 권리구제의 신속성·실효성 확보를 도모하고 있다.

2. 보상금증감청구소송의 성질
   (1) 형식적 당사자소송
      토지보상법 제85조 제2항은 "행정소송이 보상금의 증감에 관한 소송인 경우 그 소송을 제기하는 자가 토지소유자 또는 관계인일 때에는 사업시행자를, 사업시행자일 때에는 토지소유자 또는 관계인을 각각 피고로 한다."라고 규정함으로써 형식적 당사자소송을 인정하고 있다.

   (2) 확인급부소송
      토지보상법상 손실보상당사자 사이에서 보상금의 증감에 관한 분쟁을 종국적으로 해결하도록 한 입법취지를 고려하고, 분쟁을 일회적으로 해결하도록 한 취지 등을 고려할 때, 확인·급부소송으로 봄이 타당하다고 판단된다. 이와 같이 보면, 보상금증감청구소송의 소송물은 손실보상금청구권의 존부 또는 그 범위가 될 것이고, 수용재결 중 보상금 부분의 위법성 여부는 그 판단의 전제로서 작용하는 것으로 봄이 타당하다.

---

1) 양승혜 변호사, 한국토지보상법연구회, 동계학술발표대회 자료 참고(이하 동일), 2022년

3. 보상금증감청구소송의 당사자적격 문제

(1) 토지보상법 제85조 규정

제85조(행정소송의 제기)

① 사업시행자, 토지소유자 또는 관계인은 제34조에 따른 재결에 불복할 때에는 재결서를 받은 날부터 90일 이내에, 이의신청을 거쳤을 때에는 이의신청에 대한 재결서를 받은 날부터 60일 이내에 각각 행정소송을 제기할 수 있다. 이 경우 사업시행자는 행정소송을 제기하기 전에 제84조에 따라 늘어난 보상금을 공탁하여야 하며, 보상금을 받을 자는 공탁된 보상금을 소송이 종결될 때까지 수령할 수 없다.

② 제1항에 따라 제기하려는 행정소송이 보상금의 증감(增減)에 관한 소송인 경우 그 소송을 제기하는 자가 토지소유자 또는 관계인일 때에는 사업시행자를, 사업시행자일 때에는 토지소유자 또는 관계인을 각각 피고로 한다.

(공익사업을 위한 토지 등의 취득 및 보상에 관한 법률 제85조 제2항, 행정소송법 제12조)

(2) 최근 대법원 전원합의체 판결 : 2018두67

손실보상금 채권은 토지보상법에서 정한 절차로서 관할 토지수용위원회의 재결 또는 행정소송 절차를 거쳐야 비로소 구체적인 권리의 존부 및 범위가 확정된다. 아울러 토지보상법령은 토지소유자 등으로 하여금 위와 같은 손실보상금 채권의 확정을 위한 절차를 진행하도록 정하고 있다. 따라서 사업인정고시 이후 위와 같은 절차를 거쳐 장래 확정될 손실보상금 채권에 관하여 채권자가 압류 및 추심명령을 받을 수는 있지만, 그 압류 및 추심명령이 있다고 하여 추심채권자가 위와 같은 손실보상금 채권의 확정을 위한 절차에 참여할 자격까지 취득한다고 볼 수는 없다.

관련기출

1. 제34회 문제1 물음3

甲은 자신의 토지에 대한 보상금이 적으며, 일부 지장물이 손실보상의 대상에서 제외되었다는 이유로 관할 지방토지수용위원회의 수용재결에 불복하여 중앙토지수용위원회에 이의신청을 거쳤으나, 기각재결을 받았다. 甲이 이에 대하여 불복하는 경우 적합한 소송 형태를 쓰고 이에 관하여 설명하시오. **10점**

2. 제31회 문제1 물음1

乙은 위 중앙토지수용위원회의 이의재결이 감정평가에 관한 법리를 오해함으로써 잘못된 내용의 재결을 한 경우에 해당한다고 판단하고 있다. 乙이 공익사업을 위한 토지 등의 취득 및 보상에 관한 법률에 따라 제기할 수 있는 소송의 의의와 그 특수성을 설명하시오. **15점**

3. 제30회 문제2 물음2

甲은 골프장 잔여시설의 지가 및 건물가격 하락분에 대하여 보상을 청구하려고 한다. 이때 甲이 제기할 수 있는 소송에 관하여 설명하시오. **20점**

※ **출제위원 채점평**

　물음2)는 잔여지의 감가보상 및 건축물의 손실보상에 관한 문제입니다. 잔여지 감가보상의 적합한 소송형식을 판단함에 있어서 토지수용위원회의 재결을 거쳐야 하는지가 주요한 쟁점입니다. 암기식의 답안작성이나 불충분한 논거 등은 피하고 개별 사안에서 사실관계를 정확히 파악하고 관련된 이론을 논리적으로 설명해야 합니다. 잔여지보상과 권리구제에 대한 이해도가 높아지고 있는 점은 매우 고무적입니다.

4. 제27회 문제2 물음2

　甲이 A광역시지방토지수용위원회의 각하재결에 대하여 행정소송을 제기할 경우 그 소송의 형태와 피고적격에 관하여 설명하시오. **20점**

※ **출제위원 채점평**

　토지수용위원회의 재결에 불복하여 제기하는 형식적 당사자소송 형태 및 피고적격의 결론도 중요하지만 그와 같은 결론의 도출 과정에 주안점을 두어 관련 법령, 학설, 판례 등 쟁점을 충실하게 서술하는 것이 중요하다.

5. 제26회 문제1 물음2

　甲은 위 토지수용위원회의 재결에 불복하여 공익사업법에 따라 보상금의 증액을 구하는 소송을 제기하고자 한다. 이 소송의 의의와 그 특수성을 설명하시오. **20점**

※ **출제위원 채점평**

　보상금증감청구소송의 본질과 관련하여서는 관련 법령, 학설, 판례를 충분히 설명하면 높은 점수를 부여하였다.

6. 제23회 문제2 물음2

　호텔을 건립하기 위해 부지를 조성하고 있던 甲은 자신의 잔여지를 더 이상 종래의 사용목적대로 사용할 수 없게 되자 사업시행자와 매수에 관한 협의를 하였으나, 협의가 성립되지 아니하였다. 이에 甲은 관할 토지수용위원회에 잔여지의 수용을 청구하였지만, 관할 토지수용위원회는 이를 받아들이지 않았다. 이 경우 잔여지수용청구의 요건과 甲이 제기할 수 있는 행정소송의 형식을 설명하시오. **15점**

※ **출제위원 채점평**

　보상금증감청구소송에 관한 최근 판례의 내용을 숙지하면서도 정작 잔여지감가보상의 소송형식에 관한 대법원 판례의 내용을 정확히 아는 수험생은 그리 많지 않았다.

7. 제22회 문제1 물음1

　토지보상액에 대해 불복하고자 하는 甲의 행정쟁송상 권리구제 수단을 설명하시오. **20점**

8. 제21회 문제1 물음2

토지보상법상 P가 주장할 수 있는 권리와 이를 관철시키기 위한 토지보상법상의 권리구제수단에 관하여 논술하시오. `20점`

9. 제10회 문제1 물음2

甲이 보상금증액을 청구하는 소송을 제기하는 경우, 그 소송의 형태와 성질 등의 내용을 논술하시오. `30점`

판례 08 2022다242342

도시개발사업의 시행자가 사업시행에 방해가 되는 지장물에 관하여 공익사업을 위한 토지 등의 취득 및 보상에 관한 법률 제75조 제1항 단서 제2호에 따라 지장물의 가격으로 보상한 경우, 지장물의 소유자는 같은 법 제43조에 따라 사업시행자에게 지장물을 인도할 의무가 있는지 여부(원칙적 적극)

관련판례

✦ 대판 2022.11.17, 2022다242342[퇴거청구]

사건의 개요

원고는 인천 계양구 ○○동 일대 도시개발사업(이하 '이 사건 사업'이라 한다)의 사업시행자이다. 피고는 이 사건 사업구역 내에 위치한 컨테이너, 주택, 전실, 보일러실(이하 통칭하여 '이 사건 지장물'이라 한다)을 점유하고 있다.

인천광역시 지방토지수용위원회는 2021.1.29. 이 사건 지장물 등에 관하여 2021.3.25.을 수용개시일로 정하여 토지보상법 제75조 제1항 단서에 따라 물건의 가격으로 이 사건 지장물의 이전에 따른 보상금을 산정하는 내용이 포함된 재결(이하 '이 사건 재결'이라 한다)을 하였다.

원고는 이 사건 재결에 따라 2021.3.9. 이 사건 지장물에 대한 보상금을 공탁하였다.

원고는 주위적으로 이 사건 지장물의 인도를, 예비적으로 이 사건 지장물에서의 퇴거를 구하였는데, 주위적 청구원인으로 민법 제213조 소유물반환청구권 또는 토지보상법 제43조에 따른 건물의 인도청구권을 주장하였다.

사안의 쟁점

도시개발사업의 사업시행자가 토지보상법 제75조 제1항 단서 제2호에 따라 물건 가격으로 보상한 경우, 지장물 소유자가 사업시행자에 대하여 토지보상법 제43조에 따른 지장물 인도의무를 부담하는지 여부(적극)

판결요지

[1] 도시개발법 제22조 제1항에 따라 준용되는 「공익사업을 위한 토지 등의 취득 및 보상에 관한 법률」(이하 '토지보상법'이라 한다) 제43조는, "토지소유자 및 관계인과 그 밖에 토지소유자나 관계인에 포함되지 아니하는 자로서 수용하거나 사용할 토지나 그 토지에 있는 물건에 관한 권리를 가진 자는 수용 또는 사용의 개시일까지 그 토지나 물건을 사업시행자에게 인도하거나 이전하여야 한다."라고 규정하고 있다.

[2] 도시개발사업의 시행자가 사업시행에 방해가 되는 지장물에 관하여 토지보상법 제75조 제1항 단서 제2호에 따라 물건의 가격으로 보상한 경우, 사업시행자가 당해 물건을 취득하는 제3호와 달리 수용의 절차를 거치지 아니한 이상 사업시행자가 그 보상만으로 당해 물건의 소유권까지 취득한다고 보기는 어렵지만, 지장물의 소유자가 토지보상법 시행규칙 제33조 제4항 단서에 따라 스스로의 비용으로 철거하겠다고 하는 등 특별한 사정이 없는 한 사업시행자는 자신의 비용으로 이를 제거할 수 있고, 지장물의 소유자는 사업시행자의 지장물 제거와 그 과정에서 발생하는 물건의 가치 상실을 수인하여야 할 지위에 있다(대판 2012.4.13, 2010다94960, 대판 2019.4.11, 2018다277419 등 참조).

[3] 따라서 사업시행자가 지장물에 관하여 토지보상법 제75조 제1항 단서 제2호에 따라 지장물의 가격으로 보상한 경우 특별한 사정이 없는 한 지장물의 소유자는 사업시행자에게 지장물을 인도할 의무가 있다.

(도시개발사업 시행자인 원고가 지장물에 관하여 토지보상법 제75조 제1항 단서 제2호에 따라 지장물의 가격으로 보상한 후 지장물 소유자인 피고를 상대로 퇴거청구를 하였다가 2심에서 주위적으로 지장물 인도청구를 추가한 사안에서, 원고의 지장물 인도청구를 배척한 원심판결을 파기·환송한 사안)

관련내용

✦ 토지보상법 제95조의2(벌칙)

다음 각 호의 어느 하나에 해당하는 자는 1년 이하의 징역 또는 1천만원 이하의 벌금에 처한다.

1. 제12조 제1항을 위반하여 장해물 제거 등을 한 자
2. 제43조를 위반하여 토지 또는 물건을 인도하거나 이전하지 아니한 자

관련기출

1. 제16회 문제3
   토지·물건의 인도·이전의무에 대한 실효성 확보수단에 대해 설명하시오. **20점**

판례 09 **2021다310088**

사업시행자가 협의나 재결절차를 거치지 않더라도 주거이전비 등을 지급하였거나 공탁하였다는 사정을 인정할 수 있는 경우, 주거이전비 등의 지급절차가 선행되었다고 보아 사업시행자의 토지나 건축물에 관한 인도청구를 인정할 수 있음(적극)

관련판례

✦ 대판 2022.6.30, 2021다310088(본소), 2021다310095(반소)[건물명도, 기타(금전)]

사건의 개요

원고(반소피고, 이하 '원고'라 한다)는 이 사건 정비사업의 사업시행자인 재개발사업조합으로 2017.8.2. 이 사건 정비사업의 관리처분계획이 인가·고시되었다. 피고는 이 사건 정비사업 구역 내에 있는 이 사건 건물의 3분의 2 지분을 소유하면서 이 사건 건물에 거주하고 있는데, 분양신청을 하지 않아 현금청산대상자가 되었다.

피고가 이 사건 건물 등에 관한 수용재결 신청을 청구함에 따라 원고는 2017.5.12. 경기도지방토지수용위원회에 수용재결 신청을 하였고, 경기도지방토지수용위원회는 2018.6.11. 이 사건 건물과 그 대지 등에 관한 손실보상금을 456,322,130원으로 정하여 재결을 하였다.

원고는 2018.7.19. 재결에서 결정한 손실보상금 456,322,130원을 공탁하면서, 추가로 2019.5.21. 이주정착금, 주거이전비, 이사비(이하 '주거이전비 등'이라 한다) 합계 14,373,580원을 공탁하였다.

사안의 쟁점

재개발조합이 토지나 건물을 점유사용하고 있는 현금청산대상자에게 수용재결에 따른 수용보상금을 공탁하면서, 주거이전비 등을 변제공탁한 경우 재개발조합이 현금청산대상자를 상대로 토지나 건물의 인도를 구할 수 있는지(적극)

판결요지

[1] 구 도시 및 주거환경정비법(2017.2.8. 법률 제14567호로 전부 개정되기 전의 것, 이하 '구 도시정비법'이라 한다) 제49조 제6항은 '관리처분계획의 인가·고시가 있은 때에는 종전의 토지 또는 건축물의 소유자·지상권자·전세권자·임차권자 등 권리자는 제54조의 규정에 의한 이전의 고시가 있는 날까지 종전의 토지 또는 건축물에 대하여 이를 사용하거나 수익할 수 없다. 다만 사업시행자의 동의를 받거나 제40조 및 공익사업을 위한 토지 등의 취득 및 보상에 관한 법률(이하 '토지보상법'이라 한다)에 따른 손실보상이 완료되지 아니한 권리자의 경우에는 그러하지 아니하다.'고 정한다. 토지보상법 제78조 등에서 정한 주거이전비, 이주정착금, 이사비(이하 '주거이전비 등'이라 한다)는 구 도시정비법 제49조 제6항 단서의 '토지보상법에 따른 손실보상'에 해당한다. 주택재개발사업의 사업시행자가 공사에 착수하기 위하여 현금청산대상자나 세입자로부터 정비구역 내 토지 또는 건축물을 인도받으려면 협의나 재결절차 등에 따라 결정되는 주거이전비 등도 지급할 것이 요구된다(대판 2021.6.30. 2019다207813 등 참조).

[2] 주거이전비 등은 토지보상법 제78조와 관계 법령에서 정하는 요건을 충족하면 당연히 발생하고 그에 관한 보상청구소송은 행정소송법 제3조 제2호에서 정하는 당사자소송으로 해야 한다(대판 2008.5.29. 2007다8129 등 참조). 사업시행자는 협의나 재결절차를 거칠 필요 없이 현금청산대상자나 세입자에게 주거이전비 등을 직접 지급하거나 현금청산대상자나 세입자가 지급을 받지 않거나 받을 수 없을 때에는 민법 제487조에 따라 변제공탁을 할 수도 있다. 주택재개발사업의 사업시행자가 관리처분계획의 인가·고시 후 현금청산대상자나 세입자에 대하여 토지나 건축물에 관한 인도청구의 소를 제기하고 현금청산대상자나 세입자가 그 소송에서 주거이전비 등에 대한 손실보상을 받지 못하였다는 이유로 인도를 거절하는 항변을 하는 경우, 이를 심리하는 법원은 사업시행자가 협의나 재결절차를 거치지 않더라도 주거이전비 등을 지급하였거나 공탁하였다는 사정을 인정할 수 있으면 주거이전비 등의 지급절차가 선행되었다고 보아 사업시행자의 인도청구를 인정할 수 있다.

(재개발사업조합은 주거이전비 등을 어떤 방법으로 지급할 수 있는가에 대한 논쟁에 관하여, 도시정비법에서 준용하는 토지보상법령에 따라 주거이전비 등의 지급에 관한 협의를 먼저 하고, 협의가 안되면 별도 수용재결 절차를 통해 지급하여야 한다는 견해와 위 절차 없이도 주거이전비 등을 직접 지급하거나 지급을 거부할 경우 공탁의 방법으로 지급을 갈음할 수 있다는 견해가 충돌되고 있는 상황에서, 원심은 손실보상이 완료되었다고 보고 원고의 인도청구를 인정하였고, 대법원이 원심판단을 수용한 사례)

🔖 관련내용

1. 공탁의 의의·취지·근거(토지보상법 제40조 제2항)

   사업시행자가 재결에서 정한 보상금을 관할 공탁소에 공탁함으로써 보상금의 지급에 갈음하는 것을 말한다. 사전보상원칙의 실현, 재결실효방지, 공익사업의 원활화에 취지가 있다.

2. 요건(제40조 제2항)(거알불압)

   ① 보상금을 받을 자가 그 수령을 거부하거나 수령할 수 없을 때
   ② 사업시행자의 과실 없이 보상금을 받을 자를 알 수 없을 때
   ③ 관할 토지수용위원회가 재결한 보상금에 대하여 사업시행자가 불복할 때
   ④ 압류나 가압류에 의하여 보상금의 지급이 금지되었을 때

🔖 판례 10   2021두45848

토지보상법 제70조 제5항 '공익사업의 계획 또는 시행의 공고·고시'에 해당하기 위한 공고·고시의 방법

🔖 관련판례

✦ 대판 2022.5.26, 2021두45848[손실보상금]

사건의 개요

국토교통부는 2008.8.26. 언론을 통해 전국 5곳에 국가산업단지를 새로 조성한다는 내용을 발표하였고, 이후 국토교통부장관은 2009.9.30.경 대구국가산업단지 개발사업에 관하여 산업단지계획을 승인 고시하였는데, 위 산업단지개발사업 지구 내 토지 소유자인 원고들이 수용재결 및 2008.1.1. 공시된 비교표준지의 공시지가를 기준으로 보상금액을 결정한 이의재결에 불복하여 2009.1.1. 공시된 공시지가를 기준으로 산정해야 한다고 주장하면서 보상금 증액을 청구한 사안

사안의 쟁점

국토교통부의 언론발표가 공익사업을 위한 토지 등의 취득 및 보상에 관한 법률 제70조 제5항의 '공익사업의 계획 또는 시행의 공고·고시'에 해당하는지 여부(적극)

판결요지

[1] 공익사업을 위한 토지 등의 취득 및 보상에 관한 법률(이하 '토지보상법'이라 한다) 및 같은 법 시행령은 토지보상법에서 규정하고 있는 공익사업의 계획 또는 시행의 공고·고시의 절차, 형식이나 기타 요건에 관하여 따로 규정하고 있지 않다.

[2] 공익사업의 근거 법령에서 공고·고시의 절차, 형식이나 기타 요건을 정하고 있는 경우에는 원칙적으로 공고·고시가 그 법령에서 정한 바에 따라 이루어져야 보상금 산정의 기준이 되는 공시지가의 공시기준일이 해당 공고·고시일 전의 시점으로 앞당겨지는 효과가 발생할 수 있다.

[3] 공익사업의 근거 법령에서 공고·고시의 절차, 형식 및 기타 요건을 정하고 있지 않은 경우, '행정 효율과 협업 촉진에 관한 규정'이 적용될 수 있다(제2조). 위 규정은 고시·공고 등 행정기관이 일정한 사항을 일반에게 알리는 문서를 공고문서로 정하고 있으므로(제4조 제3호), 위 규정에서 정하는 바에 따라 공고문서가 기안되고 해당 행정기관의 장이 이를 결재하여 그의 명의로 일반에 공표한 경우 위와 같은 효과가 발생할 수 있다.

다만 당해 공익사업의 시행으로 인한 개발이익을 배제하려는 토지보상법령의 입법 취지에 비추어 '행정 효율과 협업 촉진에 관한 규정'에 따라 기안, 결재 및 공표가 이루어지지 않았다고 하더라도 공익사업의 계획 또는 시행에 관한 내용을 공고문서에 준하는 정도의 형식을 갖추어 일반에게 알린 경우에는 토지보상법 제70조 제5항에서 정한 '공익사업의 계획 또는 시행의 공고·고시'에 해당한다고 볼 수 있다.

이 사건 언론발표는 토지보상법 제70조 제5항에 따른 '공익사업의 계획 또는 시행의 공고·고시'에 해당하지 않는다고 봄이 타당하다. 구체적인 이유는 다음과 같다.
① 이 사건 언론발표는 이 사건 사업과 관련된 산단절차간소화법령 및 산업입지법령에 규정된 공고·고시의 형식으로 이루어진 것이 아니라, 그와 관련이 없는 '국정홍보업무운영 규정' 제16조에 따라 언론에 대한 브리핑 등의 일환으로 이루어진 것으로 보인다.
② 기록상 이 사건 언론발표와 관련하여 이 사건 규정에서 정하는 바에 따라 공고문서가 기안되어 결재권자인 국토교통부장관이 이를 결재하고 그의 명의로 일반에 공표하였다는 사정을 발견할 수도 없다. 이 사건 언론발표는 이 사건 규정 및 그 시행규칙에서 공고문서에 기재하도록 한 연도표시 일련번호나 당해 행정기관의 장의 명의 등 공고문서가 일반적으로 갖추고 있는 구성요소도 전혀 갖추고 있지 않다.
또한 이 사건 언론발표는 이 사건 사업뿐만 아니라 그 밖에 서천, 포항, 구미와 호남권 등 전국에 산재한 5곳에서의 국가산업단지 조성계획에 관한 것이며, 나아가 전체적인 내용에 비추어 볼 때 이 사건 사업의 계획이나 시행에 관한 정보를 알리려는 것보다는 산단절차간소화법의 시행으로 인한 인허가 기간 단축 효과 및 전국적인 국가산업단지 조성을 통한 생산·고용유발 효과를 홍보하려는 데에 주안점이 있는 것으로 보인다.

따라서 이를 두고 공익사업의 계획이나 시행에 관한 내용을 공고문서에 준하는 형식을 갖추어 일반에게 알린 경우에 해당한다고 볼 수도 없다.
③ 따라서 국토교통부가 배포한 보도자료를 언론사에서 기사화하여 이 사건 사업에 관한 정보가 일반에 알려졌다고 하여 이를 두고 국토교통부장관이 이 사건 사업의 계획이나 시행을 공고하거나 고시하였다고 보기는 어렵다.

그런데도 원심은 이 사건 언론발표를 통해 이 사건 사업의 계획 또는 시행이 공고되거나 고시되었다고 보아, 원고들에 대한 보상금을 산정함에 있어 2008.1.1. 공시된 비교표준지의 공시지가를 적용해야 한다고 판단하였다. 이러한 원심판단에는 토지보상법 제70조 제5항에 관한 법리를 오해한 잘못이 있고, 이를 지적하는 취지의 상고이유 주장은 이유 있다. 다만 중앙토지수용위원회의 이의 재결에는 '2008.12.10. 자 대구광역시 달성군 고시 제2008-73호'를 기준으로 하는 듯한 내용이 있으므로, 원심으로서는 이 사건 언론발표 외에 공고·고시로 볼 수 있는 다른 사정이 있었는지 추가로 심리하여 손실보상금 산정에 토지보상법 제70조 제5항이 적용될 수 있는지를 판단하여야 한다는 점을 덧붙여둔다(원심판단은 법리의 오해가 있어 원심판결을 파기환송한 사례임).

 관련내용

✦ **토지보상법 제70조(취득하는 토지의 보상)**

① 협의나 재결에 의하여 취득하는 토지에 대하여는 「부동산 가격공시에 관한 법률」에 따른 공시지가를 기준으로 하여 보상하되, 그 공시기준일부터 가격시점까지의 관계 법령에 따른 그 토지의 이용계획, 해당 공익사업으로 인한 지가의 영향을 받지 아니하는 지역의 대통령령으로 정하는 지가변동률, 생산자물가상승률(「한국은행법」 제86조에 따라 한국은행이 조사·발표하는 생산자물가지수에 따라 산정된 비율을 말한다)과 그 밖에 그 토지의 위치·형상·환경·이용상황 등을 고려하여 평가한 적정가격으로 보상하여야 한다.
② 토지에 대한 보상액은 가격시점에서의 현실적인 이용상황과 일반적인 이용방법에 의한 객관적 상황을 고려하여 산정하되, 일시적인 이용상황과 토지소유자나 관계인이 갖는 주관적 가치 및 특별한 용도에 사용할 것을 전제로 한 경우 등은 고려하지 아니한다.
③ 사업인정 전 협의에 의한 취득의 경우에 제1항에 따른 공시지가는 해당 토지의 가격시점 당시 공시된 공시지가 중 가격시점과 가장 가까운 시점에 공시된 공시지가로 한다.
④ 사업인정 후의 취득의 경우에 제1항에 따른 공시지가는 사업인정고시일 전의 시점을 공시기준일로 하는 공시지가로서, 해당 토지에 관한 협의의 성립 또는 재결 당시 공시된 공시지가 중 그 사업인정고시일과 가장 가까운 시점에 공시된 공시지가로 한다.
⑤ 제3항 및 제4항에도 불구하고 공익사업의 계획 또는 시행이 공고되거나 고시됨으로 인하여 취득하여야 할 토지의 가격이 변동되었다고 인정되는 경우에는 제1항에 따른 공시지가는 해당 공고일 또는 고시일 전의 시점을 공시기준일로 하는 공시지가로서 그 토지의 가격시점 당시

공시된 공시지가 중 그 공익사업의 공고일 또는 고시일과 가장 가까운 시점에 공시된 공시지가로 한다.

⑥ 취득하는 토지와 이에 관한 소유권 외의 권리에 대한 구체적인 보상액 산정 및 평가방법은 투자비용, 예상수익 및 거래가격 등을 고려하여 국토교통부령으로 정한다.

✦ 토지보상법 시행령 제38조의2(공시지가)

① 법 제70조 제5항에 따른 취득하여야 할 토지의 가격이 변동되었다고 인정되는 경우는 도로, 철도 또는 하천 관련 사업을 제외한 사업으로서 다음 각 호를 모두 충족하는 경우로 한다.
   1. 해당 공익사업의 면적이 20만 제곱미터 이상일 것
   2. 해당 공익사업지구 안에 있는 「부동산 가격공시에 관한 법률」 제3조에 따른 표준지공시지가(해당 공익사업지구 안에 표준지가 없는 경우에는 비교표준지의 공시지가를 말하며, 이하 이 조에서 "표준지공시지가"라 한다)의 평균변동률과 평가대상토지가 소재하는 시(행정시를 포함한다. 이하 이 조에서 같다)·군 또는 구(자치구가 아닌 구를 포함한다. 이하 이 조에서 같다) 전체의 표준지공시지가 평균변동률과의 차이가 3퍼센트포인트 이상일 것
   3. 해당 공익사업지구 안에 있는 표준지공시지가의 평균변동률이 평가대상토지가 소재하는 시·군 또는 구 전체의 표준지공시지가 평균변동률보다 30퍼센트 이상 높거나 낮을 것
② 제1항 제2호 및 제3호에 따른 평균변동률은 해당 표준지별 변동률의 합을 표준지의 수로 나누어 산정하며, 공익사업지구가 둘 이상의 시·군 또는 구에 걸쳐 있는 경우 평가대상토지가 소재하는 시·군 또는 구 전체의 표준지공시지가 평균변동률은 시·군 또는 구별로 평균변동률을 산정한 후 이를 해당 시·군 또는 구에 속한 공익사업지구 면적 비율로 가중평균(加重平均)하여 산정한다. 이 경우 평균변동률의 산정기간은 해당 공익사업의 계획 또는 시행이 공고되거나 고시된 당시 공시된 표준지공시지가 중 그 공고일 또는 고시일에 가장 가까운 시점에 공시된 표준지공시지가의 공시기준일부터 법 제70조 제3항 또는 제4항에 따른 표준지공시지가의 공시기준일까지의 기간으로 한다.

판례 11 2018다204022

공익사업의 시행자가 토지소유자와 관계인에게 보상액을 지급하지 않고 승낙도 받지 않은 채 공사에 착수하여 토지소유자와 관계인이 손해를 입은 경우, 사업시행자가 손해배상책임을 지는지 여부(적극)

관련판례

✦ 대판 2021.11.11, 2018다204022[손해배상(기)]

사건의 개요

[1] 피고는 인천 계양구 ○○동 413, 414, 415 지상에 공영주차장을 설치하는 '○○시장 공영주차장 설치사업'(이하 '이 사건 사업'이라 하고, 위 주차장을 '이 사건 주차장'이라 한다)의 시행자이다. 원고들은 위 각 토지에 있는 각 건물 일부에 대한 임차인들로서, 원고 1은 1992.10.21.경부터 ○○동 413에 있는 건물 2층에서, 원고 2는 1999.11.3.경부터 같은 건물 3층에서, 원고 3은 2009.3.2.경부터 ○○동 415에 있는 건물 1층 일부에서, 원고 4는 2007.9.12.경부터 같은 건물 1층 일부에서 학원, 미용실이나 건강원 등의 영업을 하였다(위 각 토지와 건물을 이하 '이 사건 각 토지와 건물'이라 한다).

[2] 이 사건 주차장은 부지면적이 726㎡로 구청장이 설치하는 1,000㎡ 미만의 주차장으로서, 도시·군 관리계획으로 결정하지 않아도 설치할 수 있는 시설에 해당하므로[「국토의 계획 및 이용에 관한 법률」제43조 제1항 단서, 구 「국토의 계획 및 이용에 관한 법률 시행령」(2015.7.6. 대통령령 제26381호로 개정되기 전의 것) 제35조 제1항 제1호 단서, 구 「국토의 계획 및 이용에 관한 법률 시행규칙」(2015.6.30. 국토교통부령 제212호로 개정되기 전의 것) 제6조 제2호], 피고는 이 사건 주차장을 도시·군 계획시설로 결정하지 않았다. 또한 피고는 이 사건 사업에 대하여 「공익사업을 위한 토지 등의 취득 및 보상에 관한 법률」(이하 '토지보상법'이라 한다) 제20조에 따른 국토교통부장관의 사업인정을 받지 않았다.

[3] 피고는 2013.1.18. 이 사건 각 토지와 건물에 관하여 그 소유자들과 매매계약을 체결하면서, 중도금 청구 시 임차인의 건물 점유 이전에 대한 합의서를 피고에게 제출해야 하고, 잔금 지급 전에 매도인의 부담으로 임차인 등의 점유를 완전히 해지하거나 제거하기로 하는 약정을 하였다(위 각 매매계약을 통틀어 이하 '이 사건 매매계약'이라 한다). 피고는 2013.6.18. ○○동 415 토지와 지상 건물에 관하여, 2014.11.6. ○○동 413 토지와 지상 건물에 관하여 각 매매를 원인으로 한 소유권이전등기를 하였다.

[4] 이 사건 매매계약 이후 원고들의 각 임대차계약은 그 소유자들이 계약만료 전 임대차계약의 갱신거절 통지를 하거나 원고들과 합의해지를 함으로써 종료되었고, 그 후 원고들이 각 임차

목적물을 인도하지 않자, 이 사건 각 건물의 소유자들 또는 피고는 원고들을 상대로 각 건물인
도를 청구하는 소를 제기하였다. 원고 1, 원고 2의 경우 건물인도를 명하는 판결이 확정되어
2014.2.14. 그 임차목적물이 인도되었고, 원고 3의 경우 화해권고결정 확정 후 피고와 새로
운 합의를 하여 2014.4.14. 그 임차목적물이 인도되었으며, 원고 4의 경우 강제조정결정이
확정되어 2013.10.24. 그 임차목적물이 인도 집행되었다.

[5] 이 사건 주차장 신축공사는 2014.12.1. 착공되어 2015.5.경 완공되었다. 원고들은 피고에게
영업손실 보상금을 지급해달라고 요청하였으나, 피고는 이 사건 사업이 토지보상법상 공익사
업에 해당하지 않고 원고들은 영업손실 보상대상이 아니라는 이유로 거절하였고, 원고들의 재
결신청청구 역시 거부하였다. 원고들은 인천지방법원 2017구합460호로 재결신청청구 거부처
분의 취소를 구하는 소를 제기하였으나, 위 법원은 이 사건 사업이 토지보상법상 공익사업에는
해당하더라도 사업인정고시가 이루어지지 않은 이상 원고들에게 재결신청을 청구할 권리가 인
정되지 않으므로 피고의 거부행위는 항고소송의 대상이 되는 처분에 해당하지 않는다는 이유
로 원고들의 소를 각하하는 판결을 선고하였다. 이에 대해서 원고들이 항소를 하였다가 취하함
으로써 판결이 그대로 확정되었다.

사안의 쟁점

[1] 이 사건 사업이 토지보상법상 공익사업에 해당하는지 여부
[2] 피고가 원고들에 대하여 영업손실 보상의무를 부담하는지 여부와 손실보상절차미이행으로 인
한 손해배상책임을 부담하는지 여부
[3] 피고가 원고들에 대하여 재산적 손해배상책임 외에 정신적 손해에 대한 위자료지급책임까지
부담하는지 여부

판결요지

[1] 토지보상법 제2조 제2호는 '공익사업'이란 제4조 각 호의 어느 하나에 해당하는 사업을 말한다
고 정하고, 같은 법 제4조 제3호는 '국가나 지방자치단체가 설치하는 청사·공장·연구소·시
험소·보건시설·문화시설·공원·수목원·광장·운동장·시장·묘지·화장장·도축장 또
는 그 밖의 공공용 시설에 관한 사업'을 공익사업의 하나로 열거하고 있다. 원심판결 이유를
기록에 비추어 살펴보면, 이 사건 사업은 지방자치단체인 피고가 공공용 시설인 공영주차장을
직접 설치하는 사업임을 알 수 있으므로, 토지보상법 제4조 제3호의 공익사업에 해당한다.

[2] 피고는 이 사건 각 토지와 건물을 소유자들로부터 매수하여 협의취득하였다. 원고들은 피고와 소유
자들 사이의 협의 성립 이전부터 해당 건물을 임차하여 그곳에서 영업을 하였는데, 소유자들이
피고와 체결한 매매계약의 조건을 이행하기 위해 원고들과 임대차계약을 더 이상 갱신하지 않
는 바람에 원고들이 폐업하거나 휴업하였다. 따라서 원고들은 이 사건 사업 때문에 폐업하거나
휴업한 것이고, 토지보상법상 관계인에 해당하는 원고들의 각 영업이 손실보상대상이 된다.

공익사업의 시행자인 피고는 공사에 착수하기 전 임차인인 원고들에게 영업손실 보상금을 지급할 의무가 있는데도 보상액을 지급하지 않고 공사에 착수하였다. 원고들은 영업손실 보상금을 받지 못한 채 영업장에서 영업을 계속할 수 없었고 그 과정에서 위와 같은 공사를 하는 것을 승낙하였다고 볼 자료가 없다. 피고는 영업손실보상을 구하는 원고들의 협의요청을 거부하였을 뿐 아니라 재결신청청구도 거부하여 원고들로 하여금 재결절차 등을 통하여 영업손실 보상을 받을 수 없도록 하였다. 따라서 피고는 원고들에게 손실보상청구권을 침해한 손해를 배상할 책임이 있다.

[3] 원고들이 입은 손해는 영업손실 보상청구권의 침해에 따른 것이므로, 그 손해액은 원칙적으로 토지보상법령이 정한 영업손실 보상금이고, 그 밖에 별도의 손해가 발생하였다는 점에 관한 원고들의 구체적인 주장·증명이 없는 한, 손실보상금의 지급이 지연되었다는 사정만으로 손실보상금에 해당하는 손해 외에 원고들에게 별도의 손해가 발생하였다고 볼 수 없다.

(원심은 손실보상금의 지급이 지연되었다는 사정만으로 위자료의 지급을 인정하였으나, 대법원은 손실보상금의 지급이 지연되었다는 사정만으로는 정신적 손해의 발생사실이 증명되었다고 볼 수는 없으며, 재산적 손해 외에 별도로 정신적 고통을 받았다는 사정에 대하여 원고들이 증명을 해야하나, 이에 대한 원고들의 증명이 충분하지 않다고 보아, 원심판결에는 손해배상의 범위와 증명책임, 위자료에 관한 법리를 오해하여 판결에 영향을 미친 잘못이 있으므로, 원심판결의 피고 패소 부분 중 각 위자료 부분과 그 지연손해금 부분을 파기하고, 다시 심리·판단하도록 원심법원에 파기환송한 사례)

관련내용

1. 영업손실보상의 의의, 성격(토지보상법 제77조 제1항)

영업손실보상이란 공익사업 시행에 따라 영업을 폐지 또는 휴업하게 되는 경우 발생하는 손실을 보상하는 것으로서 합리적 기대이익의 상실이라는 점에서 일실손실보상의 성격이 있다.

2. 관련 규정(토지보상법 제62조)

사업시행자는 해당 공익사업을 위한 공사에 착수하기 이전에 토지소유자와 관계인에게 보상액 전액(全額)을 지급하여야 한다. 다만, 제38조에 따른 천재지변 시의 토지 사용과 제39조에 따른 시급한 토지 사용의 경우 또는 토지소유자 및 관계인의 승낙이 있는 경우에는 그러하지 아니하다.

※ 해당 판례와 후술된 미나리사건(2011다27103) 판례는 토지보상법 제62조에 규정된 사전보상 원칙을 위배한 것으로 볼 수 있다.

판례 12   2011다27103

공사의 사전 착공으로 토지소유자나 관계인이 영농을 할 수 없게 된 때부터 수용개시일까지 입은 손해를 배상할 책임이 있는지 여부(적극)

관련판례

✦ 대판 2013.11.14, 2011다27103[손해배상등]

사건의 개요

토지를 그 소유자들로부터 임차하여 미나리를 재배하던 중 임대차계약이 묵시적으로 갱신되어 적법한 임차권을 가지고 있던 상태에서 경기도지사가 2007년 4월경 도로 공사에 착공함으로써 원고들의 경작권을 침해하였고, 그로 인하여 미나리 재배를 하지 못하게 되어 손해배상청구한 사안

사안의 쟁점

사업시행자가 보상금 지급이나 토지소유자 및 관계인의 승낙 없이 공익사업을 위한 공사에 착수하여 영농을 계속할 수 없게 한 경우, 2년분의 영농손실보상금 지급과 별도로 공사의 사전 착공으로 토지소유자나 관계인이 영농을 할 수 없게 된 때부터 수용개시일까지 입은 손해를 배상할 책임이 있는지 여부(적극)

판결요지

구 공익사업을 위한 토지 등의 취득 및 보상에 관한 법률(2011.8.4. 법률 제11017호로 개정되기 전의 것, 이하 '공익사업법'이라 한다) 제40조 제1항, 제62조, 제77조 제2항, 구 공익사업을 위한 토지 등의 취득 및 보상에 관한 법률 시행규칙(2013.4.25. 국토교통부령 제5호로 개정되기 전의 것) 제48조 제1항, 제3항 제5호의 규정들을 종합하여 보면, 공익사업을 위한 공사는 손실보상금을 지급하거나 토지소유자 및 관계인의 승낙을 받지 않고는 미리 착공해서는 아니 되는 것으로, 이는 그 보상권리자가 수용대상에 대하여 가지는 법적 이익과 기존의 생활관계 등을 보호하고자 하는 것이고, 수용대상인 농지의 경작자 등에 대한 2년분의 영농손실보상은 그 농지의 수용으로 인하여 장래에 영농을 계속하지 못하게 되어 생기는 이익 상실 등에 대한 보상을 하기 위한 것이다. 따라서 사업시행자가 토지소유자 및 관계인에게 보상금을 지급하지 아니하고 그 승낙도 받지 아니한 채 미리 공사에 착수하여 영농을 계속할 수 없게 하였다면 이는 공익사업법상 사전보상의 원칙을 위반한 것으로서 위법하다 할 것이므로, 이 경우 사업시행자는 2년분의 영농손실보상금을 지급하는 것과 별도로, 공사의 사전 착공으로 인하여 토지소유자나 관계인이 영농을 할 수 없게 된 때부터 수용개시일까지 입은 손해에 대하여 이를 배상할 책임이 있다.

관련내용

1. 농업손실보상의 의의, 취지(토지보상법 제77조 제2항)

   농업손실이란 공익사업시행으로 인하여 당해 토지가 공익사업시행지구에 편입되어 영농을 계속할 수 없게 됨에 따라 발생하는 손실로서, 생활재건조치, 일실손실의 지급이라는 측면의 취지가 있다.

판례 13 **2019다207813**

주택재개발사업의 사업시행자가 현금청산대상자나 세입자로부터 정비구역 내 토지 또는 건축물을 인도받기 위해서는 협의나 재결절차 등에 의하여 결정되는 주거이전비 등도 지급하여야 하는지 여부(적극)

쟁점사항

사업시행자와 세입자 사이에 주거이전비 등에 관한 협의가 성립된다면 세입자의 부동산 인도의무는 동시이행관계에 있고, 재결절차 등에 의할 때에는 부동산 인도에 앞서 주거이전비 지급절차가 선행되어야 함.

관련판례

✦ 대판 2021.6.30, 2019다207813[부동산인도청구의소]

> 주택재개발사업에서 사업시행자가 현금청산대상자를 상대로 부동산의 인도를 구하자 현금청산대상자가 주거이전비 등의 미지급을 이유로 인도를 거절한 사건

판시사항

주택재개발사업의 사업시행자가 현금청산대상자나 세입자로부터 정비구역 내 토지 또는 건축물을 인도받기 위해서는 협의나 재결절차 등에 의하여 결정되는 주거이전비 등도 지급하여야 하는지 여부(적극)

판결요지

(구)도시 및 주거환경정비법(2017.2.8. 법률 제14567호로 전부 개정되기 전의 것, 이하 '(구)도시정비법'이라 한다) 제49조 제6항은 '관리처분계획의 인가·고시가 있은 때에는 종전의 토지 또는 건축물의 소유자·지상권자·전세권자·임차권자 등 권리자는 제54조의 규정에 의한 이전의 고시가 있은 날까지 종전의 토지 또는 건축물에 대하여 이를 사용하거나 수익할 수 없다. 다만 사업시행자의 동의를 받거나 제40조 및 공익사업을 위한 토지 등의 취득 및 보상에 관한 법률(이하 '토지보상법'이라 한다)에 따른 손실보상이 완료되지 아니한 권리자의 경우에는 그러하지 아니하다.'고 규정하고 있다. 따라서 사업시행자가 현금청산대상자나 세입자에 대해서 종전의 토지나 건축물의 인도를 구하려면 관리처분계획의 인가·고시만으로는 부족하고 구 도시정비법 제49조 제6항 단서에서 정한 토지보상법에 따른 손실보상이 완료되어야 한다.

(구)도시정비법 제49조 제6항 단서의 내용, 개정 경위와 입법 취지를 비롯하여 (구)도시정비법 및 토지보상법의 관련 규정들을 종합하여 보면, 토지보상법 제78조에서 정한 주거이전비, 이주정착금, 이사비(이하 '주거이전비 등'이라 한다)도 (구)도시정비법 제49조 제6항 단서에서 정한 '토지보상법에 따른 손실보상'에 해당한다. 그러므로 주택재개발사업의 사업시행자가 공사에 착수하기 위하여 현금청산대상자나 세입자로부터 정비구역 내 토지 또는 건축물을 인도받기 위해서는 협의나 재결절차 등에 의하여 결정되는 주거이전비 등도 지급할 것이 요구된다. 만일 사업시행자와 현금청산대상자나 세입자 사이에 주거이전비 등에 관한 협의가 성립된다면 사업시행자의 주거이전비 등 지급의무와 현금청산대상자나 세입자의 부동산 인도의무는 동시이행의 관계에 있게 되고, 재결절차 등에 의할 때에는 주거이전비 등의 지급절차가 부동산 인도에 선행되어야 한다.

이유

상고이유를 판단한다.

   나. 이 사건의 쟁점은, 주택재개발사업의 사업시행자가 (구)도시정비법 제49조 제6항에 따라 현금청산대상자나 세입자를 상대로 부동산 인도 청구를 할 때 현금청산대상자나 세입자가 「공익사업을 위한 토지 등의 취득 및 보상에 관한 법률」(이하 '토지보상법'이라 한다) 제78조 등에서 정한 주거이전비, 이주정착금, 이사비(이하 '주거이전비 등'이라 한다)의 미지급을 이유로 인도를 거절할 수 있는지 여부이다.

2. (구)도시정비법 제49조 제6항의 의미

   가. (구)도시정비법 제49조 제6항은 '관리처분계획의 인가·고시가 있은 때에는 종전의 토지 또는 건축물의 소유자·지상권자·전세권자·임차권자 등 권리자는 제54조의 규정에 의한 이전의 고시가 있은 날까지 종전의 토지 또는 건축물에 대하여 이를 사용하거나 수익할 수 없다. 다만 사업시행자의 동의를 받거나 제40조 및 토지보상법에 따른 손실보상이 완료되지 아니한 권리자의 경우에는 그러하지 아니하다.'고 규정하고 있다. 따라서 사업시행자가 현금청산대상자나 세입자에 대해서 종전의 토지나 건축물의 인도를 구하려면 관리처분계획

의 인가·고시만으로는 부족하고 구 도시정비법 제49조 제6항 단서에서 정한 토지보상법에 따른 손실보상이 완료되어야 한다.

나. (구)도시정비법 제49조 제6항 단서의 내용, 그 개정 경위와 입법 취지를 비롯하여 구 도시정비법 및 토지보상법의 관련 규정들을 종합하여 보면, 토지보상법 제78조에서 정한 주거이전비 등도 (구)도시정비법 제49조 제6항 단서에서 정한 '토지보상법에 따른 손실보상'에 해당한다. 그러므로 주택재개발사업의 사업시행자가 공사에 착수하기 위하여 현금청산대상자나 세입자로부터 정비구역 내 토지 또는 건축물을 인도받기 위해서는 협의나 재결절차 등에 의하여 결정되는 주거이전비 등도 지급할 것이 요구된다. 만일 사업시행자와 현금청산대상자나 세입자 사이에 주거이전비 등에 관한 협의가 성립된다면 사업시행자의 주거이전비 등 지급의무와 현금청산대상자나 세입자의 부동산 인도의무는 동시이행의 관계에 있게 되고, 재결절차 등에 의할 때에는 주거이전비 등의 지급절차가 부동산 인도에 선행되어야 할 것이다. 보다 상세한 이유는 다음과 같다.

(3) 토지보상법에 의하면 사업시행자는 현금청산대상자나 세입자와 협의를 할 수 있고 협의가 성립되지 아니하거나 협의를 할 수 없을 때 관할 토지수용위원회에 재결을 신청할 수 있으며(제28조 제1항, 제26조, 제2조 제5호), 토지수용위원회의 재결사항에는 손실보상이 포함된다(제50조 제1항 제2호). 토지수용위원회는 손실보상의 경우 증액재결을 할 수 있는 것 외에는 사업시행자, 토지소유자 또는 관계인이 신청한 범위에서 재결하여야 한다(제50조 제2항). 주택재개발사업의 사업시행자는 사업의 신속한 진행을 위하여 주거이전비 등에 대하여 토지수용위원회에 재결을 신청할 수 있고 그 경우 관할 토지수용위원회는 주거이전비 등에 대하여 재결하여야 한다. 주거이전비 등의 보상항목에 대하여 수용재결에서 심리·판단되지 않았다면 사업시행자가 수용재결에서 정해진 토지나 지장물 등 보상금을 지급 또는 공탁한 것만으로 (구)도시정비법 제49조 제6항 단서에서 정한 토지보상법에 따른 손실보상이 완료되었다고 보기 어렵다.

(4) 만일 사업시행자와 현금청산대상자나 세입자 사이에 주거이전비 등에 관한 협의가 성립된다면 다른 특약이 없는 한 사업시행자의 주거이전비 등 지급의무와 현금청산대상자나 세입자의 부동산 인도의무는 동시이행의 관계에 있게 되지만, 사업시행자가 재결절차 등을 통하여 심리·판단된 주거이전비 등을 지급하거나 공탁할 때에는 (구)도시정비법 제40조 제1항에 의해 준용되는 토지보상법 제62조가 정한 사전보상의 원칙에 따라 주거이전비 등의 지급절차가 부동산 인도에 선행되어야 한다[다만 사업시행자가 수용재결에서 정한 주거이전비 등을 수용개시일까지 지급하거나 공탁한 경우 (구)도시정비법 제49조 제6항 단서에서 말하는 토지보상법에 따른 손실보상이 완료되고, 현금청산대상자나 세입자는 행정소송을 통해 주거이전비 등의 증액을 구할 수 있음은 별론으로 하고 사업시행자의 인도 청구를 거절할 수는 없다 할 것이다(대판 2013.8.22, 2012다40097 참조)].

관련내용

1. 주거이전비의 의의(시행규칙 제54조)

주거용 건물의 거주자에 대하여는 주거 이전에 필요한 비용을 산정하여 보상하는 것을 말한다.

(1) 소유자에 대한 주거이전비 보상 기준

공익사업시행지구에 편입되는 주거용 건축물의 소유자에 대하여는 당해 건축물에 대한 보상을 하는 때에 가구원수에 따라 2월분의 주거이전비를 보상하여야 한다. 다만, 건축물의 소유자가 해당 건축물 또는 공익사업시행지구 내 타인의 건축물에 실제 거주하고 있지 아니하거나 해당 건축물이 무허가건축물등인 경우에는 그러하지 아니하다(규칙 제54조 제1항).

(2) 세입자에 대한 주거이전비 보상 기준

① 공익사업의 시행으로 인하여 이주하게 되는 주거용 건축물의 세입자로서 사업인정고시일등 당시 또는 공익사업을 위한 관계법령에 의한 고시 등이 있은 당시 당해 공익사업시행지구 안에서 3개월 이상 거주한 자에 대하여는 가구원수에 따라 4개월분의 주거이전비를 보상하여야 한다. 다만, 무허가건축물등에 입주한 세입자로서 사업인정고시일등 당시 또는 공익사업을 위한 관계법령에 의한 고시 등이 있은 당시 그 공익사업지구 안에서 1년 이상 거주한 세입자에 대하여는 본문에 따라 주거이전비를 보상하여야 한다(규칙 제54조 제2항).

② 89.1.24 이전 건축한 건축물의 세입자는 적법한 건축물로 주거이전비 지급 대상자에 해당된다. 다만 89.1.24 이후 건축된 무허가건축물 등에 입주한 세입자는 무허가건축물의 세입자로서 원칙적으로 지급대상에서 제외되지만, 예외적으로 무허가건축물이라 하더라도 사업인정고시일등 당시 관계법령에 의한 고시 등이 있은 당시 그 공익사업지구 안에서 1년 이상 거주한 세입자에 대하여는 주거이전비를 보상하여야 한다(규칙 제54조 제2항 단서).

3. 관련 규정(토지보상법 제62조)

사업시행자는 해당 공익사업을 위한 공사에 착수하기 이전에 토지소유자와 관계인에게 보상액 전액(全額)을 지급하여야 한다. 다만, 제38조에 따른 천재지변 시의 토지 사용과 제39조에 따른 시급한 토지 사용의 경우 또는 토지소유자 및 관계인의 승낙이 있는 경우에는 그러하지 아니하다.

판례 14 2019도10001

공익사업을 위한 토지 등의 취득 및 보상에 관한 법률 위반

쟁점사항

수용개시일 당시 주거이전비 등을 포함한 토지보상법상 손실보상이 완료되지 아니하였으므로 피고인들의 인도의무 위반을 전제로 하는 이 사건 공소사실은 범죄로 되지 아니하여 무죄를 선고함.

관련판례

✦ 대판 2021.7.21, 2019도10001[공익사업을 위한 토지등의 취득 및 보상에 관한 법률위반]

판시사항

공익사업을 위한 토지 등의 취득 및 보상에 관한 법률 제78조 제1항의 이주정착금 및 같은 조 제5항의 주거이전비와 이사비의 보상이 구 도시 및 주거환경정비법 제40조 제1항에 의하여 준용되는 공익사업을 위한 토지 등의 취득 및 보상에 관한 법률에서 명문으로 규정한 손실보상에 해당하는지 여부(적극) / 주택재개발사업의 사업시행자가 공사에 착수하기 위하여 현금청산대상자나 세입자로부터 정비구역 내 토지 또는 건축물을 인도받기 위해서는 협의나 재결절차 등에 의하여 결정되는 주거이전비 등을 지급하여야 하는지 여부(적극)

이유

상고이유를 판단한다.

1. 가. 「공익사업을 위한 토지 등의 취득 및 보상에 관한 법률」(이하 '토지보상법'이라 한다) 제43조는 '토지소유자 및 관계인과 그 밖에 토지소유자나 관계인에 포함되지 아니하는 자로서 수용하거나 사용할 토지나 그 토지에 있는 물건에 관한 권리를 가진 자는 수용 또는 사용의 개시일까지 그 토지나 물건을 사업시행자에게 인도하거나 이전하여야 한다.'고 규정하고 있고, 토지보상법 제95조의2 제2호는 '토지보상법 제43조를 위반하여 토지 또는 물건을 인도하거나 이전하지 아니한 자'를 처벌하는 규정을 두고 있다.

   나. (구)「도시 및 주거환경정비법」(2017.2.8. 법률 제14567호로 전부 개정되기 전의 것, 이하 '(구)도시정비법'이라 한다) 제49조 제6항은 '관리처분계획의 인가·고시가 있은 때에는 종전의 토지 또는 건축물의 소유자·지상권자·전세권자·임차권자 등 권리자는 제54조의 규정에 의한 이전의 고시가 있는 날까지 종전의 토지 또는 건축물에 대하여 이를 사용하거나 수익할 수 없다. 다만 사업시행자의 동의를 받거나 제40조 및 토지보상법에 따른 손실보상이 완료되지 아니한 권리자의 경우에는 그러하지 아니하다.'고 규정하고 있다. 따라서 사업시행자가 현금청산대상자나 세입자에 대해서 종전의 토지나 건축물의 인도를 구하려면

관리처분계획의 인가·고시만으로는 부족하고 (구)도시정비법 제49조 제6항 단서에서 정한 토지보상법에 따른 손실보상이 완료되어야 한다.

(구)도시정비법 제49조 제6항 단서의 내용, 그 개정 경위와 입법 취지를 비롯하여 (구)도시정비법 및 토지보상법의 관련 규정들을 종합하여 보면, 토지보상법 제78조 제1항의 이주정착금 및 같은 조 제5항의 주거이전비와 이사비의 보상은 (구)도시정비법 제40조 제1항에 의하여 준용되는 토지보상법에서 명문으로 규정한 손실보상에 해당한다. 그러므로 주택재개발사업의 사업시행자가 공사에 착수하기 위하여 현금청산대상자나 세입자로부터 정비구역 내 토지 또는 건축물을 인도받기 위해서는 협의나 재결절차 등에 의하여 결정되는 주거이전비 등을 지급할 것이 요구된다. 만일 사업시행자와 현금청산대상자나 세입자 사이에 주거이전비 등에 관한 협의가 성립된다면 사업시행자의 주거이전비 등 지급의무와 현금청산대상자나 세입자의 부동산 인도의무는 동시이행의 관계에 있게 되고, 재결절차 등에 의할 때에는 부동산 인도에 앞서 주거이전비 등의 지급절차가 선행되어야 할 것이다(대판 2021.6.30, 2019다207813 참조).

2. 원심은 판시와 같은 이유로 수용개시일 당시 주거이전비 등을 포함한 토지보상법상 손실보상이 완료되지 아니하였으므로 피고인들의 인도의무 위반을 전제로 하는 이 사건 공소사실은 범죄로 되지 아니하는 경우에 해당한다고 판단하여 이 사건 공소사실을 유죄로 인정한 제1심판결을 파기하고 무죄를 선고하였다.

원심판결 이유를 앞서 본 법리와 기록에 비추어 살펴보면, 원심의 판단에 상고이유 주장과 같이 (구)도시정비법 제49조 제6항, 토지보상법 제43조에 관한 법리를 오해하는 등의 잘못이 없다.

3. 그러므로 상고를 모두 기각하기로 하여, 관여 대법관의 일치된 의견으로 주문과 같이 판결한다.

판례 15 2019다227695

사업시행자가 손실보상금을 지급·공탁한 경우에도 건축물을 인도받기 위해서는 주거이전비 등을 지급하여야 하는지 여부

관련판례

✦ **대판 2021.7.29, 2019다227695[부동산인도]**

판시사항

주택재개발사업의 사업시행자가 현금청산대상자나 세입자로부터 정비구역 내 토지 또는 건축물을 인도받기 위해서는 협의나 재결절차 등에 의하여 결정되는 주거이전비 등도 지급하여야 하는지 여부(적극) 및 이는 사업시행자가 수용재결에서 정한 토지나 건축물에 대한 손실보상금을 지급하거나 공탁함으로써 공익사업을 위한 토지 등의 취득 및 보상에 관한 법률 제43조, 제45조 등에서 정하는 토지 또는 건축물의 인도나 소유권 취득의 요건을 충족한 경우에도 마찬가지인지 여부(적극)

이유

상고이유를 판단한다.

1. 나. 토지보상법 제78조 등에서 정하는 이주정착금, 주거이전비, 이사비(이하 '주거이전비 등'이라고 한다)는 (구)도시정비법 제49조 제6항 단서에서 정한 '토지보상법에 따른 손실보상'에 해당한다. 그러므로 주택재개발사업의 사업시행자가 공사에 착수하기 위하여 현금청산대상자나 세입자로부터 정비구역 내 토지 또는 건축물을 인도받기 위해서는 협의나 재결절차 등에 의하여 결정되는 주거이전비 등도 지급될 것이 요구된다. 만일 사업시행자와 현금청산대상자나 세입자 사이에 주거이전비 등에 관한 협의가 성립된다면 다른 특약이 없는 한 사업시행자의 주거이전비 등 지급의무와 현금청산대상자나 세입자의 부동산 인도의무는 동시이행의 관계에 있게 되고, 주거이전비 등에 대한 재결절차 등에 의할 때에는 (구)도시정비법 제40조 제1항에 의해 준용되는 토지보상법 제62조가 정한 사전보상의 원칙에 따라 주거이전비 등의 지급절차가 부동산 인도에 선행되어야 할 것이다(대판 2021.6.30, 2019다207813 판결 등 참조). 이는 사업시행자가 수용재결에서 정한 토지나 건축물에 대한 손실보상금을 지급하거나 공탁함으로써 토지보상법 제43조, 제45조 등에서 정하는 토지나 건축물의 인도나 소유권 취득의 요건을 충족하였더라도 달라지지 않는다.

2. 가. 4) 피고들은 원심 변론종결 시를 기준으로 이 사건 부동산을 점유하고 있다.

   나. 1) 이러한 사실관계를 위 법리에 비추어 살펴본다. 피고들은 이 사건 사업구역 내에서 이 사건 부동산을 소유 또는 점유하던 사람들로서 토지보상법 등에서 정한 주거이전비 등의 지급대상일 가능성이 있다. 만약 피고들이 주거이전비 등의 지급대상자라면 원고

로서는 피고들에게 협의나 재결절차 등에 의하여 결정된 주거이전비 등의 지급절차를 이행하여야만 구 도시정비법 제49조 제6항 단서의 손실보상을 완료하고 이 사건 부동산의 인도를 구할 수 있다.

   2) 그런데도 원심은, 피고들에 대한 주거이전비 등의 지급절차가 이루어졌는지에 관하여 아무런 심리·판단을 하지 않은 채 원고가 수용재결에서 정해진 이 사건 부동산에 관한 손실보상금을 공탁하였다는 사정만으로 피고들에 대하여 이 사건 부동산의 인도를 구할 수 있다고 단정하고 원고의 청구를 인용하였다. 이러한 원심판단에는 구 도시정비법 제49조 제6항 단서에서 정한 토지보상법에 따른 손실보상 완료의 의미 등에 관한 법리를 오해하여 필요한 심리를 다하지 않음으로써 판결에 영향을 미친 잘못이 있다. 이를 지적하는 상고이유 주장은 이유 있다.

3. 그러므로 원심판결을 파기하고, 사건을 다시 심리·판단하도록 원심법원에 환송하기로 하여, 관여 대법관의 일치된 의견으로 주문과 같이 판결한다.

관련내용

1. 공탁의 의의·취지·근거(토지보상법 제40조 제2항)

사업시행자가 재결에서 정한 보상금을 관할 공탁소에 공탁함으로써 보상금의 지급에 갈음하는 것을 말한다. 사전보상원칙의 실현, 재결실효방지, 공익사업의 원활화에 취지가 있다.

2. 요건(제40조 제2항)(거알불압)

  ① 보상금을 받을 자가 그 수령을 거부하거나 수령할 수 없을 때
  ② 사업시행자의 과실 없이 보상금을 받을 자를 알 수 없을 때
  ③ 관할 토지수용위원회가 재결한 보상금에 대하여 사업시행자가 불복할 때
  ④ 압류나 가압류에 의하여 보상금의 지급이 금지되었을 때

판례 16 2018두227

토지보상법과 환경정책기본법상 손해배상청구권이 동시에 성립하는 경우, 영업자가 두 청구권을 동시에 행사할 수 있는지 여부(소극)

쟁점사항

▶ 간접손실보상의 "휴업이 불가피한 경우" 포함 여부
▶ 공익사업시행지구 밖의 영업손실보상에 대한 재결전치주의
▶ 잘못된 재결에 대하여 제기할 소송과 그 상대방

관련판례

판시사항

[1] 공익사업을 위한 토지 등의 취득 및 보상에 관한 법률 시행규칙 제64조 제1항 제2호에서 정한 공익사업시행지구 밖 영업손실보상의 요건인 '공익사업의 시행으로 인한 그 밖의 부득이한 사유로 일정기간 동안 휴업이 불가피한 경우'에 공익사업의 시행 결과로 휴업이 불가피한 경우가 포함되는지 여부(적극)

[2] 실질적으로 같은 내용의 손해에 관하여 공익사업을 위한 토지 등의 취득 및 보상에 관한 법률 제79조 제2항에 따른 손실보상과 환경정책기본법 제44조 제1항에 따른 손해배상청구권이 동시에 성립하는 경우, 영업자가 두 청구권을 동시에 행사할 수 있는지 여부(소극) 및 '해당 사업의 공사완료일로부터 1년'이라는 손실보상 청구기간이 지나 손실보상청구권을 행사할 수 없는 경우에도 손해배상청구가 가능한지 여부(적극)

[3] 공익사업으로 인하여 공익사업시행지구 밖에서 영업을 휴업하는 자가 공익사업을 위한 토지 등의 취득 및 보상에 관한 법률 제34조, 제50조 등에 규정된 재결절차를 거치지 않은 채 곧바로 사업시행자를 상대로 공익사업을 위한 토지 등의 취득 및 보상에 관한 법률 시행규칙 제47조 제1항에 따라 영업손실에 대한 보상을 청구할 수 있는지 여부(소극)

[4] 어떤 보상항목이 공익사업을 위한 토지 등의 취득 및 보상에 관한 법령상 손실보상대상에 해당함에도 관할 토지수용위원회가 사실을 오인하거나 법리를 오해함으로써 손실보상대상에 해당하지 않는다고 잘못된 내용의 재결을 한 경우, 피보상자가 제기할 소송과 그 상대방

판결요지

[1] 모든 국민의 재산권은 보장되고, 공공필요에 의한 재산권의 수용 등에 대하여는 정당한 보상을 지급하여야 하는 것이 헌법의 대원칙이고(헌법 제23조), 법률도 그런 취지에서 공익사업의

시행 결과 공익사업의 시행이 공익사업시행지구 밖에 미치는 간접손실 등에 대한 보상의 기준 등에 관하여 상세한 규정을 마련해 두거나 하위법령에 세부사항을 정하도록 위임하고 있다. 이러한 공익사업시행지구 밖의 영업손실은 공익사업의 시행과 동시에 발생하는 경우도 있지만, 공익사업에 따른 공공시설의 설치공사 또는 설치된 공공시설의 가동·운영으로 발생하는 경우도 있어 그 발생원인과 발생시점이 다양하므로, 공익사업시행지구 밖의 영업자가 발생한 영업상 손실의 내용을 구체적으로 특정하여 주장하지 않으면 사업시행자로서는 영업손실보상금 지급의무의 존부와 범위를 구체적으로 알기 어려운 특성이 있다. 공익사업을 위한 토지 등의 취득 및 보상에 관한 법률 제79조 제2항에 따른 손실보상의 기한을 공사완료일부터 1년 이내로 제한하면서도 영업자의 청구에 따라 보상이 이루어지도록 규정한 것[공익사업을 위한 토지 등의 취득 및 보상에 관한 법률 시행규칙(이하 '시행규칙'이라 한다) 제64조 제1항]이나 손실보상의 요건으로서 공익사업시행지구 밖에서 발생하는 영업손실의 발생원인에 관하여 별다른 제한 없이 '그 밖의 부득이한 사유'라는 추상적인 일반조항을 규정한 것(시행규칙 제64조 제1항 제2호)은 간접손실로서 영업손실의 이러한 특성을 고려한 결과이다.

위와 같은 공익사업시행지구 밖 영업손실보상의 특성과 헌법이 정한 '정당한 보상의 원칙'에 비추어 보면, 공익사업시행지구 밖 영업손실보상의 요건인 '공익사업의 시행으로 인한 그 밖의 부득이한 사유로 일정 기간 동안 휴업이 불가피한 경우'란 공익사업의 시행 또는 시행 당시 발생한 사유로 휴업이 불가피한 경우만을 의미하는 것이 아니라 공익사업의 시행 결과, 즉 그 공익사업의 시행으로 설치되는 시설의 형태·구조·사용 등에 기인하여 휴업이 불가피한 경우도 포함된다고 해석함이 타당하다.

[2] 공익사업을 위한 토지 등의 취득 및 보상에 관한 법률(이하 '토지보상법'이라 한다) 제79조 제2항(그 밖의 토지에 관한 비용보상 등)에 따른 손실보상과 환경정책기본법 제44조 제1항(환경오염의 피해에 대한 무과실책임)에 따른 손해배상은 근거 규정과 요건·효과를 달리하는 것으로서, 각 요건이 충족되면 성립하는 별개의 청구권이다. 다만 손실보상청구권에는 이미 '손해전보'라는 요소가 포함되어 있어 실질적으로 같은 내용의 손해에 관하여 양자의 청구권을 동시에 행사할 수 있다고 본다면 이중배상의 문제가 발생하므로, 실질적으로 같은 내용의 손해에 관하여 양자의 청구권이 동시에 성립하더라도 영업자는 어느 하나만을 선택적으로 행사할 수 있을 뿐이고, 양자의 청구권을 동시에 행사할 수는 없다. 또한 '해당 사업의 공사완료일로부터 1년'이라는 손실보상 청구기간(토지보상법 제79조 제5항, 제73조 제2항)이 도과하여 손실보상청구권을 더 이상 행사할 수 없는 경우에도 손해배상의 요건이 충족되는 이상 여전히 손해배상청구는 가능하다.

[3] 공익사업을 위한 토지 등의 취득 및 보상에 관한 법률(이하 '토지보상법'이라 한다) 제26조, 제28조, 제30조, 제34조, 제50조, 제61조, 제79조, 제80조, 제83조 내지 제85조의 규정 내용과 입법취지 등을 종합하면, 공익사업으로 인하여 공익사업시행지구 밖에서 영업을 휴업하는 자가 사업시행자로부터 공익사업을 위한 토지 등의 취득 및 보상에 관한 법률 시행규칙 제

47조 제1항에 따라 영업손실에 대한 보상을 받기 위해서는, 토지보상법 제34조, 제50조 등에 규정된 재결절차를 거친 다음 그 재결에 대하여 불복이 있는 때에 비로소 토지보상법 제83조 내지 제85조에 따라 권리구제를 받을 수 있을 뿐이다. 이러한 재결절차를 거치지 않은 채 곧바로 사업시행자를 상대로 손실보상을 청구하는 것은 허용되지 않는다.

[4] 어떤 보상항목이 공익사업을 위한 토지 등의 취득 및 보상에 관한 법령상 손실보상대상에 해당함에도 관할 토지수용위원회가 사실을 오인하거나 법리를 오해함으로써 손실보상대상에 해당하지 않는다고 잘못된 내용의 재결을 한 경우에는, 피보상자는 관할 토지수용위원회를 상대로 그 재결에 대한 취소소송을 제기할 것이 아니라, 사업시행자를 상대로 공익사업을 위한 토지 등의 취득 및 보상에 관한 법률 제85조 제2항에 따른 보상금증감소송을 제기하여야 한다.

관련내용

✦ **간접손실보상**

1. 간접손실보상의 의의 및 취지(토지보상법 제79조)
공익사업으로 인하여 사업지 밖의 재산권자에게 가해지는 손실 중 공익사업으로 인하여 필연적으로 발생하는 손실에 대한 보상을 말한다.

2. 간접손실의 유형
공사 중의 소음, 진동이나 교통불편으로 인한 손실, 완성된 시설물로 인한 일조감소 등 물리적·기술적 손실과 지역경제, 사회적 구조가 변경되어 발생하는 경제적·사회적 손실이 있다. 최근 판례는 사회적·경제적 손실은 물론 물리적·기술적 손실도 간접손실의 유형으로 보아 피수용자 권익보호를 한층 강화하고 있다.

3. 법적 성질
① 간접손실은 손실이 있은 후에 행하는 사후보상의 성격을 갖는다. ② 원인행위가 간접적이라는 점을 제외하고는 일반 손실보상과 동일하므로 재산권보상으로 볼 수 있으며, ③ 침해가 있기 전 생활상태의 회복을 위한 것이라는 점에서 생활보상의 성격도 갖는다. ④ 또, 손실보상청구권에 대한 판례의 태도에 따라 공법상 권리에 해당한다.

4. 요건
① 공익사업의 시행에 포함된 사업지구 밖의 제3자가 입은 손실일 것 ② 손실의 예견가능성이 있고, 손실범위를 특정할 수 있을 것. ③ 특별한 희생일 것. ④ 보상규정이 존재해야 한다.

5. 법적 근거와 불복

(1) 토지보상법 제79조 제2항 및 동법 시행규칙 제59조 내지 제65조

토지보상법 제79조 제2항 및 동법 시행규칙 제59조 내지 제65조에서 공익사업시행지구 밖 간접손실보상을 규정하고 있다. 간접손실 보상의 경우에는 당사자 간에 협의를 1차적으로 하고 협의가 성립되지 않으면 관할토지수용위원회에 재결신청을 하도록 하고 있다.

(2) 토지보상법 제83조 내지 제85조(이의신청 및 행정소송)로 불복

2010다23210 판결에서는 간접손실보상의 경우 재결절차를 거쳐 토지보상법 제83조 이의 신청과 동법 제85조 행정소송으로 불복하도록 하고 있다.

> 토지보상법 제79조 제2항, 공익사업을 위한 토지 등의 취득 및 보상에 관한 법률 시행규칙 제57 조에 따른 사업폐지 등에 대한 보상청구권은 공익사업의 시행 등 적법한 공권력의 행사에 의한 재산상 특별한 희생에 대하여 전체적인 공평부담의 견지에서 공익사업의 주체가 손해를 보상하 여 주는 손실보상의 일종으로 공법상 권리임이 분명하므로 그에 관한 쟁송은 구 공익사업법 제34 조, 제50조 등에 규정된 재결절차를 거친 다음 재결에 대하여 불복이 있는 때에 비로소 구 공익 사업법 제83조 내지 제85조에 따라 권리구제를 받을 수 있다고 보아야 한다(대판 2012.10.11, 2010다23210[손실보상금]).

관련기출

1. 제30회 문제3

X군에 거주하는 어업인들을 조합원으로 하는 A수산업협동조합(이하 'A조합'이라 함)은 조합원 들이 포획·채취한 수산물의 판매를 위탁받아 판매하는 B수산물위탁판매장(이하 'B위탁판매장' 이라 함)을 운영하여 왔다. 한편, B위탁판매장 운영에 대해서는 관계 법령에 따라 관할 지역에 대한 독점적 지위가 부여되어 있었으며, A조합은 B위탁판매장 판매액 중 일정비율의 수수료를 지급받아 왔다. 그런데, 한국농어촌공사는 「공유수면 관리 및 매립에 관한 법률」에 따라 X군 일대에 대한 공유수면매립면허를 받아 공유수면매립사업을 시행하였고, 해당 매립사업의 시행 으로 인하여 사업대상지역에서 어업활동을 하던 A조합의 조합원들은 더 이상 조업을 할 수 없 게 되었다. A조합은 위 공유수면매립사업지역 밖에서 운영하던 B위탁 판매장에서의 위탁판매 사업의 대부분을 중단하였고, 결국에는 B위탁판매장을 폐쇄하기에 이르렀다. 이에 따라 A조합 은 공유수면매립사업으로 인한 위탁판매수수료 수입의 감소에 따른 영업 손실의 보상을 청구하 였으나, 한국농어촌공사는 B위탁판매장이 사업시행지 밖에서 운영되던 시설이었고 「공유수면 관리 및 매립에 관한 법률」상 직접적인 보상 규정이 없음을 이유로 보상의 대상이 아니라고 주장한다. 한국농어촌공사의 주장은 타당한가? **20점**

※ 출제위원 채점평

본 문제는 사업시행지 밖의 영업손실에 대한 보상이 가능한지에 관한 문제입니다. 관계 법령에 직접적인 보상규정이 없는 경우에도 손실보상을 청구할 수 있는지가 쟁점입니다. 판례에 대한 정확한 이해와 사례해결에 대한 면밀한 분석보다는 암기식의 답안이 적지 않은 점은 아쉬움으로 남습니다.

2. 제29회 문제1 물음2

丙은 이 사건 공익사업구역 밖에서 음식점을 경영하고 있었는데, 이 사건 공익사업으로 인하여 자신의 음식점의 주출입로가 단절되어 일정 기간 휴업을 할 수 밖에 없게 되었다. 이때 丙은 토지보상법령상 보상을 받을 수 있는가? 10점

※ 출제위원 채점평

손실보상에 관한 기본적인 문제입니다. 관련 토지보상법 시행규칙을 정확히 인용하고, 서술할 것을 요구하였으나, 관련 법조문을 정확히 인용한 경우는 적었습니다.

3. 제14회 문제3

공공사업으로 인한 소음・진동・먼지 등에 의한 간접침해의 구제수단을 설명하시오. 20점

4. 제11회 문제3

공공사업의 시행으로 인하여 공공사업지구 밖에서 발생한 피해에 대한 보상의 이론적 근거, 실제유형과 보상의 한계에 대하여 논술하시오. 20점

5. 제2회 문제3 물음2

간접보상의 대상사업과 보상기준을 약술하여라. 10점

판례 17 2018두57865

재결신청청구거부에 대하여 거부처분취소소송으로 다툼

쟁점사항

▶ 재결신청청구거부에 대한 거부처분취소소송 가능성
▶ 농업손실보상 재결전치주의

관련판례

사건의 개요

국토교통부장관이 피고에 대하여 이 사건 사업의 실시계획을 승인·고시하였고 이후 연장된 이 사건 사업의 시행기간은 '2012.12.31.까지'임을 알 수 있으므로, 원고의 피고에 대한 재결신청 청구는 실시계획 승인권자가 정한 사업시행기간인 2012.12.31.까지는 하여야 한다. 그러나 원고가 2017.10.11.에 이르러서야 피고에게 이 사건 각 토지의 농업손실을 보상받기 위하여 재결신청 청구를 하였다. 피고가 2018.1.5. 원고에 대하여 '이미 사업시행기간이 만료되었다.'라는 이유로 이 사건 거부처분을 한 것은 적법하다고 보아야 한다.

판시사항

[1] 공익사업으로 농업의 손실을 입게 된 자가 공익사업을 위한 토지 등의 취득 및 보상에 관한 법률 제34조, 제50조 등에 규정된 재결절차를 거치지 않은 채 곧바로 사업시행자를 상대로 손실보상을 청구할 수 있는지 여부(소극)

[2] 편입토지 보상, 지장물 보상, 영업·농업 보상에 관하여 토지소유자나 관계인이 사업시행자에게 재결신청을 청구했음에도 사업시행자가 재결신청을 하지 않을 경우, 토지소유자나 관계인의 불복 방법 및 이때 사업시행자에게 재결신청을 할 의무가 있는지가 소송요건 심사단계에서 고려할 요소인지 여부(소극)

[3] 한국수자원공사법에 따른 사업을 수행하기 위한 토지 등의 수용 또는 사용으로 손실을 입게 된 토지소유자나 관계인이 공익사업을 위한 토지 등의 취득 및 보상에 관한 법률 제30조에 따라 한국수자원공사에 재결신청을 청구하는 경우, 위 사업의 실시계획을 승인할 때 정한 사업시행기간 내에 해야 하는지 여부(적극)

판결요지

[1] 공익사업을 위한 토지 등의 취득 및 보상에 관한 법률(이하 '토지보상법'이라 한다) 제26조, 제28조, 제30조, 제34조, 제50조, 제61조, 제83조 내지 제85조의 규정 내용 및 입법 취지 등을 종합하면, 공익사업으로 농업의 손실을 입게 된 자가 사업시행자로부터 토지보상법 제77조 제2항에 따라 농업손실에 대한 보상을 받기 위해서는 토지보상법 제34조, 제50조 등에 규정된 재결절차를 거친 다음 그 재결에 대하여 불복이 있는 때에 비로소 토지보상법 제83조 내지 제85조에 따라 권리구제를 받을 수 있을 뿐, 이러한 재결절차를 거치지 않은 채 곧바로 사업시행자를 상대로 손실보상을 청구하는 것은 허용되지 않는다.

[2] 공익사업을 위한 토지 등의 취득 및 보상에 관한 법률 제28조, 제30조에 따르면, 편입토지 보상, 지장물 보상, 영업·농업 보상에 관해서는 사업시행자만이 재결을 신청할 수 있고 토지소유자와 관계인은 사업시행자에게 재결신청을 청구하도록 규정하고 있으므로, 토지소유자나

관계인의 재결신청 청구에도 사업시행자가 재결신청을 하지 않을 때 토지소유자나 관계인은 사업시행자를 상대로 거부처분 취소소송 또는 부작위 위법확인소송의 방법으로 다투어야 한다. 구체적인 사안에서 토지소유자나 관계인의 재결신청 청구가 적법하여 사업시행자가 재결신청을 할 의무가 있는지는 본안에서 사업시행자의 거부처분이나 부작위가 적법한가를 판단하는 단계에서 고려할 요소이지, 소송요건 심사단계에서 고려할 요소가 아니다.

[3] 한국수자원공사법에 따르면, 한국수자원공사는 수자원을 종합적으로 개발·관리하여 생활용수 등의 공급을 원활하게 하고 수질을 개선함으로써 국민생활의 향상과 공공복리의 증진에 이바지함을 목적으로 설립된 공법인으로서(제1조, 제2조), 사업을 수행하기 위하여 필요한 경우에는 공익사업을 위한 토지 등의 취득 및 보상에 관한 법률(이하 '토지보상법'이라 한다) 제3조에 따른 토지 등을 수용 또는 사용할 수 있고, 토지 등의 수용 또는 사용에 관하여 한국수자원공사법에 특별한 규정이 있는 경우 외에는 토지보상법을 적용한다(제24조 제1항, 제7항). 한국수자원공사법 제10조에 따른 실시계획의 승인·고시가 있으면 토지보상법 제20조 제1항 및 제22조에 따른 사업인정 및 사업인정의 고시가 있은 것으로 보고, 이 경우 재결신청은 토지보상법 제23조 제1항 및 제28조 제1항에도 불구하고 실시계획을 승인할 때 정한 사업의 시행기간 내에 하여야 한다(제24조 제2항).

위와 같은 관련 규정들의 내용과 체계, 입법 취지 등을 종합하면, 한국수자원공사가 한국수자원공사법에 따른 사업을 수행하기 위하여 토지 등을 수용 또는 사용하고자 하는 경우에 재결신청은 실시계획을 승인할 때 정한 사업의 시행기간 내에 하여야 하므로, 토지소유자나 관계인이 토지보상법 제30조에 의하여 한국수자원공사에 하는 재결신청의 청구도 위 사업시행기간 내에 하여야 한다.

> ≫ 재결신청청구 거부 관련한 대법원 판례와 고등법원 판례등 모음

쟁점사항 2011두2309

▶ 손실보상대상에 관한 이견으로 협의불성립 시 재결신청청구 가능 여부

1. 대판 2011.7.14, 2011두2309 – 지장물 보상제외 처분에 대한 재결신청청구 판례[보상제외처분취소등]

판시사항

[1] 공익사업을 위한 토지 등의 취득 및 보상에 관한 법률 제30조 제1항에서 정한 '협의가 성립되지 아니한 때'에, 토지소유자 등이 손실보상대상에 해당한다고 주장하며 보상을 요구하는데도 사업시행자가 손실보상대상에 해당하지 않는다며 보상대상에서 이를 제

외한 채 협의를 하지 않아 결국 협의가 성립하지 않은 경우도 포함되는지 여부(적극)

[2] 도로건설 사업구역에 포함된 토지의 소유자가 토지상의 지장물에 대하여 재결신청을 청구하였으나, 그 중 일부에 대해서는 사업시행자가 손실보상대상에 해당하지 않아 재결신청대상이 아니라는 이유로 수용재결 신청을 거부하면서 보상협의를 하지 않은 사안에서, 위 처분이 위법하다고 본 원심판단을 수긍한 사례

판결요지

[1] 공익사업을 위한 토지 등의 취득 및 보상에 관한 법률(이하 '공익사업법'이라 한다) 제 30조 제1항은 재결신청을 청구할 수 있는 경우를 사업시행자와 토지소유자 및 관계인 사이에 '협의가 성립하지 아니한 때'로 정하고 있을 뿐 손실보상대상에 관한 이견으로 협의가 성립하지 아니한 경우를 제외하는 등 그 사유를 제한하고 있지 않은 점, 위 조항이 토지소유자 등에게 재결신청청구권을 부여한 취지는 공익사업에 필요한 토지 등을 수용에 의하여 취득하거나 사용할 때 손실보상에 관한 법률관계를 조속히 확정함으로써 공익사업을 효율적으로 수행하고 토지소유자 등의 재산권을 적정하게 보호하기 위한 것인데, 손실보상대상에 관한 이견으로 손실보상협의가 성립하지 아니한 경우에도 재결을 통해 손실보상에 관한 법률관계를 조속히 확정할 필요가 있는 점 등에 비추어 볼 때, '협의가 성립되지 아니한 때'에는 사업시행자가 토지소유자 등과 공익사업법 제26조에서 정한 협의절차를 거쳤으나 보상액 등에 관하여 협의가 성립하지 아니한 경우는 물론 토지소유자 등이 손실보상대상에 해당한다고 주장하며 보상을 요구하는데도 사업시행자가 손실보상대상에 해당하지 아니한다며 보상대상에서 이를 제외한 채 협의를 하지 않아 결국 협의가 성립하지 않은 경우도 포함된다고 보아야 한다.

[2] 아산~천안 간 도로건설 사업구역에 포함된 토지의 소유자가 토지상의 지장물에 대하여 재결신청을 청구하였으나, 그 중 일부에 대해서는 사업시행자가 손실보상대상에 해당하지 않아 재결신청대상이 아니라는 이유로 수용재결 신청을 거부하면서 보상협의를 하지 않은 사안에서, 사업시행자가 수용재결 신청을 거부하거나 보상협의를 하지 않으면서도 아무런 조치를 취하지 않은 것은 공익사업을 위한 토지 등의 취득 및 보상에 관한 법률에서 정한 재결신청청구 제도의 취지에 반하여 위법하다고 본 원심판단을 수긍한 사례

쟁점사항 2009누11647

▶ 손실보상 재결전치주의 및 사업시행자의 재결신청거부에 대한 위법성

2. 사업시행자가 재결신청청구를 거부한 경우의 고등법원의 행정사건 판례

☞ 서울고등법원 제4행정부 판결 사건 2009누11647 보상금

(1) 고등법원 판단

공익사업을 위한 토지 등의 취득 및 보상에 관한 법률(이하, '공익사업법'이라고 한다) 제26조, 제28조, 제30조, 제34조, 제83조, 제84조, 제85조에 의하면 공익사업시행구역 내 토지의 소유자 및 관계인이 사업시행자로부터 토지 등의 수용 또는 사용으로 인한 손실보상을 받기 위해서는 사업시행자와 사이에 협의절차를 거쳐야 하고, 협의가 성립되지 않거나 협의를 할 수 없는 때에는 사업시행자가 관할 토지수용위원회에 수용재결을 신청하기를 기다려 수용재결을 거쳐야 하며, 그 수용재결에 대하여 이의가 있을 때에는 수용재결서를 받은 날부터 90일 이내에 행정소송을 제기하거나 또는 중앙토지수용위원회에 이의신청을 하여 이의재결을 거칠 수 있고, 그 이의재결에 대하여도 불복이 있을 때에는 그 이의재결서를 받은 날부터 60일 이내에 행정소송을 제기할 수 있다.

위 각 조문의 취지에 의하면, 토지소유자 등은 재결을 거치지 않고서는 직접 당사자소송의 방법으로 사업시행자에게 보상금의 지급을 청구할 수는 없다고 할 것이고, 그 결과 관계법령에 의한 보상대상이 됨에도 불구하고 사업시행자가 그 대상이 되지 않는다고 판단하여 재결신청 자체를 거부할 경우 토지소유자 등은 손실보상을 받을 길이 전혀 없게 되는바, 이와 같은 경우를 대비하여 공익사업법 제30조 제1항은 '사업인정고시가 있은 후 협의가 성립하지 아니한 때에는 토지소유자 및 관계인은 대통령령이 정하는 바에 따라 서면으로 사업시행자에게 재결의 신청을 할 것을 청구할 수 있다.'고 규정하고 있고, 같은 조 제2항은 '사업시행자는 제1항의 규정에 의한 청구를 받은 때에는 그 청구가 있은 날로부터 60일 이내에 대통령령이 정하는 바에 따라 관할 토지수용위원회에 재결을 신청하여야 한다.'라고 규정하고 있는 것이므로, 당사자 간에 보상에 관한 협의가 성립되지 아니하여 토지소유자 등이 사업시행자에게 재결신청 청구를 할 경우 사업시행자로서는 그 신청취지가 주장 자체로서 이유 없음이 명백하지 아니하는 한 일단 관할 토지수용위원회에 재결신청을 하여 그 재결 결과에 따라 보상 여부에 관한 업무를 처리하여야 하는 것이지, 사업시행자가 보상대상이 되지 않는다고 스스로 판단하여 재결신청 자체를 거부할 수는 없다고 보아야 할 것이다.

그렇다면 위와 같은 이유로 원고들의 재결신청청구를 거부한 피고의 이 사건 처분은 위법하므로 취소되어야 한다.

(2) 결론

따라서 원고들의 이 사건 청구를 인용하기로 하여 주문과 같이 판결한다.

> 쟁점사항 **2012두22966**

▶ 거부가 처분이 되기 위한 요건
▶ 수용절차를 개시하지 않은 경우 토지소유자에게 재결신청청구의 법규상 신청권이 인정되는
지 여부

3. 문화유산의 보존 및 활용에 관한 법률상 재결신청 청구 거부(수용절차를 진행한 바 없음)

☞ 대판 2014.7.10. 2012두22966[재결신청거부처분취소]

판시사항

[1] 행정청이 국민의 신청에 대하여 한 거부행위가 항고소송의 대상이 되는 행정처분이
되기 위한 요건

[2] 문화재구역 내 토지소유자 갑이 문화재청장에게 구 공익사업을 위한 토지 등의 취득
및 보상에 관한 법률 제30조 제1항에 의한 재결신청 청구를 하였으나, 문화재청장은
위 법 제30조 제2항에 따른 관할 토지수용위원회에 대한 재결신청 의무를 부담하지
않는다는 이유로 거부 회신을 받은 사안에서, 위 회신은 항고소송의 대상이 되는 거부
처분에 해당하지 않는다고 한 사례

판결요지

[1] 행정청이 국민의 신청에 대하여 한 거부행위가 항고소송의 대상이 되는 행정처분으로
되려면, 행정청의 행위를 요구할 법규상 또는 조리상의 신청권이 국민에게 있어야 하
고, 이러한 신청권의 근거 없이 한 국민의 신청을 행정청이 받아들이지 아니한 경우에
는 거부로 인하여 신청인의 권리나 법적 이익에 어떤 영향을 주는 것이 아니므로 이를
항고소송의 대상이 되는 행정처분이라 할 수 없다.

[2] 문화재구역 내 토지소유자 갑이 문화재청장에게 구 공익사업을 위한 토지 등의 취득
및 보상에 관한 법률(2011.8.4. 법률 제11017호로 개정되기 전의 것, 이하 '구 공익사
업법'이라 한다) 제30조 제1항에 의한 재결신청 청구를 하였으나, 문화재청장은 구 공
익사업법 제30조 제2항에 따른 관할 토지수용위원회에 대한 재결신청 의무를 부담하
지 않는다는 이유로 거부 회신을 받은 사안에서, 문화재보호법 제83조 제2항 및 구
공익사업법 제30조 제1항은 문화재청장이 문화재의 보존·관리를 위하여 필요하다고
인정하여 지정문화재나 보호구역에 있는 토지 등을 구 공익사업법에 따라 수용하거나
사용하는 경우에 비로소 적용되는데, 문화재청장이 토지조서 및 물건조서를 작성하는
등 위 토지에 대하여 구 공익사업법에 따른 수용절차를 개시한 바 없으므로, 갑에게

> 문화재청장으로 하여금 관할 토지수용위원회에 재결을 신청할 것을 청구할 법규상의 신청권이 인정된다고 할 수 없어, 위 회신은 항고소송의 대상이 되는 거부처분에 해당하지 않는다고 한 사례

관련내용

재결신청청구권

1. **의의 및 취지(토지보상법 제30조)**
   재결신청청구권은 사업인정 후 협의가 성립되지 않은 경우 피수용자가 사업시행자에게 서면으로 재결신청을 조속히 할 것을 청구하는 권리이다. 이는 피수용자에게는 재결신청권을 부여하지 않았으므로 수용법률관계의 조속한 안정과 재결신청지연으로 인한 피수용자의 불이익을 배제하기 위한 것으로서 사업시행자와의 형평의 원리에 입각한 제도이다.

2. **성립요건**
   (1) **당사자 및 청구형식**
      청구자는 토지소유자 및 관계인이며, 피청구자는 사업시행자와 대행자이다. 청구형식은 서면에 의하여야 하며, 판례는 신청서 일부누락도 청구의사가 명백하다면 효력이 있다고 본다.
   (2) **청구기간**
      1) **원칙**
         토지소유자 등은 사업시행자에게 협의기간 만료일부터 재결신청기간 만료일(사업인정고시일부터 1년 내)까지 재결을 신청할 것을 청구할 수 있다.
      2) **예외**
         ① 협의 불성립 또는 불능 시, ② 사업인정 후 상당기간이 지나도록 사업시행자의 협의통지가 없는 경우, ③ 협의기간 내에도 협의 의사가 전혀 없는 경우(협의 불성립이 명백한 경우) 재결신청이 가능하다고 본다. 단, 협의기간이 종료되는 시점부터 60일을 기산한다. 이에 대해 토지보상법 제30조 제2항은 청구가 있은 날부터 60일 이내에 재결을 신청해야 한다고 규정하고 있으므로 기간종료 후부터 기산하는 것은 타당하지 않다는 비판이 있다.

3. **재결신청청구의 효과**
   재결신청을 받은 사업시행자는 청구가 있은 날부터 60일 이내에 관할 토지수용위원회에 재결을 신청하여야 한다. 또한 사업시행자가 피수용자로부터 재결신청의 청구를 받은 날로부터 60

일을 경과하여 재결을 신청한 때에는 그 경과한 기간에 대하여 재결보상금에 가산하여 지연가산금을 지급하여야 한다.

4. 권리구제

(1) 재결신청청구 거부에 대하여 거부처분 취소소송으로 다툴 수 있음

종전의 대법원 민사 판례는 피수용자의 재결신청청구 거부에 대하여 민사소송의 방법으로도 소구할 수 없다고 판시하였다. 그러나 대판 2018두57865 판결이 판시됨으로써 피수용자의 재결신청청구에 대하여 사업시행자(행정청을 전제함)의 거부에 대해서는 거부처분 취소소송으로 다툴 수 있다고 해석할 수 있겠다.

(2) 수용절차를 진행하지 않은 경우 재결신청청구 거부에 대한 회신

문화유산의 보존 및 활용에 관한 법률상 국가유산청장이 토지조서 및 물건조서를 작성하는 등 위 토지에 대하여 토지보상법에 따른 수용절차를 개시한 바 없으므로, 피수용자에게 국가유산청장으로 하여금 관할 토지수용위원회에 재결을 신청할 것을 청구할 법규상의 신청권이 인정된다고 할 수 없어, 위 회신은 항고소송의 대상이 되는 거부처분에 해당하지 않는다고 판시하고 있는데, 대판 2018두57865 판결과 달리 수용절차를 개시한 바 없다는 점에 차이가 있다.

(3) 지연가산금에 대한 다툼

지연가산금은 손실보상과는 다른 "법정 지연손해배상금"의 성격을 갖지만, 판례는 지연가산금은 수용보상금과 함께 수용재결로 정하도록 규정하고 있으므로 이에 대한 불복은 수용보상금의 증액에 관한 소에 의하여야 한다.

5. 재결실효 및 재결신청의 실효와 사업인정의 효력

재결의 효력이 상실되면 재결신청 역시 그 효력을 상실하게 되고 사업인정의 고시가 있는 날로부터 1년 이내에 재결신청을 하지 않는 것이 되었다면 사업인정도 효력을 상실하게 된다.

6. 문제점

사업시행자가 재결신청청구를 받고도 재결을 신청하지 않을 경우, 단지 경과된 기간에 한하여 가산금 규정만을 부과하고 있다는 점에서 이는 토지수용에 따른 문제를 조속히 해결하고자 하는 토지소유자의 권리보호에 미흡한 제도라 할 것이다. 따라서 재결신청청구권의 효력을 사업시행자에 대한 요구권에 한정하지 아니하고 직접 토지수용위원회에 재결신청이 이루어지는 효력을 부여하는 정도로 강화될 필요가 있다.

🔖 관련기출

1. 제32회 문제1 물음1

협의 과정에서 일부 지장물에 관하여 협의가 이루어지지 않아 甲이 A공사에게 재결신청을 청구했으나 A공사가 재결신청을 하지 않는 경우 甲의 불복방법에 관하여 검토하시오. **15점**

2. 제16회 문제1

사업시행자인 甲은 사업인정을 받은 후에 토지소유자 乙과 협의절차를 거쳤으나 협의가 성립되지 아니하여 중앙토지수용위원회에 재결을 신청하였다. 그러나 丙이 乙명의의 토지에 대한 명의신탁을 이유로 재결신청에 대해 이의를 제기하자, 중앙토지수용위원회는 상당한 기간이 경과한 후에도 재결처분을 하지 않고 있다. 甲이 취할 수 있는 행정쟁송수단에 대해 설명하시오.

 판례 18 2019두47629

토지보상법 제20조에서 정한 사업인정의 법적 성격 및 효력

 쟁점사항

▶ 사업인정의 법적 성질 및 효과, 효력 발생일(= 고시한 날)
▶ 산업단지개발사업의 손실보상 여부 판단 기준시점(= 산업단지 지정 고시일)

관련판례

판시사항

[1] 공익사업을 위한 토지 등의 취득 및 보상에 관한 법률 제20조에서 정한 사업인정의 법적 성격 및 효력

[2] 산업입지 및 개발에 관한 법률에 따른 산업단지개발사업의 경우, 토지소유자 및 관계인에 대한 손실보상 여부 판단의 기준시점(=산업단지 지정 고시일)

[3] '지역·지구 등'을 지정하는 경우 지형도면 작성·고시방법과 '지역·지구 등' 지정의 효력이 지형도면을 고시한 때 발생하고, '지역·지구 등' 지정과 운영에 관하여 다른 법률의 규정이 있더라도 이를 따르도록 정한 토지이용규제 기본법 제3조, 제8조에도 불구하고 산업입지 및 개발에 관한 법률에 따른 산업단지 지정의 효력은 산업단지 지정 고시를 한 때에 발생하는지 여부(적극) 및 산업단지개발사업의 경우 산업단지 지정 고시일을 손실보상 여부 판단의 기준시점으로 보아야 하는지 여부(적극)

판결요지

[1] 공익사업을 위한 토지 등의 취득 및 보상에 관한 법률 제20조 제1항, 제22조 제3항은 사업시행자가 토지 등을 수용하거나 사용하려면 국토교통부장관의 사업인정을 받아야 하고, 사업인정은 고시한 날부터 효력이 발생한다고 규정하고 있다. 이러한 사업인정은 수용권을 설정해 주는 행정처분으로서, 이에 따라 수용할 목적물의 범위가 확정되고, 수용권자가 목적물에 대한 현재 및 장래의 권리자에게 대항할 수 있는 공법상 권한이 생긴다.

[2] 산업입지 및 개발에 관한 법률(이하 '산업입지법'이라 한다)도 산업단지지정권자가 "수용·사용할 토지·건축물 또는 그 밖의 물건이나 권리가 있는 경우에는 그 세부 목록"이 포함된 산업단지개발계획을 수립하여 산업단지를 지정·고시한 때에는 공익사업을 위한 토지 등의 취득 및 보상에 관한 법률(이하 '토지보상법'이라 한다)상 사업인정 및 그 고시가 있는 것으로 본다고 규정함으로써, 산업단지 지정에 따른 사업인정을 통해 수용 및 손실보상의 대상이 되는 목적물의 범위를 구체적으로 확정한 다음 이를 고시하고 관계 서류를 일반인이 열람할 수 있도록 함으로써 토지소유자 및 관계인이 산업단지개발사업의 시행과 그로 인해 산업단지 예정지 안에 있는 물건이나 권리를 해당 공익사업의 시행을 위하여 수용당하거나 사업예정지 밖으로 이전하여야 한다는 점을 알 수 있도록 하고 있다.

따라서 산업입지법에 따른 산업단지개발사업의 경우에도 토지보상법에 의한 공익사업의 경우와 마찬가지로 토지보상법에 의한 사업인정고시일로 의제되는 산업단지 지정 고시일을 토지소유자 및 관계인에 대한 손실보상 여부 판단의 기준시점으로 보아야 한다.

[3] 토지이용규제 기본법(이하 '토지이용규제법'이라 한다)의 입법 취지에 비추어 보면, 토지이용규제법 제3조, 제8조는 개별 법령에 따른 '지역·지구 등' 지정과 관련하여 개별 법령에 지형도면 작성·고시절차가 규정되어 있지 않은 경우에도 관계 행정청으로 하여금 기본법인 토지이용규제법 제8조에 따라 지형도면을 작성하여 고시할 의무를 부과하기 위함이지, 이미 개별 법령에서 '지역·지구 등'의 지정과 관련하여 지형도면을 작성하여 고시하는 절차를 완비해 놓은 경우에 대해서까지 토지이용규제법 제8조에서 정한 '지역·지구 등' 지정의 효력발생시기나 지형도면 작성·고시방법을 따르도록 하려는 것은 아니다. 따라서 이미 개별 법령에서 '지역·지구 등'의 지정과 관련하여 지형도면을 작성하여 고시하는 절차를 완비해 놓은 경우에는 '지역·지구 등' 지정의 효력발생시기나 지형도면 작성·고시방법은 개별 법령의 규정에 따라 판단하여야 한다.

산업입지 및 개발에 관한 법률(이하 '산업입지법'이라 한다)은 산업단지와 관련하여 지형도면을 작성하여 고시하도록 하면서도, 이를 산업단지지정권자가 산업단지 지정·고시를 하는 때가 아니라 그 후 사업시행자의 산업단지개발실시계획을 승인·고시하는 때에 하도록 규정하고 있다. 이는 입법자가 산업단지개발사업의 특수성을 고려하여 지형도면의 작성·고시 시점을 특별히 정한 것이므로, 산업단지 지정의 효력은 산업입지법 제7조의4에 따라 산업단지 지정 고시를 한 때에 발생한다고 보아야 하며, 토지이용규제법 제8조 제3항에 따라 실시계획 승인 고시를 하면서 지형도면을 고시한 때에 비로소 발생한다고 볼 것은 아니다.

<u>손실보상의 대상인지 여부는 토지소유자와 관계인, 일반인이 특정한 지역에서 공익사업이 시행되리라는 점을 알았을 때를 기준으로 판단하여야 하는데, 산업입지법에 따른 산업단지개발사업의 경우 "수용·사용할 토지·건축물 또는 그 밖의 물건이나 권리가 있는 경우에는 그 세부 목록"이 포함된 산업단지개발계획을 수립하여 산업단지를 지정·고시한 때에 토지소유자와 관계인, 일반인이 특정한 지역에서 해당 산업단지개발사업이 시행되리라는 점을 알게 되므로 산업단지 지정 고시일을 손실보상 여부 판단의 기준시점으로 보아야 하고, 그 후 실시계획 승인 고시를 하면서 지형도면을 고시한 때를 기준으로 판단하여서는 아니 된다.</u>

관련내용

사업인정

1. 의의 및 취지(토지보상법 제20조)
사업인정이란 공용수용의 제1단계 절차로서 공익사업을 토지 등을 수용 또는 사용할 사업으로 결정하는 것을 말한다. 사업인정은 절차를 법정화함으로써 피수용자의 권리를 보호하고, 수용행정의 적정화를 기하는 사전적 권리구제수단으로써 그 취지가 인정된다.

2. 법적 성질
(1) 처분성
국토교통부장관이 토지보상법 제20조에 따라서 사업인정을 함으로써 수용권이 설정되므로, 이는 국민의 권리에 영향을 미치는 처분이다. 판례는 일정한 절차를 거칠 것을 조건으로 수용권을 설정하는 형성행위라고 판시한 바 있다.

(2) 재량행위
토지보상법 제20조에서는 "사업인정을 받아야 한다."고 규정하고 있어 법문언의 표현이 불명확하나, 국토교통부장관이 사업인정 시에 이해관계인의 의견청취를 거치고 사업과 관련된 제 이익과의 형량을 거치는바 재량행위이다. 판례 또한 사업의 공익성 여부를 모든 사항을 참작하여 구체적으로 판단해야 하므로 행정청의 재량에 속한다고 판시한 바 있다.

(3) 제3자효 행정행위
사업시행자에게는 수익적 효과를, 제3자인 피수용자에게는 침익적 효과를 동시에 발생시키는 바, 제3자효 행정행위이다.

3. 사업인정의 절차
① 사업시행자가 국토교통부장관에게 사업인정을 신청하면, ② 국토교통부장관은 관계기관 및 시·도지사와 협의를 하고, ③ 중앙토지수용위원회와 협의(공익성 협의내지 공익성 검토)하고

이해관계인의 의견을 청취해야 한다. ④ 사업인정을 하는 경우 사업시행자, 토지소유자 및 관계인에게 통지하고 관보에 고시하여야 한다.

4. 사업인정의 효력

① 사업인정은 그 고시가 있는 날로부터 즉시 효력이 발생하며, ② 사업시행에게는 수용권의 설정, 토지물건조사권(제27조), 협의성립확인신청권(제29조), 재결신청권(제28조) 등의 효력이 발생하고, ③ 토지소유자에게는 수용목적물의 범위확정, 피수용자의 범위확정, 토지등보전의무(제25조), 재결신청청구권(제30조) 등의 효력이 발생한다.

5. 사업인정의 효력소멸

(1) 재결신청기간의 경과로 인한 실효(제23조)

사업시행자가 사업인정의 고시가 있은 날부터 1년 이내에 재결신청을 하지 아니한 때에는 사업인정고시가 있은 날부터 1년이 되는 날의 다음 날에 사업인정은 그 효력을 상실한다. 이는 토지수용절차의 불안정 상태를 장기간 방치하지 않기 위함이다.

(2) 사업의 폐지 · 변경으로 인한 실효(제24조)

사업인정고시가 있은 후 사업의 폐지 또는 변경 등으로 인하여 토지 등을 수용 또는 사용할 필요가 없게 된 경우에, 시 · 도지사는 이를 고시하여야 하며, 고시된 내용에 따라 사업인정의 전부 또는 일부는 효력을 상실한다. 이는 계속적 공익실현을 담보하기 위한 것이다.

관련기출

1. 제34회 문제1 물음1

토지보상법의 사업인정과 사업인정고시의 법적 성질에 관하여 설명하시오. 10점

2. 제12회 문제3

토지수용법상(현 '토지보상법') 사업인정의 법적 성질과 권리구제에 대하여 논하시오. 30점

3. 제1회 문제1

토지수용법상(현 '토지보상법')의 사업인정을 설명하고 권리구제에 대하여 논급하시오. 50점

≫ 토지보상법상 공익사업 신설 등에 대한 개선요구와 토지보상법 제21조 협의 및 의견청취 개정 내용 (토지보상법 시행령 개정 근거 쟁점 추가)

가. 중앙토지수용위원회가 공익사업의 신설, 변경 및 폐지 등에 관하여 개선요구 등을 할 수 있도록 하고, 중앙토지수용위원회의 개선요구 등에 대한 관계 행정기관의 반영의무를 규정하며, 중앙토지수용위원회는 개선요구 등을 위하여 관계 기관 소속 직원 또는 관계 전문가 등에게 의견진술이나 자료제출을 요구할 수 있도록 함(제4조의3 신설)

법 제4조의3(공익사업 신설 등에 대한 개선요구 등)
① 제49조에 따른 중앙토지수용위원회는 제4조 제8호에 따른 사업의 신설, 변경 및 폐지, 그 밖에 필요한 사항에 관하여 심의를 거쳐 관계 중앙행정기관의 장에게 개선을 요구하거나 의견을 제출할 수 있다.
② 제1항에 따라 개선요구나 의견제출을 받은 관계 중앙행정기관의 장은 정당한 사유가 없으면 이를 반영하여야 한다.
③ 제49조에 따른 중앙토지수용위원회는 제1항에 따른 개선요구·의견제출을 위하여 필요한 경우 관계 기관 소속 직원 또는 관계 전문기관이나 전문가로 하여금 위원회에 출석하여 그 의견을 진술하게 하거나 필요한 자료를 제출하게 할 수 있다.

영 제2조(개선요구 등에 관한 처리 결과의 확인)
법 제49조에 따른 중앙토지수용위원회(이하 "중앙토지수용위원회"라 한다)는 관계 중앙행정기관의 장에게 법 제4조의3 제1항에 따라 개선을 요구하거나 의견을 제출한 사항의 처리결과를 확인하기 위해 관련 자료의 제출을 요청할 수 있다.

나. 국토교통부장관이나 허가·인가·승인권자가 사업인정 또는 사업인정이 의제되는 지구지정·사업계획 승인 등에 있어 중앙토지수용위원회와 사전에 협의절차를 이행할 것을 규정함(제21조 제1항 및 제2항)

법 제21조(협의 및 의견청취 등)
① 국토교통부장관은 사업인정을 하려면 관계 중앙행정기관의 장 및 시·도지사 및 제49조에 따른 중앙토지수용위원회와 협의하여야 하며, 대통령령으로 정하는 바에 따라 미리 사업인정에 이해관계가 있는 자의 의견을 들어야 한다.
② 별표에 규정된 법률에 따라 사업인정이 있는 것으로 의제되는 공익사업의 허가·인가·승인권자 등은 사업인정이 의제되는 지구지정·사업계획승인 등을 하려는 경우 제1항에 따라 제49조에 따른 중앙토지수용위원회와 협의하여야 하며, 대통령령으로 정하는 바에 따라 사업인정에 이해관계가 있는 자의 의견을 들어야 한다.
③ ④ → 개정이유 라.
⑤ 제49조에 따른 중앙토지수용위원회는 제1항 또는 제2항에 따라 협의를 요청받은 날부터 30일 이내에 의견을 제시하여야 한다. 다만, 그 기간 내에 의견을 제시하기 어려운 경우에는 한 차례만 30일의 범위에서 그 기간을 연장할 수 있다.
⑥ 제49조에 따른 중앙토지수용위원회는 제3항의 사항을 검토한 결과 자료 등을 보완할 필요가 있는 경우에는 해당 허가·인가·승인권자에게 14일 이내의 기간을 정하여 보완을 요청할 수 있다. 이 경우 그 기간은 제5항의 기간에서 제외한다.
⑦ 제49조에 따른 중앙토지수용위원회가 제5항에서 정한 기간 내에 의견을 제시하지 아니하는 경우에는 협의가 완료된 것으로 본다.
⑧ 그 밖에 제1항 또는 제2항의 협의에 관하여 필요한 사항은 국토교통부령으로 정한다.

영 제11조(의견청취 등)

① 법 제21조 제1항에 따라 국토교통부장관으로부터 사업인정에 관한 협의를 요청받은 관계 중앙
행정기관의 장 또는 시·도지사는 특별한 사유가 없으면 협의를 요청받은 날부터 7일 이내에
국토교통부장관에게 의견을 제시하여야 한다.

② 국토교통부장관 또는 법 별표에 규정된 법률에 따라 사업인정이 있는 것으로 의제되는 공익사업
의 허가·인가·승인권자 등은 법 제21조 제1항 및 제2항에 따라 사업인정에 관하여 이해관계
가 있는 자의 의견을 들으려는 경우에는 사업인정신청서 및 관계 서류의 사본을 토지 등의 소재
지를 관할하는 시장·군수 또는 구청장에게 송부하여야 한다.

③ 시장·군수 또는 구청장은 제2항에 따라 송부된 서류를 받았을 때에는 지체 없이 다음 각 호의
사항을 시·군 또는 구의 게시판에 공고하고, 공고한 날부터 14일 이상 그 서류를 일반인이 열
람할 수 있도록 하여야 한다.

　1. 사업시행자의 성명 또는 명칭 및 주소

　2. 사업의 종류 및 명칭

　3. 사업예정지

④ 시장·군수 또는 구청장은 제3항에 따른 공고를 한 경우에는 그 공고의 내용과 의견이 있으면
의견서를 제출할 수 있다는 뜻을 토지소유자 및 관계인에게 통지하여야 한다. 다만, 통지받을 자를
알 수 없거나 그 주소·거소 또는 그 밖에 통지할 장소를 알 수 없을 때에는 그러하지 아니하다.

⑤ 토지소유자 및 관계인, 그 밖에 사업인정에 관하여 이해관계가 있는 자는 제3항에 따른 열람기
간에 해당 시장·군수 또는 구청장에게 의견서를 제출할 수 있다.

⑥ 시장·군수 또는 구청장은 제3항에 따른 열람기간이 끝나면 제5항에 따라 제출된 의견서를 지
체 없이 국토교통부장관 또는 법 별표에 규정된 법률에 따라 사업인정이 있는 것으로 의제되는
공익사업의 허가·인가·승인권자 등에게 송부하여야 하며, 제출된 의견서가 없는 경우에는 그
사실을 통지하여야 한다.

규칙 제9조의3(재협의 요청)

① 국토교통부장관 또는 법 별표에 규정된 법률에 따라 사업인정이 있는 것으로 의제되는 공익사업
의 허가·인가·승인권자 등은 법 제21조 제1항 또는 제2항에 따라 중앙토지수용위원회가 사업
인정 등에 동의하지 않은 경우에는 이를 보완하여 다시 협의를 요청할 수 있다.

② 제1항에 따른 재협의에 대해서는 법 제21조 제3항부터 제8항까지의 규정에 따른다.

규칙 제9조의4(협의 후 자료 제출 요청)

중앙토지수용위원회는 법 별표에 규정된 법률에 따라 사업인정이 있는 것으로 의제되는 공익사업의
허가·인가·승인권자 등에게 법 제21조 제2항에 따라 협의를 완료한 지구지정·사업계획승인 등에
관한 다음 각 호의 자료 제출을 요청할 수 있다.

1. 사업인정이 의제되는 지구지정·사업계획승인 등의 여부

2. 협의 조건의 이행여부

3. 해당 공익사업에 대한 재결 신청현황

영 제11조의3(사업인정의 통지 등)

① 국토교통부장관은 법 제22조 제1항에 따라 사업시행자에게 사업인정을 통지하는 경우 법 제21
조 제1항에 따른 중앙토지수용위원회와의 협의 결과와 중앙토지수용위원회의 의견서를 함께 통
지해야 한다.

② 법 별표에 규정된 법률에 따라 사업인정이 있는 것으로 의제되는 공익사업의 허가·인가·승인권
자 등은 사업인정이 의제되는 지구지정·사업계획승인 등을 할 때 법 제21조 제2항에 따른 중앙
토지수용위원회와의 협의 결과와 중앙토지수용위원회의 의견서를 함께 통지해야 한다.

> **다.** 사업인정 등에 대한 협의 시, 대상사업에 대한 검토기준으로 사업인정에 이해관계가 있는 자에 대
> 한 의견 수렴절차, 허가·인가·승인대상 사업의 공공성, 수용의 필요성, 그 밖에 대통령령으로 정
> 하는 사항을 명시함(제21조 제3항)

법 제21조(협의 및 의견청취 등)

③ 제49조에 따른 중앙토지수용위원회는 제1항 또는 제2항에 따라 협의를 요청받은 경우 사업인정
에 이해관계가 있는 자에 대한 의견 수렴 절차 이행 여부, 허가·인가·승인대상 사업의 공공성,
수용의 필요성, 그 밖에 대통령령으로 정하는 사항을 검토하여야 한다.

④ 제49조에 따른 중앙토지수용위원회는 제3항의 검토를 위하여 필요한 경우 관계 전문기관이나
전문가에게 현지조사를 의뢰하거나 그 의견을 들을 수 있고, 관계 행정기관의 장에게 관련 자료
의 제출을 요청할 수 있다.

영 제11조의2(검토사항)

법 제21조 제3항에서 "대통령령으로 정하는 사항"이란 다음 각 호의 사항을 말한다.

1. 해당 공익사업이 근거 법률의 목적, 상위 계획 및 시행 절차 등에 부합하는지 여부
2. 사업시행자의 재원 및 해당 공익사업의 근거 법률에 따른 법적 지위 확보 등 사업수행능력 여부

> **라.** 사업인정의 검토사항 [요건] 〈법 제21조 제3항 및 시행령 제11조의2〉
> 1. 사업의 공공성 – 공익성 판단기준 〈중토위〉
> 2. 수용의 필요성
> 3. 의견 수렴 절차 이행 여부
> 4. 해당 공익사업의 근거 법률의 목적, 상위 계획 및 시행절차 등에 부합하는지 여부
> 5. 사업시행자의 재원 및 해당 공익사업의 근거 법률에 따른 법적 지위 확보 등 사업수행능력 여부

판례 19 2018두42641

관할 토지수용위원회에서 사용재결하는 경우 그 내용

쟁점사항

▶ 관할 토지수용위원회의 사용재결 시 내용 특정 의무

관련판례

✦ 대판 2019.6.13, 2018두42641[수용재결취소등]

판시사항

[1] 관할 토지수용위원회가 토지에 관하여 사용재결을 하는 경우, 재결서에 사용할 토지의 위치와 면적, 권리자, 손실보상액, 사용 개시일 외에 사용방법, 사용기간을 구체적으로 특정하여야 하는지 여부(적극)

[2] 지방토지수용위원회가 갑 소유의 토지 중 일부는 수용하고 일부는 사용하는 재결을 하면서 재결서에는 수용대상토지 외에 사용대상토지에 관해서도 '수용'한다고만 기재한 사안에서, 위 재결 중 사용대상토지에 관한 부분은 공익사업을 위한 토지 등의 취득 및 보상에 관한 법률 제50조 제1항에서 정한 사용재결의 기재사항에 관한 요건을 갖추지 못한 흠이 있음에도 사용재결로서 적법하다고 본 원심판단에 법리를 오해한 잘못이 있다고 한 사례

판결요지

[1] 공익사업을 위한 토지 등의 취득 및 보상에 관한 법령이 재결을 서면으로 하도록 하고, '사용할 토지의 구역, 사용의 방법과 기간'을 재결사항의 하나로 규정한 취지는, 재결에 의하여 설정되는 사용권의 내용을 구체적으로 특정함으로써 재결 내용의 명확성을 확보하고 재결로 인하여 제한받는 권리의 구체적인 내용이나 범위 등에 관한 다툼을 방지하기 위한 것이다. 따라서 관할 토지수용위원회가 토지에 관하여 사용재결을 하는 경우에는 재결서에 사용할 토지의 위치와 면적, 권리자, 손실보상액, 사용 개시일 외에도 사용방법, 사용기간을 구체적으로 특정하여야 한다.

[2] 지방토지수용위원회가 갑 소유의 토지 중 일부는 수용하고 일부는 사용하는 재결을 하면서 재결서에는 수용대상토지 외에 사용대상토지에 관해서도 '수용'한다고만 기재한 사안에서, 사용대상토지에 관하여는 공익사업을 위한 토지 등의 취득 및 보상에 관한 법률(이하 '토지보상법'이라 한다)에 따라 사업시행자에게 사용권을 부여함으로써 송전선의 선하부지로 사용할 수 있

도록 하기 위한 절차가 진행되어 온 점, 재결서의 주문과 이유에는 재결에 의하여 지방토지수용위원회에 설정하여 주고자 하는 사용권이 '구분지상권'이라거나 사용권이 설정될 토지의 구역 및 사용방법, 사용기간 등을 특정할 수 있는 내용이 전혀 기재되어 있지 않아 재결서만으로는 토지소유자인 갑이 자신의 토지 중 어느 부분에 어떠한 내용의 사용제한을 언제까지 받아야 하는지를 특정할 수 없고, 재결로 인하여 토지소유자인 갑이 제한받는 권리의 구체적인 내용이나 범위 등을 알 수 없어 이에 관한 다툼을 방지하기도 어려운 점 등을 종합하면, 위 재결 중 사용대상토지에 관한 부분은 토지보상법 제50조 제1항에서 정한 사용재결의 기재사항에 관한 요건을 갖추지 못한 흠이 있음에도 사용재결로서 적법하다고 본 원심판단에 법리를 오해한 잘못이 있다고 한 사례

관련내용

1. 재결사항(토지보상법 제50조)
    ① 토지수용위원회의 재결사항은 다음 각 호와 같다.
        1. 수용하거나 사용할 토지의 구역 및 사용방법
        2. 손실보상
        3. 수용 또는 사용의 개시일과 기간
        4. 그 밖에 이 법 및 다른 법률에서 규정한 사항
    ② 토지수용위원회는 사업시행자, 토지소유자 또는 관계인이 신청한 범위에서 재결하여야 한다. 다만, 제1항 제2호의 손실보상의 경우에는 증액재결(增額裁決)을 할 수 있다.

판례 20 2017다278668

이주대책대상자 : 토지보상법 제4조 각 호 공익사업에 포함되면서 주거용 건축물을 제공한 자

관련판례

✦ 대판 2019.7.25, 2017다278668

판시사항

[1] 구 공익사업을 위한 토지 등의 취득 및 보상에 관한 법률 제78조 제1항에서 정한 이주대책대

상자에 해당하기 위해서는 같은 법 제4조 각 호의 어느 하나에 해당하는 공익사업의 시행으로 인하여 주거용 건축물을 제공함에 따라 생활의 근거를 상실하게 되어야 하는지 여부(적극)

[2] 갑 지방자치단체가 시범아파트를 철거한 부지를 기존의 근린공원에 추가로 편입시키는 내용의 '근린공원 조성사업'을 추진함에 따라 도시계획시설사업의 실시계획이 인가·고시되었고, 을 등이 소유한 각 시범아파트 호실이 수용대상으로 정해지자 갑 지방자치단체가 을 등과 공공용지 협의취득계약을 체결하여 해당 호실에 관한 소유권을 취득한 사안에서, '근린공원 조성사업'이 구 공익사업을 위한 토지 등의 취득 및 보상에 관한 법률 제4조 제7호의 공익사업에 포함된다고 볼 여지가 많은데도, 이와 달리 본 원심판단에 법리오해 등의 잘못이 있다고 한 사례

판결요지

[1] 구 공익사업을 위한 토지 등의 취득 및 보상에 관한 법률(2007.10.17. 법률 제8665호로 개정되기 전의 것, 이하 '구 토지보상법'이라 한다) 제78조 제1항은 "사업시행자는 공익사업의 시행으로 인하여 주거용 건축물을 제공함에 따라 생활의 근거를 상실하게 되는 자(이하 '이주대책대상자'라 한다)를 위하여 대통령령이 정하는 바에 따라 이주대책을 수립·실시하거나 이주정착금을 지급하여야 한다."라고 규정하고, 같은 조 제4항 본문은 "이주대책의 내용에는 이주정착지에 대한 도로·급수시설·배수시설 그 밖의 공공시설 등 당해 지역조건에 따른 생활기본시설이 포함되어야 하며, 이에 필요한 비용은 사업시행자의 부담으로 한다."라고 규정하고 있다. 그리고 구 토지보상법 제2조 제2호는 "공익사업이라 함은 제4조 각 호의 1에 해당하는 사업을 말한다."라고 정의하고 있고, 제4조는 제1호 내지 제6호에서 국방·군사에 관한 사업 등 구체적인 공익사업의 종류나 내용을 열거한 다음, 제7호에서 "그 밖에 다른 법률에 의하여 토지 등을 수용 또는 사용할 수 있는 사업"이라고 규정하고 있다. 위와 같은 각 규정의 내용을 종합하면, 이주대책대상자에 해당하기 위해서는 구 토지보상법 제4조 각 호의 어느 하나에 해당하는 공익사업의 시행으로 인하여 주거용 건축물을 제공함에 따라 생활의 근거를 상실하게 되어야 한다.

[2] 갑 지방자치단체가 시범아파트를 철거한 부지를 기존의 근린공원에 추가로 편입시키는 내용의 '근린공원 조성사업'을 추진함에 따라 도시계획시설사업의 실시계획이 인가·고시되었고, 을 등이 소유한 각 시범아파트 호실이 수용대상으로 정해지자 갑 지방자치단체가 을 등과 공공용지 협의취득계약을 체결하여 해당 호실에 관한 소유권을 취득한 사안에서, 도시계획시설사업 실시계획의 인가에 따른 고시가 있으면 도시계획시설사업의 시행자는 사업에 필요한 토지 등을 수용 및 사용할 수 있게 되고, 을 등이 각 아파트 호실을 제공한 계기가 된 '근린공원 조성사업' 역시 구 국토의 계획 및 이용에 관한 법률(2007.1.26. 법률 제8283호로 개정되기 전의 것)에 따라 사업시행자에게 수용권한이 부여된 도시계획시설사업으로 추진되었으므로, 이는 적어도 구 공익사업을 위한 토지 등의 취득 및 보상에 관한 법률(2007.10.17. 법률 제8665호로 개정되기 전의 것) 제4조 제7호의 공익사업, 즉 '그 밖에 다른 법률에 의하여 토지 등을 수용 또는

사용할 수 있는 사업'에 포함된다고 볼 여지가 많은데도, 이와 달리 본 원심판단에 법리오해 등의 잘못이 있다고 한 사례

관련내용

이주대책

1. 의의 및 취지(토지보상법 제78조)

이주대책이란 공익사업의 시행으로 인하여 주거용 건축물을 제공함에 따라 생활의 근거를 상실하게 되는 자에 대하여 사업시행자가 대지를 조성하거나, 주택을 건설하여 공급하는 것을 말하며, 생활재건조치에 취지가 있다.

2. 법적 성질

(1) 생활보상 성격(2010다42498)

이주대책은 생활상태를 원상으로 회복시키면서 동시에 인간다운 생활을 보장하여 주기 위한 이른바 생활보상의 일환이다.

(2) 강행규정(2007다63089)

사업시행자의 이주대책 수립·실시의무를 정하고 있는 토지보상법 제78조 제1항은 물론 이주대책의 내용에 관하여 규정하고 있는 같은 조 제4항 본문 역시 당사자의 합의 또는 사업시행자의 재량에 의하여 적용을 배제할 수 없는 강행법규이다.

3. 요건 및 절차

(1) 수립요건

토지보상법 시행령 제40조 제2항에서는 ① 이주정착지를 위한 조성토지가 없는 경우, ② 비용이 과다한 경우를 제외하고는 ③ 이주대책 대상이 10호 이상이 된다면 이주대책을 수립하도록 하고 있다.

> **관련 판례(2011두28301)**
> '이주대책대상자 중 이주정착지에 이주를 희망하는 자가 10호에 미치지 못한다.'는 사유에 관한 심리·판단을 생략한 채, 단지 공익사업법 시행령 제40조 및 공익사업법 시행규칙 제53조에서 정한 '부득이한 사유'에 해당하지 않는다는 이유만을 들어 이 사건 처분이 위법하다고 판단한 원심판결에는 처분사유의 추가·변경에 관한 법리를 오해하여 필요한 심리를 다하지 아니함으로써 위법하다.

(2) 절차

사업시행자는 해당 지역자치단체와 협의하여 이주대책 계획을 수립하고 이주대책 대상자에게 통지한 후, 이주대책의 신청 및 대상자확인결정을 통하여 분양절차를 마무리하게 된다.

(3) 대상자 요건(토지보상법 시행령 제40조 제3항)

1) 주거용

① 무허가건축물 등 소유자(89.1.23. 이전 무허가 건축물 소유자는 이주대책 대상자에 포함), ② 고시 등이 있은 날부터 계약체결일 또는 수용재결일까지 계속하여 거주하고 있지 않은 건축물의 소유자, ③ 타인소유건축물에 거주하고 있는 세입자는 이주대책대 상자에서 제외된다.

2) 공장용

사업시행자는 대통령령으로 정하는 공익사업의 시행으로 인하여 공장부지가 협의 양도 되거나 수용됨에 따라 더 이상 해당 지역에서 공장을 가동할 수 없게 된 자가 희망하는 경우 인근산업단지에의 입주 등 이주대책에 관한 계획을 수립하여야 한다.

> **관련 판례**
>
> 1. **이주대책 대상자 요건(2017다278668)**
>   이주대책대상자에 해당하기 위해서는 구 토지보상법 제4조 각 호의 어느 하나에 해당하는 공익사업의 시행으로 인하여 주거용 건축물을 제공함에 따라 생활의 근거를 상실하게 되어야 한다.
>
> 2. **불법용도변경(2007두13340)**
>   주거용 건물이 아니었던 건물이 그 이후에 주거용으로 용도 변경된 경우에는 건축 허가를 받았는지 여부에 상관없이 수용재결 내지 협의계약 체결 당시 주거용으로 사용된 건물이라 할지라도 이주대책대상이 되는 주거용 건축물이 될 수 없다.

4. 확인·결정행위의 법적 성질과 권리구제

(1) 이주대책대상자 확인·결정의 의의

이주대책대상자 확인결정은 사업시행자가 이주대책대상이 될 자를 확인·결정함으로써 그 권리를 확정짓는 것을 말한다.

(2) 이주대책대상자 확인·결정의 법적 성질

종전 대법원은 이주대책은 절차적 권리에 불과하며, 사업시행자의 확인·결정이 있어야만 비로소 구체적인 수분양권이 발생하게 된다고 판시하였지만, 최근 판례(2013두10885)에서는 항고소송의 대상이 되는 처분이라고 판시하였다.

> **관련 판례(2013두10885)**
> 이주대책대상자 확인·결정은 구체적인 이주대책상의 수분양권을 부여하는 요건이 되는 행정작용으로서의 처분이지 이를 단순히 절차상의 필요에 따른 사실행위에 불과한 것으로 평가할 수는 없다. 따라서 수분양권의 취득을 희망하는 이주자가 소정의 절차에 따라 이주대책대상자 선정신청을 한 데 대하여 사업시행자가 이주대책대상자가 아니라고 하여 위 확인·결정 등의 처분을

하지 않고 이를 제외시키거나 거부조치한 경우에는, 이주자로서는 사업시행자를 상대로 항고소송에 의하여 제외처분이나 거부처분의 취소를 구할 수 있다.

5. 이주대책의 내용

(1) 주거용

1) 이주대책 내용 결정의 재량권

이주대책의 내용에 사업시행자의 재량이 인정된다고 봄이 다수견해이며, 판례도 '사업시행자는 특별공급주택의 수량, 특별공급대상자의 선정 등에 있어 재량을 가진다'고 판시한 바 있다(대판 2007.2.22, 2004두7481). 2008두12601 판례에서는 사업시행자는 이주대책기준을 정하여 이주대책을 수립·실시하여야 할 자를 선정하여, 그들에게 공급할 택지 또는 주택의 내용이나 수량을 정할 수 있고, 이를 정하는 데 재량을 가지므로, 이를 위해 사업시행자가 설정한 기준은 그것이 객관적으로 합리적이 아니라거나 타당하지 않다고 볼 만한 다른 특별한 사정이 없는 한 존중되어야 한다고 판시하였다. 이처럼 대법원은 일관되게 사업시행자가 이주대책의 내용 결정에 재량을 갖는다는 입장을 취하고 있다.

2) 이주정착지 조성(토지보상법 제78조 제1항 및 제4항)

사업시행자는 공익사업의 시행으로 인하여 주거용 건축물을 제공함에 따라 생활의 근거를 상실하게 되는 자를 위하여 이주대책을 수립·실시하거나 이주정착금을 지급하여야 한다(제1항). 이주대책의 내용에는 이주정착지에 대한 도로, 급수시설, 배수시설, 그 밖의 공공시설 등 통상적인 수준의 생활기본시설이 포함되어야 하며, 이에 필요한 비용은 사업시행자가 부담한다(제4항). 다만, 행정청이 아닌 사업시행자가 이주대책을 수립·실시하는 경우에 지방자치단체는 비용의 일부를 보조할 수 있다.

3) 특별공급(시행령 제40조 제2항 단서)

사업시행자가 「택지개발촉진법」 또는 「주택법」 등 관계 법령에 따라 이주대책대상자에게 택지 또는 주택을 공급한 경우(사업시행자의 알선에 의하여 공급한 경우를 포함한다)에 이주대책을 수립·실시한 것으로 본다.

4) 이주정착금의 지급(시행령 제41조)

> **토지보상법 시행령 제41조(이주정착금의 지급)**
> 사업시행자는 법 제78조 제1항에 따라 다음 각 호의 어느 하나에 해당하는 경우에는 이주대책대상자에게 국토교통부령으로 정하는 바에 따라 이주정착금을 지급해야 한다.
> 1. 이주대책을 수립·실시하지 아니하는 경우
> 2. 이주대책대상자가 이주정착지가 아닌 다른 지역으로 이주하려는 경우
> 3. 이주대책대상자가 공익사업을 위한 관계 법령에 따른 고시 등이 있은 날의 1년 전부터 계약체결일 또는 수용재결일까지 계속하여 해당 건축물에 거주하지 않은 경우

4. 이주대책대상자가 공익사업을 위한 관계 법령에 따른 고시 등이 있은 날 당시 다음 각 목의 어느 하나에 해당하는 기관·업체에 소속(다른 기관·업체에 소속된 사람이 파견 등으로 각 목의 기관·업체에서 근무하는 경우를 포함한다)되어 있거나 퇴직한 날부터 3년이 경과하지 않은 경우

가. 국토교통부

나. 사업시행자

다. 법 제21조 제2항에 따라 협의하거나 의견을 들어야 하는 공익사업의 허가·인가·승인 등 기관

라. 공익사업을 위한 관계 법령에 따른 고시 등이 있기 전에 관계 법령에 따라 실시한 협의, 의견청취 등의 대상자였던 중앙행정기관, 지방자치단체, 「공공기관의 운영에 관한 법률」 제4조에 따른 공공기관 및 「지방공기업법」에 따른 지방공기업

토지보상법 시행규칙 제53조(이주정착금 등)

① 영 제40조 제2항 본문에서 "국토교통부령으로 정하는 부득이한 사유"란 다음 각 호의 어느 하나에 해당하는 경우를 말한다.

1. 공익사업시행지구의 인근에 택지 조성에 적합한 토지가 없는 경우

2. 이주대책에 필요한 비용이 당해 공익사업의 본래의 목적을 위한 소요비용을 초과하는 등 이주대책의 수립·실시로 인하여 당해 공익사업의 시행이 사실상 곤란하게 되는 경우

② 영 제41조에 따른 이주정착금은 보상대상인 주거용 건축물에 대한 평가액의 30퍼센트에 해당하는 금액으로 하되, 그 금액이 1천2백만원 미만인 경우에는 1천2백만원으로 하고, 2천4백만원을 초과하는 경우에는 2천4백만원으로 한다.

사업시행자는 이주대책을 수립·실시하지 아니하는 경우 및 이주대책대상자가 이주정착지가 아닌 다른 지역으로 이주하려는 경우에는 이주정착금을 지급하여야 한다. 이주정착금은 보상대상인 주거용 건축물에 대한 평가액의 30퍼센트에 해당하는 금액으로 하되, 그 금액이 1천2백만원 미만인 경우에는 1천2백만원으로 하고, 2천4백만원을 초과하는 경우에는 2천4백만원으로 한다(시행규칙 제53조 제2항). (최근 이주정착금에 대한 규정이 전면 개정되었음)

(2) **공장용**

해당 공익사업지구 인근에 기개발된 산업단지에의 우선분양알선, 해당 공익사업지역 인근 지역에 해당 사업자가 공장이주대책을 위한 별도의 산업단지를 조성하는 경우 그 산업단지의 조성 및 입주계획, 해당 공익사업지역 안에 조성되는 공공용지의 우선 분양 등의 요건이 포함되어 있다.

1. 제28회 문제2

(1) 갑은 'B시 이주민지원규정'에서 정한 추가적 요건을 이유로 자신을 이주대책대상자에서 배제한 것은 위법하다고 주장한다. 갑의 주장이 타당한지에 관하여 설명하시오. `15점`

(2) 을은 자신의 소지가 분양대상자가 아닌 일반우선 분양대상자로 선정한 것은 위법하다고 보아 이를 소송으로 다투려고 한다. 을이 제기하는 소송의 형식을 설명하시오. `15점`

※ 출제위원 채점평

(설문 1)은 훈령 형식을 통한 이주대상자의 권리제한이 법적으로 허용되는지 여부를 묻는 문제이다. 법치행정의 원리, 특히 법률유보의 원칙상 국민의 권리를 제한하기 위해서는 법률 내지 적어도 법규명령상의 근거가 필요하다. 따라서 사례상 문제가 된 훈령 형식의 규정의 법적 성질이 무엇인지가 핵심적 쟁점이다. 그럼에도 상당수의 답안이 쟁점에 대한 정확한 파악이 없이, 이주대책의 성격을 장황하게 기술하거나 막연히 재량을 근거로 답안을 작성한 경우도 있었다. (설문 2)는 분양대상자의 유형 선정에 대해 불복하기 위한 소송유형을 묻는 문제로서, 이 역시 행정소송의 기본체계 및 관련 판례의 입장을 이해하고 있으면 답안을 작성하기 평이한 문제라고 보인다. 행정상 법률관계에 대한 소송유형의 결정을 위해서는 기본적으로 그 법률관계가 공법관계인지 사법관계인지, 공법관계라면 부대등한 관계로서 항고소송의 대상인지 대등관계로서 당사자소송의 대상인지가 판단되어야 한다. 특히 이주대책과 관련한 수분양권의 문제를 처분으로 이해하고 있는 판례의 입장을 알고 있다면 크게 어렵지 않았을 문제라 생각한다.

2. 제27회 문제1 물음2

만약 甲이 거부처분 취소소송을 제기하였다면, 乙은 그 소송 계속 중에 처분의 적법성을 유지하기 위해 "甲은 주거용 건축물에 계약체결일까지 계속하여 거주하고 있지 아니하였을 뿐만 아니라 이주정착지로의 이주를 포기하고 이주정착금을 받은 자에 해당하므로 토지보상법 시행령 제40조 제2항에 따라 이주대책을 수립할 필요가 없다"는 사유를 추가·변경할 수 있는가? `20점`

※ 출제위원 채점평

처분사유의 추가·변경의 허용성에 관한 문제로서, 이에 관한 판례와 학설을 적절히 언급하고, 허용범위 및 한계를 작성함과 아울러 기본적 사실관계의 동일성을 기준으로 사안 포섭을 제대로 하는 것이 중요하다.

3. 제20회 문제1

A시는 도시개발사업을 하면서 주거를 상실하는 거주자에 대한 이주대책을 수립하였다. 이주대책의 주요내용은 다음과 같다. 이를 근거로 다음 물음에 답하시오. `45점`

> – 기준일 이전부터 사업구역 내 자기 토지상 주택을 소유하고 협의계약 체결일까지 당해 주택에 계속 거주한 자가 보상에 합의하고 자진 이주한 경우 사업구역 내 분양아파트를 공급한다.

    – 분양아파트를 공급받지 않은 이주자에게는 이주정착금을 지급한다.
    – 무허가건축물 대장에 등록된 건축물 소유자는 이주대책에서 제외한다.

(1) 이주대책의 이론적 및 헌법적 근거를 설명하시오. `5점`

(2) 주택소유자 甲이 보상에 합의하고 자진 이주하지 아니한 경우에도 이주대책에 의한 분양아파트의 공급 혹은 이주정착금의 지급을 요구할 수 있는지의 여부를 검토하시오. `20점`

(3) 무허가건축물대장에 등록되지 않은 건축물 소유자 乙이 당해 건축물이 무허가 건축물이라는 이유로 이주대책에서 제외된 경우에 권리구제를 위하여 다툴 수 있는 근거와 소송방법에 관하여 검토하시오. `20점`

4. 제3회 문제3 물음2
   이주대책에 대하여 약술하라. `10점`

판례 21 2013두10885

공익사업을 위한 토지 등의 취득 및 보상에 관한 법률상의 공익사업시행자가 하는 이주대책대상자 확인·결정의 법적 성질(=행정처분)과 이에 대한 쟁송방법(=항고소송)

쟁점사항

▶ 이주대책대상자 확인·결정의 법적 성질(= 행정처분)
▶ 이주대책대상자 확인·결정의 권리구제(= 항고소송)

관련판례

✦ 대판 2014.2.27, 2013두10885[일반분양이주택지결정무효확인]

판시사항

공익사업을 위한 토지 등의 취득 및 보상에 관한 법률상의 공익사업시행자가 하는 이주대책대상자 확인·결정의 법적 성질(=행정처분)과 이에 대한 쟁송방법(=항고소송)

판결요지

공익사업을 위한 토지 등의 취득 및 보상에 관한 법률상의 공익사업시행자가 하는 이주대책대상자 확인·결정은 구체적인 이주대책상의 수분양권을 부여하는 요건이 되는 행정작용으로서의 처분이지 이를 단순히 절차상의 필요에 따른 사실행위에 불과한 것으로 평가할 수는 없다. 따라서 수분양권의 취득을 희망하는 이주자가 소정의 절차에 따라 이주대책대상자 선정신청을 한 데 대하여 사업시행자가 이주대책대상자가 아니라고 하여 위 확인·결정 등의 처분을 하지 않고 이를 제외시키거나 거부조치한 경우에는, 이주자로서는 사업시행자를 상대로 항고소송에 의하여 제외처분이나 거부처분의 취소를 구할 수 있다. 나아가 이주대책의 종류가 달라 각 그 보장하는 내용에 차등이 있는 경우 이주자의 희망에도 불구하고 사업시행자가 요건 미달 등을 이유로 그중 더 이익이 되는 내용의 이주대책대상자로 선정하지 않았다면 이 또한 이주자의 권리의무에 직접적 변동을 초래하는 행위로서 항고소송의 대상이 된다.

판례 22 2008두12610

도시개발사업의 사업시행자가 이주대책기준을 정하여 이주대책대상자 가운데 이주대책을 수립·실시하여야 할 자를 선정하여 그들에게 공급할 택지 등을 정하는 데 재량을 가지는지 여부(적극)

쟁점사항

▶ 사업시행자가 이주대책기준을 정하여 이주대책대상자 가운데 이주대책을 수립·실시하여야 할 자를 선정하여 그들에게 공급할 택지 등을 정하는 데 재량을 가지는지 여부(적극)

관련판례

✦ 대판 2009.3.12, 2008두12610[입주권확인]

판시사항

[1] 도시개발사업의 사업시행자가 이주대책기준을 정하여 이주대책대상자 가운데 이주대책을 수립·실시하여야 할 자를 선정하여 그들에게 공급할 택지 등을 정하는 데 재량을 가지는지 여부(적극)

[2] 도시개발사업의 사업시행자가 보상계획공고일을 기준으로 이주대책대상자를 정한 후, 협의계약 체결일 또는 수용재결일까지 당해 주택에 계속 거주하였는지 여부 등을 고려하여 이주대책을 수립·실시하여야 할 자를 선정하여 그들에게 공급할 아파트의 종류, 면적을 정한 이주대책기준을 근거로 한 입주권 공급대상자 결정처분에 재량권을 일탈·남용한 위법이 없다고 한 사례

판결요지

[1] 구 도시개발법(2007.4.11. 법률 제8376호로 개정되기 전의 것) 제23조, 공익사업을 위한 토지 등의 취득 및 보상에 관한 법률 제78조 제1항, 같은 법 시행령 제40조 제3항 제2호의 문언, 내용 및 입법 취지 등을 종합하여 보면, 위 시행령 제40조 제3항 제2호에서 말하는 '공익사업을 위한 관계 법령에 의한 고시 등이 있는 날'은 이주대책대상자와 아닌 자를 정하는 기준이지만, 나아가 사업시행자가 이주대책대상자 중에서 이주대책을 수립·실시하여야 할 자와 이주정착금을 지급하여야 할 자를 정하는 기준이 되는 것은 아니므로, <u>사업시행자는 이주대책기준을 정하여 이주대책대상자 중에서 이주대책을 수립·실시하여야 할 자를 선정하여 그들에게 공급할 택지 또는 주택의 내용이나 수량을 정할 수 있고, 이를 정하는 데 재량을 가지므로, 이를 위해 사업시행자가 설정한 기준은 그것이 객관적으로 합리적이 아니라거나 타당하지 않다고 볼 만한 다른 특별한 사정이 없는 한 존중되어야 한다.</u>

[2] 도시개발사업의 사업시행자가 보상계획공고일을 기준으로 이주대책대상자를 정한 후, 협의계약 체결일 또는 수용재결일까지 당해 주택에 계속 거주하였는지 여부 등을 고려하여 이주대책을 수립·실시하여야 할 자를 선정하여 그들에게 공급할 아파트의 종류, 면적을 정한 이주대책기준을 근거로 한 입주권 공급대상자 결정처분에 재량권을 일탈·남용한 위법이 없다고 한 사례

판례 23 **2023다214252**

이주대책 정상적인 면적 초과 부분에 대한 해석

쟁점사항

▸ 사업시행자가 공급할 택지 또는 주택의 내용이나 수량을 정할 재량을 가지는지 여부(적극)

▸ 초과 부분 분양면적에 대하여 생활기본시설 설치비용을 부담시킬 수 있는지 여부(적극)

관련판례

✦ 대판 2023.7.13, 2023다214252[채무부존재확인]

판시사항

[1] 공익사업의 시행자가 이주대책을 수립·실시하여야 할 자를 선정하여 그들에게 공급할 택지 또는 주택의 내용이나 수량을 정할 재량을 가지는지 여부(적극) 및 이주대책대상자들에게 이주자택지 공급한도로 정한 265㎡를 초과하여 공급한 부분이 사업시행자가 정한 이주대책의 내용이 아니라 일반수분양자에게 공급한 것과 마찬가지로 볼 수 있는 경우, 초과 부분에 해당하는 분양면적에 대하여 생활기본시설 설치비용을 부담시킬 수 있는지 여부(적극)

[2] 택지개발사업의 시행자인 한국토지주택공사의 '이주 및 생활대책 수립지침'에서 점포겸용·단독주택용지의 경우 이주자택지의 공급규모를 1필지당 265㎡ 이하로 정하면서, 당해 사업지구의 여건과 인근지역 부동산시장동향 등을 종합적으로 고려하여 불가피한 경우에는 위 기준을 다르게 정할 수 있다고 규정하고 있고, 한국토지주택공사는 사업지구 내 이주자택지를 1필지당 265㎡ 상한으로 공급하되, 265㎡를 초과하여 공급하는 경우 초과 면적에 대하여도 감정가격을 적용하지 않고 조성원가에서 생활기본시설 설치비용을 제외한 금액으로 공급하기로 하는 내용의 이주자택지 공급공고와 보상안내를 한 후 이주자택지 공급대상자로 선정된 갑 등과 분양계약을 체결하였는데, 분양면적 중 이주자택지 공급한도인 265㎡ 초과 부분도 이주대책으로서 특별공급된 것인지 문제 된 사안에서, 제반 사정에 비추어 한국토지주택공사는 이주자택지 공급한도를 265㎡로 정하였을 뿐 이를 초과하는 부분까지 이주대책으로서 특별공급한 것으로 단정하기 어렵다고 한 사례

[3] 공익사업을 위한 토지 등의 취득 및 보상에 관한 법률 제78조 제4항에서 정한 '생활기본시설'의 의미 및 일반 광장이나 생활기본시설에 해당하지 않는 고속국도에 부속된 교통광장과 같은 광역교통시설광장이 생활기본시설에 해당하는지 여부(소극) / 대도시권의 대규모 개발사업을

하는 과정에서 광역교통시설의 건설 및 개량에 소요되어 대도시권 내 택지 및 주택의 가치를 상승시키는 데에 드는 비용이 생활기본시설 설치비용에 해당하는지 여부(소극)

판결요지

[1] 사업시행자가 공익사업을 위한 토지 등의 취득 및 보상에 관한 법률 시행령 제40조 제2항 단서에 따라 택지개발촉진법 또는 주택법 등 관계 법령에 의하여 이주대책대상자들에게 택지 또는 주택을 공급하는 것은 공익사업을 위한 토지 등의 취득 및 보상에 관한 법률 제78조 제1항의 위임에 근거하여 선택할 수 있는 이주대책의 한 방법이고, <u>사업시행자는 이주대책을 수립·실시하여야 할 자를 선정하여 그들에게 공급할 택지 또는 주택의 내용이나 수량을 정함에 재량을 갖는다.</u>
<u>이주대책대상자들에게 이주자택지 공급한도로 정한 265㎡를 초과하여 공급한 부분이 사업시행자가 정한 이주대책의 내용이 아니라 일반수분양자에게 공급한 것과 마찬가지로 볼 수 있는 경우 초과 부분에 해당하는 분양면적에 대해서는 일반수분양자와 동등하게 생활기본시설 설치비용을 부담시킬 수 있다.</u>

[2] 택지개발사업의 시행인인 한국토지주택공사의 '이주 및 생활대책 수립지침'(이하 '수립지침'이라고 한다)에서 점포겸용·단독주택용지의 경우 이주자택지의 공급규모를 1필지당 265㎡ 이하로 정하면서, 당해 사업지구의 여건과 인근지역 부동산시장동향 등을 종합적으로 고려하여 불가피한 경우에는 위 기준을 다르게 정할 수 있다고 규정하고 있고, 한국토지주택공사는 사업지구 내 이주자택지를 1필지당 265㎡ 상한으로 공급하되, 265㎡를 초과하여 공급하는 경우 초과 면적에 대하여도 감정가격을 적용하지 않고 조성원가에서 생활기본시설 설치비용을 제외한 금액으로 공급하기로 하는 내용의 이주자택지 공급공고와 보상안내를 한 후 이주자택지 공급대상자로 선정된 갑 등과 분양계약을 체결하였는데, 분양면적 중 이주자택지 공급한도인 265㎡ 초과 부분도 이주대책으로서 특별공급된 것인지 문제 된 사안에서, 한국토지주택공사는 이주대책기준 설정에 관한 재량에 따라 수립지침 등 내부 규정에 의하여 사업지구 내 이주자택지 공급규모의 기준을 1필지당 265㎡로 정하였고, 공급공고와 보상안내에 따라 이를 명확하게 고지한 점, 한국토지주택공사가 이주자택지 공급한도를 초과하는 부분의 공급가격을 그 이하 부분과 동일하게 산정하기로 정하였다거나 분양계약서에 분양면적 전체가 이주자택지로 표시되어 있다고 하여 그로써 당연히 공급규모의 기준을 변경하는 의미로 볼 수 없는 점, 특히 이주자택지 공급규모에 관한 기준을 달리 정하였다고 보기 위해서는 수립지침에 따라 획지분할할 여건, 토지이용계획 및 토지이용의 효율성 등 당해 사업지구의 여건과 인근지역 부동산시장동향 등을 고려한 불가피한 사정이 있어야 하는 점 등 제반 사정에 비추어 보면, 한국토지주택공사는 이주자택지 공급한도를 265㎡로 정하였을 뿐 이를 초과하는 부분까지 이주대책으로서 특별공급한 것으로 단정하기 어려운데도, 이와 달리 본 원심판단에 법리오해 등의 잘못이 있다고 한 사례

[3] 공익사업을 위한 토지 등의 취득 및 보상에 관한 법률(이하 '토지보상법'이라고 한다) 제78조에 의하면, 사업시행자가 공익사업의 시행으로 인하여 주거용 건축물을 제공함에 따라 생활의 근거를 상실하게 되는 이주대책대상자를 위하여 수립·실시하여야 하는 이주대책에는 이주정착지에 대한 도로 등 통상적인 수준의 생활기본시설이 포함되어야 하고, 이에 필요한 비용은 사업시행자가 부담하여야 한다. 위 규정 취지는 이주대책대상자에게 생활의 근거를 마련해 주고자 하는 데 있으므로, '생활기본시설'은 구 주택법(2012.1.26. 법률 제11243호로 개정되기 전의 것, 이하 '구 주택법'이라고 한다) 제23조 등 관계 법령에 따라 주택건설사업이나 대지조성사업을 시행하는 사업주체가 설치하도록 되어 있는 도로와 상하수도시설 등 간선시설을 의미한다고 보아야 한다. 그러나 광장은 토지보상법에서 정한 생활기본시설 항목이나 구 주택법에서 정한 간선시설 항목에 포함되어 있지 않으므로, 생활기본시설 항목이나 간선시설 항목에 해당하는 시설에 포함되거나 부속되어 그와 일체로 평가할 수 있는 경우와 같은 특별한 사정이 없는 한 생활기본시설에 해당하지 않는다. 따라서 일반 광장이나 생활기본시설에 해당하지 않는 고속국도에 부속된 교통광장과 같은 광역교통시설광장은 생활기본시설에 해당한다고 보기 어렵다. 또한 대도시권의 대규모 개발사업을 하는 과정에서 광역교통시설의 건설 및 개량에 소요되어 대도시권 내 택지 및 주택의 가치를 상승시키는 데에 드는 비용은 대도시권 내의 택지나 주택을 공급받는 이주대책대상자도 그에 따른 혜택을 누리게 된다는 점에서 생활기본시설 설치비용에 해당하지 않는다.

판례 24 2019두34982

자연공원법에 의한 '자연공원 지정' 및 '공원용도지구계획에 따른 용도지구 지정'은 토지보상법 시행규칙 제23조 제1항 본문에서 정한 '일반적 계획제한'에 해당

쟁점사항

▸ 공법상 제한이 특정 공익사업의 시행을 직접 목적으로 가하여진 경우 보상액 산정 방법
▸ 일반적 계획제한의 판단 기준 : 구체적인 공익사업을 직접 목적으로 함

관련판례

✦ 대판 2019.9.25, 2019두34982[손실보상금]

판시사항

[1] 공법상 제한이 그 자체로 제한목적이 달성되는 일반적 계획제한으로서 구체적 도시계획사업과 직접 관련되지 아니한 때와 공법상 제한이 구체적 사업이 따르는 개별적 계획제한이거나, 일반적 계획제한에 해당하는 용도지역 등의 지정 또는 변경에 따른 제한이더라도 그 용도지역 등의 지정 또는 변경이 특정 공익사업의 시행을 위한 것일 때의 각 경우에 보상액 산정을 위한 토지의 평가 방법

[2] 자연공원법에 의한 '자연공원 지정' 및 '공원용도지구계획에 따른 용도지구 지정'이 공익사업을 위한 토지 등의 취득 및 보상에 관한 법률 시행규칙 제23조 제1항 본문에서 정한 '일반적 계획제한'에 해당하는지 여부(원칙적 적극)

판결요지

[1] 공익사업을 위한 토지 등의 취득 및 보상에 관한 법률 제68조 제3항은 손실보상액의 산정기준 등에 관하여 필요한 사항은 국토교통부령으로 정한다고 규정하고 있다. 그 위임에 따른 공익사업을 위한 토지 등의 취득 및 보상에 관한 법률 시행규칙 제23조는 "공법상 제한을 받는 토지에 대하여는 제한받는 상태대로 평가한다. 다만 그 공법상 제한이 당해 공익사업의 시행을 직접 목적으로 하여 가하여진 경우에는 제한이 없는 상태를 상정하여 평가한다."(제1항), "당해 공익사업의 시행을 직접 목적으로 하여 용도지역 또는 용도지구 등이 변경된 토지에 대하여는 변경되기 전의 용도지역 또는 용도지구 등을 기준으로 평가한다."(제2항)라고 규정하고 있다.
따라서 공법상 제한을 받는 토지에 대한 보상액을 산정할 때에 해당 공법상 제한이 구 도시계획법(2002.2.4. 법률 제6655호 국토의 계획 및 이용에 관한 법률 부칙 제2조로 폐지)에 따른 용도지역·지구·구역의 지정 또는 변경과 같이 그 자체로 제한목적이 달성되는 일반적 계획제한으로서 구체적 도시계획사업과 직접 관련되지 아니한 경우에는 그러한 제한을 받는 상태 그대로 평가하여야 하고, 도로·공원 등 특정 도시계획시설의 설치를 위한 계획결정과 같이 구체적 사업이 따르는 개별적 계획제한이거나 일반적 계획제한에 해당하는 용도지역·지구·구역의 지정 또는 변경에 따른 제한이더라도 그 용도지역·지구·구역의 지정 또는 변경이 특정 공익사업의 시행을 위한 것일 때에는 당해 공익사업의 시행을 직접 목적으로 하는 제한으로 보아 위 제한을 받지 아니하는 상태를 상정하여 평가하여야 한다.

[2] 자연공원법은 자연공원의 지정·보전 및 관리에 관한 사항을 규정함으로써 자연생태계와 자연 및 문화경관 등을 보전하고 지속가능한 이용을 도모함을 목적으로 하며(제1조), 자연공원법에 의해 자연공원으로 지정되면 그 공원구역에서 건축행위, 경관을 해치거나 자연공원의 보전·

관리에 지장을 줄 우려가 있는 건축물의 용도변경, 광물의 채굴, 개간이나 토지의 형질변경, 물건을 쌓아 두는 행위, 야생동물을 잡거나 가축을 놓아먹이는 행위, 나무를 베거나 야생식물을 채취하는 행위 등을 제한함으로써(제23조) 공원구역을 보전·관리하는 효과가 즉시 발생한다. 공원관리청은 자연공원 지정 후 공원용도지구계획과 공원시설계획이 포함된 '공원계획'을 결정·고시하여야 하고(제12조 내지 제17조), 이 공원계획에 연계하여 10년마다 공원별 공원보전·관리계획을 수립하여야 하지만(제17조의3), 공원시설을 설치·조성하는 내용의 공원사업(제2조 제9호)을 반드시 시행하여야 하는 것은 아니다. 공원관리청이 공원시설을 설치·조성하고자 하는 경우에는 자연공원 지정이나 공원용도지구 지정과는 별도로 '공원시설계획'을 수립하여 결정·고시한 다음, '공원사업 시행계획'을 결정·고시하여야 하고(제19조 제2항), 그 공원사업에 포함되는 토지와 정착물을 수용하여야 한다(제22조).

이와 같은 자연공원법의 입법 목적, 관련 규정들의 내용과 체계를 종합하면, 자연공원법에 의한 '자연공원 지정' 및 '공원용도지구계획에 따른 용도지구 지정'은, 그와 동시에 구체적인 공원시설을 설치·조성하는 내용의 '공원시설계획'이 이루어졌다는 특별한 사정이 없는 한, 그 이후에 별도의 '공원시설계획'에 의하여 시행 여부가 결정되는 구체적인 공원사업의 시행을 직접 목적으로 한 것이 아니므로 공익사업을 위한 토지 등의 취득 및 보상에 관한 법률 시행규칙 제23조 제1항 본문에서 정한 '일반적 계획제한'에 해당한다.

 관련내용

공법상 제한받는 토지의 평가

1. 의의 및 취지
공법상 제한 받는 토지란 개별법령에 따라 토지의 각종 이용규제나 제한을 받는 토지로서, 이는 국토공간의 효율적 이용을 통해 공공복리를 증진시키는 수단으로 그 취지가 인정된다.

2. 평가기준(토지보상법 시행규칙 제23조)
① 공법상 제한 받는 토지에 대하여는 제한받는 상태대로 평가하되(규칙 제23조 제1항), ② 공법상 제한이 해당 공익사업의 시행을 직접 목적으로 하여 가하여진 경우에는 제한이 없는 상태를 상정하여 평가한다(규칙 제23조 제2항).

3. 공법상 제한의 구분
(1) 일반적 제한
일반적 제한이란 제한 그 자체로 목적이 완성되고 구체적 사업의 시행이 필요하지 않은 경우로 그 제한받는 상태대로 평가한다. 그 예로는 국토의 이용 및 계획에 관한 법률에 의한 용도지역, 지구, 구역의 지정, 변경 기타 관계법령에 의한 토지이용계획 제한이 있다.

(2) 개별적 제한(특별한 희생)

개별적 제한이란 그 제한이 구체적 공익사업의 시행을 필요로 하는 경우를 말하며 개별적 제한이 해당 공익사업의 시행을 직접 목적으로 가해진 경우에는 그 제한이 없는 상태를 상정하여 평가한다.

개별적 제한을 받는 수용대상 토지의 보상액을 산정함에 있어서는 그 공법상 제한이 해당 공공사업의 시행을 직접 목적으로 가하여진 경우는 물론 당초의 목적사업과는 다른 목적의 공공사업에 편입수용되는 경우에도 그 제한을 받지 아니하는 상태로 평가해야 한다.

4. 구체적(개별적) 평가기준

(1) 공원구역 안의 토지

자연공원의 경우 제한을 받는 상태를 기준, 도시공원의 경우 제한을 받지 아니한 상태를 기준으로 평가한다.

(2) 용도지역이 변경된 토지

용도지역이 변경된 토지는 가격시점 당시 용도지역을 기준으로 평가하며, 용도지역변경이 해당 사업에 관련되어 있으면 변경 전 용도지역을 기준하여 평가한다.

(3) 도시계획도로의 평가기준

도시계획시설도로에 접한 토지는 계획도로를 고려한 가격으로 평가하며, 도시계획시설도로에 저촉된 토지는 저촉되지 않은 상태를 기준으로 평가하고, 함께 의뢰된 경우 면적비율에 따라 평가한다.

(4) 정비구역 안 토지의 평가

공법상 제한을 받지 않은 상태를 기준하여 평가한다.

(5) 개발제한구역 안 토지의 평가

개발제한구역 안의 토지에 대한 평가는 공법상 제한을 받는 상태를 기준으로 평가한다.

5. 관련 추가 판례(유형별 검토로 활용 가능)

(1) 문화재보호구역(2003두14222)

① 공법상의 제한을 받는 토지의 수용보상액을 산정함에 있어서는 그 공법상의 제한이 당해 공공사업의 시행을 직접 목적으로 하여 가하여진 경우에는 그 제한을 받지 아니하는 상태대로 평가하여야 할 것이지만, 공법상 제한이 당해 공공사업의 시행을 직접 목적으로 하여 가하여진 경우가 아니라면 그러한 제한을 받는 상태 그대로 평가하여야 하고, 그와 같은 제한이 당해 공공사업의 시행 이후에 가하여진 경우라고 하여 달리 볼 것은 아니다.

② 문화재보호구역의 확대 지정이 당해 공공사업인 택지개발사업의 시행을 직접 목적으로 하여 가하여진 것이 아님이 명백하므로 토지의 수용보상액은 그러한 공법상 제한을 받는 상태대로 평가하여야 한다고 한 사례

(2) 대치동공원 판례(2012두7950)

용도지역 등의 지정 또는 변경을 하지 않은 것이 특정 공익사업의 시행을 위한 것일 경우 이는 당해 공익사업의 시행을 직접 목적으로 하는 제한이라고 보아 용도지역 등의 지정 또는 변경이 이루어진 상태를 상정하여 토지가격을 평가하여야 한다. 여기에서 특정 공익사업의 시행을 위하여 용도지역 등의 지정 또는 변경을 하지 않았다고 볼 수 있으려면, 토지가 특정 공익사업에 제공된다는 사정을 배제할 경우 용도지역 등의 지정 또는 변경을 하지 않은 행위가 계획재량권의 일탈·남용에 해당함이 객관적으로 명백하여야만 한다.

관련기출

1. 제31회 문제1 물음2

乙이 물음 1)에서 제기한 소송(=보상금증감소송)에서 이 사건 B토지에 대한 보상평가는 1990년의 X시립공원 지정·고시 이전을 기준으로 하여야 한다고 주장한다. 乙의 주장은 타당한가? `10점`

2. 제28회 문제1 물음3

중앙토지수용위원회는 보상금을 산정하면서, X토지는 그 용도지역이 제1종 일반주거지역이기는 하지만 기업도시개발사업의 시행을 위해서 제3종 일반주거지역으로 변경되지 않은 사정이 인정되므로 제3종 일반주거지역으로 변경이 이루어진 상태를 상정하여 토지가격을 평가한다고 설시하였다. 이에 대해 을은 X토지를 제1종 일반주거지역이 아닌 제3종 일반주거지역으로 평가한 거은 공법상 제한을 받는 토지에 대한 보상금 산정에 위법이 있다고 주장하면서 보상금감액청구소송을 제기하고자 한다. 을의 소송상 청구가 인용될 수 있는 가능성에 관하여 설명하시오(단, 소송요건은 충족된 것으로 본다). `10점`

※ 출제위원 채점평

(설문3)은 당해 공익사업의 시행을 직접 목적으로 용도지역을 변경하지 않은 경우에 당해 공익사업의 시행이 아니었다면 용도지역이 변경되었을 것이 객관적으로 명백하다면 용도지역이 변경된 것으로 평가되어야 한다는 판례를 기반으로 한 설문입니다. 이러한 문제에 대하여 법령해석, 판례해설, 계획재량까지 훌륭하게 설명한 답안도 있었지만 설문의 취지를 전혀 이해하지 못한 답안도 있었습니다.

3. 제24회 문제1 물음2

乙은 공원조성사업을 추진하기 위하여 甲의 토지를 수용하였는데, 보상금산정 시 녹지지역을 기준으로 감정평가한 금액을 적용하였다. 그 적법성여부를 논하시오. `20점`

※ 출제위원 채점평

2문은 계획 제한된 토지의 평가에 관한 문제로 상당수의 수험생들이 예상할 수 있었던 문제로 일반적 계획 제한된 토지에 대한 평가와 특정 공익사업의 시행을 목적으로 가해진 제한된 토지의 평가를 구분하여 설명하였다면 별다른 어려움 없이 해결할 수 있었던 문제이다.

4. 제9회 문제2
공공용지의 취득 및 보상에 관한 특례법 시행규칙 제6조 제4항은 용도지역 지구의 지정과 같은 공법상 제한을 받는 토지를 평가할 때에는, 제한받는 상태대로 평가하도록 규정하고 있다. 이와 같은 기준에 의거하여 토지를 평가하도록 하는 이론적 근거에 대하여 설명하시오. **20점**

판례 25 2020다280890

토지보상법 제91조 제1항의 환매권을 인정하는 취지

쟁점사항

▶ 토지보상법 제91조 제1항 환매권의 취지(= 공평의 원칙)
▶ 당연무효인 협의취득에 기한 토지소유자의 환매권 행사가 가능한지 여부

관련판례

✦ 대판 2021.4.29, 2020다280890[소유권이전등기]

판시사항

공익사업을 위한 토지 등의 취득 및 보상에 관한 법률 제91조 제1항에서 환매권을 인정하는 취지 / 도시계획시설사업의 시행자로 지정되어 도시계획시설사업의 수행을 위하여 필요한 토지를 협의취득하였으나 시행자 지정이 처음부터 효력이 없거나 토지의 취득 당시 해당 도시계획시설사업의 법적 근거가 없었던 것으로 볼 수 있는 등 협의취득이 당연무효인 경우, 협의취득일 당시의 토지소유자가 위 조항에서 정한 환매권을 행사할 수 있는지 여부(소극)

판결요지

공익사업을 위한 토지 등의 취득 및 보상에 관한 법률(이하 '토지보상법'이라 한다) 제91조 제1항은 해당 사업의 폐지·변경 또는 그 밖의 사유로 취득한 토지의 전부 또는 일부가 필요 없게 된 경우

취득일 당시의 토지소유자 또는 그 포괄승계인(이하 '토지소유자'라 한다)은 그 토지에 대하여 받은 보상금에 상당하는 금액을 사업시행자에게 지급하고 그 토지를 환매할 수 있다고 규정하고 있다. 토지보상법이 환매권을 인정하는 취지는, 토지의 원소유자가 사업시행자로부터 토지 등의 대가로 정당한 손실보상을 받았다고 하더라도 원래 자신의 자발적인 의사에 기하여 그 토지 등의 소유권을 상실하는 것이 아니어서 그 토지 등을 더 이상 당해 공익사업에 이용할 필요가 없게 된 때, 즉 공익상의 필요가 소멸한 때에는 원소유자의 의사에 따라 그 토지 등의 소유권을 회복시켜 주는 것이 공평의 원칙에 부합한다는 데에 있다.

한편 구 공익사업을 위한 토지 등의 취득 및 보상에 관한 법률(2007.10.17. 법률 제8665호로 개정되기 전의 것, 이하 '구 토지보상법'이라 한다) 제4조 제7호, 구 국토의 계획 및 이용에 관한 법률(2007.1.19. 법률 제8250호로 개정되기 전의 것, 이하 '구 국토계획법'이라 한다) 제95조 제1항에 의하면, 구 국토계획법에 따른 도시계획시설사업은 구 토지보상법 제4조의 공익사업에 해당하는데, 구 국토계획법 제86조 제5항은 같은 조 제1항 내지 제4항에 따른 행정청이 아닌 자가 도시계획시설사업을 시행하기 위해서는 대통령령이 정하는 바에 따라 건설교통부장관 등으로부터 시행자로 지정을 받도록 규정하고 있다.

이러한 토지보상법 및 구 국토계획법의 규정 내용과 환매권의 입법 취지 등을 고려하면, 도시계획시설사업의 시행자로 지정되어 그 도시계획시설사업의 수행을 위하여 필요한 토지를 협의취득하였다고 하더라도, 시행자 지정이 처음부터 효력이 없거나 토지의 취득 당시 해당 도시계획시설사업의 법적 근거가 없었던 것으로 볼 수 있는 등 협의취득이 당연무효인 경우, 협의취득일 당시의 토지소유자가 소유권에 근거하여 등기 명의를 회복하는 방식 등으로 권리를 구제받는 것은 별론으로 하더라도 토지보상법 제91조 제1항에서 정하고 있는 환매권을 행사할 수는 없다고 봄이 타당하다.

관련내용

┌─ **환매권** ─┐

Ⅰ **환매권 일반**

1. **의의 및 취지**

환매권이란 수용의 목적물인 토지가 공익사업의 폐지, 변경 그 밖의 사유로 인해 필요 없게 되거나, 수용 후 오랫동안 그 공익사업에 현실적으로 이용되지 아니할 경우, 수용 당시의 토지소유자 또는 그 포괄승계인이 보상금에 상당하는 금액을 지급하고 수용의 목적물을 다시 취득할 수 있는 권리를 말한다. 이는 재산권 존속보장 및 토지소유자의 소유권에 대한 감정존중을 도모하고 공평의 원칙에 취지가 인정된다.

2. 법적 성질
  (1) 형성권
      형성권이란 요건충족 시 형성적 효력이 발생하는 권리를 말하며 청구권과 달리 상대방
      이 동시이행항변권을 주장하지 못하는 권리이다. 환매권은 제척기간 내에 이를 일단 행
      사하면 형성적 효력으로 매매의 효력이 생기는 것으로 보고 있다.

      > **관련 판례(2011다74109)**
      > 공익사업을 위한 토지 등의 취득 및 보상에 관한 법률 제91조에 의한 환매는 환매기간 내에
      > 환매의 요건이 발생하면 환매권자가 지급 받은 보상금에 상당한 금액을 사업시행자에게 미리
      > 지급하고 일방적으로 의사표시를 함으로써 사업시행자의 의사와 관계없이 환매가 성립한다.

  (2) 공권인지 여부
    1) 문제점
        환매권이 형성권인 점에 대해 학설과 판례가 일치하나 공권과 사권에 대한 견해가
        나뉜다. 논의실익은 환매권에 대한 다툼이 있는 경우 적용법규와 쟁송형태에 있다.
    2) 학설
        ① **공권설** : 환매권은 공법적 원인에 의해 상실된 권리를 회복하는 제도이므로 공권
           력 주체에 대해 사인이 가지는 공법상 권리라고 보는 견해이다.
        ② **사권설** : 환매권은 피수용자가 자기의 이익을 위하여 일방적으로 행사함으로써
           환매의 효과가 발생하는 형성권으로 사업시행자의 동의를 요하지 않고, 이 권리
           는 공용수용의 효과로 발생하기는 하나 사업시행자에 의해 해체처분을 요하지 않
           는 직접 매매의 효과를 발생하는 것으로 사법상 권리로 보는 견해이다.
    3) 판례
        헌법재판소는 공익사업용지에 대한 환매권의 법적 성질을 사법상의 권리로 보고, 사
        업시행자의 환매권 행사를 거부하는 의사표시는 공권력의 행사가 아니라고 결정한
        바 있다.
    4) 검토
        환매권은 공권에 의한 침해로 발생한 권리인바 공권으로 보는 견해 일면 타당하나,
        환매권은 자기이익을 위한 일방적 권리이므로 판례의 태도에 따라 사권으로 보는 것
        이 타당할 것이다.

II 환매권의 행사요건

1. 환매권의 행사
    환매권은 수용의 효과로서 수용의 개시일에 법률상 당연히 성립·취득하는 것이므로 토지
    보상법상 요건은 이미 취득·성립된 환매권을 현실적으로 행사하기 위한 행사요건의 검토
    가 필요하다.

2. 당사자 및 목적물

환매권자는 토지소유자 또는 그 포괄승계인이고, 상대방은 사업시행자 또는 현재의 소유자이다. 환매목적물은 토지소유권에 한한다. 단, 잔여지의 경우 접속된 부분이 필요 없게 된 경우가 아니면 환매는 불가하다.

3. 환매권의 행사요건

(1) 사업의 폐지·변경 그 밖의 사유로 필요 없게 된 때(토지보상법 제91조 제1항)

① 해당 사업의 폐지·변경으로 취득한 토지의 전부 또는 일부가 필요 없게 된 경우 사업이 폐지·변경된 날 또는 사업의 폐지·변경 고시가 있는 날부터 10년 이내에, ② 그 밖의 사유로 취득한 토지의 전부 또는 일부가 필요 없게 된 경우 사업완료일로부터 10년 이내에 토지에 대하여 받은 보상금에 상당하는 금액을 사업시행자에게 지급하고 그 토지를 환매할 수 있다.

> **관련 판례(2018다233242)**
> '당해 사업'이란 토지의 협의취득 또는 수용의 목적이 된 구체적인 특정 공익사업을 가리키는 것이고, 취득한 토지의 전부 또는 일부가 '필요 없게 된 때'란 사업시행자가 취득한 토지의 전부 또는 일부가 취득 목적사업을 위하여 사용할 필요 자체가 없어진 경우를 말하며, 협의취득 또는 수용된 토지가 필요 없게 되었는지는 사업시행자의 주관적인 의사를 표준으로 할 것이 아니라 당해 사업의 목적과 내용, 협의취득의 경위와 범위, 당해 토지와 사업의 관계, 용도 등 제반 사정에 비추어 객관적·합리적으로 판단하여야 한다.

(2) 취득한 토지의 전부를 사업에 이용하지 아니한 때(토지보상법 제91조 제2항)

취득일부터 5년 이내에 취득한 토지의 전부를 해당 사업에 이용하지 아니하였을 때에는 취득일부터 6년 이내에 환매권을 행사하여야 한다. 여기서 토지의 전부란 사용·수용한 토지 전체를 말한다.

(3) 제1항 및 제2항의 행사요건 관계(92다50652)

제1항과 제2항은 요건을 서로 달리하고 있으므로 한 쪽의 요건에 해당되어도 다른 쪽의 요건을 주장할 수 있고, 국민의 권익보호를 위해 둘 중 긴 쪽의 요건을 적용할 수 있다고 봄이 타당하다.

4. 환매금액

환매금액은 원칙상 사업시행자가 지급한 보상금에 상당한 금액이며, 가격변동이 현저한 경우 양 당사자는 법원에 그 금액의 증감을 청구할 수 있다(보상금증감청구소송이 아니라 민사소송이다).

PART 01

1. 제23회 문제1

A도는 2008년 5월경 국토교통부장관으로부터 관계법령에 따라 甲의 농지 4,000㎡를 포함한 B시와 C시에 걸쳐있는 토지 131,000㎡에 '2009 세계엑스포' 행사를 위한 문화시설을 설치할 수 있도록 하는 공공시설입지승인을 받았다. 그 후 A도는 편입토지의 소유자들에게 보상협의를 요청하여 甲으로부터 2008년 12월 5일 「공익사업을 위한 토지 등의 취득 및 보상에 관한 법률」에 의하여 위 甲의 농지를 협의취득 하였다. A도는 취득한 甲의 토지 중 1,600㎡를 2009년 5월 31일부터 2011년 4월 30일까지 위 세계엑스포행사 및 기타 행사를 위한 임시주차장으로 이용하다가 2012년 3월 31일 농지로 원상복구하였다. 그 후 1,600㎡의 토지는 인근에서 청소년수련원을 운영하는 제3자에게 임대되어 청소년들을 위한 영농체험 경작지로 이용되고 있다. **40점**

(1) 甲은 농지로 원상복구된 토지 1,600㎡에 대한 환매권을 행사하려고 한다. 甲의 권리구제방법에 대하여 설명하시오. **25점**

(2) A도는 환매권 행사 대상 토지의 가격이 현저히 상승된 것을 이유로 증액된 환매대금과 보상금상당액의 차액을 선이행하거나 동시이행할 것을 주장하려 한다. 환매대금 증액을 이유로 한 A도의 대응수단에 대하여 설명하시오. **15점**

> ※ **출제위원 채점평**
>
> (물음1) 환매권에 대한 개념과 요건 그리고 절차와 방법 등에 대한 설명을 하고, 구체적 사례의 적용을 하면서 갑의 청구가 인용되는 결론을 도출한 답안이 많았다. 관련 법조문에 따른 요건 설명과 문제와의 적용도 언급되어야 하고, 환매권의 법적 성질에 대한 설명도 권리구제와 관련하여 언급되어야 한다. 환매권 행사방법으로 환매협의로 인한 이전등기와 소유권이전등기청구소송도 적절하게 언급한 답안도 적지 않게 눈에 띄었다. 배점이 25점인만큼 문제1의 1에 대한 설명이 충분하게 이루어져야 할 것이다. 결론만 적는 것은 제대로 된 답안이 아니다.
>
> (물음2) 환매대금 증액을 이유로 한 A도의 대응에 대해서는 증액청구방법이 주된 논점이지만 환매대금 증액청구의 의의부터 언급이 되어야 한다. 개발이익 귀속문제와 "현저히 변동된 경우"의 의미를 설명하고, 선이행 내지 동시이행항변과 「공익사업을 위한 토지 등의 취득 및 보상에 관한 법률」상의 증액청구방법을 거론하고 결론을 맺은 답안도 적지 않았다. A도의 선이행이나 동시이행항변 주장에 대한 부분은 질문에 있기 때문에 정확하게 언급하는 것이 필요하다. 환매권행사의 법적 효과와 관련 대법원판례를 충실하게 설명한 답안도 제법 있었다.

2. 제19회 문제1

서울특별시장은 도시관리계획결정에서 정해진 바에 따라 근린공원을 조성하기 위하여 그 사업에 필요한 토지들을 공익사업을 위한 토지 등의 취득 및 보상에 관한 법률의 규정에 의거하여 협의를 거쳐 취득하고자 하였으나 협의가 성립되지 않아 중앙토지수용위원회에 재결을 신청하였다. 중앙토지수용위원회의 수용재결(수용의 개시일: 2005.6.30.)에 따라 서울특별시장은 보상금을 지급하고 필요한 토지를 취득한 후, 6개월간의 공사 끝에 공원을 조성하였다. 공원조성공사가 완료된 후 2년이 지난 뒤 위 토지를 포함한 일대의 토지들이 택지개발예정지구로 지정되었다(고시일: 2008.6.30.). 국토해양부장관에 의하여 택지개발사업의 시행자로 지정된 대한주택공사는 택지개발사업실시계획의 승인을 얻어 공원시설을 철거하고, 그 지상에 임대주택을 건설하는 공사를 시행하고 있다. 이에 공원조성사업을 위해 수용된 토지의 소유자 甲은 2008.8.30. 서울특별시에 환매의 의사표시를 하였으나, 서울특별시는 甲에게 환매권이 없다고 하여 수용된 토지를 되돌려 주지 않았다. 이러한 경우에 甲이 소유권회복을 위해 제기할 수 있는 소송수단 및 그 인용가능성에 대하여 검토하시오. 40점

3. 제13회 문제2
토지수용법상 환매권의 목적물과 그 행사요건을 설명하시오. 20점

4. 제1회 문제3
환매요건을 약술하시오. 10점

판례 26 **2018다282183**

환매권에 관하여 규정한 토지보상법 제91조 제1항에서 말하는 '당해 사업'과 '취득한 토지가 필요 없게 된 때'의 의미 및 이때 취득한 토지가 필요 없게 되었는지 판단하는 방법

관련판례

✦ **대판 2021.9.30, 2018다282183[손해배상(기)]**

판시사항

[1] 환매권에 관하여 규정한 구 공익사업을 위한 토지 등의 취득 및 보상에 관한 법률 제91조 제1항에서 말하는 '당해 사업'과 '취득한 토지가 필요 없게 된 때'의 의미 및 이때 취득한 토지가 필요 없게 되었는지 판단하는 방법

[2] 사업시행자가 사업인정을 전제하지 않고 있는 구 공공용지의 취득 및 손실보상에 관한 특례법에 따라 토지 등을 협의취득하거나 구 공익사업을 위한 토지 등의 취득 및 보상에 관한 법률 제14조에 따라 사업인정 전에 토지 등을 협의취득한 경우, '당해 사업'을 특정하는 방법

사건의 개요

[1] 원고들은 충청남도 지번(생략) 소재 이 사건 토지의 소유자이고, 피고는 충청남도이다. 피고는 2001. 7. 20.경 천안지역에 고등학교 5개를 설립하는 계획의 일환으로 이 사건 토지를 포함한 청수지역에 중부고등학교를 신설하기로 계획하였고(이하 '이 사건 학교시설사업'이라 한다), 당시 청수지역에 택지개발사업을 하려던 천안시에 중부고등학교 설립을 위한 학교부지 선정을 요청하였다.

[2] 천안시와 이 사건 학교시설사업에 관한 협의가 무산되자 피고는 2002. 11. 1.경 부지매입을 늦출 경우 학교부지 매입비가 불용처리될 가능성이 있고, 토지소유자들이 토지를 분할하여 타인에게 매도할 경우 매입협상이 어려워지고 매입가격이 높아져 매입 자체가 불투명해질 수 있다는 등의 이유로 직접 이 사건 토지를 포함한 청수지역 택지개발사업지역 내 부지를 매입하는 것이 가장 합리적이라고 내부적으로 검토하였고, 이에 따라 피고는 2002. 12. 5. 이 사건 토지를 협의취득하였다.

[3] 피고는 2005. 12. 28. '천안 청수지구 택지개발사업'을 위하여 이 사건 토지를 천안시 등에게 이전하여 협의취득의 목적이었던 이 사건 학교시설사업에 이 사건 토지가 필요 없게 되었다.

[4] 이후 이 사건 토지는 학교시설사업이 아닌 택지개발사업에 사용되었으나, 피고가 원고들에게 환매권 발생 사실을 구 토지보상법 제92조 제1항에 따라 통지 또는 공고를 하지 아니하여 환매권 행사기간이 도과하자 원고들이 피고에게 환매권 상실로 인한 손해배상을 구하였다.

사안의 쟁점

「공익사업을 위한 토지 등의 취득 및 보상에 관한 법률」(2011. 8. 4. 법률 제11017호로 개정되기 전의 것) 제91조 제1항에 규정된 환매권 발생요건 중 '당해 사업'이 토지보상법 제20조 제1항에 의한 사업인정이 있었던 경우로만 한정되는지 여부

판결요지

당해 사업에 대하여 토지보상법상 사업인정이나 구 토지수용법이나 토지보상법상 사업인정으로 의제되는 도시계획시설사업 실시계획인가가 이루어졌다면 사업인정이나 실시계획인가의 내용에 따라 '당해 사업'을 특정할 수 있다[대판 1994. 1. 25. 93다11760, 93다11777(병합), 93다11784(병합) 판결, 대판 2010. 9. 30. 2010다30782 등 참조]. 그러나 사업인정을 전제하지 않고 있는 구 「공공용지의 취득 및 손실보상에 관한 특례법」(2002. 2. 4. 법률 제6656호로 제정된 토지보상법 부칙 제2조에 의하여 2003. 1. 1. 폐지되기 전의 것)에 따라 협의취득하거나 토지보상법 제14조에 따라 사업인정 전에 사업시행자가 협의취득한 경우에는 사업인정의 내용을 통해 당해 사업을 특정할 수 없으므로, 협의취득 당시의 제반 사정을 고려하여 협의취득의 목적이 된 공익사업이 구체적으로 특정되었는지 살펴보아야 한다.

(학교시설사업을 위하여 피고가 원고들 소유 토지를 협의취득하였으나 그 토지가 학교시설사업이
아닌 택지개발사업에 사용되었음에도 피고가 원고들에게 환매권 발생 사실을 구 토지보상법 제92
조 제1항에 따라 통지 또는 공고를 하지 아니하여 환매권 행사기간이 도과하자 원고들이 피고에게
환매권 상실로 인한 손해배상을 구한 사건에서, 원심은 토지보상법 제91조 제1항의 환매권 발생
요건의 '당해 사업'이란 토지의 협의취득 또는 수용의 목적이 된 구체적인 특정의 공익사업으로서
토지보상법 제20조 제1항에 의한 사업인정을 받을 때 '구체적으로 특정된 공익사업'을 의미하므로
학교시설사업이 사업인정을 받지 아니하였으므로 환매권이 발생하지 아니하였다고 판단하였으나,
대법원은 사업인정을 전제로 하지 아니하는 구 「공공용지의 취득 및 손실보상에 관한 특례법」에
따른 협의취득의 경우에는 협의취득 당시 사정을 통해 협의취득의 목적이 된 공익사업이 구체적으
로 특정되었다면 '당해 사업'에 해당한다고 보아야 한다고 판시하며, 원심판결에는 토지보상법 제
91조 제1항에서 정한 환매권 요건인 '당해 사업'의 해석에 관한 법리를 오해하여 판결에 영향을
미친 잘못이 있다고 하여 파기환송한 사례)

판례 27   2018다233242

토지보상법 제91조 제6항의 공익사업 변환에 따른 환매권 행사의 제한 규정의 적용 가능
성 및 제1항에서 정한 요건 충족

쟁점사항

▸ 토지보상법 제91조 제1항 판단 기준 : 사업의 제반 사정을 객관적, 합리적으로 판단
▸ 토지보상법 제91조 제6항 : 공익사업 변환에 따른 환매권 행사의 제한 규정 적용 가능성

관련판례

✦ 대판 2019.10.31, 2018다233242[손해배상(기)]

판시사항

[1] 환매권에 관하여 규정한 '구 공익사업을 위한 토지 등의 취득 및 보상에 관한 법률' 제91조
제1항에서 정한 '당해 사업' 및 취득한 토지의 전부 또는 일부가 '필요 없게 된 때'의 의미와
협의취득 또는 수용된 토지가 필요 없게 되었는지 판단하는 기준

[2] 갑 지방자치단체가 도시계획시설(주차장) 사업을 시행하면서 사업부지에 포함된 을 등의 각 소유 토지를 협의취득한 후 공영주차장을 설치하였고, 그 후 위 토지를 포함한 일대 지역이 재정비촉진지구로 지정되어 공영주차장을 폐지하는 내용이 포함된 재정비촉진지구 변경지정 및 재정비 촉진계획이 고시되었으며, 이에 따라 재정비촉진구역 주택재개발정비사업의 사업시행인가가 고시되었는데, 을 등이 목적사업인 주차장 사업에 필요 없게 되어 위 토지에 관한 환매권이 발생하였다고 주장하며 갑 지방자치단체를 상대로 환매권 상실로 인한 손해배상을 구한 사안에서, 공영주차장을 폐지하기로 하는 내용이 포함된 위 재정비 촉진계획의 고시만으로 위 토지가 주차장 사업에 필요 없게 되었고, 그 무렵 을 등이 위 토지에 관한 환매권을 행사할 수 있었다고 본 원심판결에 심리미진 등의 잘못이 있다고 한 사례

판결요지

[1] 구 공익사업을 위한 토지 등의 취득 및 보상에 관한 법률(2011. 8. 4. 법률 제11017호로 개정되기 전의 것)은 제91조 제1항에서 "토지의 협의취득일 또는 수용의 개시일부터 10년 이내에 당해 사업의 폐지·변경 그 밖의 사유로 인하여 취득한 토지의 전부 또는 일부가 필요 없게 된 경우 취득일 당시의 토지소유자 또는 그 포괄승계인은 당해 토지의 전부 또는 일부가 필요 없게 된 때부터 1년 또는 그 취득일부터 10년 이내에 당해 토지에 대하여 지급받은 보상금에 상당한 금액을 사업시행자에게 지급하고 토지를 환매할 수 있다."라고 규정하고 있다. 위 조항에서 정하는 '당해 사업'이란 토지의 협의취득 또는 수용의 목적이 된 구체적인 특정 공익사업을 가리키는 것이고, 취득한 토지의 전부 또는 일부가 '필요 없게 된 때'란 사업시행자가 취득한 토지의 전부 또는 일부가 취득 목적사업을 위하여 사용할 필요 자체가 없어진 경우를 말하며, 협의취득 또는 수용된 토지가 필요 없게 되었는지는 사업시행자의 주관적인 의사를 표준으로 할 것이 아니라 당해 사업의 목적과 내용, 협의취득의 경위와 범위, 당해 토지와 사업의 관계, 용도 등 제반 사정에 비추어 객관적·합리적으로 판단하여야 한다.

[2] 갑 지방자치단체가 도시계획시설(주차장) 사업(이하 '주차장 사업'이라고 한다)을 시행하면서 사업부지에 포함된 을 등의 각 소유 토지를 협의취득한 후 공영주차장을 설치하였고, 그 후 위 토지를 포함한 일대 지역이 재정비촉진지구로 지정되어 공영주차장을 폐지하는 내용이 포함된 재정비촉진지구 변경지정 및 재정비 촉진계획(이하 '재정비 촉진계획'이라고 한다)이 고시되었으며, 이에 따라 재정비촉진구역 주택재개발정비사업(이하 '재개발 사업'이라고 한다)의 사업시행인가가 고시되었는데, 을 등이 목적사업인 주차장 사업에 필요 없게 되어 위 토지에 관한 환매권이 발생하였다고 주장하며 갑 지방자치단체를 상대로 환매권 상실로 인한 손해배상을 구한 사안에서, 공영주차장을 폐지하기로 하는 내용이 포함된 재정비 촉진계획이 고시되거나 위 토지 등에 관한 재개발 사업의 사업시행인가가 고시되었다고 하더라도, 공영주차장이 여전히 종래의 주차장 용도로 사용되는 동안은 주차장으로서의 효용이나 공익상 필요가 현실적으로 소멸되었다고 볼 수 없으므로, 재정비 촉진계획의 고시나 재개발 사업의 사업시행인가 고시만으로 위 토지가 객관적으로 주차장 사업에 필요가 없게 되었다고 단정하기 어렵고, 나

아가 위 재개발 사업은 구 공익사업을 위한 토지 등의 취득 및 보상에 관한 법률(2011.8.4. 법률 제11017호로 개정되기 전의 것) 제4조 제5호의 공익사업으로서 '지방자치단체가 지정한 자가 임대나 양도의 목적으로 시행하는 주택의 건설 또는 택지의 조성에 관한 사업'에 해당한 다고 볼 수 있으므로, 2010.4.5. 개정·시행된 같은 법 제91조 제6항이 적용되어 공익사업의 변환에 따라 을 등의 환매권 행사가 제한되는지 여부를 살폈어야 하는데도, 공영주차장을 폐 지하기로 하는 내용이 포함된 재정비 촉진계획의 고시만으로 위 토지가 주차장 사업에 필요 없게 되었고, 그 무렵 을 등이 위 토지에 관한 환매권을 행사할 수 있었다고 본 원심판결에 심리미진 등의 잘못이 있다고 한 사례

관련내용

환매권 행사의 제한(공익사업변환 특칙, 법 제91조 제6항)

1. 의의 및 취지
공익사업의 변환이란 공익사업이 다른 공익사업으로 변경된 경우, 별도의 절차 없이 당해 토지를 변경된 다른 공익사업에 이용하도록 하는 제도를 말하며, 이는 환매와 재취득이라는 무용한 절차의 반복을 방지하기 위한 제도이다.

2. 요건

① 사업주체는 국가, 지방자치단체 또는 공공기관일 것
② 대상사업은 토지보상법 제4조 제1호에서 제5호에 해당하는 사업일 것
③ 종전사업과 새로운 공익사업 모두 사업인정을 받거나 사업인정 의제될 것

(1) 사업시행자 동일성 요건(93다11760)
"공익사업의 변환"이 국가 지방자치단체 또는 공공기관 등 기업자(또는 사업시행자)가 동일한 경우에만 허용되는 것은 아니라고 판시하여 사업주체의 변경을 인정하고 있다.

(2) 사업시행자 민간기업도 인정되는지(2014다201391)
변경된 공익사업을 법 제4조 제1호 내지 제5호에 규정된 사업에 한하므로 해당 제도의 남용을 막을 수 있다는 점을 종합하여 고려할 때, 변경된 공익사업의 시행자가 국가, 지자체, 공공기관일 필요는 없다고 판시하였다.

(3) 공익사업요건(2010다30782)
사업인정을 받은 공익사업이 토지보상법 제4조 제1호 내지 제5호에 규정된 다른 공익사업

으로 변경된 경우여야 한다. 〈판례〉는 새로운 공익사업의 경우에도 역시 사업인정을 받거나 사업인정의제되어야 한다고 판시하였다.

(4) 계속 소유 요건(2010다30782).

대법원은 공익사업을 위해 협의취득하거나 수용한 토지가 변경된 사업의 사업시행자가 아닌 제3자에게 처분된 경우에는 공익사업의 변환을 인정할 수 없다고 판시하였다.

3. 공익사업변환의 효과

변환이 인정되면 환매권 행사가 제한되고 환매권의 행사기간은 관보에 공익사업의 변경을 고시한 날부터 기산한다. 판례는 새로 변경된 사업을 기준으로 다시 행사요건을 갖추지 못하는 한 환매권을 행사할 수 없고, 요건을 갖춘 경우에 행사기간은 사업의 변경을 관보에 고시한 날부터 기산한다고 판시하였다.

4. 공익사업변환의 위헌성

(1) 문제점

토지보상법 제91조 제6항은 공익사업변환에 해당하는 경우 환매권 행사를 제한하고 있다. 헌법은 재산권의 존속보장과 본질적 내용의 침해금지를 규정하고 있는 바, 공익사업변환이 비례의 원칙 등에 위반되는지가 문제된다.

(2) 학설

① 합헌설(헌법재판소의 다수견해)은 공익사업변환제도는 공익사업의 신속한 수행이라는 목적의 정당성 및 대상사업의 범위를 제한하여 수단으로서 적정성이 인정된다고 본다. 또한 피해최소성의 원칙, 법익균형의 원칙에도 부합하여 헌법상 비례원칙에 위배되지 않는다고 본다. ② 위헌설은 계속적 변환을 인정 시 실질적으로 환매권 취득기회를 상실시켜 기본권 제한과 과잉금지의 원칙에 위배된다고 본다.

(3) 검토

공익사업의 변환은 환매권자의 참여가 배제된 상태에서 이루어지므로 최소침해, 법익균형에 문제가 있다고 볼 수 있다. 따라서 공익사업의 변환 특칙은 위헌적 소지가 많은 규정이라는 비판을 피할 수 없다.

5. 관련문제(사업인정 전 협의취득으로 인한 환매권에 공익사업변환 특칙의 적용 여부)

대법원은 구법하에서 사업인정 전 협의취득으로 인한 환매권에 공익사업변환 특칙이 적용된다고 보았다. 생각건대, 토지보상법 제91조 제6항은 사업인정을 받을 것을 규정하고 있는 바, 사업인정을 받아서 취득한 후 공익사업이 변경된 경우만을 상정하여 규정하고 있으므로 사업인정 전 협의취득으로 인한 환매권 행사제한에 적용될 여지는 없다고 판단된다.

판례 28   2018두54675

재결신청청구에 따른 지연가산금 - 공탁된 수용보상금에 대한 가산금청구의 소

쟁점사항

▸ 토지보상법 제87조의 '보상금'에 지연가산금이 포함되는지 여부
▸ 지연가산금의 감액에 대한 행정소송 제기 가능성

관련판례

✦ **대판 2019.1.17, 2018두54675[공탁된 수용보상금에 대한 가산금 청구의 소]**

판시사항

갑 등 토지소유자들이 주택재개발정비사업 시행자에게 수용재결신청을 청구한 날로부터 60일이 지난 후에 사업시행자가 지방토지수용위원회에 수용재결을 신청하였고, 지방토지수용위원회가 공익사업을 위한 토지 등의 취득 및 보상에 관한 법률 제30조 제3항에 따른 지연가산금을 재결보상금에 가산하여 지급하기로 하는 내용의 수용재결을 하자, 사업시행자가 지연가산금 전액의 감액을 구하는 손실보상금감액 청구를 하였으나 청구기각 판결이 확정된 사안에서, 공익사업을 위한 토지 등의 취득 및 보상에 관한 법률 제87조의 '보상금'에는 같은 법 제30조 제3항에 따른 지연가산금도 포함된다고 보아, 수용재결에서 인정된 가산금에 관하여 재결서 정본을 받은 날부터 판결일까지의 기간에 대하여 소송촉진 등에 관한 특례법 제3조에 따른 법정이율을 적용하여 산정한 가산금을 지급할 의무가 있다고 본 원심판단을 수긍한 사례

전문

【원고, 피상고인】 별지 원고 명단 기재와 같다. (원고 1 외 12명)
【피고, 상고인】 왕십리뉴타운제1구역주택재개발정비사업조합
【원심판결】 서울고법 2018.7.20, 2018누35225

주문

상고를 기각한다. 상고비용은 피고가 부담한다.

이유

상고이유를 판단한다.

1. '도시 및 주거환경정비법'에 따라 이루어지는 재개발사업의 사업시행인가 이후 분양신청을 하지 아니한 토지소유자는 재개발정비사업조합의 조합원 지위를 상실하고 현금청산대상자가 된다. 이 경우 사업시행자와 사이에 협의가 이루어지지 않으면 토지소유자는 도시 및 주거환경정비법 제65조 제1항에 의하여 준용되는 '공익사업을 위한 토지 등의 취득 및 보상에 관한 법률'(이하 '토지보상법'이라고 한다)에 따라 사업시행자에게 재결신청을 청구할 수 있다(토지보상법 제30조 제1항). 그 청구를 받은 사업시행자는 청구를 받은 날부터 60일 이내에 관할 토지수용위원회에 재결을 신청하여야 하고(토지보상법 제30조 제2항), 만일 사업시행자가 그 기간을 넘겨서 재결을 신청하였을 때에는 그 지연된 기간에 대하여 소송촉진 등에 관한 특례법 제3조에 따른 법정이율을 적용하여 산정한 금액인 지연가산금을 관할 토지수용위원회에서 재결한 재결보상금에 가산하여 지급하여야 한다(토지보상법 제30조 제3항).

사업시행자가 관할 토지수용위원회의 위 재결에 불복할 때에는 행정소송을 제기할 수 있으나(토지보상법 제85조 제1항), 사업시행자가 제기한 행정소송이 각하·기각 또는 취하된 경우에는 재결서 정본을 받은 날부터 판결일 또는 취하일까지의 기간에 대하여 소송촉진 등에 관한 특례법 제3조에 따른 법정이율을 적용하여 산정한 금액을 '보상금'에 가산하여 지급하여야 한다(토지보상법 제87조 제1항).

(생략)

관련내용

1. 관련 규정(토지보상법 제87조 법정이율에 따른 가산지급)

사업시행자는 제85조 제1항에 따라 사업시행자가 제기한 행정소송이 각하·기각 또는 취하된 경우 다음 각 호의 어느 하나에 해당하는 날부터 판결일 또는 취하일까지의 기간에 대하여 「소송촉진 등에 관한 특례법」 제3조에 따른 법정이율을 적용하여 산정한 금액을 보상금에 가산하여 지급하여야 한다.

1. 재결이 있은 후 소송을 제기하였을 때에는 재결서 정본을 받은 날
2. 이의신청에 대한 재결이 있은 후 소송을 제기하였을 때에는 그 재결서 정본을 받은 날

판례 29 **2019두46411**

현금청산금 지급 지체에 따른 지연이자 청구권과 토지보상법 제30조에서 정한 재결신청
지연가산금 청구권은 근거 규정과 요건·효과를 달리하는 것으로서, 각 요건이 충족되면
성립하는 별개의 청구권

쟁점사항

▶ 현금청산금 지급 지체에 따른 지연이자 청구권과 재결신청 지연가산금의 동시행사 가능성

관련판례

✦ 대판 2020.7.23, 2019두46411[손실보상금]

재개발조합의 탈퇴조합원에게 구 도시 및 주거환경정비법 제47조에서 정한 150일의 기간 내에 현금청
산금을 지급하지 못한 경우에 정관에서 정한 지연이자를 지급할 의무가 있는지 여부가 다투어진 사건

판시사항

[1] 재개발조합이 구 도시 및 주거환경정비법에 따른 협의 또는 수용절차를 거치지 않고 현금청산
대상자를 상대로 토지 또는 건축물의 인도를 구할 수 있는지 여부(소극) / 재개발조합과 현금
청산대상자 사이에 현금청산금에 관한 협의가 이루어진 경우 또는 수용절차에 의할 경우 현금
청산금 지급과 토지 등 인도의 이행 순서

[2] 조합이 구 도시 및 주거환경정비법 제47조에서 정한 현금청산금 지급 이행기간(현금청산사유
발생 다음 날부터 150일) 내에 현금청산금을 지급하지 못한 경우, 그에 대하여 지체책임을
부담하는지 판단하는 방법

[3] 구 도시 및 주거환경정비법 제47조에서 정한 현금청산금 지급 지체에 따른 지연이자 청구권과
공익사업을 위한 토지 등의 취득 및 보상에 관한 법률 제30조에서 정한 재결신청 지연가산금
청구권이 별개의 청구권인지 여부(적극) 및 토지 등 소유자가 같은 기간에 대하여 성립한 위
두 가지 청구권을 동시에 행사할 수 있는지 여부(소극)

판결요지

[1] 구 도시 및 주거환경정비법(2012.2.1. 법률 제11293호로 개정되기 전의 것, 이하 '구 도시정
비법'이라 한다) 제49조 제6항 본문은 '관리처분계획에 대한 인가·고시가 있는 때에는 종전의
토지 또는 건축물의 소유자·지상권자·전세권자·임차권자 등 권리자는 제54조의 규정에 의

한 이전의 고시가 있은 날가지 종전의 토지 또는 건축물에 대하여 이를 사용하거나 수익할 수 없다.'고 규정하면서, 같은 항 단서는 사업시행자의 동의를 받거나 공익사업을 위한 토지 등의 취득 및 보상에 관한 법률(이하 '토지보상법'이라 한다)에 따른 손실보상이 완료되지 않은 경우에는 종전 권리자로 하여금 그 소유의 토지 등을 사용·수익할 수 있도록 허용하고 있다. 그리고 구 도시정비법 제38조, 제40조 제1항, 제47조의 규정 내용에다가 사전보상원칙을 규정하고 있는 토지보상법 제62조까지 종합하면, 재개발조합이 공사에 착수하기 위하여 조합원이 아닌 현금청산대상자로부터 그 소유의 정비구역 내 토지 또는 건축물을 인도받기 위해서는 관리처분계획이 인가·고시된 것만으로는 부족하고 나아가 구 도시정비법이 정하는 바에 따라 협의 또는 수용절차를 거쳐야 하며, 협의 또는 수용절차를 거치지 아니한 때에는 구 도시정비법 제49조 제6항의 규정에도 불구하고 현금청산대상자를 상대로 토지 또는 건축물의 인도를 구할 수 없다고 보는 것이 국민의 재산권을 보장하는 헌법합치적 해석이다. 만일 재개발조합과 현금청산대상자 사이에 현금청산금에 관한 협의가 성립된다면 조합의 현금청산금 지급의무와 현금청산대상자의 토지 등 인도의무는 특별한 사정이 없는 한 동시이행의 관계에 있게 되고, 수용절차에 의할 때에는 부동산 인도에 앞서 현금청산금 등의 지급절차가 이루어져야 한다.

[2] 구 도시 및 주거환경정비법(2012.2.1. 법률 제11293호로 개정되기 전의 것, 이하 '구 도시정비법'이라 한다) 제47조에서 정한 바와 같이, 조합이 현금청산사유가 발생한 날부터 150일 이내에 지급하여야 하는 현금청산금은 토지 등 소유자의 종전자산 출자에 대한 반대급부이고, 150일은 그 이행기간에 해당한다. 민법 제587조 후단도 "매수인은 목적물의 인도를 받은 날로부터 대금의 이자를 지급하여야 한다. 그러나 대금의 지급에 대하여 기한이 있는 때에는 그러하지 아니하다."라고 규정하고 있다. 따라서 조합이 구 도시정비법 제47조에서 정한 현금청산금 지급 이행기간(현금청산사유 발생 다음 날부터 150일) 내에 현금청산금을 지급하지 못한 것에 대하여 지체책임을 부담하는지는 토지 등 소유지의 종전지산 출지시점과 조합이 실제 현금청산금을 지급한 시점을 비교하여 판단하여야 한다.

즉 토지 등 소유자가 조합원의 지위를 유지하는 동안에 종전자산을 출자하지 않은 채 계속 점유하다가 조합관계에서 탈퇴하여 현금청산대상자가 되었고 보상협의 또는 수용재결에서 정한 현금청산금을 지급받은 이후에야 비로소 조합에 종전자산의 점유를 인도하게 된 경우에는 조합이 해당 토지 등 소유자에게 현금청산금을 실제 지급한 시점이 현금청산사유가 발생한 날부터 150일의 이행기간이 경과한 시점이라고 하더라도 조합은 150일의 이행기간을 초과한 지연일수에 대하여 현금청산금 지급이 지연된 데에 따른 지체책임을 부담하지는 않는다. 그러나 토지 등 소유자가 조합원의 지위를 유지하는 동안에 종전자산을 출자한 후에 조합관계에서 탈퇴하여 현금청산대상자가 되었음에도 조합이 구 도시정비법 제47조에서 정한 150일의 이행기간 내에 현금청산금을 지급하지 아니하면 위 이행기간이 경과한 다음 날부터는 정관에 특별한 정함이 있는 경우에는 정관에서 정한 비율, 정관에 특별한 정함이 없는 경우에는 민법에서 정한 연 5%의 비율로 계산한 지연이자를 지급할 의무가 있다.

[3] 구 도시 및 주거환경정비법(2012.2.1. 법률 제11293호로 개정되기 전의 것) 제47조에서 정한 현금청산금 지급 지체에 따른 지연이자 청구권과 공익사업을 위한 토지 등의 취득 및 보상에 관한 법률 제30조에서 정한 재결신청 지연가산금 청구권은 근거 규정과 요건·효과를 달리하는 것으로서, 각 요건이 충족되면 성립하는 별개의 청구권이다. 다만 재결신청 지연가산금에는 이미 '손해 전보'라는 요소가 포함되어 있어 같은 기간에 대하여 양자의 청구권을 동시에 행사할 수 있다고 본다면 이중배상의 문제가 발생하므로, 같은 기간에 대하여 양자의 청구권이 동시에 성립하더라도 토지 등 소유자는 어느 하나만을 선택적으로 행사할 수 있을 뿐이고, 양자의 청구권을 동시에 행사할 수는 없다.

판례 30 2016다51170

도시 및 주거환경정비법 제47조에서 정한 현금청산금 지급 지체에 따른 지연배상금 청구권과 토지보상법 제30조 제3항에서 정한 재결신청 지연가산금 청구권이 별개의 청구권인지 여부

쟁점사항

▸ 현금청산금 지급 지체에 따른 지연이자 청구권과 재결신청 지연가산금의 동시행사 가능성

관련판례

✦ 대판 2020.7.29, 2016다51170[청산금]

판시사항

[1] 토지 등 소유자가 재개발조합의 조합원으로서 종전자산 출자의무를 이행하였으나 그 후 분양계약 체결기간에 분양계약 체결을 거부하여 현금청산사유가 발생한 경우, 재개발조합이 기존에 출자받은 종전자산을 재개발사업을 위하여 계속 점유하는 것이 권원 없는 점유나 불법점유에 해당하는지 여부(소극)

[2] 구 도시 및 주거환경정비법 제47조에서 정한 150일이 현금청산의 이행기간인지 여부(적극) 및 토지 등 소유자가 조합원으로서 종전자산을 출자하였다가 그 후 조합관계에서 탈퇴하여 현금청산대상자가 되었는데도 재개발조합이 150일의 이행기간 내에 현금청산금을 지급하지 않은 경우, 위 이행기간이 경과한 다음 날부터 지연배상금 지급의무가 있는지 여부(적극)

[3] 구 도시 및 주거환경정비법 제47조에서 정한 현금청산금 지급 지체에 따른 지연배상금 청구권과 공익사업을 위한 토지 등의 취득 및 보상에 관한 법률 제30조 제3항에서 정한 재결신청 지연가산금 청구권이 별개의 청구권인지 여부(적극) 및 토지 등 소유자가 같은 기간에 대하여 성립한 위 두 가지 청구권을 동시에 행사할 수 있는지 여부(소극)

판결요지

[1] 구 도시 및 주거환경정비법(2012.2.1. 법률 제11293호로 개정되기 전의 것) 제49조 제6항은 관리처분계획 인가·고시 전에 현금청산사유가 발생한 경우, 즉 토지 등 소유자가 분양신청기간에 분양신청을 포기하여 현금청산대상자가 된 경우에 조합으로부터 적법한 보상을 받을 때까지 종전자산을 기존대로 사용·수익할 수 있다는 것일 뿐, 일단 조합원으로서의 종전자산 출자의무를 이행하였으나 그 후 분양계약 체결기간에 분양계약 체결을 거부하여 현금청산사유가 발생한 경우에도 토지 등 소유자가 조합을 상대로 기존에 적법하게 출자하여 인도한 종전자산의 반환을 다시 구할 수 있다는 의미로 해석할 수는 없다. 이 경우 재개발조합은 현금청산대상자에게 기존에 출자받은 종전자산을 다시 반환할 필요가 없고, 단지 현금청산대상자에게 협의 또는 수용절차를 거쳐 현금청산금을 지급할 의무만 부담한다. 따라서 재개발조합이 기존에 출자받은 종전자산을 재개발사업을 위하여 계속 점유하더라도 이를 권원 없는 점유라거나 불법점유라고 할 수 없다.

[2] 구 도시 및 주거환경정비법(2012.2.1. 법률 제11293호로 개정되기 전의 것, 이하 '도시정비법'이라 한다) 제47조에서 정한 바와 같이, 조합이 현금청산사유가 발생한 날부터 150일 이내에 지급하여야 하는 현금청산금은 토지 등 소유자의 종전자산 출자에 대한 반대급부이고, 150일은 그 이행기간에 해당한다. 민법 제587조 후단도 "매수인은 목적물의 인도를 받은 날로부터 대금의 이자를 지급하여야 한다. 그러나 대금의 지급에 대하여 기한이 있는 때에는 그러하지 아니하다."라고 규정하고 있다. 따라서 토지 등 소유자가 조합원의 지위를 유지하는 동안에 종전자산을 출자하였다가 그 후에 조합관계에서 탈퇴하여 현금청산대상자가 되었음에도, 재개발조합이 도시정비법 제47조에서 정한 150일의 이행기간 내에 현금청산금을 지급하지 아니하면 위 이행기간이 경과한 다음 날부터는 민법에서 정한 연 5%의 비율로 계산한 지연배상금을 지급할 의무가 있다고 보아야 한다.

[3] 구 도시 및 주거환경정비법(2012.2.1. 법률 제11293호로 개정되기 전의 것, 이하 '도시정비법'이라 한다) 제47조에서 정한 현금청산금의 지급 지체에 따른 지연배상금 청구권과 도시정비법 제40조 제1항에 의하여 재개발사업에 준용되는 공익사업을 위한 토지 등의 취득 및 보상에 관한 법률 제30조 제3항에서 정한 재결신청 지연가산금 청구권은 근거 규정과 요건, 효과를 달리하는 것으로서 각 요건이 충족되면 성립하는 별개의 청구권이다. 다만 재결신청 지연가산금에는 이미 '손해 전보'라는 요소가 포함되어 있어 같은 기간에 대하여 양자의 청구권을 동시에 행사할 수 있다고 본다면 이중배상의 문제가 발생하므로, 같은 기간에 대하여 양자의 청구권이 동시에 성립하더라도 토지 등 소유자는 어느 하나만을 선택적으로 행사할 수 있을 뿐이고, 양자의 청구권을 동시에 행사할 수는 없다.

판례 31 2018두55753

예정공도부지가 토지보상법 시행규칙 제26조 제2항의 사실상 사도에 해당되는지 여부

관련판례

✦ 대판 2019.1.17, 2018두55753[관리처분계획무효확인의소]

판시사항

'공익계획사업이나 도시계획의 결정·고시 때문에 이에 저촉된 토지가 현황도로로 이용되고 있지만 공익사업이 실제로 시행되지 않은 상태에서 일반공중의 통행로로 제공되고 있는 상태로서 계획제한과 도시계획시설의 장기미집행상태로 방치되고 있는 도로', 곧 예정공도부지가 공익사업을 위한 토지 등의 취득 및 보상에 관한 법률 시행규칙 제26조 제2항에서 정한 사실상의 사도에 해당하는지 여부(소극)

판결요지

공익사업을 위한 토지 등의 취득 및 보상에 관한 법률 시행규칙(이하 '공익사업법 시행규칙'이라 한다) 제26조 제2항은 사실상의 사도는 '사도법에 의한 사도 외의 도로로서, 도로개설 당시의 토지소유자가 자기 토지의 편익을 위하여 스스로 설치한 도로와 토지소유자가 그 의사에 의하여 타인의 통행을 제한할 수 없는 도로'를 의미한다고 규정하면서 국토의 계획 및 이용에 관한 법률에 의한 도시·군 관리계획에 의하여 도로로 결정된 후부터 도로로 사용되고 있는 것은 사실상의 사도에서 제외하고 있는바, '공익계획사업이나 도시계획의 결정·고시 때문에 이에 저촉된 토지가 현황도로로 이용되고 있지만 공익사업이 실제로 시행되지 않은 상태에서 일반공중의 통행로로 제공되고 있는 상태로서 계획제한과 도시계획시설의 장기미집행상태로 방치되고 있는 도로', 즉 <u>예정공도부지의 경우 보상액을 사실상의 사도를 기준으로 평가한다면 토지가 도시·군 관리계획에 의하여 도로로 결정된 후 곧바로 도로사업이 시행되는 경우의 보상액을 수용 전의 사용현황을 기준으로 산정하는 것과 비교하여 토지소유자에게 지나치게 불리한 결과를 가져온다는 점 등을 고려하면, 예정공도부지는 공익사업법 시행규칙 제26조 제2항에서 정한 사실상의 사도에서 제외된다.</u>

관련내용

도로부지의 보상

1. 의의

도로란 사람 또는 차량만이 통행할 수 있도록 만들어진 길로서, 토지보상법은 사도법상의 사도, 사실상의 사도, 그 외의 도로부지로 분류하여 그 평가기준을 달리 정하고 있다.

2. 사도법상의 사도

사도법상 사도란 자기토지의 효용증진을 위하여 시장 등의 개설허가를 득한 도로이다. 보상기준은 인근 토지에 대한 평가액의 1/5 이내로 평가한다. 인근 토지라 함은 해당 도로부지가 도로로 이용되지 아니하였을 경우 예상되는 표준적인 이용상황과 유사한 토지로서 해당 토지와 위치상 가까운 토지를 말한다.

3. 사실상의 사도

(1) 의의 및 요건(시행규칙 제26조 제2항)

사실상의 사도라 함은 사도법에 의한 사도 외의 도로로서 ① 자기토지의 편익을 위하여 스스로 설치한 도로, ② 토지소유자가 그 의사에 의하여 타인의 통행을 제한할 수 없는 도로, ③ 건축허가권자가 그 위치를 지정·공고한 도로, ④ 도로개설 당시의 토지소유자가 대지 또는 공장용지 등을 조성하기 위하여 설치한 도로를 말한다. 보상기준은 인근 토지에 대한 평가액의 1/3 이내로 평가한다.

(2) 사실상의 사도를 낮게 평가한 경우의 적법성 판단(판례의 태도)

1) '도로개설 당시 자기 편익을 위해 스스로 설치한 도로'에 해당하는지 판례

일부에 도로를 설치한 결과 나머지 토지의 편익이 증진되는 등으로 전체적으로 정당보상의 원칙에 어긋나지 않는다고 볼 만한 사유가 있다고 인정되어야 하고 개설경위, 목적, 소유관계, 이용상태, 주위환경, 인접 토지의 획지면적 등에 의하여 객관적으로 판단하여야 한다고 판시하였다(대판 2013.6.13, 2011두7007).

2) '토지소유자가 그 의사에 의하여 타인의 통행을 제한할 수 없는 도로'의 의미 및 판단기준

해당 토지가 도로로 이용된 경위, 일반의 통행에 제공된 기간, 도로가 유일한 통로인지, 주변상황, 역할과 기능을 종합하여 표준적인 이용상태로 회복하는 것이 용이한지 여부를 가려 판단해야 한다(대판 2013.6.13, 2011두7007).

4. 사도 외의 도로(정상평가)

그 외의 도로란 사도법상 사도도 아니고 사실상의 사도도 아닌 모든 도로를 말한다고 볼 수 있다. 이는 공도와 공도가 아닌 도로로 나눌 수 있는데, 공도에는 미보상공도(미보상용지), 사실상 공도부지, 예정공도 등이 있다. 공도부지는 평가대상 토지와 유사한 이용가치를 지닌다고 인정되는 하나 이상의 표준지의 공시지가를 기준으로 평가하고, 공도 이외의 도로부지는 일반 토지의 평가방법에 준하여 정상평가한다. 미지급용지인 도로 보상에 대하여는 정상보상의 관점에서 종전 편입 당시의 이용상황을 기준으로 보상한다.

관련기출

1. 제33회 문제1 물음2

공익사업을 위한 토지 등의 취득 및 보상에 관한 법률 시행규칙 (이하 '토지보상법 시행규칙'이

라 함) 제26조 제1항에 따른 '사실상의 사도'의 요건을 설명하고, 이에 따라 A토지가 사실상의 사도로 인정되는 경우와 그렇지 않은 경우에 보상기준이 어떻게 달라지는지 설명하시오. `10점`

2. 제22회 문제1 물음2

甲이 제기한 쟁송에서 피고 측은 甲의 토지에 대한 보상액이 낮게 평가된 것은 토지보상법 시행 규칙 제26조 제1항 제2호의 규정에 의한 것으로서 적법하다고 주장한다. 피고의 주장에 대해 법적으로 판단하시오. `15점`

판례 32 2015다49804

토지보상법 제78조 제4항에 규정된 생활기본시설 설치비용을 분양대금에 포함시킨 경우, 그 부분이 강행법규에 위배되어 무효인지 여부

쟁점사항

▶ 사업시행자의 생활기본시설 설치의무 위반 시 무효인지 여부
▶ '사업지구 안의 주택단지 등의 입구와 지구 밖에 있는 도로를 연결시키는 도로'가 생활기본시설에 포함되는지 여부

관련판례

✦ 대판 2019.3.28, 2015다49804[부당이득금]

판시사항

[1] 공익사업의 시행자가 이주대책대상자와 체결한 택지에 관한 특별공급계약에서 구 공익사업을 위한 토지 등의 취득 및 보상에 관한 법률 제78조 제4항에 규정된 생활기본시설 설치비용을 분양대금에 포함시킨 경우, 그 부분이 강행법규에 위배되어 무효인지 여부(적극)

[2] 공익사업의 시행자가 택지조성원가에서 일정한 금액을 할인하여 이주자택지의 분양대금을 정한 경우, 분양대금에 생활기본시설 설치비용이 포함되었는지와 포함된 범위를 판단하는 기준 및 이때 '택지조성원가에서 생활기본시설 설치비용을 공제한 금액'의 산정 방식 / 이주자택지의 분양대금에 포함된 생활기본시설 설치비용 상당의 부당이득액을 산정하는 경우, 사업시행

자가 이주자택지 분양대금 결정의 기초로 삼은 택지조성원가를 산정할 때 실제 적용한 총사업
면적과 사업비, 유상공급면적을 그대로 기준으로 삼아야 하는지 여부(적극)

[3] 공익사업의 시행자가 이주대책대상자에게 생활기본시설로서 제공하여야 하는 도로에 '주택단
지 안의 도로를 해당 주택단지 밖에 있는 동종의 도로에 연결시키는 도로'가 포함되는지 여부
(적극) 및 '사업시행자가 공익사업지구 안에 설치하는 도로로서 해당 사업지구 안의 주택단지
등의 입구와 사업지구 밖에 있는 도로를 연결하는 기능을 담당하는 도로'가 포함되는지 여부
(원칙적 적극)

[4] 한국토지공사가 시행한 택지개발사업의 사업부지 중 기존 도로 부분과 수도 부분을 포함한 국
공유지가 한국토지공사에 무상으로 귀속된 경우, 생활기본시설 용지비의 산정 방식이 문제 된
사안에서, 무상귀속부지 중 전체 공공시설 설치면적에 대한 생활기본시설 설치면적의 비율에
해당하는 면적을 제외하고 생활기본시설의 용지비를 산정한 원심판단에 법리오해의 잘못이 있
다고 한 사례

판결요지

[1] 이주대책대상자와 공익사업의 시행자 사이에 체결된 택지에 관한 특별공급계약에서 구 공익사
업을 위한 토지 등의 취득 및 보상에 관한 법률(2007.10.17. 법률 제8665호로 개정되기 전의
것, 이하 '구 토지보상법'이라 한다) 제78조 제4항에 규정된 생활기본시설 설치비용을 분양대
금에 포함시킴으로써 이주대책대상자가 생활기본시설 설치비용까지 사업시행자에게 지급하게
되었다면, 특별공급계약 중 생활기본시설 설치비용을 분양대금에 포함시킨 부분은 강행법규인
구 토지보상법 제78조 제4항에 위배되어 무효이다.

[2] 공익사업의 시행자가 택지조성원가에서 일정한 금액을 할인하여 이주자택지의 분양대금을 징
한 경우에는 분양대금이 '택지조성원가에서 생활기본시설 설치비용을 공제한 금액'을 초과하는
지 등 그 상호관계를 통하여 분양대금에 생활기본시설 설치비용이 포함되었는지와 포함된 범
위를 판단하여야 한다. 이때 구 공익사업을 위한 토지 등의 취득 및 보상에 관한 법률
(2007.10.17. 법률 제8665호로 개정되기 전의 것, 이하 '구 토지보상법'이라 한다) 제78조
제4항은 사업시행자가 이주대책대상자에게 생활기본시설 설치비용을 전가하는 것만을 금지할
뿐 적극적으로 이주대책대상자에게 부담시킬 수 있는 비용이나 그로부터 받을 수 있는 분양대
금의 내역에 관하여는 규정하지 아니하고 있으므로, 사업시행자가 실제 이주자택지의 분양대
금 결정의 기초로 삼았던 택지조성원가 가운데 생활기본시설 설치비용에 해당하는 항목을 가
려내어 이를 빼내는 방식으로 '택지조성원가에서 생활기본시설 설치비용을 공제한 금액'을 산
정하여야 하고, 이와 달리 이주대책대상자에게 부담시킬 수 있는 택지조성원가를 새롭게 산정
하여 이를 기초로 할 것은 아니다.

그리고 이주자택지의 분양대금 결정의 기초로 삼은 택지조성원가를 산정할 때 도시지원시설을 제외할 것인지 또는 도시지원시설 감보면적을 유상공급면적에서 제외할 것인지에 관하여 다투는 것도 이러한 택지조성원가 산정의 정당성을 다투는 것에 불과하기 때문에 이주대책대상자에 대한 생활기본시설 설치비용의 전가 여부와는 관련성이 있다고 할 수 없고, 이로 인하여 사업시행자가 구 토지보상법 제78조 제4항을 위반하게 된다고 볼 수도 없다. 따라서 이주자택지의 분양대금에 포함된 생활기본시설 설치비용 상당의 부당이득액을 산정함에 있어서는 사업시행자가 이주자택지 분양대금 결정의 기초로 삼은 택지조성원가를 산정할 때 실제 적용한 총사업면적과 사업비, 유상공급면적을 그대로 기준으로 삼아야 한다.

[3] 공익사업의 시행자가 이주대책대상자에게 생활기본시설로서 제공하여야 하는 도로에는 길이나 폭에 불구하고 구 주택법(2009. 2. 3. 법률 제9405호로 개정되기 전의 것) 제2조 제8호에서 정하고 있는 간선시설에 해당하는 도로, 즉 주택단지 안의 도로를 해당 주택단지 밖에 있는 동종의 도로에 연결시키는 도로가 포함됨은 물론, 사업시행자가 공익사업지구 안에 설치하는 도로로서 해당 사업지구 안의 주택단지 등의 입구와 사업지구 밖에 있는 도로를 연결하는 기능을 담당하는 도로도 특별한 사정이 없는 한 사업지구 내 주택단지 등의 기능 달성 및 전체 주민들의 통행을 위한 필수적인 시설로서 이에 포함된다.

[4] 한국토지공사가 시행한 택지개발사업의 사업부지 중 기존 도로 부분과 수도 부분을 포함한 국공유지가 한국토지공사에게 무상으로 귀속된 경우, 생활기본시설 용지비의 산정 방식이 문제된 사안에서, 한국토지공사가 이주대책대상자들에게 반환하여야 할 부당이득액은 이주자택지의 분양대금에 포함된 생활기본시설에 관한 비용 상당액이므로, 그 구성요소의 하나인 생활기본시설 용지비는 분양대금 산정의 기초가 된 총용지비에 포함된 전체 토지의 면적에 대한 생활기본시설이 차지하는 면적의 비율에 총용지비를 곱하는 방식으로 산출하여야 하고, 사업부지 중 한국토지공사에게 무상귀속된 부분이 있을 경우에는 무상귀속 부분의 면적도 생활기본시설의 용지비 산정에 포함시켜야 하는데도, 무상귀속부지 중 전체 공공시설 설치면적에 대한 생활기본시설 설치면적의 비율에 해당하는 면적을 제외하고 생활기본시설의 용지비를 산정한 원심판단에 법리오해의 잘못이 있다고 한 사례

판례 33   2018다277419

'기타 토지에 정착한 물건에 대한 소유권 그 밖의 권리를 가진 관계인'의 의미

쟁점사항

▶ '기타 토지에 정착한 물건에 대한 소유권 그 밖의 권리를 가진 관계인'에 수거·철거권 등 실질적 처분권을 가진 자가 포함되는지 여부
▶ 지장물에 관하여 이전비용에 못 미치는 물건 가격을 보상한 경우 사업시행자가 자신의 비용으로 직접 제거할 권한과 부담을 갖는지 여부

관련판례

✦ 대판 2019.4.11, 2018다277419[공탁금 출급 청구권 확인]

사건의 개요

[1] 국토교통부장관은 철도건설사업 시행을 위하여 원고가 공유하는 토지의 일부를 위 사업에 편입하였다.

[2] 피고는 원고 소유의 이 사건 건물 중 선로부지에 편입되는 부분만을 협의 취득하려 하였으나, 원고가 나머지 부분만으로 공장을 운영할 수 없다고 주장하며 건물 전체를 협의 취득할 것을 요구하였다.

[3] 피고는 2010.8.24. 사업에 편입되는 토지를 수용하고 이 사건 건물 등 지장물을 이전하게 한다는 중앙토지수용위원회의 수용재결에 따라 원고를 피공탁자로 하여 토지의 수용보상금과 이 사건 건물 등에 관한 가격 및 이전보상금 합계 385,610,860원(그중 이 사건 건물 전부 등에 관한 가격 및 이전보상금은 233,084,000원이다)을 공탁하였고, 원고는 이를 출급하였다.

[4] 피고는 철도건설사업 계획선에 저촉되는 부분만 철거하였고, 원고가 나머지 건물 부분을 계속 사용하면서 공장을 운영하였다.

[5] 한편 위와 같이 수용재결이 완료된 후에 이 사건 건물 일대가 재개발정비사업 부지로 편입되자 재송2주택 재개발정비사업조합(이하 '소외 조합'이라 한다)은 이 사건 건물 등에 관한 수용보상금을 지급하려 했는데 수용보상금 일부의 귀속을 둘러싸고 원고와 피고 사이에 다툼이 생겼다. 소외 조합은 원고를 상대로 이 사건 건물의 인도를 구하는 소를 제기하여 소송계속 중 원고로부터 이 사건 건물을 인도받아 스스로 철거함으로써 재개발사업의 장기화로 인하여 발생하는 비용을 절감하고 재개발사업을 신속하게 진행하기 위하여 원고와 이 사건 건물 등에 대한 보상금을 확정하는 방법 및 보상금을 지급받음과 동시에 이 사건 건물을 인도하기로 하

는 내용 등에 대해 합의를 하였다. 그 후 조합이 지급하여야 할 보상금과 이전비를 696,984,955 원으로 정하여 소외 조합은 이 사건 건물을 인도받음과 동시에 원고에게 538,265,125원을 지급하고, 나머지 158,719,830원은 그 귀속에 다툼이 있어 공탁하기로 하는 내용의 조정이 성립되었다. 소외 조합은 그 조정에 따라 피공탁자를 원고 또는 피고로 하여 이 사건 건물과 기계 설치이전비용으로 합계 158,719,830원(= 건축물 74,119,830원 + 기계 설치이전비 84,600,000원)을 공탁하였다.

판시사항

[1] 공익사업을 위한 토지 등의 취득 및 보상에 관한 법률상 보상 대상이 되는 '기타 토지에 정착한 물건에 대한 소유권 그 밖의 권리를 가진 관계인'에 수거·철거권 등 실질적 처분권을 가진 자가 포함되는지 여부(적극)

[2] 사업시행에 방해되는 지장물에 관하여 공익사업을 위한 토지 등의 취득 및 보상에 관한 법률 제75조 제1항 단서 제2호에 따라 이전비용에 못 미치는 물건 가격을 보상한 경우, 사업시행자가 지장물의 소유권을 취득하거나 지장물의 소유자에 대하여 철거 및 토지의 인도를 요구할 수는 없고 단지 자신의 비용으로 이를 직접 제거할 수 있을 권한과 부담을 가질 뿐인지 여부(원칙적 적극) 및 이 경우 지장물의 소유자는 사업시행자의 지장물 제거와 그 과정에서 발생하는 물건의 가치 상실을 수인하여야 할 지위에 있는지 여부(원칙적 적극)

[3] 철도건설사업 시행자인 갑 공단이 을 소유의 건물 등 지장물에 관하여 중앙토지수용위원회의 수용재결에 따라 건물 등의 가격 및 이전보상금을 공탁한 다음 을이 공탁금을 출급하자 위 건물의 일부를 철거하였고, 을은 위 건물 중 철거되지 않은 나머지 부분을 계속 사용하고 있었는데, 그 후 병 재개발정비사업조합이 위 건물을 다시 수용하면서 수용보상금 중 위 건물 등에 관한 설치이전비용 상당액을 병 조합과 을 사이에 성립한 조정에 따라 피공탁자를 갑 공단 또는 을로 하여 채권자불확지 공탁을 한 사안에서, 병 조합에 대한 지장물 보상청구권은 을이 아니라 위 건물에 대한 가격보상 완료 후 이를 인도받아 철거한 권리를 보유한 갑 공단에 귀속된다고 보아야 하는데도, 이와 달리 위 건물의 소유권이 을에게 있다는 이유만으로 공탁금출급청구권이 을에게 귀속된다고 본 원심판단에는 법리오해의 잘못이 있다고 한 사례

판결요지

[1] <u>공익사업을 위한 토지 등의 취득 및 보상에 관한 법률상 보상 대상이 되는 '기타 토지에 정착한 물건에 대한 소유권 그 밖의 권리를 가진 관계인'에는 수거·철거권 등 실질적 처분권을 가진 자도 포함된다.</u>

[2] 사업시행자가 사업시행에 방해가 되는 지장물에 관하여 공익사업을 위한 토지 등의 취득 및 보상에 관한 법률 제75조 제1항 단서 제2호에 따라 이전에 소요되는 실제 비용에 못 미치는

물건의 가격으로 보상한 경우, 사업시행자가 당해 물건을 취득하는 제3호와 달리 수용의 절차를 거치지 아니한 이상 사업시행자가 그 보상만으로 당해 물건의 소유권까지 취득한다고 보기는 어렵겠으나, 다른 한편으로 사업시행자는 그 지장물의 소유자가 같은 법 시행규칙 제33조 제4항 단서에 따라 스스로의 비용으로 철거하겠다고 하는 등의 특별한 사정이 없는 한 지장물의 소유자에 대하여 그 철거 및 토지의 인도를 요구할 수 없고 자신의 비용으로 직접 이를 제거할 수 있을 뿐이며, 이러한 경우 지장물의 소유자로서도 사업시행에 방해가 되지 않는 상당한 기한 내에 위 시행규칙 제33조 제4항 단서에 따라 스스로 위 지장물 또는 그 구성부분을 이전해 가지 않은 이상 사업시행자의 지장물 제거와 그 과정에서 발생하는 물건의 가치 상실을 수인(受忍)하여야 할 지위에 있다고 봄이 상당하다. 그리고 사업시행자는 사업시행구역 내 위치한 지장물에 대하여 스스로의 비용으로 이를 제거할 수 있는 권한과 부담을 동시에 갖게 된다.

[3] 철도건설사업 시행자인 갑 공단이 을 소유의 건물 등 지장물에 관하여 중앙토지수용위원회의 수용재결에 따라 건물 등의 가격 및 이전보상금을 공탁한 다음 을이 공탁금을 출급하자 위 건물의 일부를 철거하였고, 을은 위 건물 중 철거되지 않은 나머지 부분을 계속 사용하고 있었는데, 그 후 병 재개발정비사업조합이 위 건물을 다시 수용하면서 수용보상금 중 위 건물 등에 관한 설치이전비용 상당액을 병 조합과 을 사이에 성립한 조정에 따라 피공탁자를 갑 공단 또는 을로 하여 채권자불확지 공탁을 한 사안에서, 갑 공단은 수용재결에 따라 위 건물에 관한 이전보상금을 지급함으로써 위 건물을 철거·제거할 권한을 가지게 되었으므로 공익사업을 위한 토지 등의 취득 및 보상에 관한 법률상 보상 대상이 되는 '기타 토지에 정착한 물건에 대한 소유권 그 밖의 권리를 가진 관계인'에 해당하고, 을은 갑 공단으로부터 공익사업의 시행을 위하여 지장물 가격보상을 받음으로써 사업시행자인 갑 공단의 위 건물 철거·제거를 수인할 지위에 있을 뿐이므로, 병 조합에 대한 지장물 보상청구권은 을이 아니라 위 건물에 대한 가격보상 완료 후 이를 인도받아 철거할 권리를 보유한 갑 공단에 귀속된다고 보아야 하는데도, 위 건물의 소유권이 을에게 있다는 이유만으로 공탁금출급청구권이 을에게 귀속된다고 본 원심판단에는 법리오해의 잘못이 있다고 한 사례

판례 34 2016두51719

협의성립확인신청수리처분취소 : 진정한 토지소유자의 동의를 받지 못한 채 등기부상 소유명의자의 동의만을 얻은 경우

쟁점사항

▶ 진정한 토지소유자가 아닌 등기부상 소유명의자의 동의만을 얻은 경우 협의성립확인 신청 수리의 위법성 판단

관련판례

✦ 대판 2018.12.13, 2016두51719[협의성립확인신청수리처분취소]

판시사항

공익사업을 위한 토지 등의 취득 및 보상에 관한 법률 제29조 제3항에 따른 협의성립의 확인신청에 필요한 동의의 주체인 토지소유자는 협의대상이 되는 '토지의 진정한 소유자'를 의미하는지 여부(적극) / 사업시행자가 진정한 토지소유자의 동의를 받지 못한 채 등기부상 소유명의자의 동의만을 얻은 후 관련 사항에 대한 공증을 받아 위 제29조 제3항에 따라 협의성립의 확인을 신청하였으나 토지수용위원회가 신청을 수리한 경우, 수리행위가 위법한지 여부(원칙적 적극) / 이와 같은 동의에 흠결이 있는 경우 진정한 토지소유자 확정에서 사업시행자의 과실 유무를 불문하고 수리행위가 위법한지 여부(적극) 및 이때 진정한 토지소유자가 수리행위의 위법함을 이유로 항고소송으로 취소를 구할 수 있는지 여부(적극)

판결요지

공익사업을 위한 토지 등의 취득 및 보상에 관한 법률(이하 '토지보상법'이라 한다) 제29조에서 정한 협의성립확인제도는 수용과 손실보상을 신속하게 실현시키기 위하여 도입되었다. 토지보상법 제29조는 이를 위한 전제조건으로 협의성립의 확인을 신청하기 위해서는 협의취득 내지 보상협의가 성립한 데에서 더 나아가 확인신청에 대하여도 토지소유자 등이 동의할 것을 추가적 요건으로 정하고 있다. 특히 토지보상법 제29조 제3항은, 공증을 받아 협의성립의 확인을 신청하는 경우에 공증에 의하여 협의당사자의 자발적 합의를 전제로 한 협의의 진정 성립이 객관적으로 인정되었다고 보아, 토지보상법상 재결절차에 따르는 공고 및 열람, 토지소유자 등의 의견진술 등의 절차 없이 관할 토지수용위원회의 수리만으로 협의성립이 확인된 것으로 간주함으로써, 사업시행자의 원활한 공익사업 수행, 토지수용위원회의 업무간소화, 토지소유자 등의 간편하고 신속한 이익실현을 도모하고 있다.

한편 토지보상법상 수용은 일정한 요건하에 그 소유권을 사업시행자에게 귀속시키는 행정처분으로서 이로 인한 효과는 소유자가 누구인지와 무관하게 사업시행자가 그 소유권을 취득하게 하는

원시취득이다. 반면, 토지보상법상 '협의취득'의 성격은 사법상 매매계약이므로 그 이행으로 인한 사업시행자의 소유권 취득도 승계취득이다. 그런데 토지보상법 제29조 제3항에 따른 신청이 수리됨으로써 협의성립의 확인이 있었던 것으로 간주되면, 토지보상법 제29조 제4항에 따라 그에 관한 재결이 있었던 것으로 재차 의제되고, 그에 따라 사업시행자는 사법상 매매의 효력만을 갖는 협의취득과는 달리 확인대상토지를 수용재결의 경우와 동일하게 원시취득하는 효과를 누리게 된다. 이처럼 간이한 절차만을 거치는 협의성립의 확인에, 원시취득의 강력한 효력을 부여함과 동시에 사법상 매매계약과 달리 협의당사자들이 사후적으로 그 성립과 내용을 다툴 수 없게 한 법적 정당성의 원천은 사업시행자와 토지소유자 등이 진정한 합의를 하였다는 데에 있다. 여기에 공증에 의한 협의성립확인제도의 체계와 입법취지, 그 요건 및 효과까지 보태어 보면, 토지보상법 제29조 제3항에 따른 협의성립의 확인신청에 필요한 동의의 주체인 토지소유자는 협의대상이 되는 '토지의 진정한 소유자'를 의미한다. 따라서 사업시행자가 진정한 토지소유자의 동의를 받지 못한 채 단순히 등기부상 소유명의자의 동의만을 얻은 후 관련 사항에 대한 공증을 받아 토지보상법 제29조 제3항에 따라 협의성립의 확인을 신청하였음에도 토지수용위원회가 신청을 수리하였다면, 수리행위는 다른 특별한 사정이 없는 한 토지보상법이 정한 소유자의 동의요건을 갖추지 못한 것으로서 위법하다. 진정한 토지소유자의 동의가 없었던 이상, 진정한 토지소유자를 확정하는 데 사업시행자의 과실이 있었는지 여부와 무관하게 그 동의의 흠결은 위 수리행위의 위법사유가 된다. 이에 따라 진정한 토지소유자는 수리행위가 위법함을 주장하여 항고소송으로 취소를 구할 수 있다.

관련내용

1. 협의성립확인의 의의 및 취지(토지보상법 제29조)
공익사업을 위한 토지 등의 취득 및 보상에 관한 법률(이하 '토지보상법')상 협의성립확인이란 사업인성 후 협의성립 시 사업시행자가 피수용자의 동의를 받거나 또는 공증을 받아 관할 토지수용위원회에 협의성립확인을 받는 제도이다. 협의성립확인은 "신청할 수 있다"라고 되어 있어(제29조 제1항) 신청은 필요적 사항이 아니며, 확인절차를 거치지 않았다고 하여 협의성립 효력이 상실되는 것은 아니다.
협의성립확인은 당사자 간의 합의에 의해 수용재결과 같은 효력을 부여(원시취득)함으로써 수용재결절차에 의하지 아니하고 수용의 목적을 달성하고, 계약 불이행에 따른 분쟁 예방, 공익사업의 원활한 진행을 기함에 취지가 있다.

2. 협의성립확인의 법적 성질
협의성립 확인을 받으면 재결로 간주되어 처분성이 인정된다는 점에서 형성적 행정행위로 보아야 한다는 견해(형성적 행정행위설)와 법규정에 의해 특정한 사실 또는 법률관계의 존부 또는 정부에 관해 분쟁의 여지가 없도록 확인하는 준법률행위적 행정행위로서 확인행위라는 견해가 있다(준법률행위적 행정행위설). 토지보상법 규정상 협의성립확인은 재결로 보며, 확인 시

협의의 성립이나 내용을 다툴 수 없다는 확정력이 부여되므로 재결과 같은 형성적 행정행위, 확인행위로 봄이 타당하다고 판단된다.

3. 협의성립확인의 요건 및 절차

(1) 협의성립확인의 신청요건

당사자 사이에 협의가 성립한 후에 수용재결의 신청기간 내에 토지소유자 및 관계인의 동의를 얻어 관할 토지수용위원회에 협의성립확인을 신청하여야 한다(법 제29조 제1항).

(2) 협의성립확인의 절차

① 일반적 확인절차(법 제29조 제2항)

토지보상법 제29조 제2항에서 협의성립확인에 관하여 재결절차에 관한 사항을 준용하고 있다. 따라서 (ㄱ) 사업시행자가 관할 토지수용위원회에 확인신청을 하고, (ㄴ) 확인신청 내용의 공고·열람·의견제출, (ㄷ) 토지수용위원회의 심리, (ㄹ) 확인의 절차로 진행된다.

② 공증에 의한 확인절차(법 제29조 제3항)

사업시행자가 공증인법에 의한 공증을 받아 관할 토지수용위원회에 협의성립의 확인을 신청한 때에는 관할 토지수용위원회가 이를 수리함으로써 협의성립이 확인된 것으로 본다.

4. 협의성립확인의 효력(법 제29조 제4항)

(1) 수용재결로 간주

토지수용위원회가 확인한 사항은 수용재결의 효력이 인정된다. 따라서 승계취득을 원시취득으로 전환시키고, 위험부담 이전, 대행, 대집행 가능성, 인도이전의무 등이 발생한다.

(2) 협의에 대한 차단효 발생

사업시행자·토지소유자 및 관계인은 확인된 협의의 성립이나 내용을 다툴 수 없는 차단효가 발생하며, 불가변력의 효과가 있다.

5. 권리구제

(1) 협의성립확인에 대한 불복

확인행위는 재결로 간주되므로 재결에 대한 불복과 동일한 절차를 거치게 될 것이다. 즉, 관할 토지수용위원회의 확인에 대하여 이의가 있는 자는 토지보상법의 이의신청과 행정소송을 통해 불복하게 된다.

(2) 협의 자체에 대한 다툼

협의성립 자체나 그 내용은 협의성립확인의 차단효 때문에 다툴 수 없으므로, 행정쟁송을 통하여 해당 확인의 효력을 소멸시킨 후에 협의 자체에 대하여 다툴 수 있다. 이때 협의의 성질을 공법상 계약으로 보면 공법상 당사자소송에 의하게 된다.

관련기출

1. 제30회 문제4

「공익사업을 위한 토지 등의 취득 및 보상에 관한 법률」 제26조는 수용재결 신청 전에 사업시행자로 하여금 수용대상 토지에 관하여 권리를 취득하거나 소멸시키기 위하여 토지소유자 및 관계인과 교섭하도록 하는 협의제도를 규정하고 있다. 이에 따른 협의가 수용재결 신청 전의 필요적 전치절차인지 여부와 관할 토지수용위원회에 의한 협의성립의 확인의 법적 효과를 설명하시오. 10점

※ 출제위원 채점평

본 문제는 현행법 제도에 대한 문제이며 비교적 수험생들에게 익숙한 쟁점인 점에서 다른 문제들에 비해 쟁점의 파악과 답안 서술이 무난한 편입니다. 다만 필요적 전치절차의 여부에 대해서는 상당수가 무난하게 답안을 작성한 데 비해 협의성립확인의 법적 효과와 관련하여서는 재결의 구체적 효과까지 언급하면 좋은 답안이라고 할 수 있습니다.

판례 35 2016두64241

수용재결의 무효확인 : 수용재결 이후 협의의 가능성 및 수용재결의 무효확인

쟁점사항

▶ 수용재결 이후 협의의 가능성
▶ 수용재결 무효확인 소송의 실익 여부

관련판례

✦ 대판 2017.4.13., 2016두64241[수용재결무효확인]

사건의 개요

[1] 원주지방국토관리청장(사업시행자)이 시행하는 이 사건 공익사업을 위하여 원고 소유인 임야 3,505㎡ 등 5필지를 수용하고, 그 손실보상금은 합계 976,261,750원으로 수용재결을 하였다.

[2] 원고는 '50억원이 넘는 대출금채무로 인해 매일 300만원에 달하는 지연손해금 채무가 발생하고 있다'라고 언급하면서, 이 사건 사업시행자에게 하루라도 빨리 이 사건 토지의 손실보상금을 지급해 주고, 나아가 이 사건 토지에 인접한 잔여지 6필지도 매수해 줄 것을 요청하였다.

[3] 이러한 상황에서 원고와 이 사건 사업시행자는 보상금액을 943,846,800원으로, 이 사건 잔여지에 관하여 보상금액을 693,573,430원으로 정한 각 '공공용지의 취득협의서'를 작성하였고, 원고가 이 사건 사업시행자에게 위 각 금액을 청구하는 내용의 각 보상금청구서 및 같은 금액을 영수한다는 내용의 각 영수증을 작성·교부하였으며, 참가인 명의의 소유권이전등기가 마쳐졌다. 한편 이 사건 토지에 관한 위 보상금청구서에는 이의를 유보한다는 취지와 함께 "보상금액이 너무 억울하여 이의 유보를 기재하고 향후 조치를 취하려 한다."는 내용이 기재되어 있다.

판시사항

[1] 공익사업을 위한 토지 등의 취득 및 보상에 관한 법률상 토지수용위원회의 수용재결이 있은 후 토지소유자 등과 사업시행자가 다시 협의하여 토지 등의 취득이나 사용 및 그에 대한 보상에 관하여 임의로 계약을 체결할 수 있는지 여부(적극)

[2] 중앙토지수용위원회가 지방국토관리청장이 시행하는 공익사업을 위하여 갑 소유의 토지에 대하여 수용재결을 한 후, 갑과 사업시행자가 '공공용지의 취득협의서'를 작성하고 협의취득을 원인으로 소유권이전등기를 마쳤는데, 갑이 '사업시행자가 수용개시일까지 수용재결보상금 전액을 지급·공탁하지 않아 수용재결이 실효되었다'고 주장하며 수용재결의 무효확인을 구하는 소송을 제기한 사안에서, 갑이 수용재결의 무효확인 판결을 받더라도 토지의 소유권을 회복시키는 것이 불가능하고, 무효확인으로써 회복할 수 있는 다른 권리나 이익이 남아 있다고도 볼 수 없다고 한 사례

판결요지

[1] 공익사업을 위한 토지 등의 취득 및 보상에 관한 법률(이하 '토지보상법'이라 한다)은 사업시행자로 하여금 우선 협의취득 절차를 거치도록 하고, 협의가 성립되지 않거나 협의를 할 수 없을 때에 수용재결취득 절차를 밟도록 예정하고 있기는 하다. 그렇지만 일단 토지수용위원회가 수용재결을 하였더라도 사업시행자로서는 수용 또는 사용의 개시일까지 토지수용위원회가 재결한 보상금을 지급 또는 공탁하지 아니함으로써 재결의 효력을 상실시킬 수 있는 점, 토지소유자 등은 수용재결에 대하여 이의를 신청하거나 행정소송을 제기하여 보상금의 적정 여부를 다툴 수 있는데, 그 절차에서 사업시행자와 보상금액에 관하여 임의로 합의할 수 있는 점, 공익사업의 효율적인 수행을 통하여 공공복리를 증진시키고, 재산권을 적정하게 보호하려는 토지보상법의 입법 목적(제1조)에 비추어 보더라도 수용재결이 있은 후에 사법상 계약의 실질을 가지는 협의취득 절차를 금지해야 할 별다른 필요성을 찾기 어려운 점 등을 종합해 보면, 토지수용위원

회의 수용재결이 있은 후라고 하더라도 토지소유자 등과 사업시행자가 다시 협의하여 토지 등의 취득이나 사용 및 그에 대한 보상에 관하여 임의로 계약을 체결할 수 있다고 보아야 한다.

[2] 중앙토지수용위원회가 지방국토관리청장이 시행하는 공익사업을 위하여 갑 소유의 토지에 대하여 수용재결을 한 후, 갑과 사업시행자가 '공공용지의 취득협의서'를 작성하고 협의취득을 원인으로 소유권이전등기를 마쳤는데, 갑이 '사업시행자가 수용개시일까지 수용재결보상금 전액을 지급·공탁하지 않아 수용재결이 실효되었다'고 주장하며 수용재결의 무효확인을 구하는 소송을 제기한 사안에서, 갑과 사업시행자가 수용재결이 있은 후 토지에 관하여 보상금액을 새로 정하여 취득협의서를 작성하였고, 이를 기초로 소유권이전등기까지 마친 점 등을 종합해 보면, 갑과 사업시행자가 수용재결과는 별도로 '토지의 소유권을 이전한다는 점과 그 대가인 보상금의 액수'를 합의하는 계약을 새로 체결하였다고 볼 여지가 충분하고, 만약 이러한 별도의 협의취득 절차에 따라 토지에 관하여 소유권이전등기가 마쳐진 것이라면 설령 갑이 수용재결의 무효확인 판결을 받더라도 토지의 소유권을 회복시키는 것이 불가능하고, 나아가 무효확인으로써 회복할 수 있는 다른 권리나 이익이 남아 있다고도 볼 수 없다고 한 사례

판례 36 2011두3746

토지수용재결처분취소 : 실시계획인가의 요건 및 실시계획인가의 요건을 갖추지 못한 인가처분 하자의 중대성(제주도유원지사건)

쟁점사항

▶ 유원지를 설치하는 도시계획시설사업의 실시계획 인가 요건
▶ 요건을 갖추지 못한 실시계획인가 처분의 하자가 중대한지 여부

1. 실시계획인가를 위한 공공성(유원지의 의미)

행정청이 도시계획시설인 유원지를 설치하는 도시계획시설사업에 관한 실시계획을 인가하려면, 실시계획에서 설치하고자 하는 시설이 국토계획법령상 유원지의 개념인 '주로 주민의 복지향상에 기여하기 위하여 설치하는 오락과 휴양을 위한 시설'에 해당하고, 실시계획이 국토계획법령이 정한 도시계획시설(유원지)의 결정·구조 및 설치의 기준에 적합하여야 한다.

2. 중대 명백설(하자의 정도 판단)

행정처분이 당연무효라고 하기 위하여는 처분에 위법사유가 있다는 것만으로는 부족하고 그 하자가 법규의 중요한 부분을 위반한 중대한 것으로서 객관적으로 명백한 것이어야 하며, 하자가 중대하고 명백한 것인지 여부를 판별함에 있어서는 그 법규의 목적, 의미, 기능 등을 목적론적으로 고찰함과 동시에 구체적 사안 자체의 특수성에 관하여도 합리적으로 고찰함을 요한다.

3. 요건 미충족 실시계획인가의 하자 판단

국토계획법에 따르면, 도시계획시설사업의 시행자는 도시계획시설사업에 관한 실시계획을 작성하여 행정청의 인가를 받아야 하고(제88조 제2항), 실시계획의 인가 고시가 있으면 도시계획시설사업의 시행자는 사업에 필요한 토지 등을 수용 및 사용할 수 있다(제95조, 제96조). 위와 같은 국토계획법의 규정 내용에다가 도시계획시설사업은 도시 형성이나 주민 생활에 필수적인 기반시설 중 도시관리계획으로 체계적인 배치가 결정된 시설을 설치하는 사업으로서 공공복리와 밀접한 관련이 있는 점, 도시계획시설사업에 관한 실시계획의 인가처분은 특정 도시계획시설사업을 현실적으로 실현하기 위한 것으로서 사업에 필요한 토지 등의 수용 및 사용권 부여의 요건이 되는 점 등을 종합하면, 실시계획의 인가 요건을 갖추지 못한 인가처분은 공공성을 가지는 도시계획시설사업의 시행을 위하여 필요한 수용 등의 특별한 권한을 부여하는 데 정당성을 갖추지 못한 것으로서 법규의 중요한 부분을 위반한 중대한 하자가 있다고 할 것이다.

휴양형 주거단지는 고소득 노인층 등 특정 계층의 이용을 염두에 두고 분양 등을 통한 영리 추구가 그 시설 설치의 주요한 목적이라고 할 수 있고, 그 주된 시설도 주거 내지 장기 체재를 위한 시설로서 일반 주민의 이용가능성이 제한될 수밖에 없을 뿐만 아니라 전체적인 시설의 구성에 비추어 보더라도 일반 주민의 이용은 부수적으로만 가능하다고 보이므로, 도시계획시설규칙 제56조에 정한 '주로 주민의 복지향상에 기여하기 위하여 설치하는 오락과 휴양을 위한 시설'로서 공공적 성격이 요구되는 도시계획시설인 유원지와는 거리가 먼 시설임이 분명하다고 할 것이다. 따라서 서귀포시장은 국토계획법령 규정의 문언상 유원지의 의미가 분명함에도 합리적 근거 없이 처분 요건이 충족되지 아니한 상태에서 이 사건 인가처분을 하였다고 볼 수 있고, 이러한 하자는 객관적으로 명백하다고 할 것이다.

원심이 같은 취지에서 이 사건 인가처분은 그 하자가 중대·명백하여 당연무효이고, 당연무효인 이 사건 인가처분에 기초한 이 사건 수용재결도 무효라고 판단한 것은 정당하고, 거기에 하자 있는 행정처분이 당연무효가 되기 위한 요건 및 선행처분의 하자의 승계에 관한 법리를 오해하는 등의 위법이 없다.

4. 하자승계 가능성

하자가 중대·명백하여 당연무효이고, 당연무효인 이 사건 인가처분에 기초한 이 사건 수용재결도 무효라고 판단한 것은 정당하고, 거기에 하자 있는 행정처분이 당연무효가 되기 위한 요건 및 선행처분의 하자의 승계에 관한 법리를 오해하는 등의 위법이 없다.

관련판례

✦ **대판 2015.3.20, 2011두3746[토지수용재결처분취소소등]**

판시사항

[1] 행정청이 도시계획시설인 유원지를 설치하는 도시계획시설사업에 관한 실시계획을 인가하기 위한 요건

[2] 도시계획시설사업에 관한 실시계획의 인가 요건을 갖추지 못한 인가처분의 경우, 그 하자가 중대한지 여부(적극)

판결요지

[1] (구)국토의 계획 및 이용에 관한 법률(2005.12.7. 법률 제7707호로 개정되기 전의 것, 이하 '국토계획법'이라 한다) 제2조 제6호 나목, 제43조 제2항, (구)국토의 계획 및 이용에 관한 법률 시행령(2005.12.28. 대통령령 제19206호로 개정되기 전의 것) 제2조 제1항 제2호, 제3항, (구)도시계획시설의 결정·구조 및 설치기준에 관한 규칙(2005.12.14. 건설교통부령 제480호로 개정되기 전의 것) 제56조 등의 각 규정 형식과 내용, 그리고 도시계획시설사업에 관한 실시계획의 인가처분은 특정 도시계획시설사업을 구체화하여 현실적으로 실현하기 위한 것인 점 등을 종합하여 보면, 행정청이 도시계획시설인 유원지를 설치하는 도시계획시설사업에 관한 실시계획을 인가하려면, 실시계획에서 설치하고자 하는 시설이 국토계획법령상 유원지의 개념인 '주로 주민의 복지향상에 기여하기 위하여 설치하는 오락과 휴양을 위한 시설'에 해당하고, 실시계획이 국토계획법령이 정한 도시계획시설(유원지)의 결정·구조 및 설치의 기준에 적합하여야 한다.

[2] (구)국토의 계획 및 이용에 관한 법률(2005.12.7. 법률 제7707호로 개정되기 전의 것) 제88조 제2항, 제95조, 제96조의 규정 내용에다가 도시계획시설사업은 도시 형성이나 주민 생활에 필수적인 기반시설 중 도시관리계획으로 체계적인 배치가 결정된 시설을 설치하는 사업으로서 공공복리와 밀접한 관련이 있는 점, 도시계획시설사업에 관한 실시계획의 인가처분은 특정 도시계획시설사업을 현실적으로 실현하기 위한 것으로서 사업에 필요한 토지 등의 수용 및 사용권 부여의 요건이 되는 점 등을 종합하면, 실시계획의 인가 요건을 갖추지 못한 인가처분은 공공성을 가지는 도시계획시설사업의 시행을 위하여 필요한 수용 등의 특별한 권한을 부여하는 데 정당성을 갖추지 못한 것으로서 법규의 중요한 부분을 위반한 중대한 하자가 있다.

판례 37 2009두1051

사업인정을 하기 위한 요건 : 사업시행자의 공익사업 수행능력과 의사

쟁점사항

▸ 사업인정의 법적 성질 및 요건
▸ '사업시행자의 공익사업 수행능력과 의사'가 사업인정의 요건인지 여부

관련판례

✦ 대판 2011.1.27, 2009두1051[토지수용재결처분취소]

판시사항

[1] 사업인정기관이 공익사업을 위한 토지 등의 취득 및 보상에 관한 법률상의 사업인정을 하기 위한 요건

[2] 사업시행자가 사업인정을 받은 후 그 사업이 공용수용을 할 만한 공익성을 상실하거나 사업인 정에 관련된 자들의 이익이 현저히 비례의 원칙에 어긋나게 된 경우 또는 사업시행자가 해당 공익사업을 수행할 의사나 능력을 상실한 경우, 그 사업인정에 터잡아 수용권을 행사할 수 있는지 여부(소극)

판결요지

[1] 사업인정이란 공익사업을 토지 등을 수용 또는 사용할 사업으로 결정하는 것으로써 공익사업의 시행자에게 그 후 일정한 절차를 거칠 것을 조건으로 일정한 내용의 수용권을 설정하여 주는 형성행위이므로, 해당 사업이 외형상 토지 등을 수용 또는 사용할 수 있는 사업에 해당한다고 하더라도 사업인정기관으로서는 그 사업이 공용수용을 할 만한 공익성이 있는지의 여부와 공익성이 있는 경우에도 그 사업의 내용과 방법에 관하여 사업인정에 관련된 자들의 이익을 공익과 사익 사이에서는 물론, 공익 상호 간 및 사익 상호 간에도 정당하게 비교·교량하여야 하고, 그 비교·교량은 비례의 원칙에 적합하도록 하여야 한다. 그뿐만 아니라 해당 공익사업을 수행하여 공익을 실현할 의사나 능력이 없는 자에게 타인의 재산권을 공권력적·강제적으로 박탈할 수 있는 수용권을 설정하여 줄 수는 없으므로, 사업시행자에게 해당 공익사업을 수행할 의사와 능력이 있어야 한다는 것도 사업인정의 한 요건이라고 보아야 한다.

[2] 공용수용은 헌법상의 재산권 보장의 요청상 불가피한 최소한에 그쳐야 한다는 헌법 제23조의 근본취지에 비추어 볼 때, 사업시행자가 사업인정을 받은 후 그 사업이 공용수용을 할 만한 공익성을 상실하거나 사업인정에 관련된 자들의 이익이 현저히 비례의 원칙에 어긋나게 된 경

우 또는 사업시행자가 해당 공익사업을 수행할 의사나 능력을 상실하였음에도 여전히 그 사업인정에 기하여 수용권을 행사하는 것은 수용권의 공익목적에 반하는 수용권의 남용에 해당하여 허용되지 않는다.

🔍 관련내용

1. 사업인정의 법적 성질

① 처분, ② 설권적 형성행위(특허), ③ 재량행위, ④ 제3자효 행정행위(복효적 행정행위)

2. 사업인정의 요건

> ▶ **일본 토지수용법에서 사업인정의 요건**

사업인정청은 신청된 사업이 다음의 각 호의 4가지 모든 요건에 해당될 때에만 사업인정을 행할 수 있다.

1. 사업이 법 제3조(공익사업) 각 호의 어느 하나에 규정한 사업일 것
2. 기업자가 해당 사업을 수행할 충분한 의사와 능력을 가진 자일 것
3. 사업이 토지의 적정하고도 합리적인 이용에 기여하는 것일 것

   해당 토지가 그 사업에 이용됨으로써 얻게 되는 공공의 이익과 해당 토지가 그 사업에 이용됨으로써 잃게 되는 사적 내지 공공의 이익을 비교형량하여 전자가 후자에 우월하다고 인정되어야 한다. 이는 해당 사업계획의 내용, 그 사업에 의해서 얻게 되는 공공의 이익, 수용토지의 현재 이용상황, 그 토지가 갖는 사적 내지 공공적 가치 등에 대해서 종합적인 판단에 의해서 인정되어야 한다.
4. 사업이 토지를 수용 또는 사용할 공익상 필요가 있는 것일 것

   해당 사업에 대하여 제1호에서 제3호까지의 요건판단에서 고려된 사항 이외의 사항에 내해서 광범위하게 ① 수용·사용이라는 취득수단을 취할 필요성, ② 그 필요성이 공익목적에 합치 여부의 관점에서 판단을 추가하여야 한다는 의미로서, 사업을 조기에 시행할 필요성이 인정되어야 하고, 수용토지의 범위는 그 사업계획에 필요한 범위 내이고 합리적이라고 인정되어야 한다(공익적합성).

> ▶ **한국의 토지보상법제와 판례를 통한 사업인정의 요건**

- 토지보상법 제4조에 해당
- 공공필요(공공성)
- 비례의 원칙에 의한 공공성 판단
- 사업시행자의 공익사업 수행능력과 의사(대판 2011.1.27, 2009두1051)

관련기출

1. 제28회 문제1 물음2

갑은 수용재결 취소소송을 제기하면서, 을이 기업도시개발계획승인 이후에 재정상황이 악화되어 수용재결 당시에 이르러 기업도시개발사업을 수행할 능력을 상실한 상태가 되었음에도 불구하고 수용재결을 한 위법이 있다고 주장한다. 갑의 소송상 청구가 인용될 수 있는 가능성에 관하여 설명하시오(단, 소송요건은 충족된 것으로 본다). **10점**

※ 출제위원 채점평

(설문2)는 의제사업인정 이후에 중대한 사정변경이 생겼음에도 불구하고 이에 대한 고려 없이 수용재결을 한 것에 위법이 있는지 여부를 쟁점으로 논리적이고 차별화된 답안의 구성이 필요한 것으로 보입니다.

판례 38 **2017두71031**

사업인정의 법적 성질 및 요건 : 재량권 일탈·남용 판단 및 문화재보호구역

쟁점사항

▸ 사업인정의 법적 성질 및 요건
▸ 공익사업을 위한 공물의 수용 가능성 여부
▸ '사업시행자의 공익사업 수행능력과 의사'가 사업인정의 요건인지 여부

1. 사업인정의 공익성, 필요성, 비례의 원칙

사업인정이란 공익사업을 토지 등을 수용 또는 사용할 사업으로 결정하는 것으로서 공익사업의 시행자에게 그 후 일정한 절차를 거칠 것을 조건으로 일정한 내용의 수용권을 설정하여 주는 형성행위이다. 그러므로 해당 사업이 외형상 토지 등을 수용 또는 사용할 수 있는 사업에 해당한다고 하더라도 사업인정기관으로서는 그 사업이 공용수용을 할 만한 공익성이 있는지 여부와 공익성이 있는 경우에도 그 사업의 내용과 방법에 관하여 사업인정에 관련된 자들의 이익을 공익과 사익 사이에서는 물론, 공익 상호 간 및 사익 상호 간에도 정당하게 비교·교량하여야 하고, 그 비교·교량은 비례의 원칙에 적합하도록 하여야 한다.

2. 지방자치단체의 장인 참가인 송파구청장이 문화재보호법 제83조 제1항에 따라 국가지정문화재를 수용할 수 있는 사업시행자가 될 수 있는지 여부

문화재보호법 제83조 제1항은 "문화재청장이나 지방자치단체의 장은 문화재의 보존·관리를 위하여 필요하면 지정문화재나 그 보호구역에 있는 토지, 건물, 나무, 대나무, 그 밖의 공작물을 「공익사업을 위한 토지 등의 취득 및 보상에 관한 법률(이하 '토지보상법'이라 한다)」에 따라 수용(收用)하거나 사용할 수 있다."라고 규정하고 있다.

이와 같이 문화재보호법은 지방자치단체 또는 지방자치단체의 장에게 시·도지정문화재뿐 아니라 국가지정문화재에 대하여도 일정한 권한 또는 책무를 부여하고 있고, 문화재보호법에 해당 문화재의 지정권자만이 토지 등을 수용할 수 있다는 등의 제한을 두고 있지 않으므로, 국가지정문화재에 대하여 관리단체로 지정된 지방자치단체의 장은 문화재보호법 제83조 제1항 및 토지보상법에 따라 국가지정문화재나 그 보호구역에 있는 토지 등을 수용할 수 있다.

3. 참가인 송파구청장의 공익사업 수행 의사와 능력이 인정되는지

공익사업을 수행하여 공익을 실현할 의사나 능력이 없는 자에게 타인의 재산권을 공권력적·강제적으로 박탈할 수 있는 수용권을 설정하여 줄 수는 없으므로, 사업시행자에게 해당 공익사업을 수행할 의사와 능력이 있어야 한다는 것도 사업인정의 한 요건이라고 보아야 한다.

4. 사적 지정처분의 하자 승계 여부

이 사건 각 사적 지정처분과 이 사건 사업인정고시는 서로 독립하여 별개의 법률효과를 목적으로 하고, 사적 지정처분의 불가쟁력이나 구속력이 원고에게 수인한도를 넘는 가혹함을 가져오고 그 결과가 예측 불가능한 것이라고 인정하기에 부족하며, 원고가 주장하는 각 사적 지정처분의 하자가 당연무효 사유에 해당한다고 볼 만한 사정도 없어 그 주장하는 사적 지정처분의 하자가 이 사건 사업인정고시에 승계되는 것도 아니라는 취지로 판단하였다.

관련판례

✦ **대판 2019.2.28, 2017두71031[사업인정고시취소]**

판시사항

[1] 사업인정의 법적 성격 및 사업인정기관이 공익사업을 위한 토지 등의 취득 및 보상에 관한 법률상의 사업인정을 하기 위한 요건

[2] 문화재의 보존을 위한 사업인정 등 처분에 대하여 재량권 일탈·남용 여부를 심사하는 방법 및 이때 구체적으로 고려할 사항

[3] 국가지정문화재에 대하여 관리단체로 지정된 지방자치단체의 장이 문화재보호법 제83조 제1항 및 공익사업을 위한 토지 등의 취득 및 보상에 관한 법률에 따라 국가지정문화재나 그 보호구역에 있는 토지 등을 수용할 수 있는지 여부(적극)

[4] 사업시행자에게 해당 공익사업을 수행할 의사와 능력이 있어야 한다는 것이 사업인정의 한 요건인지 여부(적극)

판결요지

[1] 사업인정이란 공익사업을 토지 등을 수용 또는 사용할 사업으로 결정하는 것으로서 공익사업의 시행자에게 그 후 일정한 절차를 거칠 것을 조건으로 일정한 내용의 수용권을 설정하여 주는 형성행위이다. 그러므로 해당 사업이 외형상 토지 등을 수용 또는 사용할 수 있는 사업에 해당하더라도 사업인정기관으로서는 그 사업이 공용수용을 할 만한 공익성이 있는지 여부와 공익성이 있는 경우에도 그 사업의 내용과 방법에 관하여 사업인정에 관련된 자들의 이익을 공익과 사익 사이에서는 물론, 공익 상호 간 및 사익 상호 간에도 정당하게 비교·교량하여야 하고, 비교·교량은 비례의 원칙에 적합하도록 하여야 한다.

[2] 문화재보호법은 관할 행정청에 문화재 보호를 위하여 일정한 행위의 금지나 제한, 시설의 설치나 장애물의 제거, 문화재 보존에 필요한 긴급한 조치 등 수용권보다 덜 침익적인 방법을 선택할 권한도 부여하고 있기는 하다. 그러나 문화재란 인위적이거나 자연적으로 형성된 국가적·민족적 또는 세계적 유산으로서 역사적·예술적·학술적 또는 경관적 가치가 큰 것을 말하는데(문화재보호법 제2조 제1항), 문화재의 보존·관리 및 활용은 원형 유지를 기본원칙으로 한다(문화재보호법 제3조). 그리고 문화재는 한번 훼손되면 회복이 곤란한 경우가 많을 뿐 아니라, 회복이 가능하더라도 막대한 비용과 시간이 소요되는 특성이 있다.
이러한 문화재의 보존을 위한 사업인정 등 처분에 대하여 재량권 일탈·남용 여부를 심사할 때에는, 위와 같은 문화재보호법의 내용 및 취지, 문화재의 특성, 사업인정 등 처분으로 인한 국민의 재산권 침해 정도 등을 종합하여 신중하게 판단하여야 한다.
구체적으로는 ① 우리 헌법이 "국가는 전통문화의 계승·발전과 민족문화의 창달에 노력하여야 한다."라고 규정하여(제9조), 국가에 전통문화 계승 등을 위하여 노력할 의무를 부여하고 있는 점, ② 문화재보호법은 이러한 헌법 이념에 근거하여 문화재의 보존·관리를 위한 국가와 지방자치단체의 책무를 구체적으로 정하는 한편, 국민에게도 문화재의 보존·관리를 위하여 국가와 지방자치단체의 시책에 적극 협조하도록 규정하고 있는 점(제4조), ③ 행정청이 문화재의 역사적·예술적·학술적 또는 경관적 가치와 원형의 보존이라는 목표를 추구하기 위하여 문화재보호법 등 관계 법령이 정하는 바에 따라 내린 전문적·기술적 판단은 특별히 다른 사정이 없는 한 이를 최대한 존중할 필요가 있는 점 등을 고려하여야 한다.

[3] 문화재보호법 제83조 제1항은 "문화재청장이나 지방자치단체의 장은 문화재의 보존·관리를 위하여 필요하면 지정문화재나 그 보호구역에 있는 토지, 건물, 입목(立木), 죽(竹), 그 밖의 공작물을 공익사업을 위한 토지 등의 취득 및 보상에 관한 법률(이하 '토지보상법'이라 한다)에 따라 수용(收用)하거나 사용할 수 있다."라고 규정하고 있다.

한편 국가는 문화재의 보존·관리 및 활용을 위한 종합적인 시책을 수립·추진하여야 하고, 지방자치단체는 국가의 시책과 지역적 특색을 고려하여 문화재의 보존·관리 및 활용을 위한 시책을 수립·추진하여야 하며(문화재보호법 제4조), 문화재청장은 국가지정문화재 관리를 위하여 지방자치단체 등을 관리단체로 지정할 수 있고(문화재보호법 제34조), 지방자치단체의 장은 국가지정문화재와 역사문화환경 보존지역의 관리·보호를 위하여 필요하다고 인정하면 일정한 행위의 금지나 제한, 시설의 설치나 장애물의 제거, 문화재 보존에 필요한 긴급한 조치 등을 명할 수 있다(문화재보호법 제42조 제1항).

이와 같이 <u>문화재보호법은 지방자치단체 또는 지방자치단체의 장에게 시·도지정문화재뿐 아니라 국가지정문화재에 대하여도 일정한 권한 또는 책무를 부여하고 있고, 문화재보호법에 해당 문화재의 지정권자만이 토지 등을 수용할 수 있다는 등의 제한을 두고 있지 않으므로, 국가지정문화재에 대하여 관리단체로 지정된 지방자치단체의 장은 문화재보호법 제83조 제1항 및 토지보상법에 따라 국가지정문화재나 그 보호구역에 있는 토지 등을 수용할 수 있다.</u>

[4] <u>공익사업을 수행하여 공익을 실현할 의사나 능력이 없는 자에게 타인의 재산권을 공권력적·강제적으로 박탈할 수 있는 수용권을 설정하여 줄 수는 없으므로, 사업시행자에게 해당 공익사업을 수행할 의사와 능력이 있어야 한다는 것도 사업인정의 한 요건이라고 보아야 한다.</u>

> **이 사건의 원심판결인 대전고법 2017.11.2, 2017누10454 판결의 주요 요지**

① **사적 지정처분의 하자가 있는지 여부**

원고의 참가인 문화재청장은 사전 유구조사 등을 실시하여 이 사건 공장부지에 풍납토성의 성벽이나 성곽 등의 존재를 확인한 후 사적 지정처분을 하여야 함에도 불구하고, 사전 유구조사 등 문화재보호법에서 정한 절차를 준수하지 아니하고 이 사건 공장부지를 사적으로 지정하였으므로, 2차 및 3차 추가 사적 지정처분은 위법하다. 위 각 사적 지정처분과 이 사건 사업인정고시는 선행처분과 후행처분의 관계에 있는바, 위 각 사적 지정처분의 하자로 인하여 후행처분인 이 사건 사업인정고시 또한 위법하다는 주장에 대하여, 원심은 "사적 지정처분은 문화재보호법에서 정한 사적 지정절차를 모두 준수하였으며, 이 사건 공장부지에 대하여 사전 유구조사를 거치지 않았다는 사정만으로는 위 각 사적 지정처분을 위법하다고 할 수 없으며, 설령 2차 및 3차 추가 사적 지정처분에 절차적 하자가 있어 위법하다 하더라도 위 각 사적 지정처분과 이 사건 사업인정고시는 서로 독립하여 별개의 법률효과를 목적으로 하는 것으로 하자가 승계된다고 보기 어렵다"고 판단함.

② **이 사건 사업인정고시에 사업시행자를 잘못 지정한 하자가 있는지 여부**

원고의 문화재보호법 제83조 제1항에 의하면 국가지정문화재를 수용하는 사업은 국가지정문화재 지정권자인 참가인 문화재청장만이 시행할 적격이 있으므로, 참가인 송파구청장은 국가지정문화재인 이 사건 공장부지를 수용하는 이 사건 사업의 시행자가 될 수 없다. 따라서 이 사건 사업인정고시는 사업시행자를 잘못 지정한 하자가 있으며, 이 사건 사업인정고시는 사업시행자와 협의취득 주체가 상이하여 법률에 근거한 사업시행자에 의하여 공익사업이 수행되어야 한다는 원칙에 위배되는 것으로서, 사업시행자인 참가인 송파구청장에게는 사업비 조달 등과 관련하여 사업수행의사와 수행능력이 없어 하자가 있다는 주장에 대하여, 원심은 "법상 국가지정문화재에 대하여 지방자치단체의 장이 사업시행자로서 토지를 수용하는 것이 불가능하다고는 보이지 아니하고, 달리 이러한 수용이 금지된다고 볼 아무런 법률상 근거가 없으므로, 풍납토성이 국가지정문화재라 하더라도 문화재보호법 제34조 제1항 소정의 관리단체인 참가인 송파구청장은 같은 법 제83조 제1항에 의하여 그 보존·관리를 위해 필요한 경우 고유의 권한으로 토지보상법에 따라 토지를 수용할 수 있다고 할 것이며, 참가인 송파구청장이 이 사건 사업비를 송파구의 자체 예산으로 조달하지 않는다는 사정만으로 참가인 송파구청장에게 사업수행의사나 능력이 없다고 볼 수 없다"고 판단함.

③ **사업시행방식의 하자가 있는지 여부**

원고의 이 사건 사업은 풍납토성 지역 전체의 복원·정비사업의 일부분에 불과하여 사업인정의 대상적격이 없으며, 원고의 이 사건 공장부지만을 사업대상지로 삼아 이 사건 공장을 이전시킬 목적에서 비롯된 '표적수용'의 성격을 띠고 있는바, 이 사건 사업인정고시는 위법하고, 참가인 송파구청장과 참가인 서울특별시는 이 사건 공장부지에 대하여 연차적으로 토지를 협의취득하고 협의취득된 토지에 관하여 임대료를 부과하는 방식으로 보상을 진행하였는바, 이는 토지보상법에서 정한 일괄보상 및 사전보상의 원칙에 위배되는 것으로서 위법하다고 주장에 대하여, 원심은 "풍납토성의 구조 및 지역특성을 고려하여 이를 여러 권역으로 나누어 순차적으로 사업을 진행하는 것이 위법하다고 할 수 없고, 이 사건 수용대상부지에 대한 이 사건 사업인정고시가 특정 토지소유자를 축출하기 위한 '표적수용'이라고 볼 근거가 없으며, 토지보상법 제65조는 '사업시행자는 동일한 사업지역에 보상시기를 달리하는 동일인 소유의 토지 등이 여러 개 있는 경우 토지소유자나 관계인이 요구할 때에는 한꺼번에 보상금을 지급하도록 하여야 한다'고 규정하고 있는바, 원고가 참가인 송파구청장에 대하여 이 사건 공장부지 전체 필지에 대하여 일괄적으로 협의취득 또는 강제수용을 요구하였음을 인정할 아무런 증거가 없으며 오히려 이 사건 공장부지에 대한 협의취득 절차가 순차적으로 진행되어 온 점에 비추어 보면 이 사건 공장부지에 대한 협의취득 또는 수용의 방식이 위 토지보상법 규정에서 정한 일괄보상원칙에 위배된다고 할 수 없다."고 판단함.

④ **사업목적 및 필요성의 부존재 및 비례의 원칙 위반 여부**

원고의 이 사건 사업은 사업목적 및 필요성이 존재하지 않으며, 이 사건 사업인정고시는 사업으로 인하여 달성될 수 있는 공익과 침해되는 사익 간의 비교형량이 현저하게 불균형하여 비례의 원칙에 반하므로 위법하다는 주장에 대하여, 원심은 "풍납토성의 역사적 가치에 비추어 이를 복원·정비하는 사업은 그 공익성이 당연히 인정될 뿐 아니라, 이 사건 수용대상부지는 풍납토성 성벽의 부지 또는 그 성벽에 바로 인접한 부지로서 이를 수용하여 성벽 또는 해자시설을 복원·정비하는 것은 풍납토성의 보존·관리를 위하여 필요하며, 공·사익 상호 간의 비교형량 또한 비례원칙에 적합하다."고 판단함.

관련기출

1. 제31회 문제1 물음3

丙이 소유하고 있는 토지(이하 '이 사건 C토지'라 한다)는 문화재보호법상 보호구역으로 지정된 토지로서 이 사건 시설 조성사업의 시행을 위한 사업구역 내에 위치하고 있다. 甲은 공물인 이 사건 C토지를 이 사건 시설 조성사업의 시행을 위하여 수용할 수 있는가? [15점]

판례 39 **2008두1504**

토지보상법 제85조 제1항(행정소송) : 원처분주의

쟁점사항

▶ 토지보상법 제85조 제1항(행정소송)의 대상 : 원처분

1. 종전 (구)토지수용법의 재결주의에 대한 판례의 변화

종전 (구)토지수용법제에서는 동법 제75조의2 제1항에서 "이의신청의 재결에 대하여 불복이 있을 때에는 재결서가 송달된 날로부터 1월 이내에 행정소송을 제기할 수 있다."라고 규정하고 있으므로 이에 대하여 대법원은 재결주의의 입장의 해석을 내놓을 수밖에 없었다. 원처분주의의 재결주의에 대한 태도는 입법정책적인 문제로서, (구)토지수용법과 (구)공특법이 2003년 1월 1일 통합 시행되면서 토지보상법제의 행정소송에 대하여 원처분주의로의 변화는 그동안의 재결주의에 대한 학계의 논란을 불식시키는 계기가 되었다.

2. 토지보상법 제85조의 입법취지

토지보상법 제85조 제1항 전문의 문언 내용과 토지보상법 제83조, 제85조가 중앙토지수용위원회에 대한 이의신청을 임의적 절차로 규정하고 있는 점, 행정소송법 제19조 단서가 행정심판에 대한 재결은 재결 자체에 고유한 위법이 있음을 이유로 하는 경우에 한하여 취소소송의 대상으로 삼을 수 있도록 규정하고 있는 점 등을 종합하여 보면, 수용재결에 불복하여 취소소송을 제기하는 때에는 이의신청을 거친 경우에도 수용재결을 한 중앙토지수용위원회 또는 지방토지수용위원회를 피고로 하여 수용재결의 취소를 구하여야 하고, 다만 이의신청에 대한 재결 자체에 고유한 위법이 있음을 이유로 하는 경우에는 그 이의재결을 한 중앙토지수용위원회를 피고로 하여 이의재결의 취소를 구할 수 있다고 보아야 한다고 본 대법원 판례는 통합법안의 입법취지를 잘 반영

한 것으로 평가된다. 그동안 재결주의에 대한 판례가 유지됨으로 인해서 원처분주의에 대한 입법에 대해서 논란이 많았으나, 대법원이 토지수용재결에 대하여 원처분주의로 해석한 것은 토지수용 법률관계의 복잡성과 아울러 권리구제의 실효성 확보를 위한 결단이라 보인다.

3. 소송의 대상 및 피고적격

수용재결에 불복하여 중앙토지수용위원회의 이의재결을 거친 경우 수용재결 자체의 취소를 구하는 항고소송은 이의재결을 한 중앙토지수용위원회만이 피고적격이 있다는 이유로 수용재결을 한 피고 중앙토지수용위원회를 상대로 수용재결의 취소를 구하는 부분의 소를 각하한 원심의 판단에는 수용재결에 불복하여 취소소송을 제기하는 경우의 소송대상 및 피고적격에 관한 법리를 오해하여 판결 결과에 영향을 미친 위법이 있고 이 점을 지적하는 상고취지는 이유가 있다고 판시하고 있다. 따라서 소송의 대상은 원 행정작용인 수용재결을 대상으로 하여야 하며 피고는 원 행정작용을 한 관할 토지수용위원회라고 할 것이다. 예를 들어 서울시 관악구의 도로사업인 경우에는 서울지방토지수용위원회의 수용재결에 대해서 행정소송의 대상은 원 수용재결이며, 피고는 서울지방토지수용위원회가 된다. 그런데 국책사업이거나 두 개의 광역시에 걸쳐서 행하는 공익사업의 수용재결은 중앙토지수용위원회가 행하므로 소송의 대상은 국책사업 등의 원 수용재결이고 피고는 중앙토지수용위원회가 관할 토지수용위원회이므로 피고적격이 있다고 하겠다.

(구)토지수용법하에서 재결주의 판례

쟁점사항

▶ (구)토지수용법 취소소송의 절차(재결전치주의) 및 대상(원처분)

관련판례

✦ **대판 2001.5.8, 2001두1468[토지수용이의재결처분취소등]**

판시사항

(구)토지수용법상의 토지수용에 관한 취소소송에 행정소송법 제18조가 적용되는지 여부(소극) 및 그 취소소송의 대상(= 중앙토지수용위원회의 이의재결)

판결요지

(구)토지수용법과 같이 재결전치주의를 정하면서 원처분인 수용재결에 대한 취소소송을 인정하지 아니하고 재결인 이의재결에 대한 취소소송만을 인정하고 있는 경우에는 재결을 거치지 아니하고 원처분인 수용재결 취소의 소를 제기할 수 없는 것이며 행정소송법 제18조는 적용되지 아니하고,

따라서 수용재결 처분이 무효인 경우에는 재결 그 자체에 대한 무효확인을 소구할 수 있지만, 토지수용에 관한 취소소송은 중앙토지수용위원회의 이의재결에 대하여 불복이 있을 때에 제기할 수 있고 수용재결은 취소소송의 대상으로 삼을 수 없으며, 이의재결에 대한 행정소송에서는 이의재결 자체의 고유한 위법사유뿐 아니라 이의신청사유로 삼지 않은 수용재결의 하자도 주장할 수 있다.

쟁점사항

▶ (구)토지수용법상 취소소송의 대상과 심판 범위

관련판례

✦ 대판 1995.12.8, 95누5561[토지수용이의재결처분취소등]

판시사항

[1] 토지수용 취소소송에 있어서의 소송물과 심판범위

[2] 묘목에 대한 손실보상액 산정에 있어서 묘목의 수량에 대한 원심의 사실인정이 잘못되었다는 이유로 원심판결을 파기한 사례

판결요지

[1] 토지수용에 관한 취소소송은 중앙토지수용위원회의 이의재결에 대하여 불복이 있을 때에 제기할 수 있고 수용재결은 취소소송의 대상으로 삼을 수 없다 할 것이므로 그 취소소송에서는 이의재결 자체의 고유한 위법사유뿐만 아니라 이의신청사유로 삼지 아니한 수용재결의 하자도 주장할 수 있고, 또한 토지수용법 제75조는 이의신청이 있는 경우에 중앙토지수용위원회가 수용재결의 위법 또는 부당 여부를 심리하도록 규정하고 있을 뿐 이의신청서에 기재된 이의사유에 한하여 심리하도록 제한하고 있지 아니하므로 특별한 사정이 없는 한 이의신청의 효력은 수용재결 전체에 미친다.

[2] 묘목에 대한 손실보상액 산정에 있어서 묘목의 수량에 대한 원심의 사실인정이 잘못되었다는 이유로 원심판결을 파기한 사례

현행 토지보상법하에서 원처분주의 판례

쟁점사항

▸ 수용재결에 불복하여 이의신청을 거친 후 취소소송을 제기하는 경우 피고적격 및 소송대상(= 원처분)

관련판례

✦ 대판 2010.1.28, 2008두1504[수용재결취소등]

판시사항

토지소유자 등이 수용재결에 불복하여 이의신청을 거친 후 취소소송을 제기하는 경우 피고적격 (= 수용재결을 한 토지수용위원회) 및 소송대상(= 수용재결)

판결요지

공익사업법 제85조 제1항 전문의 문언 내용과 공익사업법 제83조, 제85조가 중앙토지수용위원회에 대한 이의신청을 임의적 절차로 규정하고 있는 점, 행정소송법 제19조 단서가 행정심판에 대한 재결은 재결 자체에 고유한 위법이 있음을 이유로 하는 경우에 한하여 취소소송의 대상으로 삼을 수 있도록 규정하고 있는 점 등을 종합하여 보면, 수용재결에 불복하여 취소소송을 제기하는 때에는 이의신청을 거친 경우에도 수용재결을 한 중앙토지수용위원회 또는 지방토지수용위원회를 피고로 하여 수용재결의 취소를 구하여야 하고, 다만 이의신청에 대한 재결 자체에 고유한 위법이 있음을 이유로 하는 경우에는 그 이의재결을 한 중앙토지수용위원회를 피고로 하여 이의재결의 취소를 구할 수 있다고 보아야 한다.
수용재결에 불복하여 중앙토지수용위원회의 이의재결을 거친 경우 수용재결 자체의 취소를 구하는 항고소송은 이의재결을 한 중앙토지수용위원회만이 피고적격이 있다는 이유로 수용재결을 한 피고 중앙토지수용위원회를 상대로 수용재결의 취소를 구하는 부분의 소를 각하하였다. 이러한 원심의 판단에는 수용재결에 불복하여 취소소송을 제기하는 경우의 소송대상 및 피고적격에 관한 법리를 오해하여 판결 결과에 영향을 미친 위법이 있다. 이 점을 지적하는 상고취지는 이유 있다.

관련내용

1. 원처분주의, 재결주의 의의
   (1) **원처분주의의 의의** : 원처분과 재결 모두에 대해 소를 제기할 수 있으나, 원처분의 취소소송에서는 원처분의 위법을 다투고, 재결의 고유한 위법에 대해서는 재결취소소송으로 다투도록 하는 것이다.
   (2) **재결주의의 의의** : 원처분에 대해서는 소송을 제기할 수 없고, 재결에 대해서만 소송을 제기하도록 하는 제도이다.

관련기출

1. **제34회 문제1 물음2**
   甲은 수용 자체가 위법이라고 주장하면서 관할 지방토지수용위원회의 수용재결과 중앙토지수용위원회의 이의재결을 거친 후 취소소송을 제기하였다. 취소소송의 대상적격과 피고적격에 관하여 설명하시오. **20점**

2. **제25회 문제1 물음2**
   Y는 정비사업을 실시함에 있어 이 사업에 반대하는 토지등소유자 乙등의 토지와 주택을 취득하기 위하여 「공익사업을 위한 토지 등의 취득 및 보상에 관한 법률」에 의거한 乙등과 협의가 성립되지 않아 지방토지수용위원회의 수용재결을 거쳤는데, 이 수용재결에 불복하여 Y가 중앙토지수용위원회에 이의재결을 신청하여 인용재결을 받았다.
   이 경우 乙등이 이 재결에 대해 항고소송을 제기한다면 소송의 대상은 무엇인가? **20점**

※ **출제위원 채점평**
   〈2문〉은 행정소송법 제19조의 원처분주의 원칙이 공익사업법상 수용재결과 이의재결에 어떻게 적용되는지 기본적인 쟁점에 관한 질문이다. 이 문제에 대해서는 행정소송법상 원처분주의와 재결주의의 명확한 이해, 제3자효 행정행위의 인용재결이 행정소송법 제19조 단서의 재결 자체의 고유한 위법에 해당되는지 여부, 현행 공익사업법 제85조에 의할 때 이의 인용재결이 있은 경우에 무엇이 항고소송의 대상이 되는지 여부가 질문의 핵심이다. 이 〈2문〉도 〈1문〉과 마찬가지로 대부분의 수험생들이 무엇을 질문하는지 알고 있었다. 그러나 원처분주의와 재결주의에 대한 정확한 개념 정의가 부정확한 경우도 많았다. 특히, 이 문제와 같이 평이한 쟁점의 경우 법률, 판례, 학설에 의한 입체적이고 유기적인 논증을 통해 질문에 알찬 답안을 법리적으로 기술하여야 함에도 불구하고 상당수 수험생들은 이런 점을 소홀히 하여 피상적이거나 중요 판례를 제외하고 기술하는 등 논증의 치밀성과 체계성이 떨어지는 답안도 상당수 있었다. 결국, 이 문제에서도 기본기가 충실하고 이해 위주로 공부한 수험생이 후한 점수를 받았다고 본다.

판례 40 2008두822

잔여지 수용재결 거부에 대한 소송의 형태(보상금증감청구소송)

쟁점사항

▶ 잔여지수용청구권의 법적 성질 및 그 상대방
▶ 잔여지 수용재결 거부에 대한 소송의 형태

관련판례

✦ 대판 2010.8.19, 2008두822[토지수용이의재결처분취소등]

판시사항

[1] (구)공익사업을 위한 토지 등의 취득 및 보상에 관한 법률 제74조 제1항에 의한 잔여지수용청구를 받아들이지 않은 토지수용위원회의 재결에 대하여 토지소유자가 불복하여 제기하는 소송의 성질 및 그 상대방

[2] (구)공익사업을 위한 토지 등의 취득 및 보상에 관한 법률 제74조 제1항의 잔여지수용청구권 행사기간의 법적 성질(= 제척기간) 및 잔여지수용청구 의사표시의 상대방(= 관할 토지수용위원회)

[3] 토지소유자가 자신의 토지에 숙박시설을 신축하기 위해 부지를 조성하던 중 그 토지의 일부가 익산-장수 간 고속도로 건설공사에 편입되자 사업시행자에게 부지조성비용 등의 보상을 청구한 사안에서, 부지조성비용이 별도의 보상대상으로 인정되지 않는다면 토지소유자에게 잔여지의 가격 감소로 인한 손실보상을 구하는 취지인지 여부에 관하여 의견을 진술할 기회를 부여하고 그 당부를 심리·판단하였어야 함에도, 이러한 조치를 취하지 않은 원심판결에 석명의무를 다하지 않아 심리를 제대로 하지 않은 위법이 있다고 한 사례

판결요지

[1] (구)공익사업을 위한 토지 등의 취득 및 보상에 관한 법률(2007.10.17. 법률 제8665호로 개정되기 전의 것) 제74조 제1항에 규정되어 있는 잔여지수용청구권은 손실보상의 일환으로 토지소유자에게 부여되는 권리로서 그 요건을 구비한 때에는 잔여지를 수용하는 토지수용위원회의 재결이 없더라도 그 청구에 의하여 수용의 효과가 발생하는 형성권적 성질을 가지므로, 잔여지수용청구를 받아들이지 않은 토지수용위원회의 재결에 대하여 토지소유자가 불복하여 제기하는 소송은 위 법 제85조 제2항에 규정되어 있는 '보상금의 증감에 관한 소송'에 해당하여 사업시행자를 피고로 하여야 한다.

[2] (구)공익사업을 위한 토지 등의 취득 및 보상에 관한 법률(2007.10.17. 법률 제8665호로 개정되기 전의 것) 제74조 제1항에 의하면, 잔여지수용청구는 사업시행자와 사이에 매수에 관한 협의가 성립되지 아니한 경우 일단의 토지의 일부에 대한 관할 토지수용위원회의 수용재결이 있기 전까지 관할 토지수용위원회에 하여야 하고, 잔여지수용청구권의 행사기간은 제척기간으로서, 토지소유자가 그 행사기간 내에 잔여지수용청구권을 행사하지 아니하면 그 권리가 소멸한다. 또한 위 조항의 문언 내용 등에 비추어 볼 때, 잔여지수용청구의 의사표시는 관할 토지수용위원회에 하여야 하는 것으로서, 관할 토지수용위원회가 사업시행자에게 잔여지수용청구의 의사표시를 수령할 권한을 부여하였다고 인정할 만한 사정이 없는 한, 사업시행자에게 한 잔여지매수청구의 의사표시를 관할 토지수용위원회에 한 잔여지수용청구의 의사표시로 볼 수는 없다.

[3] 토지소유자가 자신의 토지에 숙박시설을 신축하기 위해 부지를 조성하던 중 그 토지의 일부가 익산-장수 간 고속도로 건설공사에 편입되자 사업시행자에게 부지조성비용 등의 보상을 청구한 사안에서, 잔여지에 지출된 부지조성비용은 그 토지의 가치를 증대시킨 한도 내에서 잔여지의 감소로 인한 손실보상액을 산정할 때 반영되는 것일 뿐, 별도의 보상대상이 아니므로, 잔여지에 지출된 부지조성비용이 별도의 보상대상으로 인정되지 않는다면 토지소유자에게 잔여지의 가격 감소로 인한 손실보상을 구하는 취지인지 여부에 관하여 의견을 진술할 기회를 부여하고 그 당부를 심리·판단하였어야 함에도, 이러한 조치를 취하지 않은 원심판결에 석명의무를 다하지 않아 심리를 제대로 하지 않은 위법이 있다고 한 사례

관련내용

잔여지수용[토지보상법 제74조]

1. 의의 및 취지

잔여지수용이란 동일한 소유자에게 속하는 일단의 토지의 일부가 취득됨으로 인하여 잔여지를 종래의 목적에 사용하는 것이 현저히 곤란한 경우 토지소유자의 청구에 의해 일단의 토지의 전부를 매수하거나 수용하는 것을 말한다. 이는 손실보상정책의 일환으로 부여된 것으로서 피수용자의 권리보호에 취지가 인정된다.

2. 법적 성질

확장수용의 성질을 공용수용으로 보면 공권으로 봄이 타당하며, 판례는 요건충족 시에 토지수용위원회의 특별한 조치를 기다릴 것 없이 청구에 의하여 수용의 효과가 발생하므로 형성권적 성질을 가진다고 판시하였다.

3. 잔여지수용의 요건

토지보상법 제74조에서는

① 동일한 소유자에게 속하는 일단의 토지의 일부가 협의에 의하여 매수되거나 수용됨으로 인하여 잔여지를 종래의 목적으로 사용하는 것이 현저히 곤란한 경우,

② 사업완료일까지(가격감소는 완료 후 1년까지) 청구할 수 있다고 규정하고 있다.

<u>토지보상법 시행령 제39조에서는</u>

① 대지로서 면적 등의 사유로 인하여 건축물을 건축할 수 없거나 현저히 곤란한 경우,

② 농지로서 농기계의 진입과 회전이 곤란할 정도로 폭이 좁고 길게 남거나 부정형 등의 사유로 인하여 영농이 현저히 곤란한 경우,

③ 공익사업의 시행으로 인하여 교통이 두절되어 사용 또는 경작이 불가능하게 된 경우,

④ ①부터 ③까지에서 규정한 사항과 유사한 정도로 잔여지를 종래의 목적대로 사용하는 것이 현저히 곤란하다고 인정되는 경우라고 규정하고 있다.

4. 절차

협의취득은 사업시행자에게 잔여지를 매수하여 줄 것을 청구할 수 있으며, 수용취득은 사업시행자에게 매수를 청구하거나, 매수에 관한 협의가 성립되지 아니한 경우 토지수용위원회에 수용을 청구한다.

5. 효과

① **잔여지의 취득** : 사업시행자는 매수청구에 의한 경우 수용목적물을 승계취득하며, 잔여지를 수용하는 경우 수용목적물을 원시취득하며, 목적물에 존재하던 모든 권리는 소멸한다. 수용목적물을 원시취득하며, 목적물에 존재하던 모든 권리는 소멸한다.

② **관계인의 권리보호** : 매수 또는 수용청구가 있는 잔여지 및 잔여지에 있는 물건에 관하여 권리를 가진 자는 사업시행자나 관할 토지수용위원회에 그 권리의 존속을 청구할 수 있다(제74조 제2항).

③ **사업인정의 의제** : 사업인정고시가 된 후 사업시행자가 잔여지를 매수하는 경우 그 잔여지에 대하여는 사업인정(법 제20조) 및 사업인정고시(법 제22조)가 된 것으로 본다(제74조 제3항).

④ **손실보상** : 잔여지 및 잔여지에 있는 물건에 대한 구체적인 보상액 산정 및 평가방법 등에 대하여는 토지보상법 규정을 준용한다(제74조 제4항).

6. 권리구제

① 이의신청 제기가 가능하고 ② 판례의 입장 및 잔여지수용청구권이 형성권인 점, 분쟁의 일회적 해결이라는 보상금증감청구소송의 취지 등을 종합적으로 고려할 때 잔여지수용재결 거부에 대한 소송은 보상금증감청구소송으로 봄이 타당하며, ③ 법적 성질이 공권이고 판례 또한 수용재결 및 이의재결에 불복이 있을 경우 이의재결의 취소 및 보증소를 제기하여야 하며 민사소송으로 잔여지에 대한 보상금의 지급을 구할 수 없다고 판시하여 민사소송의 가능성은 부정됨이 타당하다.

제73조(잔여지의 손실과 공사비 보상)

① 사업시행자는 동일한 소유자에게 속하는 일단의 토지의 일부가 취득되거나 사용됨으로 인하여 잔여지의 가격이 감소하거나 그 밖의 손실이 있을 때 또는 잔여지에 통로·도랑·담장 등의 신설이나 그 밖의 공사가 필요할 때에는 국토교통부령으로 정하는 바에 따라 그 손실이나 공사의 비용을 보상하여야 한다. 다만, 잔여지의 가격 감소분과 잔여지에 대한 공사의 비용을 합한 금액이 잔여지의 가격보다 큰 경우에는 사업시행자는 그 잔여지를 매수할 수 있다.

② 제1항 본문에 따른 손실 또는 비용의 보상은 관계 법률에 따라 사업이 완료된 날 또는 제24조의2에 따른 사업완료의 고시가 있는 날(이하 "사업완료일"이라 한다)부터 1년이 지난 후에는 청구할 수 없다.

③ 사업인정고시가 된 후 제1항 단서에 따라 사업시행자가 잔여지를 매수하는 경우 그 잔여지에 대하여는 제20조에 따른 사업인정 및 제22조에 따른 사업인정고시가 된 것으로 본다.

④ 제1항에 따른 손실 또는 비용의 보상이나 토지의 취득에 관하여는 제9조 제6항 및 제7항을 준용한다.

⑤ 제1항 단서에 따라 매수하는 잔여지 및 잔여지에 있는 물건에 대한 구체적인 보상액 산정 및 평가방법 등에 대하여는 제70조, 제75조, 제76조, 제77조, 제78조 제4항, 같은 조 제6항 및 제7항을 준용한다.

제75조의2(잔여 건축물의 손실에 대한 보상 등)

① 사업시행자는 동일한 소유자에게 속하는 일단의 건축물의 일부가 취득되거나 사용됨으로 인하여 잔여 건축물의 가격이 감소하거나 그 밖의 손실이 있을 때에는 국토교통부령으로 정하는 바에 따라 그 손실을 보상하여야 한다. 다만, 잔여 건축물의 가격 감소분과 보수비(건축물의 나머지 부분을 종래의 목적대로 사용할 수 있도록 그 유용성을 동일하게 유지하는 데에 일반적으로 필요하다고 볼 수 있는 공사에 사용되는 비용을 말한다. 다만, 「건축법」 등 관계 법령에 따라 요구되는 시설 개선에 필요한 비용은 포함하지 아니한다)를 합한 금액이 잔여 건축물의 가격보다 큰 경우에는 사업시행자는 그 잔여 건축물을 매수할 수 있다.

② 동일한 소유자에게 속하는 일단의 건축물의 일부가 협의에 의하여 매수되거나 수용됨으로 인하여 잔여 건축물을 종래의 목적에 사용하는 것이 현저히 곤란할 때에는 그 건축물소유자는 사업시행자에게 잔여 건축물을 매수하여 줄 것을 청구할 수 있으며, 사업인정 이후에는 관할 토지수용위원회에 수용을 청구할 수 있다. 이 경우 수용 청구는 매수에 관한 협의가 성립되지 아니한 경우에만 하되, 사업완료일까지 하여야 한다.

관련기출

1. 제32회 문제1 물음3

협의가 성립되지 않아 사업시행지 내의 ④토지가 수용되었다. 그 후 甲은 ④토지의 잔여지에 대해서 2020.11.12. 잔여지수용청구를 하였다. 잔여지수용청구권의 법적 성질과 甲의 잔여지수용청구가 인정될 수 있는지를 검토하시오. **15점**

2. 제26회 문제3

甲은 C시 소재 전(田) 700㎡(이하 '이 사건 토지'라고 한다)의 소유자로서, 여관 신축을 위하여 부지를 조성하였는데, 진입로 개설비용 3억원, 옹벽공사비용 9천만원, 토목설계비용 2천만원, 토지형질변경비용 1천만원을 각 지출하였다. 그런데 건축허가를 받기 전에 국토교통부장관이 시행하는 고속도로건설공사에 대한 사업인정이 2014년 7월 15일 고시되어 이 사건 토지 중 500㎡(이하 '이 사건 수용 대상 토지'라고 한다)가 공익사업시행지구에 편입되었고, 2015년 7월 17일 관할 토지수용위원회에서 수용재결이 있었다. 그 결과 이 사건 토지에서 이 사건 수용 대상 토지를 제외한 나머지 200㎡(이하 '이 사건 나머지 토지'라고 한다)는 더 이상 여관 신축의 용도로는 사용할 수 없게 되어 그 부지조성 비용은 이 사건 나머지 토지의 정상적인 용도에 비추어 보았을 때에는 쓸모없는 지출이 되고 말았다. 이에 甲은 이 사건 나머지 토지에 들인 부지조성 비용에 관하여 손실보상의 지급을 청구하고자 한다. 다음 물음에 답하시오. **20점**

(1) 위 청구권의 법적 근거에 관하여 설명하시오. **10점**

(2) 甲은 다른 절차를 거치지 않고 바로 국가를 상대로 손실보상을 청구하는 소송을 제기할 수 있는가? **10점**

※ 출제위원 채점평

[문제 3] 잔여지 손실 보상과 그 절차에 관한 문제이다. 관련 법령과 판례를 충실히 설명한 답안에 높은 점수를 부여하였다. 설문의 취지에 따르면 잔여지 매수 또는 수용 청구에까지 이르는 사안은 아니지만 관련 내용을 서술한 답안에 대해서도 적절한 점수가 부여되었다. 아울러, 공익사업시행지구 밖의 토지에 관한 손실보상(공익사업을 위한 토지 등의 취득에 관한 법률 제79조), 사업폐지에 따른 손실보상(공익사업을 위한 토지 등의 취득에 관한 법률 시행규칙 제57조), 간접손실보상 일반이론에 관한 내용을 서술한 답안에 대해서도 적절한 점수가 부여되었다.

3. 제23회 문제2

한국수자원공사는 「한국수자원공사법」 제9조 및 제10조에 근거하여 수도권(首都圈) 광역상수도사업 실시계획을 수립하여 국토교통부장관의 승인을 얻은 후, 1필지인 甲의 토지 8,000㎡ 중 6,530㎡를 협의취득하였다. 협의취득 후 甲의 잔여지는 A지역 495㎡, B지역 490㎡, 그리고 C지역 485㎡로 산재(散在)하고 있다. **30점**

(1) 甲은 위 잔여지의 토지가격의 감소를 이유로 손실보상을 청구하려고 한다. 이 경우 잔여지의 가격감소에 대한 甲의 권리구제방법을 설명하시오. **15점**

(2) 호텔을 건립하기 위해 부지를 조성하고 있던 甲은 자신의 잔여지를 더 이상 종래의 사용목적대로 사용할 수 없게 되자 사업시행자와 매수에 관한 협의를 하였으나, 협의가 성립되지 아니하였다. 이에 甲은 관할 토지수용위원회에 잔여지의 수용을 청구하였지만, 관할 토지수용위원회는 이를 받아들이지 않았다. 이 경우 잔여지수용청구의 요건과 甲이 제기할 수 있는 행정소송의 형식을 설명하시오. **15점**

※ **출제위원 채점평**

문제2의 경우 수험생들도 대체로 잔여지보상에 관한 기본적 지식을 갖추고 있었고, 최근 판례의 내용에 대해서도 충분히 숙지하고 있었다. 다만, 잔여지감가보상과 잔여지수용청구의 요건을 서로 구별하지 못하거나, 보상금증감청구소송에 관한 최근 판례의 내용을 숙지하면서도 정작 잔여지감가보상의 소송형식에 관한 대법원 판례의 내용을 정확히 아는 수험생은 그리 많지 않았다.

판례 41 2012두24092

토지보상법상 재결절차를 거치지 아니하고 잔여지 또는 잔여건축물 가격감소 등의 손실보상을 청구할 수 있는지 여부

쟁점사항

▶ 잔여지 또는 잔여 건축물의 손실보상 청구 가능성 및 재결전치주의

관련판례

✦ 대판 2014.9.25, 2012두24092[손실보상금]

판시사항

토지소유자가 구 공익사업을 위한 토지 등의 취득 및 보상에 관한 법률 제34조, 제50조 등에 규정된 재결절차를 거치지 않은 채 곧바로 사업시행자를 상대로 같은 법 제73조, 제75조의2에 따른 잔여지 또는 잔여 건축물 가격감소 등으로 인한 손실보상을 청구할 수 있는지 여부(원칙적 소극) 및 이는 잔여지 또는 잔여 건축물 수용청구에 대한 재결절차를 거친 경우에도 마찬가지인지 여부(적극)

판결요지

(구)공익사업을 위한 토지 등의 취득 및 보상에 관한 법률(2011.8.4. 법률 제11017호로 개정되기 전의 것, 이하 '공익사업법'이라고 한다) 제73조, 제75조의2와 같은 법 제34조, 제50조, 제61조, 제83조 내지 제85조의 규정 내용 및 입법 취지 등을 종합하면, 토지소유자가 사업시행자로부터 공익사업법 제73조, 제75조의2에 따른 잔여지 또는 잔여 건축물 가격감소 등으로 인한 <u>손실보상</u>

을 받기 위해서는 공익사업법 제34조, 제50조 등에 규정된 재결절차를 거친 다음 그 재결에 대하여 불복할 때 비로소 공익사업법 제83조 내지 제85조에 따라 권리구제를 받을 수 있을 뿐이며, 특별한 사정이 없는 한 이러한 재결절차를 거치지 않은 채 곧바로 사업시행자를 상대로 손실보상을 청구하는 것은 허용되지 않는다 할 것이고, 이는 잔여지 또는 잔여 건축물 수용청구에 대한 재결절차를 거친 경우라고 하여 달리 볼 것은 아니다.

관련내용

✦ 잔여건축물의 수용(토지보상법 제75조의2)

1. 의의 및 요건

동일한 소유자에게 속하는 일단의 건축물의 일부가 협의에 의하여 매수되거나 수용됨으로 인하여 잔여건축물을 종래의 목적에 사용하는 것이 현저히 곤란할 때에는 그 건축물 소유자는 사업시행자에게 잔여건축물을 매수하여 줄 것을 청구하는 것을 말한다.

2. 절차

협의에 의하여 매수하거나 수용된 경우에는 사업시행자에게 매수청구를 하며 사업인정 이후에는 관할 토지수용위원회에 수용을 청구할 수 있다. 이 경우 수용청구는 매수에 관한 협의가 성립되지 아니한 경우에만 하되, 사업완료일까지 하여야 한다.

> **제73조(잔여지의 손실과 공사비 보상)**
> ① 사업시행자는 동일한 소유자에게 속하는 일단의 토지의 일부가 취득되거나 사용됨으로 인하여 잔여지의 가격이 감소하거나 그 밖의 손실이 있을 때 또는 잔여지에 통로·도랑·담장 등의 신설이나 그 밖의 공사가 필요할 때에는 국토교통부령으로 정하는 바에 따라 그 손실이나 공사의 비용을 보상하여야 한다. 다만, 잔여지의 가격 감소분과 잔여지에 대한 공사의 비용을 합한 금액이 잔여지의 가격보다 큰 경우에는 사업시행자는 그 잔여지를 매수할 수 있다.
> ② 제1항 본문에 따른 손실 또는 비용의 보상은 관계 법률에 따라 사업이 완료된 날 또는 제24조의2에 따른 사업완료의 고시가 있는 날(이하 "사업완료일"이라 한다)부터 1년이 지난 후에는 청구할 수 없다.
> ③ 사업인정고시가 된 후 제1항 단서에 따라 사업시행자가 잔여지를 매수하는 경우 그 잔여지에 대하여는 제20조에 따른 사업인정 및 제22조에 따른 사업인정고시가 된 것으로 본다.
> ④ 제1항에 따른 손실 또는 비용의 보상이나 토지의 취득에 관하여는 제9조 제6항 및 제7항을 준용한다.
> ⑤ 제1항 단서에 따라 매수하는 잔여지 및 잔여지에 있는 물건에 대한 구체적인 보상액 산정 및 평가방법 등에 대하여는 제70조, 제75조, 제76조, 제77조, 제78조 제4항, 같은 조 제6항 및 제7항을 준용한다.

1. 제30회 문제2 물음1

   甲은 골프장을 보유·운영해왔는데, 그 전체 부지 1,000,000㎡ 중 100,000㎡가 도로건설 사업부지로 편입되었고, 골프장은 계속 운영되고 있다. 위 사업부지로 편입된 부지 위에는 오수처리시설이 있었는데, 수용재결에서는 그 이전에 필요한 비용으로 1억원의 보상금을 산정하였다. 다음 물음에 답하시오. **30점**

   물음 1) 甲은 골프장 잔여시설이 종전과 동일하게 운영되려면 위 오수처리시설을 대체하는 새로운 시설의 설치가 필요하다고 보아 그 설치에 드는 비용 1억 5천만원을 보상받아야 한다고 주장한다. 甲의 주장은 법적으로 타당한가? **10점**

   물음 2) 甲은 골프장 잔여시설의 지가 및 건물가격 하락분에 대하여 보상을 청구하려고 한다. 이때 甲이 제기할 수 있는 소송에 관하여 설명하시오. **20점**

※ 출제위원 채점평

   물음1)은 잔여지공사비보상의 대상에 해당하는지 여부에 관한 것입니다. 그 요건의 충족여부에 관한 해석 문제이므로 설득력 있는 논증과 결론 도출 등이 중요합니다. 또한 이러한 보상의 근거가 무엇인지, 잔여지 감가보상이나 잔여지 매수청구 및 수용청구, 잔여 건축물의 손실보상 등과의 구별 등이 검토되어야 합니다.

   물음2)는 잔여지의 감가보상 및 건축물의 손실보상에 관한 문제입니다. 잔여지 감가보상의 적합한 소송형식을 판단함에 있어서 토지수용위원회의 재결을 거쳐야 하는지가 주요한 쟁점입니다. 암기식의 답안작성이나 불충분한 논거 등은 피하고 개별 사안에서 사실관계를 정확히 파악하고 관련된 이론을 논리적으로 설명해야 합니다. 잔여지보상과 권리구제에 대한 이해도가 높아지고 있는 점은 매우 고무적입니다.

2007두13845

수용보상금의 증액을 구하는 소송 : 비교표준지공시지가 결정의 하자의 승계

▶ 보상금증감청구소송에서 비교표준지공시지가 결정의 하자가 승계되는지 여부
▶ 비교표준지공시지가 결정의 위법을 독립한 사유로 주장할 수 있는지 여부

🦯 관련판례

✦ 대판 2008.8.21, 2007두13845[토지보상금]

판시사항

수용보상금의 증액을 구하는 소송에서 선행처분으로서 그 수용대상토지 가격산정의 기초가 된 비교표준지공시지가 결정의 위법을 독립한 사유로 주장할 수 있는지 여부(적극)

판결요지

표준지공시지가 결정은 이를 기초로 한 수용재결 등과는 별개의 독립된 처분으로서 서로 독립하여 별개의 법률효과를 목적으로 하지만, 표준지공시지가는 이를 인근 토지의 소유자나 기타 이해관계인에게 개별적으로 고지하도록 되어 있는 것이 아니어서 인근 토지의 소유자 등이 표준지공시지가 결정 내용을 알고 있었다고 전제하기가 곤란할 뿐만 아니라, 결정된 표준지공시지가가 공시될 당시 보상금 산정의 기준이 되는 표준지의 인근 토지를 함께 공시하는 것이 아니어서 인근 토지소유자는 보상금 산정의 기준이 되는 표준지가 어느 토지인지를 알 수 없으므로, 인근 토지소유자가 표준지의 공시지가가 확정되기 전에 이를 다투는 것은 불가능하다. 더욱이 장차 어떠한 수용재결 등 구체적인 불이익이 현실적으로 나타나게 되었을 경우에 비로소 권리구제의 길을 찾는 것이 우리 국민의 권리의식임을 감안하여 볼 때, 인근 토지소유자 등으로 하여금 결정된 표준지공시지가를 기초로 하여 장차 토지보상 등이 이루어질 것에 대비하여 항상 토지의 가격을 주시하고 표준지공시지가 결정이 잘못된 경우 정해진 시정절차를 통하여 이를 시정하도록 요구하는 것은 부당하게 높은 주의의무를 지우는 것이고, <u>위법한 표준지공시지가 결정에 대하여 그 정해진 시정절차를 통하여 시정하도록 요구하지 않았다는 이유로 위법한 표준지공시지가를 기초로 한 수용재결 등 후행 행정처분에서 표준지공시지가 결정의 위법을 주장할 수 없도록 하는 것은 수인한도를 넘는 불이익을 강요하는 것으로서 국민의 재산권과 재판받을 권리를 보장한 헌법의 이념에도 부합하는 것이 아니다. 따라서 표준지공시지가 결정이 위법한 경우에는 그 자체를 행정소송의 대상이 되는 행정처분으로 보아 그 위법 여부를 다툴 수 있음은 물론, 수용보상금의 증액을 구하는 소송에서도 선행처분으로서 그 수용대상토지 가격산정의 기초가 된 비교표준지공시지가 결정의 위법을 독립한 사유로 주장할 수 있다.</u>

전문

【원고, 상고인】 원고(소송대리인 변호사 ○○○)
【피고, 피상고인】 화성시(소송대리인 변호사 ○○○)
【원심판결】 서울고법 2007.6.5, 2006누30043 판결

주문

상고를 기각한다. 상고비용은 원고가 부담한다.

이유

상고이유를 판단한다.

1. 가격시점에 대하여

토지 등을 수용함으로 인하여 그 소유자에게 보상하여야 할 손실액은 수용재결 당시의 가격을 기준으로 하여 산정하여야 할 것이고(대판 1991.12.24, 91누308, 대판 1992.9.25, 91누13250 등 참조), 이와 달리 이의재결일을 그 평가기준일로 하여 보상액을 산정하여야 한다는 상고이유는 받아들일 수 없다.

2. 표준지공시지가 결정의 위법성에 대하여

표준지공시지가 결정은 이를 기초로 한 수용재결 등과는 별개의 독립된 처분으로서 서로 독립하여 별개의 법률효과를 목적으로 하는 것이나, 표준지공시지가는 이를 인근 토지의 소유자나 기타 이해관계인에게 개별적으로 고지하도록 되어 있는 것이 아니어서 인근 토지의 소유자 등이 표준지공시지가 결정 내용을 알고 있었다고 전제하기가 곤란할 뿐만 아니라 결정된 표준지공시지가가 공시될 당시 보상금 산정의 기준이 되는 표준지의 인근 토지를 함께 공시하는 것이 아니어서 인근 토지소유자는 보상금 산정의 기준이 되는 표준지가 어느 토지인지를 알 수 없으므로(더욱이 표준지공시지가가 공시된 이후 자기 토지가 수용되리라는 것을 알 수도 없다) 인근 토지소유자가 표준지의 공시지가가 확정되기 전에 이를 다투는 것은 불가능하다. 더욱이 장차 어떠한 수용재결 등 구체적인 불이익이 현실적으로 나타나게 되었을 경우에 비로소 권리구제의 길을 찾는 것이 우리 국민의 권리의식임을 감안하여 볼 때 인근 토지소유자 등으로 하여금 결정된 표준지공시지가를 기초로 하여 장차 토지보상 등이 이루어질 것에 대비하여 항상 토지의 가격을 주시하고 표준지공시지가 결정이 잘못된 경우 정해진 시정절차를 통하여 이를 시정하도록 요구하는 것은 부당하게 높은 주의의무를 지우는 것이라 아니할 수 없고, 위법한 표준지공시지가 결정에 대하여 그 정해진 시정절차를 통하여 시정하도록 요구하지 아니하였다는 이유로 위법한 표준지공시지가를 기초로 한 수용재결 등 후행 행정처분에서 표준지공시지가 결정의 위법을 주장할 수 없도록 하는 것은 수인한도를 넘는 불이익을 강요하는 것으로서 국민의 재산권과 재판받을 권리를 보장한 헌법의 이념에도 부합하는 것이 아니라고 할 것이다. 따라서 표준지공시지가 결정에 위법이 있는 경우에는 그 자체를 행정소송의 대상이 되는 행정처분으로 보아 그 위법 여부를 다툴 수 있음은 물론, 수용보상금의 증액을 구하는 소송에서도 선행처분으로서 그 수용대상토지 가격산정의 기초가 된 비교표준지공시지가 결정의 위법을 독립된 사유로 주장할 수 있다.

그런데 기록에 의하면, 원고는 원심에 이르기까지 표준지공시지가가 낮게 책정되었다고만 주장하였을 뿐 이 사건 비교표준지공시지가 결정의 하자의 승계를 인정하지 않는다면 수인한도를 넘는 불이익이 있다거나 이 사건 비교표준지공시지가의 구체적인 위법사유에 대하여 아무런 주장도 하지 않고 있는데다가 이와 같은 사유를 인정할 만한 증거도 없는 사실을 알 수 있는 바, 원심이 이유는 다르지만 원고의 이 사건 청구를 배척한 결론은 결과적으로 정당하고, 거기에 상고이유와 같은 심리미진의 위법이 없다.

3. 결론

그러므로 상고를 기각하고, 상고비용은 패소한 원고가 부담하기로 하여, 관여 대법관의 일치된
의견으로 주문과 같이 판결한다.

🎧 관련내용

1. 하자의 승계의 의의

둘 이상의 처분이 연속적으로 행해지는 경우, 선행행위의 하자를 이유로 하자 없는 후행행위의
위법을 주장할 수 있는 것을 말한다. 이는 법적 안정성과 국민의 권리구제에 취지가 있다.

2. 전제요건

① 선행행위와 후행행위 모두 처분일 것, ② 선행행위에 취소사유의 하자가 존재할 것, ③ 선행
행위에 불가쟁력이 발생하였을 것, ④ 후행행위에 고유한 하자가 없을 것을 요건으로 한다.

3. 인정범위

(1) 학설

① 전통적 하자승계론은 동일한 하나의 법률효과를 목적으로 하는 경우 하자가 승계된다는
견해이다. ② 구속력이론은 선행행위의 구속력이 후행행위에 미치지 않는 경우 하자의 승
계가 인정된다는 견해이다.

(2) 판례

판례는 기본적으로 전통적 승계론에 입각해 동일한 법률효과를 목적으로 하는 경우에는 하
자 승계를 긍정하지만, 별개의 법률효과를 목적으로 하는 경우에도 예측가능성과 수인가능
성을 검토하여 하자 승계를 긍정하며 개별 사안의 구체적 타당성을 고려한다.

(3) 검토

국민의 권리구제 측면에서 보충적으로 예측가능성, 수인가능성을 고려해 구체적 타당성을 기
해야 하는 것이 타당하다고 판단된다(예측불가능, 수인불가능 → 구속력 × → 하자승계 ○)

4. 판례의 유형별 검토

(1) 하자의 승계가 인정되는 경우

① 표준지공시지가와 수용재결(2007두13845)

위법한 표준지공시지가 결정에 대해 즉각 시정요구하지 않았다는 점으로 수용재결에서
아예 위법을 주장할 수 없도록 하는 것은 수인한도를 넘는 불이익을 강요하는 것으로서
하자승계를 인정한 바 있다.

② 개별공시지가와 과세처분(93누8542)

개별통지를 하지 않은 경우 위법한 개별공시지가 결정에 시정하도록 요구하지 아니하였
다는 이유로 위법을 주장할 수 없도록 하는 것은 수인한도를 넘는 불이익을 강요하는
것으로서 하자의 승계를 인정한 바 있다.

(2) 하자의 승계가 부정되는 경우

① 사업인정과 수용재결(2009두11607)

사업인정에 명백하고 중대한 하자가 있어 당연 무효라고 볼 특단의 사정이 없는 이상 그 위법부당함을 이유로 재결의 취소를 구할 수는 없다고 판시한 바 있다.

② 표준지공시지가와 개별공시지가(95누9808)

표준지공시지가에 대하여 불복하기 위해서는 토지보상법상 이의절차를 거쳐 행정소송을 거쳐야 하고, 개별토지가격을 다투는 소송에서 그 개별토지가격산정의 기초가 된 표준지공시지가의 위법성을 다툴 수는 없다고 판시한 바 있다.

③ 표준지공시지가와 과세처분(2018두50147)

표준지공시지가를 다투기 위해서는 이의를 신청하거나 행정심판이나 행정소송을 제기해야 하며, 재산세 등 부과 처분의 취소를 구하는 소송에서 표준지공시지가 결정의 위법성을 다투는 것은 허용되지 않는다고 판시한 바 있다.

④ 중개사무소 판례(2017두40372)

선·후행처분이 별개의 법률효과를 발생시키는 경우에는 선행행위가 당연무효인 경우를 제외하고는 선행처분의 하자를 이유로 후행처분의 효력을 다툴 수 없는 것이 원칙이나 수인한도를 넘는 가혹함을 가져오고 예측가능한 것이 아니라면 선행처분의 후행처분에 대한 구속력을 인정할 수 없다고 판시한 바 있다

관련기출

1. 제34회 문제2 물음2

甲은 개별공시지가결정에 대하여 부동산 가격공시에 관한 법령에 따른 이의신청이나 행정심판법에 따른 행정심판과 행정소송법에 따른 행정소송을 제기하지 않았다. 그 후 B시장은 2022. 9.15. 이 사건 토지에 대한 개별공시지가를 시가표준액으로 하여 재산세를 부과, 처분하였다. 이에 甲은 2022.12.5. 이 사건 토지에 대한 개별공시지가결정의 하자를 이유로 재산세부과처분에 대하여 취소소송을 제기하였다. 甲의 청구가 인용될 수 있는지 여부에 관하여 설명하시오. **15점**

2. 제32회 문제2 물음2

甲이 개별공시지가결정에 대해 다투지 않은 채 제소기간이 도과하였고, 이후 甲의 토지에 대해 수용재결이 있었다. 甲이 보상금의 증액을 구하는 소송에서 개별공시지가결정의 위법을 주장하는 경우, 甲의 주장은 인용될 수 있는가? **20점**

3. 제28회 문제1 물음1

甲은 기업도시개발계획승인에 대한 취소소송의 제소기간이 도과한 상태에서 「공익사업을 위한 토지 등의 취득 및 보상에 관한 법률」 제21조 제2항에 따른 중앙토지수용위원회 및 이해관계자

의 의견청취절차를 전혀 시행하지 않은 채 기업도시개발계획승인이 발급된 것이 위법함을 이유로 수용재결 취소소송을 제기하려고 한다. 갑의 소송상 청구가 인용될 수 있는 가능성에 관하여 설명하시오(단 소송요건은 충족된 것으로 본다). 20점

※ 출제위원 채점평

(설문1)에서는 이에 관한 학설과 판례를 충실하게 설명하면서 사안에 적합한 결론을 도출한 우수한 답안도 있었지만 기본적인 법리에 대한 이해가 부족하거나 논리적인 전개가 아쉬운 답안도 적지 않았습니다.

4. 제27회 문제3

국방부장관은 국방·군사에 관한 사업을 위하여 국토교통부장관으로부터 甲 소유의 토지를 포함한 200필지의 토지 600,000㎡에 관하여 「공익 사업을 위한 토지 등의 취득 및 보상에 관한 법률」 제20조에 따른 사업 인정을 받았다. 그러나 국토교통부장관은 사업인정을 하면서 동법 제21조에 규정된 이해관계인의 의견을 청취하는 절차를 거치지 않았다. 한편, 국방부장관은 甲과 손실보상 등에 관하여 협의하였으나 협의가 성립되지 않았다. 국방부장관은 재결을 신청하였고 중앙토지수용위원회는 수용재결을 하였다. 甲은 수용재결에 대한 취소소송에서 사업인정의 절차상 하자를 이유로 수용 재결의 위법성을 주장할 수 있는가? (단, 국토교통부장관의 사업인정에 대한 취소소송의 제소기간은 도과하였음) 20점

※ 출제위원 채점평

이 문제는 선행 행정행위인 사업인정에 대한 절차상 하자가 후행 행정행위인 수용재결에 승계되는지 여부에 관한 문제이다. 설문의 사실관계로부터 하자 승계의 논점을 도출하는지 여부를 중점적으로 보았고, 하자 승계에 관한 학설, 판례 등 기본 쟁점을 빠짐없이 골고루 서술하는 것이 중요하다.

5. 제24회 문제4

「공익사업을 위한 토지 등의 취득 및 보상에 관한 법률」상 보상금 증액청구소송을 하면서 해당 재결에 대한 선행처분으로서 수용대상 토지가격 산정의 기초가 된 표준지공시가격 결정이 위법함을 독립한 사유로 다툴 수 있는가에 관하여 논하시오. 10점

※ 출제위원 채점평

하자의 승계를 묻는 것으로 수험생들이 충분히 예상할 수 있었던 문제로 대법원의 판결이 나와 있는 상황이므로 이 문제의 쟁점과 관련 판례를 알고 있다면 어려움 없이 해결할 수 있는 문제라 할 것이다. 다만, 제한된 시간으로 인하여 답안의 구성이 잘못되었거나 목차만으로 구성된 답안지 등도 있었으며 소의 병합이나 청구의 변경 등을 중점적으로 서술한 답안지도 있었다. 시험에서는 문제당 배점을 고려하여 주어진 시간을 잘 분배하는 것이 필요한 것으로 보인다.

6. 제21회 문제2 물음2

P가 소유 주택에 대하여 확정된 개별공시지가가 위법함을 이유로, 그 개별공시지가를 기초로 부과된 재산세에 대한 취소청구소송을 제기할 수 있는지에 대하여 논술하시오. 20점

7. 제17회 문제1 물음2

국토교통부장관은 甲에게 사업인정을 해준 후 2006년 2월 1일 사업시행지 내의 토지소유자인 乙 등에게 이를 통지하고 고시하였다. 이후 甲은 乙 등과 협의가 되지 않자 관할 토지수용위원회에 수용재결을 신청하였고, 2006년 8월 1일 관할 토지수용위원회는 乙 등 소유의 토지를 수용한다는 내용의 수용재결을 하였다. 관할 토지수용위원회의 재결서를 받은 乙은 상기 미술관의 건립으로 인하여 문화재적 가치가 있는 乙 등 조상 산소의 석물·사당의 상실이 예견됨에도 불구하고 이러한 고려가 전혀 없이 이루어진 위법한 사업인정이라고 주장하면서 위 수용재결에 대한 취소소송을 제기하였다. 乙은 권리구제를 받을 수 있는가? 20점

8. 제13회 문제3

甲시장은 개별공시지가를 乙에게 개별통지하였으나, 乙은 행정소송제기 기간이 경과하도록 이를 다투지 않았다. 후속 행정행위를 발령받은 후에 개별공시지가의 위법성을 이유로 후속 행정행위를 다투고자 하는 경우, 이미 다툴 수 있다고 인정한 바 있는 대법원 1994.1.25, 93누8542 판결과 대비하여 그 가능성여부를 설명하시오. 20점

판례 43 2010두11641

영업보상의 대상(가격시점)

쟁점사항

▶ 영업손실의 보상대상 요건에 해당하는지 판단기준 시기(=가격시점)

해당 판례는 보상 투기를 방지하고 정당한 보상의 실현을 위한 조치로 평가된다. 다만, 토지보상법령이 일정한 장소에서 적법한 장소로 법령을 개정하면서 고의적이 아니라 불가피하게 건축물 등을 용도변경하는 등의 불측의 피해를 입을 당사자들에게 있어서는 법적용의 유연성을 발휘하여 합목적적으로 판단하는 것이 타당하다고 생각된다.

관련판례

✦ 대판 2010.9.9, 2010두11641[영업손실보상거부처분취소]

판시사항

영업손실의 보상대상인 영업을 정한 공익사업을 위한 토지 등의 취득 및 보상에 관한 법률 시행규칙 제45조 제1호에서 말하는 '적법한 장소에서 인적·물적 시설을 갖추고 계속적으로 행하고 있는 영업'에 해당하는지 여부의 판단기준 시기

판결요지

공익사업을 위한 토지 등의 취득 및 보상에 관한 법률 제67조 제1항은 공익사업의 시행으로 인한 손실보상액의 산정은 협의에 의한 경우에는 협의성립 당시의 가격을, 재결에 의한 경우에는 수용 또는 사용의 재결 당시의 가격을 기준으로 한다고 규정하므로, 위 법 제77조 제4항의 위임에 따라 영업손실의 보상대상인 영업을 정한 같은 법 시행규칙 제45조 제1호에서 말하는 '적법한 장소(무허가건축물 등, 불법형질변경토지, 그 밖에 다른 법령에서 물건을 쌓아놓는 행위가 금지되는 장소가 아닌 곳을 말한다)에서 인·물적 시설을 갖추고 계속적으로 행하고 있는 영업'에 해당하는지 여부는 협의성립, 수용재결 또는 사용재결 당시를 기준으로 판단하여야 한다.

관련내용

영업손실보상

1. 의의 및 보상의 성격(토지보상법 제77조 제1항)
   영업손실보상이란 공익사업의 시행으로 인하여 영업을 폐지하거나 휴업함에 따른 영업손실에 대하여 영업이익과 시설의 이전비용 등에 대하여 보상하는 것을 말한다. 이는 합리적 기대이익의 상실이라는 점에서 일실손실의 보상이며 구체적 내용에 따라 생활보상의 성격과 간접보상의 성격도 가지고 있다.

2. 보상대상 영업요건(토지보상법 시행규칙 제45조)
   영업손실의 보상이 되기 위해서는 ① 사업인정고시일 등 전부터 ② 적법한 장소에서 ③ 인적·물적 시설을 갖추고 ④ 계속적으로 행하고 있는 영업(⑤ 다만, 무허가건축물 등에서 임차인이 영업하는 경우에는 그 임차인이 사업인정고시일 등 1년 전부터 사업자등록을 하고 행하고 있는 영업), ⑥ 영업을 행함에 있어서 관계법령에 의한 허가 등을 필요로 하는 경우에는 사업인정고시일 등 전에 허가 등을 받아 그 내용대로 행하고 있는 영업이어야 한다.

3. 영업의 폐지에 대한 보상(토지보상법 시행규칙 제46조)
   (1) 영업폐지의 요건
      영업의 폐지는 ① 영업장소 또는 배후지의 특수성으로 인하여 다른 장소에 이전하여서는
      해당 영업을 할 수 없는 경우, ② 다른 장소에서는 해당 영업의 허가 등을 받을 수 없는
      경우, ③ 혐오감을 주는 영업시설로서 다른 장소로 이전하는 것이 현저히 곤란하다고 시장
      등이 객관적인 사실에 근거하여 인정하는 경우이어야 한다.
   (2) 보상의 기준
      영업을 폐지하는 경우 영업손실은 2년간의 영업이익에 영업용 고정자산·원재료·제품 및
      상품 등의 매각손실액을 더한 금액으로 한다. 영업이익은 최근 3년간 평균 영업이익을 기
      준으로 하여 평가하되, 공익사업의 시행이 고시됨으로 인하여 영업이익이 감소된 경우에는
      고시 전 3년간의 영업이익을 기준으로 한다. 한편, 개인영업인 경우에는 최저 영업이익을
      보장하고 있으며 근로자에 대한 실직보상을 지급한다.

4. 영업휴업에 대한 보상(토지보상법 시행규칙 제47조)
   영업이 일정기간 휴업하는 경우의 보상으로서 영업장소를 이전하거나 시설물이 일부 편입되거
   나 임시영업소를 설치하는 경우에 각각 일정액을 보상한다. 또한 근로자에 대해서는 휴직보상
   을 지급한다.

5. 무허가영업 등에 대한 보상(시행규칙 제52조)
   사업인정고시일 등 전부터 허가 등을 받아야 행할 수 있는 영업을 허가 등이 없이 행하여 온
   자가 공익사업의 시행으로 영업을 계속할 수 없게 된 경우에는 3인 가구 기준 3개월분의 월평
   균 가계지출비와 영업시설 등의 이전비용을 보상하여야 한다.

6. 가설건축물에서 행하는 영업이 보상대상에 포함되는지 여부
   (1) 판례(2001다7209)
      판례는 도시계획시설사업의 집행 계획이 공고된 토지에 원상회복의무가 있다는 점을 이미 알
      고 있으므로 무상으로 당해 건축물의 원상회복을 명하는 것이 과도한 침해이거나 특별한 희
      생이라고 볼 수 없다고 판시하였다. 또한 보상을 청구할 수 없는 손실에는 가설건축물 자체
      철거에 따른 손실뿐만 아니라 가설건축물의 철거에 따른 영업손실도 포함된다고 판시하였다.
   (2) 검토
      가설건축물은 허가 등을 받아 건축한 건축물이므로 무허가건축물에 해당하지 않는다. 그렇
      지만 가설건축물에서의 영업은 당해 공익사업이 시행될 때 건축물의 원상회복과 함께 종료
      가 예정되어 있으므로 영업보상의 대상이 아니다.

7. 무허가건축물에서 행하는 영업이 보상대상에 포함되는지 여부(2013두25863)
   ① 무허가건축물을 사업장으로 이용하는 경우 행정규제의 탈피 또는 영업을 통하여 얻는 이익
   에 대한 조세 회피 등 여러 가지 불법행위를 저지를 가능성이 큰 점, ② 건축허가를 받지 않은

채 영업을 하여 법적 제한을 넘어선 규모의 영업을 하고도 그로 인한 손실 전부를 영업손실로 보상받는 것은 불합리한 점 등에 비추어 보면, 위 규칙 조항이 '영업'의 개념에 '적법한 장소에서 운영될 것'이라는 요소를 포함하고 있다고 하여 공익사업을 위한 토지 등의 취득 및 보상에 관한 법률의 위임 범위를 벗어났다거나 정당한 보상의 원칙에 위배된다고 하기 어렵다.

8. 영업의 간접보상(시행규칙 제64조)

공익사업시행지구 밖에서 영업손실의 보상대상이 되는 영업을 하고 있는 자가 공익사업의 시행으로 인하여 ① 배후지의 2/3 이상이 상실되어 그 장소에서 영업을 계속할 수 없게 되거나, ② 진출입로의 단절, 그 밖의 부득이한 사유로 인하여 일정한 기간 동안 휴업하는 것이 불가피한 경우에는 영업자의 청구에 의하여 해당 영업을 공익사업시행지구에 편입되는 것으로 보아 보상하여야 한다.

> 제67조(보상액의 가격시점 등)
> ① 보상액의 산정은 협의에 의한 경우에는 협의 성립 당시의 가격을, 재결에 의한 경우에는 수용 또는 사용의 재결 당시의 가격을 기준으로 한다.
> ② 보상액을 산정할 경우에 해당 공익사업으로 인하여 토지등의 가격이 변동되었을 때에는 이를 고려하지 아니한다.

관련기출

1. 제18회 문제3

공부상 지목이 과수원(果)으로 되어 있는 토지의 소유자 甲은 토지상에 식재되어 있던 사과나무가 이미 폐목이 되어 과수농사를 할 수 없는 상태에서 사과나무를 베어내고 인삼밭(田)으로 사용하여 왔다. 또한 甲은 이 토지의 일부에 토지의 형질변경허가 및 건축허가를 받지 않고 2005년 8월 26일 임의로 지상 3층 건물을 건축하고, 영업허가 등의 절차 없이 식당을 운영하고 있다.

(1) 2007년 5월 25일 甲의 토지를 대상으로 하는 공익사업이 인정되어 사업시행자가 甲에게 토지의 협의매수를 요청하였지만 甲은 식당영업에 대한 손실보상을 추가로 요구하면서 이를 거부하고 있다. 甲의 식당영업손실 보상에 관한 주장이 타당한 지에 대하여 논하시오. **15점**

(2) 위 토지 및 지장물에 대한 보상평가기준에 대하여 설명하시오. **15점**

판례 44 2010다30782

토지보상법 제91조 해석 : 공익사업의 변환(환매권 행사제한)

쟁점사항

▸ 토지보상법 제91조 제1항의 '해당 사업'의 의미 및 '필요 없게 된 때'의 판단 기준
▸ 토지보상법 제91조 제1항에 정한 환매권 행사기간의 의미
▸ 토지보상법 제91조 제6항 공익사업의 변환에 따른 환매권 행사 제한 여부
▸ 공익사업의 변환 시 새로운 공익사업에 관하여 동법 제20조 제1항에 의하여 사업인정을 받거나 사업인정을 받은 것으로 의제되는 경우에만 인정할 수 있는지 여부
▸ 공익사업을 위해 협의취득하거나 수용한 토지가 제3자에게 처분된 경우 공익사업 변환을 인정할 수 있는지 여부
▸ 사업인정을 받지 아니한 공익사업으로 변환 시 원소유자의 환매권 행사 제한 여부

1. 제91조 제6항에 정한 공익사업의 변환이 인정되는 경우, 환매권 행사가 제한되는지 여부

토지보상법 제91조 제6항은 사업인정을 받은 해당 공익사업의 폐지·변경으로 인하여 협의취득하거나 수용한 토지가 필요 없게 된 때라도 위 규정에 의하여 공익사업의 변환이 허용되는 다른 공익사업으로 변경되는 경우에는 해당 토지의 원소유자 또는 그 포괄승계인에게 환매권이 발생하지 않는다는 취지를 규정한 것이라고 보아야 하고, 위 조항에서 정한 "제1항 및 제2항의 규정에 의한 환매권 행사기간은 관보에 해당 공익사업의 변경을 고시한 날로부터 기산한다."는 의미는 새로 변경된 공익사업을 기준으로 다시 환매권 행사의 요건을 갖추지 못하는 한 환매권을 행사할 수 없고 환매권 행사요건을 갖추어 제1항 및 제2항에서 정한 환매권을 행사할 수 있는 경우에 그 환매권 행사기간은 해당 공익사업의 변경을 관보에 고시한 날로부터 기산한다는 의미로 해석함으로써 새로 변경된 공익사업을 기준으로 토지보상법 제91조 제1항 및 제2항의 요건을 갖추어야 환매권 행사가 가능하고, 그 기산점도 관보에 고시한 날로부터 하도록 명확히 함으로써 논란을 불식시킨 부분은 높이 평가된다.

2. 공익사업의 변환은 새로운 공익사업에 관해서도 사업인정을 받거나 위 규정에 따른 사업인정을 받은 것으로 의제되는 경우에만 인정

제91조 제6항에서 정한 공익사업의 변환은 같은 법 제20조 제1항의 규정에 의한 사업인정을 받은 공익사업이 일정한 범위 내의 공익성이 높은 다른 공익사업으로 변경된 경우에 한하여 환매권의 행사를 제한하는 것이므로, 적어도 새로운 공익사업에 관해서도 같은 법 제20조 제1항의 규정에 의해 사업인정을 받거나 또는 위 규정에 따른 사업인정을 받은 것으로 의제하는 다른 법률의 규정에 의해 사업인정을 받은 것으로 볼 수 있는 경우에만 공익사업의 변환에 의한 환매권 행사

의 제한을 인정할 수 있다고 판시한 것은 과거 (구)토지수용법의 입법취지가 어느 정도 반영된 부분이라고 할 것이다. (구)공특법에서는 이러한 규정이 없었지만 (구)토지수용법 "제71조 제7항에서는 … 사업인정을 받아 …, 사업인정을 받은 공익사업 …"이라고 규정하고 있어서 새로운 공익사업의 경우에 사업인정을 받도록 명시하고 있었던 점을 감안하면 지금의 토지보상법은 공법으로서 (구)토지수용법 자체가 공법이라는 측면에서 이에 따른 법해석은 타당하다고 볼 수 있다. 다만 (구)공특법의 경우에는 사법의 영역이다 보니 이러한 규정 자체가 존재하지 않은 것이다. 따라서 새로운 공익사업에 대한 사업인정을 받거나 사업인정의제가 되는 경우에만 공익사업의 변환을 인정하는 것이 타당하다고 생각된다.

3. 변경된 사업의 사업시행자 아닌 제3자에게 처분된 경우에도 '공익사업의 변환'을 인정할 수 있는지 여부

공익사업의 원활한 시행을 위한 무익한 절차의 반복 방지라는 '공익사업의 변환'을 인정한 입법취지에 비추어 볼 때, 만약 사업시행자가 협의취득하거나 수용한 해당 토지를 제3자에게 처분해 버린 경우에는 어차피 변경된 사업시행자는 그 사업의 시행을 위하여 제3자로부터 토지를 재취득해야 하는 절차를 새로 거쳐야 하는 관계로 위와 같은 공익사업의 변환을 인정할 필요성도 없게 되므로, 공익사업의 변환을 인정하기 위해서는 적어도 변경된 사업의 사업시행자가 해당 토지를 소유하고 있어야 한다. 나아가 공익사업을 위해 협의취득하거나 수용한 토지가 제3자에게 처분된 경우에는 특별한 사정이 없는 한 그 토지는 해당 공익사업에는 필요 없게 된 것이라고 보아야 하고, 변경된 공익사업에 관해서도 마찬가지이므로, 그 토지가 변경된 사업의 사업시행자 아닌 제3자에게 처분된 경우에는 공익사업의 변환을 인정할 여지도 없다고 판시하고 있다. 이는 특정 공익사업을 진행하기 위해서 취득하였다가 제3자에게 처분을 하였다면 이는 해당 공익사업은 더이상 필요 없게 된 것이라고 볼 수 있고, 해당 공익사업이 사실상 폐지되었다고 보는 것이 타당하다고 볼 수 있다. 따라서 특별한 사정이 없는 한 제3자에게 처분된 토지에까지 공익사업변환을 인정하는 것은 위헌의 소지가 높다고 볼 수 있고, 해당 판례는 이러한 점을 고려하여 차라리 환매권을 인정하고 재취득의 절차를 밟도록 하는 것이 (구)토지수용법제의 법익 균형에도 타당하다고 볼 수 있다.

4. 학교용지에 관한 환매권 행사를 인정

지방자치단체가 도시관리계획상 초등학교 건립사업을 위하여 학교용지를 협의취득하였으나 위학교용지 인근에서 아파트 건설사업을 하던 주택건설사업 시행자와 그 아파트단지 내에 들어설 새 초등학교 부지와 위 학교용지를 교환하고 위 학교용지에 중학교를 건립하는 것으로 도시관리계획을 변경한 사안에서, 위 학교용지에 대한 협의취득의 목적이 된 해당 사업인 '초등학교 건립사업'의 폐지·변경으로 위 토지는 해당 사업에 필요 없게 되었고, 나아가 '중학교 건립사업'에 관하여 사업인정을 받지 않았을 뿐만 아니라 위 학교용지가 중학교 건립사업의 시행자가 아닌 제3자에게 처분되었으므로 공익사업의 변환도 인정할 수 없다는 이유로 위 학교용지에 관한 환매권 행사를 인정한다고 판시하고 있다. 이는 공익사업에 대한 도시관리계획의 변경뿐만 아니라 새로운 공익사업에 대해서 공익성을 특정하여 사업인정을 받아 공익사업으로서의 필요성이 공적주체에 의해서 명시적으로 인정되지 않는 상황에서는 그 상황만 가지고 환매권 행사제한을 하는 것은 국민의 재산권에 미치는 영향이 중대한바, 환매권 행사제한을 인정하지 않고 환매권 행사를 인정하도록 하는 것은 토지보상법의 입법취지에 맞는 판시라고 할 수 있겠다.

관련판례

✦ 대판 2010.9.30, 2010다30782[소유권이전등기]

판시사항

[1] 환매권에 관하여 규정한 '공익사업을 위한 토지 등의 취득 및 보상에 관한 법률' 제91조 제1항에 정한 '해당 사업'의 의미 및 협의취득 또는 수용된 토지가 필요 없게 되었는지 여부의 판단기준

[2] '공익사업을 위한 토지 등의 취득 및 보상에 관한 법률' 제91조 제1항에 정한 환매권 행사기간의 의미

[3] '공익사업을 위한 토지 등의 취득 및 보상에 관한 법률' 제91조 제6항에 정한 공익사업의 변환이 인정되는 경우, 환매권 행사가 제한되는지 여부(적극)

[4] '공익사업을 위한 토지 등의 취득 및 보상에 관한 법률' 제91조 제6항에 정한 공익사업의 변환은 새로운 공익사업에 관해서도 같은 법 제20조 제1항의 규정에 의해 사업인정을 받거나 위 규정에 따른 사업인정을 받은 것으로 의제되는 경우에만 인정할 수 있는지 여부(적극)

[5] 공익사업을 위해 협의취득하거나 수용한 토지가 변경된 사업의 사업시행자 아닌 제3자에게 처분된 경우에도 '공익사업의 변환'을 인정할 수 있는지 여부(소극)

[6] 지방자치단체가 도시관리계획상 초등학교 건립사업을 위하여 학교용지를 협의취득하였으나 위 학교용지 인근에서 아파트 건설사업을 하던 주택건설사업 시행자와 그 아파트단지 내에 들어설 새 초등학교 부지와 위 학교용지를 교환하고 위 학교용지에 중학교를 건립하는 것으로 도시관리계획을 변경한 사안에서, 위 학교용지에 관한 환매권 행사를 인정한 사례

판결요지

[1] 환매권에 관하여 규정한 '공익사업을 위한 토지 등의 취득 및 보상에 관한 법률'(이하 '공익사업법'이라고 한다) 제91조 제1항에서 말하는 '해당 사업'이란 토지의 협의취득 또는 수용의 목적이 된 구체적인 특정의 공익사업으로서 공익사업법 제20조 제1항에 의한 사업인정을 받을 때 구체적으로 특정된 공익사업을 말하고, '국토의 계획 및 이용에 관한 법률' 제88조, 제96조 제2항에 의해 도시계획시설사업에 관한 실시계획의 인가를 공익사업법 제20조 제1항의 사업인

정으로 보게 되는 경우에는 그 실시계획의 인가를 받을 때 구체적으로 특정된 공익사업이 바로 공익사업법 제91조 제1항에 정한 협의취득 또는 수용의 목적이 된 해당 사업에 해당한다. 또 위 규정에 정한 해당 사업의 '폐지·변경'이란 해당 사업을 아예 그만두거나 다른 사업으로 바꾸는 것을 말하고, 취득한 토지의 전부 또는 일부가 '필요 없게 된 때'란 사업시행자가 취득한 토지의 전부 또는 일부가 그 취득목적사업을 위하여 사용할 필요 자체가 없어진 경우를 말하며, 협의취득 또는 수용된 토지가 필요 없게 되었는지 여부는 사업시행자의 주관적인 의사를 표준으로 할 것이 아니라 해당 사업의 목적과 내용, 협의취득의 경위와 범위, 해당 토지와 사업의 관계, 용도 등 제반 사정에 비추어 객관적·합리적으로 판단하여야 한다.

[2] '공익사업을 위한 토지 등의 취득 및 보상에 관한 법률' 제91조 제1항에서 환매권의 행사요건으로 정한 "해당 토지의 전부 또는 일부가 필요 없게 된 때로부터 1년 또는 그 취득일로부터 10년 이내에 그 토지를 환매할 수 있다."라는 규정의 의미는 취득일로부터 10년 이내에 그 토지가 필요 없게 된 경우에는 그때로부터 1년 이내에 환매권을 행사할 수 있으며, 또 필요 없게 된 때로부터 1년이 지났더라도 취득일로부터 10년이 지나지 않았다면 환매권자는 적법하게 환매권을 행사할 수 있다는 의미로 해석함이 옳다.

[3] 공익사업의 변환을 인정한 입법취지 등에 비추어 볼 때, '공익사업을 위한 토지 등의 취득 및 보상에 관한 법률' 제91조 제6항은 사업인정을 받은 해당 공익사업의 폐지·변경으로 인하여 협의취득하거나 수용한 토지가 필요 없게 된 때라도 위 규정에 의하여 공익사업의 변환이 허용되는 다른 공익사업으로 변경되는 경우에는 해당 토지의 원소유자 또는 그 포괄승계인에게 환매권이 발생하지 않는다는 취지를 규정한 것이라고 보아야 하고, 위 조항에서 정한 "제1항 및 제2항의 규정에 의한 환매권 행사기간은 관보에 해당 공익사업의 변경을 고시한 날로부터 기산한다."는 의미는 새로 변경된 공익사업을 기준으로 다시 환매권 행사의 요건을 갖추지 못하는 한 환매권을 행사할 수 없고 환매권 행사요건을 갖추어 제1항 및 제2항에서 정한 환매권을 행사할 수 있는 경우에 그 환매권 행사기간은 해당 공익사업의 변경을 관보에 고시한 날로부터 기산한다는 의미로 해석해야 한다.

[4] '공익사업을 위한 토지 등의 취득 및 보상에 관한 법률' 제91조 제6항에 정한 공익사업의 변환은 같은 법 제20조 제1항의 규정에 의한 사업인정을 받은 공익사업이 일정한 범위 내의 공익성이 높은 다른 공익사업으로 변경된 경우에 한하여 환매권의 행사를 제한하는 것이므로, 적어도 새로운 공익사업에 관해서도 같은 법 제20조 제1항의 규정에 의해 사업인정을 받거나 또는 위 규정에 따른 사업인정을 받은 것으로 의제하는 다른 법률의 규정에 의해 사업인정을 받은 것으로 볼 수 있는 경우에만 공익사업의 변환에 의한 환매권 행사의 제한을 인정할 수 있다.

[5] 공익사업의 원활한 시행을 위한 무익한 절차의 반복 방지라는 '공익사업의 변환'을 인정한 입법취지에 비추어 볼 때, 만약 사업시행자가 협의취득하거나 수용한 해당 토지를 제3자에게 처분해 버린 경우에는 어차피 변경된 사업시행자는 그 사업의 시행을 위하여 제3자로부터 토지

를 재취득해야 하는 절차를 새로 거쳐야 하는 관계로 위와 같은 공익사업의 변환을 인정할 필요성도 없게 되므로, 공익사업의 변환을 인정하기 위해서는 적어도 변경된 사업의 사업시행자가 해당 토지를 소유하고 있어야 한다. 나아가 공익사업을 위해 협의취득하거나 수용한 토지가 제3자에게 처분된 경우에는 특별한 사정이 없는 한 그 토지는 해당 공익사업에는 필요 없게 된 것이라고 보아야 하고, 변경된 공익사업에 관해서도 마찬가지이므로, 그 토지가 변경된 사업의 사업시행자 아닌 제3자에게 처분된 경우에는 공익사업의 변환을 인정할 여지도 없다.

[6] 지방자치단체가 도시관리계획상 초등학교 건립사업을 위하여 학교용지를 협의취득하였으나 위 학교용지 인근에서 아파트 건설사업을 하던 주택건설사업 시행자와 그 아파트단지 내에 들어설 새 초등학교 부지와 위 학교용지를 교환하고 위 학교용지에 중학교를 건립하는 것으로 도시관리계획을 변경한 사안에서, 위 학교용지에 대한 협의취득의 목적이 된 해당 사업인 '초등학교 건립사업'의 폐지·변경으로 위 토지는 해당 사업에 필요 없게 되었고, 나아가 '중학교 건립사업'에 관하여 사업인정을 받지 않았을 뿐만 아니라 위 학교용지가 중학교 건립사업의 시행자 아닌 제3자에게 처분되었으므로 공익사업의 변환도 인정할 수 없다는 이유로 위 학교용지에 관한 환매권 행사를 인정한 사례

판례 45 76다1472, 98다58511

위험부담 이전과 하자담보책임

쟁점사항

▶ 보상금 지급 전 재해로 인하여 목적물이 멸실된 경우 보상금 지급의무의 주제

대법원 판례(대판 2001.1.16, 98다58511)는 "수용재결이 있은 후에 수용대상토지에 숨은 하자가 발견되는 때에는 불복기간이 경과되지 아니한 경우라면 공평의 견지에서 기업자는 그 하자를 이유로 재결에 대한 이의를 거쳐 손실보상금의 감액을 내세워 행정소송을 제기할 수 있다고 보는 것이 상당하나, 이러한 불복절차를 취하지 않음으로써 그 재결에 대하여 더 이상 다툴 수 없게 된 경우에는 기업자는 그 재결이 당연무효이거나 취소되지 않는 한 재결에서 정한 손실보상금의 산정에 있어서 위 하자가 반영되지 않았다는 이유로 민사소송절차로 토지소유자에게 부당이득의 반환을 구할 수는 없다."라고 판시하고 있다. 불복절차를 취하지 않은 사업시행자가 그 재결이 당연무효가 아닌 한 재결

에서 정한 손실보상금의 산정에 대해 다투지 않았다면 다툴 수 없다고 보고 있는 것이다.

위험부담의 이전은 원래 토지보상법 제46조에서 정한 바와 같이 토지수용위원회의 재결이 있은 후 수용할 토지나 물건이 토지소유자 또는 관계인의 고의나 과실 없이 멸실 또는 훼손된 경우 그로 인한 손실은 사업시행자의 부담으로 하고 있는 취지로 과거의 판례(대판 1977.12.27, 76다1472)는 홍수로 인해서 입목을 보상하기로 약정하였는데, 목적물이 멸실된 경우에 보상토록 한 판례이다.

그리고 제3자가 폐기물을 무단 매립하여 고의적으로 훼손시킨 경우로 토지소유자의 잘못이 없는 상황이어서 그 귀책사유를 물을 수 없다는 취지의 판결이며, 이를 다투고자 한다면 불가쟁력이 발생하기 전에 다투어야 한다는 취지이다. 다만, 토지소유자가 고의적으로 해당 토지목적물에 무단으로 폐기물을 묻어서 토지를 훼손시킨 경우는 당연히 피수용자가 그 잘못에 대한 책임, 즉 하자담보책임을 묻는 것이 타당하고, 이는 위험부담 이전의 법리가 적용되는 것이 아니라 채무자 위험부담이라고 하는 민법의 일반법리가 적용되는 것이라고 보는 것이 타당하다.

관련판례 최초의 위험부담 이전 판례(팔당댐사건)

> ✦ 대판 1977.12.27, 76다1472[입목보상금]
>
> #### 판시사항
>
> 토지 및 지상물에 대한 수몰보상 약정 후 입목이 홍수로 멸실된 경우 입목에 대한 보상금 지급약정을 해제할 수 있는지 여부
>
> #### 판결요지
>
> 댐건설로 인한 수몰지역 내의 토지를 매수하고 지상임목에 대하여 적절한 보상을 하기로 특약하였다면 보상금이 지급되기 전에 그 입목이 홍수로 멸실되었다고 하더라도 매수 또는 보상하기로 한 자는 이행불능을 이유로 위 보상약정을 해제할 수 없다.

▌ 위험부담의 이전 ▌

1. 의의 및 취지(토지보상법 제46조)

토지수용위원회의 재결이 있은 후 수용할 토지나 물건이 토지소유자 또는 관계인의 고의나 과실 없이 멸실 또는 훼손된 경우 그로 인한 손실을 사업시행자의 부담으로 하는 제도로서 이는 민법 제537조의 채무자위험부담주의의 예외로서 피수용자의 권익보호에 취지가 인정된다.

2. 요건

(1) 위험부담의 이전기간

위험부담이전은 재결에 의한 것이며, 사업시행자는 수용의 개시일에 소유권을 원시취득하므로 위험부담이 이전되는 기간은 수용재결이 있은 후부터 수용의 개시일까지이다.

(2) 피수용자의 귀책사유가 없을 것

목적물의 멸실에 피수용자의 귀책사유가 있는 경우에는 피수용자가 그 위험부담을 지게 되며, 피수용자의 귀책사유가 없는 경우에 한하여 목적물의 멸실에 따른 위험부담을 면하게 된다.

(3) 위험부담의 범위

위험부담은 목적물의 멸실·훼손 등에 한하고 목적물의 가격하락의 경우에는 적용되지 않는다.

3. 효과와 보상약정을 해제할 수 없다는 대법원 판결

수용목적물의 멸실·훼손에 대한 손실은 사업시행자가 부담하게 되며 보상금의 감액이나 면제를 주장할 수 없다. 판례는 지상입목에 대한 보상협약 후 목적물이 홍수로 멸실되었다고 하더라도 보상하기로 한 자는 이행불능을 이유로 보상약정을 해제할 수 없다고 판시하였다.

제46조(위험부담)
토지수용위원회의 재결이 있은 후 수용하거나 사용할 토지나 물건이 토지소유자 또는 관계인의 고의나 과실 없이 멸실되거나 훼손된 경우 그로 인한 손실은 사업시행자가 부담한다.

---

4. 목적물 하자담보책임 판례

쟁점사항

▶ 제3자가 무단으로 폐기물을 매립하여 놓은 상태의 토지를 수용한 경우 토지소유자에게 폐기물 이전의무가 있는지 여부

관련판례 목적물 하자담보책임 판례

✦ 대판 2001.1.16, 98다58511[손해배상(기)]

판시사항

[1] (구)토지수용법 제63조에 의한 토지소유자의 토지 등 인도의무에 목적물에 대한 하자담보책임이 포함되는지 여부(소극)

[2] (구)토지수용법 제63조의 규정에 의하여 수용대상토지에 있는 물건에 관하여 권리를 가진 자가 기업자에게 이전할 의무를 부담하는 물건의 의미

[3] 제3자가 무단으로 폐기물을 매립하여 놓은 상태의 토지를 수용한 경우, 위 폐기물은 토지의 토사와 물리적으로 분리할 수 없을 정도로 혼합되어 있어 독립된 물건이 아니며 토지수용법 제49조 제1항의 이전료를 지급하고 이전시켜야 되는 물건도 아니어서 토지소유자는 폐기물의 이전의무가 있다고 볼 수 없다고 한 원심의 판단을 수긍한 사례

[4] 수용재결이 있은 후에 수용대상토지에 숨은 하자가 발견되었으나 기업자가 불복절차를 취하지 않음으로써 그 재결에 대하여 더 이상 다툴 수 없게 된 경우, 기업자가 민사소송절차로 토지소 유자에게 부당이득의 반환을 구할 수 있는지 여부(소극)

판결요지

[1] (구)토지수용법에 의한 수용재결의 효과로서 수용에 의한 기업자의 토지소유권 취득은 토지소 유자와 수용자와의 법률행위에 의하여 승계취득하는 것이 아니라, 법률의 규정에 의하여 원시 취득하는 것이므로, 토지소유자가 (구)토지수용법 제63조의 규정에 의하여 부담하는 토지의 인도의무에는 수용목적물에 숨은 하자가 있는 경우에도 하자담보책임이 포함되지 아니하여 토 지소유자는 수용시기까지 수용대상토지를 현존 상태 그대로 기업자에게 인도할 의무가 있을 뿐이다.

[2] (구)토지수용법 제63조의 규정에 의하여 수용대상토지에 있는 물건에 관하여 권리를 가진 자 가 기업자에게 이전할 의무를 부담하는 물건은 같은 법 제49조 제1항에 의하여 이전료를 보상 하고 이전시켜야 할 물건을 말한다.

[3] 제3자가 무단으로 폐기물을 매립하여 놓은 상태의 토지를 수용한 경우, 위 폐기물은 토지의 토사와 물리적으로 분리할 수 없을 정도로 혼합되어 있어 독립된 물건이 아니며 토지수용법 제49조 제1항의 이전료를 지급하고 이전시켜야 되는 물건도 아니어서 토지소유자는 폐기물의 이전의무가 있다고 볼 수 없다고 한 원심의 판단을 수긍한 사례

[4] 수용재결이 있은 후에 수용대상토지에 숨은 하자가 발견되는 때에는 불복기간이 경과되지 아 니한 경우라면 공평의 견지에서 기업자는 그 하자를 이유로 재결에 대한 이의를 거쳐 손실보 상금의 감액을 내세워 행정소송을 제기할 수 있다고 보는 것이 상당하나, 이러한 불복절차를 취하지 않음으로써 그 재결에 대하여 더 이상 다툴 수 없게 된 경우에는 기업자는 그 재결이 당연무효이거나 취소되지 않는 한 재결에서 정한 손실보상금의 산정에 있어서 위 하자가 반영 되지 않았다는 이유로 민사소송절차로 토지소유자에게 부당이득의 반환을 구할 수는 없다.

판례 46 2007다8129

주거이전비의 보상청구권 및 소송의 형태

쟁점사항

▸ 주거이전비 보상청구권의 법적 성격 및 분쟁의 쟁송절차
▸ 주거용 건축물의 세입자가 주거이전비 보상을 소구하는 경우 그 소송의 형태(=보증소)

관련판례

✦ 대판 2008.5.29, 2007다8129[주거이전비등]

판시사항

[1] (구)공익사업을 위한 토지 등의 취득 및 보상에 관한 법령에 의하여 주거용 건축물의 세입자에게 인정되는 주거이전비 보상청구권의 법적 성격(= 공법상의 권리) 및 그 보상에 관한 분쟁의 쟁송절차(= 행정소송)

[2] (구)공익사업을 위한 토지 등의 취득 및 보상에 관한 법령에 따라 주거용 건축물의 세입자가 주거이전비 보상을 소구하는 경우 그 소송의 형태

판결요지

[1] (구)공익사업을 위한 토지 등의 취득 및 보상에 관한 법률(2007.10.17. 법률 제8665호로 개정되기 전의 것) 제2조, 제78조에 의하면, 세입자는 사업시행자가 취득 또는 사용할 토지에 관하여 임대차 등에 의한 권리를 가진 관계인으로서, 같은 법 시행규칙 제54조 제2항 본문에 해당하는 경우에는 주거이전에 필요한 비용을 보상받을 권리가 있다. 그런데 이러한 <u>주거이전비는 해당 공익사업시행지구 안에 거주하는 세입자들의 조기이주를 장려하여 사업추진을 원활하게 하려는 정책적인 목적과 주거이전으로 인하여 특별한 어려움을 겪게 될 세입자들을 대상으로 하는 사회보장적인 차원에서 지급되는 금원의 성격을 가지므로, 적법하게 시행된 공익사업으로 인하여 이주하게 된 주거용 건축물 세입자의 주거이전비 보상청구권은 공법상의 권리이고, 따라서 그 보상을 둘러싼 쟁송은 민사소송이 아니라 공법상의 법률관계를 대상으로 하는 행정소송에 의하여야 한다.</u>

[2] (구)공익사업을 위한 토지 등의 취득 및 보상에 관한 법률(2007.10.17. 법률 제8665호로 개정되기 전의 것) 제78조 제5항, 제7항, 같은 법 시행규칙 제54조 제2항 본문, 제3항의 각 조문을 종합하여 보면, <u>세입자의 주거이전비 보상청구권은 그 요건을 충족하는 경우에 당연히 발생하는 것이므로, 주거이전비 보상청구소송은 행정소송법 제3조 제2호에 규정된 당사자소송</u>

에 의하여야 한다. 다만, (구)도시 및 주거환경정비법(2007.12.21. 법률 제8785호로 개정되기 전의 것) 제40조 제1항에 의하여 준용되는 (구)공익사업을 위한 토지 등의 취득 및 보상에 관한 법률 제2조, 제50조, 제78조, 제85조 등의 각 조문을 종합하여 보면, 세입자의 주거이전비 보상에 관하여 재결이 이루어진 다음 세입자가 보상금의 증감부분을 다투는 경우에는 같은 법 제85조 제2항에 규정된 행정소송에 따라, 보상금의 증감 이외의 부분을 다투는 경우에는 같은 조 제1항에 규정된 행정소송에 따라 권리구제를 받을 수 있다.

관련내용

주거이전비

1. 의의 및 취지(토지보상법 시행규칙 제54조)

주거이전비란 공익사업에 주거용 건축물이 편입되어 주거이전이 불가피한 경우 주거이전에 필요한 비용을 산정하여 보상하는 것을 말한다. 이는 헌법 제34조와 국가의 정책적 배려에 그 취지가 인정된다.

2. 법적 성질

(1) 강행규정 여부(판례 2011두3685, 제29회 1번 문제)

토지보상법 시행규칙 제54조 제2항은 당사자 합의 또는 사업시행자에 의하여 적용을 배제할 수 없는 강행규정이라고 보아야 한다고 판시하여 강행규정으로 보고 있다.

(2) 공·사권 여부(2007다8129)

주거이전비의 법적 성질에 관하여 공권인지, 사권인지 견해가 대립한다. 판례의 입장에 따라 주거이전비 보상은 공법상 침해에 기인하여 발생한 권리로 공법으로 보는 것이 타당하다.

3. 요건

(1) 소유자에 대한 주거이전비 보상요건(시행규칙 제54조 제1항)

공익사업시행지구에 편입되는 주거용 건축물의 소유자에 대하여는 해당 건축물에 대한 보상을 하는 때에 가구원수에 따라 2개월분의 주거이전비를 보상하여야 한다. 다만, 건축물의 소유자가 해당 건축물 또는 공익사업시행지구 내 타인의 건축물에 실제 거주하고 있지 아니하거나 해당 건축물이 무허가건축물 등인 경우에는 그러하지 아니하다.

(2) 세입자에 대한 주거이전비 보상요건(시행규칙 제54조 제2항)

공익사업의 시행으로 인하여 이주하게 되는 주거용 건축물의 세입자(법 제78조 제1항에 따른 이주대책대상자인 세입자는 제외한다)로서 사업인정고시일 등 당시 또는 공익사업을 위한 관계법령에 의한 고시 등이 있은 당시 해당 공익사업시행지구 안에서 3개월 이상 거주한 자에 대하여는 가구원수에 따라 4개월분의 주거이전비를 보상하여야 한다. 다만, 무허가건축물 등에 입주한 세입자로서 사업인정고시일 등 당시 또는 공익사업을 위한 관계법령에 의한 고시 등이 있은 당시 그 공익사업지구 안에서 1년 이상 거주한 세입자에 대하여는 본문에 따라 주거이전비를 보상하여야 한다.

(3) 주거이전비 산정방법(시행규칙 제54조 제4항)

주거이전비는 도시근로자가구의 가구원수별 월평균 명목 가계지출비를 기준으로 산정한다. 이 경우 가구원수가 5인인 경우에는 5인 이상 기준의 월평균 가계지출비를 적용하며, 가구원수가 6인 이상인 경우에는 5인 이상 기준의 월평균 가계지출비에 5인을 초과하는 가구원수에 1인당 평균비용을 곱한 금액을 더한 금액으로 산정한다.

4. 권리구제(2007다8129)

세입자 주거이전비 보상청구소송의 형태는 토지보상법 제78조, 시행규칙 제54조 조문의 요건을 충족한 경우 당연히 발생되는 것이므로 당사자소송에 의해야 할 것이다.

① 재결 이전 : 요건 충족 시 주거이전비는 법상 규정대로 확정되는 바 실질적 당사자소송을 통해 다툰다.

② 재결 이후 : 수용재결에서 주거이전비에 대해 판단하는 바, 토지보상법 제83조, 제85조 제2항 보상금증감청구소송으로 다툴 수 있다.

관련기출

1. 제33회 문제1 물음3

주거이전비에 관하여 甲은 토지보상법 시행규칙 제54조 제1항에 따른 요건을 갖추고 있고, 乙은 같은 조 제2항에 따른 요건을 갖추고 있다. 관할 토지수용위원회는 수용재결을 하면서 甲의 주거이전비에 관하여는 재결을 하였으나 乙의 주거이전비에 관하여는 재결을 하지 않았다. 甲은 주거이전비의 증액을 청구하고자 하고, 乙은 주거이전비의 지급을 청구하고자 한다. 甲과 乙의 권리구제에 적합한 소송을 설명하시오. **20점**

주거이전비 관련된 참고 판례

쟁점사항

▶ 주거용 건축물의 세입자에게 지급되는 주거이전비와 이사비의 법적 성질 및 그 청구권의 취득시기 (= 사업인정고시일)

관련판례

✦ 대판 2006.4.27, 2006두2435[주거이전비 및 이사비지급청구]

판시사항

공익사업의 시행으로 인하여 이주하는 주거용 건축물의 세입자에게 지급되는 주거이전비와 이사비의 법적 성격, 그 청구권의 취득시기 및 이사비의 지급금액

판결요지

공익사업을 위한 토지 등의 취득 및 보상에 관한 법률 제78조 제5항 및 같은 법 시행규칙 제54조 제2항, 제55조 제2항의 각 규정에 의하여 공익사업의 시행에 따라 이주하는 주거용 건축물의 세입자에게 지급하는 주거이전비와 이사비는, 해당 공익사업시행지구 안에 거주하는 세입자들의 조기이주를 장려하여 사업추진을 원활하게 하려는 정책적인 목적과 주거이전으로 인하여 특별한 어려움을 겪게 될 세입자들을 대상으로 하는 사회보장적인 차원에서 지급하는 금원의 성격을 갖는다 할 것이므로, 같은 법 시행규칙 제54조 제2항에 규정된 '공익사업의 시행으로 인하여 이주하게 되는 주거용 건축물의 세입자로서 사업인정고시일 등 당시 또는 공익사업을 위한 관계법령에 의한 고시 등이 있은 당시 해당 공익사업시행지구 안에서 3개월 이상 거주한 자'에 해당하는 세입자는 이후의 사업시행자의 주거이전비 산정통보일 또는 수용개시일까지 계속 거주할 것을 요함이 없이 위 사업인정고시일 등에 바로 같은 법 시행규칙 제54조 제2항의 주거이전비와 같은 법 시행규칙 제55조 제2항의 이사비 청구권을 취득한다고 볼 것이고, 한편 이사비의 경우 실제 이전할 동산의 유무나 다과를 묻지 않고 같은 법 시행규칙 제55조 제2항 [별표 4]에 규정된 금액을 지급받을 수 있다.

판례 47 **2022두44392**

공익사업을 위한 토지 등의 취득 및 보상에 관한 법률 시행규칙 제54조 제2항의 '세입자'에 주거용 건축물을 무상으로 사용하는 거주자도 포함되는지 여부(적극)

쟁점사항

▸ 토지보상법 시행규칙 제54조 제2항의 '세입자'에 주거용 건축물을 무상으로 사용하는 거주자도 포함되는지 여부
▸ 주거이전비 지급요건인 '정비사업의 시행으로 인하여 이주하게 되는 경우'에 해당하는지 판단하는 기준 및 이에 대한 증명책임의 소재

관련판례

✦ **대판 2023.7.27, 2022두44392[주거이전비등]**

판시사항

[1] 구 공익사업을 위한 토지 등의 취득 및 보상에 관한 법률 시행규칙 제54조 제2항의 '세입자'에 주거용 건축물을 무상으로 사용하는 거주자도 포함되는지 여부(적극)

[2] 구 공익사업을 위한 토지 등의 취득 및 보상에 관한 법률 시행규칙 제54조 제2항에 따른 주거 이전비 지급요건인 '정비사업의 시행으로 인하여 이주하게 되는 경우'에 해당하는지 판단하는 기준 및 이에 대한 증명책임의 소재(=주거이전비의 지급을 구하는 세입자) / 세입자가 사업시 행계획 인가고시일까지 해당 주거용 건축물에 계속 거주하고 있는 경우, 정비사업의 시행으로 인하여 이주하게 되는 경우에 해당하는지 여부(원칙적 적극)

판결요지

[1] 구 공익사업을 위한 토지 등의 취득 및 보상에 관한 법률 시행규칙(2016.1.6. 국토교통부령 제 272호로 개정되기 전의 것. 이하 '구 토지보상법 시행규칙'이라고 한다) 제54조 제2항의 '세입 자'에는 주거용 건축물을 무상으로 사용하는 거주자도 포함된다고 봄이 타당하다. 구체적인 이 유는 다음과 같다.

① 구 공익사업을 위한 토지 등의 취득 및 보상에 관한 법률(2022.2.3. 법률 제18828호로 개 정되기 전의 것. 이하 '구 토지보상법'이라고 한다) 제78조 제5항은 주거용 건물의 '거주자' 에 대하여는 주거 이전에 필요한 비용과 가재도구 등 동산의 운반에 필요한 비용을 산정하 여 보상하여야 한다고 규정하여 사용대가의 지급 여부를 구분하지 않고 주거용 건물의 거주 자 일반에 대하여 주거이전비 등을 필요적으로 보상하도록 정하고 있다. 구 토지보상법 제 78조 제9항은 주거이전비의 보상에 대하여는 국토교통부령이 정하는 기준에 의한다고 규정 하고 있으나, 이러한 규정을 살펴보더라도 무상으로 사용하는 거주자를 주거이전비 보상대 상에서 일률적으로 배제하는 내용이 규율될 것이라고 예상할 수 없다.
따라서 구 토지보상법 시행규칙 제54조 제2항의 '세입자'에 무상으로 사용하는 거주자가 포 함되지 않는다고 볼 경우, 이는 모법 조항의 위임 목적 및 취지와 달리 모법 조항에서 주거 이전비 보상대상자로 규정된 자에 대하여 보상 자체를 받을 수 없도록 제한하는 것이어서 모법 조항의 위임 범위를 벗어난 것이 된다.

② 주거이전비는 당해 공익사업 시행지구 안에 거주하는 세입자들의 조기이주를 장려하여 사 업추진을 원활하게 하려는 정책적인 목적과 주거이전으로 인하여 특별한 어려움을 겪게 될 세입자들을 대상으로 하는 사회보장적인 차원에서 지급하는 금원인데, 조기이주 장려 및 사회보장적 지원의 필요성이 사용대가의 지급 여부에 따라 달라진다고 보기 어렵다. 이와 같은 제도의 취지에 비추어 보더라도 보상대상자의 범위에서 무상으로 사용하는 거주자를

배제하는 것은 타당하지 않다.

③ 주거이전비와 이사비는 모두 구 토지보상법 제78조 제5항에 따라 보상되는 것으로 제도의 취지도 동일하다. 이사비의 경우 무상으로 사용하는 거주자도 보상대상에 포함됨에 이론이 없고, 양자를 달리 취급할 합리적인 이유를 발견하기 어려우므로, 주거이전비의 경우에도 보상대상에 무상으로 사용하는 거주자가 포함된다고 보는 것이 형평에 부합한다.

④ 구 토지보상법 시행규칙 제54조 제2항의 '세입자'에 무상으로 사용하는 거주자도 포함된다고 보는 해석은 상위법령의 위임 범위와 제도의 취지, 구체적 타당성을 고려한 결과이다. 위 조항이 '세입자'라는 문언을 사용한 것은 같은 조 제1항의 '소유자'의 경우와 구분하기 위한 것으로 볼 수 있으므로, 위와 같은 해석이 문언의 가능한 의미를 벗어났다고 볼 것은 아니다.

⑤ 공익사업을 위한 토지 등의 취득 및 보상에 관한 법률 시행규칙이 2020.12.11. 국토교통부령 제788호로 개정되면서 제54조 제2항의 주거용 건축물의 세입자에 '무상으로 사용하는 거주자'도 포함됨이 명시되었다. 앞서 살펴 본 사정에 더하여 개정 조항이 '세입자'라는 문언을 그대로 유지하면서 괄호 안에서 무상으로 사용하는 거주자가 '세입자'에 포함된다고 추가한 점 등에 비추어 볼 때, 위와 같은 개정 조항은 기존 법령의 규정 내용으로부터 도출되는 사항을 주의적·확인적으로 규정한 것이라고 봄이 타당하다.

[2] 구 공익사업을 위한 토지 등의 취득 및 보상에 관한 법률 시행규칙(2016.1.6. 국토교통부령 제272호로 개정되기 전의 것) 제54조 제2항에 의해 주거이전비 보상의 대상이 되기 위해서는 해당 세입자가 공익사업인 정비사업의 시행으로 인하여 이주하게 되는 경우여야 하는데, 여기서 '정비사업의 시행으로 인하여 이주하게 되는 경우'에 해당하는지는 세입자의 점유권원의 성격, 세입자와 건축물 소유자와의 관계, 계약기간의 종기 및 갱신 여부, 실제 거주기간, 세입자의 이주시점 등을 종합적으로 고려하여 판단하여야 한다. 이러한 주거이전비 지급요건을 충족하는지는 주거이전비의 지급을 구하는 세입자 측에 주장·증명책임이 있다고 할 것이나, 세입자에 대한 주거이전비의 보상 방법 및 금액 등의 보상내용은 원칙적으로 사업시행계획 인가고시일에 확정되므로, 세입자가 사업시행계획 인가고시일까지 해당 주거용 건축물에 계속 거주하고 있었다면 특별한 사정이 없는 한 정비사업의 시행으로 인하여 이주하게 되는 경우에 해당한다고 보는 것이 타당하다.

판례 48 2019도13010

주거이전비 등의 미지급을 이유로 부동산의 인도를 거절할 수 있는지 여부

쟁점사항

▶ 주거이전비 등의 미지급을 이유로 부동산의 인도를 거절할 수 있는지 여부
▶ 현금청산대상자나 임차인 등이 수용개시일까지 수용대상 부동산을 인도하지 않은 경우, 공익사업을 위한 토지 등의 취득 및 보상에 관한 법률 제43조, 제95조의2 제2호 위반죄로 처벌할 수 있는지 여부(소극)

관련판례

✦ 대판 2021.7.29, 2019도13010[공익사업을 위한 토지 등의 취득 및 보상에 관한 법률 위반]

판시사항

주택재개발사업의 사업시행자가 수용재결에 따른 보상금을 지급하거나 공탁하고 공익사업을 위한 토지 등의 취득 및 보상에 관한 법률 제43조에 따라 부동산의 인도를 청구하는 경우, 현금청산대상자나 임차인 등이 주거이전비 등을 보상받기 전에는 구 도시 및 주거환경정비법 제49조 제6항 단서에 따라 주거이전비 등의 미지급을 이유로 부동산의 인도를 거절할 수 있는지 여부(적극) / 이때 현금청산대상자나 임차인 등이 수용개시일까지 수용대상 부동산을 인도하지 않은 경우, 공익사업을 위한 토지 등의 취득 및 보상에 관한 법률 제43조, 제95조의2 제2호 위반죄로 처벌할 수 있는지 여부(소극)

판결요지

공익사업을 위한 토지 등의 취득 및 보상에 관한 법률(이하 '토지보상법'이라 한다)은 제43조에서 "토지소유자 및 관계인과 그 밖에 토지소유자나 관계인에 포함되지 아니하는 자로서 수용하거나 사용할 토지나 그 토지에 있는 물건에 관한 권리를 가진 자는 수용 또는 사용의 개시일까지 그 토지나 물건을 사업시행자에게 인도하거나 이전하여야 한다."라고 정하고, 제95조의2 제2호에서 이를 위반하여 토지 또는 물건을 인도하거나 이전하지 아니한 자를 처벌한다고 정하고 있다.
구 도시 및 주거환경정비법(2017.2.8. 법률 제14567호로 전부 개정되기 전의 것, 이하 '구 도시정비법'이라 한다) 제49조 제6항은 '관리처분계획의 인가·고시가 있은 때에는 종전의 토지 또는 건축물의 소유자·지상권자·전세권자·임차권자 등 권리자는 제54조의 규정에 의한 이전의 고시가 있은 날까지 종전의 토지 또는 건축물에 대하여 이를 사용하거나 수익할 수 없다. 다만 사업시행자의 동의를 받거나 제40조 및 토지보상법에 따른 손실보상이 완료되지 아니한 권리자의 경우에는 그러하지 아니하다.'고 정하고 있다. 이 조항은 토지보상법 제43조에 대한 특별규정으로서, 사

업시행자가 현금청산대상자나 임차인 등에 대해서 종전의 토지나 건축물의 인도를 구하려면 관리처분계획의 인가·고시만으로는 부족하고 구 도시정비법 제49조 제6항 단서에서 정한 대로 토지보상법에 따른 손실보상이 완료되어야 한다.

구 도시정비법 제49조 제6항 단서의 내용, 그 개정 경위와 입법 취지, 구 도시정비법과 토지보상법의 관련 규정의 체계와 내용을 종합하면, 토지보상법 제78조 등에서 정한 주거이전비, 이주정착금, 이사비 등(이하 '주거이전비 등'이라 한다)도 구 도시정비법 제49조 제6항 단서에서 정하는 '토지보상법에 따른 손실보상'에 해당한다. 따라서 주택재개발사업의 사업시행자가 공사에 착수하기 위하여 현금청산대상자나 임차인 등으로부터 정비구역 내 토지 또는 건축물을 인도받기 위해서는 협의나 재결절차 등에서 결정되는 주거이전비 등을 지급할 것이 요구된다. 사업시행자가 수용재결에서 정한 토지나 지장물 등 보상금을 지급하거나 공탁한 것만으로 토지보상법에 따른 손실보상이 완료되었다고 보기 어렵다.

사업시행자가 수용재결에 따른 보상금을 지급하거나 공탁하고 토지보상법 제43조에 따라 부동산의 인도를 청구하는 경우 현금청산대상자나 임차인 등이 주거이전비 등을 보상받기 전에는 특별한 사정이 없는 한 구 도시정비법 제49조 제6항 단서에 따라 주거이전비 등의 미지급을 이유로 부동산의 인도를 거절할 수 있다. 따라서 이러한 경우 현금청산대상자나 임차인 등이 수용개시일까지 수용대상 부동산을 인도하지 않았다고 해서 토지보상법 제43조, 제95조의2 제2호 위반죄로 처벌해서는 안 된다.

판례 49 2010다43498

토지보상법 제78조 제4항의 생활기본시설 비용부담(강행규정)

쟁점사항

▶ 이주대책의 제도적 취지
▶ 이주정착지의 공공시설 등의 설치비용을 당사자들의 합의로 이주자들에게 부담시킬 수 있는지 여부(= 강행법규)
▶ 이주대책대상자에게 공급하는 택지의 분양가격 결정을 위한 택지조성원가의 직접적 근거(= 택지개발촉진법령)

쟁점 1 : (구)공익사업을 위한 토지 등의 취득 및 보상에 관한 법률 소정의 이주대책의 제도적 취지

(구)공익사업을 위한 토지 등의 취득 및 보상에 관한 법률(2007.10.17. 법률 제8665호로 개정되기 전의 것, 이하 '공익사업법'이라고 한다) 제78조 제1항과 같은 조 제4항의 취지를 종합하여보면, 공익사업법에 의한 이주대책은 공익사업의 시행에 필요한 토지 등을 제공함으로 인하여 생활의 근거를 상실하게 되는 이주대책대상자들을 위하여 사업시행자가 '기본적인 생활시설이 포함된' 택지를 조성하거나 그 지상에 주택을 건설하여 이주대책대상자들에게 이를 '그 투입비용 원가만의 부담하에' 개별 공급하는 것으로서, 그 본래의 취지가 이주대책대상자들에 대하여 종전의 생활상태를 원상으로 회복시키면서 동시에 인간다운 생활을 보장하여 주기 위한 이른바 생활보상의 일환으로 국가의 적극적이고 정책적인 배려에 의하여 마련된 제도이다.

쟁점 2 : 토지보상법 소정의 이주대책으로서 이주정착지에 택지를 조성하거나 주택을 건설하여 공급하는 경우, 이주정착지에 대한 공공시설 등의 설치비용을 당사자들의 합의로 이주자들에게 부담시킬 수 있는지 여부(소극)

이와 같은 이주대책의 제도적 취지에 비추어 볼 때, 공익사업법 제78조 제4항은 사업시행자가 이주대책대상자들을 위한 이주대책으로서 이주정착지에 택지를 조성하거나 주택을 건설하여 공급하는 경우 그 이주정착지에 대한 도로, 급수 및 배수시설 기타 공공시설 등 해당 지역조건에 따른 생활기본시설이 설치되어 있어야 하고, 또한 그 공공시설 등의 설치비용은 사업시행자가 부담하는 것으로서 이를 이주대책대상자들에게 전가할 수 없으며, 이주대책대상자들에게는 다만 분양받을 택지의 용지비 및 조성비 등과 같은 택지조성원가, 주택을 공급하는 경우 그 건축원가만을 부담시킬 수 있는 것으로 해석함이 상당하고, 위 규정은 그 취지에 비추어 볼 때 당사자의 합의로도 그 적용을 배제할 수 없는 강행법규에 해당한다고 봄이 상당하다.

쟁점 3 : 이주정착지 조성에 갈음하여 택지개발촉진법에 의하여 이주대책대상자에게 택지를 공급하는 경우, 그 택지의 분양가격 결정을 위한 택지조성원가의 구체적인 산정을 택지개발촉진법령에 의하여야 하는지 여부(적극)

별도의 이주정착지 조성에 갈음하여 택지개발촉진법에 의하여 이주대책대상자에게 택지를 공급하는 경우도 공익사업법 제78조 제1항 소정의 이주대책의 하나인 이상 공익사업법 제78조 제4항의 규정은 이 경우에도 마찬가지로 적용된다고 할 것이나, 그 공급하는 택지의 분양가격 결정을 위한 택지조성원가의 구체적인 산정은 공익사업법령에 특별한 규정이 없는 이상 택지공급의 직접적인 근거가 되는 택지개발촉진법령에 의하여야 한다고 봄이 상당하다.

관련판례

✦ 대판 2011.2.24, 2010다43498[분양행위무효확인]

전문

【원고, 상고인】 원고 1 외 19인

　　　　　　　　원고들 소송대리인 변호사 박승옥 외 1인

【피고, 피상고인】 목포시

　　　　　　　　소송대리인 변호사 박영국

【원심판결】 광주고등법원 2010.4.21, 2008나4499

주문

상고를 모두 기각한다.

상고비용은 원고들이 부담한다.

이유

상고이유에 대하여(상고이유서 제출기간이 경과한 후에 제출된 상고이유보충서의 기재는 상고이유를 보충하는 범위 내에서) 판단한다.

1. 상고이유 제1점에 대하여

(구)공익사업을 위한 토지 등의 취득 및 보상에 관한 법률(2007.10.17. 법률 제8665호로 개정되기 전의 것, 이하 '공익사업법'이라고 한다) 제78조 제1항은 "사업시행자는 공익사업의 시행으로 인하여 주거용 건축물을 제공함에 따라 생활의 근거를 상실하게 되는 자(이하 '이주대책대상자'라 한다)를 위하여 대통령령이 정하는 바에 따라 이주대책을 수립·실시하거나 이주정착금을 지급하여야 한다."고 규정하고 있고, 같은 조 제4항은 "이주대책의 내용에는 이주정착지에 대한 도로·급수시설·배수시설 그 밖의 공공시설 등 해당 지역조건에 따른 생활기본시설이 포함되어야 하며, 이에 필요한 비용은 사업시행자의 부담으로 한다."고 규정하고 있다.

위 각 규정의 취지를 종합하여 보면, 공익사업법에 의한 <u>이주대책은 공익사업의 시행에 필요한 토지 등을 제공함으로 인하여 생활의 근거를 상실하게 되는 이주대책대상자들을 위하여 사업시행자가 '기본적인 생활시설이 포함된' 택지를 조성하거나 그 지상에 주택을 건설하여 이주대책대상자들에게 이를 '그 투입비용 원가만의 부담하에' 개별 공급하는 것으로서, 그 본래의 취지가 이주대책대상자들에 대하여 종전의 생활상태를 원상으로 회복시키면서 동시에 인간다운 생활을 보장하여 주기 위한 이른바 생활보상의 일환으로 국가의 적극적이고 정책적인 배려에 의하여 마련된 제도이다</u>(대판 1994.5.24, 92다35783 全合 참조).

이와 같은 이주대책의 제도적 취지에 비추어 볼 때, <u>공익사업법 제78조 제4항은 사업시행자가 이주대책대상자들을 위한 이주대책으로써 이주정착지에 택지를 조성하거나 주택을 건설하여</u>

공급하는 경우 그 이주정착지에 대한 도로, 급수 및 배수시설 기타 공공시설 등 해당 지역조건에 따른 생활기본시설이 설치되어 있어야 하고, 또한 그 공공시설 등의 설치비용은 사업시행자가 부담하는 것으로서 이를 이주대책대상자들에게 전가할 수 없으며, 이주대책대상자들에게는 다만 분양받을 택지의 용지비 및 조성비 등과 같은 택지조성원가, 주택을 공급하는 경우 그 건축원가만을 부담시킬 수 있는 것으로 해석함이 상당하고, 위 규정은 그 취지에 비추어 볼 때 당사자의 합의로도 그 적용을 배제할 수 없는 강행법규에 해당한다고 봄이 상당하다(대판 2002.3.15. 2001다67126 참조).

한편, (구)공익사업법 시행령(2008.4.17. 대통령령 제20771호로 개정되기 전의 것) 제40조 제2항은 "이주대책은 국토해양부령이 정하는 부득이한 사유가 있는 경우를 제외하고는 이주대책대상자 중 이주정착지에 이주를 희망하는 자가 10호 이상인 경우에 수립·실시한다. 다만, 사업시행자가 택지개발촉진법 또는 주택법 등 관계법령에 의하여 이주대책대상자에게 택지 또는 주택을 공급한 경우(사업시행자의 알선에 의하여 공급한 경우를 포함한다)에는 이주대책을 수립·실시한 것으로 본다."고 규정하고 있는 바, 별도의 이주정착지 조성에 갈음하여 택지개발촉진법에 의하여 이주대책대상자에게 택지를 공급하는 경우도 공익사업법 제78조 제1항 소정의 이주대책의 하나인 이상 공익사업법 제78조 제4항의 규정은 이 경우에도 마찬가지로 적용된다고 할 것이나, 그 공급하는 택지의 분양가격 결정을 위한 택지조성원가의 구체적인 산정은 공익사업법령에 특별한 규정이 없는 이상 택지공급의 직접적인 근거가 되는 택지개발촉진법령에 의하여야 한다고 봄이 상당하다.

판례 50   2007다63089

> 토지보상법 제78조 제1항은 물론 제4항 본문은 강행규정(이주대책)

쟁점사항

▶ 토지보상법 제78조 제1항, 제4항 본문이 강행규정인지 여부
▶ 사업시행자가 이주대책대상자에게 생활기본시설 설치비용을 전가한 경우 부당이득을 반환할 의무가 있는지 여부

관련판례

✦ 대판 2011.6.23, 2007다63089 · 63096 全合[채무부존재확인]

전문

【원고, 피상고인】 별지 원고 목록 기재와 같다(원고들 소송대리인 변호사 ○○○ 외 1인).

【원고 승계참가인, 피상고인】 별지 원고 승계참가인 목록 기재와 같다(원고 승계참가인들 소송대리인 변호사 ○○○ 외 1인).

【피고, 상고인】 대한주택공사의 소송수계인 한국토지주택공사, 소송대리인 법무법인 바른 담당변호사 ○○○ 외 3인, 소송대리인 법무법인(유한) 에이펙스 담당변호사 ○○○ 외 3인, 소송대리인 변호사 ○○○ 외 2인

【피고보조참가인】 에스에이치공사, 소송대리인 법무법인 한올, 담당변호사 ○○○ 외 1인, 소송대리인 변호사 ○○○ 외 1인

【원심판결】 서울고등법원 2007.8.22, 2006나24560, 24577(병합)

【판결선고】 2011.6.23.

주문

원심판결을 파기하고, 사건을 서울고등법원에 환송한다.
피고 보조참가인의 보조참가신청을 각하한다.
보조참가신청으로 인한 소송비용은 피고 보조참가인이 부담한다.

이유

1. 상고이유를 판단한다.

가. 승계참가에 관한 법리오해의 점에 대하여

계약당사자 중 일방이 상대방 및 제3자와 사이에 3면 계약을 체결하거나 상대방의 승낙을 얻어 계약상 당사자로서의 지위를 포괄적으로 제3자에게 이전하는 경우 이를 양수한 제3자는 양도인의 계약상의 지위를 승계함으로써 종래의 계약에서 이미 발생된 채권 · 채무도 모두 이전받게 된다.

원심판결 이유에 의하면, 원심은 그 채택 증거를 종합하여 판시와 같은 사실을 인정한 다음, 원고 승계참가인들은 원고(탈퇴) 12 등 18명으로부터 이 사건 각 분양계약상 계약자의 지위를 포괄적으로 인수하고 피고로부터 승낙을 받음으로써 이 사건 각 분양계약과 관련하여 발생한 부당이득반환채권까지도 포괄적으로 인수하였다고 판단하였다.

위 법리와 기록에 비추어 보면, 원심의 위와 같은 판단은 정당하고, 거기에 상고이유에서 주장하는 바와 같은 권리 · 의무의 승계계약으로 인한 승계참가에 관한 법리를 오해한 위법이 없다.

나. 이주대책대상자의 범위에 관한 법리오해의 점에 대하여

공익사업을 위한 토지 등의 취득 및 보상에 관한 법률(2007.10.17. 법률 제8665호로 개정되기 전의 것, 이하 '(구)공익사업법'이라 한다) 제78조 제1항은 "사업시행자는 공익사업의 시행으로 인하여 주거용 건축물을 제공함에 따라 생활의 근거를 상실하게 되는 자(이하 '이주대책대상자'라 한다)를 위하여 대통령령이 정하는 바에 따라 이주대책을 수립 · 실시하거나 이주정착금을 지급하여야 한다."고 규정하고 있으므로, 사업시행자는 공익사업의 시행으로 인하여 비자발적으로 주거용 건축물을 제공함으로써 생활의 근거를 잃게 된 이주자들에게 이주대책을 수립 · 실시해 주어야 한다. 그리고 설령 이주자들이 공익사업시행지구가 지정되거나 그 범위가 결정되는 과정에서 자신들의 주거지가 이에 포함되도록 요청하거나 이에 동의한 바 있다 하더라도 이는 공익사업시행지구 결정과정의 동기나 고려요소에 불과할 뿐이므로, 공익사업시행지구가 결정된 후 그 사업의 시행단계에서 이주자들이 종전 주거를 떠나 이주하는 것이 불가피하게 요구되거나 강제되는 경우라면 사업시행자는 이러한 이주자들에 대하여도 이주대책을 수립 · 실시해 주어야 한다.

그러므로 원심이 위와 같은 취지에서 원고들은 그들 소유의 주거용 건축물이 이 사건 택지개발사업지구에 편입되도록 스스로 요청하였으므로 이주대책대상자에 해당하지 않는다는 피고의 주장을 받아들이지 아니한 것은 정당하고, 거기에 상고이유에서 주장하는 바와 같은 이주대책대상자의 범위에 관한 법리를 오해한 위법이 없다.

다. 부당이득의 성립 및 그 범위에 관한 법리오해의 점에 대하여

(구)공익사업법 제78조 제1항은 위와 같이 사업시행자의 이주대책 수립 · 실시의무를 정하고 있고, 같은 법 시행령(2008.2.29. 대통령령 제20722호로 개정되기 전의 것, 이하 '(구)공익사업법 시행령'이라 한다) 제40조 제2항은 "이주대책은 건설교통부령이 정하는 부득이한 사유가 있는 경우를 제외하고는 이주대책대상자 중 이주를 희망하는 자가 10호 이상인 경우에 수립 · 실시한다. 다만, 사업시행자가 택지개발촉진법 또는 주택법 등 관계법령에 의하여 이주대책대상자에게 택지 또는 주택을 공급한 경우(사업시행자의 알선에 의하여 공급한 경우를 포함한다)에는 이주대책을 수립 · 실시한 것으로 본다."고 규정하고 있으며, 한편 구 공익사업법 제78조 제4항 본문은 "이주대책의 내용에는 이주정착지에 대한 도로 · 급수시설 · 배수시설 그 밖의 공공시설 등 해당 지역조건에 따른 생활기본시설이 포함되어야 하며, 이에 필요한 비용은 사업시행자의 부담으로 한다."고 규정하고 있다.

위 각 규정을 종합하면 사업시행자가 (구)공익사업법 시행령 제40조 제2항 단서에 따라 택지개발촉진법 또는 주택법 등 관계법령에 의하여 이주대책대상자들에게 택지 또는 주택을 공급(이하 '특별공급'이라 한다)하는 것도 (구)공익사업법 제78조 제1항의 위임에 근거하여 사업시행자가 선택할 수 있는 이주대책의 한 방법이므로, 특별공급의 경우에도 이주정착지를 제공하는 경우와 마찬가지로 사업시행자의 부담으로 같은 조 제4항이 정한 생활기본시설을 설치하여 이주대책대상자들에게 제공하여야 한다고 봄이 상당하고, 이주대책대상자들이 특별공급을 통해 취득하는 택지나 주택의 시가가 그 공급가액을 상회하여 그들에게 시세차익을 얻을 기회나 가능성이 주어진다고 하여 달리 볼 것은 아니다.

그리고 (구)공익사업법은 공익사업에 필요한 토지 등을 협의 또는 수용에 의하여 취득하거나 사용함에 따른 손실의 보상에 관한 사항을 규정함으로써 공익사업의 효율적인 수행을 통하여 공공복리의 증진과 재산권의 적정한 보호를 도모함을 목적으로 하고 있고, 위 법에 의한 이주대책은 공익사업의 시행에 필요한 토지 등을 제공함으로 인하여 생활의 근거를 상실하게 되는 이주대책대상자들에게 종전의 생활상태를 원상으로 회복시키면서 동시에 인간다운 생활을 보장하여 주기 위하여 마련된 제도이므로, 사업시행자의 이주대책 수립·실시의무를 정하고 있는 (구)공익사업법 제78조 제1항은 물론 그 이주대책의 내용에 관하여 규정하고 있는 같은 법 제78조 제4항 본문 역시 당사자의 합의 또는 사업시행자의 재량에 의하여 그 적용을 배제할 수 없는 강행법규이다.

나아가 (구)공익사업법 제78조 제4항의 취지는 이주대책대상자들에게 생활의 근거를 마련해 주고자 하는 데 그 목적이 있으므로, 위 규정의 '도로·급수시설·배수시설 그밖의 공공시설 등 해당 지역조건에 따른 생활기본시설'이라 함은 주택법 제23조 등 관계법령에 의하여 주택건설사업이나 대지조성사업을 시행하는 사업주체가 설치하도록 되어 있는 도로 및 상하수도시설, 전기시설·통신시설·가스시설 또는 지역난방시설 등 간선시설을 의미한다고 보아야 한다.

따라서 만일 이주대책대상자들과 사업시행자 또는 그의 알선에 의한 공급자와 사이에 채결된 택지 또는 주택에 관한 특별공급계약에서 (구)공익사업법 제78조 제4항에 규정된 생활기본시설 설치비용까지 사업시행자 등에게 지급하게 되었다면, 사업시행자가 직접 택지 또는 주택을 특별공급한 경우에는 특별공급계약 중 분양대금에 생활기본시설 설치비용을 포함시킨 부분이 강행법규인 (구)공익사업법 제78조 제4항에 위배되어 무효이고, 사업시행자의 알선에 의하여 다른 공급자가 택지 또는 주택을 공급한 경우에는 사업시행자가 위 규정에 따라 부담하여야 할 생활기본시설 설치비용에 해당하는 금액의 지출을 면하게 되어, 결국 사업시행자는 법률상 원인 없이 생활기본시설 설치비용 상당의 이익을 얻고 그로 인하여 이주대책대상자들이 같은 금액 상당의 손해를 입게 된 것이므로, 사업시행자는 그 금액을 부당이득으로 이주대책대상자들에게 반환할 의무가 있다고 할 것이다.

다만, 위에서 본 바와 같이 (구)공익사업법 제78조 제4항에 따라 사업시행자의 부담으로 이주대책대상자들에게 제공하여야 하는 것은 위 조항에서 정한 생활기본시설에 국한되므로, 이와 달리 사업시행자가 이주대책으로써 이주정착지를 제공하거나 택지 또는 주택을 특별공급하는 경우 사업시행자는 이주대책대상자들에게 택지의 소지(素地)가격 및 택지조성비 등 투입비용의 원가만을 부담시킬 수 있고 이를 초과하는 부분은 생활기본시설 설치비용에 해당하는지 여부를 묻지 않고 그 전부를 이주대책대상자들에게 전가할 수 없다는 취지로 판시한 대판 1994.5.24, 92다35783, 대판 2002.3.15, 2001다67126, 대판 2003.7.25, 2001다57778 판결과 그 밖에 이 판결과 다른 취지의 대법원 판결들은 이 판결의 견해에 배치되는 범위 안에서 모두 변경하기로 한다.

그렇다면 원심으로서는 이와 같은 법리에 따라 사업시행자인 피고로부터 특별공급으로 주택을 분양받은 원고들 중 생활기본시설 설치비용이 포함된 분양대금을 지급한 사람들의 경우에는 피고에 대하여 그들에게 위 분양대금 중 생활기본시설 설치비용에 해당하는 금액만을 부당이득으로 반환할 것을 명하여야 하고, 아직 분양대금을 납부하지 않은 사람들의 경우에는 그들의 피고에 대한 분양대금채무가 위 분양대금에서 생활기본시설 설치비용을 공제한 금액을 초과하여서는 존재하지 아니함을 확인했어야 함에도 불구하고, 원심은 이주대책대상자들에게 특별공급으로 택지 또는 주택이 제공된 경우 사업시행자가 투입한 원가만을 이주대책대상자들에게 부담시킬 수 있음을 전제로, 이 사건 각 분양계약 중 이 사건 각 아파트의 택지 소지가격 및 택지조성비, 건축비의 원가를 제외한 나머지 분양대금 부분은 모두 효력이 없다고 보아 원고들의 이 사건 부당이득반환청구 또는 미지급 분양대금채무의 부존재 확인청구를 인용하였으므로, 이러한 원심판결에는 이주대책의 일환으로 이루어지는 특별공급에서 사업시행자가 부담할 비용의 범위에 관한 법리를 오해한 위법이 있다.

— 후략 —

판례 51 2017두40860

잔여지 가치하락이 해당 공익사업으로 인한 것이 아닌 경우의 보상 가능성

쟁점사항

▶ 해당 공익사업으로 인하지 않은 잔여지의 가치하락이 토지보상법 제73조 제1항에 따른 잔여지 손실보상의 대상에 해당하는지 여부
▶ 접도구역으로 지정된 토지의 소유자가 손실보상을 청구할 수 있는지 여부

> 제74조(잔여지 등의 매수 및 수용 청구)
> ① 동일한 소유자에게 속하는 일단의 토지의 일부가 협의에 의하여 매수되거나 수용됨으로 인하여 잔여지를 종래의 목적에 사용하는 것이 현저히 곤란할 때에는 해당 토지소유자는 사업시행자에게 잔여지를 매수하여 줄 것을 청구할 수 있으며, 사업인정 이후에는 관할 토지수용위원회에 수용을 청구할 수 있다. 이 경우 수용의 청구는 매수에 관한 협의가 성립되지 아니한 경우에만 할 수 있으며, 사업완료일까지 하여야 한다.

공익사업의 수행으로 인하여 동일한 소유자에게 속하는 일단의 토지 중 일부를 취득하거나 사용하고 남은 잔여지에 현실적 이용상황 변경 또는 사용가치 및 교환가치의 하락 등이 발생하였으나 그 손실이 당해 공익사업에 기인한 것이 아닌 경우 사업시행자에게 이에 대한 손실보상을 청구할 수 없다.

✦ 대판 2017.7.11, 2017두40860[잔여지가치하락손실보상금청구]

판시사항

공익사업의 사업시행자가 동일한 소유자에게 속하는 일단의 토지 중 일부를 취득하거나 사용하고 남은 잔여지에 현실적 이용상황 변경 또는 사용가치 및 교환가치의 하락 등이 발생하였으나 그 손실이 토지의 일부가 공익사업에 취득되거나 사용됨으로 인하여 발생한 것이 아닌 경우, 공익사업을 위한 토지 등의 취득 및 보상에 관한 법률 제73조 제1항 본문에 따른 잔여지 손실보상 대상에 해당하는지 여부(원칙적 소극)

판결요지

공익사업을 위한 토지 등의 취득 및 보상에 관한 법률(이하 '토지보상법'이라고 한다) 제73조 제1항 본문은 "사업시행자는 동일한 소유자에게 속하는 일단의 토지의 일부가 취득되거나 사용됨으로 인하여 잔여지의 가격이 감소하거나 그 밖의 손실이 있을 때 또는 잔여지에 통로·도랑·담장 등의 신설이나 그 밖의 공사가 필요할 때에는 국토교통부령으로 정하는 바에 따라 그 손실이나 공사의 비용을 보상하여야 한다."라고 규정하고 있다.

여기서 특정한 공익사업의 사업시행자가 보상하여야 하는 손실은, 동일한 소유자에게 속하는 일단의 토지 중 일부를 사업시행자가 그 공익사업을 위하여 취득하거나 사용함으로 인하여 잔여지에 발생하는 것임을 전제로 한다. 따라서 이러한 잔여지에 대하여 현실적 이용상황 변경 또는 사용가치 및 교환가치의 하락 등이 발생하였더라도, 그 손실이 토지의 일부가 공익사업에 취득되거나 사용됨으로 인하여 발생하는 것이 아니라면 특별한 사정이 없는 한 토지보상법 제73조 제1항 본문에 따른 잔여지 손실보상 대상에 해당한다고 볼 수 없다.

접도구역으로 지정된 토지의 소유자가 손실보상을 청구할 수 있는지 여부
(「도로법」 제99조 제1항 등 관련)

※ 법제처의 법령해석(18-0083, 2018.6.21)에서 인용하고 있는 대판 2017.7.11, 2017두40860 판결은 접도구역의 지정에 따른 손실이 잔여지 손실보상의 대상이 아니라는 취지일 뿐 도로법 제99조의 적용대상이 아니라는 취지는 아님
법제처 유권해석을 중심으로 (안건번호 18-0083, 회신일자 2018-06-21)

1. 핵심쟁점

최근 접도구역으로 지정된 토지의 소유자가 토지의 처분이나 제한으로 인한 손실을 이유로 손실보상을 청구할 수 있는지에 관련한 법제처의 해석 내용이 있어 해당 내용을 중심으로 쟁점을 살펴보기로 한다.

2. 질의요지

「도로법」제40조 제1항에 따라 접도구역(接道區域)으로 지정된 토지의 소유자는 같은 법 제99조 제1항에 따라 같은 법 제40조 제3항의 행위 제한으로 인한 손실의 보상을 청구할 수 있는지 여부

> **도로법 제40조(접도구역의 지정 및 관리)**
> ① 도로관리청은 도로 구조의 파손 방지, 미관(美觀)의 훼손 또는 교통에 대한 위험 방지를 위하여 필요하면 소관 도로의 경계선에서 20미터(고속국도의 경우 50미터)를 초과하지 아니하는 범위에서 대통령령으로 정하는 바에 따라 접도구역(接道區域)을 지정할 수 있다.
> ② 도로관리청은 제1항에 따라 접도구역을 지정하면 지체 없이 이를 고시하고, 국토교통부령으로 정하는 바에 따라 그 접도구역을 관리하여야 한다.
> ③ 누구든지 접도구역에서는 다음 각 호의 행위를 하여서는 아니 된다. 다만, 도로 구조의 파손, 미관의 훼손 또는 교통에 대한 위험을 가져오지 아니하는 범위에서 하는 행위로서 대통령령으로 정하는 행위는 그러하지 아니하다.
> 　1. 토지의 형질을 변경하는 행위
> 　2. 건축물, 그 밖의 공작물을 신축·개축 또는 증축하는 행위
> ④ 도로관리청은 도로 구조나 교통안전에 대한 위험을 예방하기 위하여 필요하면 접도구역에 있는 토지, 나무, 시설, 건축물, 그 밖의 공작물(이하 "시설 등"이라 한다)의 소유자나 점유자에게 상당한 기간을 정하여 다음 각 호의 조치를 하게 할 수 있다.
> 　1. 시설 등이 시야에 장애를 주는 경우에는 그 장애물을 제거할 것
> 　2. 시설 등이 붕괴하여 도로에 위해(危害)를 끼치거나 끼칠 우려가 있으면 그 위해를 제거하거나 위해 방지시설을 설치할 것
> 　3. 도로에 토사 등이 쌓이거나 쌓일 우려가 있으면 그 토사 등을 제거하거나 토사가 쌓이는 것을 방지할 수 있는 시설을 설치할 것
> 　4. 시설 등으로 인하여 도로의 배수시설에 장애가 발생하거나 발생할 우려가 있으면 그 장애를 제거하거나 장애의 발생을 방지할 수 있는 시설을 설치할 것

3. 법제처 답변

"이 사안의 경우 접도구역으로 지정된 토지의 소유자는 손실의 보상을 청구할 수 있습니다."

> **도로법 제41조(접도구역에 있는 토지의 매수청구)**
> ① 접도구역에 있는 토지가 다음 각 호의 어느 하나에 해당하는 경우 해당 토지의 소유자는 도로관리청에 해당 토지의 매수를 청구할 수 있다.
> 　1. 접도구역에 있는 토지를 종래의 용도대로 사용할 수 없어 그 효용이 현저하게 감소한 경우
> 　2. 접도구역의 지정으로 해당 토지의 사용 및 수익이 사실상 불가능한 경우
> ② 제1항 각 호의 어느 하나에 해당하는 토지(이하 "매수대상토지"라 한다)의 매수를 청구할 수 있는 소유자는 다음 각 호의 어느 하나에 해당하는 자이어야 한다.
> 　1. 접도구역이 지정될 당시부터 해당 토지를 계속 소유한 자

　　2. 토지의 사용·수익이 불가능하게 되기 전에 해당 토지를 취득하여 계속 소유한 자

　　3. 제1호 또는 제2호에 해당하는 자로부터 해당 토지를 상속받아 계속 소유한 자

③ 상급도로의 접도구역과 하급도로의 접도구역이 중첩된 경우 매수대상토지의 소유자는 상급 도로관리청에 제1항에 따른 매수청구를 하여야 한다.

④ 도로관리청은 제1항에 따라 매수청구를 받은 경우 해당 토지가 효용의 감소 등 대통령령으로 정한 기준에 해당되면 이를 매수하여야 한다.

4. 법제처 회답 이유

「도로법」 제40조 제1항에 따라 토지가 접도구역으로 지정·고시되면 같은 조 제3항에 따라 토지의 형질 변경이나 건축행위가 금지되고 이에 따라 해당 토지의 소유자는 토지의 사용가치 및 교환가치가 하락하는 손실을 입게 되는데, 이러한 손실은 도로관리청이 해당 토지를 접도구역으로 지정·고시한 조치에 기인한 것(대판 2017.7.11. 2017두40860 참조)으로서 「도로법」 제99조 제1항에 따른 손실보상의 요건인 "「도로법」에 따른 처분이나 제한으로 인한 손실"에 해당하므로, 접도구역으로 지정된 토지의 소유자는 같은 법 제99조 제1항에 따른 손실보상을 청구할 수 있다.

한편 접도구역에 있는 토지에 대해서는 「도로법」 제41조 제1항에서 해당 토지를 종래의 용도대로 사용할 수 없어 그 효용이 현저하게 감소한 경우(제1호) 등 토지소유자가 수인해야 하는 사회적 제약의 한계를 넘는 재산권 제한에 한정하여 매수청구권을 별도로 보장하고 있고, 같은 법 제83조 제2항(재해 발생 시 토지 일시 사용 등), 제97조 제2항(공익을 위한 허가 취소 등) 및 제98조 제2항(감독관청의 명령에 따른 처분)과는 달리 같은 법 제40조에서는 같은 법 제99조를 준용하도록 하는 규정을 별도로 두고 있지 않은 점에 비추어 볼 때 접도구역 지정으로 인한 손실에 대해서는 같은 법 제99조 제1항에 따른 손실보상 규정이 적용되지 않는다는 의견이 있다.

그러나 ① 「도로법」 제41조에서 매수청구 제도를 도입한 취지는 당시 도로법령에서는 손실보상의 기준·방법 등을 구체적으로 규정하고 있지 않아 접도구역에서의 행위 제한으로 인한 손실을 손실보상 규정에 따라 보상받는 것이 현실적으로 곤란하기 때문에 이를 보완하기 위해 매수청구 제도를 도입한 것일 뿐 접도구역 내 토지소유자에게 매수청구권만을 인정하고 손실보상 청구권은 인정하지 않으려는 취지는 아니라는 점, (2004.1.20. 법률 제7103호로 개정된 「도로법」 국회 심사보고서 참조) ② 「도로법」 제99조 제1항은 "같은 법에 따른 처분이나 제한으로 인한 손실"에 대한 포괄적인 손실보상 규정이므로 별도의 준용 규정을 두지 않더라도 그 적용이 배제된다고 볼 수 없는 점을 고려하면 그러한 의견은 타당하지 않다.

판례 52 2017두68370

잔여지 손실보상금에 대한 지연손해금 지급의무 발생시기

쟁점사항

▶ 잔여지 손실보상금에 대한 지연손해금 지급의무의 발생시기(=이행청구를 한 다음 날)

제73조(잔여지의 손실과 공사비 보상)
① 사업시행자는 동일한 소유자에게 속하는 일단의 토지의 일부가 취득되거나 사용됨으로 인하여 잔여지의 가격이 감소하거나 그 밖의 손실이 있을 때 또는 잔여지에 통로·도랑·담장 등의 신설이나 그 밖의 공사가 필요할 때에는 국토교통부령으로 정하는 바에 따라 그 손실이나 공사의 비용을 보상하여야 한다. 다만, 잔여지의 가격 감소분과 잔여지에 대한 공사의 비용을 합한 금액이 잔여지의 가격보다 큰 경우에는 사업시행자는 그 잔여지를 매수할 수 있다.

관련판례

✦ 대판 2018.3.13, 2017두68370[잔여지가치하락손실보상금청구]

판시사항

공익사업을 위한 토지 등의 취득 및 보상에 관한 법률 제73조 제1항에 따른 잔여지 손실보상금에 대한 지연손해금 지급의무의 발생 시기

판결요지

공익사업을 위한 토지 등의 취득 및 보상에 관한 법률이 잔여지 손실보상금 지급의무의 이행기를 정하지 않았고, 그 이행기를 편입토지의 권리변동일이라고 해석하여야 할 체계적, 목적론적 근거를 찾기도 어려우므로, 잔여지 손실보상금 지급의무는 이행기의 정함이 없는 채무로 보는 것이 타당하다. 따라서 잔여지 손실보상금 지급의무의 경우 잔여지의 손실이 현실적으로 발생한 이후로서 잔여지 소유자가 사업시행자에게 이행청구를 한 다음 날부터 그 지연손해금 지급의무가 발생한다(민법 제387조 제2항 참조).

판례 53 **2012두16534**

토지에 속한 흙·돌·모래 또는 자갈이 별도의 보상대상이 되는 경우

쟁점사항

▶ 토지에 매장된 돌의 경제적 가치를 고려하지 않은 채 보상액을 산정한 수용재결의 위법성

토지보상법 제3조 적용대상으로 "사업시행자가 다음 각 호에 해당하는 토지·물건 및 권리를 취득하거나 사용하는 경우에는 이 법을 적용한다."라고 규정하고 있는 바, 제4호에 대한 해석이 지금까지 없었다.

(1) 토지 및 이에 관한 소유권 외의 권리
(2) 토지와 함께 공익사업을 위하여 필요한 입목(立木), 건물, 그 밖에 토지에 정착된 물건 및 이에 관한 소유
    권 외의 권리
(3) 광업권·어업권·양식업권 또는 물의 사용에 관한 권리
(4) 토지에 속한 흙·돌·모래 또는 자갈에 관한 권리

그러나 이에 대한 해석으로 "토지의 형질변경 또는 채석·채취를 적법하게 할 수 있는 행정적 조치가 있거나 그것이 가능하고 구체적으로 토지의 가격에 영향을 미치고 있음이 객관적으로 인정되어 토지와는 별도의 경제적 가치가 있다고 평가되는 경우"가 나옴으로써 이로 인한 분쟁을 간명하게 해결하게 되었다.

관련판례

✦ 대판 2014.4.24, 2012두16534[토지보상금증액]

판시사항

[1] (구)공익사업을 위한 토지 등의 취득 및 보상에 관한 법률 제75조 제3항에서 정한 '흙·돌·모래 또는 자갈이 해당 토지와 별도로 취득 또는 사용의 대상이 되는 경우'의 의미

[2] 甲이 자신의 토지에서 토석채취허가를 받아 채석장을 운영하면서 건축용 석재를 생산해 왔는데, 고속철도건설사업의 시행으로 토석채취기간의 연장허가가 거부된 이후 사업시행지구에 편입된 위 토지에 대하여 매장된 돌의 경제적 가치를 고려하지 않은 채 보상액을 산정하여 수용재결한 사안에서, 위 토지에 매장된 돌을 적법하게 채취할 수 있는 행정적 조치의 가능성을 부정하여 위 토지와 별도로 (구)공익사업을 위한 토지 등의 취득 및 보상에 관한 법률 제75조 제3항에 따른 보상의 대상이 될 수 없다고 본 원심판결에 법리오해의 위법이 있다고 한 사례

판결요지

[1] (구)공익사업을 위한 토지 등의 취득 및 보상에 관한 법률(2011.8.4. 법률 제11017호로 개정되기 전의 것) 제75조 제3항은 "토지에 속한 흙·돌·모래 또는 자갈(흙·돌·모래 또는 자갈이 해당 토지와 별도로 취득 또는 사용의 대상이 되는 경우에 한한다)에 대하여는 거래가격 등을 참작하여 평가한 적정가격으로 보상하여야 한다."라고 규정하고 있다. 위 규정에서 '흙·돌·모래 또는 자갈이 해당 토지와 별도로 취득 또는 사용의 대상이 되는 경우'란 흙·돌·모래 또는 자갈이 속한 수용대상토지에 관하여 토지의 형질변경 또는 채석·채취를 적법하게 할 수 있는 행정적 조치가 있거나 그것이 가능하고 구체적으로 토지의 가격에 영향을 미치고 있음이 객관적으로 인정되어 토지와는 별도의 경제적 가치가 있다고 평가되는 경우 등을 의미한다.

[2] 甲이 자신의 토지에서 토석채취허가를 받아 채석장을 운영하면서 건축용 석재를 생산해 왔는데, 고속철도건설사업의 시행으로 토석채취기간의 연장허가가 거부된 이후 사업시행지구에 편입된 위 토지에 대하여 매장된 돌의 경제적 가치를 고려하지 않은 채 보상액을 산정하여 수용재결한 사안에서, 수용대상토지에 속한 돌 등에 대한 손실보상을 인정하기 위한 전제로서 그 경제적 가치를 평가할 때에는, 토지수용의 목적이 된 해당 공익사업의 시행으로 토지에 관한 토석채취허가나 토석채취기간의 연장허가를 받지 못하게 된 경우까지 행정적 조치의 가능성을 부정하여 행정적 조치가 없거나 불가능한 것으로 보아서는 아니 됨에도, 위 토지에 매장된 돌을 적법하게 채취할 수 있는 행정적 조치의 가능성을 부정하여 위 토지와 별도로 (구)공익사업을 위한 토지 등의 취득 및 보상에 관한 법률(2011.8.4. 법률 제11017호로 개정되기 전의 것) 제75조 제3항에 따른 보상의 대상이 될 수 없다고 본 원심판결에 법리오해의 위법이 있다고 한 사례

판례 54 2010두23149

잔여지 손실보상에서의 보상대상인 '손실'의 범위

취득 또는 사용목적사업의 시행으로 설치되는 시설의 형태·구조·사용 등에 기인하여 발생하는 손실과 수용재결 당시의 현실적 이용상황의 변경 외 장래의 이용가능성이나 거래의 용이성 등에 의한 사용가치 및 교환가치상의 하락 모두가 포함됨으로써 그동안 애매했던 잔여지 손실을 보상하여야 하는 경우, 보상하여야 하는 범위를 특정하여 사업시행자와 잔여지 소유자 간의 분쟁과 갈등을 완화할 수 있게 되었다.

관련판례

✦ 대판 2011.2.24, 2010두23149[토지보상금증액]

판시사항

(구)공익사업을 위한 토지 등의 취득 및 보상에 관한 법률 제73조에 따라 토지 일부의 취득 또는 사용으로 잔여지 손실에 대하여 보상하는 경우, 보상하여야 하는 손실의 범위

전문

【원고, 상고인 겸 피상고인】 엘아이지한보건설 주식회사의 소송수계인 엘아이지건설 주식회사
             (소송대리인 법무법인 정률 담당변호사 김종철 외 1인)
【피고, 피상고인 겸 상고인】 한국토지주택공사(소송대리인 법무법인 해마루 담당변호사 지기룡
             1인)
【원심판결】 서울고법 2010.9.30, 2010누2267

주문

원심판결 중 원고 패소 부분을 파기하고, 이 부분 사건을 서울고등법원에 환송한다. 피고의 상고를 기각한다.

이유

상고이유를 판단한다.

1. 원고의 상고에 대하여
   가. (구)공익사업을 위한 토지 등의 취득 및 보상에 관한 법률(2007.10.17. 법률 제8665호로 개정되기 전의 것, 이하 '공익사업법'이라 한다) 제73조에 의하면, 동일한 토지소유자에 속하는 일단의 토지의 일부가 취득 또는 사용됨으로 인하여 잔여지의 가격이 감소하거나 그 밖의 손실이 있는 때 등에는 토지소유자는 그로 인한 잔여지 손실보상청구를 할 수 있고, 이 경우 보상하여야 할 손실에는 토지 일부의 취득 또는 사용으로 인하여 그 획지조건이나 접근조건 등의 가격형성요인이 변동됨에 따라 발생하는 손실뿐만 아니라 그 취득 또는 사용목적사업의 시행으로 설치되는 시설의 형태·구조·사용 등에 기인하여 발생하는 손실과 수용재결 당시의 현실적 이용상황의 변경 외 장래의 이용가능성이나 거래의 용이성 등에 의한 사용가치 및 교환가치상의 하락 모두가 포함된다(대판 1998.9.8, 97누10680, 대판 2000.12.22, 99두10315 참조).
   나. 원심은, 그 판시와 같은 사정을 들어 이 사건 토지의 수용으로 인하여 이 사건 잔여지의 가격이 감소하였거나 손실이 있다고 볼 수 없다고 판단하여 원고의 잔여지 손실보상청구를 기각하였다.

다. 그러나 원심의 위와 같은 판단은 다음과 같은 이유로 수긍하기 어렵다.

사실심의 증거에 의하면, 이 사건 토지와 용인시 기흥구 영덕동 산 101-2 도로(42번 국도의 일부를 구성한다) 사이에 자리 잡고 있는 영덕동 산 101-5, 6 임야는 원고의 전신인 한보건설 주식회사(1993.4.20. 주식회사 한보로 상호변경되었음)의 소유이던 산 101-1, 3 임야의 일부였으나, 1990년경 분할된 뒤 한국토지공사가 1996.10.14. 주식회사 한보로부터 협의취득한 후 2000.3.31. 대한민국에 이전한 토지인 점, 위 산 101-5, 6 임야의 경계는 직선으로 구획되어 있을 뿐 아니라 그 모양을 보더라도 위 산 101-2 도로의 일부와 함께 42번 국도의 일부 또는 그 부속지로 사용될 목적하에 분할 및 협의취득 등이 이루어졌다고 보이는 점, 피고의 도시계획시설사업으로 인하여 이 사건 잔여지와 42번 국도 사이에 진출입 램프가 설치됨으로써 양자 사이의 통행이 현저히 곤란해졌다고 보이는 점 등의 사정을 알 수 있다.

이러한 사정을 앞서 본 법리에 비추어 살펴보면, 위 산 101-5, 6 임야가 타인 소유라는 이유만으로 이 사건 토지 및 잔여지가 피고의 도시계획시설사업 전부터 42번 국도 등 공로에의 통행이 전혀 불가능한 토지라고 단정하기는 어려운 반면, 피고의 도시계획시설사업으로 인하여 이 사건 잔여지는 42번 국도 등 공로에의 통행이 대단히 힘들어졌다고 할 수 있으므로, 이 사건 잔여지는 교통의 편리성이나 장래의 이용가능성 등에 있어 종전보다 열세에 처해져 있다고 할 수 있고, 위와 같은 열세가 인정되는 이상 이 사건 잔여지의 가격감소를 인정하는 취지의 제1심 법원 감정인 소외인의 감정결과를 쉽사리 배척할 것은 아니다.

라. 그럼에도 위 산 101-2 도로 및 산 101-5, 6 임야의 분할 및 취득경위, 현황 등에 관한 충분한 심리 없이 그 판시와 같은 사정만을 들어 소외인의 감정결과를 배척하는 등 원고의 잔여지 손실보상청구를 기각한 원심의 조치에는 공익사업법 제73조의 잔여지 손실보상요건 등에 관한 법리를 오해하거나 그로써 필요한 심리를 다하지 아니한 잘못이 있고, 이러한 위법은 판결에 영향을 미쳤음이 분명하다. 이를 지적하는 상고이유의 주장은 이유 있다.

2. 피고의 상고에 대하여

원심은, 이 사건에 현출된 여러 감정결과 중 이 사건 잔여지에 대한 평가를 적절히 하였고, 품등비교 등을 보다 적정하게 하였다고 보이는 감정인 소외인의 감정결과를 채택하여 그에 따른 보상금을 책정하였는바, 관계 법리와 기록에 비추어 살펴보면 원심의 위와 같은 조치는 옳고, 거기에 상고이유 주장과 같은 법리오해, 사실오인, 채증법칙 위반 등의 위법이 없다.

3. 결론

그러므로 원심판결 중 원고 패소 부분을 파기하고, 이 부분 사건을 다시 심리·판단하게 하기 위하여 원심법원에 환송하며, 피고의 상고를 기각하기로 하여, 관여 대법관의 일치된 의견으로 주문과 같이 판결한다.

판례 55 2010두9457

재결신청청구권의 성립요건 : 청구의 기간 등

쟁점사항

▸ 토지보상법상 지연가산금을 청구하는 경우 동법 제85조에서 정한 제소기간에 구애받는지 여부
▸ 협의기간 종료 전 재결신청의 청구가 있었으나 사업시행자가 협의기간을 연장한 경우 재결신청청구기간의 기산 시기(=당초의 협의기간 만료일)

제30조(재결 신청의 청구)
① 사업인정고시가 된 후 협의가 성립되지 아니하였을 때에는 토지소유자와 관계인은 대통령령으로 정하는 바에 따라 서면으로 사업시행자에게 재결을 신청할 것을 청구할 수 있다.
② 사업시행자는 제1항에 따른 청구를 받았을 때에는 그 청구를 받은 날부터 60일 이내에 대통령령으로 정하는 바에 따라 관할 토지수용위원회에 재결을 신청하여야 한다. 이 경우 수수료에 관하여는 제28조 제2항을 준용한다.
③ 사업시행자가 제2항에 따른 기간을 넘겨서 재결을 신청하였을 때에는 그 지연된 기간에 대하여 「소송촉진 등에 관한 특례법」 제3조에 따른 법정이율을 적용하여 산정한 금액을 관할 토지수용위원회에서 재결한 보상금에 가산(加算)하여 지급하여야 한다.

사업시행자가 보상협의요청서에 기재한 협의기간을 토지소유자 및 관계인에게 통지하고, 토지소유자 및 관계인이 그 협의기간이 종료하기 전에 재결신청의 청구를 한 경우에는 사업시행자가 협의기간이 종료하기 전에 협의기간을 연장하였다고 하더라도 공익사업법 제30조 제2항에서 정한 60일의 기간은 당초의 협의기간 만료일로부터 기산하여야 한다고 보는 것이 타당하다고 판시함으로써 협의가 성립되지 아니한 때에 재결신청청구권을 행사함에 대한 기준일을 명확히 하였다.

관련판례

✦ 대판 2012.12.27, 2010두9457[보상금증액]

판시사항

[1] 토지소유자 등이 (구)공익사업을 위한 토지 등의 취득 및 보상에 관한 법률 제85조에서 정한 제소기간 내에 관할 토지수용위원회에서 재결한 보상금의 증감에 대한 소송을 제기한 경우, 같은 법 제30조 제3항에서 정한 지연가산금은 위 제85조에서 정한 제소기간에 구애받지 않고 그 소송절차에서 청구취지 변경 등을 통해 청구할 수 있는지 여부(적극)

[2] 사업시행자가 보상협의요청서에 기재한 협의기간이 종료하기 전에 토지소유자 및 관계인이 재결신청의 청구를 하였으나 사업시행자가 협의기간이 종료하기 전에 협의기간을 연장한 경우, (구)공익사업을 위한 토지 등의 취득 및 보상에 관한 법률 제30조 제2항에서 정한 60일 기간의 기산 시기(= 당초의 협의기간 만료일)

판결요지

[1] (구)공익사업을 위한 토지 등의 취득 및 보상에 관한 법률(2011.8.4. 법률 제11017호로 개정되기 전의 것, 이하 '(구)공익사업법'이라고 한다) 제84조 제1항, 제85조, 제30조 등 관계법령의 내용, 형식 및 취지를 종합하면, (구)공익사업법 제30조 제3항에서 정한 <u>지연가산금은, 사업시행자가 재결신청의 청구를 받은 때로부터 60일을 경과하여 재결신청을 한 경우 관할 토지수용위원회에서 재결한 보상금(이하 '재결보상금'이라고 한다)에 가산하여 토지소유자 및 관계인에게 지급하도록 함으로써, 사업시행자로 하여금 (구)공익사업법이 규정하고 있는 기간 이내에 재결신청을 하도록 간접강제함과 동시에 재결신청이 지연된 데에 따른 토지소유자 및 관계인의 손해를 보전하는 성격을 갖는 금원으로, 재결보상금에 부수하여 (구)공익사업법상 인정되는 공법상 청구권이다. 그러므로 제소기간 내에 재결보상금의 증감에 대한 소송을 제기한 이상, 지연가산금은 (구)공익사업법 제85조에서 정한 제소기간에 구애받지 않고 그 소송절차에서 청구취지 변경 등을 통해 청구할 수 있다고 보는 것이 타당하다.</u>

[2] 공익사업을 위한 토지 등의 취득 및 보상에 관한 법률 시행령 제8조 제1항, 제14조 제1항의 내용, 형식 및 취지를 비롯하여, 토지소유자 및 관계인이 협의기간 종료 전에 사업시행자에게 재결신청의 청구를 한 경우 (구)공익사업을 위한 토지 등의 취득 및 보상에 관한 법률(2011.8.4. 법률 제11017호로 개정되기 전의 것, 이하 '(구)공익사업법'이라고 한다) 제30조 제2항에서 정한 60일의 기간은 협의기간 만료일로부터 기산하여야 하는 점, 사업인정고시가 있게 되면 토지소유자 및 관계인에 대하여 (구)공익사업법 제25조에서 정한 토지 등의 보전의무가 발생하고, 사업시행자에게는 (구)공익사업법 제27조에서 정한 토지 및 물건에 관한 조사권이 주어지게 되는 이상, 협의기간 연장을 허용하게 되면 토지소유자 및 관계인에게 위와 같은 실질적인 불이익도 연장될 우려가 있는 점, 협의기간 내에 협의가 성립되지 아니하여 토지소유자 및 관계인이 재결신청의 청구까지 한 마당에 사업시행자의 협의기간 연장을 허용하는 것은 사업시행자가 일방적으로 재결신청을 지연할 수 있도록 하는 부당한 결과를 가져올 수 있는 점 등을 종합해 보면, 사업시행자가 보상협의요청서에 기재한 협의기간을 토지소유자 및 관계인에게 통지하고, <u>토지소유자 및 관계인이 그 협의기간이 종료하기 전에 재결신청의 청구를 한 경우에는 사업시행자가 협의기간이 종료하기 전에 협의기간을 연장하였다고 하더라도 (구)공익사업법 제30조 제2항에서 정한 60일의 기간은 당초의 협의기간 만료일로부터 기산하여야 한다고 보는 것이 타당하다.</u>

판례 56 2014두46669

토지수용청구 거부재결에 대한 소송의 형태 및 상대방

쟁점사항

▶ 토지보상법 제72조의 수용청구권의 법적 성질
▶ 토지수용청구 거부재결에 대한 소송의 형태(=보증소) 및 상대방(=사업시행자)

관련판례

✦ 대판 2015.4.9, 2014두46669[토지수용재결신청거부처분취소]

판시사항

공익사업을 위한 토지 등의 취득 및 보상에 관한 법률 제72조에 의한 토지소유자의 토지수용청구를 받아들이지 않은 토지수용위원회의 재결에 대하여 토지소유자가 불복하여 제기하는 소송의 성질 및 그 상대방

판결요지

공익사업을 위한 토지 등의 취득 및 보상에 관한 법률(이하 '토지보상법'이라고 한다) 제72조의 문언, 연혁 및 취지 등에 비추어 보면, 위 규정이 정한 수용청구권은 토지보상법 제74조 제1항이 정한 잔여지수용청구권과 같이 <u>손실보상의 일환</u>으로 토지소유자에게 부여되는 권리로서 그 청구에 의하여 수용효과가 생기는 <u>형성권의 성질을 지니므로, 토지소유자의 토지수용청구를 받아들이지 아니한 토지수용위원회의 재결에 대하여 토지소유자가 불복하여 제기하는 소송은 토지보상법 제85조 제2항에 규정되어 있는 '보상금의 증감에 관한 소송'에 해당하고, 피고는 토지수용위원회가 아니라 사업시행자로 하여야 한다.</u>

관련내용

완전수용(토지보상법 제72조)

1. 완전수용의 의의
완전수용이란 토지사용으로 인해 토지소유자가 받게 되는 현저한 장애 내지 제한에 갈음하여 수용보상을 가능하게 해 주는 제도이다. 완전수용은 '사용에 갈음하는 수용'이라고도 한다.

2. 완전수용의 법적 성질

완전수용청구권은 잔여지 수용청구권과 같이 손실보상의 일환으로 토지소유자에게 부여되는 권리로서 그 청구에 의하여 수용효과가 생기는 형성권의 성질을 지닌다고 판시한 바 있다. 판례의 입장 및 확장수용의 본질 역시 다른 일반적인 수용과 다를 바 없다는 점을 종합적으로 고려하면 공권이자 형성권이다.

3. 요건[3형건]

① 토지를 사용하는 기간이 3년 이상인 경우, ② 토지의 사용으로 인하여 토지의 형질이 변경되는 경우, ③ 사용하고자 하는 토지에 그 토지소유자의 건축물이 있는 경우

보상금증감청구소송[제85조 제2항]

---

1. 의의 및 취지

보상금증감청구소송은 보상금 증감의 다툼에 대하여 직접적인 이해당사자인 사업시행자와 토지소유자 및 관계인이 소송의 제기를 통해 직접 다툴 수 있도록 하는 당사자소송이다. 이는 재결자체의 취소 없이 보상금과 관련된 분쟁을 일회적으로 해결하여 신속한 권리구제를 도모함에 취지가 있다.

2. 소송의 성질

(1) 형식적 당사자소송

형식적 당사자소송이란 처분 등을 원인으로 하는 법률관계에 관한 소송으로 실질적으로 처분 등의 효력을 다투면서 법률관계의 일방 당사자를 피고로 하여 제기하는 소송을 말한다. 현행 토지보상법 제85조에서는 형식적 당사자소송임을 규정하고 있다.

(2) 확인·급부 소송

토지보상법상 손실보상당사자 사이에서 보상금의 증감에 관한 분쟁을 종국적으로 해결하도록 한 입법취지를 고려하고, 분쟁을 일회적으로 해결하도록 한 취지 등을 고려할 때, 확인·급부소송으로 봄이 타당하다고 판단된다. 이와 같이 보면, 보상금증감청구소송의 소송물은 손실보상금청구권의 존부 또는 그 범위가 될 것이고, 수용재결 중 보상금 부분의 위법성 여부는 그 판단의 전제로서 작용하는 것으로 봄이 타당하다.

3. 소송의 제기요건

(1) 소송의 당사자

손실보상금에 관한 법률관계의 당사자인 피수용자와 사업시행자에게 당사자 적격이 인정된다(압류 및 추심명령이 있더라도 당사자적격 상실하지 않음. 2018두67).

(2) 소송의 대상

형식적 당사자소송의 대상은 법률관계이다. 따라서 보상금증감청구소송은 관할 토지수용위

원회가 행한 재결로 형성된 법률관계인 보상금의 증감에 관한 것을 소송의 대상으로 삼아야 하며 보상금의 증감에 관한 사항 외에는 소송의 대상이 될 수 없다.

(3) **제소기간 및 재판관할**

당사자소송은 원칙적으로 제소기간의 제한이 없으나, 토지보상법 제85조 제1항의 취소소송의 제소기간을 보상금증감청구소송에 적용하고 있다. 즉 재결서를 받은 날부터 90일 이내에, 이의신청을 거친 때에는 이의신청에 대한 재결서를 받은 날부터 60일 이내에 관할 법원에 제기할 수 있다.

4. 심리 및 판결

(1) **심리의 범위**

손실보상금의 증감, 손실보상의 방법(금전보상, 채권보상 등), 보상항목의 인정(잔여지보상 등의 손실보상의 인정여부), 이전 곤란한 물건의 수용보상, 보상 면적 등을 심리한다. 보상액의 항목 상호 간 유용에 대해 대법원은 행정소송의 대상이 된 물건 중 일부 항목에 관한 보상액이 과소하고 다른 항목의 보상액은 과다한 경우에는 그 항목 상호 간의 유용을 허용하여 과다 부분과 과소 부분을 합산하여 보상금액을 결정해야 한다고 판시한바 있다.

(2) **법원의 판결(판결의 효력)**

법원이 직접 보상금을 결정함으로 소송당사자는 판결의 결과에 따라 이행하여야 하며, 중앙토지수용위원회는 별도의 처분을 할 필요가 없다.

5. 관련문제(청구의 병합)

수용재결 취소소송과 보상금증감청구소송의 병합 여부에 대하여 구법과 달리 현행 민사소송법 제70조에서 주관적 예비적 병합을 인정하고 있으므로 수용재결에 대한 취소소송을 주위적으로 보상금증감청구소송을 예비적으로 병합할 수 있다.

🐾 관련기출

1. 제27회 문제2

甲은 2015.3.16. 乙로부터 A광역시 B구 소재 도로로 사용되고 있는 토지 200㎡(이하 '이 사건 토지'라 함)를 매수한 후 자신의 명의로 소유권 이전등기를 하였다. 한편, 甲은 A광역시지방토지수용위원회에 "사업 시행자인 B구청장이 도로개설공사를 시행하면서 사업인정고시가 된 2010.4.6. 이후 3년 이상 이 사건 토지를 사용하였다"고 주장하면서 「공익사업을 위한 토지 등의 취득 및 보상에 관한 법률」(이하 '토지보상법'이라 함) 제72조 제1호를 근거로 이 사건 토지의 수용을 청구하였다. 이에 대해 A광역시지방토지수용위원회는 "사업인정고시가 된 날부터 1년 이내에 B구청장이 재결신청을 하지 아니하여 사업인정은 그 효력을 상실하였으므로 甲은 토지수용법 제72조 제1호를 근거로 이 사건 토지의 수용을 청구할 수 없다"며 甲의 수용청구를 각하하는 재결을 하였다. 다음 물음에 답하시오. **30점**

1) A광역시지방토지수용위원회의 각하재결에 대하여 행정소송을 제기하기 전에 강구할 수 있는 甲의 권리구제수단에 관하여 설명하시오. **10점**

2) 甲이 A광역시지방토지수용위원회의 각하재결에 대하여 행정소송을 제기할 경우 그 소송의 형태와 피고적격에 관하여 설명하시오. **20점**

※ 출제위원 채점평

물음 1)은 토지수용위원회의 각하 재결에 대하여 행정소송 제기 전에 강구할 수 있는 권리구제수단에 관한 문제로서, 「공익사업을 위한 토지 등의 취득 및 보상에 관한 법률」상의 이의신청에 관한 내용을 체계적으로 서술하고 특별행정심판으로서의 성질을 갖고 있다고 서술할 필요가 있다. 물음 2)는 수용 청구를 각하하는 토지수용위원회의 재결에 대해 토지 소유자가 불복하여 제기하는 소송의 형태 및 피고를 누구로 하는가에 관한 문제이다. 이에 관하여는 토지수용위원회의 재결에 불복하여 제기하는 형식적 당사자소송 형태 및 피고적격의 결론도 중요하지만 그와 같은 결론의 도출 과정에 주안점을 두어 관련 법령, 학설, 판례 등 쟁점을 충실하게 서술하는 것이 중요하다.

판례 57 2013두19738 · 19745

공용수용 목적물의 범위 : 허가 없이 건축된 건축물

쟁점사항

▶ 건축허가를 받았으나 건축행위에 착수하지 않고 있는 사이에 사업인정고시가 된 경우 토지보상법 제25조에 정한 허가를 따로 받아야 하는지 여부

▶ 그 허가 없이 건축된 건축물에 관한 손실보상 청구 가능성

관련판례

✦ 대판 2014.11.13, 2013두19738 · 19745[토지수용재결처분취소등 · 수용재결처분취소]

판시사항

건축법상 건축허가를 받았으나 허가받은 건축행위에 착수하지 않고 있는 사이에 (구)공익사업을 위한 토지 등의 취득 및 보상에 관한 법률상 사업인정고시가 된 경우, 고시된 토지에 건축물을

건축하려는 자는 (구)공익사업을 위한 토지 등의 취득 및 보상에 관한 법률 제25조에 정한 허가를 따로 받아야 하는지 여부(적극) 및 그 허가 없이 건축된 건축물에 관하여 손실보상을 청구할 수 있는지 여부(소극)

전문

【원고, 상고인】 원고(소송대리인 법무법인 효원 담당변호사 장태규)

【피고, 피상고인】 대한민국

【원심판결】 서울고법 2013.9.6, 2013누1920,1937

주문

상고를 기각한다. 상고비용은 원고가 부담한다.

이유

상고이유를 판단한다.

1. 이 사건 축사의 손실보상에 관한 상고이유에 대하여

　　가. (구)공익사업을 위한 토지 등의 취득 및 보상에 관한 법률(2011.8.4. 법률 제11017호로 개정되기 전의 것. 이하 '토지보상법'이라 한다) 제25조 제2항은 "사업인정고시가 있은 후에는 고시된 토지에 건축물의 건축·대수선, 공작물의 설치 또는 물건의 부가·증치를 하고자 하는 자는 특별자치도지사, 시장·군수 또는 구청장의 허가를 받아야 한다. 이 경우 특별자치도지사, 시장·군수 또는 구청장은 미리 사업시행자의 의견을 들어야 한다."고 규정하고, 같은 조 제3항은 "제2항의 규정에 위반하여 건축물의 건축·대수선, 공작물의 설치 또는 물건의 부가·증치를 한 토지소유자 또는 관계인은 해당 건축물·공작물 또는 물건을 원상으로 회복하여야 하며 이에 관한 손실의 보상을 청구할 수 없다."고 규정하고 있다. 이러한 규정의 취지에 비추어 보면, 건축법상 건축허가를 받았더라도 허가받은 건축행위에 착수하지 아니하고 있는 사이에 토지보상법상 사업인정고시가 된 경우 고시된 토지에 건축물을 건축하려는 자는 토지보상법 제25조에 정한 허가를 따로 받아야 하고, 그 허가 없이 건축된 건축물에 관하여는 토지보상법상 손실보상을 청구할 수 없다고 할 것이다. 원심은 그 채택 증거를 종합하여, 원고가 2008.3.28. 이 사건 214 토지 지상에 이 사건 축사를 건축하는 내용의 건축허가를 받았으나 이 사건 사업인정고시일 이후인 2008.7.31. 이 사건 축사 건축에 착수한 사실을 인정한 다음, 특별한 사정이 없는 한 원고가 이 사건 사업인정고시 이후에 건축된 이 사건 축사의 손실보상을 청구할 수는 없다고 보아 원고의 이 사건 축사에 대한 손실보상청구를 배척하였다.

　　　원심판결 이유를 앞서 본 법리와 기록에 비추어 살펴보면 원심의 이러한 조치는 정당한 것으로 수긍이 가고, 거기에 상고이유의 주장과 같은 토지보상법에 관한 법리오해, 채증법칙 위반, 심리미진 등의 위법이 없다.

나. 원고는 피고가 이 사건 축사에 대한 손실보상을 하지 아니한 조치가 신뢰보호원칙에 위배된
　다고 주장하나, 이는 상고심에 이르러 비로소 내세우는 새로운 주장이므로 적법한 상고이유
　가 되지 못한다. 나아가 관련 법리에 비추어 기록을 살펴보아도 피고가 이 사건 축사에 대
　하여 손실보상을 하지 아니한 것이 신뢰보호원칙에 위배된다고 할 수 없다. 이 부분 상고이
　유의 주장은 받아들일 수 없다.

다. 원심판결 이유와 기록에 의하면, 이 사건 축사에 대한 건축허가가 이 사건 사업인정고시
　이후에 이루어진 가축분뇨배출시설 설치허가와 건물사용승인에 의하여 추인되었다는 원고
　의 주장에 대하여 원심이 명시적인 판단을 하지 아니하였음을 알 수 있다. 그러나 원심은
　이 사건 축사에 대한 건축허가가 이 사건 사업인정고시에 의하여 효력을 상실하였다고 판
　단함으로써 원고의 주장을 간접적으로 배척한 것으로 보이고, 토지보상법상 허가를 받지
　아니한 이상 원고가 주장하는 사정만으로 이 사건 축사에 대한 건축행위가 적법하게 되는
　것은 아니므로, 원고의 주장은 받아들일 수 없는 것이 분명하다. 원심판결에 판결 결과에
　영향을 미친 판단누락의 위법이 있다고 할 수 없으므로, 이 부분 상고이유의 주장도 받아들
　일 수 없다.

관련내용

무허가건축물의 보상

1. 의의

토지보상법 시행규칙 제24조에서는 「건축법」 등 관계법령에 의하여 허가를 받거나 신고를 하
고 건축 또는 용도변경을 하여야 하는 건축물을 허가를 받지 아니하거나 신고를 하지 아니하고
건축 또는 용도변경한 건축물을 무허가건축물 등이라고 한다.

2. 무허가건축물의 보상 여부

(1) 토지보상법 제25조(토지 등의 보전)

① 제1항 : 사업인정고시가 된 후에는 누구든지 고시된 토지에 대하여 사업에 지장을 줄
　우려가 있는 형질의 변경이나 물건을 손괴하거나 수거하는 행위를 하지 못한다.

② 제2항 : 사업인정고시가 된 후에는 고시된 토지에 건축물의 건축·대수선·공작물의
　설치 또는 물건의 부가·증치를 하려는 자는 특별자치도지사, 시장·군수 또는 구청장
　의 허가를 받아야 한다.

③ 제3항 : 제2항을 위반하여 건축물의 건축·대수선, 공작물의 설치 또는 물건의 부가·
　증치를 한 토지소유자 또는 관계인은 해당 건축물·공작물 또는 물건을 원상으로 회복
　하여야 하며 이에 관한 손실의 보상을 청구할 수 없다.

(2) 판례(99두10896)

지장물인 건물은 그 건물이 적법한 건축허가를 받아 건축된 것인지 여부에 관계없이 토지
보상법상의 사업인정의 고시 이전 건축된 건물이기만 하면 손실보상의 대상이 됨이 명백하
다고 판시한 바 있다.

(3) 검토

토지보상법 제25조에 의거 사업인정고시에 따라 고시일 이전 건축물에 대해서는 무허가건축
물 여부에 관계없이 보상대상이 된다. 다만 주거용 보상특례 적용은 배제된다고 할 것이다.

3. 사업인정 전 무허가건축물의 보상대상 여부

(1) 문제점

무허가건축물 중 사업인정 전 무허가건축물의 보상대상 여부가 법률의 규정이 없어 해석의
문제가 발생한다. 손실보상의 요건과 관련하여 공공필요, 적법한 침해, 특별한 희생은 문제
되지 않으나 재산권 충족여부가 문제된다.

(2) 허가의 성질과 재산권

허가를 요하는 행위를 허가 없이 행한 것은 처벌의 대상이 될 수 있지만 행위 자체의 효력
이 부인되는 것은 아니다. 따라서 허가 유무에 따라 재산권의 범위가 달라질 수 있다.

(3) 판례의 태도 및 검토

판례는 사업인정고시 전에 건축한 건축물은 그 건축허가 유무에 관계 없이 손실보상의 대
상이 된다고 판시하고 있다. 생각건대, 허가는 그 성질에 비추어 행위의 적법성 여부에만
관여하고 유효성 여부와는 무관하므로 재산권 요건을 충족하여 사업인정 전 건축물에 대하
여 허가 여부와 무관하게 보상의 대상이라고 판단된다.

4. 재결에 따른 보상 여부

① 89.1.24 이전은 적법한 건축물로 보아 이전비 등을 평가보상, 또한 이주대책, 주거이전비
등도 적용하지만 ② 89.1.24 이후 사업인정고시 이전에 건축된 건축물은 그 이전비 등을 평가
후 보상한다.

관련기출

1. 제26회 문제2 물음1

B시에 거주하는 甲은 2005년 5월 자신의 토지 위에 주거용 건축물을 신축하였다. 그런데 甲은
건축허가 요건을 충족하지 못하여 행정기관의 허가 없이 건축하였다. 甲은 위 건축물에 입주하
지 않았으나, 친척인 乙이 자신에게 임대해 달라고 요청하여 이를 허락하였다. 乙은 필요시 언
제든 건물을 비워주겠으며, 공익사업시행으로 보상의 문제가 발생할 때에는 어떠한 보상도 받
지 않겠다는 내용의 각서를 작성하여 임대차계약서에 첨부하였다. 乙은 2006년 2월 위 건축물
에 입주하였는데, 당시부터 건축물의 일부를 임의로 용도변경하여 일반음식점으로 사용하여 왔

다. 甲의 위 토지와 건축물은 2015년 5월 14일 국토교통부장관이 한 사업인정 고시에 따라서 공익사업시행지구에 편입되었다. 甲은 이 사실을 알고 동년 6월에 위 건축물을 증축하여 방의 개수를 2개 더 늘려 자신의 가족과 함께 입주 하였다. 다음 물음에 답하시오. 30점

(1) 위 甲의 건축물은 「공익사업을 위한 토지 등의 취득 및 보상에 관한 법률」에 따른 손실보상의 대상이 되는지, 만일 된다면 어느 범위에서 보상이 이루어져야 하는지 설명하시오. 10점

※ 출제위원 채점평

무허가 건축물에 대한 평가와 관련하여서는 단순히 답만 제시하는 데 그치지 않고 더 나아가 관련 법령, 학설, 판례를 충실하게 소개한 답안에 높은 점수를 부여하였다.

판례 58 2018다256313

이전에 드는 실제 비용에 못 미치는 물건의 가격으로 보상하는 경우 사업시행자가 소유권을 취득할 수 있는지 여부(소극)

쟁점사항

▸ 이전에 드는 실제 비용에 못 미치는 물건의 가격으로 보상한 경우 사업시행자가 소유권을 취득할 수 있는지 여부

▸ 제결 이후 토지에 남아있는 폐기물에 대하여 도지소유자에게 서리비용의 지급을 구할 수 있는시 여부

토지보상법

제75조(건축물등 물건에 대한 보상)

① 건축물·입목·공작물과 그 밖에 토지에 정착한 물건(이하 "건축물등"이라 한다)에 대하여는 이전에 필요한 비용(이하 "이전비"라 한다)으로 보상하여야 한다. 다만, 다음 각 호의 어느 하나에 해당하는 경우에는 해당 물건의 가격으로 보상하여야 한다.

  1. 건축물등을 이전하기 어렵거나 그 이전으로 인하여 건축물등을 종래의 목적대로 사용할 수 없게 된 경우
  2. 건축물등의 이전비가 그 물건의 가격을 넘는 경우
  3. 사업시행자가 공익사업에 직접 사용할 목적으로 취득하는 경우

토지보상법 시행규칙
제33조(건축물의 평가)

① 건축물(담장 및 우물 등의 부대시설을 포함한다. 이하 같다)에 대하여는 그 구조·이용상태·면적·내구연한·유용성 및 이전가능성 그 밖에 가격형성에 관련되는 제 요인을 종합적으로 고려하여 평가한다.

② 건축물의 가격은 원가법으로 평가한다. 다만, 주거용 건축물에 있어서는 거래사례비교법에 의하여 평가한 금액(공익사업의 시행에 따라 이주대책을 수립·실시하거나 주택입주권 등을 당해 건축물의 소유자에게 주는 경우 또는 개발제한구역 안에서 이전이 허용되는 경우에 있어서의 당해 사유로 인한 가격상승분은 제외하고 평가한 금액을 말한다)이 원가법에 의하여 평가한 금액보다 큰 경우와 「집합건물의 소유 및 관리에 관한 법률」에 의한 구분소유권의 대상이 되는 건물의 가격은 거래사례비교법으로 평가한다.

③ 건축물의 사용료는 임대사례비교법으로 평가한다. 다만, 임대사례비교법으로 평가하는 것이 적정하지 아니한 경우에는 적산법으로 평가할 수 있다.

④ 물건의 가격으로 보상한 건축물의 철거비용은 사업시행자가 부담한다. 다만, 건축물의 소유자가 당해 건축물의 구성부분을 사용 또는 처분할 목적으로 철거하는 경우에는 건축물의 소유자가 부담한다.

관련판례

✦ 대판 2021.5.7, 2018다256313[손해배상(기)]

판시사항

[1] 공익사업의 시행자가 사업시행에 방해가 되는 지장물에 관하여 공익사업을 위한 토지 등의 취득 및 보상에 관한 법률 제75조 제1항 단서 제2호에 따라 이전에 드는 실제 비용에 못 미치는 물건의 가격으로 보상한 경우, 사업시행자가 해당 물건의 소유권을 취득하는지 여부(원칙적 소극) 및 이때 지장물의 소유자에 대하여 철거 등을 요구할 수 있는지 여부(원칙적 소극)

[2] 택지개발사업의 사업시행자인 한국토지주택공사가 공공용지로 협의취득한 토지 위에 있는 갑 소유의 지장물에 관하여 중앙토지수용위원회의 재결에 따라 보상금을 공탁하였는데, 위 토지에 폐합성수지를 포함한 산업쓰레기 등 폐기물이 남아 있자 갑을 상대로 폐기물 처리비용의 지급을 구한 사안에서, 한국토지주택공사는 갑에게 폐기물을 이전하도록 요청하거나, 그 불이행을 이유로 처리비에 해당하는 손해배상을 청구할 수 없다고 본 원심판결이 정당하다고 한 사례

판결요지

[1] 공익사업을 위한 토지 등의 취득 및 보상에 관한 법률(이하 '토지보상법'이라 한다) 제75조 제1항 각 호, 공익사업을 위한 토지 등의 취득 및 보상에 관한 법률 시행규칙(이하 '토지보상법

시행규칙'이라 한다) 제33조 제4항, 제36조 제1항의 내용을 토지보상법에 따른 지장물에 대한 수용보상의 취지와 정당한 보상 또는 적정가격 보상의 원칙에 비추어 보면, 사업시행자가 사업시행에 방해가 되는 지장물에 관하여 토지보상법 제75조 제1항 단서 제2호에 따라 이전에 드는 실제 비용에 못 미치는 물건의 가격으로 보상한 경우, 사업시행자가 해당 물건을 취득하는 제3호와 달리 수용의 절차를 거치지 않은 이상 사업시행자가 그 보상만으로 해당 물건의 소유권까지 취득한다고 보기는 어렵다. 또한 사업시행자는 지장물의 소유자가 토지보상법 시행규칙 제33조 제4항 단서에 따라 스스로의 비용으로 철거하겠다고 하는 등의 특별한 사정이 없는 한 지장물의 소유자에 대하여 그 철거 등을 요구할 수 없고 자신의 비용으로 직접 이를 제거할 수 있을 뿐이다.

[2] 택지개발사업의 사업시행자인 한국토지주택공사가 공공용지로 협의취득한 토지 위에 있는 갑 소유의 지장물에 관하여 중앙토지수용위원회의 재결에 따라 보상금을 공탁하였는데, 위 토지에 폐합성수지를 포함한 산업쓰레기 등 폐기물이 남아 있자 갑을 상대로 폐기물 처리비용의 지급을 구한 사안에서, 중앙토지수용위원회의 보상금 내역에는 '제품 및 원자재(재활용품)'가 포함되어 있고 그 보상액이 1원으로 되어 있는데, 이는 폐기물의 이전비가 물건의 가격을 초과하는 경우에 해당한다는 전제에서 재활용이 가능하여 가치가 있던 쓰레기와 재활용이 불가능하고 처리에 비용이 드는 쓰레기를 모두 보상 대상 지장물로 삼아 일괄하여 보상액을 정한 것으로 볼 수 있다는 이유 등을 들어, 한국토지주택공사는 자신의 비용으로 직접 폐기물을 제거할 수 있을 뿐이고 갑에게 폐기물을 이전하도록 요청하거나, 그 불이행을 이유로 처리비에 해당하는 손해배상을 청구할 수 없다고 본 원심판결이 정당하다고 한 사례

판례 59 2012두22096

손실보상의 대상 : 보상계획 공고 이후 설치한 지장물

쟁점사항

▶ 보상계획 공고 이후 설치한 지장물이 손실보상의 대상에 해당하는지 여부

🐬 관련판례

✦ 대판 2013.2.15, 2012두22096[보상금증액]

판시사항

(구)공익사업을 위한 토지 등의 취득 및 보상에 관한 법률 제15조 제1항에 따른 사업시행자의 보상계획공고 등으로 공익사업의 시행과 보상대상토지의 범위 등이 객관적으로 확정된 후 해당 토지에 지장물을 설치하는 경우, 손실보상의 대상에 해당하는지 여부(한정 소극)

전문

【원고, 피상고인 겸 상고인】 원고(소송대리인 법무법인 천지인 담당변호사 이상수)
【피고, 상고인 겸 피상고인】 대한민국(소송대리인 법무법인 나은 담당변호사 석윤수 외 2인)
【원심판결】 서울고법 2012.8.31, 2011누29986

주문

원심판결 중 피고 패소 부분을 파기하고, 이 부분 사건을 서울고등법원에 환송한다. 원고의 상고를 기각한다.

이유

(구)공익사업법상 손실보상 및 사업인정고시 후 토지 등의 보전에 관한 위 각 규정의 내용에 비추어 보면, 사업인정고시 전에 공익사업시행지구 내 토지에 설치한 공작물 등 지장물은 원칙적으로 손실보상의 대상이 된다고 보아야 한다. 그러나 손실보상은 공공필요에 의한 행정작용에 의하여 사인에게 발생한 특별한 희생에 대한 전보라는 점을 고려할 때, (구)공익사업법 제15조 제1항에 따른 사업시행자의 보상계획공고 등으로 공익사업의 시행과 보상대상토지의 범위 등이 객관적으로 확정된 후 해당 토지에 지장물을 설치하는 경우에 그 공익사업의 내용, 해당 토지의 성질, 규모 및 보상계획공고 등 이전의 이용실태, 설치되는 지장물의 종류, 용도, 규모 및 그 설치시기 등에 비추어 그 지장물이 해당 토지의 통상의 이용과 관계없거나 이용범위를 벗어나는 것으로 손실보상만을 목적으로 설치되었음이 명백하다면, 그 지장물은 예외적으로 손실보상의 대상에 해당하지 아니한다고 보아야 한다. … 이와 같은 이 사건 보상계획공고의 시기 및 내용, 이 사건 각 토지의 보상계획공고 이전의 이용실태, 원고가 설치한 이 사건 비닐하우스 등의 규모 및 설치기간, 이 사건 보상계획공고와 사업인정고시 사이의 시간적 간격 및 이 사건 비닐하우스 등의 설치시기 등에 비추어 보면, 이 사건 비닐하우스 등은 이 사건 공익사업의 시행 및 보상계획이 구체화된 상태에서 손실보상만을 목적으로 설치되었음이 명백하다고 할 것이고, 앞서 본 법리에 비추어 이 사건 비닐하우스 등은 손실보상의 대상이 되지 아니한다고 보아야 할 것이다.

판례 60 **2012다3517**

손실보상금에 관한 협의의 법적 성질

쟁점사항

▶ 손실보상금에 관한 협의의 법적 성질
▶ 당사자 간의 합의로 토지보상법이 규정한 손실보상 기준에 의하지 않고 손실보상금을 정할 수 있는지 여부

사업인정 전·후 협의 비교

구분	사업인정 전 협의(제16조)	사업인정 후 협의(제26조)
	공통점	
의의	사업시행자와 피수용자가 수용목적물에 대한 권리취득 및 소멸 등을 위하여 행하는 합의	
취지	사업시행자와 토지소유자 및 관계인 간의 임의적 합의를 전제로 한다는 점에서 '최소침해의 원칙을 구현'하고 원활한 공익사업의 시행을 도모하기 위한 취지	
계약의 형태	양자 모두 공공성이 인정되고, 공공용지의 취득을 위한 것 쌍방적 행위인 계약의 형태	
협의의 내용	목적물의 범위, 목적물의 취득시기, 손실보상의 구체적 내용	
취득의 효과	모두 계약에 의한 승계취득	
	차이점	
법적 성질	학설·판례 모두 사법상 계약설	학설 : 공법상 계약설 판례 : 사법상 계약설
적용법규	사법이 전면적으로 적용	토지보상법을 기본으로 하여 있는 사항에 대해서 사법의 일반법리적 규정 적용, 이외에 사법규정도 유추적용
협의성립확인제도	협의성립확인제도 없음	사업인정 후 협의제도에만 인정
협의 불성립 시 효과	사업인정을 신청	재결을 신청 및 재결신청청구권
권리구제	민사소송	공법상 당사자소송(단, 판례는 민사소송)
	양자의 관계	
절차상 선후관계	사업인정고시 전·후에 따른 선후관계. 다만, 사업인정 전 협의에서 결정된 사항이 사업인정 후 협의에 대한 구속력은 없다.	
절차생략규정	사업인정 전 협의를 거쳤으나 협의 불성립 시 조서내용에 변경이 없는 때에는 사업인정 후 협의절차 생략가능. 단, 상대방이 협의를 요구할 때에는 협의 필요	

	협의와 협의성립확인의 관계
법적 성질	판례의 태도에 따르면 협의는 사법상 계약이며 협의성립은 토지보상법 제29조 제4항에 의거 재결로 간주되어 공법적 관계로 처분성 인정
취득효과	협의에 의한 취득은 계약에 의한 승계 취득 협의성립확인을 받으면 재결로 간주되어 원시취득이 된다.
성립효과	협의가 성립되면 협의 내용에 따른 계약의 효과 협의성립확인이 되면 재결과 동일한 효과로 손실보상, 환매권, 인도·이전의무 대행·대집행청구권, 위험부담의 이전 등의 효과가 발생
권리구제	판례에 의하면 사업인정 전·후 협의는 사법상 계약으로 보는바 민사소송 협의성립확인은 재결로 간주되어 협의성립 내용에 대해 직접 다툴 수 없고 재결에 대한 불복으로 제83조 이의신청 및 제85조 행정소송 제기

관련판례

✦ 대판 2013.8.22, 2012다3517[부당이득반환]

판시사항

공익사업을 위한 토지 등의 취득 및 보상에 관한 법률에 의한 보상을 하면서 손실보상금에 관한 당사자 간의 합의가 성립한 경우, 그 합의 내용이 같은 법에서 정하는 손실보상기준에 맞지 않는다는 이유로 그 기준에 따른 손실보상금 청구를 추가로 할 수 있는지 여부(원칙적 소극)

판결요지

공익사업을 위한 토지 등의 취득 및 보상에 관한 법률(이하 '공익사업법'이라고 한다)에 의한 보상합의는 공공기관이 사경제주체로서 행하는 사법상 계약의 실질을 가지는 것으로서, 당사자 간의 합의로 같은 법 소정의 손실보상의 기준에 의하지 아니한 손실보상금을 정할 수 있으며, 이와 같이 같은 법이 정하는 기준에 따르지 아니하고 손실보상액에 관한 합의를 하였다고 하더라도 그 합의가 착오 등을 이유로 적법하게 취소되지 않는 한 유효하다. 따라서 공익사업법에 의한 보상을 하면서 손실보상금에 관한 당사자 간의 합의가 성립하면 그 합의 내용대로 구속력이 있고, 손실보상금에 관한 합의 내용이 공익사업법에서 정하는 손실보상기준에 맞지 않는다고 하더라도 합의가 적법하게 취소되는 등의 특별한 사정이 없는 한 추가로 공익사업법상 기준에 따른 손실보상금 청구를 할 수는 없다.

관련기출

1. 제25회 문제4

「공익사업을 위한 토지 등의 취득 및 보상에 관한 법률」상 사업인정 전 협의와 사업인정 후 협의의 차이점에 대하여 설명하시오. 10점

※ **출제위원 채점평**

문제 4는 공익사업을 위한 토지 등의 취득방법이 최근 실무에서 협의에 의한 경우가 많다는 점에 착안하여 공익사업법상 사업인정 전후 협의의 차이점을 묻는 것으로 관련법조와 학설, 판례를 토대로 사업인정 전후 협의의 차이점을 어느 정도 논증하는지가 핵심이다. 예상대로 대다수 수험생들이 이 문제의 답안을 기술하였으나, 공익사업법을 중심으로 한 논증의 정도는 수험생에 따라 상당히 달랐다.

2. 제8회 문제3

(구)토지수용법상의 협의와 (구)공공용지의 취득 및 손실보상에 관한 특례법상의 협의를 비교하라. – 개정법 수정 : 공익사업을 위한 토지 등의 취득 및 보상에 관한 법률상 사업인정 전 협의와 사업인정 후 협의를 비교하라. 20점

판례 61 2017다265389

토지보상법에 따라 공공사업의 시행자가 토지를 협의취득하는 경우, 일방 당사자의 채무불이행에 대하여 민법에 따른 손해배상 또는 하자담보책임을 물을 수 있는지 여부(적극)

쟁점사항

▶ 한국토지공사가 토지보상법에 따라 택지개발사업지구 내 토지소유자와 체결한 매매계약이 상행위인지 여부

▶ 협의취득의 법적 성질(=사법상 법률행위) 및 일방 당사자의 채무불이행에 대한 손해배상 또는 하자담보책임을 물을 수 있는지 여부

관련판례

✦ 대판 2020.5.28, 2017다265389[손해배상(기)]

판시사항

[1] 한국토지공사가 공익사업을 위한 토지 등의 취득 및 보상에 관한 법률에 따라 택지개발사업 지구 내 토지에 관하여 토지소유자와 매매계약을 체결한 행위가 상행위인지 여부(소극)

[2] 공익사업을 위한 토지 등의 취득 및 보상에 관한 법률에 따라 공공사업의 시행자가 토지를 협의취득하는 경우, 일방 당사자의 채무불이행에 대하여 민법에 따른 손해배상 또는 하자담보책임을 물을 수 있는지 여부(적극) 및 이 경우 매도인의 하자담보책임에 따른 손해배상청구권에 적용되는 소멸시효기간(=10년)과 기산점(=매수인이 매매의 목적물을 인도받은 때)

[3] 갑 공사가 택지개발사업을 시행하면서 을 등이 소유한 토지를 공공용지로 협의취득하였고, 갑 공사를 합병한 병 공사가 위 택지개발사업을 준공한 다음 위 토지 중 일부를 정에게 매도하여 소유권이전등기를 마쳐주었는데, 정이 건물을 신축하기 위해 터파기공사를 하던 중 위 토지 지하에 폐기물이 매립되어 있는 것을 발견하여 병 공사에 통보하자, 병 공사가 을 등을 상대로 매도인의 하자담보책임에 기한 손해배상을 구한 사안에서, 갑 공사가 을 등 소유의 토지를 매수한 행위는 상행위에 해당하지 않아 상법 제64조가 적용되지 않고, 병 공사가 을 등에게 매도인의 담보책임을 구하고 있으므로, 갑 공사가 위 토지에 관하여 소유권이전등기를 마친 때부터 민법 제162조 제1항에 따른 10년의 소멸시효가 진행되고, 그로부터 10년이 지나기 전에 소가 제기되어 병 공사의 손해배상청구권은 소멸시효가 완성되지 않았다고 한 사례

판결요지

[1] 어느 행위가 상법 제46조의 기본적 상행위에 해당하기 위하여는 영업으로 같은 조 각 호의 행위를 하는 경우이어야 하고, 여기서 '영업으로 한다'는 것은 영리를 목적으로 동종의 행위를 계속 반복적으로 하는 것을 의미한다. 구 한국토지공사법(2009.5.22. 법률 제9706호 한국토지주택공사법 부칙 제2조로 폐지)에 따라 설립된 한국토지공사는 토지를 취득·관리·개발 및 공급하게 함으로써 토지자원의 효율적인 이용을 촉진하고 국토의 종합적인 이용·개발을 도모하여 건전한 국민경제의 발전에 이바지하게 하기 위하여 설립된 법인이다. 따라서 한국토지공사가 택지개발사업을 시행하기 위하여 공익사업을 위한 토지 등의 취득 및 보상에 관한 법률에 따라 토지소유자로부터 사업 시행을 위한 토지를 매수하는 행위를 하더라도 한국토지공사를 상인이라 할 수 없고, 한국토지공사가 택지개발사업 지구 내에 있는 토지에 관하여 토지소유자와 매매계약을 체결한 행위를 상행위로 볼 수 없다.

[2] 공익사업을 위한 토지 등의 취득 및 보상에 관한 법률에 따라 공공사업의 시행자가 토지를 협의취득하는 행위는 사법상의 법률행위로 일방 당사자의 채무불이행에 대하여 민법에 따른 손

해배상 또는 하자담보책임을 물을 수 있다. 이 경우 매도인에 대한 하자담보에 기한 손해배상 청구권에 대하여는 민법 제162조 제1항의 채권 소멸시효의 규정이 적용되고, 매수인이 매매의 목적물을 인도받은 때부터 소멸시효가 진행한다.

[3] 갑 공사가 택지개발사업을 시행하면서 을 등이 소유한 토지를 공공용지로 협의취득하였고, 갑 공사를 합병한 병 공사가 위 택지개발사업을 준공한 다음 위 토지 중 일부를 정에게 매도하여 소유권이전등기를 마쳐주었는데, 정이 건물을 신축하기 위해 터파기공사를 하던 중 위 토지 지하에 폐기물이 매립되어 있는 것을 발견하여 병 공사에 통보하자, 병 공사가 을 등을 상대로 매도인의 하자담보책임에 기한 손해배상을 구한 사안에서, 갑 공사가 택지개발사업을 시행하기 위하여 공익사업을 위한 토지 등의 취득 및 보상에 관한 법률에 따라 을 등 소유의 토지를 매수한 행위는 상행위에 해당하지 않아 상법 제64조가 적용되지 않고, 갑 공사를 합병한 병 공사가 을 등에게 매도인의 담보책임을 구하고 있으므로, 갑 공사가 위 토지에 관하여 소유권 이전등기를 마친 때부터 민법 제162조 제1항에 따른 10년의 소멸시효가 진행되고, 그로부터 10년이 지나기 전에 소가 제기되어 병 공사의 손해배상청구권은 소멸시효가 완성되지 않았는데도, 갑 공사가 영업으로 부동산을 개발하여 매각할 목적으로 이를 매수하였다는 점 등을 근거로 갑 공사와 을 등이 체결한 매매계약은 상행위에 해당하므로 상법 제64조가 적용되어 병 공사의 손해배상청구권이 5년의 소멸시효 완성으로 소멸하였다고 본 원심판단에는 상행위와 소멸시효에 관한 법리오해의 위법이 있다고 한 사례

🔗 판례 62 **2012두22966**

재결신청청구 관련 권리구제 : 항고쟁송

🔗 쟁점사항

▶ 거부가 처분이 되기 위한 요건
▶ 재결신청청구 관련 권리구제 : 항고쟁송
▶ 수용절차를 진행하지 않은 경우 거부처분에 해당하는지

관련판례

✦ **대판 2014.7.10, 2012두22966[재결신청거부처분취소]**

판시사항

[1] 행정청이 국민의 신청에 대하여 한 거부행위가 항고소송의 대상이 되는 행정처분이 되기 위한 요건

[2] 문화재구역 내 토지소유자 甲이 문화재청장에게 (구)공익사업을 위한 토지 등의 취득 및 보상에 관한 법률 제30조 제1항에 의한 재결신청 청구를 하였으나, 문화재청장은 위 법 제30조 제2항에 따른 관할 토지수용위원회에 대한 재결신청의무를 부담하지 않는다는 이유로 거부 회신을 받은 사안에서, 위 회신은 항고소송의 대상이 되는 거부처분에 해당하지 않는다고 한 사례

판결요지

[1] 행정청이 국민의 신청에 대하여 한 거부행위가 항고소송의 대상이 되는 행정처분으로 되려면, 행정청의 행위를 요구할 법규상 또는 조리상의 신청권이 국민에게 있어야 하고, 이러한 신청권의 근거 없이 한 국민의 신청을 행정청이 받아들이지 아니한 경우에는 거부로 인하여 신청인의 권리나 법적 이익에 어떤 영향을 주는 것이 아니므로 이를 항고소송의 대상이 되는 행정처분이라 할 수 없다.

[2] 문화재구역 내 토지소유자 甲이 문화재청장에게 (구)공익사업을 위한 토지 등의 취득 및 보상에 관한 법률(2011.8.4. 법률 제11017호로 개정되기 전의 것, 이하 '(구)공익사업법'이라 한다) 제30조 제1항에 의한 재결신청 청구를 하였으나, 문화재청장은 (구)공익사업법 제30조 제2항에 따른 관할 토지수용위원회에 대한 재결신청의무를 부담하지 않는다는 이유로 거부 회신을 받은 사안에서, 문화재보호법 제83조 제2항 및 (구)공익사업법 제30조 제1항은 문화재청장이 문화재의 보존·관리를 위하여 필요하다고 인정하여 지정문화재나 보호구역에 있는 토지 등을 (구)공익사업법에 따라 수용하거나 사용하는 경우에 비로소 적용되는데, 문화재청장이 토지조서 및 물건조서를 작성하는 등 위 토지에 대하여 (구)공익사업법에 따른 수용절차를 개시한 바 없으므로, 甲에게 문화재청장으로 하여금 관할 토지수용위원회에 재결을 신청할 것을 청구할 법규상의 신청권이 인정된다고 할 수 없어, 위 회신은 항고소송의 대상이 되는 거부처분에 해당하지 않는다고 한 사례

관련내용

✦ **사업시행자가 재결신청을 거부하거나 부작위하는 경우**

1. 항고쟁송가능 여부

토지소유자는 재결을 직접 신청할 수 없고 민사소송 이행불가, 거부, 부작위, 일반적인 경우 직접법률관계의 변동이 없기 때문에 행정쟁송을 할 수 없다고 종전에는 보았으나, 최근 판례는 재결신청청구에 대해 거부처분취소소송으로 다툴 수 있다고 판시하였다.

> **재결신청청구거부에 대하여 거부처분취소소송으로 다툼 가능 판례(2018두57865)(제32회 기출)**
> 공익사업을 위한 토지 등의 취득 및 보상에 관한 법률 제28조, 제30조에 따르면, 편입토지 보상, 지장물 보상, 영업·농업보상에 관해서는 사업시행자만이 재결을 신청할 수 있고 토지소유자와 관계인은 사업시행자에게 재결신청을 청구하도록 규정하고 있으므로, 토지소유자나 관계인의 재결신청청구에도 사업시행자가 재결신청을 하지 않을 때 토지소유자나 관계인은 사업시행자를 상대로 거부처분취소소송 또는 부작위위법확인소송의 방법으로 다투어야 한다.

2. 민사소송 또는 공법상 당사자소송의 가능성

판례는 가산금 제도로 사업시행자의 재결신청 의무를 강제하고 있으며, 사업인정의 실효규정에 따른 손실보장 규정을 이유로 민사소송 등에 의한 방법으로 그 이행을 청구할 수 없다고 판시하였다. 이러한 판례의 태도에 비추어 공법상당사자소송으로 인정하기 어렵다.

판례 63 **2009두11607**

사업인정과 수용재결의 하자승계

도시계획사업허가의 공고시에 토지세목의 고시를 누락하거나 사업인정을 함에 있어 수용 또는 사용할 토지의 세목을 공시하는 절차를 누락한 경우, 이는 절차상의 위법으로서 수용재결단계 전의 사업인정단계에서 다툴 수 있는 취소사유에 해당하기는 하나 더 나아가 그 사업인정 자체를 무효로 할 중대하고 명백한 하자라고 보기는 어렵다고 판시함으로써 사업인정과 수용재결에 대한 하자의 승계를 부정하고 있다.

쟁점사항

▶ 절차상의 위법이 무효사유에 해당하는지 여부
▶ 사업인정과 수용재결의 하자승계

사업인정과 수용재결의 관계

1. 사업인정의 구속력

토지수용위원회는 행정쟁송에 의하여 사업인정이 취소되지 않는 한 그 기능상 사업인정 자체를 무의미하게 하는, 즉 사업의 시행이 불가능하게 되는 것과 같은 재결을 행할 수는 없다.

2. 하자승계

사업인정에 하자가 있지만 재결이 진행된 경우, 재결에 대한 불복쟁송에서 사업인정의 하자를 주장할 수 있는지의 하자승계가 문제될 수 있다. 판례는 ① 사업인정의 목적은 목적물의 공익성 판단이고, ② 재결은 수용범위의 확인인바 양자는 별개의 독립된 법률효과로 하자승계를 부정한다.

3. 검토

공익의 목적을 위해 현실적 문제에서 판례는 하자승계를 부정했지만 국민의 권리보호 측면에서 하자승계를 긍정하는 것이 일면 타당하다고 생각된다.

관련판례

✦ 대판 2009.11.26, 2009두11607[재결취소처분]

판시사항

[1] 상고이유서에 법령위반에 관한 구체적이고 명시적인 이유의 설시가 없는 경우 적법한 상고이유의 기재로 볼 수 있는지 여부(소극)

[2] 도시계획사업허가의 공고 시에 토지세목의 고시를 누락하거나 사업인정을 함에 있어 수용 또는 사용할 토지의 세목을 공시하는 절차를 누락한 경우, 이를 이유로 수용재결처분의 취소를 구하거나 무효확인을 구할 수 있는지 여부(소극)

이유

도시계획사업허가의 공고 시에 토지세목의 고시를 누락하거나 사업인정을 함에 있어 수용 또는 사용할 토지의 세목을 공시하는 절차를 누락한 경우, 이는 절차상의 위법으로서 수용재결단계 전의 사업인정단계에서 다툴 수 있는 취소사유에 해당하기는 하나 더 나아가 그 사업인정 자체를 무효로 할 중대하고 명백한 하자라고 보기는 어렵고, 따라서 이러한 위법을 들어 수용재결처분의 취소를 구하거나 무효확인을 구할 수는 없다(대판 1988.12.27, 87누1141, 대판 2000.10.13, 2000두5142 등 참조).

판례 64 2012다71978

토지·물건의 인도 등 거부 시 실효성 확보수단 : 행정대집행

쟁점사항

▶ 타인 소유의 토지 위에 권한 없이 건물·공작물 등을 소유하고 있는 경우 부당이득반환 의무 여부

관련판례

✦ 대판 2012.12.13, 2012다71978[토지인도등]

판시사항

[1] 타인 소유의 토지 위에 권한 없이 건물이나 공작물 등을 소유하고 있는 경우, 그 자체로 토지의 차임 상당의 부당이득을 얻고 있는 것인지 여부(원칙적 적극)

[2] 甲 지방공사가 공익사업을 위한 토지 등의 취득 및 보상에 관한 법률에 따라 토지를 협의취득한 후에도 乙이 그 지상에 설치했거나 보관하던 창고 등 지장물을 이전하지 않자, 甲 공사가 乙을 상대로 토지 인도 시까지의 차임 상당 부당이득반환을 구한 사안에서, 乙은 지장물이 철거·이전되어 토지가 인도된 시점까지 토지의 점유·사용에 따른 차임 상당의 부당이득 반환 의무가 있다고 한 사례

이유

상고이유(상고이유서 제출기간이 경과한 후에 제출된 상고이유 보충서의 기재는 상고이유를 보충하는 범위 내에서)를 판단한다.

1. 상고이유 제1점에 대하여

원심은, 피고는 이 사건 지장물의 철거 및 이전을 물리적으로 방해한 것이 아니라 단지 이 사건

지장물을 이전하지 아니한 채 방치하고 있었을 뿐인 사실을 인정할 수 있으므로, 설사 피고가 이 사건 지장물을 이전하지 아니함으로써 결과적으로 이 사건 토지를 점유한 것으로 평가할 수 있다고 하더라도, 원고로서는 위와 같은 공익사업을 위한 토지 등의 취득 및 보상에 관한 법률의 규정에 따라 행정대집행을 신청하여 이 사건 지장물의 철거 및 이전에 대한 대집행을 실시하도록 함으로써 이 사건 토지에 관한 점유를 온전히 취득할 수 있으므로, 위와 같은 행정대집행 절차와 별개로 이 사건 토지의 인도청구소송을 제기할 소의 이익이 없다고 판단하였다. 관련 법리와 기록 등에 비추어 살펴보면, 원심의 이유 설시에 일부 부적절하거나 미흡한 점이 있기는 하지만, 이 사건 지장물의 철거 및 이전에 대한 행정대집행 절차와 별개로 이 사건 토지의 인도청구소송을 제기할 소의 이익이 없다고 판단한 결론에 있어서는 정당한 것으로 수긍할 수 있고, 거기에 상고이유의 주장과 같이 대법원 판례 위반이나 대체적 작위의무 등에 관한 법리를 오해하여 판결 결과에 영향을 미친 위법이 없다.

2. 상고이유 제2점에 대하여

원심은, 원고가 이 사건 토지를 임차하여 그 위에 이 사건 지장물을 설치한 다음 군수용품 판매업을 영위하다가 이 사건 토지가 수용되고 이 사건 지장물에 대한 이전보상금이 공탁되었음에도 피고가 이 사건 지장물을 이전하지 아니한 채 이 사건 토지에 방치해 둔 사실, 원고의 신청에 따라 중랑구청장이 2011.11.1.부터 2011.11.5.까지 행정대집행을 실시하여 이 사건 지장물을 모두 철거·이전한 사실, 피고가 위 행정대집행 당시 고철류 등을 원고가 임의 매각해도 좋다는 동의서를 작성·교부한 사실 등을 인정할 수 있는 바, 이에 의하면 피고는 이 사건 지장물의 소유권을 사실상 포기한 채 이를 방치하였을 뿐 이 사건 토지를 사용·수익하여 실질적인 이득을 얻었다고 볼 수는 없으므로, 그로 인하여 이 사건 토지의 소유자인 원고가 이 사건 토지를 정상적으로 사용·수익하지 못하여 차임 상당의 손해를 입었다고 하더라도, 피고의 원고에 대한 부당이득반환의무는 성립되지 아니한다고 판단하였다.

그러나 원심의 위와 같은 판단은 다음과 같은 이유에서 수긍하기 어렵다.

타인 소유의 토지 위에 권한 없이 건물이나 공작물 등을 소유하고 있는 자는 그 자체로서 특별한 사정이 없는 한 법률상 원인 없이 타인의 재산으로 토지의 차임에 상당하는 이익을 얻고 이로 인하여 타인에게 동액 상당의 손해를 주고 있다고 보아야 할 것이다(대판 1995.9.15, 94다61144, 대판 1998.5.8, 98다2389, 대판 2007.8.23, 2007다21856·21863 등 참조).

기록에 의하면, 이 사건 지장물에 관한 행정대집행 당시 피고가 고철류 등에 관하여 원고가 임의 매각해도 좋다는 동의서 등을 작성·교부한 사실은 인정되나, 이는 상태가 불량한 고철류 등을 대상으로 한 것이고, 동의서 등의 작성 대상이 되지 아니한 군수용품은 행정대집행 절차에 따라 물류창고에 보관하게 되었는데, 90개의 컨테이너에 나누어 보관될 정도로 그 양이 많을 뿐만 아니라, 감정을 거친 감정평가금액도 7,393만원에 이르며, 또한 피고는 군수용품에 대한 유체동산 강제집행과정에서 압류대상 선정이나 감정평가 등에 관하여 여러 차례 문제를 제기하고, 원고 측의 군수용품 폐기를 저지하기 위한 노력을 한 점 등을 감안하여 볼 때, 피고가 이 사건 지장물에 대한 소유권을 사실상 포기하였다고 단정할 수는 없다.

또한 기록에 의하면, 피고는 이 사건 토지의 소유자들로부터 이 사건 토지를 임차하여 그 지상에 창고 4동과 컨테이너 1개 등을 설치하고 약 600t에 이르는 군수용품 등을 보관하여 왔는데, 원고가 이 사건 토지를 협의취득한 이후에도 행정대집행 절차에 따라 위와 같은 지장물이 모두 철거·이전될 때까지 그 상태가 계속되었음을 알 수 있는바, 피고는 원고가 이 사건 토지에 관한 소유권을 취득한 이후에도 창고, 컨테이너, 군수용품 등의 소유와 보관을 위하여 그 부지가 된 이 사건 토지를 점유하여 왔다고 보아야 할 것이므로, 앞서 본 법리에 비추어 볼 때, 특별한 사정이 없는 한 행정대집행 절차에 따라 위와 같은 지장물이 철거·이전되어 원고에게 이 사건 토지를 인도하게 된 시점까지 그 토지를 점유·사용함에 따른 차임 상당의 부당이득금을 반환할 의무가 있다고 할 것이다.

그럼에도 원심은 이와 달리 그 판시와 같은 이유로 피고의 부당이득반환의무는 성립되지 아니한다고 판단하였는 바, 이와 같은 원심판결에는 부당이득에 관한 법리를 오해하여 판결에 영향을 미친 위법이 있다고 할 것이고, 이를 지적하는 상고논지는 이유 있다.

3. **결론**

그러므로 원심판결 중 부당이득반환청구 부분을 파기하고, 이 부분 사건을 다시 심리·판단하게 하기 위하여 원심법원에 환송하며, 나머지 상고를 기각하기로 하여, 관여 대법관의 일치된 의견으로 주문과 같이 판결한다.

관련내용

✦ 대집행(토지보상법 제89조)

1. 의의 및 취지

공법상 대체적 작위의무의 불이행시 행정청이 그 의무를 스스로 행하거나 제3자로 하여금 행하게 하고 의무자로부터 비용을 징수하는 것으로 토지보상법 제89조에서 규정하고 있다. 이는 공익사업의 원활한 수행을 위한 제도적 취지가 인정된다.

> 행정기본법 제30조(행정상 강제)
> ① 행정청은 행정목적을 달성하기 위하여 필요한 경우에는 법률로 정하는 바에 따라 필요한 최소한의 범위에서 다음 각 호의 어느 하나에 해당하는 조치를 할 수 있다.
>   1. 행정대집행 : 의무자가 행정상 의무(법령 등에서 직접 부과하거나 행정청이 법령 등에 따라 부과한 의무를 말한다. 이하 이 절에서 같다)로서 타인이 대신하여 행할 수 있는 의무를 이행하지 아니하는 경우 법률로 정하는 다른 수단으로는 그 이행을 확보하기 곤란하고 그 불이행을 방치하면 공익을 크게 해칠 것으로 인정될 때에 행정청이 의무자가 하여야 할 행위를 스스로 하거나 제3자에게 하게 하고 그 비용을 의무자로부터 징수하는 것

2. 요건

(1) 토지보상법상 요건(법 제89조)

① 이 법 또는 이법에 의한 처분으로 인한 의무를 이행하여야 할 자가 의무를 이행하지 않거나, ② 기간 내 의무를 완료하기 어려운 경우, ③ 의무자로 하여금 그 의무를 이행하게 하는 것이 현저히 공익을 해한다고 인정되는 사유가 있는 경우 사업시행자가 시·도지사나 시장·군수 또는 구청장에게 대집행을 신청할 수 있다고 규정하고 있다.

(2) 행정대집행법상 요건(행정대집행법 제2조)

① 공법상 대체적 작위의무의 불이행이 있을 것, ② 다른 수단으로 이행의 확보가 곤란할 것, ③ 불이행을 방치함이 심히 공익을 해할 것의 요건을 모두 충족해야 한다.

(3) 의무이행자 보호(토지보상법 제89조 제3항)(용산참사)

국가나 지방자치단체는 의무를 이행해야 할 자의 보호를 위하여 노력해야 한다. 이는 공익사업 현장에서 인권침해 방지를 위한 노력을 강구하고자 하는 입법적 취지가 있다.

3. 대집행의 절차

대집행의 절차는 행정대집행법을 준용하여 계고, 통지, 실행, 비용징수의 절차를 따르게 되고 각 단계는 국민에게 직접적 영향을 미치는바 처분성이 인정된다. 따라서 각 절차를 단계적으로 거쳐야만 적법한 행정대집행이 된다(하자의 승계 인정).

4. 인도·이전의무가 대집행의 대상인지

(1) 문제점

인도·이전의무는 비대체적 작위의무인데 토지보상법 제89조에서는 의무로 규정하고 있는바 행정대집행법의 특례규정으로 보아 대집행을 실행할 수 있는지가 문제된다. 즉, 인도를 신체의 점유로써 거부하는 경우 이를 실력으로 배제할 수 있는지가 문제된다.

(2) 판례

① 도시공원시설인 매점점유자의 점유배제는 대체적 작위의무에 해당하지 아니하므로 대집행의 대상이 아니라고 판시하였다.

② 토지보상법 제89조에서의 '인도'에는 명도도 포함되는 것으로 보아야 하고, 이러한 명도의무는 그것을 강제적으로 실현하면서 직접적인 실력행사가 필요한 것이지 대체적 작위의무라고 볼 수 없으므로 특별한 사정이 없는 한 행정대집행법에 의한 대집행의 대상이 될 수 있는 것은 아니라고 판시하였다.

③ 철거의무 약정을 하였다 하더라도 그 명도의무는 사법상의 매매내지 사법상 계약의 성질을 갖는 것이므로 대집행의 대상이 아니라고 판시한 바 있다.

(3) 검토

대집행은 국민의 권익침해의 개연성이 높으므로 토지보상법 제89조의 의무를 법치행정의 원리상 명확한 근거 없이 비대체적 작위의무로까지 확대해석할 수 없다고 할 것이다.

5. 대집행 시 실력행사 가능성

(1) 직접강제의 의의

직접강제는 의무자의 의무불이행 시 직접적으로 의무자의 신체 또는 재산에 실력을 가함으로써 행정상 필요한 상태를 실현하는 작용이다.

(2) 판례(2006두7096)

약정한 철거의무는 공법상 의무가 아닐 뿐만 아니라 토지보상법 제89조에서 정한 행정대집행법의 대상에도 해당하지 아니하므로 강제적 이행은 대집행의 방법으로 실현할 수 없다.

(3) 검토

독일은 실력행사를 규정하고, 일본은 공무집행방해죄 등을 적용하고 있으며 우리나라는 실무상 인도불응 시 소유권이전등기 및 명도소송을 활용하고 있다. 공익사업의 홍보 및 피수용자와 관계개선을 통하여 자발적 인도를 도모하는 것이 중요하고 입법적으로 직접강제 및 실효성 확보수단의 법적 근거를 마련해야 할 것이다.

판례 65 **2015다238963**

환매권의 행사

쟁점사항

▸ 토지보상법 제91조 제5항에서 정한 '~제3자에게 대항할 수 있다'의 의미
▸ 환매권 행사기간 및 대항력
▸ 환매권 상실로 인한 손해배상액 산정 방법

관련판례

✦ 대판 2017.3.15, 2015다238963[손해배상]

판시사항

[1] (구)공익사업을 위한 토지 등의 취득 및 보상에 관한 법률 제91조 제5항에서 정한 '환매권은 부동산등기법이 정하는 바에 의하여 공익사업에 필요한 토지의 협의취득 또는 수용의 등기가 된 때에는 제3자에게 대항할 수 있다'의 의미

[2] 갑 지방자치단체가 도로사업 부지를 취득하기 위하여 을 등으로부터 토지를 협의취득하여 소유권이전등기를 마쳤는데, 위 토지가 택지개발예정지구에 포함되자 이를 택지개발사업 시행자인 병 공사에 무상으로 양도하였고, 그 후 택지개발예정지구 변경지정과 개발계획 변경승인 및 실시계획 승인이 고시되어 위 토지가 택지개발사업의 공동주택용지 등으로 사용된 사안에서, 택지개발사업의 개발계획 변경승인 및 실시계획 승인이 고시됨으로써 토지가 도로사업에 필요 없게 되어 을 등에게 환매권이 발생하였고, 을 등은 환매권이 발생한 때부터 제척기간 도과로 소멸할 때까지 사이에 언제라도 환매권을 행사하고, 이로써 제3자에게 대항할 수 있다고 한 사례

[3] (구)공익사업을 위한 토지 등의 취득 및 보상에 관한 법률상 원소유자 등의 환매권 상실로 인한 손해배상액을 산정하는 방법

판결요지

[1] (구)공익사업을 위한 토지 등의 취득 및 보상에 관한 법률(2007.10.17. 법률 제8665호로 개정되기 전의 것) 제91조 제5항은 '환매권은 부동산등기법이 정하는 바에 의하여 공익사업에 필요한 토지의 협의취득 또는 수용의 등기가 된 때에는 제3자에게 대항할 수 있다'고 정하고 있다. 이는 협의취득 또는 수용의 목적물이 제3자에게 이전되더라도 협의취득 또는 수용의 등기가 되어 있으면 환매권자의 지위가 그대로 유지되어 환매권자는 환매권을 행사할 수 있고, 제3자에 대해서도 이를 주장할 수 있다는 의미이다.

[2] 갑 지방자치단체가 도로사업 부지를 취득하기 위하여 을 등으로부터 토지를 협의취득하여 소유권이전등기를 마쳤는데, 위 토지가 택지개발예정지구에 포함되자 이를 택지개발사업 시행자인 병 공사에 무상으로 양도하였고, 그 후 택지개발예정지구 변경지정과 개발계획 변경승인 및 실시계획 승인이 고시되어 위 토지가 택지개발사업의 공동주택용지 등으로 사용된 사안에서, 택지개발사업의 개발계획 변경승인 및 실시계획 승인이 고시됨으로써 토지가 도로사업에 더 이상 필요 없게 되어 협의취득일 당시 토지소유자였던 을 등에게 환매권이 발생하였고, 그 후 택지개발사업에 토지가 필요하게 된 사정은 환매권의 성립이나 소멸에 아무런 영향을 미치지 않으며, 위 토지에 관하여 갑 지방자치단체 앞으로 공공용지 협의취득을 원인으로 한 소유권이전등기가 마쳐졌으므로, 을 등은 환매권이 발생한 때부터 제척기간 도과로 소멸할 때까지 사이에 언제라도 환매권을 행사하고, 이로써 제3자에게 대항할 수 있다고 한 사례

[3] (구)공익사업을 위한 토지 등의 취득 및 보상에 관한 법률(2007.10.17. 법률 제8665호로 개정되기 전의 것, 이하 '토지보상법'이라 한다)상 원소유자 등의 환매권 상실로 인한 손해배상액은 환매권 상실 당시를 기준으로 한 목적물의 시가에서 환매권자가 환매권을 행사하였을 경우 반환하여야 할 환매가격을 공제한 금원이다. 환매권 상실 당시 환매목적물의 감정평가금액이 토지보상법 제91조 제1항에 정해진 '지급한 보상금'에 그때까지 사업과 관계없는 인근 유사토지의 지가변동률을 곱한 금액보다 적거나 같을 때에는 감정평가금액에서 '지급한 보상금'을 공제하는 방법으로 계산하면 되지만, 이를 초과할 때에는 [환매권 상실 당시의 감정평가금액 −

(환매권 상실 당시의 감정평가금액 – 지급한 보상금 × 지가상승률)]로 산정한 금액, 즉 '지급한 보상금'에 당시의 인근 유사토지의 지가상승률을 곱한 금액이 손해로 된다.

관련내용

환매권 행사의 효력

1. 환매권 행사의 효력발생시점

환매권자는 환매금액을 지급한 후 환매의사를 표시함으로써 환매를 한다.

2. 환매권의 효력(대항력)(토지보상법 제91조 제5항)

토지보상법 제91조 제1항부터 제3항까지의 규정에 따른 환매권은 「부동산등기법」에서 정하는 바에 따라 공익사업에 필요한 토지의 협의취득 또는 수용의 등기가 되었을 때에는 제3자에게 대항할 수 있다. 따라서 협의취득 또는 수용의 목적물이 제3자에게 이전되더라도 협의취득 또는 수용의 등기가 되어 있으면 환매권자의 지위가 그대로 유지되어 환매권자는 환매권을 행사할 수 있고, 제3자에 대해서도 이를 주장할 수 있다는 의미이다. 다음 판례의 각 토지에 관하여 피고 앞으로 공공용지 협의취득을 원인으로 한 소유권이전등기를 마쳤으므로, 원고들로서는 환매권이 발생한 때부터 제척기간 도과로 소멸할 때까지 사이에 언제라도 이 사건 각 토지에 관하여 환매권을 행사하고, 이로써 제3자에게 대항할 수 있다.

판례 66 **2010다6611**

환매권 행사의 요건 : 당사자와 목적물

쟁점사항

▶ 구분소유적 공유관계에 있는 1필지 토지의 특정 부분을 수용한 경우 그 토지 전체에 환매권을 행사할 수 있는지 여부

관련판례

✦ 대판 2012.4.26, 2010다6611[부당이득금]

판시사항

국가가 1필지 토지에 관하여 구분소유적 공유관계에 있는 다른 공유자의 토지에 관한 권리를 수용하는 경우 수용의 대상과 그 후 공유자가 환매권을 행사한 경우 환매로 취득하는 대상(=1필지의 특정 부분에 대한 소유권)

판결요지

1필지 토지 중 일부를 특정하여 매수하고, 다만 소유권이전등기는 필지 전체에 관하여 공유지분권이전등기를 한 경우에는 특정 부분 이외의 부분에 관한 등기는 상호 명의신탁을 하고 있는 것으로서, 지분권자는 내부관계에서는 특정 부분에 한하여 소유권을 취득하고 이를 배타적으로 사용·수익할 수 있고, 다른 구분소유자의 방해행위에 대하여는 소유권에 터 잡아 그 배제를 구할 수 있다. 국가가 1필지 토지에 관하여 위와 같이 다른 공유자와 구분소유적 공유관계에 있는 경우 그 공유자는 국가와 관계에서 1필지의 특정 부분에 대하여 소유권을 취득하고 이를 배타적으로 사용·수익할 수 있고, 국가가 이러한 상태에서 군사상 필요 등에 의하여 다른 공유자가 1필지 토지에 관하여 가지고 있는 권리를 수용하는 경우 수용 대상은 공유자의 1필지 토지에 대한 공유지분권이 아니라 1필지의 특정 부분에 대한 소유권이다. 한편 '국가보위에 관한 특별조치법 제5조 제4항에 의한 동원대상지역 내의 토지의 수용·사용에 관한 특별조치령' 제39조 제1항에 규정된 환매권 행사로 인한 매수의 성질은 사법상 매매와 같은 것으로서 환매대상이 되는 것은 당초 국가가 수용한 목적물 내지 권리와 동일하다고 보아야 한다. 따라서 위와 같이 어느 공유자가 국가와 1필지 토지에 관하여 구분소유적 공유관계에 있는 상태에서 국가로부터 그 공유자가 가지는 1필지의 특정 부분에 대한 소유권을 수용당하였다가 그 후 환매권을 행사한 경우 그 공유자가 환매로 취득하는 대상은 당초 수용이 된 대상과 동일한 1필지의 특정 부분에 대한 소유권이고, 이와 달리 1필지 전체에 대한 공유지분이라고 볼 수는 없다.

관련내용

환매권 행사의 당사자 및 목적물

1. 환매권의 행사

환매권은 수용의 효과로서 수용의 개시일에 법률상 당연히 성립·취득하는 것이므로 토지보상법상 요건은 이미 취득·성립된 환매권을 현실적으로 행사하기 위한 행사요건의 검토가 필요하다.

2. 당사자 및 목적물(토지보상법 제91조 제3항)

환매권자는 토지소유자 또는 그 포괄승계인이고, 상대방은 사업시행자 또는 현재의 소유자이다. 환매목적물은 토지소유권에 한한다. 단, 잔여지의 경우 접속된 부분이 필요 없게 된 경우가 아니면 환매는 불가하다.

판례 67 **2014다201391**

환매권 행사의 제한 : 사업시행자 요건

쟁점사항

▶ 공익사업변환 시 변경된 공익사업의 시행자가 반드시 국가·지방자치단체 또는 공공기관이어야 하는지 여부

관련판례

✦ 대판 2015.8.19, 2014다201391[소유권이전등기]

판시사항

공익사업을 위한 토지 등의 취득 및 보상에 관한 법률 제91조 제6항에서 정한 '공익사업의 변환'은 변경된 공익사업의 시행자가 '국가·지방자치단체 또는 공공기관의 운영에 관한 법률 제4조에 따른 공공기관 중 대통령령으로 정하는 공공기관'이어야 인정되는지 여부(소극)

판결요지

공익사업을 위한 토지 등의 취득 및 보상에 관한 법률(이하 '토지보상법'이라고 한다) 제91조 제6항 전문은 당초의 공익사업이 공익성의 정도가 높은 다른 공익사업으로 변경되고 그 다른 공익사업을 위하여 토지를 계속 이용할 필요가 있을 경우에는, 환매권의 행사를 인정한 다음 다시 협의취득이나 수용 등의 방법으로 그 토지를 취득하는 번거로운 절차를 되풀이하지 않게 하기 위하여 이른바 '공익사업의 변환'을 인정함으로써 환매권의 행사를 제한하려는 것이다. 토지보상법 제91조 제6항 전문 중 '해당 공익사업이 제4조 제1호부터 제5호까지에 규정된 다른 공익사업으로 변경된 경우' 부분에는 별도의 사업주체에 관한 규정이 없음에도 그 앞부분의 사업시행 주체에 관한 규정

이 뒷부분에도 그대로 적용된다고 해석하는 것은 문리해석에 부합하지 않는다.

토지보상법 제91조 제6항의 입법취지와 문언, 1981.12.31. (구)토지수용법(2002.2.4. 법률 제6656호로 제정된 토지보상법 부칙 제2조에 의하여 폐지)의 개정을 통해 처음 마련된 공익사업변환제도는 기존에 공익사업을 위해 수용된 토지를 그 후의 사정변경으로 다른 공익사업을 위해 전용할 필요가 있는 경우에는 환매권을 제한함으로써 무용한 수용절차의 반복을 피하자는 데 주안점을 두었을 뿐 변경된 공익사업의 사업주체에 관하여는 큰 의미를 두지 않았던 점, 민간기업이 관계법률에 따라 허가·인가·승인·지정 등을 받아 시행하는 도로, 철도, 항만, 공항 등의 건설사업의 경우 공익성이 매우 높은 사업임에도 사업시행자가 민간기업이라는 이유만으로 공익사업의 변환을 인정하지 않는다면 공익사업변환제도를 마련한 취지가 무색해지는 점, 공익사업의 변환이 일단 토지보상법 제91조 제6항에 정한 '국가·지방자치단체 또는 공공기관의 운영에 관한 법률 제4조에 따른 공공기관 중 대통령령으로 정하는 공공기관'(이하 '국가·지방자치단체 또는 일정한 공공기관'이라고 한다)이 협의취득 또는 수용한 토지를 대상으로 하고, <u>변경된 공익사업이 공익성이 높은 토지보상법 제4조 제1~5호에 규정된 사업인 경우에 한하여 허용되므로 공익사업변환제도의 남용을 막을 수 있는 점을 종합해 보면, 변경된 공익사업이 토지보상법 제4조 제1~5호에 정한 공익사업에 해당하면 공익사업의 변환이 인정되는 것이지, 변경된 공익사업의 시행자가 국가·지방자치단체 또는 일정한 공공기관일 필요까지는 없다.</u>

관련내용

✦ 환매권 행사의 제한(공익사업변환 특칙, 법 제91조 제6항)

1. 의의 및 취지
공익사업의 변환이란 공익사업이 다른 공익사업으로 변경된 경우, 별도의 절차 없이 당해 토지를 변경된 다른 공익사업에 이용하도록 하는 제도를 말하며, 이는 환매와 재취득이라는 무용한 절차의 반복을 방지하기 위한 제도이다.

2. 요건

> ① 사업주체는 국가, 지방자치단체 또는 공공기관일 것
> ② 대상사업은 토지보상법 제4조 제1호에서 제5호에 해당하는 사업일 것
> ③ 종전사업과 새로운 공익사업 모두 사업인정을 받거나 사업인정 의제될 것

(1) 사업시행자 동일성 요건(93다11760)
"공익사업의 변환"이 국가 지방자치단체 또는 공공기관 등 기업자(또는 사업시행자)가 동일한 경우에만 허용되는 것은 아니라고 판시하여 사업주체의 변경을 인정하고 있다.

(2) 사업시행자 민간기업도 인정되는지(2014다201391)

변경된 공익사업을 법 제4조 제1호 내지 제5호에 규정된 사업에 한하므로 해당 제도의 남용을 막을 수 있다는 점을 종합하여 고려할 때, 변경된 공익사업의 시행자가 국가, 지자체, 공공기관일 필요는 없다고 판시하였다. <u>반드시 공공기관일 필요는 없지만 공공성이 있는 사업시행자가 해야 한다고 보고 있다.</u>

(3) 공익사업요건 (2010다30782)

사업인정을 받은 공익사업이 토지보상법 제4조 제1호 내지 제5호에 규정된 다른 공익사업으로 변경된 경우여야 한다. 〈판례〉는 새로운 공익사업의 경우에도 역시 사업인정을 받거나 사업인정의제되어야 한다고 판시하였다.

(4) 계속 소유 요건(2010다30782)

대법원은 공익사업을 위해 협의취득하거나 수용한 토지가 변경된 사업의 사업시행자가 아닌 제3자에게 처분된 경우에는 공익사업의 변환을 인정할 수 없다고 판시하였다.

 판례 68 **2011다74109**

환매권의 행사 : 환매대금의 지급 및 공탁

쟁점사항

▶ 환매권의 법적 성질 및 환매권 행사 시 환매대금의 지급 또는 공탁이 선이행의무인지 여부
▶ 예외적 사정이 있는 경우 환매기간 경과 후 추가로 부족한 환매대금을 지급·공탁할 수 있는지 여부
▶ 환매권자가 미리 지급·공탁한 환매대금이 토지 전체에 대한 환매대금에는 부족하더라도 실제 환매대상인 부분에 대하여는 충분한 경우 환매권 행사의 효력이 있는지 여부

관련판례

✦ 대판 2012.8.30, 2011다74109[소유권이전등기]

판시사항

[1] 공익사업을 위한 토지 등의 취득 및 보상에 관한 법률 제91조에서 정한 환매권 행사 시 환매기간 내 환매대금 상당의 지급 또는 공탁이 선이행의무인지 여부(적극)

[2] 환매대상인 토지 부분의 정확한 위치와 면적을 특정하기 어려운 사정이 있는 경우 환매기간 만료 전 지급하거나 공탁한 환매대금이 나중에 법원의 감정 등으로 특정된 토지 부분의 환매대금에 다소 미치지 못하더라도 환매기간 경과 후 추가로 부족한 환매대금을 지급하거나 공탁할 수 있는지 여부(한정 적극) 및 환매권자가 명백한 계산 착오 등으로 환매대금의 아주 적은 일부를 환매기간 만료 전에 지급하거나 공탁하지 못한 경우에도 마찬가지인지 여부(적극)

[3] 환매권자가 미리 지급하거나 공탁한 환매대금이 환매를 청구한 토지 부분 전체에 대한 환매대금에는 부족하더라도 실제 환매대상이 될 수 있는 토지 부분 대금으로는 충분한 경우, 환매대상이 되는 부분에 대하여 환매권 행사의 효력이 있는지 여부(적극)

[4] 합병 전 한국토지공사가 甲에게서 수용한 토지 중 일부가 사업에 이용할 필요가 없게 되었음을 이유로 甲이 환매기간 내에 최초 수용재결금액을 기준으로 그 면적비율에 상응하는 환매대금을 공탁한 후 환매를 요청한 사안에서, 원심으로서는 甲이 이의재결금액이 아닌 수용재결금액만을 공탁한 이유가 무엇인지 등을 지적하여 甲에게 변론할 기회를 주었어야 하고, 공탁금액이 해당 토지 전체의 환매대금에 모자라더라도 토지 중 환매요건을 충족하는 부분이 있는지, 그에 대한 환매대금 이상이 공탁되어 있는지 등에 관하여 심리하였어야 함에도, 그와 같은 필요한 조치를 취하지 않은 채 甲의 청구를 배척한 원심판결에 법리오해 등의 위법이 있다고 한 사례

판결요지

[1] 공익사업을 위한 토지 등의 취득 및 보상에 관한 법률 제91조에 의한 환매는 환매기간 내에 환매의 요건이 발생하면 환매권자가 지급 받은 보상금에 상당한 금액을 사업시행자에게 미리 지급하고 일방적으로 의사표시를 함으로써 사업시행자의 의사와 관계 없이 환매가 성립한다. 따라서 환매기간 내에 환매대금 상당을 지급하거나 공탁하지 아니한 경우에는 환매로 인한 소유권이전등기 청구를 할 수 없다.

[2] 협의취득 또는 수용된 토지 중 일부가 필요 없게 되어 그 부분에 대한 환매권을 행사하는 경우와 같이 환매대상토지 부분의 정확한 위치와 면적을 특정하기 어려운 특별한 사정이 있는 경우에는, 비록 환매기간 만료 전에 사업시행자에게 미리 지급하거나 공탁한 환매대금이 나중에 법원의 감정 등을 통하여 특정된 토지 부분에 대한 환매대금에 다소 미치지 못한다고 하더라도

그 환매대상인 토지 부분의 동일성이 인정된다면 환매기간 경과 후에도 추가로 부족한 환매대금을 지급하거나 공탁할 수 있다고 보아야 한다. 그리고 이러한 법리는 환매권자가 명백한 계산 착오 등으로 환매대금의 아주 적은 일부를 환매기간 만료 전에 지급하거나 공탁하지 못한 경우에도 적용된다고 봄이 신의칙상 타당하다.

[3] 환매권자가 미리 지급하거나 공탁한 환매대금이 환매권자가 환매를 청구한 토지 부분 전체에 대한 환매대금에는 부족하더라도 실제 환매대상이 될 수 있는 토지 부분의 대금으로는 충분한 경우에는 그 부분에 대한 환매대금은 미리 지급된 것으로 보아야지, 환매를 청구한 전체 토지와 대비하여 금액이 부족하다는 이유만으로 환매대상이 되는 부분에 대한 환매권의 행사마저 효력이 없다고 볼 것은 아니다.

[4] 합병 전 한국토지공사가 甲에게서 수용한 토지 중 일부가 사업에 이용할 필요가 없게 되었음을 이유로 甲이 환매기간 내에 최초 수용재결금액을 기준으로 그 면적비율에 상응하는 환매대금을 공탁한 후 환매를 요청하였고, 그 후 제1심 법원의 감정결과에 따라 환매대상토지의 위치와 면적을 특정하여 증가한 토지 면적에 대한 환매대금을 추가로 공탁한 사안에서, 원심으로서는 甲이 이의재결금액이 아닌 수용재결금액만을 공탁한 이유가 무엇인지 등을 지적하여 甲에게 변론할 기회를 주었어야 하고, 甲이 환매요청을 한 토지 중 일부에 대해서만 환매요건이 충족될 경우 공탁한 금액이 환매요건을 충족하는 일부에 대한 환매대금을 초과하는 이상 해당 부분에 대해서는 환매청구를 인용하여야 하므로 甲의 공탁금액이 전체 환매대금에 모자라더라도 토지 중 환매요건을 충족하는 부분이 있는지, 그에 대한 환매대금 이상이 공탁되어 있는지 등에 관하여 심리하였어야 함에도, 그와 같은 필요한 조치를 취하지 않은 채 甲이 공탁한 환매대금이 이의재결금액을 기준으로 계산하면 부족하다는 점만을 이유로 甲의 청구를 배척한 원심판결에 법리오해 등의 위법이 있다고 한 사례

관련내용

보상금의 지급 또는 공탁

1. 보상금의 공탁 의의 및 취지(토지보상법 제40조)
보상금의 공탁이란 사업시행자가 보상금을 관할 공탁소에 공탁함으로써 보상금 지급에 갈음하게 하는 것을 말한다. 이는 재결실효 방지, 사전보상원칙의 실현 및 담보물권자의 권익보호 도모에 취지가 인정된다.

2. 법적 성질
(1) 보상금 지급의무를 면하기 위한 경우(제40조 제2항 제1호, 제2호)
판례는 공탁은 보상금 지급의무에 갈음되어 재결실효를 방지할 목적이 있으므로 변제공탁과

다를 바 없다고 판시하였다. 생각건대, 사업시행자가 토지수용위원회가 재결한 보상금을 공탁하는 경우에는 그로써 보상금 지급에 갈음하게 되는 바, 변제공탁으로 봄이 타당하다.

(2) 재결로 결정된 보상금에 사업시행자가 불복하는 경우(제40조 제2항 제3호)

사업시행자가 불복이 있는 경우라 하더라도 재결에서 정한 보상금 전액이 지급 또는 공탁되어 보상금 지급에 갈음하고 이로써 재결이 실효되는 것을 방지하기 위한 것이므로 변제공탁으로 봄이 타당하다.

(3) 압류 또는 가압류에 의하여 보상금의 지급이 금지된 경우(제40조 제2항 제4호)

이에 대하여 변제공탁으로 보는 판례와 집행공탁으로 보는 판례가 모두 존재한다. 생각건대, 압류 또는 가압류에 의하여 보상금의 지급이 금지된 경우 공탁을 함으로써 채무가 변제되는 것으로 볼 수 있으므로 변제공탁으로 봄이 타당하다.

(4) 검토

토지보상법 제40조에 의한 공탁은 동조 제2항에 따른 일정한 경우 사업시행자의 보상금의 지급의무를 이행하기 위함과 재결의 실효방지 등을 위한 것으로서, 민법상 변제공탁과 다를 바 없다고 판단된다.

3. 공탁의 요건

(1) 내용상 요건(법 제40조 제2항)(거알불압)

① 보상금을 받을 자가 그 수령을 거부하거나 보상금을 수령할 수 없을 때,

② 사업시행자의 과실 없이 보상금을 받을 자를 알 수 없을 때,

③ 관할 토지수용위원회가 재결한 보상금에 대하여 사업시행자가 불복할 때,

④ 압류 또는 가압류에 의하여 보상금의 지급이 금지되었을 때에 해당해야 한다.

(2) 형식상 요건

① 재결 당시 수용목적물의 소유자 또는 관계인이 수령권자가 된다.

② 토지보상법은 토지소재지의 공탁소에 보상금을 공탁할 수 있도록 하고 있다.

③ 공탁은 현금보상의 원칙상 현금으로 하여야 하나, 사업시행자가 국가인 경우에는 채권으로 공탁이 가능하다.

4. 공탁의 효과

(1) 정당한 공탁의 효과

보상금의 지급의무를 이행한 것으로 보아 수용 또는 사용개시일에 목적물을 원시취득한다.

(2) 미공탁의 효과

수용의 개시일까지 보상금을 공탁하지 아니하면 재결의 효력은 상실된다. 단, 이의재결에 의한 증액된 보상금은 공탁하지 않아도 이의재결은 실효되지 않는다.

> *** 관련 규정(토지보상법 제84조 제2항)**
> 사업시행자는 이의재결에서 증액된 손실보상금을 재결서 정본 송달일로부터 30일 이내 지급하여야 한다. 그러나 이의재결은 별도의 실효규정은 없다.
>
> *** 관련 판례(91누8081)**
> 이의재결절차는 수용재결과는 확정의 효력 등을 달리하는 별개의 절차이므로 사업시행자가 증액된 보상금을 일정한 기한 내에 지급 또는 공탁하지 아니하였더라도 이의재결 자체가 당연히 실효된다고 할 수는 없다고 판시하였다.

(3) 하자 있는 공탁

① 요건 미충족, ② 일부공탁, ③ 조건부공탁의 경우 공탁의 효과가 발생하지 않는다. 따라서 수용·사용의 개시일까지 공탁의 하자가 치유되지 않으면 재결은 실효되고 손실보상의무를 부담하게 된다.

5. 공탁금 수령의 효과

(1) 정당한 공탁금 수령의 효과

아무런 이의유보 없이 공탁금을 수령한다면 수용법률관계의 종결효과를 가져온다고 볼 수 있다. 그러나 이의유보를 남긴 경우 수용·사용개시일이 도과하더라도 수용법률관계는 종결되지 않는다고 본다.

(2) 하자 있는 공탁금 수령의 효과

① 이의유보 후 수령한 경우 하자치유는 인정되지 않는다. 판례는 묵시적 표현(구두)으로도 이의유보가 가능하다고 본다.

② 이의유보 없이 수령한 경우에는 하자치유가 인정되어 보상금 수령거부의사를 철회한 것으로 본다.

③ 쟁송제기를 이의유보로 볼 수 있는 가에 대하여 판례는 수령 당시 단순히 소송이나 이의신청을 하고 있다는 사실만으로 묵시적 공탁의 수령에 관한 이의를 유보한 것과 같이 볼 수 없다고 하나, 최근 대법원은 단순한 사실이 아닌 경우 소송 중 사실을 종합적으로 판단하여 묵시적 유보로 본 바 있다(대판 2009.11.12, 2006두15462).

6. 공탁제도의 문제점 및 개선방안

공탁제도는 사전보상제도를 구현하고 재결의 실효를 방지하여 원활한 사업시행을 가능하게 하지만 토지보상법상 공탁에 대한 세부규정이 미흡하므로 쉽게 공탁제도를 이해할 수 있는 해설서 등을 발간하여 피수용자나 사업시행자의 불이익을 최소화시킬 필요가 있다.

판례 69 2012다71305

사업시행자의 불법행위(환매권 통지의무 불이행)로 인한 손해배상

쟁점사항

▶ 사업시행자가 환매권 통지의무를 불이행 시 손해배상 책임이 있는지 여부

관련판례

✦ 대판 2013.1.16, 2012다71305[손해배상(기)]

판시사항

(구)공익사업을 위한 토지 등의 취득 및 보상에 관한 법률 제91조 제1항에서 정한 환매권의 행사요건 및 그 판단기준

전문

【원고, 상고인 겸 피상고인】 원고(소송대리인 변호사 안재중)
【피고, 피상고인 겸 상고인】 한국수자원공사(소송대리인 변호사 박순성 외 3인)
【원심판결】 서울고법 2012.7.3, 2012나12209

주문

상고를 모두 기각한다. 상고비용은 각자가 부담한다.

이유

상고이유를 판단한다.

1. 원고의 상고이유(상고이유서 제출기간이 경과한 후에 원고 소송대리인이 제출한 상고이유보충서의 기재는 상고이유를 보충하는 범위 내에서)에 대하여 (구)'공익사업을 위한 토지 등의 취득 및 보상에 관한 법률'(2011.8.4. 법률 제11017호로 개정되기 전의 것, 이하 '공익사업법'이라 한다) 제91조 제1항에서 정하는 환매권은 '해당 사업의 폐지·변경 그 밖의 사유로 인하여 취득한 토지의 전부 또는 일부가 필요 없게 된 경우'에 행사할 수 있다. 여기서 '해당 사업'이란 토지의 협의취득 또는 수용의 목적이 된 구체적인 특정의 공익사업으로서 공익사업법 제20조 제1항에 의한 사업인정을 받을 때 구체적으로 특정된 공익사업을 말하고, 해당 사업의 '폐지·변경'이란 해당 사업을 아예 그만두거나 다른 사업으로 바꾸는 것을 말하며, 취득한 토지의 전부 또는 일부가 '필요 없게 된 경우'란 사업시행자가 취득한 토지의 전부 또는 일부가 그 취득목적사업을

위하여 사용할 필요 자체가 없어진 경우를 말한다. 그리고 협의취득 또는 수용된 토지가 필요 없게 되었는지 여부는 사업시행자의 주관적인 의사를 표준으로 할 것이 아니라 해당 사업의 목적과 내용, 협의취득의 경위와 범위, 해당 토지와 사업의 관계, 용도 등 제반 사정에 비추어 객관적·합리적으로 판단하여야 한다(대판 2010.5.13, 2010다12043·12050, 대판 2010.9.30, 2010다 30782 등 참조).

이러한 법리를 비롯한 관련 법리와 기록에 비추어 살펴보면, 원심이 그 채택 증거에 의하여 판시와 같은 사실을 인정한 다음, 판시와 같은 사정들을 근거로 이 사건 각 토지가 이 사건 수도사업에 필요 없게 된 시점이 이 사건 이설사업에 따라 위 각 토지에 설치된 수도관로를 대체할 이설된 수도관로의 통수가 완전히 이루어진 2008.3.20.이라고 본 것은 수긍할 수 있고, 거기에 상고이유에서 주장하는 바와 같은 환매권의 발생시기에 관한 사실오인, 법리오해 등의 위법이 없다.

2. 피고의 상고이유에 대하여

원심은, 이 사건 합의에서 정한 '기존 수도부지에 대한 재산권 처리에 관한 업무'에 환매 관련 업무가 포함된다고 단정하기 어렵고, 설령 포함되더라도 위 합의는 피고와 한국토지공사 (2009.10.1. 합병으로 한국토지주택공사가 되었다. 이하 합병 전후를 통틀어 '소외 공사'라 한 다) 사이의 내부적인 약정으로 소외 공사가 피고를 대신하여 환매 관련 제반 행위를 하기로 한 것에 불과할 뿐이어서 피고는 이와 상관없이 여전히 공익사업법 소정의 환매권 통지의무를 부담하며, 그 판시와 같은 사정만으로는 피고가 공익사업법상 사업시행자로서 부담하는 법률상 의무를 이행하지 아니한 데에 정당한 사유가 있다거나 귀책사유가 없다고 볼 수는 없다고 판단하였다. 나아가 원심은 환매권 상실로 인한 원고의 손해배상액을 산정함에 있어, '이 사건 택지 개발사업 승인·고시 당시 이 사건 각 토지가 환매의 대상이 된다는 것을 알았거나 알 수 있었음에도 환매권을 행사하지 아니한 원고의 과실을 손해배상액 산정에 참작하여야 한다'는 피고의 주장을 그 판시와 같은 이유를 들어 배척하였다.

관련 법리와 기록에 비추어 살펴보면 원심의 위와 같은 조치는 정당한 것으로 수긍할 수 있고, 거기에 상고이유에서 주장하는 바와 같은 계약해석이나 불법행위의 성립, 과실상계나 손해배상 책임의 범위 등에 관한 법리오해 또는 대법원 판례 위반, 심리미진 등의 위법이 없다.

3. 결론

그러므로 상고를 모두 기각하고, 상고비용은 각자가 부담하도록 하여 관여 대법관의 일치된 의견으로 주문과 같이 판결한다.

관련내용

관련 규정(토지보상법 제92조 환매권의 통지 등) → 법상 의무에 해당

① 사업시행자는 제91조 제1항 및 제2항에 따라 환매할 토지가 생겼을 때에는 지체 없이 그 사실을 환매권자에게 통지하여야 한다. 다만, 사업시행자가 과실 없이 환매권자를 알 수 없을 때에는 대통령령으로 정하는 바에 따라 공고하여야 한다.

② 환매권자는 제1항에 따른 통지를 받은 날 또는 공고를 한 날부터 6개월이 지난 후에는 제91조 제1항 및 제2항에도 불구하고 환매권을 행사하지 못한다.

판례 70 **2013두21182**

개발이익 배제의 원칙 : 다른 사업의 시행으로 인한 개발이익의 반영

쟁점사항

▶ 다른 공익사업의 시행으로 인한 개발이익을 반영하여 평가하여야 하는지 여부
▶ 그 개발이익이 해당 공익사업의 사업인정고시일 후에 발생한 경우에도 마찬가지인지 여부

관련판례

✦ 대판 2014.2.27, 2013두21182[수용보상금증액]

판시사항

공익사업을 위한 토지 등의 취득 및 보상에 관한 법률 제67조 제2항에서 정한 수용대상토지의 보상액을 산정함에 있어, 해당 공익사업과는 관계없는 다른 사업의 시행으로 인한 개발이익을 포함한 가격으로 평가할 것인지 여부(적극) 및 개발이익이 해당 공익사업의 사업인정고시일 후에 발생한 경우에도 마찬가지인지 여부(적극)

판결요지

공익사업을 위한 토지 등의 취득 및 보상에 관한 법률 제67조 제2항은 '보상액을 산정할 경우에 해당 공익사업으로 인하여 토지 등의 가격이 변동되었을 때에는 이를 고려하지 아니한다'라고 규정

하고 있는 바, 수용대상토지의 보상액을 산정함에 있어 해당 공익사업의 시행을 직접 목적으로 하는 계획의 승인, 고시로 인한 가격변동은 이를 고려함이 없이 재결 당시의 가격을 기준으로 하여 적정가격을 정하여야 하나, 해당 공익사업과는 관계 없는 다른 사업의 시행으로 인한 개발이익은 이를 포함한 가격으로 평가하여야 하고, 개발이익이 해당 공익사업의 사업인정고시일 후에 발생한 경우에도 마찬가지이다.

관련내용

✦ 개발이익 배제(토지보상법 제67조 제2항)

1. 의의 및 취지
개발이익이란 공익사업의 계획 또는 시행이 공고 또는 고시되거나 공익사업의 시행에 따른 절차 등으로 인해 토지소유자의 노력에 관계없이 지가가 상승되어 현저하게 받은 이익으로서 정상지가상승분을 초과하여 증가된 부분을 의미한다. 토지보상법 제67조 제2항에서는 개발이익을 배제하여 보상액을 산정하도록 규정하고 있다.

2. 개발이익 배제의 필요성(잠재적 손실, 형평의 원리, 주관적 가치)
개발이익은 잠재적 손실로서 보상대상이 아니고, 토지소유자의 노력과 관계없이 발생한 것으로 사회에 귀속되도록 하는 것이 형평의 원리에 부합한다. 또한 개발이익은 공익사업에 의해 발생하므로 수용 당시의 객관적 가치가 아니며, 주관적 가치로서 손실보상에서 배제된다.

3. 개발이익의 범위
개발이익의 범위에 대해 사회적으로 증가된 이익의 전부인지, 해당 사업으로 인해서 증분된 부분인지가 문제되는데 판례는 해당 사업과 관계없는 다른 사업의 시행으로 인한 개발이익은 이를 배제하지 않는 가격으로 평가해야 한다고 판시한 바 있다.

4. 현행 토지보상법상의 개발이익배제제도
적용공시지가 적용, 해당 사업과 무관한 지역의 지가변동률 등의 적용, 그 밖의 요인 보정을 통한 배제 방법이 있다.

5. 개발이익 배제의 위헌성(정당성)
판례에서는 개발이익은 궁극적으로 국민 모두에게 귀속되어야 할 성질의 것이므로 이는 안전보상의 범위에 포함되는 피수용자의 객관적 가치 내지 피수용자의 손실이라고는 볼 수 없다고 판시하였다. 따라서 이를 배제한다고 하여 완전보상의 원칙에 어긋나는 것은 아니라고 판단된다.

관련 판례

① 2009헌바142

개발이익은 사업시행자의 투자에 의한 것으로서 피수용인인 토지소유자의 노력이나 자본에 의하여 발생하는 것이 아니므로, 이러한 개발이익은 형평의 관념에 비추어 볼 때 토지소유자에게 당연히 귀속되어야 할 성질의 것이 아니고, 또한 개발이익은 공공사업의 시행에 의하여 비로소 발생하는 것이므로, 그것이 피수용 토지가 수용 당시 갖는 객관적 가치에 포함된다고 볼 수도 없다. 따라서 개발이익은 그 성질상 완전보상의 범위에 포함되는 피수용자의 손실이라고 볼 수 없으므로, 이러한 개발이익을 배제하고 손실보상액을 산정한다 하여 헌법이 규정한 정당한 보상의 원칙에 위반되지 않는다.

② 89헌마107

구(舊) 토지수용법 제46조 제2항이 보상액을 산정함에 있어 개발이익을 배제하고, 기준지가의 고시일 이후 시점보정을 인근토지의 가격변동율과 도매물가상승율 등에 의하여 행하도록 규정한 것은 헌법(憲法) 제23조 제3항에 규정한 정당보상의 원리에 어긋나지 않는다.

6. 개발이익 배제의 문제점과 개선안

인근 토지소유자와의 형평성 문제에서 토지초과이득세법이 폐지되고 인근 토지소유자들은 개발이익을 향유하는 것이 형평성에 반한다는 비판이 제기된다. 토지초과이득세법이 위헌이라서 폐지된 것이 아니라 경제사정의 악화를 극복하기 위한 정책적 이유로 폐지되었다는 점을 고려할 때, 공익사업주변지역의 개발이익을 환수하기 위해서는 재도입을 검토할 필요가 있다. 최근 대토보상의 도입은 소유자와 형평성을 완화할 수 있는 발판을 마련한 점에서 긍정적으로 평가할 수 있을 것이다.

관련 판례(89헌마107)

보상액을 결정함에 있어서 구(舊) 토지수용법 제46조 제1항과 제2항이 비록 그 산정방법은 다르지만 모두 개발이익을 배제하여야 한다는 원칙에는 일치하고 있으므로 기준지가고시지역 내의 토지인가 아닌가라는 우연한 사정에 의하여 보상액에 개발이익의 포함여부를 달리하여 토지소유자들을 합리적 이유 없이 차별한다고 볼 수 없다.

관련기출

1. 제28회 문제4

갑 소유 토지를 포함하는 일단의 토지가 「공공토지의 비축에 관한 법률」에 따라 X읍-Y읍 간 도로사업용지 비축사업(이하 '이 사건 비축사업'이라 함) 지역으로 지정되었고, 한국토지주택공사를 사업시행자로 하여 2014.3.31. 이 사건 비축사업에 대하여 「공익사업을 위한 토지 등의 취득 및 보상에 관한 법률」에 따른 사업인정 고시가 있었다. 한편, 관할 도지사는 X읍-Y읍

간 도로 확포장공사와 관련하여 2016.5.1. 도로구역을 결정·고시하였는데, 갑의 토지는 도로 확포장공사가 시행되는 도로구역 인근에 위치하고 있다. 이후 이 사건 비축사업을 위하여 갑 소유 토지에 대해서 2016.7.5. 관할 토지수용위원회의 수용재결이 있었는 바, 위 도로확포장 공사로 인하여 상승된 토지가격이 반영되지 않은 감정평가가격으로 보상금이 결정되었다. 이에 갑은 도로확포장공사로 인한 개발이익이 배제된 보상금 결정은 위법하다고 주장하는 바, 갑의 주장이 타당한지에 관하여 설명하시오. **10점**

※ 출제위원 채점평

이 문제는 개발이익이 보상금에 포함되는지 여부를 기본 쟁점으로 하는 것으로 기본적으로 보상금과의 관계에서 당해 공익사업으로 인한 개발이익과 다른 공익사업으로 인한 개발이익의 구별 문제와 그 외에 사업인정 시점과 개발이익의 문제에 대한 쟁점 등 대부분의 수험생들은 비교적 쟁점을 정확하게 파악하고 답안을 작성하였습니다.

2. 제17회 문제3

「공익사업을 위한 토지 등의 취득 및 보상에 관한 법률」상 공시지가를 기초로 한 보상액 산정에 있어서 개발이익의 배제 및 포함을 논하시오. **15점**

3. 제9회 문제1

택지개발사업이 시행되는 지역에 농지 4,000㎡를 소유하고 있던 甲은 보상금으로 사업주변지역에서 같은 면적의 농지를 대토하고자 하였다. 이 지역의 농지가격수준은 사업이 시행되기 이전만 하더라도 주변지역과 같게 형성되고 있었다. 그러나 해당 사업으로 인해 주변지역의 지가가 상승하여 甲은 보상금으로 3,000㎡ 밖에 매입할 수 없었다. **40점**

(1) 甲이 받은 보상은 정당보상에 해당한다고 볼 수 있는가?

(2) 甲과 사업주변지역 토지소유자와의 불공병관계에서 나타나는 문제점과 개선대책은?

4. 제3회 문제2

토지수용법상 개발이익 배제에 대하여 논하라. **30점**

판례 71   92다35783

이주대책대상자 확인·결정의 법적 성질(=행정처분)과 이에 대한 쟁송방법(=항고소송)

쟁점사항

▶ 이주대책대상자 확인·결정의 처분성
▶ 사업시행자가 이주대책대상자 확인·결정 등의 처분을 제외시키거나 거부조치한 경우 쟁송방법
 (= 항고소송)

관련판례

✦ 대판 1994.5.24, 92다35783 중슴[지장물세목조서명의변경]

판시사항

공익사업을 위한 토지 등의 취득 및 보상에 관한 법률상의 공익사업시행자가 하는 이주대책대상자 확인·결정의 법적 성질(=행정처분)과 이에 대한 쟁송방법(=항고소송)

판결요지

공익사업을 위한 토지 등의 취득 및 보상에 관한 법률상의 공익사업시행자가 하는 이주대책대상자 확인·결정은 구체적인 이주대책상의 수분양권을 부여하는 요건이 되는 행정작용으로서의 처분이지 이를 단순히 절차상의 필요에 따른 사실행위에 불과한 것으로 평가할 수는 없다. 따라서 수분양권의 취득을 희망하는 이주자가 소정의 절차에 따라 이주대책대상자 선정신청을 한 데 대하여 사업시행자가 이주대책대상자가 아니라고 하여 위 확인·결정 등의 처분을 하지 않고 이를 제외시키거나 거부조치한 경우에는, 이주자로서는 사업시행자를 상대로 항고소송에 의하여 제외처분이나 거부처분의 취소를 구할 수 있다. 나아가 이주대책의 종류가 달라 각 그 보장하는 내용에 차등이 있는 경우 이주자의 희망에도 불구하고 사업시행자가 요건 미달 등을 이유로 그중 더 이익이 되는 내용의 이주대책대상자로 선정하지 않았다면 이 또한 이주자의 권리의무에 직접적 변동을 초래하는 행위로서 항고소송의 대상이 된다.

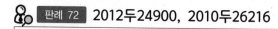
판례 72 2012두24900, 2010두26216

이주대책의 대상자 요건

쟁점사항

건축허가를 받았으나 사용승인을 받지 않은 주택의 소유자가 이주대책대상자에 해당하는지 여부

관련판례

✦ 대판 2013.8.23, 2012두24900[이주자택지공급대상제외처분취소]

판시사항

관할 행정청으로부터 건축허가를 받아 택지개발사업구역 안에 있는 토지 위에 주택을 신축하였으나 사용승인을 받지 않은 주택의 소유자 甲이 한국토지주택공사에 이주자택지 공급대상자 선정신청을 하였는데 위 주택이 사용승인을 받지 않았다는 이유로 한국토지주택공사가 이주자택지 공급대상자 제외 통보를 한 사안에서, 위 처분이 위법하다고 본 원심판단을 정당하다고 한 사례

판결요지

관할 행정청으로부터 건축허가를 받아 택지개발사업구역 안에 있는 토지 위에 주택을 신축하였으나 사용승인을 받지 않은 주택의 소유자 甲이 사업시행자인 한국토지주택공사에 이주자택지 공급대상자 선정신청을 하였는데 위 주택이 사용승인을 받지 않았다는 이유로 한국토지주택공사가 이주지택지 공급대상지 제외 통보를 한 사안에서, 공공사업의 시행에 따라 생활의 근거를 상실하게 되는 이주자들에 대하여는 가급적 이주대책의 혜택을 받을 수 있도록 하는 것이 공익사업을 위한 토지 등의 취득 및 보상에 관한 법률이 규정하고 있는 이주대책제도의 취지에 부합하는 점, (구)공익사업을 위한 토지 등의 취득 및 보상에 관한 법률 시행령(2011.12.28. 대통령령 제23425호로 개정되기 전의 것, 이하 '(구)공익사업법 시행령'이라 한다) 제40조 제3항 제1호는 무허가건축물 또는 무신고건축물의 경우를 이주대책대상에서 제외하고 있을 뿐 사용승인을 받지 않은 건축물에 대하여는 아무런 규정을 두고 있지 않은 점, 건축법은 무허가건축물 또는 무신고건축물과 사용승인을 받지 않은 건축물을 요건과 효과 등에서 구별하고 있고, 허가와 사용승인은 법적 성질이 다른 점 등의 사정을 고려하여 볼 때, 건축허가를 받아 건축되었으나 사용승인을 받지 못한 건축물의 소유자는 그 건축물이 건축허가와 전혀 다르게 건축되어 실질적으로는 건축허가를 받은 것으로 볼 수 없는 경우가 아니라면 (구)공익사업법 시행령 제40조 제3항 제1호에서 정한 무허가건축물의 소유자에 해당하지 않는다는 이유로 甲을 이주대책대상자에서 제외한 위 처분이 위법하다고 본 원심판단을 정당하다고 한 사례

관련 규정(토지보상법 시행령 제40조 제5항)
다음 각 호의 어느 하나에 해당하는 자는 이주대책대상자에서 제외한다.

1. 허가를 받거나 신고를 하고 건축 또는 용도변경을 하여야 하는 건축물을 허가를 받지 아니하거나 신고를 하지 아니하고 건축 또는 용도변경을 한 건축물의 소유자

2. 해당 건축물에 공익사업을 위한 관계 법령에 따른 고시 등이 있은 날부터 계약체결일 또는 수용재결일까지 계속하여 거주하고 있지 아니한 건축물의 소유자. 다만, 다음 각 목의 어느 하나에 해당하는 사유로 거주하고 있지 아니한 경우에는 그러하지 아니하다.
   가. 질병으로 인한 요양
   나. 징집으로 인한 입영
   다. 공무
   라. 취학
   마. 해당 공익사업지구 내 타인이 소유하고 있는 건축물에의 거주
   바. 그 밖에 가목부터 라목까지에 준하는 부득이한 사유

3. 타인이 소유하고 있는 건축물에 거주하는 세입자. 다만, 해당 공익사업지구에 주거용 건축물을 소유한 자로서 타인이 소유하고 있는 건축물에 거주하는 세입자는 제외한다.

▶ 주거용으로 불법용도변경한 건축물의 소유자가 이주대책대상자에 해당하는지 여부

✦ 대판 2011.6.10, 2010두26216[이주대책대상자 및 이주대책보상등의거부처분취소]

판시사항

[1] 공익사업을 위한 토지 등의 취득 및 보상에 관한 법률 시행령 제40조 제3항 제1호의 '허가를 받거나 신고를 하고 건축하여야 하는 건축물을 허가를 받지 아니하거나 신고를 하지 아니하고 건축한 건축물의 소유자'에, 주거용 아닌 다른 용도로 이미 허가를 받거나 신고를 한 건축물을 적법한 절차 없이 임의로 주거용으로 용도를 변경하여 사용하는 자도 포함되는지 여부(적극)

[2] 한국국제전시장 2단계부지 조성사업시행자인 고양시장이, 사업지구 안에 편입된 1층 철골조 창고건물의 소유자 甲의 이주대책대상자 선정 신청에 대하여 이주대책대상자가 아니어서 이주 대책이 불가능하다는 요지의 회신을 함으로써 거부처분을 한 사안에서, 甲은 공익사업을 위한 토지 등의 취득 및 보상에 관한 법률에서 정한 이주대책대상자에서 제외되는 것으로 보아야 함에도 이와 달리 판단한 원심판결에 법리를 오해한 위법이 있다고 한 사례

판결요지

[1] 공익사업을 위한 토지 등의 취득 및 보상에 관한 법률(이하 '공익사업법'이라 한다)에 의한 이 주대책제도는, 공익사업 시행으로 생활근거를 상실하게 되는 자에게 종전의 생활상태를 원상 으로 회복시키면서 동시에 인간다운 생활을 보장하여 주기 위한 이른바 생활보상의 일환으로 국가의 적극적이고 정책적인 배려에 의하여 마련된 제도로서 건물 및 부속물에 대한 손실보상 외에는 별도의 보상이 이루어지지 않는 주거용 건축물의 철거에 따른 생활보상적 측면이 있다 는 점을 비롯하여, 공익사업법 제78조 제1항, 공익사업법 시행령 제40조 제3항 제1호 각 규 정의 문언, 내용 및 입법취지 등을 종합하여 보면, 주거용 용도가 아닌 다른 용도로 이미 허가 를 받거나 신고를 한 건축물을 소유한 자라 하더라도 이주대책기준일 당시를 기준으로 공부상 주거용 용도가 아닌 건축물을 허가를 받거나 신고를 하는 등 적법한 절차에 의하지 않고 임의 로 주거용으로 용도를 변경하여 사용하는 자는, 공익사업법 시행령 제40조 제3항 제1호의 '허 가를 받거나 신고를 하고 건축하여야 하는 건축물을 허가를 받지 아니하거나 신고를 하지 아 니하고 건축한 건축물의 소유자'에 포함되는 것으로 해석하는 것이 타당하다.

[2] 한국국제전시장 2단계부지 조성사업시행자인 고양시장이, 사업지구 안에 편입된 1층 철골조 창고건물의 소유자인 甲의 이주대책대상자 선정 신청에 대하여 이주대책대상자가 아니어서 이 주대책이 불가능하다는 요지의 회신을 함으로써 거부처분을 한 사안에서, 甲은 주거용 용도(단 독주택 또는 공동주택)가 아닌 창고시설(농업용)로 건축허가를 받아 건물을 신축하여 건축물대 장에도 창고시설(농업용)로 등재한 후, 공부상 주거용이 아닌 건물을 적법절차에 의하지 않고 임의로 주거용으로 용도를 변경하여 소유·사용한 자이므로, 공익사업을 위한 토지 등의 취득 및 보상에 관한 법률 시행령 제40조 제3항 제1호에 규정된 '허가를 받거나 신고를 하고 건축하 여야 하는 건축물을 허가를 받지 아니하거나 신고를 하지 아니하고 건축한 건축물의 소유자'에 해당하여 공익사업을 위한 토지 등의 취득 및 보상에 관한 법률에서 정한 이주대책대상자에서 제외되어야 함에도, 이와 달리 판단한 원심판결에 법리를 오해한 위법이 있다고 한 사례

판례 73 2020두34841

사망한 공유자가 이주대책대상자 선정 특례에 관한 한국토지주택공사의 '이주 및 생활대책 수립지침' 제8조 제2항 전문의 '종전의 소유자'에 해당하는지 여부(적극)

쟁점사항

▶ 이주대책 수립대상자가 될 수 있었던 사람이 사망한 경우 "종전의 소유자" 해당 여부

관련판례

✦ 대판 2020.7.9, 2020두34841[이주자택지공급거부처분 취소의 소]

판시사항

이주대책 수립대상 가옥에 관한 공동상속인 중 1인에 해당하는 공유자가 그 가옥에서 계속 거주하여 왔고 그가 사망한 이후 대상 가옥에 관하여 나머지 상속인들 사이에 상속재산분할협의가 이루어진 경우, 사망한 공유자가 이주대책대상자 선정 특례에 관한 한국토지주택공사의 '이주 및 생활대책 수립지침' 제8조 제2항 전문의 '종전의 소유자'에 해당하는지 여부(적극)

전문

【원고, 상고인】 원고(소송대리인 법무법인 박앤정 담당변호사 박승용 외 1인)
【피고, 피상고인】 한국토지주택공사(소송대리인 법무법인 서린 담당변호사 한상엽 외 1인)
【원심판결】 서울고법 2020.1.17, 2019누57857

주문

원심판결을 파기하고, 사건을 서울고등법원에 환송한다.

이유

상고이유를 판단한다.

1. 사안의 개요
   가. 원심판결의 이유에 의하면, 다음과 같은 사실을 알 수 있다.
      피고가 시행하는 삼송－만송 간 도로건설사업의 사업구역 내에 위치한 이 사건 가옥은 원고의 부친 소외 1의 소유였는데, 소외 1이 1989년 사망함에 따라 그 아내이자 공동상속인 중 한 사람인 소외 2가 그 무렵부터 2015.5.12. 사망할 때까지 이 사건 가옥에서 계속 거주하여 왔고, 그 아들로서 공동상속인 중 한 사람인 원고는 2015.4.경부터 이 사건 가옥에

서 거주하여 왔다.

이 사건 가옥에 관한 등기부상 명의는 소외 1 앞으로 마쳐져 있다가, 소외 2의 사망 후 원고를 비롯한 공동상속인들이 한 상속재산분할협의에 따라 2016.7.19. 원고 앞으로 소유권이전등기가 마쳐졌다.

이후 원고는 피고에게 이주자택지 공급신청을 하였으나, 피고는 2018.7.27. "원고는 기준일 1년 전부터 보상계약체결일까지 이 사건 가옥에서 계속하여 거주하지 아니하여 이주대책대상자에 해당하지 않고, 원고의 어머니 소외 2는 이 사건 가옥을 소유한 사실이 없어 이주대책대상자에 해당하지 않는다."라는 이유로 부적격 통보를 하였다.

나. 원심은, 상속재산분할의 효력이 상속개시일인 소외 1의 사망 시로 소급되므로, 소외 2가 소외 1의 공동상속인 지위에 있었다고 하더라도 그 사망일인 2015.5.12.까지 이 사건 가옥의 공동소유자였다고 볼 수 없다는 이유로, 소외 2는 「이주 및 생활대책 수립지침」 제8조 제2항 전문의 '종전의 소유자'에 해당하지 않고 그에 따라 원고 역시 이주대책대상자가 될 수 없다고 판단하였다.

2. 판단

원심의 판단은 수긍하기 어렵다.

가. 「공익사업을 위한 토지 등의 취득 및 보상에 관한 법률」 제78조 제1항은 "사업시행자는 공익사업의 시행으로 인하여 주거용 건축물을 제공함에 따라 생활의 근거를 상실하게 되는 자(이하 '이주대책대상자'라 한다)를 위하여 대통령령으로 정하는 바에 따라 이주대책을 수립·실시하거나 이주정착금을 지급하여야 한다."라고 규정하고 있고, 같은 법 시행령 제40조는 위 법률의 위임에 따라 이주대책의 수립·실시에 관한 구체적 내용을 정하고 있다. 이와 관련하여 이주대책의 수립 및 시행에 관하여 필요한 사항을 정하기 위해 피고가 마련한 「이주 및 생활대책 수립지침」(2018.7.18. 제1871호, 이하 '이 사건 지침'이라고 한다) 제7조 본문, 제1호는 이주대책대상자의 요건에 관하여, "이주대책 수립대상자는 기준일(사업인정고시일을 의미한다) 이전부터 보상계약체결일 또는 수용재결일까지 당해 사업지구 안에 가옥을 소유하고 계속하여 거주한 자로서, 당해 사업에 따라 소유가옥이 철거되는 자로 한다. 단 수도권정비계획법에 의한 수도권 지역에서 이주자 택지를 공급하는 경우에는 기준일 현재 1년 이상 계속하여 당해 사업지구 안에 가옥을 소유하고 거주하여야 한다."라고 정하고 있고, 같은 지침 제8조 제2항 전문은 이주대책대상자 선정특례에 관하여, "종전의 소유자가 이 지침에 의한 이주대책 수립대상자가 될 수 있었던 경우에 기준일 이후에 상속을 원인으로 해당 지구 보상계획 공고일 이전에 가옥을 취득하고 거주하는 경우에는 제7조에 불구하고 이주대책 수립대상자로 하고, 종전의 소유자는 이주대책 수립대상자로 보지 아니한다."라고 정하고 있다.

이 사건 지침 제8조 제2항 전문은 이 사건 지침에 따른 이주대책대상자가 될 수 있었던 사람이 사망한 경우, 그 상속인이 그 규정에서 정하는 취득 및 거주요건을 갖출 경우에는 그 상속인에게 종전의 소유자가 갖고 있던 이주대책대상자 지위의 승계를 인정한다는 취지이다.

나. 민법 제1015조는 "상속재산의 분할은 상속개시된 때에 소급하여 그 효력이 있다. 그러나 제삼자의 권리를 해하지 못한다."라고 규정함으로써 상속재산분할의 소급효를 인정하고 있다. 그러나 상속재산분할에 소급효가 인정된다고 하더라도, 상속개시 이후 공동상속인들이 상속재산의 공유관계에 있었던 사실 자체가 소급하여 소멸하는 것은 아니다.

따라서 대상 가옥에 관한 공동상속인 중 1인에 해당하는 공유자가 그 가옥에서 계속 거주하여 왔고 사망하지 않았더라면 이주대책 수립대상자가 될 수 있었던 경우, 비록 그가 사망한 이후 대상 가옥에 관하여 나머지 상속인들 사이에 상속재산분할협의가 이루어졌다고 하더라도 사망한 공유자가 생전에 공동상속인 중 1인으로서 대상 가옥을 공유하였던 사실 자체가 부정된다고 볼 수 없고, 이 사건 지침 제8조 제2항 전문의 '종전의 소유자'에 해당한다고 해석하는 것이 타당하다.

다. 이에 비추어 보면, 원심이 상속재산분할의 소급효를 이유로 원고가 이주대책대상자 선정특례의 요건을 갖추지 못하였다고 판단한 것은 잘못이고, 원심으로서는 나머지 요건의 충족 여부에 관하여 심리한 후 원고가 이 사건 지침 제8조 제2항 전문에 따른 이주대책대상자에 해당하는지를 판단하였어야 한다. 원심의 판단에는 상속재산분할의 소급효에 관한 법리 등을 오해하여 필요한 심리를 다하지 아니함으로써 판결에 영향을 미친 잘못이 있다.

3. 결론

그러므로 나머지 상고이유에 관한 판단을 생략한 채 원심판결을 파기하고 사건을 다시 심리·판단하게 하기 위하여 원심법원에 환송하기로 하여, 관여 대법관의 일치된 의견으로 주문과 같이 판결한다.

판례 74 **2018두66067**

공익사업의 시행에 따라 이주하는 주거용 건축물의 세입자에게 지급해야 하는 주거이전비, 이사비 지급의무의 이행지체 책임 기산시점(=채무자가 이행청구를 받은 다음 날)

쟁점사항

▸ 주거용 건축물의 세입자에 대한 주거이전비 보상 방법·내용이 확정되는 시점(= 사업시행계획 인가 고시일), 그 지급의무의 발생시점 및 이행지체 시 책임 기산시점
▸ 주거용 건축물의 세입자에 대한 주거이전비 보상대상자의 결정 기준

관련판례

✦ **대판 2020.1.30, 2018두66067[기타(일반행정)]**

판시사항

[1] 구 도시 및 주거환경정비법상 주거용 건축물의 세입자에 대한 주거이전비의 보상 방법 및 금액 등의 보상내용이 원칙적으로 확정되는 시점(＝사업시행계획 인가고시일) / 공익사업의 시행에 따라 이주하는 주거용 건축물의 세입자에게 지급해야 하는 주거이전비 및 이사비의 지급의무가 발생하는 시점

[2] 구 도시 및 주거환경정비법에 따라 설립된 정비사업조합에 의하여 수립된 사업시행계획서에서 정한 사업시행기간이 지난 경우, 유효하게 수립된 사업시행계획 및 그에 기초하여 사업시행기간 내에 이루어진 토지의 매수·수용을 비롯한 사업시행의 법적 효과가 소급하여 효력을 상실하여 무효로 되는지 여부(소극)

[3] 구 도시 및 주거환경정비법상 주거용 건축물의 세입자에 대한 주거이전비 보상대상자의 결정 기준

[4] 공익사업의 시행에 따라 이주하는 주거용 건축물의 세입자에게 지급해야 하는 주거이전비, 이사비 지급의무의 이행지체 책임 기산시점(=채무자가 이행청구를 받은 다음 날)

전문

【원고, 피상고인 겸 상고인】 원고 1 외 1인 (소송대리인 변호사 류문수)
【피고, 상고인 겸 피상고인】 ○○○구역주택재개발정비사업조합 (소송대리인 변호사 김태석 외 1인)
【원심판결】 서울고법 2018.11.14, 2017누75271

주문

원심판결 중 원고 1에 대한 피고 패소 부분의 추가로 지급을 명한 부분과 원고 2에 대한 피고 패소 부분을 파기하고, 이 부분 사건을 서울고등법원에 환송한다. 원고들의 상고를 모두 기각한다.

이유

상고이유를 판단한다.

1. 피고의 상고이유에 대하여
   가. 구 「도시 및 주거환경정비법」(2017.2.8. 법률 제14567호로 전부 개정되기 전의 것, 이하 '도시정비법'이라 한다) 제40조 제1항에 의하여 준용되는 구 「공익사업을 위한 토지 등의

취득 및 보상에 관한 법률」(2011.8.4. 법률 제11017호로 개정되기 전의 것) 제78조 제5항, 제9항, 구 「공익사업을 위한 토지 등의 취득 및 보상에 관한 법률 시행규칙」(2012.1.2. 국토해양부령 제427호로 개정되기 전의 것, 이하 '토지보상법 시행규칙'이라고 한다) 제54조 제2항, 제55조 제2항 등 관련 법령의 문언·내용·취지에 비추어 보면, 도시정비법상 <u>주거용 건축물의 세입자에 대한 주거이전비의 보상은 정비계획에 관한 공람공고일 당시 해당 정비구역 안에서 3월 이상 거주한 자(무허가건축물 등에 입주한 세입자의 경우 1년 이상 거주한 자)를 대상으로 하되, 그 보상 방법 및 금액 등의 보상내용은 원칙적으로 사업시행계획 인가고시일에 확정되는 것으로 봄이 타당하고, 이에 따라 그 보상내용이 확정된 세입자는 그 확정된 주거이전비를 청구할 수 있다</u>(대판 2017.10.26, 2015두46673 참조). 또한 이사비의 보상대상자는 공익사업시행지구에 편입되는 주거용 건축물의 거주자로서 공익사업의 시행으로 인하여 이주하게 되는 사람으로 보아야 하는바(대판 2010.11.11, 2010두5332 참조), 이와 같이 공익사업의 시행에 따라 이주하는 주거용 건축물의 세입자에게 지급해야 하는 주거이전비 및 이사비의 지급의무는 사업인정고시일 등 당시 또는 공익사업을 위한 관계 법령에 의한 고시 등이 있은 당시에 바로 발생한다(대판 2012.4.26, 2010두7475 참조).

한편 도시정비법에 따라 설립된 정비사업조합에 의하여 수립된 사업시행계획에서 정한 사업시행기간이 도과하였더라도, 유효하게 수립된 사업시행계획 및 그에 기초하여 사업시행 기간 내에 이루어진 토지의 매수·수용을 비롯한 사업시행의 법적 효과가 소급하여 효력을 상실하여 무효로 된다고 할 수 없다(대판 2016.12.1, 2016두34905 참조).

나. 원심판결 이유에 의하면, 다음과 같은 사정을 알 수 있다.

1) 인천광역시 부평구청장은 2008.8.22. 이 사건 사업의 정비계획 수립을 위한 공람을 공고한 다음, 2010.5.31. 사업시행계획을 인가하고, 2010.6.4. 그 사실을 고시하였다(이하 '2010년 고시'라고 한다).

2) 2010년 고시에 따른 이 사건 사업의 사업시행기간은 사업시행인가일(2010.5.31.)부터 48개월이다.

3) 인천광역시 부평구청장은 2015.12.14. 사업시행기간을 사업시행변경인가일(2015.12.14.)부터 60개월로 변경하는 내용으로 사업시행변경인가·고시를 하였다(이하 '2015년 고시'라고 한다).

4) 인천광역시 부평구청장은 2016.7.13. 2015년 고시로 변경인가된 이 사건 사업에 대하여 관리처분계획인가·고시를 하였다.

다. 이러한 사실관계를 앞에서 본 법리에 비추어 살펴보면, 해당 정비구역 내의 주거용 건축물의 세입자들로서 원고 1에 대한 주거이전비, 원고들에 대한 각 이사비에 대한 보상금액 등의 보상내용은 원칙적으로 사업시행계획 인가고시일인 2010.6.4. 확정된다.

한편 공익사업의 시행에 따라 이주하는 주거용 건축물의 세입자에게 지급하는 주거이전비와 이사비는, 해당 공익사업 시행지구 안에 거주하는 세입자들의 조기이주를 장려하여 사업추진을 원활하게 하려는 정책적인 목적과 주거이전으로 인하여 특별한 어려움을 겪게 될 세입자들을 대상으로 하는 사회보장적인 차원에서 지급하는 금원의 성격을 갖는다고 할 것인데, 당초 주거이전비 등 보상의 근거가 되는 사업시행계획이 당연무효이거나 법원의 확정판결로 취소되었다는 등의 특별한 사정이 없는 한 해당 정비구역 내의 주거용 건축물의 세입자들에 대한 보상의 필요성은 변함이 없다. 여기에 도시정비법에 따라 설립된 정비사업조합에 의하여 수립된 사업시행계획에서 정한 사업시행기간이 도과하였더라도, 유효하게 수립된 사업시행계획 및 그에 기초한 사업시행의 법적 효과가 소급하여 효력을 상실하여 무효로 된다고 할 수 없는 점(위 2016두34905 참조)을 더하여 보면, 사업시행인가에서 정한 사업시행기간이 도과하였다는 사정만으로 보상내용이 확정되어 원고들이 이미 취득한 주거이전비 내지 이사비에 관한 구체적 권리에 어떠한 영향이 미친다고 볼 수 없다.

라. 그런데도 원심은, 2010년 고시가 그 사업시행기간이 만료된 다음 날인 2014.6.1. 실효되었다는 사정 등을 들어 원고들의 주거이전비 내지 이사비 보상내용이 확정되는 '사업시행인가 고시'는 2015년 고시라고 보아, 2015년 고시일(2015.12.14.)을 기준으로 원고 1의 주거이전비 및 원고들의 이사비 보상금액을 산정하였다. 이러한 원심의 판단에는 사업시행계획인가의 실효, 도시정비법상 주거이전비, 이사비 산정기준일에 관한 법리를 오해하여 판결에 영향을 미친 잘못이 있다. 이 점을 지적하는 피고의 상고이유 주장은 이유 있다.

2. 원고들의 상고이유에 대하여

가. 원고 2의 주거이전비에 관하여

1) 도시정비법상 주거용 건축물의 세입자에 대한 주거이전비의 보상은 정비계획이 외부에 공표됨으로써 주민 등이 정비사업이 시행될 예정임을 알 수 있게 된 때인 정비계획에 관한 공람공고일 당시 해당 정비구역 안에서 3월 이상 거주한 자를 대상으로 한다(대판 2010.9.9, 2009두16824 등 참조). 다만 무허가건축물 등에 입주한 세입자의 경우에는 토지보상법 시행규칙 제54조 제2항 단서에 따라 위 공람공고일 당시 해당 정비구역 안에서 1년 이상 거주한 세입자여야 한다.

2) 원심은, 원고 2가 거주하던 건축물은 '무허가 건축물'이었고, 원고 2가 이 사건 정비계획 공람공고일(2008.8.22.)을 기준으로 이 사건 사업의 정비구역 안에서 1년 이상 거주한 세입자가 아니라는 이유로, 원고 2의 주거이전비 청구를 기각하였다.

3) 원심판결의 이유를 관련 법리와 기록에 비추어 살펴보면, 원심의 위와 같은 판단에 상고이유 주장과 같이 주거이전비의 보상대상자 결정 기준에 관한 법리를 오해하거나 논리와 경험의 법칙을 위반하여 자유심증주의의 한계를 벗어난 잘못이 없다.

나. 원고 1의 주거이전비 및 원고들의 이사비에 대한 지연손해금 기산일에 관하여

1) 공익사업의 시행에 따라 이주하는 주거용 건축물의 세입자에게 지급해야 하는 주거이전비, 이사비 지급의무의 이행기에 관하여는 관계 법령에 특별한 규정이 없으므로, 이행기의 정함이 없는 채무로서 채무자는 이행청구를 받은 다음 날부터 이행지체 책임이 있다(대판 2012.4.26, 2010두7475 참조).

2) 원심은, 원고들이 이 사건 소를 제기하기 전에 피고에 대하여 주거이전비, 이사비 지급을 청구하였다고 인정하기 어렵다는 이유로, 원고 1의 주거이전비 및 원고들의 이사비에 대한 2015년 고시일 다음 날(2015.12.15.)부터 이 사건 소장 부본 송달일까지의 지연손해금 청구를 기각하였다.

3) 원심판결의 이유를 관련 법리와 기록에 비추어 살펴보면, 원심의 위와 같은 판단에 상고이유 주장과 같이 주거이전비, 이사비의 지연손해금 기산일에 관한 법리오해 등의 잘못이 없다.

3. 결론

그러므로 원심판결 중 원고 1에 대한 피고 패소 부분의 추가로 지급을 명한 부분과 원고 2에 대한 피고 패소 부분을 파기하고, 이 부분 사건을 다시 심리·판단하도록 원심법원에 환송하기로 하며, 원고들의 상고를 모두 기각하기로 하여, 관여 대법관의 일치된 의견으로 주문과 같이 판결한다.

관련내용

주거이전비

1. 의의 및 취지(토지보상법 시행규칙 제54조)

주거이전비란 공익사업에 주거용 건축물이 편입되어 주거이전이 불가피한 경우 주거이전에 필요한 비용을 산정하여 보상하는 것을 말한다. 이는 헌법 제34조와 국가의 정책적 배려에 그 취지가 인정된다.

2. 법적 성질

(1) 강행규정 여부(판례 2011두3685, 제29회 1번 문제)

토지보상법 시행규칙 제54조 제2항은 당사자 합의 또는 사업시행자에 의하여 적용을 배제할 수 없는 강행규정이라고 보아야 한다고 판시하여 강행규정으로 보고 있다.

(2) 공·사권 여부(2007다8129)

주거이전비의 법적 성질에 관하여 공권인지, 사권인지 견해가 대립한다. 판례의 입장에 따라 주거이전비 보상은 공법상 침해에 기인하여 발생한 권리로 공법으로 보는 것이 타당하다.

3. 요건

(1) 소유자에 대한 주거이전비 보상요건(시행규칙 제54조 제1항)

공익사업시행지구에 편입되는 주거용 건축물의 소유자에 대하여는 해당 건축물에 대한 보상을 하는 때에 가구원수에 따라 2개월분의 주거이전비를 보상하여야 한다. 다만, 건축물의 소유자가 해당 건축물 또는 공익사업시행지구 내 타인의 건축물에 실제 거주하고 있지 아니하거나 해당 건축물이 무허가건축물 등인 경우에는 그러하지 아니하다.

(2) 세입자에 대한 주거이전비 보상요건(시행규칙 제54조 제2항)

공익사업의 시행으로 인하여 이주하게 되는 주거용 건축물의 세입자(법 제78조 제1항에 따른 이주대책대상자인 세입자는 제외한다)로서 사업인정고시일 등 당시 또는 공익사업을 위한 관계법령에 의한 고시 등이 있은 당시 해당 공익사업시행지구 안에서 3개월 이상 거주한 자에 대하여는 가구원수에 따라 4개월분의 주거이전비를 보상하여야 한다. 다만, 무허가건축물 등에 입주한 세입자로서 사업인정고시일 등 당시 또는 공익사업을 위한 관계법령에 의한 고시 등이 있은 당시 그 공익사업지구 안에서 1년 이상 거주한 세입자에 대하여는 본문에 따라 주거이전비를 보상하여야 한다.

(3) 주거이전비 산정방법(시행규칙 제54조 제4항)

주거이전비는 도시근로자가구의 가구원수별 월평균 명목 가계지출비를 기준으로 산정한다. 이 경우 가구원수가 5인인 경우에는 5인 이상 기준의 월평균 가계지출비를 적용하며, 가구원수가 6인 이상인 경우에는 5인 이상 기준의 월평균 가계지출비에 5인을 초과하는 가구원수에 1인당 평균비용을 곱한 금액을 더한 금액으로 산정한다.

4. 권리구제(2007다8129)

세입자 주거이전비 보상청구소송의 형태는 토지보상법 제78조, 시행규칙 제54조 조문의 요건을 충족한 경우 당연히 발생되는 것이므로 당사자소송에 의해야 할 것이다.

① 재결 이전 : 요건 충족시 주거이전비는 법상 규정대로 확정되는바 실질적 당사자소송을 통해 다툰다.

② 재결 이후 : 수용재결에서 주거이전비에 대해 판단하는바, 토지보상법 제83조, 제85조 제2항 보상금증감청구소송으로 다툴 수 있다.

판례 75 2008두17905

이주대책 관련 - 생활대책 권리구제

쟁점사항

▶ 사업시행자 스스로 생활대책 수립·실시에 관한 내부규정을 두고 이에 따라 생활대책대상자를 제외하거나 선정을 거부하는 경우 항고소송 제기 가능성
▶ 생활대책 신청에 대한 사업시행자의 거부가 처분인지 여부
▶ 타인의 명의로 영업을 하다가 이주대책기준일 이후에 자신의 명의로 사업자등록을 마친 경우 생활대책대상자에 해당하는지 여부

관련판례

✦ **대판 2011.10.13, 2008두17905[상가용지 공급대상자 적격처분취소등]**

판시사항

[1] 사업시행자 스스로 공익사업의 원활한 시행을 위하여 생활대책을 수립·실시할 수 있도록 하는 내부규정을 두고 이에 따라 생활대책대상자 선정기준을 마련하여 생활대책을 수립·실시하는 경우, 생활대책대상자 선정기준에 해당하는 자가 자신을 생활대책대상자에서 제외하거나 선정을 거부한 사업시행자를 상대로 항고소송을 제기할 수 있는지 여부(적극)

[2] 뉴타운개발 사업시행자가 사업시행으로 생활근거 등을 상실하는 주민들을 위한 주거대책 및 생활대책을 공고함에 따라 화훼도매업을 하던 甲이 사업시행자에게 생활대책신청을 하였으나 사업시행자가 이를 거부한 사안에서, 위 거부행위가 행정처분에 해당한다고 본 원심판단을 정당하다고 한 사례

[3] 뉴타운개발 사업시행자가 사업시행으로 생활근거 등을 상실하는 주민들을 위한 주거대책 및 생활대책을 공고함에 따라 화훼도매업을 하던 甲이 사업시행자에게 생활대책신청을 하였으나, 사업시행자가 甲은 주거대책 및 생활대책에서 정한 '이주대책기준일 3개월 이전부터 사업자등록을 하고 영업을 계속한 화훼영업자'에 해당하지 않는다는 이유로 화훼용지 공급대상자에서 제외한 사안에서, 甲이 동생 명의를 빌려 사업자등록을 하다가 기준일 이후에 자신 명의로 사업자등록을 마쳤다 하더라도 위 대책에서 정한 화훼용지 공급대상자에 해당한다고 본 원심판단을 정당하다고 한 사례

판결요지

[1] 공익사업을 위한 토지 등의 취득 및 보상에 관한 법률은 제78조 제1항에서 "사업시행자는 공익사업의 시행으로 인하여 주거용 건축물을 제공함에 따라 생활의 근거를 상실하게 되는 자(이하 '이주대책대상자'라 한다)를 위하여 대통령령으로 정하는 바에 따라 이주대책을 수립·실시하거나 이주정착금을 지급하여야 한다."고 규정하고 있을 뿐, 생활대책용지의 공급과 같이 공익사업 시행 이전과 같은 경제수준을 유지할 수 있도록 하는 내용의 생활대책에 관한 분명한 근거규정을 두고 있지는 않으나, 사업시행자 스스로 공익사업의 원활한 시행을 위하여 필요하다고 인정함으로써 생활대책을 수립·실시할 수 있도록 하는 내부규정을 두고 있고 내부규정에 따라 생활대책대상자 선정기준을 마련하여 생활대책을 수립·실시하는 경우에는, 이러한 생활대책 역시 "공공필요에 의한 재산권의 수용·사용 또는 제한 및 그에 대한 보상은 법률로써 하되, 정당한 보상을 지급하여야 한다."고 규정하고 있는 헌법 제23조 제3항에 따른 정당한 보상에 포함되는 것으로 보아야 한다. 따라서 이러한 생활대책대상자 선정기준에 해당하는 자는 사업시행자에게 생활대책대상자 선정 여부의 확인·결정을 신청할 수 있는 권리를 가지는 것이어서, 만일 사업시행자가 그러한 자를 생활대책대상자에서 제외하거나 선정을 거부하면, 이러한 생활대책대상자 선정기준에 해당하는 자는 사업시행자를 상대로 항고소송을 제기할 수 있다고 보는 것이 타당하다.

[2] 뉴타운개발 사업시행자가 사업시행으로 생활근거 등을 상실하는 주민들을 위한 주거대책 및 생활대책을 공고함에 따라 화훼도매업을 하던 甲이 사업시행자에게 생활대책신청을 하였으나, 사업시행자가 甲은 위 주거대책 및 생활대책에서 정한 '이주대책기준일 3개월 이전부터 사업자등록을 하고 영업을 계속한 화훼영업자'에 해당하지 않는다는 이유로 화훼용지 공급대상자에서 제외한 사안에서, 사업시행자의 거부행위가 행정처분에 해당한다고 본 원심판단을 정당하다고 한 사례

[3] 뉴타운개발 사업시행자가 사업시행으로 생활근거 등을 상실하는 주민들을 위한 주거대책 및 생활대책을 공고함에 따라 화훼도매업을 하던 甲이 사업시행자에게 생활대책신청을 하였으나, 사업시행자가 甲은 위 주거대책 및 생활대책에서 정한 '이주대책기준일 3개월 전부터 사업자등록을 하고 영업을 계속한 화훼영업자'에 해당하지 않는다는 이유로 화훼용지 공급대상자에서 제외한 사안에서, 甲이 이주대책기준일 3개월 이전부터 동생 명의를 빌려 사업자등록을 하고 화원 영업을 하다가 기준일 이후에 비로소 사업자등록 명의만을 자신 명의로 바꾸어 종전과 같은 화원 영업을 계속하였더라도 '기준일 3개월 이전부터 사업자등록을 하고 계속 영업을 한 화훼영업자'에 해당한다고 본 원심판단을 정당하다고 한 사례

🔗 관련내용

┌──────────────┐
│   생활보상   │
└──────────────┘

1. 의의 및 취지

생활보상이란 사업의 시행으로 생활의 근거를 상실하게 되는 피수용자의 생활재건을 위한 보상
을 말한다. 이는 생활의 근거를 상실한 자에게 인간다운 생활을 할 수 있도록 마련한 제도이다.

2. 생활보상의 근거

(1) 이론적 근거

재산권 보장과 법의 목적인 정의·공평의 원칙 및 생존권 보장 등을 종합적으로 그 이론적
근거로 파악하는 것이 타당하다.

(2) 헌법적 근거

1) 문제점

생활보상의 헌법적 근거에 대하여 다양한 견해가 있으며, 이들의 논의실익은 생활보상
을 헌법상의 정당한 보상의 범위에 포함시킬 것인가의 여부에 있다.

2) 학설

① 헌법 제23조 제3항을 근거로 보는 정당보상설, ② 헌법 제34조에 근거하는 생존권
설, ③ 헌법 제23조와 제34조 동시에 근거하는 것으로 보는 통일설이 있다.

3) 판례

대법원은 이주대책을 생활보상의 일환으로 보면서도 국가의 적극적이고 정책적인 배려
에 의하여 마련된 제도라고 하며, 세입자에 대한 주거이전비와 이사비를 사회보장적인
차원에서 지급하는 금원의 성격을 갖는다고 하여 헌법 제23조설(생존권설)에 입각하고
있다.

4) 검토

정당보상은 대물보상뿐만 아니라 생활보상까지 포함하는 것으로 확대되고 있는 점에 비
추어 통일설이 타당하다.

(3) 토지보상법상 근거

생활보상에 관한 일반적·직접적 규정은 없으며, 토지보상법 제78조(이주대책의 수립 등)
및 산업기지개발촉진법 등에서 단편적으로 규정하고 있다.

3. 생활보상의 성격 및 특색

생활보장은 존속보장적 측면과 원상회복적 성격을 갖는다. 또한 생활보상은 대물보상에 비해
확장성을 갖고, 객관적 성격이 강하며, 최종단계의 보상성을 갖는다.

4. 생활보상의 내용

(1) 주거의 총체가치의 보상

주거의 총체가지를 보상하기 위한 방법으로 비준가격 특례, 주거용 건물의 최저보상액, 재편입가산금, 주거이전비 등이 있다.

(2) 생활재건조치

생활재건조치는 구체적으로 이주대책의 수립·실시, 대체지 알선, 공영주택의 알선, 직업훈련, 고용 또는 알선, 보상금에 대한 조세의 감면조치 등이 있다.

(3) 소수잔존자보상

잔존자의 생활환경이 불편하게 됨으로써 이주가 불가피하게 되는 경우에 그 비용을 보상하는 것으로써, 이전비, 이사비, 이농비, 실농보상, 실어보상 등이 있다.

(4) 영업용·상업용 부동산에 대한 생활대책 보상 확대

> 따라서 이러한 생활대책대상자 선정기준에 해당하는 자는 사업시행자에게 생활대책대상자 선정 여부의 확인·결정을 신청할 수 있는 권리를 가지는 것이어서, 만일 사업시행자가 그러한 자를 생활대책대상자에서 제외하거나 선정을 거부하면, 이러한 생활대책대상자 선정기준에 해당하는 자는 사업시행자를 상대로 항고소송을 제기할 수 있다고 보는 것이 타당하다.
>
> (출처 : 대판 2011.10.13, 2008두17905[상가용지공급대상자적격처분취소등])

5. 생활보상의 한계

생활보상에 대한 개별법률 간의 내용이 달라 형평성 문제가 존재한다. 세입자를 이주대책대상자에서 제외하고 있어 실질적인 경제적 약자에 대한 배려가 미흡한 한계가 있으며, 생활보상의 취지에 맞추어 이주자가 종전 생활상태를 유지할 수 있도록 하기 위해서는 주거대책과 더불어 생활대책이 병행될 필요가 있다고 판단된다. 또한 개별법률 간의 통일적 규정의 정비가 요구된다.

6. 결

최근 복지국가 이념의 도입과 대물적 보상의 한계를 보완하여 생활보상 및 간접보상에 대한 중요성이 증대되고 있는 실정이다. 헌법상 완전보상을 실현하기 위해 생활보상 및 간접보상에 대한 체계적 입법이 필요하다고 판단된다.

관련기출

1. 제15회 3번

생활보상에 관하여 약술하시오. **20점**

판례 76 · 2012두26746

이주대책의 대상과 사업시행자의 재량 여부 및 범위 1

쟁점사항

▸ 법정 이주대책기준일 및 이를 기준으로 이주대책대상자를 선정하여야 하는지 여부
▸ '그 밖의 이해관계인'이 이주대책대상자에 포함되는지 여부
▸ 이주대책 대상의 범위 및 이주대책 수립 등을 정하는 것에 관한 사업시행자의 재량 여부

관련판례

✦ 대판 2015.8.27, 2012두26746[이주대책대상부적격처분취소]

판시사항

[1] 도시개발사업에서 '공익사업을 위한 관계법령에 의한 고시 등이 있은 날'에 해당하는 법정 이주대책기준일(=도시개발구역의 지정에 관한 공람공고일) 및 이를 기준으로 공익사업을 위한 토지 등의 취득 및 보상에 관한 법률 시행령 제40조 제3항 본문에 따라 법이 정한 이주대책대상자인지를 가려야 하는지 여부(적극)

[2] 공익사업의 시행자가 법정 이주대책대상자를 포함하여 그 밖의 이해관계인에게까지 대상자를 넓혀 이주대책 수립 등을 시행할 수 있는지 여부(적극) / 시혜적으로 시행되는 이주대책 수립 등의 경우, 대상자의 범위나 그들에 대한 이주대책 수립 등의 내용을 어떻게 정할 것인지에 관하여 사업시행자에게 폭넓은 재량이 있는지 여부(적극)

전문

【원고, 피상고인】 별지 원고 명단 기재와 같다.(소송대리인 법무법인 한림 담당변호사 권규대)
【피고, 상고인】 에스에이치공사(소송대리인 변호사 정재원)
【원심판결】 서울고등법원 2012.11.2, 2012누16284

주문

원심판결 중 원고 12, 원고 19에 대한 부분을 파기하고, 이 부분 사건을 서울고등법원에 환송한다. 나머지 상고를 모두 기각한다. 원고 12, 원고 19를 제외한 나머지 원고들에 대한 상고비용은 피고가 부담한다.

이유

상고이유를 판단한다.

1. **가.** 도시개발법 제24조는 "사업시행자는 공익사업을 위한 토지 등의 취득 및 보상에 관한 법률 (이하 '공익사업법'이라 한다)이 정하는 바에 따라 도시개발사업의 시행에 필요한 토지 등의 제공으로 생활의 근거를 상실하게 되는 자에 관한 이주대책 등을 수립·시행하여야 한다." 고 규정하고 있다.

   공익사업법 제78조 제1항은 "사업시행자는 공익사업의 시행으로 인하여 주거용 건축물을 제공함에 따라 생활의 근거를 상실하게 되는 자(이하 '이주대책대상자'라 한다)를 위하여 대통령령이 정하는 바에 따라 이주대책을 수립·실시하거나 이주정착금을 지급하여야 한다." 고 규정하여 이주대책대상자를 위한 대책의 내용을 이주대책의 수립·실시 또는 이주정착 금의 지급(이하 위 대책의 내용을 포괄하여 '이주대책 수립 등'이라 한다)으로 정하면서 그 대상자와 내용은 대통령령에서 정하도록 위임하고 있다. 그 위임에 따라 공익사업을 위한 토지 등의 취득 및 보상에 관한 법률 시행령(이하 '공익사업법 시행령'이라 한다)은 이주대책 대상자의 구체적 범위에 관하여 제40조 제3항에서 이주대책대상자에서 제외되는 사람을 각 호에서 규정하는 방식으로 이를 정하고 있는데, 그 제2호 본문은 '해당 건축물에 공익사업을 위한 관계법령에 의한 고시 등이 있은 날부터 계약체결일 또는 수용재결일까지 계속하여 거주하고 있지 아니한 건축물의 소유자'를 규정하고 있다.

   나. 그런데 토지수용절차에 공익사업법을 준용하도록 한 관계법률에서 사업인정의 고시 외에 주민 등에 대한 공람공고를 예정하고 있는 경우에, 이주대책대상자의 기준이 되는 '공익사 업을 위한 관계법령에 의한 고시 등이 있은 날'에는 사업인정의 고시일뿐만 아니라 공람공 고일도 포함될 수 있다(대판 2009.2.26, 2007두13340 등 참조). 그렇지만 법령이 정하는 이주대 책대상자에 해당되는지 여부를 판단하는 기준은 각 공익사업의 근거법령에 따라 개별적으 로 특정되어야 한다. 강행규정인 이주대책 수립 등에 관한 공익사업법령의 적용대상은 일 관성 있게 정해져야 하므로 그 기준이 되는 개별 법령의 법정 이주대책기준일은 하나로 해 석함이 타당하다. 만약 그와 반대로 이를 둘 이상으로 보아 사업시행자가 그 중 하나를 마 음대로 선택할 수 있다고 한다면 사업마다 그 기준이 달라지게 되어 혼란을 초래하고 형평 에 반하는 결과를 낳을 수 있어 바람직하지 아니하다. 따라서 이러한 사정들과 아울러, 도 시개발법상 공익사업의 진행절차와 그 사업 시행에 따른 투기적 거래를 방지하여야 할 정 책적 필요성 등을 종합하여 보면, 도시개발사업에서 '공익사업을 위한 관계법령에 의한 고 시 등이 있은 날'에 해당하는 법정 이주대책기준일은 (구)도시개발법(2013.3.23. 법률 제 11690호로 개정되기 전의 것) 제7조, (구)도시개발법 시행령(2013.3.23. 대통령령 제 24443호로 개정되기 전의 것) 제11조 제2항, 제1항의 각 규정에 따른 도시개발구역의 지 정에 관한 공람공고일이라고 봄이 타당하며, 이를 기준으로 공익사업법 시행령 제40조 제3 항 제2호 본문에 따라 법이 정한 이주대책대상자인지 여부를 가려야 한다.

다. 이와 같이 공익사업법령이 이주대책대상자의 범위를 정하고 이주대책대상자에게 시행할 이주대책 수립 등의 내용에 관하여 구체적으로 규정하고 있으므로, 사업시행자는 이처럼 법이 정한 이주대책대상자를 법령이 예정하고 있는 이주대책 수립 등의 대상에서 임의로 제외하여서는 아니 된다. 그렇지만 그 규정취지가 사업시행자가 시행하는 이주대책 수립 등의 대상자를 법이 정한 이주대책대상자로 한정하는 것은 아니므로, 사업시행자는 해당 공익사업의 성격, 구체적인 경위나 내용, 그 원만한 시행을 위한 필요 등 제반 사정을 고려하여 법이 정한 이주대책대상자를 포함하여 그 밖의 이해관계인에게까지 넓혀 이주대책 수립 등을 시행할 수 있다고 할 것이다(대판 2015.7.23, 2012두22911 등 참조).

그런데 사업시행자가 이와 같이 이주대책 수립 등의 시행범위를 넓힌 경우에, 그 내용은 법이 정한 이주대책대상자에 관한 것과 그 밖의 이해관계인에 관한 것으로 구분되고, 그 밖의 이해관계인에 관한 이주대책 수립 등은 법적 의무가 없는 시혜적인 것으로 보아야 한다. 그리고 시혜적으로 시행되는 이주대책 수립 등의 경우에 그 대상자(이하 '시혜적인 이주대책대상자'라 한다)의 범위나 그들에 대한 이주대책 수립 등의 내용을 어떻게 정할 것인지에 관하여는 사업시행자에게 폭넓은 재량이 있다고 할 것이다. 따라서 피고가 그 이주대책을 위하여 설정한 기준은 형평에 반하는 등 객관적으로 합리적이지 아니하다고 볼 특별한 사정이 없는 한 존중되어야 한다(대판 2014.2.27, 2013두7520, 위 2012두22911 등 참조).

〈후략〉

관련내용

이주대책 내용 결정의 재량권

이주대책의 내용에 사업시행자의 재량이 인정된다고 봄이 다수견해이며, 판례도 '사업시행자는 특별공급주택의 수량, 특별공급대상자의 선정 등에 있어 재량을 가진다'고 판시한 바 있다(대판 2007.2.22, 2004두7481). 2008두12601 판례에서는 사업시행자는 이주대책기준을 정하여 이주대책을 수립·실시하여야 할 자를 선정하여, 그들에게 공급할 택지 또는 주택의 내용이나 수량을 정할 수 있고, 이를 정하는 데 재량을 가지므로, 이를 위해 사업시행자가 설정한 기준은 그것이 객관적으로 합리적이 아니라거나 타당하지 않다고 볼 만한 다른 특별한 사정이 없는 한 존중되어야 한다고 판시하였다. 이처럼 대법원은 일관되게 사업시행자가 이주대책의 내용 결정에 재량을 갖는다는 입장을 취하고 있다.

판례 77 98두17043

특별분양 요구에 대해 거부하는 행위가 항고소송의 대상이 되는 거부처분이 되는지 여부

해당 판례는 택지개발촉진법에 따른 사업시행을 위하여 토지 등을 제공한 자에 대한 이주대책을 세우는 경우 위 이주대책은 공공사업에 협력한 자에게 특별공급의 기회를 요구할 수 있는 법적인 이익을 부여하고 있는 것이라고 할 것이므로 그들에게는 특별공급신청권이 인정되며, 사업시행자가 특별분양을 요구하는 자에게 이를 거부하는 행위는 항고소송의 대상이 되는 거부처분이 된다는 것을 시사한다.

관련판례

✦ 대판 1999.8.20, 98두17043[단독주택용지조성원가공급거부처분취소]

판시사항

[1] 사업시행자가 공공용지의 취득 및 손실보상에 관한 특례법 제8조 제1항에 기한 특별분양 신청을 거부한 행위가 항고소송의 대상이 되는 행정처분인지 여부(적극)

[2] 공공용지의 취득 및 손실보상에 관한 특례법 제8조 제1항 소정의 이주대책업무가 종결되고 그 공공사업을 완료하여 사업지구 내에 더 이상 분양할 이주대책용 단독택지가 없는 경우에도 이주대책대상자 선정신청을 거부한 행정처분의 취소를 구할 법률상 이익이 있는지 여부(적극)

[3] 취소소송에서 행정청의 처분사유의 추가・변경 시한(=사실심 변론종결 시)

[4] 공공용지의 취득 및 손실보상에 관한 특례법 소정의 이주대책 대상자로서의 가옥 소유자는 실질적인 처분권을 가진 자를 의미하는지 여부(적극)

판결요지

[1] 공공용지의 취득 및 손실보상에 관한 특례법 제8조 제1항이 사업시행자로 하여금 공공사업의 시행에 필요한 토지 등을 제공함으로 인하여 생활근거를 상실하게 되는 자에게 이주대책을 수립 실시하도록 하고 있는바, 택지개발촉진법에 따른 사업시행을 위하여 토지 등을 제공한 자에 대한 이주대책을 세우는 경우 위 이주대책은 공공사업에 협력한 자에게 특별공급의 기회를 요구할 수 있는 법적인 이익을 부여하고 있는 것이라고 할 것이므로 그들에게는 특별공급신청권이 인정되며, 따라서 <u>사업시행자가 위 조항에 해당함을 이유로 특별분양을 요구하는 자에게 이를 거부하는 행위는 비록 이를 민원회신이라는 형식을 통하여 하였더라도, 항고소송의 대상이 되는 거부처분이라고 할 것이다.</u>

[2] 공공용지의 취득 및 손실보상에 관한 특례법 제8조 제1항에 의하면 사업시행자는 이주대책의 수립, 실시의무가 있고, 그 의무이행에 따른 이주대책계획을 수립하여 공고하였다면, 이주대책대상자라고 하면서 선정신청을 한 자에 대해 대상자가 아니라는 이유로 거부한 행정처분에 대하여 그 취소를 구하는 것은 이주대책대상자라는 확인을 받는 의미도 함께 있는 것이며, 사업시행자가 하는 확인, 결정은 이주대책상의 택지분양권이나 아파트 입주권 등을 받을 수 있는 구체적인 권리를 취득하기 위한 요건에 해당하므로 현실적으로 이미 수립, 실시한 이주대책업무가 종결되었고, 그 사업을 완료하여 이 사건 사업지구 내에 더 이상 분양할 이주대책용 단독택지가 없다 하더라도 보상금청구권 등의 권리를 확정하는 법률상의 이익은 여전히 남아 있는 것이므로 그러한 사정만으로 이 거부처분의 취소를 구할 법률상 이익이 없다고 할 것은 아니다.

[3] 행정청은 기본적 사실관계의 동일성이 있다고 인정되는 한도 내에서만 다른 처분사유를 추가, 변경할 수 있다고 할 것이나 이는 사실심 변론종결 시까지만 허용된다.

[4] 공공용지의 취득 및 손실보상에 관한 특례법 제5조 제1항, 제5항 및 제8조 제1항의 각 규정 취지에 비추어 가옥 소유자는 대외적인 소유권을 가진 자를 의미하는 것이 아니라 실질적인 처분권을 가진 자를 의미하는 것으로 봄이 상당하고, 또한 건물등기부등본 이외의 다른 신빙성 있는 자료에 의하여 그와 같은 실질적인 처분권이 있음의 입증을 배제하는 것도 아니라고 할 것이다.

판례 78 **2011두3685**

주거이전비 포기각서를 제출한 경우 주거이전비를 받을 수 없는지 여부 - 토지보상법 시행규칙 제54조 제2항은 강행규정으로 포기각서는 무효임

쟁점사항

▶ 주거이전비 지급의무를 규정하는 토지보상법 시행규칙 제54조 제2항이 강행규정인지 여부

관련판례

✦ 대판 2011.7.14, 2011두3685[주거이전비등]

판시사항

[1] 도시 및 주거환경정비법에 따라 사업시행자에게서 임시수용시설을 제공받는 세입자가 공익사업을 위한 토지 등의 취득 및 보상에 관한 법률 및 같은 법 시행규칙에서 정한 주거이전비를 별도로 청구할 수 있는지 여부(적극)

[2] 사업시행자의 세입자에 대한 주거이전비 지급의무를 정하고 있는 공익사업을 위한 토지 등의 취득 및 보상에 관한 법률 시행규칙 제54조 제2항이 강행규정인지 여부(적극)

[3] 주택재개발사업 정비구역 안에 있는 주거용 건축물에 거주하던 세입자 갑이 주거이전비를 받을 수 있는 권리를 포기한다는 취지의 주거이전비 포기각서를 제출하고 사업시행자가 제공한 임대아파트에 입주한 다음 별도로 주거이전비를 청구한 사안에서, 위 포기각서의 내용은 강행규정에 반하여 무효라고 한 사례

판결요지

[1] 도시 및 주거환경정비법(이하 '도시정비법'이라 한다) 제36조 제1항 제1문 등에서 정한 세입자에 대한 임시수용시설 제공 등은 주거환경개선사업 및 주택재개발사업의 사업시행자로 하여금 주거환경개선사업 및 주택재개발사업의 시행으로 철거되는 주택에 거주하던 세입자에게 거주할 임시수용시설을 제공하거나 주택자금 융자알선 등 임시수용시설 제공에 상응하는 조치를 취하도록 하여 사업시행기간 동안 세입자의 주거안정을 도모하기 위한 조치로 볼 수 있는 반면, 공익사업을 위한 토지 능의 취득 및 보상에 관한 법률(이하 '공익사업법'이라 한다) 제78조 제5항, 공익사업을 위한 토지 등의 취득 및 보상에 관한 법률 시행규칙(이하 '공익사업법 시행규칙'이라 한다) 제54조 제2항 본문의 각 규정에 의하여 공익사업 시행에 따라 이주하는 주거용 건축물의 세입자에게 지급하는 주거이전비는 당해 공익사업시행지구 안에 거주하는 세입자들의 조기이주를 장려하여 사업추진을 원활하게 하려는 정책적인 목적과 주거이전으로 말미암아 특별한 어려움을 겪게 될 세입자들을 대상으로 하는 사회보장적인 차원에서 지급하는 돈의 성격을 갖는 것으로 볼 수 있는 점, 도시정비법 및 공익사업법 시행규칙 등의 관련 법령에서 임시수용시설 등 제공과 주거이전비 지급을 사업시행자의 의무사항으로 규정하면서 임시수용시설 등을 제공받는 자를 주거이전비 지급대상에서 명시적으로 배제하지 않은 점을 비롯한 위 각 규정의 문언, 내용 및 입법 취지 등을 종합해 보면, 도시정비법에 따라 사업시행자에게서 임시수용시설을 제공받는 세입자라 하더라도 공익사업법 및 공익사업법 시행규칙에 따른 주거이전비를 별도로 청구할 수 있다고 보는 것이 타당하다.

[2] 공익사업을 위한 토지 등의 취득 및 보상에 관한 법률은 공익사업에 필요한 토지 등을 협의 또는 수용에 의하여 취득하거나 사용함에 따른 손실의 보상에 관한 사항을 규정함으로써 공익 사업의 효율적인 수행을 통하여 공공복리의 증진과 재산권의 적정한 보호를 도모함을 목적으 로 하고 있고, <u>위 법에 근거하여 공익사업을 위한 토지 등의 취득 및 보상에 관한 법률 시행규 칙(이하 '공익사업법 시행규칙'이라 한다)에서 정하고 있는 세입자에 대한 주거이전비는 공익 사업 시행으로 인하여 생활 근거를 상실하게 되는 세입자를 위하여 사회보장적 차원에서 지급 하는 금원으로 보아야 하므로, 사업시행자의 세입자에 대한 주거이전비 지급의무를 정하고 있 는 공익사업법 시행규칙 제54조 제2항은 당사자 합의 또는 사업시행자 재량에 의하여 적용을 배제할 수 없는 강행규정이라고 보아야 한다.</u>

[3] 주택재개발사업 정비구역 안에 있는 주거용 건축물에 거주하던 세입자 갑이 주거이전비를 받 을 수 있는 권리를 포기한다는 취지의 '이주단지 입주에 따른 주거이전비 포기각서'를 제출한 후 사업시행자가 제공한 임대아파트에 입주한 다음 별도로 주거이전비를 청구한 사안에서, 사 업시행자는 주택재개발 사업으로 철거되는 주택에 거주하던 갑에게 임시수용시설 제공 또는 주택자금 융자알선 등 임시수용에 상응하는 조치를 취할 의무를 부담하는 한편, <u>갑이 공익사 업을 위한 토지 등의 취득 및 보상에 관한 법률 시행규칙(이하 '공익사업법 시행규칙'이라 한 다) 제54조 제2항에 규정된 주거이전비 지급요건에 해당하는 세입자인 경우, 임시수용시설인 임대아파트에 거주하게 하는 것과 별도로 주거이전비를 지급할 의무가 있고, 갑이 임대아파트 에 입주하면서 주거이전비를 포기하는 취지의 포기각서를 제출하였다 하더라도, 포기각서의 내용은 강행규정인 공익사업법 시행규칙 제54조 제2항에 위배되어 무효라고 한 사례</u>

관련기출

1. 제29회 문제1 물음1
乙은 토지보상법 시행규칙에 따른 주거이전비를 받을 수 있는 권리를 포기한다는 취지의 '임대 아파트 입주에 따른 주거이전비 포기각서'를 甲에게 제출하고 위 임대아파트에 입주하였지만, 이후 관련 법령이 임대아파트와 같은 임시수용시설 등을 제공받는 자를 주거이전비 지급대상에 서 배제하지 않고 있는 점을 알게 되었다. 이에 乙은 포기각서를 무시하고 토지보상법 시행규 칙상의 주거이전비를 청구하였다. 乙의 주거이전비 청구의 인용여부에 관하여 논하시오. **30점**

※ 출제위원 채점평
물음 1)은 토지보상법 시행규칙상의 주거이전비에 관한 규정을 무시한 주거이전비 포기각서의 효력에 관한 문제입니다. 질문의 취지를 정확히 파악하고 서술한 양호한 답안도 있었으나, 많 은 수험생들이 판례를 정확히 언급하고, 토지보상법 시행규칙의 법규성에 관한 기본적 전제를 논한 다음, 문제에 대한 답을 체계적으로 서술하지 못했습니다.

판례 79 2012두19519, 2013두437, 2011두19031

소유자에 대한 주거이전비 보상요건

관련내용

1. 관련 규정(토지보상법 시행규칙 제54조 제1항)
   ① 공익사업시행지구에 편입되는 주거용 건축물의 소유자에 대하여는 해당 건축물에 대한 보상을 하는 때에 가구원수에 따라 2개월분의 주거이전비를 보상하여야 한다. 다만, 건축물의 소유자가 해당 건축물 또는 공익사업시행지구 내 타인의 건축물에 실제 거주하고 있지 아니하거나 해당 건축물이 무허가건축물등인 경우에는 그러하지 아니하다.

쟁점사항

▶ 주거용 건축물 소유자에 대한 주거이전비 보상 요건(정비계획 공람·공고일부터 보상을 하는 때까지 계속 소유 및 거주한 자)

관련판례

✦ 대판 2015.2.26, 2012두19519[주거이전비]

판시사항

(구)도시 및 주거환경정비법상 주거용 건축물 소유자에 대한 주거이전비 보상은 정비계획에 관한 공람·공고일부터 해당 건축물에 대한 보상을 하는 때까지 계속하여 소유 및 거주한 주거용 건축물 소유자를 대상으로 하는지 여부(적극)

판결요지

(구)도시 및 주거환경정비법(2009.5.27. 법률 제9729호로 개정되기 전의 것, 이하 같다) 제36조 제1항, 제40조 제1항, (구)공익사업을 위한 토지 등의 취득 및 보상에 관한 법률(2013.3.23. 법률 제11690호로 개정되기 전의 것) 제78조 제5항, 제9항, 공익사업을 위한 토지 등의 취득 및 보상에 관한 법률 시행규칙 제54조 제1항, 제2항의 문언과 규정형식 등을 종합하면, (구)도시 및 주거환경정비법상 주거용 건축물의 소유자에 대한 주거이전비의 보상은 주거용 건축물에 대하여 정비계획에 관한 공람·공고일부터 해당 건축물에 대한 보상을 하는 때까지 계속하여 소유 및 거주한 주거용 건축물의 소유자를 대상으로 한다.

▶ 주거용으로 불법용도변경한 건축물의 소유자가 주거이전비 보상대상에 해당하는지 여부
▶ 잔여지가 해당 사업에 따라 설치되는 도로에 접하게 되는 이익을 참작하여 잔여지 손실보상액을 산정하여야 하는지 여부

관련판례

✦ **대판 2013.5.23, 2013두437[손실보상금]**

판시사항

[1] 주거용이 아닌 다른 용도로 허가받거나 신고한 건축물의 소유자가 공익사업시행지구에 편입될 당시 적법한 절차에 의하지 않고 임의로 주거용으로 용도를 변경하여 사용하고 있는 경우, (구)공익사업을 위한 토지 등의 취득 및 보상에 관한 법률 시행규칙 제54조 제1항 단서의 '무허가건축물 등'에 포함되는지 여부(소극)

[2] 공익사업의 시행에 따라 사업구역에 편입된 甲 소유 토지 및 건물 중 편입되고 남은 부분에 관한 손실보상액 산정이 문제된 사안에서, 잔여지가 공익사업에 따라 설치되는 도로에 접하게 되는 이익을 참작하여 잔여지 손실보상액을 산정할 것은 아니라는 이유로, 법원감정이 부당하다는 甲의 주장을 배척한 원심판단을 정당하다고 한 사례

전문

【원고, 피상고인】 원고
【피고, 상고인】 한국토지주택공사(소송대리인 법무법인 효원 담당변호사 최중현 외 6인)
【원심판결】 서울고법 2012.12.7, 2012누19863

주문

원심판결 중 주거이전비 청구에 관한 부분을 파기하고, 이 부분 사건을 서울고등법원에 환송한다. 나머지 상고를 기각한다.

이유

상고이유를 판단한다.

1. 주거이전비 청구에 관한 상고이유에 대하여
   (구)공익사업을 위한 토지 등의 취득 및 보상에 관한 법률(2011.8.4. 법률 제11017호로 개정되기 전의 것. 이하 '공익사업법'이라 한다) 제78조 제5항, 제9항은 주거용 건물의 거주자에 대하여는 주거이전에 필요한 비용과 가재도구 등 동산의 운반에 필요한 비용을 산정하여 보상하여야

하고, 그 보상에 대하여는 국토해양부령이 정하는 기준에 의하도록 규정하고 있다. (구)공익사업을 위한 토지 등의 취득 및 보상에 관한 법률 시행규칙(2012.1.2. 국토해양부령 제427호로 개정되기 전의 것. 이하 '공익사업법 시행규칙'이라 한다) 제24조, 제54조 제1항은, 공익사업시행지구에 편입되는 주거용 건축물의 소유자에 대하여는 해당 건축물에 대한 보상을 하는 때에 주거이전비를 보상하여야 하나, 해당 건축물이 '「건축법」 등 관계법령에 의하여 허가를 받거나 신고를 하고 건축을 하여야 하는 건축물을 허가를 받지 아니하거나 신고를 하지 아니하고 건축한 건축물'(이하 '무허가건축물 등'이라 한다)인 경우에는 주거이전비를 보상하지 아니한다고 규정하고 있다. 위 각 규정의 문언, 내용 및 입법취지 등을 종합하여 보면, <u>주거용 용도가 아닌 다른 용도로 이미 허가를 받거나 신고를 한 건축물은 그 소유자가 공익사업시행지구에 편입될 당시 허가를 받거나 신고를 하는 등의 적법한 절차에 의하지 아니하고 임의로 주거용으로 용도를 변경하여 사용하고 있는 경우에는 공익사업법 시행규칙 제54조 제1항 단서에서 주거이전비를 보상하지 아니한다고 규정한 '무허가건축물 등'에 포함되는 것으로 해석함이 타당하다.</u>

원심이 적법하게 확정한 바에 의하면, ① 이 사건 사업에 대하여 2009.7.10. 사업의 인정·고시가 이루어졌고, 이에 따라 원고 소유의 이 사건 제1, 2토지와 이 사건 건물 중 일부가 이 사건 사업구역에 편입되었으며, ② 이 사건 건물 2층의 공부상 용도는 1992.11.16.부터 2005.6.19.까지는 단독주택이었으나 2005.6.20.부터 2009.8.20.까지는 제2종 근린생활시설(사무실)이었고 2009.8.21. 원고의 신고에 따라 다시 단독주택으로 변경되었다는 것이다.

이러한 사실관계를 앞서 본 규정들과 법리에 비추어 보면, 이 사건 건물 2층은 이 사건 사업시행구역에 편입될 당시인 2009.7.10. 그 공부상 용도가 '제2종 근린생활시설(사무실)'로서 주거용이 아닌 건축물이었으므로, 이는 공익사업법 시행규칙 제54조 제1항 단서 소정의 '무허가건축물 등'에 해당하여 주거이전비 보상대상이라고 할 수 없다.

원심은 이와 달리, 사업인정고시 당시에 건축물이 용도변경허가를 받거나 신고를 받지 아니한 채 주거용으로 사용되고 있었으나 수용재결 이전에 그 용도변경허가를 받거나 신고를 한 후 수용재결 시까지 해당 건축물에 실제 거주한 소유자의 경우에는 예외적으로 주거이전비 보상의 요건을 충족하는 것으로 해석함이 상당하다고 보아, 이 사건 건물 2층은 공익사업법 시행규칙 제54조 제1항 본문의 '주거용 건축물'에 해당하여 주거이전비 보상대상이 된다고 판단하였다. 이러한 원심판결에는 공익사업법 및 공익사업법 시행규칙이 정한 주거이전비 보상대상으로서의 '주거용 건축물'에 관한 법리를 오해함으로써 판결에 영향을 미친 위법이 있다. 이 점을 지적하는 취지의 상고이유의 주장은 이유 있다.

따라서 원심판결 중 주거이전비 청구 부분은 그 부분에 관한 나머지 상고이유의 주장에 관하여 나아가 살필 필요 없이 파기를 면할 수 없다.

2. 잔여지 가치하락 보상금 청구에 관한 상고이유에 대하여

원심판결 이유에 의하면, 원심은 공익사업법 제66조의 규정을 근거로 이 사건 잔여지가 이 사건 사업에 따른 도로의 확장으로 인하여 가격상승요인이 있음에도 이를 감안하지 아니한 법원 감정이 부당하다는 피고의 주장을 배척하였다.

이 사건 잔여지가 이 사건 사업에 따라 설치되는 폭 20m의 도로에 접하게 되는 이익을 누리게 되었더라도 그 이익을 수용 자체의 법률효과에 의한 가격감소의 손실(이른바 수용손실)과 상계할 수는 없는 것이므로(대판 1998.9.18, 97누13375, 대판 2000.2.25, 99두6439 등 참조), 그와 같은 이익을 참작하여 잔여지 손실보상액을 산정할 것은 아니다. 같은 취지의 원심의 판단은 옳고, 거기에 상고이유의 주장과 같은 위법이 없다. 이 부분 상고이유의 주장은 받아들일 수 없다.

3. 결론

그러므로 원심판결 중 주거이전비 청구에 관한 부분을 파기하고, 이 부분 사건을 다시 심리·판단하게 하기 위하여 원심법원에 환송하며, 나머지 상고는 기각하기로 하여 관여 대법관의 일치된 의견으로 주문과 같이 판결한다.

쟁점사항

▸ 주거용 건축물의 소유자 중 현금청산대상자에게 주거이전비 및 이사비를 지급해야 하는지 여부

관련판례

✦ 대판 2013.1.10, 2011두19031[주거이전비 등]

판시사항

(구)도시 및 주거환경정비법상 주택재개발사업에 편입되는 주거용 건축물의 소유자 중 현금청산대상자에 대하여도 (구)공익사업을 위한 토지 등의 취득 및 보상에 관한 법률에 따른 주거이전비 및 이사비를 지급해야 하는지 여부(적극)

판결요지

(구)도시 및 주거환경정비법(2009.2.6. 법률 제9444호로 개정되기 전의 것, 이하 '도시정비법'이라 한다) 제38조, 제40조 제1항, 제47조, 도시 및 주거환경정비법 시행령 제48조, (구)공익사업을 위한 토지 등의 취득 및 보상에 관한 법률(2011.8.4. 법률 제11017호로 개정되기 전의 것, 이하 '공익사업법'이라 한다) 제78조 제5항, 공익사업을 위한 토지 등의 취득 및 보상에 관한 법률 시행규칙 제54조 제1항, 제55조 제2항 등의 법규정을 종합해 보면, (구)도시정비법상 주택재개발사업의 경우 주거용 건축물의 소유자인 현금청산대상자로서 현금청산에 관한 협의가 성립되어 사업시행자에게 주거용 건축물의 소유권을 이전한 자이거나 현금청산에 관한 협의가 성립되지 않아 공익사업법에 따라 주거용 건축물이 수용된 자에 대하여는 공익사업법을 준용하여 주거이전비 및 이사비를 지급해야 한다고 보는 것이 타당하다.

판례 80 2010두4131, 2010두7475, 2009구합1183, 2016두49754

소유자 외(세입자 등)에 대한 주거이전비 보상요건

관련내용

1. 관련 규정(토지보상법 시행규칙 제54조 제2항)

   ② 공익사업의 시행으로 인하여 이주하게 되는 주거용 건축물의 세입자(무상으로 사용하는 거주자를 포함하되, 법 제78조 제1항에 따른 이주대책대상자인 세입자는 제외한다)로서 사업인정고시일등 당시 또는 공익사업을 위한 관계 법령에 따른 고시 등이 있은 당시 해당 공익사업시행지구 안에서 3개월 이상 거주한 자에 대해서는 가구원수에 따라 4개월분의 주거이전비를 보상해야 한다. 다만, 무허가건축물등에 입주한 세입자로서 사업인정고시일등 당시 또는 공익사업을 위한 관계 법령에 따른 고시 등이 있은 당시 그 공익사업지구 안에서 1년 이상 거주한 세입자에 대해서는 본문에 따라 주거이전비를 보상해야 한다.

쟁점사항

▶ 주거용 건축물의 소유자 또는 세입자가 아닌 가구원이 주거이전비 지급을 청구할 수 있는지 여부

관련판례

✦ 대판 2011.8.25, 2010두4131[주거이전비]

판시사항

[1] 공익사업시행지구에 편입되는 주거용 건축물의 소유자 또는 세입자가 아닌 가구원이 사업시행자를 상대로 직접 주거이전비 지급을 구할 수 있는지 여부(소극)

[2] 택지개발사업지구 안에 있는 주택소유자 甲이 주택에 관한 보상합의를 하여 사업시행자에게서 주거이전비를 수령하였는데, 이후 보상대상에서 제외되었던 甲의 아버지 乙이 사업인정고시일 당시 위 주택에서 함께 거주하였다고 주장하면서 사업시행자에게 주거이전비 지급을 청구한 사안에서, 乙에게 주거이전비 지급청구권이 있다고 본 원심판결에 법리오해의 위법이 있다고 한 사례

판결요지

[1] (구)공익사업을 위한 토지 등의 취득 및 보상에 관한 법률(2007.10.17. 법률 제8665호로 개정되기 전의 것, 이하 '(구)법'이라 한다) 제78조 제5항, 제7항, (구)공익사업을 위한 토지 등의

취득 및 보상에 관한 법률 시행규칙(2007.4.12. 건설교통부령 제126호로 개정되기 전의 것, 이하 '(구)시행규칙'이라 한다) 제54조 제1항, 제2항, 제3항의 내용과 형식 및 주거이전비의 구체적 산정방식 등에 비추어 보면, (구)법과 그 위임에 따라 제정된 (구)시행규칙에서 정한 주거이전비는 가구원 수에 따라 소유자 또는 세입자에게 지급되는 것으로서 소유자와 세입자가 지급청구권을 가지는 것으로 보아야 하므로, 소유자 또는 세입자가 아닌 가구원은 사업시행자를 상대로 직접 주거이전비 지급을 구할 수 없다.

[2] 택지개발사업지구 안에 있는 주택소유자 甲이 사업시행자와 주택에 관한 보상합의를 하면서 가족 3인(처, 자녀 및 어머니)과 함께 위 주택에 거주하였다며 사업시행자에게서 4인 가족에 대한 주거이전비를 수령하였는데, 이후 보상대상에서 제외되었던 甲의 아버지 乙이 사업인정 고시일 당시 위 주택에서 함께 거주하였다고 주장하면서 사업시행자에게 주거이전비 지급을 청구한 사안에서, 소유자 아닌 가구원은 사업시행자를 상대로 직접 주거이전비 지급을 구할 수 없다는 이유로, 이와 달리 乙에게 주거이전비 지급청구권이 있다고 본 원심판결에 법리오해의 위법이 있다고 한 사례

쟁점사항

▶ 주거이전비 및 이사비 지급의무의 이행지체 책임 기산시점

관련판례

✦ 대판 2012.4.26, 2010두7475[주거이전비등청구]

판시사항

공익사업의 시행에 따라 이주하는 주거용 건축물의 세입자에게 지급해야 하는 주거이전비 및 이사비 지급의무의 이행지체 책임 기산시점(= 채무자가 이행청구를 받은 다음 날)

판결요지

(구)도시 및 주거환경정비법(2009.2.6. 법률 제9444호로 개정되기 전의 것) 제40조 제1항에 의하여 준용되는 공익사업을 위한 토지 등의 취득 및 보상에 관한 법률 제78조 제5항 및 (구)공익사업을 위한 토지 등의 취득 및 보상에 관한 법률 시행규칙(2008.4.18. 국토해양부령 제7호로 개정되기 전의 것) 제54조 제2항, 제55조 제2항의 각 규정에 의하여 공익사업의 시행에 따라 이주하는 주거용 건축물의 세입자에게 지급해야 하는 주거이전비 및 이사비의 지급의무는 사업인정고시일 등 당시 또는 공익사업을 위한 관계법령에 의한 고시 등이 있은 당시에 바로 발생한다. 그러나 그 지급의무의 이행기에 관하여는 관계법령에 특별한 규정이 없으므로, 위 주거이전비 및 이사비

의 지급의무는 이행기의 정함이 없는 채무로서 채무자는 이행청구를 받은 다음 날부터 이행지체 책임이 있다.

쟁점사항

▶ 건축물의 공부상 용도와 관계없이 실제 용도를 기준으로 '주거용 건축물'을 판단해야 하는지 여부

공익사업을 위한 토지 등의 취득 및 보상에 관한 법률

제78조(이주대책의 수립 등)

⑥ 주거용 건물의 거주자에 대하여는 주거이전에 필요한 비용과 가재도구 등 동산의 운반에 필요한 비용을 산정하여 보상하여야 한다.

⑩ 제5항 및 제6항의 규정에 의한 보상에 대하여는 국토교통부령이 정하는 기준에 의한다.

공익사업을 위한 토지 등의 취득 및 보상에 관한 법률 시행규칙

제54조(주거이전비의 보상)

② 공익사업의 시행으로 인하여 이주하게 되는 주거용 건축물의 세입자(무상으로 사용하는 거주자를 포함하되, 법 제78조 제1항에 따른 이주대책대상자인 세입자는 제외한다)로서 사업인정고시일 등 당시 또는 공익사업을 위한 관계법령에 의한 고시 등이 있은 당시 해당 공익사업시행지구 안에서 3개월 이상 거주한 자에 대하여는 가구원수에 따라 4개월분의 주거이전비를 보상해야 한다. 다만, 무허가건축물 등에 입주한 세입자로서 사업인정고시일 등 당시 또는 공익사업을 위한 관계 법령에 따른 고시 등이 있은 당시 그 공익사업지구 안에서 1년 이상 거주한 세입자에 대하여는 본문에 따라 주거이전비를 보상해야 한다.

제55조(동산의 이전비 보상 등)

② 공익사업시행지구에 편입되는 주거용 건축물의 거주자가 해당 공익사업시행지구 밖으로 이사를 하거나 사업시행자가 지정하는 해당 공익사업시행지구 안의 장소로 이사를 하는 경우에는 별표 4의 기준에 의하여 산정한 이사비(가재도구 등 동산의 운반에 필요한 비용을 말한다. 이하 이 조에서 같다)를 보상하여야 한다.

[별표 4] 이사비 기준

주택연면적기준	이사비		
	노임	차량운임	포장비
33제곱미터 미만	3명분	1대분	(노임+차량운임)×0.15

관련판례

✦ 대구지법 2009.10.28, 2009구합1183[주거이전비등]

판시사항

[1] 공익사업을 위한 토지 등의 취득 및 보상에 관한 법률 제78조, 같은 법 시행규칙 제54조 등에 정한 '주거용 건축물'에 해당하는지 여부를 판단하는 방법

[2] 공익사업시행지구에 편입되어 있는 건물에 거주하는 세입자가 사업시행자에게 주거이전비 등을 청구하였으나 그 건물의 건축물대장상 용도가 '일반음식점'으로 주거이전비 지급대상이 아니라는 이유로 주거이전비의 지급을 거절한 사안에서, 위 건물이 주거이전비 등의 지급대상이 되는 '주거용 건축물'에 해당한다고 한 사례

판결요지

[1] 공익사업을 위한 토지 등의 취득 및 보상에 관한 법률 제78조, 같은 법 시행규칙 제54조 등 관계법령에서 정한 이주대책은 이주자들에 대하여 종전의 생활상태를 원상회복시키는 등 생활보상의 일환으로 국가의 적극적이고 정책적인 배려에 의하여 마련된 제도라는 점, 이와 같은 이주대책을 마련한 본래의 취지가 생활의 근거지는 그 이전이 용이하지 않고 생활의 근거지를 상실하게 되는 거주자가 종전의 생활상태를 원상으로 회복하기 위하여는 상당한 비용이 필요하므로 생활보장의 측면에서 이를 보상해 주어야 한다는 점 등에 비추어 보면, 위 관계법령상 '주거용 건축물'을 판단할 때에는 실제 그 건축물의 공부상 용도와 관계 없이 실제 주거용으로 사용되는지 여부에 따라 결정하여야 하고, 그 사용목적, 건물의 구조와 형태 및 이용관계 그리고 그곳에서 일상생활을 영위하는지 여부 등을 아울러 고려하여 합목적적으로 결정하여야 한다.

[2] 공익사업시행지구에 편입되어 있는 건물에 거주하는 세입자가 사업시행자에게 주거이전비 등을 청구하였으나 그 건물의 건축물대장상 용도가 '일반음식점'으로 주거이전비 지급대상이 아니라는 이유로 주거이전비의 지급을 거절한 사안에서, 건물이 외관상 주택의 형태로 건축되어 있고 그 내부에 주거시설이 되어 있는 점, 세입자가 위 건물에 전입신고를 마치고 실제로 거주하여 온 점 등에 비추어, 위 건물이 주거이전비 등의 지급대상이 되는 '주거용 건축물'에 해당한다고 한 사례

🔍 쟁점사항

▶ 주거용 건축물 소유자에 대한 주거이전비 보상 요건(정비계획 공람·공고일부터 보상을 하는 때까지 계속 소유 및 거주한 자)

🔍 관련판례

✦ 대판 2016.12.15, 2016두49754[손실보상금]

판시사항

[1] 도시 및 주거환경정비법상 주거용 건축물의 소유자에 대한 주거이전비의 보상은 주거용 건축물에 대하여 정비계획에 관한 공람공고일부터 해당 건축물에 대한 보상을 하는 때까지 계속하여 소유 및 거주한 주거용 건축물의 소유자를 대상으로 하는지 여부(적극)

[2] 주택재개발정비사업구역 지정을 위한 공람공고 당시 사업구역에 위치한 자신 소유의 주거용 건축물에 거주하던 중 분양신청을 하고 그에 따른 이주의무를 이행하기 위해 정비구역 밖으로 이주한 후 을 주택재개발정비사업조합과의 분양계약 체결을 거부함으로써 현금청산대상자가 된 갑이 을 조합을 상대로 이주정착금의 지급을 청구한 사안에서, 갑이 도시 및 주거환경정비법상 이주정착금 지급자로서의 요건을 갖추지 않았다고 한 사례

[3] 공익사업을 위한 토지 등의 취득 및 보상에 관한 법률 제78조 제5항 등에 따른 이사비 보상대상자가 공익사업시행지구에 편입되는 주거용 건축물의 거주자로서 공익사업의 시행으로 인하여 이주하게 되는 자인지 여부(적극) 및 이는 도시 및 주거환경정비법에 따른 정비사업의 경우에도 마찬가지인지 여부(적극)

판결요지

[1] 도시 및 주거환경정비법(이하 '도시정비법'이라 한다) 제40조 제1항에 의해 정비사업 시행에 관하여 준용되는 공익사업을 위한 토지 등의 취득 및 보상에 관한 법률 제78조 제5항은 "주거용 건물의 거주자에 대하여는 주거 이전에 필요한 비용과 가재도구 등 동산의 운반에 필요한 비용을 산정하여 보상하여야 한다."라고 규정하고, (구)공익사업을 위한 토지 등의 취득 및 보상에 관한 법률 시행규칙(2016.1.6. 국토교통부령 제272호로 개정되기 전의 것) 제54조 제1항은 "공익사업시행지구에 편입되는 주거용 건축물의 소유자에 대하여는 당해 건축물에 대한 보상을 하는 때에 가구원 수에 따라 2월분의 주거이전비를 보상하여야 한다. 다만, 건축물의 소유자가 당해 건축물에 실제 거주하고 있지 아니하거나 당해 건축물이 무허가건축물등인 경우에는 그러하지 아니하다."라고 규정하고 있다. <u>여기서 위 각 규정을 준용하는 도시정비법상 주거용 건축물의 소유자에 대한 주거이전비의 보상은 주거용 건축물에 대하여 정비계획에 관한 공람공고일부터 해당 건축물에 대한 보상을 하는 때까지 계속하여 소유 및 거주한 주거용 건축물의 소유자를 대상으로 한다.</u>

[2] 주택재개발정비사업구역 지정을 위한 공람공고 당시 사업구역에 위치한 자신 소유의 주거용 건축물에 거주하던 중 분양신청을 하고 그에 따른 이주의무를 이행하기 위해 정비구역 밖으로 이주한 후 을 주택재개발정비사업조합과의 분양계약 체결을 거부함으로써 현금청산대상자가 된 갑이 을 조합을 상대로 이주정착금의 지급을 청구한 사안에서, 갑은 조합원으로서 정비사업의 원활한 진행을 위하여 정비구역 밖으로 이주하였다가 자신의 선택으로 분양계약 체결신청을 철회하고 현금청산대상자가 된 것에 불과하므로, 도시 및 주거환경정비법 시행령 제44조의2 제1항에서 정한 '질병으로 인한 요양, 징집으로 인한 입영, 공무, 취학 그 밖에 이에 준하는 부득이한 사유로 인하여 거주하지 아니한 경우'에 해당한다고 보기 어려워 갑이 도시 및 주거환경정비법상 이주정착금 지급자로서의 요건을 갖추지 않았음에도, 이와 달리 본 원심판단에 법리를 오해한 잘못이 있다고 한 사례

[3] 공익사업을 위한 토지 등의 취득 및 보상에 관한 법률 제78조 제5항, (구)공익사업을 위한 토지 등의 취득 및 보상에 관한 법률 시행규칙(2016.1.6. 국토교통부령 제272호로 개정되기 전의 것) 제55조 제2항의 각 규정 및 공익사업의 추진을 원활하게 함과 아울러 주거를 이전하게 되는 거주자들을 보호하려는 이사비 제도의 취지에 비추어 보면, 이사비 보상대상자는 공익사업시행지구에 편입되는 주거용 건축물의 거주자로서 공익사업의 시행으로 인하여 이주하게 되는 자로 보는 것이 타당하다. 이러한 취지는 도시 및 주거환경정비법에 따른 정비사업의 경우에도 마찬가지이다.

판례 81 2010다23210

간접손실보상에 대한 불복(= 행정소송)

쟁점사항

▸ 간접손실보상의 법적 성격(=공법상 권리) 및 그 쟁송방법(=행정소송), 재결전치주의

관련판례

✦ 대판 2012.10.11, 2010다23210[손실보상금]

판시사항

(구)공익사업을 위한 토지 등의 취득 및 보상에 관한 법률 제79조 제2항 등에 따른 사업폐지 등에 대한 보상청구권에 관한 쟁송형태(=행정소송) 및 공익사업으로 인한 사업폐지 등으로 손실을 입은 자가 위 법률에 따른 보상을 받기 위해서 재결절차를 거쳐야 하는지 여부(적극)

판결요지

(구)공익사업을 위한 토지 등의 취득 및 보상에 관한 법률(2007.10.17. 법률 제8665호로 개정되기 전의 것, 이하 '(구)공익사업법'이라고 한다) 제79조 제2항, 공익사업을 위한 토지 등의 취득 및 보상에 관한 법률 시행규칙 제57조에 따른 사업폐지 등에 대한 보상청구권은 공익사업의 시행 등 적법한 공권력의 행사에 의한 재산상 특별한 희생에 대하여 전체적인 공평부담의 견지에서 공익사업의 주체가 손해를 보상하여 주는 손실보상의 일종으로 공법상 권리임이 분명하므로 그에 관한 쟁송은 민사소송이 아닌 행정소송절차에 의하여야 한다. 또한 위 규정들과 (구)공익사업법 제26조, 제28조, 제30조, 제34조, 제50조, 제61조, 제83조 내지 제85조의 규정 내용·체계 및 입법취지 등을 종합하여 보면, 공익사업으로 인한 사업폐지 등으로 손실을 입게 된 자는 (구)공익사업법 제34조, 제50조 등에 규정된 재결절차를 거친 다음 재결에 대하여 불복이 있는 때에 비로소 (구)공익사업법 제83조 내지 제85조에 따라 권리구제를 받을 수 있다고 보아야 한다.

관련내용

공익사업시행지구 밖의 간접보상(간접보상)

1. 간접손실보상의 개관
  (1) 의의
      간접손실이란 공익사업의 시행으로 인하여 사업시행지 밖의 재산권자에게 필연적으로 발생하는 손실을 말하며, 사업시행지역 내의 토지소유자가 입은 부대적 손실과 구별된다. 간접손실보상은 이러한 간접손실을 보상하는 것을 말한다.
  (2) 종류(유형)
      ① 지역경제, 사회적 구조가 변경되어 발생하는 사회적, 경제적 손실 보상인 간접손실보상과, ② 공사 중의 소음, 진동, 수고갈 등으로 인한 물리적, 기술적 손실을 간접침해보상이 있다. 이하에서는 사회적, 경제적 손실인 간접손실보상을 중심으로 논의하도록 한다(다만, 최근 대법원 판례 2018두227 판결에서는 손실보상의 제척기간안이라면 손실보상으로 하

고, 손실보상의 제척기간이 경과하였으면 손해배상으로 처리토록 판시하고 있어, 간접손실과 간접침해보상을 하나로 묶어서 논리를 전개하고 있다).

(3) 간접손실의 법적 성질

① 간접손실은 손실이 있은 후에 행하는 사후보상의 성격을 갖는다. ② 원인행위가 간접적이라는 점을 제외하고는 일반 손실보상과 동일하므로 재산권보상으로 볼 수 있으며, ③ 침해가 있기 전 생활상태의 회복을 위한 것이라는 점에서 생활보상의 성격도 갖는다. ④ 또, 손실보상청구권에 대한 판례의 태도에 따라 공법상 권리에 해당한다.

2. 간접손실보상의 근거

(1) 이론적 근거

간접손실도 공익사업이 원인이 되어 발생한 것이므로 특별한 희생에 해당하는 경우에는 사유재산의 보장과 공적부담 앞의 평등의 원칙상 보상하여야 한다. 따라서 간접손실보상도 손실보상의 개념에 포함되는 것으로 보아야 한다.

(2) 헌법적 근거

1) 문제점

간접손실보상이 헌법 제23조 제3항의 손실보상에 포함되는지가 문제된다.

2) 학설

① **부정설** : 이 견해는 헌법 제23조 제3항은 공용침해로 인하여 재산권자에게 직접적으로 발생한 손실만을 보상하는 것으로 규정하고 있다고 보며 간접손실보상은 규율대상으로 하지 않는다고 보는 견해이다.

② **긍정설** : 간접손실도 적법한 공용침해에 의해 필연적으로 발생한 손실이므로 손실보상의 개념에 포함시키고, 헌법 제23조 제3항의 손실보상에도 포함시키는 것이 타당하다는 견해이다.

3) 판례

판례는 간접손실을 헌법 제23조 제3항에서 규정한 손실보상의 대상이 된다고 보고 있다.

4) 검토

간접손실도 적법한 공용침해로 인하여 예견되는 손실이고, 헌법 제23조 제3항을 손실보상의 일반적 규정으로 보는 것이 타당하므로 간접손실보상을 헌법 제23조 제3항의 손실보상에 포함시키는 것이 타당하다.

(3) 법률적 근거

헌법적 근거로 헌법 제23조 제3항과 제34조를 들 수 있으며, 토지보상법은 제79조 제2항 및 동법 시행규칙 제59조 내지 제65조 등에서 규정하고 있다.

3. 간접손실보상의 요건

(1) 간접손실이 발생할 것

간접손실이 되기 위하여는 ① 공익사업의 시행으로 공익사업시행지 밖의 토지소유자 등(제

3자)이 입은 손실이어야 하고, ② 그 손실이 공익사업의 시행으로 인하여 발생하리라는 것이 예견가능해야 하고, ③ 그 손실의 범위가 구체적으로 특정될 수 있어야 한다.

(2) 재산권에 대한 특별한 희생의 발생

사회적 제약을 넘는 특별한 희생이 발생해야 한다. 특별한 희생의 발생여부는 형식설과 실질설을 모두 고려하여 판단하여야 한다.

> **관련 판례(2004다65978)**
> 손실보상은 공공사업의 시행과 같이 적법한 공권력의 행사로 가하여진 재산상의 특별한 희생에 대하여 전체적인 공평부담의 견지에서 인정되는 것이므로, 공공사업의 시행으로 손해를 입었다고 주장하는 자가 보상을 받을 권리를 가졌는지의 여부는 해당 공공사업의 시행 당시를 기준으로 판단하여야 하고, 그와 같은 공공사업의 시행에 관한 실시계획 승인과 그에 따른 고시가 된 이상 그 이후에 영업을 위하여 이루어진 각종 허가나 신고는 위와 같은 공공사업의 시행에 따른 제한이 이미 확정되어 있는 상태에서 이루어진 것이므로 그 이후의 공공사업 시행으로 그 허가나 신고권자가 특별한 손실을 입게 되었다고는 볼 수 없다

(3) 보상규정의 존재

토지보상법 제79조 제2항은 "공익사업이 시행되는 지역 밖에 있는 토지 등이 공익사업의 시행으로 인하여 본래의 기능을 다할 수 없게 된 경우에는 국토교통부령이 정하는 기준에 의한다"라고 규정하고 있는바 이에는 간접손실이 포함된다. 또한 이 수권규정에 의하여 동법 시행규칙 제59조 내지 제65조는 간접손실보상을 규정하고 있다.

판례 82 **99다27231**

간접손실에 대해 사업시행자와 협의가 이루어지지 않고, 관련 법령이 없는 경우, 피해자는 헌법 제23조 제3항, 토지보상법 등을 유추적용하여 사업시행자에게 보상청구 가능 여부(적극)

쟁점사항

▶ 간접손실에 대한 헌법 제23조 제3항의 유추적용 가능성

관련판례

✦ 대판 1999.10.8, 99다27231[손해배상(기)]

판시사항

[1] 공공사업의 시행 결과 공공사업의 기업지 밖에서 발생한 간접손실에 대하여 사업시행자와 협의가 이루어지지 아니하고, 그 보상에 관한 명문의 법령이 없는 경우, 피해자는 공공용지의 취득 및 손실보상에 관한 특례법 시행규칙상의 손실보상에 관한 규정을 유추적용하여 사업시행자에게 보상을 청구할 수 있는지 여부(적극)

[2] 공유수면매립사업으로 인하여 수산업협동조합이 관계 법령에 의하여 대상지역에서의 독점적 지위가 부여되어 있던 위탁판매사업을 중단하게 된 경우, 그로 인한 위탁판매수수료 수입 상실에 대하여 공공용지의 취득 및 손실보상에 관한 특례법 시행규칙을 유추적용하여 손실보상을 하여야 하는지 여부(적극)

[3] 어업권의 취소 등으로 인한 손실보상액 산정시 판매수수료를 공제하도록 규정한 수산업법 시행령 제62조의 의미

판결요지

[1] 공공사업의 시행 결과 그 공공사업의 시행이 기업지 밖에 미치는 간접손실에 관하여 그 피해자와 사업시행자 사이에 협의가 이루어지지 아니하고 그 보상에 관한 명문의 근거 법령이 없는 경우라고 하더라도, 헌법 제23조 제3항은 "공공필요에 의한 재산권의 수용·사용 또는 제한 및 그에 대한 보상은 법률로써 하되, 정당한 보상을 지급하여야 한다."고 규정하고 있고, 이에 따라 국민의 재산권을 침해하는 행위 그 자체는 반드시 형식적 법률에 근거하여야 하며, 토지수용법 등의 개별 법률에서 공익사업에 필요한 재산권 침해의 근거와 아울러 그로 인한 손실보상 규정을 두고 있는 점, 공공용지의 취득 및 손실보상에 관한 특례법 제3조 제1항은 "공공사업을 위한 토지 등의 취득 또는 사용으로 인하여 토지 등의 소유자가 입은 손실은 사업시행자가 이를 보상하여야 한다."고 규정하고, 같은법 시행규칙 제23조의2 내지 7에서 공공사업시행지구 밖에 위치한 영업과 공작물 등에 대한 간접손실에 대하여도 일정한 조건하에서 이를 보상하도록 규정하고 있는 점에 비추어, 공공사업의 시행으로 인하여 그러한 손실이 발생하리라는 것을 쉽게 예견할 수 있고 그 손실의 범위도 구체적으로 이를 특정할 수 있는 경우라면 그 손실의 보상에 관하여 공공용지의 취득 및 손실보상에 관한 특례법 시행규칙의 관련 규정 등을 유추적용할 수 있다고 해석함이 상당하다.

[2] 수산업협동조합이 수산물 위탁판매장을 운영하면서 위탁판매 수수료를 지급받아 왔고, 그 운영에 대하여는 (구)수산자원보호령(1991.3.28. 대통령령 제13333호로 개정되기 전의 것) 제21조 제1항에 의하여 그 대상지역에서의 독점적 지위가 부여되어 있었는데, 공유수면매립사

업의 시행으로 그 사업대상지역에서 어업활동을 하던 조합원들의 조업이 불가능하게 되어 일부 위탁판매장에서의 위탁판매사업을 중단하게 된 경우, 그로 인해 수산업협동조합이 상실하게 된 위탁판매수수료 수입은 사업시행자의 매립사업으로 인한 직접적인 영업손실이 아니고 간접적인 영업손실이라고 하더라도 피침해자인 수산업협동조합이 공공의 이익을 위하여 당연히 수인하여야 할 재산권에 대한 제한의 범위를 넘어 수산업협동조합의 위탁판매사업으로 얻고 있는 영업상의 재산이익을 본질적으로 침해하는 특별한 희생에 해당하고, 사업시행자는 공유수면매립면허 고시 당시 그 매립사업으로 인하여 위와 같은 영업손실이 발생한다는 것을 상당히 확실하게 예측할 수 있었고 그 손실의 범위도 구체적으로 확정할 수 있으므로, 위 위탁판매수수료 수입손실은 헌법 제23조 제3항에 규정한 손실보상의 대상이 되고, 그 손실에 관하여 (구)공유수면매립법(1997.4.10. 법률 제5335호로 개정되기 전의 것) 또는 그 밖의 법령에 직접적인 보상규정이 없더라도 공공용지의 취득 및 손실보상에 관한 특례법 시행규칙상의 각 규정을 유추적용하여 그에 관한 보상을 인정하는 것이 타당하다.

[3] 어업권의 취소 등으로 인한 손실보상액을 산출함에 있어서 판매수수료를 어업경영에 필요한 경비에 포함시켜 공제하도록 한 수산업법 시행령 제62조의 의미는 판매수수료를 지급하는 측의 입장에서 그 성격을 경비로 보아 그 보상액 산정 시에 이를 공제한다는 것에 불과하고, 보상을 받을 자가 판매수수료를 수입으로 하고 있는 경우에는 그와 같이 해석할 수는 없다.

관련내용

간접손실보상에 대한 권리구제

시행규칙 제59조 ~ 제65조까지의 간접손실에 해당되는지 살펴보고, 보상규정이 없을 시, 간접손실보상규정 결여에 대한 논의를 이어가야 한다.

1. 보상규정이 있는 경우

(1) 토지보상법상 절차

토지보상법 제80조에서는 손실보상에 대하여 사업시행자와 손실을 입은 자가 협의하되, 협의가 성립되지 않을 때는 사업시행자나 손실을 입은 자는 관할 토지수용위원회에 재결을 신청하여 보상 문제를 해결하도록 하고 있다.

(2) 재결불복

재결의 불복방법에 대해 현행 토지보상법에서는 명시적인 규정은 없으나, 최근 토지보상법 제79조 제2항의 불복은 행정소송으로 하도록 하는 판례가 등장하였다(대판 2012.10.11, 2010다23210). 따라서 관할 토지수용위원회의 보상재결에 대해 불복하고자 할 때에는 토지보상법 제83조 이의신청 및 제85조 제2항에서 규정하고 있는 보상금증감청구소송을 제기함이 타당하다.

2. 간접손실보상에 대해 명시적인 보상규정이 없는 경우(흠결)

(1) 문제점

토지보상법 시행규칙에 규정되지 않은 간접손실에 대하여 보상이 가능한지가 문제되며, 이때 토지보상법 제79조 제4항을 일반적 근거조항으로 볼 수 있는지 여부에 대해 견해가 대립한다.

(2) 학설

토지보상법 제79조 제4항에서는 공익사업의 시행으로 인하여 발생하는 손실의 보상을 규정하고 있는데 이에 대하여 동 규정을, ① 보상이 필요하지만 법률에 규정되지 못한 경우 개괄수권조항으로 보는 견해와 ② 기타손실에 대한 일반적 근거조항으로 보는 견해가 있다.

(3) 검토

특별한 희생이 발생하였음에도 손실보상을 해주지 않는 것은 위헌이며, 일반적 근거조항으로 보는 것이 국민의 권리구제에 유리하므로 토지보상법 제79조 제4항을 손실보상의 일반 근거조항으로 보는 것이 타당하다.

3. 보상규정이 결여된 경우의 간접손실보상의 근거

(1) 문제점

보상규정이 없는 간접손실의 보상 여부 빚 보상근거가 없는 간접손실의 보상근거에 관하여 다음과 같이 견해가 대립한다.

(2) 학설

① **보상부정설** : 토지보상법 시행규칙 제59조 내지 제65조에서 규정되지 않은 간접손실은 보상의 대상이 되지 않는다고 보는 견해이다.

② **유추적용설** : 헌법 제23조 제3항 및 토지보상법상의 간접손실보상의 규정을 유추적용하여 손실보상을 청구할 수 있다는 견해이다.

③ **직접적용설** : 간접손실도 헌법 제23조 제3항의 손실보상의 범주이므로 헌법 제23조 제3항을 직접 근거로 손실보상을 할 수 있다는 견해이다.

④ **수용적 침해이론** : 간접손실도 비의도적 침해에 의하여 발생하였다는 점에서 수용적 침해로 보면서, 독일법상의 수용적 침해이론을 긍정하여 구제해 주어야 한다는 견해이다.

⑤ **손해배상설** : 간접손실에 대하여 명문의 보상규정이 없는 경우에는 손해배상을 청구해야 한다는 견해이다.

⑥ **평등원칙 및 재산권 보장규정근거설** : 헌법상의 평등원칙 및 재산권 보장규정이 손실보상의 직접적 근거가 될 수 있다면 간접손실도 이와 달리 볼 근거가 없으므로 이에 근거하여 보상해 주어야 한다는 견해이다.

(3) 판례(99다27231, 2001다44352)

명문에 근거법령이 없는 경우라고 하더라도, ① 간접손실이 공익사업의 시행으로 인하여 사업지 이외의 토지소유자가 입은 손실이고, ② 그 손실의 범위를 구체적으로 특정할 수 있고, ③ 손실이 발생하리라는 것을 쉽게 예견할 수 있는 경우라면, ④ 그 손실보상에 관하여 헌법 제23조 및 관련 규정들을 유추적용할 수 있다고 판시한 바 있다.

(4) 검토

간접손실도 헌법 제23조 제3항의 손실보상의 범주에 포함되므로 예견, 특정가능성이 인정되면 헌법 제23조 제3항을 근거로 하여 손실보상을 청구할 수 있다고 판단된다. 이 경우 구체적인 보상액은 토지보상법 관련규정들을 적용할 수 있을 것이다.

판례 83 2017두61799

공법상 제한에 따른 손실보상 : 일반적 제한 및 개별적 제한

쟁점사항

▶ 공법상 제한이 특정 공익사업의 시행을 위한 것일 때 보상액 산정을 위한 토지의 평가 방법
▶ 특정 공익사업의 시행을 위하여 용도지역 등을 지정·변경하지 않은 경우 그 공법상 제한이 이루어진 상태를 상정하여 토지가격을 평가해야 하는지 여부
▶ 일괄평가의 허용 요건인 '용도상 불가분의 관계'에 있다는 의미

관련판례

✦ 대판 2018.1.25, 2017두61799[보상금증액]

판시사항

[1] 공법상 제한이 그 자체로 제한목적이 달성되는 일반적 계획제한으로서 구체적 도시계획사업과 직접 관련되지 아니한 때와 공법상 제한이 구체적 사업이 따르는 개별적 계획제한이거나, 일반적 계획제한에 해당하는 용도지역 등의 지정 또는 변경에 따른 제한이더라도 그 용도지역 등의 지정 또는 변경이 특정 공익사업의 시행을 위한 것일 때의 각 경우에 보상액 산정을 위한 토지의 평가 방법

[2] 수용대상토지에 관하여 특정 시점에서 용도지역 등을 지정 또는 변경을 하지 않은 것이 특정 공익사업의 시행을 위한 것인 경우, 공익사업의 시행을 직접 목적으로 하는 제한으로 보아 용도지역 등의 지정 또는 변경이 이루어진 상태를 상정하여 토지가격을 평가해야 하는지 여부(적극) 및 특정 공익사업의 시행을 위하여 용도지역 등을 지정 또는 변경을 하지 않았다고 보기 위한 요건

[3] 2개 이상의 토지 등에 대한 감정평가 방법 및 예외적으로 일괄평가가 허용되는 경우인 2개 이상의 토지 등이 '용도상 불가분의 관계'에 있다는 의미

판결요지

[1] 공익사업을 위한 토지 등의 취득 및 보상에 관한 법률과 그 시행규칙의 관련 규정에 의하면, 공법상 제한을 받는 토지에 대한 보상액을 산정할 때에 해당 공법상 제한이 (구)도시계획법 (2002.2.4. 법률 제6655호 국토의 계획 및 이용에 관한 법률 부칙 제2조로 폐지) 등에 따른 용도지역·지구·구역(이하 '용도지역 등'이라고 한다)의 지정 또는 변경과 같이 그 자체로 제한목적이 달성되는 일반적 계획제한으로서 구체적 도시계획사업과 직접 관련되지 아니한 경우에는 그러한 제한을 받는 상태 그대로 평가하여야 한다. 반면 <u>도로·공원 등 특정 도시계획시설의 설치를 위한 계획결정과 같이 구체적 사업이 따르는 개별적 계획제한이거나, 일반적 계획제한에 해당하는 용도지역 등의 지정 또는 변경에 따른 제한이더라도 그 용도지역 등의 지정 또는 변경이 특정 공익사업의 시행을 위한 것일 때에는, 그 공익사업의 시행을 직접 목적으로 하는 제한으로 보아 그 제한을 받지 아니하는 상태를 상정하여 평가하여야 한다.</u>

[2] <u>어느 수용대상토지에 관하여 특정 시점에서 용도지역·지구·구역(이하 '용도지역 등'이라고 한다)을 지정 또는 변경하지 않은 것이 특정 공익사업의 시행을 위한 것일 경우 이는 해당 공익사업의 시행을 직접 목적으로 하는 제한이라고 보아 용도지역 등의 지정 또는 변경이 이루어진 상태를 상정하여 토지가격을 평가하여야 한다. 여기에서 특정 공익사업의 시행을 위하여 용도지역 등을 지정 또는 변경하지 않았다고 볼 수 있으려면, 토지가 특정 공익사업에 제공된다는 사정을 배제할 경우 용도지역 등을 지정 또는 변경하지 않은 행위가 계획재량권의 일탈·남용에 해당함이 객관적으로 명백하여야만 한다.</u>

[3] <u>2개 이상의 토지 등에 대한 감정평가는 개별평가를 원칙으로 하되, 예외적으로 2개 이상의 토지 등에 거래상 일체성 또는 용도상 불가분의 관계가 인정되는 경우에 일괄평가가 허용된다. 여기에서 '용도상 불가분의 관계'에 있다는 것은 일단의 토지로 이용되고 있는 상황이 사회적·경제적·행정적 측면에서 합리적이고 그 토지의 가치 형성적 측면에서도 타당하다고 인정되는 관계에 있는 경우를 뜻한다.</u>

관련내용

    공법상 제한받는 토지의 평가

1. 의의 및 취지
    공법상 제한 받는 토지란 개별법령에 따라 토지의 각종 이용규제나 제한을 받는 토지로서, 이는 국토공간의 효율적 이용을 통해 공공복리를 증진시키는 수단으로 그 취지가 인정된다.

2. 평가기준(토지보상법 시행규칙 제23조)

① 공법상 제한 받는 토지에 대하여는 제한받는 상태대로 평가하되(규칙 제23조 제1항), ② 공법상 제한이 해당 공익사업의 시행을 직접 목적으로 하여 가하여진 경우에는 제한이 없는 상태를 상정하여 평가한다(규칙 제23조 제2항).

3. 공법상 제한의 구분

(1) 일반적 제한

일반적 제한이란 제한 그 자체로 목적이 완성되고 구체적 사업의 시행이 필요하지 않은 경우로 그 제한받는 상태대로 평가한다. 그 예로는 국토의 이용 및 계획에 관한 법률에 의한 용도지역, 지구, 구역의 지정, 변경 기타 관계법령에 의한 토지이용계획 제한이 있다.

(2) 개별적 제한(특별한 희생)

개별적 제한이란 그 제한이 구체적 공익사업의 시행을 필요로 하는 경우를 말하며 개별적 제한이 해당 공익사업의 시행을 직접 목적으로 가해진 경우에는 그 제한이 없는 상태를 상정하여 평가한다.

개별적 제한을 받는 수용대상 토지의 보상액을 산정함에 있어서는 그 공법상 제한이 해당 공공사업의 시행을 직접 목적으로 가하여진 경우는 물론 당초의 목적사업과는 다른 목적의 공공사업에 편입수용되는 경우에도 그 제한을 받지 아니하는 상태로 평가해야 한다.

4. 구체적(개별적) 평가기준

(1) 공원구역 안의 토지

자연공원의 경우 제한을 받는 상태를 기준, 도시공원의 경우 제한을 받지 아니한 상태를 기준으로 평가한다.

(2) 용도지역이 변경된 토지

용도지역이 변경된 토지는 가격시점 당시 용도지역을 기준으로 평가하며, 용도지역변경이 해당 사업에 관련되어 있으면 변경 전 용도지역을 기준하여 평가한다.

(3) 도시계획도로의 평가기준

도시계획시설도로에 접한 토지는 계획도로를 고려한 가격으로 평가하며, 도시계획시설도로에 저촉된 토지는 저촉되지 않은 상태를 기준으로 평가하고, 함께 의뢰된 경우 면적비율에 따라 평가한다.

(4) 정비구역 안 토지의 평가

공법상 제한을 받지 않은 상태를 기준하여 평가한다.

(5) 개발제한구역 안 토지의 평가

개발제한구역 안의 토지에 대한 평가는 공법상 제한을 받는 상태를 기준으로 평가한다.

판례 84 **2011다104253**

토지보상법 시행규칙 제22조의 대외적 구속력 여부

쟁점사항

▶ 토지보상법 시행규칙 제22조의 대외적인 구속력 여부(= 법령보충적 행정규칙)

관련판례

✦ 대판 2012.3.29, 2011다104253[손해배상(기)등]

판시사항

[1] 공익사업을 위한 토지 등의 취득 및 보상에 관한 법률 제68조 제3항의 위임에 따라 협의취득의 보상액 산정에 관한 구체적 기준을 정하고 있는 공익사업을 위한 토지 등의 취득 및 보상에 관한 법률 시행규칙 제22조가 대외적인 구속력을 가지는지 여부(적극)

[2] 한국토지주택공사가 甲 등에게서 토지를 협의취득하면서 '매매대금이 고의·과실 내지 착오평가 등으로 과다 또는 과소하게 책정되어 지급되었을 때에는 과부족금액을 상대방에게 청구할 수 있다'고 약정하였는데, 공사가 협의취득을 위한 보상액을 산정하면서 한국감정평가업협회의 (구)토지보상평가지침에 따라 토지를 지상에 설치된 철탑 및 고압송전선의 제한을 받는 상태로 평가한 사안에서, 위 약정은 감정평가기준을 잘못 적용하여 협의매수금액을 산정한 경우에도 적용되고, 위 협의매수금액 산정은 위 약정에서 정한 고의·과실 내지 착오평가 등으로 과소하게 책정하여 지급한 경우에 해당한다고 본 원심판결에 이유불비 등의 잘못이 없다고 한 사례

판결요지

[1] 공익사업을 위한 토지 등의 취득 및 보상에 관한 법률(이하 '공익사업법'이라 한다) 제68조 제3 항은 협의취득의 보상액 산정에 관한 구체적 기준을 시행규칙에 위임하고 있고, 위임범위 내 에서 공익사업을 위한 토지 등의 취득 및 보상에 관한 법률 시행규칙 제22조는 토지에 건축물 등이 있는 경우에는 건축물 등이 없는 상태를 상정하여 토지를 평가하도록 규정하고 있는데, 이는 비록 행정규칙의 형식이나 공익사업법의 내용이 될 사항을 구체적으로 정하여 내용을 보충하는 기능을 갖는 것이므로, 공익사업법 규정과 결합하여 대외적인 구속력을 가진다.

[2] 한국토지주택공사가 국민임대주택단지를 조성하기 위하여 甲 등에게서 토지를 협의취득하면서 '매매대금이 고의·과실 내지 착오평가 등으로 과다 또는 과소하게 책정되어 지급되었을 때에는 과부족금액을 상대방에게 청구할 수 있다'고 약정하였는데, 공사가 협의취득을 위한 보상액

을 산정하면서 한국감정평가업협회의 (구)토지보상평가지침(2003.2.14.자로 개정된 것, 이하 '(구)토지보상평가지침'이라 한다)에 따라 토지를 지상에 설치된 철탑 및 고압송전선의 제한을 받는 상태로 평가한 사안에서, 위 약정은 단순히 협의취득 대상토지 현황이나 면적을 잘못 평가하거나 계산상 오류 등으로 감정평가금액을 잘못 산정한 경우뿐만 아니라 공익사업을 위한 토지 등의 취득 및 보상에 관한 법률(이하 '공익사업법'이라 한다)상 보상액 산정기준에 적합하지 아니한 감정평가기준을 적용함으로써 감정평가금액을 잘못 산정하여 이를 기준으로 협의매수금액을 산정한 경우에도 적용되고, 한편 공사가 협의취득을 위한 보상액을 산정하면서 대외적 구속력을 갖는 공익사업을 위한 토지 등의 취득 및 보상에 관한 법률 시행규칙 제22조에 따라 토지에 건축물 등이 있는 때에는 건축물 등이 없는 상태를 상정하여 토지를 평가하여야 함에도, 대외적 구속력이 없는 (구)토지보상평가지침에 따라 토지를 건축물 등에 해당하는 철탑 및 고압송전선의 제한을 받는 상태로 평가한 것은 정당한 토지평가라고 할 수 없는 점 등에 비추어 위 협의매수금액 산정은 공사가 고의·과실 내지 착오평가 등으로 과소하게 책정하여 지급한 경우에 해당한다고 본 원심판결에 판단누락이나 이유불비 등의 잘못이 없다고 한 사례

✂ 관련내용

법규명령형식의 행정규칙	법령보충적 행정규칙	(순수) 행정규칙
법규명령형식의 행정규칙은 행정사무처리기준에 관한 사항을 형식은 대통령령, 총리령, 부령의 형식으로 규정되어 있는데, 실질은 행정규칙인 경우에 이를 법규명령형식의 행정규칙이라고 한다.	법령보충적 행정규칙이란 법령의 위임에 의해 법령을 보충하는 법규사항을 정하는 행정규칙을 말한다. 판례는 법령보충적 행정규칙을 수권법령과 결합하여 대외적인 구속력이 있는 법규명령으로서의 효력을 갖는다고 본다	행정규칙이란 행정조직내부 또는 특별한 공법상 법률관계 내부에서 그 조직과 활동을 규율하는 일반, 추상적인 명령으로서 법규적 성질을 갖지 않는다.
감정평가법 시행령 제29조 별표3(감정평가법인등 제재기준)	토지가격비준표, 토지보상법 시행규칙 제22조, 감정평가실무기준 (판례는 행정규칙으로 봄)	고시, 훈령, 국토부 고시, 이주자 선정 국토부 훈령
법규명령설(형식설), 행정규칙설(실질설), 수권여부기준설	법규명령설, 행정규칙설, 규범체화행정규칙설, 위헌무효설 등	비법규설, 법규설, 준법규설
판례는 부령인 시행규칙과는 달리 제재적 재량처분의 기준을 정한 시행령(대통령령)에 대해서는 법규성을 인정하고 있다.	대법원은 법령보충적 행정규칙을 행정규칙이지만 법규명령과 같은 효력을 갖는 것으로 보기도 하고, 법규명령의 성질을 갖는 것으로 보기도 한다. 헌법재판소는 법령보충적 행정규칙도 행정규칙으로 보며 법령보충적 행정규칙은 그 자체로서 직접적 대외적 구속력을 갖는	행정규칙이나 규정 '내용'이 위임 범위를 벗어난 경우뿐 아니라 상위법령에서 세부사항 등을 시행규칙으로 정하도록 위임하였음에도 이를 고시 등 행정규칙으로 정하였다면 그 역시 대외적 구속력을 가지는 법규명령으로서 효력이 인정될 수 없다.

	것이 아니라 상위법령과 결합하여 상위법령의 일부가 됨으로써 대외적 구속력을 가질 뿐이라고 본다.	
감정평가법 시행령 제29조 별표3이 대표적인 사례임	토지가격비준표. 토지보상법 시행규칙 제22조 – 판례의 태도	감정평가실무기준은 판례가 법규성이 없는 것으로 판시함.

판례 85 2011두24033

현황평가 원칙의 예외(토지의 형질변경)

쟁점사항

▸ 토지의 형질변경의 의미 및 토지의 형질변경에 준공검사 또는 지목 변경을 필요로 하는지 여부

관련판례

✦ 대판 2012.12.13, 2011두24033[수용보상금증액]

판시사항

국토의 계획 및 이용에 관한 법률 시행령 제51조 제3호에서 정한 토지의 형질변경의 의미 및 토지의 형질변경에 형질변경허가에 관한 준공검사를 받거나 토지의 지목을 변경할 것을 필요로 하는지 여부(소극)

전문

【원고, 상고인】 주식회사 하나다올신탁(소송대리인 법무법인(유한) 영진 외 1인)
【피고, 피상고인】 한국토지주택공사(소송대리인 법무법인 해마루 담당변호사 오재창 외 14인)
【원심판결】 서울고법 2011.8.30, 2011누4703

주문

원심판결을 파기하고, 사건을 서울고등법원에 환송한다.

이유

상고이유 제1 내지 제6점(상고이유서 제출기간이 경과한 후 제출한 상고이유보충서의 기재는 상고이유를 보충하는 범위 내에서)을 함께 판단한다.

토지의 형질변경이라 함은 절토, 성토, 정지 또는 포장 등으로 토지의 형상을 변경하는 행위와 공유수면의 매립을 뜻하는 것으로서(국토의 계획 및 이용에 관한 법률 시행령 제51조 제3호), 토지의 형질을 외형상으로 사실상 변경시킬 것과 그 변경으로 인하여 원상회복이 어려운 상태에 있을 것을 요하지만(대판 2007.2.23, 2006두4875 등 참조), 형질변경허가에 관한 준공검사를 받거나(대판 2011.5.13, 2011두1269 등 참조), 토지의 지목까지 변경시킬 필요는 없다(대판 1992.11.27, 92도1477 등 참조).

토지소유자가 지목 및 현황이 전(田)인 토지에 관하여 국토의 계획 및 이용에 관한 법률 등 관계법령에 의하여 건축물의 부지조성을 목적으로 한 개발행위(토지의 형질변경)허가를 받아 그 토지의 형질을 대지로 변경한 다음 토지에 건축물을 신축하는 내용의 건축허가를 받고 그 착공신고서까지 제출하였고, 형질변경허가에 관한 준공검사를 받은 다음 지목변경절차에 따라 그 토지의 지목을 대지로 변경할 여지가 있었으며, 그와 같이 형질을 변경한 이후에는 그 토지를 더 이상 전으로 사용하지 않았고, 한편 행정청도 그 토지가 장차 건축물의 부지인 대지로 사용됨을 전제로 건축허가를 하였을 뿐만 아니라[(구)건축법 시행규칙(2005.7.18. 건설교통부령 제459호로 개정되기 전의 것) 제6조 제1항 제1호에 의하면, 건축허가를 받기 위하여 제출하는 건축허가신청서에는 '건축할 대지의 범위와 그 대지의 소유 또는 그 사용에 관한 권리를 증명하는 서류'를 첨부하도록 되어 있다], 그 현황이 대지임을 전제로 개별공시지가를 산정하고 재산세를 부과하였으며, 나아가 그와 같이 형질이 변경된 이후에 그 토지가 대지로서 매매되는 등 형질이 변경된 현황에 따라 정상적으로 거래된 사정이 있는 경우, 비록 토지소유자가 그 토지에 건축물을 건축하는 공사를 착공하지 못하고 있던 중 토지가 택지개발사업지구에 편입되어 수용됨으로써 실제로 그 토지에 건축물이 건축되어 있지 않아 그 토지를 (구)지적법(2009.6.9. 법률 제9774호로 폐지되기 전의 것, 이하 같다) 제5조 제1항 및 같은 법 시행령(2009.12.14. 대통령령 제21881호로 폐지되기 전의 것, 이하 같다) 제5조 제8호에서 정한 대지로 볼 수 없다고 하더라도, 그 토지의 수용에 따른 보상액을 산정함에 있어서는 공익사업을 위한 토지 등의 취득 및 보상에 관한 법률 제70조 제2항의 '현실적인 이용상황'을 대지로 평가함이 상당하다.

관련내용

✦ **불법형질변경토지(토지보상법 시행규칙 제24조)**

1. 의의 및 근거

불법형질변경토지란 관계법령에 의하여 허가를 받거나 신고를 하고 형질변경을 하여야 하는 토지를 허가나 신고를 받지 아니하고 형질변경한 토지로, 토지보상법 시행규칙 제24조에 규정되어 있다. 불법형질변경이란 절토, 성토, 정지 등 형질변경과 공유수면매립, 단순히 용도만 변경하는 경우도 포함하며 농지 상호간의 변경은 형질변경으로 보지 않는다.

2. 평가기준

(1) 원칙 및 취지

불법형질변경된 토지는 형질변경 당시의 이용상황을 상정하여 평가하도록 되어 있다. 이는 위법행위의 합법화를 통한 불합리한 보상을 배제하는데 그 취지가 인정된다.

(2) 예외

1995.1.7. 당시 공익사업시행지구에 편입된 불법형질변경토지에 대해서는 현황평가한다.

3. 관련문제

(1) 입증책임의 문제

불법형질변경 토지에 대한 입증책임을 누가 지는지에 대해 현황평가 원칙에 따라 사업시행자에게 있다고 보는 견해와 진실의 추정력에 따라 토지소유자가 입증해야 한다는 견해가 있다. 이에 대해 판례는 예외사유를 주장하는 쪽에서 증명해야 한다고 판시하였다.

(2) 보상평가방법의 정당성 검토

1995.1.7. 이전의 불법형질변경된 토지가 공공사업시행지구에 포함된 경우 현황평가를 하며, 그 외에 토지는 언제 변경되었느냐를 묻지 않고 무조건 변경 당시를 기준으로 평가하는 것이 불합리한 차별로 평등의 원칙에 위반되는지 여부가 문제되지만, 불법 앞의 평등은 평등의 원칙에 포함되지 않으므로 평등의 원칙 위반이 아니다.

(3) 소급입법금지 원칙에 반하는지 여부

헌법 제13조 제2항은 모든 국민은 소급입법에 의하여 재산권을 박탈당하지 아니한다고 규정하고 있다. 헌법재판소는 소급입법에 의한 재산권 박탈이 금지되는 것은 진정소급효 입법이고, 부진정소급효 입법의 경우에는 원칙적으로 허용된다고 보고 있다. 이러한 불법형질변경토지의 평가방법이 진정소급효로서 소급입법에 의한 재산권 박탈금지의 원칙에 위배되는 것인지 문제가 된다. 불법형질변경토지는 일반적으로 국민이 소급입법을 예상할 수 있어서 보호할 신뢰이익이 적고, 신뢰보호 요청에 우선하는 심히 중대한 공익상의 사유로 보아 소급입법이 예외적으로 허용되는 경우라 볼 수 있다.

(4) 제3자가 불법형질변경한 경우

제3자가 불법형질변경을 한 경우에도 적법한 허가나 승인 없이 한 경우이므로 동 규정이 그대로 적용된다. 단, 사업시행자가 불법형질변경을 시행한 경우 불법으로 되지는 않는다고 볼 수 있다.

판례 86 2013두4620

공시지가기준 평가의 원칙(시점수정), 감정평가실무기준 및 토지보상평가지침의 기속력 여부
(소극)

쟁점사항

▶ '감정평가실무기준' 및 '토지보상평가지침'의 기속력 여부
▶ 공시지가기준 평가의 원칙(시점수정)

관련판례

✦ 대판 2014.6.12, 2013두4620[보상금증액]

판시사항

[1] 수용대상토지가 개발제한구역으로 지정되어 있는 경우 손실보상금 산정에서 참작할 지가변동
률 및 이러한 법리는 개발제한구역의 지정 및 관리에 관한 특별조치법이 제정·시행되었어도
마찬가지인지 여부(적극)

[2] 감정평가에 관한 규칙에 따른 '감정평가실무기준'이나 한국감정평가업협회가 제정한 '토지보상
평가지침'이 일반국민이나 법원을 기속하는지 여부(소극)

[3] 손실보상금의 증감에 관한 소송에서 이의재결의 기초가 된 감정평가와 법원 감정인의 감정평
가가 개별요인비교에 관하여만 평가를 달리하여 감정결과에 치이기 생긴 경우, 그중 어느 깃
을 신뢰할 것인지가 법원의 재량에 속하는지 여부(적극) 및 이의재결 감정기관의 감정평가와
법원 감정인의 감정평가가 품등비교를 제외한 나머지 요인에서도 견해가 다르거나 평가방법에
위법사유가 있을 경우, 법원의 감정평가 채택방법

전문

【원고, 피상고인】 학교법인 동원육영회(소송대리인 변호사 임형욱)
【피고, 상고인】 한국토지주택공사(소송대리인 법무법인(유한) 바른 담당변호사 박인호)
【원심판결】 서울고법 2013.1.18, 2012누142

주문

상고를 기각한다. 상고비용은 피고가 부담한다.

이유

상고이유를 판단한다.

1. 상고이유 제1점에 대하여

...

그리고 <u>감정평가에 관한 규칙에 따른 '감정평가실무기준'(2013.10.22. 국토교통부 고시 제2013-620호)은 감정평가의 구체적 기준을 정함으로써 감정평가업자가 감정평가를 수행할 때 이 기준을 준수하도록 권장하여 감정평가의 공정성과 신뢰성을 제고하는 것을 목적으로 하는 것이고, 한국감정평가업협회가 제정한 '토지보상평가지침'은 단지 한국감정평가업협회가 내부적으로 기준을 정한 것에 불과하여 어느 것도 일반 국민이나 법원을 기속하는 것이 아니다</u>(대판 2010.3.25. 2009다97062 등 참조).

2. 상고이유 제2점에 대하여

보상금 증감에 관한 소송에 있어서 이의재결의 기초가 된 각 감정기관의 감정평가와 법원 감정인의 감정평가가 평가방법에 있어 위법사유가 없고 개별요인비교를 제외한 나머지 가격산정요인의 참작에 있어서는 서로 견해가 일치하나 개별요인비교에 관하여만 평가를 다소 달리한 관계로 감정결과(수용대상토지의 보상평가액)에 차이가 생기게 된 경우 그중 어느 감정평가의 개별요인비교의 내용에 오류가 있음을 인정할 자료가 없는 이상 각 감정평가 중 어느 것을 취신하여 정당보상가액으로 인정하는가 하는 것은 그것이 논리칙과 경험칙에 반하지 않는 이상 법원의 재량에 속한다(대판 2005.1.28. 2002두4679 등 참조). 그러나 이의재결 감정기관의 감정평가와 법원 감정인의 감정평가가 품등비교를 제외한 나머지 요인에서도 견해가 다르거나 그 평가방법에 위법사유가 있을 경우 그 각 감정평가 중 어느 것을 받아들일 것인지는 더 이상 재량의 문제라고 할 수 없으므로, 법원은 적법한 감정평가에 따라 정당한 손실보상금을 산정하여야 한다. 원심은 그 판시와 같은 이유로 법원 감정인의 감정평가 중 이용상황별 지가변동률에 따라 시점수정을 한 감정결과를 채택하여 이 사건 수용대상토지에 대한 손실보상액을 산정하였다.

※ **참고자료** : 개발제한구역 내 토지의 감정평가 시 지가변동률 적용기준(협회 업무연락 제292호 (2014.11.28.) 관련)

구분	개정 전 토지보상법 시행령이 적용되는 경우	개정 토지보상법 시행령이 적용되는 경우
지가변동률 적용	이용상황별 지가변동률	용도지역별 지가변동률(녹지지역)
관련 조문	제37조(지가변동률) ① 법 제70조 제1항에서 "대통령령이 정하는 지가변동률"이란 「국토의 계획 및 이용에 관한 법률 시행령」 제125조에 따라 국토교통부장관이 조사·발표하는 지가변동률	제37조(지가변동률) ① 법 제70조 제1항에서 "대통령령으로 정하는 지가변동률"이란 「국토의 계획 및 이용에 관한 법률 시행령」 제125조에 따라 국토교통부장관이 조사·발표하는 지가변동률로

	로서 평가대상토지가 소재하는 시(행정시를 포함한다)·군 또는 구(자치구가 아닌 구를 포함한다)의 지가변동률을 말한다.	서 평가대상토지와 가치형성요인이 같거나 비슷하여 해당 평가대상토지와 유사한 이용가치를 지닌다고 인정되는 표준지(이하 "비교표준지"라 한다)가 소재하는 시(행정시를 포함한다)·군 또는 구(자치구가 아닌 구를 포함한다)의 용도지역별 지가변동률을 말한다. 다만, 비교표준지와 같은 용도지역의 지가변동률이 조사·발표되지 아니한 경우에는 비교표준지와 유사한 용도지역의 지가변동률, 비교표준지와 이용상황이 같은 토지의 지가변동률 또는 해당 시·군 또는 구의 평균지가변동률 중 어느 하나의 지가변동률을 말한다.
근거	대판 2014.6.12, 2013두4620	2013.5.28. 전문개정되면서 "지가변동률"이 "용도지역별 지가변동률"로 대체됨. 따라서 대법원 판례는 개정 토지보상법 시행령이 적용되는 경우에는 유효하지 않음

관련내용

공시지가기준보상(토지보상법 제70조 제1항)

1. 공시지가기준보상의 의의 및 취지

토지보상법 제70조 제1항은 협의나 재결에 의하여 취득하는 토지에 대하여는 공시지가를 기준으로 하여 보상하되, 그 공시기준일부터 가격시점까지의 관계 법령에 따른 그 토지의 이용계획, 해당 공익사업으로 인한 지가의 영향을 받지 아니하는 지역의 지가변동률, 생산자물가상승률, 그 밖에 그 토지의 위치·형상·환경·이용상황 등을 고려하여 평가한 적정가격으로 보상하여야 한다고 규정하고 있다. 이는 개발이익 배제에 취지가 인정된다.

2. 공시지가기준보상의 정당성

(1) 문제점

토지보상법 제70조에서는 보상액을 산정함에 있어서 공시지가를 기준으로 협의성립 당시 또는 재결 당시까지 시점수정을 하도록 하고 있다. 보상액 산정의 기초가 되는 공시지가는 현실적인 토지가격이라 보기 어렵고, 이에 따른 보상액은 시가에 미달하게 되며 정당보상에 합치하지 못한다는 지적이 있다. 이하에서는 공시지가기준이 정당보상에 합치하는지 여부를 검토하여 보기로 한다.

(2) 판례

① 대법원은 공시지가가 인근 토지의 거래가격 등 제 요소를 종합 고려하여 산정되므로 정당보상에 해당한다고 볼 수 있다고 하였다(대판 1993.7.13, 93누2131).

② 헌법재판소는 공시지가가 적정가격을 반영하지 못하고 있다면, 그것은 제도운영상의 문제이므로 정하여진 절차에 의하여 시정할 수 있어 정당보상과 괴리되는 것은 아니라고 하였다(헌재 2010.12.28, 2008헌바57).

(3) 검토

공시지가를 기준으로 한 보상이 시가에 미달한다 하여 정당한 보상이 아니라고 단정적으로 말할 수는 없으며, 공시지가를 기준으로 함으로써 보상의 객관화 보장 및 개발이익의 배제의 기능을 수행하는 점을 인정할 때, 공시지가기준 보상은 정당보상에 위배되지 아니한다고 보는 것이 타당하다.

기타요인 보정의 가능 여부

1. 의의

토지보상법 제70조 규정상 그 토지의 위치, 형상, 환경, 이용상황 등의 개별요인을 제외한 요인으로서 그 토지의 가치에 영향을 미치는 사항을 의미한다.

2. 판례(2006두11507)

인근 유사토지의 정상거래사례가 있고 그 거래를 참작하는 것으로서 적정한 보상평가가 영향을 미칠 수 있는 것이 입증된 경우에는 이를 참작할 수 있다고 판시하였다.

3. 검토

공시지가기준보상이 완전보상에 미치지 못한다고 인정되는 경우 기타요인으로 정상거래가격, 보상선례, 호가시세 등을 참작하여서라도 완전보상에 이르도록 하는 것이 국민의 재산권 보장을 위한 타당한 방법일 것이다. 따라서 토지보상법에 명문규정을 마련하는 입법보완이 필요하다고 판단된다.

🔗 관련기출

1. 제26회 문제1 물음1

甲은 보상액 결정이 '감정평가 실무기준(국토교통부 고시)'을 따르지 않았으므로 위법이라고 주장한다. 甲의 주장은 타당한가? **20점**

판례 87 2012두1020, 2012두7950

보상기준 : 공익사업의 시행을 직접 목적으로 한 용도지역 등의 변경

쟁점사항

▶ 공익사업의 시행을 직접 목적으로 한 공법상 제한이 보상금을 평가할 때 배제되어야 하는지 여부

관련판례

✦ **대판 2012.5.24, 2012두1020[수용보상금지급청구]**

판시사항

[1] 공법상 제한을 받는 토지의 보상평가방법

[2] 관할 구청장이 공원조성사업을 위하여 수용한 甲 소유 토지에 대하여 녹지지역으로 지정된 상태로 평가한 감정결과에 따라 수용보상금을 결정한 사안에서, 공원 설치에 관한 도시계획결정은 개별적 계획제한이고, 제반 사정에 비추어 볼 때, 위 토지를 녹지지역으로 지정·변경한 것은 도시계획시설인 공원의 설치를 직접 목적으로 한 것이므로, 위 녹지지역의 지정·변경에 따른 공법상 제한은 위 토지에 대한 보상금을 평가할 때 고려 대상에서 배제되어야 한다는 이유로, 이와 달리 본 원심판결에 법리를 오해한 위법이 있다고 한 사례

전문

【원고, 상고인】원고(소송대리인 법무법인 와이비엘 외 1인)
【피고, 피상고인】인천광역시 부평구(소송대리인 변호사 고정길)
【피고보조참가인】인천광역시
【원심판결】서울고법 2011.12.8, 2011누10548

주문

원심판결을 파기하고, 사건을 서울고등법원에 환송한다.

이유

공익사업을 위한 토지 등의 취득 및 보상에 관한 법률 시행규칙 제23조 제1항은 "공법상 제한을 받는 토지에 대하여는 제한받는 상태대로 평가한다. 다만, 그 공법상 제한이 해당 공익사업의 시행을 직접 목적으로 하여 가하여진 경우에는 제한이 없는 상태를 상정하여 평가한다."고 규정하고 있다. 따라서 <u>공법상 제한을 받는 토지에 대한 보상액을 산정할 때에 해당 공법상 제한이 (구)도시</u>

계획법에 따른 용도지역·지구·구역의 지정 또는 변경과 같이 그 자체로 제한목적이 달성되는 일반적 계획제한으로서 구체적 도시계획사업과 직접 관련되지 아니한 경우에는 그러한 제한을 받는 상태 그대로 평가하여야 하지만, 도로·공원 등 특정 도시계획시설의 설치를 위한 계획결정과 같이 구체적 사업이 따르는 개별적 계획제한이거나 일반적 계획제한에 해당하는 용도지역·지구·구역의 지정 또는 변경에 따른 제한이더라도 그 용도지역·지구·구역의 지정 또는 변경이 특정 공익사업의 시행을 위한 것일 때에는 해당 공익사업의 시행을 직접 목적으로 하는 제한으로 보아 위 제한을 받지 아니하는 상태를 상정하여 평가하여야 한다(대판 1992.3.13, 91누4324, 대판 2007.7.12, 2006두11507 등 참조).

그렇다면 원심이 인정한 바와 같이 이 사건 토지를 포함한 인천 부평구 갈산동 일대가 1944.1.8. 총독부고시에 의하여 인천시가지계획공원으로 결정되고 이후 계속하여 위 공원의 설치에 관한 도시계획결정이 유지되어 왔다고 하더라도 이러한 공원 설치에 관한 도시계획결정은 위에서 본 개별적 계획제한에 지나지 않고, 또한 이 사건 토지가 위와 같은 도시계획공원의 구역 내에 속함으로써 (구)도시계획법상 용도지역 가운데 녹지지역으로 지정·변경된 바 있다고 하더라도, 기록에 나타난 이 사건 토지 및 인근 토지의 연혁 및 현황, 특히 1965.10.19. 건설부고시 제1915호에 의하여 이 사건 토지가 주거지역으로 지정되었다가 공원 설치에 관한 도시계획을 이유로 다시 녹지지역으로 환원된 점 등에 비추어 보면 이러한 녹지지역으로의 지정·변경은 도시계획시설인 위 공원의 설치를 직접 목적으로 한 것임을 충분히 알 수 있으므로, 위 도시계획공원의 결정이나 녹지지역의 지정·변경에 따른 공법상 제한은 이 사건 토지에 관한 보상금을 평가할 때 고려의 대상에서 배제되어야 할 것이다.

그럼에도 원심은 그 판시와 같은 사정을 들어 이 사건 토지에 관한 도시계획공원의 결정 등에 따른 제한이 이 사건 공원조성사업과 무관하게 가하여진 일반적 계획제한에 해당한다는 이유로 이를 보상평가에 반영하여야 한다고 판단하였으니, 이러한 원심판결에는 공법상 제한을 받는 토지의 평가에 관한 법리를 오해하여 판결에 영향을 미친 위법이 있음이 명백하다.

쟁점사항

▸ 공익사업의 시행을 직접 목적으로 공법상 제한의 지정·변경을 하지 않은 경우

관련판례

✦ 대판 2015.8.27, 2012두7950[토지보상금증액]

판시사항

수용대상토지에 관하여 특정 시점에서 용도지역 등의 지정 또는 변경을 하지 않은 것이 특정 공익

사업의 시행을 위한 것인 경우, 공익사업의 시행을 직접 목적으로 하는 제한으로 보아 용도지역 등의 지정 또는 변경이 이루어진 상태를 상정하여 토지가격을 평가해야 하는지 여부(적극) 및 특정 공익사업의 시행을 위하여 용도지역 등의 지정 또는 변경을 하지 않았다고 보기 위한 요건

판결요지

(구)공익사업을 위한 토지 등의 취득 및 보상에 관한 법률 시행규칙(2012.1.2. 국토해양부령 제427호로 개정되기 전의 것) 제23조 제1항, 제2항의 규정 내용, 상호 관계와 입법취지, 용도지역·지구·구역(이하 '용도지역 등'이라 한다)의 지정 또는 변경행위의 법적 성질과 사법심사의 범위, 용도지역 등이 토지의 가격형성에 미치는 영향의 중대성 및 공익사업을 위하여 취득하는 토지에 대한 보상액 산정을 위하여 토지가격을 평가할 때 일반적 계획제한에 해당하는 용도지역 등의 지정 또는 변경이라도 특정 공익사업의 시행을 위한 것이라면 해당 공익사업의 시행을 직접 목적으로 하는 제한이라고 보아야 하는 점 등을 종합적으로 고려하면, 어느 수용대상토지에 관하여 특정 시점에서 용도지역 등의 지정 또는 변경을 하지 않은 것이 특정 공익사업의 시행을 위한 것일 경우 이는 해당 공익사업의 시행을 직접 목적으로 하는 제한이라고 보아 용도지역 등의 지정 또는 변경이 이루어진 상태를 상정하여 토지가격을 평가하여야 한다. 여기에서 특정 공익사업의 시행을 위하여 용도지역 등의 지정 또는 변경을 하지 않았다고 볼 수 있으려면, 토지가 특정 공익사업에 제공된다는 사정을 배제할 경우 용도지역 등의 지정 또는 변경을 하지 않은 행위가 계획재량권의 일탈·남용에 해당함이 객관적으로 명백하여야만 한다.

판례 88 2012두300

불법형질변경토지의 보상평가기준

쟁점사항

▸ '토지의 형질변경'에 형질변경허가에 관한 준공검사나 토지의 지목변경을 요하는지 여부
▸ 수용대상토지가 공부상 지목변경절차를 마치지 않고 공장용지의 요건을 충족한 경우 '현실적인 이용상황'을 공장용지로 평가해야 하는지 여부

🎧 관련판례

✦ 대판 2013.6.13, 2012두300[수용보상금증액]

판시사항

[1] (구)국토의 계획 및 이용에 관한 법률 시행령 제51조 제3호에서 정한 '토지의 형질변경'에 형질변경허가에 관한 준공검사나 토지의 지목변경을 요하는지 여부(소극)

[2] 택지개발사업을 위한 토지의 수용에 따른 보상금액의 산정이 문제된 사안에서, 농지가 이미 공장용지로 형질변경이 완료되었고 공장용지의 요건을 충족한 이상 비록 공부상 지목변경절차를 마치지 않았다고 하더라도 그 수용에 따른 보상액을 산정할 때에는 공익사업을 위한 토지 등의 취득 및 보상에 관한 법률 제70조 제2항의 '현실적인 이용상황'을 공장용지로 평가해야 한다고 한 사례

판결요지

[1] 토지의 형질변경이란 절토, 성토, 정지 또는 포장 등으로 토지의 형상을 변경하는 행위와 공유수면의 매립을 뜻하는 것으로서, 토지의 형질을 외형상으로 사실상 변경시킬 것과 그 변경으로 인하여 원상회복이 어려운 상태에 있을 것을 요하지만, 형질변경허가에 관한 준공검사를 받거나 토지의 지목까지 변경시킬 필요는 없다.

[2] 택지개발사업을 위한 토지의 수용에 따른 보상금액의 산정이 문제 된 사안에서, 농지를 공장부지로 조성하기 위하여 농지전용허가를 받아 농지조성비 등을 납부한 후 공장설립 및 변경신고를 하고, 실제로 일부 공장건물을 증축하기까지 하여 토지의 형질이 원상회복이 어려울 정도로 사실상 변경됨으로써 이미 공장용지로 형질변경이 완료되었으며, 당시 농지법령에 농지전용허가와 관련하여 형질변경 완료시 준공검사를 받도록 하는 규정을 두고 있지 않아 별도로 준공검사를 받지 않았다고 하더라도 (구)지적법 시행령(2002.1.26. 대통령령 제17497호로 개정되기 전의 것)에서 정한 '공장부지 조성을 목적으로 하는 공사가 준공된 토지'의 요건을 모두 충족하였다고 보아야 하고, 수용대상토지가 이미 공장용지의 요건을 충족한 이상 비록 공부상 지목변경절차를 마치지 않았다고 하더라도 그 토지의 수용에 따른 보상액을 산정할 때에는 공익사업을 위한 토지 등의 취득 및 보상에 관한 법률 제70조 제2항의 '현실적인 이용상황'을 공장용지로 평가해야 한다고 한 사례

판례 89 2011두2521

불법형질변경토지에 대한 입증책임

쟁점사항

▶ 불법형질변경토지에 대한 증명책임의 소재 및 증명의 정도

관련판례

✦ 대판 2012.4.26, 2011두2521[손실보상금]

판시사항

[1] 공익사업을 위한 토지 등의 취득 및 보상에 관한 법률 시행규칙 제24조가 정한 '불법형질변경
토지'라는 이유로 형질변경 당시의 이용상황에 의하여 보상액을 산정하는 경우, 수용대상토지
가 불법형질변경토지라는 사실에 관한 증명책임의 소재 및 증명의 정도

[2] 국민임대주택단지 조성사업시행자가 현실적 이용상황이 과수원인 甲의 토지가 불법으로 형질
변경된 것이라고 하여 개간 전 상태인 임야로 평가한 재결감정결과에 따라 손실보상액을 산정
한 사안에서, 위 토지가 불법형질변경토지라는 사업시행자의 주장을 배척한 원심판단을 정당
하다고 한 사례

판결요지

[1] 공익사업을 위한 토지 등의 취득 및 보상에 관한 법률 제70조 제2항, 제6항, 공익사업을 위한
토지 등의 취득 및 보상에 관한 법률 시행규칙 제24조에 의하면 토지에 대한 <u>보상액은 현실적인
이용상황에 따라 산정하는 것이 원칙이므로, 수용대상토지의 이용상황이 일시적이라거나 불법
형질변경토지라는 이유로 본래의 이용상황 또는 형질변경 당시의 이용상황에 의하여 보상액을
산정하기 위해서는 그와 같은 예외적인 보상액 산정방법의 적용을 주장하는 쪽에서 수용대상토
지가 불법형질변경토지임을 증명해야 한다. 그리고 수용대상토지가 불법형질변경토지에 해당한
다고 인정하기 위해서는 단순히 수용대상토지의 형질이 공부상 지목과 다르다는 점만으로는 부
족하고, 수용대상토지의 형질변경 당시 관계법령에 의한 허가 또는 신고의무가 존재하였고 그럼
에도 허가를 받거나 신고를 하지 않은 채 형질변경이 이루어졌다는 점이 증명되어야 한다.</u>

[2] 국민임대주택단지 조성사업시행자가 현실적 이용상황이 과수원인 甲의 토지가 불법적으로 형
질변경된 것이라고 하여 개간 전 상태인 임야로 보고 평가한 재결감정결과에 따라 손실보상액
을 산정한 사안에서, 과수원으로 개간되던 당시 시행되던 법령에 따라 위 토지가 보안림에 속

하거나 경사 20도 이상 임야의 화전경작에 해당하여 개간이 허가 대상이라는 점을 사업시행자가 증명해야 하는데, 그에 관한 아무런 증명이 없고, 벌채만으로는 절토, 성토, 정지 등으로 토지의 형상을 변경하는 형질변경이 된다고 할 수 없으므로 개간과정에서 나무의 벌채가 수반되고 벌채에 필요한 허가나 신고가 없었다고 하여 불법형질변경토지라고 할 수 없다는 이유로 위 토지가 불법형질변경토지라는 사업시행자의 주장을 배척한 원심판단을 정당하다고 한 사례

판례 90 **2013두21687, 2011두7007**

도로의 평가기준 및 방법 : 사실상 사도

관련내용

도로부지의 보상

1. 의의
도로란 사람 또는 차량만이 통행할 수 있도록 만들어진 길로서, 토지보상법은 사도법상의 사도, 사실상의 사도, 그 외의 도로부지로 분류하여 그 평가기준을 달리 정하고 있다.

2. 사도법상의 사도
사도법상 사도란 자기토지의 효용증진을 위하여 시장 등의 개설허가를 득한 도로이다. 보상기준은 인근 토지에 대한 평가액의 1/5 이내로 평가한다. 인근 토지라 함은 해당 도로부지가 도로로 이용되지 아니하였을 경우 예상되는 표준적인 이용상황과 유사한 토지로서 해당 토지와 위치상 가까운 토지를 말한다.

3. 사실상의 사도
(1) 의의 및 요건(시행규칙 제26조 제2항)
사실상의 사도라 함은 사도법에 의한 사도 외의 도로로서 ① 자기토지의 편익을 위하여 스스로 설치한 도로, ② 토지소유자가 그 의사에 의하여 타인의 통행을 제한할 수 없는 도로, ③ 건축허가권자가 그 위치를 지정·공고한 도로, ④ 도로개설 당시의 토지소유자가 대지 또는 공장용지 등을 조성하기 위하여 설치한 도로를 말한다. 보상기준은 인근 토지에 대한 평가액의 1/3 이내로 평가한다.

(2) 사실상의 사도를 낮게 평가한 경우의 적법성 판단(판례의 태도)
  1) '도로개설 당시 자기 편익을 위해 스스로 설치한 도로'에 해당하는지 판례
      일부에 도로를 설치한 결과 나머지 토지의 편익이 증진되는 등으로 전체적으로 정당보상의 원칙에 어긋나지 않는다고 볼 만한 사유가 있다고 인정되어야 하고 개설경위, 목적, 소유관계, 이용상태, 주위환경, 인접 토지의 획지면적 등에 의하여 객관적으로 판단하여야 한다고 판시하였다(대판 2013.6.13, 2011두7007).
  2) '토지소유자가 그 의사에 의하여 타인의 통행을 제한할 수 없는 도로'의 의미 및 판단기준
      해당 토지가 도로로 이용된 경위, 일반의 통행에 제공된 기간, 도로가 유일한 통로인지, 주변상황, 역할과 기능을 종합하여 표준적인 이용상태로 회복하는 것이 용이한지 여부를 가려 판단해야 한다(대판 2013.6.13, 2011두7007).

쟁점사항

▶ '사실상 사도'의 요건 및 반드시 도로가 불특정 다수인의 통행에 제공되어야 하는지 여부
▶ '자기 토지의 편익을 위하여 스스로 설치한 도로'의 판단 기준

관련판례

✦ 대판 2014.6.26, 2013두21687[손실보상금청구]

판시사항

[1] 공익사업에 필요한 토지를 취득한 때, 공익사업을 위한 토지 등이 취득 및 보상에 관한 법률 시행규칙 제26조 제1항 제2호에 규정된 '사실상의 사도의 부지'로 보고 인근 토지평가액의 3분의 1 이내로 보상액을 평가하기 위한 요건 및 이 경우 반드시 도로가 불특정 다수인의 통행에 제공되어야 하는지 여부(소극)

[2] 공익사업을 위한 토지 등의 취득 및 보상에 관한 법률 시행규칙 제26조 제2항 제1호에서 규정한 '도로개설 당시의 토지소유자가 자기 토지의 편익을 위하여 스스로 설치한 도로'에 해당하는지 판단하는 기준

전문

【원고, 피상고인】
【피고, 상고인】 에스에이치공사(소송대리인 변호사 정재원)
【원심판결】 서울고법 2013.9.13, 2012누38369

주문

원심판결을 파기하고, 사건을 서울고등법원에 환송한다.

이유

상고이유를 판단한다.

1. 상고이유 제1점에 관하여

공익사업에 필요한 토지를 취득할 때, 이를 공익사업을 위한 토지 등의 취득 및 보상에 관한 법률 시행규칙(이하 '시행규칙'이라고 한다) 제26조 제1항 제2호에 규정된 <u>'사실상의 사도의 부지'로 보고 인근 토지평가액의 3분의 1 이내로 그 보상액을 평가하려면, 그 토지가 도로법에 의한 일반도로 등에 연결되어 일반의 통행에 제공되는 등으로 사도법에 의한 사도에 준하는 실질을 갖추고 있어야 하고</u>, 나아가 시행규칙 제26조 제2항 제1호 내지 제4호 중 어느 하나에 해당하여야 하지만(대판 2013.6.13, 2011두7007 참조), <u>해당 토지가 도로법에 의한 도로에 연결되었다면 특별한 사정이 없는 한 사도법에 의한 사도에 준하는 실질을 갖추었다고 볼 것이고, 반드시 그 도로가 불특정 다수인의 통행에 제공될 필요까지는 없다.</u> 그런데도 원심은, 이 사건 토지가 공로에 연결되어 있는 사실을 인정하면서도 불특정 다수의 일반인이 이 사건 토지를 통행하거나 원고가 이를 허용하였다고 볼 만한 자료가 없다는 이유를 들어, 이 사건 토지가 사도법에 의한 사도에 준하는 실질을 갖추고 있다고 보기 어렵다고 판단하였으니, 이러한 원심판결에는 시행규칙에 규정된 '사실상의 사도의 부지'의 해석에 관한 법리를 오해하여 판결 결과에 영향을 미친 잘못이 있고, 이를 지적하는 상고이유 주장은 이유 있다.

2. 상고이유 제2점에 관하여

어느 토지가 시행규칙 제26조 제2항 제1호에 규정된 <u>'도로개설 당시의 토지소유자가 자기 토지의 편익을 위하여 스스로 설치한 도로'에 해당하려면, 토지소유자가 자기 소유 토지 중 일부에 도로를 설치한 결과 도로부지로 제공된 부분으로 인하여 나머지 부분 토지의 편익이 증진되는 등으로 그 부분의 가치가 상승됨으로써 도로부지로 제공된 부분의 가치를 낮게 평가하여 보상하더라도 전체적으로 정당보상의 원칙에 어긋나지 않는다고 볼 만한 객관적인 사유가 있다고 인정되어야 하고, 이는 도로개설 경위와 목적, 주위환경, 인접 토지의 획지면적, 소유관계 및 이용상태 등 제반 사정을 종합적으로 고려하여 판단할 것이다</u>(위 2011두7007 등 참조).

쟁점사항

▶ '도로개설 당시의 토지소유자가 자기 토지의 편익을 위하여 스스로 설치한 도로'의 판단 기준
▶ '토지소유자가 그 의사에 의하여 타인의 통행을 제한할 수 없는 도로'의 의미 및 판단 기준

관련판례

✦ 대판 2013.6.13, 2011두7007[토지수용보상금 증액]

판시사항

[1] 공익사업을 위한 토지 등의 취득 및 보상에 관한 법률 시행규칙 제26조 제1항 제2호에 의하여 '사실상의 사도'의 부지로 보고 인근 토지평가액의 3분의 1 이내로 보상액을 평가하기 위한 요건

[2] 공익사업을 위한 토지 등의 취득 및 보상에 관한 법률 시행규칙 제26조 제2항 제1호에서 규정한 '도로개설 당시의 토지소유자가 자기 토지의 편익을 위하여 스스로 설치한 도로'에 해당하는지 판단하는 기준

[3] 공익사업을 위한 토지 등의 취득 및 보상에 관한 법률 시행규칙 제26조 제2항 제2호가 규정한 '토지소유자가 그 의사에 의하여 타인의 통행을 제한할 수 없는 도로'의 의미 및 그에 해당하는지 판단하는 기준

판결요지

[1] 공익사업을 위한 토지 등의 취득 및 보상에 관한 법률 시행규칙 제26조 제1항 제2호에 의하여 '사실상의 사도'의 부지로 보고 인근 토지평가액의 3분의 1 이내로 보상액을 평가하려면, 도로법에 의한 일반도로 등에 연결되어 일반의 통행에 제공되는 등으로 사도법에 의한 사도에 준하는 실질을 갖추고 있어야 하고, 나아가 위 규칙 제26조 제2항 제1호 내지 제4호 중 어느 하나에 해당하여야 할 것이다.

[2] 공익사업을 위한 토지 등의 취득 및 보상에 관한 법률 시행규칙 제26조 제2항 제1호에서 규정한 '도로개설 당시의 토지소유자가 자기 토지의 편익을 위하여 스스로 설치한 도로'에 해당한다고 하려면, 토지소유자가 자기 소유 토지 중 일부에 도로를 설치한 결과 도로부지로 제공된 부분으로 인하여 나머지 부분 토지의 편익이 증진되는 등으로 그 부분의 가치가 상승됨으로써 도로부지로 제공된 부분의 가치를 낮게 평가하여 보상하더라도 전체적으로 정당보상의 원칙에 어긋나지 않는다고 볼 만한 객관적인 사유가 있다고 인정되어야 하고, 이는 도로개설 경위와 목적, 주위환경, 인접 토지의 획지면적, 소유관계 및 이용상태 등 제반 사정을 종합적으로 고려하여 판단할 것이다.

[3] 공익사업을 위한 토지 등의 취득 및 보상에 관한 법률 시행규칙 제26조 제2항 제2호가 규정한 '토지소유자가 그 의사에 의하여 타인의 통행을 제한할 수 없는 도로'는 사유지가 종전부터 자연발생적으로 또는 도로예정지로 편입되어 있는 등으로 일반공중의 교통에 공용되고 있고 그 이용상황이 고착되어 있어, 도로부지로 이용되지 아니하였을 경우에 예상되는 표준적인 이용상태로 원상회복하는 것이 법률상 허용되지 아니하거나 사실상 현저히 곤란한 정도에 이른 경우를 의미한다고 할 것이다. 이때 어느 토지가 불특정 다수인의 통행에 장기간 제공되어 왔고 이를

소유자가 용인하여 왔다는 사정이 있다는 것만으로 언제나 도로로서의 이용상황이 고착되었다고 볼 것은 아니고, 이는 해당 토지가 도로로 이용되게 된 경위, 일반의 통행에 제공된 기간, 도로로 이용되고 있는 토지의 면적 등과 더불어 그 도로가 주위 토지로 통하는 유일한 통로인지 여부 등 주변 상황과 해당 토지의 도로로서의 역할과 기능 등을 종합하여 원래의 지목 등에 따른 표준적인 이용상태로 회복하는 것이 용이한지 여부 등을 가려서 판단해야 할 것이다.

판례 91 2015두2963

잔여건축물 손실에 대한 보상

쟁점사항

▶ 재결절차를 거치지 않은 채 곧바로 잔여건축물에 대한 손실보상 청구 가능성(= 재결전치주의)
▶ 사업시행자에게 건축비 등에 포함된 부가가치세를 손실보상으로 구할 수 있는지 여부

관련판례

✦ **대판 2015.11.12, 2015두2963[손실보상금등]**

판시사항

[1] 건축물 소유자가 공익사업을 위한 토지 등의 취득 및 보상에 관한 법률 제34조, 제50조 등에 규정된 재결절차를 거치지 않은 채 곧바로 사업시행자를 상대로 같은 법 제75조의2 제1항에 따른 잔여건축물 가격감소 등으로 인한 손실보상을 청구할 수 있는지 여부(소극) 및 이는 수용대상 건축물에 대하여 재결절차를 거친 경우에도 마찬가지인지 여부(적극)

[2] 피수용자가 부가가치세법상의 납세의무자인 사업자로서 손실보상금으로 수용된 건축물 등을 다시 신축하는 것이 자기의 사업을 위하여 사용될 재화 또는 용역을 공급받는 경우에 해당하는 경우, 사업시행자에게 건축비 등에 포함된 부가가치세 상당을 손실보상으로 구할 수 있는지 여부(원칙적 소극)

[3] 보상금 증감에 관한 소송에서 재결의 기초가 된 감정기관의 감정평가와 법원이 선정한 감정인의 감정평가가 개별요인 비교 등에 관하여 평가를 달리하여 감정결과에 차이가 생기는 경우,

어느 것을 택할 것인지가 법원의 재량에 속하는지 여부(원칙적 적극) 및 개별요인 비교에 오류가 있거나 내용이 논리와 경험법칙에 반하는 감정평가를 택할 수 있는지 여부(소극)

판결요지

[1] 공익사업을 위한 토지 등의 취득 및 보상에 관한 법률(이하 '토지보상법'이라 한다) 제75조의2 제1항, 제34조, 제50조, 제61조, 제83조 내지 제85조의 내용 및 입법취지 등을 종합하면, 건축물 소유자가 사업시행자로부터 토지보상법 제75조의2 제1항에 따른 잔여건축물 가격감소 등으로 인한 손실보상을 받기 위해서는 토지보상법 제34조, 제50조 등에 규정된 재결절차를 거친 다음 재결에 대하여 불복이 있는 때에 비로소 토지보상법 제83조 내지 제85조에 따라 권리구제를 받을 수 있을 뿐, 재결절차를 거치지 않은 채 곧바로 사업시행자를 상대로 손실보상을 청구하는 것은 허용되지 않고, 이는 수용대상 건축물에 대하여 재결절차를 거친 경우에도 마찬가지이다.

[2] 피수용자가 부가가치세법상의 납세의무자인 사업자로서 손실보상금으로 수용된 건축물 등을 다시 신축하는 것이 자기의 사업을 위하여 사용될 재화 또는 용역을 공급받는 경우에 해당하면 건축비 등에 포함된 부가가치세는 부가가치세법 제38조 제1항 제1호에서 정한 매입세액에 해당하여 피수용자가 자기의 매출세액에서 공제받거나 환급받을 수 있으므로 위 부가가치세는 실질적으로는 피수용자가 부담하지 않게 된다. 따라서 이러한 경우에는 다른 특별한 사정이 없는 한 피수용자가 사업시행자에게 위 부가가치세 상당을 손실보상으로 구할 수는 없다.

[3] 보상금 증감에 관한 소송에서 재결의 기초가 된 감정기관의 감정평가와 법원이 선정한 감정인의 감정평가가 개별요인 비교 등에 관하여 평가를 달리한 관계로 감정결과에 차이가 생기는 경우 각 감정평가 중 어느 것을 택할 것인지는 원칙적으로 법원의 재량에 속하나, 어느 감정평가가 개별요인 비교에 오류가 있거나 내용이 논리와 경험의 법칙에 반하는데도 그 감정평가를 택하는 것은 재량의 한계를 벗어난 것으로서 허용되지 않는다.

관련내용

✦ 잔여건축물의 수용(토지보상법 제75조의2)

1. 의의 및 요건
동일한 소유자에게 속하는 일단의 건축물의 일부가 협의에 의하여 매수되거나 수용됨으로 인하여 잔여건축물을 종래의 목적에 사용하는 것이 현저히 곤란할 때에는 그 건축물 소유자는 사업시행자에게 잔여건축물을 매수하여 줄 것을 청구하는 것을 말한다.

2. 절차

협의에 의하여 매수하거나 수용된 경우에는 사업시행자에게 매수청구를 하며 사업인정 이후에는 관할 토지수용위원회에 수용을 청구할 수 있다. 이 경우 수용청구는 매수에 관한 협의가 성립되지 아니한 경우에만 하되, 사업완료일까지 하여야 한다.

판례 92 **2011다83929**

공작물 등의 손실보상평가기준

쟁점사항

▶ 토지보상법 시행규칙 제36조 제2항 제3호에서 정한 '대체시설' 요건

관련판례

✦ 대판 2012.9.13, 2011다83929[부당이득금반환]

판시사항

[1] 공익사업을 위한 토지 등의 취득 및 보상에 관한 법률 시행규칙 제36조 제2항 제3호에서 정한 '대체시설'로 인정하기 위한 요건

[2] 甲 주택재개발정비사업조합이, 주택재개발정비사업으로 철거된 한국전력공사의 배전설비에 대하여 대체시설을 제공하였음을 이유로 공사가 甲 조합으로부터 지급받은 철거시설 잔존가치 상당액의 손실보상금에 대하여 부당이득반환을 구한 사안에서, 새로 설치한 설비가 공익사업을 위한 토지 등의 취득 및 보상에 관한 법률 시행규칙에서 정한 대체시설에 해당하기 위한 요건을 충족하는지에 대한 별다른 심리 없이 공사가 받은 손실보상금이 부당이득에 해당한다고 본 원심판결에 법리오해의 위법이 있다고 한 사례

판결요지

[1] 공익사업을 위한 토지 등의 취득 및 보상에 관한 법률(이하 '공익사업법'이라 한다) 제75조 제1항 제1호는 공작물에 대하여 이전에 필요한 비용으로 보상하되 이전이 어렵거나 그 이전으로

인하여 공작물을 종래의 목적으로 사용할 수 없게 된 경우에는 해당 물건의 가격으로 보상하도록 규정하고 있고, 같은 조 제6항의 위임에 따라 공작물에 대한 보상액의 구체적인 산정 및 평가방법과 보상기준을 정하고 있는 공익사업을 위한 토지 등의 취득 및 보상에 관한 법률 시행규칙 제36조 제2항 제3호는 '사업시행자가 공익사업에 편입되는 공작물 등에 대한 대체시설을 하는 경우'에는 이를 별도의 가치가 있는 것으로 평가하여서는 아니 된다고 규정하고 있다. 이처럼 대체시설을 하는 경우 별도의 손실보상을 하지 않도록 규정한 것은 그러한 대체시설로서 공작물 소유자에게 실질적으로 손실이 보상된 것으로 볼 수 있기 때문이므로, 대체시설로 인정되기 위해서는 기존 공작물과 기능적인 측면에서 대체가 가능한 시설이어야 할 뿐만 아니라, 특별한 사정이 없는 한 기존 공작물 소유자가 대체시설의 소유권을 취득하거나 소유권자에 준하는 관리처분권을 가지고 있어야 한다.

[2] 甲 주택재개발정비사업조합이, 주택재개발정비사업으로 철거된 한국전력공사의 배전설비에 대하여 대체시설을 제공하였음을 이유로 공사가 甲 조합으로부터 지급받은 철거시설 잔존가치 상당액의 손실보상금에 대하여 부당이득반환을 구한 사안에서, 甲 조합이 공사에 기존 배전설비의 철거보상금을 지급할 때 단순히 철거비용뿐 아니라 그 시설에 대한 손실보상금까지 포함하여 지급하였다는 등 다른 특별한 사정이 없는 이상 甲 조합은 공사에 철거시설에 대한 손실보상금을 별도로 지급할 의무가 있고, 당사자 사이에 새로 설치한 지중화된 전력설비에 대하여 소유권은 甲 조합이 가지지만 공사가 이를 그 소유처럼 제한 없이 무상으로 관리·사용할 수 있는 권리가 보장되어 있어서 철거된 종전 시설과 기능적으로뿐 아니라 권리행사 측면에서도 실질적 차이가 없다고 볼 수 있는 관계가 설정되어 있다는 등 특별한 사정이 없는 이상 이는 공익사업을 위한 토지 등의 취득 및 보상에 관한 법률 시행규칙에서 말하는 대체시설에 해당한다고 볼 수 없으므로, 위 시행규칙의 대체시설에 해당하기 위한 요건의 충족 여부 등에 대하여 더 심리해 보지 않고는 공사가 지급받은 철거시설에 대한 손실보상금이 법률상 원인 없이 얻은 이득이라고 쉽사리 단정할 수 없음에도, 위와 같은 점에 대한 별다른 심리 없이 공사가 받은 손실보상금이 부당이득에 해당한다고 본 원심판결에 법리오해의 위법이 있다고 한 사례

판례 93 2018두54507

공익사업에 필요한 토지 등의 취득 또는 사용으로 인한 영업손실보상에서 구 토지보상법 시행규칙 제46조에 따른 폐업보상 대상인지, 제47조에 따른 휴업보상 대상인지 결정하는 기준

쟁점사항

▶ 영업손실보상의 폐업보상 및 휴업보상 결정 기준

관련판례

✦ 대판 2020.9.24, 2018두54507[보상금증액등]

판시사항

공익사업에 필요한 토지 등의 취득 또는 사용으로 인한 영업손실보상에서 구 공익사업을 위한 토지 등의 취득 및 보상에 관한 법률 시행규칙 제46조에 따른 폐업보상 대상인지, 제47조에 따른 휴업보상 대상인지 결정하는 기준(=제46조 제2항 각 호 해당 여부) 및 제46조 제2항 각 호에 해당하는지 판단하는 방법

전문

【원고, 상고인】 원고(소송대리인 변호사 전정수 외 5인)
【피고, 피상고인】 아산시(소송대리인 변호사 이지아)
【원심판결】 대전고법 2018.7.26, 2017누13248

주문

상고를 기각한다. 상고비용은 원고가 부담한다.

이유

상고이유(상고이유서 제출기간이 지난 후에 제출된 참고자료 등의 기재는 상고이유를 보충하는 범위 내에서)를 판단한다.

1. 상고이유 제1점 내지 제3점에 대하여

   가. 「공익사업을 위한 토지 등의 취득 및 보상에 관한 법률」(이하 '토지보상법'이라 한다) 제77조는 영업을 폐지하거나 휴업함에 따른 영업손실에 대하여는 영업이익과 시설의 이전비용 등을 고려하여 보상하여야 하고(제1항), 보상액의 구체적인 산정 및 평가 방법과 보상기준에 관한 사항은 국토교통부령으로 정한다고 규정하고 있다(제4항). 그 위임에 따른 구 공익

사업을 위한 토지 등의 취득 및 보상에 관한 법률 시행규칙(2014.10.22. 국토교통부령 제 131호로 개정되기 전의 것, 이하 '토지보상법 시행규칙'이라 한다)은 제46조에서 영업의 폐 지에 대한 손실의 평가를 규정하면서 같은 조 제2항 각 호에서 '영업의 폐지'에 해당하는 경우를 열거하는 한편, 제47조에서 '영업의 휴업'에 대한 손실의 평가를 규정하고 있다. 이러한 규정들을 종합하여 보면, 영업손실보상에서 토지보상법 시행규칙 제46조에 따른 폐 업보상의 대상인지 아니면 제47조에 따른 휴업보상의 대상인지는 제46조 제2항 각 호에 해당하는지 여부에 따라 결정된다. 제46조 제2항 각 호는 해당 영업을 그 영업소 소재지나 인접 시·군 또는 구 지역 안의 다른 장소로 이전하는 것이 불가능한 경우를 규정한 것으로 서, 이러한 이전 가능성 여부는 법령상의 이전 장애사유 유무와 당해 영업의 종류와 특성, 영업시설의 규모, 인접지역의 현황과 특성, 그 이전을 위하여 당사자가 들인 노력 등과 인 근 주민들의 이전 반대 등과 같은 사실상의 이전 장애사유 유무 등을 종합하여 판단하여야 한다(대판 2006.9.8, 2004두7672 등 참조).

나. 원심은, 토지보상법 시행규칙 제46조 제2항이 모법의 위임한계를 일탈하지 않았고, 원고가 제출한 증거만으로는 이 사건 가맹점을 종전 소재지인 아산시나 다른 인접 시·군으로 이 전하는 것이 현저히 곤란하다고 인정하기 어려우므로, 이 사건 가맹점 영업은 폐업보상 대 상에 해당하지 않는다고 판단하였다.

다. 원심판결 이유를 관련 법리와 기록에 비추어 살펴보면, 이러한 원심판단에 상고이유 주장 과 같이 위임입법의 한계, 영업손실보상 기준 등에 관한 법리를 오해한 잘못이 없다.

2. 상고이유 제4점, 제5점에 대하여

원심은, 원고가 제출한 증거만으로는 이 사건 가맹점이 해당 영업의 고유한 특수성으로 인하여 3개월 이내에 다른 장소로 이전하는 것이 어렵다고 인정하기에 부족하고, 이 사건 가맹점 영업 은 휴업보상 대상이어서 토지보상법 시행규칙 제47조에 따라 영업시설 등의 이전에 소요되는 비용 및 그 이전에 따른 감손상당액, 영업장소를 이전함으로 인하여 소요되는 부대비용 등이 휴업손실의 내용으로 평가되는 것일 뿐, 원고가 주장하는 매각손실액은 휴업손실에 포함되지 않는다고 판단하였다.

원심판결 이유를 관련 법리와 기록에 비추어 살펴보면, 이러한 원심판단에 상고이유 주장과 같 이 휴업손실 평가 등에 관한 법리를 오해한 잘못이 없다.

3. 결론

그러므로 상고를 기각하고 상고비용은 패소자가 부담하도록 하여, 관여 대법관의 일치된 의견 으로 주문과 같이 판결한다.

관련내용

영업손실보상

1. 의의 및 보상의 성격
영업손실보상이란 공익사업의 시행으로 인하여 영업을 폐지하거나 휴업함에 따른 영업손실에 대하여 영업이익과 시설의 이전비용 등에 대하여 보상하는 것을 말한다. 이는 합리적 기대이익의 상실이라는 점에서 일실손실의 보상이며 구체적 내용에 따라 생활보상의 성격과 간접보상의 성격도 가지고 있다.

2. 보상대상 영업요건(토지보상법 시행규칙 제45조)
영업손실의 보상이 되기 위해서는 ① 사업인정고시일 등 전부터 ② 적법한 장소에서 ③ 인적·물적 시설을 갖추고 ④ 계속적으로 행하고 있는 영업(⑤ 다만, 무허가건축물 등에서 임차인이 영업하는 경우에는 그 임차인이 사업인정고시일 등 1년 전부터 사업자등록을 하고 행하고 있는 영업), ⑥ 영업을 행함에 있어서 관계법령에 의한 허가 등을 필요로 하는 경우에는 사업인정고시일 등 전에 허가 등을 받아 그 내용대로 행하고 있는 영업이어야 한다.

3. 영업의 폐업에 대한 보상(토지보상법 시행규칙 제46조)
(1) 영업폐업의 요건
영업의 폐업은 ① 영업장소 또는 배후지(당해 영업의 고객이 소재하는 지역을 말한다. 이하 같다)의 특수성으로 인하여 당해 영업소가 소재하고 있는 시·군·구(자치구를 말한다. 이하 같다) 또는 인접하고 있는 시·군·구의 지역안의 다른 장소에 이전하여서는 당해 영업을 할 수 없는 경우, ② 당해 영업소가 소재하고 있는 시·군·구 또는 인접하고 있는 시·군·구의 지역안의 다른 장소에서는 당해 영업의 허가 등을 받을 수 없는 경우, ③ 도축장 등 악취 등이 심하여 인근주민에게 혐오감을 주는 영업시설로서 해당 영업소가 소재하고 있는 시·군·구 또는 인접하고 있는 시·군·구의 지역안의 다른 장소로 이전하는 것이 현저히 곤란하다고 특별자치도지사·시장·군수 또는 구청장(자치구의 구청장을 말한다)이 객관적인 사실에 근거하여 인정하는 경우이어야 한다.

(2) 보상의 기준
영업을 폐업하는 경우 영업손실은 2년간의 영업이익에 영업용 고정자산·원재료·제품 및 상품 등의 매각손실액을 더한 금액으로 한다. 영업이익은 최근 3년간 평균 영업이익을 기준으로 하여 평가하되, 공익사업의 시행이 고시됨으로 인하여 영업이익이 감소된 경우에는 고시 전 3년간의 영업이익을 기준으로 한다. 한편, 개인영업인 경우에는 최저 영업이익을 보장하고 있으며 근로자에 대한 실직보상을 지급한다.

4. 영업휴업에 대한 보상(토지보상법 시행규칙 제47조)

(1) 휴업보상의 의의

영업이 일정기간 휴업하는 경우의 보상으로서 영업장소를 이전하거나 시설물이 일부 편입되거나 임시영업소를 설치하는 경우에 각각 일정액을 보상한다. 또한 근로자에 대해서는 휴직보상을 지급한다.

(2) 휴업기간(토지보상법 시행규칙 제47조 제2항)

휴업기간은 4개월 이내로 한다. 다만, ① 해당 사업으로 인하여 4개월 이상의 기간 동안 영업을 할 수 없는 경우 ② 영업시설의 규모가 크거나 이전에 고도의 정밀성을 요구하는 등 영업 고유의 특수성으로 인하여 4개월 이내 다른 장소 이전이 어렵다고 객관적으로 인정되는 경우 실제 휴업기간으로 하되, 그 휴업기간은 2년을 초과할 수 없다.

판례 94 2010두12842, 2010두26513, 2011두27827, 2010헌바470, 2013두25863

영업손실의 보상대상인 영업

관련내용

1. 영업휴업에 대한 보상(토지보상법 시행규칙 제47조)

영업이 일정기간 휴업하는 경우의 보상으로서 영업장소를 이전하거나 시설물이 일부 편입되거나 임시영업소를 설치하는 경우에 각각 일정액을 보상한다. 또한 근로자에 대해서는 휴직보상을 지급한다.

2. 무허가영업 등에 대한 보상(시행규칙 제52조)

사업인정고시일 등 전부터 허가 등을 받아야 행할 수 있는 영업을 허가 등이 없이 행하여 온 자가 공익사업의 시행으로 영업을 계속할 수 없게 된 경우에는 3인 가구 기준 3개월분의 월평균 가계지출비와 영업시설 등의 이전비용을 보상하여야 한다.

3. 가설건축물에서 행하는 영업이 보상대상에 포함되는지 여부

(1) 판례(2001다7209)

판례는 도시계획시설사업의 집행 계획이 공고된 토지에 원상회복의무가 있다는 점을 이미 알고 있으므로 무상으로 당해 건축물의 원상회복을 명하는 것이 과도한 침해이거나 특별한 희생이라고 볼 수 없다고 판시하였다. 또한 보상을 청구할 수 없는 손실에는 가설건축물 자체 철거에 따른 손실뿐만 아니라 가설건축물의 철거에 따른 영업손실도 포함된다고 판시하였다.

(2) 검토

가설건축물은 허가 등을 받아 건축한 건축물이므로 무허가건축물에 해당하지 않는다. 그렇지만 가설건축물에서의 영업은 당해 공익사업이 시행될 때 건축물의 원상회복과 함께 종료가 예정되어 있으므로 영업보상의 대상이 아니다.

4. 무허가건축물에서 행하는 영업이 보상대상에 포함되는지 여부(2013두25863)

① 무허가건축물을 사업장으로 이용하는 경우 행정규제의 탈피 또는 영업을 통하여 얻는 이익에 대한 조세 회피 등 여러 가지 불법행위를 저지를 가능성이 큰 점, ② 건축허가를 받지 않은 채 영업을 하여 법적 제한을 넘어선 규모의 영업을 하고도 그로 인한 손실 전부를 영업손실로 보상받는 것은 불합리한 점 등에 비추어 보면, 위 규칙 조항이 '영업'의 개념에 '적법한 장소에서 운영될 것'이라는 요소를 포함하고 있다고 하여 공익사업을 위한 토지 등의 취득 및 보상에 관한 법률의 위임 범위를 벗어났다거나 정당한 보상의 원칙에 위배된다고 하기 어렵다.

5. 영업의 간접보상(시행규칙 제64조)

공익사업시행지구 밖에서 영업손실의 보상대상이 되는 영업을 하고 있는 자가 공익사업의 시행으로 인하여 ① 배후지의 2/3 이상이 상실되어 그 장소에서 영업을 계속할 수 없게 되거나, ② 진출입로의 단절, 그 밖의 부득이한 사유로 인하여 일정한 기간 동안 휴업하는 것이 불가피한 경우에는 영업자의 청구에 의하여 해당 영업을 공익사업시행지구에 편입되는 것으로 보아 보상하여야 한다.

쟁점사항

▶ 영업신고 없이 가설건축물에서 정기적으로 영위한 영업에 대하여 영업의 계속성과 영업시설의 고정성을 인정할 수 있는지 여부

관련판례

✦ 대판 2012.3.15, 2010두26513[토지수용재결처분취소]

판시사항

국민임대주택단지조성사업 예정지구로 지정된 장터에서 토지를 임차하여 앵글과 천막구조의 가설물을 설치하고 영업신고 없이 5일장이 서는 날에 정기적으로 국수와 순대국 등을 판매하는 음식업을 영위한 甲 등이 (구)공익사업을 위한 토지 등의 취득 및 보상에 관한 법률 시행규칙 제52조 제1항에 따른 영업손실보상의 대상이 되는지 문제된 사안에서, 영업의 계속성과 영업시설의 고정

성을 인정할 수 있다는 이유로, 甲 등이 위 규정에서 정한 허가 등을 받지 아니한 영업손실보상대상자에 해당한다고 본 원심판단을 정당하다고 한 사례

전문

【원고, 피상고인】 별지 원고목록 기재와 같다.(소송대리인 변호사 최광업)
【피고, 상고인】 대한주택공사의 소송수계인 한국토지주택공사(소송대리인 변호사 김명환)
【원심판결】 서울고법 2010.10.29, 2009누18662

주문

상고를 모두 기각한다. 상고비용은 피고가 부담한다.

이유

2. 법령의 해석·적용에 관한 법리오해의 상고이유에 대하여

　가. 원심은, 그 채택 증거에 의하여 인정되는 판시와 같은 사정, 즉 원고들이 1990년경부터 이 사건 장터에서 토지를 임차하여 앵글과 천막 구조의 가설물을 축조하고 매달 4일, 9일, 14일, 19일, 24일, 29일에 정기적으로 각 해당 점포를 운영하여 왔고, 영업종료 후 가설물과 냉장고 등 주방용품을 철거하거나 이동하지 아니한 채 그곳에 계속 고정하여 사용·관리하여 왔던 점, 원고들은 장날의 전날에는 음식을 준비하고 장날 당일에는 종일 장사를 하며 그 다음 날에는 뒷정리를 하는 등 5일 중 3일 정도는 이 사건 영업에 전력을 다하였다고 보이는 점 등에 비추어 볼 때, 비록 원고들이 영업을 5일에 한 번씩 하였고 그 장소도 철거가 용이한 가설물이었다고 하더라도 원고들의 상행위의 지속성, 시설물 등의 고정성을 충분히 인정할 수 있으므로, 원고들은 이 사건 장소에서 인적·물적 시설을 갖추고 계속적으로 영리를 목적으로 영업을 하였다고 봄이 상당하다고 판단하였다. 관련 법리와 기록에 비추어 살펴보면 원심의 위와 같은 조치는 정당한 것으로 수긍할 수 있고, 거기에 상고이유로 주장하는 바와 같이 영업손실보상의 대상이 될 수 있는 영업의 계속성과 영업시설의 고정성에 관한 법리를 오해하는 등의 위법이 없다.

쟁점사항

▶ 사업인정고시일 당시 보상대상에 해당한다면 이후 사업지구 내 다른 곳으로 영업장소를 이전
  하여도 손실보상의 대상이 되는지 여부

관련판례

✦ 대판 2012.12.27, 2011두27827[손실보상금청구]

판시사항

[1] 일반지방산업단지 조성사업의 사업인정고시일 당시 사업지구 내에서 제재목과 합판 등 제조·
    판매업을 영위해 오다가 사업인정고시일 이후 사업지구 내 다른 곳으로 영업장소를 이전하여
    영업을 하던 甲이 영업보상 등을 요구하면서 수용재결을 청구하였으나 관할 토지수용위원회가
    甲의 영업장은 임대기간이 종료되어 이전한 것이지 공익사업의 시행으로 손실이 발생한 것이
    아니라는 이유로 甲의 청구를 기각한 사안에서, 사업인정고시일 당시 보상대상에 해당한다면
    그 후 사업지구 내 다른 토지로 영업장소가 이전되었더라도 손실보상의 대상이 된다고 본 원심
    판단을 정당하다고 한 사례

[2] 공익사업을 위한 토지 등의 취득 및 보상에 관한 법률 제77조 등에서 정한 영업의 손실 등에
    대한 보상과 관련하여 사업인정고시일 이후 영업장소 등이 이전되어 수용재결 당시에는 해당
    토지 위에 영업시설 등이 존재하지 않게 된 경우, 사업인정고시일 이전부터 해당 토지상에서
    영업해 왔고 당시 영업시설 등이 존재하였다는 점에 관한 증명책임의 소재

판결요지

[1] 일반지방산업단지 조성사업의 사업인정고시일 당시 사업지구 내에서 영업시설을 갖추고 제재
    목과 합판 등의 제조·판매업을 영위해 오다가 사업인정고시일 이후 사업지구 내 다른 곳으로
    영업장소를 이전하여 영업을 하던 甲이 영업보상 및 지장물 보상을 요구하면서 수용재결을 청
    구하였으나 관할 토지수용위원회가 甲의 영업장은 임대기간이 종료되어 이전한 것으로 공익사
    업의 시행으로 손실이 발생한 것이 아니라는 이유로 甲의 청구를 기각한 사안에서, 공익사업
    을 위한 토지 등의 취득 및 보상에 관한 법률 제75조 제1항, 제77조 제1항과 공익사업을 위한
    토지 등의 취득 및 보상에 관한 법률 시행규칙 제45조 제1호 등 관련규정에 따르면, 공익사업
    의 시행으로 인한 영업손실 및 지장물 보상의 대상 여부는 사업인정고시일을 기준으로 판단해
    야 하고, 사업인정고시일 당시 보상대상에 해당한다면 그 후 사업지구 내 다른 토지로 영업장
    소가 이전되었다고 하더라도 이전된 사유나 이전된 장소에서 별도의 허가 등을 받았는지를 따
    지지 않고 여전히 손실보상의 대상이 된다고 본 원심판단을 정당하다고 한 사례

[2] 사업인정고시일 이후 영업장소 등이 이전되어 수용재결 당시에는 해당 토지 위에 영업시설 등이 존재하지 않게 된 경우 사업인정고시일 이전부터 그 토지상에서 영업을 해 왔고 그 당시 영업을 위한 시설이나 지장물이 존재하고 있었다는 점은 이를 주장하는 자가 증명하여야 한다.

쟁점사항

▶ 가설건축물의 임차인이 영업손실 보상대상에 해당하는지 여부

관련판례

✦ 헌재 2012.3.29, 2010헌바470 전원재판부[(구)도시계획법 제4조 제1항 등 위헌소원]

판시사항

가. 도시계획시설부지 내 가설건축물 등을 소유자의 부담으로 원상회복하도록 규정하고 있는 (구) '국토의 계획 및 이용에 관한 법률'(2009.2.6. 법률 제9442호로 개정되기 전의 것) 제64조 제3항 (이하 '이 사건 법률조항'이라 한다)이 위 법률 제96조 제1항의 도시계획시설사업에 필요한 토지・건축물 등의 수용 또는 사용에 관한 특별한 규정으로서 재산권을 침해하는지 여부(소극)

나. 이 사건 법률조항이 평등원칙에 위반되는지 여부(소극)

결정요지

가. 도시계획시설부지 내 가설건축물 임차인은 가설건축물의 한시적 이용 및 그에 따른 경제성 기타 이해득실을 형량하여 임대차계약 체결 여부를 결정한 것으로 볼 수 있고, 임차인의 권능은 그 소유자의 권능에 터잡은 것으로서 임대차 기간이나 차임 등도 가설건축물에 대한 허가조건의 내용 등과 같은 특수한 사정을 기초로 한 것이다. 따라서 도시계획시설부지로 결정된 토지에 허가를 받아 건축된 가설건축물을 임차하였다면 그 목적물을 원상회복할 의무의 부담을 스스로 감수한 것으로 볼 수 있어서, 이러한 가설건축물 임차인의 영업손실에 대하여 보상하지 않는 것이 과도한 침해라거나 특별한 희생이라고 볼 수 없으므로 이 사건 법률조항이 재산권을 침해한 것이라고 할 수 없다.

나. 일반허가건축물의 임차인이나 무허가건축물 중 일정한 요건을 갖춘 임차인의 영업손실과 달리 가설건축물 임차인의 영업손실에 대하여 보상을 하지 아니하는 것은 도시계획시설부지 내에 이미 존치기간이 한정되어 있는 가설건축물을 임차하였다면 장차 도시계획시설사업이 시행될 때 소유자를 따라 원상회복하여야 하는 사정을 기초로 계약을 체결하고 이를 감수한 것으로 볼 수 있는 등 차별에 합리적 이유가 있으므로 이 사건 법률조항이 평등원칙에 위반된다고 할 수 없다.

쟁점사항

▶ 무허가건축물에서 영위한 축산업에 대하여 영업손실을 인정하는지 여부

관련판례

✦ 대판 2014.3.27, 2013두25863[수용보상금증액]

판시사항

중앙토지수용위원회가 생태하천조성사업에 편입되는 토지 상의 무허가건축물에서 축산업을 영위하는 甲에 대하여 공익사업을 위한 토지 등의 취득 및 보상에 관한 법률 시행규칙 제45조 제1호에 따라 영업손실을 인정하지 않는 내용의 수용재결을 한 사안에서, 위 조항이 공익사업을 위한 토지 등의 취득 및 보상에 관한 법률의 위임 범위를 벗어나거나 정당한 보상의 원칙에 위배된다고 하기 어렵다고 본 원심판단을 정당하다고 한 사례

판결요지

중앙토지수용위원회가 생태하천조성사업에 편입되는 토지상의 무허가건축물에서 축산업을 영위하는 甲에 대하여 공익사업을 위한 토지 등의 취득 및 보상에 관한 법률 시행규칙 제45조 제1호(이하 '위 규칙 조항'이라 한다)에 따라 영업손실을 인정하지 않는 내용의 수용재결을 한 사안에서, ① 무허가건축물을 사업장으로 이용하는 경우 사업장을 통해 이익을 얻으면서도 영업과 관련하여 해당 사업장에 부과되는 행정규제의 탈피 또는 영업을 통하여 얻는 이익에 대한 조세 회피 등 여러 가지 불법행위를 저지를 가능성이 큰 점, ② 건축법상의 허가절차를 밟을 경우 관계법령에 따라 불허되거나 규모가 축소되었을 건물에서 건축허가를 받지 않은 채 영업을 하여 법적 제한을 넘어선 규모의 영업을 하고도 그로 인한 손실 전부를 영업손실로 보상받는 것은 불합리한 점 등에 비추어 보면, 위 규칙 조항이 '영업'의 개념에 '적법한 장소에서 운영될 것'이라는 요소를 포함하고 있다고 하여 공익사업을 위한 토지 등의 취득 및 보상에 관한 법률의 위임 범위를 벗어났다거나 정당한 보상의 원칙에 위배된다고 하기 어렵다고 본 원심판단을 정당한 것으로 수긍한 사례

판례 95 2009두10963

영업손실의 보상에 대한 권리구제

쟁점사항

▶ 영업손실보상의 재결전치주의

관련판례

✦ 대판 2011.9.29, 2009두10963[영업권보상]

판시사항

[1] 공익사업으로 인하여 영업을 폐지하거나 휴업하는 자가 (구)공익사업을 위한 토지 등의 취득 및 보상에 관한 법률 제34조, 제50조 등에 규정된 재결절차를 거치지 않은 채 곧바로 사업시행자를 상대로 영업손실보상을 청구할 수 있는지 여부(소극)

[2] 본래의 당사자소송이 부적법하여 각하되는 경우, 행정소송법 제44조, 제10조에 따라 병합된 관련청구소송도 소송요건 흠결로 부적합하여 각하되어야 하는지 여부(적극)

[3] 택지개발사업지구 내에서 화훼소매업을 하던 甲과 乙이 재결절차를 거치지 않고 사업시행자를 상대로 주된 청구인 영업손실보상금 청구에 생활대책대상자 선정 관련청구소송을 병합하여 제기한 사안에서, 영업손실보상금청구의 소가 부적법하여 각하되는 이상 생활대책대상자 선정 관련청구소송 역시 부적법하여 각하되어야 한다고 한 사례

판결요지

[1] (구)공익사업을 위한 토지 등의 취득 및 보상에 관한 법률(2007.10.17. 법률 제8665호로 개정되기 전의 것, 이하 '(구)공익사업법'이라 한다) 제77조 제1항, 제4항, (구)공익사업을 위한 토지 등의 취득 및 보상에 관한 법률 시행규칙(2007.4.12. 건설교통부령 제556호로 개정되기 전의 것) 제45조, 제46조, 제47조와 (구)공익사업법 제26조, 제28조, 제30조, 제34조, 제50조, 제61조, 제83조 내지 제85조의 규정 내용 및 입법취지 등을 종합하여 보면, <u>공익사업으로 인하여 영업을 폐지하거나 휴업하는 자가 사업시행자에게서 (구)공익사업법 제77조 제1항에 따라 영업손실에 대한 보상을 받기 위해서는 (구)공익사업법 제34조, 제50조 등에 규정된 재결절차를 거친 다음 재결에 대하여 불복이 있는 때에 비로소 (구)공익사업법 제83조 내지 제85조에 따라 권리구제를 받을 수 있을 뿐, 이러한 재결절차를 거치지 않은 채 곧바로 사업시행자를 상대로 손실보상을 청구하는 것은 허용되지 않는다고 보는 것이 타당하다.</u>

[2] 행정소송법 제44조, 제10조에 의한 관련청구소송 병합은 본래의 당사자소송이 적법할 것을 요건으로 하는 것이어서 본래의 당사자소송이 부적법하여 각하되면 그에 병합된 관련청구소송도 소송요건을 흠결하여 부적합하므로 각하되어야 한다.

[3] 택지개발사업지구 내 비닐하우스에서 화훼소매업을 하던 甲과 乙이 재결절차를 거치지 않고 사업시행자를 상대로 주된 청구인 영업손실보상금 청구에 생활대책대상자 선정 관련청구소송을 병합하여 제기한 사안에서, 영업손실보상금청구의 소가 재결절차를 거치지 않아 부적법하여 각하되는 이상, 이에 병합된 생활대책대상자 선정 관련청구소송 역시 소송요건을 흠결하여 부적법하므로 각하되어야 한다고 한 사례

판례 96 2017두275

토지보상법 시행규칙 제47조 제3항에서 정한 잔여 영업시설 손실보상의 요건인 "공익사업에 영업시설의 일부가 편입됨으로 인하여 잔여시설에 그 시설을 새로이 설치하거나 잔여시설을 보수하지 아니하고는 그 영업을 계속할 수 없는 경우"의 의미

시행규칙 제47조(영업의 휴업 등에 대한 손실의 평가)
③ 공익사업에 영업시설의 일부가 편입됨으로 인하여 잔여시설에 그 시설을 새로이 설치하거나 잔여시설을 보수하지 아니하고는 그 영업을 계속할 수 없는 경우의 영업손실 및 영업규모의 축소에 따른 영업손실은 다음 각 호에 해당하는 금액을 더한 금액으로 평가한다. 이 경우 보상액은 제1항에 따른 평가액을 초과하지 못한다.
1. 해당 시설의 설치 등에 소요되는 기간의 영업이익
2. 해당 시설의 설치 등에 통상 소요되는 비용
3. 영업규모의 축소에 따른 영업용 고정자산·원재료·제품 및 상품 등의 매각손실액

관련판례

✦ 대판 2020.4.9, 2017두275[손실보상금등청구]

판시사항

[1] 구 공익사업을 위한 토지 등의 취득 및 보상에 관한 법률 시행규칙 제47조 제3항에서 정한 잔여 영업시설 손실보상의 요건인 "공익사업에 영업시설의 일부가 편입됨으로 인하여 잔여시

설에 그 시설을 새로이 설치하거나 잔여시설을 보수하지 아니하고는 그 영업을 계속할 수 없는 경우"의 의미

[2] 공익사업에 영업시설 일부가 편입됨으로써 잔여 영업시설에 손실을 입은 사람이 구 공익사업을 위한 토지 등의 취득 및 보상에 관한 법률 제34조, 제50조 등에 규정된 재결절차를 밟지 않은 채 곧바로 사업시행자를 상대로 구 공익사업을 위한 토지 등의 취득 및 보상에 관한 법률 시행규칙 제47조 제3항에 따라 잔여 영업시설의 손실보상을 청구할 수 있는지 여부(소극) / 이때 재결절차를 거쳤는지 판단하는 방법 및 영업의 단일성·동일성이 인정되는 범위에서 보상금 산정의 세부요소를 추가로 주장하는 경우, 별도로 재결절차를 거쳐야 하는지 여부(소극)

[3] 어떤 보상항목이 공익사업을 위한 토지 등의 취득 및 보상에 관한 법령상 손실보상대상에 해당함에도 관할 토지수용위원회가 사실을 오인하거나 법리를 오해함으로써 손실보상대상에 해당하지 않는다고 잘못된 내용의 재결을 한 경우, 피보상자가 제기할 소송(=보상금 증감의 소)과 그 상대방(=사업시행자)

전문

【원고, 피상고인 겸 상고인】 주식회사 관악 (소송대리인 법무법인(유한) 지평 외 1인)
【피고, 상고인 겸 피상고인】 한국토지주택공사 (소송대리인 변호사 박인호 외 1인)
【원심판결】 서울고법 2017.3.10, 2014누7321

주문

원심판결 중 원고 패소 부분을 파기하고, 이 부분 사건을 서울고등법원에 환송한다. 피고의 상고를 기각한다.

이유

상고이유를 판단한다.

1. 잔여 영업시설 손실보상의 요건과 절차

가. 구 공익사업을 위한 토지 등의 취득 및 보상에 관한 법률(2013.3.23. 법률 제11690호로 개정되기 전의 것, 이하 '토지보상법'이라 한다) 제77조 제1항은 영업손실에 대한 보상을 규정하고, 제4항은 보상액의 구체적 산정 등에 관한 사항을 부령으로 정하도록 하고 있다. 그 위임에 따른 구 공익사업을 위한 토지 등의 취득 및 보상에 관한 법률 시행규칙(2014.10.22. 국토교통부령 제131호로 개정되기 전의 것, 이하 '토지보상법 시행규칙'이라 한다) 제46조와 제47조는 경우를 나누어 영업손실에 대한 보상액 산정 방법을 규정하고 있는데, 제47조 제3항 제1문은 그러한 경우의 하나로 "공익사업에 영업시설의 일부가 편입됨으로 인하여 잔여시설에 그 시설을 새로이 설치하거나 잔여시설을 보수하지 아니하고는

그 영업을 계속할 수 없는 경우의 영업손실 및 영업규모의 축소에 따른 영업손실"은 "해당 시설의 설치 등에 소요되는 기간의 영업이익"(제1호), "해당 시설의 설치 등에 통상 소요되는 비용"(제2호), "영업규모의 축소에 따른 영업용 고정자산·원재료·제품 및 상품 등의 매각손실액"(제3호)을 더한 금액으로 평가하여 보상하여야 한다고 정하고 있다.

이러한 잔여 영업시설 손실보상은 토지보상법 제73조 제1항에 따른 잔여지 손실보상, 토지보상법 제75조의2 제1항에 따른 잔여건축물 손실보상과 비교해 보면, 이들은 모두 사업시행자가 공익사업을 시행하기 위해 일단의 토지·건축물·영업시설 중 일부를 분할하여 취득함으로써 잔여 토지·건축물·영업시설에 발생한 손실까지 함께 보상하도록 하는 것으로서, 사업시행자가 분할하여 취득하는 목적물의 종류만 다를 뿐 헌법상 정당보상원칙을 구현한다는 점에서 입법 목적이 동일하다. 따라서 위 세 가지 손실보상의 요건을 해석할 때에는 그 보상 목적물의 종류가 다르다는 특성을 고려하되 입법 목적과 헌법상 정당보상의 관점에서 서로 궤를 같이하여야 한다.

사업시행자가 동일한 토지소유자에 속하는 일단의 토지 일부를 취득함으로써 잔여지의 가격이 감소하거나 그 밖의 손실이 있을 때에는 잔여지를 종래의 목적으로 사용할 수 있는 경우라도 잔여지 손실보상의 대상이 되고, 잔여지를 종래의 목적에 사용하는 것이 불가능하거나 현저히 곤란한 경우에만 잔여지 손실보상청구를 할 수 있는 것이 아니다(대판 1999.5.14. 97누4623 등 참조). 마찬가지로 <u>잔여 영업시설 손실보상의 요건인 "공익사업에 영업시설의 일부가 편입됨으로 인하여 잔여시설에 그 시설을 새로이 설치하거나 잔여시설을 보수하지 아니하고는 그 영업을 계속할 수 없는 경우"란 잔여 영업시설에 시설을 새로이 설치하거나 잔여 영업시설을 보수하지 않고는 그 영업이 전부 불가능하거나 곤란하게 되는 경우만을 뜻하는 것이 아니라, 공익사업에 영업시설 일부가 편입됨으로써 잔여 영업시설의 운영에 일정한 지장이 초래되고, 이에 따라 종전처럼 정상적인 영업을 계속하기 위해서는 잔여 영업시설에 시설을 새로 설치하거나 잔여 영업시설을 보수할 필요가 있는 경우도 포함된다고 보아야 한다</u>(대판 2018.7.20. 2015두4044 참조).

나. 토지보상법 제26조, 제28조, 제30조, 제34조, 제50조, 제61조, 제83조부터 제85조까지 규정된 내용과 입법 취지 등을 종합하면, 공익사업에 영업시설 일부가 편입됨으로써 잔여 영업시설에 손실을 입은 사람이 사업시행자로부터 토지보상법 시행규칙 제47조 제3항에 따라 잔여 영업시설의 손실에 대한 보상을 받기 위해서는 토지보상법 제34조, 제50조 등에 규정된 재결절차를 밟은 다음 그 재결에 대하여 불복이 있는 때에 비로소 토지보상법 제83조부터 제85조까지 규정된 절차에 따라 권리구제를 받을 수 있다. 이러한 재결절차를 밟지 않은 채 곧바로 사업시행자를 상대로 손실보상을 청구할 수 없다(대판 2011.9.29. 2009두10963 등 참조).

재결절차를 거쳤는지는 보상항목별로 판단하여야 한다. 피보상자별로 어떤 토지, 물건, 권리 또는 영업이 손실보상대상에 해당하는지, 나아가 그 보상금액이 얼마인지를 심리·판단하는 기초 단위를 보상항목이라고 한다(대판 2018.5.15. 2017두41221 참조). 편입토지·물건

보상, 지장물 보상, 잔여 토지·건축물 손실보상 또는 수용청구의 경우에는 원칙적으로 개별 물건에 따라 하나의 보상항목이 되지만, 잔여 영업시설 손실보상을 포함하는 영업손실보상의 경우에는 '전체적으로 단일한 시설 일체로서의 영업' 자체가 보상항목이 되고, 세부영업시설이나 공사비용, 휴업기간 등은 영업손실보상금 산정에서 고려하는 요소에 불과하다. 그렇다면 영업의 단일성·동일성이 인정되는 범위에서 보상금 산정의 세부요소를 추가로 주장하는 것은 하나의 보상항목 내에서 허용되는 공격방법일 뿐이므로, 별도로 재결절차를 밟을 필요가 없다(대판 2018.7.20, 2015두4044 참조).

어떤 보상항목이 토지보상법령상 손실보상대상에 해당하는데도 관할 토지수용위원회가 사실을 오인하거나 법리를 오해함으로써 손실보상대상에 해당하지 않는다고 잘못된 내용의 재결을 한 경우에는, 피보상자는 관할 토지수용위원회를 상대로 그 재결에 대한 취소소송을 제기할 것이 아니라 사업시행자를 상대로 토지보상법 제85조 제2항에 따른 보상금 증감의 소를 제기하여야 한다(대판 2010.8.19, 2008두822 등 참조).

판례 97　2011두11846, 2011두26794, 2022두34913

영농손실에 대한 보상대상 및 내용

쟁점사항

▶ 버섯재배사의 부지가 영농손실보상의 대상인지 여부

관련내용

농업손실보상

1. 의의 및 성격(토지보상법 제77조 제2항, 시행규칙 제48조)

농업손실보상이란 공익사업시행으로 인하여 당해 토지가 공익사업에 편입되어 영농을 계속할 수 없게 됨에 따라 발생하는 손실로서, 농민에게 영농손실액을 보상하는 것을 말한다. 이는 전업에 소요되는 기간을 고려한 합리적 기대이익의 상실에 대한 보상으로 일실손실의 보상이며, 유기체적인 생활을 종전 상태로 회복하는 의미에서 생활보상의 성격도 존재한다.

2. 농업손실보상청구권의 법적 성질

판례(2009다43461)는 농업손실보상청구권은 적법한 공권력의 행사에 의한 재산상의 특별한 희생에 대하여 전체적인 공평부담의 견지에서 공익사업의 주체가 그 손해를 보상하여 주는 손실보상의 일종으로 공법상의 권리임이 분명하므로 그에 관한 쟁송은 민사소송이 아닌 행정소송 절차에 의하여야 한다고 판시하였다.

3. 보상의 대상

(1) 물적대상(물적범위)

해당 토지의 지목에 불구하고 실제로 농작물을 경작하는 경우에는 이를 농지로 본다. 다만, 다음의 경우에는 농지로 보지 않는다(토지보상법 시행규칙 제48조 제3항).

① 사업인정고시일 등 이후부터 농지로 이용되고 있는 토지, ② 토지이용계획·주위환경 등으로 보아 일시적으로 농지로 이용되고 있는 토지, ③ 타인소유의 토지를 불법으로 점유하여 경작하고 있는 토지, ④ 농민이 아닌 자가 경작하고 있는 토지, ⑤ 토지의 취득에 대한 보상 이후 사업시행자가 2년 이상 계속하여 경작하도록 허용하는 토지

(2) 인적대상(인적범위)

자경농지가 아닌 농지에 대한 영농손실액은 실제 경작자에게 지급한다. 단, 소유자가 해당 지역에 거주하는 경우 협의에 따라 보상하고, 협의가 성립되지 않을 경우 1/2씩 보상한다.

4. 보상의 방법

(1) 영농손실액(토지보상법 시행규칙 제48조 제1항, 제2항)

공익사업시행지구에 편입되는 농지에 대해 '해당 도별 연간 농가평균 단위경작면적당 농작물총수입'의 2년분을 영농손실액으로 지급한다. 다만 국토교통부장관이 고시한 농작물로서 실제소득을 증명한 경우 농작물총수입 대신 실제소득으로 보상한다.

(2) 농기구 매각손실액(토지보상법 시행규칙 제48조 제6항)

경작지의 2/3 이상이 공익사업시행지구에 편입되어 영농을 계속할 수 없게 된 경우 농기구에 대하여는 매각손실액을 평가하여 보상한다. 매각손실액의 평가가 현실적으로 곤란한 경우에는 원가법에 의해 산정한 가격의 60% 이내에서 매각손실액을 정할 수 있다.

(3) 농업손실보상의 간접보상(토지보상법 시행규칙 제65조)

농지의 2/3 이상에 해당하는 면적이 공익사업시행지구에 편입됨으로 인하여 영농을 계속할 수 없게 된 농민에 대해서는 공익사업시행지구 밖에서 그가 경작하고 있는 농지에 대하여도 영농손실액을 지급한다.

관련판례

✦ 대판 2013.12.12, 2011두11846[수용보상금증액]

판시사항

버섯재배사의 부지가 (구)공익사업을 위한 토지 등의 취득 및 보상에 관한 법률 시행규칙 제48조 제1항에서 정한 영농손실보상의 대상이 되는 농지에 해당하는지 여부(소극)

전문

【원고, 피상고인】

【피고, 상고인】 한국도로공사(소송대리인 변호사 김신택)

【원심판결】 서울고법 2011.4.29, 2010누14581

주문

원심판결을 파기하고, 사건을 서울고등법원에 환송한다.

이유

상고이유에 대하여 판단한다.

1. 원심은 제1심 판결을 인용하여 그 판시와 같은 사실을 인정한 다음, 원고가 농업인으로서 이 사건 토지상의 시설물 내에서 버섯을 직접 재배한 이상 실제이용현황의 관점에서 이 사건 토지는 농지법상 농지라고 보아야 하고, 원고가 장소를 이전하여 같은 형태의 영농을 계속할 수 있다고 하더라도 시설물 이전과 설치에 상당한 시간이 소요되고 그 시설물이 갖추어진다고 하여 바로 버섯을 생산할 수 있다고 단정할 수 없으며, 농업손실에 대한 보상(이하 '영농손실보상'이라 한다)의 대상이 되는지 여부는 이식가능성이 아닌 보상의 필요성이 기준이 되는 점 등을 고려하면, 피고는 이 사건 도로사업 시행으로 인하여 농지인 이 사건 토지에서 버섯류를 재배·판매할 수 없게 된 원고에게 영농손실보상을 하여야 한다고 판단하였다.

2. 그러나 원심의 이러한 판단은 다음과 같은 이유로 수긍할 수 없다.

   영업손실 및 영농손실 등의 보상에 관하여 정하고 있는 (구)공익사업을 위한 토지 등의 취득 및 보상에 관한 법률(2008.2.29. 법률 제8852호로 개정되기 전의 것, 이하 '공익사업법'이라 한다) 제77조는 제2항 본문에서 "농업의 손실에 대하여는 농지의 단위면적당 소득 등을 참작하여 실제 경작자에게 보상하여야 한다."고 규정하고 있고, 제4항에서는 "제1항 내지 제3항의 규정에 의한 보상액의 구체적인 산정 및 평가방법과 보상기준, 제2항에 따른 실제 경작자 인정기준에 관한 사항은 건설교통부령으로 정한다."고 정하고 있다. 이러한 위임에 따라 영농손실보상에 관하여 정하고 있는 (구)공익사업법 시행규칙(2008.3.14. 건설교통부령 제4호로 개정되기 전의 것) 제48조는 제1항에서 영농손실보상의 대상이 되는 농지를 '농지법 제2조 제1호 (가)

목에 해당하는 토지'로 규정하고 있다.

한편 농지법 제2조 제1호는 '농지'란 다음 각 목의 어느 하나에 해당하는 토지를 말한다고 규정하면서, (가)목에서 '전·답, 과수원, 그 밖에 법적 지목(地目)을 불문하고 실제로 농작물 경작지 또는 다년생식물 재배지로 이용되는 토지'를 들고 있고, (나)목은 '(가)목의 토지의 개량시설과 (가)목의 토지에 설치하는 농축산법 생산시설로서 대통령령으로 정하는 시설의 부지'를 들고 있으며, 농지법 시행령 제2조 제3항은 법 제2조 제1호 (나)목에서 말하는 '대통령령으로 정하는 시설'의 하나로 법 제2조 제1호 (가)목의 토지에 설치하는 고정식온실·버섯재배사 및 비닐하우스와 그 부속시설을 들고 있다. 이와 같이 농지법에서 말하는 농지에는 그 법 제2조 제1호 (가)목의 토지와 (나)목의 시설의 부지가 포함되나, (구)공익사업법 시행규칙은 영농손실보상의 대상이 되는 농지로 농지법 제2조 제1호 (가)목에 해당하는 토지로 규정하고 있고, 농지법 시행령 제2조 제3항은 '버섯재배사'를 농지법 제2조 제1호 (나)목의 시설로 정하고 있으므로, 원고의 버섯재배사는 영농손실보상의 대상이 되는 농지에 해당한다고 볼 수 없다.

그런데도 원심은 이와 달리 원고가 경영하는 이 사건 버섯재배사의 부지인 이 사건 토지가 (구)공익사업법 시행규칙 제48조 제1항에서 정한 영농손실보상의 대상이 되는 농지에 해당한다고 판단하였으므로, 이러한 원심판결에는 영농손실보상의 대상인 '농지'에 관한 법리를 오해하여 판결에 영향을 미친 위법이 있다. 이 점을 지적하는 상고이유 주장에는 정당한 이유가 있다. 그리고 대판 2012.6.14, 2010두18413 판결은 이 사건과 쟁점을 달리 하고 있어 이 사건에서 원용하기에 적절하지 아니하다.

3. 그러므로 나머지 상고이유에 관한 판단을 생략한 채 원심판결을 파기하고, 사건을 다시 심리·판단하도록 원심법원에 환송하기로 하여 관여 대법관의 일치된 의견으로 주문과 같이 판결한다.

쟁점사항

▶ 농작물 총수입 증명 방법

관련판례

✦ **대판 2012.6.14, 2011두26794[손실보상금]**

판시사항

(구)공익사업을 위한 토지 등의 취득 및 보상에 관한 법률 제77조 등에서 정한 농업손실에 대한 보상과 관련하여 국토해양부장관이 고시한 농작물실제소득인정기준에서 규정한 서류 이외의 증명방법으로 농작물 총수입을 인정할 수 있는지 여부(적극)

PART 01

전문

【원고, 상고인】 원고

【피고, 피상고인】 대한민국

【원심판결】 부산고법 2011.10.5, 2010누2555

주문

원심판결을 파기하고, 사건을 부산고등법원에 환송한다.

이유

위와 같은 관련법령의 내용, 형식 및 취지 등과 헌법 제23조 제3항에 규정된 정당한 보상의 원칙에 비추어 보면, 공공필요에 의한 수용 등으로 인한 손실의 보상은 정당한 보상이어야 하고, 농업손실에 대한 정당한 보상은 수용되는 농지의 특성과 영농상황 등 고유의 사정이 반영된 실제소득을 기준으로 하는 것이 원칙이다. 따라서 이 사건 고시에서 <u>농작물 총수입의 입증자료로 거래실적을 증명하는 서류 등을 규정한 것은 객관성과 합리성이 있는 증명방법을 예시한 데 지나지 아니하고, 거기에 열거된 서류 이외의 증명방법이라도 객관성과 합리성이 있다면 그에 의하여 농작물 총수입을 인정할 수 있다고 봄이 타당하다.</u>

쟁점사항

▶ 영농손실보상의 성격

관련판례

✦ 대판 2023.8.18, 2022두34913[손실보상금]

판시사항

[1] 구 공익사업을 위한 토지 등의 취득 및 보상에 관한 법률 제77조 제2항, 같은 법 시행규칙 제48조 제2항 본문에서 정한 '영농손실보상'의 법적 성격 / 같은 법 시행규칙 제48조에서 규정한 영농손실보상은 공익사업시행지구 안에서 수용의 대상인 농지를 이용하여 경작을 하는 자가 그 농지의 수용으로 인하여 장래에 영농을 계속하지 못하게 되어 특별한 희생이 생기는 경우 이를 보상하기 위한 것인지 여부(적극)

[2] 구 공익사업을 위한 토지 등의 취득 및 보상에 관한 법률 시행규칙 제48조 제2항 단서 제2호의 '직접 해당 농지의 지력을 이용하지 아니하고 재배 중인 작물을 이전하여 해당 영농을 계속

하는 것이 가능하다고 인정하는 작목 및 재배방식'을 규정한 '농작물실제소득인정기준'(국토교통부고시) 제6조 제3항 [별지 2]에 열거되어 있지 아니한 시설콩나물 재배업에 관하여도 같은 시행규칙 제48조 제2항 단서 제2호를 적용할 수 있는지 여부(적극)

판결요지

[1] 공공필요에 의한 재산권의 수용·사용 또는 제한 및 그에 대한 보상은 법률로써 하되, 정당한 보상을 지급하여야 한다(헌법 제23조 제3항). 구 공익사업을 위한 토지 등의 취득 및 보상에 관한 법률(2020.6.9. 법률 제17453호로 개정되기 전의 것, 이하 '구 토지보상법'이라고 한다) 제77조 소정의 영업의 손실 등에 대한 보상은 위와 같은 헌법상의 정당한 보상 원칙에 따라 공익사업의 시행 등 적법한 공권력의 행사에 의한 재산상의 특별한 희생에 대하여 사유재산권의 보장과 전체적인 공평부담의 견지에서 행하여지는 조절적인 재산적 보상이다. 특히 구 토지보상법 제77조 제2항, 구 공익사업을 위한 토지 등의 취득 및 보상에 관한 법률 시행규칙(2020.12.11. 국토교통부령 제788호로 개정되기 전의 것, 이하 '구 토지보상법 시행규칙'이라고 한다) 제48조 제2항 본문에서 정한 <u>영농손실보상(이하 '영농보상'이라고 한다)은 편입토지 및 지장물에 관한 손실보상과는 별개로 이루어지는 것으로서, 농작물과 농지의 특수성으로 인하여 같은 시행규칙 제46조에서 정한 폐업보상과 구별해서 농지가 공익사업시행지구에 편입되어 공익사업의 시행으로 더 이상 영농을 계속할 수 없게 됨에 따라 발생하는 손실에 대하여 원칙적으로 같은 시행규칙 제46조에서 정한 폐업보상과 마찬가지로 장래의 2년간 일실소득을 보상함으로써, 농민이 대체 농지를 구입하여 영농을 재개하거나 다른 업종으로 전환하는 것을 보장하기 위한 것이다. 즉, 영농보상은 원칙적으로 농민이 기존 농업을 폐지한 후 새로운 직업 활동을 개시하기까지의 준비기간 동안에 농민의 생계를 지원하는 간접보상이자 생활보상으로서의 성격을 가진다.</u>
영농보상은 그 보상금을 통계소득을 적용하여 산정하든, 아니면 해당 농민의 최근 실제소득을 적용하여 산정하든 간에, 모두 장래의 불확정적인 일실소득을 예측하여 보상하는 것으로, 기존에 형성된 재산의 객관적 가치에 대한 '완전한 보상'과는 그 법적 성질을 달리한다.
결국 구 토지보상법 시행규칙 제48조 소정의 <u>영농보상 역시 공익사업시행지구 안에서 수용의 대상인 농지를 이용하여 경작을 하는 자가 그 농지의 수용으로 인하여 장래에 영농을 계속하지 못하게 되어 특별한 희생이 생기는 경우 이를 보상하기 위한 것이기 때문에, 위와 같은 재산상의 특별한 희생이 생겼다고 할 수 없는 경우에는 손실보상 또한 있을 수 없고, 이는 구 토지보상법 시행규칙 제48조 소정의 영농보상이라고 하여 달리 볼 것은 아니다.</u>

[2] 관련 법리와 구 공익사업을 위한 토지 등의 취득 및 보상에 관한 법률 시행규칙(2020.12.11. 국토교통부령 제788호로 개정되기 전의 것, 이하 '구 토지보상법 시행규칙'이라고 한다) 제48조 제2항 단서 제2호의 신설 경과 등에 비추어 보면, 국토교통부장관이 농림축산식품부장관과의 협의를 거쳐 관보에 고시하는 <u>'농작물실제소득인정기준' 제6조 제3항 [별지 2]에 열거된 작목 및 재배방식에 시설콩나물 재배업이 포함되어 있지 않더라도 시설콩나물 재배업에 관하여</u>

도 구 토지보상법 시행규칙 제48조 제2항 단서 제2호를 적용할 수 있다고 봄이 타당하다. 그 이유는 다음과 같다.

(가) 관련 법령의 내용, 형식 및 취지 등에 비추어 보면, 공공필요에 의한 수용 등으로 인한 손실의 보상은 정당한 보상이어야 하고, 영농손실에 대한 정당한 보상은 수용되는 '농지의 특성과 영농상황' 등 고유의 사정이 반영되어야 한다.

(나) 농지의 지력을 이용한 재배가 아닌 용기에 식재하여 재배되는 콩나물과 같이 용기를 기후 등 자연적 환경이나 교통 등 사회적 환경 등이 유사한 인근의 대체지로 옮겨 생육에 별다른 지장을 초래함이 없이 계속 재배를 할 수 있는 경우에는, 유사한 조건의 인근대체지를 마련할 수 없는 등으로 장래에 영농을 계속하지 못하게 되는 것과 같은 특단의 사정이 없는 이상 휴업보상에 준하는 보상이 필요한 범위를 넘는 특별한 희생이 생겼다고 할 수 없다.

(다) 시설콩나물 재배시설에서 재배하는 콩나물과 '농작물실제소득인정기준' 제6조 제3항 [별지 2]에서 규정하고 있는 작물인 버섯, 화훼, 육묘는 모두 직접 해당 농지의 지력을 이용하지 않고 재배한다는 점에서 상호 간에 본질적인 차이가 없으며, 특히 '용기(트레이)에 재배하는 어린묘'와 그 재배방식이 유사하다.

(라) 시설콩나물 재배방식의 본질은 재배시설이 설치된 토지가 농지인지 여부, 즉 농지의 특성에 있는 것이 아니라 '고정식온실' 등에서 용기에 재배하고, 특별한 사정이 없는 한 그 재배시설 이전이 어렵지 않다는 점에 있다. 본질적으로 같은 재배방식에 대하여 '고정식온실' 등이 농지에 설치되어 있다는 사정만으로 2년간의 일실소득을 인정하는 것은 정당한 보상 원칙에 부합하지 않는다.

(마) 구 토지보상법 시행규칙 제48조 제2항 단서 제2호가 적용되어 실제소득의 4개월분에 해당하는 농업손실보상을 하는 작물에 관하여 규정한 '농작물실제소득인정기준' 제6조 제3항 [별지 2]는 '직접 해당 농지의 지력을 이용하지 아니하고 재배 중인 작물을 이전하여 해당 영농을 계속하는 것이 가능'하다고 인정하는 경우'를 예시한 것으로, 거기에 열거된 작목이 아니더라도 객관적이고 합리적으로 '직접 해당 농지의 지력을 이용하지 아니하고 재배 중인 작물을 이전하여 해당 영농을 계속하는 것이 가능'하다고 인정된다면 구 토지보상법 시행규칙 제48조 제2항 단서 제2호에 따라 4개월분의 영농손실보상을 인정할 수 있다고 보는 것이 영농손실보상제도의 취지에 부합한다.

판례 98 **2009다43461**

공익사업을 위한 토지 등의 취득 및 보상에 관한 법률 제77조 제2항에서 정한 농업손실보상청구권에 관한 쟁송은 행정소송절차에 의하여야 하는지 여부

쟁점사항

▶ 공익사업을 위한 토지 등의 취득 및 보상에 관한 법률 제77조 제2항에서 정한 농업손실보상청구권의 법적 성질 및 불복

관련판례

✦ 대판 2011.10.13, 2009다43461[농업손실보상금]

판시사항

[1] 구 공익사업을 위한 토지 등의 취득 및 보상에 관한 법률 제77조 제2항에서 정한 농업손실보상청구권에 관한 쟁송은 행정소송절차에 의하여야 하는지 여부(적극) 및 공익사업으로 인하여 농업손실을 입게 된 자가 사업시행자에게서 위 규정에 따른 보상을 받기 위해서는 재결절차를 거쳐야 하는지 여부(적극)

[2] 갑 등이 자신들의 농작물 경작지였던 각 토지가 공익사업을 위하여 수용되었음을 이유로 공익사업 시행자를 상대로 구 공익사업을 위한 토지 등의 취득 및 보상에 관한 법률 제77조 제2항에 의하여 농업손실보상을 청구한 사안에서, 갑 등이 재결절차를 거쳤는지를 전혀 심리하지 아니한 채 농업손실보상금 청구를 민사소송절차에 의하여 처리한 원심판결을 파기한 사례

판결요지

[1] 구 공익사업을 위한 토지 등의 취득 및 보상에 관한 법률(2007.10.17. 법률 제8665호로 개정되기 전의 것, 이하 '구 공익사업법'이라 한다) 제77조 제2항은 "농업의 손실에 대하여는 농지의 단위면적당 소득 등을 참작하여 보상하여야 한다."고 규정하고, 같은 조 제4항은 "제1항 내지 제3항의 규정에 의한 보상액의 구체적인 산정 및 평가방법과 보상기준은 건설교통부령으로 정한다."고 규정하고 있으며, 이에 따라 구 공익사업을 위한 토지 등의 취득 및 보상에 관한 법률 시행규칙(2007.4.12. 건설교통부령 제556호로 개정되기 전의 것)은 농업의 손실에 대한 보상(제48조), 축산업의 손실에 대한 평가(제49조), 잠업의 손실에 대한 평가(제50조)에 관하여 규정하고 있다. 위 규정들에 따른 <u>농업손실보상청구권은 공익사업의 시행 등 적법한 공권력의 행사에 의한 재산상의 특별한 희생에 대하여 전체적인 공평부담의 견지에서 공익사업의 주체가 그 손해를 보상하여 주는 손실보상의 일종으로 공법상의 권리임이 분명하므로 그에 관한 쟁송은 민사소송이 아닌 행정소송절차에 의하여야 할 것이고</u>, 위 규정들과 구 공익사업법 제26조,

제28조, 제30조, 제34조, 제50조, 제61조, 제83조 내지 제85조의 규정 내용 및 입법 취지 등을 종합하여 보면, 공익사업으로 인하여 농업의 손실을 입게 된 자가 사업시행자로부터 구 공익사업법 제77조 제2항에 따라 농업손실에 대한 보상을 받기 위해서는 구 공익사업법 제34조, 제50조 등에 규정된 재결절차를 거친 다음 그 재결에 대하여 불복이 있는 때에 비로소 구 공익사업법 제83조 내지 제85조에 따라 권리구제를 받을 수 있다.

[2] 갑 등이 자신들의 농작물 경작지였던 각 토지가 공익사업을 위하여 수용되었음을 이유로 공익사업 시행자를 상대로 구 공익사업을 위한 토지 등의 취득 및 보상에 관한 법률(2007. 10. 17. 법률 제8665호로 개정되기 전의 것, 이하 '구 공익사업법'이라 한다) 제77조 제2항에 의하여 위 농작물에 대한 농업손실보상을 청구한 사안에서, 원심으로서는 농업손실보상금 청구가 구 공익사업법 제34조, 제50조 등에 규정된 재결절차를 거쳐 같은 법 제83조 내지 제85조에 따른 당사자소송에 의한 것인지를 심리했어야 함에도, 이를 간과하여 갑 등이 재결절차를 거쳤는지를 전혀 심리하지 아니한 채 농업손실보상금 청구를 민사소송절차에 의하여 처리한 원심판결에는 농업손실보상금 청구의 소송형태에 관한 법리오해의 위법이 있다고 한 사례

관련기출

1. 제32회 문제1 물음2

㉮토지에 대하여 협의가 성립되지 않았고, A공사의 수용재결신청에 의하여 ㉮토지가 수용되었다. 甲은 ㉮토지가 수용되었음을 이유로 A공사를 상대로 「공익사업을 위한 토지 등의 취득 및 보상에 관한 법률」에 따른 재결절차를 거치지 않은 채 곧바로 농업손실보상을 청구할 수 있는지를 검토하시오. 10점

판례 99 2019두32696

토지보상법 시행규칙 제48조 제2항 단서 제1호가 헌법상 정당보상원칙, 비례원칙에 위반되거나 위임입법의 한계를 일탈한 것인지 여부(소극)

⚖ 쟁점사항

▸ 실제소득 적용 영농보상금의 '상한'을 설정함으로써 헌법상 정당보상원칙, 비례원칙에 위반되거나 위임입법의 한계를 일탈한 것인지 여부

▸ 시행규칙 제48조 제2항 단서 제1호를 적용하도록 규정한 위 시행규칙 부칙(2013.4.25.) 제4조 제1항이 진정소급입법에 해당하는지 여부(소극)

⚖ 관련판례

✦ **대판 2020.4.29, 2019두32696[손실보상금]**

판시사항

[1] 2013.4.25. 국토교통부령 제5호로 개정된 공익사업을 위한 토지 등의 취득 및 보상에 관한 법률 시행규칙 제48조 제2항 단서 제1호가 헌법상 정당보상원칙, 비례원칙에 위반되거나 위임입법의 한계를 일탈한 것인지 여부(소극)

[2] 2013.4.25. 국토교통부령 제5호로 개정된 공익사업을 위한 토지 등의 취득 및 보상에 관한 법률 시행규칙 시행일 전에 사업인정고시가 이루어졌으나 위 시행규칙 시행 후 보상계획의 공고·통지가 이루어진 공익사업에 대해서도 영농보상금액의 구체적인 산정방법·기준에 관한 위 시행규칙 제48조 제2항 단서 제1호를 적용하도록 규정한 위 시행규칙 부칙(2013.4.25.) 제4조 제1항이 진정소급입법에 해당하는지 여부(소극)

판결요지

[1] 공익사업을 위한 토지 등의 취득 및 보상에 관한 법률 제77조 제4항은 농업손실 보상액의 구체적인 산정 및 평가 방법과 보상기준에 관한 사항을 국토교통부령으로 정하도록 위임하고 있다. 그 위임에 따라 2013.4.25. 국토교통부령 제5호로 개정된 공익사업을 위한 토지 등의 취득 및 보상에 관한 법률 시행규칙(이하 '개정 시행규칙'이라 한다) 제48조 제2항 단서 제1호가 실제소득 적용 영농보상금의 예외로서, 농민이 제출한 입증자료에 따라 산정한 실제소득이 동일 작목별 평균소득의 2배를 초과하는 경우에 해당 작목별 평균생산량의 2배를 판매한 금액을 실제소득으로 간주하도록 규정함으로써 실제소득 적용 영농보상금의 '상한'을 설정하였다.
이와 같은 개정 시행규칙 제48조 제2항 단서 제1호는, <u>영농보상이 장래의 불확정적인 일실소득을 보상하는 것이자 농민의 생존배려·생계지원을 위한 보상인 점, 실제소득 산정의 어려움 등을 고려하여, 농민이 실농으로 인한 대체생활을 준비하는 기간의 생계를 보장할 수 있는 범위 내에서 실제소득 적용 영농보상금의 '상한'을 설정함으로써 나름대로 합리적인 적정한 보상액의 산정방법을 마련한 것이므로, 헌법상 정당보상원칙, 비례원칙에 위반되거나 위임입법의 한계를 일탈한 것으로는 볼 수 없다.</u>

[2] 사업인정고시일 전부터 해당 토지를 소유하거나 사용권원을 확보하여 적법하게 농업에 종사해 온 농민은 사업인정고시일 이후에도 수용개시일 전날까지는 해당 토지에서 그간 해온 농업을 계속할 수 있다. 그러나 사업인정고시일 이후에 수용개시일 전날까지 농민이 해당 공익사업의 시행과 무관한 어떤 다른 사유로 경작을 중단한 경우에는 손실보상의 대상에서 제외될 수 있다. 사업인정고시가 이루어졌다는 점만으로 농민이 구체적인 영농보상금 청구권을 확정적으로 취득하였다고는 볼 수 없으며, 보상협의 또는 재결절차를 거쳐 협의성립 당시 또는 수용재결 당시의 사정을 기준으로 구체적으로 산정되는 것이다.

또한 공익사업을 위한 토지 등의 취득 및 보상에 관한 법률 시행규칙 제48조에 따른 <u>영농보상은 수용개시일 이후 편입농지에서 더 이상 영농을 계속할 수 없게 됨에 따라 발생하는 손실에 대하여 장래의 2년간 일실소득을 예측하여 보상하는 것이므로, 수용재결 당시를 기준으로도 영농보상은 아직 발생하지 않은 장래의 손실에 대하여 보상하는 것이다.</u>

<u>따라서 공익사업을 위한 토지 등의 취득 및 보상에 관한 법률 시행규칙 부칙(2013.4.25.) 제4조 제1항이 영농보상금액의 구체적인 산정방법·기준에 관한 2013.4.25. 국토교통부령 제5호로 개정된 공익사업을 위한 토지 등의 취득 및 보상에 관한 법률 시행규칙(이하 '개정 시행규칙'이라 한다) 제48조 제2항 단서 제1호를 개정 시행규칙 시행일 전에 사업인정고시가 이루어졌으나 개정 시행규칙 시행 후 보상계획의 공고·통지가 이루어진 공익사업에 대해서도 적용하도록 규정한 것은 진정소급입법에 해당하지 않는다.</u>

관련내용

✦ 관련 규정(토지보상법 시행규칙 제48조 제2항 단서 제1호)

국토교통부장관이 농림축산식품부장관과의 협의를 거쳐 관보에 고시하는 농작물실제소득인정기준 (이하 "농작물실제소득인정기준"이라 한다)에서 정하는 바에 따라 실제소득을 입증하는 자가 경작하는 편입농지에 대해서는 제1항에도 불구하고 그 면적에 단위경작면적당 3년간 실제소득 평균의 2년분을 곱하여 산정한 금액을 영농손실액으로 보상한다. 다만, 다음 각 호의 어느 하나에 해당하는 경우에는 각 호의 구분에 따라 산정한 금액을 영농손실액으로 보상한다.

1. 단위경작면적당 실제소득이 「통계법」 제3조 제3호에 따른 통계작성기관이 매년 조사·발표하는 농축산물소득자료집의 작목별 평균소득의 2배를 초과하는 경우: 해당 작목별 단위경작면적당 평균생산량의 2배(단위경작면적당 실제소득이 현저히 높다고 농작물실제소득인정기준에서 따로 배수를 정하고 있는 경우에는 그에 따른다)를 판매한 금액을 단위경작면적당 실제소득으로 보아 이에 2년분을 곱하여 산정한 금액

부동산 가격공시에 관한 법률

판례 01 | 2007두20140

표준지공시지가 평가서의 기재내용과 정도

쟁점사항

▶ 표준지공시지가의 결정절차와 그 효력
▶ 감정평가서의 기재내용과 그 정도
▶ 평가의견을 추상적으로 기재한 경우 적정가격 평가의 위법성 여부

관련판례

✦ 대판 2009.12.10, 2007두20140[공시지가확정처분취소]
   (정부조직법 개정에 따라 건설교통부장관을 국토해양부장관으로 명칭 변경함)

판시사항

[1] 보통우편의 방법으로 우편물을 발송한 경우 그 송달을 추정할 수 있는지 여부(소극) 및 그 송달에 관한 증명책임자

[2] 표준지공시지가의 결정절차와 그 효력

[3] 감정평가업자의 토지 평가액 산정의 적정성을 인정하기 위한 감정평가서의 기재 내용과 정도

[4] 국토해양부장관이 표준지공시지가를 결정·공시하는 절차에서 감정평가서에 토지의 전년도 공시지가와 세평가격 및 인근 표준지의 감정가격만을 참고가격으로 삼고 평가의견을 추상적으로만 기재한 사안에서, 평가요인별 참작 내용과 정도가 평가액 산정의 적정성을 알아볼 수 있을 만큼 객관적으로 설명되어 있다고 보기 어려워, 이를 근거로 한 표준지공시지가 결정은 토지의 적정가격을 반영한 것이라고 인정하기 어려워 위법하다고 한 사례

판결요지

[1] 내용증명우편이나 등기우편과는 달리, 보통우편의 방법으로 발송되었다는 사실만으로는 그 우편물이 상당한 기간 내에 도달하였다고 추정할 수 없고, 송달의 효력을 주장하는 측에서 증거에 의하여 이를 입증하여야 한다.

[2] (구)부동산 가격공시 및 감정평가에 관한 법률(2008.2.29. 법률 제8852호로 개정되기 전의 것) 제2조 제5호, 제6호, 제3조 제1항, 제5조, 제10조와 같은 법 시행령(2008.2.29. 대통령령 제20722호로 개정되기 전의 것) 제8조 등을 종합하여 보면, 국토해양부장관은 토지이용상황이나 주변 환경 그 밖의 자연적 · 사회적 조건이 일반적으로 유사하다고 인정되는 일단의 토지 중에서 표준지를 선정하고, 그에 관하여 매년 공시기준일 현재의 적정가격을 조사 · 평가한 후 중앙부동산평가위원회의 심의를 거쳐 이를 공시하여야 한다. 표준지의 적정가격을 조사 · 평가할 때에는 인근 유사토지의 거래가격, 임대료, 해당 토지와 유사한 이용가치를 지닌다고 인정되는 토지의 조성에 필요한 비용추정액 등을 종합적으로 참작하되, 둘 이상의 감정평가업자에게 이를 의뢰하여 평가한 금액의 산술평균치를 기준으로 하고, 감정평가업자가 행한 평가액이 관계법령을 위반하거나 부당하게 평가되었다고 인정되는 경우 등에는 해당 감정평가업자 혹은 다른 감정평가업자로 하여금 다시 조사 · 평가하도록 할 수 있으며, 여기서 '적정가격'이란 해당 토지에 대하여 통상적인 시장에서 정상적인 거래가 이루어지는 경우 성립될 가능성이 가장 높다고 인정되는 가격을 말하고, 한편 이러한 절차를 거쳐 결정 · 공시된 표준지공시지가는 토지시장의 지가정보를 제공하고 일반적인 토지거래의 지표가 되며, 국가 · 지방자치단체 등의 기관이 그 업무와 관련하여 지가를 산정하거나 감정평가업자가 개별적으로 토지를 감정평가하는 경우에 기준이 되는 효력을 갖는다.

[3] 표준지공시지가의 결정절차 및 그 효력과 기능 등에 비추어 보면, 표준지공시지가는 해당 토지뿐 아니라 인근 유사토지의 가격을 결정하는 데에 전제적 · 표준적 기능을 수행하는 것이어서 특히 그 가격의 적정성이 엄격하게 요구된다. 이를 위해서는 무엇보다도 적정가격 결정의 근거가 되는 감정평가업자의 평가액 산정이 적정하게 이루어졌음이 담보될 수 있어야 하므로, 그 감정평가서에는 평가원인을 구체적으로 특정하여 명시함과 아울러 각 요인별 참작 내용과 정도가 객관적으로 납득이 갈 수 있을 정도로 설명됨으로써, 그 평가액이 해당 토지의 적정가격을 평가한 것임을 인정할 수 있어야 한다.

[4] 국토해양부장관이 2개의 감정평가법인에 토지의 적정가격에 대한 평가를 의뢰하여 그 평가액을 산술평균한 금액을 그 토지의 적정가격으로 결정 · 공시하였으나, 감정평가서에 거래선례나 평가선례, 거래사례비교법, 원가법 및 수익환원법 등을 모두 공란으로 둔 채, 그 토지의 전년도 공시지가와 세평가격 및 인근 표준지의 감정가격만을 참고가격으로 삼으면서 그러한 참고가격이 평가액 산정에 어떻게 참작되었는지에 관한 별다른 설명 없이 평가의견을 추상적으로만 기재한 사안에서, 평가요인별 참작 내용과 정도가 평가액 산정의 적정성을 알아볼 수 있을 만큼 객관적으로 설명되어 있다고 보기 어려워, 이러한 감정평가액을 근거로 한 표준지공시지가 결정은 그 토지의 적정가격을 반영한 것이라고 인정하기 어려워 위법하다고 한 사례

1. 표준지공시지가의 의의 및 법적 성질

(1) 의의 및 취지(부동산공시법 제3조)

표준지공시지가란 부동산공시법이 정한 절차에 따라 국토교통부장관이 조사·평가하여 공시한 표준지의 단위면적당 적정가격을 말한다. 이는 적정가격형성 도모 및 국민경제발전의 이바지 등에 취지가 인정된다.

(2) 법적 성질

1) 문제점

부동산공시법에서는 공시지가에 대한 항고소송을 규정하고 있지 않으므로, 이에 대한 처분성 유무에 따라서 행정쟁송제기 가능 여부가 문제된다.

2) 학설

① **행정행위설** : 표준지공시지가는 보상액 산정 및 개발부담금 산정에 있어서 구속력을 갖는다는 견해이다.

② **행정계획설** : 표준지공시지가는 지가정책집행의 활동기준 및 내부적 효력만을 갖는 구속력 없는 행정계획으로 보는 견해이다.

③ **행정규칙설** : 표준지공시지가는 개별성, 구체성을 결여한 지가정책의 사무처리기준 이라는 견해이다.

④ **법규명령의 성질을 갖는 고시설** : 표준지공시지가는 각종부담금 및 개별공시지가 산정의 기준이 되고 위법한 표준지공시지가를 기준으로 행하여진 처분도 위법하다고 보아야 하므로 법규명령의 성질을 갖는 고시로 보아야 한다는 견해이다.

3) 판례(2007두13845, 하자승계의 판례이면서 처분성 근거의 판례)

표준지공시지가결정이 위법한 경우에는 그 자체를 행정소송의 대상이 되는 행정처분으로 보아 그 위법 여부를 다툴 수 있음을 물론 보상금증감청구소송에서도 비교표준지의 위법을 독립한 사유로 주장할 수 있다고 판시하여 표준지공시지가의 처분성을 인정하였다.

4) 검토

법률관계의 조속한 확정 및 법적안정성을 도모하기 위해 처분성을 인정함이 타당하다.

2. 표준지공시지가 공시절차

(1) 표준지 선정(부동산공시법 제3조 제1항)(대중안확)

토지이용상황, 환경, 사회적, 자연적 조건이 유사한 일단의 지역 내에서 표준지선정관리지침상 ① 지가의 대표성, ② 특성의 중용성, ③ 토지 용도의 안정성, ④ 토지구별의 확실성을 충족하는 표준지를 선정한다.

(2) 조사 평가

1) 조사 및 평가의 의뢰(부동산공시법 제3조 제5항)

국토교통부장관은 감정평가법인등의 업무실적, 신임도, 업무수행능력을 고려하여 둘 이상의 감정평가법인등에게 의뢰하여야 한다.

2) 조사 및 평가(부동산공시법 제3조 제4항)

인근 토지의 거래사례가격, 임대료 및 조성비용을 고려하여 적정가격 평가하여야 한다.

(3) 의견청취 및 결정

1) 의견청취(부동산공시법 제3조 제2항)

국토교통부장관은 표준지공시지가를 공시하기 위하여 표준지의 가격을 조사·평가할 때에는 해당 토지소유자의 의견을 들어야 한다.

2) 재평가(부동산공시법 시행령 제8조 제7항)

국토교통부장관은 제출된 보고서의 조사·평가가 관계 법령을 위반하여 수행되었다고 인정되는 경우에는 해당 감정평가법인등에게 그 사유를 통보하고, 다른 감정평가법인등 2인에게 대상 표준지공시지가의 조사·평가를 다시 의뢰해야 한다.

(4) 중앙부동산가격공시위원회 심의(부동산공시법 제3조 제1항, 제24조)

국토교통부장관은 공시하고자 하는 공시지가의 적정성 확보 및 지역 간 균형 확보를 위해 중앙부동산가격공시위원회 심의를 거쳐야 한다.

(5) 지가의 공시 및 열람

1) 지가의 공시(부동산공시법 제5조)

표준지공시지가 공시 시에는 지번, 단위면적당 가격, 면적, 형상, 표준지 및 주위토지의 이용상황이 포함되어야 한다.

2) 열람(제6조)

국토교통부장관은 지가를 공시한 때 그 내용을 특별시장·광역시장 또는 도지사를 거쳐 시·군·구청장에게 송부하여 일반으로 하여금 열람하게 하고, 관계행정기관 등에 공급하여야 한다.

3. 표준지공시지가의 효력(부동산공시법 제9조)

표준지공시지가는 ① 토지시장의 지가정보를 제공하고 ② 일반적인 토지거래의 지표가 되며, ③ 국가·지방자치단체 등의 기관이 그 업무와 관련하여 지가를 산정하거나 ④ 감정평가법인 등이 개별적으로 토지를 감정평가하는 경우 그 기준이 된다.

판례 02   2010다13527

개별공시지가 산정업무 손해배상책임 - 지방자치단체의 손해배상책임 인정(단, 개별공시지가가
담보가치에 구속력을 미치지 않음)

쟁점사항

▸ 공무원이 직무상 고의 또는 과실로 현저히 불합리한 개별공시지가를 결정한 경우 국가의 손해배상
  책임 여부
▸ 개별공시지가 검증·심의 잘못으로 인한 직무상 불법행위 인정 여부
▸ 개별공시지가 담보가치 등을 보장하는 구속력을 갖는지 여부
▸ 잘못 공시된 개별공시지가를 믿고 근저당권 설정등기를 경료한 후 손해를 입은 사안에서 직무상
  위반행위와 손해 사이에 상당인과관계가 인정되는지 여부

관련판례

✦ **대판 2010.7.22, 2010다13527[손해배상(기)]**

판시사항

[1] 개별공시지가 산정업무 담당 공무원 등이 부담하는 직무상 의무의 내용 및 그 담당 공무원 등
    이 직무상 의무에 위반하여 현저하게 불합리한 개별공시지가가 결정되도록 함으로써 국민 개
    개인의 재산권을 침해한 경우, 그 담당 공무원 등이 속한 지방자치단체가 손해배상책임을 지는
    지 여부(적극)

[2] 시장이 토지의 이용상황을 실제 이용되고 있는 '자연림'으로 하여 개별공시지가를 산정한 다음
    감정평가법인에 검증을 의뢰하였는데, 감정평가법인이 그 토지의 이용상황을 '공업용'으로 잘
    못 정정하여 검증지가를 산정하고, 시 부동산평가위원회가 검증지가를 심의하면서 그 잘못을
    발견하지 못함에 따라, 그 토지의 개별공시지가가 적정가격보다 훨씬 높은 가격으로 결정·공
    시된 사안에서, 이는 개별공시지가 산정업무 담당 공무원 등이 직무상 의무를 위반한 것으로
    불법행위에 해당한다고 한 사례

[3] 개별공시지가가 토지의 거래 또는 담보제공에서 그 실제 거래가액 또는 담보가치를 보장하는
    등의 구속력을 갖는지 여부(소극) 및 개개 토지에 관한 개별공시지가를 기준으로 거래하거나
    담보제공을 받았다가 토지의 실제 거래가액 또는 담보가치가 개별공시지가에 미치지 못함으로
    인하여 발생한 손해에 대해서도 개별공시지가를 결정·공시한 지방자치단체가 손해배상책임
    을 부담하는지 여부(소극)

[4] 개별공시지가 산정업무 담당 공무원 등이 잘못 산정·공시한 개별공시지가를 신뢰한 나머지 토지의 담보가치가 충분하다고 믿고 그 토지에 관하여 근저당권 설정등기를 경료한 후 물품을 추가로 공급함으로써 손해를 입었음을 이유로 그 담당 공무원이 속한 지방자치단체에 손해배상을 구한 사안에서, 그 담당 공무원 등의 개별공시지가 산정에 관한 직무상 위반행위와 위 손해 사이에 상당인과관계가 있다고 보기 어렵다고 판단한 사례

판결요지

[1] 개별공시지가는 개발부담금의 부과, 토지 관련 조세 부과 등 다른 법령이 정하는 목적을 위해 지가를 산정하는 경우에 그 산정기준이 되는 관계로 납세자인 국민 등의 재산상 권리·의무에 직접적인 영향을 미치게 되므로, 개별공시지가 산정업무를 담당하는 공무원으로서는 해당 토지의 실제 이용상황 등 토지특성을 정확하게 조사하고 해당 토지와 토지이용상황이 유사한 비교표준지를 선정하여 그 특성을 비교하는 등 법령 및 '개별공시지가의 조사·산정지침'에서 정한 기준과 방법에 의하여 개별공시지가를 산정하고, 산정지가의 검증을 의뢰받은 감정평가업자나 시·군·구 부동산평가위원회로서는 위 산정지가 또는 검증지가가 위와 같은 기준과 방법에 의하여 제대로 산정된 것인지 여부를 검증, 심의함으로써 적정한 개별공시지가가 결정·공시되도록 조치할 직무상의 의무가 있고, 이러한 직무상 의무는 단순히 공공 일반의 이익을 위한 것이거나 행정기관 내부의 질서를 규율하기 위한 것이 아니고 전적으로 또는 부수적으로 국민 개개인의 재산권 보장을 목적으로 하여 규정된 것이라고 봄이 상당하다. 따라서 <u>개별공시지가 산정업무 담당 공무원 등이 그 직무상 의무에 위반하여 현저하게 불합리한 개별공시지가가 결정되도록 함으로써 국민 개개인의 재산권을 침해한 경우에는 그 손해에 대하여 상당인과관계 있는 범위 내에서 그 담당 공무원 등이 소속된 지방자치단체가 배상책임을 지게 된다.</u>

[2] 시장이 토지의 이용상황을 실제 이용되고 있는 '자연림'으로 하여 개별공시지가를 산정한 나음 감정평가법인에 검증을 의뢰하였는데, 감정평가법인이 그 토지의 이용상황을 '공업용'으로 잘못 정정하여 검증지가를 산정하고, <u>시 부동산평가위원회가 검증지가를 심의하면서 그 잘못을 발견하지 못함에 따라, 그 토지의 개별공시지가가 적정가격보다 훨씬 높은 가격으로 결정·공시된 사안에서, 이는 개별공시지가 산정업무 담당 공무원 등이 개별공시지가의 산정 및 검증, 심의에 관한 직무상 의무를 위반한 것으로 불법행위에 해당한다고 한 사례</u>

[3] <u>개별공시지가는 그 산정 목적인 개발부담금의 부과, 토지 관련 조세 부과 등 다른 법령이 정하는 목적을 위해 지가를 산정하는 경우에 그 산정기준이 되는 범위 내에서는 납세자인 국민 등의 재산상 권리·의무에 직접적인 영향을 미칠 수 있지만, 이에 더 나아가 개별공시지가가 해당 토지의 거래 또는 담보제공을 받음에 있어 그 실제 거래가액 또는 담보가치를 보장한다거나 어떠한 구속력을 미친다고 할 수는 없다.</u> 그럼에도 개개 토지에 관한 개별공시지가를 기준으로 거래하거나 담보제공을 받았다가 해당 토지의 실제 거래가액 또는 담보가치가 개별공시지가에 미치지 못함으로 인해 발생할 수 있는 손해에 대해서까지 그 개별공시지가를 결정·공시

하는 지방자치단체에 손해배상책임을 부담시키게 된다면, 개개 거래당사자들 사이에 이루어지는 다양한 거래관계와 관련하여 발생한 손해에 대하여 무차별적으로 책임을 추궁당하게 되고, 그 거래관계를 둘러싼 분쟁에 끌려들어가 많은 노력과 비용을 지출하는 결과가 초래되게 된다. 이는 결과발생에 대한 예견가능성의 범위를 넘어서는 것임은 물론이고, 행정기관이 사용하는 지가를 일원화하여 일정한 행정목적을 위한 기준으로 삼음으로써 국토의 효율적인 이용과 국민경제의 발전에 기여하려는 (구)부동산 가격공시 및 감정평가에 관한 법률(2008.2.29. 법률 제8852호로 개정되기 전의 것)의 목적과 기능, 그 보호법익의 보호범위를 넘어서는 것이다.

[4] 개별공시지가 산정업무 담당 공무원 등이 잘못 산정·공시한 개별공시지가를 신뢰한 나머지 토지의 담보가치가 충분하다고 믿고 그 토지에 관하여 근저당권 설정등기를 경료한 후 물품을 추가로 공급함으로써 손해를 입었음을 이유로 그 담당 공무원이 속한 지방자치단체에 손해배상을 구한 사안에서, 그 담당 공무원 등의 개별공시지가 산정에 관한 직무상 위반행위와 위 손해 사이에 상당인과관계가 있다고 보기 어렵다고 한 사례

관련내용

1. 개별공시지가의 의의 및 취지(부동산공시법 제10조)

개별공시지가란 시장·군수·구청장이 공시지가의 공시기준일 당시 표준지의 공시지가를 기준으로 산정한 개별토지의 단위면적당 가격을 말한다. 이는 조세 및 부담금 산정의 기준이 되어 행정의 효율성 제고에 취지가 인정된다.

2. 개별공시지가의 법적 성질 및 효력

(1) 법적 성질

1) 문제점

개별공시지가의 처분성 인정 여부가 문제된다. 논의의 실익은 개별공시지가 산정절차상 하자의 위법성 인정여부, 항고쟁송의 대상적격을 인정할 수 있는지 여부에 있다.

2) 학설

① 행정행위설 : 개별공시지가는 과세의 기준이 되어 국민의 권리·의무에 직접 영향을 미치므로 행정행위성을 갖는다는 견해이다.

② 행정규칙설 : 개별공시지가는 직접 국민의 권리·의무에 영향이 없고, 후행 행정처분의 부과기준으로서 역할을 하는 일반적·추상적 규율에 불과하다는 견해이다.

③ 사실행위설 : 개별공시지가는 개별토지가격을 알리는 사실행위로써 이는 가격지침으로서의 기능을 한다고 보는 견해이다.

④ 법규명령의 성질을 갖는 고시설 : 개별공시지가는 법령에 근거하여 결정되며 여러 행정처분의 기준이 되는 것이므로 법규명령의 성질을 갖는 고시에 준하는 성질을 갖는 것으로 보아야 한다는 견해이다.

3) 판례(92누12407)

대법원은 개별공시지가는 과세의 기준이 되어 국민의 권리·의무 내지 법률상 이익에 직접적으로 관계된다고 하여 처분성을 인정하였다.

4) 검토

개별공시지가는 이후 과세처분의 직접적 기준이 되어 개인의 재산권에 직접 영향을 미치므로 항고소송의 대상인 처분으로 보아야 함이 타당하다.

(2) 효력 및 적용

개별공시지가는 토지 관련 국세, 지방세 및 각종 부담금의 부과를 위한 과세표준이 된다. 따라서 개별공시지가를 기준으로 일정세율을 곱하여 조세 및 부담금을 부과하게 된다. 다만, 개별공시지가를 기준으로 하여 행정목적에 활용하기 위해서는 다른 법률에 명시적으로 규정이 있어야 하므로 명시적인 규정이 없는 경우에는 표준지공시지가를 기준으로 개별적으로 토지가격을 산정하여야 할 것이다.

3. 국가배상청구의 의의 및 요건

(1) 국가배상제도의 의의(국가배상법 제2조)

국가배상제도란 국가나 지방자치단체 등이 직무를 집행하면서 고의 또는 과실로 법령을 위반하여 타인에게 손해를 가한 경우 국가가 손해를 배상해주는 제도를 말한다.

(2) 요건

① 공무원 또는 공무를 위탁받은 사인이 ② 직무를 ③ 집행하면서 ④ 고의 또는 과실로 ⑤ 법령을 위반하여 ⑥ 타인에게 ⑦ 손해가 발생한 경우를 요건으로 한다.

관련기출

1. 제31회 문제2 물음3

한편, 丁은 A시의 개별공시지가 산정업무를 담당하고 있는 공무원이다. 丁은 개발예정지구인 C지역의 개별공시지가를 산정함에 있어 토지의 이용 상황을 잘못 파악하여 지가를 적정가격보다 훨씬 높은 가격으로 산정하였다. 이를 신뢰한 乙은 C지역의 담보가치가 충분하다고 믿고 그 토지에 근저당설정등기를 마치고 수백억원의 투자를 하였지만, 결국 수십억원에 해당하는 큰 손해를 보았다. 이에 乙은 丁의 위법한 개별공시지가 산정으로 인하여 위 손해를 입었다고 주장하며, 국가배상소송을 제기하고자 한다. 동 소송에서 乙은 丁의 직무상 행위와 자신의 손해사이의 인과관계를 주장한다. 乙의 주장의 타당성에 관하여 개별공시지가제도의 입법목적을 중심으로 설명하시오. **15점**

2. 제24회 문제2

S시에 임야 30,000㎡를 소유하고 있다. S시장은 甲 소유의 토지에 대하여 토지의 이용 상황을 실제 이용되고 있는 '자연림'으로 하여 개별공시지가를 산정한 다음 A감정평가법인에 검증을

의뢰하였는데, A감정평가법인이 그 토지의 이용 상황을 '공업용'으로 잘못 정정하여 검증지가를 산정하고, 시(市) 부동산평가위원회가 검증지가를 심의하면서 그 잘못을 발견하지 못하였다. 이에 따라 甲 소유 토지의 개별공시지가가 적정가격보다 훨씬 높은 가격으로 결정·공시되었다. B은행은 S시의 공시지가를 신뢰하고, 甲에게 70억원을 대출하였는데, 甲이 파산함에 따라 채권회수에 실패하였다. 다음 물음에 답하시오. 30점

(1) B은행은 S시를 대상으로 국가배상을 청구하였다. S시의 개별공시지가 결정행위가 국가배상법 제2조상의 위법행위에 해당하는가에 관하여 논하시오. 20점

(2) S시장은 개별공시지가제도의 입법목적을 이유로 S시 담당공무원들의 개별공시지가 산정에 관한 직무상 행위와 B은행의 손해 사이에 상당인과관계가 없다고 항변한다. S시장의 항변의 타당성에 관하여 논하시오. 10점

※ 출제위원 채점평

본문은 개별공시지가의 검증의 오류와 관련한 국가배상청구의 가능성에 관한 것으로 물음은 두 가지이다. 첫째, S시의 개별공시지가 결정행위가 국가배상법 제2조상의 위법행위 해당성, 둘째, S시장은 개별공시지가 제도의 입법목적을 이유로 S시의 담당공무원들의 개별 공시지가 산정에 관한 직무상 행위와 B은행의 손해 사이에 상당인과관계가 없다고 항변하는데, 그 타당성을 논하라는 내용이다.

<u>첫 번째 질문은 국가배상법 제2조의 위법행위에 해당하는가를 판단하는 것이다. 국가배상법 제2조의 기본적인 요건으로서 그 행위가 위법성에 대한 판단과 과실에 대한 판단을 논리적으로 연결하여 기술하면 된다.</u>

<u>두 번째 질문에 대하여는 개별공시지가 제도의 입법목적을 논리적으로 서술하고 개별공시지가가 은행의 담보평가 등 사적인 부동산 거래의 직접적인 평가 근거로 활용됨을 목적으로 하는 것인가에 대한 검토 후 판례의 입장을 고려하여 상당인과관계를 논하는 것이 좋다.</u>

이 문제는 감정평가사가 하는 일상에 관련되어 있고, 담보평가의 중요성 및 입법목적과 직접적으로 연결되어 있어 매우 중요하므로 수험생들도 이미 익숙하게 공부하였을 것으로 생각된다. 공시지가의 결정 및 검증 작업에서 발생하는 오류가 국가배상 및 손해배상과 어떤 인과관계에 놓여 있는가를 정확히 파악하는 것은 감정평가사 직업의 수행에 있어 필수적이다. 금번 출제 및 채점은 이런 사전 지식을 충분히 습득하고 있는가를 판단할 수 있는 좋은 기회가 되었다고 생각한다.

판례 03 2008두19987

개별공시지가에 대하여 이의가 있는 자가 행정심판을 거쳐 행정소송을 제기하는 경우 제소기간의 기산점

쟁점사항

▶ 개별공시지가에 대하여 이의가 있는 자가 행정심판을 거쳐 행정소송을 제기하는 경우 제소기간의 기산점

관련판례

✦ 대판 2010.1.28, 2008두19987[개별공시지가결정처분취소]

판시사항

개별공시지가에 대하여 이의가 있는 자가 행정심판을 거쳐 행정소송을 제기하는 경우 제소기간의 기산점

판결요지

부동산 가격공시 및 감정평가에 관한 법률 제12조, 행정소송법 제20조 제1항, 행정심판법 제3조 제1항의 규정 내용 및 취지와 아울러 부동산 가격공시 및 감정평가에 관한 법률에 행정심판의 제기를 배제하는 명시적인 규정이 없고 부동산 가격공시 및 감정평가에 관한 법률에 따른 이의신청과 행정심판은 그 절차 및 담당 기관에 차이가 있는 점을 종합하면, 부동산 가격공시 및 감정평가에 관한 법률이 이의신청에 관하여 규정하고 있다고 하여 이를 행정심판법 제3조 제1항에서 행정심판의 제기를 배제하는 '다른 법률에 특별한 규정이 있는 경우'에 해당한다고 볼 수 없으므로, 개별공시지가에 대하여 이의가 있는 자는 곧바로 행정소송을 제기하거나 부동산 가격공시 및 감정평가에 관한 법률에 따른 이의신청과 행정심판법에 따른 행정심판청구 중 어느 하나만을 거쳐 행정소송을 제기할 수 있을 뿐 아니라, 이의신청을 하여 그 결과 통지를 받은 후 다시 행정심판을 거쳐 행정소송을 제기할 수도 있다고 보아야 하고, 이 경우 행정소송의 제소기간은 그 행정심판 재결서 정본을 송달받은 날부터 기산한다.

🔖 관련내용

1. 개별공시지가의 불복

(1) 이의신청(부동산공시법 제11조)

개별공시지가에 이의가 있는 자가 그 결정·공시일부터 30일 이내에 서면으로 시장·군수 또는 구청장에게 이의를 신청할 수 있는 제도를 말하며, 개별공시지가의 객관성을 확보하여 공신력을 높여주는 제도적 취지가 인정되고 판례(2008두19987)의 태도에 따라 강학상 이의신청으로 봄이 타당하다.

(2) 행정심판

행정심판이란 행정청의 위법·부당한 처분 등 또는 부작위에 대한 불복에 대하여 행정기관이 심판하는 행정심판법상의 행정쟁송절차를 말한다. 행정심판법 제51조는 재심판청구를 금지하고 있지만 부동산공시법상 이의신청은 강학상 이의신청에 해당하여 행정심판제기가 가능하다.

(3) 행정쟁송

개별공시지가 결정에 중대·명백한 하자가 존재하는 경우 무효확인소송을, 그에 이르지 않은 경우 취소소송을 제기할 수 있다. 행정소송법 제19조에서 행정심판임의주의를 원칙으로 규정하는 점을 비추어 볼 때, 행정심판을 거치지 않은 경우라도 행정소송의 제기가 가능하다.

2. 관련 규정(행정기본법 제36조 제4항)

이의신청에 대한 결과를 통지받은 후 행정심판 또는 행정소송을 제기하려는 자는 그 결과를 통지받은 날부터 90일 이내에 행정심판 또는 행정소송을 제기할 수 있다.

🔖 관련기출

1. 제34회 문제2 물음1

甲이 B시장의 개별공시지가결정이 위법, 부당하다는 이유로 부동산 가격공시에 관한 법령에 따른 이의신청을 거치지 않고 행정심판법에 따른 취소심판을 제기할 수 있는지 여부와 이 사건 토지에 대한 개별공시지가결정의 위법성에 관하여 설명하시오. 15점

2. 제33회 문제2 물음2

甲은 부동산 가격공시에 관한 법률 제11조에 따라 X시장에게 B토지의 개별공시지가에 대한 이의를 신청하였으나 기각되었다. 이 경우 甲이 기각결정에 불복하여 행정심판법상의 행정심판을 제기할 수 있는지 설명하시오. 10점

3. 제32회 문제2 물음1

甲은 2020.9.10. 개별공시지가결정에 대해 취소소송을 제기하였다. 甲이 제기한 취소소송은 제소기간을 준수하였는가? 10점

4. 제21회 문제2 물음1

   P가 이의신청과 행정심판을 모두 제기한 것은 적법한지에 대하여 설명하시오. 10점

5. 제5회 문제2

   개별공시지가결정 절차상의 하자에 대한 불복절차를 설명하시오. 30점

판례 04 93누15588

개별토지가격이 경정되면 당초 공시기준일에 소급하여 효력이 발생하는지 여부

쟁점사항

▶ 개별토지가격이 경정되면 당초 공시기준일에 소급하여 효력이 발생하는지

관련판례

✦ 대판 1994.10.7, 93누15588[토지초과이득세부과처분취소]

판시사항

가. 과세처분 등 행정처분의 취소를 구하는 행정소송에서 선행처분인 개별공시지가결정의 위법을 독립된 위법사유로 주장할 수 있는지 여부

나. 토지특성조사의 착오가 명백하여야만 개별토지가격경정결정을 할 수 있는지 여부

다. 개별토지가격이 경정되면 당초 공시기준일에 소급하여 효력이 발생하는지 여부

라. 과세기간 개시일의 개별토지가격을 소급적으로 하향 경정결정함으로써 토지초과이득세 과세대상이 된 경우, 소급과세금지원칙·신의칙·신뢰보호원칙에 어긋나는지 여부

판결요지

가. 개별토지가격의 결정에 위법이 있는 경우에는 그 자체를 행정소송의 대상이 되는 행정처분으로 보아 그 위법 여부를 다툴 수 있음은 물론 이를 기초로 한 과세처분 등 행정처분의 취소를 구하는 행정소송에서도 선행처분인 개별토지가격결정의 위법을 독립된 위법사유로 주장할 수 있다.

나. 개별토지가격합동조사지침 제12조의3에 의하면 토지특성조사의 착오 기타 위산·오기 등 지가산정에 명백한 잘못이 있을 경우에는 시장·군수 또는 구청장이 지방토지평가위원회의 심의를 거쳐 경정결정할 수 있고, 다만, 경미한 사항일 경우에는 지방토지평가위원회의 심의를 거치지 아니할 수 있다고 규정되어 있는바, 여기서 토지특성조사의 착오 또는 위산·오기는 지가산정에 명백한 잘못이 있는 경우의 예시로서 이러한 사유가 있으면 경정결정할 수 있는 것으로 보아야 하고 그 착오가 명백하여야 비로소 경정결정할 수 있다고 해석할 것은 아니다.

다. <u>개별토지가격이 지가산정에 명백한 잘못이 있어 경정결정 공고되었다면 당초에 결정 공고된 개별토지가격은 그 효력을 상실하고 경정결정된 새로운 개별토지가격이 공시기준일에 소급하여 그 효력을 발생한다.</u>

라. 소급과세금지의 원칙이란 조세법령의 효력발생 전에 종결된 과세요건 사실에 대하여 당해 법령을 적용할 수 없다는 취지일 뿐이지 과세표준의 계산에 착오가 있음을 이유로 나중에 이를 경정하는 것을 제한하려는 것은 아니므로 지가상승액 내지 토지초과이득세 과세표준을 계산함에 있어 공제항목이 되는 과세기간 개시일의 개별토지가격을 소급적으로 하향 경정결정한 결과 토지초과이득세 과세대상으로 되었다고 하더라도 이는 소급과세의 문제와는 아무런 관련이 없고, 또한 개별토지가격합동조사지침 제12조의3에 근거하여 위법한 당초의 개별지가결정을 취소하고 새로운 개별지가를 결정한 것을 들어 신의성실의 원칙 또는 신뢰보호의 원칙에 어긋난다고 할 수 없다.

🔍 관련내용

1. **개별공시지가 직권 정정의 의의 및 취지(부동산공시법 제12조)**
   개별공시지가에 위산·오기 등 명백한 오류가 있는 경우 이를 직권으로 정정할 수 있는 제도이다. 불필요한 행정쟁송을 방지함으로써 행정의 능률화를 도모하는 데 취지가 있다.

2. **정정사유(부동산공시법 제12조, 동법 시행령 제23조)**
   위산, 오기, 표준지 선정의 착오(법 제12조) 및 ① 의견청취, 공시절차를 완전하게 이행하지 아니한 경우, ② 용도지역·용도지구 등 토지가격에 영향을 미치는 주요 요인의 조사를 잘못한 경우, ③ 토지가격비준표 적용에 오류가 있는 경우 등이 있다.

3. **정정절차(부동산공시법 시행령 제23조 제2항)**
   시·군·구청장은 시·군·구부동산가격공시위원회의 심의를 거쳐 정정사항을 결정·공시하여야 하며, 위산·오기의 경우는 심의 없이 직권으로 정정하여 결정·공시할 수 있다.

4. **이의신청 정정과의 차이점**
   ① 직권정정은 소급효가 발생하여 공시기준일부터 제소기간 기산하며, ② 이의신청 정정의 경우에는 행정기본법 제36조 제4항에 따라 새로운 처분으로 보아 이의신청결과통지서를 받은 날로부터 90일 이내 행정쟁송 가능하며 새로운 처분으로 본다는 차이점이 있다.

관련기출

1. 제31회 문제2 물음1
   부동산 가격공시에 관한 법령상 개별공시지가의 정정사유에 관하여 설명하시오. 5점

2. 제30회 문제1 물음1, 물음2
   물음 1) 甲은 정정된 공시지가에 대해 2018.10.22. 취소소송을 제기하였다. 甲의 소송은 적법한가? 15점
   물음 2) 甲은 이의신청기간이 도과한 후에 이루어진 A시장의 개별공시지가 정정처분은 위법하다고 주장한다. 甲의 주장은 타당한가? 10점

※ 출제위원 채점평
   물음1)은 정정된 공시지가에 대한 취소소송의 적법성을 묻고 있습니다. 공시지가가 정정된 경우 원처분과 정정처분 중 소의 대상으로서 처분성이 인정되는 공시지가가 무엇인가가 중요한 쟁점임에도 상당수의 답안이 공시지가의 처분성 일반을 언급하는데 그치고 있는 경우가 많았습니다.

   물음2)는 공시지가에 대한 이의신청과 정정의 관계를 묻고 있는 것으로 양자의 기본적 관계에 대한 이해만으로도 충분히 답안을 작성할 수 있을 것으로 기대되었으나 쟁점에 대해 정확히 파악한 답안이 많지 않았습니다. 관련 법령을 참조문으로 제시하였음에도 제대로 참고하지 않은 것으로 보이는바 사례문제의 해결에서는 참조조문의 활용에 유의할 필요가 있습니다.

감정평가 및 감정평가사에 관한 법률

판례 01 2017도10634

법원의 감정촉탁의 경우 감정평가법인등이 아닌 사람도 토지 등의 감정평가를 할 수 있는지 여부(심마니 판례)

제1조(목적)

이 법은 감정평가 및 감정평가사에 관한 제도를 확립하여 공정한 감정평가를 도모함으로써 국민의 재산권을 보호하고 국가경제 발전에 기여함을 목적으로 한다.

제2조(정의)

이 법에서 사용하는 용어의 뜻은 다음과 같다.

1. "토지등"이란 토지 및 그 정착물, 동산, 그 밖에 대통령령으로 정하는 재산과 이들에 관한 소유권 외의 권리를 말한다.
2. "감정평가"란 토지등의 경제적 가치를 판정하여 그 결과를 가액(價額)으로 표시하는 것을 말한다.
3. "감정평가업"이란 타인의 의뢰에 따라 일정한 보수를 받고 토지등의 감정평가를 업(業)으로 행하는 것을 말한다.
4. "감정평가법인등"이란 제21조에 따라 사무소를 개설한 감정평가사와 제29조에 따라 인가를 받은 감정평가법인을 말한다.

제10조(감정평가법인등의 업무)

감정평가법인등은 다음 각 호의 업무를 행한다.

1. 「부동산 가격공시에 관한 법률」에 따라 감정평가법인등이 수행하는 업무
2. 「부동산 가격공시에 관한 법률」 제8조 제2호에 따른 목적을 위한 토지등의 감정평가
3. 「자산재평가법」에 따른 토지등의 감정평가
4. 법원에 계속 중인 소송 또는 경매를 위한 토지등의 감정평가
5. 금융기관·보험회사·신탁회사 등 타인의 의뢰에 따른 토지등의 감정평가
6. 감정평가와 관련된 상담 및 자문
7. 토지등의 이용 및 개발 등에 대한 조언이나 정보 등의 제공
8. 다른 법령에 따라 감정평가법인등이 할 수 있는 토지등의 감정평가
9. 제1호부터 제8호까지의 업무에 부수되는 업무

제49조(벌칙)

다음 각 호의 어느 하나에 해당하는 자는 3년 이하의 징역 또는 3천만원 이하의 벌금에 처한다.

1. 부정한 방법으로 감정평가사의 자격을 취득한 사람
2. 감정평가법인등이 아닌 자로서 감정평가업을 한 자
3. 구비서류를 거짓으로 작성하는 등 부정한 방법으로 제17조에 따른 등록이나 갱신등록을 한 사람

4. 제18조에 따라 등록 또는 갱신등록이 거부되거나 제13조, 제19조 또는 제39조에 따라 자격 또는 등록이 취소된 사람으로서 제10조의 업무를 한 사람

5. 제25조 제1항을 위반하여 고의로 업무를 잘못하거나 같은 조 제6항을 위반하여 제28조의2에서 정하는 유도 또는 요구에 따른 자

6. 제25조 제4항을 위반하여 업무와 관련된 대가를 받거나 감정평가 수주의 대가로 금품 또는 재산상의 이익을 제공하거나 제공하기로 약속한 자

6의2. 제28조의2를 위반하여 특정한 가액으로 감정평가를 유도 또는 요구하는 행위를 한 자

7. 정관을 거짓으로 작성하는 등 부정한 방법으로 제29조에 따른 인가를 받은 자

 관련판례

✦ **대판 2021.10.14, 2017도10634[부동산가격공시 및 감정평가에 관한 법률위반]**

판시사항

구 부동산 가격공시 및 감정평가에 관한 법률에서 감정평가사 자격을 갖춘 사람만이 감정평가업을 독점적으로 영위할 수 있도록 한 취지 / 민사소송법 제335조에 따른 법원의 감정인 지정결정 또는 같은 법 제341조 제1항에 따른 법원의 감정촉탁을 받은 경우, 감정평가업자가 아닌 사람이더라도 그 감정사항에 포함된 토지 등의 감정평가를 할 수 있는지 여부(적극) 및 이러한 행위가 형법 제20조의 정당행위에 해당하여 위법성이 조각되는지 여부(적극)

판결요지

구 부동산 가격공시 및 감정평가에 관한 법률(2016. 1. 19. 법률 제13796호 부동산가격공시에 관한 법률로 전부 개정되기 전의 것, 이하 '구 부동산공시법'이라고 한다) 제2조 제7호 내지 제9호, 제43조 제2호는 감정평가란 토지 등의 경제적 가치를 판정하여 그 결과를 가액으로 표시하는 것을 말하고, 감정평가업자란 제27조에 따라 신고를 한 감정평가사와 제28조에 따라 인가를 받은 감정평가법인을 말한다고 정의하면서, 감정평가업자가 아닌 자가 타인의 의뢰에 의하여 일정한 보수를 받고 감정평가를 업으로 행하는 것을 처벌하도록 규정하고 있다. 이와 같이 감정평가사 자격을 갖춘 사람만이 감정평가업을 독점적으로 영위할 수 있도록 한 취지는 감정평가업무의 전문성, 공정성, 신뢰성을 확보해서 재산과 권리의 적정한 가격형성을 보장하여 국민의 권익을 보호하기 위한 것이다(구 부동산공시법 제1조 참조).

한편 소송의 증거방법 중 하나인 감정은 법관의 지식과 경험을 보충하기 위하여 특별한 학식과 경험을 가진 제3자에게 그 전문적 지식이나 이를 구체적 사실에 적용하여 얻은 판단을 법원에 보고하게 하는 것으로, 감정신청의 채택 여부를 결정하고 감정인을 지정하거나 단체 등에 감정촉탁을 하는 권한은 법원에 있고(민사소송법 제335조, 제341조 제1항 참조), 행정소송사건의 심리절차에서 공익사업을 위한 토지 등의 취득 및 보상에 관한 법률상 토지 등의 손실보상액에 관하여 감정을

명할 경우 그 감정인으로 반드시 감정평가사나 감정평가법인을 지정하여야 하는 것은 아니다. 법원은 소송에서 쟁점이 된 사항에 관한 전문성과 필요성에 대한 판단에 따라 감정인을 지정하거나 감정촉탁을 하는 것이고, 감정결과에 대하여 당사자에게 의견을 진술할 기회를 준 후 이를 종합하여 그 결과를 받아들일지 여부를 판단하므로, 감정인이나 감정촉탁을 받은 사람의 자격을 감정평가사로 제한하지 않더라도 이러한 절차를 통하여 감정의 전문성, 공정성 및 신뢰성을 확보하고 국민의 재산권을 보호할 수 있기 때문이다.

그렇다면 민사소송법 제335조에 따른 법원의 감정인 지정결정 또는 같은 법 제341조 제1항에 따른 법원의 감정촉탁을 받은 경우에는 감정평가업자가 아닌 사람이더라도 그 감정사항에 포함된 토지 등의 감정평가를 할 수 있고, 이러한 행위는 법령에 근거한 법원의 적법한 결정이나 촉탁에 따른 것으로 형법 제20조의 정당행위에 해당하여 위법성이 조각된다고 보아야 한다.

판례 02   2014도191

토지에 대한 감정평가를 행하는 것이 '회계에 관한 감정' 또는 '그에 부대되는 업무'에 해당한다고 볼 수 있는지 여부

관련판례

✦ **대판 2021.10.14, 2017도10634[부동산가격공시 및 감정평가에 관한 법률위반]**

판시사항

공인회계사법 제2조에서 정한 '회계에 관한 감정'의 의미 및 타인의 의뢰를 받아 '부동산 가격공시 및 감정평가에 관한 법률'이 정한 토지에 대한 감정평가를 행하는 것이 공인회계사의 직무범위에 포함되는지 여부(소극) / 감정평가업자가 아닌 공인회계사가 타인의 의뢰에 의하여 일정한 보수를 받고 '부동산 가격공시 및 감정평가에 관한 법률'이 정한 토지에 대한 감정평가를 업으로 행하는 것이 같은 법 제43조 제2호에 의하여 처벌되는 행위인지 여부(적극) 및 위 행위가 형법 제20조가 정한 '법령에 의한 행위'로서 정당행위에 해당하는지 여부(원칙적 소극)

판결요지

공인회계사법의 입법 취지와 목적, 회계정보의 정확성과 적정성을 담보하기 위하여 공인회계사의 직무범위를 정하고 있는 공인회계사법 제2조의 취지와 내용 등에 비추어 볼 때, 위 규정이 정한

'회계에 관한 감정'이란 기업이 작성한 재무상태표, 손익계산서 등 회계서류에 대한 전문적 회계지식과 경험에 기초한 분석과 판단을 보고하는 업무를 의미하고, 여기에는 기업의 경제활동을 측정하여 기록한 회계서류가 회계처리기준에 따라 정확하고 적정하게 작성되었는지에 대한 판정뿐만 아니라 자산의 장부가액이 신뢰할 수 있는 자료에 근거한 것인지에 대한 의견제시 등도 포함된다. 그러나 타인의 의뢰를 받아 부동산 가격공시 및 감정평가에 관한 법률(이하 '부동산공시법'이라 한다)이 정한 토지에 대한 감정평가를 행하는 것은 회계서류에 대한 전문적 지식이나 경험과는 관계가 없어 '회계에 관한 감정' 또는 '그에 부대되는 업무'에 해당한다고 볼 수 없고, 그 밖에 공인회계사가 행하는 다른 직무의 범위에 포함된다고 볼 수도 없다.

따라서 감정평가업자가 아닌 공인회계사가 타인의 의뢰에 의하여 일정한 보수를 받고 부동산공시법이 정한 토지에 대한 감정평가를 업으로 행하는 것은 부동산공시법 제43조 제2호에 의하여 처벌되는 행위에 해당하고, 특별한 사정이 없는 한 형법 제20조가 정한 '법령에 의한 행위'로서 정당행위에 해당한다고 볼 수는 없다.

관련기출

1. 제31회 문제3

甲과 乙은 감정평가사 자격이 없는 공인회계사로서, 甲은 A주식회사의 부사장 겸 본부장이고 乙은 A주식회사의 상무의 직에 있는 자이다. 甲과 乙은 A주식회사 대표 B로부터 서울 소재의 A주식회사 소유 빌딩의 부지를 비롯한 지방에 있는 같은 회사 전 사업장 물류센터 등 부지에 대한 자산 재평가를 의뢰받고, 회사의 회계처리를 목적으로 부지에 대한 감정평가등 자산재평가를 실시하여 그 결과 평가대상 토지(기존의 장부상 가액 3천억원)의 경제적 가치를 7천억원의 가액으로 표시하고, 그 대가로 1억 5,400만원을 받았다. 이러한 甲과 乙의 행위는 「감정평가 및 감정평가사에 관한 법률」상의 감정평가업자의 업무에 해당하는지 여부에 관하여 논하시오. **20점**

판례 03 **2020두41689**

감정평가법인이 부담하는 성실의무의 의미, 제재적 행정처분의 재량권 일탈 · 남용을 판단하는
방법

관련판례

✦ 대판 2021.10.28, 2020두41689[과징금부과처분취소청구]

판시사항

[1] 감정평가업자가 감정평가법인인 경우, 감정평가법인이 감정평가 주체로서 구 부동산 가격공시
및 감정평가에 관한 법률 제37조 제1항에 따라 부담하는 성실의무의 의미
[2] 제재적 행정처분이 재량권의 범위를 일탈 · 남용하였는지 판단하는 방법

판결요지

[1] 구 부동산 가격공시 및 감정평가에 관한 법률(2016.1.19. 법률 제13796호 부동산 가격공시
에 관한 법률로 전부 개정되기 전의 것) 제37조 제1항에 따르면, 감정평가업자(감정평가법인
또는 감정평가사사무소의 소속감정평가사를 포함한다)는 감정평가업무를 행함에 있어서 품위
를 유지하여야 하고, 신의와 성실로써 공정하게 감정평가를 하여야 하며, 고의 또는 중대한
과실로 잘못된 평가를 하여서는 아니 된다. 한편 감정평가업자가 감정평가법인인 경우에 실질
적인 감정평가업무는 소속감정평가사에 의하여 이루어질 수밖에 없으므로, 감정평가법인이 감
정평가의 주체로서 부담하는 성실의무란, 소속감정평가사에 대한 관리 · 감독의무를 포함하여
감정평가서 심사 등을 통해 감정평가 과정을 면밀히 살펴 공정한 감정평가결과가 도출될 수
있도록 노력할 의무를 의미한다.

[2] 제재적 행정처분이 재량권의 범위를 일탈하였거나 남용하였는지는, 처분사유인 위반행위의 내
용과 그 위반의 정도, 그 처분에 의하여 달성하려는 공익상의 필요와 개인이 입게 될 불이익
및 이에 따르는 제반 사정 등을 객관적으로 심리하여 공익침해의 정도와 처분으로 인하여 개인
이 입게 될 불이익을 비교 · 교량하여 판단하여야 한다.

관련내용

과징금

1. 의의

과징금은 감정평가법 제41조에 의거 행정법규의 위반으로 경제상의 이익을 얻게 되는 경우에 해당 위반으로 인한 경제적 이익을 박탈하기 위하여 그 이익규모에 따라 행정기관이 과하는 행정상 제재금을 말하며, 변형된 과징금에 해당한다.

2. 법적 성질

과징금은 새로운 수단의 행정의 실효성 확보수단으로 행정상 제재금으로서 과징금의 부과는 급부하명으로서 처분에 해당하며, 감정평가법 제41조 문언상 "할 수 있다"로 규정하여 재량행위에 해당한다.

3. 부과권자, 부과절차 및 적용법규

과징금은 국토교통부장관(행정청)이 업무정지에 갈음하는 과징금 부과처분을 하게 되며, 부과, 이의신청 및 징수 등은 감정평가법 제41조, 제42조, 제43조의 규정에 따른다.

4. 불복

과징금 부과처분에 대하여는 감정평가법 제42조에 따라 이의신청을 할 수 있으며, 이의신청에 따른 결과에 이의가 있는 자는 감정평가법 제42조 제3항에 따라 행정심판을 제기할 수 있다. 또한 과징금 부과처분이 항고소송의 대상인 처분이 되므로 항고소송으로 다툴 수 있다.

5. 벌금과 과징금의 중복부과 타당성 여부

(1) 개설

감정평가법상 벌금과 과징금은 모두 국민의 권리·의무에 직접 영향을 미치는 행정처분에 해당하는 것으로, 동일 사안에 대하여는 벌금과 과징금을 중복부과하는 경우 그 타당성 여부가 문제된다.

(2) 관련 판례 검토(82헌바38)

헌법재판소는 '과징금은 그 취지와 기능, 부과의 주체와 절차 등을 종합할 때 부당내부거래 억제라는 행정목적을 실현하기 위하여 그 위반행위에 대하여 제재를 가하는 행정상 제재금으로서의 기본적 성격에 부당이득환수적 요소도 부과되어 있는 것이라 할 것이고, 이를 두고 헌법 제13조 제1항에서 금지하는 국가형벌권 행사로서의 '처벌'에 해당한다고 할 수 없으므로, 공정거래법에서 형사처벌과 아울러 과징금의 병과를 예정하고 있더라도 이중처벌금지의 원칙에 위반된다고 볼 수 없다'라고 하여 과징금과 벌금의 병과는 이중처벌금지의 원칙에 반하지 않는다고 보았다.

(3) 검토

과징금은 행정상 제재금으로서 범죄에 대한 국가의 형벌권 행사로서의 과벌이 아니므로 행정법규위반에 대하여 벌금 이외에 과징금을 부과하는 것은 이론상 이중처벌금지의 원칙에 반하지 않는다고 봄이 타당할 것이다. 그러나 양자는 실질적으로 이중적인 금전부담으로써 동일 사안에 대해 벌금과 과징금을 함께 부과하는 것은 이중처벌의 성질이 있다 할 것이므로 양자 중 택일적으로 부과하도록 관계법령을 정비할 필요성이 있다고 판단된다.

6. 결

감정평가법상 벌금과 과징금은 행정의 실효성 확보수단으로 규정되어 있는 것이고, 그 법적성질은 벌금, 과징금 모두 행정행위의 상대방인 국민의 권리·의무에 직접적으로 영향을 미치는 행정처분에 해당한다. 한편 동일 사안에 있어 벌금과 과징금의 중복부과는 이론상 이중처벌금지의 원칙에 반하지 아니하여 타당하다고 할 것이나, 양자는 실질적으로 동일한 금전부담으로써 벌금과 과징금을 택일적으로 부과하도록 관계법령을 정비할 필요성이 있다고 할 것이다.

판례 04 **2019도3595**

감정평가업자의 업무 중 '금융기관·보험회사·신탁회사 등 타인의 의뢰에 의한 토지 등의 감정평가'에 공신력 있는 기관 외에 널리 제3자의 의뢰도 포함되는지 여부

관련판례

판시사항

[1] 구 부동산 가격공시 및 감정평가에 관한 법률 제37조 제1항의 성실의무 등이 적용되는 감정평가업자의 업무 중 같은 법 제29조 제1항 제6호의 '금융기관·보험회사·신탁회사 등 타인의 의뢰에 의한 토지 등의 감정평가'에 금융기관·보험회사·신탁회사와 이에 준하는 공신력 있는 기관의 의뢰에 의한 감정평가 외에 널리 제3자의 의뢰에 의한 감정평가도 포함되는지 여부(적극)

[2] 구 부동산 가격공시 및 감정평가에 관한 법률 제43조 제4호 위반죄의 성립 범위

[3] 구 부동산 가격공시 및 감정평가에 관한 법률 제46조 양벌규정에 따라 사용자인 법인 또는 개인을 처벌하는 취지 및 이때 사용자인 법인 또는 개인이 상당한 주의 또는 감독 의무를 게을리하였는지 판단하는 기준

판결요지

[1] 구 부동산 가격공시 및 감정평가에 관한 법률(2013.8.6. 법률 제12018호로 개정되기 전의 것, 이하 '구 부동산공시법'이라 한다) 제37조 제1항은 "감정평가업자는 제29조 제1항 각 호의 업무를 행함에 있어 품위를 유지하여야 하고, 신의와 성실로써 공정하게 감정평가를 하여야 하며, 고의 또는 중대한 과실로 잘못된 평가를 하여서는 아니 된다."라고 정하고 있고, 제43조 제4호는 "제37조 제1항의 규정을 위반하여 고의로 잘못된 평가를 한 자는 2년 이하의 징역 또는 3천만 원 이하의 벌금에 처한다."라고 정하고 있으며, 제46조는 법인 대표자 등의 위반 행위에 대하여 법인을 처벌하는 양벌규정을 정하고 있다.

구 부동산공시법 제2조 제8호는 "감정평가업이라 함은 타인의 의뢰에 의하여 일정한 보수를 받고 토지 등의 감정평가를 업으로 행하는 것을 말한다."라고 정하고 있고, 제22조는 "감정평 가사는 타인의 의뢰에 의하여 토지 등을 감정평가함을 그 직무로 한다."라고 정하고 있으며, 제29조 제1항 각 호는 감정평가업자가 행하는 업무에 대하여 구체적으로 열거하면서 그중 제 6호로 '금융기관·보험회사·신탁회사 등 타인의 의뢰에 의한 토지 등의 감정평가'를 규정하 고 있을 뿐 감정평가 의뢰인을 금융기관·보험회사·신탁회사와 이에 준하는 공신력을 가진 기관으로 한정하지 않고 있다.

구 부동산공시법은 토지 등의 적정가격 형성을 도모하고 국토의 효율적 이용과 국민경제의 발 전에 이바지함을 목적으로 감정평가업무가 가지는 공공적 성질을 감안하여 일정한 자격을 갖 춘 감정평가업자(제27조에 따라 신고한 감정평가사와 제28조에 따라 인가를 받은 감정평가법 인)만 감정평가업을 영위할 수 있도록 하고, 감정평가업자가 아닌 자가 감정평가업을 영위하 는 경우를 형사처벌하고 있다(제43조 제2호). 또한 이 법률은 감정평가의 공정성과 합리성을 보장하기 위하여 감정평가업자가 준수하여야 할 원칙과 기준을 정하고(제31조), 감정평가업자 에게 성실의무 등을 부과하면서 이를 위반하여 고의 또는 중대한 과실로 잘못된 평가를 하는 경우 징계 또는 형사처벌하고 있다(제42조의2, 제43조 제4호).

위와 같은 구 부동산공시법의 규정 내용과 체계, 입법 목적을 종합하면, 구 부동산공시법 제37 조 제1항의 성실의무 등이 적용되는 감정평가업자의 업무 중 제29조 제1항 제6호의 '금융기관 ·보험회사·신탁회사 등 타인의 의뢰에 의한 토지 등의 감정평가'에는 금융기관·보험회사 ·신탁회사와 이에 준하는 공신력 있는 기관의 의뢰에 의한 감정평가뿐만 아니라 널리 제3자 의 의뢰에 의한 감정평가도 모두 포함된다고 보아야 한다.

[2] 구 부동산 가격공시 및 감정평가에 관한 법률(2013.8.6. 법률 제12018호로 개정되기 전의 것) 제43조 제4호 위반죄는 같은 법 제31조에 따라 제정된 '감정평가에 관한 규칙' 등에서 정 한 감정평가의 원칙과 기준에 어긋나거나 신의성실의 의무에 위배되는 방법으로 감정평가를 함으로써 그 결과가 공정성과 합리성을 갖추지 못한 모든 경우에 성립한다.

[3] 구 부동산 가격공시 및 감정평가에 관한 법률(2013.8.6. 법률 제12018호로 개정되기 전의 것) 제46조는 "법인의 대표자나 법인 또는 개인의 대리인, 사용인, 그 밖의 종업원이 그 법인

또는 개인의 업무에 관하여 제43조 또는 제44조의 위반행위를 하면 그 행위자를 벌하는 외에 그 법인 또는 개인에게도 해당 조문의 벌금형을 과한다. 다만 법인 또는 개인이 그 위반행위를 방지하기 위하여 해당 업무에 관하여 상당한 주의와 감독을 게을리하지 아니한 경우에는 그러하지 아니하다."라고 정하고 있다. 이러한 양벌규정에 따라 사용자인 법인 또는 개인을 처벌하는 것은 형벌의 자기책임 원칙에 비추어 위반행위가 발생한 그 업무와 관련하여 사용자인 법인 또는 개인이 상당한 주의 또는 감독 의무를 게을리한 과실이 있기 때문이다. 이때 사용자인 법인 또는 개인이 상당한 주의 또는 감독 의무를 게을리하였는지는 해당 위반행위와 관련된 모든 사정, 즉 법률의 입법 취지, 처벌조항 위반으로 예상되는 법익 침해의 정도, 그 위반행위에 관하여 양벌조항을 마련한 취지 등은 물론 위반행위의 구체적인 모습과 그로 인하여 실제 야기된 피해 또는 결과의 정도, 법인 또는 개인의 영업 규모, 행위자에 대한 감독가능성 또는 구체적인 지휘감독 관계, 법인 또는 개인이 위반행위 방지를 위하여 실제 행한 조치 등을 전체적으로 종합하여 판단해야 한다.

관련내용

1. 관련 규정(감정평가법 제10조 감정평가법인등의 업무)
감정평가법인등은 다음 각 호의 업무를 행한다.
1. 「부동산 가격공시에 관한 법률」에 따라 감정평가법인등이 수행하는 업무
2. 「부동산 가격공시에 관한 법률」 제8조 제2호에 따른 목적을 위한 토지등의 감정평가
3. 「자산재평가법」에 따른 토지등의 감정평가
4. 법원에 계속 중인 소송 또는 경매를 위한 토지등의 감정평가
5. 금융기관·보험회사·신탁회사 등 타인의 의뢰에 따른 토지등의 감정평가
6. 감정평가와 관련된 상담 및 자문
7. 토지등의 이용 및 개발 등에 대한 조언이나 정보 등의 제공
8. 다른 법령에 따라 감정평가법인등이 할 수 있는 토지등의 감정평가
9. 제1호부터 제8호까지의 업무에 부수되는 업무

판례 05 **2020다226490**

둘 이상의 대상물건에 대한 감정평가는 개별평가가 원칙인지 여부(적극) 및 예외적으로 일괄평가가 허용되기 위한 요건

쟁점사항

▶ 둘 이상의 물건에 대한 감정평가 방법(=개별평가 원칙) 및 일괄평가 허용 요건
▶ 대상 물건의 부속시설이라는 이유만으로 '용도상 불가분 관계'를 충족하는지 여부

관련판례

✦ 대판 2020.12.10, 2020다226490[소유권이전등기등]

판시사항

[1] 둘 이상의 대상물건에 대한 감정평가는 개별평가가 원칙인지 여부(적극) 및 예외적으로 일괄평가가 허용되기 위한 요건

[2] 갑 아파트 재건축정비사업조합의 매도청구권 행사에 따라 감정인이 갑 아파트 단지 내 상가에 있는 을 교회 소유 부동산들에 관한 매매대금을 산정하면서 위 부동산들을 일괄하여 감정평가한 사안에서, 을 교회가 위 부동산들을 교회의 부속시설로 이용하고 있다는 등의 사정만으로 위 부동산들이 일체로 거래되거나 용도상 불가분의 관계에 있다고 단정하기 어려운데도, 이와 같이 단정하여 위 부동산들을 일괄평가한 감정인의 감정 결과에 잘못이 없다고 본 원심판단에는 법리오해 등의 잘못이 있다고 한 사례

판결요지

[1] 감정평가 및 감정평가사에 관한 법률 제3조 제3항은 "감정평가의 공정성과 합리성을 보장하기 위하여 감정평가법인 등이 준수하여야 할 세부적인 원칙과 기준은 국토교통부령으로 정한다." 라고 규정하고 있다. 그 위임에 따른 감정평가에 관한 규칙 제7조 제1항은 "감정평가는 대상물건마다 개별로 하여야 한다."라고, 제2항은 "둘 이상의 대상물건이 일체로 거래되거나 대상물건 상호 간에 용도상 불가분의 관계가 있는 경우에는 일괄하여 감정평가할 수 있다."라고 규정하고 있다. 따라서 둘 이상의 대상물건에 대한 감정평가는 개별평가를 원칙으로 하되, 예외적으로 둘 이상의 대상물건에 거래상 일체성 또는 용도상 불가분의 관계가 인정되는 경우에 일괄평가가 허용된다.

[2] 갑 아파트 재건축정비사업조합의 매도청구권 행사에 따라 감정인이 갑 아파트 단지 내 상가에 있는 을 교회 소유 부동산들에 관한 매매대금을 산정하면서 위 부동산들을 일괄하여 감정평가

한 사안에서, 위 상가는 집합건물의 소유 및 관리에 관한 법률이 시행되기 전에 소유권이전등기가 마쳐진 것으로 현재까지 위 법률에 따른 집합건물등기가 되어 있지 않고 각 호수별로 건물등기가 되어 있는데, 을 교회가 위 부동산들을 교회의 부속시설인 소예배실, 성경공부방, 휴게실로 각 이용하고 있으나 위 부동산들은 실질적인 구분건물로서 구조상 독립성과 이용상 독립성이 유지되고 있을 뿐 아니라 개별적으로 거래대상이 된다고 보이고, 나아가 개별적으로 평가할 경우의 가치가 일괄적으로 평가한 경우의 가치보다 높을 수 있으므로, 을 교회가 위 부동산들을 교회의 부속시설로 이용하고 있다는 등의 사정만으로 위 부동산들이 일체로 거래되거나 용도상 불가분의 관계에 있다고 단정하기 어려운데도, 이와 같이 단정하여 위 부동산들을 일괄평가한 감정인의 감정 결과에 잘못이 없다고 본 원심판단에는 일괄평가 요건에 관한 법리오해 등의 잘못이 있다고 한 사례

판례 06 2008두167

건축신고에 대한 전원합의체 판결

쟁점사항

▶ 항고소송의 대상이 되기 위한 판단 기준
▶ 행정청의 건축신고 반려 · 수리행위가 항고소송의 대상인지 여부

관련판례

참조조문

[1] 건축법 제11조 제5항, 제14조 제2항
[2] 건축법 제11조 제5항 제3호, 제14조 제2항, 국토의 계획 및 이용에 관한 법률 제56조, 제58조 제1항 제4호

관련판례

✦ 대판 2010.11.18, 2008두167 全合[건축신고불허(또는 반려)처분취소]

판시사항

[1] 행정청의 행위가 항고소송의 대상이 되는지 여부의 판단기준

[2] 행정청의 건축신고 반려행위 또는 수리거부행위가 항고소송의 대상이 되는지 여부(적극)

판결요지

[1] 행정청의 어떤 행위가 항고소송의 대상이 될 수 있는지의 문제는 추상적·일반적으로 결정할 수 없고, 구체적인 경우 행정처분은 행정청이 공권력의 주체로서 행하는 구체적 사실에 관한 법집행으로서 국민의 권리·의무에 직접적으로 영향을 미치는 행위라는 점을 염두에 두고, 관련법령의 내용과 취지, 그 행위의 주체·내용·형식·절차, 그 행위와 상대방 등 이해관계인이 입는 불이익과의 실질적 견련성, 그리고 법치행정의 원리와 해당 행위에 관련한 행정청 및 이해관계인의 태도 등을 참작하여 개별적으로 결정하여야 한다.

[2] (구)건축법(2008.3.21. 법률 제8974호로 전부 개정되기 전의 것) 관련규정의 내용 및 취지에 의하면, 행정청은 건축신고로써 건축허가가 의제되는 건축물의 경우에도 그 신고 없이 건축이 개시될 경우 건축주 등에 대하여 공사 중지·철거·사용금지 등의 시정명령을 할 수 있고(제69조 제1항), 그 시정명령을 받고 이행하지 않은 건축물에 대하여는 해당 건축물을 사용하여 행할 다른 법령에 의한 영업 기타 행위의 허가를 하지 않도록 요청할 수 있으며(제69조 제2항), 그 요청을 받은 자는 특별한 이유가 없는 한 이에 응하여야 하고(제69조 제3항), 나아가 행정청은 그 시정명령의 이행을 하지 아니한 건축주 등에 대하여는 이행강제금을 부과할 수 있으며(제69조의 2 제1항 제1호), 또한 건축신고를 하지 않은 자는 200만원 이하의 벌금에 처해질 수 있다(제80조 제1호, 제9조). 이와 같이 <u>건축주 등은 신고제하에서도 건축신고가 반려될 경우 해당 건축물의 건축을 개시하면 시정명령, 이행강제금, 벌금의 대상이 되거나 해당 건축물을 사용하여 행할 행위의 허가가 거부될 우려가 있어 불안정한 지위에 놓이게 된다. 따라서 건축신고 반려행위가 이루어진 단계에서 당사자로 하여금 반려행위의 적법성을 다투어 그 법적 불안을 해소한 다음 건축행위에 나아가도록 함으로써 장차 있을지도 모르는 위험에서 미리 벗어날 수 있도록 길을 열어 주고, 위법한 건축물의 양산과 그 철거를 둘러싼 분쟁을 조기에 근본적으로 해결할 수 있게 하는 것이 법치행정의 원리에 부합한다. 그러므로 건축신고 반려행위는 항고소송의 대상이 된다고 보는 것이 옳다.</u>

참조조문

[1] 행정소송법 제2조 제1항 제1호

[2] (구)건축법(2008.3.21. 법률 제8974호로 전부 개정되기 전의 것) 제9조(현행 제14조 참조), 제69조(현행 제79조 참조), 제69조의2 제1항 제1호(현행 제80조 제1항 제1호 참조), 제80조 제1호(현행 제111조 제1호 참조), 행정소송법 제2조 제1항 제1호

참조판례

[1] 대판 1992.1.17. 91누1714(공1992, 916), 대판 2007.6.14. 2005두4397

[2] 대판 1967.9.19. 67누71(변경), 대판 1995.3.14. 94누9962(변경), 대판 1997.4.25. 97누3187(변경), 대판 1998.9.22. 98두10189(변경), 대판 1999.10.22. 98두18435(변경), 대판 2000.9.5. 99두8800(변경)

관련내용

1. 수리를 요하는 신고

수리를 요하는 신고는 신고가 수리되어야 신고의 효과가 발생하는 신고를 말한다. 수리를 요하는 신고의 경우에 수리거부는 거부처분에 해당하며 항고소송의 대상이 된다. 대법원은 수리를 요하는 신고의 경우 당연히 거부처분으로 항고소송의 대상이 된다고 판시한 바 있다.

2. 수리를 요하지 않는 신고(자기완결적 신고)(평가사무소개설신고)

자기완결적신고의 경우 행정청의 수리여부에 관계없이 신고의 요건을 갖춘 신고만 하면 신고서가 접수기관에 도달한 때 신고 의무가 이행된 것으로 본다. 이 경우 행정청이 신고의 수리를 거부하더라도 수리의 거부는 행정처분이 아니 사실행위이므로 취소소송으로 다툴 수 없다. 대법원은 수리를 요하지 않는 신고의 경우인 건축신고에 대하여도 행정청이 수리를 반려한 경우 시정명령, 벌금 부과 등의 권익침해가 예상되는 경우 수리 반려행위에 대해 항고소송을 제기할 수 있다고 판시한 바 있다.

한편, 인·허가의제 효과를 수반하는 건축신고는 일반건축신고와 달리, 특별한 사정이 없는 한 행정청이 그 실체적 요건에 관한 심사를 한 후 수리하여야 하는 이른바 수리를 요하는 신고로 보는 것이 옳다고 판시하였다.

3. 신고의무 위반의 효과

신고사항을 신고하지 아니하거나 신고하였으나 신고요건을 충족하지 않은 부적법한 신고의 경우 신고의무를 이행하지 않은 것이 된다.

4. 건축 신고 전원합의체 판결(2008두167, 2010두14954)

이와 같이 건축주 등은 신고제하에서도 건축신고가 반려될 경우 당해 건축물의 건축을 개시하면 시정명령, 이행강제금, 벌금의 대상이 되거나 당해 건축물을 사용하여 행할 행위의 허가가 거부될 우려가 있어 불안정한 지위에 놓이게 된다. 따라서 건축신고 반려행위가 이루어진 단계

에서 당사자로 하여금 반려행위의 적법성을 다투어 그 법적 불안을 해소한 다음 건축행위에 나아가도록 함으로써 장차 있을지도 모르는 위험에서 미리 벗어날 수 있도록 길을 열어 주고, 위법한 건축물의 양산과 그 철거를 둘러싼 분쟁을 조기에 근본적으로 해결할 수 있게 하는 것이 법치행정의 원리에 부합한다. 그러므로 건축신고 반려행위는 항고소송의 대상이 된다고 보는 것이 옳다(대판 2010.11.18, 2008두167 全合).

나아가 인·허가의제사항 관련 법률에 규정된 요건 중 상당수는 공익에 관한 것으로서 행정청의 전문적이고 종합적인 심사가 요구되는데, 만약 건축신고만으로 인·허가의제사항에 관한 일체의 요건 심사가 배제된다고 한다면, 중대한 공익상의 침해나 이해관계인의 피해를 야기하고 관련 법률에서 인·허가 제도를 통하여 사인의 행위를 사전에 감독하고자 하는 규율체계 전반을 무너뜨릴 우려가 있다. 또한 무엇보다도 건축신고를 하려는 자는 인·허가의제사항 관련 법령에서 제출하도록 의무화하고 있는 신청서와 구비서류를 제출하여야 하는데, 이는 건축신고를 수리하는 행정청으로 하여금 인·허가의제사항 관련 법률에 규정된 요건에 관하여도 심사를 하도록 하기 위한 것으로 볼 수밖에 없다. 따라서 인·허가의제 효과를 수반하는 건축신고는 일반적인 건축신고와는 달리, 특별한 사정이 없는 한 행정청이 그 실체적 요건에 관한 심사를 한 후 수리하여야 하는 이른바 '수리를 요하는 신고'로 보는 것이 옳다(대판 2011.1.20, 2010두14954 全合).

판례 07 2013두11727, 2013두727

감정평가사 징계사유 : 자격증 등의 부당행사

쟁점사항

▶ 부동산공시법 제37조 제2항이 금지하는 '자격증 등의 부당행사'의 의미

부동산 가격공시 및 감정평가에 관한 법률(이하 '법'이라 한다) 제37조 제2항에 의하면, 감정평가업자(감정평가법인 소속 감정평가사를 포함한다)는 다른 사람에게 자격증·등록증 또는 인가증(이하 '자격증 등'이라 한다)을 양도 또는 대여하거나 이를 부당하게 행사해서는 안 된다. 여기에서 '자격증 등을 부당하게 행사'한다는 것은 감정평가사 자격증 등을 본래의 용도가 아닌 다른 용도로 행사하거나, 본래의 행사목적을 벗어나 감정평가업자의 자격이나 업무범위에 관한 법의 규율을 피할 목적으로 이를 행사하는 경우도 포함한다.

감정평가사가 감정평가법인에 가입한다는 명목으로 자신의 감정평가사 등록증 사본을 가입신고서와 함께 한국감정평가협회에 제출하였으나, 실제로는 자신의 감정평가경력을 부당하게 인정받는 한편, 소속 감정평가법인으로 하여금 설립과 존속에 필요한 감정평가사의 인원수만 형식적으로 갖추게 하거나 법원으로부터 감정평가 물량을 추가로 배정받을 수 있는 자격을 얻게 할 목적으로 감정평가법인에 소속된 외관만을 작출하였을 뿐 해당 감정평가법인 소속 감정평가사로서의 감정평가업무나 이와 밀접한 관련이 있는 업무를 수행할 의사가 없었다면, 이는 감정평가사 등록증을 그 본래의 행사목적을 벗어나 감정평가업자의 자격이나 업무범위에 관한 법의 규율을 피할 목적으로 행사함으로써 자격증 등을 부당하게 행사한 것이라고 볼 수 있다.

관련판례

✦ 대판 2013.10.31, 2013두11727[징계(업무정지)처분취소]

판시사항

감정평가사가 자신의 감정평가경력을 부당하게 인정받는 한편, 소속 법인으로 하여금 설립과 존속에 필요한 감정평가사의 인원수만 형식적으로 갖추게 하거나 법원으로부터 감정평가 물량을 추가로 배정받을 수 있는 자격을 얻게 할 목적으로 자신의 등록증을 사용한 경우, (구)부동산 가격공시 및 감정평가에 관한 법률 제37조 제2항이 금지하는 자격증 등의 부당행사에 해당하는지 여부(적극)

판결요지

(구)부동산 가격공시 및 감정평가에 관한 법률(이하 '법'이라 한다) 제37조 제2항에 의하면, 감정평가업자(감정평가법인 소속 감정평가사를 포함한다)는 다른 사람에게 자격증·등록증 또는 인가증(이하 '자격증 등'이라 한다)을 양도 또는 대여하거나 이를 부당하게 행사해서는 안 된다. 여기에서 '자격증 등을 부당하게 행사'한다는 것은 감정평가사 자격증 등을 본래의 용도가 아닌 다른 용도로 행사하거나, 본래의 행사목적을 벗어나 감정평가업자의 자격이나 업무범위에 관한 법의 규율을 피할 목적으로 이를 행사하는 경우도 포함한다. 따라서 감정평가사가 감정평가법인에 가입한다는 명목으로 자신의 감정평가사 등록증 사본을 가입신고서와 함께 한국감정평가협회에 제출하였으나, 실제로는 자신의 감정평가경력을 부당하게 인정받는 한편, 소속 감정평가법인으로 하여금 설립과 존속에 필요한 감정평가사의 인원수만 형식적으로 갖추게 하거나 법원으로부터 감정평가 물량을 추가로 배정받을 수 있는 자격을 얻게 할 목적으로 감정평가법인에 소속된 외관만을 작출하였을 뿐 해당 감정평가법인 소속 감정평가사로서의 감정평가업무나 이와 밀접한 관련이 있는 업무를 수행할 의사가 없었다면, 이는 감정평가사 등록증을 그 본래의 행사목적을 벗어나 감정평가업자의 자격이나 업무범위에 관한 법의 규율을 피할 목적으로 행사함으로써 자격증 등을 부당하게 행사한 것이라고 볼 수 있다.

관련기출

1. 제33회 문제3

감정평가사 甲은 A감정평가법인(이하 'A법인'이라 함)에 형식적으로만 적을 두었을 뿐 A법인에서 감정평가사 본연의 업무를 전혀 수행하지 않았고 그 법인의 운영에도 관여하지 않았다. 이에 대해 국토교통부장관은 감정평가관리·징계위원회의 의결에 따라 사전통지를 거쳐 감정평가사 자격취소처분을 하였다. 처분사유는 '甲이 A법인에 소속만 유지할 뿐 실질적으로 감정평가업무에 관여하지 아니하는 방법으로 감정평가사의 자격증을 대여하였다'는 것이었고, 그 법적 근거로 감정평가 및 감정평가사에 관한 법률(이하 '감정평가법'이라 함) 제27조 제1항, 제39조 제1항 단서 및 제2항 제1호가 제시되었다. 甲은 사전통지서에 기재된 의견제출 기한 내에 청문을 신청하였으나 국토교통부장관은 '감정평가법 제13조 제1항 제1호에 따라 감정평가사 자격취소를 하려면 청문을 실시하여야 한다는 규정이 있지만, 명의대여를 이유로 하는 감정평가사 자격취소의 경우에는 청문을 실시하여야 한다는 규정이 없을 뿐 아니라 청문을 실시할 필요도 없다'는 이유로 청문을 실시하지 않았다. 甲에 대한 감정평가사 자격취소처분이 적법한지 설명하시오. 20점

2. 제29회 문제2 물음1

甲은 2014.3.경 감정평가사 자격을 취득한 후, 2015.9.2.부터 2017.8.3.까지 '乙 감정평가법인'의 소속 감정평가사였다. 또한 甲은 2015.7.7.부터 2017.4.30.까지 '수산업협동조합 중앙회(이하 '수협'이라 함)에서 상근계약직으로 근무하였다. 관할 행정청인 국토교통부장관 A는 甲이 위와 같이 수협에 근무하면서 일정기간 동안 동시에 乙감정평가법인에 등록하여 소속을 유지하는 방법으로 감정평가사 자격증을 대여하거나 부당하게 행사했다고 봄이 상당하여, 「감정평가 및 감정평가사에 관한 법률」(이하 '감정평가법'이라 함) 제27조가 규정하는 명의대여 등의 금지 또는 자격증 부당행사 금지에 위반하였다는 것을 이유로 징계처분을 내리고자 한다. 다음 물음에 답하시오. 30점

1) 국토교통부장관 A가 甲에게 대하여 위와 같은 사유로 감정평가법령상의 징계를 하고자 하는 경우, 징계절차에 관하여 설명하시오. 20점

쟁점사항

▸ 부동산공시법 제37조 제2항에서 정한 '자격증 등의 부당행사'의 의미

관련판례

✦ **대판 2013.10.24, 2013두727[징계처분취소]**

판시사항

부동산 가격공시 및 감정평가에 관한 법률 제37조 제2항에서 정한 '자격증 등을 부당하게 행사'한다는 의미 및 감정평가사가 감정평가법인에 적을 두었으나 당해 법인의 업무를 수행하거나 운영 등에 관여할 의사가 없고 실제 업무 등을 전혀 수행하지 않았다거나 소속 감정평가사로서 업무를 실질적으로 수행한 것으로 평가하기 어려운 경우, 자격증 등의 부당행사에 해당하는지 여부(적극)

판결요지

부동산 가격공시 및 감정평가에 관한 법률(이하 '법'이라고 한다) 제37조 제2항에 의하면, 감정평가업자(감정평가법인 소속 감정평가사를 포함한다)는 다른 사람에게 자격증·등록증 또는 인가증(이하 '자격증 등'이라고 한다)을 양도 또는 대여하거나 이를 부당하게 행사해서는 안 된다. 여기에서 '자격증 등을 부당하게 행사'한다는 것은 감정평가사 자격증 등을 본래의 용도 외에 부당하게 행사하는 것을 의미하고, 감정평가사가 감정평가법인에 적을 두기는 하였으나 당해 법인의 업무를 수행하거나 운영 등에 관여할 의사가 없고 실제로도 업무 등을 전혀 수행하지 않았다거나 당해 소속 감정평가사로서 업무를 실질적으로 수행한 것으로 평가하기 어려울 정도라면 이는 법 제37조 제2항에서 정한 자격증 등의 부당행사에 해당한다.

참조조문

부동산 가격공시 및 감정평가에 관한 법률 제37조 제2항

판례 08 2011두14715

감정평가사의 성실의무 등

쟁점사항

▶ 특수한 조건을 반영하거나 현재가 아닌 시점을 기준하여 감정평가를 하는 경우 그 조건과 시점을 모두 밝혀야 하는지 여부

▶ 감정평가사가 구체적이고 논리적인 '자료검토 및 가격형성요인의 분석'이 어렵다고 하여 자의적으로 평가액을 산정할 수 있는지 여부 : 감칙 제8조 제5호 성실의무

감정평가법 제25조(성실의무 등)

① 감정평가법인등(감정평가법인 또는 감정평가사사무소의 소속 감정평가사를 포함한다. 이하 이 조에서 같다)은 제10조에 따른 업무를 하는 경우 품위를 유지하여야 하고, 신의와 성실로써 공정하게 하여야 하며, 고의 또는 중대한 과실로 업무를 잘못하여서는 아니 된다.

② 감정평가법인등은 자기 또는 친족 소유, 그 밖에 불공정하게 제10조에 따른 업무를 수행할 우려가 있다고 인정되는 토지등에 대해서는 그 업무를 수행하여서는 아니 된다.

③ 감정평가법인등은 토지등의 매매업을 직접 하여서는 아니 된다.

④ 감정평가법인등이나 그 사무직원은 제23조에 따른 수수료와 실비 외에는 어떠한 명목으로도 그 업무와 관련된 대가를 받아서는 아니 되며, 감정평가 수주의 대가로 금품 또는 재산상의 이익을 제공하거나 제공하기로 약속하여서는 아니 된다.

⑤ 감정평가사, 감정평가사가 아닌 사원 또는 이사 및 사무직원은 둘 이상의 감정평가법인(같은 법인의 주·분사무소를 포함한다) 또는 감정평가사무소에 소속될 수 없으며, 소속된 감정평가법인 이외의 다른 감정평가법인의 주식을 소유할 수 없다.

⑥ 감정평가법인등이나 사무직원은 제28조의2에서 정하는 유도 또는 요구에 따라서는 아니 된다.

제26조(비밀엄수)

감정평가법인등(감정평가법인 또는 감정평가사사무소의 소속 감정평가사를 포함한다. 이하 이 조에서 같다)이나 그 사무직원 또는 감정평가법인등이었거나 그 사무직원이었던 사람은 업무상 알게 된 비밀을 누설하여서는 아니 된다. 다만, 다른 법령에 특별한 규정이 있는 경우에는 그러하지 아니하다.

제27조(명의대여 등의 금지)

① 감정평가사 또는 감정평가법인등은 다른 사람에게 자기의 성명 또는 상호를 사용하여 제10조에 따른 업무를 수행하게 하거나 자격증·등록증 또는 인가증을 양도·대여하거나 이를 부당하게 행사하여서는 아니 된다.

② 누구든지 제1항의 행위를 알선해서는 아니 된다.

관련판례

✦ 대판 2012.4.26, 2011두14715[징계처분취소]

판시사항

[1] 감정평가사가 대상물건의 평가액을 가격조사시점의 정상가격이 아닌 특수한 조건을 반영한 가격 또는 현재가 아닌 시점의 가격을 기준으로 정하는 경우 감정평가서에 기재하여야 할 사항

[2] 감정평가사가 감정평가에 관한 규칙 제8조 제5호의 '자료검토 및 가격형성요인의 분석'을 할 때 부담하는 성실의무의 내용

판결요지

[1] (구)부동산 가격공시 및 감정평가에 관한 법률, 감정평가에 관한 규칙의 취지를 종합해 볼 때, 감정평가사가 대상물건의 평가액을 가격조사시점의 정상가격이 아닌 특수한 조건을 반영한 가격 또는 현재가 아닌 시점의 가격을 기준으로 정하는 경우에는, 반드시 그 조건 또는 시점을 분명히 하고, 특히 특수한 조건이 수반된 미래시점의 가격이라면 그 조건과 시점을 모두 밝힘으로써, 감정평가서를 열람하는 자가 제시된 감정가를 정상가격 또는 가격조사시점의 가격으로 오인하지 않도록 해야 한다.

[2] 감정평가에 관한 규칙 제8조 제5호, (구)부동산 가격공시 및 감정평가에 관한 법률 제37조 제1항 및 관계법령의 취지를 종합해 보면, 감정평가사는 공정하고 합리적인 평가액의 산정을 위하여 성실하고 공정하게 자료검토 및 가격형성요인 분석을 해야 할 의무가 있고, 특히 특수한 조건을 반영하거나 현재가 아닌 시점의 가격을 기준으로 하는 경우에는 제시된 자료와 대상물건의 구체적인 비교·분석을 통하여 평가액의 산출근거를 논리적으로 밝히는 데 더욱 신중을 기하여야 한다. 만약 위와 같이 하는 것이 곤란한 경우라면 감정평가사로서는 자신의 능력에 의한 업무수행이 불가능하거나 극히 곤란한 경우로 보아 대상물건에 대한 평가를 하지 말아야 하지 구체적이고 논리적인 가격형성요인의 분석이 어렵다고 하여 자의적으로 평가액을 산정해서는 안 된다.

참조조문

[1] (구)부동산 가격공시 및 감정평가에 관한 법률 제1조, 감정평가에 관한 규칙 제2조, 제5조, 제7조, 제9조
[2] 감정평가에 관한 규칙 제8조 제5호, (구)부동산 가격공시 및 감정평가에 관한 법률 제37조 제1항

관련기출

1. 제32회 문제4

「감정평가 및 감정평가사에 관한 법률」 제25조에 따른 감정평가법인등의 '성실의무 등'의 내용을 서술하시오. **10점**

2. 제26회 문제4

감정평가사 甲은 토지소유자 乙로부터 그 소유의 토지(이하 '이 사건 토지'라고 한다)를 물류단지로 조성한 후에 형성될 이 사건 토지에 대한 추정 시가를 평가하여 달라는 감정평가를 의뢰받아 1천억원으로 평가하였다(이하 '이 사건 감정평가'라고 한다). 甲은 그 근거로 단순히 인근 공업단지 시세라고 하며 공업용지 평당 3백만원 이상이라고만 감정평가서에 기재하였다. 그러나 얼마 후 이 사건 토지에 대한 경매절차에서 법원의 의뢰를 받은 감정평가사 丙은 이 사건 토지의 가격을 1백억원으로 평가하였다. 평가금액 간에 10배에 이르는 현저한 차이가 발생하자 사회적으로 문제가 되었다. 이에 국토교통부장관은 적법한 절차를 거쳐 甲에게 "부동산의 적정한 가격을 산정하기 위해서는 정확한 자료를 검토하고 이를 기반으로 가격형성요인을 분석하여야 함에도 그리하지 않은 잘못이 있다."는 이유로 징계를 통보하였다. 이에 대해 甲은 이 사건 감정평가는 미래가격 감정평가로서 비교표준지를 설정할 수 없어 부득이하게 인근 공업단지의 시세를 토대로 평가하였던 것이고, 미래가격 감정평가에는 구체적인 기준이 따로 없으므로 일반적인 평가방법을 따르지 않았다고 해서 자신이 잘못한 것은 아니라고 주장한다. 甲의 주장은 타당한가? **10점**

※ 출제위원 채점평

감정평가업자의 성실의무(부동산 가격공시 및 감정평가에 관한법률 제37조)와 그와 관련된 조건부 감정평가(감정평가에 관한 규칙 제6조)에 관한 문제이다. 관련 법령과 판례를 충실히 설명한 답안에 높은 점수를 부여하였다.

합격까지 **박문각**

PART

02

보상행정법

판례 01　89헌마107

완전보상

쟁점사항

▶ '완전보상'의 의미 : 보상금액·시기·방법 등에 어떠한 제한을 두어서는 안 됨.

보상법률주의(헌법 제23조 제3항)

'공공필요에 의한 재산권의 ～ 법률로써 하되, 정당한 보상을 지급하여야 한다.'

→ 손실보상을 개별법률에 유보하여 반드시 법적 근거를 마련하도록 함.

→ 보상액 결정 시 대외적구속력(법규성)이 있는 법률에 근거해야 한다.

→ 단순행정규칙(고시, 훈령, 지침)은 법규성 없음 - 이에 근거한 보상은 위법함.

관련판례

✦ 헌재 1990.6.25, 89헌마107

헌법 제23조 제3항은 "공공필요에 의한 재산권의 수용·사용 또는 제한 및 그에 대한 보상은 법률로써 하되, 정당한 보상을 지급하여야 한다."고 규정하고 있다. 헌법이 규정한 '정당한 보상'이란 이 사건 소원의 발단이 된 소송사건에서와 같이 손실보상의 원인이 되는 재산권의 침해가 기존의 법질서 안에서 개인의 재산권에 대한 개별적인 침해인 경우에는 그 손실보상은 원칙적으로 피수용재산의 객관적인 재산가치를 완전하게 보상하는 것이어야 한다는 완전보상을 뜻하는 것으로서 보상금액뿐만 아니라 보상의 시기나 방법 등에 있어서도 어떠한 제한을 두어서는 아니 된다는 것을 의미한다.

헌법 제23조

① 모든 국민의 재산권은 보장된다. 그 내용과 한계는 법률로 정한다.

② 재산권의 행사는 공공복리에 적합하도록 하여야 한다.

③ 공공필요에 의한 재산권의 수용·사용 또는 제한 및 그에 대한 보상은 법률로써 하되, 정당한 보상을 지급하여야 한다.

판시사항

[1] 가. 헌법 제23조 제3항에서 규정한 "정당한 보상"이란 원칙적으로 피수용재산의 객관적인 재산가치를 완전하게 보상하여야 한다는 완전보상을 뜻하는 것이지만, **공익사업의 시행으로 인한 개발이익은 완전보상의 범위에 포함되는 피수용토지의 객관적 가치 내지 피수용자의 손실이라고는 볼 수 없다.**

나. 법률 제4120호로 삭제되기 전의 국토이용관리법 제29조 내지 제29조의 6에 의하여 평가된 기준지가는 그 평가의 기준이나 절차로 미루어 대상토지가 대상지역공고일 당시 갖는 객관적 가치를 평가하기 위한 것으로서 부적절한 것으로 볼 수 없고, (구)토지수용법 제46조 제2항이 들고 있는 **시점보정의 방법**은 보정결과의 적정성에 흠을 남길 만큼 중요한 기준이 누락되었다거나 적절치 아니한 기준을 적용한 것으로 판단되지 않는다.

다. (구)토지수용법 제46조 제2항이 보상액을 산정함에 있어 개발이익을 배제하고, 기준지가의 고시일 이후 시점보정을 인근 토지의 가격변동률과 도매물가상승률 등에 의하여 행하도록 규정한 것은 헌법 제23조 제3항에 규정한 정당보상의 원리에 어긋나지 않는다.

[2] 보상액을 결정함에 있어서 (구)토지수용법 제46조 제1항과 제2항이 비록 그 산정방법은 다르지만 모두 개발이익을 배제하여야 한다는 원칙에는 일치하고 있으므로 기준지가 고시지역 내의 토지인가 아닌가라는 우연한 사정에 의하여 보상액에 개발이익의 포함 여부를 달리하여 토지소유자들을 합리적 이유 없이 차별한다고 볼 수 없다.

[3] 가. 헌법상 평등은 원칙은 국가가 언제 어디서 어떤 계층을 대상으로 하여 기본권에 관한 상황이나 제도의 개선을 시작할 것인지를 선택하는 것을 방해하지는 않는다. 만약 어떤 경우든지 모든 사항과 계층을 대상으로 하여 동시에 제도의 개선을 추진하여야 한다면 그 시행이 불가능하다는 결과에 이르게 되어 불합리할 뿐 아니라 평등의 원칙이 실현하고자 하는 가치와도 어긋나기 때문이다.

나. 비록 수용되지 아니한 토지소유자가 보유하게 되는 개발이익을 포함하여 일체의 개발이익을 환수할 수 있는 제도적 장치가 마련되지 아니한 상황에서, 기준지가가 고시된 지역 내에서 피수용토지를 둔 토지소유자로부터서만 이를 환수한다고 하여, 합리적 이유 없이 수용 여부에 따라 토지소유자를 차별한 것이라고는 인정되지 아니한다.

Tip 공용침해 : 공용침해 법률주의, 보상법률주의, 정당보상주의

□ **손실보상청구권의 성질**
(대법원) 하천법·징발법 등에 의한 손실보상청구권을 사법상 권리로 보고, 민사소송에 의하여야 한다고 하였다. 다만, 최근 전원합의체 판결은 하천법상의 손실보상청구를 공법상의 권리로 보아 행정상 당사자소송의 대상이 된다고 판시하여 이전의 하천법상 손실보상청구권에 대한 판례를 변경하였다. 변경의 대상이 된 판례는 모두 하천법상 권리에 관련된 것임

🔗 판례 02 93다6409

수용유사 침해 여부

🔗 쟁점사항

▶ 방송사 주식을 강압적으로 국가에 증여하게 한 것이 수용유사행위인지 여부

🔗 관련판례

✦ **대판 1993.10.26, 93다6409[주주확인등]**

1. 공무원이 강박으로 사인 소유의 방송사 주식을 국가에 증여하게 한 것을 수용으로 볼 수 있는지 여부
2. 증여계약이 불공정한 법률행위가 될 수 있는지 여부
3. 1980.6.말경의 비상계엄 당시 국군보안사령부 정보처장이 언론통폐합조치의 일환으로 사인 소유의 방송사 주식을 강압적으로 국가에 증여하게 한 것이 수용유사행위에 해당되지 않는다고 한 사례

관련조문

헌법 제23조

판시사항

[1] 수용이라 함은 공권력의 행사에 의한 행정처분의 일종인데, 비록 증여계약의 체결과정에서 국가공무원의 강박행위가 있었다 하더라도 그것만으로 증여계약의 체결이나 그에 따른 주식의 취득이 국가의 공권력의 행사에 의한 행정처분에 해당한다고 볼 수는 없고 어떤 법률관계가 불평등한 것이어서 민법의 규정이 배제되는 공법적 법률관계라고 하기 위하여는 그 불평등이 법률에 근거한 것이라야 할 것이고, <u>당사자 간의 불평등이 공무원의 위법한 강박행위에 기인한 것일 때에는 이러한 불평등은 사실상의 문제에 불과하여 이러한 점만을 이유로 당사자 사이의 관계가 민법의 규정이 배제되는 공법적 법률관계라고 할 수는 없다.</u>

[2] 민법 제104조가 규정하는 현저히 공정을 잃은 법률행위라 함은 자기의 급부에 비하여 현저하게 균형을 잃은 반대급부를 하게 하여 부당한 재산적 이익을 얻는 행위를 의미하는 것이므로 증여계약과 같이 아무런 대가관계 없이 당사자 일방이 상대방에게 일방적인 급부를 하는 법률행위는 그 공정성 여부를 논의할 수 있는 성질의 법률행위가 아니다.

[3] 수용유사적 침해의 이론은 국가 기타 공권력의 주체가 위법하게 공권력을 행사하여 국민의 재산권을 침해하였고 그 효과가 실제에 있어서 수용과 다름없을 때에는 적법한 수용이 있는 것과 마찬가지로 국민이 그로 인한 손실의 보상을 청구할 수 있다는 것인데, 1980.6.말경의 비상계엄 당시 국군보안사령부 정보처장이 언론통폐합조치의 일환으로 사인 소유의 방송사 주식을 강압적으로 국가에 증여하게 한 것이 위 수용유사행위에 해당되지 않는다고 한 사례

> **Tip** 헌법 제23조 제3항의 효력
>
> [대법원] 시대와 헌법의 문언에 따라 다른 입장. 한강중지도제외지사건에서 관련규정의 유추해석을 통한 보상을 인정하기도 함. 고등법원에서는 MBC주식강제증여사건에서는 수용유사침해보상의 개념을 처음으로 언급하면서 판단을 유보함.
> [헌재] 진정입법부작위로서 위헌, 또는 분리이론에 입각하여 보상이 아니라 보상입법의무의 부과를 통해 문제를 해결함.

판례 03 89헌마214, 90헌바16, 97헌바78(병합)

(구)도시계획법 제21조의 위헌 여부

쟁점사항

▸ 실질적으로 토지의 사용·수익할 수 없는 경우 사회적 제약의 한계를 넘는 것인지 여부
▸ 개발제한구역 지정으로 인한 지가의 하락이 사회적 제약에 속하는지 여부
▸ 개발제한구역 지정으로 인하여 토지의 실질적인 사용·수익이 불가한 경우 보상의무

관련판례

✦ 헌재 1998.12.24, 89헌마214, 90헌바16, 97헌바78(병합)
  [도시계획법 제21조에 대한 위헌소원]

  1. 토지재산권의 사회적 의무성
  2. 개발제한구역(이른바 그린벨트) 지정으로 인한 토지재산권 제한의 성격과 한계
  3. 토지재산권의 사회적 제약의 한계를 정하는 기준

4. 토지를 종전의 용도대로 사용할 수 있는 경우에 개발제한구역 지정으로 인한 지가의 하락이 토지재산권에 내재하는 사회적 제약의 범주에 속하는지 여부(적극)

5. (구)도시계획법 제21조의 위헌 여부(적극)

6. 헌법불합치 결정을 하는 이유와 그 의미

7. 보상입법의 의미 및 법적 성격

관련조문

헌법 제23조

판시사항

[1] 헌법상의 재산권은 토지소유자가 이용가능한 모든 용도로 토지를 자유로이 최대한 사용할 권리나 가장 경제적 또는 효율적으로 사용할 수 있는 권리를 보장하는 것을 의미하지는 않는다. 입법자는 중요한 공익상의 이유로 토지를 일정 용도로 사용하는 권리를 제한할 수 있다. 따라서 토지의 개발이나 건축은 합헌적 법률로 정한 재산권의 내용과 한계 내에서만 가능한 것일 뿐만 아니라 토지재산권의 강한 사회성 내지는 공공성으로 말미암아 이에 대하여는 다른 재산권에 비하여 보다 강한 제한과 의무가 부과될 수 있다.

[2] 개발제한구역을 지정하여 그 안에서는 건축물의 건축 등을 할 수 없도록 하고 있는 도시계획법 제21조는 헌법 제23조 제1항, 제2항에 따라 토지재산권에 관한 권리와 의무를 일반·추상적으로 확정하는 규정으로서 재산권을 형성하는 규정인 동시에 공익적 요청에 따른 재산권의 사회적 제약을 구체화하는 규정인 바, 토지재산권은 강한 사회성, 공공성을 지니고 있어 이에 대하여는 다른 재산권에 비하여 보다 강한 제한과 의무를 부과할 수 있으나, 그렇다고 하더라도 다른 기본권을 제한하는 입법과 마찬가지로 비례성 원칙을 준수하여야 하고, 재산권의 본질적 내용인 사용·수익권과 처분권을 부인하여서는 아니 된다.

[3] 개발제한구역 지정으로 인하여 토지를 종래의 목적으로도 사용할 수 없거나 또는 더 이상 법적으로 허용된 토지이용의 방법이 없기 때문에 실질적으로 토지의 사용·수익의 길이 없는 경우에는 토지소유자가 수인해야 하는 사회적 제약의 한계를 넘는 것으로 보아야 한다.

[4] 개발제한구역의 지정으로 인한 개발가능성의 소멸과 그에 따른 지가의 하락이나 지가상승률의 상대적 감소는 토지소유자가 감수해야 하는 사회적 제약의 범주에 속하는 것으로 보아야 한다. 자신의 토지를 장래에 건축이나 개발목적으로 사용할 수 있으리라는 기대가능성이나 신뢰 및 이에 따른 지가상승의 기회는 원칙적으로 재산권의 보호범위에 속하지 않는다. 구역지정 당시의 상태대로 토지를 사용·수익·처분할 수 있는 이상, 구역지정에 따른 단순한 토지이용의 제한은 원칙적으로 재산권에 내재하는 사회적 제약의 범주를 넘지 않는다.

[5] 도시계획법 제21조에 의한 재산권의 제한은 개발제한구역으로 지정된 토지를 원칙적으로 지정 당시의 지목과 토지현황에 의한 이용방법에 따라 사용할 수 있는 한, 재산권에 내재하는 사회적 제약을 비례의 원칙에 합치하게 합헌적으로 구체화한 것이라고 할 것이나, 종래의 지목과 토지 현황에 의한 이용방법에 따른 토지의 사용도 할 수 없거나 실질적으로 사용·수익을 전혀 할 수 없는 예외적인 경우에도 아무런 보상 없이 이를 감수하도록 하고 있는 한, 비례의 원칙에 위반되어 해당 토지소유자의 재산권을 과도하게 침해하는 것으로서 헌법에 위반된다.

[6] 도시계획법 제21조에 규정된 개발제한구역제도 그 자체는 원칙적으로 합헌적인 규정인데, 다 만 개발제한구역의 지정으로 말미암아 일부 토지소유자에게 사회적 제약의 범위를 넘는 가혹 한 부담이 발생하는 예외적인 경우에 대하여 보상규정을 두지 않은 것에 위헌성이 있는 것이 고, 보상의 구체적 기준과 방법은 헌법재판소가 결정할 성질의 것이 아니라 광범위한 입법형 성권을 가진 입법자가 입법정책적으로 정할 사항이므로, **입법자가 보상입법을 마련함으로써 위헌적인 상태를 제거할 때까지 위 조항을 형식적으로 존속케 하기 위하여 헌법불합치 결정을 하는 것인 바**, 입법자는 되도록 빠른 시일 내에 보상입법을 하여 위헌적 상태를 제거할 의무가 있고, 행정청은 보상입법이 마련되기 전에는 새로 개발제한구역을 지정하여서는 아니되며, 토 지소유자는 보상입법을 기다려 그에 따른 권리행사를 할 수 있을 뿐 개발제한구역의 지정이나 그에 따른 토지재산권의 제한 그 자체의 효력을 다투거나 위 조항에 위반하여 행한 자신들의 행위의 정당 성을 주장할 수는 없다.

[7] 입법자가 도시계획법 제21조를 통하여 국민의 재산권을 비례의 원칙에 부합하게 합헌적으로 제한하기 위해서는, 수인의 한계를 넘어 가혹한 부담이 발생하는 예외적인 경우에는 이를 완 화하는 보상규정을 두어야 한다. 이러한 보상규정은 입법자가 헌법 제23조 제1항 및 제2항에 의하여 재산권의 내용을 구체적으로 형성하고 공공의 이익을 위하여 재산권을 제한하는 과정 에서 이들 합헌적으로 규율하기 위하여 두어야 하는 규정이다. 재산권의 침해와 공익 간의 비례 성을 다시 회복하기 위한 방법은 헌법상 반드시 금전보상만을 해야 하는 것은 아니다. **입법자는 지정의 해제 또는 토지매수청구권제도와 같이 금전보상에 갈음하거나 기타 손실을 완화할 수 있는 제도를 보완하는 등 여러 가지 다른 방법을 사용할 수 있다**(제18회 기출).

〈재판관 이영모의 반대의견〉

[1] 모든 국민이 건강하고 쾌적한 환경에서 생활할 수 있는 환경권(헌법 제35조)은 인간의 존엄과 가치·행복추구권의 실현에 기초가 되는 기본권이므로 사유재산권인 토지소유권을 행사하는 경제적 자유보다 우선하는 지위에 있다.

[2] 도시계획법 제21조는 국가안전보장과 도시의 자연환경·생활환경의 관리·보전에 유해한 결 과를 수반하는 환경오염을 미리 예방하기 위한 필요한 규제입법으로 헌법상 정당성을 갖추고 있다. 이 규제입법으로 말미암아 나대지의 이용이 제한되고 사정변경으로 인하여 토지를 사용 하는 데 지장이 생겼다고 할지라도 입법목적에 어긋나지 않는 범위 안에서 이를 이용할 수 있

는 방법이 있고 또 소유권자의 처분을 제한하는 것도 아니므로, 이와 같은 규제는 성질상 재산권에 내재된 사회적 제약에 불과하다고 보는 것이 상당하다. 법익의 비교형량면에서도 토지소유권자가 입는 불이익보다 국가안전보장과 공공복리에 기여하는 이익이 더 크고, 입법목적 달성을 위한 합리성·필요성을 갖추었으므로 헌법 제37조 제2항 소정의 기본권 제한 한계요건을 벗어나는 것도 아니다. 뿐만 아니라 제한구역 내의 다른 토지와 서로 비교하여 보아도 나대지와 사정변경으로 인한 토지의 특성상 재산권의 박탈로 볼 수 있는 정도의 제한을 가한 합리성이 없는 차별취급으로 인정되지 아니하므로 평등원칙을 위반한 것도 아니다.

판례 04 2002헌바84·89, 2003헌마678·943(병합)

재산권에 대한 사회적 제약과 비례원칙과의 관계 등

쟁점사항

▶ 비례원칙에 반한 재산권의 제약이 사회적 제약의 한계를 넘는 것인지 여부
▶ 토지재산권에 대한 사회적 제약의 범주를 벗어나는 경우 보상적 조치가 필수적인지 여부

관련판례

✦ 헌재 2005.9.29, 2002헌바84·89, 2003헌마678·943(병합)

1. 재산권에 대한 사회적 제약과 비례원칙과의 관계
2. 토지재산권에 대한 사회적 제약의 허용기준

관련조문

헌법 제23조

판시사항

[1] 재산권에 대한 제약이 비례원칙에 합치하는 것이라면 그 제약은 재산권자가 수인하여야 하는 사회적 제약의 범위 내에 있는 것이고, 반대로 재산권에 대한 제약이 비례원칙에 반하여 과잉된 것이라면 그 제약은 재산권자가 수인하여야 하는 사회적 제약의 한계를 넘는 것이다.

[2] 토지를 종래의 목적으로도 사용할 수 없거나 더 이상 법적으로 허용된 토지이용방법이 없어서 실질적으로 사용·수익을 할 수 없는 경우에 해당하지 않는 제약은 토지소유자가 수인하여야 하는 사회적 제약의 범주 내에 있는 것이고, 그러하지 아니한 제약은 손실을 완화하는 보상적 조치가 있어야 비로소 허용되는 범주 내에 있다.

관련내용

✦ 비례의 원칙(과잉조치금지의 원칙)

1. 의의 및 근거(행정기본법 제10조)

비례의 원칙이란 과잉조치금지의 원칙이라고도 하는데, 행정작용에 있어서 행정목적과 행정수단 사이에는 합리적인 비례관계가 있어야 한다는 원칙을 말한다. 비례의 원칙은 헌법상의 기본권 보장규정, 법치국가원칙, 헌법 제37조 제2항에 근거를 두고 있으며, 동 원칙에 반하는 행정작용은 위법하다.

2. 내용(요건)

아래의 적합성의 원칙, 필요성의 원칙, 상당성의 원칙은 단계적 심사구조를 이룬다.
① **적합성의 원칙** : 적합성의 원칙이란 행정은 추구하는 행정목적의 달성에 적합한 수단을 선택하여야 한다는 원칙을 말한다.
② **필요성의 원칙(최소침해의 원칙)** : 필요성의 원칙이란 적합한 수단이 여러 가지인 경우에 국민의 권리를 최소한으로 침해하는 수단을 선택하여야 한다는 원칙이다.
③ **상당성의 원칙** : 상당성의 원칙이란 행정조치를 취함에 따른 불이익이 그것에 의해 달성되는 이익보다 큰 경우에는 그 행정조치를 취해서는 안 된다는 원칙을 말한다.

판례 05 2008다41499

재산권에 대한 사회적 제약과 비례원칙과의 관계 등

쟁점사항

▶ 일조이익을 향유하는 주체의 판단 기준 : 토지·건물소유자, 지상권자, 전세권자, 임차인 등의 거주자

관련판례

✦ 대판 2008.12.24, 2008다41499[손해배상(기)]

1. 일조권 침해에 있어 객관적인 생활이익으로서 일조이익을 향유하는 '토지의 소유자 등'은 토지소유자, 건물소유자, 지상권자, 전세권자 또는 임차인 등의 거주자를 말하는 것으로서, 해당 토지·건물을 일시적으로 이용하는 것에 불과한 사람은 이러한 일조이익을 향유하는 주체가 될 수 없다.
2. 초등학교 학생들은 공공시설인 학교시설을 방학기간이나 휴일을 제외한 개학기간 중, 그것도 학교에 머무르는 시간 동안 일시적으로 이용하는 지위에 있을 뿐이고, 학교를 점유하면서 지속적으로 거주하고 있다고 할 수 없어서 생활이익으로서의 일조권을 법적으로 보호받을 수 있는 지위에 있지 않다고 한 사례

관련조문

헌법 제35조
① 모든 국민은 건강하고 쾌적한 환경에서 생활할 권리를 가지며, 국가와 국민은 환경보전을 위하여 노력하여야 한다.
② 환경권의 내용과 행사에 관하여는 법률로 정한다.
③ 국가는 주택개발정책 등을 통하여 모든 국민이 쾌적한 주거생활을 할 수 있도록 노력하여야 한다.

판시사항

토지의 소유자 등이 종전부터 향유하던 일조이익이 객관적인 생활이익으로서 가치가 있다고 인정되면 법적인 보호의 대상이 될 수 있는데, 그 인근에서 건물이나 구조물 등이 신축됨으로 인하여 햇빛이 차단되어 생기는 그늘, 즉 일영이 증가함으로써 해당 토지에서 종래 향유하던 일조량이 감소하는 일조방해가 발생한 경우, 그 일조방해의 정도, 피해이익의 법적 성질, 가해 건물의 용도, 지역성, 토지이용의 선후관계, 가해 방지 및 피해 회피의 가능성, 공법적 규제의 위반 여부, 교섭 경과 등 모든 사정을 종합적으로 고려하여 사회통념상 일반적으로 해당 토지소유자의 수인한도를 넘게 되면 그 건축행위는 정당한 권리행사의 범위를 벗어나 사법상 위법한 가해행위로 평가된다(대판 2008.4.17, 2006다35865 전합등 참조). 여기에서 객관적인 생활이익으로서 일조이익을 향유하는 '토지의 소유자 등'이란 토지소유자, 건물소유자, 지상권자, 전세권자 또는 임차인 등의 거주자를 말하는 것으로서, 해당 토지·건물을 일시적으로 이용하는 것에 불과한 사람은 이러한 일조이익을 향유하는 주체가 될 수 없다. 원심은 그 채택 증거를 종합하여 그 판시와 같은 사실을 인정한 다음, 원고(선정당사자)들 및 나머지 선정자들(이하 합하여 '원고 등'이라 한다)이 학생으로서 이 사건 학교 교실과 운동장 등 시설을 이용하더라도 이는 공공시설인 이 사건 학교시설을 방학기간이나 휴일을 제외한 개학기간 중, 그것도 학교에 머무르는 시간 동안 일시적으로 이용하는 지위에 있을 뿐이고, 이 사건 학교를 점유하면서 지속적으로 거주하고 있다고 할 수 없어서 생활이익으로서의

일조권을 법적으로 보호받을 수 있는 지위에 있지 않다고 판단하여, 원고 등이 이 사건 아파트 신축사업 시행자인 피고를 상대로 제기한 위자료 청구를 배척하였다.

 판례 06 2004다54282

조망이익

 쟁점사항

▶ 가해건물의 신축으로 인한 일조 침해의 정도가 수인한도를 초과하기 위한 요건

 관련판례

✦ **대판 2007.6.28, 2004다54282[손해배상(기)]**

1. 조망이익이 법적인 보호의 대상이 되기 위한 요건
2. 조망이익의 침해행위가 사법상 위법한 가해행위로 평가되기 위한 요건 및 그 판단기준
3. 조망의 대상과 그에 대한 조망의 이익을 누리는 건물 사이에 있는 타인 소유의 토지에 건물이 건축되어 있지 않거나 저층의 건물만이 건축되어 있어 그 타인의 토지를 통한 조망의 향수가 가능하였던 경우, 그 토지상의 건물 신축으로 인한 조망이익의 침해가 인정되는지 여부(원칙적 소극)
4. 5층짜리 아파트의 뒤에 그보다 높은 10층짜리 건물을 세움으로써 한강 조망을 확보한 경우와 같이 보통의 지역에 인공적으로 특별한 시설을 갖춤으로써 누릴 수 있게 된 조망의 이익은 법적으로 보호받을 수 없다고 한 사례
5. 건물 신축으로 인한 일조방해행위가 사법상 위법한 가해행위로 평가되는 경우 및 일조방해행위가 사회통념상 수인한도를 넘었는지 여부의 판단기준
6. 이미 다른 기존 건물에 의하여 일조방해를 받고 있거나 건물구조 자체가 충분한 일조를 확보하기 어려운 경우, 가해건물의 신축으로 인한 일조방해가 사회통념상 수인한도를 넘었는지 여부의 판단기준
7. 가해건물 신축 후 피해건물의 일조시간이 감소하였으나 그 피해건물이 서향인데다가 종전부터 다른 기존 건물로 인하여 일조를 방해받고 있던 점, 가해건물 신축으로 인하여 추가된 일조방해시간이 전체 일조방해시간의 1/4에 미달하고, 종전부터 있던 일조방해시간의 1/3에 미달하는 점 등에 비추어, 가해건물의 신축으로 인한 일조 침해의 정도가 수인한도를 초과한다고 보기 어렵다고 한 사례

8. 일조방해, 사생활 침해, 조망 침해 등의 생활이익에 대한 침해의 위법 여부의 판단 및 재산상 손해의 산정방법

관련조문

헌법 제35조

판시사항

[1] 어느 토지나 건물의 소유자가 종전부터 향유하고 있던 경관이나 조망이 그에게 하나의 생활이익으로서의 가치를 가지고 있다고 객관적으로 인정된다면 법적인 보호의 대상이 될 수 있는 것인 바, 이와 같은 조망이익은 원칙적으로 특정의 장소가 그 장소로부터 외부를 조망함에 있어 특별한 가치를 가지고 있고, 그와 같은 조망이익의 향유를 하나의 중요한 목적으로 하여 그 장소에 건물이 건축된 경우와 같이 해당 건물의 소유자나 점유자가 그 건물로부터 향유하는 조망이익이 사회통념상 독자의 이익으로 승인되어야 할 정도로 중요성을 갖는다고 인정되는 경우에 비로소 법적인 보호의 대상이 되는 것이고, 그와 같은 정도에 이르지 못하는 조망이익의 경우에는 특별한 사정이 없는 한 법적인 보호의 대상이 될 수 없다.

[2] 조망이익이 법적인 보호의 대상이 되는 경우에 이를 침해하는 행위가 사법상 위법한 가해행위로 평가되기 위해서는 조망이익의 침해 정도가 사회통념상 일반적으로 인용되는 수인한도를 넘어야 하고, 그 수인한도를 넘었는지 여부는 조망의 대상이 되는 경관의 내용과 피해건물이 입지하고 있는 지역에 있어서 건조물의 전체적 상황 등의 사정을 포함한 넓은 의미에서의 지역성, 피해건물의 위치 및 구조와 조망상황, 특히 조망과의 관계에서의 건물의 건축·사용목적 등 피해건물의 상황, 주관적 성격이 강한 것인지 여부와 여관·식당 등의 영업과 같이 경제적 이익과 밀접하게 결부되어 있는지 여부 등 해당 조망이익의 내용, 가해건물의 위치 및 구조와 조망방해의 상황 및 건축·사용목적 등 가해건물의 상황, 가해건물 건축의 경위, 조망방해를 회피할 수 있는 가능성의 유무, 조망방해에 관하여 가해자측이 해의를 가졌는지의 유무, 조망이익이 피해이익으로서 보호가 필요한 정도 등 모든 사정을 종합적으로 고려하여 판단하여야 한다.

[3] 조망의 대상과 그에 대한 조망의 이익을 누리는 건물 사이에 타인 소유의 토지가 있지만 그 토지 위에 건물이 건축되어 있지 않거나 저층의 건물만이 건축되어 있어 그 결과 타인의 토지를 통한 조망의 향수가 가능하였던 경우, 그 타인은 자신의 토지에 대한 소유권을 자유롭게 행사하여 그 토지 위에 건물을 건축할 수 있고, 그 건물 신축이 국토의 계획 및 이용에 관한 법률에 의하여 정해진 지역의 용도에 부합하고 건물의 높이나 이격거리에 관한 건축관계법규에 어긋나지 않으며 조망 향수자가 누리던 조망의 이익을 부당하게 침해하려는 해의에 의한 것으로서 권리의 남용에 이를 정도가 아닌 한 인접한 토지에서 조망의 이익을 누리던 자라도 이를 함부로 막을 수는 없으며, 따라서 조망의 이익은 주변에 있는 객관적 상황의 변화에 의하여 저절로 변용 내지 제약을 받을 수밖에 없고, 그 이익의 향수자가 이러한 변화를 당연히 제약할 수 있는 것도 아니다.

[4] 5층짜리 아파트의 뒤에 그보다 높은 10층짜리 건물을 세움으로써 한강 조망을 확보한 경우와 같이 보통의 지역에 인공적으로 특별한 시설을 갖춤으로써 누릴 수 있게 된 조망의 이익은 법적으로 보호받을 수 없다고 한 사례

[5] 건물의 신축으로 인하여 그 이웃 토지상의 거주자가 직사광선이 차단되는 불이익을 받은 경우에 그 신축 행위가 정당한 권리행사로서의 범위를 벗어나 사법상 위법한 가해행위로 평가되기 위해서는 그 일조방해의 정도가 사회통념상 일반적으로 인용하는 수인한도를 넘어야 하고, 일조 방해행위가 사회통념상 수인한도를 넘었는지 여부는 피해의 정도, 피해이익의 성질 및 그에 대한 사회적 평가, 가해건물의 용도, 지역성, 토지이용의 선후관계, 가해 방지 및 피해 회피의 가능성, 공법적 규제의 위반 여부, 교섭 경과 등 모든 사정을 종합적으로 고려하여 판단하여야 한다.

[6] 가해건물의 신축으로 인하여 일조피해를 받게 되는 건물이 이미 다른 기존 건물에 의하여 일조방해를 받고 있는 경우 또는 피해건물이 남향이 아니거나 처마가 돌출되어 있는 등 그 구조 자체가 충분한 일조를 확보하기 어렵게 되어 있는 경우에는, 가해건물 신축 결과 피해건물이 동짓날 08시부터 16시 사이에 합계 4시간 이상 그리고 동짓날 09시부터 15시 사이에 연속하여 2시간 이상의 일조를 확보하지 못하게 되더라도 언제나 수인한도를 초과하는 일조피해가 있다고 단정할 수는 없고(한편, 피해건물이 종전부터 위와 같은 정도의 일조를 확보하지 못하고 있었던 경우라도 그 일조의 이익이 항상 보호의 대상에서 제외되는 것은 아니다), 가해건물이 신축되기 전부터 있었던 일조방해의 정도, 신축 건물에 의하여 발생하는 일조방해의 정도, 가해 건물 신축 후 위 두 개의 원인이 결합하여 피해건물에 끼치는 전체 일조방해의 정도, 종전의 원인에 의한 일조방해와 신축 건물에 의한 일조방해가 겹치는 정도, 신축 건물에 의하여 발생하는 일조방해시간이 전체 일조방해시간 중 차지하는 비율, 종전의 원인만으로 발생하는 일조방해시간과 신축 건물만에 의하여 발생하는 일조방해시간 중 어느 것이 더 긴 것인지 등을 종합적으로 고려하여 신축 건물에 의한 일조방해가 수인한도를 넘었는지 여부를 판단하여야 한다.

[7] 가해건물 신축 후 피해건물의 일조시간이 감소하였으나 그 피해건물이 서향인데다가 종전부터 다른 기존 건물로 인하여 일조를 방해받고 있던 점, 가해건물 신축으로 인하여 추가된 일조방해 시간이 전체 일조방해시간의 1/4에 미달하고, 종전부터 있던 일조방해시간의 1/3에 미달하는 점 등에 비추어, 가해건물의 신축으로 인한 일조 침해의 정도가 수인한도를 초과한다고 보기 어렵다고 한 사례

[8] 일조방해, 사생활 침해, 조망 침해, 시야 차단으로 인한 압박감, 소음, 분진, 진동 등과 같은 생활이익에 대한 침해가 사회통념상의 수인한도를 초과하여 위법한지를 판단하고 그에 따른 재산상 손해를 산정함에 있어서는, 생활이익을 구성하는 요소들을 종합적으로 참작하여 수인 한도를 판단하여야만 형평을 기할 수 있는 특별한 사정이 없다면, 원칙적으로 개별적인 생활이익별로 침해의 정도를 고려하여 수인한도 초과 여부를 판단한 후 수인한도를 초과하는 생활이익들에 기초하여 손해배상액을 산정하여야 하며, 수인한도를 초과하지 아니하는 생활이익에 대

한 침해를 다른 생활이익 침해로 인한 수인한도 초과 여부 판단이나 손해배상액 산정에 있어서 직접적인 근거 사유로 삼을 수는 없다.

판례 07 **2004두10432**

재량행위와 판단여지 문제

쟁점사항

▶ 과락결정의 기준을 정한 것이 비례의 원칙 내지 과잉금지원칙에 위반되는지 여부
▶ 논술형 시험에 대한 채점행위가 재량행위인지 여부

관련판례

✦ 대판 2007.1.11, 2004두10432[사법시험 제2차시험불합격처분취소]

1. (구)사법시험령의 법적 성질(= 집행명령)
2. 사법시험 제2차시험에 과락제도를 적용하고 있는 (구)사법시험령 제15조 제2항이 모법의 수권이 없거나 집행명령의 한계를 일탈하여 무효인지 여부(소극)
3. 사법시험 제2차시험에 과락제도를 적용하고 있는 (구)사법시험령 제15조 제2항이 비례의 원칙, 과잉금지의 원칙 및 평등의 원칙 등을 위반하였는지 여부(소극)
4. (구)사법시험령 제15조 제8항이 행정자치부장관에게 제2차시험 성적을 포함하는 종합성적의 세부산출방법 기타 최종합격에 필요한 사항을 정하도록 위임하더라도 행정자치부장관에게 그런 규정을 제정할 작위의무가 있는 것은 아니라고 한 사례
5. 사법시험 제2차시험의 과락점수기준을 '매과목 4할 이상'으로 정한 (구)사법시험령 제15조 제2항이 명확성의 원칙을 위반하지 않았다고 한 사례
6. 논술형시험인 사법시험 제2차시험의 채점위원이 하는 채점행위의 법적 성질(= 재량행위)

관련조문

헌법 제37조
① 국민의 자유와 권리는 헌법에 열거되지 아니한 이유로 경시되지 아니한다.

② 국민의 모든 자유와 권리는 국가안전보장·질서유지 또는 공공복리를 위하여 필요한 경우에 한하여 법률로써 제한할 수 있으며, 제한하는 경우에도 자유와 권리의 본질적인 내용을 침해할 수 없다.

판시사항

[1] 변호사의 자격과 판사, 검사 등의 임용의 전제가 되는 '사법시험의 합격'이라는 직업선택의 자유와 공무담임권의 기본적인 제한요건은 국회에서 제정한 법률인 변호사법, 법원조직법, 검찰청법 등에서 규정되어 있는 것이고, 사법시험령은 단지 위 법률들이 규정한 사법시험의 시행과 절차 등에 관한 세부사항을 구체화하고 국가공무원법상 사법연수생이라는 별정직 공무원의 임용절차를 집행하기 위한 집행명령의 일종이라고 할 것이다.
또한, 사법시험령 제15조 제2항은 사법시험의 제2차시험의 합격결정에 있어서는 매과목 4할 이상 득점한 자 중에서 합격자를 결정한다는 취지의 과락제도를 규정하고 있는 바, 이는 그 규정내용에서 알 수 있다시피 사법시험 제2차시험의 합격자를 결정하는 방법을 규정하고 있을 뿐이어서 사법시험의 실시를 집행하기 위한 시행과 절차에 관한 것이지, 새로운 법률사항을 정한 것이라고 보기 어렵다.

[2] 사법시험령 제15조 제2항이 사법시험의 제2차시험에서 '매과목 4할 이상'으로 과락결정의 기준을 정한 것을 두고 과락점수를 비합리적으로 높게 설정하여 지나치게 엄격한 기준에 해당한다고 볼 정도는 아니므로, 비례의 원칙 내지 과잉금지에 위반하였다고 볼 수 없다.

[3] 한편, 사법시험령 제15조 제2항에서 규정한 사법시험 제2차시험의 과락제도와 그 점수의 설정은 제2차시험을 치르는 응시자들 모두를 대상으로 차별 없이 적용되는 것이고, 그 시행이 위에서 본 바와 같이 합리적인 정책판단하에서 이루어진 것이므로, 사법시험 제2차시험에 적용되는 위 규정을 사법시험 제1차시험의 과락제도와 점수의 설정과 비교하여 정의의 원칙, 평등의 원칙, 기회균등의 원칙 등에 반한다고 할 수는 없는 것이다.

[4] 어떠한 법규범이 명확한지 여부는 그 법규범이 수범자에게 법규의 의미내용을 알 수 있도록 공정한 고지를 하여 예측가능성을 주고 있는지 여부 및 그 법규범이 법을 해석·집행하는 기관에게 충분한 의미내용을 규율하여 자의적인 법해석이나 법집행이 배제되는지 여부, 다시 말하면 예측가능성 및 자의적 법집행 배제가 확보되는지 여부에 따라 이를 판단할 수 있는데, 법규범의 의미내용은 그 문언뿐만 아니라 입법목적이나 입법취지, 입법연혁, 그리고 법규범의 체계적 구조 등을 종합적으로 고려하는 해석방법에 의하여 구체화하게 되므로, 결국 법규범이 명확성 원칙에 위반되는지 여부는 위와 같은 해석방법에 의하여 그 의미내용을 합리적으로 파악할 수 있는 해석기준을 얻을 수 있는지 여부에 달려 있다고 할 것이다. 건전한 상식과 통상적인 법감정을 가진 사람이라면 누구나 사법시험령 제15조 제2항에서 규정하고 있는 제2차시험에 있어서 '매과목 4할'이라는 의미를 과목별 총점의 4할, 즉 각 문항의 점수를 합산한 100점

의 4할에 상응하는 40점을 의미하는 것이라고 해석할 수 있을 것이므로, '매 과목 4할'이라는 문구가 다의적으로 해석이 가능하고 그 기준이 모호하다 할 수 없어, 명확성의 원칙이나 행정규제기본법 제4조 제1항을 위반하였다고 볼 수 없다.

[5] 논술형 시험에 대한 채점행위는 객관식 시험과 같은 일의적인 정답을 그 기준으로 하기보다는 덕망과 책임감 높은 평가자가 스스로 보유하고 있는 고도의 전문적 식견과 학식 등에 근거한 평가에 전적으로 의존할 것이 예정되어 있음을 그 본질적인 속성으로 하고 있는 사무이므로, 논술형으로 치르는 이 사건 시험에 있어 채점위원은 사법시험의 목적과 내용 등을 고려하여 법령이 정하는 범위 내에서 전문적인 지식에 근거하여 그 독자적 판단과 재량에 따라 답안을 채점할 수 있는 것이다.

판례 08 96다49650

부당결부금지의 원칙

쟁점사항

▶ 해당 사업과 무관한 토지를 기부채납하도록 하는 부관의 하자가 당연무효사유인지 여부

관련판례

✦ 대판 1997.3.11, 96다49650[소유권이전등기말소]

1. 기부행위 등 일방적 급부행위가 민법 제104조의 적용을 받아 불공정한 법률행위로서 무효로 될 수 있는지 여부(소극)
2. 수익적 행정행위에 부관으로서 적법하게 부담을 붙일 수 있는 한계
3. 부관이 부당결부금지의 원칙에 위반하여 위법하지만 그 하자가 중대하고 명백하여 당연무효라고 볼 수는 없다고 한 사례

관련조문

헌법 제37조

판시사항

[1] 수익적 행정행위에 있어서는 법령에 특별한 근거규정이 없다고 하더라도 그 부관으로서 부담을 붙일 수 있으나, 그러한 부담은 비례의 원칙, 부당결부금지의 원칙에 위반되지 않아야만 적법하다.

[2] 지방자치단체장이 사업자에게 주택사업계획승인을 하면서 그 주택사업과는 아무런 관련이 없는 토지를 기부채납하도록 하는 부관을 주택사업계획승인에 붙인 경우, 그 부관은 부당결부금지의 원칙에 위반되어 위법하지만, 지방자치단체장이 승인한 사업자의 주택사업계획은 상당히 큰 규모의 사업임에 반하여, 사업자가 기부채납한 토지 가액은 그 100분의 1 상당의 금액에 불과한데다가, 사업자가 그 동안 그 부관에 대하여 아무런 이의를 제기하지 아니하다가 지방자치단체장이 업무착오로 기부채납한 토지에 대하여 보상협조요청서를 보내자 그때서야 비로소 부관의 하자를 들고 나온 사정에 비추어 볼 때 부관의 하자가 중대하고 명백하여 당연무효라고는 볼 수 없다고 한 사례

관련내용

┌─────────────────────┐
│ 부당결부금지의 원칙 │
└─────────────────────┘

1. 의의 및 근거(행정기본법 제13조)

부당결부금지의 원칙이란 행정기관이 행정권을 행사함에 있어 그것과 실질적인 관련이 없는 반대급부를 결부시켜서는 안 된다는 원칙을 말한다. 근거와 관련하여 부당결부금지원칙이 헌법적 효력을 지니는지, 아니면 법률적 효력을 가지는지가 문제되나, 통설은 헌법적 효력을 가진 원칙이라 본다. 동 원칙에 반하는 행정작용은 위법하다.

> **관련 판례(2005다65500)**
> 부당결부금지의 원칙이란 행정주체가 행정작용을 함에 있어서 상대방에게 이와 실질적인 관련이 없는 의무를 부과하거나 그 이행을 강제하여서는 아니 된다는 원칙을 말한다.

2. 내용(요건)
① 행정기관의 권한행사가 있어야 한다.
② 행정청의 권한행사와 상대방의 반대급부가 결부 또는 의존되어 있어야 한다.
③ 행정청의 권한행사와 반대급부 사이에 실체적 관련성이 없어야 한다.

3. 실체적 관련성의 의미
① 원인적 관련성 : 수익적 내용인 주된 행정행위와 불이익한 의무를 부과하는 부관 사이에 직접적인 인과관계가 있을 것을 요하는 것이다.

② **목적적 관련성** : 행정권한의 수권 목적의 범위 내에서 반대급부가 부과되어야 한다는 것을 의미한다.

판례 09 2007두4841

고시의 법규명령으로서 효력

쟁점사항

▶ 산지전용허가기준 [별표 3]이 법규명령인지 여부

관련판례

✦ **대판 2008.4.10, 2007두4841[건축불허가처분취소]**

1. 법령이 특정 행정기관에 법령 내용의 구체적 사항을 정할 수 있는 권한을 부여하면서 권한 행사의 절차나 방법을 특정하고 있지 않아 수임행정기관이 행정규칙의 형식으로 법령의 내용이 될 사항을 정한 경우 그 효력
2. 산지관리법 제18조 제1항, 제4항, 같은 법 시행령 제20조 제4항에 따라 산림청장이 정한 '산지전용 허가기준의 세부검토기준에 관한 규정' 제2조 [별표 3] (바)목 가.의 규정이 법규명령으로서 효력을 가진다고 한 사례
3. 하위규범이 법령상 용어의 사용기준을 정하고 있는 경우 법령의 위임 한계를 벗어난 것인지 여부(한정소극) 및 행정규칙에서 사용하는 개념이 달리 해석할 여지가 있다 하여 법령의 위임 한계를 벗어났다고 할 수 있는지 여부(한정소극)

관련조문

헌법 제75조 대통령은 법률에서 구체적으로 범위를 정하여 위임받은 사항과 법률을 집행하기 위하여 필요한 사항에 관하여 대통령령을 발할 수 있다.

판시사항

[1] 법령의 규정이 특정 행정기관에 그 법령 내용의 구체적 사항을 정할 수 있는 권한을 부여하면

서 그 권한 행사의 절차나 방법을 특정하고 있지 않아 수임행정기관이 행정규칙인 고시의 형식
으로 그 법령의 내용이 될 사항을 구체적으로 정하고 있는 경우, 그 고시가 해당 법령의 위임
한계를 벗어나지 않는 한, 그와 결합하여 대외적으로 구속력이 있는 법규명령으로서 효력을
가진다.

[2] 산지관리법 제18조 제1항, 제4항, 같은 법 시행령 제20조 제4항에 따라 산림청장이 정한 '산
지전용허가기준의 세부검토기준에 관한 규정'(2003.11.20. 산림청 고시 제2003-71호) 제2조
[별표 3] (바)목 가.의 규정은 법령의 내용이 될 사항을 구체적으로 정한 것으로서 해당 법령의
위임 한계를 벗어나지 않으므로, 그와 결합하여 대외적으로 구속력이 있는 법규명령으로서 효
력을 가진다고 한 사례

[3] 법령상의 어떤 용어가 별도의 법률상의 의미를 가지지 않으면서 일반적으로 통용되는 의미를
가지고 있다면, 상위규범에 그 용어의 의미에 관한 별도의 정의규정을 두고 있지 않고 권한을
위임받은 하위규범에서 그 용어의 사용기준을 정하고 있다 하더라도 하위규범이 상위규범에서
위임한 한계를 벗어났다고 볼 수 없으며, 행정규칙에서 사용하는 개념이 달리 해석할 여지가
있다 하더라도 행정청이 수권의 범위 내에서 법령이 위임한 취지 및 형평과 비례의 원칙에 기
초하여 합목적적으로 기준을 설정하여 그 개념을 해석·적용하고 있다면, 개념이 달리 해석할
여지가 있다는 것만으로 이를 사용한 행정규칙이 법령의 위임 한계를 벗어났다고는 할 수 없다.

관련내용

법령보충적 행정규칙

I 의의 및 인정 여부
법령보충적 행정규칙이란 법령의 위임에 의해 법령을 보충하는 법규사항을 정하는 행정규칙을
말한다. 법령보충적 행정규칙이라는 입법형식을 인정하는 것이 헌법상 가능한지에 관하여 견해
의 대립이 있다.

II 법적 성질
1. 학설
   ① **형식설(행정규칙설)** : 행정규칙 형식은 헌법에 규정된 법규의 형식이 아니므로 행정규칙
   으로 보아야 한다는 견해이다.
   ② **실질설(법규명령설)** : 이는 실질적으로 법의 내용을 보충함으로서 국민에게 직접적인 영
   향을 미치는 법규명령으로 보아야 한다는 견해이다.
   ③ **규범구체화설** : 행정규칙과는 달리 상위규범을 구체화하는 내용의 행정규칙이므로 법규
   성을 긍정해야 한다는 견해이다.

④ **위헌무효설** : 헌법에 명시된 법규명령은 대통령령, 총리령, 부령만을 인정하고 있으므로 행정규칙 형식의 법규명령은 헌법에 위반되어 위헌무효라는 견해이다.

⑤ **법규명령의 효력을 갖는 행정규칙설** : 법규와 같은 효력을 인정하더라도 행정규칙의 형식으로 제정되어 있으므로 법적 성질은 행정규칙으로 보는 견해이다.

2. 판례

판례는 국세청장훈령의 재산세사무처리규정은 상위법인 소득세법 시행령과 결합하여 법규성을 갖는다고 판시하였다. 토지가격비준표는 집행명령인 개별토지합동조사지침과 더불어 법령보충적 구실을 하는 법규적 성질을 갖는 것으로 보아야 한다고 판시하여 법규성을 인정하였다.

3. 검토

법령보충적 행정규칙은 법령의 위임을 받아 제정되는 것으로, 수권법령과 결합하여 대외적 구속력을 지니므로 상위법령의 위임이 있는 경우 법규성을 인정함이 타당하다.

행정소송법

판례 01 2021두53894

> 행정청의 행위가 항고소송의 대상이 될 수 있는지 결정하는 방법 및 행정청의 행위가 '처분'에
> 해당하는지가 불분명한 경우, 이를 판단하는 방법

관련판례

> ✦ **대판 2022.3.17, 2021두53894[지적재조사사업조정금이의신청기각처분취소청구의소]**
>
> #### 판시사항
>
> [1] 행정청의 행위가 항고소송의 대상이 될 수 있는지 결정하는 방법 및 행정청의 행위가 '처분'에
>   해당하는지가 불분명한 경우, 이를 판단하는 방법
>
> [2] 수익적 행정처분을 구하는 신청에 대한 거부처분이 있은 후 당사자가 새로운 신청을 하는 취
>   지로 다시 신청을 하였으나 행정청이 이를 다시 거절한 경우, 새로운 거부처분인지 여부(적극)
>   / 어떤 처분이 수익적 행정처분을 구하는 신청에 대한 거부처분이 아니더라도 해당 처분에 대
>   한 이의신청의 내용이 새로운 신청을 하는 취지로 볼 수 있는 경우, 그 이의신청에 대한 결정
>   의 통보를 새로운 처분으로 볼 수 있는지 여부(적극)
>
> [3] 갑 시장이 을 소유 토지의 경계확정으로 지적공부상 면적이 감소되었다는 이유로 지적재조사
>   위원회의 의결을 거쳐 을에게 조정금 수령을 통지하자(1차 통지), 을이 구체적인 이의신청 사
>   유와 소명자료를 첨부하여 이의를 신청하였으나, 갑 시장이 지적재조사위원회의 재산정 심의
>   ・의결을 거쳐 종전과 동일한 액수의 조정금 수령을 통지한(2차 통지) 사안에서, 2차 통지는
>   1차 통지와 별도로 행정쟁송의 대상이 되는 처분으로 보는 것이 타당하다고 한 사례
>
> #### 판결요지
>
> [1] 항고소송의 대상인 '처분'이란 "행정청이 행하는 구체적 사실에 관한 법집행으로서의 공권력의
>   행사 또는 그 거부와 그 밖에 이에 준하는 행정작용"(행정소송법 제2조 제1항 제1호)을 말한
>   다. 행정청의 행위가 항고소송의 대상이 될 수 있는지는 추상적・일반적으로 결정할 수 없고,
>   구체적인 경우에 관련 법령의 내용과 취지, 그 행위의 주체・내용・형식・절차, 그 행위와 상
>   대방 등 이해관계인이 입는 불이익 사이의 실질적 견련성, 법치행정의 원리와 그 행위에 관련
>   된 행정청이나 이해관계인의 태도 등을 고려하여 개별적으로 결정하여야 한다. 행정청의 행위
>   가 '처분'에 해당하는지가 불분명한 경우에는 그에 대한 불복방법 선택에 중대한 이해관계를

가지는 상대방의 인식가능성과 예측가능성을 중요하게 고려하여 규범적으로 판단하여야 한다.

[2] 수익적 행정처분을 구하는 신청에 대한 거부처분이 있은 후 당사자가 다시 신청을 한 경우에는 신청의 제목 여하에 불구하고 그 내용이 새로운 신청을 하는 취지라면 관할 행정청이 이를 다시 거절하는 것은 새로운 거부처분이라고 보아야 한다. 나아가 어떠한 처분이 수익적 행정처분을 구하는 신청에 대한 거부처분이 아니라고 하더라도, 해당 처분에 대한 이의신청의 내용이 새로운 신청을 하는 취지로 볼 수 있는 경우에는, 그 이의신청에 대한 결정의 통보를 새로운 처분으로 볼 수 있다.

[3] 갑 시장이 을 소유 토지의 경계확정으로 지적공부상 면적이 감소되었다는 이유로 지적재조사위원회의 의결을 거쳐 을에게 조정금 수령을 통지하자(1차 통지), 을이 구체적인 이의신청 사유와 소명자료를 첨부하여 이의를 신청하였으나, 갑 시장이 지적재조사위원회의 재산정 심의·의결을 거쳐 종전과 동일한 액수의 조정금 수령을 통지한(2차 통지) 사안에서, 구 지적재조사에 관한 특별법(2020.4.7. 법률 제17219호로 개정되기 전의 것) 제21조의2가 신설되면서 조정금에 대한 이의신청 절차가 법률상 절차로 변경되었으므로 그에 관한 절차적 권리는 법률상 권리로 볼 수 있는 점, 을이 이의신청을 하기 전에는 조정금 산정결과 및 수령을 통지한 1차 통지만 존재하였고 을은 신청 자체를 한 적이 없으므로 을의 이의신청은 새로운 신청으로 볼 수 있는 점, 2차 통지서의 문언상 종전 통지와 별도로 심의·의결하였다는 내용이 명백하고, 단순히 이의신청을 받아들이지 않는다는 내용에 그치는 것이 아니라 조정금에 대하여 다시 재산정, 심의·의결절차를 거친 결과, 그 조정금이 종전 금액과 동일하게 산정되었다는 내용을 알리는 것이므로, 2차 통지를 새로운 처분으로 볼 수 있는 점 등을 종합하면, 2차 통지는 1차 통지와 별도로 행정쟁송의 대상이 되는 처분으로 보는 것이 타당함에도 2차통지의 처분성을 부정한 원심판단에 법리오해의 잘못이 있다고 한 사례

판례 02 **2010두14954**

행정소송법 제2조 제1항 제1호 처분 ①

쟁점사항

▶ 인·허가의제 효과를 수반하는 건축신고가 '수리를 요하는 신고'인지 여부

관련판례

✦ 대판 2011.1.20, 2010두14954 全合[건축(신축)신고불가취소]

판시사항

[1] 건축법 제14조 제2항에 의한 인·허가의제 효과를 수반하는 건축신고가, 행정청이 그 실체적 요건에 관한 심사를 한 후 수리하여야 하는 이른바 '수리를 요하는 신고'인지 여부(적극)

[2] 국토의 계획 및 이용에 관한 법률상의 개발행위허가로 의제되는 건축신고가 개발행위허가의 기준을 갖추지 못한 경우, 행정청이 수리를 거부할 수 있는지 여부(적극)

판결요지

[1] [다수의견]

건축법에서 인·허가의제제도를 둔 취지는, 인·허가의제사항과 관련하여 건축허가 또는 건축신고의 관할 행정청으로 그 창구를 단일화하고 절차를 간소화하며 비용과 시간을 절감함으로써 국민의 권익을 보호하려는 것이지, 인·허가의제사항 관련 법률에 따른 각각의 인·허가 요건에 관한 일체의 심사를 배제하려는 것으로 보기는 어렵다. 왜냐하면, 건축법과 인·허가의제사항 관련 법률은 각기 고유한 목적이 있고, 건축신고와 인·허가의제사항도 각각 별개의 제도적 취지가 있으며 그 요건 또한 달리하기 때문이다. 나아가 인·허가의제사항 관련 법률에 규정된 요건 중 상당수는 공익에 관한 것으로서 행정청의 전문적이고 종합적인 심사가 요구되는데, 만약 건축신고만으로 인·허가의제사항에 관한 일체의 요건심사가 배제된다고 한다면, 중대한 공익상의 침해나 이해관계인의 피해를 야기하고 관련 법률에서 인·허가제도를 통하여 사인의 행위를 사전에 감독하고자 하는 규율체계 전반을 무너뜨릴 우려가 있다. 또한 무엇보다도 건축신고를 하려는 자는 인·허가의제사항 관련법령에서 제출하도록 의무화하고 있는 신청서와 구비서류를 제출하여야 하는데, 이는 건축신고를 수리하는 행정청으로 하여금 인·허가의제사항 관련 법률에 규정된 요건에 관하여도 심사를 하도록 하기 위한 것으로 볼 수밖에 없다. 따라서 인·허가의제 효과를 수반하는 건축신고는 일반적인 건축신고와는 달리, 특별한 사정이 없는 한 행정청이 그 실체적 요건에 관한 심사를 한 후 수리하여야 하는 이른바 '수리를 요하는 신고'로 보는 것이 옳다.

[대법관 박시환, 대법관 이홍훈의 반대의견]

다수의견과 같은 해석론을 택할 경우 헌법상 기본권 중 하나인 국민의 자유권 보장에 문제는 없는지, 구체적으로 어떠한 경우에 수리가 있어야만 적법한 신고가 되는지 여부에 관한 예측 가능성 등이 충분히 담보될 수 있는지, 형사처벌의 대상이 불필요하게 확대됨에 따른 죄형법 정주의 등의 훼손 가능성은 없는지, 국민의 자유와 권리를 제한하거나 의무를 부과하려고 하는 때에는 법률에 의하여야 한다는 법치행정의 원칙에 비추어 그 원칙이 손상되는 문제는 없는지, 신고제의 본질과 취지에 어긋나는 해석론을 통하여 여러 개별법에 산재한 각종 신고제도에 관한 행정법 이론 구성에 난맥상을 초래할 우려는 없는지의 측면 등에서 심도 있는 검토가 필요한 문제로 보인다. 그런데 다수의견의 입장을 따르기에는 그와 관련하여 해소하기 어려운 여러 근본적인 의문이 제기된다. 여러 기본적인 법원칙의 근간 및 신고제의 본질과 취지를 훼손하지 아니하는 한도 내에서 건축법 제14조 제2항에 의하여 인·허가가 의제되는 건축신고의 범위 등을 합리적인 내용으로 개정하는 입법적 해결책을 통하여 현행 건축법에 규정된 건축신고제도의 문제점 및 부작용을 해소하는 것은 별론으로 하더라도, '건축법상 신고사항에 관하여 건축을 하고자 하는 자가 적법한 요건을 갖춘 신고만 하면 건축을 할 수 있고, 행정청의 수리 등 별단의 조처를 기다릴 필요는 없다'는 대법원의 종래 견해(대판 1968.4.30. 68누12, 대판 1990.6.12. 90누2468, 대판 1999.4.27. 97누6780, 대판2004.9.3.2004도3908 등 참조)를 인·허가가 의제되는 건축신고의 경우에도 그대로 유지하는 편이 보다 합리적인 선택이라고 여겨진다.

[2] [다수의견]

일정한 건축물에 관한 건축신고는 건축법 제14조 제2항, 제11조 제5항 제3호에 의하여 국토의 계획 및 이용에 관한 법률 제56조에 따른 개발행위허가를 받은 것으로 의제되는데, 국토의 계획 및 이용에 관한 법률 제58조 제1항 제4호에서는 개발행위허가의 기준으로 주변 지역의 토지이용실태 또는 토지이용계획, 건축물의 높이, 토지의 경사도, 수목의 상태, 물의 배수, 하천·호소·습지의 배수 등 주변 환경이나 경관과 조화를 이룰 것을 규정하고 있으므로, 국토의 계획 및 이용에 관한 법률상의 개발행위허가로 의제되는 건축신고가 위와 같은 기준을 갖추지 못한 경우 행정청으로서는 이를 이유로 그 수리를 거부할 수 있다고 보아야 한다.

[대법관 박시환, 대법관 이홍훈의 반대의견]

수리란 타인의 행위를 유효한 행위로 받아들이는 수동적 의사행위를 말하는 것이고, 이는 허가와 명확히 구별되는 것이다. 그런데 다수의견에 의하면, 행정청이 인·허가의제조항에 따른 국토의 계획 및 이용에 관한 법률상 개발행위허가요건 등을 갖추었는지 여부에 관하여 심사를 한 다음, 그 허가요건을 갖추지 못하였음을 이유로 들어 형식상으로만 수리거부를 하는 것이 되고, 사실상으로는 허가와 아무런 차이가 없게 된다는 비판을 피할 수 없다. 이러한 결과에 따르면 인·허가의제조항을 특별히 규정하고 있는 입법취지가 몰각됨은 물론, 신고와 허가의 본질에 기초하여 건축신고와 건축허가제도를 따로 규정하고 있는 제도적 의미 및 신고제와 허가제 전반에 관한 이론적 틀이 형해화될 가능성이 있다.

관련내용

행정법상의 신고

| 신고의 의의

신고라 함은 사인이 행정기관에 일정한 사항에 대하여 알려야 하는 의무가 있는 경우에 그것을 알리는 것을 말한다.

II 신고의 종류 및 구별실익

사인의 공법행위로서의 신고는 자기 완결적 신고와 수리를 요하는 신고가 있으며, 양자는 신고 수리의 거부처분의 성질에 따라 항고소송의 대상 여부가 결정되는 구별실익이 있다.

III 자기 완결적 신고

1. 의의

자기 완결적 신고는 신고의 요건을 갖춘 신고만 하면 신고의무를 이행한 것이 되는 신고를 말하며, 자족적 신고라고도 한다. 신고행위 그 자체로 법적 효과를 완성시키는 것이므로 따로 행정청의 수리를 상정하지 않는 개념이다(건축법상의 건축신고).

2. 적법한 신고의 효과

자기 완결적 신고의 경우에 적법한 신고가 있으면 행정청의 수리 여부에 관계없이 신고서가 접수기관에 도달한 때에 신고의무가 이행된 것으로 본다(행정절차법 제40조 제2항). 따라서 행정청이 신고서를 접수하지 않고 반려하여도 신고의무는 이행된 것으로 본다.

3. 권리구제

자기완결적 신고의 수리는 단순한 접수행위에 불과하여, 법적 효과를 발생시키지 않는 사실행위이다. 따라서 자기 완결적 신고의 수리행위나 수리거부행위는 항고소송이 대상이 되지 않는다.

다만, 건축신고와 같은 금지해제적 신고의 경우에 신고가 반려된 경우 신고의 대상이 되는 행위를 하면 추후에 시정명령, 이행강제금, 벌금 등의 대상이 될 수 있어, 신고인이 법적 불이익을 받을 위험이 있기 때문에 그 위험을 제거할 수 있도록 하기 위하여 신고거부(반려)행위의 처분성을 인정한 판례가 있다(대판 2010.11.18. 2008두167 全合).

IV 수리를 요하는 신고

1. 의의

수리를 요하는 신고는 수리되어야 신고의 효과가 발생하는 신고를 말한다.

2. 적법한 신고의 효과

신고의 요건을 갖춘 신고가 있었다 하더라도 수리되지 않으면 신고가 되지 않은 것으로 보는 것이 다수설과 판례의 입장이다.

3. 권리구제

수리를 요하는 신고의 경우에 수리는 행정행위의 수리행위이고, 수리거부는 거부처분에 해당하며 항고소송의 대상이 될 수 있다는 것이 일반적인 견해이다.

판례 03 2008두167

행정소송법 제2조 제1항 제1호 처분 ②

쟁점사항

▶ 항고소송의 대상이 되기 위한 요건
▶ 건축신고 반려행위가 항고소송의 대상인지 여부

관련판례

✦ 대판 2010.11.18, 2008두167 全合[건축신고불허(또는 반려)처분취소]

판시사항

[1] 행정청의 행위가 항고소송의 대상이 되는지 여부의 판단기준

[2] 행정청의 건축신고 반려행위 또는 수리거부행위가 항고소송의 대상이 되는지 여부(적극)

판결요지

[1] 행정청의 어떤 행위가 항고소송의 대상이 될 수 있는지의 문제는 추상적·일반적으로 결정할 수 없고, 구체적인 경우 행정처분은 행정청이 공권력의 주체로서 행하는 구체적 사실에 관한 법집행으로서 국민의 권리·의무에 직접적으로 영향을 미치는 행위라는 점을 염두에 두고, 관련법령의 내용과 취지, 그 행위의 주체·내용·형식·절차, 그 행위와 상대방 등 이해관계인이 입는 불이익과의 실질적 견련성, 그리고 법치행정의 원리와 해당 행위에 관련한 행정청 및 이해관계인의 태도 등을 참작하여 개별적으로 결정하여야 한다.

[2] (구)건축법(2008.3.21. 법률 제8974호로 전부 개정되기 전의 것) 관련규정의 내용 및 취지에 의하면, 행정청은 건축신고로써 건축허가가 의제되는 건축물의 경우에도 그 신고 없이 건축이 개시될 경우 건축주 등에 대하여 공사 중지·철거·사용금지 등의 시정명령을 할 수 있고(제69조 제1항), 그 시정명령을 받고 이행하지 않은 건축물에 대하여는 해당 건축물을 사용하여 행할 다른 법령에 의한 영업 기타 행위의 허가를 하지 않도록 요청할 수 있으며(제69조 제2항), 그 요청을 받은 자는 특별한 이유가 없는 한 이에 응하여야 하고(제69조 제3항), 나아가 행정청은 그 시정명령의 이행을 하지 아니한 건축주 등에 대하여는 이행강제금을 부과할 수 있으며(제69조의2 제1항 제1호), 또한 건축신고를 하지 않은 자는 200만원 이하의 벌금에 처해질 수 있다(제80조 제1호, 제9조). 이와 같이 <u>건축주 등은 신고제하에서도 건축신고가 반려될 경우 해당 건축물의 건축을 개시하면 시정명령, 이행강제금, 벌금의 대상이 되거나 해당 건축물을 사용하여 행할 행위의</u>

허가가 거부될 우려가 있어 불안정한 지위에 놓이게 된다. 따라서 건축신고 반려행위가 이루어진 단계에서 당사자로 하여금 반려행위의 적법성을 다투어 그 법적 불안을 해소한 다음 건축행위에 나아가도록 함으로써 장차 있을지도 모르는 위험에서 미리 벗어날 수 있도록 길을 열어 주고, 위법한 건축물의 양산과 그 철거를 둘러싼 분쟁을 조기에 근본적으로 해결할 수 있게 하는 것이 법치행정의 원리에 부합한다. 그러므로 건축신고 반려행위는 항고소송의 대상이 된다고 보는 것이 옳다.

관련내용

✦ 대상적격

1. 취소소송의 대상(행정소송법 제19조)

행정소송법은 취소소송의 대상을 "취소소송은 처분 등을 대상으로 한다"고 행정소송법 제19조에서 규정하고 있다.

2. 처분 등의 개념

(1) 처분 등의 의미(행정소송법 제2조 제1항)

처분 등이라 함은 행정청이 행하는 구체적 사실에 관한 법 집행으로서의 공권력의 행사 또는 그 거부와 그 밖에 이에 준하는 행정작용 및 행정심판에 대한 재결을 말한다.

(2) 처분 등의 종류

① 행정청이 행하는 구체적 사실에 관한 법집행으로서의 공권력의 행사
② 행정청이 행하는 구체적 사실에 관한 법집행으로서의 공권력 행사의 거부
③ 그 밖에 이에 준하는 행정작용(권력적 사실행위)
④ 행정심판의 재결

3. 거부처분

(1) 거부처분의 의의 및 구별개념

거부처분이란 공권력 행사의 신청에 대하여 처분의 발령을 거부하는 행정청의 의사작용을 의미한다. 행정소송법상 처분개념으로서 거부란 신청된 행정작용이 처분에 해당되는 경우의 거부만을 의미하며, 거부는 처분의 신청에 대한 거절의 의사표시라는 점에서 부작위와 구별된다.

(2) 거부가 처분이 되기 위한 요건(공권신)

판례의 태도에 의하면 거부가 처분이 되기 위한 요건에는
① 공권력의 행사 또는 이에 준하는 행정작용일 것,
② 그 거부행위가 국민의 권리와 의무에 영향을 미칠 것,
③ 국민에게 법규상 또는 조리상 신청권이 있을 것이 있다.

> **관련 판례(2012두22966)**
> 행정처분이 되려면 행정청의 행위를 요구할 법규상 또는 조리상의 신청권이 국민에게 있어야 하고, 이러한 신청권의 근거 없이 한 국민의 신청을 행정청이 받아들이지 아니한 경우에는 거부로 인하여 신청인의 권리나 법적 이익에 어떤 영향을 주는 것이 아니므로 이를 항고소송의 대상이 되는 행정처분이라 할 수 없다.

(3) 신청권에 대한 견해의 대립
① **대상적격설** : 신청권은 응답의무에 대응하는 절차적 권리로 대상적격이라는 견해이다.
② **원고적격설** : 처분성은 소송법상 개념요소만 필요하므로 신청권은 원고적격과 관련된다는 견해이다.
③ **본안요건설** : 신청권 존부는 본안심리에서 판단할 사안이라는 견해이다.

위의 신청권에 대한 견해의 대립에 대해 판례는 대상적격의 입장을 취하고 있으며, 생각건대 대상적격은 소송요건 판단 시 가장 우선적으로 고려되는바 이는 소송경제상 타당하다.

Tip

☐ **강학상 행정행위**
행정청이 법 아래서 구체적 사실에 대한 법집행으로서 행하는 권력적 단독행위로서 공법행위
☐ **최근 판례의 추가적 요건**
국민의 권리·의무에 직접적 제한

판례 04 **2010무137**

행정소송법 제2조 제1항 제1호 처분 ③

쟁점사항

▶ 집행정지를 구하는 경우 신청인의 본안청구가 적법할 것을 요하는지 여부

관련판례

✦ 대결 2010.11.26, 2010무137[부정당업자제재처분효력정지]

판시사항

[1] 행정처분의 효력정지나 집행정지를 구하는 신청사건에서 집행정지사건 자체에 의하여도 신청인
의 본안청구가 적법한 것이어야 한다는 것을 집행정지의 요건에 포함시켜야 하는지 여부(적극)

[2] 행정소송의 대상이 되는 행정처분의 의의

[3] 수도권매립지관리공사가 甲에게 입찰참가자격을 제한하는 내용의 부정당업자제재처분을 하
자, 甲이 제재처분의 무효확인 또는 취소를 구하는 행정소송을 제기하면서 제재처분의 효력정
지신청을 한 사안에서, 위 효력정지 신청은 부적법함에도 그 신청을 받아들인 원심결정은 집
행정지의 요건에 관한 법리를 오해한 위법이 있다고 한 사례

결정요지

[1] 행정처분의 효력정지나 집행정지를 구하는 신청사건에서는 행정처분 자체의 적법 여부는 원칙
적으로 판단의 대상이 아니고, 그 행정처분의 효력이나 집행을 정지할 것인가에 관한 행정소송
법 제23조 제2항에서 정한 요건의 존부만이 판단의 대상이 되는 것이다. 다만, 집행정지는 행
정처분의 집행부정지원칙의 예외로서 인정되는 것이고, 또 본안에서 원고가 승소할 수 있는 가
능성을 전제로 한 권리보호수단이라는 점에 비추어 보면, 집행정지사건 자체에 의하여도 신청
인의 본안청구가 적법한 것이어야 한다는 것을 집행정지의 요건에 포함시키는 것이 옳다.

[2] 행정소송의 대상이 되는 행정처분은, 행정청 또는 그 소속기관이나 법령에 의하여 행정권한의
위임 또는 위탁을 받은 공공기관이 국민의 권리·의무에 관계되는 사항에 관하여 공권력을 발
동하여 행하는 공법상의 행위를 말하며, 그것이 상대방의 권리를 제한하는 행위라 하더라도 행
정청 또는 그 소속기관이나 권한을 위임받은 공공기관의 행위가 아닌 한 이를 행정처분이라고
할 수 없다.

[3] 수도권매립지관리공사가 甲에게 입찰참가자격을 제한하는 내용의 부정당업자제재처분을 하
자, 甲이 제재처분의 무효확인 또는 취소를 구하는 행정소송을 제기하면서 제재처분의 효력정
지신청을 한 사안에서, 수도권매립지관리공사는 행정소송법에서 정한 행정청 또는 그 소속기
관이거나 그로부터 제재처분의 권한을 위임받은 공공기관에 해당하지 않으므로, 수도권매립지
관리공사가 한 위 제재처분은 행정소송의 대상이 되는 행정처분이 아니라 단지 甲을 자신이
시행하는 입찰에 참가시키지 않겠다는 뜻의 사법상의 효력을 가지는 통지에 불과하므로, 甲이
수도권매립지관리공사를 상대로 하여 제기한 위 효력정지신청은 부적법함에도 그 신청을 받아
들인 원심결정은 집행정지의 요건에 관한 법리를 오해한 위법이 있다고 한 사례

관련내용

✦ 집행정지

1. 의의(행정소송법 제23조 제1항 및 제2항) 및 취지

집행부정지원칙 심판청구는 처분의 효력이나 그 집행 또는 절차의 속행에 영향을 주지 않는다는 원칙을 말한다(행정심판법 제30조 제1항). 단, 처분의 집행 또는 절차의 속행 때문에 중대한 손해가 생기는 것을 예방할 필요성이 긴급하다고 인정할 때에는 직권으로 또는 당사자의 신청에 의하여 처분의 효력, 처분의 집행 또는 절차의 속행의 전부 또는 일부의 정지를 결정할 수 있다(동조 제2항). 이는 국민의 권리구제에 취지가 인정된다.

2. 요건

(1) 적극적 요건(계처손긴)

① **정지대상인 처분 등이 존재할 것** : 행정소송법상 집행정지는 종전의 상태, 즉 원상을 회복하여 유지시키는 소극적인 것이므로 침해적 처분을 대상으로 한다.

② **적법한 본안소송이 계속 중일 것** : 행정소송법상의 집행정지는 민사소송에서의 가처분과는 달리 적법한 본안소송이 계속 중일 것을 요하며, 적법한 소송이어야 한다.

③ **회복하기 어려운 손해** : 판례는 금전보상이 불가능하거나 사회통념상 견디기가 현저히 곤란한 경우, 회복하기 어려운 손해가 있다. 이에 대한 소명책임은 신청인에게 있다.

④ **긴급한 필요의 존재** : 회복하기 어려운 손해의 발생이 절박하여 손해를 회피하기 위하여 본안판결을 기다릴 여유가 없는 것을 말한다.

(2) 소극적 요건(공본)

① **공공복리에 중대한 영향이 없을 것** : 처분의 집행에 의해 신청인이 입을 손해와 집행정지에 의해 영향을 받을 공공복리 간의 이익형량을 하여 공공복리에 중대한 영향을 미칠 우려가 없어야 한다.

② **본안청구가 이유 없음이 명백하지 아니할 것** : 본안청구가 이유 없음이 명백하지 아니할 것을 집행정지의 소극적 요건으로 하는 것이 타당하다는 것이 일반적 견해이며 판례도 이러한 입장을 취하고 있다.

3. 내용

① **절차속행의 정지** : 단계적으로 발전하는 법률관계에서 선행행위의 하자를 다투는 경우 후행행위를 하지 못하게 함을 말한다.

② **집행정지** : 처분내용의 강제적인 실현의 정지를 의미한다.

③ **효력정지** : 처분의 효력을 존재하지 않는 상태에 놓이게 하는 것을 말한다.

4. 효력

① **형성력** : 효력 자체를 정지시켜 행정처분이 없었던 것과 같은 상태를 가져온다.

② **기속력(반복금지효)** : 정지결정은 당사자인 행정청과 그 밖의 관계 행정청을 기속한다.

③ **시간적 효력** : 효력은 집행정지결정시점부터 발생하며, 그 효력은 결정주문에서 정한 시기까지 존속한다.

5. 관련 판례

(1) 효력기간이 다시 진행되는지 여부(2021두40720)

행정소송법 제23조에 따른 집행정지결정의 효력은 결정 주문에서 정한 종기까지 존속하고, 그 종기가 도래하면 당연히 소멸한다. 따라서 효력기간이 정해져 있는 제재적 행정처분에 대한 취소소송에서 법원이 본안소송의 판결 선고 시까지 집행정지결정을 하면, 처분에서 정해 둔 효력기간(집행정지결정 당시 이미 일부 집행되었다면 그 나머지 기간)은 판결 선고 시까지 진행하지 않다가 판결이 선고되면 그때 집행정지결정의 효력이 소멸함과 동시에 처분의 효력이 당연히 부활하여 처분에서 정한 효력기간이 다시 진행한다.

(2) 처분청의 조치(2020두34070)

본안에서 해당 처분이 최종적으로 적법한 것으로 확정되어 집행정지결정이 실효되고 제재처분을 다시 집행할 수 있게 되면, 처분청으로서는 당초 집행정지결정이 없었던 경우와 동등한 수준으로 해당 제재처분이 집행되도록 필요한 조치를 취하여야 한다.

관련기출

1. 제34회 문제3

A감정평가법인(이하 'A법인'이라 함)에 근무하는 B감정평가사(이하 'B'라 함)는 2020.4.경 갑 소유의 토지 (이하 '갑 토지'라 함)를 감정평가하면서 甲 토지와 이용가치가 비슷하다고 인정되는 부동산 가격공시에 관한 법률에 따른 표준지공시지가를 기준으로 삼성병가를 하지도 않았고 적정한 실거래가보다 3배 이상 차이가 나는 금액으로 甲 토지를 감정평가하였다. 그러나 그 사실은 3년여가 지난 후 발견되었고 이에 따라 국토교통부장관은 감정평가관리·징계위원회(이하 '위원회'라 함)에 징계의결을 요구하였으며 위원회는 3개월의 업무정지를 의결하였고, 국토교통부장관은 위원회의 의결에 따라 2023.7.10. B에 대해서 3개월의 업무정지처분(2023.8.1.부터)을 결정하였으며 A법인과 B에게 2023.7.10. 위 징계사실을 통보하였다. 이에 B는 위 징계가 위법하다는 이유로 2023.7.14. 취소소송을 제기하면서 집행정지를 신청하였다. 집행정지의 인용가능성과 본안에서 B의 청구가 기각되는 경우 징계의 효력과 국토교통부장관이 취해야 할 조치에 관하여 설명하시오. **20점**

2. 제23회 문제3

20년 이상 감정평가업에 종사하고 있는 감정평가사 甲은 2년 전에 국토교통부장관 乙의 인가를 받아 50명 이상의 종업원을 고용하는 감정평가법인을 설립하였다. 그 후 乙은 甲이 정관을 거짓으로 작성하는 등 부정한 방법으로 감정평가법인의 설립인가를 받았다는 이유로 「부동산

가격공시 및 감정평가에 관한 법률」제38조 제1항 제6호에 따라 설립인가를 취소하였다. 甲은 乙의 인가취소가 잘못된 사실관계에 기초한 위법한 처분이라는 이유로 취소소송을 제기하면서 집행정지신청을 하였다. 甲의 집행정지신청의 인용여부를 논하시오. **20점**

※ 출제위원 채점평

문제 3번의 경우에는 집행정지의 의의, 특성 및 요건을 정확히 기술하면 되는 것으로, 비교적 평이하고 무난한 문제였다. 그러나 집행정지의 요건과 관련하여, 적극적 요건과 소극적 요건을 구별하지 못하거나, 획일적으로 이를 암기하여 작성한 답안이 많았다.

 **판례 05** 2012두11959

행정행위의 철회

쟁점사항

▶ 행정행위의 취소 · 철회사유의 구별 기준

관련판례

✦ 대판 2014.10.27, 2012두11959[사업시행자의 지정취소처분취소]

[1] 행정행위의 취소사유와 철회사유의 구별기준
[2] 행정처분의 취소를 구하는 항고소송에서 처분의 근거 사유를 추가하거나 변경하기 위한 요건인 기본적 사실관계의 동일성 유무 결정기준

판시사항

[1] 행정행위의 취소는 일단 유효하게 성립한 행정행위를 그 행위에 위법 또는 부당한 하자가 있음을 이유로 소급하여 그 효력을 소멸시키는 별도의 행정처분이고, 행정행위의 철회는 적법요건을 구비하여 완전히 효력을 발하고 있는 행정행위를 사후적으로 그 행위의 효력의 전부 또는 일부를 장래에 향해 소멸시키는 행정처분이다. 그러므로 행정행위의 취소사유는 행정행위의 성립 당시에 존재하였던 하자를 말하고, 철회사유는 행정행위가 성립된 이후에 새로이 발생한 것으로서 행정행위의 효력을 존속시킬 수 없는 사유를 말한다.

한편 행정처분의 취소를 구하는 항고소송에서 처분청은 당초 처분의 근거로 삼은 사유와 기본적 사실관계가 동일성이 있다고 인정되는 한도 내에서 다른 사유를 추가, 변경할 수 있고, 여기서 기본적 사실관계의 동일성 유무는 처분사유를 법률적으로 평가하기 이전의 구체적인 사실에 착안하여 그 기초인 사회적 사실관계가 기본적인 점에서 동일한지 여부에 따라 결정된다.

[2] 제주특별법 제292조 제3항 본문은 절대보전지역 안에서는 그 지역 지정의 목적에 위배되는 건축물의 건축, 공작물 그 밖의 시설의 설치, 토지의 형질변경, 도로의 신설 등과 이와 유사한 행위를 할 수 없는 것으로 규정하면서, 같은 항 단서 제5호에서 '그 밖에 자연자원의 원형을 훼손하거나 변형시키지 아니하는 범위 안에서의 도조례로 정하는 행위로서 도지사의 허가를 받은 경우'에는 위와 같은 행위를 할 수 있는 것으로 규정하고 있다. 그리고 이 사건 조례 제6조 제7호에서 제주특별법 제292조 제3항 단서 제5호에 따른 절대보전지역 안에서 도지사의 허가를 받아 할 수 있는 행위의 하나로 '도시공원 및 녹지 등에 관한 법률 제2조에 따른 공원시설로서 같은 법 제16조에 따른 공원조성계획에 의한 공원사업의 시행'을 규정하고 있다.

또한 기록에 의하면, 피고는 제1심과 원심에서 이 사건 처분사유와 관련하여, ① 이 사건 토지 중 휴게음식점 예정부지의 경사가 심하여 사업면적에 대한 평탄작업, 소나무 벌채작업 등에 의해 자연자원의 원형이 심하게 훼손될 우려가 있고, 원고는 제주특별법 제292조 제3항 단서에서 정한 도지사의 허가를 받은 적도 없으며, ② 국토계획법 제88조 제3항에 따른 조건 부과 없이 휴게음식점을 시설하여 운영하는 사업시행자로 개인을 지정한 것은 특혜이고, ③ 도시공원으로서의 공익적 관리 차원이라는 중대한 공익상 필요가 있어 이 사건 처분을 하였다는 취지로 주장하였음을 알 수 있다. 나아가 피고는 원심의 석명준비명령에 따라 제출한 2012.4.5.자 준비서면의 진술로써 이 사건 처분사유에 관하여, ① 제주특별법 제292조 제3항 단서 제5호에서 규정하고 있는 '자연자원의 원형을 훼손하거나 변형시키지 아니하는 범위 안', '도조례로 정하는 행위', '도지사의 허가'라는 세 가지 요건이 구비되어야 이 사건 사업시행자 지정처분을 할 수 있는데, 피고는 그 요건을 잘못 해석한 산하 도시건축민원과의 불충분한 검토의견을 기초로 법률 적용을 잘못하여 위법한 사업시행자 지정처분을 한 것이고, 설령 위법한 처분이 아니라고 하여도 국토계획법에서 정한 조치 없이 독점적 수익을 보장하는 특혜를 원고에게 부여하는 부당한 사업시행자 지정처분을 한 것이므로 이를 교정하는 차원에서 직권취소를 한 것이며, ② 설령 이 사건 처분이 직권취소사유를 결여하고 있더라도 국토계획법 제133조 제1항 제22호의 사유 또는 행정처분의 철회사유인 '사정변경이 생겼거나 중대한 공익상 필요가 발생한 경우'에 해당하여 철회사유가 존재한다고 주장을 정리하였음을 알 수 있다.

사정이 이러하다면, 피고가 이 사건 처분의 근거로 삼은 사유는 원고에게 제주특별법 제292조 제3항 단서 제5호에서 정한 요건이 구비되지 아니하였음에도 피고가 잘못하여 원고를 사업시행자로 지정한 이 사건 사업시행자 지정처분에 위법한 하자가 있다는 점과 원고를 사업시행자로 지정한 것은 특혜로서 이 사건 사업시행자 지정처분에 부당한 하자가 있다는 점으로서 이러한 사유들은 모두 이 사건 사업시행자 지정처분 당시에 존재하였던 하자라고 봄이 타당하므로,

앞서 본 법리에 의하면 이 사건 사업시행자 지정처분의 취소사유에 해당한다고 보아야 한다. 그리고 피고가 이 사건 변론과정에서 제주특별법 제292조 제3항 단서 제5호의 요건 구비 여부와 특혜 여부에 관하여 주장한 사유들은 당초 이 사건 처분의 근거가 된 취소사유를 구체적으로 부연하는 내용이거나 그와 기본적 사실관계의 동일성이 인정되는 범위 내에 있는 내용으로 보인다. 한편 (구)국토의 계획 및 이용에 관한 법률 시행령(2012. 4. 10. 대통령령 제23718호로 개정되기 전의 것, 이하 '국토계획법 시행령'이라 한다) 제96조 제1항, 제5항 본문은 국토계획법 제86조 제5항의 규정에 의하여 도시계획시설사업의 시행자로 지정받고자 하는 자가 신청서를 국토해양부장관, 시·도지사 또는 시장·군수에게 제출하는 경우에 당해 도시계획시설사업이 다른 법령에 의하여 면허·허가·인가 등을 받아야 하는 사업인 경우에는 그 사업시행에 관한 면허·허가·인가 등의 사실을 증명하는 서류의 사본을 위 신청서에 첨부하여야 한다고 규정하고 있다.

따라서 원심으로서는 이 사건 사업시행자 지정처분에 피고가 주장하는 바와 같은 위법 또는 부당한 하자가 있는지 여부, 즉 휴게음식점 사업면적인 700㎡에 대한 형질변경, 휴게음식점 건물의 신축 등에 의해 절대보전지역인 이 사건 토지의 원형이 훼손되거나 변형되는지 여부, 국토계획법 시행령 제96조 제5항 본문에 의해 이 사건 사업시행자 지정 신청서에 제주특별법 제292조 제3항 단서 제5호에 따른 도지사의 허가사실을 증명하는 서류의 사본 첨부가 요구되는 것인지 및 만일 요구되는 것이라면 원고의 사업시행자 지정 신청서에 위와 같은 서류 사본이 첨부되었는지 여부 등을 심리한 다음, 그러한 하자의 존재가 인정된다면 나아가 이 사건 사업시행자 지정처분을 취소하여야 할 공익상 필요와 그 취소로 인하여 원고가 입을 불이익을 비교교량하여 이 사건 처분의 당부를 판단하였어야 한다.

관련내용

I 행정행위의 취소

1. 의의
행정행위의 취소란 일단 유효하게 성립된 행정행위에 대하여 그 성립상의 하자를 이유로 그 효력을 전부 또는 일부를 소멸시키는 행정청의 의사표시를 말하며, 이를 직권취소라 한다.

2. 취소의 사유
취소사유에 있어서는 관계법령에서 명문의 규정을 두고 있는 경우도 있으나 그러한 규정이 없는 경우에는 행정행위의 하자가 있거나 부당한 경우 취소사유가 된다.

II 행정행위의 철회

1. 의의
행정행위의 철회란 적법하게 성립한 행정행위의 효력을 성립 후에 발생된 새로운 사정에 의하여 그 효력을 더 이상 존속시킬 수 없는 경우에 본래의 행정행위의 효력을 장래에 향하여 상실시키는 독립된 행정행위를 말한다.

2. 철회의 사유

철회는 '철회의 대상이 되는 적법한 행정행위가 행해진 후 공익상 행정행위의 효력을 더 이상 존속시킬 수 없는 새로운 사정이 발생한 경우'에 행해질 수 있다(철회권이 유보된 경우, 부담의 불이행, 법률에서 정한 사실의 발생, 새로운 사정의 발생, 법령의 개정, 기타 중대한 공익의 필요 등).

판례 06 95누5820

기판력

쟁점사항

▶ 전소와 후소가 소송물을 달리하는 경우 전소 확정판결의 기판력 여부

관련판례

✦ 대판 1996.4.26, 95누5820[주택건설사업계획승인처분무효]

1. 취소판결의 기판력은 소송물로 된 행정처분의 위법성 존부에 관한 판단 그 자체에만 미치는 것이므로 전소와 후소가 그 소송물을 달리하는 경우에는 전소 확정판결의 기판력이 후소에 미치지 아니한다.
2. 전소와 후소가 소송물을 달리하여 전소 확정판결의 기판력이 후소에 미치지 아니한다고 본 사례

관련조문

행정소송법 제1조(목적)

판시사항

그러나 취소판결의 기판력은 소송물로 된 행정처분의 위법성 존부에 관한 판단 그 자체에만 미치는 것이므로 전소와 후소가 그 소송물을 달리하는 경우에는 전소 확정판결의 기판력이 후소에 미

치지 아니하는 것인바, 원심이 확정한 바에 의하더라도 전 소송은 이 사건에서의 피고 보조참가인이 원고가 되어 피고를 상대로 피고가 1990.2.3.에 한 이 사건 변경승인취소처분의 취소를 구하는 소송에서 이 사건에서의 원고가 피고 보조참가인이 되어 원고(이 사건에서의 피고 보조참가인)의 청구를 다투는 형식이었는데 반하여, 이 사건 소송은 원고가 피고를 상대로 1988.9.6.자 피고의 이 사건 변경승인의 무효확인(주위적으로) 또는 취소(예비적으로)를 구하는 소송에서 피고 보조참가인이 피고를 보조하여 원고의 청구를 다투는 것이어서, 전 소송과 이 사건 소송은 그 청구취지를 달리하는 것이므로 전 소송의 판결의 기판력은 그 소송물이었던 1990.2.3.자 변경승인취소처분의 위법성 존부에 관한 판단 그 자체에만 미치는 것이고 그 소송물을 달리하는 이 사건 소에는 미치지 아니한다고 보아야 할 것이다.

관련내용

기판력(실질적 확정력)

1. 의의 및 취지

기판력이란 판결이 확정되면 후소에서 동일한 사항이 문제되는 경우 당사자와 이들 승계인은 전소의 판결에 반하는 주장을 할 수 없고, 법원도 그에 반하는 판결을 할 수 없는 구속력이다. 기판력은 소송절차의 반복과 모순된 재판의 방지라는 법적 안정성의 요청에 따라 인정되는 효력이다.

2. 내용(반복금지효, 모순금지효)

기판력이 발생하면 동일 소송물에 대하여 다시 소를 제기하지 못하게 되는 일사부재리효가 발생한다. 또한 후소에서 당사자는 이미 소송물에 대해 내려진 전소확정판결에 반하는 주장을 할 수 없고, 후소법원은 전소판결을 후소판결의 기초로 삼지 않으면 안 된다. 이를 모순 금지효라 한다.

3. 범위

(1) **주관적 범위**

기판력은 해당 소송의 당사자 및 당사자와 동일시 할 수 있는 자에게만 미치고, 제3자에게는 미치지 않는다.

(2) **객관적 범위(물적 범위)**

기판력은 소송물에 관한 판단에만 미치고, 그에 이르기까지의 전제적인 문제에 관한 판단에는 미치지 않는 것이 원칙이다. 따라서 취소소송의 판결의 기판력도 민사소송과 마찬가지로 판결문 중에 표시된 소송물에 대한 판단에 대해서만 발생하는 것이 원칙이다.

(3) **시간적 범위**

기판력은 사실심의 변론종결시를 기준으로 하여 효력을 발생한다. 따라서 변론종결 후 사실관계·법률관계에 변화가 있으면, 관계행정청은 새로운 사유에 근거하여 동일한 처분을 할 수도 있다.

4. 기판력과 국가배상소송

(1) 문제점

취소판결의 위법성에 대한 기판력이 국가배상청구소송의 위법성 판단에 영향을 미치는지가 문제된다.

(2) 학설

① 협의의 행위위법설 : 이는 취소소송의 위법성과 국가배상소송의 위법성은 동일한 개념으로 기판력이 미친다고 보는 견해이다.

② 광의의 행위위법설(제한적 긍정설) : 이는 국가배상소송의 위법성을 취소소송의 위법성보다 넓은 개념으로 보아 인용판결에서는 기판력이 미치나, 기각판결에서는 기판력이 미치지 않는다고 보는 견해이다.

③ 상대적 위법성설과 결과 위법설 : 이는 취소소송의 위법성과 국가배상소송의 위법성은 전혀 다른 개념으로, 기판력이 미치지 않는다고 보는 견해이다.

(3) 검토

인용판결 시 영향을 미치며, 기각판결 시에는 국가배상소송에서 다시 위법성 여부를 다시 따져야 하며, 권리구제 취지의 측면에서 제한적 긍정설이 타당하다.

판례 07 94누4615

무효의 판별기준

쟁점사항

▶ 하자 있는 행정처분이 당연무효가 되기 위한 요건

관련판례

✦ 대판 1995.7.11, 94누4615 全合[건설업영업정지처분무효확인]

1. (구)건설업법 제50조 제2항 제3호 소정의 영업정지 등 처분권한을 위임받은 시·도지사가 이를 구청장 등에게 재위임할 수 있는지 여부

2. 이른바 기관위임사무를 지방자치단체의 조례에 의하여 재위임할 수 있는지 여부

3. 하자 있는 행정처분이 당연무효인지를 판별하는 기준

4. 처분권한의 근거 조례가 무효인 경우, 그 근거규정에 기하여 한 행정처분이 당연무효인지 여부

관련조문

행정소송법 제1조(목적)

판시사항

[1] [다수의견]

하자 있는 행정처분이 당연무효가 되기 위해서는 그 하자가 법규의 중요한 부분을 위반한 중대한 것으로서 객관적으로 명백한 것이어야 하며 하자가 중대하고 명백한 것인지 여부를 판별함에 있어서는 그 법규의 목적, 의미, 기능 등을 목적론적으로 고찰함과 동시에 구체적 사안 자체의 특수성에 관하여도 합리적으로 고찰함을 요한다.

[반대의견]

행정행위의 무효사유를 판단하는 기준으로서의 명백성은 행정처분의 법적 안정성 확보를 통하여 행정의 원활한 수행을 도모하는 한편 그 행정처분을 유효한 것으로 믿은 제3자나 공공의 신뢰를 보호하여야 할 필요가 있는 경우에 보충적으로 요구되는 것으로서, 그와 같은 필요가 없거나 하자가 워낙 중대하여 그와 같은 필요에 비하여 처분 상대방의 권익을 구제하고 위법한 결과를 시정할 필요가 훨씬 더 큰 경우라면 그 하자가 명백하지 않더라도 그와 같이 중대한 하자를 가진 행정처분은 당연무효라고 보아야 한다.

[2] [다수의견]

조례 제정권의 범위를 벗어나 국가사무를 대상으로 한 무효인 서울특별시행정권한위임조례의 규정에 근거하여 구청장이 건설업영업정지처분을 한 경우, 그 처분은 결과적으로 적법한 위임 없이 권한 없는 자에 의하여 행하여진 것과 마찬가지가 되어 그 하자가 중대하나, 지방자치단체의 사무에 관한 조례와 규칙은 조례가 보다 상위규범이라고 할 수 있고, 또한 헌법 제107조 제2항의 "규칙"에는 지방자치단체의 조례와 규칙이 모두 포함되는 등 이른바 규칙의 개념이 경우에 따라 상이하게 해석되는 점 등에 비추어 보면 위 처분의 위임과정의 하자가 객관적으로 명백한 것이라고 할 수 없으므로 이로 인한 하자는 결국 당연무효사유는 아니라고 봄이 상당하다.

[반대의견]

구청장의 건설업영업정지처분은 그 상대방으로 하여금 적극적으로 어떠한 행위를 할 수 있도록 금지를 해제하거나 권능을 부여하는 것이 아니라 소극적으로 허가된 행위를 할 수 없도록 금지 내지 정지함에 그치고 있어 그 처분의 존재를 신뢰하는 제3자의 보호나 행정법 질서에 대한 공공의 신뢰를 고려할 필요가 크지 않다는 점, 처분권한의 위임에 관한 조례가 무효이어

서 결국 처분청에게 권한이 없다는 것은 극히 중대한 하자에 해당하는 것으로 보아야 할 것이라는 점, 그리고 다수의견에 의하면 위 영업정지처분과 유사하게 규칙으로 정하여야 할 것을 조례로 정하였거나 상위규범에 위반하여 무효인 법령에 기하여 행정처분이 행하여진 경우에 그 처분이 무효로 판단될 가능성은 거의 없게 되는데, 지방자치의 전면적인 실시와 행정권한의 하향분산화 추세에 따라 앞으로 위와 같은 성격의 하자를 가지는 행정처분이 늘어날 것으로 예상되는 상황에서 이에 대한 법원의 태도를 엄정하게 유지함으로써 행정의 법 적합성과 국민의 권리구제 실현을 도모하여야 할 현실적인 필요성도 적지 않다는 점 등을 종합적으로 고려할 때, 위 영업정지처분은 그 처분의 성질이나 하자의 중대성에 비추어 그 하자가 외관상 명백하지 않더라도 당연무효라고 보아야 한다.

관련내용

무효와 취소의 구별

1. 학설

① **중대명백설** : 중대명백설이란 행정행위의 하자의 내용이 중대하고, 그 하자가 외관상 명백한 때에는 해당 행정행위는 무효가 되고, 그중 어느 한 요건이라도 결여한 경우에는 취소할 수 있는데 그친다고 하는 견해이다.

② **조사의무설** : 기본적으로 중대명백설의 입장이지만, 하자의 명백성을 완화하여 무효사유를 넓히는 견해이다.

③ **명백성보충요건설** : 하자의 중대성을 원칙으로 하고, 제3자나 공공의 신뢰보호가 있는 경우 보충적으로 명백성을 요구하는 견해이다.

④ **중대설** : 행정행위에 중대한 하자만 있으면 무효가 되고, 명백성은 무효요건이 아니라고 보는 견해이다.

⑤ **구체적 가치형량설** : 구체적 사안마다 구체적, 개별적으로 이익형량하여 무효 또는 취소 여부를 결정하여야 한다는 견해이다.

2. 판례

판례는 행정처분이 당연무효가 되기 위하여는 그 하자가 법규의 중요한 부분을 위반한 중대한 것으로서 객관적으로 명백한 것이어야 하며, 하자가 중대하고 명백한 것인지 여부를 판별함에 있어서는 그 법규의 목적, 의미, 기능 등을 목적론적으로 고찰함과 동시에 구체적 사안 자체의 특수성에 관하여도 합리적으로 고찰함을 요한다고 판시하여 중대명백설을 취한다.

3. 검토

법적 안정성 및 국민의 권리구제를 조화롭게 고려하는 측면에서 중대명백설이 타당하다.

판례 08 2004두46

신뢰보호의 원칙 ①

관련내용

신뢰보호의 원칙

1. **의의 및 근거(행정기본법 제12조)**

   신뢰보호의 원칙이란 행정기관의 어떠한 적극적 또는 소극적 언동에 대해 국민이 신뢰를 갖고 행위를 한 경우 그 국민의 신뢰가 보호가치 있는 경우에 그 신뢰를 보호하여 주어야 한다는 원칙을 말한다. 신뢰보호원칙의 법적 근거로 법치국가의 한 내용인 법적안정성을 드는 것이 일반적인 견해이다. 행정절차법 제4조 제2항 및 국세기본법 제18조 제3항에 실정법상 근거를 두고 있다.

2. **내용(적용요건)**

   ① 행정청이 개인에 대하여 신뢰의 대상이 되는 공적인 견해표명을 하였을 것
   ② 행정청의 견해표명이 정당하다고 신뢰한 데에 대하여 그 개인에게 귀책사유가 없을 것
   ③ 그 개인이 견해표명을 신뢰하고 이에 어떠한 행위를 하였을 것
   ④ 행정청이 위 견해표명에 반하는 처분을 함으로써 개인의 이익이 침해되는 결과가 초래될 것
   ⑤ 공익 또는 제3자의 정당한 이익을 현저히 해할 우려가 있는 경우가 아닐 것

   > 대판 1998.5.8, 98두4061(폐기물처리업허가신청에 대한 불허가처분 취소사건)
   > ① 행정청이 개인에 대하여 신뢰의 대상이 되는 공적인 견해표명을 하여야 하고, ②행정청의 견해표명이 정당하다고 신뢰한 데에 대하여 그 개인에게 귀책사유가 없어야 하며, ③ 그 개인이 견해표명을 신뢰하고 이에 어떠한 행위를 하였어야 하고, ④ 행정청이 위 견해표명에 반하는 처분을 함으로써 그 견해표명을 신뢰한 개인의 이익이 침해되는 결과가 초래되어야 하며, 어떠한 행정처분이 이러한 요건을 충족할 때에는, ⑤공익 또는 제3자의 이익을 현저히 해할 우려가 있는 경우가 아닌 한 신뢰보호의 원칙에 반하는 행위로서 위법하게 된다.

3. **한계**

   신뢰보호의 원칙은 법적안정성을 위한 것이지만, 법치국가원리의 또 하나의 내용인 행정의 법률적합성의 원리와 충돌되는 문제점을 갖는다. 결국 양자의 충돌은 법적안정성과 법률적합성의 비교형량에 의해 문제를 해결해야 한다.

PART 02

 쟁점사항

▶ 신뢰보호의 원칙 적용요건

관련판례

✦ 대판 2006.6.9, 2004두46[개발부담금부과처분취소]

행정청의 행위에 대하여 신뢰보호의 원칙이 적용되기 위한 요건

판시사항

행정청의 행위에 대하여 신뢰보호의 원칙이 적용되기 위해서는, ① 행정청이 개인에 대하여 신뢰의 대상이 되는 공적인 견해표명을 하여야 하고, ② 행정청의 견해표명이 정당하다고 신뢰한 데에 대하여 그 개인에게 귀책사유가 없어야 하며, ③ 그 개인이 그 견해표명을 신뢰하고 이에 상응하는 어떠한 행위를 하였어야 하고, ④ 행정청이 그 견해표명에 반하는 처분을 함으로써 견해표명을 신뢰한 개인의 이익이 침해되는 결과가 초래되어야 하며, ⑤ 그 견해표명에 따른 행정처분을 할 경우 이로 인하여 공익 또는 제3자의 정당한 이익을 현저히 해할 우려가 있는 경우가 아니어야 한다.

판례 09 **2014두1628**

신뢰보호의 원칙 ②

 쟁점사항

▶ 행정청이 사용허가를 해주었다는 사실만으로 계속적인 사용허가에 대한 공적인 견해표명을 하였다고 볼 수 있는지 여부

관련판례

✦ 대판 2017.11.23, 2014두1628[항만시설사용허가신청불허가처분취소등]

> 행정청의 행위에 대하여 신뢰보호의 원칙이 적용되기 위한 요건

판시사항

원심은, 피고 포항시장이 원고에게 두 차례 항만시설 사용허가를 해주었다는 사실만으로 그 이후로도 계속하여 항만시설 사용허가를 해줄 것이라는 공적인 견해표명을 하였다고 볼 수 없고 달리 피고 포항시장이 원고의 신뢰의 대상이 되는 공적인 견해표명을 하였다고 인정할 증거가 없다는 이유로 이 사건 제1처분이 신뢰보호의 원칙에 반하지 않는다고 판단하였다.

원심판결 이유를 앞서 본 법리와 적법하게 채택된 증거들에 비추어 살펴보면, 이러한 원심의 판단은 정당하고, 거기에 상고이유 주장과 같이 신뢰보호의 원칙에 관한 법리오해나 심리미진, 이유불비 등의 잘못이 없다.

판례 10 2015두58645

신뢰보호의 원칙 ③

쟁점사항

▶ 재심사 결과 통보가 별개의 행정처분으로서 항고소송의 대상이 되는지 여부

관련판례

✦ 대판 2016.7.14, 2015두58645[생활대책용지공급대상자부적격처분취소]

> 한국토지주택공사가 택지개발사업의 시행자로서 일정 기준을 충족하는 손실보상대상자들에 대하여 생활대책을 수립·시행하였는데, 직권으로 갑 등이 생활대책대상자에 해당하지 않는다는 결정을 하고, 갑 등의 이의신청에 대하여 재심사 결과로도 생활대책 대상자로 선정되지 않았다는 통보를 한 사안에서, 재심사 결과 통보가 독립한 행정처분으로서 항고소송의 대상이 된다고 한 사례

PART 02 (side tab)

판시사항

이 사건 부적격통보와 재심사통보 각각에 대하여 행정소송 등 불복방법에 관한 고지를 받은 당사자로서는 당초의 이 사건 부적격통보에 대해서는 이의신청을 하여 재심사를 받거나 곧바로 행정소송 등을 제기하는 방법 중에서 선택할 수 있다고 이해하게 될 것이고, 그중 이의신청을 한 당사자로서는 그에 따른 재심사 결과에 대하여 따로 행정소송 등을 제기하여 다툴 수 있을 것으로 기대한다고 하여 이를 잘못이라고 할 수는 없다. 그러므로 피고가 이 사건 재심사통보를 하면서 그에 대한 행정소송 등은 통보를 받은 날부터 90일 내에 제기할 수 있다고 명시적으로 안내한 것은 그 상대가 된 당사자들에 대하여 신뢰의 대상이 되는 공적인 견해를 표명한 것에 해당한다 할 것인데, 원고들이 그 안내를 신뢰하고 90일의 기간 내에 이 사건 행정소송을 제기하였음에도, 이 사건 재심사통보가 행정소송의 대상인 처분성이 없다고 한다면, 원고들로서는 피고의 견해표명을 신뢰한 데 따른 이익을 침해받게 될 것임이 명백하다. 그러므로 행정상 법률관계에서의 신뢰보호의 원칙에 비추어 보더라도 이 사건 재심사통보는 당초의 이 사건 부적격통보와 별개의 행정처분이라고 봄이 상당하다.

판례 11 96누18380

공적 견해표명(신뢰보호의 원칙)

쟁점사항

▶ 토지거래계약의 허가를 받고 건축준비를 하였으나 토지형질변경허가신청을 불허가한 것이 공적 견해표명에 반하여 위법한지 여부

관련판례

✦ 대판 1997.9.12, 96누18380[토지형질변경행위불허가처분취소]

[1] 행정행위에 대하여 신뢰보호의 원칙이 적용되기 위한 요건
[2] 도시계획구역 내 생산녹지로 답인 토지에 대하여 종교회관 건립을 이용목적으로 하는 토지거래계약의 허가를 받으면서 담당공무원이 관련 법규상 허용된다 하여 이를 신뢰하고 건축준비를 하였으나 그 후 토지형질변경허가신청을 불허가한 것이 신뢰보호원칙에 반한다고 한 사례

[3] [2]항의 경우, 지방자치단체장이 당해 토지에 대한 형질변경을 불허하고 이를 우량농지로 보전하려
    는 공익보다 형질변경이 가능하리라고 믿은 종교법인이 입게 될 불이익이 더 큰 것이라면 당해 처분
    이 재량권을 남용한 위법한 처분인지 여부(적극)
[4] 도시계획법 시행령 제5조의2에 따라 도시계획구역 안에서 토지형질변경불허가의 대상이 되는 경우
    에 있어 그 판단기준

판시사항

종교회관 건립을 그 이용목적으로 하여 사업계획개요서를 제출한 원고의 이 사건 토지거래계약허
가 신청에 대하여, 피고 소속의 허가업무 담당공무원이 그 신청서의 제출자인 원고의 직원 소외인
을 통하여 이 사건 토지상에 종교회관을 건축할 수 있는지에 관하여 관련 업무담당 부서인 건축과,
산업과 등의 담당공무원들에게 건축법, 도시계획법, 농지의 보전 및 이용에 관한 법률{당시 시행
중이었으나, 농지법(1994.12.22. 법률 제4817호로 제정되어 1996.1.1.부터 시행) 부칙 제2조 제
3호에 의하여 폐지됨} 등 관련 법규상 그 건축의 가능 여부, 건축의 전제가 되는 토지형질변경의
가능 여부, 형질변경 시 녹지지역 내의 농지인 이 사건 토지에 대한 그 전용협의 가능 여부 등을
문의하여 가능하다는 답변을 들은 다음, 위 소외인에게 토지거래계약허가에 따른 용도제한을 설명
하면서 조속한 시일 내에 위 종교회관 건물의 건립을 약속하는 각서까지 요구하여 제출받았고, 곧
이어 피고는 그 소속의 위 담당공무원들에 의하여 위와 같이 토지이용목적에 대하여 관련 법규상
의 구체적·개별적인 검토를 거쳐 가능하다고 판명된 그 토지거래계약을 허가하였고, 그에 따라
원고는 위 종교회관 건축을 위한 토지형질변경이 당연히 가능하리라 믿게 되었음을 알 수 있는바,
그러한 제반 사정에 비추어 볼 때, 위 토지거래계약의 허가과정에서 이 사건 토지형질변경이 가능
하다는 피고 측의 견해표명은 원고의 요청에 의하여 우연히 피고의 소속 담당공무원이 은혜적으로
행정청의 단순한 정보제공 내지는 일반적인 법률상담 차원에서 이루어진 것이라고 보이기보다는,
이 사건 토지거래계약의 허가와 같이 그 이용목적이 토지형질변경을 거쳐 건축물을 건축하는 것인
경우 그러한 이용목적이 관계 법령상 허용되는 것인지를 개별적·구체적으로 검토하여 그것이 가
능할 경우에만 거래계약허가를 하여 주도록 하는 것이 당시 피고 시청의 실무처리관행이거나 내부
업무처리지침이어서 그에 따라 이루어진 것으로 볼 여지가 더 많고, 나아가 위 토지거래허가신청
과정에서 그 허가담당공무원으로부터 이용목적대로 토지를 이용하겠다는 각서까지 제출할 것을
요구받아 이를 제출한 원고로서는 피고측의 위와 같은 견해표명에 대하여 보다 고도의 신뢰를 갖
게 되었다고 할 것이다.
사정이 그러하다면, 이는 피고가 위 토지거래계약의 허가를 통하여서나 그 과정에서 그 소속 공무원
들을 통하여 원고에 대하여 종교회관 건축을 위한 이 사건 토지의 형질변경이 가능하다는 공적 견해
표명을 한 것이라고 볼 여지가 많으며, 한편 기록에 의하면 원고는 그러한 피고의 공적 견해표명을
신뢰한 나머지(그에 있어 원고에게 어떠한 귀책사유가 있음을 인정할 아무런 자료도 없다) 위 토지
형질변경 및 종교회관 건축이 당연히 가능하리라 믿고서 위 토지거래계약허가 직후에 이 사건 토지
대금을 모두 지급하고 위 회관의 건축설계를 하는 등으로 그 건축준비에 상당한 자금과 노력을 투

자하였음에도 피고의 위 공적 견해표명에 반하는 이 사건 처분으로 말미암아 종교법인인 원고의 종교활동에 긴요한 위 종교회관을 건립할 수 없게 되는 등의 불이익을 입게 된 사실을 알 수 있으므로 이 사건 처분은 신뢰보호의 원칙에 반하는 행위로서 위법하다고 보는 것이 옳을 것이다.

또한 이 사건에서 비록 피고가 위 토지형질변경허가를 하였다가 이를 취소·철회하는 것은 아니라 하더라도 피고가 토지형질변경이 가능하다는 공적 견해표명을 함으로써 이를 신뢰하게 된 원고에 대하여는 그 신뢰를 보호하여야 한다는 점에서 형질변경허가 후 이를 취소·철회하는 경우를 유추·준용하여 그 형질변경허가의 취소·철회에 상당하는 이 사건 처분으로써 피고가 달성하려는 공익 즉, 이 사건 토지에 대하여 그 형질변경을 불허하고 이를 우량농지로 보전하려는 공익과 위 형질변경이 가능하리라고 믿은 원고가 입게 될 불이익을 상호 비교·교량하여 만약 전자가 후자보다 더 큰 것이 아니라면 이 사건 처분은 비례의 원칙에 위반되는 것으로 재량권을 남용한 위법한 처분이라고 봄이 상당하다고 할 것이다(더구나 위 견해표명 이후 이 사건 처분에 이르기까지 이 사건 토지형질변경을 불허하여야 할 만한 현저한 사정변경이 있었던 것으로 볼 만한 자료도 없다).

판례 12 2001두1512

공적 견해표명(신뢰보호의 원칙)

쟁점사항

▶ 신뢰보호의 원칙에서 '개인의 귀책사유'의 의미와 판단 기준

관련판례

✦ 대판 2002.11.8, 2001두1512[건축선위반건축물시정지시취소]

[1] 행정청의 행위에 대한 신뢰보호 원칙의 적용요건으로서 '행정청의 견해표명이 정당하다고 신뢰한 데에 대하여 그 개인에게 귀책사유가 없어야 한다'는 것의 의미와 그 판단기준
[2] 건축주와 그로부터 건축설계를 위임받은 건축사가 상세계획지침에 의한 건축한계선의 제한이 있다는 사실을 간과한 채 건축설계를 하고 이를 토대로 건축물의 신축 및 증축허가를 받은 경우, 그 신축 및 증축허가가 정당하다고 신뢰한 데에 귀책사유가 있다고 한 사례
[3] 건축허가 내용대로 상당한 정도로 공사가 진행된 상태에서 건축법이나 도시계획법에 위반되는 하자가 발견되었다는 이유로 건축물의 일부분의 철거를 명할 수 있는 경우

판시사항

귀책사유라 함은 행정청의 견해표명의 하자가 상대방 등 관계자의 사실은폐나 기타 사위의 방법에 의한 신청행위 등 부정행위에 기인한 것이거나 그러한 부정행위가 없다고 하더라도 하자가 있음을 알았거나 중대한 과실로 알지 못한 경우 등을 의미한다고 해석함이 상당하고, 귀책사유의 유무는 상대방과 그로부터 신청행위를 위임받은 수임인 등 관계자 모두를 기준으로 판단하여야 한다.

원심은 그의 채용 증거들을 종합하여, 그의 판시와 같은 사실을 인정한 다음 그 인정 사실에 의하여, 피고가 이 사건 건축물에 대한 신축 및 증축허가 여부를 심사하는 과정에서 이 사건 건축물에 대한 설계도면이 건축한계선을 침범하여 설계된 사실을 간과하였으나, 한편 건축법 제23조, 건축법 시행령 제20조, 대전광역시 건축조례 제18조 제2항에 의하여, 건축허가 전 현장조사·검사 및 확인업무는 설계자가 대행할 수 있도록 규정하고 있고, 피고도 건축허가 전 현장조사·검사 및 확인업무를 건축설계를 맡은 설계사에게 대행하도록 하여 그가 작성한 건축허가조사 및 검사조서에 의하여 그 위법 여부를 심사하고 있었는데, 이 사건 건축물을 설계한 소외인 건축사가 건축한계선을 간과한 채 설계하고, 이를 토대로 허위 내용의 건축허가조사 및 검사조서를 작성·제출함으로써 피고가 이를 믿고 이 사건 건축물에 대한 신축 및 증축허가를 하게 된 것인 점, 또한 이 사건 건축물의 설계 이전에 이미 이 사건 대지에 연접한 대지에는 둔산지구 상세계획구역시행지침(다음부터는 '상세계획지침'이라 한다)에서 정한 건축한계선에 따라 건축된 6층 건물이 있었을 뿐 아니라 이미 원고가 이 사건 대지 남쪽 일부에 당시 시행중인 대전직할시서구건축조례에 정한 건축기준에 따라 대지경계선으로부터 2m 후퇴하여 건축물을 건축한 경험이 있는 점, 그 밖에 이 사건 대지에 대한 토지이용계획확인원에도 상세계획지침에 의한 이용제한이 있다는 사실이 공시된 점 등을 종합해 볼 때, 이 사건 대지에 상세계획지침에 의한 건축한계선의 제한이 있다는 사실에 관하여는 원고나 그로부터 이 사건 건축물의 설계 등을 위임받은 소외인이 조금만 주의를 기울였다면 충분히 알 수 있었다고 보이므로 원고나 소외인에게 이 사건 건축물의 신축 및 증축허가가 정당하다고 신뢰한 데에 귀책사유가 없다고 할 수 없으니, 피고가 이 사건 건축물에 대한 신축 및 증축허가를 하여 주고, 그에 따라 상당한 정도로 공사가 진척된 이 사건 건축물에 대하여 상세계획지침에 규정된 건축한계선을 침범하였다는 이유로 위반부분의 철거를 명하였다 하더라도 이 사건 처분이 신뢰보호원칙에 반한다고 할 수 없다는 취지로 판단하였다.

기록과 관계 법령 및 위에서 설시한 법리에 비추어 보니, 원심의 인정과 판단은 정당한 것으로 수긍되고 거기에 상고이유에서 지적하는 바와 같은 채증법칙에 위반한 사실오인이나 신뢰보호의 원칙에 관한 법리오해 등의 위법이 없다.

건축주가 건축허가 내용대로 공사를 상당한 정도로 진행하였는데, 나중에 건축법이나 도시계획법에 위반되는 하자가 발견되었다는 이유로 그 일부분의 철거를 명할 수 있기 위하여는 그 건축허가를 기초로 하여 형성된 사실관계 및 법률관계를 고려하여 건축주가 입게 될 불이익과 건축행정이나 도시계획행정상의 공익, 제3자의 이익, 건축법이나 도시계획법 위반의 정도를 비교·교량하여 건축주의 이익을 희생시켜도 부득이하다고 인정되는 경우라야 할 것이다.

원심은, 원고가 이 사건 처분을 이행하기 위하여는 그의 판시와 같은 많은 재산상의 불이익을 입게 될 것임은 쉽게 예상할 수 있으나, 한편, 이 사건 건축물이 건축한계선을 1.9m나 침범하여 건축되어 있어 도시계획법 위반의 정도가 가볍다고 볼 수 없는 점, 둔산지구 택지개발사업지구 내의 모든 건물들이 토지이용을 합리화하고 도시의 기능, 미관 및 환경을 효율적으로 유지·관리하기 위하여 제정·시행하고 있는 상세계획지침에 의한 건축한계선에 맞추어 건축되어 있음에도 불구하고 이 사건 건축물만이 1.9m정도 돌출되어 있어 도시미관이 크게 손상되는 결과를 가져올 뿐만 아니라 인근 건물들의 조망을 방해하는 점 등을 종합적으로 고려하여 보면, 이 사건 처분이 달성하고자 하는 건축행정 또는 도시계획행정상의 공익이나 제3자의 이익보호가 원고가 입게 되는 불이익보다 결코 작다고 할 수 없다고 보아 이 사건 처분은 재량권의 범위를 일탈·남용한 위법한 처분이라고 할 수 없다고 판단하였다.

 판례 13 2003두9817·9824

실권의 법리

쟁점사항

▶ 복구명령을 하였으나 수차례 복구연기요청을 받아 복구계획을 연기하였다는 이유만으로 그 복구명령이 실권의 법리에 위배되는지 여부

관련판례

✦ 대판 2005.8.19, 2003두9817, 9824[형질변경지복구명령취소·형질변경지복구명령취소]

[1] (구)산림법령상 채석허가를 받은 자가 사망한 경우, 상속인이 그 지위를 승계하는지 여부(적극)
[2] 산림을 무단형질변경한 자가 사망한 경우, 당해 토지의 소유권 또는 점유권을 승계한 상속인이 그 복구의무를 부담하는지 여부(적극)

판시사항

실권의 법리는 권리자가 권리행사의 기회를 가지고 있음에도 불구하고, 장기간에 걸쳐 그의 권리를 행사하지 아니하였기 때문에 의무자인 상대방이 이미 그의 권리를 행사하지 아니할 것으로 믿을 만한 정당한 사유가 있게 되거나 행사하지 아니할 것으로 추인케 할 경우에 새삼스럽게 그 권리

를 행사하는 것이 신의성실의 원칙에 반하는 결과가 될 때 그 권리행사를 허용하지 않는 것을 의미한다(대판 1988.4.27, 87누915 참조).

원심은, 그 채택 증거를 종합하여 판시와 같은 사실을 인정한 다음, 그 사실관계에 의하면, 피고 춘천시장은 채석허가기간 만료 후 망인에 대하여 복구명령을 하였으나, 망인의 사망으로 그 명령서가 반송되자, 망인의 상속인인 원고 1에게 복구계획서를 제출할 것을 지시하였고, 망인의 상속인인 소외 2 등으로부터 수차례 복구연기요청을 받고 복구계획을 연기하였을 뿐 장기간에 걸쳐 권리를 행사하지 않았다고 볼 수 없을 뿐만 아니라 원고들에게 피고 춘천시장이 복구명령을 하지 아니할 것으로 믿을 만한 정당한 사유가 있었다고 볼 수 없다는 이유로, 피고 춘천시장이 원고들에게 한 이 사건 복구명령이 실권의 법리에 위배된다고 할 수 없다고 판단하였다. 앞서 본 법리를 기록에 비추어 살펴보면, 원심의 위와 같은 판단은 정당한 것으로 수긍이 가고, 거기에 상고이유에서 주장하는 바와 같은 실권의 법리 등에 관한 법리오해의 위법이 없다.

관련내용

실권의 법리

1. 의의 및 근거(행정기본법 제12조 제2항)

실권의 법리란 행정청에게 취소권, 철회권, 영업정지권 등 권리의 행사의 기회가 있음에도 불구하고 행정청이 장기간에 걸쳐 그 권리를 행사하지 아니하였기 때문에 상대방인 국민이 행정청이 그 권리를 행사하지 아니할 것으로 신뢰할 만한 정당한 사유가 있게 되는 경우에는 그 권리를 행사할 수 없다는 법리를 말한다. 실권의 법리는 신뢰보호원칙의 파생법리이며, 동 원칙에 반하는 행정작용은 위법하다.

2. 내용(요건)

① 행정청이 취소사유나 철회사유를 앎으로써 권리행사 가능성을 알았어야 한다.
② 행정권 행사가 가능함에도 불구하고 행정청이 장기간 권리행사를 하지 않았어야 한다.
③ 상대방인 국민이 행정청이 더 이상 권리를 행사하지 않을 것으로 신뢰하고 그에 대한 정당한 사유가 있어야 한다.
④ 공익 또는 제3자의 이익을 현저히 해칠 우려가 없어야 한다.

판례 14 2016두48416

비례의 원칙 ①

관련내용

비례의 원칙(과잉조치금지의 원칙)

1. 의의 및 근거(행정기본법 제10조)

비례의 원칙이란 과잉조치금지의 원칙이라고도 하는데, 행정작용에 있어서 행정목적과 행정수단 사이에는 합리적인 비례관계가 있어야 한다는 원칙을 말한다. 비례의 원칙은 헌법상의 기본권 보장규정, 법치국가원칙, 헌법 제37조 제2항에 근거를 두고 있으며, 동 원칙에 반하는 행정작용은 위법하다.

2. 내용(요건)

아래의 적합성의 원칙, 필요성의 원칙, 상당성의 원칙은 단계적 심사구조를 이룬다.

① **적합성의 원칙** : 적합성의 원칙이란 행정은 추구하는 행정목적의 달성에 적합한 수단을 선택하여야 한다는 원칙을 말한다.

② **필요성의 원칙(최소침해의 원칙)** : 필요성의 원칙이란 적합한 수단이 여러 가지인 경우에 국민의 권리를 최소한으로 침해하는 수단을 선택하여야 한다는 원칙이다.

③ **상당성의 원칙** : 상당성의 원칙이란 행정조치를 취함에 따른 불이익이 그것에 의해 달성되는 이익보다 큰 경우에는 그 행정조치를 취해서는 안 된다는 원칙을 말한다.

쟁점사항

▸ 행정청이 실시계획인가처분을 하는 경우 재량권이 비례의 원칙에 의하는지 여부

관련판례

✦ 대판 2018.7.24, 2016두48416[수용재결취소등]

도시·군계획시설사업에 관한 실시계획인가처분의 법적 성격 및 행정청이 실시계획인가처분 시 행사하는 재량권의 한계

도시계획시설사업에 관한 실시계획인가처분은 해당 사업을 구체화하여 현실적으로 실현하기 위한 형성행위로서 이에 따라 토지수용권 등이 구체적으로 발생하게 된다. 따라서 행정청이 실시계획인가처분을 하기 위해서는 그 실시계획이 법령이 정한 도시계획시설의 결정·구조 및 설치기준에 적합하여야 함은 물론이고 사업의 내용과 방법에 대하여 인가처분에 관련된 자들의 이익을 공익과 사익 간에서는 물론, 공익 상호 간 및 사익 상호 간에도 정당하게 비교·교량하여야 하며, 그 비교·교량은 비례의 원칙에 적합하도록 하여야 한다.

판례 15 2016두55490

비례의 원칙 ②

쟁점사항

▶ 개발행위에 대한 재량적 판단 기준

관련판례

✦ 대판 2017.3.15, 2016두55490[건축허가신청반려처분취소]

[1] 국토의 계획 및 이용에 관한 법률이 정한 용도지역 안에서의 건축허가 요건에 해당하는지 여부가 행정청의 재량판단의 영역에 속하는지 여부(적극) 및 그에 대한 사법심사의 대상과 판단기준
[2] 환경의 훼손이나 오염을 발생시킬 우려가 있는 개발행위에 대한 행정청의 허가와 관련하여 재량권의 일탈·남용 여부를 심사하는 방법 / 그 심사 및 판단에서 고려해야 할 사항 / 이때 행정청의 당초 예측이나 평가와 일부 다른 내용의 감정의견이 제시되었다는 사정만으로 행정청의 판단을 위법하다고 할 수 있는지 여부(소극)

판시사항

환경의 훼손이나 오염을 발생시킬 우려가 있는 개발행위에 대한 행정청의 허가와 관련하여 재량권의 일탈·남용 여부를 심사할 때에는, 해당지역 주민들의 토지이용실태와 생활환경 등 구체적 지

역 상황과 상반되는 이익을 가진 이해관계자들 사이의 권익 균형 및 환경권의 보호에 관한 각종 규정의 입법취지 등을 종합하여 신중하게 판단하여야 한다. 그러므로 그 심사 및 판단에는, 우리 헌법이 "모든 국민은 건강하고 쾌적한 환경에서 생활할 권리를 가지며, 국가와 국민은 환경보전을 위하여 노력하여야 한다."라고 규정하여(제35조 제1항) 환경권을 헌법상 기본권으로 명시함과 동시에 국가와 국민에게 환경보전을 위하여 노력할 의무를 부과하고 있는 점, 환경정책기본법은 환경권에 관한 헌법이념에 근거하여, 환경보전을 위하여 노력하여야 할 국민의 권리·의무와 국가 및 지방자치단체, 사업자의 책무를 구체적으로 정하는 한편(제1조, 제4조, 제5조, 제6조), 국가·지방자치단체·사업자 및 국민은 환경을 이용하는 모든 행위를 할 때에는 환경보전을 우선적으로 고려하여야 한다고 규정하고 있는 점(제2조), '환경오염 발생 우려'와 같이 장래에 발생할 불확실한 상황과 파급효과에 대한 예측이 필요한 요건에 관한 행정청의 재량적 판단은 내용이 현저히 합리성을 결여하였다거나 상반되는 이익이나 가치를 대비해 볼 때 형평이나 비례의 원칙에 뚜렷하게 배치되는 등의 사정이 없는 한 폭넓게 존중될 필요가 있는 점 등을 함께 고려하여야 한다. 이 경우 행정청의 당초 예측이나 평가와 일부 다른 내용의 감정의견이 제시되었다는 등의 사정만으로 쉽게 행정청의 판단이 위법하다고 단정할 것은 아니다.

판례 16 2005다65500

부당결부금지의 원칙 ①

관련내용

부당결부금지의 원칙

1. 의의 및 근거(행정기본법 제13조)

부당결부금지의 원칙이란 행정기관이 행정권을 행사함에 있어 그것과 실질적인 관련이 없는 반대급부를 결부시켜서는 안 된다는 원칙을 말한다. 근거와 관련하여 부당결부금지원칙이 헌법적 효력을 지니는지, 아니면 법률적 효력을 가지는지가 문제 되나, 통설은 헌법적 효력을 가진 원칙이라 본다. 동 원칙에 반하는 행정작용은 위법하다.

2. 내용(요건)

① 행정기관의 권한행사가 있어야 한다.
② 행정청의 권한행사와 상대방의 반대급부가 결부 또는 의존되어 있어야 한다.

③ 행정청의 권한행사와 반대급부 사이에 실체적 관련성이 없어야 한다.

3. 실체적 관련성의 의미
① **원인적 관련성** : 수익적 내용인 주된 행정행위와 불이익한 의무를 부과하는 부관 사이에 직접적인 인과관계가 있을 것을 요하는 것이다.
② **목적적 관련성** : 행정권한의 수권 목적의 범위 내에서 반대급부가 부과되어야 한다는 것을 의미한다.

쟁점사항

▸ 부당결부금지의 원칙의 의미
▸ 고속국도 관리청이 고속도로 부지와 접도구역에 송유관 매설을 허가하면서 송유관 시설을 이전하는 경우 그 비용을 상대방에게 부담하도록 한 것이 부당결부금지원칙에 반하는지 여부

관련판례

✦ **대판 2009.2.12, 2005다65500[약정금]**

[1] 행정청이 수익적 행정처분을 하면서 부관으로 부담을 붙이는 방법
[2] 행정청이 수익적 행정처분을 하면서 사전에 상대방과 체결한 협약상의 의무를 부담으로 부가하였는데 부담의 전제가 된 주된 행정처분의 근거 법령이 개정되어 부관을 붙일 수 없게 된 경우, 위 협약의 효력이 소멸하는지 여부(소극)
[3] 부당결부금지 원칙의 의미
[4] 고속국도 관리청이 고속도로 부지와 접도구역에 송유관 매설을 허가하면서 상대방과 체결한 협약에 따라 송유관 시설을 이전하게 될 경우 그 비용을 상대방에게 부담하도록 하였고, 그 후 도로법 시행규칙이 개정되어 접도구역에는 관리청의 허가 없이도 송유관을 매설할 수 있게 된 사안에서, 위 협약이 효력을 상실하지 않을 뿐만 아니라 위 협약에 포함된 부관이 부당결부금지의 원칙에도 반하지 않는다고 한 사례

판시사항

[1] 수익적 행정처분에 있어서는 법령에 특별한 근거규정이 없다고 하더라도 그 부관으로서 부담을 붙일 수 있고, 그와 같은 부담은 행정청이 행정처분을 하면서 일방적으로 부가할 수도 있지만 부담을 부가하기 이전에 상대방과 협의하여 부담의 내용을 협약의 형식으로 미리 정한 다음 행정처분을 하면서 이를 부가할 수도 있다.

[2] 행정청이 수익적 행정처분을 하면서 부가한 부담의 위법 여부는 처분 당시 법령을 기준으로 판단하여야 하고, 부담이 처분 당시 법령을 기준으로 적법하다면 처분 후 부담의 전제가 된 주된 행정처분의 근거 법령이 개정됨으로써 행정청이 더 이상 부관을 붙일 수 없게 되었다 하더라도 곧바로 위법하게 되거나 그 효력이 소멸하게 되는 것은 아니다. 따라서 행정처분의 상대방이 수익적 행정처분을 얻기 위하여 행정청과 사이에 행정처분에 부가할 부담에 관한 협약을 체결하고 행정청이 수익적 행정처분을 하면서 협약상의 의무를 부담으로 부가하였으나 부담의 전제가 된 주된 행정처분의 근거 법령이 개정됨으로써 행정청이 더 이상 부관을 붙일 수 없게 된 경우에도 곧바로 협약의 효력이 소멸하는 것은 아니다.

[3] 부당결부금지의 원칙이란 행정주체가 행정작용을 함에 있어서 상대방에게 이와 실질적인 관련이 없는 의무를 부과하거나 그 이행을 강제하여서는 아니 된다는 원칙을 말한다.

[4] 고속국도 관리청이 고속도로 부지와 접도구역에 송유관 매설을 허가하면서 상대방과 체결한 협약에 따라 송유관 시설을 이전하게 될 경우 그 비용을 상대방에게 부담하도록 하였고, 그 후 도로법 시행규칙이 개정되어 접도구역에는 관리청의 허가 없이도 송유관을 매설할 수 있게 된 사안에서, 위 협약이 효력을 상실하지 않을 뿐만 아니라 위 협약에 포함된 부관이 부당결부금지의 원칙에도 반하지 않는다고 한 사례

판례 17 96다49650

부당결부금지의 원칙 ②

쟁점사항

▶ 수익적 행정행위에 부관으로서 부담을 붙일 수 있는지 여부

관련판례

✦ 대판 1997.3.11, 96다49650[소유권이전등기말소]

[1] 기부행위 등 일방적 급부행위가 민법 제104조의 적용을 받아 불공정한 법률행위로서 무효로 될 수 있는지 여부(소극)

[2] 수익적 행정행위에 부관으로서 적법하게 부담을 붙일 수 있는 한계

[3] 부관이 부당결부금지의 원칙에 위반하여 위법하지만 그 하자가 중대하고 명백하여 당연무효라고 볼 수는 없다고 한 사례

판시사항

<u>수익적 행정행위에 있어서는 법령에 특별한 근거규정이 없다고 하더라도 그 부관으로서 부담을 붙일 수 있으나, 그러한 부담은 비례의 원칙, 부당결부금지의 원칙에 위반되지 않아야만 적법하다고 할 것이다.</u> 기록에 의하면, 원고의 이 사건 토지 중 2,791㎡는 자동차전용도로로 도시계획시설결정이 된 광1류6호선에 편입된 토지이므로, 그 위에 도로개설을 하기 위하여는 소유자인 원고에게 보상금을 지급하고 소유권을 취득하여야 할 것임에도 불구하고, 소외 인천시장은 원고에게 주택사업계획승인을 하게 됨을 기화로 그 주택사업과는 아무런 관련이 없는 토지인 위 2,791㎡를 기부채납하도록 하는 부관을 위 주택사업계획승인에 붙인 사실이 인정되므로, 위 부관은 부당결부금지의 원칙에 위반되어 위법하다고 할 것이다.

그러나 기록에 의하면, 이 사건에서 인천시장이 승인한 원고의 주택사업계획은 금 109,300,000,000원의 사업비를 들여 아파트 1,744세대를 건축하는 상당히 큰 규모의 사업임에 반하여, 원고가 기부채납한 위 2,791㎡의 토지가액은 그 100분의 1 상당인 금 1,241,995,000원에 불과한 데다가, 원고가 그 동안 위 부관에 대하여 아무런 이의를 제기하지 아니하다가 인천시장이 업무착오로 위 2,791㎡의 토지에 대하여 보상협조요청서를 보내자 그때서야 비로소 위 부관의 하자를 들고 나온 사실이 인정되는바, 이러한 사정에 비추어 볼 때 위 부관이 그 하자가 중대하고 명백하여 당연무효라고는 볼 수 없다 할 것이다.

🔗 판례 18 **2009두7967**

자기구속의 법리

쟁점사항

▶ 행정규칙 또는 내부지침을 위반한 행정처분의 위법성

▶ 공표된 내부지침에 명시되지 않은 기준을 충족하지 못하였다는 이유로 반려한 사안이 자기구속의 원칙에 반하는지 여부

관련판례

✦ **대판 2009.12.24, 2009두7967[신규건조저장시설사업자인정신청반려처분취소]**

[1] 상급행정기관이 하급행정기관에 발하는 이른바 '행정규칙이나 내부지침'을 위반한 행정처분이 위법하게 되는 경우

[2] 시장이 농림수산식품부에 의하여 공표된 '2008년도 농림사업시행지침서'에 명시되지 않은 '시·군별 건조저장시설 개소당 논 면적' 기준을 충족하지 못하였다는 이유로 신규 건조저장시설 사업자 인정신청을 반려한 사안에서, 그 처분이 행정의 자기구속의 원칙 및 행정규칙에 대한 신뢰보호의 원칙에 위배되거나 재량권을 일탈·남용한 위법이 없다고 한 사례

판시사항

[1] 상급행정기관이 하급행정기관에 대하여 업무처리지침이나 법령의 해석적용에 관한 기준을 정하여 발하는 이른바 '행정규칙이나 내부지침'은 일반적으로 행정조직 내부에서만 효력을 가질 뿐 대외적인 구속력을 갖는 것은 아니므로 행정처분이 그에 위반하였다고 하여 그러한 사정만으로 곧바로 위법하게 되는 것은 아니다. 다만, 재량권 행사의 준칙인 행정규칙이 그 정한 바에 따라 되풀이 시행되어 행정관행이 이루어지게 되면 평등의 원칙이나 신뢰보호의 원칙에 따라 행정기관은 그 상대방에 대한 관계에서 그 규칙에 따라야 할 자기구속을 받게 되므로, 이러한 경우에는 특별한 사정이 없는 한 그를 위반하는 처분은 평등의 원칙이나 신뢰보호의 원칙에 위배되어 재량권을 일탈·남용한 위법한 처분이 된다.

[2] 시장이 농림수산식품부에 의하여 공표된 '2008년도 농림사업시행지침서'에 명시되지 않은 '시·군별 건조저장시설 개소당 논 면적' 기준을 충족하지 못하였다는 이유로 신규 건조저장시설 사업자 인정신청을 반려한 사안에서, 위 지침이 되풀이 시행되어 행정관행이 이루어졌다거나 그 공표만으로 신청인이 보호가치 있는 신뢰를 갖게 되었다고 볼 수 없고, 쌀 시장 개방화에 대비한 경쟁력 강화 등 우월한 공익상 요청에 따라 위 지침상의 요건 외에 '시·군별 건조저장시설 개소당 논 면적 1,000ha 이상' 요건을 추가할 만한 특별한 사정을 인정할 수 있어, 그 처분이 행정의 자기구속의 원칙 및 행정규칙에 관련된 신뢰보호의 원칙에 위배되거나 재량권을 일탈·남용한 위법이 없다고 한 사례

관련내용

자기구속의 법리(평등의 원칙에서 파생)

1. 의의 및 근거(행정기본법 제9조)
자기구속의 원칙이란, 행정관행이 성립된 경우 행정청은 특별한 사정이 없는 한 같은 사안에서 행정관행과 같은 결정을 하여야 한다는 원칙을 말한다. 이 원칙은 헌법상 평등권에 근거하여 파생된 행정법상의 일반 원칙이며, 동 원칙에 반하는 행정작용은 위법하다.

2. 내용(적용요건)(재선동)
① 재량영역에서의 행정작용이어야 한다.
② 행정선례가 존재하여야 한다.
③ 동종 사안에서 적용하여야 한다.

3. 한계
동일한 사안이라 하더라도 다른 결정을 하여야 할 공익상 필요가 심히 큰 경우에는 동 법리의 적용이 배제될 수 있으며, 불법에 있어서의 평등대우는 인정되지 않는다. 이에 대한 적용은 법률적합성의 원칙에 반하기 때문이다.

4. 관련 판례
(1) 재량권을 일탈·남용한 위법한 처분이 되는 경우(2013두18964)
재량준칙이 정한 바에 따라 되풀이 시행되어 행정관행이 이루어지게 되면 평등의 원칙이나 신뢰보호의 원칙에 따라 행정청은 상대방에 대한 관계에서 그 규칙에 따라야 할 자기구속을 받게 되므로, 이러한 경우에는 특별한 사정이 없는 한 그를 위반하는 처분은 평등의 원칙이나 신뢰보호의 원칙에 위배되어 재량권을 일탈·남용한 위법한 처분이 된다.
(2) 대외적 구속력을 가지게 되는 경우(90헌마13)
재량권행사의 준칙인 규칙이 그 정한 바에 따라 되풀이 시행되어 행정관행이 이룩되게 되면, 평등의 원칙이나 신뢰보호의 원칙에 따라 행정기관은 그 상대방에 대한 관계에서 그 규칙에 따라야 할 자기구속을 당하게 되고, 그러한 경우에는 대외적인 구속력을 가지게 된다.

판례 19 95누10877

확약

쟁점사항

▶ (구)건축법상의 사전결정이 사업계획승인에 대하여 기속력을 갖는지 여부
▶ 확약 또는 공적인 의사표명이 실효되는 경우

관련판례

✦ 대판 1996.8.20, 95누10877[주택건설사업승인거부처분취소]

1. (구)주택건설촉진법 시행령 제32조의2 제2항, 제3항 규정의 법적 성질(훈시규정)
2. (구)건축법상의 사전결정이 주택건설촉진법상 주택건설사업계획승인 여부를 기속하는지 여부(소극)
3. 허가신청 후 허가기준이 변경된 경우 새로운 허가기준으로 처분을 하여야 하는지 여부(적극)
4. 행정청의 확약 또는 공적인 의사표명이 그 자체에서 정한 유효기간을 경과한 이후에는 당연 실효되는지 여부(적극)
5. 주택건설사업계획승인신청을 수리한 행정청이 그 처리기간을 넘겨 나중에 결정·고시된 도시계획(최고고도지구)을 이유로 승인을 거부하였더라도, 정당한 이유 없이 처리를 지연한 것이 아니어서 적법하다고 한 사례

관련조문

행정소송법 제1조(목적)

판시사항

[1] (구)주택건설촉진법 시행령(1994.12.23. 대통령령 제14447호로 개정되기 전의 것) 제32조의2 제2항, 제3항의 규정에 의하면 주택건설사업계획의 승인 여부는 정당한 사유가 없는 한 신청수리 후 60일(관계 기관의 장과의 협의기간 30일을 포함) 내에 결정하도록 되어 있지만, 그 규정은 가능한 한 조속히 그 승인사무를 처리하도록 정한 훈시규정에 불과할 뿐 강행규정이나 효력규정이라고 할 수는 없으므로, 행정청이 그 기간을 경과하여 주택건설사업승인 거부처분을 하였다고 해서 그 거부처분이 위법하다고 할 수는 없다.

[2] (구)건축법(1995.1.5. 법률 제4723호로 개정되기 전의 것)상의 **사전결정제도만 있고 주택건설촉진법상의 사전결정제도는 신설되기 이전에 주택건설사업 승인신청을 하기에 앞서 (구)건축**

법상의 사전결정을 받은 경우, 행정청이 그 건축법상의 사전결정에 기속되어 주택건설촉진법상의 주택건설사업계획을 반드시 승인하여야 하는 것은 아니고, 주택건설사업승인 거부처분이 (구)건축법상의 사전결정에 배치된다는 이유만으로 위법하게 되는 것은 아니다.

[3] 허가 등의 행정처분은 원칙적으로 처분시의 법령과 허가기준에 의하여 처리되어야 하고 허가신청 당시의 기준에 따라야 하는 것은 아니며, 비록 허가신청 후 허가기준이 변경되었다 하더라도 그 허가관청이 허가신청을 수리하고도 정당한 이유 없이 그 처리를 늦추어 그 사이에 허가기준이 변경된 것이 아닌 이상 변경된 허가기준에 따라서 처분을 하여야 한다.

[4] 행정청이 상대방에게 장차 어떤 처분을 하겠다고 확약 또는 공적인 의사표명을 하였다고 하더라도, 그 자체에서 상대방으로 하여금 언제까지 처분의 발령을 신청을 하도록 유효기간을 두었는데도 그 기간 내에 상대방의 신청이 없었다거나 확약 또는 공적인 의사표명이 있은 후에 사실적·법률적 상태가 변경되었다면, 그와 같은 확약 또는 공적인 의사표명은 행정청의 별다른 의사표시를 기다리지 않고 실효된다.

[5] 주택건설사업계획승인신청을 수리한 행정청이 그 처리기간을 넘겨 나중에 결정·고시된 도시계획(최고고도지구)을 이유로 승인을 거부하였더라도, 정당한 이유 없이 처리를 지연한 것이 아니어서 적법하다고 한 사례

관련내용

확약

1. 의의
확약은 장래 일정한 행정행위를 하거나 하지 아니할 것을 약속하는 의사표시를 말한다.

2. 법적 성질(대외적 구속력 여부)
① 다수설은 확약이 행정청에 대하여 확약의 내용대로 이행할 법적 의무를 발생시킨다는 점에 비추어 확약의 처분성을 인정한다.
② 처분성 부정설은 사정변경에 의해 변경될 수 있으므로 종국적 규율성을 가지지 못한다는 점을 근거로 처분성을 부정하고, 판례는 처분성을 부정하였다. 확약의 처분성을 인정함으로 권리구제를 도모할 수 있다는 점을 고려하여 확약의 처분성을 인정함이 타당하다.

3. 확약의 효력
확약의 효과는 행정청이 확약의 내용인 행위를 하여야 할 법적 의무를 지며 상대방에게는 행정청에 대한 확약내용의 이행청구권이 인정된다.

4. 확약의 실효

행정청이 상대방에게 장차 어떤 처분을 하겠다고 확약을 하였더라도, 유효기간 내에 상대방의 신청이 없거나 확약이 있은 후에 사실적·법률적 상태가 변경되었다면, 그와 같은 확약은 행정청의 별다른 의사표시를 기다리지 않고 실효된다.

행정절차법 제40조의2(확약)

① 법령 등에서 당사자가 신청할 수 있는 처분을 규정하고 있는 경우 행정청은 당사자의 신청에 따라 장래에 어떤 처분을 하거나 하지 아니할 것을 내용으로 하는 의사표시(이하 "확약"이라 한다)를 할 수 있다.
② 확약은 문서로 하여야 한다.
③ 행정청은 다른 행정청과의 협의 등의 절차를 거쳐야 하는 처분에 대하여 확약을 하려는 경우에는 확약을 하기 전에 그 절차를 거쳐야 한다.
④ 행정청은 다음 각 호의 어느 하나에 해당하는 경우에는 확약에 기속되지 아니한다.
  1. 확약을 한 후에 확약의 내용을 이행할 수 없을 정도로 법령 등이나 사정이 변경된 경우
  2. 확약이 위법한 경우
⑤ 행정청은 확약이 제4항 각 호의 어느 하나에 해당하여 확약을 이행할 수 없는 경우에는 지체 없이 당사자에게 그 사실을 통지하여야 한다.

판례 20 2001두10936

거부행위가 항고소송의 대상인지 여부 ①

쟁점사항

▶ 거부가 처분이 되기 위한 요건 : 공 / 권 / 신

거부가 처분이 되기 위한 요건

판례의 태도에 의하면 거부가 처분이 되기 위한 요건에는
① 공권력의 행사 또는 이에 준하는 행정작용일 것,
② 그 거부행위가 국민의 권리와 의무에 영향을 미칠 것,
③ 국민에게 법규상 또는 조리상 신청권이 있을 것이 있다.

관련판례

✦ **대판 2003.9.23, 2001두10936[국토이용계획변경승인거부처분취소]**

> **1.** 행정청이 국민의 신청에 대하여 한 거부행위가 항고소송의 대상인 행정처분이 되기 위한 요건
> **2.** (구)국토이용관리법상의 국토이용계획변경신청에 대한 거부행위가 항고소송의 대상이 되는 행정처분에 해당하기 위한 요건

관련조문

행정소송법 제2조(정의)

판시사항

[1] 국민의 적극적 신청행위에 대하여 행정청이 그 신청에 따른 행위를 하지 않겠다고 거부한 행위가 항고소송의 대상이 되는 행정처분에 해당하는 것이라고 하려면, 그 신청한 행위가 공권력의 행사 또는 이에 준하는 행정작용이어야 하고, 그 거부행위가 신청인의 법률관계에 어떤 변동을 일으키는 것이어야 하며, 그 국민에게 그 행위발동을 요구할 법규상 또는 조리상의 신청권이 있어야만 한다.

[2] (구)국토이용관리법(2002.2.4. 법률 제6655호 국토의 계획 및 이용에 관한 법률 부칙 제2조로 폐지)상 주민이 국토이용계획의 변경에 대하여 신청을 할 수 있다는 규정이 없을 뿐만 아니라, 국토건설종합계획의 효율적인 추진과 국토이용질서를 확립하기 위한 국토이용계획은 장기성, 종합성이 요구되는 행정계획이어서 원칙적으로는 그 계획이 일단 확정된 후에 어떤 사정의 변동이 있다고 하여 그러한 사유만으로는 지역주민이나 일반 이해관계인에게 일일이 그 계획의 변경을 신청할 권리를 인정하여 줄 수는 없을 것이지만, 장래 일정한 기간 내에 관계법령이 규정하는 시설 등을 갖추어 일정한 행정처분을 구하는 신청을 할 수 있는 법률상 지위에 있는 자의 국토이용계획변경신청을 거부하는 것이 실질적으로 해당 행정처분 자체를 거부하는 결과가 되는 경우에는 예외적으로 그 신청인에게 국토이용계획변경을 신청할 권리가 인정된다고 봄이 상당하므로, 이러한 신청에 대한 거부행위는 항고소송의 대상이 되는 행정처분에 해당한다.

판례 21 95누627

거부행위가 항고소송의 대상인지 여부 ②

쟁점사항

▶ 거부가 처분이 되기 위한 요건 : 공 / 권 / 신

관련판례

✦ 대판 1995.4.28, 95누627[국토이용계획변경승인신청반려처분취소]

> 1. 행정행위를 하여 줄 것을 요구할 수 있는 법규상 또는 조리상의 권리가 없는 신청에 대한 거부행위가 행정처분인지 여부
> 2. 임야의 국토이용계획상의 용도지역변경허가신청을 거부·반려한 행위가 행정처분이 아니라고 본 사례
> 3. 국토이용계획의 변경신청에 대한 제한이 헌법상 재산권 보장의 규정을 침해하는 것인지 여부
> 4. 행정소송에서 당사자 신청의 범위를 넘어서 심리·재판할 수 있는지 여부

관련조문

행정소송법 제2조(정의)

판시사항

[1] 행정청이 국민으로부터 어떤 신청을 받고서 한 거부행위가 행정처분이 된다고 하기 위하여는 국민이 행정청에 대하여 그 신청에 따른 행정행위를 하여 줄 것을 요구할 수 있는 법규상 또는 조리상의 권리가 있어야 하며, 이러한 근거 없이 한 국민의 신청을 행정청이 받아들이지 아니하고 거부한 경우에는 이로 인하여 신청인의 권리나 법적 이익에 어떤 영향을 주는 것은 아니므로 이를 행정처분이라고 할 수 없다.

[2] 임야의 국토이용계획상의 용도지역을 사설묘지를 설치할 수 있는 용도지역으로 변경하는 것을 허가하여 달라는 토지소유자의 신청을 행정청이 거부 내지 반려하였다고 하여 그 거부 내지 반려한 행위를 가지고 항고소송의 대상이 되는 행정처분이라고 볼 수 없다고 한 사례

[3] 국토이용관리법은 국토건설종합계획의 효율적인 추진과 국토이용질서를 확립하기 위하여 제정된 것으로 국토이용계획의 결정과 그 변경은 건설부장관이 관계행정기관의 장으로부터 그 의견을 듣거나 그 지정 또는 변경요청을 받아 이를 입안 또는 변경하여 국토이용계획심의회의

심의를 거쳐 고시하도록 규정하고 있고 토지소유자에게 국토이용계획의 변경신청에 대하여 일정한 제한을 가하고 있다 하여도 이와 같은 제한은 공공복리에 적합한 합리적인 제한이라고 볼 것이고, 그 제한으로 인한 토지소유자의 불이익은 공공의 복리를 위하여 감수하지 아니하면 안 될 정도의 것이라고 인정되며 이러한 제한을 가지고 헌법상 보장되어 있는 국민의 재산권 보장의 규정을 침해하는 것이라고 볼 수 없다.

[4] 행정소송에 있어서도 당사자의 신청의 범위를 넘어서 심리하거나 재판하지 못한다.

 판례 22 2002두12489

거부처분의 요건

 쟁점사항

▶ 신청인에게 법규상·조리상의 신청권이 없는 경우 행정청의 거부행위가 처분인지 여부

관련판례

✦ 대판 2003.10.23, 2002두12489[교원임용거부처분취소]

1. 행정청이 국민의 신청에 대하여 한 거부행위가 항고소송의 대상이 되는 행정처분에 해당하려면, 행정청의 행위를 요구할 법규상 또는 조리상의 신청권이 그 국민에게 있어야 하고, 이러한 신청권의 근거 없이 한 국민의 신청을 행정청이 받아들이지 아니한 경우에는 그 거부로 인하여 신청인의 권리나 법적 이익에 어떤 영향을 주는 것이 아니므로 이를 항고소송의 대상이 되는 행정처분이라고 할 수 없다.
2. 국·공립 대학교원 임용지원자는 임용권자에게 임용 여부에 대한 응답을 신청할 법규상 또는 조리상 권리가 없다고 한 사례

관련조문

행정소송법 제2조(정의)

판시사항

[1] 행정청이 국민의 신청에 대하여 한 거부행위가 항고소송의 대상이 되는 행정처분에 해당하려면, 행정청의 행위를 요구할 법규상 또는 조리상의 신청권이 그 국민에게 있어야 하고, 이러한 신청권의 근거 없이 한 국민의 신청을 행정청이 받아들이지 아니한 경우에는 그 거부로 인하여 신청인의 권리나 법적 이익에 어떤 영향을 주는 것이 아니므로 이를 항고소송의 대상이 되는 행정처분이라고 할 수 없다. 그런데 국·공립 대학교원에 대한 임용권자가 임용지원자를 대학교원으로 임용할 것인지 여부는 임용권자의 판단에 따른 자유재량에 속하는 것이어서, 임용지원자로서는 임용권자에게 자신의 임용을 요구할 권리가 없을 뿐 아니라, 임용에 관한 법률상 이익을 가진다고 볼 만한 특별한 사정이 없는 한, 임용 여부에 대한 응답을 신청할 법규상 또는 조리상 권리가 있다고도 할 수 없다.

[2] 원심이 인정한 사실 및 기록에 의하면, 원고는 피고가 시행한 2001학년도 상반기 경북대학교 전임교원공개채용에서 사회과학대학 정치외교학과에 지원하여 교육공무원법 제11조, 교육공무원임용령 제4조의3 및 그 위임에 따른 경북대학교 교원임용규정 및 전임교원공개채용심사지침(이하 '이 사건 임용규정 등'이라 한다)이 정하는 바에 따라 서류심사위원회, 학과심사위원회, 대학공채인사위원회의 각 심사를 최고득점자로 통과하였으나, 대학교공채조정위원회의 채용유보건의에 따라 2000. 10. 30. 피고로부터 교원임용을 거부한다는 통보(이하 '이 사건 통보'라 한다)를 받은 사실, 원고가 신규교원으로 임용되기 위하여는 이 사건 임용규정 등이 정하는 바에 따라 대학교공채조정위원회를 통과하여 면접대상자로 결정된 다음, 면접심사에 합격하여 임용예정자로 결정되고, 나아가 교육공무원법 제26조 제2항에 의한 대학인사위원회의 동의를 얻어 임용후보자가 되는 절차를 거쳐야 하는 사실을 알 수 있는바, 그렇다면 원고로서는 피고에게 자신의 임용을 요구할 권리가 없을 뿐 아니라 단순한 임용지원자에 불과하여 임용에 관한 법률상 이익을 가진다고도 볼 수 없어, 임용 여부에 대한 응답을 신청할 법규상 또는 조리상 권리도 없다고 할 것이므로 이 사건 통보는 항고소송의 대상이 되는 행정처분에 해당하지 아니한다.

 판례 23 2003두10251 · 10268

행정규칙

 쟁점사항

▶ 행정처분의 해당 요건
▶ 수익적 행정처분을 취소 또는 철회하는 경우 비례의 원칙을 따르는지 여부

관련판례

✦ 대판 2004.11.26, 2003두10251[노선배분취소처분취소 · 국제선정가항공운송사업노선
면허거부처분취소]

1. 어떠한 처분의 근거가 행정규칙에 규정되어 있는 경우, 그 처분이 항고소송의 대상이 되는 행정처분
에 해당하기 위한 요건
2. 정부 간 항공노선의 개설에 관한 잠정협정 및 비밀양해각서와 건설교통부 내부지침에 의한 항공노선
에 대한 운수권배분처분이 항고소송의 대상이 되는 행정처분에 해당한다고 한 사례
3. 수익적 행정처분에 대한 취소권 등의 행사의 요건 및 그 한계

관련조문

행정소송법 제2조(정의)

판시사항

[1] 항고소송의 대상이 되는 행정처분이라 함은 원칙적으로 행정청의 공법상 행위로서 특정 사항에
대하여 법규에 의한 권리의 설정 또는 의무의 부담을 명하거나 기타 법률상 효과를 발생하게
하는 등으로 일반 국민의 권리 · 의무에 직접 영향을 미치는 행위를 가리키는 것이지만, 어떠한
처분의 근거가 행정규칙에 규정되어 있다고 하더라도, 그 처분이 상대방에게 권리의 설정 또는
의무의 부담을 명하거나 기타 법적인 효과를 발생하게 하는 등으로 그 상대방의 권리 · 의무에
직접 영향을 미치는 행위라면, 이 경우에도 항고소송의 대상이 되는 행정처분에 해당한다.

[2] 정부 간 항공노선의 개설에 관한 잠정협정 및 비밀양해각서와 건설교통부 내부지침에 의한 항
공노선에 대한 운수권배분처분이 항고소송의 대상이 되는 행정처분에 해당한다고 한 사례

[3] 행정행위를 한 처분청은 비록 그 처분 당시에 별다른 하자가 없었고, 또 그 처분 후에 이를
철회할 별도의 법적 근거가 없다 하더라도 원래의 처분을 존속시킬 필요가 없게 된 사정변경이
생겼거나 또는 중대한 공익상의 필요가 발생한 경우에는 그 효력을 상실케 하는 별개의 행정행
위로 이를 철회할 수 있다고 할 것이나, 수익적 행정처분을 취소 또는 철회하는 경우에는 이미
부여된 그 국민의 기득권을 침해하는 것이 되므로, 비록 취소 등의 사유가 있다고 하더라도
그 취소권 등의 행사는 기득권의 침해를 정당화할 만한 중대한 공익상의 필요 또는 제3자의
이익보호의 필요가 있는 때에 한하여 상대방이 받는 불이익과 비교 · 교량하여 결정하여야 하
고, 그 처분으로 인하여 공익상의 필요보다 상대방이 받게 되는 불이익 등이 막대한 경우에는
재량권의 한계를 일탈한 것으로서 그 자체가 위법하다.

관련내용

Ⅰ 행정규칙의 의의

행정규칙이라 함은 행정조직 내부에서의 행정의 사무처리기준으로서 제정된 일반적·추상적 규범을 말한다. 실무에서의 훈령·통첩·예규 등이 행정규칙에 해당한다.

Ⅱ 행정규칙의 외부적 구속력과 법적 성질

1. 학설

① **긍정설** : 행정규칙은 내부공무원을 구속하고 국가기관이 제정한 법률로 대외적 구속력을 인정하는 견해이다.

② **부정설** : 행정규칙은 단순 내부사무처리규정으로 대외적 구속력을 부정하는 견해이다.

2. 판례

판례는 원칙상 행정규칙을 행정청 내부사무처리규정으로 보아 대외적 구속력을 부정하였다.

3. 검토

상위법률의 위임 없는 행정청의 법률 입법은 3권분립 위반으로, 행정규칙의 대외적 구속력을 부정하는 것이 타당하다. 다만 재량준칙의 경우 자기구속의 원칙을 매개로 하여 간접적으로 대외적 구속력을 갖는다.

판례 24 99헌바91

법률이 입법사항을 대통령령이나 부령이 아닌 고시와 같은 행정규칙의 형식으로 위임하는 경우의 타당성

쟁점사항

▶ 행정규칙 형식의 위임입법이 타당한지 여부

✦ **헌재 2004.10.28, 99헌바91 전원재판부**

법률이 입법사항을 대통령령이나 부령이 아닌 고시와 같은 행정규칙의 형식으로 위임하는 것이 헌법 제40조, 제75조, 제95조 등과의 관계에서 허용되는지 여부(한정 적극)

판시사항

오늘날 의회의 입법독점주의에서 입법중심주의로 전환하여 일정한 범위 내에서 행정입법을 허용하게 된 동기가 사회적 변화에 대응한 입법수요의 급증과 종래의 형식적 권력분립주의로는 현대사회에 대응할 수 없다는 기능적 권력분립론에 있다는 점 등을 감안하여 헌법 제40조와 헌법 제75조, 제95조의 의미를 살펴보면, 국회입법에 의한 수권이 입법기관이 아닌 행정기관에게 법률 등으로 구체적인 범위를 정하여 위임한 사항에 관하여는 당해 행정기관에게 법정립의 권한을 갖게 되고, 입법자가 규율의 형식도 선택할 수도 있다 할 것이므로, 헌법이 인정하고 있는 위임입법의 형식은 예시적인 것으로 보아야 할 것이고, 그것은 법률이 행정규칙에 위임하더라도 그 행정규칙은 위임된 사항만을 규율할 수 있으므로, 국회입법의 원칙과 상치되지도 않는다. 다만, 형식의 선택에 있어서 규율의 밀도와 규율영역의 특성이 개별적으로 고찰되어야 할 것이고, 그에 따라 입법자에게 상세한 규율이 불가능한 것으로 보이는 영역이라면 행정부에게 필요한 보충을 할 책임이 인정되고 극히 전문적인 식견에 좌우되는 영역에서는 행정기관에 의한 구체화의 우위가 불가피하게 있을 수 있다. 그러한 영역에서 행정규칙에 대한 위임입법이 제한적으로 인정될 수 있다.

행정규칙은 법규명령과 같은 엄격한 제정 및 개정절차를 요하지 아니하므로, 재산권 등과 같은 기본권을 제한하는 작용을 하는 법률이 입법위임을 할 때에는 "대통령령", "총리령", "부령" 등 법규명령에 위임함이 바람직하고, 금융감독위원회의 고시와 같은 형식으로 입법위임을 할 때에는 적어도 행정규제기본법 제4조 제2항 단서에서 정한 바와 같이 법령이 전문적·기술적 사항이나 경미한 사항으로서 업무의 성질상 위임이 불가피한 사항에 한정된다 할 것이고, 그러한 사항이라 하더라도 포괄위임금지의 원칙상 법률의 위임은 반드시 구체적·개별적으로 한정된 사항에 대하여 행하여져야 한다.

판례 25 2013두14238

위임명령의 한계 및 그 판단기준

 쟁점사항

▶ 위임명령에 규정될 내용 및 범위에 대한 예측가능성의 유무를 판단하는 기준

 관련판례

✦ **대판 2015.1.15, 2013두14238[건축불허가처분취소]**

> 위임명령의 한계 및 그 판단기준 / 법률에서 위임받은 사항에 관한 재위임의 한계 / 조례가 지방자치법
> 제22조 단서에 따라 주민의 권리제한 또는 의무부과에 관한 사항을 법률로부터 위임받은 후 다시 지방자
> 치단체장이 정하는 규칙이나 고시 등에 재위임하는 경우에도 마찬가지 법리가 적용되는지 여부(적극)

판시사항

위임명령은 법률이나 상위명령에서 구체적으로 범위를 정한 개별적인 위임이 있을 때에 가능하고,
여기에서 구체적인 위임의 범위는 규제하고자 하는 대상의 종류와 성격에 따라 달라지는 것이어서
일률적 기준을 정할 수는 없지만, 적어도 위임명령에 규정될 내용 및 범위의 기본사항이 구체적으
로 규정되어 있어서 누구라도 당해 법률이나 상위법령으로부터 위임명령에 규정될 내용의 대강을
예측할 수 있어야 하나, 이 경우 그 예측가능성의 유무는 당해 위임조항 하나만을 가지고 판단할
것이 아니라 그 위임조항이 속한 법률의 전반적인 체계와 취지 및 목적, 당해 위임조항의 규정형
식과 내용 및 관련 법규를 유기적·체계적으로 종합하여 판단하여야 하며, 나아가 각 규제 대상
의 성질에 따라 구체적·개별적으로 검토함을 요한다.
또한 법률에서 위임받은 사항을 전혀 규정하지 않고 재위임하는 것은 복위임금지 원칙에 반할 뿐
아니라 위임명령의 제정 형식에 관한 수권법의 내용을 변경하는 것이 되므로 허용되지 않으나 위
임받은 사항에 관하여 대강을 정하고 그 중의 특정사항을 범위를 정하여 하위법령에 다시 위임하
는 경우에는 재위임이 허용된다.
이러한 법리는 조례가 지방자치법 제22조 단서에 따라 주민의 권리제한 또는 의무부과에 관한 사
항을 법률로부터 위임받은 후, 이를 다시 지방자치단체장이 정하는 '규칙'이나 '고시' 등에 재위임하
는 경우에도 마찬가지이다.

법규명령

1. 법규명령의 의의
법규명령이라 함은 행정권이 제정하는 일반적·추상적 명령으로서 법규의 성질을 가지는 것을 말한다. 실무에서는 통상 명령이라는 용어를 사용하며, 법규명령은 행정권이 제정하는 법인 점에서 행정입법이라고도 부른다.

2. 법규명령의 근거
헌법 제76조는 대통령의 긴급명령 및 긴급재정·경제명령의 근거를, 제75조는 대통령령(위임명령과 집행명령)의 근거를, 제95조는 총리령과 부령(위임명령과 집행명령)의 근거를 두고 있다.

3. 법규명령의 종류
① 수권의 근거에 따른 분류로, 법률 또는 상위명령의 위임에 의해 제정되는 위임명령과, 상위법령의 집행을 위하여 필요한 사항의 법령의 위임없이 직권으로 발하는 집행명령이 있다.
② 권한의 소재를 근거에 따른 분류로 대통령령이 제정하는 명령인 대통령령(시행령), 총리가 발하는 명령인 총리령(시행규칙), 행정각부의 장이 발하는 명령인 부령(시행규칙)이 있다.

4. 위임명령의 한계
(1) 수권의 한계(포괄위임의 금지)
법률의 명령에 대한 수권은 일반적이고 포괄적인 위임은 금지되며, 구체적인 위임이어야 한다. 따라서 수권법률의 규정만으로 누구라도 위임명령에 규정될 내용을 대강 예측할 수 있어야 한다.
(2) 위임명령의 제정상 한계
위임명령은 수권의 범위 내에서 제정되어야 하며, 수권의 범위를 일탈하거나 상위법령에 위반하여서는 안 된다.

PART 02

 판례 26 **2012두15234**

위법한 법규명령의 효력

 쟁점사항

▶ 시행령이 개정됨에 따라 위임된 조례 규정과 불일치하는 경우 조례의 효력이 인정되는 범위

관련판례

✦ **대판 2013.9.27, 2012두15234[도로점용료부과처분취소]**

(구)도로법 제41조 제2항 및 (구)도로법 시행령 제42조 제2항의 위임에 따라 국도 이외 도로의 점용료 산정기준을 정한 조례 규정이 (구)도로법 시행령 개정에 맞추어 개정되지 않아 도로법 시행령과 불일치하게 된 사안에서, 위 조례 규정은 (구)도로법 시행령이 정한 산정기준에 따른 점용료 상한의 범위 내에서 유효하고, 이를 벗어날 경우 그 상한이 적용된다는 취지에서 유효하다고 한 사례

판시사항

이처럼 이 사건 도로 점용기간에 시행 중이던 (구)양천구 조례 규정이 (구)도로법 시행령 규정과 불일치로 위법·무효인지 여부에 관하여 살피건대, (구)도로법 제41조 제2항이 점용료의 산정기준 등 점용료의 징수에 관하여 필요한 사항을 국도는 대통령령으로, 그 밖의 도로는 대통령령으로 정하는 범위에서 그 도로의 관리청이 속하는 지방자치단체의 조례로 정하도록 규정한 취지는, 국도가 아닌 도로의 점용료에 대해서는 전국에 걸쳐 일률적으로 같은 내용으로 규율하는 것보다는 각 지방자치단체가 그 지방의 구체적 실정에 맞게 별도로 규율할 수 있도록 하는 데 있다. 그러므로 (구)도로법 제41조 제2항의 "대통령령으로 정하는 범위에서"라는 문언상 대통령령에서 정한 '점용료 산정기준'은 각 지방자치단체 조례가 규정할 수 있는 점용료의 상한을 뜻하는 것으로 볼 수 있다. 그렇다면 구 양천구 조례 규정이 겉보기에 (구)도로법 시행령 규정과 일치하지 아니한다고 하여 바로 (구)양천구 조례 규정이 위법·무효라고 볼 수는 없고, (구)양천구 조례 규정은 (구)도로법 시행령이 정한 산정기준에 따른 점용료 상한의 범위 내에서 유효하고, 이를 벗어날 경우 그 상한이 적용된다는 취지에서 유효하다고 할 것이다.

판례 27 2004두619

행정처분이 당연무효가 되기 위한 요건

쟁점사항

▶ 시행령의 무효를 선언한 대법원 판결이 선고되지 아니한 상태에서 그 시행령에 근거한 처분이 무효사유에 해당하는지 여부

관련판례

✦ **대판 2007.6.14, 2004두619[청소년유해매체물결정 및 고시처분무효확인]**

> 위헌·위법한 시행령에 근거한 행정처분이 당연무효가 되기 위한 요건 및 그 시행령의 무효를 선언한 대법원판결이 없는 상태에서 그에 근거하여 이루어진 처분을 당연무효라 할 수 있는지 여부(원칙적 소극)

판시사항

하자 있는 행정처분이 당연무효로 되려면 그 하자가 법규의 중요한 부분을 위반한 중대한 것이어야 할 뿐 아니라 객관적으로 명백한 것이어야 하고, 행정청이 위헌이거나 위법하여 무효인 시행령을 적용하여 한 행정처분이 당연무효로 되려면 그 규정이 행정처분의 중요한 부분에 관한 것이어서 결과적으로 그에 따른 행정처분의 중요한 부분에 하자가 있는 것으로 귀착되고, 또한 그 규정의 위헌성 또는 위법성이 객관적으로 명백하여 그에 따른 행정처분의 하자가 객관적으로 명백한 것으로 귀착되어야 하는바, 일반적으로 시행령이 헌법이나 법률에 위반된다는 사정은 그 시행령의 규정을 위헌 또는 위법하여 무효라고 선언한 대법원의 판결이 선고되지 아니한 상태에서는 그 시행령 규정의 위헌 내지 위법 여부가 해석상 다툼의 여지가 없을 정도로 명백하였다고 인정되지 아니하는 이상 객관적으로 명백한 것이라 할 수 없으므로, 이러한 시행령에 근거한 행정처분의 하자는 취소사유에 해당할 뿐 무효사유가 되지 아니한다.

판례 28 · 89헌마178

법규명령에 대한 헌법소원의 인정 여부

쟁점사항

▶ 법규명령 위헌여부가 헌법소원의 대상이 되는지 여부

관련판례

✦ 헌재 1990.10.15, 89헌마178 전원재판부

> 사법부에서 제정한 규칙의 헌법소원의 대상성

판시사항

헌법 제107조 제2항은 "명령·규칙 또는 처분이 헌법이나 법률에 위반되는 여부가 재판의 전제가 된 경우에는 대법원은 이를 최종적으로 심사할 권한을 가진다."라고 규정하고 있고, 법원행정처장이나 법무부장관은 이 규정을 들어 명령·규칙의 위헌여부는 대법원에 최종적으로 심사권이 있으므로 법무사법 시행규칙의 위헌성 여부를 묻는 헌법소원은 위 헌법규정에 반하여 부적법하다고 주장한다. 그러나 헌법 제107조 제2항이 규정한 명령·규칙에 대한 대법원의 최종심사권이란 구체적인 소송사건에서 명령·규칙의 위헌여부가 재판의 전제가 되었을 경우 법률의 경우와는 달리 헌법재판소에 제청할 것 없이 대법원의 최종적으로 심사할 수 있다는 의미이며, 헌법 제111조 제1항 제1호에서 법률의 위헌여부심사권을 헌법재판소에 부여한 이상 통일적인 헌법해석과 규범통제를 위하여 공권력에 의한 기본권침해를 이유로 하는 헌법소원심판청구사건에 있어서 법률의 하위법규인 명령·규칙의 위헌여부심사권이 헌법재판소의 관할에 속함은 당연한 것으로서 헌법 제107조 제2항의 규정이 이를 배제한 것이라고는 볼 수 없다. 그러므로 법률의 경우와 마찬가지로 명령·규칙 그 자체에 의하여 직접 기본권이 침해되었음을 이유로 하여 헌법소원심판을 청구하는 것은 위 헌법 규정과는 아무런 상관이 없는 문제이다. 그리고 헌법재판소법 제68조 제1항이 규정하고 있는 헌법소원심판의 대상으로서의 "공권력"이란 입법·사법·행정 등 모든 공권력을 말하는 것이므로 입법부에서 제정한 법률, 행정부에서 제정한 시행령이나 시행규칙 및 사법부에서 제정한 규칙 등은 그것들이 별도의 집행행위를 기다리지 않고 직접 기본권을 침해하는 것일 때에는 모두 헌법소원심판의 대상이 될 수 있는 것이다.

&o **판례 29** **97누13474**

행정규칙인 고시가 법령의 수권에 의해 법령을 보충하는 사항을 정하는 경우

&o 쟁점사항

▸ **고시가 법규명령으로서 효력을 갖기 위한 요건**

&o 관련판례

✦ **대판 1999.11.26, 97누13474[부동산양도허가신청반려처분취소]**

[1] 고시가 법규명령으로서 구속력을 갖기 위한 요건
[2] (구)전통사찰보존법 시행령의 위임에 의한 문화부 고시 제9호(1990.6.29.) 중 전통사찰의 부동산양
    도허가 신청서의 구비서류로 '종파단체 대표자 승인서'를 규정하고 있는 부분이 법규명령으로서 구속
    력을 갖는지 여부(소극)
[3] 항고소송에 있어서 처분청이 당초 처분의 근거로 삼은 사유와 기본적 사실관계에 있어서 동일성이
    인정되지 아니한 별개의 사실을 들어 처분사유로 주장할 수 있는지 여부(소극)

판시사항

[1] 일반적으로 행정 각부의 장이 정하는 고시라 하더라도 그것이 특히 법령의 규정에서 특정 행
    정기관에게 법령 내용의 구체적 사항을 정할 수 있는 권한을 부여함으로써 그 법령 내용을
    보충하는 기능을 가질 경우에는 그 형식과 상관없이 근거 법령 규정과 결합하여 대외적으로
    구속력이 있는 법규명령으로서의 효력을 가지는 것이나 이는 어디까지나 법령의 위임에 따라
    그 법령 규정을 보충하는 기능을 가지는 점에 근거하여 예외적으로 인정되는 효력이므로 특정
    고시가 비록 법령에 근거를 둔 것이라고 하더라도 그 규정 내용이 법령의 위임 범위를 벗어난
    것일 경우에는 위와 같은 법규명령으로서의 대외적 구속력을 인정할 여지는 없다.

[2] (구)전통사찰보존법(1997.4.10. 법률 제5320호로 개정되기 전의 것) 제6조 제1항 제2호와
    같은 법 시행령(1997.10.2. 대통령령 제15493호로 개정되기 전의 것) 제7조 제1항, 제2항은
    전통사찰의 경내지 안에 있는 당해 사찰 소유의 부동산을 양도하고자 할 때에는 문화체육부장
    관의 허가를 받아야 하는 것으로 규정하고 이에 이어 같은 법 시행령 제11조에서 그 허가신청
    서의 서식은 문화체육부장관이 정하여 고시하도록 위임하고 있으나, 이는 그 허가신청에 따른
    절차가 효율적으로 진행될 수 있도록 하기 위하여 신청대상이 된 부동산 양도의 내용을 명료
    하게 특정할 수 있는 신청서의 양식을 허가관청인 문화체육부장관이 직접 정하도록 위임한 것
    으로 해석될 뿐, 허가신청사항의 특정과는 상관없는 서면까지 그 허가 신청서의 구비서류로

정할 수 있도록 위임하고 있는 것은 아니라고 할 것이므로, 문화부 고시 제9호(1990.6.29.)에서 전통사찰의 부동산양도허가 신청서에 대한 구비서류로 '종파단체 대표자 승인서'를 규정하고 있더라도, 이러한 승인서를 구비서류로 하는 것은 실질적으로 개별 전통사찰의 부동산양도에 소속종파단체의 승인을 요구하는 것으로서 단순히 허가신청사항을 특정하는 범위를 벗어난다고 할 것이므로, 이를 들어 같은 법 시행령에서 고시로써 정하도록 위임하고 있는 위와 같은 서식에 해당한다고 할 수는 없고, 따라서 위 고시에서 위 승인서를 구비서류로 첨부하도록 규정하고 있는 부분은 결국 법규명령으로서의 대외적인 구속력을 가질 수 없다.

[3] 일반적으로 행정처분의 취소를 구하는 항고소송에 있어서는 실질적 법치주의와 행정처분의 상대방인 국민에 대한 신뢰보호라는 견지에서 처분청은 당초 처분의 근거로 삼은 사유와 기본적 사실관계에 있어서 동일성이 인정되는 한도 내에서만 새로운 처분사유를 추가하거나 변경할 수 있을 뿐, 기본적 사실관계와 동일성이 인정되지 아니한 별개의 사실을 들어 처분사유로 주장하는 것은 허용되지 않는다.

판례 30 2013두3207, 2015두40248, 2013두4620

행정규칙의 대외적 구속력

쟁점사항

▸ 행정규칙의 대외적 구속력; '유류구매 카드제 시행지침' 규정이 일반 국민을 기속하는지 여부(2013두3207)
▸ 행정처분의 적법성을 판단하는 기준 : 관계 법령의 규정에 의함(2015두40248)
▸ '토지보상평가지침'이 일반 국민이나 법원을 기속하는지 여부(2013두4620)

관련판례

판례1 2013두3207

(구)여객자동차 운수사업법(2012.2.1. 법률 제11295호로 개정되기 전의 것, 이하 '(구)운수사업법'이라 한다) 제50조 제1항, (구)여객자동차 운수사업법 시행규칙(2012.8.2. 국토해양부령 제507호로 개정되기 전의 것) 제94조 제4호에 의하면, 국가는 여객자동차 운수사업을 진흥하기 위하여 여객자동차 운수사업자에게 유가체계 조정에 따른 운송사업 부분의 유류세액 인상액의 일부를 보

조할 수 있다. 그리고 (구)운수사업법 제51조 제3항에 의하면, 국토해양부장관, 시·도지사 또는 시장·군수는 여객자동차 운수사업자가 거짓이나 부정한 방법으로 제50조에 따른 보조금을 받은 경우 여객자동차 운수사업자에게 보조금을 반환할 것을 명하여야 한다.

위와 같은 법령에 따른 보조금 지급절차를 간소화·투명화하기 위한 카드제의 도입과 관련하여 국토해양부장관이 제정한 (구)버스·택시 유류구매 카드제 시행지침(2012.8.16. 국토해양부고시 제2012-520호로 개정되기 전의 것, 이하 '이 사건 지침'이라 한다)은, 운송사업자가 운수종사자에게 자신이 지정한 주유소 또는 충전소에서만 주유받도록 강요하는 행위(다만, 노사 간에 합의를 통하여 지정 주유소를 운영하는 경우 제외)를 금지하면서(이하 '이 사건 금지 규정'이라 한다), 이를 위반한 사실이 적발될 경우 지급된 유가보조금 전액을 환수조치하도록 규정하고 있다. 그런데 이 사건 지침은 상위법령의 위임이 없을 뿐만 아니라 그 목적과 내용이 유류구매 카드의 사용 및 발급 절차 등을 규정하기 위한 것인 점 등에 비추어 볼 때 유류구매 카드제의 시행에 관한 행정청 내부의 사무처리준칙을 정한 것에 불과하고 대내적으로 행정청을 기속함은 별론으로 하되 대외적으로 법원이나 일반 국민을 기속하는 효력은 없다. 따라서 운수사업자가 이 사건 금지 규정을 위반하였다고 하여 바로 (구)운수사업법 제51조 제3항이 정한 거짓이나 부정한 방법으로 보조금을 받은 경우에 해당하는 것은 아니고, 그에 해당하는지 여부는 (구)운수사업법 등 관계 법령의 규정 내용과 취지 등에 따라 별도로 판단되어야 한다.

(출처 : 대판 2013.5.23. 2013두3207 [유가보조금환수처분취소] > 종합법률정보 판례)

판례2 2015두40248

행정처분이 법규성이 없는 내부지침 등의 규정에 위배된다고 하더라도 그 이유만으로 처분이 위법하게 되는 것은 아니고, 또 그 내부지침 등에서 정한 요건에 부합한다고 하여 반드시 그 처분이 적법한 것이라고 할 수도 없다. 처분의 적법 여부는 그러한 내부지침 등에서 정한 요건에 합치하는지 여부가 아니라 일반 국민에 대하여 구속력을 가지는 법률 등 법규성이 있는 관계 법령의 규정을 기준으로 판단하여야 한다(대판 2013.11.28. 2011두29281 등 참조).

(구)교육과학기술부가 교원자격검정 관련 업무의 시행을 위하여 만든 '2013년도 교원자격검정 실무편람'에는 중등학교 정교사(1급) 자격기준과 관련하여 "현직교원만 취득 가능(기간제 불가)"이라고 기재되어 있으나(이하 '이 사건 규정'이라고 한다), 이는 법령의 위임 없이 교원자격검정 업무와 직접적인 관련이 없는 사항인 '정교사(1급) 자격기준'을 제한하고 있다. 나아가 이 사건 규정은 행정청 내의 사무처리준칙으로서 행정조직 내부지침의 성격을 지닐 뿐 대외적인 구속력을 가진다고 볼 수 없다.

그러므로 피고가 이 사건 규정에 따라 기간제 교원인 원고들의 중등학교 정교사(1급) 자격증 발급 신청을 거부하였더라도, 그 처분의 적법 여부는 이 사건 규정에 부합하는지 여부가 아니라 처분 당시의 초·중등교육법, 교육공무원법, 교원자격검정령 등 관계 법령을 기준으로 판단하여야 한다.

(출처 : 대판 2018.6.15. 2015두40248 [정교사1급자격증발급신청거부처분취소] > 종합법률정보 판례)

판례3 **2013두4620**

이 사건 수용대상토지에 대한 손실보상액 산정에 적용되는 (구)공익사업을 위한 토지 등의 취득 및 보상에 관한 법률(2011.8.4. 법률 제11017호로 개정되기 전의 것) 제70조 제1항은 '협의 또는 재결에 의하여 취득하는 토지에 대하여는 「부동산 가격공시 및 감정평가에 관한 법률」에 의한 공시지가를 기준으로 하여 보상하되, 그 공시기준일부터 가격시점까지의 관계 법령에 의한 당해 토지의 이용계획, 당해 공익사업으로 인한 지가의 영향을 받지 아니하는 지역의 대통령령이 정하는 지가변동률, 생산자물가상승률(「한국은행법」 제86조의 규정에 의하여 한국은행이 조사·발표하는 생산자물가지수에 의하여 산정된 비율을 말한다), 그 밖에 당해 토지의 위치·형상·환경·이용상황 등을 참작하여 평가한 적정가격으로 보상하여야 한다.'고 규정하고 있다. 이에 따라 지가변동률을 참작함에 있어서는 수용대상토지가 도시지역 내에 있는 경우에는 원칙적으로 용도지역별 지가변동률에 의하여 보상금을 산정하는 것이 더 타당하나, 개발제한구역으로 지정되어 있는 경우에는 일반적으로 이용상황에 따라 지가변동률이 영향을 받으므로 특별한 사정이 없는 한 이용상황별 지가변동률을 적용하는 것이 상당하고(대판 1993.8.27. 93누7068, 대판 1994.12.27. 94누1807 등 참조), 개발제한구역의 지정 및 관리에 관한 특별조치법이 제정되어 시행되었다고 하여 달리 볼 것은 아니다.

그리고 감정평가에 관한 규칙에 따른 '감정평가 실무기준'(2013.10.22. 국토교통부 고시 제2013-620호)은 감정평가의 구체적 기준을 정함으로써 감정평가업자가 감정평가를 수행할 때 이 기준을 준수하도록 권장하여 감정평가의 공정성과 신뢰성을 제고하는 것을 목적으로 하는 것이고, 한국감정평가업협회가 제정한 '토지보상평가지침'은 단지 한국감정평가업협회가 내부적으로 기준을 정한 것에 불과하여 어느 것도 일반 국민이나 법원을 기속하는 것이 아니다.

(출처 : 대판 2014.6.12. 2013두4620[보상금증액] > 종합법률정보 판례)

✂ 관련기출

1. 제21회 문제1 물음1
   P는 본인 소유 토지의 전체를 C이사장이 수용하여야 한다고 주장한다. 보상에 관한 C이사장의 결정과 P의 주장 내용의 정당성을 판단하시오. **20점**
   (C이사장의 결정은 국토해양부장관이 제정한 K지침에 따라 결정되었다.)

판례 31   92헌마68 · 76(병합), 99헌마413

행정규칙의 헌법재판소에 의한 통제

쟁점사항

▶ 서울대학교의 '대학입학고사주요요강'이 사실상 구속력을 갖는지 여부
▶ 행정규칙이 헌법소원 대상이 되기 위한 요건

관련판례

✦ 헌재 1992.10.1, 92헌마68 · 76(병합) 전원재판부, 헌재 2001.5.31, 99헌마413 전원재판부

> 행정규칙의 헌법재판소에 의한 통제 : 행정규칙이 사실상 구속력을 갖고 있어 국민의 기본권을 현실적으로
> 침해한 경우/법규성 또는 대외적 구속력이 인정되는 행정규칙은 헌법소원의 대상이 되는 공권력 행사에 해당

판시사항   92헌마68,76(병합) 전원재판부

국립대학인 서울대학교의 "94학년도 대학입학고사주요요강"은 사실상의 준비행위 내지 사전안내로서 행정쟁송의 대상이 될 수 있는 행정처분이나 공권력의 행사는 될 수 없지만 그 내용이 국민의 기본권에 직접 영향을 끼치는 내용이고 앞으로 법령의 뒷받침에 의하여 그대로 실시될 것이 틀림없을 것으로 예상되어 그로 인하여 직접적으로 기본권 침해를 받게 되는 사람에게는 사실상의 규범작용으로 인한 위험성이 이미 현실적으로 발생하였다고 보아야 할 것이므로 이는 헌법소원의 대상이 되는 헌법재판소법 제68조 제1항 소정의 공권력의 행사에 해당된다고 할 것이며, 이 경우 헌법소원 외에 달리 구제방법이 없다.

판시사항   99헌마413 전원재판부

행정규칙은 일반적으로 행정조직 내부에서만 효력을 가지는 것이나, 행정규칙이 법령의 규정에 의하여 행정관청에 법령의 구체적 내용을 보충할 권한을 부여한 경우나 재량권행사의 준칙인 규칙이 그 정한 바에 따라 되풀이 시행되어 행정관행이 이룩되게 되면, 평등의 원칙이나 신뢰보호의 원칙에 따라 행정기관은 그 상대방에 대한 관계에서 그 규칙에 따라야 할 자기구속을 당하게 되는 경우에는 대외적인 구속력을 가지게 되는바, 이러한 경우에는 헌법소원의 대상이 될 수도 있다.

판례 32 96누914

부령의 형식(행정규칙)으로 정해진 제재적 처분기준의 법적 성질

쟁점사항

▶ 부령의 형식(행정규칙)으로 정한 제재적 처분기준을 충족하는 행정처분의 적법성

관련판례

✦ 대판 1996.9.6, 96누914[자동차운송사업면허취소처분취소]

> 자동차운수사업법 제31조 등의 규정에 의한 사업면허의 취소 등의 처분에 관한 규칙은 행정기관 내부에서의 사무처리의 기준을 정한 행정명령으로서 국민이나 법원을 기속하는 법규명령의 성질을 가진 것으로 볼 수 없고, 자동차운송사업면허취소 등의 처분이 위 규칙에서 정한 기준에 적합한 것이라 하여 바로 그 처분이 적법한 것이라고는 할 수 없다.

판시사항

자동차운수사업법 제31조 등의 규정에 의한 사업면허의 취소 등의 처분에 관한 규칙은 행정기관 내부에서의 사무처리의 기준을 정한 행정명령으로서 국민이나 법원을 기속하는 법규명령의 성질을 가진 것으로 볼 수 없으므로, 자동차운송사업면허취소 등의 처분이 위 규칙에서 정한 기준에 적합한 것이라 하여 바로 그 처분이 적법한 것이라고는 할 수 없고(대판 1990.1.25, 89누3564 참조), 또한 그 취소처분이 재량권의 한계를 벗어났는지를 판단함에 있어서는 자동차운수사업법 제31조에 의하여 달성하려고 하는 공익의 목적과 면허취소처분으로 인하여 상대방이 입게 될 불이익을 비교 교량하여 그 처분으로 인하여 공익상의 필요보다 상대방이 받게 될 불이익 등이 막대한 경우에는 재량권의 한계를 일탈했다고 볼 것이다.

관련내용

제재적 처분기준

제재적 처분기준이 법규명령의 형식으로 제정되었으나, 실질이 행정규칙인 경우 대외적 구속력 인정 여부가 문제된다.

1. 학설
① **법규명령설** : 규범의 형식을 중시하고, 국민의 법적안정성과 예측가능성 등을 고려하여 그 실질이 법규로서의 성질을 지니게 된다고 보는 견해이다.
② **행정규칙설** : 규범의 실질과 구체적 타당성을 중시하여 행정규칙으로 보는 견해이다.
③ **수권여부기준설** : 상위법령의 수권이 있는지 여부에 따라 판단하는 견해이다.

2. 판례
① (구)식품위생법 시행규칙(부령)상 제재적 처분기준은 행정규칙으로 보아 법규성을 부정하였다.
② (구)청소년보호법 시행령(대통령령)상 과징금처분기준을 법규명령으로 보면서 그 처분기준은 최고한도로 보아 법규성을 긍정하였다.

3. 검토
부령의 경우에도 국민의 권리·의무에 영향을 주며 절차, 내용상 법규성을 인정할 필요가 있다. 따라서 상위법률의 구체적 타당성에 기여하는바 법규성을 인정하는 것이 타당하다.

판례 33 **99두5207, 2013두8653**

대통령령의 형식으로 정해진 제재처분의 기준

쟁점사항

▶ 법규명령의 처분기준으로 정한 과징금의 액수는 최고한도액을 의미하는지 여부

관련판례

✦ **대판 2001.3.9, 99두5207[과징금부과처분취소]**

[1] (구)청소년보호법 제49조 제1항, 제2항의 위임에 따른 같은 법 시행령 제40조 [별표 6]의 위반행위의 종별에 따른 과징금처분기준의 법적 성격(=법규명령) 및 그 과징금 수액의 의미(=최고한도액)
[2] 제재적 행정처분이 재량권의 범위를 일탈·남용하였는지 여부의 판단기준

판시사항

법규명령으로 보면서 재량권 행사의 여지를 인정하기 위하여 처분기준을 최고한도를 정한 것으로 보는 경우

1. (구)청소년보호법(1999.2.5. 법률 제5817호로 개정되기 전의 것, 이하 '법'이라고 한다) 제49조 제1항, 제2항에 따른 법 시행령(1999.6.30. 대통령령 제16461호로 개정되기 전의 것, 이하 '시행령'이라고 한다) 제40조 [별표 6]의 위반행위의 종별에 따른 과징금처분기준은 법규명령이기는 하나 모법의 위임규정의 내용과 취지 및 헌법상의 과잉금지의 원칙과 평등의 원칙 등에 비추어 같은 유형의 위반행위라 하더라도 그 규모나 기간·사회적 비난 정도·위반행위로 인하여 다른 법률에 의하여 처벌받은 다른 사정·행위자의 개인적 사정 및 위반행위로 얻은 불법이익의 규모 등 여러 요소를 종합적으로 고려하여 사안에 따라 적정한 과징금의 액수를 정하여야 할 것이므로 그 수액은 정액이 아니라 최고한도액이라고 할 것이다.

   또한 제재적 행정처분이 사회통념상 재량권의 범위를 일탈하였거나 남용하였는지 여부는 처분사유로 된 위반행위의 내용과 당해 처분행위에 의하여 달성하려는 공익목적 및 이에 따르는 제반 사정 등을 객관적으로 심리하여 공익침해의 정도와 그 처분으로 인하여 개인이 입게 될 불이익을 비교·교량하여 판단하여야 한다.

쟁점사항

▶ 특정 금액을 규정한 처분기준이 기속행위인 경우 절대적 구속력을 갖는지 여부

관련판례

✦ 대판 2014.11.27, 2013두8653[이행강제금부과처분취소청구]

> 법령상 기속행위로 규정된 처분의 기준은 절대적 구속력 인정

판시사항

국토의 계획 및 이용에 관한 법률(이하 '국토계획법'이라 한다) 제124조의2 제1항, 제2항 및 국토의 계획 및 이용에 관한 법률 시행령 제124조의3 제3항이 토지이용에 관한 이행명령의 불이행에 대하여 법령 자체에서 토지이용의무 위반을 유형별로 구분하여 이행강제금을 차별하여 규정하고 있는 등 규정의 체계, 형식 및 내용에 비추어 보면, 국토계획법 및 국토의 계획 및 이용에 관한 법률 시행령이 정한 이행강제금의 부과기준은 단지 상한을 정한 것에 불과한 것이 아니라, 위반행위 유형별로 계산된 특정 금액을 규정한 것이므로 행정청에 이와 다른 이행강제금액을 결정할 재량권이 없다고 보아야 한다.

판례 34   86누484, 2007두4841, 2006두3742 · 3759

법령보충적 행정규칙의 법규성

쟁점사항

▶ 행정규칙이 법규명령으로서의 효력을 갖는 요건

관련판례

✦ 대판 1987.9.29, 86누484; 2008.4.10, 2007두4841, 2008.3.27; 2006두3742 · 3759

판례1   86누484

가. 상급행정기관이 하급행정기관에 대하여 업무처리지침이나 법령의 해석적용에 관한 기준을 정하여서 발하는 이른바 행정규칙은 일반적으로 행정조직 내부에서만 효력을 가질 뿐 대외적인 구속력을 갖는 것은 아니지만, 법령의 규정이 특정행정기관에게 그 법령내용의 구체적 사항을 정할 수 있는 권한을 부여하면서 그 권한행사의 절차나 방법을 특정하고 있지 아니한 관계로 수임행정기관이 행정규칙의 형식으로 그 법령의 내용이 될 사항을 구체적으로 정하고 있다면 그와 같은 행정규칙, 규정은 행정규칙이 갖는 일반적 효력으로서가 아니라, 행정기관에 법령의 구체적 내용을 보충할 권한을 부여한 법령규정의 효력에 의하여 그 내용을 보충하는 기능을 갖게 된다 할 것이므로 이와 같은 행정규칙, 규정은 당해 법령의 위임한계를 벗어나지 아니하는 한 그것들과 결합하여 대외적인 구속력이 있는 법규명령으로서의 효력을 갖게 된다.

나. 소득세법 (1982.12.21. 법률 제3576호로 개정된 것) 제23조 제4항, 제45조 제1항 제1호에서 양도소득세의 양도차익을 계산함에 있어 실지거래가액이 적용될 경우를 대통령령에 위임함으로써 동법 시행령(1982.12.31. 대통령령 제10977호로 개정된 것) 제170조 제4항 제2호가 위 위임규정에 따라 양도소득세의 실지거래가액이 적용될 경우의 하나로서 국세청장으로 하여금 양도소득세의 실지거래가액이 적용될 부동산투기억제를 위하여 필요하다고 인정되는 거래를 지정하게 하면서 그 지정의 절차나 방법에 관하여 아무런 제한을 두고 있지 아니하고 있어 이에 따라 국세청장이 재산제세사무처리규정 제72조 제3항에서 양도소득세의 실지거래가액이 적용될 부동산투기억제를 위하여 필요하다고 인정되는 거래의 유형을 열거하고 있으므로, 이는 비록 위 재산제세사무처리규정이 국세청장의 훈령형식으로 되어 있다 하더라도 이에 의한 거래지정은 소득세법 시행령의 위임에 따라 그 규정의 내용을 보충하는 기능을 가지면서 그와 결합하여 대외적 효력을 발생하게 된다 할 것이므로 그 보충규정의 내용이 위 법령의 위임한계를 벗어났다는 등 특별한 사정이 없는 한 양도소득세의 실지거래가액에 의한 과세의 법령상의 근거가 된다.

(출처 : 대판 1987.9.29, 86누484[양도소득세부과처분취소] > 종합법률정보 판례)

판례2   2007두4841

[1] 법령의 규정이 특정 행정기관에 그 법령 내용의 구체적 사항을 정할 수 있는 권한을 부여하면서 그 권한 행사의 절차나 방법을 특정하고 있지 않아 수임행정기관이 행정규칙인 고시의 형식으로 그 법령의 내용이 될 사항을 구체적으로 정하고 있는 경우, 그 고시가 당해 법령의 위임 한계를 벗어나지 않는 한, 그와 결합하여 대외적으로 구속력이 있는 법규명령으로서 효력을 가진다.

[2] 산지관리법 제18조 제1항, 제4항, 같은 법 시행령 제20조 제4항에 따라 산림청장이 정한 '산지전용허가기준의 세부검토기준에 관한 규정'(2003.11.20. 산림청 고시 제2003-71호) 제2조 [별표 3] (바)목 가.의 규정은 법령의 내용이 될 사항을 구체적으로 정한 것으로서 당해 법령의 위임 한계를 벗어나지 않으므로, 그와 결합하여 대외적으로 구속력이 있는 법규명령으로서 효력을 가진다고 한 사례

[3] 법령상의 어떤 용어가 별도의 법률상의 의미를 가지지 않으면서 일반적으로 통용되는 의미를 가지고 있다면, 상위규범에 그 용어의 의미에 관한 별도의 정의규정을 두고 있지 않고 권한을 위임받은 하위규범에서 그 용어의 사용기준을 정하고 있다 하더라도 하위규범이 상위규범에서 위임한 한계를 벗어났다고 볼 수 없으며, 행정규칙에서 사용하는 개념이 달리 해석할 여지가 있다 하더라도 행정청이 수권의 범위 내에서 법령이 위임한 취지 및 형평과 비례의 원칙에 기초하여 합목적적으로 기준을 설정하여 그 개념을 해석·적용하고 있다면, 개념이 달리 해석할 여지가 있다는 것만으로 이를 사용한 행정규칙이 법령의 위임 한계를 벗어났다고는 할 수 없다.

(출처 : 대판 2008.4.10. 2007두4841[건축불허가처분취소] > 종합법률정보 판례)

판례3   2006두3742·3759

[1] 상급행정기관이 하급행정기관에 대하여 업무처리지침이나 법령의 해석적용에 관한 기준을 정하여 발하는 이른바 행정규칙은 일반적으로 행정조직 내부에서만 효력을 가질 뿐 대외적인 구속력을 갖지 않지만, 법령의 규정이 특정 행정기관에게 그 법령 내용의 구체적 사항을 정할 수 있는 권한을 부여하면서 그 권한 행사의 절차나 방법을 특정하고 있지 않아 수임행정기관이 행정규칙의 형식으로 그 법령의 내용이 될 사항을 구체적으로 정하고 있다면, 그와 같은 행정규칙은 위에서 본 행정규칙이 갖는 일반적 효력으로서가 아니라 행정기관에 법령의 구체적 내용을 보충할 권한을 부여한 법령 규정의 효력에 의하여 그 내용을 보충하는 기능을 갖게 되고, 따라서 이와 같은 행정규칙은 당해 법령의 위임 한계를 벗어나지 않는 한 그것들과 결합하여 대외적인 구속력이 있는 법규명령으로서의 효력을 가진다.

[2] 관계 법령의 내용, 형식 및 취지 등을 종합하여 볼 때, (구)택지개발촉진법(2007.4.20. 법률 제8384호로 개정되기 전의 것) 제3조 제4항, 제31조, 같은 법 시행령 제7조 제1항 및 제5항에 따라 건설교통부장관이 정한 '택지개발업무처리지침'(택지 58540-647, 1995.8.10. 제정) 제11조가 비록 건설교통부장관의 지침 형식으로 되어 있다 하더라도, 이에 의한 토지이

용에 관한 계획은 택지개발촉진법령의 위임에 따라 그 규정의 내용을 보충하면서 그와 결합하여 대외적인 구속력이 있는 법규명령으로서의 효력을 가진다.

(출처 : 대판 2008.3.27, 2006두3742·3759[목욕장영업신고서처리불가처분취소·영업소폐쇄명령처분취소] > 종합법률정보 판례)

관련기출

1. 제33회 문제2 물음1

   표준지공시지가 조사·평가 기준의 법적 성질에 비추어 甲 주장의 타당성 여부를 설명하시오.

   20점

판례 35 2015헌바191

법령보충적 행정규칙이 헌법상 인정될 수 있는지 여부(대법원 판례는 명시적으로 법령보충적 행정규칙이 헌법상 인정될 수 있는지 명확하게 논하고 있지 않음)

쟁점사항

▶ 행정규칙의 형식으로 위임입법하는 것이 허용되는지 여부

관련판례

✦ 헌재결 2016.2.25, 2015헌바191

법률이 입법사항을 고시와 같은 행정규칙의 형식으로 위임하는 것이 허용되는지 여부(한정 적극)

판시사항

(가) 헌법 제75조는 "대통령은 법률에서 구체적으로 범위를 정하여 위임받은 사항과 법률을 집행하기 위하여 필요한 사항에 관하여 대통령령을 발할 수 있다."고 규정하고 있고, 헌법 제95조는 "국무총리 또는 행정각부의 장은 소관사무에 관하여 법률이나 대통령령의 위임 또는 직권

으로 총리령 또는 부령을 발할 수 있다."고 규정하고 있다.

헌법 제75조는 위임입법의 근거를 마련하는 한편, 대통령령으로 입법할 수 있는 사항을 법률에서 구체적으로 범위를 정하여 위임받은 사항으로 한정함으로써 위임입법의 범위와 한계를 제시하고 있는 것으로, 이는 법률에서 일정한 사항을 하위법령에 위임하는 경우의 일반원칙으로서 대통령령뿐만 아니라 헌법 제95조에 의하여 총리령 또는 부령에 위임하는 경우에도 동일하게 적용된다.

– 중략 –

오늘날 행정입법을 허용하게 된 동기가 사회적 변화에 대응한 입법수요의 급증과 종래의 형식적 권력분립주의로는 현대사회에 대응할 수 없다는 기능적 권력분립론에 있다는 점 등을 감안하여 헌법 제40조와 헌법 제75조, 제95조의 의미를 살펴보면, 의회가 구체적으로 범위를 정하여 위임한 사항에 관하여는 당해 행정기관이 법정립의 권한을 갖게 되고, 이 경우 입법자는 규율의 형식도 선택할 수 있다 할 것이므로, 헌법이 명시하고 있는 법규명령의 형식이 아닌 행정규칙에 위임하더라도 이는 국회입법의 원칙과 상치된다고 보기 어렵다.

다만 행정규칙은 법규명령과 같은 엄격한 제정 및 개정절차를 요하지 아니하므로, 재산권 등과 같은 기본권을 제한하는 내용에 대해서는 대통령령, 총리령, 부령 등 법규명령에 위임함이 바람직하고, 부득이 고시와 같은 형식으로 위임을 할 때에는 적어도 전문적·기술적 사항이나 경미한 사항으로서 업무의 성질상 위임이 불가피한 사항에 한정된다 할 것이며, 이 때에도 포괄위임금지 원칙이 적용되어 반드시 구체적·개별적으로 한정된 사항에 대하여 행하여져야 한다.

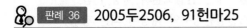

판례 36 2005두2506, 91헌마25

법령보충적 행정규칙의 사법적 통제

쟁점사항

▶ 법령보충적 행정규칙이 항고소송의 대상이 되는지

관련판례

✦ 대판 2006.9.22, 2005두2506, 헌재 1992.6.26, 91헌마25 전원재판부

> **1.** 어떠한 고시가 일반적·추상적 성격을 가질 때에는 법규명령 또는 행정규칙에 해당할 것이지만, 다른 집행행위의 매개 없이 그 자체로서 직접 국민의 구체적인 권리의무나 법률관계를 규율하는 성격을 가질 때에는 행정처분에 해당한다(대판 2006.9.22, 2005두2506).
>
> **2.** 상위법령과 결합하여 대외적인 구속력을 갖는 법규명령으로서 기능하게 된다고 보아야 할 것인바, 청구인이 법령과 예규의 관계규정으로 말미암아 직접 기본권침해를 받았다면 이에 대하여 바로 헌법소원심판을 청구할 수 있다(헌재 1992.6.26, 91헌마25 전원재판부).

판시사항

1. **법원에 의한 통제** : 법령보충적 행정규칙은 법규명령의 효력을 가지므로 법규명령과 같이 재판에서 전제가 된 경우에 법원이 간접적으로 통제하고, 처분성을 갖는 경우 직접 항고소송의 대상이 됨. 어떠한 고시가 일반적·추상적 성격을 가질 때에는 법규명령 또는 행정규칙에 해당할 것이지만, 다른 집행행위의 매개 없이 그 자체로서 직접 국민의 구체적인 권리의무나 법률관계를 규율하는 성격을 가질 때에는 행정처분에 해당한다.

   보건복지부 고시인 약제급여·비급여목록 및 급여상한금액표(보건복지부 고시 제2002-46호로 개정된 것)는 다른 집행행위의 매개 없이 그 자체로서 국민건강보험가입자, 국민건강보험공단, 요양기관 등의 법률관계를 직접 규율하는 성격을 가지므로 항고소송의 대상이 되는 행정처분에 해당한다고 한 사례

2. **헌법재판소에 의한 통제** : 법령보충적 행정규칙이 명백히 처분이 아니고(헌법소원의 보충성 원칙) 직접적·구체적으로 국민의 권익을 침해하는 경우에는 헌법소원의 대상이 됨.

   - 행정규칙이 법규명령으로서 기능하게 되어 헌법소원심판청구의 대상이 되는 경우
   법령의 직접적인 위임에 따라 위임행정기관이 그 법령을 시행하는데 필요한 구체적 사항을 정한 것이면, 그 제정형식은 비록 법규명령이 아닌 고시, 훈령, 예규 등과 같은 행정규칙이더라도 그것이 상위법령의 위임한계를 벗어나지 아니하는 한, 상위법령과 결합하여 대외적인 구속력을 갖는 법규명령으로서 기능하게 된다고 보아야 할 것인바, 청구인이 법령과 예규의 관계규정으로 말미암아 직접 기본권침해를 받았다면 이에 대하여 바로 헌법소원심판을 청구할 수 있다.

판례 37 **90누5825**

무하자재량행사청구권

쟁점사항

▶ 임용신청자가 임용권자에게 무하자재량행사청구권을 행사할 수 있는지 여부

관련판례

✦ **대판 1991.2.12, 90누5825[검사임용거부처분취소]**

검사의 임용에 있어서 임용권자가 임용 여부에 관하여 어떠한 내용의 응답을 할 것인지는 임용권자의 자유재량에 속하므로 일단 임용거부라는 응답을 한 이상 설사 그 응답내용이 부당하다고 하여도 사법심사의 대상으로 삼을 수 없는 것이 원칙이나, 적어도 재량권의 한계 일탈이나 남용이 없는 위법하지 않은 응답을 할 의무가 임용권자에게 있고 이에 대응하여 임용신청자로서도 재량권의 한계 일탈이나 남용이 없는 적법한 응답을 요구할 권리가 있다고 할 것이며, 이러한 응답신청권에 기하여 재량권 남용의 위법한 거부처분에 대하여는 항고소송으로서 그 취소를 구할 수 있다고 보아야 하므로 임용신청자가 임용거부처분이 재량권을 남용한 위법한 처분이라고 주장하면서 그 취소를 구하는 경우에는 법원은 재량권의 남용 여부를 심리하여 본안에 관한 판단으로서 청구의 인용 여부를 가려야 한다.

관련조문

행정소송법 제2조(정의)

판시사항

[1] 검사 지원자 중 한정된 수의 임용대상자에 대한 임용결정은 한편으로는 그 임용대상에서 제외한 자에 대한 임용거부결정이라는 양면성을 지니는 것이므로 임용대상자에 대한 임용의 의사표시는 동시에 임용대상에서 제외한 자에 대한 임용거부의 의사표시를 포함한 것으로 볼 수 있고, 이러한 임용거부의 의사표시는 본인에게 직접 고지되지 않았다고 하여도 본인이 이를 알았거나 알 수 있었을 때에 그 효력이 발생한 것으로 보아야 한다.

[2] 검사의 임용 여부는 임용권자의 자유재량에 속하는 사항이나, 임용권자가 동일한 검사신규임용의 기회에 원고를 비롯한 다수의 검사 지원자들로부터 임용신청을 받아 전형을 거쳐 자체에서 정한 임용기준에 따라 이들 일부만을 선정하여 검사로 임용하는 경우에 있어서 법령상 검사임용 신청 및 그 처리의 제도에 관한 명문규정이 없다고 하여도 조리상 임용권자는 임용신청자들에게 전형의 결과인 임용 여부의 응답을 해줄 의무가 있다고 할 것이며, 응답할 것인지 여부조차도 임용권자의 편의재량사항이라고는 할 수 없다.

[3] 검사의 임용에 있어서 임용권자가 임용 여부에 관하여 어떠한 내용의 응답을 할 것인지는 임용권자의 자유재량에 속하므로 일단 임용거부라는 응답을 한 이상 설사 그 응답내용이 부당하다고 하여도 사법심사의 대상으로 삼을 수 없는 것이 원칙이나, 적어도 재량권의 한계 일탈이나 남용이 없는 위법하지 않은 응답을 할 의무가 임용권자에게 있고 이에 대응하여 임용신청자로서도 재량권의 한계 일탈이나 남용이 없는 적법한 응답을 요구할 권리가 있다고 할 것이며, 이러한 응답신청권에 기하여 재량권 남용의 위법한 거부처분에 대하여는 항고소송으로서 그 취소를 구할 수 있다고 보아야 하므로 임용신청자가 임용거부처분이 재량권을 남용한 위법한 처분이라고 주장하면서 그 취소를 구하는 경우에는 법원은 재량권의 남용 여부를 심리하여 본안에 관한 판단으로서 청구의 인용 여부를 가려야 한다.

 관련내용

무하자재량행사청구권

1. 의의
   무하자재량행사청구권이란 사인이 행정청에 대하여 재량행사를 하자 없이 행사해 줄 것을 청구할 수 있는 권리를 말한다.

2. 법적 성질
   무하자재량행사청구권을 ① 형식적 권리 내지 절차적 권리로 보는 입장과 ② 실체법적 권리로서 형식적 권리(절차적 권리)로 보는 입장, ③ 형식적 권리로 보는 입장 등이 대립된다. 무하자재량행사청구권은 특정한 내용의 처분을 하여 줄 것을 청구하는 권리인 점에서 형식적 권리로 보는 것이 타당하다.

3. 무하자재량행사청구권의 독자적 인정 여부
   ① 학설 : 무하자재량행사청구권을 독자적 권리로 인정할 필요가 있는가에 관하여 그 권리의 독자적인 존재 의의를 부정하는 견해와 긍정하는 견해가 있다.
   ② 판례 : 무하자재량행사청구권을 원칙적으로 부정하였으나, 예외적으로 검사임용거부처분취소소송과 관련하여서는 무하자재량행사청구권의 개념을 인정하였다.
   ③ 검토 : 재량행위에서도 공권이 인정될 수 있다는 것과 인정되는 권리가 어떠한 권리인지를 설명하여 줄 수 있고, 의무이행심판이나 의무이행소송에서 적법재량행사를 명하는 재결이나 판결의 실체법적 근거가 된다는 점에서 그 인정실익이 있으므로 긍정설이 타당하다.

4. 무하자재량행사청구권의 성립요건
   무하자재량행사청구권도 공권이므로 공권의 성립요건(강행법규성과 사익보호필요성)과 같다.

판례 38 2004다6207

하천구역편입토지 손실보상청구권의 법적 성질

쟁점사항

▸ 손실보상청구권의 법적 성질(=공법상 권리)과 그 쟁송절차(=행정소송)

관련판례

✦ **대판 2006.5.18, 2004다6207 全合[보상청구권확인]**

> **1.** 하천법 부칙(1984.12.31.) 제2조 제1항 및 '법률 제3782호 하천법 중 개정법률 부칙 제2조의 규정에 의한 보상청구권의 소멸시효가 만료된 하천구역 편입토지 보상에 관한 특별조치법' 제2조 제1항에서 정하고 있는 손실보상청구권의 법적 성질과 그 쟁송절차(= 행정소송)
>
> **2.** 하천법 부칙(1984.12.31.) 제2조 제1항 및 '법률 제3782호 하천법 중 개정법률 부칙 제2조의 규정에 의한 보상청구권의 소멸시효가 만료된 하천구역 편입토지 보상에 관한 특별조치법' 제2조 제1항의 규정에 의한 손실보상금의 지급을 구하거나 손실보상청구권의 확인을 구하는 소송의 형태(= 행정소송법 제3조 제2호의 당사자소송)

관련조문

행정소송법 제3조(행정소송의 종류)
행정소송은 다음의 네 가지로 구분한다.
1. 항고소송 : 행정청의 처분 등이나 부작위에 대하여 제기하는 소송
2. 당사자소송 : 행정청의 처분 등을 원인으로 하는 법률관계에 관한 소송 그 밖에 공법상의 법률관계에 관한 소송으로서 그 법률관계의 한쪽 당사자를 피고로 하는 소송
3. 민중소송 : 국가 또는 공공단체의 기관이 법률에 위반되는 행위를 한 때에 직접 자기의 법률상 이익과 관계없이 그 시정을 구하기 위하여 제기하는 소송
4. 기관소송 : 국가 또는 공공단체의 기관상호 간에 있어서의 권한의 존부 또는 그 행사에 관한 다툼이 있을 때에 이에 대하여 제기하는 소송. 다만, 헌법재판소법 제2조의 규정에 의하여 헌법재판소의 관장사항으로 되는 소송은 제외한다.

판시사항

[1] 법률 제3782호 하천법 중 개정법률(이하 '개정 하천법'이라 한다)은 그 부칙 제2조 제1항에서 개정 하천법의 시행일인 1984.12.31. 전에 유수지에 해당되어 하천구역으로 된 토지 및 (구) 하천법(1971.1.19. 법률 제2292호로 전문 개정된 것)의 시행으로 국유로 된 제외지 안의 토지에 대하여는 관리청이 그 손실을 보상하도록 규정하였고, '법률 제3782호 하천법 중 개정법

률 부칙 제2조의 규정에 의한 보상청구권의 소멸시효가 만료된 하천구역 편입토지 보상에 관한 특별조치법' 제2조는 개정 하천법 부칙 제2조 제1항에 해당하는 토지로서 개정 하천법 부칙 제2조 제2항에서 규정하고 있는 소멸시효의 만료로 보상청구권이 소멸되어 보상을 받지 못한 토지에 대하여는 시·도지사가 그 손실을 보상하도록 규정하고 있는바, 위 각 규정들에 의한 손실보상청구권은 모두 종전의 하천법 규정 자체에 의하여 하천구역으로 편입되어 국유로 되었으나 그에 대한 보상규정이 없었거나 보상청구권이 시효로 소멸되어 보상을 받지 못한 토지들에 대하여, 국가가 반성적 고려와 국민의 권리구제 차원에서 그 손실을 보상하기 위하여 규정한 것으로서, 그 법적 성질은 하천법 본칙이 원래부터 규정하고 있던 하천구역에의 편입에 의한 손실보상청구권과 하등 다를 바가 없는 것이어서 공법상의 권리임이 분명하므로 그에 관한 쟁송도 행정소송절차에 의하여야 한다.

[2] 하천법 부칙(1984.12.31.) 제2조와 '법률 제3782호 하천법 중 개정법률 부칙 제2조의 규정에 의한 보상청구권의 소멸시효가 만료된 하천구역 편입토지 보상에 관한 특별조치법' 제2조, 제6조의 각 규정들을 종합하면, 위 규정들에 의한 손실보상청구권은 1984.12.31. 전에 토지가 하천구역으로 된 경우에는 당연히 발생되는 것이지, 관리청의 보상금지급결정에 의하여 비로소 발생하는 것은 아니므로, 위 규정들에 의한 손실보상금의 지급을 구하거나 손실보상청구권의 확인을 구하는 소송은 행정소송법 제3조 제2호 소정의 당사자소송에 의하여야 한다.

관련내용

1. 손실보상의 의의 및 취지

손실보상이란 공공필요에 의한 적법한 행정상의 공권력 행사에 의하여 개인의 재산권에 가해진 특별한 희생에 대하여 전체적 평등부담의 견지에서 행정주체가 행하는 조절적 전보제도를 말하며 피해자를 구제하는데 취지가 있다.

2. 손실보상의 법적 성질

(1) 학설 및 판례

손실보상청구권에 대해 공권설과 사권설의 견해가 대립하고 있다. 이에 대해 종전 판례는 사권으로 보았으나 최근 하천법상 손실보상청구권과 관련하여 행정상 당사자소송의 대상이 된다고 판시한바 있다.

(2) 검토

손실보상청구권은 ① 공익을 위하여 공권력으로 적법하게 개인의 재산권을 침해하는 것으로서 사법관계에서 볼 수 없는 공법에 특유한 현상이라는 점, ② 손실보상에 관하여 규정한 실정법이 손실보상의 청구에 관하여 전심절차로서 행정심판절차(토지보상법 제83조 이의신청 등)를 고려할 때 공권으로 봄이 타당하다.

3. 손실보상의 요건
1) 공공필요(비례의 원칙)
2) 재산권에 대한 공권적 침해
3) 침해의 적법성 및 법적근거
4) 특별한 희생
5) 보상규정의 존재

 2006두330

원고적격 ①

쟁점사항

▶ '법률상 보호되는 이익'의 의미
▶ 환경영향평가 대상지역 밖의 주민에게 원고적격이 인정되기 위한 요건

관련판례

✦ 내반 2006.3.16, 2006두330 全合[정부조치계획취소등]

1. 행정처분의 직접 상대방이 아닌 제3자가 행정처분의 무효확인을 구할 수 있는 요건으로서 '법률상 보호되는 이익'의 의미
2. 환경영향평가 대상지역 안의 주민에게 공유수면매립면허처분과 농지개량사업 시행인가처분의 무효확인을 구할 원고적격이 인정되는지 여부(적극) 및 환경영향평가 대상지역 밖의 주민에게 그 원고적격이 인정되기 위한 요건
3. 환경영향평가 대상지역 밖에 거주하는 주민에게 헌법상의 환경권 또는 환경정책기본법에 근거하여 공유수면매립면허처분과 농지개량사업 시행인가처분의 무효확인을 구할 원고적격이 없다고 한 사례
4. 공공사업의 경제성 또는 사업성의 결여로 인하여 행정처분이 무효로 되기 위한 요건과 그 경제성 또는 사업성의 판단방법
5. 간척지의 매립사업과 같이 공공사업의 경제성 또는 사업성 평가에 있어서 편익이나 비용의 분석에 관하여 확립된 원칙 등이 없는 경우, 그 경제성 또는 사업성의 판단방법

6. 환경영향평가법령에서 정한 환경영향평가 절차를 거쳤으나 그 환경영향평가의 내용이 부실한 경우, 그 부실로 인하여 환경영향평가 대상사업에 대한 승인 등 처분이 위법하게 되는지 여부(한정 소극)

7. 공유수면을 매립하여 조성된 매립간척지에 농지와 담수호를 만들기 위하여 공유수면매립면허처분 등이 이루어진 경우, 그 담수호가 농업용수로서의 수질기준을 달성하지 못함으로써 사업목적을 달성할 수 없을 것인지 여부의 판단방법

8. 새만금간척종합개발사업을 위한 공유수면매립면허처분 및 농지개량사업 시행인가처분의 하자인 사업의 경제성 결여, 사업의 필요성 결여, 적법한 환경영향평가의 결여, 담수호의 수질기준 및 사업목적 달성 불능 등의 사유가 새만금간척종합개발사업을 당연무효라고 할 만큼 중대·명백하다고 할 수 없다고 한 원심의 판단을 수긍한 사례

9. 공유수면매립면허의 취소 등의 사유를 규정한 (구)공유수면매립법 제32조 제3호의 '사정변경'의 의미 및 그 증명책임

관련조문

행정소송법 제12조(원고적격)

취소소송은 처분 등의 취소를 구할 법률상 이익이 있는 자가 제기할 수 있다. 처분 등의 효과가 기간의 경과, 처분 등의 집행 그 밖의 사유로 인하여 소멸된 뒤에도 그 처분 등의 취소로 인하여 회복되는 법률상 이익이 있는 자의 경우에는 또한 같다.

판시사항

[1] 행정처분의 직접 상대방이 아닌 제3자라 하더라도 해당 행정처분으로 인하여 법률상 보호되는 이익을 침해당한 경우에는 그 처분의 무효확인을 구하는 행정소송을 제기하여 그 당부의 판단을 받을 자격이 있다 할 것이며, 여기에서 말하는 <u>법률상 보호되는 이익이라 함은 해당 처분의 근거법규 및 관련법규에 의하여 보호되는 개별적·직접적·구체적 이익이 있는 경우를 말하고, 공익보호의 결과로 국민 일반이 공통적으로 가지는 일반적·간접적·추상적 이익이 생기는 경우에는 법률상 보호되는 이익이 있다고 할 수 없다.</u>

[2] 공유수면매립면허처분과 농지개량사업 시행인가처분의 근거법규 또는 관련법규가 되는 (구)공유수면매립법(1997.4.10. 법률 제5337호로 개정되기 전의 것), (구)농촌근대화촉진법(1994.12.22. 법률 제4823호로 개정되기 전의 것), (구)환경보전법(1990.8.1. 법률 제4257호로 폐지), (구)환경보전법 시행령(1991.2.2. 대통령령 제13303호로 폐지), (구)환경정책기본법(1993.6.11. 법률 제4567호로 개정되기 전의 것), (구)환경정책기본법 시행령(1992.8.22. 대통령령 제13715호로 개정되기 전의 것)의 각 관련규정의 취지는, 공유수면매립과 농지개량사업시행으로 인하여 직접적이고 중대한 환경피해를 입으리라고 예상되는 환경영향평가 대상지역 안의 주민들이 전과 비교하여 수인한도를 넘는 환경침해를 받지 아니하고 쾌적한 환경에서 생활할 수 있는 개별적 이익까지도 이를 보호하려는 데에 있다고 할 것이므로, 위 주민들이 공유수면매립

면허처분 등과 관련하여 갖고 있는 위와 같은 환경상의 이익은 주민 개개인에 대하여 개별적으로 보호되는 직접적·구체적 이익으로서 그들에 대하여는 특단의 사정이 없는 한 환경상의 이익에 대한 침해 또는 침해우려가 있는 것으로 사실상 추정되어 공유수면매립면허처분 등의 무효확인을 구할 원고적격이 인정된다. 한편, 환경영향평가 대상지역 밖의 주민이라 할지라도 공유수면매립면허처분 등으로 인하여 그 처분 전과 비교하여 수인한도를 넘는 환경피해를 받거나 받을 우려가 있는 경우에는, 공유수면매립면허처분 등으로 인하여 환경상 이익에 대한 침해 또는 침해우려가 있다는 것을 입증함으로써 그 처분 등의 무효확인을 구할 원고적격을 인정받을 수 있다.

[3] 헌법 제35조 제1항에서 정하고 있는 환경권에 관한 규정만으로는 그 권리의 주체·대상·내용·행사방법 등이 구체적으로 정립되어 있다고 볼 수 없고, 환경정책기본법 제6조도 그 규정 내용 등에 비추어 국민에게 구체적인 권리를 부여한 것으로 볼 수 없다는 이유로, 환경영향평가 대상지역 밖에 거주하는 주민에게 헌법상의 환경권 또는 환경정책기본법에 근거하여 공유수면매립면허처분과 농지개량사업 시행인가처분의 무효확인을 구할 원고적격이 없다고 한 사례

[4] 공공사업의 경제성 내지 사업성의 결여로 인하여 행정처분이 무효로 되기 위하여는 공공사업을 시행함으로 인하여 얻는 이익에 비하여 공공사업에 소요되는 비용이 훨씬 커서 이익과 비용이 현저하게 균형을 잃음으로써 사회통념에 비추어 행정처분으로 달성하고자 하는 사업 목적을 실질적으로 실현할 수 없는 정도에 이르렀다고 볼 정도로 과다한 비용과 희생이 요구되는 등 그 하자가 중대하여야 할 뿐만 아니라, 그러한 사정이 객관적으로 명백한 경우라야 한다. 그리고 위와 같은 공공사업에 경제성 내지 사업성이 있는지 여부는 공공사업이 그 시행 당시 적용되는 법률의 요건을 모두 충족하고 있는지 여부에 따라 판단되어야 함은 물론, 경제성 내지 사업성 평가와 관련하여서는 그 평가 당시의 모든 관련 법률의 목적과 의미, 내용 그리고 학문적 성과가 반영된 평가기법에 따라 가장 객관적이고 공정한 방법을 사용하여 평가되었는지 여부에 따라 판단되어야 한다.

[5] 간척지의 매립사업과 같이 어떠한 항목을 편익이나 비용항목에 넣을 수 있는지 여부와 그러한 항목에 대한 평가방법이나 기법에 관하여 확립된 원칙이나 정설이 존재하지 아니한 경우에는, 경제성 내지 사업성 평가 당시의 공공사업의 투자분석이론이나 재정학 또는 경제학 이론 등에 따라 그 분야의 전문가들에 의하여 가능한 한 가장 객관적이고 공정한 방법을 사용하여 편익과 비용을 분석한 후 공공사업에 경제성 내지 사업성이 있는지 여부를 평가하는 것이 바람직하다.

[6] 환경영향평가법령에서 정한 환경영향평가를 거쳐야 할 대상사업에 대하여 그러한 환경영향평가를 거치지 아니하였음에도 승인 등 처분을 하였다면 그 처분은 위법하다 할 것이나, 그러한 절차를 거쳤다면, 비록 그 환경영향평가의 내용이 다소 부실하다 하더라도, 그 부실의 정도가

환경영향평가제도를 둔 입법취지를 달성할 수 없을 정도이어서 환경영향평가를 하지 아니한 것과 다를 바 없는 정도의 것이 아닌 이상, 그 부실은 해당 승인 등 처분에 재량권 일탈·남용의 위법이 있는지 여부를 판단하는 하나의 요소로 됨에 그칠 뿐, 그 부실로 인하여 당연히 해당 승인 등 처분이 위법하게 되는 것이 아니다.

[7] 공유수면을 매립하여 조성된 매립간척지에 농지와 담수호를 만들기 위하여 공유수면매립면허처분과 사업시행인가처분이 이루어졌다가 그 후 위 각 처분으로 인하여 조성되는 담수호가 농업용수로서의 수질기준을 달성하지 못할 것이 예상되는 경우에는 농지 및 담수호를 조성하려는 사업목적을 달성할 수 없게 될 것이므로 그 경우에는 위 각 처분이 무효로 될 것인 바, 위와 같이 담수호가 농업용수로서의 수질기준을 달성하지 못함으로써 사업목적을 달성할 수 없을 것인지 여부는 수질대책 수립 당시의 과학적 수준이나 토목공학적 방법 또는 생물학적·생화학적 방법이나 수질예측에 관한 각종 상황 등에 비추어 보아 수질대책이 실현가능한지 여부, 수질대책비용이 사회통념상 감당할 수 없는 정도에 이른 것인지 여부 등에 따라 판단하여야 하나, 수질대책 수립 당시의 과학적 수준과 수질예측에 관한 각종 상황 등에 비추어 보아 수질대책이 실현 가능하고, 또한 수질대책비용이 사회통념상 감당할 수 없을 정도에 이르지 않은 경우라면 위 각 처분에 의하여 조성되는 담수호가 농업용수로서의 수질기준을 달성하지 못함으로써 사업목적을 달성할 수 없는 경우에 해당한다고 볼 수는 없다.

[8] 새만금간척종합개발사업을 위한 공유수면매립면허처분 및 농지개량사업 시행인가처분의 하자인 사업의 경제성 결여, 사업의 필요성 결여, 적법한 환경영향평가의 결여, 담수호의 수질기준 및 사업목적 달성 불능 등의 사유가 새만금간척종합개발사업을 당연무효라고 할 만큼 중대·명백하다고 할 수 없다고 한 원심의 판단을 수긍한 사례

[9] (구)공유수면매립법(2005.3.31. 법률 제7482호로 개정되기 전의 것) 제32조 제3호, 제40조, 같은 법 시행령(2005.9.30. 대통령령 제19080호로 개정되기 전의 것) 제40조 제4항, 제1항의 규정을 종합하면, (구)농림수산부장관은 매립공사의 준공인가 전에 공유수면의 상황 변경 등 예상하지 못한 사정변경으로 인하여 공익상 특히 필요한 경우에는 같은 법에 의한 면허 또는 인가를 취소·변경할 수 있는바, 여기에서 사정변경이라 함은 공유수면매립면허처분을 할 당시에 고려하였거나 고려하였어야 할 제반 사정들에 대하여 각각 사정변경이 있고, 그러한 사정변경으로 인하여 그 처분을 유지하는 것이 현저히 공익에 반하는 경우라고 보아야 할 것이며, 위와 같은 사정변경이 생겼다는 점에 관하여는 그와 같은 사정변경을 주장하는 자에게 그 입증책임이 있다.

관련내용

박스: 원고적격

1. 의의 및 취지(행정소송법 제12조)

원고적격이란 본안판결을 받을 수 있는 자격으로, 행정소송법 제12조는 "취소소송은 처분의 취소를 구할 법률상 이익이 있는 자가 제기할 수 있다"고 하여 원고적격으로 법률상 이익을 요구한다. 원고적격은 소를 제기할 수 있는 자를 규정하여 남소방지를 도모함에 취지가 인정된다.

2. 법률상 이익의 의미

(1) 문제점

취소소송의 원고적격을 규정한 '법률상 이익'이라는 표현은 매우 추상적이므로 그 의미의 해석이 문제된다.

(2) 학설

① 권리구제설 : 취소소송의 목적이 위법한 처분으로 야기된 개인의 권리의 회복에 있으므로 권리가 침해된 자만이 소송을 제기할 수 있다는 견해이다.

② 법률상 이익구제설 : 처분의 근거법규에 의하여 보호되는 이익을 침해받은 자도 처분을 다툴 수 있다는 견해이다.

③ 보호가치이익설 : 재판상 보호할 가치가 있는 이익을 침해당한 자가 소송을 제기할 수 있다는 견해이다.

④ 적법성 보장설 : 처분을 다툴 가장 적합한 이익 상태에 있는 자가 원고적격을 갖는다는 견해이다.

(3) 판례(2006두330)

법률상 보호되는 이익이라 함은 해당 처분이 근거법규 및 관련법규에 의하여 보호되는 개별적·직접적·구체적 이익이 있는 경우를 말하고, 공익보호의 결과로 국민 일반이 공통적으로 가지는 일반적·간접적·추상적 이익이 생기는 경우에는 법률상 보호되는 이익이 있다고 할 수 없다고 판시하여 법률상 이익구제설의 입장을 취하고 있다.

(4) 검토

행정소송법이 항고소송의 주된 기능을 권리구제로 보고 있고, 취소소송을 주관적·형성소송으로 보면 법률상 이익구제설이 타당하다.

3. 법률의 범위

(1) 학설

법률상 이익구제설의 경우 보호법률의 범위가 문제되는데, 이에 대하여

① 해당 처분의 직접적인 근거가 되는 법률에만 한정해야 한다는 견해,

② 처분의 근거가 되는 법률 외에 관련규정까지도 고려해야 한다는 견해,

③ 헌법상 기본권 원리까지 포함하여야 한다는 견해가 있다.

(2) 판례

대법원은 해당 처분의 근거법규뿐 아니라 관계 법률까지 고려하는 입장으로 판시하고 있다.

(3) 검토

공권의 확대화 경향에 따라 근거법규, 관계법규 및 헌법상 기본권까지 고려하여 법률상 이익의 범위를 확대해 나가는 것이 국민의 권리구제에 유리하다 판단된다.

4. 관련 판례(2020두48772)

불이익처분의 상대방은 직접 개인적 이익의 침해를 받은 자로서 원고적격이 인정된다. 처분의 직접 상대방이 아닌 제3자라 하더라도 이른바 '경원자 관계'나 '경업자 관계'와 같이 처분의 근거 법규 또는 관련 법규에 의하여 개별적·직접적·구체적으로 보호되는 이익이 있는 경우에는 처분의 취소를 구할 원고적격이 인정되지만, 제3자가 해당 처분과 간접적·사실적·경제적인 이해관계를 가지는 데 불과한 경우에는 처분의 취소를 구할 원고적격이 인정되지 않는다.

☐ 원고적격

행정소송에서 원고가 될 수 있는 자격을 의미

(대판 2006.3.16, 2006두330 全合)

공유수면매립과 농지개량사업시행으로 인하여 직접적이고 중대한 환경피해를 입으리라고 예상되는 환경영향평가 대상지역 안의 주민들이 전과 비교하여 수인한도를 넘는 환경침해를 받지 아니하고 쾌적한 환경에서 생활할 수 있는 개별적 이익까지도 이를 보호하려는 데에 있다고 할 것이므로, 위 주민들이 공유수면매립면허처분 등과 관련하여 갖고 있는 위와 같은 환경상의 이익은 주민 개개인에 대하여 개별적으로 보호되는 직접적·구체적 이익으로서 그들에 대하여는 특단의 사정이 없는 한 환경상의 이익에 대한 침해 또는 침해우려가 있는 것으로 사실상 추정되어 공유수면매립면허처분 등의 무효확인을 구할 원고적격이 인정된다. 한편, 환경영향평가 대상지역 밖의 주민이라 할지라도 공유수면매립면허처분 등으로 인하여 그 처분 전과 비교하여 수인한도를 넘는 환경피해를 받거나 받을 우려가 있는 경우에는, 공유수면매립면허처분 등으로 인하여 환경상 이익에 대한 침해 또는 침해우려가 있다는 것을 입증함으로써 그 처분 등의 무효확인을 구할 원고적격을 인정함

관련기출

1. 제14회 문제1

서울시는 甲과 乙이 소유하고 있는 토지가 속한 동작구 일대에 공원을 조성하기 위하여 甲과 乙의 토지를 수용하려고 한다. 한편 乙의 토지가 표준지로 선정되어 표준지공시지가가 공시되었는데, 乙의 토지 인근에 토지를 보유하고 있는 甲은 乙의 토지의 표준지공시지가 산정이 국토교통부 훈령인 표준지의 선정 및 관리지침에 위배되었다는 것을 알게 되었다. 이를 이유로 甲이 법적으로 다툴 수 있는지 논하라. **40점**

판례 40 2007두16127

원고적격 ②

쟁점사항

▶ 행정처분으로써 침해가 예상되는 영향권 밖의 주민에게 원고적격이 인정되기 위한 요건

관련판례

✦ 대판 2010.4.15, 2007두16127[공장설립승인처분취소]

[1] 행정처분으로써 이루어지는 사업으로 환경상 침해를 받으리라고 예상되는 영향권의 범위가 그 처분의 근거 법규 등에 구체적으로 규정되어 있는 경우, 영향권 내의 주민에게 행정처분의 취소 등을 구할 원고적격이 인정되는지 여부(원칙적 적극) 및 영향권 밖의 주민에게 원고적격이 인정되기 위한 요건

[2] (구)산업집적활성화 및 공장설립에 관한 법률 제8조 제4호, (구)국토의 계획 및 이용에 관한 법률 시행령 제56조 제1항 [별표 1] 제1호 (라)목 ② 등의 규정 취지 및 수돗물을 공급받아 마시거나 이용하는 주민들이 환경상 이익의 침해를 이유로 공장설립승인처분의 취소 등을 구할 원고적격을 인정받기 위한 요건

[3] 김해시장이 낙동강에 합류하는 하천수 주변의 토지에 (구)산업집적활성화 및 공장설립에 관한 법률 제13조에 따라 공장설립을 승인하는 처분을 한 사안에서, 공장설립으로 수질오염 등이 발생할 우려가 있는 취수장에서 물을 공급받는 부산광역시 또는 양산시에 거주하는 주민들도 위 처분의 근거 법규 및 관련 법규에 의하여 법률상 보호되는 이익이 침해되거나 침해될 우려가 있는 주민으로서 원고적격이 인정된다고 한 사례

판시사항

[1] 행정처분의 근거 법규 또는 관련 법규에 그 처분으로써 이루어지는 행위 등 사업으로 인하여 환경상 침해를 받으리라고 예상되는 영향권의 범위가 구체적으로 규정되어 있는 경우에는, 그 영향권 내의 주민들에 대하여는 당해 처분으로 인하여 직접적이고 중대한 환경피해를 입으리라고 예상할 수 있고, 이와 같은 환경상의 이익은 주민 개개인에 대하여 개별적으로 보호되는 직접적·구체적 이익으로서 그들에 대하여는 특단의 사정이 없는 한 환경상 이익에 대한 침해 또는 침해 우려가 있는 것으로 사실상 추정되어 법률상 보호되는 이익으로 인정됨으로써 원고적격이 인정되며, 그 영향권 밖의 주민들은 당해 처분으로 인하여 그 처분 전과 비교하여 수인한도를 넘는 환경피해를 받거나 받을 우려가 있다는 자신의 환경상 이익에 대한 침해 또는 침해 우려가 있음을 증명하여야만 법률상 보호되는 이익으로 인정되어 원고적격이 인정된다.

[2] 공장설립승인처분의 근거 법규 및 관련 법규인 (구)산업집적활성화 및 공장설립에 관한 법률 (2006.3.3. 법률 제7861호로 개정되기 전의 것) 제8조 제4호가 산업자원부장관으로 하여금 관계 중앙행정기관의 장과 협의하여 '환경오염을 일으킬 수 있는 공장의 입지제한에 관한 사항'을 정하여 고시하도록 규정하고 있고, 이에 따른 산업자원부 장관의 공장입지기준고시(제2004-98호) 제5조 제1호가 '상수원 등 용수이용에 현저한 영향을 미치는 지역의 상류'를 환경오염을 일으킬 수 있는 공장의 입지제한지역으로 정할 수 있다고 규정하고, 국토의 계획 및 이용에 관한 법률 제58조 제3항의 위임에 따른 (구)국토의 계획 및 이용에 관한 법률 시행령 (2006.8.17. 대통령령 제19647호로 개정되기 전의 것) 제56조 제1항 [별표 1] 제1호 (라)목 (2)가 '개발행위로 인하여 당해 지역 및 그 주변 지역에 수질오염에 의한 환경오염이 발생할 우려가 없을 것'을 개발사업의 허가기준으로 규정하고 있는 취지는, 공장설립승인처분과 그 후속절차에 따라 공장이 설립되어 가동됨으로써 그 배출수 등으로 인한 수질오염 등으로 직접적이고도 중대한 환경상 피해를 입을 것으로 예상되는 주민들이 환경상 침해를 받지 아니한 채 물을 마시거나 용수를 이용하며 쾌적하고 안전하게 생활할 수 있는 개별적 이익까지도 구체적·직접적으로 보호하려는 데 있다. 따라서 수돗물을 공급받아 이를 마시거나 이용하는 주민들로서는 위 근거 법규 및 관련 법규가 환경상 이익의 침해를 받지 않은 채 깨끗한 수돗물을 마시거나 이용할 수 있는 자신들의 생활환경상의 개별적 이익을 직접적·구체적으로 보호하고 있음을 증명하여 원고적격을 인정받을 수 있다.

[3] 김해시장이 소감천을 통해 낙동강에 합류하는 하천수 주변의 토지에 (구)산업집적활성화 및 공장설립에 관한 법률 제13조에 따라 공장설립을 승인하는 처분을 한 사안에서, 상수원인 물금취수장이 소감천이 흘러 내려 낙동강 본류와 합류하는 지점 근처에 위치하고 있는 점, 수돗물은 수도관 등 급수시설에 의해 공급되는 것이어서 거주지역이 물금취수장으로부터 다소 떨어진 곳이라고 하더라도 수돗물의 수질악화 등으로 주민들이 갖게 되는 환경상 이익의 침해나 그 우려는 그 수돗물을 공급하는 취수시설이 입게 되는 수질오염 등의 피해나 그 우려와 동일하게 평가될 수 있는 점 등에 비추어, 공장설립으로 수질오염 등이 발생할 우려가 있는 물금취수장에서 취수된 물을 공급받는 부산광역시 또는 양산시에 거주하는 주민들도 위 처분의 근거 법규 및 관련 법규에 의하여 개별적·구체적·직접적으로 보호되는 환경상 이익, 즉 법률상 보호되는 이익이 침해되거나 침해될 우려가 있는 주민으로서 원고적격이 인정된다고 한 사례

PART 02

 **92누17099**

항고쟁송의 대상이 되는 부작위인지 여부

쟁점사항

▶ 부작위에 해당하기 위한 요건

관련판례

✦ 대판 1993.4.23, 92누17099[부작위위법확인등]

판시사항

가. 제3자가 행정처분의 취소를 구할 원고적격이 있는 경우
나. 부작위위법확인의 소 제도의 취지
다. 부작위위법확인의 소의 적법요건

판결요지

가. 행정처분의 직접 상대방이 아닌 제3자도 행정처분의 취소를 구할 법률상 이익이 있는 경우에는 원고적격이 인정된다 할 것이나, 법률상 이익은 당해 처분의 근거법률에 의하여 보호되는 직접적이고 구체적 이익이 있는 경우를 말하고, 간접적이거나 사실적, 경제적 이해관계를 가지는 데 불과한 경우는 포함되지 아니한다.

나. 행정소송법 제4조 제3호에 규정된 부작위위법확인의 소는 행정청이 당사자의 법규상 또는 조리상의 권리에 기한 신청에 대하여 상당한 기간 내에 신청을 인용하는 적극적 처분 또는 각하하거나 기각하는 등의 소극적 처분을 하여야 할 법률상 응답의무가 있음에도 불구하고 이를 하지 아니하는 경우 부작위가 위법하다는 것을 확인함으로써 행정청의 응답을 신속하게 하여 부작위 또는 무응답이라고 하는 소극적 위법상태를 제거하는 것을 목적으로 하는 제도이다.

다. 부작위위법확인소송은 처분의 신청을 한 자로서 부작위의 위법확인을 구할 법률상 이익이 있는 자만이 제기할 수 있다 할 것이며 이를 통하여 구하는 행정청의 응답행위는 행정소송법 제2조 제1항 제1호 소정의 처분에 관한 것이라야 하므로 당사자가 행정청에 대하여 어떠한 행정행위를 하여 줄 것을 신청하지 아니하였거나 신청을 하였더라도 당사자가 행정청에 대하여 그러한 행정행위를 하여 줄 것을 요구할 수 있는 법규상 또는 조리상 권리를 갖고 있지 아니하든지 또는 행정청이 당사자의 신청에 대하여 거부처분을 한 경우에는 원고적격이 없거나 항고소송의 대상인 위법한 부작위가 있다고 볼 수 없어 그 부작위위법확인의 소는 부적법하다.

👥 관련내용

┌─────────────────────────┐
│ 부작위위법확인소송 │
└─────────────────────────┘

1. **의의 및 취지(행정소송법 제4조)**
   행정청의 부작위가 위법하다는 것을 확인하는 소송을 말한다. 이는 소극적 위법상태를 제거하여 국민의 권리를 보호하는 데에 그 취지가 인정된다.

2. **법적 성질**
   부작위확인소송은 항고소송 중 하나로 규정하지만, 실질은 확인소송의 성질을 가진다. 현행법은 취소소송에 대한 대부분의 규정을 광범위하게 준용한다.

3. **부작위의 성립요건**
   ① 당사자의 적법한 신청이 있을 것
   ② 일정한 처분을 하여야 할 법률상 의무가 있을 것
   ③ 상당한 기간 내에 처분을 하지 아니하였을 것

👥 관련기출

1. **제16회 1번**
   사업시행자인 甲은 사업인정을 받은 후에 토지소유자 乙과 협의절차를 거쳤으나 협의가 성립되지 아니하여 중앙토지수용위원회에 재결을 신청하였다. 그러나 丙이 乙 명의의 토지에 대한 명의신탁을 이유로 재결신청에 대해 이의를 제기하자, 중앙토지수용위원회는 상당한 기간이 경과한 후에도 재결처분을 하지 않고 있다. 甲이 취할 수 있는 행정쟁송수단에 대해 설명하시오. **40점**

👥 판례 42 **2003두1684**

┌─────────────────────────────────────┐
│ 협의의 소익 │
└─────────────────────────────────────┘

👥 쟁점사항

▶ 선행처분을 전제로 장래의 후행처분을 하도록 정하는 경우 제재기간이 경과하였더라도 그 처분의 취소를 구할 법률상 이익이 있는지 여부

관련판례

✦ **대판 2006.6.22, 2003두1684 全合[영업정지처분취소]**

1. 제재적 행정처분이 그 처분에서 정한 제재기간의 경과로 인하여 그 효과가 소멸되었으나, 부령인 시행규칙 또는 지방자치단체의 규칙의 형식으로 정한 처분기준에서 제재적 행정처분을 받은 것을 가중사유나 전제요건으로 삼아 장래의 제재적 행정처분을 하도록 정하고 있는 경우, 선행처분인 제재적 행정처분을 받은 상대방이 그 처분에서 정한 제재기간이 경과하였다 하더라도 그 처분의 취소를 구할 법률상 이익이 있는지 여부(한정 적극)
2. 환경영향평가대행업무 정지처분을 받은 환경영향평가대행업자가 업무정지처분기간 중 환경영향평가대행계약을 신규로 체결하고 그 대행업무를 한 사안에서, 업무정지처분기간 경과 후에도 '환경·교통·재해 등에 관한 영향평가법 시행규칙'의 규정에 따른 후행처분을 받지 않기 위하여 위 업무정지처분의 취소를 구할 법률상 이익이 있다고 한 사례

관련조문

행정소송법 제12조(원고적격)

판시사항

[1] **[다수의견]**

제재적 행정처분이 그 처분에서 정한 제재기간의 경과로 인하여 그 효과가 소멸되었으나, 부령인 시행규칙 또는 지방자치단체의 규칙(이하 이들을 '규칙'이라고 한다)의 형식으로 정한 처분기준에서 제재적 행정처분(이하 '선행처분'이라고 한다)을 받은 것을 가중사유나 전제요건으로 삼아 장래의 제재적 행정처분(이하 '후행처분'이라고 한다)을 하도록 정하고 있는 경우, 제재적 행정처분의 가중사유나 전제요건에 관한 규정이 법령이 아니라 규칙의 형식으로 되어 있다고 하더라도, 그러한 규칙이 법령에 근거를 두고 있는 이상 그 법적 성질이 대외적·일반적 구속력을 갖는 법규명령인지 여부와는 상관없이, 관할 행정청이나 담당 공무원은 이를 준수할 의무가 있으므로 이들이 그 규칙에 정해진 바에 따라 행정작용을 할 것이 당연히 예견되고, 그 결과 행정작용의 상대방인 국민으로서는 그 규칙의 영향을 받을 수밖에 없다. 따라서 그러한 규칙이 정한 바에 따라 선행처분을 받은 상대방이 그 처분의 존재로 인하여 장래에 받을 불이익, 즉 후행처분의 위험은 구체적이고 현실적인 것이므로, 상대방에게는 선행처분의 취소소송을 통하여 그 불이익을 제거할 필요가 있다. 또한, 나중에 후행처분에 대한 취소소송에서 선행처분의 사실관계나 위법 등을 다툴 수 있는 여지가 남아 있다고 하더라도, 이러한 사정은 후행처분이 이루어지기 전에 이를 방지하기 위하여 직접 선행처분의 위법을 다투는 취소소송을 제기할 필요성을 부정할 이유가 되지 못한다. 그러한 **쟁송방법을 막는 것은 여러 가지 불합리한 결과를 초래하여 권리구제의 실효성을 저해할 수 있기 때문이다.** 오히려 앞서 본 바와 같이 행정청으로서는 선행처분이 적법함을 전제로 후행처분을 할 것이 당연히 예견되므로, 이러한 선행처분으

로 인한 불이익을 선행처분 자체에 대한 소송에서 사전에 제거할 수 있도록 해 주는 것이 상대방의 법률상 지위에 대한 불안을 해소하는 데 가장 유효적절한 수단이 된다고 할 것이고, 또한 그 소송을 통하여 선행처분의 사실관계 및 위법 여부가 조속히 확정됨으로써 이와 관련된 장래의 행정작용의 적법성을 보장함과 동시에 국민생활의 안정을 도모할 수 있다. 이상의 여러 사정과 아울러, 국민의 재판청구권을 보장한 헌법 제27조 제1항의 취지와 행정처분으로 인한 권익침해를 효과적으로 구제하려는 행정소송법의 목적 등에 비추어 행정처분의 존재로 인하여 국민의 권익이 실제로 침해되고 있는 경우는 물론이고 권익침해의 구체적·현실적 위험이 있는 경우에도 이를 구제하는 소송이 허용되어야 한다는 요청을 고려하면, 규칙이 정한 바에 따라 선행처분을 가중사유 또는 전제요건으로 하는 후행처분을 받을 우려가 현실적으로 존재하는 경우에는, 선행처분을 받은 상대방은 비록 그 처분에서 정한 제재기간이 경과하였다 하더라도 그 처분의 취소소송을 통하여 그러한 불이익을 제거할 권리보호의 필요성이 충분히 인정된다고 할 것이므로, 선행처분의 취소를 구할 법률상 이익이 있다고 보아야 한다.

[대법관 이강국의 별개의견]
다수의견은, 제재적 행정처분의 기준을 정한 부령인 시행규칙의 법적 성질에 대하여는 구체적인 논급을 하지 않은 채, 시행규칙에서 선행처분을 받은 것을 가중사유나 전제요건으로 하여 장래 후행처분을 하도록 규정하고 있는 경우, 선행처분의 상대방이 그 처분의 존재로 인하여 장래에 받을 불이익은 구체적이고 현실적이라는 이유로, 선행처분에서 정한 제재기간이 경과한 후에도 그 처분의 취소를 구할 법률상 이익이 있다고 보고 있는바, 다수의견이 위와 같은 경우 선행처분의 취소를 구할 법률상 이익을 긍정하는 결론에는 찬성하지만, 그 이유에 있어서는 부령인 제재적 처분기준의 법규성을 인정하는 이론적 기초 위에서 그 법률상 이익을 긍정하는 것이 법리적으로는 더욱 합당하다고 생각한다. 상위법령의 위임에 따라 제재적 처분기준을 정한 부령인 시행규칙은 헌법 제95조에서 규정하고 있는 위임명령에 해당하고, 그 내용도 실질적으로 국민의 권리·의무에 직접 영향을 미치는 사항에 관한 것이므로, 단순히 행정기관 내부의 사무처리준칙에 지나지 않는 것이 아니라 대외적으로 국민이나 법원을 구속하는 법규명령에 해당한다고 보아야 한다.

[2] 환경영향평가대행업무 정지처분을 받은 환경영향평가대행업자가 업무정지처분기간 중 환경영향평가대행계약을 신규로 체결하고 그 대행업무를 한 사안에서, '환경·교통·재해 등에 관한 영향평가법 시행규칙' 제10조 [별표 2] 2. 개별기준 (11)에서 환경영향평가대행업자가 업무정지처분기간 중 신규계약에 의하여 환경영향평가대행업무를 한 경우 1차 위반 시 업무정지 6개월을, 2차 위반 시 등록취소를 각 명하는 것으로 규정하고 있으므로, 업무정지처분기간 경과 후에도 위 시행규칙의 규정에 따른 후행처분을 받지 않기 위하여 위 업무정지처분의 취소를 구할 법률상 이익이 있다고 한 사례

관련내용

> **협의의 소익**

1. 의의 및 취지
협의의 소익이란 본안판결을 받을 현실적·법률적 필요성을 의미하며, 협의의 소익은 남소방지와 소송경제에 그 취지가 있다.

2. 원고적격과의 구별
협의의 소익과 원고적격이 구별된다는 구별설, 구별되지 않는다는 비구별설이 대립하나, 판례는 별개의 요건으로 구별하고 있으며, 재판에 따른 구체적 실익, 현실적 필요성 측면과 개정안에서도 협의의 소익에 대하여 별도로 규정을 신설하고 있는바 구별하는 것이 타당하다.

3. 원칙적으로 협의의 소익이 없는 경우(소원해실)
① 처분의 효력이 소멸한 경우, ② 원상회복이 불가능한 경우, ③ 처분 후의 사정에 의해 이익침해가 해소된 경우, ④ 보다 실효적인 권리구제 수단이 있는 경우 소의 이익이 없는 것으로 본다.

4. 가중처벌 관련 제재적 처분기준의 경우 협의의 소익(감정평가법 시행령 제29조 별표 3 관련)
(1) 문제점
제재적 처분기준이 장래 처분의 가중요건이 될 시 처분의 효력이 소멸한 후에도 협의의 소익이 인정되는지 여부가 문제된다.

(2) 판례
① **종전판례** : 제재적 처분기준이 대통령령 형식(법규성 인정)인 경우에는 소의 이익이 있다고 보았으나, 부령 형식(법규성 불인정)인 경우에는 소의 이익을 부정하였다.
② **최근 판례** : 행정청은 처분기준을 준수할 의무가 있으므로 장래 처분의 가중요건이 되는 처분의 효력이 소멸한 경우에도, 가중처벌규정이 대외적 구속력을 갖는 법규명령인지와 상관없이 장래에 현실적·구체적 위험이 존재한다. 따라서 이러한 불이익을 조기에 제거할 필요가 있으므로 가중적 처벌규정의 대외적 구속력 여부와 관계없이 협의소익을 인정하는 것이 타당하다고 판시하였다(대판 2006.6.22, 2003두1684).

 관련기출

1. 제27회 문제4
국토교통부장관은 감정평가업자 甲이 「부동산 가격공시 및 감정 평가에 관한 법률」(이하 '부동산공시법'이라 함) 제29조 제2항에 따른 업무 범위를 위반하여 업무를 행하였다는 이유로 甲에게 3개월 업무정지처분을 하였다. 甲은 이러한 처분에 불복하여 취소소송을 제기하였으나 소송 계속 중 3개월의 정지기간이 경과되었다. 부동산공시법 제38조 제6항에 근거하여 제정된 부동산공시법 시행령 제77조 [별표 2] '감정평가업자의 설립인가의 취소와 업무의 정지에 관한 기준'에 따르면, 위 위반행위의 경우 위반횟수에 따라 가중처분을 하도록 규정하고 있다(1차 위반시 업무정지 3개월, 2차 위반 시 업무정지 6개월, 3차 위반 시 업무정지 1년). 甲은 업무정지처분의 취소를 구할 법률상 이익이 있는가? 10점

※ 출제위원 채점평

이 문제는 영업정지처분의 정지 기간이 도과된 후에 취소를 구할 법률상 이익이 인정되는지 여부를 묻는 문제이다. 행정소송법 제12조 후단을 언급하면서 협의의 소의 이익에 관한 대법원 판례의 태도를 기술하면 무난하다고 본다. 제재적 처분 기준의 법적 성질을 법령 보충적 행정규칙으로 잘못 이해하고 작성한 부실한 답안도 있었다. 그러나 제재적 처분 기준을 대통령령의 형식으로 명확히 알고 있는 전제에서 제재적 처분의 전력이 장래의 행정처분의 가중요건으로 법령에 규정되어 있는 경우에 협의의 소의 이익이 인정된다고 서술하는 답안 기술이 요망된다.

2. 제24회 문제3

乙은 감정평가사 甲이 감정평가업무를 행하면서 고의로 잘못된 평가를 하였다는 것을 이유로, 「감정평가 및 감정평가사에 관한 법률」 제32조 제1항 제11호 및 동법 시행령 제29조 [별표3]에 따라 6개월의 업무정지처분을 하였고, 乙은 이에 불복하여 취소소송을 제기하였다. 소송의 계속 중에 6개월의 업무정지기간이 만료하였다. 甲은 위 취소소송을 계속할 이익이 인정되는가? 20점

※ 출제위원 채점평

제재처분의 기간이 경과한 경우 취소소송을 계속할 이익이 있는지에 관하여는 전형적인 소송법상의 주요 쟁점으로 다루어지기 때문에 예상대로 상당수의 답안들이 협의의 소익을 주제로 하여 매우 잘 정리된 목차와 내용들을 기술하였다. 우선 제재처분의 기준을 정하고 있는 대통령령의 법적 성질이 어떠한지를 검토한 후 협의의 소익에 관한 일반적인 내용 및 제재처분의 기준에 관하여 장차 동일한 위반행위에 대한 가중처벌에 관한 규정이 존재하는 경우, 법률의 형식과 행정규칙의 형식으로 규정되어 있는 경우, 협의의 소익을 인정할 것인지에 관한 대법원 전원합의체판결 전후를 비교하여 검토하는 형식의 답안이 많았으며, 매우 평이하고 무난한 문제였기 때문에 이미 대다수의 수험생들이 예상문제로 많은 연습을 하였을 것으로 생각된다.

3. 제20회 문제3

감정평가 및 감정평가사에 관한 법률 시행령 제29조 [별표3](감정평가법인등의 설립인가의 취소와 업무의 정지에 관한 기준)은 재판규범성이 인정되는지의 여부를 설명하시오. 25점

4. 제16회 문제2

감정평가사 甲은 감정평가를 함에 있어 감정평가준칙을 준수하지 아니하였음을 이유로 국토교통부장관으로부터 2개월의 업무정지처분을 받았다. 이에 甲은 처분의 효력발생일로부터 2개월

이 경과한 후 제소기간 내에 국토교통부장관을 상대로 업무정지처분 취소소송을 제기하였다. 甲에게 소의 이익이 있는지의 여부를 판례의 태도에 비추어 설명하시오(감정평가 및 감정평가 사에 관한 법률 시행령 제29조 [별표 3]은 업무정지처분을 받은 감정평가사가 1년 이내에 다시 업무정지의 사유에 해당하는 위반행위를 한 때에는 가중하여 제재처분을 할 수 있도록 규정하고 있다). **30점**

판례 43 2007두13791 · 13807

처분사유의 추가 · 변경

쟁점사항

▶ 처분사유의 추가 · 변경이 인정되기 위한 요건

관련판례

✦ 대판 2008.2.28, 2007두13791 · 13807

> 행정처분의 취소를 구하는 항고소송에서 처분청은 당초 처분의 근거로 삼은 사유와 기본적 사실관계가 동일성이 있다고 인정되는 한도 내에서는 다른 사유를 추가하거나 변경할 수도 있으나, 기본적 사실관계가 동일하다는 것은 처분사유를 법률적으로 평가하기 이전의 구체적인 사실에 착안하여 그 기초적인 사회적 사실관계가 기본적인 점에서 동일한 것을 말하며, 처분청이 처분 당시에 적시한 구체적 사실을 변경하지 아니하는 범위 내에서 단지 그 처분의 근거법령만을 추가 · 변경하거나 당초의 처분사유를 구체적으로 표시하는 것에 불과한 경우에는 새로운 처분사유를 추가하거나 변경하는 것이라고 볼 수 없다.

관련조문

행정소송법 제19조(취소소송의 대상)

판시사항

[1] 행정처분의 취소를 구하는 항고소송에서 처분청은 당초 처분의 근거로 삼은 사유와 기본적 사실관계가 동일성이 있다고 인정되는 한도 내에서는 다른 사유를 추가하거나 변경할 수도 있으

나. 기본적 사실관계가 동일하다는 것은 처분사유를 법률적으로 평가하기 이전의 구체적인 사실에 착안하여 그 기초적인 사회적 사실관계가 기본적인 점에서 동일한 것을 말하며, 처분청이 처분 당시에 적시한 구체적 사실을 변경하지 아니하는 범위 내에서 단지 그 처분의 근거법령만을 추가·변경하거나 당초의 처분사유를 구체적으로 표시하는 것에 불과한 경우에는 새로운 처분사유를 추가하거나 변경하는 것이라고 볼 수 없다.

[2] 침익적 행정처분의 근거가 되는 행정법규는 엄격하게 해석·적용하여야 하고 행정처분의 상대방에게 불리한 방향으로 지나치게 확장해석하거나 유추해석하여서는 안 되며, 그 입법취지와 목적 등을 고려한 목적론적 해석이 전적으로 배제되는 것은 아니라 하더라도 그 해석이 문언의 통상적인 의미를 벗어나서는 안될 것인 바, 국가를 당사자로 하는 계약에 관한 법률 시행령 제76조 제1항 본문이 입찰참가자격 제한의 대상을 '계약상대자 또는 입찰자'로 정하고 있는 점 등에 비추어 보면, 같은 항 제7호에 규정된 '특정인의 낙찰을 위하여 담합한 자'는 '해당 경쟁입찰에 참가한 사람'으로서 그 입찰에서 특정인이 낙찰되도록 하기 위한 목적으로 담합한 사람을 의미한다고 보아야 하고, 해당 경쟁입찰에 참가하지 아니함으로써 경쟁입찰의 성립 자체를 방해하는 담합행위자는 설사 그 경쟁입찰을 유찰시켜 수의계약이 체결되도록 하기 위한 목적에서 비롯된 것이라 하더라도 위 '계약상대자 또는 입찰자'에 해당한다고 할 수 없다.

관련내용

처분사유의 추가·변경

1. 의의 및 취지
처분사유 추가·변경이란 처분 당시에 존재하였으나 처분이유로 제시되지 않았던 사실 및 법적 근거를 사후에 행정청이 행정소송 계속 중에 추가하거나 변경하는 것을 말한다. 이는 소송의 경제성에 그 취지가 인정된다.

2. 구별개념
처분사유 추가·변경은 처분 시에 객관적으로 이미 존재하였던 사유를 대상으로 한다는 점에서 처분 성립 당시의 하자를 사후에 보완함으로써 그 처분의 효력을 유지시키는 하자의 치유와 구별된다.

3. 인정 여부
(1) 학설
① **긍정설** : 분쟁의 일회적 해결 및 소송 경제의 측면에서 긍정하는 견해이다.
② **부정설** : 원고의 공격 방어권이 침해됨을 이유로 부정하는 견해이다.
③ **제한적 긍정설** : 처분의 상대방의 신뢰보호와 소송경제의 측면에서 일정한 범위 내 제한적으로 허용된다는 견해이다.

(2) 판례

처분청은 당초 처분의 근거로 삼은 사유와 기본적 사실관계의 동일성이 있다고 인정되는 한도 내에서만 다른 사유를 추가하거나 변경할 수 있을 뿐 기본적 사실관계의 동일성이 인정되지 않는 별개의 사실을 들어 처분사유로 주장하는 것은 허용되지 않는다고 하여 제한적 긍정설의 입장이다.

(3) 검토

처분사유 추가·변경은 소송경제와 원고의 방어권 보장 등을 위한 것이므로 이를 조화롭게 고려한 제한적 긍정설이 타당하다.

4. 인정범위

(1) 시간적 범위

위법판단의 기준시점에 대해 처분시설을 취하는 경우 추가·변경의 사유는 처분 시 객관적으로 존재하는 사유이어야 하며, 행정청은 사실심 변론종결 시까지 처분사유를 추가·변경하여야 한다.

(2) 객관적 범위(기본적 사실관계의 동일성)

통설 및 판례는 기본적 사실관계의 동일성 유무는 처분관계를 법률적으로 평가하기 이전의 구체적 사실관계에 동일성 여부에 따라 결정하여야 하며, 구체적 판단은 시간적·장소적 근접성, 행위의 태양·결과 등을 종합적으로 고려해야 한다고 본다.

(3) 재량행위와 처분사유 추가·변경

재량행위의 처분사유 추가·변경은 처분의 동일성을 변경시켜 이는 새로운 처분을 한 것이 되어 부정하는 견해가 있으나, 처분사유 추가·변경은 처분이 변경되지 않음을 전제로 하는 것이므로 재량행위에서도 긍정함이 타당하다.

5. 처분사유 추가·변경의 효과

기본적 사실관계의 동일성이 인정되어 처분사유 추가·변경이 인정되면 법원은 변경된 사유를 기준으로 본안심사를 하고, 인정되지 않는다면 당초의 처분사유를 기준으로 해야 한다.

관련기출

1. 제29회 문제2 물음2

위 징계절차를 거쳐 국토교통부장관 A는 甲에 대하여 3개월간의 업무정지 징계처분을 하였고, 甲은 당해 처분이 위법하다고 보고 관할법원에 취소소송을 제기하였다. 이 취소소송의 계속 중 국토교통부장관 A는 당해 징계처분의 사유로 감정평가법 제27조의 위반사유 이외에, 징계처분 당시 甲이 국토교통부장관에게 등록을 하지 아니하고 감정평가업무를 수행하였다는 동법 제17조의 위반사유를 추가하는 것이 허용되는가? 10점

※ 출제위원 채점평

물음 2)는 처분사유의 추가·변경에 관한 문제로서 최근 여러 시험에서 가장 많은 출제빈도를 나타내는 문제였습니다. 인정을 할 것인가에 관한 학설, 인정한다면 어떤 요건하에 인정될 수 있을 것인가를 설명하고 문제의 사안이 그 요건을 충족하는지를 설명하는 것이 핵심사항입니다.

판례 44 2005두14851

불송달 시 공고한 경우 처분이 있음을 안 날

쟁점사항

▶ 불송달 시 공고한 경우 '처분이 있음을 안 날' : 처분이 있었음을 현실적으로 안 날

관련판례

✦ **대판 2006.4.28, 2005두14851[주민등록직권말소처분무효확인]**

'처분이 있음을 안 날'이라 함은 당사자가 통지, 공고 기타의 방법에 의하여 해당 처분이 있었다는 사실을 현실적으로 안 날을 의미하는바, 특정인에 대한 행정처분을 주소불명 등의 이유로 송달할 수 없어 관보·공보·게시판·일간신문 등에 공고한 경우에는, 공고가 효력을 발생하는 날에 상대방이 그 행정처분이 있음을 알았다고 볼 수는 없고, 상대방이 해당 처분이 있었다는 사실을 현실적으로 안 날에 그 처분이 있음을 알았다고 보아야 한다.

관련조문

행정소송법 제20조(제소기간)

판시사항

행정소송법 제20조 제1항 소정의 제소기간 기산점인 '처분이 있음을 안 날'이라 함은 당사자가 통지, 공고 기타의 방법에 의하여 해당 처분이 있었다는 사실을 현실적으로 안 날을 의미하는바(대판 1991.6.28, 90누6521, 1995.11.24, 95누11535 등 참조), 특정인에 대한 행정처분을 주소불명 등의 이유로 송달할 수 없어 관보·공보·게시판·일간신문 등에 공고한 경우에는, 공고가 효력을 발생하는

날에 상대방이 그 행정처분이 있음을 알았다고 볼 수는 없고, 상대방이 해당 처분이 있었다는 사실을 현실적으로 안 날에 그 처분이 있음을 알았다고 보아야 할 것이다.

판례 45   2004두6181

기속행위와 재량행위의 구별

쟁점사항

▶ 기속행위와 재량행위의 구별 기준

관련판례

✦ **대판 2007.5.31, 2004두6181[건축허가신청반려처분취소]**

행정행위가 그 재량성의 유무 및 범위와 관련하여 이른바 기속행위 내지 기속재량행위와 재량행위 내지 자유재량행위로 구분된다고 할 때, 그 구분은 해당 행위의 근거가 된 법규의 체재·형식과 그 문언, 해당 행위가 속하는 행정 분야의 주된 목적과 특성, 해당 행위 자체의 개별적 성질과 유형 등을 모두 고려하여 판단하여야 하고, 이렇게 구분되는 양자에 대한 사법심사는, 전자의 경우 ㄱ 법규에 대한 원칙적인 기속성으로 인하여 법원이 사실인정과 관련법규의 해석·적용을 통하여 일정한 결론을 도출한 후 그 결론에 비추어 행정청이 한 판단의 적법 여부를 독자의 입장에서 판정하는 방식에 의하게 되나, 후자의 경우 행정청의 재량에 기한 공익판단의 여지를 감안하여 법원은 독자의 결론을 도출함이 없이 해당 행위에 재량권의 일탈·남용이 있는지 여부만을 심사하게 되고, 이러한 재량권의 일탈·남용 여부에 대한 심사는 사실오인, 비례·평등의 원칙 위배, 해당 행위의 목적 위반이나 동기의 부정 유무 등을 그 판단 대상으로 한다.

관련조문

행정소송법 제27조(재량처분의 취소)

판시사항

국토계획법 소정의 도시지역 안에서 토지의 형질변경행위를 수반하는 건축허가는 건축법 제8조 제1항의 규정에 의한 건축허가와 국토계획법 제56조 제1항 제2호의 규정에 의한 토지의 형질변경허가의 성질을 아울러 갖는 것으로 보아야 할 것이고, 국토계획법 제58조 제1항 제4호, 제3항, 국토계획법 시행령 제56조 제1항 [별표 1] 제1호 (가)목 (3), (라)목 (1), (마)목 (1)의 각 규정을 종합하면, 국토계획법 제56조 제1항 제2호의 규정에 의한 토지의 형질변경허가는 그 금지요건이 불확정 개념으로 규정되어 있어 그 금지요건에 해당하는지 여부를 판단함에 있어서 행정청에게 재량권이 부여되어 있다고 할 것이므로, 국토계획법에 의하여 지정된 도시지역 안에서 토지의 형질변경행위를 수반하는 건축허가는 결국 재량행위에 속한다고 할 것이다.

한편, 행정행위를 기속행위와 재량행위로 구분하는 경우 양자에 대한 사법심사는, 전자의 경우 그 법규에 대한 원칙적인 기속성으로 인하여 법원이 사실인정과 관련법규의 해석·적용을 통하여 일정한 결론을 도출한 후 그 결론에 비추어 행정청이 한 판단의 적법 여부를 독자의 입장에서 판정하는 방식에 의하게 되나, 후자의 경우 행정청의 재량에 기한 공익판단의 여지를 감안하여 법원은 독자의 결론을 도출함이 없이 해당 행위에 재량권의 일탈·남용이 있는지 여부만을 심사하게 되고, 이러한 재량권의 일탈·남용 여부에 대한 심사는 사실오인, 비례·평등의 원칙 위배 등을 그 판단대상으로 한다.

 **판례 46** 98두2768

행정계획의 재량 ①

쟁점사항

▶ 행정계획결정의 이익형량 및 재량권 일탈·남용

관련판례

✦ 대판 2000.3.23, 98두2768[도시계획결정취소]

행정계획이라 함은 행정에 관한 전문적·기술적 판단을 기초로 하여 도시의 건설·정비·개량 등과 같은 특정한 행정목표를 달성하기 위하여 서로 관련되는 행정수단을 종합·조정함으로써 장래의 일정한 시점에 있어서 일정한 질서를 실현하기 위한 활동기준으로 설정된 것으로서, 도시계획법 등 관계법령에는 추상적인 행정목표와 절차만이 규정되어 있을 뿐 행정계획의 내용에 대하여는 별다른 규정을 두고 있지 아니하므로 행정주체는 구체적인 행정계획을 입안·결정함에 있어서 비교적 광범위한 형성의

자유를 가지는 한편, 행정주체가 가지는 이와 같은 형성의 자유는 무제한적인 것이 아니라 그 행정계획
에 관련되는 자들의 이익을 공익과 사익 사이에서는 물론이고 공익 상호 간과 사익 상호 간에도 정당하
게 비교교량하여야 한다는 제한이 있는 것이고, 따라서 행정주체가 행정계획을 입안·결정함에 있어서
이익형량을 전혀 행하지 아니하거나 이익형량의 고려대상에 마땅히 포함시켜야 할 사항을 누락한 경우
또는 이익형량을 하였으나 정당성·객관성이 결여된 경우에는 그 행정계획결정은 재량권을 일탈·남
용한 것으로서 위법하게 된다.

관련조문

행정소송법 제27조(재량처분의 취소)

판시사항

[1] 행정소송에 있어서 특단의 사정이 있는 경우를 제외하면 해당 행정처분의 적법성에 관하여는
해당 처분청이 이를 주장·입증하여야 할 것이나 행정소송에 있어서 직권주의가 가미되어 있
다고 하여도 여전히 변론주의를 기본 구조로 하는 이상 행정처분의 위법을 들어 그 취소를 청
구함에 있어서는 직권조사사항을 제외하고는 그 취소를 구하는 자가 위법사유에 해당하는 구
체적인 사실을 먼저 주장하여야 한다.

[2] 법원의 석명권 행사는 사안을 해명하기 위하여 당사자에게 그 주장의 모순된 점이나 불완전·
불명료한 부분을 지적하여 이를 정정·보충할 수 있는 기회를 주고 또 그 계쟁사실에 대한
증거의 제출을 촉구하는 것을 그 내용으로 하는 것이며, 당사자가 주장하지도 않은 법률효과
에 관한 요건사실이나 공격방어방법을 시사하여 그 제출을 권유하는 행위는 변론주의의 원칙
에 위배되고 석명권 행사의 한계를 일탈한 것이다.

[3] 행정계획이라 함은 행정에 관한 전문적·기술적 판단을 기초로 하여 도시의 건설·정비·개량
등과 같은 특정한 행정목표를 달성하기 위하여 서로 관련되는 행정수단을 종합·조정함으로써
장래의 일정한 시점에 있어서 일정한 질서를 실현하기 위한 활동기준으로 설정된 것으로서,
도시계획법 등 관계법령에는 추상적인 행정목표와 절차만이 규정되어 있을 뿐 행정계획의 내
용에 대하여는 별다른 규정을 두고 있지 아니하므로 행정주체는 구체적인 행정계획을 입안·
결정함에 있어서 비교적 광범위한 형성의 자유를 가지는 한편, 행정주체가 가지는 이와 같은
형성의 자유는 무제한적인 것이 아니라 <u>그 행정계획에 관련되는 자들의 이익을 공익과 사익
사이에서는 물론이고 공익 상호 간과 사익 상호 간에도 정당하게 비교·교량하여야 한다는 제
한이 있는 것이고, 따라서 행정주체가 행정계획을 입안·결정함에 있어서 이익형량을 전혀 행
하지 아니하거나 이익형량의 고려대상에 마땅히 포함시켜야 할 사항을 누락한 경우 또는 이익
형량을 하였으나 정당성·객관성이 결여된 경우에는 그 행정계획결정은 재량권을 일탈·남용
한 것으로서 위법하게 된다.</u>

[4] 도시계획법 제16조의2 제2항과 같은 법 시행령 제14조의2 제6항 내지 제8항의 규정을 종합하여 보면 도시계획의 입안에 있어 해당 도시계획안의 내용을 공고 및 공람하게 한 것은 다수 이해관계자의 이익을 합리적으로 조정하여 국민의 권리자유에 대한 부당한 침해를 방지하고 행정의 민주화와 신뢰를 확보하기 위하여 국민의 의사를 그 과정에 반영시키는 데 있는 것이므로 이러한 공고 및 공람 절차에 하자가 있는 도시계획결정은 위법하다.

관련기출

1. 제24회 문제1 물음1

甲은 乙이 2010년 3월 그의 토지에 대하여 녹지지역으로 재지정한 것은 신뢰보호의 원칙에 위배될 뿐만 아니라 당해 토지 일대의 이용상황을 고려하지 아니한 결정이었다고 주장하며, 녹지지역 지정을 해제할 것을 요구하고자 한다. 甲의 주장이 법적으로 관철될 수 있는가에 대하여 논하시오. **20점**

※ 출제위원 채점평

1문은 녹지지정의 해제는 도시관리계획이라는 수단을 통하여 행하여야 하기 때문에 녹지지정의 해제청구는 도시계획의 변경신청 또는 변경청구를 의미하는 점을 서술하여야 한다. 행정계획의 변경신청 가능성과 행정계획변경청구권의 인정여부를 묻는 문제로 난이도가 그리 높지 않은 문제라 할 수 있다. 그러나 상당수의 수험생들이 문제의 취지나 출제의도를 정확하게 파악하지 못하여 녹지지역재지정처분의 취소청구소송으로 이해하여 답안을 작성하였기 때문에 중요한 논점을 언급하지 못하였다. 이는 모두 행정법의 기초지식과 기본 법리에 대한 이해부족을 단적으로 드러낸 것이라 할 수 있는 만큼, 보다 성의 있고 내실 있는 기본기 확립이 필요할 것으로 보인다.

판례 47 96누1313

행정계획의 재량 ②

쟁점사항

▶ 개발제한구역지정처분(계획재량처분)의 재량성

관련판례

✦ 대판 1997.6.24, 96누1313[토지수용이의재결처분취소등]

> 개발제한구역지정처분은 건설부장관이 법령의 범위 내에서 도시의 무질서한 확산 방지 등을 목적으로
> 도시정책상의 전문적·기술적 판단에 기초하여 행하는 일종의 행정계획으로서 그 입안·결정에 관하여
> 광범위한 형성의 자유를 가지는 계획재량처분이므로, 그 지정에 관련된 공익과 사익을 전혀 비교교량
> 하지 아니하였거나 비교교량을 하였더라도 그 정당성과 객관성이 결여되어 비례의 원칙에 위반되었다고
> 볼 만한 사정이 없는 이상, 그 개발제한구역지정처분은 재량권을 일탈·남용한 위법한 것이라고 할 수
> 없다.

판시사항

개발제한구역지정처분은 건설부장관이 법령의 범위 내에서 도시의 무질서한 확산 방지 등을 목적으
로 도시정책상의 전문적·기술적 판단에 기초하여 행하는 일종의 행정계획으로서 그 입안·결정에 관
하여 광범위한 형성의 자유를 가지는 계획재량처분이므로, 그 지정에 관련된 공익과 사익을 전혀
비교교량하지 아니하였거나 비교교량을 하였더라도 그 정당성과 객관성이 결여되어 비례의 원칙
에 위반되었다고 볼 만한 사정이 없는 이상, 그 개발제한구역지정처분은 재량권을 일탈·남용한
위법한 것이라고 할 수 없다.

도시계획법에 의한 개발제한구역의 지정은 공공사업과 관계없이 가해진 일반적 계획제한에 해당
하므로, 공공사업의 시행에 따른 당해 토지의 정당한 수용보상액을 산정함에 있어서는, 그러한 제
한이 있는 상태 그대로 평가하여야 한다.

판례 48 80누105

행정계획의 법적 성질 : 도시관리계획의 처분성

쟁점사항

▶ 고시된 도시계획결정이 처분에 해당하는지 여부

관련판례

✦ 대판 1982.3.9, 80누105[도시계획변경처분취소]

> 고시된 도시계획결정이 행정소송이 대상이 되는가(적극)

판시사항

원심판결 이유에 의하면 원심은, 원고들이 취소를 구하는 원판시 도로계획결정이 도시계획법 제12조에 의하여 한 도시계획결정임을 확정한 다음, 위 규정에 의한 건설부장관의 도시계획결정은 도시계획사업의 기본이 되는 일반적 추상적인 도시계획의 결정으로서 이와 같은 일반계획의 결정이 있었던 것만으로는 특정 개인에게 어떤 직접적이며 구체적인 권리의무 관계가 발생한다고는 볼 수 없다 할 것이므로 이 점에 있어서 피고의 이 사건 도시계획결정은 결국 항고소송의 대상이 되는 행정처분은 아니라고 봄이 상당하고, 원고의 이 소는 결국 행정소송의 대상이 될 수 없는 사항을 그 대상으로 삼은 부적법한 소라 하여 이를 각하한다고 판시하고 있다.

그러나 도시계획법 제12조 소정의 도시계획결정이 고시되면 도시계획구역안의 토지나 건물 소유자의 토지형질변경, 건축물의 신축, 개축 또는 증축 등 권리행사가 일정한 제한을 받게 되는바 이런 점에서 볼 때 고시된 도시계획결정은 특정 개인의 권리 내지 법률상의 이익을 개별적이고 구체적으로 규제하는 효과를 가져오게 하는 행정청의 처분이라 할 것이고, 이는 행정소송의 대상이 되는 것이라 할 것이다(대판 1978.12.26, 78누281 참조).

원심이 도시계획결정이 개인에게 구체적이고 직접적인 권리의무 관계의 발생을 가져오게 하는 것이 아니라는 이유로 위와 같이 판단하였음은 도시계획결정과 행정소송의 대상에 관한 법리를 오해한 위법이 있다 할 것이고, 이 점에서 논지는 이유 있다.

그러므로 원심판결을 파기하고, 사건을 원심인 서울고등법원으로 환송하기로 하여 관여법관의 일치된 의견으로 주문과 같이 판결한다.

판례 49 2005두1893

행정계획결정이 형량명령의 내용에 반하는 경우에 형량의 하자

쟁점사항

▶ 행정계획결정에 형량의 하자가 존재하는 경우

관련판례

✦ 대판 2007.4.12, 2005두1893[도시계획시설결정취소]

- 개발제한구역 내에 묘지공원과 화장장 시설을 설치하는 내용의 도시계획시설결정이 개발제한구역의 지정목적에 어긋나 위법한지 여부(소극)
- (구)도시계획법 제19조 제1항 및 지방자치단체의 도시계획조례에서 말하는 도시기본계획이 행정청에 대한 직접적 구속력을 가지는지 여부(소극)
- 행정계획의 의미 및 행정주체의 행정계획결정에 관한 재량의 한계

판시사항

행정계획이라 함은 행정에 관한 전문적·기술적 판단을 기초로 하여 도시의 건설·정비·개량 등과 같은 특정한 행정목표를 달성하기 위하여 서로 관련되는 행정수단을 종합·조정함으로써 장래의 일정한 시점에 있어서 일정한 질서를 실현하기 위한 활동기준으로 설정된 것으로서, 관계 법령에는 추상적인 행성목표와 절차만이 규정되어 있을 뿐 행정계획의 내용에 관하여는 별다른 규정을 두고 있지 아니하므로 행정주체는 구체적인 행정계획을 입안·결정함에 있어서 비교적 광범위한 형성의 자유를 가지는 것이지만, 행정주체가 가지는 이와 같은 형성의 자유는 무제한적인 것이 아니라 그 행정계획에 관련되는 자들의 이익을 공익과 사익 사이에서는 물론이고 공익 상호 간과 사익 상호 간에도 정당하게 비교·교량하여야 한다는 제한이 있으므로, 행정주체가 행정계획을 입안·결정함에 있어서 이익형량을 전혀 행하지 아니하거나 이익형량의 고려 대상에 마땅히 포함시켜야 할 사항을 누락한 경우 또는 이익형량을 하였으나 정당성과 객관성이 결여된 경우에는 그 행정계획결정은 형량에 하자가 있어 위법하게 된다.

관련내용

형량명령

1. 의의
　형량명령이란 행정계획을 수립·변경함에 있어서 관련된 이익을 정당하게 형량하여야 한다는 원칙을 말한다.

2. 형량의 하자
　① **형량의 해태** : 형량을 전혀 행하지 않은 경우
　② **형량의 흠결** : 형량의 대상에 마땅히 포함시켜야 할 사항을 누락한 경우
　③ **형량의 오형량** : 형량에 있어 관계 사익의 의미·내용 등을 오판한 경우

판례 50 **97헌바26**

적법한 행정계획과 손실보상

쟁점사항

▶ 도시계획시설 지정으로 인한 재산권 손실이 발생한 경우 보상의무
▶ 토지를 종래 목적대로 사용할 수 없게 된 경우 보상 방법

관련판례

✦ 헌재 1999.10.21, 97헌바26 전원재판부

판시사항

1. 사인의 토지가 도로, 공원, 학교 등 도시계획시설로 지정된다는 것은, 당해 토지가 매수될 때까지 시설예정부지의 가치를 상승시키거나 계획된 사업의 시행을 어렵게 하는 변경을 해서는 안된다는 내용의 '변경금지의무'를 토지소유자에게 부과하는 것을 의미한다.

2. 도시계획시설의 지정으로 말미암아 당해 토지의 이용가능성이 배제되거나 또는 토지소유자가 토지를 종래 허용된 용도대로도 사용할 수 없기 때문에 이로 말미암아 현저한 재산적 손실이

발생하는 경우에는, 원칙적으로 사회적 제약의 범위를 넘는 수용적 효과를 인정하여 국가나 지방자치단체는 이에 대한 보상을 해야 한다.

3. 도시계획시설로 지정된 토지가 나대지인 경우, 토지소유자는 더 이상 그 토지를 종래 허용된 용도(건축)대로 사용할 수 없게 됨으로써 토지의 매도가 사실상 거의 불가능하고 경제적으로 의미 있는 이용가능성이 배제된다. 이러한 경우, 사업시행자에 의한 토지매수가 장기간 지체되어 토지소유자에게 토지를 계속 보유하도록 하는 것이 경제적인 관점에서 보아 더 이상 요구될 수 없다면, 입법자는 매수청구권이나 수용신청권의 부여, 지정의 해제, 금전적 보상 등 다양한 보상가능성을 통하여 재산권에 대한 가혹한 침해를 적절하게 보상하여야 한다.

4. 도시계획시설의 시행지연으로 인한 보상의 문제는, 도시계획사업이 국가 및 지방자치단체에 의하여 이행되어야 할 필요적 과제이자 중요한 공익이라고 하는 관점과 다른 한편 도시계획시설의 시행이 지연됨으로 말미암아 재산적 손실을 입는 토지소유자의 이익(헌법상의 재산권)을 함께 고려하여 양 법익이 서로 조화와 균형을 이루도록 하여야 한다.

5. 입법자는 도시계획사업도 가능하게 하면서 국민의 재산권 또한 존중하는 방향으로, 재산권의 사회적 제약이 보상을 요하는 수용적 효과로 전환되는 시점, 즉 보상의무가 발생하는 시점을 확정하여 보상규정을 두어야 한다. 토지재산권의 강화된 사회적 의무와 도시계획의 필요성이란 공익에 비추어 일정한 기간까지는 토지소유자가 도시계획시설결정의 집행지연으로 인한 재산권의 제한을 수인해야 하지만, 일정 기간이 지난 뒤에는 입법자가 보상규정의 제정을 통하여 과도한 부담에 대한 보상을 하도록 함으로써 도시계획시설결정에 관한 집행계획은 비로소 헌법상의 재산권 보장과 조화될 수 있다.

6. 입법자는 토지재산권의 제한에 관한 전반적인 법체계, 외국의 입법례 등과 기타 현실적인 요소들을 종합적으로 참작하여 국민의 재산권과 도시계획사업을 통하여 달성하려는 공익 모두를 실현하기에 적정하다고 판단되는 기간을 정해야 한다. 그러나 어떠한 경우라도 토지의 사적 이용권이 배제된 상태에서 토지소유자로 하여금 10년 이상을 아무런 보상 없이 수인하도록 하는 것은 공익실현의 관점에서도 정당화될 수 없는 과도한 제한으로서 헌법상의 재산권 보장에 위배된다고 보아야 한다.

7. 이 사건의 경우, 도시계획을 시행하기 위해서는 계획구역 내의 토지소유자에게 행위제한을 부과하는 법규정이 반드시 필요한데, 헌법재판소가 위헌결정을 통하여 당장 법률의 효력을 소멸시킨다면, 토지재산권의 행사를 제한하는 근거규범이 존재하지 않게 됨으로써 도시계획이라는 중요한 지방자치단체행정의 수행이 수권규범의 결여로 말미암아 불가능하게 된다. 도시계획은 국가와 지방자치단체의 중요한 행정으로서 잠시도 중단되어서는 안 되기 때문에, 이 사건 법률 조항을 입법개선 시까지 잠정적으로 적용하는 것이 바람직하다고 판단된다.

판례 51 2003두7705

재결의 기속력의 범위

쟁점사항

▸ 종전 처분이 재결에 의해 취소된 경우 그 처분 시와는 다른 사유를 들어 처분하는 것이 기속력에 저촉되는지 여부 및 그 판단기준

관련판례

✦ 대판 2005.12.9, 2003두7705[주택건설사업계획승인신청서반려처분취소]

> 1. 재결의 기속력의 범위
> 2. 새로운 처분의 처분사유와 종전 처분에 관하여 위법한 것으로 재결에서 판단된 사유가 기본적 사실관계에 있어 동일성이 없으므로 새로운 처분이 종전 처분에 대한 재결의 기속력에 저촉되지 않는다고 한 사례

관련조문

행정소송법 제30조(취소판결 등의 기속력)

판시사항

[1] 재결의 기속력은 재결의 주문 및 그 전제가 된 요건사실의 인정과 판단, 즉 처분 등의 구체적 위법사유에 관한 판단에만 미친다고 할 것이고, 종전 처분이 재결에 의하여 취소되었다 하더라도 종전 처분 시와는 다른 사유를 들어서 처분을 하는 것은 기속력에 저촉되지 않는다고 할 것이며, 여기에서 동일 사유인지 다른 사유인지는 종전 처분에 관하여 위법한 것으로 재결에서 판단된 사유와 기본적 사실관계에 있어 동일성이 인정되는 사유인지 여부에 따라 판단되어야 한다.

[2] 새로운 처분의 처분사유와 종전 처분에 관하여 위법한 것으로 재결에서 판단된 사유가 기본적 사실관계에 있어 동일성이 없으므로 새로운 처분이 종전 처분에 대한 재결의 기속력에 저촉되지 않는다고 한 사례

관련내용

기속력

1. 의의 및 취지(행정소송법 제30조)

기속력이란 소송당사자인 행정청과 그 밖의 관계행정청이 판결의 내용에 따라 행동해야 하는 실체법상의 의무를 발생시키는 효력을 말한다. 이는 인용판결에 한하여 인정되며 인용판결의 실효성 확보에 그 취지가 있다.

2. 법적 성질

기판력의 법적 성질에 대해 ① 기속력은 기판력과 동일게 보는 기판력설, ② 기속력은 취소판결의 실효성 확보를 위해 행정소송법이 취소판결에 인정한 특유한 효력이라는 특수효력설이 있다. 이에 대해 판례의 입장은 불분명하나, 기속력은 인용판결에만 발생하며, 기속력과 기판력은 그 미치는 범위가 다르다는 점 등에 비추어 기속력은 기판력과는 다른 특수한 효력이라고 보는 특수효력설이 타당하다.

3. 내용

(1) 반복금지효

반복금지효란 당사자인 행정청과 그 밖의 관계 행정청은 동일한 사실관계 아래서 동일 당사자에게 동일한 내용의 처분을 할 수 없다는 부작위의무를 의미한다.

(2) 재처분의무

재처분의무란 행정청이 판결의 취지에 따른 처분을 해야 함을 의미한다. 판결에 의하여 취소되는 처분이 당사자의 신청에 대한 거부처분인 경우에는 행정청은 판결의 취지에 따라 이전 신청에 대한 처분을 하여야 한다. 절차의 위법을 이유로 취소되는 경우에도 같다.

(3) 원상회복의무(결과제거의무)

취소판결이 확정되면 행정청은 취소된 처분에 의해 초래된 위법상태를 제거하여 원상회복할 의무를 진다. 이에 대해 견해의 대립이 있으나 다수견해는 원상회복의무를 기속력의 내용으로 본다.

4. 범위

(1) 주관적 범위

기속력은 당사자인 행정청과 그 밖의 관계 행정청을 기속한다. 여기서 관계 행정청이란 취소된 처분 등을 기초로 하여 그와 관련되는 처분이나 부수되는 행위를 할 수 있는 행정청을 총칭한다.

(2) 객관적 범위

기속력은 판결의 주문과 이유에 적시된 개개의 위법사유에만 미친다.

(3) 시간적 범위

기속력은 처분 당시를 기준으로 처분 당시에 존재하던 사유에 한하고 그 이후 생긴 사유에는 미치지 않는다.

5. 기속력 위반의 효과

취소판결의 기속력에 반하는 행정청의 처분은 위법한 행위로서 하자가 중대하고 명백하다고 볼 수 있어 무효로 판단된다. 판례 역시 기속력에 위반하여 한 행정청의 행위는 당연무효가 된다고 판시하였다.

 판례 52 **86누91**

확정판결의 기판력의 저촉 여부

쟁점사항

▶ 절차상 하자를 보완하여 새로운 처분을 하는 경우 확정판결의 기판력에 저촉되는지 여부

관련판례

✦ **대판 1987.2.10, 86누91[취득세부과처분취소]**

1. 절차상의 하자를 이유로 과세처분을 취소하는 판결이 확정된 경우, 그 위법사유를 보완하여 새로운 부과처분을 하는 것과 위 확정판결의 기판력의 저촉 여부
2. 법인이 취득토지를 타에 현물출자함으로써 그 고유목적에 사용하지 아니한 경우, 비업무용 토지에의 해당 여부

관련조문

행정소송법 제8조(법적용례)

판시사항

[1] 과세의 절차 내지 형식에 위법이 있어 과세처분을 취소하는 판결이 확정되었을 때는 <u>그 확정판</u>

결의 기판력은 거기에 적시된 절차 내지 형식의 위법사유에 한하여 미치는 것이므로 과세관청은 그 위법사유를 보완하여 다시 새로운 과세처분을 할 수 있고 그 새로운 과세처분은 확정판결에 의하여 취소된 종전의 과세처분과는 별개의 처분이라 할 것이어서 확정판결의 기판력에 저촉되는 것이 아니다.

[2] 지방세법 제112조, 같은 법 시행령 제84조의3 제3호의 규정에 따라 법인이 취득일로부터 1년 이내에 그 고유목적에 직접 사용하지 아니하는 토지는 이른바 사치성 재산으로서 취득세의 중과세대상이 되는 것이므로 법인이 부동산을 취득하여 1년 내에 타에 현물출자를 하여 그 고유의 목적에 직접 사용한 일이 없다면 위 중과세대상에서 제외되는 것이 아니다.

판례 53 94다28000

행정행위의 공정력

쟁점사항

▶ 행정행위의 하자가 취소사유인 때 처분의 효력을 부정할 수 있는지 여부

1. 공정력

공정력이란 행정행위가 무효가 아닌 한 상대방 또는 이해관계인은 행정행위가 권한 있는 기관에 의해 취소되기까지는 그의 효력을 부인할 수 없다는 힘을 말한다. 이는 당사자를 구속하는 효력을 지닌다.

2. 구성요건적 효력

구성요건적 효력이란 유효한 행정행위가 존재하는 한 모든 행정기관과 법원은 처분의 존재 및 그 효과를 인정해야 함을 의미하며, 이는 타 기관을 구속하는 효력을 지닌다.

3. 행정행위의 특질 중 공정력과 구성요건적 효력의 비교

구분	공정력	구성요건적 효력
1. 구속력의 성질	절차상 구속력	내용상 구속력
2. 인정 근거	법적 안정성	기관 상호 간 권한존중과 권리분립 원리
3. 효력의 인적 범위	상대방과 이해관계인 있는 제3자	다른 행정청과 법원
4. 감정평가사 시험에서 주요쟁점	취소소송에서 처분의 공정력을 깨는 것이 포인트	선결문제 논의할 때 구성요건적 효력으로 국가기관 간 권한존중으로 논리구성

출처 : 홍정선, 신행정법 특강, 박영사, 2020, p.221

관련판례

✦ **대판 1994.11.11, 94다28000[부당이득금]**

가. 조세의 과오납이 부당이득이 되기 위하여는 납세 또는 조세의 징수가 실체법적으로나 절차법적으로 전혀 법률상의 근거가 없거나 과세처분의 하자가 중대하고 명백하여 당연무효이어야 하고, 과세처분의 하자가 단지 취소할 수 있는 정도에 불과할 때에는 과세관청이 이를 스스로 취소하거나 항고소송절차에 의하여 취소되지 않는 한 그로 인한 조세의 납부가 부당이득이 된다고 할 수 없다.

나. 행정처분이 아무리 위법하다고 하여도 그 하자가 중대하고 명백하여 당연무효라고 보아야 할 사유가 있는 경우를 제외하고는 아무도 그 하자를 이유로 무단히 그 효과를 부정하지 못하는 것으로, 이러한 행정행위의 공정력은 판결의 기판력과 같은 효력은 아니지만 그 공정력의 객관적 범위에 속하는 행정행위의 하자가 취소사유에 불과한 때에는 그 처분이 취소되지 않는 한 처분의 효력을 부정하여 그로 인한 이득을 법률상 원인 없는 이득이라고 말할 수 없는 것이다.

관련조문

가. 민법 제741조
나. 행정소송법 제1조[행정처분일반]

판시사항

조세의 과오납이 부당이득이 되기 위하여는 납세 또는 조세의 징수가 실체법적으로나 절차법적으로 전혀 법률상의 근거가 없거나 과세처분의 하자가 중대하고 명백하여 당연무효이어야 하고, 과세처분의 하자가 단지 취소할 수 있는 정도에 불과할 때에는 과세관청이 이를 스스로 취소하거나 항고소송절차에 의하여 취소되지 않는 한 그로 인한 조세의 납부가 부당이득이 된다고 할 수 없다(대판 1987.7.7, 87다카54 참조). 원래 행정처분이 아무리 위법하다고 하여도 그 하자가 중대하고 명백하여 당연무효라고 보아야 할 사유가 있는 경우를 제외하고는 아무도 그 하자를 이유로 무단히 그 효과를 부정하지 못하는 것으로, 이러한 행정행위의 공정력은 판결의 기판력과 같은 효력은 아니지만 그 공정력의 객관적 범위에 속하는 행정행위의 하자가 취소사유에 불과한 때에는 그 처분이 취소되지 않는 한 처분의 효력을 부정하여 그로 인한 이득을 법률상 원인 없는 이득이라고 말할 수 없게 하는 것이다.

판례 54　2009다90092

행정행위의 무효를 확인하는 것이 선결문제인 경우(부당이득반환청구소송)

쟁점사항

▶ 민사소송에서 처분의 당연무효 여부가 선결문제인 경우 행정소송을 통해 취소나 무효확인을 받아야 하는지 여부

관련판례

✦ 대판 2010.4.8, 2009다90092[건물인도]

[1] 민사소송에서 어느 행정처분의 당연무효 여부가 선결문제로 된 경우 반드시 행정소송 등의 절차에 의해 그 취소나 무효 확인을 받아야 하는지 여부(소극)

[2] 도시환경정비사업의 관리처분계획 인가의 고시가 있은 후 그 시행자인 조합이 종전 토지 또는 건축물의 소유자 등 권리자에게 소유 또는 점유하고 있는 부동산의 인도를 청구하자 그 권리자가 조합설립결의와 관리처분계획에 대한 결의에 중대하고 명백한 하자가 있어 그 각 결의가 무효이므로 위 청구에 응할 수 없다고 주장한 사안에서, 조합설립결의나 관리처분계획에 대한 결의가 당연무효라는 권리자의 주장 속에는 조합설립 인가처분이나 관리처분계획에 당연무효사유가 있다는 주장도 포함되어 있으므로 이를 심리하여 권리자 주장의 당부를 판단하여야 함에도, 단지 권리자가 항고소송의 방법으로 조합설립인가처분이나 관리처분계획에 대한 취소 또는 무효 확인을 받지 않았다는 이유만으로 그 주장을 배척한 원심판결에 심리미진 등의 위법이 있다고 한 사례

판시사항

관리처분계획 인가의 고시가 있은 때에는 종전의 토지 또는 건축물의 소유자·지상권자·전세권

자·임차권자 등 권리자는 도시 및 주거환경정비법 제54조의 규정에 의한 이전의 고시가 있은 날까지 종전의 토지 또는 건축물에 대하여 이를 사용하거나 수익할 수 없으므로, 피고 1, 3은 도시환경정비사업의 시행자인 원고 조합에게 소유 또는 점유하고 있는 부동산을 각 인도할 의무가 있다고 판단한 다음, 원고 조합의 조합설립결의와 관리처분계획에 대한 결의에 중대하고 명백한 하자가 있어 위 각 결의는 모두 무효이므로 원고 조합의 이 사건 청구에 응할 수 없다는 위 피고들의 주장에 대하여, 조합설립결의나 관리처분계획에 대한 결의에 하자가 있다고 하더라도 그 결의 부분만을 따로 떼어내어 그 효력 유무를 다툴 수는 없고, 항고소송의 방법으로 조합설립 인가처분이나 관리처분계획의 취소 또는 무효확인을 구하여야 하는 것인데, 위 피고들이 항고소송의 방법으로 원고 조합의 조합설립 인가처분이나 관리처분계획에 대하여 취소 또는 무효확인을 받았음을 인정할 증거가 없다는 이유로, 위 피고들의 위 주장을 모두 배척하였다.

그러나 민사소송에 있어서 어느 행정처분의 당연무효 여부가 선결문제로 되는 때에는 이를 판단하여 당연무효임을 전제로 판결할 수 있고 반드시 행정소송 등의 절차에 의하여 그 취소나 무효확인을 받아야 하는 것은 아니며(대판 1972.10.10, 71다2279 등 참조), 한편, 원고 조합의 조합설립결의나 관리처분계획에 대한 결의가 당연무효라는 위 피고들의 주장 속에는 조합설립 인가처분이나 관리처분계획에 당연무효사유가 있다는 주장도 포함되어 있다고 봄이 상당하다고 할 것이므로, 원심으로서는 더 나아가 위 조합설립 인가처분이나 관리처분계획에 당연무효사유가 있는지를 심리하여 위 피고들 주장의 당부를 판단하였어야 할 것임에도, 원심이 그에 대해서는 아무런 판단도 하지 아니한 채, 단지 위 피고들이 항고소송의 방법으로 원고 조합의 조합설립 인가처분이나 관리처분계획에 대하여 취소 또는 무효확인을 받았음을 인정할 증거가 없다는 이유만으로 위 피고들의 주장을 모두 배척한 데에는 필요한 심리를 다하지 아니하고 판단을 유탈하여 판결에 영향을 미친 위법이 있다. 이 점을 지적하는 상고이유의 주장은 이유 있다.

관련내용

선결문제

1. 의의 및 논의의 배경

선결문제란 처분 등의 효력 유무 또는 위법 유무가 판결의 전제가 되는 문제이다. 행정소송법 제11조 제1항은 처분의 효력유무 또는 존재 여부에 대해서 민사소송에서 선결문제로 심리 가능하다는 점을 규정하고 있으나, 행정행위의 하자가 취소사유에 불과한 경우에는 이에 관한 명문규정이 없기 때문에 해석론에 의거하여 판단하여야 한다.

2. 민사사건과 선결문제
(1) 행정행위의 위법 여부가 쟁점인 경우(국가배상청구소송)
  1) 학설
    ① 부정설은 행정소송법 제11조를 제한적으로 해석하여 구성요건적 효력은 행정행위의
    적법성 추정력을 의미하므로 민사법원은 행정행위의 위법성을 판단할 수 없다는 견해이
    며, ② 긍정설은 행정소송법 제11조를 예시적으로 해석하여 구성요건적 효력은 유효성
    의 통용력을 의미하므로 해당 행정행위의 위법성을 판단할 수 있다는 견해이다.
  2) 판례
    계고처분이 위법임을 이유로 손해배상을 청구한 사안에서 미리 그 행정처분의 취소판결
    이 있어야만 손해배상을 청구할 수 있는 것은 아니라고 판시하여 긍정설의 입장을 취하
    고 있다.
  3) 검토
    민사법원이 위법성을 확인해도 행정행위의 효력을 부정하는 것이 아니므로 긍정설이 타
    당하다.
(2) 행정행위의 효력 유무가 쟁점인 경우(부당이득청구소송)
  1) 학설
    무효인 행정행위는 구성요건적 효력이 없어 민사법원은 선결문제가 무효임을 전제로 본
    안판단이 가능하다는 것이 학설과 판례의 입장이다. 그러나 단순위법(취소사유)인 경우
    에는 민사법원은 위법성을 판단할 수 있으나 행정행위의 구성요건적 효력으로 인해 행
    정행위의 효력을 부인할 수 없다고 본다.

  2) 판례
    과세처분의 하자가 취소할 수 있는 정도에 불과할 때, 과세청이 이를 스스로 취소하
    거나, 항고소송으로 취소되지 않는 한 부당이득이라 할 수 없다고 판시하였다.

판례 55 72다337

행정행위의 무효를 확인하는 것이 선결문제인 경우(국가배상청구소송)

쟁점사항

▶ 위법한 행정처분이 완료된 경우 그 행정처분의 취소판결이 있어야만 손해배상 청구를 할 수 있는지
여부

관련판례

✦ 대판 1972.4.28, 72다337[손해배상]

> 위법한 행정대집행이 완료되면 그 처분의 무효확인 또는 취소를 구할 소의 이익은 없다 하더라도, 미리
> 그 행정처분의 취소판결이 있어야만, 그 행정처분의 위법임을 이유로 한 손해배상 청구를 할 수 있는
> 것은 아니다.

판시사항

원 판결은 그 이유 설명에서 본 건 건물의 철거는 피고가 1969.11.10 원고가 건축한 본 건 건물의
구조 및 위치가 건축허가에 위반하였다는 이유로 본건 건축허가를 취소함과 동시에 자진철거를
명하고 같은 날 원고에게 그 건물을 2일 이내에 자진 철거하지 않으면 대집행 하겠다는 계고처분
을 하고 같은 달 12일 대집행 영장에 의하여 이루어졌다는 사실을 확정한 후 피고의 본 건 계고처
분 및 대집행처분들이 당연 무효의 처분이라고는 할 수 없고, 그의 위 처분들이 취소되어 그 효력
이 없다고 인정할 증거 없으므로 피고의 위 건물철거가 불법행위임을 전제로 한 원고의 청구는
더 나아가 판단할 필요도 없이 실당하다고 판단하였다.

그러나 공무원이 그 직무를 집행함에 당하여 고의 또는 과실로 법령에 위반하여 손해를 가하였을
때에는 국가 또는 지방자치단체에 대하여 배상청구를 할 수 있다 할 것인바, 본건 계고처분 또는
행정 대집행 영장에 의한 통지와 같은 행정처분이 위법인 경우에는 그 각 처분의 무효확인 또는
취소를 소구할 수 있으나 행정대집행이 완료한 후에는 그 처분의 무효확인 또는 취소를 구할 소
익이 없다 할 것이며 변론의 전 취지에 의하여 본건 계고처분 행정처분이 위법임을 이유로 배상
을 청구하는 취의로 인정될 수 있는 본건에 있어 미리 그 행정처분의 취소판결이 있어야만 그
행정처분의 위법임을 이유로 피고에게 배상을 청구할 수 있는 것은 아니라고 해석함이 상당할
것임에도 불구하고 행정처분의 취소가 있어 그 효력이 상실되어야만 배상을 청구할 수 있는 법리
인 것 같이 판단한 원판결에는 배상청구와 행정처분 취소판결과의 관계에 관한 법리를 오해한 위
법이 있다 할 것으로서 이에 관한 상고논지는 이유 있음에 귀착되고 더 나아가 판단할 것 없이
원판결은 파기를 면치 못할 것이다. 따라서 민사소송법 제406조에 의하여 관여법관의 일치된 의견
으로 주문과 같이 판결한다.

판례 56 2006두20808

불가쟁력(행정처분이나 행정심판 재결이 불복기간의 경과로 확정될 경우 그 확정력의 의미)

쟁점사항

▶ 행정처분이나 행정심판의 확정력이 발생하는 경우 판결과 같은 기판력이 인정되는지 여부

관련판례

✦ 대판 2008.7.24, 2006두20808[산재보험료부과처분취소등]

행정처분이나 행정심판 재결이 불복기간의 경과로 확정될 경우 그 확정력의 의미

판시사항

일반적으로 행정처분이나 행정심판 재결이 불복기간의 경과로 확정될 경우 그 확정력은, 처분으로 법률상 이익을 침해받은 자가 당해 처분이나 재결의 효력을 더 이상 다툴 수 없다는 의미일 뿐, 더 나아가 판결과 같은 기판력이 인정되는 것은 아니어서 그 처분의 기초가 된 사실관계나 법률적 판단이 확정되고 당사자들이나 법원이 이에 기속되어 모순되는 주장이나 판단을 할 수 없게 되는 것은 아니다.

판례 57 2007두6342

무효등확인소송의 원고적격

쟁점사항

▶ '무효확인을 구할 법률상 이익'과는 별도로 무효확인소송의 보충성을 요하는지 여부

👥 관련판례

✦ 대판 2008.3.20, 2007두6342 全合[하수도원인자부담금부과처분취소]

> 1. 행정소송법 제35조에 규정된 '무효확인을 구할 법률상 이익'이 있는지를 판단할 때 행정처분의 무효
>   를 전제로 한 이행소송 등과 같은 직접적인 구제수단이 있는지를 따져보아야 하는지 여부(소극)
> 2. 타행위자인 사업시행자가 (구)하수도법 제32조 제2항에 따라 타행위로 인한 공공하수도공사 비용을
>   부담한 경우, 이와 별도로 같은 법 제32조 제4항에 정한 원인자부담금을 부과할 수 있는지 여부(소극)
>   및 이러한 타행위에 해당하는 사업의 기본 또는 실시 설계보고서상의 '하수량'의 의미

관련조문

행정소송법 제35조(무효등확인소송의 원고적격)

판시사항

행정소송은 행정청의 위법한 처분 등을 취소·변경하거나 그 효력 유무 또는 존재 여부를 확인함으로써 국민의 권리 또는 이익의 침해를 구제하고 공법상의 권리관계 또는 법 적용에 관한 다툼을 적정하게 해결함을 목적으로 하므로, 대등한 주체 사이의 사법상 생활관계에 관한 분쟁을 심판대상으로 하는 민사소송과는 목적, 취지 및 기능 등을 달리한다. 또한 행정소송법 제4조에서는 무효확인소송을 항고소송의 일종으로 규정하고 있고, 행정소송법 제38조 제1항에서는 처분 등을 취소하는 확정판결의 기속력 및 행정청의 재처분의무에 관한 행정소송법 제30조를 무효확인소송에도 준용하고 있으므로 무효확인판결 자체만으로도 실효성을 확보할 수 있다. 그리고 <u>무효확인소송의 보충성을 규정하고 있는 외국의 일부 입법례와는 달리 우리나라 행정소송법에는 명문의 규정이 없어 이로 인한 명시적 제한이 존재하지 않는다. 이와 같은 사정을 비롯하여 행정에 대한 사법통제, 권익구제의 확대와 같은 행정소송의 기능 등을 종합하여 보면, 행정처분의 근거법률에 의하여 보호되는 직접적이고 구체적인 이익이 있는 경우에는 행정소송법 제35조에 규정된 '무효확인을 구할 법률상 이익'이 있다고 보아야 하고, 이와 별도로 무효확인소송의 보충성이 요구되는 것은 아니므로 행정처분의 무효를 전제로 한 이행소송 등과 같은 직접적인 구제수단이 있는지 여부를 따질 필요가 없다고 해석함이 상당하다.</u>

[대법관 이홍훈의 보충의견]
무효확인소송의 보충성 인정의 문제는 행정소송법 제35조에 규정된 '무효확인을 구할 법률상 이익'의 해석론에 관한 것으로서 행정소송의 특수성, 무효확인소송의 법적 성질 및 무효확인판결의 실효성, 외국의 입법례, 무효확인소송의 남소 가능성 및 권익구제 강화 등의 측면에서 볼 때, 무효확인소송의 보충성을 요구하지 않는 것이 행정소송의 목적을 달성할 수 있고 소송경제 등의 측면에서도 타당하며 항고소송에서 소의 이익을 확대하고 있는 대법원 판례의 경향에도 부합한다.

관련내용

관련내용

무효등확인소송

I 의의 및 종류

무효등확인소송은 행정청의 위법한 처분 등의 효력유무 또는 존재 여부를 확인하는 소송을 말한다(행정소송법 제4조 제2호). 무효확인소송에는 처분 등의 유효확인소송, 처분 등의 무효확인소송, 처분 등의 존재확인소송, 처분 등의 부존재확인소송, 처분 등의 실효확인소송 등이 있다.

II 법적 성질 및 적용법규

무효등확인소송은 주관적 소송으로서 형성판결이 아니고 확인판결에 속한다. 현행법은 이를 항고소송의 하나로 규정하고 있다. 행정소송법은 무효등확인소송도 취소소송과 같이 항고소송의 성질을 가진다는 점에서 성질상 준용될 수 없는 것을 제외하고는 취소소송에 대한 대부분의 규정을 광범위하게 준용하고 있다.

판례 58 84누126

행정법규정의 유추적용

쟁점사항

▸ 법률에 보상규정을 두지 않은 경우 행정법규정의 유추적용 가능성

관련판례

✦ **대판 1987.7.21, 84누126[하천구역손실보상재결처분취소]**

하천법(1971.1.19. 법률 제2292호로 개정된 것) 제2조 제1항 제2호, 제3조에 의하면 제외지는 하천구역에 속하는 토지로서 법률의 규정에 의하여 당연히 그 소유권이 국가에 귀속된다고 할 것인바 한편 동법에서는 위 법의 시행으로 인하여 국유화가 된 제외지의 소유자에 대하여 그 손실을 보상한다는 직접적인 보상규정을 둔 바가 없으나 동법 제74조의 손실보상요건에 관한 규정은 보상사유를 제한적으로 열거한 것이라기보다는 예시적으로 열거하고 있으므로 국유로 된 제외지의 소유자에 대하여는 위 법조를 유추적용하여 관리청은 그 손실을 보상하여야 한다.

판시사항

하천법(1971.1.19. 법률 제2292호로 개정된 것) 제2조 제1항 제2호에 의하면, 하천구역이라 함은 다음 각 목에 게기하는 구역을 말한다 하고, 그 다목에서 제방(하천관리청이나 그 허가 또는 위임을 받은 자가 설치한 것에 한한다)이 있는 곳에 있어서는 그 제외지(제방으로부터 하심측의 토지를 말한다) 하천구역이라고 규정하고 있으며, 같은법 제3조에 의하면, 하천은 이를 국유로 한다라고 규정하고 있으므로 위 각 규정들의 취지에 의하면, 제외지는 하천구역에 속하는 토지로서 법률의 규정에 의하여 당연히 그 소유권이 국가에 귀속되는 것이라고 새겨야 할 것이고, 한편 같은 법에서는 그 시행으로 인하여 국유화가 된 당해 제외지의 소유자에 대하여 그 손실을 보상한다는 직접적인 보상규정을 둔 바가 없었으나 같은법 제74조의 손실보상 요건에 관한 규정은 보상사유를 제한적으로 열거한 것이라기보다는 예시적으로 열거한 것이어서 국유로 된 제외지의 소유자에 대하여는 위 법조를 유추적용하여 관리청은 그 손실을 보상하여야 하는 것으로 새겨지는데 (당원 1985.11.12. 자 84카36 결정 참조) 1984.12.31. 법률 제3782호로서 신설된 같은법 부칙 제2조 제1항은 1971.1.19. 공포된 법률 제2292호의 시행으로 제외지 안에 있던 토지가 국유화된 경우에는 관리청이 그 손실을 보상하여야 한다고 규정하여 이를 분명히 하고 있다.

🔗 판례 59 90누6521, 2002두3850, 90누2284

행정소송법상 제소기간

≫ 제소기간 등의 개념

① 제소기간이란 처분 등의 상대방 또는 제3자가 소송을 적법하게 제기할 수 있는 기간을 말한다.

② 행정소송이 제소기간 내에 제기되었는지 여부는 소송요건으로서, 법원의 직권조사사항에 속한다.

③ 법원은 소가 제기되면 제소기간의 준수 여부를 심사해서 부적법한 경우에는 소를 각하한다.

④ 제소기간의 제한은 원칙적으로 취소소송에만 적용되고, 무효등확인소송에는 적용되지 않는다(「행정소송법」 제38조 제1항).

⑤ 취소소송은 처분 등이 있음을 안 날부터 90일 이내에 제기해야 하고 처분 등이 있은 날부터 1년이 지나면 제기하지 못한다(「행정소송법」 제20조).

⑥ 이와 같은 90일과 1년의 기간은 선택적인 것이 아니므로 어느 하나의 기간이 지나면 행정소송을 제기할 수 없게 된다.

➤ 처분이 있음을 안 날부터 90일

▲ 행정심판을 거치지 않은 경우

① 취소소송은 처분 등이 있음을 안 날부터 90일 이내에 제기해야 한다(「행정소송법」제20조 제1항 본문).
② 처분 등이 있음을 안 날이란 제소기간의 기산점으로서 해당 처분 등이 효력을 발생하는 날을 말한다.
③ 즉, 통지·공고 그 밖의 방법으로 해당 처분이 있었다는 사실을 현실적으로 안 날을 의미하는 것이고, 구체적으로 그 처분의 위법 여부를 판단한 날을 가리키는 것은 아니다(대판 1991.6.28, 90누6521).
   ※ 서면통지하는 경우에는 그 서면이 상대방에게 도달한 날을 말한다.
   ※ 공시송달의 경우는 서면이 상대방에게 도달한 것으로 간주되는 날을 말한다.
   ※ 사실행위의 경우에는 그 행위가 있었고 그것이 자기의 권익을 침해하고 있음을 인식하게 된 날을 말한다.
④ 다만, 처분을 기재한 서류가 당사자의 주소에 송달되는 등으로 사회통념상 처분이 있음을 당사자가 알 수 있는 상태에 놓여진 때에는 반증이 없는 한 그 처분이 있음을 알았다고 추정된다(대판 2002.8.27, 2002두3850).

▲ 행정심판을 거친 경우

① 다음의 어느 하나의 경우에 행정심판청구가 있는 경우 그에 대한 제소기간은 재결서의 정본을 송달받을 날부터 90일이다(「행정소송법」제20조 제1항 단서).
   ㉠ 다른 법률에 해당 처분에 대한 행정심판의 재결을 거치지 않으면 취소소송을 제기할 수 없다는 규정이 있는 경우
   ㉡ 그 밖에 행정심판청구를 할 수 있는 경우
   ㉢ 행정청이 행정심판청구를 할 수 있다고 잘못 알린 경우
② 재결서의 정본을 송달받은 날이란 재결서 정본을 본인이 직접 수령한 경우에 한하는 것이 아니라 보충송달·유치송달·공시송달 등 「민사소송법」이 정한 바에 따라 적법하게 송달된 모든 경우를 포함한다(「행정심판법」제48조 및 제57조).

➤ 처분이 있는 날부터 1년

▲ 행정심판을 거치지 않은 경우

① 취소소송은 처분 등이 있는 날부터 1년이 지나면 제기할 수 없다(「행정소송법」제20조 제2항).
② 처분이 있은 날이란 상대방이 있는 행정처분의 경우는 특별한 규정이 없는 한 의사표시의 일반적 법리에 따라 그 행정처분이 상대방에게 고지되어 효력이 발생한 날을 말한다(대판 1990.7.13, 90누2284).

▲ 행정심판을 거친 경우

① 다음과 같은 경우에 행정심판청구가 있은 때의 제소기간은 재결이 있은 날부터 1년이다(「행정소송법」제20조 제2항).
   ㉠ 다른 법률에 해당 처분에 대한 행정심판의 재결을 거치지 않으면 취소소송을 제기할 수 없다는 규정이 있는 경우
   ㉡ 그 밖에 행정심판청구를 할 수 있는 경우
   ㉢ 행정청이 행정심판청구를 할 수 있다고 잘못 알린 경우

② 재결이 있은 날이란 재결이 내부적으로 성립한 날을 말하는 것이 아니라 재결의 효력이 발생한 날을 말한다(대판 1990.7.13, 90누2284).

③ 행정심판의 재결은 심판청구인에게 재결서의 정본이 송달된 때에 그 효력이 발생하는 것이므로, 재결이 있은 날이란 결국 재결서 정본이 송달된 날을 의미한다(「행정심판법」 제48조).

▲ 정당한 사유가 있는 경우

① 정당한 사유가 있는 경우에는 행정심판을 거치거나 거치지 않거나 모두 1년의 기간이 지나도 취소소송을 제기할 수 있다(「행정소송법」 제20조 제2항 단서).

② 정당한 사유는 불확정 개념으로서 정당한 사유가 있는지의 여부는 제소기간 도과의 원인 등 여러 사정을 종합하여 지연된 제소를 허용하는 것이 사회통념상 상당하다고 할 수 있는가에 의해 판단된다.

③ 즉, 정당한 사유는 당사자가 그 책임을 질 수 없는 사유나 천재, 지변, 전쟁, 사변 그 밖에 불가항력적인 사유보다는 넓은 개념이라고 할 수 있다(대판 1991.6.28, 90누6521).

≫ 불변기간

① 취소소송의 제소기간은 불변기간으로서, 법원이 그 기간을 연장하거나 단축할 수는 없다(「행정소송법」 제20조 제3항).

② 다만, 원격지에 있는 사람을 위해 부가기간을 정할 수 있고, 당사자가 책임질 수 없는 사유로 불변기간을 준수할 수 없었던 경우에는 그 사유가 종료된 후 2주일 이내에 해태된 소송행위를 추완할 수 있다(「행정소송법」 제8조 제2항, 「민사소송법」 제172조 제2항 및 제173조).

≫ 관련 규정(행정기본법 제36조 제4항)

이의신청에 대한 결과를 통지받은 후 행정심판 또는 행정소송을 제기하려는 자는 그 결과를 통지받은 날(제2항에 따른 통지기간 내에 결과를 통지받지 못한 경우에는 같은 항에 따른 통지기간이 만료되는 날의 다음 날을 말한다)부터 90일 이내에 행정심판 또는 행정소송을 제기할 수 있다.

판례 01 99두9742

처분이 있음을 안 날

 쟁점사항

▶ '처분이 있음을 안 날'의 의미

 관련판례

✦ 대판 1999.12.28, 99두9742[관광호텔사업계획승인신청반려처분취소]

1. 행정심판법 제18조 제1항 소정의 심판청구기간 기산점인 '처분이 있음을 안 날'이라 함은 당사자가 통지·공고 기타의 방법에 의하여 해당 처분이 있었다는 사실을 현실적으로 안 날을 의미하고, 추상적으로 알 수 있었던 날을 의미하는 것은 아니지만, 처분에 관한 서류가 당사자의 주소지에 송달되는 등 사회통념상 처분이 있음을 당사자가 알 수 있는 상태에 놓여진 때에는 반증이 없는 한 그 처분이 있음을 알았다고 추정할 수 있다.
2. 아르바이트 직원이 납부고지서를 수령한 경우, 납부의무자는 그 때 부과처분이 있음을 알았다고 추정할 수 있다고 한 사례

관련조문

행정심판법 제27조(심판청구기간)

판시사항

원심이 확정한 사실관계에 의하면, 1997.12.26. 피고가 원고에 대한 이 사건 개발부담금의 납부고지서를 송부하여 관할 우체국은 같은 달 27일 이를 원고의 중앙우체국 사서함(CPO BOX 496호)에 투입하였고, 원고로부터 우편물 배달업무를 위임받은 소외 주식회사 성화인터내셔널 소속 직원인 소외 김00은 같은 날 10:30경 이 사건 납부고지서를 수령하여 원고에게 우송된 다른 우편물과 함께 같은 날 11:30경 원고의 주소지 건물 21층에 있는 문서실로 운반하였는데, 그 날은 마침 토요일이라 원고 직원들은 11:00경 퇴근하여 문서실에 근무하는 아르바이트 직원이 김00으로부터 이 사건 납부고지서를 다른 우편물과 함께 수령한 후 퇴근하였고, 그 후 이 사건 납부고지

서는 월요일인 같은 해 12월 29일 원고의 담당부서인 부동산팀에 전달되었다는 것이다.

행정심판법 제18조 제1항 소정의 심판청구기간 기산점인 '처분이 있음을 안 날'이라 함은 당사자가 통지·공고 기타의 방법에 의하여 해당 처분이 있었다는 사실을 현실적으로 안 날을 의미하고, 추상적으로 알 수 있었던 날을 의미하는 것은 아니지만, 처분에 관한 서류가 당사자의 주소지에 송달되는 등 사회통념상 처분이 있음을 당사자가 알 수 있는 상태에 놓여진 때에는 반증이 없는 한 그 처분이 있음을 알았다고 추정할 수 있으므로(대판 1995.11.24, 95누11535 참조), 위와 같이 원고의 주소지에서 원고의 아르바이트 직원이 납부고지서를 수령한 이상, 원고로서는 그 때 처분이 있음을 알 수 있는 상태에 있었다고 볼 수 있고, 따라서 원고는 그 때 처분이 있음을 알았다고 추정함이 상당하다.

원심이 이와 같은 견해에서, 원고는 납부고지서가 원고의 담당부서에 전달된 1997.12.29. 처분이 있음을 알았다는 원고의 주장을 배척하고서, 원고는 같은 달 27일 처분이 있음을 알았다고 판단한 것은 정당하고, 거기에 상고이유에서 주장하는 바와 같은 채증법칙 위배로 인한 사실오인, 행정심판법 제18조에 관한 법리오해의 위법이 있다고 할 수 없다.

판례 02 2008두19987

개별공시지가의 이의신청은 강학상 이의신청

쟁점사항

▶ 개별공시지가에 대한 이의신청의 법적 성질 : 강학상 이의신청으로서 진정의 성격

강학상 이의신청의 의미

이의신청이란 위법·부당한 행정작용으로 인해 권리가 침해된 자가 처분청에 대하여 그러한 행위의 취소를 구하는 절차를 말한다. 행정심판법상 행정심판은 처분청이 아니라 행정심판법이 정한 행정심판위원회에 대하여 그러한 행위의 취소 등을 구하는 절차를 말한다. 행정심판위원회는 합의제 행정청이다. 이의신청은 실정법상 불복신청 또는 재결신청 등으로 불리기도 한다.

[판례] 강학상 이의신청은 행정청 내부의 재심사 절차에 불과하다고 볼 수 있다.

✦ 대판 2010.1.28, 2008두19987[개별공시지가결정처분취소]

판시사항

개별공시지가에 대하여 이의가 있는 자가 행정심판을 거쳐 행정소송을 제기하는 경우 제소기간의 기산점

판결요지

(구)부동산 가격공시 및 감정평가에 관한 법률 제12조, 행정소송법 제20조 제1항, 행정심판법 제3조 제1항의 규정 내용 및 취지와 아울러 (구)부동산 가격공시 및 감정평가에 관한 법률에 행정심판의 제기를 배제하는 명시적인 규정이 없고 (구)부동산 가격공시 및 감정평가에 관한 법률에 따른 이의신청과 행정심판은 그 절차 및 담당기관에 차이가 있는 점을 종합하면, (구)부동산 가격공시 및 감정평가에 관한 법률이 이의신청에 관하여 규정하고 있다고 하여 이를 행정심판법 제3조 제1항에서 행정심판의 제기를 배제하는 '다른 법률에 특별한 규정이 있는 경우'에 해당한다고 볼 수 없으므로, 개별공시지가에 대하여 이의가 있는 자는 곧바로 행정소송을 제기하거나 (구)부동산 가격공시 및 감정평가에 관한 법률에 따른 이의신청과 행정심판법에 따른 행정심판청구 중 어느 하나만을 거쳐 행정소송을 제기할 수 있을 뿐 아니라, 이의신청을 하여 그 결과 통지를 받은 후 다시 행정심판을 거쳐 행정소송을 제기할 수도 있다고 보아야 하고, 이 경우 행정소송의 제소기간은 그 행정심판 재결서 정본을 송달받은 날부터 기산한다.

Chapter
04 행정절차법

판례 01 2005두9644

신뢰보호의 원칙

쟁점사항

▶ 신뢰보호의 원칙이 적용되기 위한 요건

관련판례

✦ 대판 2006.4.28, 2005두9644[관광호텔사업계획승인신청반려처분취소]

일반적으로 행정상의 법률관계에 있어서 행정청의 행위에 대하여 신뢰보호의 원칙이 적용되기 위하여는, 첫째 행정청이 개인에 대하여 신뢰의 대상이 되는 공적인 견해표명을 하여야 하고, 둘째 행정청의 견해표명이 정당하다고 신뢰한 데에 대하여 그 개인에게 귀책사유가 없어야 하며, 셋째 그 개인이 그 견해표명을 신뢰하고 이에 어떠한 행위를 하였어야 하고, 넷째 행정청이 위 견해표명에 반하는 처분을 함으로써 그 견해표명을 신뢰한 개인의 이익이 침해되는 결과가 초래되어야 하며, 이러한 요건을 충족할 때에는 행정청의 처분은 신뢰보호의 원칙에 반하는 행위로서 위법하게 된다고 할 것이고, 또한 위 요건의 하나인 행정청의 공적 견해표명이 있었는지의 여부를 판단하는 데 있어 반드시 행정조직상의 형식적인 권한분장에 구애될 것은 아니고 담당자의 조직상의 지위와 임무, 해당 언동을 하게 된 구체적인 경위 및 그에 대한 상대방의 신뢰가능성에 비추어 실질에 의하여 판단하여야 한다.

관련조문

행정절차법 제4조(신의성실 및 신뢰보호)

판시사항

일반적으로 행정상의 법률관계에 있어서 행정청의 행위에 대하여 신뢰보호의 원칙이 적용되기 위해서는, 첫째 행정청이 개인에 대하여 신뢰의 대상이 되는 공적인 견해표명을 하여야 하고, 둘째 행정청의 견해표명이 정당하다고 신뢰한 데 대하여 그 개인에게 귀책사유가 없어야 하며, 셋째 그 개인이 그 견해표명을 신뢰하고 어떠한 행위를 하였어야 하고, 넷째 행정청이 위 견해표명에 반하는 처분을 함으로써 그 견해표명을 신뢰한 개인의 이익이 침해되는 결과가 초래되어야 하며, 마지막으로 위 견해표명에 따른 행정처분을 할 경우 이로 인하여 공익 또는 제3자의 정당한 이익을 현저히 해할 우려가 있는 경우가 아니어야 한다(대판 2001.9.28, 2000두8684, 2006.2.24, 2004두13592 등 참조). 그리고 위 요건의 하나인 행정청의 공적 견해표명이 있었는지의 여부를 판단하는 데 있어서는 담당자의 조직상의 지위와 임무, 해당 언동을 하게 된 구체적인 경위 및 그에 대한 상대방의 신뢰가능성 등에 비추어 실질에 의하여 판단하여야 한다(대판 1997.9.12, 96누18380 참조).

원심은 채용 증거들을 종합하여 판시와 같은 사실을 인정한 다음, ① 특별법의 유효기간인 2002.12.31.까지 관광호텔업 사업계획승인신청을 한 경우에는 그 유효기간이 경과한 이후에도 특별법을 적용할 수 있다는 내용의 2002.11.13.자 문화관광부장관의 회신은 문화관광부장관이 피고에게 한 것이어서 이를 원고들에 대한 공적인 견해표명으로 볼 수 없고, 또한 피고의 담당 공무원이 원고들에게 위 회신내용을 알려주었다는 사정만으로는 피고의 공적인 견해표명이 있었다고 보기 어려울 뿐만 아니라(원고들이 정식의 사업계획승인신청을 하기 전의 절차에서 담당 공무원인 김동현이 문화관광부장관의 위 회신 내용을 미리 원고들에게 알려 준 것은 김동현이 개인적 친분관계 내지 은혜적 차원에서 행정청의 단순한 정보제공 내지는 일반적인 법률상담 차원에서 이루어진 것이라고 볼 여지가 많다), ② 나아가 원고들의 사업계획승인신청에 대한 처리기한은 모두 특별법의 유효기간을 도과하게 되는 점, 원고들이 이 사건 사업계획 추진과정에서 지출한 비용은 이미 그 사업계획승인신청 전에 지출한 것인 점, 원고들이 이 사건 사업계획 부지에 대한 건축특례지역 고시 이후 상당기간 동안 방치하고 있다가 특별법의 실효가 임박한 시점에 이르러 뒤늦게 그 사업계획승인신청을 하는 등 시간을 지연했던 점, 피고가 원고 ○○○, ○○○의 사업계획승인신청을 처리하면서 그 심의절차가 사실상 마쳐졌음에도 의도적으로 절차를 지연하여 특별법의 유효기간을 도과하도록 하였다고 보기 어려운 점 등에 비추어 보면, 피고가 업무를 다소 신속하게 처리하지 아니하였다는 사유만으로는 원고들에게 아무런 귀책사유가 없다고 할 수 없어, 결국 피고가 특별법이 실효되었음을 이유로 원고들의 사업계획승인신청서류를 반려한 처분이 신뢰보호의 원칙에 위배된다고 볼 수는 없다는 취지로 판단하였다.

앞서 본 법리에 비추어 기록을 살펴보면, 원심의 위와 같은 사실인정과 판단은 정당한 것으로 수긍이 가고, 거기에 상고이유로 주장하는 바와 같이 심리를 다하지 아니한 채 채증법칙을 위반하여 사실을 오인하거나 이유불비, 신뢰보호의 원칙에 관한 법리오해 등을 저지른 위법이 있다고 할 수 없다.

관련내용

신뢰보호의 원칙

1. 의의 및 근거(행정기본법 제12조)

신뢰보호의 원칙이란 행정기관의 어떠한 적극적 또는 소극적 언동에 대해 국민이 신뢰를 갖고 행위를 한 경우 그 국민의 신뢰가 보호가치 있는 경우에 그 신뢰를 보호하여 주어야 한다는 원칙을 말한다. 신뢰보호원칙의 법적 근거로 법치국가의 한 내용인 법적안정성을 드는 것이 일반적인 견해이다. 행정절차법 제4조 제2항 및 국세기본법 제18조 제3항에 실정법상 근거를 두고 있다.

2. 내용(적용요건)
① 행정청이 개인에 대하여 신뢰의 대상이 되는 공적인 견해표명을 하였을 것
② 행정청의 견해표명이 정당하다고 신뢰한 데에 대하여 그 개인에게 귀책사유가 없을 것
③ 그 개인이 견해표명을 신뢰하고 이에 어떠한 행위를 하였을 것
④ 행정청이 위 견해표명에 반하는 처분을 함으로써 개인의 이익이 침해되는 결과가 초래될 것
⑤ 공익 또는 제3자의 정당한 이익을 현저히 해할 우려가 있는 경우가 아닐 것

3. 한계
신뢰보호의 원칙은 법적안정성을 위한 것이지만, 법치국가원리의 또 하나의 내용인 행정의 법률적합성의 원리와 충돌되는 문제점을 갖는다. 결국 양자의 충돌은 법적안정성과 법률적합성의 비교형량에 의해 문제를 해결해야 한다.

판례 02 2005두8092

법령개정에서 신뢰보호원칙의 적응

쟁점사항

▶ 신뢰보호원칙의 필요성 및 위배 여부 판단 방법

관련판례

✦ **대판 2007.11.16, 2005두8092[건축허가반려처분취소]**

1. 법령의 개정에서 신뢰보호원칙이 적용되어야 하는 이유 및 신뢰보호원칙의 위배 여부를 판단하는 방법

2. 건축허가기준에 관한 관계법령이 개정되고 경과규정에서 그 적용범위에 관하여 정하지 않은 경우, 건축허가기준에 적용될 법령

3. 건축허가기준에 관한 개정 전 조례조항의 존속에 대한 국민의 신뢰가 자연녹지지역 안에서의 난개발 억제라는 개정 후 조례조항이 추구하는 공익보다 더 보호가치가 있는 것이라고 할 수 없으므로, 건축허가신청에 대하여 개정 후 조례를 적용하는 것이 신뢰보호원칙에 반하지 않는다고 한 사례

PART 02

행정절차법 제4조(신의성실 및 신뢰보호)

판시사항

법령의 개정에 있어서 신뢰보호원칙이 적용되어야 하는 이유는 어떤 법령이 장래에도 그대로 존속할 것이라는 합리적이고 정당한 신뢰를 바탕으로 국민이 그 법령에 상응하는 구체적 행위로 나아가 일정한 법적 지위나 생활관계를 형성하여 왔음에도 국가가 이를 전혀 보호하지 않는다면, 법질서에 대한 국민의 신뢰는 무너지고 현재의 행위에 대한 장래의 법적 효과를 예견할 수 없게 되어 법적안정성이 크게 저해되기 때문이라 할 것이나, 이러한 신뢰보호는 절대적이거나 어느 생활영역에서나 균일한 것은 아니고 개개의 사안마다 관련된 자유나 권리, 이익 등에 따라 보호의 정도와 방법이 다를 수 있으며, 새로운 법령을 통하여 실현하고자 하는 공익적 목적이 우월한 때에는 이를 고려하여 제한될 수 있다고 할 것이므로 이러한 <u>신뢰보호원칙의 위배 여부를 판단하기 위하여는 한편으로는 침해받은 이익의 보호가치, 침해의 중한 정도, 신뢰가 손상된 정도, 신뢰침해의 방법 등과 다른 한편으로는 새 법령을 통해 실현하고자 하는 공익적 목적을 종합적으로 비교·형량하여야 할 것이다</u>(대판 2006.11.16, 2003두12899 全合 등 참조).

한편, 건축허가기준에 관한 관계법령 및 조례(이하 '법령'이라고만 한다)의 규정이 개정된 경우, 새로이 개정된 법령의 경과규정에서 달리 정함이 없는 한 처분 당시에 시행되는 개정 법령에서 정한 기준에 의하여 건축허가 여부를 결정하는 것이 원칙이고, 그러한 개정 법령의 적용과 관련하여서는 개정 전 법령의 존속에 대한 국민의 신뢰가 개정 법령의 적용에 관한 공익상의 요구보다 더 보호가치가 있다고 인정되는 경우에 그러한 국민의 신뢰를 보호하기 위하여 그 적용이 제한될 수 있는 여지가 있을 따름이다.

 판례 03 99두5870

사전통지나 의견청취를 하지 않은 침익적 처분

쟁점사항

▶ 사전통지 및 의견청취를 결한 침익적 처분이 위법한지 여부

관련판례

> ✦ **대판 2000.11.14, 99두5870[지하수개발이용수리취소 및 원상복구명령취소]**
>
> 1. 행정절차법 제21조 제1항, 제4항, 제22조 제1항 내지 제4항에 의하면, 행정청이 당사자에게 의무를 과하거나 권익을 제한하는 처분을 하는 경우에는 미리 처분하고자 하는 원인이 되는 사실과 처분의 내용 및 법적 근거, 이에 대하여 의견을 제출할 수 있다는 뜻과 의견을 제출하지 아니하는 경우의 처리방법 등의 사항을 당사자 등에게 통지하여야 하고, 다른 법령 등에서 필요적으로 청문을 실시하거나 공청회를 개최하도록 규정하고 있지 아니한 경우에도 당사자 등에게 의견제출의 기회를 주어야 하되, 해당 처분의 성질상 의견청취가 현저히 곤란하거나 명백히 불필요하다고 인정될 만한 상당한 이유가 있는 경우 등에는 처분의 사전통지나 의견청취를 하지 아니할 수 있도록 규정하고 있으므로, 행정청이 침해적 행정처분을 함에 있어서 당사자에게 위와 같은 사전통지를 하거나 의견제출의 기회를 주지 아니하였다면 사전통지를 하지 않거나 의견제출의 기회를 주지 아니하여도 되는 예외적인 경우에 해당하지 아니하는 한 그 처분은 위법하여 취소를 면할 수 없다.
>
> 2. 행정청이 온천지구임을 간과하여 지하수개발·이용신고를 수리하였다가 행정절차법상의 사전통지를 하거나 의견제출의 기회를 주지 아니한 채 그 신고수리처분을 취소하고 원상복구명령의 처분을 한 경우, 행정지도방식에 의한 사전고지나 그에 따른 당사자의 자진 폐공의 약속 등의 사유만으로는 사전통지 등을 하지 않아도 되는 행정절차법 소정의 예외의 경우에 해당한다고 볼 수 없다는 이유로 그 처분은 위법하다고 한 사례

관련조문

행정절차법 제21조(처분의 사전통지)

판시사항

행정절차법 제21조 제1항, 제4항, 제22조 제1항 내지 제4항에 의하면, 행정청이 당사자에게 의무를 과하거나 권익을 제한하는 처분을 하는 경우에는 미리 처분하고자 하는 원인이 되는 사실과 처분의 내용 및 법적 근거, 이에 대하여 의견을 제출할 수 있다는 뜻과 의견을 제출하지 아니하는 경우의 처리방법 등의 사항을 당사자 등에게 통지하여야 하고, 다른 법령 등에서 필요적으로 청문을 실시하거나 공청회를 개최하도록 규정하고 있지 아니한 경우에도 당사자 등에게 의견제출의 기회를 주어야 하되, 해당 처분의 성질상 의견청취가 현저히 곤란하거나 명백히 불필요하다고 인정될 만한 상당한 이유가 있는 경우 등에는 처분의 사전통지나 의견청취를 하지 아니할 수 있도록 규정하고 있으므로, 행정청이 침해적 행정처분을 함에 있어서 당사자에게 위와 같은 사전통지를 하거나 의견제출의 기회를 주지 아니하였다면 사전통지를 하지 않거나 의견제출의 기회를 주지 아니하여도 되는 예외적인 경우에 해당하지 아니하는 한 그 처분은 위법하여 취소를 면할 수 없다.

관련내용

Ⅰ 사전통지(행정절차법 제21조)

1. 의의 및 취지

행정청은 당사자에게 의무를 부과하거나 권익을 제한하는 처분을 하는 경우에는 미리 처분을 하고자 하는 내용 및 법적근거, 의견 제출기한, 기타 필요한 사항 등을 당사자에게 통지하여야 한다.

2. 생략 가능 사유(공증현)

① 공공복리를 위하여 긴급히 처분을 할 필요가 있는 경우
② 법령상 일정한 처분을 하여야 함이 객관적으로 증명된 경우
③ 처분의 성질상 의견청취가 현저히 곤란하거나 명백히 불필요한 경우

Ⅱ 의견청취(행정절차법 제22조 청문)

1. 청문의 의의 및 취지

청문이란 '행정청이 어떠한 처분을 하기에 앞서 당사자 등의 의견을 직접 듣고 증거를 조사하는 절차'를 말한다. 이는 사전적 권리구제에 취지가 있다.

2. 생략 가능 사유(공증현포)

① 공공복리를 위하여 긴급히 처분을 할 필요가 있는 경우
② 법령상 일정한 처분을 하여야 함이 객관적으로 증명된 경우
③ 처분의 성질상 의견청취가 현저히 곤란하거나 명백히 불필요한 경우
④ 당사자가 의견 진술의 기회를 포기한다는 뜻을 명백히 표시한 경우

3. 관련 규정

> **행정절차법 제22조(의견청취)**
> ① 행정청이 처분을 할 때 다음 각 호의 어느 하나에 해당하는 경우에는 청문을 한다.
>   1. 다른 법령 등에서 청문을 하도록 규정하고 있는 경우
>   2. 행정청이 필요하다고 인정하는 경우
>   3. 다음 각 목의 처분을 하는 경우
>   가. 인허가 등의 취소
>   나. 신분·자격의 박탈
>   다. 법인이나 조합 등의 설립허가의 취소
>
> **감정평가법 제45조(청문)**
> 국토교통부장관은 다음 각 호의 어느 하나에 해당하는 처분을 하려는 경우에는 청문을 실시하여야 한다.
> 1. 제13조 제1항 제1호에 따른 감정평가사 자격의 취소
> 2. 제32조 제1항에 따른 감정평가법인의 설립인가 취소

판례 04 91누11575, 2005두15700

청문 절차를 거치지 않은 경우의 위법성

쟁점사항

▶ 청문절차를 거치지 않은 영업정지처분의 위법성
▶ 청문서 도달기간을 어긴 처분의 위법성

관련판례

✦ 대판 1992.2.11, 91누11575[대중음식점영업정지처분취소]

1. 식품위생법 제64조, 같은 법 시행령 제37조 제1항의 규정에 의한 청문제도의 취지에 비추어 볼 때 행정청이 영업정지처분을 하려면 반드시 사전에 청문절차를 거쳐야 함은 물론 청문서 도달기간 등을 엄격히 지켜 영업자로 하여금 의견진술과 변명의 기회를 보장하여야 하는 것이고 가령 같은 법 제58조의 사유가 분명히 존재하는 경우라도 위와 같은 청문절차를 제대로 준수하지 아니하고 한 영업정지처분은 위법하다.

2. 행정청이 영업정지처분을 함에 있어 식품위생법 시행령 제37조 제1항 소정의 청문서 도달기간인 7일을 준수하지 아니한 채 청문서를 청문일로부터 5일 전에야 발송하였다면 처분을 함에 있어서 취한 위 청문절차는 위법하며, 위법한 청문절차를 거쳐 내린 위 영업정지처분 역시 위법하다고 한 사례 (현행 행정절차법은 도달기간 10일)

관련조문

행정절차법 제21조(처분의 사전통지)

판시사항

식품위생법 제64조, 동법 시행령 제37조 제1항의 규정에 의한 **청문제도의 취지에 비추어 볼 때 행정청이 이 사건과 같은 영업정지처분을 하려면 반드시 사전에 청문절차를 거쳐야 함은 물론 청문서 도달기간 등을 엄격히 지켜 영업자로 하여금 의견진술과 변명의 기회를 보장하여야 하는 것이고 가령 동법 제58조의 사유가 분명히 존재하는 경우라도 위와 같은 청문절차를 제대로 준수하지 아니하고 한 영업정지처분은 위법을 면치 못한다**(대판 1990.11.9, 90누4129)고 전제하고, 그 거시 증거에 의하면 피고는 이 사건 처분을 함에 있어서 청문일 1991.5.28.로 된 **청문서를 청문일로부터 5일 전인 같은 달 22일에야 원고에게 발송한 사실을 인정할 수 있으므로 이 사건 처분을 함에 있어서 취한 청문절차는 식품위생법 시행령 제37조 제1항 소정의 청문서 도달기간인 7일을 준수하지 아니한 것으로서 위법하며, 위법한 청문절차를 거쳐 내린 이 사건 처분 역시 위법하여 취소를 면치 못한다.**

관련내용

절차상 하자

1. 문제점
행정처분에 실체적 하자는 없으나, 절차상 위법성만을 이유로 취소 또는 무효를 확인할 수 있는지가 문제된다.

2. 학설
① **긍정설** : 적법절차보장의 관점 및 행정절차의 실효성 보장 등을 위하여 긍정하는 견해이다.
② **부정설** : 절차는 수단에 불과하며, 실체법적 하자가 없는 경우 다시 동일한 처분을 내릴 수 있어 행정경제 및 소송경제에 반하므로 부정하는 견해이다.
③ **절충설** : 기속행위와 재량행위를 구별하여, 재량행위인 경우 독자적 위법사유를 인정하는 견해이다.

3. 판례
판례는 재량행위와 기속행위 모두 긍정설의 입장을 취하고 있다.

4. 검토
행정의 법률적합성의 원칙에 따라 실체법상뿐만 아니라 절차적 적법성을 지키는 것이 필요하며, 행정소송법 제30조 제3항의 기속력이 인정되는바 긍정설이 타당하다.

5. 위법성 정도
행정행위 성립에 있어 절차에 관한 법령의 규정에 위반하여 위법한 행위가 되는 경우 그 위법성의 정도는 하자의 일반이론인 중대명백설에 따라 결정된다. 대법원은 대체로 절차하자에 대해 취소사유로 보는 경향이 강하나, 환경영향평가를 거치지 않은 사업계획승인처분과 과세전적부심사 청구나 그에 대한 결정이 있기 전에 과세처분을 한 경우에 대해서는 하자가 중대명백하다 하여 당연무효로 보았다.

쟁점사항

▶ 청문절차를 결여한 처분의 위법 여부

관련판례

✦ 대판 2007.11.16, 2005두15700[주택조합설립인가취소처분의 취소]

관련조문

행정절차법 제22조(의견청취)

판시사항

[1] 보조참가에 대하여 당사자가 이의를 신청한 경우 법원이 이에 대하여 결정이 아닌 종국판결로써 심판하는 것이 위법한지 여부(소극)

[2] 판결 이유에서 판단하였더라도 주문에 설시가 없는 경우 재판의 누락에 해당하는지 여부(적극) 및 재판의 누락이 있는 부분에 대한 상소의 적법 여부(소극)

[3] 행정절차법 제22조 제1항 제1호에 정한 청문제도의 취지 및 행정처분의 근거 법령 등에서 청문의 실시를 규정하고 있는 경우, 청문절차를 결여한 처분의 위법 여부(적극)

[4] 행정청이 구 주택건설촉진법 제48조의2 제6호에 따른 청문을 실시하지 않은 채 주택조합의 설립인가를 취소하는 처분을 한 것은 위법하다고 한 사례

판결요지

[1] 당사자가 보조참가에 대하여 이의를 신청한 때에는, 법원은 참가를 허가할 것인지 아닌지를 결정하여야 하고, 다만 이를 결정이 아닌 종국판결로써 심판하였더라도 위법한 것은 아니다.

[2] 판결에는 법원의 판단을 분명하게 하기 위하여 결론을 주문에 기재하도록 하고 있으므로, 비록 판결 이유에서 그 당부를 판단하였더라도 주문에 설시가 없으면 그에 대한 재판은 누락된 것으로 보아야 하고, 재판이 누락된 경우 그 부분 소송은 여전히 그 심급에 계속 중이라 할 것이어서 적법한 상소의 대상이 되지 아니하므로 그 부분에 대한 상소는 부적법하다.

[3] 행정절차법 제22조 제1항 제1호에 정한 청문제도는 행정처분의 사유에 대하여 당사자에게 변명과 유리한 자료를 제출할 기회를 부여함으로써 위법사유의 시정가능성을 고려하고 처분의 신중과 적정을 기하려는 데 그 취지가 있으므로, 행정청이 특히 침해적 행정처분을 할 때 그 처분의 근거 법령 등에서 청문을 실시하도록 규정하고 있다면, 행정절차법 등 관련 법령상 청문을 실시하지 않아도 되는 예외적인 경우에 해당하지 않는 한 반드시 청문을 실시하여야 하며, 그러한 절차를 결여한 처분은 위법한 처분으로서 취소사유에 해당한다.

[4] 행정청이 구 주택건설촉진법(2002.12.30. 법률 제6582호로 개정되기 전의 것) 제48조의2 제6호에 따른 청문을 실시하지 않은 채 주택조합의 설립인가를 취소하는 처분을 한 것은 위법하다고 한 사례

관련기출

1. 제17회 문제2

국토교통부장관은 감정평가사 甲이 부정행위를 통해 자격증을 취득했음을 이유로 「감정평가 및 감정평가사에 관한 법률」 제13조 제1항 제1호에 의하여 2006년 2월 1일 자격을 취소하였다. 이에 甲은 국토교통부장관이 자격취소 시 같은 법 제45조에 의한 청문을 실시하지 않은 것을 이유로 2006년 8월 1일 자격취소처분에 대한 무효확인소송을 제기하였다. 甲의 소송은 인용될 수 있는가? **30점**

판례 05 92누2844

청문서 도달기간을 어겼지만 방어기회를 가진 경우

쟁점사항

▶ 행정청이 청문서 도달기간을 어겼으나 스스로 방어의 기회를 가진 경우 절차상 하자의 치유가능성

관련판례

✦ 대판 1992.10.23, 92누2844[영업허가취소처분취소]

행정청이 식품위생법상의 청문절차를 이행함에 있어 소정의 청문서 도달기간을 지키지 아니하였다면 이는 청문의 절차적 요건을 준수하지 아니한 것이므로 이를 바탕으로 한 행정처분은 일단 위법하다고 보아야 할 것이지만 이러한 청문제도의 취지는 처분으로 말미암아 받게 될 영업자에게 미리 변명과 유리한 자료를 제출할 기회를 부여함으로써 부당한 권리침해를 예방하려는 데에 있는 것임을 고려하여 볼 때, 가령 행정청이 청문서 도달기간을 다소 어겼다 하더라도 영업자가 이에 대하여 이의하지 아니한 채 스스로 청문일에 출석하여 그 의견을 진술하고 변명하는 등 방어의 기회를 충분히 가졌다면 청문서 도달기간을 준수하지 아니한 하자는 치유되었다고 봄이 상당하다.

관련조문

행정절차법 제21조(처분의 사전통지)

판시사항

행정청이 위 규정에 의한 청문절차를 이행함에 있어 소정의 청문서 도달기간을 지키지 아니하였다면 이는 청문의 절차적 요건을 준수하지 아니한 것이므로 이를 바탕으로 한 행정처분은 일단 위법하다고 보아야 할 것임은 원심의 판시와 같다(대판 1990.11.9, 90누4129 ; 1991.7.9, 91누971 ; 1992.2.11, 91누11575 등 참조).
그러나 이러한 청문제도의 취지는 처분으로 말미암아 불이익을 받게 될 영업자에게 미리 변명과 유리한 자료를 제출할 기회를 부여함으로써 부당한 권리침해를 예방하려는 데에 있는 것임을 고려하여 볼 때, 가령 행정청이 청문서 도달기간을 다소 어겼다 하더라도 영업자가 이에 대하여 이의하지 아니한 채 스스로 청문일에 출석하여 그 의견을 진술하고 변명하는 등 방어의 기회를 충분히 가졌다면 청문서 도달기간을 준수하지 아니한 하자는 치유되었다고 봄이 상당하다 할 것이다.

관련내용

하자의 치유

1. 의의 및 취지

행정행위가 성립 당시 흠이 있었으나, 사후에 그 흠결을 보완하여 성립 당시의 하자에도 불구하고 적법한 행위로서, 그 효력을 그대로 유지시키는 것을 말한다. 행정행위의 무용한 반복을 방지하여 행정경제를 도모함에 취지가 인정된다.

2. 인정여부

(1) 학설

① 부정설 : 국민의 권익구제 및 법치주의, 행정의 자의배제 등을 강조하는 견해
② 긍정설 : 행정의 효율성 및 법적 안정성을 강조하는 견해
③ 제한적 긍정설 : 행정경제와 행정절차의 사전적 권리구제 기능을 모두 고려하는 견해가 있다.

(2) 판례(82누420)

하자치유는 법치주의 관점에서 원칙적으로 허용될 수 없는 것이고 이를 허용하는 하는 때에도 국민의 권리나 이익을 침해하지 않는 범위에서 구체적 사정에 따라 합목적적으로 인정하여야 할 것이라고 판시하였다.

(3) 검토

국민의 권익구제와 법적안정성, 행정의 능률확보 측면 등을 조화롭게 고려하여 제한적 범위 내에서 인정하는 제한적 긍정설이 타당하다.

3. 인정 요건

(1) 내용상 하자에 대한 인정여부

판례는 내용상 하자의 치유가능성은 인정하지 않는다. 생각건대 하자의 치유를 인정하는 것은 법률적합성과의 조화를 깨뜨리는 것으로서 판례의 태도가 타당하다고 판단된다.

(2) 무효인 행정행위에 대한 인정여부

통설 및 판례는 하자치유는 행정행위의 존재를 전제로 하는 것이므로 무효인 행정행위의 치유는 인정될 수 없다고 본다.

⇒ 결론은 ① 절차나 형식상의 하자, ② 취소사유에 대해서만 인정한다.

4. 하자치유의 한계

(1) 실체적 한계

하자치유는 법치주의를 고려할 때 원칙적으로 인정될 수 없으나, 국민의 권리와 이익을 침해하지 않는 범위 내에서 예외적으로 인정되어야 하는 실체적 한계가 따른다.

(2) 시적 한계

판례는 늦어도 처분에 대한 불복여부의 결정 및 불복신청에 편의를 줄 수 있는 상당한 기간 내에 하여야 한다고 하여 쟁송제기 이전까지만 인정하는 것이 타당하다고 판단된다.

5. 효과

행정행위의 하자가 치유되면 처음부터 적법한 행정행위가 발령된 것처럼 치유 효과는 소급한다.

판례 06 2002두8350

의견청취

쟁점사항

▶ 의견청취절차를 결한 처분의 위법성(강행규정)

관련판례

✦ 대판 2004.7.8, 2002두8350[유희시설조성사업협약해지 및 사업시행자지정 거부처분취소]

1. (구)도시계획법(2000.1.28. 법률 제6243호로 전문 개정되기 전의 것) 제78조, 제78조의2, 행정절차법 제22조 제1항 제1호, 제4항, 제21조 제4항에 의하면, 행정청이 (구)도시계획법 제23조 제5항의 규정에 의한 사업시행자 지정처분을 취소하기 위해서는 청문을 실시하여야 하고, 다만 행정절차법 제22조 제4항, 제21조 제4항에서 정한 예외사유에 해당하는 경우에 한하여 청문을 실시하지 아니할 수 있으며, 이러한 청문제도는 행정처분의 사유에 대하여 당사자에게 변명과 유리한 자료를 제출할 기회를 부여함으로써 위법사유의 시정가능성을 고려하고 처분의 신중과 적정을 기하려는 데 그 취지가 있음에 비추어 볼 때, 행정청이 침해적 행정처분을 함에 즈음하여 청문을 실시하지 않아도 되는 예외적인 경우에 해당하지 않는 한 반드시 청문을 실시하여야 하고, 그 절차를 결여한 처분은 위법한 처분으로서 취소사유에 해당한다.

2. 행정청이 당사자와 사이에 도시계획사업의 시행과 관련한 협약을 체결하면서 관계법령 및 행정절차법에 규정된 청문의 실시 등 의견청취절차를 배제하는 조항을 두었다고 하더라도, 국민의 행정참여를 도모함으로써 행정의 공정성·투명성 및 신뢰성을 확보하고 국민의 권익을 보호한다는 행정절차법의 목적 및 청문제도의 취지 등에 비추어 볼 때, 위와 같은 협약의 체결로 청문의 실시에 관한 규정의 적용을 배제할 수 있다고 볼 만한 법령상의 규정이 없는 한, 이러한 협약이 체결되었다고 하여 청문의 실시에 관한 규정의 적용이 배제된다거나 청문을 실시하지 않아도 되는 예외적인 경우에 해당한다고 할 수 없다.

관련조문

행정절차법 제21조(처분의 사전통지)

판시사항

(구)도시계획법 제78조, 제78조의2, 행정절차법 제22조 제1항 제1호, 제4항, 제21조 제4항에 의하면, 행정청이 (구)도시계획법 제23조 제5항의 규정에 의한 사업시행자 지정처분을 취소하기 위해서는 청문을 실시하여야 하고, 다만 행정절차법 제22조 제4항, 제21조 제4항에서 정한 예외사유에 해당하는 경우에 한하여 청문을 실시하지 아니할 수 있으며, 이러한 청문제도는 행정처분의 사유에 대하여 당사자에게 변명과 유리한 자료를 제출할 기회를 부여함으로써 위법사유의 시정가능성을 고려하고 처분의 신중과 적정을 기하려는 데 그 취지가 있음에 비추어 볼 때, 행정청이 침해적 행정처분을 함에 즈음하여 청문을 실시하지 않아도 되는 예외적인 경우에 해당하지 않는 한 반드시 청문을 실시하여야 하고, 그 절차를 결여한 처분은 위법한 처분으로서 취소사유에 해당한다고 보아야 할 것이다. 그리고 이 사건 처분은 이 사건 도시계획사업의 사업시행자 지정을 취소하는 침해적 행정처분으로서, 원고로서는 위 사업시행자 지정이 취소됨으로써 위 사업의 준비에 소요된 비용 상당의 손해를 입게 될 뿐 아니라 위 사업에 대한 기대이익도 상실하게 되므로 이러한 상황에 대비하기 위하여 이 사건

처분에 대한 사전통지를 받을 필요가 있음은 물론, 청문절차 등을 통하여 변명과 유리한 자료를 제출할 기회를 가질 필요가 적지 아니하고, 사업자 지정 처분 외에도 (구)도시계획법 제25조 제1항에 기한 실시계획의 인가를 받아야 비로소 사업을 시행할 수 있어 즉시 이 사건 처분을 하지 아니하면 안될 급박한 사정이 있다고도 볼 수 없으므로 이 사건 처분이 '해당 처분의 성질상 의견청취가 현저히 곤란하거나 명백히 불필요하다고 인정될 만한 상당한 이유가 있는 경우'에 해당한다고 볼 수 없다. 또한, 행정청이 당사자와 사이에 도시계획사업의 시행과 관련한 협약을 체결하면서 관계 법령 및 행정절차법에 규정된 청문의 실시 등 의견청취절차를 배제하는 조항을 두었다고 하더라도, 국민의 행정참여를 도모함으로써 행정의 공정성·투명성 및 신뢰성을 확보하고 국민의 권익을 보호한다는 행정절차법의 목적 및 앞서 본 청문제도의 취지 등에 비추어 볼 때, 위와 같은 협약의 체결로 청문의 실시에 관한 규정의 적용을 배제할 수 있다고 볼 만한 법령상의 규정이 없는 한, 이러한 협약이 체결되었다고 하여 청문의 실시에 관한 규정의 적용이 배제된다거나 청문을 실시하지 않아도 되는 예외적인 경우에 해당한다고 할 수 없다.

관련내용

> #### 의견청취(행정절차법 제22조 청문)

1. 청문의 의의 및 취지

청문이란 '행정청이 어떠한 처분을 하기에 앞서 당사자 등의 의견을 직접 듣고 증거를 조사하는 절차'를 말한다. 이는 사전적 권리구제에 취지가 있다.

2. 생략 가능 사유(공증현포)

① 공공복리를 위하여 긴급히 처분을 할 필요가 있는 경우

② 법령상 일정한 처분을 하여야 함이 객관적으로 증명된 경우

③ 처분의 성질상 의견청취가 현저히 곤란하거나 명백히 불필요한 경우

④ 당사자가 의견 진술의 기회를 포기한다는 뜻을 명백히 표시한 경우

3. 관련 판례

(1) **청문서 도달기간을 준수하지 않은 청문의 효력(92누2844)**

청문서 도달기간을 지키지 않은 것은 절차적 요건을 준수하지 않은 것이므로 이를 바탕으로 한 행정청의 처분은 위법하다고 판시하였다. 다만 청문서 도달기간을 다소 어겼다 하더라도 당사자 스스로 청문기일에 참석하여 충분한 방어기회를 가졌다면 하자는 치유된다고 판시하였다.

(2) **당사자 간 협의에 의한 청문배제 가능성(2002두8350)**

행정청이 당사자와 사이에 관계법령 및 행정절차법에 규정된 청문의 실시 등 의견청취절차를 배제하는 협약을 하였더라도 청문을 실시하지 않아도 되는 예외적인 경우에 해당한다고

할 수 없다고 판시한 바 있다. 절차법의 목적, 절차취지를 고려할 때 청문을 배제할 수 없다.

(3) **청문통지서가 반송 및 청문불출석이 의견청취가 현저히 곤란한 경우에 해당하는지 여부** (2000두3337)

청문통지서가 반송되었다거나, 행정처분의 상대방이 불출석하였다는 이유로 청문을 실시하지 아니하고 한 침해적 행정처분은 위법하다고 판시한 바 있다.

판례 07 2017두66602

행정청이 침해적 행정처분을 하면서 당사자에게 행정절차법상의 사전 통지를 하거나 의견제출의 기회를 주지 않은 경우, 그 처분이 위법한지 여부(원칙적 적극)

관련판례

✦ 대판 2020.7.23, 2017두66602[조치명령무효확인]

판시사항

[1] 행정청이 침해적 행정처분을 하면서 당사자에게 행정절차법상의 사전 통지를 하거나 의견제출의 기회를 주지 않은 경우, 그 처분이 위법한지 여부(원칙적 적극)

[2] 행정절차법 시행령 제13조 제2호에서 정한 "법원의 재판 또는 준사법적 절차를 거치는 행정기관의 결정 등에 따라 처분의 전제가 되는 사실이 객관적으로 증명되어 처분에 따른 의견청취가 불필요하다고 인정되는 경우"의 의미 및 처분의 전제가 되는 '일부' 사실만 증명된 경우이거나 의견청취에 따라 행정청의 처분 여부나 처분 수위가 달라질 수 있는 경우, 위 예외사유에 해당하는지 여부(소극)

[3] 관할 시장이 갑에게 구 폐기물관리법 제48조 제1호에 따라 토지에 장기보관 중인 폐기물을 처리할 것을 명령하는 1차, 2차 조치명령을 각각 하였고, 갑이 위 각 조치명령을 불이행하였다고 하여 구 폐기물관리법 위반죄로 유죄판결이 각각 선고·확정되었는데, 이후 관할 시장이 폐기물 방치 실태를 확인하고 별도의 사전 통지와 의견청취 절차를 밟지 않은 채 갑에게 폐기물 처리에 관한 3차 조치명령을 한 사안에서, 3차 조치명령은 재량행위로서 행정절차법 시행령 제13조 제2호에서 정한 사전 통지, 의견청취의 예외사유에 해당하지 않는다고 한 사례

PART 02

판결요지

[1] 행정절차에 관한 일반법인 행정절차법 제21조, 제22조에서 사전 통지와 의견청취에 관하여 정하고 있다. 행정청이 당사자에게 의무를 부과하거나 권익을 제한하는 처분을 하는 경우에는 미리 '처분의 제목', '처분하려는 원인이 되는 사실과 처분의 내용 및 법적 근거', '이에 대하여 의견을 제출할 수 있다는 뜻과 의견을 제출하지 아니하는 경우의 처리방법', '의견제출기관의 명칭과 주소', '의견제출기한' 등을 당사자 등에게 통지하여야 한다(제21조 제1항). <u>다른 법령 등에서 필수적으로 청문을 하거나 공청회를 개최하도록 정하고 있지 않은 경우에도 당사자 등에게 의견제출의 기회를 주어야 하고(제22조 제3항), 다만 '해당 처분의 성질상 의견청취가 현저히 곤란하거나 명백히 불필요하다고 인정될 만한 상당한 이유가 있는 경우' 등에 한하여 처분의 사전 통지나 의견청취를 하지 않을 수 있다(제21조 제4항, 제22조 제4항). 따라서 행정청이 침해적 행정처분을 하면서 당사자에게 행정절차법상의 사전 통지를 하거나 의견제출의 기회를 주지 않았다면, 사전 통지를 하지 않거나 의견제출의 기회를 주지 않아도 되는 예외적인 경우에 해당하지 않는 한, 그 처분은 위법하여 취소를 면할 수 없다.</u>

[2] 행정절차법 제21조, 제22조, 행정절차법 시행령 제13조의 내용을 행정절차법의 입법 목적과 의견청취 제도의 취지에 비추어 종합적·체계적으로 해석하면, 행정절차법 시행령 제13조 제2호에서 정한 "법원의 재판 또는 준사법적 절차를 거치는 행정기관의 결정 등에 따라 처분의 전제가 되는 사실이 객관적으로 증명되어 처분에 따른 의견청취가 불필요하다고 인정되는 경우"는 법원의 재판 등에 따라 처분의 전제가 되는 사실이 객관적으로 증명되면 행정청이 반드시 일정한 처분을 해야 하는 경우 등 의견청취가 행정청의 처분 여부나 그 수위 결정에 영향을 미치지 못하는 경우를 의미한다고 보아야 한다. 처분의 전제가 되는 '일부' 사실만 증명된 경우이거나 의견청취에 따라 행정청의 처분 여부나 처분 수위가 달라질 수 있는 경우라면 위 예외 사유에 해당하지 않는다.

[3] 관할 시장이 갑에게 구 폐기물관리법(2015.7.20. 법률 제13411호로 개정되기 전의 것, 이하 '폐기물관리법'이라 한다) 제48조 제1호에 따라 토지에 장기보관 중인 폐기물을 처리할 것을 명령하는 1차, 2차 조치명령을 각각 하였고, 갑이 위 각 조치명령을 불이행하였다고 하여 폐기물관리법 위반죄로 유죄판결이 각각 선고·확정되었는데, 이후 관할 시장이 폐기물 방치 실태를 확인하고 별도의 사전 통지와 의견청취 절차를 밟지 않은 채 갑에게 폐기물 처리에 관한 3차 조치명령을 한 사안에서, 갑이 3차 조치명령 이전에 관할 시장으로부터 1차, 2차 조치명령을 받았고, 형사재판절차에서 위 각 조치명령 불이행의 범죄사실에 관하여 유죄판결을 선고받은 후 그 판결이 확정되었다고 하더라도, 2차 조치명령 당시부터는 물론이고, 2차 조치명령 불이행으로 인한 유죄판결 확정 이후부터 3차 조치명령 당시까지 시간적 간격이 있으므로 사정변경의 여지가 있는데, 위 각 유죄판결에 따라 '갑이 폐기물을 방치하여 1차 및 2차 조치명령을 받았고 이를 불이행하였다'는 사실이 객관적으로 증명된 경우라고 볼 수는 있으나, 나아가 위 유죄판결에 따라 '3차 조치명령 당시 토지에 방치된 폐기물을 적정하게 처리하지 않고 있다'는 처분

사유가 객관적으로 증명되었다고 단정하기는 어렵고, 또한 3차 조치명령의 근거 법률인 폐기물관리법 제48조의 문언과 체제에 비추어 보면 이 규정에 따른 폐기물 처리 조치명령은 재량행위에 해당하므로, 3차 조치명령은 법원의 재판 등에 따라 처분의 전제가 되는 사실이 객관적으로 증명되면 행정청이 반드시 일정한 처분을 해야 하는 경우 등 의견청취가 행정청의 처분 여부나 그 수위 결정에 영향을 미치지 못하는 경우에 해당한다고 보기 어려워, 행정절차법 시행령 제13조 제2호에서 정한 사전 통지, 의견청취의 예외사유에 해당하지 않는다고 한 사례

 관련기출

1. 제27회 문제1 물음1

乙이 甲에 대한 거부처분을 하기에 앞서 행정절차법상 사전통지와 이유 제시를 하지 아니한 경우 그 거부처분은 위법한가? **20점**

※ 출제위원 채점평

물음 1)은 이주대책 수립 신청거부처분을 하기에 앞서 사전통지와 이유 제시를 거치지 않은 경우 그 법적 효과를 묻는 문제이다. 불필요하게 이주대책에 대하여 장황하게 작성하거나 실체적 위법성을 기술한 논점 이탈의 답안보다는 거부처분의 절차적 하자에 초점을 맞추어 사전통지와 이유 제시로 구분하여 학설과 판례를 정확히 언급할 필요가 있다.

2. 제22회 문제2 물음2

감정평가업자 乙은 국토교통부장관에게 감정평가사 갱신등록을 신청하였으나 거부당하였다. 그런데 乙은 갱신등록거부처분에 앞서 거부사유와 법적근거, 의견제출의 가능성 등을 통지받지 못하였다. 위 갱신등록 거부처분의 위법성 여부를 검토하시오. **10점**

판례 08 93누18969

청문 미실시가 위법인지 여부 ①

쟁점사항

▶ 수익적 행정처분의 하자가 당사자의 위법한 신청행위에 기인한 경우 그 취소행위가 재량권 남용에 해당하는지 여부

관련판례

✦ 대판 1994.3.22, 93누18969[주택조합설립인가취소처분취소]

1. 청문절차 없이 어떤 행정처분을 한 경우에도 관계법령에서 청문절차를 시행하도록 규정하지 않고 있는 경우에는 그 행정처분이 위법하게 되는 것이 아니라고 할 것인바, (구)주택건설촉진법(1992.12.8. 법률 제4530호로 개정되기 전의 것) 및 같은 법 시행령에 의하면 주택조합설립인가처분의 취소처분을 하고자 하는 경우에 청문절차를 거치도록 규정하고 있지 아니하므로 청문절차를 거치지 아니한 것이 위법하지 아니하다.

2. 행정청이 수익적 행정처분을 취소하는 경우에는 처분을 취소하여야 할 공익상의 필요가 취소로 인하여 당사자가 입게 될 기득권과 신뢰보호 및 법률생활안정의 침해 등 불이익을 정당화할 만큼 강한 경우에 한하여 취소할 수 있으나, 수익적 행정처분의 하자가 당사자의 사실은폐나 기타 사위의 방법에 의한 신청행위에 기인한 것이라면 당사자는 처분에 의한 이익이 위법하게 취득되었음을 알아 취소가능성도 예상하고 있었다고 할 것이므로, 그 자신이 처분에 관한 신뢰이익을 원용할 수 없음은 물론 처분청이 이를 고려하지 않았다고 하여도 재량권의 남용이 아니다.

관련조문

행정절차법 제22조(의견청취)

판시사항

[1] 제1점에 관하여

청문절차 없이 어떤 행정처분을 한 경우에도 관계법령에서 청문절차를 시행하도록 규정하지 않고 있는 경우에는 그 행정처분이 위법하게 되는 것이 아니라고 할 것인바, 주택건설촉진법 및 그 시행령에 의하면 주택조합설립인가처분의 취소처분을 하고자 하는 경우에 청문절차를 거치도록 규정하고 있지 아니하므로 피고가 이 사건 주택조합설립인가취소처분을 함에 있어서 청문절차를 거치지 아니한 것이 위법하다고 할 수 없고, 따라서 같은 취지의 원심판단은 정당하고, 거기에 소론 주장의 법리오해 등의 위법이 없다. 이 점에 관한 논지는 이유 없다.

[2] 제2, 3점에 관하여

행정청이 수익적 행정처분을 취소하는 경우에는 그 처분을 취소하여야 할 공익상의 필요가 그 취소로 인하여 당사자가 입게 될 기득권과 신뢰보호 및 법률생활안정의 침해 등 불이익을 정당화할 만큼 강한 경우에 한하여 취소할 수 있으나 그 수익적 행정처분의 하자가 당사자의 사실은폐나 기타 사위의 방법에 의한 신청행위에 기인한 것이라면 당사자는 그 처분에 의한 이익이 위법하게 취득되었음을 알아 그 취소가능성도 예상하고 있었다고 할 것이므로 그 자신이 위 처분에 관한 신뢰이익을 원용할 수 없음은 물론 처분청이 이를 고려하지 않았다고 하여도 재량권의 남용이 되지 않는다고 할 것이다.

판례 09 **2000두3337**

청문 미실시가 위법인지 여부 ②

쟁점사항

▶ **침익적 행정처분을 할 경우 청문을 배제할 수 있는 예외사유**

관련판례

✦ **대판 2001.4.13, 2000두3337[영업허가취소처분취소]**

1. 청문절차를 결여한 (구)공중위생법상의 유기장업허가취소처분의 적법 여부(한정 소극)

2. 침해적 행정처분을 할 경우 청문을 실시하지 않을 수 있는 사유인 행정절차법 제21조 제4항 제3호 소정의 '의견청취가 현저히 곤란하거나 명백히 불필요하다고 인정될 만한 상당한 이유가 있는지 여부'의 판단기준 및 행정처분의 상대방에 대한 청문통지서가 반송되었다거나, 행정처분의 상대방이 청문일시에 불출석하였다는 이유로 청문을 실시하지 아니하고 한 침해적 행정처분의 적법 여부(소극)

3. (구)공중위생법상 유기장업허가취소처분을 함에 있어서 두 차례에 걸쳐 발송한 청문통지서가 모두 반송되어 온 경우, 행정절차법 제21조 제4항 제3호에 정한 청문을 실시하지 않아도 되는 예외사유에 해당한다고 단정하여 당사자가 청문일시에 불출석하였다는 이유로 청문을 거치지 않고 이루어진 위 처분이 위법하지 않다고 판단한 원심판결을 파기한 사례

관련조문

행정절차법 제22조(의견청취)

판시사항

(구)공중위생법(1999.2.8. 법률 제5839호 공중위생관리법의 제정으로 폐지되기 전의 것) 제24조 제1호, 행정절차법 제22조 제1항 제1호, 제4항, 제21조 제4항 및 제28조, 제31조, 제34조, 제35조 의 각 규정을 종합하면, 행정청이 유기장업허가를 취소하기 위하여는 청문을 실시하여야 하고, 다만 행정절차법 제22조 제4항, 제21조 제4항에서 정한 예외사유에 해당하는 경우에는 청문을 실시하지 아니할 수 있으며, 행정청이 선정한 청문주재자는 청문을 주재하고, 당사자 등의 출석 여부, 진술의 요지 및 제출된 증거, 청문주재자의 의견 등을 기재한 청문조서를 작성하여 청문을 마친 후 지체 없이 청문조서 등을 행정청에 제출하며, 행정청은 제출받은 청문조서 등을 검토하고 상당한 이유가 있다고 인정하는 경우에는 청문결과를 적극 반영하여 행정처분을 하여야 하는바, 이러한 **청문절차에 관한 각 규정과 행정처분의 사유에 대하여 해당 영업자에게 변명과 유리한 자료를 제출할 기회를**

부여함으로써 위법사유의 시정 가능성을 고려하고 처분의 신중과 적정을 기하려는 청문제도의 취지에 비추어 볼 때, 행정청이 침해적 행정처분을 함에 즈음하여 청문을 실시하지 않아도 되는 예외적인 경우에 해당하지 않는 한 반드시 청문을 실시하여야 하고, 그 절차를 결여한 처분은 위법한 처분으로서 취소 사유에 해당한다고 보아야 할 것이다(대판 1983.6.14, 83누14; 1991.7.9, 91누971; 2000.11.14, 99두5870 등 참조).

그리고 행정절차법 제21조 제4항 제3호는 침해적 행정처분을 할 경우 청문을 실시하지 않을 수 있는 사유로서 "해당 처분의 성질상 의견청취가 현저히 곤란하거나 명백히 불필요하다고 인정될 만한 상당한 이유가 있는 경우"를 규정하고 있으나, 여기에서 말하는 '의견청취가 현저히 곤란하거나 명백히 불필요하다고 인정될 만한 상당한 이유가 있는지 여부'는 해당 행정처분의 성질에 비추어 판단하여야 하는 것이지, 청문통지서의 반송 여부, 청문통지의 방법 등에 의하여 판단할 것은 아니며, 또한 행정처분의 상대방이 통지된 청문일시에 불출석하였다는 이유만으로 행정청이 관계법령상 그 실시가 요구되는 청문을 실시하지 아니한 채 침해적 행정처분을 할 수는 없을 것이므로, 행정처분의 상대방에 대한 청문통지서가 반송되었다거나, 행정처분의 상대방이 청문일시에 불출석하였다는 이유로 청문을 실시하지 아니하고 한 침해적 행정처분은 위법하다고 하지 않을 수 없다.

Tip 청문실시의 요건

감정평가 및 감정평가사에 관한 법률 제45조
1. 감정평가사 자격의 취소
2. 감정평가법인의 설립인가 취소

□ **협약에 의한 청문배제 가능성**

　　[판례] 협약을 체결하면서 청문실시 배제조항을 두었다고 하더라도, 국민의 행정참여를 도모함으로써 행정의 공정성·신뢰성·투명성을 확보하고 국민의 권익을 보호한다는 행정절차법의 목적 및 청문제도의 취지 등에 비추어 볼 때, 청문을 배제할 수 없다고 판시한 바 있음.

판례 10 2008두16155

사전통지를 하지 않거나 의견청취를 하지 않은 경우(위법)

쟁점사항

▶ 사전통지 및 의견제출 절차를 결한 침익적 처분의 위법성

관련판례

✦ 대판 2009.1.30, 2008두16155[정규임용취소처분취소]

판시사항

정규공무원으로 임용된 사람에게 시보임용처분 당시 지방공무원법 제31조 제4호에 정한 공무원임용 결격사유가 있어 시보임용처분을 취소하고 그에 따라 정규임용처분을 취소한 사안에서, 정규임용처분을 취소하는 처분은 성질상 행정절차를 거치는 것이 불필요하여 행정절차법의 적용이 배제되는 경우에 해당하지 않으므로, 그 처분을 하면서 사전통지를 하거나 의견제출의 기회를 부여하지 않은 것은 위법하다고 한 사례

참조조문

행정절차법 제3조 제2항 제9호, 제21조 제4항, 제22조 제4항, 행정절차법 시행령 제2조 제3호, 지방공무원법 제31조 제4호

참조판례

대판 2007.9.21, 2006두20631

전문

【원고, 상고인】원고(소송대리인 우성종합 법무법인 담당변호사 ○○○)
【피고, 피상고인】충청북도 옥천교육청 교육장(소송대리인 법무법인 청주로 담당변호사 ○○○)
【원심판결】대전고법 2008.8.21, 2008누1014

주문

원심판결을 파기하고, 사건을 대전고등법원에 환송한다.

이유

행정절차법 제21조 제1항, 제4항, 제22조 제1항 내지 제4항에 의하면, 행정청이 당사자에게 의무를 과하거나 권익을 제한하는 처분을 하는 경우에는 미리 처분하고자 하는 원인이 되는 사실과 처분의 내용 및 법적 근거, 이에 대하여 의견을 제출할 수 있다는 뜻과 의견을 제출하지 아니하는 경우의 처리방법 등의 사항을 당사자 등에게 통지하여야 하고, 다른 법령 등에서 필요적으로 청문을 실시하거나 공청회를 개최하도록 규정하고 있지 아니한 경우에도 당사자 등에게 의견제출의 기회를 주어야 하되, "법령 등에서 요구된 자격이 없거나 없어지게 되면 반드시 일정한 처분을 하여야 하는 경우에 그 자격이 없거나 없어지게 된 사실이 법원의 재판 등에 의하여 객관적으로 증명된 때"(행정절차법 제21조 제4항 제2호, 제22조 제4항), "해당 처분의 성질상 의견청취가 현저히 곤란하거나 명백히 불필요하다고 인정될 만한 상당한 이유가 있는 경우"(행정절차법 제21조 제4항 제3호, 제22조 제4항) 등에는 처분

의 사전통지나 의견청취를 하지 아니할 수 있도록 규정하고 있으므로, 행정청이 침해적 행정처분을 하면서 당사자에게 위와 같은 사전통지를 하거나 의견제출의 기회를 주지 아니하였다면 사전통지를 하지 않거나 의견제출의 기회를 주지 아니하여도 되는 예외적인 경우에 해당하지 아니하는 한 그 처분은 위법하여 취소를 면할 수 없다(대판 2000.11.14, 99두5870, 대판 2004.5.28, 2004두1254 등 참조).

> **Tip** 수익적 행정행위의 거부가 불이익처분인지

[학설] ① 신청에 따라 긍정적인 처분이 이루어질 것으로 기대하였으므로 긍정하는 견해
       ② 아직 당사자에게 권익이 부여되지 아니하였으므로 부정하는 견해

[판례] 신청에 따른 처분이 이루어지지 아니한 경우에는 아직 당사자에게 권익이 부과되지 아니하였으므로…
       행정절차법 제21조 1항의 '당사자의 권익을 제한하는 처분'에 해당한다고 할 수 없는 것이어서 사전통지 대상이 된다고 할 수 없음.
       위의 판례는 결격사유가 해소된 후에 한 별도의 정규임용처분을 취소하는 처분이어서 행정절차법 제21조 제4항 및 제22조 제4항에 따라 원고에게 사전통지를 하지 않거나 의견제출의 기회를 주지 아니하여도 되는 예외적인 경우에 해당한다고 할 수도 없는 바 위법함.

판례 11 2000두8912

이유제시

쟁점사항

▶ 거부처분을 함에 있어 상당한 이유를 제시한 경우에도 여전히 처분이 위법한지 여부

관련판례

✦ **대판 2002.5.17, 2000두8912[토지형질변경불허가처분취소]**

행정절차법 제23조 제1항은, 행정청은 처분을 하는 때에는 당사자에게 그 근거와 이유를 제시하여야 한다고 규정하고 있는 바, 일반적으로 당사자가 근거규정 등을 명시하여 신청하는 인·허가 등을 거부하는 처분을 함에 있어 당사자가 그 근거를 알 수 있을 정도로 상당한 이유를 제시한 경우에는 해당 처분의 근거 및 이유를 구체적 조항 및 내용까지 명시하지 않았더라도 그로 말미암아 그 처분이 위법한 것이 된다고 할 수 없다.

관련조문

행정절차법 제23조(처분의 이유제시)

판시사항

[1] 행정절차법 제23조 제1항은 행정청은 처분을 하는 때에는 당사자에게 그 근거와 이유를 제시하여야 한다고 규정하고 있는바, 일반적으로 당사자가 근거규정 등을 명시하여 신청하는 인·허가 등을 거부하는 처분을 함에 있어 당사자가 그 근거를 알 수 있을 정도로 상당한 이유를 제시한 경우에는 해당 처분의 근거 및 이유를 구체적 조항 및 내용까지 명시하지 않았더라도 그로 말미암아 그 처분이 위법한 것이 된다고 할 수 없다.

[2] 행정청이 토지형질변경허가신청을 불허하는 근거규정으로 '도시계획법 시행령 제20조'를 명시하지 아니하고 '도시계획법'이라고만 기재하였으나, 신청인이 자신의 신청이 개발제한구역의 지정목적에 현저히 지장을 초래하는 것이라는 이유로 (구)도시계획법 시행령(2000.7.1. 대통령령 제16891호로 전문 개정되기 전의 것) 제20조 제1항 제2호에 따라 불허된 것임을 알 수 있었던 경우, 그 불허처분이 위법하지 아니하다고 한 사례

관련내용

이유제시[행정절차법 제23조]

1. 의의 및 취지

이유제시란 행정청이 처분을 함에 있어 처분의 근거와 이유를 제시하는 것을 말한다. 이는 행정을 보다 신중·공정하게 하기 위함이고, 쟁송제기 여부의 판단 및 쟁송준비의 편의 제공 등의 목적에 취지가 인정된다.

2. 필수적 절차 여부(모단긴)

① 신청내용을 그대로 모두 인정하는 경우
② 단순·반복적인 처분 및 경미한 처분으로 당사자가 그 이유를 명백히 아는 경우
③ 긴급을 요하는 경우

3. 이유제시 정도와 하자

행정청의 이유 제시는 상대방이 처분의 법적 근거와 사실상의 사유를 충분히 납득할 수 있을 정도로 구체적이고 명확하게 하여야 한다.

이유제시의 하자란 행정청이 처분이유를 제시해야 함에도 제시하지 않거나, 불충분하게 제시한 경우를 말한다. 이 경우 무효취소의 구별기준에 따라 무효인 하자나 취소할 수 있는 하자가 되며 판례는 통상 취소사유로 보고 있다.

4. 이유제시의 시기 및 방식

이유제시는 행정처분의 시기와 동시에 이루어져야 한다. 이유제시의 방식은 해당 행정처분의 방식에 의존하는 것이 보통으로, 처분에 관하여 쟁송제기 여부, 기타 불복 가능 여부, 청구절차 및 청구기간 등을 알려야 한다.

관련기출

1. 제15회 2번

국토교통부장관이 감정평가 및 감정평가사에 관한 법률(이하 '감정평가법')을 위반한 감정평가법인에게 업무정지 3개월의 처분을 행하였다. 이에 대응하여 해당 법인은 위 처분에는 이유가 제시되어 있지 않아 위법하다고 하면서 업무정지처분취소소송을 제기하였다. 그러나 국토교통부장관은 (1) 감정평가법에 청문규정만 있을 뿐 이유제시에 관한 규정이 없고, (2) 취소소송 심리도중에 이유를 제시한 바 있으므로 그 흠은 치유 내지 보완되었다고 주장한다. 이 경우 국토교통부장관의 주장에 관하여 검토하시오. **30점**

판례 12 **2019두49359**

처분의 이유제시 정도에 따른 위법성 판단

관련판례

✦ 대판 2020.6.11, 2019두49359[과징금부과처분취소]

[1] 행정처분의 취소를 구하는 항고소송에서 처분청이 당초 처분의 근거로 삼은 사유가 아닌 별개의 사실을 들어 처분사유로 주장함은 허용되지 아니하나, 당초 처분의 근거로 삼은 사유와 기본적 사실관계에 동일성이 있다고 인정되는 한도 내에서는 다른 사유를 추가하거나 변경할 수 있고, 여기서 기본적 사실관계의 동일성 유무는 처분사유를 법률적으로 평가하기 이전의 구체적인 사실에 착안하여 그 기초가 되는 사회적 사실관계가 기본적인 점에서 동일한지 여부에 따라 결정된다(대판 2001.9.28, 2000두8684 등 참조).

[2] 행정청이 문서에 의하여 처분을 한 경우 원칙적으로 그 처분서의 문언에 따라 어떤 처분을 하였는지를 확정하여야 하나, 그 처분서의 문언만으로는 행정청이 어떤 처분을 하였는지 불분명하다는 등 특별한 사정이 있는 때에는 처분 경위, 처분청의 진정한 의사, 처분을 전후한 상대방의 태도 등 다른 사정을 고려하여 처분서의 문언과 달리 그 처분의 내용을 해석할 수도 있다 (대판 2010.2.11. 2009두18035, 대판 2013.7.12. 2012두20571 등 참조).

[3] 행정절차법 제23조 제1항은 행정청이 처분을 하는 때에는 당사자에게 그 근거와 이유를 제시하도록 규정하고 있다. 이는 행정청의 자의적 결정을 배제하고 당사자로 하여금 권리구제절차에서 적절히 대처할 수 있도록 하는 데 그 취지가 있다. 따라서 처분서에 기재된 내용과 관계 법령 및 당해 처분에 이르기까지의 전체적인 과정 등을 종합적으로 고려하여, 처분 당시 당사자가 어떠한 근거와 이유로 처분이 이루어진 것인지를 충분히 알 수 있어서 그에 불복하여 권리구제절차로 나아가는 데에 별다른 지장이 없었던 것으로 인정되는 경우에는 처분서에 처분의 근거와 이유가 구체적으로 명시되지 않았다고 하더라도 이유제시의무를 위반하여 처분을 취소하여야 할 위법사유라고는 볼 수 없다(대판 2009.12.10. 2007두20348 참조).

(출처 : 대법원 2020.6.11. 선고 2019두49359 판결 [과징금부과처분취소])

감정평가 및 보상법규

Chapter

01

공익사업을 위한 토지 등의 취득 및 보상에 관한 법률

 판례 01 **2003두7507**

공용수용 필요 최소범위

 요점사항

▶ 수용할 목적물의 범위 : 필요한 최소한도(비례의 원칙)

 관련판례

✦ **대판 2005.11.10, 2003두7507[토지수용이의재결처분취소]**

> 공용수용은 공익사업을 위하여 특정의 재산권을 법률에 의하여 강제적으로 취득하는 것을 내용으로
> 하므로 그 공익사업을 위한 필요가 있어야 하고, 그 필요가 있는지에 대하여는 수용에 따른 상대방의
> 재산권 침해를 정당화할 만한 공익의 존재가 쌍방의 이익의 비교형량의 결과로 입증되어야 하며, 그
> 입증책임은 사업시행자에게 있다.
> 공용수용은 공익사업을 위하여 타인의 특정한 재산권을 법률의 힘에 의하여 강제적으로 취득하는 것이
> 므로 수용할 목적물의 범위는 원칙적으로 사업을 위하여 필요한 최소한도에 그쳐야 한다.

관련조문

토지보상법 제2조(정의)

판시사항

[1] 공용수용은 공익사업을 위하여 특정의 재산권을 법률에 의하여 강제적으로 취득하는 것을 내용
으로 하므로 그 공익사업을 위한 필요가 있어야 하고, 그 필요가 있는지에 대하여는 수용에 따
른 상대방의 재산권 침해를 정당화할 만한 공익의 존재가 쌍방의 이익의 비교형량의 결과로
입증되어야 하며, 그 입증책임은 사업시행자에게 있다.

[2] 공용수용은 공익사업을 위하여 타인의 특정한 재산권을 법률의 힘에 의하여 강제적으로 취득하는
것이므로 수용할 목적물의 범위는 원칙적으로 사업을 위하여 필요한 최소한도에 그쳐야 한다.

관련내용

비례의 원칙(과잉조치금지의 원칙)

1. 의의 및 근거(행정기본법 제10조)

비례의 원칙이란 과잉조치금지의 원칙이라고도 하는데, 행정작용에 있어서 행정목적과 행정수단 사이에는 합리적인 비례관계가 있어야 한다는 원칙을 말한다. 비례의 원칙은 헌법상의 기본권 보장규정, 법치국가원칙, 헌법 제37조 제2항에 근거를 두고 있으며, 동 원칙에 반하는 행정작용은 위법하다.

2. 내용(요건)

아래의 적합성의 원칙, 필요성의 원칙, 상당성의 원칙은 단계적 심사구조를 이룬다.
① **적합성의 원칙** : 적합성의 원칙이란 행정은 추구하는 행정목적의 달성에 적합한 수단을 선택하여야 한다는 원칙을 말한다.
② **필요성의 원칙(최소침해의 원칙)** : 필요성의 원칙이란 적합한 수단이 여러 가지인 경우에 국민의 권리를 최소한으로 침해하는 수단을 선택하여야 한다는 원칙이다.
③ **상당성의 원칙** : 상당성의 원칙이란 행정조치를 취함에 따른 불이익이 그것에 의해 달성되는 이익보다 큰 경우에는 그 행정조치를 취해서는 안 된다는 원칙을 말한다.

 판례 02 2008다76112

관계인의 범위

 요점사항

▶ 관계인에는 소유권 등을 가진 자뿐만 아니라 실질적 처분권을 가진 자도 포함된다.

✂ 관련판례

✦ 대판 2009.2.12, 2008다76112[손실보상금수령권자확인]

공익사업을 위한 토지 등의 취득 및 보상에 관한 법률의 보상 대상이 되는 '기타 토지에 정착한 물건에 대한 소유권 그 밖의 권리를 가진 관계인'에는 독립하여 거래의 객체가 되는 정착물에 대한 소유권 등을 가진 자뿐 아니라, 해당 토지와 일체를 이루는 토지의 구성부분이 되었다고 보기 어렵고 거래관념상 토지와 별도로 취득 또는 사용의 대상이 되는 정착물에 대한 소유권이나 수거·철거권 등 실질적 처분권을 가진 자도 포함된다.

관련조문

토지보상법 제2조(정의)

판시사항

부합물에 관한 소유권 귀속의 예외를 규정한 민법 제256조 단서의 규정은 타인이 그 권원에 의하여 부속시킨 물건이라 할지라도 그 부속된 물건이 분리하여 경제적 가치가 있는 경우에 한하여 부속시킨 타인의 권리에 영향이 없다는 취지이므로 부동산에 부합된 물건이 사실상 분리복구가 불가능하여 거래상 독립한 권리의 객체성을 상실하고 그 부동산과 일체를 이루는 부동산의 구성부분이 된 경우에는 타인이 권원에 의하여 이를 부합시킨 경우에도 그 물건의 소유권은 부동산의 소유자에게 귀속된다(대판 1975.4.8, 74다1743; 1985.12.24, 84다카2428; 2001.11.13, 2000두4354 등 참조). 그러나 공익사업을 위한 토지 등의 취득 및 보상에 관한 법률(이하 '공익사업법'이라고만 한다)은 '토지와 함께 공익사업을 위하여 필요로 하는 입목, 건물 기타 토지에 정착한 물건 및 이에 관한 소유권외의 권리'도 수용 및 보상의 대상으로 하고(제3조 제2호), 토지에 있는 물건에 관하여 소유권 그 밖의 권리를 가진 자는 관계인(제2조 제5호)으로서 사업시행자로부터 이전비 또는 일정한 경우 해당 물건의 가격을 손실로서 보상받는다고 규정하고 있으며(제61조, 제75조), 공익사업법상 입목, 건물을 제외한 '기타 토지에 정착한 물건(이하 '정착물'이라고 한다)'은 토지의 부합물임을 원칙으로 하는데(대판 2007.1.25, 2005두9583 참조), 그 정착물에 대하여도 공익사업법 제75조 제1항에 따라 이전비로 보상하여야 하고, 그 정착물의 이전이 어렵거나 그 이전으로 인하여 정착물을 종래의 목적대로 사용할 수 없게 되거나 정착물의 이전비가 그 물건의 가격을 넘는 경우에는 해당 물건의 가격으로 보상하여야 하므로, **공익사업법상 보상 대상이 되는 '기타 토지에 정착한 물건에 대한 소유권 그 밖의 권리를 가진 관계인'에는 독립하여 거래의 객체가 되는 정착물에 대한 소유권 등을 가진 자뿐 아니라 해당 토지와 일체를 이루는 토지의 구성부분이 되었다고 보기 어렵고 거래관념상 토지와 별도로 취득 또는 사용의 대상이 되는 정착물에 대한 소유권이나 수거·철거권 등 실질적 처분권을 가진 자도 포함된다.**
이 사건 시설물은 이 사건 토지의 종전 임차인이 임대인인 피고의 승낙을 얻어 이 사건 토지에 부합 또는 부속시킨 물건으로서 해당 토지와 일체를 이루는 토지의 구성부분이 되었다고 보기 어렵고 거래관념상 토지와 별도로 취득 또는 사용의 대상이 되는 정착물이라고 할 것이고, 종전 임차인이나 원고(이하 '원고 등'이라고 한다)가 피고와 사이에 임대차종료 시 이 사건 시설물의 설치비용청구권이나 유익비상환청구권을 포기하기로 약정하였다고 하여도 **임대차기간 중에는** 이 사건 시설물을 사용·수익하다가 임대차종료 시 이를 철거할 권리가 있으므로 원고 등은 이 사건 시설물에 대한 소유권 그 밖의 권리를 가진 자로서 공익사업법상 관계인에 해당한다고 할 것이며, 따라서 이 사건 시설물에 대한 수용보상금은 원고 등에게 귀속된다고 봄이 상당하다.

Tip 관계인의 범위

[대법원] 매매계약 후 미등기 상태에서 사용·수익 중인 자, 가등기권리자, 압류·가압류권자에 대해서는 관계인의 지위를 인정하고 있다. 그러나 가처분등기권자는 가처분등기가 임의처분 금지효력을 가지는 것에 그치므로 관계인에 포함되지 아니함.

판례 03 71다1716

공익사업 : 토지보상법 제4조

요점사항

▶ 사업인정의 요건 : 토지보상법 제4조에 해당하는 공익사업(국/도/청/학/택/부/이/그)

제4조(공익사업)

이 법에 따라 토지등을 취득하거나 사용할 수 있는 사업은 다음 각 호의 어느 하나에 해당하는 사업이어야 한다.

1. 국방·군사에 관한 사업
2. 관계 법률에 따라 허가·인가·승인·지정 등을 받아 공익을 목적으로 시행하는 철도·도로·공항·항만·주차장·공영차고지·화물터미널·궤도(軌道)·하천·제방·댐·운하·수도·하수도·하수종말처리·폐수처리·사방(砂防)·방풍(防風)·방화(防火)·방조(防潮)·방수(防水)·저수지·용수로·배수로·석유비축·송유·폐기물처리·전기·전기통신·방송·가스 및 기상 관측에 관한 사업
3. 국가나 지방자치단체가 설치하는 청사·공장·연구소·시험소·보건시설·문화시설·공원·수목원·광장·운동장·시장·묘지·화장장·도축장 또는 그 밖의 공공용 시설에 관한 사업
4. 관계 법률에 따라 허가·인가·승인·지정 등을 받아 공익을 목적으로 시행하는 학교·도서관·박물관 및 미술관 건립에 관한 사업

5. 국가, 지방자치단체, 「공공기관의 운영에 관한 법률」 제4조에 따른 공공기관, 「지방공기업 법」에 따른 지방공기업 또는 국가나 지방자치단체가 지정한 자가 임대나 양도의 목적으로 시행하는 주택 건설 또는 택지 및 산업단지 조성에 관한 사업

6. 제1호부터 제5호까지의 사업을 시행하기 위하여 필요한 통로, 교량, 전선로, 재료 적치장 또는 그 밖의 부속시설에 관한 사업

7. 제1호부터 제5호까지의 사업을 시행하기 위하여 필요한 주택, 공장 등의 이주단지 조성에 관한 사업

8. 그 밖에 별표에 규정된 법률에 따라 토지등을 수용하거나 사용할 수 있는 사업

관련판례

✦ **대판 1971.10.22, 71다1716[소유권이전등기말소]**

판시사항

정부방침 아래 교통부장관이 (구)토지수용법 제3조 소정의 문화시설에 해당하는 공익사업으로 인정하고 스스로 기업자가 되어 토지수용의 재결신청에 의하여 한 수용재결을 적법유효한 것이라고 한 사례

판결요지

정부방침 아래 교통부장관이 (구)토지수용법 제3조 소정의 문화시설에 해당하는 공익사업으로 인정하고 스스로 기업자가 되어 토지수용의 재결신청에 의하여 한 수용재결을 적법유효한 것이라고 한 사례

이건 워커힐관광, 서비스 제공사업을 한국전쟁에서 전사한 고 워커장군을 추모하고 외국인을 대상으로 하여 교통부 소관사업으로 행하기로 하는 정부방침 아래 **교통부장관이 토지수용법 제3조 제1항 제3호 소정의 문화시설에 해당하는 공익사업으로 인정하고 스스로 기업자가 되어 본건 토지수용의 재결신청을 하여 중앙토지수용위원회의 재결을 얻어 보상금을 지급한 사실을 인정하였음은 정당하다.**

관련내용

사업인정의 요건

① 토지보상법 제4조 공익사업에 해당할 것
② 공공필요가 있을 것
③ 공공필요는 비례의 원칙으로 판단할 것
④ 사업시행자의 공익사업 수행 능력과 의사가 있을 것

판례 04 93누19375

사업인정의 법적 성격과 효력

 요점사항

▶ 사업인정의 법적 성질 : 행정처분, 공법상의 권리
▶ 토지수용위원회가 사업의 시행이 불가능하게 되는 재결을 행할 수 없음

 관련판례

✦ 대판 1994.11.11, 93누19375[토지수용재결처분취소]

판시사항

가. (구)토지수용법 제14조 소정의 사업인정의 법적 성격과 효력

나. 토지수용위원회가 사업의 시행이 불가능하게 되는 것과 같은 재결을 행할 수 있는지 여부

판결요지

가. (구)토지수용법 제14조의 규정에 의한 사업인정은 그 후 일정한 절차를 거칠 것을 조건으로 하여 일정한 내용의 수용권을 설정해 주는 행정처분의 성격을 띠는 것으로서 그 사업인정을 받음으로써 수용할 목적물의 범위가 확정되고 수용권으로 하여금 목적물에 관한 현재 및 장래의 권리자에게 대항할 수 있는 일종의 공법상의 권리로서의 효력을 발생시킨다.

나. (구)토지수용법은 수용·사용의 일차 단계인 사업인정에 속하는 부분은 사업의 공익성 판단으로 사업인정기관에 일임하고, 그 이후의 구체적인 수용·사용의 결정은 토지수용위원회에 맡기고 있는 바, 이와 같은 토지수용절차의 2분화 및 사업인정의 성격과 토지수용위원회의 재결사항을 열거하고 있는 같은 법 제29조 제2항의 규정 내용에 비추어 볼 때, 토지수용위원회는 행정쟁송에 의하여 사업인정이 취소되지 않는 한 그 기능상 사업인정 자체를 무의미하게 하는, 즉 사업의 시행이 불가능하게 되는 것과 같은 재결을 행할 수는 없다.

관련내용

    사업인정

1. 사업인정의 법적 성질
   (1) 처분성
      국토교통부장관이 토지보상법 제20조에 따라서 사업인정을 함으로써 수용권이 설정되므로, 이는 국민의 권리에 영향을 미치는 처분이다. 판례는 일정한 절차를 거칠 것을 조건으로 수용권을 설정하는 형성행위라고 판시한 바 있다.
   (2) 재량행위
      토지보상법 제20조에서는 "사업인정을 받아야 한다."고 규정하고 있어 법문언의 표현이 불명확하나, 국토교통부장관이 사업인정 시에 이해관계인의 의견청취를 거치고 사업과 관련된 제 이익과의 형량을 거치는바 재량행위이다. 판례 또한 사업의 공익성 여부를 모든 사항을 참작하여 구체적으로 판단해야 하므로 행정청의 재량에 속한다고 판시한 바 있다.
   (3) 제3자효 행정행위
      사업시행자에게는 수익적 효과를, 제3자인 피수용자에게는 침익적 효과를 동시에 발생시키는 바, 제3자효 행정행위이다.

2. 사업인정의 효력
   ① 사업인정은 그 고시가 있는 날로부터 즉시 효력이 발생하며, ② 사업시행에게는 수용권의 설정, 토지물건조사권(제27조), 협의성립확인신청권(제29조), 재결신청권(제28조) 등의 효력이 발생하고, ③ 토지소유자에게는 수용목적물의 범위확정, 피수용자의 범위확정, 토지등보전의무(제25조), 재결신청청구권(제30조) 등의 효력이 발생한다.

 판례 05 **87누395**

공용수용 목적물

 요점사항

▶ 공익사업의 공공필요 입증책임의 소재 : 사업시행자

관련판례

✦ 대판 1987.9.8, 87누395[토지수용재결처분취소]

[1] 공용수용에 있어서 공익사업을 위한 필요에 대한 증명책임의 소재(=사업시행자)
[2] 공용수용의 목적물의 범위

판시사항

1. 판단누락, 채증법칙 위배 등의 상고이유에 대하여

공용수용은 공익사업을 위하여 특정의 재산권을 법률에 의하여 강제적으로 취득하는 것을 내용으로 하므로 그 공익사업을 위한 필요가 있어야 하고, 그 필요가 있는지에 대하여는 수용에 따른 상대방의 재산권침해를 정당화할 만한 공익의 존재가 쌍방의 이익의 비교형량의 결과로 입증되어야 하며, 그 입증책임은 사업시행자에게 있다.

기록에 의하면, 경원선 의정부-동안 간 복선전철 건설사업(이하 '이 사건 건설사업'이라 한다)은 선로와 정거장 및 역사 등을 건설하는 (구)공공철도건설 촉진법(2002.2.4. 법률 제6656호로 개정되기 전의 것, 이하 같다) 제2조 제2호, 제3조 제1항 제2호 소정의 공공철도의 건설·개량사업으로서 (구)토지수용법(2002.2.4. 법률 제6656호로 폐지되기 전의 것, 이하 같다) 제3조 제2호의 법률에 의하여 시설하는 철도사업인 공익사업에 해당하므로 사업시행자는 (구)공공철도건설 촉진법 제5조 제1항, (구)토지수용법 제2조 제1항에 의하여 그 사업지 내의 토지를 수용할 수 있는 점, 이 사건 의정부북부정거장의 교통량과 교통환경 등에 비추어 의정부북부역사 앞에 보행광장과 택시베이(Taxi-bay)를 설치할 필요성이 있는 점, 그런데 이 사건 건설사업은 기존 경원선과 교외선 부지를 모두 선로의 부지로 사용하는 것을 내용으로 하는 점, 기존 출입구가 있는 역사 동쪽 부분은 기존 도로가 좁을 뿐 아니라 상가가 밀집하여 있는 반면 역사 서쪽 부분의 이 사건 토지는 밭으로 경작되고 있고 주택가의 이면도로에 접해 있으므로 수용에 따른 사회적 비용이 적게 소요될 뿐 아니라, 이 사건 토지 부분에 보행광장과 택시베이를 별도로 설치하게 되면 역사에 진출입하는 교통량을 분산시킴으로써 교통환경을 개선할 수 있는 점 등을 알 수 있는바, 사정이 이와 같다면, 의정부북부역사 동쪽에 주출입문을 설치하는 것보다는 서쪽에 주출입문을 설치하고 그 앞에 위치한 이 사건 토지에 보행광장과 택시베이를 설치하는 것이 이 사건 건설사업의 목적을 달성하기 위한 유효·적절하고 또한 가능한 한 최소침해를 가져오는 방법이라고 할 것이다.

의정부북부역사의 주출입구 방향이 잘못 결정되었다는 원고의 주장은 결국 이 사건 토지를 수용할 필요성이 없다는 취지의 주장에 다름 아니고, 원심이 이 사건 토지가 의정부북부역사의 주출입구 전면부지로서 보행광장 및 택시베이 등 교통편의시설 설치를 위하여 수용할 필요가 있다고 판단하였으므로 원고의 주장에 대한 판단누락은 없다고 할 것이고, 나아가 원심의 이러한 판단에 경험칙 및 논리칙에 위반되는 채증법칙 위배 등의 위법이 있다고도 할 수 없다.

따라서 상고이유의 주장은 받아들일 수 없다.

2. 비례의 원칙 내지 과잉금지의 원칙위배의 상고이유에 대하여

공용수용은 공익사업을 위하여 타인의 특정한 재산권을 법률의 힘에 의하여 강제적으로 취득하는 것이므로 수용할 목적물의 범위는 원칙적으로 사업을 위하여 필요한 최소한도에 그쳐야 한다(대판 1987.9.8, 87누395; 1994.1.11, 93누8108 등 참조).

기록에 의하면, 의정부북부역사의 교통량과 교통환경에 적합한 보행광장과 택시베이를 설치하기 위해서는 이 사건 토지의 면적 정도의 토지가 필요한 점, 피고 한국철도시설공단은 원고 소유의 의정부시 가능동 197-99 전 354㎡를 분할하여 같은 동 197-102 전 275㎡만을 수용하고 나머지 79㎡는 수용하지 아니한 점 등을 알 수 있는바, 사정이 이와 같다면, 이 사건 토지는 이 사건 보행광장과 택시베이를 설치하기 위하여 필요한 최소한의 면적이라고 할 것이므로 이 사건 토지 전부를 수용한 것이 비례의 원칙 내지 과잉금지의 원칙에 위배된다고 할 수 없다.

원심판결의 설시에 다소 부족한 점이 있지만, 이 사건 토지 전부를 수용한 것이 비례의 원칙이나 과잉금지의 원칙에 위배된다고도 할 수 없다고 한 결론은 정당한 것으로 옳고, 거기에 상고이유의 주장과 같은 위법이 없다.

3. 그러므로 상고를 기각하고, 상고비용은 패소자가 부담하도록 하여 관여 법관의 일치된 의견으로 주문과 같이 판결한다.

판례 06 2004두14670

전기사업자 공중사용이 공익사업에 해당하는지 여부

요점사항

▶ 사업인정처분이 이미 실행된 공익사업의 유지를 위한 것이라는 이유만으로 당연히 위법하다고 볼 수는 없다.

관련판례

✦ 대판 2005.4.29, 2004두14670[사업인정처분취소]

> 1. 전기사업자가 전선로를 설치하기 위하여 다른 사람의 토지 위의 공중사용을 할 필요가 있는 경우, 전기사업법상의 공중사용이 아닌 공익사업을 위한 토지 등의 취득 및 보상에 관한 법률상의 공중사용을 대상으로 한 사업인정처분을 할 수 있는지 여부(적극)
> 2. 공익사업을 위한 토지 등의 취득 및 보상에 관한 법률 제20조에 의한 사업인정처분이 이미 시행된 공익사업의 유지를 위한 것이라는 이유만으로 당연히 위법한 것인지 여부(소극)
> 3. 전기사업법 제89조의 규정에 의한 '현재의 사용방법을 방해하지 아니하는 범위 안'이라는 요건은 공익사업을 위한 토지 등의 취득 및 보상에 관한 법률의 규정에 의한 토지 위의 공중의 사용에 대한 사업인정처분의 요건이 되는지 여부(소극)

관련조문

토지보상법 제4조(공익사업)

판시사항

[1] 공익사업을 위한 토지 등의 취득 및 보상에 관한 법률(이하 '공익사업법'이라 한다)의 적용대상에 관한 법리오해 등에 대하여 전기사업법 제89조가 다른 사람의 토지 위의 공중의 사용에 관한 규정을 둔 것은 전기사업의 특수성을 감안하여 원칙적으로 전기사업자와 토지소유자 등 사이의 협의에 의하여 전선로를 설치하되, 협의가 성립되지 아니할 경우 시·도지사로부터 협의에 갈음하는 허가를 받아 이를 설치할 수 있도록 공익사업법의 규정에 의한 토지의 사용절차에 관한 특례를 규정함으로써 간이하고도 효율적으로 그 목석사업을 수행할 수 있도록 하고자 함에 그 입법취지가 있다고 할 것이므로 전기사업자가 전선로를 설치하기 위하여 다른 사람의 토지 위의 공중사용을 할 필요가 있을 때에는 전기사업법 제89조에 의할 수 있음은 물론 공익사업법의 규정에 의할 수도 있다고 할 것이고, 공익사업법 제3조, 제4조, 제19조, 제20조, 제71조 제2항의 각 규정을 종합하면, 전선로의 설치·유지를 위한 다른 사람의 토지 위의 공중의 사용권도 공익사업법의 규정에 의한 수용 또는 사용의 대상이 될 수 있으므로, 전기사업법 제89조의 규정에도 불구하고 **공익사업법 소정의 규정에 의하여 공익사업인 전기사업의 일환으로서 전선로의 설치를 위하여 다른 사람의 토지 위의 공중의 사용을 대상으로 한 사업인정처분을 할 수 있다**고 할 것이다. 같은 취지에서 피고가 공익사업법 제4조, 제20조에 의하여 참가인의 전기사업을 위한 공중사용을 할 대상토지로 원고들 소유의 그 판시 편입부분을 결정하는 내용의 이 사건 사업인정처분이 적법하다고 본 원심의 판단은 정당한 것으로 옳고, 거기에 상고이유의 주장과 같은 공익사업법의 적용대상에 관한 법리를 오해한 위법이 있다고 할 수 없다.

[2] 사업인정처분의 대상에 대한 법리오해 등에 대하여 공익사업법 제20조는 공익사업의 수행을 위하여 필요한 때, 즉 공공의 필요가 있을 때 사업인정처분을 할 수 있다고 되어 있을 뿐 장래에 시행할 공익사업만을 대상으로 한정한다거나 이미 시행된 공익사업의 유지를 그 대상에서 제외하고 있지 않은 점, 해당 공익사업이 적법한 절차를 거치지 아니한 채 시행되었다 하여 그 시행된 공익사업의 결과를 원상회복한 후 다시 사업인정처분을 거쳐 같은 공익사업을 시행하도록 하는 것은 해당 토지소유자에게 비슷한 영향을 미치면서도 사회적으로 불필요한 비용이 소요되고, 그 과정에서 해당 사업에 의하여 제공되었던 공익적 기능이 저해되는 사태를 초래하게 되어 사회·경제적인 측면에서 반드시 합리적이라고 할 수 없으며, 이미 시행된 공익사업의 유지를 위한 사업인정처분의 허용 여부는 사업인정처분의 요건인 공공의 필요, 즉 공익사업의 시행으로 인한 공익과 재산권 보장에 의한 사익 사이의 이익형량을 통한 재량권의 한계문제로서 통제될 수 있는 점 등에 비추어 보면, 사업인정처분이 이미 실행된 공익사업의 유지를 위한 것이라는 이유만으로 당연히 위법하다고 할 수도 없다. 같은 취지의 원심의 판단은 정당한 것으로 옳고, 거기에 상고이유의 주장과 같은 사업인정처분의 대상에 관한 법리를 오해한 위법이 있다고 할 수 없다.

[3] 사업인정처분의 요건에 관한 법리오해 등에 대하여 토지 위의 공중의 사용에 관한 전기사업법 제89조는 공익사업법의 특례를 규정한 것으로서 그 사용에 관한 절차와 요건 및 사용의 허가권자가 공익사업법의 규정에 의한 그것과 다르고, 공익사업법의 규정에 의한 사업인정처분의 요건에 이미 설치된 송전선로가 전기사업법 제89조에서 규정하고 있는 '현재의 사용방법을 방해하지 아니하는 범위 안'이라는 요건까지 충족하여야 한다고 볼 아무런 법령상의 근거가 없으므로 전기사업법 제89조의 규정에 의한 '현재의 사용방법을 방해하지 아니하는 범위 안'이라는 요건은 공익사업법의 규정에 의한 토지 위의 공중의 사용에 대한 사업인정처분의 요건이 된다고 할 수 없다. 같은 취지의 원심의 판단은 정당한 것으로 옳고, 거기에 상고이유의 주장과 같은 사업인정처분의 요건에 관한 법리를 오해한 위법이 있다고 할 수 없다.

[4] 비례의 원칙 등에 관한 법리오해 등에 대하여 공익사업법의 규정에 의한 사업인정처분이라 함은 공익사업을 토지 등을 수용 또는 사용할 사업으로 결정하는 것으로서(공익사업법 제2조 제7호) 단순한 확인행위가 아니라 형성행위이므로, 해당 사업이 외형상 토지 등을 수용 또는 사용할 수 있는 사업에 해당된다 하더라도 행정주체로서는 그 사업이 공용수용을 할 만한 공익성이 있는지의 여부와 공익성이 있는 경우에도 그 사업의 내용과 방법에 대하여 사업인정처분에 관련된 자들의 이익을 공익과 사익 간에서는 물론, 공익 상호 간 및 사익 상호 간에도 정당하게 비교·교량하여야 하고, 그 비교·교량은 비례의 원칙에 적합하도록 하여야 할 것이다. 원심은 채택 증거들을 종합하여, 그 판시의 25호, 26호 철탑과 그 사이에 연결된 이 사건 송전선이 일단의 토지를 이루는 원고들 소유 토지의 중심부 공중을 지나 설치됨으로 인하여 선하용지(線下用地) 부분의 소유자인 원고들이 피해를 입었다고 할 것이지만, 위 철탑 및 송전선을 이전하여 설치하는 데에는 약 15억 원의 막대한 비용이 소요될 뿐 아니라 위 철탑 및 송전선이

이전되게 되면 송전선이 다른 토지의 공중을 지나 설치되게 되어 그 토지소유자에게 새로운 피해를 주게 되며, 위 철탑과 송전선을 이전하는 사이 경기 화성군 사강, 송산 지역에 대한 전력공급에 큰 차질이 빚어질 뿐만 아니라, 송전선이 지상 25m 이상의 높이로 설치되어 있는 반면 원고들은 2층의 공장건물 건축계획을 가지고 있었을 뿐인 점(8층 정도의 건물을 건축하는 데에 지장이 없는 것으로 보인다) 등을 감안하면, **철탑을 이전하여 송전선이 원고들 공유 토지의 경계선상으로 지나도록 변경설치하는 것이 불가능한 것은 아니라고 하더라도 그로 인하여 보호되는 원고들의 재산권 보장이라는 사익에 비하여 저해되는 공익 등의 정도가 훨씬 크다고 할 것이므로,** 이 사건 사업인정처분이 과잉금지 원칙에 반하여 재량권을 남용·일탈한 것이라고 할 수 없다고 판단하였다. 앞서 본 법리를 기록에 비추어 살펴보면, 원심의 위와 같은 판단은 정당한 것으로 수긍이 가고, 거기에 상고이유의 주장과 같은 비례(과잉금지)의 원칙, 실질적 법치주의, 사회정의, 형평의 원칙, 신의칙, 법운용상의 공정성 등에 관한 법리오해의 위법이 있다고 할 수 없다.

관련기출

1. 제17회 문제1 물음1

甲은 세계풍물 야외전시장을 포함하는 미술품 전시시설을 건립하고자 한다. 甲은 자신이 계획하고 있는 시설이 「공익사업을 위한 토지 등의 취득 및 보상에 관한 법률」(이하 "토지보상법"이라 한다) 제4조 제4호의 "미술관"에 해당하는지에 관하여 건설교통부장관에게 서면으로 질의하였다. 이에 대하여 국토교통부장관은 甲의 시설이 토지보상법 제4조 제4호에 열거된 "미술관"에 속한다고 서면으로 통보하였다. 그 후 甲은 국토교통부장관에게 사업인정을 신청하였다.
(1) 이 경우 국토교통부장관은 사업인정을 해주어야 하는가? 20점

판례 07 2003두12349 · 12356

조서작성상 하자의 효과

요점사항

▶ 지장물에 대한 수용재결·이의재결이 무효인 경우 토지 전체에 대하여는 그 효력을 미치지 않는다.
▶ 조서작성 시 절차상의 위법은 당연무효의 사유가 되지 않는다.

✦ 대판 2005.9.30, 2003두12349 · 12356[토지수용재결처분취소 · 토지수용재결무효확인]

1. 토지수용위원회의 수용재결 및 이의재결 중 지장물에 대한 부분만이 무효인 경우, 토지에 대한 수용재결 및 이의재결까지 무효로 된다고 할 수 없다고 한 원심의 판단을 수긍한 사례
2. 기업자가 토지조서 및 물건조서의 작성에 있어서 토지소유자를 입회시켜서 이에 서명날인하게 하지 아니하거나 토지소유자에게 협의요청을 하지 아니하거나 협의경위서를 작성함에 있어서 토지소유자의 서명날인을 받지 아니한 하자가 수용재결 및 이의재결의 당연무효 사유인지 여부(소극)

판시사항

[1] 원심은 그 채용 증거들을 종합하여 판시와 같은 사실들을 인정한 다음, 그 판시와 같은 이유를 들어 이 사건 토지와 인접 토지의 지상에 있는 별지 제2목록 수용재결내역 기재의 각 지장물(이하 '이 사건 각 지장물'이라고 한다)에 대한 피고 경상북도 지방토지수용위원회(이하 '피고지토위'라고 한다)의 수용재결은 그 수용의 시기까지 보상금을 지불 또는 공탁하지 아니한 것이 되어 그 효력을 상실하였고, 위와 같이 실효된 수용재결을 유효한 재결로 보고서 한 위 각 지장물에 대한 피고 중앙토지수용위원회의 이의재결 또한 당연무효라고 할 것이나, 이 사건 수용재결은 이 사건 토지와 별지 제2목록 순번 (1) 지장물 및 같은 목록 순번 (2) 지장물로 나누어 피수용자를 달리하고 보상금의 액수도 별도로 정하고 있으며, 그 보상금의 공탁 또한 위와 같이 나누어 별개로 행하여진 점, 이 사건 각 지장물에 대한 수용재결이 실효된 것은 그 보상금의 공탁이 적법하지 않았기 때문이고, 이 사건 토지에 대한 보상금의 공탁은 (구)토지수용법(2002.2.4. 법률 제6656호로 폐지되기 전의 것, 이하 '토지수용법'이라고 한다) 제61조 제2항 제1호에서 정한 요건을 구비한 것으로서 적법한 점, <u>이 사건 수용재결 및 이의재결 중 이 사건 각 지장물에 대한 부분만을 무효로 한다고 하여 이 사건 토지부분에 대한 효력이 불분명하게 된다고 할 수도 없는 점 등을 종합하면, 이 사건 각 **지장물에 대한 수용재결 및 이의재결이 무효라고 하여 이 사건 토지에 대한 수용재결 및 이의재결까지 무효로 된다고 할 수는 없다는 취지로 판단하였다.**</u>

기록에 비추어 보면, 원심의 위와 같은 판단은 정당한 것으로 수긍이 가고, 거기에 상고이유에서 주장하는 바와 같은 수용재결 및 이의재결의 일부무효 등에 관한 법리를 오해한 위법이 있다고 할 수 없다.

[2] 기업자가 **토지수용법 제23조** 소정의 토지조서 및 물건조서를 작성함에 있어서 토지소유자를 입회시켜서 이에 서명날인을 하게 하지 아니하였다 하더라도 그러한 사유만으로는 그 토지에 대한 수용재결 및 이의재결까지 무효가 된다고 할 수 없고, 기업자가 토지소유자에게 성의 있고 진실하게 설명하여 이해할 수 있도록 협의요청을 하지 아니하였다거나, 협의경위서를 작성함에 있어서 토지소유자의 서명날인을 받지 아니하였다는 하자 역시 절차상의 위법으로서 수용재결

및 이의재결에 대한 당연무효의 사유가 된다고 할 수도 없으므로(대판 1993.8.13, 93누2148 참조), 이 점에 관한 상고이유의 주장도 이유 없다.

관련내용

하자 있는 조서의 효력

1. 내용상 하자 있는 조서의 효력

내용상 하자는 물적상태, 권리 관계에 대한 오기, 오산 등의 사실과 다른 기재가 있을 수 있으며, 이러한 내용상 하자는 진실의 추정력으로 조서의 기재가 진실에 반하는 것을 입증하기 전에는 그 효력을 부인할 수 없다. 단, 반증에 의해 번복 가능하며 이 경우 입증책임은 토지소유자나 관계인에게 있다.

2. 절차상 하자 있는 조서의 효력

절차상 하자는 서명·날인의 누락이나 누락사유의 기재의 누락 등의 하자로서, 절차상 하자있는 조서는 진실의 추정력이 인정되지 아니한다. 따라서 이의제기 없이도 이의를 제기할 수 있다. 단, 피수용자의 추인이 있는 경우에는 적법하다.

3. 하자 있는 조서가 재결에 미치는 효력

조서작성의 하자를 이유로 재결단계에서 이를 다툴 수 있는지 여부가 문제된다. 판례는 조서작성의 절차상 하자는 기재에 대한 증명력에 관하여 추정력이 인정되지 않는다는 것일 뿐, 수용재결 또는 이의재결의 효력에 영향을 미치지 않는다고 판시하였다. 생각건대 조서가 토지수용위원회의 심리상 중요하기는 하나 유일한 증거방법이 아니고, 조서의 기재 내용에 토지수용위원회의 사실인정을 구속하는 법률상의 힘이 부여되는 것이 아니기 때문에 재결에 영향이 없는 것으로 봄이 타당하다.

> **토지보상법 제14조(토지조서 및 물건조서의 작성)**
> ① 사업시행자는 공익사업의 수행을 위하여 제20조에 따른 사업인정 전에 협의에 의한 토지 등의 취득 또는 사용이 필요할 때에는 토지조서와 물건조서를 작성하여 서명 또는 날인을 하고 토지소유자와 관계인의 서명 또는 날인을 받아야 한다. 다만, 다음 각 호의 어느 하나에 해당하는 경우에는 그러하지 아니하다. 이 경우 사업시행자는 해당 토지조서와 물건조서에 그 사유를 적어야 한다.
> 1. 토지소유자 및 관계인이 정당한 사유 없이 서명 또는 날인을 거부하는 경우
> 2. 토지소유자 및 관계인을 알 수 없거나 그 주소·거소를 알 수 없는 등의 사유로 서명 또는 날인을 받을 수 없는 경우
> ② 토지와 물건의 소재지, 토지소유자 및 관계인 등 토지조서 및 물건조서의 기재사항과 그 작성에 필요한 사항은 대통령령으로 정한다.

☞ 판례 08 98다2242 · 2259

협의의 법적 성질

☞ 요점사항

▶ 협의취득의 법적 성질 : 사법상 계약, 당사자 간 합의로 손실보상액 결정 가능

☞ 관련판례

✦ **대판 1998.5.22, 98다2242 · 2259[손실보상]**

공공용지의 취득 및 손실보상에 관한 특례법에 의한 협의취득 또는 보상합의는 공공기관이 사경제주체로서 행하는 사법상 매매 내지 사법상 계약의 실질을 가지는 것으로서, 당사자 간의 합의로 같은 법 소정의 손실보상의 기준에 의하지 아니한 매매대금을 정할 수도 있으며, 또한 같은 법이 정하는 기준에 따르지 아니하고 손실보상액에 관한 합의를 하였다고 하더라도 그 합의가 착오 등을 이유로 취소되지 않는 한 유효하다.

관련조문

토지보상법 제16조(협의)

판시사항

[1] 공공용지의 취득 및 손실보상에 관한 특례법에 의한 협의취득 또는 보상합의는 공공기관이 사경제주체로서 행하는 사법상 매매 내지 사법상 계약의 실질을 가지는 것으로서, 당사자 간의 합의로 같은 법 소정의 손실보상의 기준에 의하지 아니한 매매대금을 정할 수도 있으며, 또한 같은 법이 정하는 기준에 따르지 아니하고 손실보상액에 관한 합의를 하였다고 하더라도 그 합의가 착오 등을 이유로 취소되지 않는 한 유효하다.

[2] 사업시행자가 토지 등의 소유자들에게 지급한 특별이전대책비는 그 금원을 지급하게 된 동기, 지급약정을 전후한 사정, 지급형식 등에 비추어 볼 때 사업시행자에게 법령상 지급의무가 있는 폐업보상금의 지급에 갈음하기 위하여 지급된 것이 아니고, 관계기관의 요청에 의하여 법령상 지급의무가 없는 금원을 특별히 상이용사의 자활대책의 일환으로 기부한 것으로 그 산정방법만을 법령상의 보상금과 대체시설의 조성비의 차액으로 하였다고 봄이 상당하므로 특별이전대책비 가운데 폐업보상금이 포함되어 있지 않다고 본 사례

> **Tip** [판례] 적어도 성실한 협의를 하였다고 하기 위하여는 사업시행자가 제시하는 협의내용과 의견 및 토지소유자·관계인이 주장한 사실이 충분히 나타날 수 있는 협의경위서에 의하여 객관적으로 입증될 수 있어야 한다.

사업인정 전·후 협의 비교

구분	사업인정 전 협의(제16조)	사업인정 후 협의(제26조)
	공통점	
취지	사업시행자와 토지소유자 및 관계인 간의 임의적 합의를 전제로 한다는 점에서 '최소침해의 원칙을 구현'하고 원활한 공익사업의 시행을 도모하기 위한 취지	
계약의 형태	양자 모두 공공성이 인정되고, 공공용지의 취득을 위한 것 쌍방적 행위인 계약의 형태	
협의의 내용	목적물의 범위, 목적물의 취득시기, 손실보상의 구체적 내용	
취득의 효과	모두 계약에 의한 승계취득	
	차이점	
법적 성질	학설·판례 모두 사법상 계약설	학설 : 공법상 계약설 판례 : 사법상 계약설
적용법규	사법이 전면적으로 적용	토지보상법을 기본으로 하여 없는 사항에 대해서 사법의 일반법리적 규정 적용, 이 외에 사법규정도 유추적용
협의성립확인제도	협의성립확인제도 없음	사업인정 후 협의제도에만 인정
협의 불성립 시 효과	사업인정을 신청	재결을 신청 및 재결신청청구권
권리구제	민사소송	공법상 당사자소송 (단, 판례는 민사소송)
	양자의 관계	
절차상 선후관계	사업인정고시 전·후에 따른 선후관계. 다만, 사업인정 전 협의에서 결정된 사항이 사업인정 후 협의에 대한 구속력은 없다.	
절차생략규정	사업인정 전 협의를 거쳤으나 협의 불성립 시 조서내용에 변경이 없는 때에는 사업인정 후 협의절차 생략가능. 단, 상대방이 협의를 요구할 때에는 협의 필요	
	협의와 협의성립확인의 관계	
법적 성질	판례의 태도에 따르면 협의는 사법상 계약이며 협의성립은 토지보상법 제29조 제4항에 의거 재결로 간주되어 공법적 관계로 처분성 인정	
취득효과	협의에 의한 취득은 계약에 의한 승계 취득 협의성립확인을 받으면 재결로 간주되어 원시취득이 된다.	
성립효과	협의가 성립되면 협의 내용에 따른 계약의 효과 협의성립확인이 되면 재결과 동일한 효과로 손실보상, 환매권, 인도·이전의무 대행·대집행청구권, 위험부담의 이전 등의 효과가 발생	

권리구제	판례에 의하면 사업인정 전·후 협의는 사법상 계약으로 보는 바 민사소송 협의성립확인은 재결로 간주되어 협의성립 내용에 대해 직접 다툴 수 없고 재결에 대한 불복으로 제83조 이의신청 및 제85조 행정소송 제기

 판례 09 2009두1051

사업인정의 요건 : 사업시행자의 공익사업 수행능력과 의사

요점사항

▸ 사업시행자는 공익사업을 수행할 의사와 능력을 요하며 이를 상실한 경우 수용권의 남용에 해당한다.

관련판례

✦ 대판 2011.1.27, 2009두1051[토지수용재결처분취소]

판시사항

[1] 사업인정기관이 공익사업을 위한 토지 등의 취득 및 보상에 관한 법률상의 사업인정을 하기 위한 요건

[2] 사업시행자가 사업인정을 받은 후 그 사업이 공용수용을 할 만한 공익성을 상실하거나 사업인정에 관련된 자들의 이익이 현저히 비례의 원칙에 어긋나게 된 경우 또는 사업시행자가 해당 공익사업을 수행할 의사나 능력을 상실한 경우, 그 사업인정에 터잡아 수용권을 행사할 수 있는지 여부(소극)

판결요지

[1] 사업인정이란 공익사업을 토지 등을 수용 또는 사용할 사업으로 결정하는 것으로서 공익사업의 시행자에게 그 후 일정한 절차를 거칠 것을 조건으로 일정한 내용의 수용권을 설정하여 주는 형성행위이므로, 해당 사업이 외형상 토지 등을 수용 또는 사용할 수 있는 사업에 해당한다고 하더라도 사업인정기관으로서는 그 사업이 공용수용을 할 만한 공익성이 있는지의 여부와 공익성이 있는 경우에도 그 사업의 내용과 방법에 관하여 사업인정에 관련된 자들의 이익을 공익과 사익 사이에서는 물론, 공익 상호 간 및 사익 상호 간에도 정당하게 비교·교량하여야 하고, 그 비교·교량은 비례의 원칙에 적합하도록 하여야 한다. 그뿐만 아니라 해당 공익사업을 수행

하여 공익을 실현할 의사나 능력이 없는 자에게 타인의 재산권을 공권력적·강제적으로 박탈할 수 있는 수용권을 설정하여 줄 수는 없으므로, 사업시행자에게 해당 공익사업을 수행할 의사와 능력이 있어야 한다는 것도 사업인정의 한 요건이라고 보아야 한다.

[2] 공용수용은 헌법상의 재산권 보장의 요청상 불가피한 최소한에 그쳐야 한다는 헌법 제23조의 근본취지에 비추어 볼 때, 사업시행자가 사업인정을 받은 후 그 사업이 공용수용을 할 만한 공익성을 상실하거나 사업인정에 관련된 자들의 이익이 현저히 비례의 원칙에 어긋나게 된 경우 또는 사업시행자가 해당 공익사업을 수행할 의사나 능력을 상실하였음에도 여전히 그 사업인정에 기하여 수용권을 행사하는 것은 수용권의 공익 목적에 반하는 수용권의 남용에 해당하여 허용되지 않는다.

관련내용

사업인정의 요건

① 토지보상법 제4조 공익사업에 해당할 것
② 공공필요가 있을 것
③ 공공필요는 비례의 원칙으로 판단할 것
④ 사업시행자의 공익사업 수행 능력과 의사가 있을 것

판례 10 95누13241

공물의 수용가능성

요점사항

▶ 공물의 수용가능성 : (구)토지수용법 제5조, 문화재보호법 관련 규정에 아무런 제한을 두지 않으므로 수용대상이 될 수 있다.

관련판례

✦ **대판 1996.4.26, 95누13241[토지수용이의재결처분취소등]**

판시사항

[1] 택지개발촉진법에 의한 택지개발계획 승인처분의 제소기간이 도과한 후 수용재결이나 이의재결단계에서 그 위법·부당함을 이유로 재결의 취소를 구할 수 있는지 여부(소극)

[2] (구)문화재보호법 제54조의2 제1항에 의하여 지방문화재로 지정된 토지가 수용대상이 되는지 여부(적극)

판결요지

[1] 택지개발촉진법 제12조 제2항에 의하면 택지개발계획의 승인·고시가 있은 때에는 (구)토지수용법 제14조 및 제16조의 규정에 의한 사업인정 및 사업인정의 고시가 있은 것으로 보도록 규정되어 있는 바, 이와 같은 택지개발계획의 승인은 해당 사업이 택지개발촉진법상의 택지개발사업에 해당함을 인정하여 시행자가 그 후 일정한 절차를 거칠 것을 조건으로 하여 일정한 내용의 수용권을 설정해 주는 행정처분의 성격을 갖는 것이고, 그 승인고시의 효과는 수용할 목적물의 범위를 확정하고 수용권으로 하여금 목적물에 관한 현재 및 장래의 권리자에게 대항할 수 있는 일종의 공법상 권리로서의 효력을 발생시킨다고 할 것이므로 토지소유자로서는 선행처분인 건설부장관의 택지개발계획 승인단계에서 그 제척사유를 들어 쟁송하여야 하고, 그 제소기간이 도과한 후 수용재결이나 이의재결 단계에 있어서는 위 택지개발계획 승인처분에 명백하고 중대한 하자가 있어 당연무효라고 볼 특단의 사정이 없는 이상 그 위법·부당함을 이유로 재결의 취소를 구할 수는 없다.

[2] (구)토지수용법은 제5조의 규정에 의한 제한 이외에는 수용의 대상이 되는 토지에 관하여 아무런 제한을 하지 아니하고 있을 뿐만 아니라, (구)토지수용법 제5조, 문화재보호법 제20조 제4호, 제58조 제1항, 부칙 제3조 제2항 등의 규정을 종합하면 (구)문화재보호법(1982.12.31. 법률 제3644호로 전문 개정되기 전의 것) 제54조의2 제1항에 의하여 **지방문화재로 지정된 토지가 수용의 대상이 될 수 없다고 볼 수는 없다.**

Tip 공물의 수용가능성

[판례] (구)토지수용법은 제5조 규정에 의한 제한 이외에는 수용의 대상이 되는 토지에 관하여 아무런 제한을 하지 아니하고 있을 뿐만 아니라, (구)토지수용법 제5조, 문화재보호법 관련규정에 의하여 지방문화재로 지정된 토지(광평대군 묘역의 일부)가 수용의 대상이 될 수 없다고 볼 수는 없다 할 것임. 결국 공물이라도 수용대상이 될 수 있다.

PART 03

관련내용

공물의 수용가능성

1. **문제점**

   공물이란 국가·지방자치단체 등의 행정주체에 의하여 직접적으로 행정목적에 공용된 개개의 유체물을 말한다. 토지보상법 제19조 제2항은 특별한 필요가 있는 경우에 수용할 수 있다고 보는데 용도폐지 여부와 특별한 필요의 해석 논의가 필요하다.

2. **학설**

   ① **긍정설** : 공물을 사용하고 있는 기존의 사업의 공익성보다 해당 공물을 수용하고자 하는 사업의 공익성이 큰 경우에 해당 공물에 대한 수용이 가능해지며, '공익사업에 수용되거나 사용되고 있는 토지 등'에는 공물도 포함된다고 본다. 따라서 용도폐지의 선행행위가 없이도 수용이 가능하다고 본다.

   ② **부정설** : 공물을 수용에 의하여 다른 행정목적에 제공하는 것은 해당 공물의 본래의 목적에 배치되므로, 공물 그 자체를 직접 공용수용의 목적으로 할 수 없고 공용폐지가 선행되어야 한다고 본다.

3. **판례**

   헌법재판소는 공물의 수용가능성을 인정한 것으로 보이고, 대법원 판례에서도 광평대군 묘역 관련된 판례, 풍납토성관련 판례에서 공물의 수용가능성을 인정하고 있다.

4. **검토**

   공물의 수용가능성을 일률적으로 부정하는 것은 법 제19조 제2항의 해석상 타당하지 않으므로, 특별한 필요가 있는 경우 공물도 수용이 가능할 것이고, 이에 대한 판단은 공익 간 이익형량에 대한 비례원칙이 적용될 것이다.

판례 11 92누596

사업인정거부처분의 취소

요점사항

▶ 사업인정의 여부는 행정청의 재량에 속한다.

✦ 대판 1992.11.13, 92누596[토지수용을 위한 사업인정거부처분취소 등]

> (구)토지수용법 제14조에 의한 토지수용을 위한 사업인정은 단순한 확인행위가 아니라 형성행위이고
> 해당 사업이 비록 토지를 수용할 수 있는 사업에 해당된다 하더라도 행정청으로서는 과연 그 사업이
> 공용수용을 할 만한 공익성이 있는지의 여부를 모든 사정을 참작하여 구체적으로 판단하여야 하는 것
> 이므로 사업인정의 여부는 행정청의 재량에 속한다 할 것이다.

관련조문

토지보상법 제20조(사업인정)

판시사항

[1] 공유수면매립면허처분 등의 무효확인을 구하는 부분에 관하여 공유수면 지하에 부존하는 광물
에 관하여 광업권을 가진 자라 할지라도 그 공유수면의 점용허가를 받지 아니한 이상 공유수면
매립법 제6조 각 호 소정의 "공유수면에 관하여 권리를 가진 자"에 해당한다 할 수 없으므로
(대판 1966.12.20, 66누83 참조) 위 광업권자의 동의 없이 공유수면매립면허를 해 주었다 하여 그
면허처분에 어떠한 위법이 있다 할 수 없고, 한편 공유수면에 관하여 권리를 가진 자의 동의
없이 공유수면매립면허를 하였다 하더라도 그 처분이 당연무효가 되는 것은 아니라 할 것이다
(대판 1971.3.23, 71다153 참조).
같은 취지의 원심의 판단은 옳고 거기에 소론과 같은 심리미진, 판단유탈, 채증법칙 위배 등
위법사유가 있다 할 수 없다.

[2] 사업인정거부처분의 취소를 구하는 부분에 관하여
광업법 제87조 내지 제89조, (구)토지수용법 제14조에 의한 <u>토지수용을 위한 사업인정은 단순</u>
<u>한 확인행위가 아니라 형성행위이고 해당 사업이 비록 토지를 수용할 수 있는 사업에 해당된다</u>
<u>하더라도 행정청으로서는 과연 그 사업이 공용수용을 할 만한 공익성이 있는지의 여부를 모든</u>
<u>사정을 참작하여 구체적으로 판단하여야 하는 것이므로 사업인정의 여부는 행정청의 재량에</u>
<u>속한다 할 것이다.</u>
원심이 이와 같은 전제 아래 그 판시와 같은 사정을 종합하여 원고의 사업인정을 거부한 이
사건 처분에 재량권의 한계를 넘거나 이를 남용한 위법이 있다고는 볼 수 없다고 판단한 조처
에 수긍이 가고 거기에 소론과 같은 법리오해나 채증법칙을 위배한 위법이 있다 할 수 없다.

 **판례 12** **87누395**

> 사업인정의 성격 및 하자로 인한 수용재결 취소가능성

요점사항

▸ 사업인정처분의 위법을 이유로 수용재결의 취소를 구하려면 사업인정에 당연무효라고 볼만한 특단의 사정이 있어야 한다.

관련판례

✦ **대판 1987.9.8, 87누395[토지수용재결처분취소]**

> (구)토지수용법 제14조에 따른 사업인정은 그 후 일정한 절차를 거칠 것을 조건으로 하여 일정한 내용의 수용권을 설정해 주는 행정처분의 성격을 띠는 것으로서 그 사업인정을 받음으로써 수용할 목적물의 범위가 확정되고 수용권으로 하여금 목적물에 관한 현재 및 장래의 권리자에게 대항할 수 있는 일종의 공법상의 권리로서의 효력을 발생시킨다고 할 것이므로 위 사업인정단계에서의 하자를 다투지 아니하여 이미 쟁송기간이 도과한 수용재결단계에 있어서는 위 사업인정처분에 중대하고 명백한 하자가 있어 당연무효라고 볼만한 특단의 사정이 없다면 그 처분의 불가쟁력에 의하여 사업인정처분의 위법·부당함을 이유로 수용재결처분의 취소를 구할 수 없다.

관련조문

토지보상법 제20조(사업인정)

판시사항

사업인정은 그 후 일정한 절차를 거칠 것을 조건으로 하여 일정한 내용의 수용권을 설정해 주는 행정처분의 성격을 띠는 것이라 할 것이고 그 사업인정을 받음으로써 수용할 목적물의 범위가 확정되고 수용권으로 하여금 목적물에 관한 현재 및 장래의 권리자에게 대항할 수 있는 일종의 공법상 권리로서의 효력을 발생시킨다고 할 것이므로 원고로서는 선행처분인 이 사건 사업인정단계에서 앞서본 사유를 들어 다투었어야 할 것이고, 그 쟁송기간이 이미 도과한 후인 이 사건 수용재결단계에 있어서는 위 사업인정처분에 중대하고 명백한 하자가 있어 당연무효라고 볼만한 특단의 사정이 없는 이상 그 처분의 불가쟁력에 의하여 이 사건 사업인정처분에 위와 같은 위법·부당함이 있다고 하더라도 이를 들어 이 사건 수용재결처분의 취소를 구할 수는 없다고 판시하고 있다.
기록에 비추어 검토하여 보면, 원심의 위와 같은 판단은 정당하게 수긍이 되고, 거기에 소론과 같은 법리오해의 위법이 있다고 할 수 없고, 이 사건 기록에 의할 때 이미 앞서본 원고의 주장과 같은 사유만으로 이 사건 사업인정이 당연무효라고 볼 수도 없으므로 이에 심리미진의 허물이 있

다고도 할 수 없다. 논지는 그 이유가 없다.

공용수용은 공익사업을 위하여 타인의 특정한 재산권을 법률의 힘에 의하여 강제적으로 취득하는 것이므로 수용할 목적물의 범위는 원칙적으로 사업을 위하여 필요한 취소한도에 그쳐야 함은 소론과 같다.

판례 13 2007두6663

사업시행인가처분과 부담

요점사항

▶ 수익적 행정처분(=인가)은 재량행위로서 법령상 근거 없이도 공공필요에 의하여 조건을 부과할 수 있다.

관련판례

✦ 대판 2007.7.12, 2007두6663[사업시행인가처분일부취소]

주택재건축사업시행의 인가는 상대방에게 권리나 이익을 부여하는 효과를 가진 이른바 수익적 행정처분으로서 법령에 행정처분의 요건에 관하여 일의적으로 규정되어 있지 아니한 이상 행정청의 재량행위에 속하므로, 처분청으로서는 법령상의 제한에 근거한 것이 아니라 하더라도 공익상 필요 등에 의하여 필요한 범위 내에서 여러 조건(부담)을 부과할 수 있다.

관련조문

토지보상법 제20조(사업인정)

판시사항

[1] 도시 및 주거환경정비법 제65조 제2항의 전단 규정은 사업시행자의 재산권을 박탈·제한함에 그 본질이 있는 것이 아니라, 사업지구 안의 공공시설 등의 소유관계를 정함으로써 사업시행자의 지위를 장래를 향하여 획일적으로 확정하고자 하는 강행규정인 점, 후단 규정의 입법취지는, 민간 사업시행자에 의하여 새로 설치된 정비기반시설이 전단 규정에 따라 관리청에 무

상으로 귀속됨으로 인하여 야기되는 사업시행자의 재산상 손실을 고려하여, 그 사업시행자가 새로 설치한 정비기반시설의 설치비용에 상당하는 범위 안에서 정비사업의 시행으로 용도가 폐지되는 국가 또는 지방자치단체 소유의 정비기반시설을 그 사업시행자에게 무상으로 양도되도록 하여 위와 같은 재산상의 손실을 합리적인 범위 안에서 보전해 주고자 하는 데 있는 점 등에 비추어 보면, 후단 규정은 민간 사업시행자에 의하여 새로 설치될 정비기반시설의 설치비용에 상당하는 범위 안에서 용도폐지될 정비기반시설의 무상양도를 강제하는 강행규정이다.

[2] 도시 및 주거환경정비법 제65조 제2항의 후단 규정은 '용도가 폐지되는 정비기반시설은 새로이 설치한 정비기반시설의 설치비용에 상당하는 범위 내에서' 사업시행자에게 무상양도하도록 규정하고 있어 반드시 용도폐지되는 정비기반시설에 대체되는, 즉 같은 종류의 정비기반시설의 설치비용 범위 내에서 무상양도하라고 한정하고 있지 아니하고, 달리 위 조항의 정비기반시설을 '같은 종류'의 정비기반시설이라고 한정하여 해석할 근거가 없으므로, '용도폐지되는 정비기반시설'로서 무상양도되는 범위는 같은 용도로 대체되어 새로 설치되는 정비기반시설의 설치비용으로 한정할 수 없다.

[3] 주택재건축사업시행의 인가는 상대방에게 권리나 이익을 부여하는 효과를 가진 이른바 <u>수익적 행정처분으로서 법령에 행정처분의 요건에 관하여 일의적으로 규정되어 있지 아니한 이상 행정청의 재량행위에 속하므로, 처분청으로서는 법령상의 제한에 근거한 것이 아니라 하더라도 공익상 필요 등에 의하여 필요한 범위 내에서 여러 조건(부담)을 부과할 수 있다.</u>

관련내용

1. 부관의 의의(행정기본법 제17조)
부관이란 주된 행정행위의 효과를 제한하거나 보충하기 위하여 주된 규율에 부가된 종된 규율을 의미한다.

2. 부관의 종류
① 조건 : 행정행위의 효력의 발생 또는 소멸을 장래의 불확실한 사실에 의존시키는 부관
② 기한 : 행정행위의 효력의 발생 또는 소멸을 장래의 확실한 사실 발생 여부에 의존시키는 부관
③ 철회권 유보 : 행정행위를 할 때 일정한 경우 행정행위를 철회할 수 있음을 정한 부관
④ 부담 : 부담이란 행정행위의 주된 내용에 부가하여 그 행정행위의 상대방에게 작위, 부작위, 급부, 수인 등의 의무를 부과하는 부관을 말한다. 부담은 그 자체가 행정행위의 성질을 가지고 있으므로 부담만이 항고소송의 대상이 될 수 있다.

3. 부관의 독립쟁송가능성(부담만 가능)(91누1264)
부관은 행정행위의 일반적인 효력이나 효과를 제한하기 위하여 의사표시의 주된 내용에 부가되

는 종된 의사표시이지 그 자체로서 직접 법적 효과를 발생하는 독립된 처분이 아니므로 현행 행정쟁송제도 아래서는 부관 그 자체만을 독립된 쟁송의 대상으로 할 수 없는 것이 원칙이나 행정행위의 부관 중에서도 행정행위에 부수하여 그 행정행위의 상대방에게 일정한 의무를 부과하는 행정청의 의사표시인 부담의 경우에는 다른 부관과는 달리 행정행위의 불가분적인 요소가 아니고 그 존속이 본체인 행정행위의 존재를 전제로 하는 것일 뿐이므로 부담 그 자체로서 행정쟁송의 대상이 될 수 있다.

4. 부관의 독립취소가능성(부담만 가능)(93누13537)

판례는 부진정일부취소소송의 형태를 인정하고 있지 아니하고, 부담에 대해서만 진정일부취소소송을 인정하므로 부담에 대한 취소소송에서 부담이 위법하면 부담만을 독립적으로 취소가능하다고 본다.

관련기출

1. 제20회 문제2 물음1

甲은 하천부지에 임시창고를 설치하기 위하여 관할청에 하천점용허가를 신청하였다. 이에 관할청은 허가기간 만료 시에 위 창고건물을 철거하여 원상복구할 것을 조건으로 이를 허가하였다. 다음 물음에 답하시오. 30점
(1) 甲은 위 조건에 대하여 취소소송으로 다툴 수 있는지 검토하시오. 20점

2. 제13회 문제1

택지조성사업을 하고자 하는 기업자 甲은 국토교통부장관에게 사업인정을 신청하였다. 甲의 사업인정신청에 대해 국토교통부장관은 택지조성사업 면적의 50%를 택지 이외의 다른 목적을 가진 공공용지로 조성하여 기부채납할 것을 조건으로 사업인정을 하였다. 甲은 해당 부관의 내용이 너무 과다하여 수익성을 도저히 맞출 수 없다고 판단하고 취소소송을 제기하려 한다. 어떠한 해결가능성이 존재하는지 검토하시오. 40점

판례 14 2000두5142

사업인정고시의 누락

요점사항

▶ 사업인정의 고시절차를 누락하여 절차상 하자를 이유로 수용재결의 취소 또는 무효확인을 구할 수는 없다.

관련판례

✦ **대판 2000.10.13, 2000두5142[토지수용재결무효확인]**

1. (구)산업기지개발촉진법상의 산업기지개발사업의 시행자가 받은 실시계획변경승인이 새로운 승인으로서의 요건을 갖춘 경우의 효력
2. (구)토지수용법상 사업인정의 고시절차를 누락한 것을 이유로 수용재결처분의 취소를 구하거나 무효확인을 구할 수 있는지 여부(소극)

관련조문

토지보상법 제22조(사업인정의 고시)

판시사항

[1] (구)산업기지개발촉진법(1990.1.13. 법률 제4216호 산업입지 및 개발에 관한 법률 부칙 제2호로 폐지)에 의한 산업기지개발사업의 실시계획변경승인도 그 개발사업의 시행자에게 개발사업을 실시할 수 있는 권한을 설정하여 주는 처분인 점에서는 당초의 승인과 다를 바 없으므로 이 변경승인이 새로운 승인으로서의 요건을 갖춘 경우에는 그에 따른 효과가 있다고 할 것인바, 같은 법 제8조에 실시계획변경승인에 관한 아무런 규정이 없다고 하더라도 개발사업의 시행자는 개발사업의 실시계획을 작성하여 건설부장관의 승인을 받은 후 역시 건설부장관의 승인을 받아 그 승인 받은 사항을 변경할 수 있다고 할 것이고, 시행자는 그 개발사업의 시행에 필요한 토지 등을 수용함에 있어서도 변경승인된 실시계획에 의한 사업시행기간 내에 재결의 신청을 하면 된다.

[2] (구)토지수용법(1990.4.7. 법률 제4231호로 개정되기 전의 것) 제16조 제1항에서는 건설부장관이 사업인정을 하는 때에는 지체 없이 그 뜻을 기업자·토지소유자·관계인 및 관계도지사에게 통보하고 기업자의 성명 또는 명칭, 사업의 종류, 기업지 및 수용 또는 사용할 토지의 세목을 관보에 공시하여야 한다고 규정하고 있는 바, 가령 건설부장관이 위와 같은 절차를 누락한 경우 이는 절차상의 위법으로서 수용재결단계 전의 사업인정단계에서 다툴 수 있는 취소사유에 해당하기는 하나, 더 나아가 그 사업인정 자체를 무효로 할 중대하고 명백한 하자라고 보기는 어렵고, 따라서 이러한 위법을 들어 수용재결처분의 취소를 구하거나 무효확인을 구할 수는 없다.

관련내용

사업인정고시

1. **사업인정의 고시 의의 및 취지(토지보상법 제22조)**
   국토교통부장관이 사업인정을 하였을 때 지체 없이 그 뜻을 사업시행자, 토지소유자 등에 통지하고 사업지역 및 수용하거나 사용할 토지의 세목을 관보에 고시하는 것을 말하며, 사업인정은 고시한 날부터 효력이 발생한다고 규정하고 있다. 사업인정고시로부터 공용수용절차가 진행되는데 취지가 있다.

2. **사업인정 고시의 법적 성질**
   사업인정 고시를 하지 않은 경우 사업인정이 무효인 점을 고려하면 사업인정과 사업인정고시는 통일적으로 특허로 보는 것이 타당하다고 판단된다.

3. **사업인정고시의 효과 (수목관보조기)**
   (1) **사업시행자** : 토지수용권의 발생
   (2) **목적물** : 수용목적물의 확정
   (3) **관계인** : 관계인의 범위확정
   (4) **피수용자의 토지 등의 보존 의무(제25조)**
   (5) **사업시행자의 토지 및 물건조사권(제27조)**
   (6) **기타** : 재결신청권(제28조), 재결신청청구권(제30조)

관련기출

1. **제23회 문제4**
   「공익사업을 위한 토지 등의 취득 및 보상에 관한 법률」상 사업인정고시의 효과에 대하여 설명하시오. 10점

※ **출제위원 채점평**
   사업인정고시의 효과는 기초적인 문제라 2차 시험 준비가 충분하지 않은 수험생들도 이에 대해서는 거의 다 언급하였다. 제대로 쓴 답안사이의 점수 차이는 배점 비중이 큰 문제1 만큼 크게 차이 나지 않았으나 사업인정의 의의, 사업인정고시의 효과, 사업인정의 실효 및 수용재결과의 관계까지 깔끔하게 언급한 답안은 그렇게 많지 않은 것으로 기억된다. 4번째 문제이다 보니 시간에 쫓기어 소제목만 달거나 법조문과 함께 나열한 답안도 적지 않았다. 먼저 문제4를 작성한 것으로 보이는 답안도 제법 있었다.

판례 15 99두653

토지보상법 제21조에 따른 협의를 거치지 않았을 때

요점사항

▶ 중앙행정기관의 장과의 협의를 거치지 않았을 경우에는 취소할 수 있는 원인이 되는 하자이다.

관련판례

✦ 대판 2000.10.13, 99두653[토지수용재결처분취소]

국토교통부장관이 관계 중앙행정기관의 장과 협의를 거치지 아니하고 택지개발예정지구를 지정한 경우, 위 지정처분이 당연무효인지 여부

판결요지

[1] 구 전통사찰보존법 제6조 제1항 소정의 '문화체육부장관의 허가를 요하는 주지의 처분행위'에 공용수용으로 인한 경내지 등 사찰재산의 소유권이전이 포함되는지 여부(소극)

[2] 건설부장관이 관계 중앙행정기관의 장과 협의를 거치지 아니하고 택지개발예정지구를 지정한 경우, 위 지정처분이 당연무효인지 여부(소극)

판시사항

[1] 구 전통사찰보존법(1997.4.10. 법률 제5320호로 개정되기 전의 것) 제6조 제1항 제2호, 제5항, 같은 법 시행령(1997.10.2. 대통령령 제15493호로 개정되기 전의 것) 제3조 제1항, 제7조 제2항 등의 관련 규정에 의하면, 전통사찰의 경내지 안에 있는 당해 사찰 소유의 부동산을 대여, 양도 또는 담보로 제공하는 처분행위를 함에 있어서는 반드시 주무부장관인 문화체육부장관의 허가를 받도록 하고 이러한 허가를 받지 아니하고 한 처분행위는 무효인 것으로 규정하고 있는바, 위 관련 규정의 문언에 비추어 볼 때 그 주된 취지는 경내지 등 전통사찰 재산의 소유권이 변동되는 모든 경우에 언제나 문화체육부장관의 허가를 받도록 하겠다는 데에 있는 것이 아니라 전통사찰의 주지가 함부로 경내지 등의 사찰재산을 처분하는 행위에 의하여 사찰재산이 산일(散逸)되는 것을 방지하겠다는 데에 있다 할 것이어서, 공용수용은 국가 또는 지방자치단체 등이 공공사업의 시행을 위하여 관련 법령에 의하여 사인의 재산권을 강제로 취득하고 그에 대하여 손실보상을 하는 것이므로 공용수용으로 인한 경내지 등 사찰재산의 소유권변동은 전통사찰 주지의 처분행위에 의한 것이 아님이 명백하므로, 같은 법 제6조 제1항에

규정된 문화체육부장관의 허가를 요하는 주지의 처분행위에 공용수용으로 인한 경내지 등 사찰재산의 소유권이전은 포함되지 않는다.

[2] 구 택지개발촉진법(1999.1.25. 법률 제5688호로 개정되기 전의 것)에 의하면, 택지개발은 택지개발예정지구의 지정(제3조), 택지개발계획의 승인(제8조), 이에 기한 수용재결 등의 순서로 이루어지는바, 위 각 행위는 각각 단계적으로 별개의 법률효과가 발생되는 독립한 행정처분이어서 선행처분에 불가쟁력이 생겨 그 효력을 다툴 수 없게 된 경우에는 선행처분에 위법사유가 있다고 할지라도 그것이 당연무효의 사유가 아닌 한 선행처분의 하자가 후행처분에 승계되는 것은 아니라고 할 것인데, 같은 법 제3조에서 건설부장관이 택지개발예정지구를 지정함에 있어 <u>미리 관계중앙행정기관의 장과 협의를 하라고 규정한 의미는 그의 자문을 구하라는 것이지 그 의견을 따라 처분을 하라는 의미는 아니라 할 것이므로 이러한 협의를 거치지 아니하였다고 하더라도 이는 위 지정처분을 취소할 수 있는 원인이 되는 하자 정도에 불과하고 위 지정처분이 당연무효가 되는 하자에 해당하는 것은 아니다.</u>

관련내용

공익성 검토

1. **관련 규정의 검토(제21조 제1항 및 제2항)**
   ① 국토교통부장관은 사업인정을 하려면 관계 중앙행정기관의 장 및 특별시장·광역시장·도지사·특별자치도지사(이하 "시·도지사"라 한다) 및 제49조에 따른 중앙토지수용위원회와 협의하여야 하며, 대통령령으로 정하는 바에 따라 미리 사업인정에 이해관계가 있는 자의 의견을 들어야 한다.
   ② 별표에 규정된 법률에 따라 사업인정이 있는 것으로 의제되는 공익사업의 허가·인가·승인권자 등은 사업인정이 의제되는 지구지정·사업계획승인 등을 하려는 경우 제1항에 따라 제49조에 따른 중앙토지수용위원회와 협의하여야 하며, 대통령령으로 정하는 바에 따라 사업인정에 이해관계가 있는 자의 의견을 들어야 한다.
   → 제2항의 경우 사업인정의제시에도 중앙토지수용위원회와 이해관계인의 의견청취를 하도록 규정을 신설하여 피수용자의 권리구제에 도모하였다.

2. **공익성 검토 대상사업**
   국토교통부장관에게 사업인정을 신청한 사업 및 토지보상법 시행일 이후, 최초로 사업인정이 의제되는 인허가 등 신청사업이 공익성검토 대상 사업에 해당한다.

3. 공익성 검토 절차

사업인정을 하려는 인허가권자의 요청에 따른 접수, 사전검토, 공익성을 평가하는 내용 검토, 위원회의 의결을 통한 최종결정, 위원회의 통지 절차를 거치게 된다.

4. 공익성 검토의 구분

구분	평가항목		평가기준
형식적 심사	수용사업의 적격성		토지보상법 제4조 해당 여부
	사전절차의 적법성		사업시행 절차 준수 여부
			의견수렴 절차 준수 여부
실질적 심사	사업의 공공성	시행목적 공공성	주된 시설 종류(국방·군사·필수기반, 생활 등 지원, 주택·산단 등 복합, 기타)
		사업시행자 유형	국가/지자체/공공기관/민간
			국가·지자체 출자비율
		목적 및 상위계획 부합여부	주된 시설과 입법목적 부합여부
			상위계획 내 사업 추진 여부
		사업의 공공기여도	기반시설(용지)비율
			지역균형기여도
		공익의 지속성	완공 후 소유권 귀속
			완공 후 관리주체
		시설의 대중성	시설의 개방성 : 이용자 제한 여부
			접근의 용이성 : 유료 여부 등
	수용의 필요성	피해의 최소성	사익의 침해최소화 / 이주자 발생 및 기준 초과여부
			사익의 침해최소화 / 이주대책 수립
			공익의 침해최소화 / 보전지역 편입비율, 사회·경제·환경 피해
			공익의 침해최소화 / (감점)중요공익시설 포함
		방법의 적절성	사전 토지 확보(취득/동의)비율
			사전협의 불가사유 (법적불능·보안규정 존재, 사실적 불능, 알박기 등)
			분쟁제기 여부
			대면협의 등 분쟁완화 노력
		사업의 시급성	공익실현을 위한 현저한 긴급성
			정부핵심과제
		★사업수행능력	사업재원 확보 비율
			보상업무 수행능력(민간, SPC)

관련기출

1. 제15회 1번

   공익사업시행자 X는 A시 지역에 공익사업을 시행하기 위하여 사업인정을 신청하였고, 이에 국토교통부장관으로부터 사업인정을 받았다. 한편, 이 공익사업의 시행에 부정적이었던 토지소유자 Y는 국토교통부장관이 사업인정 시 공익사업을 위한 토지 등의 취득 및 보상에 관한 법률 제21조에 의거 관계도지사와 협의를 거쳐야 함에도 이를 거치지 않은 사실을 알게 되었다. Y는 이러한 협의를 결한 사업인정의 위법성을 이유로 관할법원에 사업인정의 취소소송을 제기하였다. Y의 주장은 인용가능한가? **40점**

판례 16 93누18594

협의절차를 결한 수용재결의 무효

요점사항

▶ 과실 없이 보상협의절차를 누락한 경우 수용재결이 당연무효로 되는 것은 아니다.

관련판례

✦ 대판 1994.4.15, 93누18594[토지수용재결처분무효확인]

1. 등기부상 주소가 실제와 달라 보상협의절차를 거치지 못하고 한 수용재결이 당연무효인지 여부
2. 보상협의에 관한 통지의 방법
3. 기업자가 피수용자의 등기부상 주소를 표시하여 한 공탁의 효력

관련조문

토지보상법 제26조(협의 등 절차의 준용)

판시사항

[1] 기업자가 과실 없이 토지소유자의 등기부상 주소와 실제 주소가 다른 사실을 알지 못하거나 과실로 이를 알지 못하여 등기부상 주소로 보상협의에 관한 통지를 한 결과 보상협의절차를

거치지 못하였다 하더라도 그러한 사유만으로는 수용재결이 당연무효이거나 부존재하는 것으로 볼 수 없다.

[2] (구)토지수용법 시행령 제6조 제1항, 제5조는 송달방법과 통지방법을 다르게 규정하는 한편 (구)토지수용법은 수용재결서 및 이의재결서에 관해서만 송달이라는 용어를 사용하고 기타 서류에 관해서는 통지라는 용어를 사용하고 있으므로, 보상협의에 관한 통지는 반드시 등기우편으로 하여야 하는 것은 아니다.

[3] 보상금을 수령할 자의 등기부상 주소만 나타나 있고 그 등기부상 주소와 실제 주소가 일치하지 않는다고 볼만한 자료가 없거나 또는 실제 주소를 확인하는 것이 용이하지 않다고 인정되는 경우 기업자는 피공탁자의 등기부상 주소를 표시하여 유효한 공탁을 할 수 있다.

판례 17 93누5543

토지조서의 작성

요점사항

▶ 토지조서 작성상 하자를 이유로 이의재결의 취소를 구할 수는 없다.

관련판례

✦ 대판 1993.9.10, 93누5543[토지수용재결처분취소등]

토지조서는 재결절차의 개시 전에 기업자로 하여금 미리 토지에 대하여 필요한 사항을 확인하게 하고, 또한 토지소유자와 관계인에게도 이를 확인하게 하여 토지의 상황을 명백히 함으로써 조서에 개재된 사항에 대하여는 일응 진실성의 추정을 인정하여((구)토지수용법 제24조), 토지의 상황에 관한 당사자 사이의 차후 분쟁을 예방하며 토지수용위원회의 심리와 재결 등의 절차를 용이하게 하고 신속·원활을 기하려는 데 그 작성의 목적이 있는 것이므로 토지소유자 등에게 입회를 요구하지 아니하고 작성한 조서는 절차상의 하자를 지니게 되는 것으로서 토지조서로서의 효력이 부인되어 조서의 기재에 대한 증명력에 관하여 추정력이 인정되지 아니하는 것일 뿐, 토지조서의 작성에 하자가 있다 하여 그것이 곧 수용재결이나 그에 대한 이의재결의 효력에 영향을 미치는 것은 아니라 할 것이므로 토지조서에 실제 현황에 관한 기재가 되어 있지 아니하다거나 실측평면도가 첨부되어 있지 아니하다거나 토지소유자의 입회나 서명날인이 없었다든지 하는 사유만으로는 이의재결이 위법하다 하여 그 취소를 구할 사유로 삼을 수는 없다 할 것이다.

관련조문

토지보상법 제27조(토지 및 물건에 관한 조사권 등)

판시사항

(구)토지수용법 제23조, 같은 법 시행령 제15조 제1항, 같은 법 시행규칙 제6조에 의하면, 토지수용을 함에 있어 기업자는 사업인정의 고시가 있은 후 토지조서를 작성하여 이에 서명날인하고, 토지소유자나 관계인을 입회시켜서 이에 서명날인을 하게 하여야 하도록 되어 있으며, 토지조서에는 토지의 소유자 등에 관한 일정한 사항 외에도 수용대상토지의 실제 이용상황을 기재하도록 되어 있고, 실측평면도를 첨부하도록 되어 있는 바, 이와 같은 토지조서는 재결절차의 개시 전에 기업자로 하여금 미리 토지에 대하여 필요한 사항을 확인하게 하고, 또한 토지소유자와 관계인에게도 이를 확인하게 하여 토지의 상황을 명백히 함으로써 조서에 개재된 사항에 대하여는 일응 진실성의 추정을 인정하여((구)토지수용법 제24조), 토지의 상황에 관한 당사자 사이의 차후 분쟁을 예방하며 토지수용위원회의 심리와 재결 등의 절차를 용이하게 하고 신속·원활을 기하려는 데 그 작성의 목적이 있는 것이므로 토지소유자 등에게 입회를 요구하지 아니하고 작성한 조서는 절차상의 하자를 지니게 되는 것으로서 토지조서로서의 효력이 부인되어 조서의 기재에 대한 증명력에 관하여 추정력이 인정되지 아니하는 것일 뿐, 토지조서의 작성에 하자가 있다 하여 그것이 곧 수용재결이나 그에 대한 이의재결의 효력에 영향을 미치는 것은 아니라 할 것이므로 토지조서에 실제 현황에 관한 기재가 되어 있지 아니하다거나 <u>실측평면도가 첨부되어 있지 아니하다거나 토지소유자의 입회나 서명날인이 없었다든지 하는 사유만으로는 이의재결이 위법하다 하여 그 취소를 구할 사유로 삼을 수는 없다 할 것이다</u>(대판 1990.1.23. 87누947 및 1986.8.19. 86누256 각 참조).
기록을 살펴보아도 이 사건 기업자인 피고 서울특별시가 수용재결 당시 이미 대지화의 형질변경을 종료하고도 보상가액을 낮추기 위하여 지목변경만을 고의적으로 늦춘 것이라고 볼 증거는 없으며, 한편 원심이 채택한 감정인의 감정평가서 기재내용에 의하면, 원심감정인은 관계자료에 근거하여 이 사건 수용대상토지의 수용재결 당시 실제 이용현황을 무허가 건부지, 잡종지, 매립된 나지 등으로 파악하여 공부상 지목과는 관계 없이 실제 이용현황에 따라 가격평가를 하였는 바, 기록에 의하면 그 조치는 모두 수긍이 가고, 이 사건 토지조서에 실제 현황의 기재가 없고, 실측평면도가 첨부되어 있지 아니하였다고 하여 실제 이용현황에 의한 감정이 이루어지지 아니하였다거나 위치 파악이 제대로 되지 아니하여 정확한 감정평가가 이루어지지 아니한 것이라고도 볼 수 없는 것이다.
또한 토지수용으로 인한 손실보상액을 산정함에 있어서는 해당 공공사업의 시행을 직접 목적으로 하는 계획의 승인, 고시로 인한 가격변동은 이를 고려함이 없이 수용재결 당시의 가격을 기준으로 하여 적정가격을 정하여야 하는 것인 바, 택지개발계획의 승인과 더불어 용도지역이 생산녹지지역에서 주거지역으로 변경된 이사건 토지들에 대하여 그 이후 이 사업을 시행하기 위하여 이를 수용하였다면, (구)토지수용법 제46조 제2항(1989.4.1. 법률 제4120호로서 개정되기 전의 것)에 의하여 보상액을 산정하여야 하는 이 사건에 있어서 표준지의 선정이나 지가변동률의 적용, 품등비교 등 그 보상액 재결을 위한 평가를 함에 있어서는 용도지역의 변경을 고려함이 없이 평가하여야 할 것이므로(당원 1991.11.26, 91누285 참조), 같은 취지에서 변경되기 전의 용도지역인 생산녹지를 기준으로 평가한 원심의 조치에 잘못이 있다고 할 수 없다.

그리고 (구)공공용지의 취득 및 손실보상에 관한 특례법 시행규칙 제4조 제1항에 의하면, 대상물건의 평가시점에 관하여 평가는 가격시점을 기준으로 행하되, 가격시점에 있어서 장시일이 경과되거나 토지의 형질 또는 주위사정의 현저한 변경 등으로 대상물건의 상황을 알 수 없을 때에는 평가시를 기준으로 할 수 있고, 이 경우에는 시점수정을 행하여야 한다고 규정되어 있으나, 이 사건에 있어서는 가격시점인 수용재결일 현재 대상물건의 상황이 밝혀져 있어 그 상황을 알 수 없는 경우라고는 볼 수 없으므로 논지가 내세우는 바와 같이 평가시를 기준으로 평가할 것은 아닌 것이다. 또한 원심이 채택한 원심감정인의 감정평가서에 기재된 바, 이 사건 토지들과 그 선정한 표준지 사이의 품등비교 사유와 비율 등 그 내용을 살펴보면, 이는 모두 정당한 것으로 수긍이 가고 거기에 논지의 주장하는 바와 같은 불합리는 없으며, 논지가 들고 있는 인근 유사토지의 매매사례에 대한 거래가격이라는 것들은 원심감정인의 감정평가서에 의하면 모두 정상거래가격으로 인정될 수 없는 것들로서 이를 참작하지 아니하였다 하여 잘못이라고 할 수도 없고, 이 사건 보상액 산정의 근거가 되는 위 (구)토지수용법 제46조 제1항에 의하면 보상액의 산정은 수용재결 당시의 가격을 기준으로 하도록 규정되어 있으므로 이 사건 제2차 이의재결 당시의 가격을 기준으로 하여야 한다는 논지는 독자적인 견해로서 받아들일 수 없는 것이다. 소론이 들고 있는 판례는 이사건에 관하여 적절한 것이라고 할 수 없다.

판례 18 93누9064

재결신청청구권

요점사항

▶ 토지소유자에게 상당한 기간이 경과하도록 협의기간을 통지하지 아니한 경우 토지소유자는 재결신청을 청구할 수 있다.

🔗 관련판례

✦ **대판 1993.8.27, 93누9064[토지수용재결처분취소등]**

> 도시계획사업 시행자가 사업실시계획인가의 고시 후 상당한 기간이 경과하도록 협의대상 토지소유자에게 협의기간을 통지하지 아니하였다면 토지소유자로서는 (구)토지수용법 제25조의3 제1항에 따라 재결신청의 청구를 할 수 있다.

관련조문

토지보상법 제30조(재결신청의 청구)

판시사항

(구)토지수용법이 토지소유자 등에게 재결신청의 청구권을 부여한 이유는, 협의가 성립되지 아니한 경우, 시행자는 사업인정의 고시 후 1년 이내(도시계획사업은 그 사업의 시행기간 내)에는 언제든지 재결을 신청할 수 있는 반면에, 토지소유자는 재결신청권이 없으므로, 수용을 둘러싼 법률관계의 조속한 확정을 바라는 토지소유자 등의 이익을 보호함과 동시에 수용당사자 간의 공평을 기하기 위한 것이라고 해석되는 점, 위 가산금제도의 취지는 위 청구권의 실효를 확보하자는 것이라고 해석되는 점을 참작하여 볼 때, 사실관계가 원심이 인정한 바와 같다면, 원고 등으로서는 (구)토지수용법 제25조의2 제1항에 따라 재결신청의 청구를 할 수 있다고 봄이 타당하다 할 것이므로, 원심이 이와 동일한 취지로 판단한 것은 옳고, 이와 달리 도시계획사업의 시행자가 (구)토지수용법 시행령 제15조의2 제1항 제1호 소정의 협의기간을 결정 통지하지 아니한 경우, 그 기간은 (구)토지수용법 제25조 소정의 재결신청기간 내로서 위 시행령 제15조의2 제2항이 정한 "협의경위서"의 작성일까지로 해석하여야 한다는 논지는 받아들일 수 없다.

🔗 관련내용

토지보상법 제30조(재결 신청의 청구)
① 사업인정고시가 된 후 협의가 성립되지 아니하였을 때에는 토지소유자와 관계인은 대통령령으로 정하는 바에 따라 서면으로 사업시행자에게 재결을 신청할 것을 청구할 수 있다.
② 사업시행자는 제1항에 따른 청구를 받았을 때에는 그 청구를 받은 날부터 60일 이내에 대통령령으로 정하는 바에 따라 관할 토지수용위원회에 재결을 신청하여야 한다. 이 경우 수수료에 관하여는 제28조 제2항을 준용한다.
③ 사업시행자가 제2항에 따른 기간을 넘겨서 재결을 신청하였을 때에는 그 지연된 기간에 대하여 「소송촉진 등에 관한 특례법」 제3조에 따른 법정이율을 적용하여 산정한 금액을 관할 토지수용위원회에서 재결한 보상금에 가산(加算)하여 지급하여야 한다.

판례 19 2011두2309

> 토지보상법 제30조 재결신청청구권에서 "협의가 성립하지 아니한 때"의 해석

요점사항

▸ 사업시행자가 손실보상대상에서 제외하여 협의가 불성립한 경우에도 토지소유자로서는 재결
신청을 청구할 수 있다.

관련판례

✦ **대판 2011.7.14, 2011두2309[보상제외처분취소등]**

[1] 공익사업을 위한 토지 등의 취득 및 보상에 관한 법률 제30조 제1항에서 정한 '협의가 성립되지 아니
한 때'에, 토지소유자 등이 손실보상대상에 해당한다고 주장하며 보상을 요구하는데도 사업시행자가
손실보상대상에 해당하지 않는다며 보상대상에서 이를 제외한 채 협의를 하지 않아 결국 협의가 성
립하지 않은 경우도 포함되는지 여부(적극)
[2] 도로건설 사업구역에 포함된 토지의 소유자가 토지상의 지장물에 대하여 재결신청을 청구하였으나,
그 중 일부에 대해서는 사업시행자가 손실보상대상에 해당하지 않아 재결신청대상이 아니라는 이유로
수용재결 신청을 거부하면서 보상협의를 하지 않은 사안에서, 위 처분이 위법하다고 본 원심판단을
수긍한 사례

관련조문

토지보상법 제30조(재결신청의 청구)

판결요지

[1] 공익사업을 위한 토지 등의 취득 및 보상에 관한 법률(이하 '공익사업법'이라 한다) 제30조 제1
항은 재결신청을 청구할 수 있는 경우를 사업시행자와 토지소유자 및 관계인 사이에 '협의가
성립하지 아니한 때'로 정하고 있을 뿐 손실보상대상에 관한 이견으로 협의가 성립하지 아니한
경우를 제외하는 등 그 사유를 제한하고 있지 않은 점, 위 조항이 토지소유자 등에게 재결신청
청구권을 부여한 취지는 공익사업에 필요한 토지 등을 수용에 의하여 취득하거나 사용할 때
손실보상에 관한 법률관계를 조속히 확정함으로써 공익사업을 효율적으로 수행하고 토지소유
자 등의 재산권을 적정하게 보호하기 위한 것인데, 손실보상대상에 관한 이견으로 손실보상협
의가 성립하지 아니한 경우에도 재결을 통해 손실보상에 관한 법률관계를 조속히 확정할 필요
가 있는 점 등에 비추어 볼 때, '협의가 성립되지 아니한 때'에는 사업시행자가 토지소유자 등과
공익사업법 제26조에서 정한 협의절차를 거쳤으나 보상액 등에 관하여 협의가 성립하지 아니

한 경우는 물론 토지소유자 등이 손실보상대상에 해당한다고 주장하며 보상을 요구하는데도 사업시행자가 손실보상대상에 해당하지 아니한다며 보상대상에서 이를 제외한 채 협의를 하지 않아 결국 협의가 성립하지 않은 경우도 포함된다고 보아야 한다.

[2] 아산~천안 간 도로건설사업구역에 포함된 토지의 소유자가 토지상의 지장물에 대하여 재결신청을 청구하였으나, 그 중 일부에 대해서는 사업시행자가 손실보상대상에 해당하지 않아 재결신청대상이 아니라는 이유로 수용재결 신청을 거부하면서 보상협의를 하지 않은 사안에서, 사업시행자가 수용재결 신청을 거부하거나 보상협의를 하지 않으면서도 아무런 조치를 취하지 않은 것은 공익사업을 위한 토지 등의 취득 및 보상에 관한 법률에서 정한 재결신청청구제도의 취지에 반하여 위법하다고 본 원심판단을 수긍한 사례

판례 20 97다31175

재결신청청구권의 지연가산금에 대한 불복

요점사항

▸ 재결신청청구권의 지연가산금에 대한 불복은 보상금증감소송에 의한다.

지연가산금은 손실보상과는 다른 "법정 지연손해배상금"의 성격을 갖지만, 판례는 지연가산금은 수용보상금과 함께 수용재결로 정하도록 규정하고 있으므로 이에 대한 불복은 수용보상금의 증액에 관한 소에 의하여야 한다.

관련판례

✦ **대판 1997.10.24, 97다31175[토지수용이의재결처분취소등]**

1. (구)토지수용법 제25조의3의 규정 목적
2. (구)도시재개발법 제39조 제2항에 의하여 재개발사업의 시행을 위한 수용 또는 사용에 관하여는 (구)토지수용법 제25조의3의 준용이 배제되는지 여부(소극)
3. (구)토지수용법 제25조의3 제3항에 의한 지연가산금 청구를 보상금의 증감에 관한 행정소송이 아닌 민사소송으로 제기할 수 있는지 여부(소극)

관련조문

토지보상법 제30조(재결신청의 청구)

판시사항

[1] (구)토지수용법이 제25조의3의 각 항으로 토지소유자 및 관계인에게 재결신청의 청구권을 부여한 이유는, 시행자는 사업인정의 고시 후 1년 이내(재개발사업은 그 사업의 시행기간 내)에는 언제든지 재결을 신청할 수 있는 반면에 토지소유자 및 관계인은 재결신청권이 없으므로, 수용을 둘러싼 법률관계의 조속한 확정을 바라는 토지소유자 및 관계인의 이익을 보호하고 수용당사자 간의 공평을 기하기 위한 것이다.

[2] (구)도시재개발법 제39조 제2항이 재결신청은 (구)토지수용법 제17조 및 동법 제25조 제2항의 규정에 불구하고 시행인가를 함에 있어서 정한 재개발사업의 시행기간 내에 행하여야 한다고 규정하고 있다 하여, (구)도시재개발법에 특별한 규정이 있는 경우를 제외하고는 (구)토지수용법을 준용한다고 한 (구)도시재개발법 제39조 제1항에도 불구하고 토지소유자 및 관계인에게 재결 신청의 청구권을 보장한 (구)토지수용법 제25조의3의 각 항의 규정이 재개발사업의 시행을 위한 토지 수용의 경우에 준용되지 아니한다고 해석할 수는 없다.

[3] (구)토지수용법 제25조의3 제3항이 정한 지연가산금은 수용보상금에 대한 법정 지연손해금의 성격을 갖는 것이므로 이에 대한 불복은 수용보상금에 대한 불복절차에 의함이 상당할 뿐 아니라, (구)토지수용법 시행령 제16조의3은 "법 제25조의3 제3항의 규정에 의하여 가산하여 지급할 금액은 관할 토지수용위원회가 재결서에 기재하여야 하며, 기업자는 수용시기까지 보상금과 함께 이를 지급하여야 한다."라고 하여 지연가산금은 수용보상금과 함께 수용재결로 정하도록 규정하고 있으므로, 지연가산금에 대한 불복은 수용보상금의 증액에 관한 소에 의하여야 한다.

관련내용

제87조(법정이율에 따른 가산지급)

사업시행자는 제85조 제1항에 따라 사업시행자가 제기한 행정소송이 각하·기각 또는 취하된 경우 다음 각 호의 어느 하나에 해당하는 날부터 판결일 또는 취하일까지의 기간에 대하여 「소송촉진 등에 관한 특례법」 제3조에 따른 법정이율을 적용하여 산정한 금액을 보상금에 가산하여 지급하여야 한다.
1. 재결이 있은 후 소송을 제기하였을 때에는 재결서 정본을 받은 날
2. 이의신청에 대한 재결이 있은 후 소송을 제기하였을 때에는 그 재결서 정본을 받은 날

판례 21 2021두57667

사업시행자가 수용재결에 불복하여 이의신청을 한 후 다시 이의재결에 불복하여 행정소송을 제기하였으나 행정소송이 각하 · 기각 또는 취하된 경우

요점사항

▸ 사업시행자가 수용재결에 불복하여 이의신청을 한 후 다시 이의재결에 불복하여 행정소송을 제기하였으나 행정소송이 각하 · 기각 또는 취하된 경우에도 토지보상법 제87조 제2호가 적용되어 사업시행자는 이의재결서 정본을 받은 날부터 판결일 또는 취하일까지의 기간에 대하여 지연가산금을 지급할 의무가 있다.

관련판례

✦ 대판 2022.4.14, 2021두57667[공탁된 지연가산금에 대한 가산금청구의 소]

관련조문

토지보상법 제30조(재결신청의 청구), 제87조(법정이율에 따른 가산지급)

판시사항

사업시행자가 수용재결에 불복하여 이의신청을 한 후 다시 이의재결에 불복하여 행정소송을 제기하였으나 행정소송이 각하 · 기각 또는 취하된 경우, 지연가산금에 관한 공익사업을 위한 토지 등의 취득 및 보상에 관한 법률 제87조 제1호가 적용되는지 문제 된 사안에서, 위 경우 공익사업을 위한 토지 등의 취득 및 보상에 관한 법률 제87조 제2호가 적용되어 사업시행자는 이의재결서 정본을 받은 날부터 판결일 또는 취하일까지의 기간에 대하여 지연가산금을 지급할 의무가 있고, 위 경우에까지 공익사업을 위한 토지 등의 취득 및 보상에 관한 법률 제87조 제1호가 동시에 적용되지 않는다고 한 사례

판례 22 2015두50535

협의의 성립가능성 없음이 명백한 경우

요점사항

▶ 현금청산기간 만료되기 전에 "협의의 성립가능성 없음이 명백"하여 토지소유자가 재결신청을 청구한 경우 사업시행자는 "현금청산기간 만료일부터 60일 이내"에 재결신청을 하여야 한다고 봄이 타당하다.

관련판례

✦ 대판 2015.12.23, 2015두50535[손실보상금]

(구)도시 및 주거환경정비법상 현금청산대상자인 토지 등 소유자가 현금청산기간 만료 전에 재결신청을 청구하였으나 협의가 성립될 가능성이 없다고 볼 명백한 사정이 있는 경우, 재결신청 청구가 유효한지 여부(적극) / 현금청산기간 만료 전에 유효한 재결신청 청구가 있었으나 사업시행자가 현금청산기간 만료일로부터 60일 이내에 수용재결신청을 하지 않은 경우, 지연기간에 대하여 (구)공익사업을 위한 토지 등의 취득 및 보상에 관한 법률 제30조 제3항에 따른 가산금을 지급하여야 하는지 여부(적극)

판시사항

토지보상법 제30조는 사업인정고시가 된 후 협의가 성립되지 아니하였을 때에는 토지소유자와 관계인은 대통령령으로 정하는 바에 따라 서면으로 사업시행자에게 재결을 신청할 것을 청구할 수 있고(제1항), 사업시행자는 제1항에 따른 청구를 받았을 때에는 그 청구를 받은 날부터 60일 이내에 대통령령으로 정하는 바에 따라 관할 토지수용위원회에 재결을 신청하여야 하며(제2항 전문), 사업시행자가 제2항에 따른 기간을 넘겨서 재결을 신청하였을 때에는 그 지연된 기간에 대하여 「소송촉진 등에 관한 특례법」 제3조에 따른 법정이율을 적용하여 산정한 금액을 관할 토지수용위원회에서 재결한 보상금에 가산하여 지급하여야 한다(제3항)고 규정하고 있다.

따라서 도시정비법 제47조에 따라 현금청산대상인 토지등소유자는 원칙적으로 현금청산기간 내에 협의가 성립되지 않은 경우 사업시행자에게 수용재결신청을 청구할 수 있고, 사업시행자는 이러한 수용재결신청의 청구를 받은 날로부터 60일 이내에 수용재결을 신청하지 아니하면 토지보상법 제30조 제3항에 따라 그 지연된 기간에 대하여 가산금을 지급하여야 한다. 다만 토지등소유자가 현금청산기간이 만료되기 이전에 재결신청의 청구를 하였더라도 토지등소유자와 사업시행자 사이에 청산금 지급 대상 여부나 청산금의 범위에 관하여 다툼이 심하여 협의가 성립될 가능성이 없다고 볼 수 있는 명백한 사정이 있는 경우에는 그러한 재결신청 청구도 유효하다고 보아야 한다. 이와 같이 현금청산기간 만료 전에 유효한 재결신청 청구가 있은 경우 토지보상법 제30조 제2항에서 정한 60일의 기간은 수용재결신청 청구를 받은 날이 아니라 현금청산기간의 만료일로부터 기산하여야 하므로, 사업시행자가 현금청산기간의 만료일로부터 60일 이내에 수용재결신청을 하지 아니하면 그 지연기간에 대하여 토지보상법 제30조 제3항에 따른 가산금을 지급하여야 한다고 봄이 타당하다.

이러한 법리에 비추어 앞서 본 사실관계를 살펴보면, 피고는 현금청산기간 만료일로부터 60일이 경과한 2013.6.10.에야 토지수용위원회에 재결을 신청하였는바, 만약 원고 1, 원고 2, 원고 5의 2012.9.26.자 수용재결신청 청구 또는 원고 2, 원고 3, 원고 4, 원고 5의 2012.12.6.자 수용재결신청 청구의 내용, 경위 등에 비추어 당시 위 원고들과 피고 사이에 손실보상금에 대한 협의의 성립가능성이 없음이 명백한 경우에 해당하는 등 위 원고들의 수용재결신청 청구가 현금청산기간 만료 전에 있었더라도 유효하다고 볼 수 있다면, 피고는 위 원고들에 대하여 현금청산기간 만료일로부터 60일이 지난 다음 날부터 수용재결신청일까지 토지보상법 제30조 제3항이 정한 수용재결신청 지연에 따른 가산금을 지급할 의무를 부담한다고 볼 여지가 충분하다.

관련내용

1. 재결신청 청구기간
   (1) 원칙(토지보상법 제28조)
       협의기간 내에 협의가 성립하지 않은 경우 협의기간 만료일로부터 사업인정 후 1년 이내(재결신청 기간 만료일)에 청구할 수 있다.
   (2) 예외(불통명)
       ① 협의 불성립 또는 불능 시, ② 사업인정 후 상당 기간이 지나도록 사업시행자의 협의 통지가 없는 경우, ③ 협의 불성립이 명백한 경우 협의 기간이 종료되지 않았더라도 재결신청 청구가 가능하다(60일의 기산점은 당초 협의기간 만료일).

판례 23 **93누2902**

재결신청청구 60일의 기산점

요점사항

▶ 협의기간 종료 전에 재결신청을 청구한 경우 60일 기간의 기산점 : 협의기간 만료일

관련판례

✦ 대판 1993.7.13, 93누2902[토지수용재결처분취소등]

판시사항

가. 수용에 관한 협의절차 업무대행자가 있는 경우 토지수용법 제25조의3 소정의 재결신청 청구의 상대방

나. 수용에 관한 협의의 성립가능성 없음이 명백한 경우 협의기간 종료 전에 재결신청의 청구를 할 수 있는지 여부 및 이 경우 같은 법 제25조의3 제2항에 의한 2월의 기간의 기산점

판결요지

가. 기업자를 대신하여 토지수용에 관한 협의절차 업무를 대행하고 있는 자가 있는 경우에는 특별한 사정이 없는 이상 재결신청의 청구서를 그 업무대행자에게도 제출할 수 있다.

나. 수용에 관한 협의기간이 정하여져 있더라도 협의의 성립가능성 없음이 명백해졌을 때와 같은 경우에는 군이 협의기간이 종료될 때까지 기다리게 하여야 할 필요성도 없는 것이므로 협의기간 종료 전이라도 기업자나 그 업무대행자에 대하여 재결신청의 청구를 할 수 있는 것으로 보아야 하며, 다만 그와 같은 경우 토지수용법 제25조의3 제2항에 의한 2월의 기간은 <u>협의기간 만료일로부터 기산하여야 한다.</u>

 판례 24 **94누7232**

재결신청청구권의 성립요건(형식 및 당사자)

 요점사항

▶ 재결신청 청구권자는 피수용자로서 사업시행자에게 청구하나, 재결신청의 청구는 엄격한 형식을 요하지 않으며, 사업시행자는 물론 그 업무대행자를 상대방으로 할 수 있다.

관련판례

✦ 대판 1995.10.13, 94누7232[토지수용재결처분취소]

1. 재결신청청구서에 (구)토지수용법 시행령 제16조의2 제1항 각 호 소정의 사유들이 명확히 항목별로 나뉘어 기재되어 있지는 아니하나, 그 내용을 자세히 검토하여 보면 위 청구서에 위 사항이 모두 포함되어 있다고 보일 뿐 아니라, 법이 위와 같은 형식을 요구하는 취지는 토지소유자 등의 의사를 명확히 하려는 데 있고, 재결신청의 청구는 엄격한 형식을 요하지 아니하는 서면행위이고, 따라서 토지소유자 등이 서면에 의하여 재결청구의 의사를 명백히 표시한 이상 같은 법 시행령 제16조의2 제1항 각 호의 사항 중 일부를 누락하였다고 하더라도 위 청구의 효력을 부인할 것은 아니고, 또한 기업자를 대신하여 협의절차의 업무를 대행하고 있는 자가 따로 있는 경우에는 특별한 사정이 없는 한 재결신청의 청구서를 그 업무대행자에게도 제출할 수 있다.
2. (구)토지수용법 제25조와 제25조의3의 규정에 의한 지연가산금은 재결청구 당시의 시가를 보상하는 경우에만 인정된다는 논지는 지연가산금제도의 취지나 같은 법 제25조와 제25조의3 규정의 해석상 받아들일 수 없는 독자적인 견해에 불과하다.

관련조문

토지보상법 제30조(재결신청의 청구)

판시사항

원고의 재결신청청구서에 (구)토지수용법 시행령 제16조의2 제1항 각 호 소정의 ① 기업자의 성명 또는 명칭, ② 사업의 종류, ③ 토지소유자 및 관계인의 성명 주소, ④ 대상인 토지의 지번 지목 및 면적과 토지에 있는 물건의 종류 및 수량, ⑤ 협의에 응하지 아니한 사유 등이 명확히 항목별로 나뉘어 기재되어 있지는 아니하나, 그 내용을 자세히 검토하여 보면 위 청구서에 위 사항이 모두 포함되어 있다고 보일 뿐 아니라, 법이 위와 같은 형식을 요구하는 취지는 토지소유자 등의 의사를 명확히 하려는 데 있다고 할 것이므로, 재결신청의 청구는 엄격한 형식을 요하지 아니하는 서면행위라고 할 것이고, 따라서 토지소유자 등이 서면에 의하여 재결청구의 의사를 명백히 표시한 이상 (구)토지수용법 시행령 제16조의2 제1항 각 호의 사항 중 일부를 누락하였다고 하더라도 위 청구의 효력을 부인할 것은 아니라고 할 것이며, 또한 기업자를 대신하여 협의절차의 업무를 대행하고 있는 자가 따로 있는 경우에는 특별한 사정이 없는 한 재결신청의 청구서를 그 업무대행자에게도 제출할 수 있는 것으로 보아야 할 것이므로(대판 1993.7.13, 93누2902 참조), 같은 취지의 원심판결은 정당하고 상고이유의 주장은 이유 없다. 그리고 (구)토지수용법 제25조와 제25조의3의 규정에 의한 지연가산금은 재결청구 당시의 시가를 보상하는 경우에만 인정된다는 논지는 지연가산금제도의 취지나 (구)토지수용법 제25조와 제25조의3 규정의 해석상 받아들일 수 없는 독자적인 견해에 불과하다. 이 점에 관한 상고이유의 주장 역시 이유 없다.

판례 25 97다13016

재결신청청구 거부 시 민사소송 가능성

요점사항

▸ 사업시행자가 스스로 보상대상을 판단하여 재결신청 자체를 거부할 수는 없으며 이를 거부하는 경우 민사소송이 아닌 거부처분취소소송으로 그 절차 이행을 구해야 한다(고등법원 행정사건 판시에 의함).

관련판례

✦ **대판 1997.11.14, 97다13016[손해배상(기)]**

1. 기업자가 토지소유자 등의 재결신청의 청구를 거부하는 경우, 민사소송의 방법으로 그 절차 이행을 구할 수 있는지 여부(소극)
2. 공유수면매립사업의 시행으로 인하여 손실을 입은 자의 경우 관할 토지수용위원회에 직접 재정신청을 할 수 있는지 여부(적극)

관련조문

토지보상법 제30조(재결신청의 청구)

판시사항

[1] (구)토지수용법이 토지소유자 등에게 재결신청의 청구권을 부여한 이유는 협의가 성립되지 아니하는 경우 기업자는 사업인정의 고시가 있은 날로부터 1년 이내(전원개발사업은 그 사업의 시행기간 내)에는 언제든지 재결신청을 할 수 있는 반면에, 토지소유자는 재결신청권이 없으므로, 수용을 둘러싼 법률관계의 조속한 확정을 바라는 토지소유자 등의 이익을 보호함과 동시에 수용당사자 사이의 공평을 기하기 위한 것이라고 해석되는 점, 위 청구권의 실효를 확보하기 위하여 가산금 제도를 두어 간접적으로 이를 강제하고 있는 점((구)토지수용법 제25조의3 제3항), 기업자가 위 신청기간 내에 재결신청을 하지 아니한 때에는 사업인정은 그 기간만료일의 익일부터 당연히 효력을 상실하고, 그로 인하여 토지소유자 등이 입은 손실을 보상하여야 하는 점(같은 법 제17조, 제55조 제1항) 등을 종합해 보면, 기업자가 토지소유자 등의 재결신청의 청구를 거부한다고 하여 이를 이유로 민사소송의 방법으로 그 절차 이행을 구할 수는 없다.

[2] 공유수면매립사업의 시행으로 인한 손실보상의 경우에는 사업시행자나 손실을 입은 자 쌍방이 공유수면매립법 및 그 시행령이 규정하고 있는 절차에 따라 관할 토지수용위원회에 직접 재정 신청을 할 수 있으므로 사업시행자를 상대로 재정신청을 하도록 청구하는 소를 제기할 이익이 없을 뿐만 아니라, 손실을 입은 자가 사업시행자를 상대로 재정신청을 하도록 청구할 수 있는 법률상의 근거가 없으므로 이를 소로서 구할 자격도 없다.

* 참고 : 토지보상법 제30조 재결신청청구권에서 "협의가 성립하지 아니한 때"의 해석

공익사업을 위한 토지 등의 취득 및 보상에 관한 법률(이하 '공익사업법'이라 한다) 제30조 제1항은 "사업인정고시가 있은 후 협의가 성립되지 아니한 때에는 토지소유자 및 관계인은 대통령령이 정하는 바에 따라 서면으로 사업시행자에게 재결의 신청을 할 것을 청구할 수 있다."고 규정하고 있는 바, 위 규정은 재결신청을 청구할 수 있는 경우를 사업시행자와 토지소유자 및 관계인(이하 '토지소유자 등'이라 한다) 사이의 '협의가 성립하지 아니한 때'로 정하고 있을 뿐 손실보상대상에 관한 이견으로 협의가 성립하지 아니한 경우를 제외하는 등 협의가 성립하지 아니한 사유를 제한하고 있지 않은 점, 위와 같이 토지소유자 등에게 재결신청청구권을 부여한 취지는 공익사업에 필요한 토지 등을 수용에 의하여 취득하거나 사용함에 있어 손실보상에 관한 법률관계를 조속히 확정함으로써 공익사업의 효율적으로 수행하고 토지소유자 등의 재산권을 적정하게 보호하기 위함이라고 할 것인데, 손실보상대상에 관한 이견이 있어 손실보상협의가 성립하지 아니하는 경우에도 재결을 통해 손실보상에 관한 법률관계를 조속히 확정할 필요가 있는 점 등에 비추어 볼 때, 공익사업법 제30조 제1항에서의 '협의가 성립되지 아니한 때'라 함은 사업시행자가 토지소유자 등과 사이에 공익사업법 제26조 소정의 협의절차는 거쳤으나 그 보상액 등에 관하여 협의가 성립하지 아니한 경우는 물론 토지소유자 등이 손실보상대상에 해당한다고 주장하며 보상을 요구함에도 불구하고 사업시행자가 손실보상대상에 해당하지 아니한다고 보아 보상대상에서 이를 제외하고 협의를 거치지 않아 결국 협의가 성립하지 않은 경우도 포함한다고 보아야 한다.

판례 26 2018두57865

재결신청청구거부 시에는 거부처분취소소송의 가능성

요점사항

▶ 재결신청청구거부 시에는 거부처분취소소송으로 다툰다.

관련판례

✦ 대판 2019.8.29, 2018두57865[수용재결신청청구거부처분취소]

판시사항

[1] 공익사업으로 농업의 손실을 입게 된 자가 공익사업을 위한 토지 등의 취득 및 보상에 관한 법률 제34조, 제50조 등에 규정된 재결절차를 거치지 않은 채 곧바로 사업시행자를 상대로 손실보상을 청구할 수 있는지 여부(소극)

[2] 편입토지 보상, 지장물 보상, 영업·농업 보상에 관하여 토지소유자나 관계인이 사업시행자에게 재결신청을 청구했음에도 사업시행자가 재결신청을 하지 않을 경우, 토지소유자나 관계인의 불복 방법 및 이때 사업시행자에게 재결신청을 할 의무가 있는지가 소송요건 심사단계에서 고려할 요소인지 여부(소극)

[3] 한국수자원공사법에 따른 사업을 수행하기 위한 토지 등의 수용 또는 사용으로 손실을 입게 된 토지소유자나 관계인이 공익사업을 위한 토지 등의 취득 및 보상에 관한 법률 제30조에 따라 한국수자원공사에 재결신청을 청구하는 경우, 위 사업의 실시계획을 승인할 때 정한 사업시행기간 내에 해야 하는지 여부(적극)

판결요지

[1] 공익사업을 위한 토지 등의 취득 및 보상에 관한 법률(이하 '토지보상법'이라 한다) 제26조, 제28조, 제30조, 제34조, 제50조, 제61조, 제83조 내지 제85조의 규정 내용 및 입법 취지 등을 종합하면, 공익사업으로 농업의 손실을 입게 된 자가 사업시행자로부터 토지보상법 제77조 제2항에 따라 농업손실에 대한 보상을 받기 위해서는 토지보상법 제34조, 제50조 등에 규정된 재결절차를 거친 다음 그 재결에 대하여 불복이 있는 때에 비로소 토지보상법 제83조 내지 제85조에 따라 권리구제를 받을 수 있을 뿐, 이러한 재결절차를 거치지 않은 채 곧바로 사업시행자를 상대로 손실보상을 청구하는 것은 허용되지 않는다.

[2] 공익사업을 위한 토지 등의 취득 및 보상에 관한 법률 제28조, 제30조에 따르면, 편입토지 보상, 지장물 보상, 영업·농업 보상에 관해서는 사업시행자만이 재결을 신청할 수 있고 토지소유자와 관계인은 사업시행자에게 재결신청을 청구하도록 규정하고 있으므로, <u>토지소유자나 관계인의 재결신청 청구에도 사업시행자가 재결신청을 하지 않을 때 토지소유자나 관계인은 사업시행자를 상대로 거부처분 취소소송 또는 부작위 위법확인소송의 방법으로 다투어야 한다. 구체적인 사안에서 토지소유자나 관계인의 재결신청 청구가 적법하여 사업시행자가 재결신청을 할 의무가 있는지는 본안에서 사업시행자의 거부처분이나 부작위가 적법한가를 판단하는 단계에서 고려할 요소이지, 소송요건 심사단계에서 고려할 요소가 아니다.</u>

[3] 한국수자원공사법에 따르면, 한국수자원공사는 수자원을 종합적으로 개발·관리하여 생활용수 등의 공급을 원활하게 하고 수질을 개선함으로써 국민생활의 향상과 공공복리의 증진에 이바지함을 목적으로 설립된 공법인으로서(제1조, 제2조), 사업을 수행하기 위하여 필요한 경우에는 공익사업을 위한 토지 등의 취득 및 보상에 관한 법률(이하 '토지보상법'이라 한다) 제3조에 따른 토지 등을 수용 또는 사용할 수 있고, 토지 등의 수용 또는 사용에 관하여 한국수자원공사법에 특별한 규정이 있는 경우 외에는 토지보상법을 적용한다(제24조 제1항, 제7항). 한국수자원공사법 제10조에 따른 실시계획의 승인·고시가 있으면 토지보상법 제20조 제1항 및 제22조에 따른 사업인정 및 사업인정의 고시가 있은 것으로 보고, 이 경우 재결신청은 토지보상법 제23조 제1항 및 제28조 제1항에도 불구하고 실시계획을 승인할 때 정한 사업의 시행기간 내에 하여야 한다(제24조 제2항).

위와 같은 관련 규정들의 내용과 체계, 입법 취지 등을 종합하면, 한국수자원공사가 한국수자원공사법에 따른 사업을 수행하기 위하여 토지 등을 수용 또는 사용하고자 하는 경우에 재결신청은 실시계획을 승인할 때 정한 사업의 시행기간 내에 하여야 하므로, 토지소유자나 관계인이 토지보상법 제30조에 의하여 한국수자원공사에 하는 재결신청의 청구도 위 사업시행기간 내에 하여야 한다.

판례 27 2004두6235

통지 등 절차를 거치지 않은 수용재결의 위법성

요점사항

▶ 통지 등의 절차를 누락하고 이루어진 수용재결은 위법하다.

관련판례

✦ 대판 2007.3.29, 2004두6235[토지수용이의재결처분취소]

토지수용을 하기 위하여 반드시 거쳐야 할 필요적 절차이고, 또한 그 통지를 함에 있어서는 분양신청기간과 그 기간 내에 분양신청을 할 수 있다는 취지를 명백히 표시하여야 하므로, 이러한 통지 등의 절차를 제대로 거치지 않고 이루어진 수용재결은 위법하다.

관련조문

토지보상법 제34조(재결)

판시사항

(구)도시재개발법(1995.12.29. 법률 제5116호로 전문 개정된 후 2002.2.4. 법률 제6655호로 개정되기 전의 것, 이하 '법'이라 한다) 제33조 제1항은 재개발사업의 시행자는 사업시행고시가 있은 날부터 14일 이내에 토지 등의 소유자에게 분양신청기간을 통지하고 일간신문에 공고하여야 하며, 이 경우 분양신청기간은 사업시행고시가 있은 날부터 30일 이상 60일 이내로 하여야 한다고 규정하고 있고, 제2항은 대지 또는 건축시설에 대한 분양을 받고자 하는 토지 등의 소유자는 제1항 규정에 의한 분양신청기간 내에 대통령령이 정하는 바에 의하여 시행자에게 대지 또는 건축시설에 대한 분양신청을 하여야 한다고 규정하고 있으며, 한편 법 제31조 제2항은 시행자는 분양신청을 하지 아니한 자, 분양신청을 철회한 자, 관리처분계획의 기준에 의하여 분양대상에서 제외된 자의 토지 · 건축물 기타의 권리는 도시계획법 제29조의 규정에 의하여 수용할 수 있다고 규정하고 있는 바, 이와 같은 제반 규정의 내용 및 취지 등을 종합하여 보면, 법 제33조 제1항 소정의 분양신청기간의 통지 등 절차는 재개발구역 내의 토지 등의 소유자에게 분양신청의 기회를 보장해 주기 위한 것으로 법 제31조 제2항에 의한 토지수용을 하기 위하여 반드시 거쳐야 할 필요적 절차라고 할 것이고, 또한 그 통지를 함에 있어서는 분양신청기간과 그 기간 내에 분양신청을 할 수 있다는 취지를 명백히 표시하여야 할 것이므로, 이러한 통지 등의 절차를 제대로 거치지 않고 수용재결에 이르렀다면 그 수용재결은 위법하다 할 것이다.

관련기출

1. 제33회 문제1 물음1
   甲이 수용재결에 대한 취소소송을 제기하면서, 'X가 도시정비법 제72조 제1항에 따라 분양신청기간과 그 기간 내에 분양신청을 할 수 있다는 취지를 명백히 표시하여 통지하여야 하는데도 이러한 절차를 제대로 거치지 않았다'고 주장할 경우에, 甲의 주장이 사실이라면 법원은 그것을 이유로 수용재결을 취소할 수 있는지 설명하시오(단, 사실심 변론종결 전에 도시정비법에 따른 이전고시가 효력을 발생한 경우와 그렇지 않은 경우를 구분하여 설명할 것). **10점**

판례 28 2004두8538

사업시행기간 경과 후 수용재결 가능성

요점사항

▸ 사업시행자가 사업시행기간 내에 재결신청하였다면 토지수용위원회는 사업시행기간이 경과한 이후에도 수용재결을 할 수 있다.

관련판례

✦ **대판 2007.1.11, 2004두8538[토지수용이의재결처분취소]**

1. 위법한 처분을 취소해도 원상회복이 불가능한 경우, 그 취소를 구할 소의 이익이 있는지 여부(소극)
2. 도시계획시설사업의 시행자가 실시계획에서 정한 사업시행기간 내에 토지에 대한 수용재결신청을 한 경우, 토지수용위원회가 사업시행기간이 경과한 이후에도 위 신청에 따른 수용재결을 할 수 있는지 여부(적극)
3. 도시계획시설사업의 시행자가 실시계획에서 정한 사업시행기간 내에 토지에 대한 수용재결신청을 하였으나 그 신청을 기각하는 내용의 이의재결이 이루어져 그 취소를 구하던 중 사업시행기간이 경과한 경우, 이의재결의 취소를 구할 소의 이익이 있는지 여부(적극)
4. 토지수용위원회가 그 사업인정이 취소되지 아니한 사업의 시행을 불가능하게 하는 내용의 재결을 행할 수 있는지 여부(소극)

관련조문

토지보상법 제34조(재결)

판시사항

[1] 위법한 행정처분의 취소를 구하는 소는 위법한 처분에 의하여 발생한 위법상태를 배제하여 원상으로 회복시키고 그 처분으로 침해되거나 방해받은 권리와 이익을 보호·구제하고자 하는 소송이므로, 비록 그 위법한 처분을 취소한다고 하더라도 원상회복이 불가능한 경우에는 그 취소를 구할 이익이 없다.

[2] (구)도시계획법(2002.2.4. 법률 제6655호 국토의 계획 및 이용에 관한 법률 부칙 제2조로 폐지) 제68조, (구)토지수용법(2002.2.4. 법률 제6656호 공익사업을 위한 토지 등의 취득 및 보상에 관한 법률 부칙 제2조로 폐지) 제17조 등 관계 규정을 종합하면, 도시계획시설사업의 시행자는 늦어도 인가·고시된 도시계획시설사업 실시계획에서 정한 사업시행기간 내에 사법

상의 계약에 의하여 도시계획시설사업에 필요한 타인 소유의 토지를 양수하거나 수용재결의 신청을 하여야 하고, 도시계획시설사업의 시행자가 그 사업시행기간 내에 토지에 대한 수용재결신청을 하였다면 그 신청은 사업시행기간이 경과하였다 하더라도 여전히 유효하므로, 토지수용위원회는 사업시행기간이 경과한 이후에도 위 신청에 따른 수용재결을 할 수 있다.

[3] 도시계획시설사업의 시행자가 도시계획시설사업의 실시계획에서 정한 사업시행기간 내에 토지에 대한 수용재결신청을 하였다면, 그 신청을 기각하는 내용의 이의재결의 취소를 구하던 중 그 사업시행기간이 경과하였다 하더라도, 이의재결이 취소되면 도시계획시설사업 시행자의 신청에 따른 수용재결이 이루어질 수 있어 원상회복이 가능하므로 위 사업시행자로서는 이의재결의 취소를 구할 소의 이익이 있다.

[4] (구)토지수용법(2002.2.4. 법률 제6656호 공익사업을 위한 토지 등의 취득 및 보상에 관한 법률 부칙 제2조로 폐지)은 수용·사용의 일차 단계인 사업인정에 속하는 부분은 사업의 공익성 판단으로 사업인정기관에 일임하고 그 이후의 구체적인 수용·사용의 결정은 토지수용위원회에 맡기고 있는 바, 이와 같은 토지수용절차의 2분화 및 사업인정의 성격과 토지수용위원회의 재결사항을 열거하고 있는 같은 법 제29조 제2항의 규정 내용에 비추어 볼 때, 토지수용위원회는 행정쟁송에 의하여 사업인정이 취소되지 않는 한 그 기능상 사업인정 자체를 무의미하게 하는, 즉 사업의 시행이 불가능하게 되는 것과 같은 재결을 행할 수는 없다.

판례 29 **2004다16181**

변제공탁

요점사항

▶ "채권자가 변제를 받을 수 없는 때"의 변제란 채무자로 하여금 종국적으로 채무를 면하게 하는 효과를 가져다주는 변제를 의미한다.

관련판례

✦ 대판 2004.7.9, 2004다16181[약정금]

민법상의 변제공탁은 채무를 변제할 의사와 능력이 있는 채무자로 하여금 채권자의 사정으로 채무관계에서 벗어나지 못하는 경우를 대비할 수 있도록 마련된 제도로서 그 제487조 소정의 변제공탁의 요건인 "채권자가 변제를 받을 수 없는 때"의 변제라 함은 채무자로 하여금 종국적으로 채무를 면하게 하는 효과를 가져다주는 변제를 의미하는 것이므로 채권이 가압류된 경우와 같이 형식적으로는 채권자가 변제를 받을 수 있다고 하더라도 채무자에게 여전히 이중변제의 위험부담이 남는 경우에는 마찬가지로 "채권자가 변제를 받을 수 없는 때"에 해당한다고 보아야 할 것이기 때문이다. 그리고 제3채무자가 이와 같이 채권의 가압류를 이유로 변제공탁을 한 때에는 그 가압류의 효력은 채무자의 공탁금출급청구권에 대하여 존속한다고 할 것이므로 그로 인하여 가압류 채권자에게 어떤 불이익이 있다고도 할 수 없다.

관련조문

토지보상법 제40조(보상금의 지급 또는 공탁)

판시사항

[1] 채권의 가압류는 제3채무자에 대하여 채무자에게 지급하는 것을 금지하는 데 그칠 뿐 채무 그 자체를 면하게 하는 것이 아니고, 가압류가 있다 하여도 그 채권의 이행기가 도래한 때에는 제3채무자는 그 지체책임을 면할 수 없다고 할 것이므로(대판 1981.9.22, 81다253; 1994.12.13, 93다951 등 참조), 당사자 사이에 채권의 지체에 관한 약정이 있는 경우에는 그 약정에 따른 지체책임을 부담한다고 할 것이다. 그리고 원고의 피고에 대한 이 사건 **공사대금채권이 가압류되었다는 사정만으로 이것이 천재지변 등 불가항력적인 사유에 의하여 공사대금의 지급이 지연된 경우에 해당한다고 볼 수 없다.**

같은 취지의 원심의 판단은 모두 정당하고, 거기에 상고이유의 주장과 같은 위법이 있다고 할 수 없다.

그리고 약정 연체이율을 당시 시중은행의 일반자금 대출 시 적용되는 연체이자율인 연 19%라고 인정한 원심의 조치도 수긍할 수 있다.

[2] 민법 제398조 제2항에 의하면, 손해배상의 예정액이 부당히 과다한 경우에는 법원이 이를 적당히 감액할 수 있다고 규정하고 있는 바, 여기서 '부당히 과다한 경우'라고 함은 채권자와 채무자의 각 지위, 계약의 목적 및 내용, 손해배상액을 예정한 동기, 채무액에 대한 예정액의 비율, 예상 손해액의 크기, 그 당시의 거래관행 등 모든 사정을 참작하여 일반 사회관념에 비추어 그 예정액의 지급이 경제적 약자의 지위에 있는 채무자에게 부당한 압박을 가하여 공정성을 잃는 결과를 초래한다고 인정되는 경우를 뜻하는 것으로 보아야 하고, 한편 위 규정의 적용에 따라 손해배상의 예정액이 부당하게 과다한지의 여부 내지 그에 대한 적당한 감액의

범위를 판단하는 데 있어서는, 법원이 구체적으로 그 판단을 하는 때 즉, 사실심의 변론종결 당시를 기준으로 하여 그 사이에 발생한 위와 같은 모든 사정을 종합적으로 고려하여야 할 것이다(대판 1993.1.15, 92다36212; 1997.7.25, 97다15371; 2000.12.8, 2000다50350 등 참조).

원심은, 이 사건 지연손해금 약정은 손해배상액의 예정의 성질을 갖는다 할 것인 바, 피고가 공사대금을 지급하지 않은 이유가 가압류결정 때문인 점, 피고가 공사대금을 공탁하였을 경우 원고가 얻을 이익이 크지 아니한 점 등 그 판시와 같은 사정들을 종합하여 보면, 공사대금의 지급을 지체한 기간 동안의 이 사건 손해배상의 예정액에 해당되는 311,446,123원은 부당하게 과다하다고 판단하여 이를 200,000,000원으로 감액하였다.

앞서 본 법리와 기록에 비추어 살펴보면, 원심의 이러한 조치는 정당한 것으로 수긍이 가고, 거기에 손해배상액의 예정액 및 그 감액의 법리 등 상고이유와 부대상고이유의 각 주장과 같은 위법이 있다고 할 수 없다.

보상금의 공탁

1. 보상금의 공탁 의의 및 취지(토지보상법 제40조)

보상금의 공탁이란 사업시행자가 보상금을 관할 공탁소에 공탁함으로써 보상금 지급에 갈음하게 하는 것을 말한다. 이는 재결실효 방지, 사전보상원칙의 실현 및 담보물권자의 권익보호 도모에 취지가 인정된다.

2. 법적 성질

(1) **보상금 지급의무를 면하기 위한 경우**(제40조 제2항 제1호, 제2호)

판례는 공탁은 보상금 지급의무에 갈음되어 재결실효를 방지할 목적이 있으므로 변제공탁과 다를 바 없다고 판시하였다. 생각건대, 사업시행자가 토지수용위원회가 재결한 보상금을 공탁하는 경우에는 그로써 보상금 지급에 갈음하게 되는 바, 변제공탁으로 봄이 타당하다.

(2) **재결로 결정된 보상금에 사업시행자가 불복하는 경우**(제40조 제2항 제3호)

사업시행자가 불복이 있는 경우라 하더라도 재결에서 정한 보상금 전액이 지급 또는 공탁되어 보상금 지급에 갈음하고 이로써 재결이 실효되는 것을 방지하기 위한 것이므로 변제공탁으로 봄이 타당하다.

(3) **압류 또는 가압류에 의하여 보상금의 지급이 금지된 경우**(제40조 제2항 제4호)

이에 대하여 변제공탁으로 보는 판례와 집행공탁으로 보는 판례가 모두 존재한다. 생각건대, 압류 또는 가압류에 의하여 보상금의 지급이 금지된 경우 공탁을 함으로써 채무가 변제되는 것으로 볼 수 있으므로 변제공탁으로 봄이 타당하다.

(4) 검토

토지보상법 제40조에 의한 공탁은 동조 제2항에 따른 일정한 경우 사업시행자의 보상금의 지급의무를 이행하기 위함과 재결의 실효방지 등을 위한 것으로서, 민법상 변제공탁과 다를 바 없다고 판단된다.

3. 공탁의 요건

(1) 내용상 요건(법 제40조 제2항)(거알불압)

① 보상금을 받을 자가 그 수령을 거부하거나 보상금을 수령할 수 없을 때

② 사업시행자의 과실 없이 보상금을 받을 자를 알 수 없을 때

③ 관할 토지수용위원회가 재결한 보상금에 대하여 사업시행자가 불복할 때

④ 압류 또는 가압류에 의하여 보상금의 지급이 금지되었을 때가 있다.

(2) 형식상 요건

① 재결 당시 수용목적물의 소유자 또는 관계인이 수령권자가 된다.

② 토지보상법은 토지소재지의 공탁소에 보상금을 공탁할 수 있도록 하고 있다.

③ 공탁은 현금보상의 원칙상 현금으로 하여야 하나, 사업시행자가 국가인 경우에는 채권으로 공탁이 가능하다.

판례 30 88누3956

이의재결절차에서의 미공탁

요점사항

▶ 이의재결에서 증액된 보상금을 기간 내에 지급·공탁하지 아니하였더라도 이의재결 자체가 당연히 실효된다고 할 수는 없다.

관련판례

> ✦ 대판 1989.6.27, 88누3956[토지수용재결처분취소]
>
> (구)토지수용법상의 이의재결절차는 수용재결에 대한 불복절차이면서 수용재결과는 확정의 효력 등을 달리하는 별개의 절차이므로 기업자가 이의재결에서 증액된 보상금을 일정한 기한 내에 지급 또는 공탁하지 아니하였다 하더라도 그 때문에 이의재결 자체가 당연히 실효된다고는 할 수 없다.

관련조문

토지보상법 제40조(보상금의 지급 또는 공탁)

판시사항

중앙토지수용위원회의 이의재결에 관하여 위 법 제75조 제2항은 원재결의 취소 또는 변경으로 인하여 보상금이 증액된 때에는 기업자는 위 이의재결서 정본을 송달받은 날로부터 1개월 내에 그 증액된 보상금을 지급 또는 공탁하도록 규정하고 있을 뿐 달리 관할 토지수용위원회의 재결에서와 같은 같은법 제65조의 실효규정을 두었거나 이를 준용할 근거를 두지 아니하였을 뿐만 아니라 같은 법 제75조의2 제2항은 이의신청에 대한 재결이 확정되었을 때에는 민사소송법상의 확정판결이 있는 것으로 보며 재결정본은 집행력 있는 판결 정본과 동일한 효력을 가진다고 규정하고 있고 같은 법 제76조는 관할 토지수용위원회의 재결에 대한 이의신청이 있더라도 사업의 진행 및 토지의 수용 또는 사용은 정지되지 아니하다고 규정하고 있는데 이 규정들을 종합하여 보면 <u>중앙토지수용위원회의 이의재결절차에 있어서는 관할 토지수용위원회와는 달리 비록 기업자가 이의재결에서 증액된 보상금을 일정한 기간 내에서 지급 또는 공탁하지 아니하더라도 그 때문에 위 이의재결 자체가 당연히 실효된다고는 해석되지 아니한다.</u>

관련내용

> ┌─────────────┐
> │   공탁의 효과   │
> └─────────────┘
>
> 1. **정당한 공탁의 효과**
>   보상금의 지급의무를 이행한 것으로 보아 수용 또는 사용개시일에 목적물을 원시취득한다.
>
> 2. **미공탁의 효과**
>   수용의 개시일까지 보상금을 공탁하지 아니하면 재결의 효력은 상실된다. 단, 이의재결에 의한 증액된 보상금은 공탁하지 않아도 이의재결은 실효되지 않는다.

> * 관련 규정(토지보상법 제84조 제2항)
> 사업시행자는 이의재결에서 증액된 손실보상금을 재결서 정본 송달일로부터 30일 이내 지급하여야
> 한다. 그러나 이의재결은 별도의 실효규정은 없다.
>
> * 관련 판례(91누8081)
> 이의재결절차는 수용재결과는 확정의 효력 등을 달리하는 별개의 절차이므로 사업시행자가 증액된
> 보상금을 일정한 기한 내에 지급 또는 공탁하지 아니하였더라도 이의재결 자체가 당연히 실효된다고
> 할 수는 없다고 판시하였다.

3. 하자 있는 공탁

① 요건 미충족, ② 일부공탁, ③ 조건부공탁의 경우 공탁의 효과가 발생하지 않는다. 따라서
수용·사용의 개시일까지 공탁의 하자가 치유되지 않으면 재결은 실효되고 손실보상의무를 부
담하게 된다.

판례 31 90누6125

공탁에 대한 이의유보

요점사항

▶ 공탁에 대하여 이의유보를 하지 아니한 채 공탁금을 수령한 경우 재결에 승복한 것으로 본다.

관련판례

✦ 대판 1990.10.23, 90누6125[토지수용재결처분취소]

기업자가 토지수용위원회가 재결한 토지수용보상금을 공탁한 경우에 토지소유자가 그 공탁에 대하여 아
무런 이의를 유보하지 아니한 채 이를 수령한 때에는 종전의 수령거절의사를 철회하고 재결에 승복하
여 공탁의 취지에 따라 보상금 전액을 수령한 것으로 볼 것이고 공탁금 수령 당시 단순히 그 공탁의
취지에 반하는 소송이나 이의신청을 하고 있다는 사실만으로는 그 공탁물 수령에 관한 이의를 유보한
것과 같이 볼 수 없다.

토지보상법 제40조(보상금의 지급 또는 공탁)

판시사항

(구)토지수용법 제61조 제2항 제1호의 규정에 의하여 기업자가 토지수용위원회가 재결한 **토지수용보상금**을 공탁한 경우에 토지소유자가 그 공탁에 대하여 아무런 이의를 유보하지 아니한 채 이를 수령한 때에는 종전의 수령거절의사를 철회하고 재결에 승복하여 공탁의 취지에 따라 보상금 전액을 수령한 것으로 볼 것이고 공탁금 수령 당시 단순히 그 공탁의 취지에 반하는 소송이나 이의신청을 하고 있다는 사실만으로는 그 공탁물 수령에 관한 이의를 유보한 것과 같이 볼 수 없다 함이 당원이 여러 차례 밝혀 온 견해이다(대판 1982.11.9, 82누197 ; 1983.6.14, 81누254 등 참조). 같은 취지의 원심판결은 옳고 거기에 공탁물 수령에 관한 법리오해의 잘못이 있다고 할 수 없으므로 논지는 이유 없다.

그러므로 상고를 모두 기각하고, 상고비용은 패소자의 부담으로 하여 관여 법관의 일치된 의견으로 주문과 같이 판결한다.

관련내용

공탁금 수령의 효과

1. 정당한 공탁금 수령의 효과

아무런 이의유보 없이 공탁금을 수령한다면 수용법률관계의 종결효과를 가져온다고 볼 수 있다. 그러나 이의유보를 남긴 경우 수용·사용개시일이 도과하더라도 수용법률관계는 종결되지 않는다고 본다.

2. 하자 있는 공탁금 수령의 효과

① 이의유보 후 수령한 경우 하자치유는 인정되지 않는다. 판례는 묵시적 표현(구두)으로도 이의유보가 가능하다고 본다.

② 이의유보 없이 수령한 경우에는 하자치유가 인정되어 보상금 수령거부의사를 철회한 것으로 본다.

③ 쟁송제기를 이의유보로 볼 수 있는 가에 대하여 판례는 수령 당시 단순히 소송이나 이의신청을 하고 있다는 사실만으로 묵시적 공탁의 수령에 관한 이의를 유보한 것과 같이 볼 수 없다고 하나, 최근 대법원은 단순한 사실이 아닌 경우 소송 중 사실을 종합적으로 판단하여 묵시적 유보로 본 바 있다.

8️⃣ 판례 32 2006두15462

공탁에 대한 이의유보의 방법

요점사항

▶ 공탁된 보상금 수령 시 이의유보의 의사표시는 반드시 명시적일 필요는 없고 묵시적인 방법으로도 가능하다.

관련판례

✦ 대판 2009.11.12, 2006두15462[손실보상금]

[1] 토지수용절차에서 보상금 수령 시 사업시행자에 대한 이의유보의 의사표시를 반드시 명시적으로 하여야 하는지 여부(소극)

[2] 도시계획시설사업지구에 편입된 토지 등의 소유자가 수용재결에서 정한 토지보상금은 이의를 유보 하여 수령하였으나 보상금 증감에 관한 행정소송을 제기한 후 이의재결에서 증액된 보상금에 대하 여는 이의유보의 뜻을 표시하지 않은 채 수령한 사안에서, 묵시적인 이의유보의 의사표시가 있었다 고 볼 수 있다고 한 사례

관련조문

토지보상법 제40조(보상금의 지급 또는 공탁)

판시사항

토지수용절차에서 보상금 수령 시 사업시행자에 대한 이의유보의 의사표시는 반드시 명시적으로 하여야 하는 것은 아니므로(대판 1989.7.25, 88다카11053 참조), 위와 같이 원고가 이의재결에 따라 증액된 보상금을 수령할 당시 수용보상금의 액수를 다투어 행정소송을 제기하고 상당한 감정비용 (그 이후 결정된 이의재결의 증액된 보상금을 초과하는 금액이다)을 예납하여 시가감정을 신청한 점, 원고가 수령한 이의재결의 증액보상금은 원고가 이 사건 소장에 시가감정을 전제로 잠정적으 로 기재한 최초 청구금액의 1/4에도 미치지 못하는 금액인 점, 수용보상금의 증감만을 다투는 행 정소송에서 통상 시가감정 외에는 특별히 추가적인 절차비용의 지출이 요구되지는 않으므로 원고 로서는 이의재결의 증액보상금 수령 당시 이 사건 소송결과를 확인하기 위하여 더 이상의 부담되 는 지출을 추가로 감수할 필요는 없는 상황이었던 점, 피고 소송대리인도 위와 같은 증액보상금의 수령에 따른 법률적 쟁점을 제1심에서 즉시 제기하지 아니하고 그로부터 약 6개월이 경과하여 원 심에서 비로소 주장하기 시작한 점 등에 비추어 보면, 이미 상당한 금액의 소송비용을 지출한 원고 가 이 사건 소장에 기재한 최초 청구금액에도 훨씬 못 미치는 이의재결의 증액분을 수령한 것이

이로써 이 사건 수용보상금에 관한 다툼을 일체 종결하려는 의사는 아니라는 점은 피고도 충분히 인식하였거나 인식할 수 있었다고 봄이 상당하고, 따라서 원고는 위와 같은 소송진행과정과 시가감정의 비용지출 등을 통하여 이의재결의 증액보상금에 대하여는 이 사건 소송을 통하여 확정될 정당한 수용보상금의 일부로 수령한다는 묵시적인 의사표시의 유보가 있었다고 볼 수 있다.

판례 33 90누7203

공탁금 수령의 효과(이의유보하지 않는 경우)

쟁점사항

▶ 행정소송이 계속 중이었다는 사실만으로 공탁금 수령에 대하여 묵시적인 이의유보의 의사표시가 있었다고 볼 수 없다.

관련판례

✦ 대판 1991.6.11, 90누7203[토지수용재결처분취소]

토지소유자가 기업자로부터 토지수용위원회의 이의재결에 의하여 증액된 보상금을 별다른 의사표시 없이 수령한 경우 이로써 위 이의재결에 승복한 취지로 볼 수 있는지 여부(적극)

관련조문

토지보상법 제40조(보상금의 지급 또는 공탁)

판시사항

기업자가 (구)토지수용법 제61조 제2항 제1호에 따라서 토지수용위원회가 재결한 토지수용보상금을 공탁하는 경우, 그 공탁금은 기업자가 토지의 수용에 따라 토지소유자에 대하여 부담하게 되는 보상금의 지급의무를 이행하기 위한 것으로서 민법 제487조에 의한 변제신탁과 다를 바 없으므로, 토지소유자가 아무런 이의도 보류하지 아니한 채 공탁금을 수령하였다면, 공탁의 효력을 인정하고 토지수용위원회의 재결에 승복하여 공탁의 취지에 따라 보상금을 수령한 것으로 보는 것이 상당하고, 따라서 공탁사유에 따른 법률효과가 발생되어 기업자의 보상금 지급의무는 확정적으로 소멸하는 것인바, 이 경우 이의보류의 의사표시는 반드시 명시적으로 하여야 하는 것은 아니지만 토지소유자가 공탁물을 수령할 당시 원재결에서 정한 보상금을 증액하기로 한 이의신청의 재결에 대하여 토지소유자가 제기한 행정소송이 계속 중이었다는 사실만으로는, 묵시적인 이의보류의 의사표시가 있었다고 볼 수 없다.

판례 34 2006두9832

보상금 공탁의 시기

요점사항

▶ 사업시행자가 이의신청을 거쳐 행정소송을 제기하는 경우 사실심 변론종결 당시까지 증액된 보상금을 공탁할 수 있다.

관련판례

✦ 대판 2008.2.15, 2006두9832[토지수용이의재결보상금감액청구]

> 사업시행자가 재결에 불복하여 이의신청을 거쳐 행정소송을 제기하는 경우에는 원칙적으로 행정소송 제기 전에 이의재결에서 증액된 보상금을 공탁하여야 하지만, 제소 당시 그와 같은 요건을 구비하지 못하였다 하여도 사실상 변론종결 당시까지 그 요건을 갖추었다면 그 흠결의 하자는 치유되었다고 본다.

관련조문

토지보상법 제40조(보상금의 지급 또는 공탁)

판시사항

공익사업을 위한 토지 등의 취득 및 보상에 관한 법률 제85조 제1항은 "사업시행자·토지소유자 또는 관계인은 제34조의 규정에 의한 재결에 대하여 불복이 있는 때에는 재결서를 받은 날부터 60일 이내에, 이의신청을 거친 때에는 이의신청에 대한 재결서를 받은 날부터 30일 이내에 각각 행정소송을 제기할 수 있다. 이 경우 사업시행자는 행정소송을 제기하기 전에 제84조의 규정에 따라 증액된 보상금을 공탁하여야 하며, 보상금을 받을 자는 공탁된 보상금을 소송종결 시까지 수령할 수 없다"고 규정하고 있는바, <u>위 규정 및 관련규정들의 내용과 사업시행자가 행정소송 제기 시 증액된 보상금을 공탁하도록 한 위 제85조 제1항 단서 규정의 입법취지 및 그 규정에 의해 보호</u>

되는 보상금을 받을 자의 이익과 그로 인해 제한받게 되는 사업시행자의 재판청구권과의 균형 등을 종합적으로 고려하여 보면, 사업시행자가 재결에 불복하여 이의신청을 거쳐 행정소송을 제기하는 경우에는 원칙적으로 행정소송 제기 전에 이의재결에서 증액된 보상금을 공탁하여야 할 것이지만, 제소 당시 그와 같은 요건을 구비하지 못하였다 하여도 사실심 변론종결 당시까지 그 요건을 갖추었다면 그 흠결의 하자는 치유되었다고 볼 것이다.

같은 취지인 원심의 판단은 정당하고, 거기에 상고이유 주장과 같은 공익사업을 위한 토지 등의 취득 및 보상에 관한 법률 제85조 제1항 단서의 해석·적용에 관한 법리오해 등의 위법이 없다.

판례 35 98다58511

토지 등 인도의무에 목적물 하자담보책임이 포함되는지 여부

요점사항

▶ 제3자가 무단으로 매립한 폐기물이 토지와 물리적으로 혼합되어 분리할 수 없는 경우 토지소유자에게는 폐기물 이전의무가 없다.

▶ 수용재결 후에 발견된 하자를 이유로 행정소송을 제기하지 않음으로써 재결에 대해 더 이상 다툴 수 없게 된 경우 위 하자에 대한 부당이득의 반환을 구할 수는 없다.

관련판례

✦ **대판 2001.1.16, 98다58511[손해배상(기)]**

1. (구)토지수용법 제63조에 의한 토지소유자의 토지 등 인도의무에 목적물에 대한 하자담보책임이 포함되는지 여부(소극)

2. (구)토지수용법 제63조의 규정에 의하여 수용대상토지에 있는 물건에 관하여 권리를 가진 자가 기업자에게 이전할 의무를 부담하는 물건의 의미

3. 제3자가 무단으로 폐기물을 매립하여 놓은 상태의 토지를 수용한 경우, 위 폐기물은 토지의 토사와 물리적으로 분리할 수 없을 정도로 혼합되어 있어 독립된 물건이 아니며 (구)토지수용법 제49조 제1항의 이전료를 지급하고 이전시켜야 되는 물건도 아니어서 토지소유자는 폐기물의 이전의무가 있다고 볼 수 없다고 한 원심의 판단을 수긍한 사례

4. 수용재결이 있은 후에 수용대상토지에 숨은 하자가 발견되었으나 기업자가 불복절차를 취하지 않음으로써 그 재결에 대하여 더 이상 다툴 수 없게 된 경우, 기업자가 민사소송절차로 토지소유자에게 부당이득의 반환을 구할 수 있는지 여부(소극)

관련조문

토지보상법 제43조(토지 또는 물건의 인도 등)

> **제43조(토지 또는 물건의 인도 등)**
> 토지소유자 및 관계인과 그 밖에 토지소유자나 관계인에 포함되지 아니하는 자로서 수용하거나 사용할 토지나 그 토지에 있는 물건에 관한 권리를 가진 자는 수용 또는 사용의 개시일까지 그 토지나 물건을 사업시행자에게 인도하거나 이전하여야 한다.

판시사항

[1] (구)토지수용법에 의한 수용재결의 효과로서 수용에 의한 기업자의 토지소유권취득은 토지소유자와 수용자와의 법률행위에 의하여 승계취득하는 것이 아니라, 법률의 규정에 의하여 원시취득하는 것이므로, 토지소유자가 (구)토지수용법 제63조의 규정에 의하여 부담하는 토지의 인도의무에는 수용목적물에 숨은 하자가 있는 경우에도 하자담보책임이 포함되지 아니하여 토지소유자는 수용시기까지 수용대상토지를 현존 상태 그대로 기업자에게 인도할 의무가 있을 뿐이다.

[2] (구)토지수용법 제63조의 규정에 의하여 수용대상토지에 있는 물건에 관하여 권리를 가진 자가 기업자에게 이전할 의무를 부담하는 물건은 같은 법 제49조 제1항에 의하여 이전료를 보상하고 이전시켜야 할 물건을 말한다.

[3] 제3자가 무단으로 폐기물을 매립하여 놓은 상태의 토지를 수용한 경우, 위 폐기물은 토지의 토사와 물리적으로 분리할 수 없을 정도로 혼합되어 있어 독립된 물건이 아니며, (구)토지수용법 제49조 제1항의 이전료를 지급하고 이전시켜야 되는 물건도 아니어서 토지소유자는 폐기물의 이전의무가 있다고 볼 수 없다고 한 원심의 판단을 수긍한 사례

[4] 수용재결이 있은 후에 수용대상토지에 숨은 하자가 발견되는 때에는 불복기간이 경과되지 아니한 경우라면 공평의 견지에서 기업자는 그 하자를 이유로 재결에 대한 이의를 거쳐 손실보상금의 감액을 내세워 행정소송을 제기할 수 있다고 보는 것이 상당하나, 이러한 불복절차를 취하지 않음으로써 그 재결에 대하여 더 이상 다툴 수 없게 된 경우에는 기업자는 그 재결이 당연무효이거나 취소되지 않는 한 재결에서 정한 손실보상금의 산정에 있어서 위 하자가 반영되지 않았다는 이유로 민사소송절차로 토지소유자에게 부당이득의 반환을 구할 수는 없다.

PART 03

 **판례 36** **92누5331**

개인별 보상 등

요점사항

▶ 수용 또는 사용에 대한 보상은 물건별로 하는 것이 아니라 피보상자의 "개인별"로 행하여야 한다.

관련판례

✦ 대판 1992.9.8, 92누5331[토지수용재결처분취소]

1. 수용토지에 대하여 표준지가 특정되지 아니하고 지역적, 개별적 요인 등 보상액 산정요인들이 명시되지 아니한 보상액 감정평가의 적부(소극)
2. 토지수용보상액에 관하여 행정소송이 제기된 대상물건 중 일부 항목에 관한 보상액은 과소하고 다른 항목의 보상액은 과다한 경우 항목유용의 가부(적극)

관련조문

토지보상법 제64조(개인별 보상)

제64조(개인별 보상)
손실보상은 토지소유자나 관계인에게 개인별로 하여야 한다. 다만, 개인별로 보상액을 산정할 수 없을 때에는 그러하지 아니하다

판시사항

[1] 수용토지에 대하여 **표준지가 특정되지 아니하고 지역적, 개별적 요인 등 보상액 산정요인들도 구체적으로 명시되지 아니하여 그 요인들이 어떻게 참작되었는지 알아볼 수 없게 되어 있는 감정평가는 법령의 규정에 따라 적법하게 평가된 것이라고 할 수 없다.**

[2] (구)토지수용법 제45조 제2항은 토지를 수용 또는 사용함으로 인한 보상은 피보상자의 개인별로 산정할 수 없을 때를 제외하고는 피보상자에게 개인별로 하여야 한다고 규정하고 있으므로, <u>보상은 수용 또는 사용의 대상이 되는 물건별로 하는 것이 아니라 피보상자의 개인별로 행하여지는 것이라고 할 것이므로 피보상자는 수용대상물건 중 일부에 대하여만 불복이 있는 경우에는 그 부분에 대하여만 불복의 사유를 주장하여 행정소송을 제기할 수 있다고 할 것이나,</u> 행정소송의 대상이 된 물건 중 일부 항목에 관한 보상액은 과소하고 다른 항목의 보상액은 과다한

경우에는 그 항목 상호간의 유용을 허용하여 과다부분과 과소부분을 합산하여 보상금계액을 결정하여야 할 것이다.

판례 37 97누13375

사업시행 이익과의 상계금지

요점사항

▶ 잔여지 가격감소의 손실과 사업시행 이익을 상계하여 잔여지 손실보상액을 산정할 수 없다.

제66조(사업시행 이익과의 상계금지)

사업시행자는 동일한 소유자에게 속하는 일단(一團)의 토지의 일부를 취득하거나 사용하는 경우 해당 공익사업의 시행으로 인하여 잔여지(殘餘地)의 가격이 증가하거나 그 밖의 이익이 발생한 경우에도 그 이익을 그 취득 또는 사용으로 인한 손실과 상계(相計)할 수 없다.

관련판례

✦ 대판 1998.9.18, 97누13375[토지수용이의재결처분취소등]

동일한 소유자의 소유에 속하던 일단의 토지 중 일부 토지가 수용됨으로 인하여 좁고 긴 형태로 남게 된 잔여토지가 수용의 목적사업인 도시계획사업에 의하여 설치된 너비 8m의 도로에 접하게 되는 이익을 누리게 되었더라도 (구)토지수용법 제53조의 규정에 따라 그 이익을 수용 자체의 법률효과에 의한 가격감소의 손실(이른바 수용손실)과 상계할 수는 없는 것이므로, 그와 같은 이익을 참작하여 잔여지 손실보상액을 산정할 것은 아니다.

관련조문

토지보상법 제66조(사업시행 이익과의 상계금지)

판시사항

[1] 원심판결 이유에 의하면, 원심은, 이 사건 토지들 중 원심 판시 제1, 2토지는 이 사건 수용의 목적인 도로개설사업(도시계획사업)을 위한 1974.5.11.자 도시계획시설결정에 의하여 도로부지로 결정·고시된 후에 당시의 소유자이던 소외 정00 외 3인이 분할 전의 서울 노원구 상계동 1054의 2. 대 1,833평을 그 도시계획선에 따라 분할하는 바람에 도로의 형태로 분할되었고, 그 후 함께 분할되었던 토지들에 주택이 들어서면서 자연스럽게 주민의 통행에 제공되고 새마을사업의 시행으로 하수구 등이 설치된 것이므로, (구)공공용지의 취득 및 손실보상에 관한 특례법 시행규칙(1995.1.7. 건설교통부령 제3호로 개정되기 전의 것) 제6조의2 제3항에서 말하는 사실상의 사도에 해당하지 아니한다고 판단하였는 바, 기록과 관계법령에 비추어 보면 원심의 위와 같은 인정 및 판단은 정당하고(대판 1994.3.11. 93다57513 참조), 거기에 사실상의 사도에 관한 법리오해 등의 위법이 있다고 할 수 없다.

[2] … 그리고 수용대상토지는 수용재결 당시의 현실 이용상황을 기준으로 평가하여야 하고, 그 현실 이용상황은 법령의 규정이나 토지소유자의 주관적 의도 등에 의하여 의제될 것이 아니라 관계 증거에 의하여 객관적으로 확정되어야 하는 것이므로, 당시 도시계획시설결정이 없었더라도 정인석 등이 분할 전의 토지를 분할·매각하면서 그 분할된 토지들에 건축을 할 수 있도록 건축법에 따라 스스로 너비 4m 이상의 토지 부분을 도로로 제공하였을 것이라고 의제한 다음 제1, 2토지 중 너비 4m 부분은 토지소유자가 자기 토지의 편익을 위하여 스스로 설치한 셈이 되어 사실상의 사도에 해당한다고 판단할 수는 없다(대판 1997.8.29, 96누2569 참조). 이 점을 지적하는 상고이유의 주장은 받아들일 수 없다. 그리고 그 <u>잔여토지가 이 사건 수용의 목적사업인 도시계획사업에 의하여 설치된 너비 8m의 도로에 접하게 되는 이익을 누리게 되었더라도 (구)토지수용법 제53조의 규정에 따라 그 이익을 수용 자체의 법률효과에 의한 가격감소의 손실(이른바 수용손실)과 상계할 수는 없는 것이므로,</u> 그와 같은 이익을 참작하여 잔여지 손실보상액을 산정할 것은 아니다. 이 점을 지적하는 상고이유의 주장 역시 받아들일 수 없다.

판례 38 2009헌바142

개발이익 배제와 정당보상

요점사항

▶ 토지보상법 제67조 제2항의 '개발이익 배제' 조항은 정당한 보상의 원칙에 위반되지 않는다. 따라서 공시기준일 이후 수용 시까지의 시점보정방법은 적정한 것으로 재산권을 침해하였다고 볼 수 없다.

관련판례

✦ 헌재 2009.12.29, 2009헌바142

수용보상에 있어서 해당 공익사업으로 인하여 토지 등의 가격에 변동이 있는 경우 이를 고려하지 않도록 하고 있는 '공익사업을 위한 토지 등의 취득 및 보상에 관한 법률'(2002.2.4. 법률 제6656호로 제정된 것, 이하 '공익사업법'이라 한다) 제67조 제2항이 헌법 제23조 제3항의 정당한 보상의 원칙에 위반되는지 여부(소극)

관련조문

토지보상법 제67조(보상액의 가격시점 등)

제67조(보상액의 가격시점 등)
① 보상액의 산정은 협의에 의한 경우에는 협의 성립 당시의 가격을, 재결에 의한 경우에는 수용 또는 사용의 재결 당시의 가격을 기준으로 한다.
② 보상액을 산정할 경우에 해당 공익사업으로 인하여 토지 등의 가격이 변동되었을 때에는 이를 고려하지 아니한다.

판시사항

가. 수용보상에 있어서 해당 공익사업으로 인하여 토지 등의 가격에 변동이 있는 경우 이를 고려하지 않도록 하고 있는 '공익사업을 위한 토지 등의 취득 및 보상에 관한 법률'(2002.2.4. 법률 제6656호로 제정된 것, 이하 '공익사업법'이라 한다) 제67조 제2항이 헌법 제23조 제3항의 정당한 보상의 원칙에 위반되는지 여부(소극)

나. 해당 사업인정 고시일에 가장 가까운 시점에 공시된 공시지가를 기준으로 수용된 토지의 보상액을 산정하도록 하고 있는 공익사업법 제70조 제4항 및 (구)공익사업을 위한 토지 등의 취득 및 보상에 관한 법률(2007.10.17. 법률 제8665호로 개정되기 전의 것, 이하 '공익사업법'이라 한다) 제70조 제1항이 재산권을 침해하는지 여부(소극)

PART 03

결정요지

가. 공익사업법 제67조 제2항은 보상액을 산정함에 있어 해당 공익사업으로 인한 개발이익을 배제하는 조항인데, 공익사업의 시행으로 지가가 상승하여 발생하는 개발이익은 사업시행자의 투자에 의한 것으로서 피수용자인 토지소유자의 노력이나 자본에 의하여 발생하는 것이 아니므로, 이러한 개발이익은 형평의 관념에 비추어 볼 때 토지소유자에게 당연히 귀속되어야 할 성질의 것이 아니고, 또한 개발이익은 공공사업의 시행에 의하여 비로소 발생하는 것이므로, 그 것이 피수용토지가 수용 당시 갖는 객관적 가치에 포함된다고 볼 수도 없다. 따라서 개발이익은 그 성질상 완전보상의 범위에 포함되는 피수용자의 손실이라고 볼 수 없으므로, 이러한 개발이익을 배제하고 손실보상액을 산정한다 하여 헌법이 규정한 정당한 보상의 원칙에 위반되지 않는다.

나. 토지수용으로 인한 손실보상액의 산정을 공시지가를 기준으로 하되 공시기준일부터 재결 시까지의 시점보정을 지가상승률 등에 의하여 행하도록 규정한 것은 공시지가가 공시기준일 당시의 표준지의 객관적 가치를 정당하게 반영하는 것이고, 표준지와 지가산정 대상토지 사이에 가격의 유사성을 인정할 수 있도록 표준지의 선정이 적정하며, 공시기준일 이후 수용 시까지의 시가변동을 산출하는 시점보정의 방법이 적정한 것으로 보이므로 재산권을 침해하였다고 볼 수 없다. 또한 해당 토지의 협의성립 또는 재결 당시 공시된 공시지가 중 해당 사업인정의 고시일에 가장 근접한 시점에 공시된 공시지가로 하도록 규정한 것은 시점보정의 기준이 되는 공시지가에 개발이익이 포함되는 것을 방지하기 위한 것으로 개발이익이 배제된 손실보상액을 산정하는 적정한 수단에 해당되므로 헌법 제23조 제3항에 위반된다고 할 수 없다.

[재판관 조대현의 각하의견]

규범통제를 목적으로 하는 헌법재판소법 제68조 제2항의 헌법소원심판에서는 심판대상 법률조항과 쟁점이 동일하면 헌법재판소법 제39조의 동일한 사건에 해당한다고 보아야 하는바, 이 사건의 심판대상과 쟁점은 헌법재판소가 이미 헌법에 위반되지 아니한다고 심판한 2006헌바79, 2008헌바112 사건 등의 그것과 동일하므로, 이 사건과 이미 심판한 사건의 당사자와 해당 사건이 다르다고 하더라도, 헌법재판소법 제39조의 동일한 사건에 해당된다고 보아야 한다. 따라서 이 사건 심판청구는 헌법재판소법 제39조에 위반되어 부적법하다는 이유로 각하하여야 한다.

관련내용

개발이익 배제

1. 의의 및 취지

개발이익이란 공익사업의 계획 또는 시행이 공고 또는 고시되거나 공익사업의 시행에 따른 절차 등으로 인해 토지소유자의 노력에 관계없이 지가가 상승되어 현저하게 받은 이익으로서 정상지가상승분을 초과하여 증가된 부분을 의미한다. 토지보상법 제67조 제2항에서는 개발이익을 배제하여 보상액을 산정하도록 규정하고 있다.

2. 개발이익 배제의 필요성(잠재적 손실, 형평의 원리, 주관적 가치)

개발이익은 잠재적 손실로서 보상대상이 아니고, 토지소유자의 노력과 관계없이 발생한 것으로 사회에 귀속되도록 하는 것이 형평의 원리에 부합한다. 또한 개발이익은 공익사업에 의해 발생하므로 수용 당시의 객관적 가치가 아니며, 주관적 가치로서 손실보상에서 배제된다.

3. 개발이익 배제의 논의

인근 토지소유자와의 형평성 문제에서 토지초과이득세법이 폐지되고 인근 토지소유자들은 개발이익을 향유하는 것이 형평성에 반한다는 비판이 제기된다. 토지초과이득세법이 위헌이라서 폐지된 것이 아니라 경제사정의 악화를 극복하기 위한 정책적 이유로 폐지되었다는 점을 고려할 때, 공익사업주변지역의 개발이익을 환수하기 위해서는 재도입을 검토할 필요가 있다. 최근 대토보상의 도입은 소유자와 형평성을 완화할 수 있는 발판을 마련한 점에서 긍정적으로 평가할 수 있을 것이다.

관련판례

✦ 헌재 2010.12.28, 2008헌바57

※ 참고판례(개발이익 배제 및 공시지가기준 원칙과 정당보상)

판시사항

가. 도시개발사업과 관련한 토지수용의 근거규정인 (구)도시개발법(2000.1.28. 법률 제6242호로 제정되고, 2008.3.21. 법률 제8970호로 개정되기 전의 것) 제20조 제1항, (구)도시개발법(2002.12.30. 법률 제6853호로 개정되고, 2007.4.11. 법률 제8376호로 개정되기 전의 것) 제21조 제1항 본문, (구)도시개발법(2002.2.4. 법률 제6656호로 개정되고, 2007.4.11. 법률 제8376호로 개정되기 전의 것) 제21조 제2항(이하 위 조항들을 묶어 '이 사건 수용관련 조항들'이라 한다)이 과잉금지원칙을 위반하여 재산권을 침해하거나 평등원칙에 위배되는지 여부(소극)

나. 수용대상토지를 고시한 때에 공익사업법상의 공익사업인정 및 고시가 있은 것으로 의제하는 (구)도시개발법(2002.12.30. 법률 제6853호로 개정되고, 2007.4.11. 법률 제8376호로 개정되기 전의 것) 제21조 제3항 본문(이하 '이 사건 사업인정의제조항'이라 한다)이 적법절차원칙에 위배되는지 여부(소극)

다. 토지보상액 산정 시 해당 공익사업으로 인한 개발이익을 배제하도록 규정한 '공익사업을 위한 토지 등의 취득 및 보상에 관한 법률'(2002.2.4. 법률 제6656호로 제정된 것, 이하 '공익사업법'이라 한다) 제67조 제2항(이하 '이 사건 개발이익 배제조항'이라 한다)이 헌법 제23조 제3항의 정당보상원칙에 위배되는지 여부(소극)

라. 공시지가를 기준으로 보상액을 산정하도록 규정한 (구)공익사업을 위한 토지 등의 취득 및 보상에 관한 법률(2005.1.14. 법률 제7335호로 개정되고, 2007.10.17. 법률 제8665호로 개정되기 전의 것) 제70조 제1항(이하 '이 사건 공시지가보상조항'이라 한다)이 헌법 제23조 제3항의 정당보상원칙에 위배되는지 여부(소극)

결정요지

가. 이 사건 수용관련 조항들은, 도시개발사업이 그 성격상 대규모의 토지가 필요하고 수립된 개발계획에 따라 체계적이고 예측가능한 사업 수행이 긴요하므로 사업시행자에게 수용권을 부여할 공공의 필요성을 인정할 수 있고, 도시개발사업의 사업시행방식은 해당 사업의 성격, 규모, 용이성, 사업시행의 주체, 수용대상토지의 기존 이용상황 등 여러 사정을 고려하여 개별적·구체적으로 결정될 문제일 뿐만 아니라 도시개발구역의 지정 및 수용에 대한 사전·사후의 구제절차가 마련되어 있는 등 피해의 최소성 요건을 갖추고 있으며, 공익과 사익 간의 균형도 적절히 유지하고 있으므로 과잉금지원칙을 위반하여 피수용자의 재산권을 침해한다고 할 수 없으며, 주택법에 의한 주택건설사업과 달리 도시개발사업의 시행자에게 수용권을 부여한 것은 사업 성격의 차이를 반영한 합리적 차별이므로, 평등원칙에 위배된다고도 할 수 없다.

나. 도시개발법은 실질적으로 공익사업법이 요구하는 사업인정절차를 거치도록 하는 규정들을 두고 있고, 공공필요에 대한 판단을 할 수 있는 적절한 절차를 마련하고 있으므로, 이 사건 사업인정의제조항이 적법절차원칙에 위배된다고 할 수 없다.

다. 공익사업의 시행으로 지가가 상승하여 발생하는 개발이익은 사업시행자의 투자에 의한 것으로서 피수용자인 토지소유자의 노력이나 자본에 의하여 발생하는 것이 아니어서 피수용토지가 수용 당시 갖는 객관적 가치에 포함된다고 볼 수 없고, 따라서 그 성질상 완전보상의 범위에 포함되는 피수용자의 손실이라고 볼 수 없으므로, 이 사건 개발이익 배제조항이 이러한 개발이익을 배제하고 손실보상액을 산정한다 하여 헌법이 규정한 정당보상의 원칙에 어긋나는 것이라고 할 수 없다.

라. 이 사건 공시지가보상조항이 공시지가를 기준으로 수용된 토지에 대한 보상액을 산정하도록 규정한 것은, 위 조항에 의한 공시지가가 공시기준일 당시 표준지의 객관적 가치를 정당하게 반영하는 것이고, 표준지와 지가산정 대상토지 사이에 가격의 유사성을 인정할 수 있도록 표준지의 선정이 적정하며, 공시기준일 이후 수용 시까지의 시가변동을 산출하는 시점보정의 방법이 적정한 것으로 보이므로, 헌법 제23조 제3항이 규정한 정당보상원칙에 위배되지 아니한다.

판례 39 | 97누17711

인근 유사토지 정상거래가격의 반영

요점사항

▸ "인근 유사토지의 정상거래가격"은 개발이익을 포함하지 아니하며 투기적 거래에서 형성된 것이 아닌 가격을 말한다.

관련판례

✦ 대판 1998.1.23, 97누17711[토지수용이의재결처분취소등]

1. 토지에 대한 적정한 수용보상액의 산정방법 및 감정평가서의 가격산정요인 설시 정도
2. 수용대상토지의 보상액 산정에 있어서 인근 유사토지의 정상거래가격을 참작할 수 있는 경우
3. 토지수용의 손실보상액 산정 시 참작할 수 있는 "인근 유사토지의 정상거래가격"의 의미
4. 토지수용보상액을 산정함에 있어 인근 유사토지의 정상거래가격으로 볼 수 없는 매매대금을 참작하였다 하여 원심을 파기한 사례

관련조문

토지보상법 제70조(취득하는 토지의 보상)

판시사항

[1] 토지수용보상액을 평가함에 있어서는 관계법령에서 들고 있는 모든 가격산정요인들을 구체적·종합적으로 참작하여 그 각 요인들이 빠짐없이 반영된 적정가격을 산출하여야 하고, 이 경우 감정평가서에는 모든 가격산정요인의 세세한 부분까지 일일이 설시하거나 그 요소가 평가에 미치는 영향을 수치적으로 표현할 수는 없다고 하더라도 적어도 그 가격산정요인들을 특정·명시하고 그 요인들이 어떻게 참작되었는지를 알아 볼 수 있는 정도로 기술하여야 한다.

[2] (구)토지수용법 제46조 제2항, (구)지가공시 및 토지 등의 평가에 관한 법률(1995.12.29. 법률 제5108호로 개정되기 전의 것) 제9조, 제10조, 감정평가에 관한 규칙 제17조 제1항, 제6항 등 토지수용에 있어서의 손실보상액 산정에 관한 관계법령의 규정을 종합하여 보면, 수용대상토지의 정당한 보상액을 산정함에 있어서 인근 유사토지의 정상거래사례를 반드시 조사하여 참작하여야 하는 것은 아니지만, 인근 유사토지가 거래된 사례나 보상이 된 사례가 있고 그 가격이 정상적인 것으로서 적정한 보상액 평가에 영향을 미칠 수 있는 것임이 입증된 경우에는 이를 참작할 수 있다.

[3] 토지수용의 손실보상액을 산정함에 있어서 참작할 수 있는 "<u>인근 유사토지의 정상거래가격</u>"이 <u>라고 함은 그 토지가 수용대상토지의 인근 지역에 위치하고 용도지역, 지목, 등급, 지적, 형태,</u> <u>이용상황, 법령상의 제한 등 자연적 · 사회적 조건이 수용대상토지와 동일하거나 유사한 토지에</u> <u>관하여 통상의 거래에서 성립된 가격으로서, 개발이익이 포함되지 아니하고, 투기적인 거래에</u> <u>서 형성된 것이 아닌 가격을 말한다.</u>

[4] 토지수용보상액을 산정함에 있어 인근 유사토지의 정상거래가격으로 볼 수 없는 매매대금을 참작하였다 하여 원심을 파기한 사례

관련내용

```
┌─────────────────────────────────┐
│      그 밖의 요인 보정의 정당성       │
└─────────────────────────────────┘
```

1. 문제점

그 밖의 요인이란 토지보상법 제70조의 해석상 토지의 위치 · 형상 · 환경 · 이용상황 등 개별적 요인을 제외한 요인으로서 해당 토지의 가치에 영향을 미치는 사항을 의미한다. 토지보상법상 기타사항을 참작할 수 있다는 규정이 없어 보상액 산정 시 이를 고려할 수 있는지 여부가 문제된다.

2. 학설

① 현 토지보상법에는 기타사항 참작규정이 없다는 점, 공시지가는 적정가격이고 자의성 배제를 위해 기타요인의 참작을 부정하는 견해와, ② 공시지가는 일반적으로 시가에 미달하므로 정당보상이 이루어지기 위하여는 기타사항의 참작이 필요하며, 위치 · 형상 등의 비교항목은 예시규정에 불과하다는 점에서 긍정하는 견해가 대립한다.

3. 판례(2006두11507)

판례는 인근 유사토지의 정상거래사례가 있고 그 거래를 참작하는 것으로서 적정한 보상평가에 영향을 미칠 수 있다는 것이 입증된 경우에는 이를 참작할 수 있다고 판시한 바 있다.
또한 인근 유사토지의 정상거래사례 외에도 보상선례, 호가, 자연적인 지가상승률 등에 대해 적정한 평가에 영향을 칠 수 있는 것임이 인정된 때에 한하여 참작할 수 있다고 판시하였다.

4. 검토

공시지가기준보상이 시가에 미달한다는 점과 완전보상의 실현 및 권리구제를 위해 긍정설이 타당할 것이다.

판례 40 93누227

비교표준지공시지가의 개발이익 배제

요점사항

▸ 개발이익을 배제하기 위한 요건 : 지가변동률 차이가 현저하여 자연적 지가상승분 이상으로 토지가 격이 상승되었다고 인정되는 경우

관련판례

✦ 대판 1993.7.13, 93누227[토지수용재결처분취소등]

수용사업 시행으로 인한 개발이익은 해당 사업 시행에 의하여 비로소 발생하는 것이어서 수용대상토지 가 수용 당시 갖는 객관적 가치에 포함될 수는 없는 것이므로, (구)토지수용법(1991.12.31. 법률 제 4483호로 개정되기 전의 것) 제46조 제2항에 의하여 손실보상액 산정의 기준으로 되는 표준지의 공시지 가 자체에 해당 수용사업 시행으로 인한 개발이익이 포함되어 있을 경우에는 이를 배제하고 손실보상액 을 평가하는 것이 정당보상의 원리에 합당하지만, 공시지가에 개발이익이 포함되어 있다 하여 이를 배 제하기 위해서는 표준지의 전년도 공시지가에 대비한 공시지가변동률이 공공사업이 없는 인근 지역의 지가변동률에 비교하여 다소 높다는 사유만으로는 부족하고, 그 지가변동률의 차이가 현저하여 해당 사업시행으로 인한 개발이익이 개재되어 수용대상토지의 지가가 자연적 지가상승분 이상으로 상승되 었다고 인정될 수 있는 경우이어야 한다.

관련조문

토지보상법 제70조(취득하는 토지의 보상)

판시사항

[1] (구)토지수용법(1989.4.1. 법률 제4120호로 개정된 후 1991.12.31. 법률 제4483호로 개정되 기 전의 것) 제46조 제2항은 "토지에 대한 보상은 지가공시 및 토지 등의 평가에 관한 법률에 의한 공시지가를 기준으로 하되, 공시기준일로부터 재결 시까지의 관계법령에 의한 해당 토지 의 이용계획 또는 해당 지역과 관계없는 인근 토지의 지가변동률·도매물가상승률 기타 사항을 참작하여 평가한 금액으로 행한다"고 규정하고 있는 바, 해당 수용사업의 시행으로 인한 개발이 익은 해당 사업의 시행에 의하여 비로소 발생하는 것이어서 수용대상토지가 수용 당시에 갖는 객관적 가치에 포함될 수는 없는 것이므로 위 규정에 의하여 손실보상액 산정의 기준으로 되는 표준지의 공시지가 자체에 해당 수용사업의 시행으로 인한 개발이익이 포함되어 있을 경우에는 이를 배제하고 손실보상액을 평가하는 것이 정당보상의 원리에 합당하다 할 것이다.

[2] 다만, 그와 같이 공시지가에 개발이익이 포함되어 있다 하여 이를 배제하기 위해서는 단순히 표준지의 전년도 공시지가에 대비한 공시지가변동률이 공공사업이 없는 인근 지역의 지가변동률에 비교하여 다소 높다는 사유만으로는 부족하고, <u>그 지가변동률의 차이가 현저하여 해당 사업시행으로 인한 개발이익이 배제되어 수용대상토지의 지가가 자연적인 지가상승분 이상으로 상승되었다고 인정될 수 있는 경우이어야 한다.</u>

 판례 41 98두6081

토지보상평가방법 등

요점사항

▸ 미지급용지의 보상액은 종전에 공익사업으로 편입될 당시의 이용상황을 상정하여 평가하여야 한다.

관련판례

✦ 대판 2000.7.28, 98두6081[토지수용이의재결처분취소]

1. 일제시대에 국도로 편입되어 그 지목이 도로로 변경된 토지가 개인의 소유로 남아 있다가 1994년경 수용이 이루어진 경우, 위 토지는 미보상용지로서 이에 대한 보상액은 종전에 도로로 편입될 당시의 이용상황을 상정하여 평가하여야 하는지 여부(적극)
2. 토지수용보상액의 평가방법 및 감정평가서에 기재하여야 할 가격산정요인의 기술방법
3. 수용재결에 의하여 수용의 효력이 발생하기 전에 사업시행자가 수용대상토지를 권원 없이 사용한 경우, 재결절차에서 그 손실보상을 구할 수 있는지 여부(소극)

관련조문

토지보상법 제70조(취득하는 토지의 보상)

판시사항

[1] 원래 지목이 답으로서 일제시대에 국도로 편입되어 그 지목도 도로로 변경된 토지가 그 동안

여전히 개인의 소유로 남아있으면서 전전 양도되어 1994년경 피수용자 명의로 소유권이전등기가 경료되고 이어 수용에 이르렀다면 위 토지는 종전에 정당한 보상금이 지급되지 아니한 채 공공사업의 부지로 편입되어 버린 이른바 미보상용지에 해당하므로, 이에 대한 보상액은 공공용지의 취득 및 손실보상에 관한 특례법 시행규칙 제6조 제7항의 규정에 의하여 종전에 도로로 편입될 당시의 이용상황을 상정하여 평가하여야 한다.

[2] 토지수용보상액을 평가하는 데에는 관계법령에서 들고 있는 모든 가격산정요인들을 구체적·종합적으로 참작하여 그 각 요인들이 빠짐없이 반영된 적정가격을 산출하여야 하고, 이 경우 감정평가서에는 모든 가격산정요인의 세세한 부분까지 일일이 설시하거나 그 요소가 평가에 미치는 영향을 수치로 표현할 필요는 없다고 하더라도, 적어도 그 가격산정요인들을 특정·명시하고 그 요인들이 어떻게 참작되었는지를 알아 볼 수 있는 정도로 기술하여야 한다.

[3] 사업시행자가 수용재결에 의하여 수용의 효력이 발생하기도 전에 토지를 권원 없이 사용한 사실이 있다고 하더라도, 이를 원인으로 하여 사업시행자에 민사상 손해배상이나 부당이득의 반환을 구함은 별론으로 하고, 재결절차에서 그 손실보상을 구할 수는 없다.

관련내용

미지급용지[토지보상법 시행규칙 제25조]

1. 의의
미지급용지란 종전에 시행된 공익사업의 부지로서 보상금이 지급되지 아니한 토지를 말하며 피수용자의 불이익 방지에 취지가 있고 현황평가의 예외이다.

2. 평가기준
종전의 공익사업에 편입될 당시 이용상황을 상정하여 평가하지만 현황평가하는 것이 토지소유자에게 유리한 경우에는 현황평가를 하도록 하고 있다.

3. 미지급 용지에 대한 시효취득 여부
판례는 악의의 무단점유가 입증되면 특단의 사정이 없는 한 자주점유의 추정력이 없다고 보아 시효취득을 부정한 바 있다.

판례 42   2007두13845

보상금증액 소송 시 표준지공시지가의 위법성을 독립사유로 주장 여부

요점사항

▶ 표준지공시지가 결정은 수용재결 등과는 별개의 독립된 처분으로서 그 결정이 잘못된 경우 정해진 시정절차를 통해 이를 시정하도록 요구하는 것은 부당하게 높은 주의의무를 지우는 것이고 이를 기초로 한 후행 행정처분에서 표준지공시지가 결정의 위법을 주장할 수 없도록 하는 것은 수인한도를 넘는 불이익을 강요하는 것으로 선행처분으로서 표준지공시지가 결정의 위법을 독립한 사유로 주장할 수 있다.

관련판례

✦ 대판 2008.8.21, 2007두13845[토지보상금]

표준지공시지가 결정은 이를 기초로 한 수용재결 등과는 별개의 독립된 처분으로서 서로 독립하여 별개의 법률효과를 목적으로 하지만, 표준지공시지가는 이를 인근 토지소유자나 기타 이해관계인에게 개별적으로 고지하도록 되어 있는 것이 아니어서 인근 토지의 소유자 등이 표준지공시지가 결정내용을 알고 있었다고 전제하기가 곤란할 뿐만 아니라, 결정된 표준지공시지가가 공시될 당시 보상금 산정의 기준이 되는 표준지의 인근 토지를 함께 공시하는 것이 아니어서 인근 토지소유자는 보상금 산정의 기준이 되는 표준지가 어느 토지인지를 알 수 없으므로, 인근 토지소유자가 표준지의 공시지가가 확정되기 전에 이를 다투는 것은 불가능하다. 더욱이 장차 어떠한 수용재결 등 구체적인 불이익이 현실적으로 나타나게 되었을 경우에 비로소 권리구제의 길을 찾는 것이 우리 국민의 권리의식임을 감안하여 볼 때, 인근 토지소유자 등으로 하여금 결정된 표준지공시지가를 기초로 하여 장차 토지보상 등이 이루어질 것에 대비하여 항상 토지의 가격을 주시하고 표준지공시지가 결정이 잘못된 경우 정해진 시정절차를 통하여 이를 시정하도록 요구하는 것은 부당하게 높은 주의의무를 지우는 것이고, 위법한 표준지공시지가 결정에 대하여 그 정해진 시정절차를 통하여 시정하도록 요구하지 않았다는 이유로 위법한 표준지공시지가를 기초로 한 수용재결 등 후행 행정처분에서 표준지공시지가결정의 위법을 주장할 수 없도록 하는 것은 수인한도를 넘는 불이익을 강요하는 것으로서 국민의 재산권과 재판받을 권리를 보장한 헌법의 이념에도 부합하는 것이 아니다. 따라서 표준지공시지가 결정이 위법한 경우에는 그 자체를 행정소송의 대상이 되는 행정처분으로 보아 그 위법 여부를 다툴 수 있음은 물론, 수용보상금의 증액을 구하는 소송에서도 선행처분으로서 그 수용대상토지 가격산정의 기초가 된 비교표준지공시지가 결정의 위법을 독립한 사유로 주장할 수 있다.

관련조문

토지보상법 제70조(취득하는 토지의 보상)

판시사항

[1] 가격시점에 대하여

토지 등을 수용함으로 인하여 그 소유자에게 보상하여야 할 손실액은 수용재결 당시의 가격을 기준으로 하여 산정하여야 할 것이고(대판 1991.12.24. 91누308; 1992.9.25. 91누13250 등 참조), 이와 달리 이의재결일을 그 평가기준일로 하여 보상액을 산정하여야 한다는 상고이유는 받아들일 수 없다.

[2] 표준지공시지가 결정의 위법성에 대하여

표준지공시지가 결정은 이를 기초로 한 수용재결 등과는 별개의 독립된 처분으로서 서로 독립하여 별개의 법률효과를 목적으로 하는 것이나, 표준지공시지가는 이를 인근 토지소유자나 기타 이해관계인에게 개별적으로 고지하도록 되어 있는 것이 아니어서 인근 토지소유자 등이 표준지공시지가 결정 내용을 알고 있었다고 전제하기가 곤란할 뿐만 아니라 결정된 표준지공시지가가 공시될 당시 보상금 산정의 기준이 되는 표준지의 인근 토지를 함께 공시하는 것이 아니어서 인근 토지소유자는 보상금 산정의 기준이 되는 표준지가 어느 토지인지를 알 수 없으므로(더욱이 표준지공시지가가 공시된 이후 자기 토지가 수용되리라는 것을 알 수도 없다) 인근 토지소유자가 표준지의 공시지가가 확정되기 전에 이를 다투는 것은 불가능하다. 더욱이 장차 어떠한 수용재결 등 구체적인 불이익이 현실적으로 나타나게 되었을 경우에 비로소 권리구제의 길을 찾는 것이 우리 국민의 권리의식임을 감안하여 볼 때 인근 토지소유자 등으로 하여금 결정된 표준지공시지가를 기초로 하여 장차 토지보상 등이 이루어질 것에 대비하여 항상 토지의 가격을 주시하고 표준지공시지가 결정이 잘못된 경우 정해진 시정절차를 통하여 이를 시정하도록 요구하는 것은 부당하게 높은 주의의무를 지우는 것이라 아니할 수 없고, 위법한 표준지공시지가 결정에 대하여 그 정해진 시정절차를 통하여 시정하도록 요구하지 아니하였다는 이유로 위법한 표준지공시지가를 기초로 한 수용재결 등 후행 행정처분에서 표준지공시지가 결정의 위법을 주장할 수 없도록 하는 것은 수인한도를 넘는 불이익을 강요하는 것으로서 국민의 재산권과 재판받을 권리를 보장한 헌법의 이념에도 부합하는 것이 아니라고 할 것이다. 따라서 표준지공시지가 결정에 위법이 있는 경우에는 그 자체를 행정소송의 대상이 되는 행정처분으로 보아 그 위법 여부를 다툴 수 있음은 물론, 수용보상금의 증액을 구하는 소송에서도 선행처분으로서 그 수용대상토지 가격산정의 기초가 된 비교표준지공시지가 결정의 위법을 독립된 사유로 주장할 수 있다.

그런데 기록에 의하면, 원고는 원심에 이르기까지 표준지공시지가가 낮게 책정되었다고만 주장하였을 뿐 이 사건 비교표준지공시지가 결정의 하자의 승계를 인정하지 않는다면 수인한도를 넘는 불이익이 있다거나 이 사건 비교표준지공시지가의 구체적인 위법사유에 대하여 아무런 주장도 하지 않고 있는데다가 이와 같은 사유를 인정할만한 증거도 없는 사실을 알 수 있는 바, 원심이 이유는 다르지만 원고의 이 사건 청구를 배척한 결론은 결과적으로 정당하고, 거기에 상고이유와 같은 심리미진의 위법이 없다.

판례 43 2006두18492

이용상황의 판단

요점사항

▶ 단순히 해당 토지가 불특정 다수인의 통행에 장기간 제공되어 왔고 이를 소유자가 용인하였다는 사정만으로는 사실상의 도로에 해당한다고 볼 수 없고, 도로로서의 이용이 고착화되어 "표준적 이용 상황으로 원상회복할 수 없는 상태"에 이르러야 할 것이다.

관련판례

✦ 대판 2007.4.12, 2006두18492[보상금]

1. (구)택지개발촉진법 제6조 제1항 단서에서 정한 '예정지구의 지정·고시 당시에 공사 또는 사업에 착수한 자'의 의미 및 예정지구의 지정·고시로 인하여 건축허가가 효력을 상실한 후에 공사에 착수 하여 공사가 진척된 토지에 대한 보상액을 산정함에 있어서 그 이용현황의 평가방법
2. 공익사업을 위한 토지 등의 취득 및 보상에 관한 법률 시행규칙 제26조 제2항 제1호, 제2호에서 정한 '도로개설 당시의 토지소유자가 자기 토지의 편익을 위하여 스스로 설치한 도로' 및 '토지소유자가 그 의사에 의하여 타인의 통행을 제한할 수 없는 도로'의 판단기준

관련조문

토지보상법 제70조(취득하는 토지의 보상)

판시사항

1. (구)택지개발촉진법(2002.2.4. 법률 제6655호로 개정되기 전의 것) 제6조 제1항 단서에서 규 정하는 '예정지구의 지정·고시 당시에 공사 또는 사업에 착수한 자'라 함은 예정지구의 지정· 고시 당시 (구)택지개발촉진법 시행령(2006.6.7. 대통령령 제19503호로 개정되기 전의 것) 제 6조 제1항에 열거되어 있는 행위에 착수한 자를 의미하는 것이고 그러한 행위를 하기 위한 준 비행위를 한 자까지 포함하는 것은 아니라고 할 것이며, 같은 법 제6조 제1항 본문에 의하면, 건축법 등에 따른 건축허가를 받은 자가 택지개발예정지구의 지정·고시일까지 건축행위에 착 수하지 아니하였으면 종전의 건축허가는 예정지구의 지정·고시에 의하여 그 효력을 상실하였 다고 보아야 할 것이어서, 이후 건축행위에 착수하여 행하여진 공사 부분은 택지개발촉진법 제6조 제2항의 원상회복의 대상이 되는 것이므로, 예정지구의 지정·고시 이후 공사에 착수하여 공사가 진 척되었다고 하더라도 해당 토지에 대한 보상액을 산정함에 있어서 그 이용현황을 수용재결일 당시의 현황대로 평가할 수는 없고, (구)공익사업을 위한 토지 등의 취득 및 보상에 관한 법률 시행규칙

(2005.2.5. 건설교통부령 제424호로 개정되기 전의 것) 제24조에 따라 공사에 착수하기 전의 이용상황을 상정하여 평가하여야 한다.

2. 법 시행규칙 제26조 제1항 제2호, 제2항 제1호, 제2호는 사도법에 의한 사도 외의 도로(국토의 계획 및 이용에 관한 법률에 의한 도시관리계획에 의하여 도로로 결정된 후부터 도로로 사용되고 있는 것을 제외한다)로서 '도로개설 당시의 토지소유자가 자기 토지의 편익을 위하여 스스로 설치한 도로'와 '토지소유자가 그 의사에 의하여 타인의 통행을 제한할 수 없는 도로'는 '사실상의 사도'로서 인근 토지에 대한 평가액의 1/3 이내로 평가하도록 규정하고 있는데, 여기서 <u>'도로개설 당시의 토지소유자가 자기 토지의 편익을 위하여 스스로 설치한 도로'인지 여부는 인접 토지의 획지면적, 소유관계, 이용상태 등이나 개설경위, 목적, 주위환경 등에 의하여 객관적으로 판단하여야 하고</u>(대판 1995.6.13, 94누14650 등 참조), <u>'토지소유자가 그 의사에 의하여 타인의 통행을 제한할 수 없는 도로'에는 법률상 소유권을 행사하여 통행을 제한할 수 없는 경우뿐만 아니라 사실상 통행을 제한하는 것이 곤란하다고 보이는 경우도 해당한다고 할 것이나, 적어도 도로로의 이용상황이 고착화되어 해당 토지의 표준적 이용상황으로 원상회복하는 것이 용이하지 않은 상태에 이르러야 할 것이어서 단순히 해당 토지가 불특정 다수인의 통행에 장기간 제공되어 왔고 이를 소유자가 용인하여 왔다는 사정만으로는 사실상의 도로에 해당한다고 할 수 없다.</u>

 관련내용

┌───┐
│ 사실상 사도의 의의 및 요건(토지보상법 시행규칙 제26조 제2항)   │
└───┘

사실상의 사도라 함은 사도법에 의한 사도 외의 도로로서 ① 자기토지의 편익을 위하여 스스로 설치한 도로, ② 토지소유자가 그 의사에 의하여 타인의 통행을 제한할 수 없는 도로, ③ 건축허가권자가 그 위치를 지정·공고한 도로, ④ 도로개설 당시의 토지소유자가 대지 또는 공장용지 등을 조성하기 위하여 설치한 도로를 말한다. 보상기준은 인근 토지에 대한 평가액의 1/3 이내로 평가한다.

판례 44 2008두22129

비교표준지 선정 등

요점사항

▶ 비교표준지 선정 시 특별한 사정이 없는 한 용도지역의 동일성을 우선시한다.

관련판례

✦ 대판 2009.3.26, 2008두22129[재결처분취소]

1. 수용대상토지가 도시계획구역 내에 있는 경우 비교표준지의 선정 방법
2. 토지수용보상금의 증감에 관한 소송에서 이의재결의 기초가 된 각 감정평가와 법원 감정인의 감정평
   가가 품등비교에서만 평가를 달리하여 감정결과에 차이가 생긴 경우, 그 중 어느 것을 신뢰할 것인지
   가 사실심 법원의 재량에 속하는지 여부(적극)

관련조문

토지보상법 제70조(취득하는 토지의 보상)

판시사항

[1] 수용대상토지가 도시계획구역 내에 있는 경우에는 그 용도지역이 토지의 가격형성에 미치는
영향을 고려하여 볼 때, 해당 토지와 같은 용도지역의 표준지가 있으면 다른 특별한 사정이
없는 한 용도지역이 같은 토지를 해당 토지에 적용할 표준지로 선정함이 상당하고, 가령 그 표
준지와 해당 토지의 이용상황이나 주변환경 등에 다소 상이한 점이 있다 하더라도 이러한 점은
지역요인이나 개별요인의 분석 등 품등비교에서 참작하면 된다.

[2] 토지수용보상금의 증감에 관한 소송에 있어서, 이의재결의 기초가 된 각 감정평가와 법원 감정인
의 감정평가가 모두 그 평가방법에 있어 위법사유가 없고 품등비교를 제외한 나머지 가격사정요인
의 참작에 있어서는 서로 견해가 일치하나 품등비교에만 그 평가를 다소 달리한 관계로 감정결과에
차이가 생기게 된 경우에는, 그 중 어느 감정평가의 품등비교 내용에 오류가 있음을 인정할 자료가
없는 이상, 그 각 감정평가 중 어느 것을 더 신뢰하는가 하는 것은 사실심 법원의 재량에 속한다.

판례 45 2006두19495

사업시행자를 상대로 한 잔여지손실보상 청구

요점사항

▶ 잔여지 가격감소 등으로 인한 손실보상을 받기 위해서는 반드시 (구)공익사업법 제34조, 제50조에 규정된 재결절차를 거쳐야 하며 이에 불복이 있는 때에 동법 제83조, 제85조에 따라 권리구제를 받을 수 있다.

관련판례

✦ 대판 2008.7.10, 2006두19495[잔여지손실보상등]

> 토지소유자가 (구)공익사업을 위한 토지 등의 취득 및 보상에 관한 법률 제34조, 제50조 등에 정한 재결절차를 거치지 않고 곧바로 사업시행자를 상대로 같은 법 제73조에 따른 잔여지 가격감소 등으로 인한 손실보상을 청구할 수 있는지 여부(소극)

관련조문

토지보상법 제73조(잔여지의 손실과 공사비 보상)

판시사항

(구)공익사업을 위한 토지 등의 취득 및 보상에 관한 법률(2007.10.17. 법률 제8665호로 개정되기 전의 것, 이하 '공익사업법'이라 한다) 제73조에서는 "사업시행자는 동일한 토지소유자에 속하는 일단의 토지의 일부가 취득 또는 사용됨으로 인하여 잔여지의 가격이 감소하거나 그 밖의 손실이 있는 때 또는 잔여지에 통로·도랑·담장 등의 신설 그 밖의 공사가 필요한 때에는 건설교통부령이 정하는 바에 따라 그 손실이나 공사의 비용을 보상하여야 한다."고 규정하고 있는 바, 공익사업법 제34조, 제50조, 제61조, 제73조, 제83조 내지 제85조의 규정 내용 및 입법취지 등을 종합하여 보면, 토지소유자가 사업시행자로부터 공익사업법 제73조에 따른 잔여지 가격감소 등으로 인한 손실보상을 받기 위해서는 공익사업법 제34조, 제50조 등에 규정된 재결절차를 거친 다음 그 재결에 대하여 불복이 있는 때에 비로소 공익사업법 제83조 내지 제85조에 따라 권리구제를 받을 수 있을 뿐, 이러한 재결절차를 거치지 않은 채 곧바로 사업시행자를 상대로 손실보상을 청구하는 것은 허용되지 않는다고 봄이 상당하다.

판례 46 **2002두4679**

잔여지수용의 요건 등

 요점사항

▶ '종래의 목적'이란 수용재결 당시 잔여지의 구체적인 용도를, '사용하는 것이 현저히 곤란한 때'라고 함은 물리적·사회적·경제적으로 사용이 곤란하거나 이용하는데 많은 비용이 소요되는 경우를 의미한다.

 관련판례

✦ **대판 2005.1.28, 2002두4679[토지수용이의재결처분취소등]**

1. (구)토지수용법 제48조 제1항에서 정한 '종래의 목적'과 '사용하는 것이 현저히 곤란한 때'의 의미
2. 지방자치단체가 기업자로서 관할 토지수용위원회에 토지의 취득을 위한 재결신청을 하고 그 장이 관할 토지수용위원회의 재결신청서 및 관계서류 사본의 공고 및 열람의뢰에 따라 이를 공고 및 열람에 제공함에 있어서 토지소유자 등에게 의견제출할 것을 통지한 경우, 토지소유자가 해당 지방자치단체에 대하여 한 잔여지수용청구의 의사표시는 관할 토지수용위원회에 대하여 한 잔여지수용청구의 의사표시로 보아야 한다고 한 사례

관련조문

토지보상법 제74조(잔여지 등의 매수 및 수용청구)

판시사항

[1] (구)토지수용법(1999.2.8. 법률 제5909호로 개정되기 전의 것) 제48조 제1항에서 규정한 '종래의 목적'이라 함은 수용재결 당시에 해당 잔여지가 현실적으로 사용되고 있는 구체적인 용도를 의미하고, '사용하는 것이 현저히 곤란한 때'라고 함은 물리적으로 사용하는 것이 곤란하게 된 경우는 물론 사회적, 경제적으로 사용하는 것이 곤란하게 된 경우, 즉 절대적으로 이용 불가능한 경우만이 아니라 이용은 가능하나 많은 비용이 소요되는 경우를 포함한다.

[2] 지방자치단체가 기업자로서 관할 토지수용위원회에 토지의 취득을 위한 재결신청을 하고 그 장이 관할 토지수용위원회의 재결신청서 및 관계서류 사본의 공고 및 열람의뢰에 따라 이를 공고 및 열람에 제공함에 있어서 토지소유자 등에게 의견제출할 것을 통지한 경우, **토지소유자가 해당 지방자치단체에 대하여 한 잔여지수용청구의 의사표시는 관할 토지수용위원회에 대하여 한 잔여지수용청구의 의사표시로 보아야 한다고 한 사례**

관련내용

```
┌─────────────────┐
│  잔여지수용의 요건  │
└─────────────────┘
```

1. **토지보상법 제74조(동일현)**
   ① 동일한 소유자일 것
   ② 일단의 토지 중 일부가 협의매수·수용될 것
   ③ 잔여지를 종래의 목적으로 사용하는 것이 현저히 곤란할 것

2. **토지보상법 시행령 제39조(대농교종)**
   ① 대지로서 면적 등의 사유로 인하여 건축물을 건축할 수 없거나 현저히 곤란한 경우,
   ② 농지로서 농기계의 진입과 회전이 곤란할 정도로 폭이 좁고 길게 남거나 부정형 등의 사유로 인하여 영농이 현저히 곤란한 경우,
   ③ 공익사업의 시행으로 인하여 교통이 두절되어 사용 또는 경작이 불가능하게 된 경우,
   ④ ①부터 ③까지에서 규정한 사항과 유사한 정도로 잔여지를 종래의 목적대로 사용하는 것이 현저히 곤란하다고 인정되는 경우

판례 47 **2008두822**

잔여지수용청구권

요점사항

▶ 잔여지수용청구권의 법적 성질(= 형성권적 성질), 그 의사표시의 상대방(= 토지수용위원회), 재결에 불복 시 쟁송절차(= 보상금증감청구소송)

관련판례

✦ 대판 2010.8.19, 2008두822[토지수용이의재결처분취소등]

판시사항

[1] (구)공익사업을 위한 토지 등의 취득 및 보상에 관한 법률 제74조 제1항에 의한 잔여지 수용청구를 받아들이지 않은 토지수용위원회의 재결에 대하여 토지소유자가 불복하여 제기하는 소송의 성질 및 그 상대방

[2] (구)공익사업을 위한 토지 등의 취득 및 보상에 관한 법률 제74조 제1항의 잔여지수용청구권 행사기간의 법적 성질(= 제척기간) 및 잔여지수용청구 의사표시의 상대방(= 관할 토지수용위원회)

[3] 토지소유자가 자신의 토지에 숙박시설을 신축하기 위해 부지를 조성하던 중 그 토지의 일부가 익산−장수 간 고속도로 건설공사에 편입되자 사업시행자에게 부지조성비용 등의 보상을 청구한 사안에서, 부지조성비용이 별도의 보상대상으로 인정되지 않는다면 토지소유자에게 잔여지의 가격 감소로 인한 손실보상을 구하는 취지인지 여부에 관하여 의견을 진술할 기회를 부여하고 그 당부를 심리·판단하였어야 함에도, 이러한 조치를 취하지 않은 원심판결에 석명의무를 다하지 않아 심리를 제대로 하지 않은 위법이 있다고 한 사례

판결요지

[1] (구)공익사업을 위한 토지 등의 취득 및 보상에 관한 법률(2007. 10. 17. 법률 제8665호로 개정되기 전의 것) 제74조 제1항에 규정되어 있는 **잔여지수용청구권은 손실보상의 일환으로 토지소유자에게 부여되는 권리로서 그 요건을 구비한 때에는 잔여지를 수용하는 토지수용위원회의 재결이 없더라도 그 청구에 의하여 수용의 효과가 발생하는 형성권적 성질을 가지므로, 잔여지수용청구를 받아들이지 않은 토지수용위원회의 재결에 대하여 토지소유자가 불복하여 제기하는 소송은 위 법 제85조 제2항에 규정되어 있는 '보상금의 증감에 관한 소송'에 해당하여 사업시행자를 피고로 하여야 한다.**

[2] (구)공익사업을 위한 토지 등의 취득 및 보상에 관한 법률(2007. 10. 17. 법률 제8665호로 개정되기 전의 것) 제74조 제1항에 의하면, 잔여지수용청구는 사업시행자와 사이에 매수에 관한 협의가 성립되지 아니한 경우 일단의 토지의 일부에 대한 관할 토지수용위원회의 수용재결이 있기 전까지 관할 토지수용위원회에 하여야 하고, 잔여지수용청구권의 행사기간은 제척기간으로서, 토지소유자가 그 행사기간 내에 잔여지수용청구권을 행사하지 아니하면 그 권리가 소멸한다. 또한 위 조항의 문언 내용 등에 비추어 볼 때, 잔여지수용청구의 의사표시는 관할 토지수용위원회에 하여야 하는 것으로서, 관할 토지수용위원회가 사업시행자에게 잔여지수용청구의 의사표시를 수령할 권한을 부여하였다고 인정할 만한 사정이 없는 한, 사업시행자에게 한 잔여지 매수청구의 의사표시를 관할 토지수용위원회에 한 잔여지수용청구의 의사표시로 볼 수는 없다.

[3] 토지소유자가 자신의 토지에 숙박시설을 신축하기 위해 부지를 조성하던 중 그 토지의 일부가 익산−장수 간 고속도로 건설공사에 편입되자 사업시행자에게 부지조성비용 등의 보상을 청구한 사안에서, 잔여지에 지출된 부지조성비용은 그 토지의 가치를 증대시킨 한도 내에서 잔여지의 감소로 인한 손실보상액을 산정할 때 반영되는 것일 뿐, 별도의 보상대상이 아니므로, 잔여지에 지출된 부지조성비용이 별도의 보상대상으로 인정되지 않는다면 토지소유자에게 잔여지의 가격 감소로 인한 손실보상을 구하는 취지인지 여부에 관하여 의견을 진술할 기회를 부여하고 그 당부를 심리·판단하였어야 함에도, 이러한 조치를 취하지 않은 원심판결에 석명의무를 다하지 않아 심리를 제대로 하지 않은 위법이 있다고 한 사례

> **Tip** 잔여지수용청구를 받아들이지 않은 토지수용위원회의 재결에 대하여 토지소유자가 불복하여 제기하는 소송은 위 법 제85조 제2항에 규정되어 있는 '보상금의 증감에 관한 소송'에 해당하여 사업시행자를 피고로 하여 소송을 제기하여야 한다.

 판례 48 2012두6773

재결절차를 거치지 않은 채 사업시행자를 상대로 한 잔여지손실보상청구권

요점사항

▶ 재결절차를 거치지 않은 채 곧바로 사업시행자를 상대로 잔여지손실보상을 청구하는 것은 허용되지 않는다.
▶ 잔여지수용청구와 잔여지 가격감소로 인한 손실보상청구는 논리적으로 서로 양립할 수 없는 관계에 있어 선택적 병합이 불가하다.

관련판례

✦ **대판 2014.4.24, 2012두6773[수용보상금증액청구]**

> [1] 토지소유자가 공익사업을 위한 토지 등의 취득 및 보상에 관한 법률 제34조, 제50조 등에 규정된 재결절차를 거치지 않고 곧바로 사업시행자를 상대로 같은 법 제73조에 따른 잔여지 가격감소 등으로 인한 손실보상을 청구할 수 있는지 여부(소극) 및 이는 수용대상토지에 대하여 재결절차를 거친 경우에도 마찬가지인지 여부(적극)
>
> [2] 논리적으로 양립할 수 없는 수 개 청구의 선택적 병합이 허용되는지 여부(소극) / 공익사업을 위한 토지 등의 취득 및 보상에 관한 법률 제74조에 따른 잔여지 수용청구와 제73조에 따른 잔여지의 가격감소로 인한 손실보상청구의 선택적 병합이 허용되는지 여부(소극)

이유

상고이유 및 부대상고이유를 판단한다.

1. 원고의 부대상고이유에 관하여

가. 제1점에 관하여

원심은 제1심판결을 인용하여, 판시 사정을 종합하면 이 사건 각 토지는 그 용도지역이 공업지대로서 그 토지에 건축물이 없거나 일시적으로 타 용도로 이용되고 있고, 가까운 장래에 공업용으로 이용·개발될 가능성이 높은 토지로서 공업용 나지로 판단함이 상당하다는 이유로, 이 사건 각 토지를 상업용지 또는 주거용지로 보아야 한다는 원고의 주장을 배척하였다. 관련 법령과 적법하게 채택된 증거들에 비추어 살펴보면, 원심의 위와 같은 판단은 정당하여 수긍할 수 있고, 거기에 필요한 심리를 다하지 아니하고 판단을 누락하거나 공법상 제한을 받는 토지의 보상금 산정 또는 토지의 이용상황에 관한 법리를 오해한 잘못이 없다.

2. 피고의 상고이유에 관하여

가. 제1점에 관하여

(1) 공익사업을 위한 토지 등의 취득 및 보상에 관한 법률(이하 '공익사업법'이라 한다) 제73조 제1항은 "사업시행자는 동일한 소유자에게 속하는 일단의 토지의 일부가 취득되거나 사용됨으로 인하여 잔여지의 가격이 감소하거나 그 밖의 손실이 있을 때 또는 잔여지에 통로·도랑·담장 등의 신설이나 그 밖의 공사가 필요할 때에는 국토교통부령으로 정하는 바에 따라 그 손실이나 공사의 비용을 보상하여야 한다. 다만, 잔여지의 가격 감소분과 잔여지에 대한 공사의 비용을 합한 금액이 잔여지의 가격보다 큰 경우에는 사업시행자는 그 잔여지를 매수할 수 있다"고 규정하고 있다. 이러한 공익사업법 제73조와 같은 법 제34조, 제50조, 제61조, 제83조 내지 제85조의 규정 내용 및 입법 취지 등을 종합하면, 토지소유자가 사업시행자로부터 공익사업법 제73조에 따른 잔여지 가격감소 등으로 인한 손실보상을 받기 위하여는 공익사업법 제34조, 제50조 등에 규정된 재결절차를 거친 다음 그 재결에 대하여 불복할 때 비로소 공익사업법 제83조 내지 제85조에 따라 권리구제를 받을 수 있을 뿐이며, 이러한 재결절차를 거치지 않은 채 곧바로 사업시행자를 상대로 손실보상을 청구하는 것은 허용되지 않는다고 봄이 상당하고(대판 2008.7.10, 2006두19495 참조), 이는 수용대상토지에 대하여 재결절차를 거친 경우에도 마찬가지이다(대판 2012.11.29, 2011두22587 참조).

원심이 인정한 사실과 적법하게 채택된 증거들에 의하면, 원고는 판시 수용대상토지들을 제외하고 이 사건 제8토지의 잔여지 가격감소로 인한 손실보상에 관하여는 별도의 재결절차를 거치지 않은 채 곧바로 사업시행자인 피고를 상대로 이에 관한 손실보상을 청구하고 있음을 알 수 있으므로, 이 부분 청구는 위 법리에 비추어 허용되지 않는다고 할 것이다.

그런데도 원심은 이와 달리 이 부분 청구가 부적법하다는 피고의 주장을 배척하고 원고의 손실보상청구를 받아들였는바, 이는 잔여지 가격감소로 인한 손실보상청구 절차에 관한 법리를 오해하여 판단을 그르친 것이다.

(2) 한편 기록에 의하면, 원심은 원고가 이 사건 제8토지에 관하여 잔여지 수용청구에 잔여지 가격감소로 인한 손실보상을 선택적으로 병합하여 청구하는 것을 허용하고 판시와 같이 잔여지 가격감소로 인한 손실보상청구를 받아들였음을 알 수 있다. 그러나 청구의 선택적 병합은 원고가 양립할 수 있는 수 개의 경합적 청구권에 기하여 동일 취지의 급부를 구하거나 양립할 수 있는 수 개의 형성권에 기하여 동일한 형성적 효과를 구하는 경우에 그 어느 한 청구가 인용될 것을 해제조건으로 하여 수 개의 청구에 관한 심판을 구하는 병합 형태이므로, 논리적으로 양립할 수 없는 수 개의 청구는 선택적 병합이 허용되지 아니한다(대판 1982.7.13, 81다카1120 참조). 그런데 잔여지의 수용청구와 잔여지의 가격감소로 인한 손실보상청구는 서로 양립할 수 없는 관계에 있어 선택적 병합이 불가능한데 원심이 위 두 청구의 선택적 병합 청구를 허가한 것 또한 잘못이다.

판례 49 2007다63089 · 63096

이주대책은 실체적 권리로 판례 변경(92다35783 → 2007다63089 · 63096)

요점사항

▶ 토지보상법 제78조 제1항, 제4항의 이주대책 내용에 관한 규정은 강행법규이다.

관련판례

✦ 대판 2011.6.23, 2007다63089 · 63096 全合[채무부존재확인 · 채무부존재확인]

판시사항

[1] 계약당사자 중 일방이 상대방 및 제3자와 3면 계약을 체결하거나 상대방의 승낙을 얻어 계약상 당사자의 지위를 포괄적으로 제3자에게 이전하는 경우, 제3자가 종래 계약에서 이미 발생한 채권 · 채무도 모두 이전받는지 여부(적극)

[2] 사업시행자가 구 공익사업을 위한 토지 등의 취득 및 보상에 관한 법률 시행령 제40조 제2항 단서에 따라 택지개발촉진법 또는 주택법 등 관계 법령에 의하여 이주대책대상자들에게 택지 또는 주택을 공급하는 경우에도 이주정착지를 제공하는 경우와 마찬가지로 사업시행자 부담으

로 구 공익사업을 위한 토지 등의 취득 및 보상에 관한 법률 제78조 제4항에서 정한 생활기본시설을 설치하여 이주대책대상자들에게 제공하여야 하는지 여부(적극)

[3] 사업시행자의 이주대책 수립·실시의무를 정하고 있는 구 공익사업을 위한 토지 등의 취득 및 보상에 관한 법률 제78조 제1항과 이주대책의 내용을 정하고 있는 같은 조 제4항 본문이 강행법규인지 여부(적극)

[4] 구 공익사업을 위한 토지 등의 취득 및 보상에 관한 법률 제78조 제4항에서 정한 '도로·급수시설·배수시설 그 밖의 공공시설 등 당해 지역조건에 따른 생활기본시설'의 의미 및 이주대책대상자들과 사업시행자 등이 체결한 택지 또는 주택에 관한 특별공급계약에서 위 조항에 규정된 생활기본시설 설치비용을 분양대금에 포함시킴으로써 이주대책대상자들이 그 비용까지 사업시행자 등에게 지급하게 된 경우, 사업시행자가 그 비용 상당액을 부당이득으로 이주대책대상자들에게 반환하여야 하는지 여부(적극)

판결요지

[1] 계약당사자 중 일방이 상대방 및 제3자와 3면 계약을 체결하거나 상대방의 승낙을 얻어 계약상 당사자로서의 지위를 포괄적으로 제3자에게 이전하는 경우 이를 양수한 제3자는 양도인의 계약상 지위를 승계함으로써 종래 계약에서 이미 발생한 채권·채무도 모두 이전받게 된다.

[2] [다수의견] 구 공익사업을 위한 토지 등의 취득 및 보상에 관한 법률(2007.10.17. 법률 제8665호로 개정되기 전의 것, 이하 '구 공익사업법'이라 한다) 제78조 제1항은 사업시행자의 이주대책 수립·실시의무를 정하고 있고, 구 공익사업을 위한 토지 등의 취득 및 보상에 관한 법률 시행령(2008.2.29. 대통령령 제20722호로 개정되기 전의 것, 이하 '구 공익사업법 시행령'이라 한다) 제40조 제2항은 "이주대책은 건설교통부령이 정하는 부득이한 사유가 있는 경우를 제외하고는 이주대책대상자 중 이주를 희망하는 자가 10호 이상인 경우에 수립·실시한다. 다만 사업시행자가 택지개발촉진법 또는 주택법 등 관계 법령에 의하여 이주대책대상자에게 택지 또는 주택을 공급한 경우(사업시행자의 알선에 의하여 공급한 경우를 포함한다)에는 이주대책을 수립·실시한 것으로 본다."고 규정하고 있으며, 한편 구 공익사업법 제78조 제4항 본문은 "이주대책의 내용에는 이주정착지에 대한 도로·급수시설·배수시설 그 밖의 공공시설 등 당해 지역조건에 따른 생활기본시설이 포함되어야 하며, 이에 필요한 비용은 사업시행자의 부담으로 한다."고 규정하고 있다. 위 각 규정을 종합하면 사업시행자가 구 공익사업법 시행령 제40조 제2항 단서에 따라 택지개발촉진법 또는 주택법 등 관계 법령에 의하여 이주대책대상자들에게 택지 또는 주택을 공급(이하 '특별공급'이라 한다)하는 것도 구 공익사업법 제78조 제1항의 위임에 근거하여 사업시행자가 선택할 수 있는 이주대책의 한 방법이므로, 특별공급의 경우에도 이주정착지를 제공하는 경우와 마찬가지로 사업시행자의 부담으로 같은 조 제4항이 정한 생활기본시설을 설치하여 이주대책대상자들에게 제공하여야 한다고 보아야 하

고, 이주대책대상자들이 특별공급을 통해 취득하는 택지나 주택의 시가가 공급가액을 상회하여 그들에게 시세차익을 얻을 기회나 가능성이 주어진다고 하여 달리 볼 것은 아니다.

[대법관 양창수, 대법관 신영철, 대법관 민일영의 별개의견] 사업시행자가 구 공익사업을 위한 토지 등의 취득 및 보상에 관한 법률 시행령(2008.2.29. 대통령령 제20722호로 개정되기 전의 것) 제40조 제2항 단서에 따라 이주대책대상자에게 택지 또는 주택을 특별공급한 경우에는 그로써 이주대책을 수립·실시한 것으로 보아 별도의 이주대책을 수립·실시하지 않아도 되므로, 사업시행자는 특별공급한 택지 또는 주택에 대하여는 그것이 이주정착지임을 전제로 생활기본시설을 설치해 줄 의무가 없다고 보아야 한다.

[3] 구 공익사업을 위한 토지 등의 취득 및 보상에 관한 법률(2007.10.17. 법률 제8665호로 개정되기 전의 것, 이하 '구 공익사업법'이라 한다)은 공익사업에 필요한 토지 등을 협의 또는 수용에 의하여 취득하거나 사용함에 따른 손실 보상에 관한 사항을 규정함으로써 공익사업의 효율적인 수행을 통하여 공공복리의 증진과 재산권의 적정한 보호를 도모함을 목적으로 하고 있고, 위 법에 의한 <u>이주대책은 공익사업의 시행에 필요한 토지 등을 제공함으로 인하여 생활의 근거를 상실하게 되는 이주대책대상자들에게 종전 생활상태를 원상으로 회복시키면서 동시에 인간다운 생활을 보장하여 주기 위하여 마련된 제도이므로, 사업시행자의 이주대책 수립·실시의무를 정하고 있는 구 공익사업법 제78조 제1항은 물론 이주대책의 내용에 관하여 규정하고 있는 같은 조 제4항 본문 역시 당사자의 합의 또는 사업시행자의 재량에 의하여 적용을 배제할 수 없는 강행법규이다.</u>

[4] [다수의견] 구 공익사업을 위한 토지 등의 취득 및 보상에 관한 법률(2007.10.17. 법률 제8665호로 개정되기 전의 것, 이하 '구 공익사업법'이라 한다) 제78조 제4항의 취지는 이주대책대상자들에게 생활 근거를 마련해 주고자 하는 데 목적이 있으므로, 위 규정의 '도로·급수시설·배수시설 그 밖의 공공시설 등 당해 지역조건에 따른 생활기본시설'은 주택법 제23조 등 관계 법령에 의하여 주택건설사업이나 대지조성사업을 시행하는 사업주체가 설치하도록 되어 있는 도로 및 상하수도시설, 전기시설·통신시설·가스시설 또는 지역난방시설 등 간선시설을 의미한다고 보아야 한다. 따라서 만일 이주대책대상자들과 사업시행자 또는 그의 알선에 의한 공급자에 의하여 체결된 택지 또는 주택에 관한 특별공급계약에서 구 공익사업법 제78조 제4항에 규정된 생활기본시설 설치비용을 분양대금에 포함시킴으로써 이주대책대상자들이 생활기본시설 설치비용까지 사업시행자 등에게 지급하게 되었다면, 사업시행자가 직접 택지 또는 주택을 특별공급한 경우에는 특별공급계약 중 분양대금에 생활기본시설 설치비용을 포함시킨 부분이 강행법규인 위 조항에 위배되어 무효이고, 사업시행자의 알선에 의하여 다른 공급자가 택지 또는 주택을 공급한 경우에는 사업시행자가 위 규정에 따라 부담하여야 할 생활기본시설 설치비용에 해당하는 금액의 지출을 면하게 되어, 결국 사업시행자는 법률상 원인 없이 생활기본시설 설치비용 상당의 이익을 얻고 그로 인하여 이주대책대상자들이 같은 금액 상당의 손

해를 입게 된 것이므로, 사업시행자는 그 금액을 부당이득으로 이주대책대상자들에게 반환할 의무가 있다. 다만 구 공익사업을 위한 토지 등의 취득 및 보상에 관한 법률 제78조 제4항에 따라 사업시행자의 부담으로 이주대책대상자들에게 제공하여야 하는 것은 위 조항에서 정한 생활기본시설에 국한되므로, 이와 달리 사업시행자가 이주대책으로서 이주정착지를 제공하거나 택지 또는 주택을 특별공급하는 경우 사업시행자는 이주대책대상자들에게 택지의 소지(素地)가격 및 택지조성비 등 투입비용의 원가만을 부담시킬 수 있고 이를 초과하는 부분은 생활기본시설 설치비용에 해당하는지를 묻지 않고 그 전부를 이주대책대상자들에게 전가할 수 없다는 취지로 판시한 종래 대법원판결들은 이 판결의 견해에 배치되는 범위 안에서 모두 변경하기로 한다.

[대법관 김능환의 별개의견] 구 공익사업을 위한 토지 등의 취득 및 보상에 관한 법률(2007.10.17. 법률 제8665호로 개정되기 전의 것, 이하 '구 공익사업법'이라 한다) 제78조 제4항의 '생활기본시설'이 그 항목에서는 다수의견처럼 주택법 제23조에서 규정하는 '간선시설'을 의미하는 것으로 볼 수밖에 없다고 하더라도, 그 범위에서는 이주대책대상자에게 주택단지 밖의 기간이 되는 시설로부터 주택단지의 경계선까지 뿐만 아니라 경계선으로부터 이주대책대상자에게 공급되는 주택까지에 해당하는 부분의 설치비용까지를 포함하는 것으로 보아 비용을 이주대책대상자에게 부담시킬 수 없으며, 주택의 분양가에 포함되어 있는 이윤 역시 이주대책대상자에게 부담시킬 수 없다고 보는 것이 구 공익사업법 제78조 제4항의 취지에 부합하는 해석이다. 결국 이주대책대상자에게는 분양받을 택지의 소지가격, 위에서 본 바와 같은 의미의 생활기본시설 설치비용을 제외한 택지조성비 및 주택의 건축원가만을 부담시킬 수 있는 것으로 보아야 한다. 다수의견이 변경대상으로 삼고 있는 대법원판결들은 이러한 취지에서 나온 것들로서 옳고, 그대로 유지되어야 한다.

관련판례

✦ 대판 1994.5.24, 92다35783 숲습[지장물세목조서명의변경]

1. (구)공공용지의 취득 및 손실보상에 관한 특례법 소정의 이주대책의 제도적 취지
2. 같은 법 제8조 제1항에 의하여 이주자에게 이주대책상의 택지분양권이나 아파트 입주권 등을 받을 수 있는 구체적인 권리(수분양권)가 직접 발생하는지 여부
3. 이주자의 이주대책대상자 선정신청에 대한 사업시행자의 확인·결정 및 사업시행자의 이주대책에 관한 처분의 법적 성질과 이에 대한 쟁송방법
4. 같은 법상의 이주대책에 의한 수분양권의 법적 성질과 민사소송이나 공법상 당사자소송으로 이주대책상의 수분양권의 확인을 구할 수 있는지 여부

토지보상법 제78조(이주대책의 수립 등)

판시사항

[다수의견]

[1] 공공용지의 취득 및 손실보상에 관한 특례법상의 이주대책은 공공사업의 시행에 필요한 토지 등을 제공함으로 인하여 생활의 근거를 상실하게 되는 이주자들을 위하여 사업시행자가 기본 적인 생활시설이 포함된 택지를 조성하거나 그 지상에 주택을 건설하여 이주자들에게 이를 그 투입비용 원가만의 부담하에 개별 공급하는 것으로서, 그 본래의 취지에 있어 이주자들에 대하여 종전의 생활상태를 원상으로 회복시키면서 동시에 인간다운 생활을 보장하여 주기 위한 이른바 생활보상의 일환으로 국가의 적극적이고 정책적인 배려에 의하여 마련된 제도이다.

[2] 같은 법 제8조 제1항이 사업시행자에게 이주대책의 수립·실시의무를 부과하고 있다고 하여 그 규정 자체만에 의하여 이주자에게 사업시행자가 수립한 이주대책상의 택지분양권이나 아파트 입주권 등을 받을 수 있는 구체적인 권리(수분양권)가 직접 발생하는 것이라고는 도저히 볼 수 없으며, 사업시행자가 이주대책에 관한 구체적인 계획을 수립하여 이를 해당자에게 통지 내지 공고한 후, 이주자가 수분양권을 취득하기를 희망하여 이주대책에 정한 절차에 따라 사업시행자에게 이주대책대상자 선정신청을 하고 사업시행자가 이를 받아들여 이주대책대상자로 확인·결정하여야만 비로소 구체적인 수분양권이 발생하게 된다.

[3] (1) 위와 같은 사업시행자가 하는 확인·결정은 곧 구체적인 이주대책상의 수분양권을 취득하기 위한 요건이 되는 행정작용으로서의 처분인 것이지, 결코 이를 단순히 절차상의 필요에 따른 사실행위에 불과한 것으로 평가할 수는 없다. 따라서 수분양권의 취득을 희망하는 이주자가 소정의 절차에 따라 이주대책대상자 선정신청을 한 데 대하여 **사업시행자가 이주대책대상자가 아니라고 하여** 위 확인·결정 등의 처분을 하지 않고 이를 제외시키거나 또는 거부조치한 경우에는, 이주자로서는 당연히 사업시행자를 상대로 항고소송에 의하여 그 제외처분 또는 거부처분의 취소를 구할 수 있다고 보아야 한다.

(2) 사업시행자가 국가 또는 지방자치단체와 같은 행정기관이 아니고 이와는 독립하여 법률에 의하여 특수한 존립목적을 부여받아 국가의 특별감독하에 그 존립목적인 공공사무를 행하는 공법인이 관계법령에 따라 공공사업을 시행하면서 그에 따른 이주대책을 실시하는 경우에도, 그 이주대책에 관한 처분은 법률상 부여받은 행정작용권한을 행사하는 것으로서 항고소송의 대상이 되는 공법상 처분이 되므로, 그 처분이 위법·부당한 것이라면 사업시행자인 해당 공법인을 상대로 그 취소소송을 제기할 수 있다.

[4] 이러한 수분양권은 위와 같이 이주자가 이주대책을 수립·실시하는 사업시행자로부터 이주대책대상자로 확인·결정을 받음으로써 취득하게 되는 택지나 아파트 등을 분양받을 수 있는 공

법상의 권리라고 할 것이므로, 이주자가 사업시행자에 대한 이주대책대상자 선정신청 및 이에 따른 확인·결정 등 절차를 밟지 아니하여 구체적인 수분양권을 아직 취득하지도 못한 상태에서 곧바로 분양의무의 주체를 상대방으로 하여 민사소송이나 공법상 당사자소송으로 이주대책상의 수분양권의 확인 등을 구하는 것은 허용될 수 없고, 나아가 그 공급대상인 택지나 아파트 등의 특정부분에 관하여 그 수분양권의 확인을 소구하는 것은 더더욱 불가능하다고 보아야 한다.

[반대의견]

[1] 공공용지의 취득 및 손실보상에 관한 특례법에 의한 이주대책은 학설상 이른바 생활보상으로서 실체적 권리인 손실보상의 한 형태로 파악되고 있으며 대법원 판례도 이를 실체법상의 권리로 인정하여, 민사소송으로 이주대책에 의한 주택수분양권의 확인소송을 허용하였었다. 이주대책은 경우에 따라 택지 또는 주택의 분양이나 이주정착금으로 보상되는 바, 이주정착금이 손실보상금의 일종이므로 통상의 각종 보상금처럼 실체적 권리가 되는 것을 부정할 수 없을 것이고, 그렇다면 같은 취지의 택지 또는 주택의 수분양권도 실체적인 권리로 봄이 마땅하며 가사 이를 권리로 보지 못한다 하더라도 적어도 확인소송의 대상이 되는 권리관계 또는 법률관계로는 보아야 한다.

[2] 이주자가 분양신청을 하여 사업시행자로부터 분양처분을 받은 경우 이러한 사업시행자의 분양처분의 성질은 이주자에게 수분양권을 비로소 부여하는 처분이 아니라, 이미 이주자가 취득하고 있는 수분양권에 대하여 그의 의무를 이행한 일련의 이행처분에 불과하고, 이는 이주자가 이미 취득하고 있는 수분양권을 구체화시켜 주는 과정에 불과하다. 이를 실체적 권리로 인정해야 구체적 이주대책 이행을 신청하고 그 이행이 없을 때 부작위위법확인소송을 제기하여 그 권리구제를 받을 수 있고, 그 권리를 포기한 것으로 볼 수 없는 한 언제나 신청이 가능하고 구체적 이주대책이 종료한 경우에도 추가 이주대책을 요구할 수 있게 된다.

[3] 이와 같이 이주대책에 의한 분양신청은 실체적 권리의 행사에 해당된다 할 것이므로 구체적 이주대책에서 제외된 이주대책대상자는 그 경위에 따라 분양신청을 하여 거부당한 경우 권리침해를 이유로 항고소송을 하거나 또는 자기 몫이 참칭 이주대책대상자에게 이미 분양되어 다시 분양신청을 하더라도 거부당할 것이 명백한 특수한 경우 등에는 이주대책대상자로서 분양받을 권리 또는 그 법률상 지위의 확인을 구할 수 있다고 보아야 하며, 이때에 확인소송은 확인소송의 보충성이라는 소송법의 일반법리에 따라 그 확인소송이 권리구제에 유효 적절한 수단이 될 때에 한하여 그 소의 이익이 허용되어야 함은 물론이다.

[반대의견에 대한 보충의견]

[1] 공공용지의 취득 및 손실보상에 관한 특례법 제8조 제1항의 이주대책은 사업시행자가 이주자에 대한 은혜적인 배려에서 임의적으로 수립 시행해 주는 것이 아니라 이주자에 대하여 종전의 재산상태가 아닌 생활상태로 원상회복시켜 주기 위한 생활보상의 일환으로 마련된 제도로서, 헌법 제23조 제3항이 규정하는 손실보상의 한 형태라고 보아야 한다.

[2] (1) 같은 법상의 이주대책에 따른 사업시행자의 분양처분은 이주자가 공공사업의 시행에 필요한 토지 등을 제공하는 것을 원인으로 하여 같은 법에 따라 취득한 추상적인 권리나 이익을 이주대책을 수립하여 구체화시켜 주는 절차상의 이행적 처분이라고 보는 것이 상당하며, 이주자는 사업시행자가 수립 실시하여야 하는 이주대책에 따른 수분양권을 사업시행자의 분양처분을 기다리지 않고 같은 법에 근거하여 취득하는 것으로 보아야 한다.

(2) 사업시행자가 실제로 이주대책을 수립하기 이전에는 이주자의 수분양권은 아직 추상적인 권리나 법률상의 지위 내지 이익에 불과한 것이어서 이 단계에 있어서는 확인의 이익이 인정되지 아니하여 그 권리나 지위의 확인을 구할 수 없다고 할 것이나, 사업시행자가 이주대책을 수립 실시하지 아니하는 경우에는 사업시행자에게 이를 청구하여 거부되거나 방치되면 부작위위법확인을 소구할 수는 있다고 볼 것이다. 그러나 이주대책을 수립한 이후에는 이주자의 추상적인 수분양권이 그 이주대책이 정하는 바에 따라 구체적 권리로 바뀌게 되므로, 구체적 이주대책에서 제외된 이주자는 위와 같은 수분양권에 터잡은 분양신청(이른바 실체적 신청권의 행사)을 하여 거부당한 경우에는 이를 실체적 신청권을 침해하는 거부처분으로 보아 그 취소를 구하는 항고소송을 제기할 수 있을 것이고, 신청기간을 도과한 경우, 사업시행자가 미리 수분양권을 부정하거나 이주대책에 따른 분양절차가 종료되어 분양신청을 하더라도 거부당할 것이 명백한 경우, 또는 분양신청을 묵살당한 경우, 기타 확인판결을 얻음으로써 분쟁이 해결되고 권리구제가 가능하여 그 확인소송이 권리구제에 유효 적절한 수단이 될 수 있는 특별한 사정이 있는 경우에는, 당사자소송으로 수분양권 또는 그 법률상의 지위의 확인을 구할 수 있다고 보아야 한다.

[3] 현행 행정소송법은 항고소송과 당사자소송의 형태를 모두 규정하고 있으므로, 이제는 공법상의 권리관계의 분쟁에 있어서는 그 권리구제의 방법에 관하여 항고소송만에 의하도록 예정한 산업재해보상보험업무 및 심사에 관한 법률 제3조와 같은 규정이 있는 경우를 제외하고는, 소의 이익이 없는 등 특별한 사정이 없는 한 항고소송 외에 당사자소송도 허용하여야 할 것이고, 불필요하게 국민의 권리구제방법을 제한할 것은 아니다.

판례 50 94누11279

이주대책의 법적 성질

요점사항

▶ 사업시행자는 이주대책을 실시하는 경우 특별공급주택의 수량 및 그 대상자의 선정 등에 재량을 가진다.

관련판례

✦ 대판 1995.10.12, 94누11279[단독주택용지공급신청에 대한 거부처분취소등]

1. (구)공공용지의 취득 및 손실보상에 관한 특례법 제8조 제1항에 따른 이주대책대상자 선정신청에 대한 확인·결정 등 이주대책에 관한 법적 성질
2. (구)공공용지의 취득 및 손실보상에 관한 특례법 제8조 제1항 및 같은 법 시행령 제5조 제5항 소정이주 대책의 의미와 사업시행자가 특별공급주택의 수량, 특별공급대상자의 선정 등에 재량이 있는지 여부

관련조문

토지보상법 제78조(이주대책의 수립 등)

판시사항

[1] (구)공공용지의 취득 및 손실보상에 관한 특례법 제8조 제1항이 사업시행자에게 이주대책의 수립·실시의무를 부과하고 있다고 하더라도 그 규정 자체만에 의하여 이주자에게 사업시행자가 수립한 이주대책상의 택지분양권이나 아파트 입주권 등을 받을 수 있는 구체적인 권리(수분양권)가 직접 발생하는 것이라고는 볼 수 없고, 사업시행자가 이주대책에 관한 구체적인 계획을 수립하여 이를 해당자에게 통지 내지 공고한 후, 이주자가 수분양권을 취득하기를 희망하여 이주대책에 정한 절차에 따라 사업시행자에게 이주대책대상자 선정신청을 하고 사업시행자가 이를 받아들여 이주대책대상자로 확인·결정하여야만 비로소 구체적인 수분양권이 발생하게 된다.

[2] (구)공공용지의 취득 및 손실보상에 관한 특례법 제8조 제1항 및 같은 법 시행령 제5조 제5항에 의하여 실시되는 이주대책은 공공사업의 시행으로 생활근거를 상실하게 되는 자를 위하여 이주자에게 이주 정착지의 택지를 분양하도록 하는 것이고, 사업시행자는 특별공급주택의 수량, 특별공급대상자의 선정 등에 있어서 재량을 가진다.

판례 51 2004헌마19

이주대책의 정당보상 포함 여부

요점사항

▶ 이주대책의 대상자에서 세입자를 제외하고 있는 것은 세입자의 재산권 또는 평등권을 침해하는 것이라 볼 수 없다.

관련판례

✦ 헌재 2006.2.23, 2004헌마19

1. 공익사업을 위한 토지 등의 취득 및 보상에 관한 법률 시행령 제40조 제3항 제3호(이하 '이 사건 조항'이라 한다)가 이주대책의 대상자에서 세입자를 제외하고 있는 것이 세입자의 재산권을 침해하는지 여부(소극)
2. 이 사건 조항이 세입자의 평등권을 침해하는지 여부(소극)

관련조문

토지보상법 제78조(이주대책의 수립 등)

판시사항

[1] 이주대책은 헌법 제23조 제3항에 규정된 정당한 보상에 포함되는 것이라기보다는 이에 부가하여 이주자들에게 종전의 생활상태를 회복시키기 위한 생활보상의 일환으로서 국가의 정책적인 배려에 의하여 마련된 제도라고 볼 것이다. 따라서 이주대책의 실시 여부는 입법자의 입법정책적 재량의 영역에 속하므로 공익사업을 위한 토지 등의 취득 및 보상에 관한 법률 시행령 제40조 제3항 제3호(이하 '이 사건 조항'이라 한다)가 이주대책의 대상자에서 세입자를 제외하고 있는 것이 세입자의 재산권을 침해하는 것이라 볼 수 없다.

[2] 소유자와 세입자는 생활의 근거의 상실 정도에 있어서 차이가 있는 점, 세입자에 대해서 주거이전비와 이사비가 보상되고 있는 점을 고려할 때, 입법자가 이주대책대상자에서 세입자를 제외하고 있는 이 사건 조항을 불합리한 차별로서 세입자의 평등권을 침해하는 것이라 볼 수는 없다.

판례 52 2005두3776

이주대책 관련 소송의 정당한 피고

요점사항

▶ 이주대책 관련 소송의 정당한 피고는 이주대책 수립권한을 포함하여 택지개발사업에 따른 권한을
위임·위탁받은 대행자(SH공사)가 된다.

관련판례

✦ 대판 2007.8.23, 2005두3776[입주권확인]

에스에이치공사가 택지개발사업 시행자인 서울특별시장으로부터 이주대책 수립권한을 포함한 택지개발
사업에 따른 권한을 위임 또는 위탁받은 경우, 이주대책대상자들이 에스에이치공사 명의로 이루어진 이
주대책에 관한 처분에 대한 취소소송을 제기함에 있어 정당한 피고는 에스에이치공사가 된다고 한 사례

관련조문

토지보상법 제78조(이주대책의 수립 등)

판시사항

[1] 상고이유 제1점에 대하여

··· 위와 같은 지방자치법 및 조례의 관계 규정과 대행계약서의 내용 등을 종합하여 보면, 피고
공사는 서울특별시장으로부터 서울특별시가 사업시행자가 된 이 사건 택지개발사업지구 내에
거주하다가 사업시행에 필요한 가옥을 제공함으로 인하여 생활의 근거를 상실하게 되는 이주
자들에게 택지개발촉진법과 (구)공공용지의 취득 및 손실보상에 관한 특례법(2002.2.4. 법률
6656호로 폐지되기 전의 것) 및 주택공급에 관한 규칙 등의 법령에 따라서 위 택지개발사업의
시행으로 조성된 토지를 분양하여 주거나 분양아파트 입주권을 부여하는 내용의 이주대책 수
립권한을 포함한 택지개발사업에 따른 권한을 위임 또는 위탁받았다고 할 것이므로, <u>서울특별
시가 사업시행자가 된 이 사건 택지개발사업과 관련하여 이주대책대상자라고 주장하는 자들이
피고 공사 명의로 이루어진 이주대책에 관한 처분에 대한 취소소송을 제기함에 있어 정당한
피고는 피고 공사가 된다고 할 것이다.</u>

판례 53 2009두23709

이주 및 생활대책자 선정의 제외통보처분취소

요점사항

▶ 건물의 공부상 용도를 기준으로 이주대책대상자를 선정한 것을 위법한 재량권 행사로 보기는 어렵다.

관련판례

✦ **대판 2010.3.25, 2009두23709[이주 및 생활대책자 선정제외통보처분취소]**

[1] 사업시행자가 공부상 기재된 건물의 용도를 원칙적인 기준으로 삼아 이주대책대상자를 선정하는 것이 현저히 불합리하여 위법한 재량권 행사에 해당하는지 여부(소극)

[2] 사업시행자가 이주 및 생활대책 준칙에서 기준일 이전부터 사업지구 내에 사용승인을 받은 주택을 소유하고 있으면서 그 주택에 계속 거주하여 온 자를 이주대책대상자로 정한 후, 타인 명의로 근린생활시설 증축신고를 하고 사용승인을 받은 건물부분에서 거주해오다가 기준일이 지난 다음에야 자신의 명의로 소유권이전등기를 경료한 사람을 이주대책대상자에서 제외한 것이 합리적 재량권 행사의 범위를 넘는 위법한 것으로 볼 수 없다고 한 원심판단을 수긍한 사례

관련조문

토지보상법 제78조(이주대책의 수립 등)

판시사항

상고이유를 판단한다.

공익사업을 위한 토지 등의 취득 및 보상에 관한 법률(이하 '공익사업법'이라 한다) 제78조 제1항, 공익사업법 시행령 제40조 제3항 제2호에 의하면, 사업시행자는 공익사업의 시행으로 인하여 주거용 건축물을 제공함에 따라 생활의 근거를 상실하게 되는 자(이하 '이주대책대상자'라 한다)를 위하여 공익사업법 시행령이 정하는 바에 따라 이주대책을 수립·실시하거나 이주정착금을 지급하여야 하나, 해당 건축물에 공익사업을 위한 관계법령에 의한 고시 등이 있은 날(이하 '기준일'이라 한다)부터 계약체결일 또는 수용재결일까지 계속하여 거주하고 있지 아니한 건축물의 소유자는 원칙적으로 이주대책대상자에서 제외하도록 되어 있는 바, 사업시행자는 이주대책기준을 정하여 이주대책대상자 중에서 이주대책을 수립·실시하여야 할 자를 선정하여 그들에게 공급할 택지 또는 주택의 내용이나 수량을 정할 수 있고 이를 정하는 데 재량을 가지므로, 이를 위해 사업시행자가 설정한 기준은 그것이 객관적으로 합리적이 아니라거나 타당하지 않다고 볼 만한 다른 특별한

사정이 없는 한 존중되어야 한다. 또한, 공부상 건물의 용도란 기재는 그 건물소유자의 필요에 의한 신청을 전제로 그 건물의 이용현황에 관계되는 법령상 규율 등이 종합적으로 반영되어 이루어지는 것이어서 현실적 이용상황에 대한 가장 객관적인 징표가 될 수 있다는 점 등의 사정에 비추어 볼 때, 공부상 기재된 용도를 원칙적인 기준으로 삼아 이주대책대상자를 선정하는 방식의 사업시행자의 재량권 행사가 현저히 불합리하여 위법하다고 보기는 어렵다(대판 2009.3.12, 2008두12610; 2009.11.12, 2009두10291 등 참조).

원심판결 이유에 의하면, 피고가 이 사건 사업에 따라 공고한 이주 및 생활대책기준과 피고의 이주 및 생활대책준칙에서는 이주대책대상자를 원칙적으로 기준일 이전부터 최초보상계획 공고일까지 사업지구 내에 건축법에 기한 사용승인을 받은 주택을 소유하고 있으면서 그 주택에 계속 거주하여 온 자로 규정하면서, 다만 기준일 이전에 관계법령에 의한 주택의 건축허가 등을 받은 자가 해당 주택에 대한 사용승인을 받고 최초보상개시일까지 계속하여 거주한 경우 착공신고일을 기준으로 해당 주택을 취득하여 계속 거주하여 온 것으로 볼 수 있다고 정하여 주택 소유 및 거주요건을 완화하고 있기는 하나, 원고들은 소외 소외인 명의로 근린생활시설로 증축신고하고 사용승인을 받은 이 사건 건물부분에서 거주하여 왔고, 원고들 명의 소유권이전등기도 기준일이 지난 다음에야 경료하였음을 알 수 있는 바, 앞에서 본 법리와 공익관계법령의 입법취지 등에 비추어 보면 피고가 위 기준 내지 준칙에서 기준일 이전부터 사업지구 내에 사용승인을 받은 주택을 소유하고 있으면서 그 주택에 계속 거주하여 온 자를 이주대책대상자로 정한 후 원고들이 그와 같은 요건을 갖추지 못하였음을 이유로 원고들을 이주대책대상자에서 제외한 이 사건 처분이 사업시행자로서 합리적 재량권 행사의 범위를 넘는 위법한 것이라고 할 수는 없다. 같은 취지의 원심판단은 옳고 거기에 상고이유 주장과 같은 공익사업법상의 이주대책대상자에 관한 법리오해 등의 위법이 없다. 그러므로 상고를 모두 기각하고, 상고비용은 패소자들이 부담하기로 하여 관여 대법관의 일치된 의견으로 주문과 같이 판결한다.

판례 54 2010다43498

이주대책 중 토지보상법 제78조 제4항 해석

요점사항

▶ 이주대책의 제도적 취지 : 생활보상의 일환으로서 국가의 정책적 배려
▶ 공공시설 등의 설치비용 : 사업시행자가 부담하는 것으로 강행법규에 해당한다.
▶ 택지조성원가 산정의 법적 근거 : 택지개발촉진법령

관련판례

✦ 대판 2011.2.24, 2010다43498[분양행위무효확인]

[쟁점 1]
(구)공익사업을 위한 토지 등의 취득 및 보상에 관한 법률 소정의 이주대책의 제도적 취지
(구)공익사업을 위한 토지 등의 취득 및 보상에 관한 법률(2007.10.17. 법률 제8665호로 개정되기 전의 것, 이하 '공익사업법'이라고 한다) 제78조 제1항과 같은 조 제4항의 취지를 종합하여 보면, 공익사업법에 의한 이주대책은 공익사업의 시행에 필요한 토지 등을 제공함으로 인하여 생활의 근거를 상실하게 되는 이주대책대상자들을 위하여 사업시행자가 '기본적인 생활시설이 포함된' 택지를 조성하거나 그 지상에 주택을 건설하여 이주대책대상자들에게 이를 '그 투입비용 원가만의 부담하에' 개별공급하는 것으로서, 그 본래의 취지가 이주대책대상자들에 대하여 종전의 생활상태를 원상으로 회복시키면서 동시에 인간다운 생활을 보장하여 주기 위한 이른바 생활보상의 일환으로 국가의 적극적이고 정책적인 배려에 의하여 마련된 제도이다.

[쟁점 2]
토지보상법 소정의 이주대책으로서 이주정착지에 택지를 조성하거나 주택을 건설하여 공급하는 경우, 이주정착지에 대한 공공시설 등의 설치비용을 당사자들의 합의로 이주자들에게 부담시킬 수 있는지 여부(소극)
이와 같은 이주대책의 제도적 취지에 비추어 볼 때, 공익사업법 제78조 제4항은 사업시행자가 이주대책대상자들을 위한 이주대책으로서 이주정착지에 택지를 조성하거나 주택을 건설하여 공급하는 경우 그 이주정착지에 대한 도로, 급수 및 배수시설 기타 공공시설 등 해당 지역조건에 따른 생활기본시설이 설치되어 있어야 하고, 또한 그 공공시설 등의 설치비용은 사업시행자가 부담하는 것으로서 이를 이주대책대상자들에게 전가할 수 없으며, 이주대책대상자들에게는 다만 분양받을 택지의 용지비 및 조성비 등과 같은 택지조성원가, 주택을 공급하는 경우 그 건축원가만을 부담시킬 수 있는 것으로 해석함이 상당하고, 위 규정은 그 취지에 비추어 볼 때 당사자의 합의로도 그 적용을 배제할 수 없는 강행법규에 해당한다고 봄이 상당하다.

[쟁점 3]
이주정착지 조성에 갈음하여 택지개발촉진법에 의하여 이주대책대상자에게 택지를 공급하는 경우, 그 택지의 분양가격 결정을 위한 택지조성원가의 구체적인 산정을 택지개발촉진법령에 의하여야 하는지 여부(적극)
별도의 이주정착지 조성에 갈음하여 택지개발촉진법에 의하여 이주대책대상자에게 택지를 공급하는 경우도 공익사업법 제78조 제1항 소정의 이주대책의 하나인 이상 공익사업법 제78조 제4항의 규정은 이 경우에도 마찬가지로 적용된다고 할 것이나, 그 공급하는 택지의 분양가격 결정을 위한 택지조성원가의 구체적인 산정은 공익사업법령에 특별한 규정이 없는 이상 택지 공급의 직접적인 근거가 되는 택지개발촉진법령에 의하여야 한다고 봄이 상당하다.

판례 55 2011두28301

이주대책에서 처분사유 추가변경 - 기본적 사실관계가 동일하다는 것의 의미(제27회 1번 기출)

요점사항

▶ 당초 처분의 근거사유와 기본적 사실관계의 동일성이 인정되는 한도 내에서 근거 법령만을 추가·변경하거나 처분사유를 구체적으로 표시하는 것에 불과한 경우에는 새로운 처분사유를 추가·변경하는 것으로 볼 수 없다.

관련판례

✦ 대판 2013.8.22, 2011두28301[이주대책대상자거부처분취소]

판시사항

행정처분의 취소를 구하는 항고소송에서 처분청이 당초 처분의 근거로 삼은 사유와 기본적 사실관계에서 동일성이 인정되는 다른 사유를 추가하거나 변경할 수 있는지 여부(적극) 및 기본적 사실관계가 동일하다는 것의 의미

참조조문

행정소송법 제1조[행정처분일반], 제19조, 제27조[행정소송재판일반]
대판 2001.9.28, 2000두8684
대판 2008.2.28, 2007두13791·13807

전문

【원고, 피상고인】원고 1 외 12인
【피고, 상고인】한국철도시설공단
【원심판결】서울고법 2011.10.14, 2011누8378

주문

원심판결을 파기하고, 사건을 서울고등법원에 환송한다.

이유

상고이유를 판단한다.

1. 공익사업을 위한 토지 등의 취득 및 보상에 관한 법률(이하 '공익사업법'이라 한다) 제78조 제1항은 "사업시행자는 공익사업의 시행으로 인하여 주거용 건축물을 제공함에 따라 생활의 근거를 상실하게 되는 자(이하 '이주대책대상자'라 한다)를 위하여 대통령령이 정하는 바에 따라 이주대책을 수립·실시하거나 이주정착금을 지급하여야 한다."고 규정하고 있다.

이에 따라 구 공익사업을 위한 토지 등의 취득 및 보상에 관한 법률 시행령(2011.12.28. 대통령령 제23425호로 개정되기 전의 것, 이하 '공익사업법 시행령'이라 한다) 제40조 제2항은 "이주대책은 국토해양부령이 정하는 부득이한 사유가 있는 경우를 제외하고는 이주대책대상자 중 이주정착지에 이주를 희망하는 자가 10호 이상인 경우에 수립·실시한다."고 규정하고 있고, 제41조는 "사업시행자는 법 제78조 제1항의 규정에 의하여, 이주대책을 수립·실시하지 아니하는 경우, 이주대책대상자가 이주정착지가 아닌 다른 지역으로 이주하고자 하는 경우에는 이주대책대상자에게 국토해양부령이 정하는 바에 따라 이주정착금을 지급하여야 한다."고 규정하고 있다.

그리고 구 공익사업을 위한 토지 등의 취득 및 보상에 관한 법률 시행규칙(2013.3.23. 국토교통부령 제1호로 개정되기 전의 것, 이하 '공익사업법 시행규칙'이라 한다) 제53조 제1항은 "영 제40조 제2항에서 국토해양부령이 정하는 부득이한 사유라 함은 다음 각 호의 1에 해당하는 경우를 말한다."고 하면서 제1호에서 "공익사업시행지구의 인근에 택지 조성에 적합한 토지가 없는 경우"를, 제2호에서 "이주대책에 필요한 비용이 당해 공익사업의 본래의 목적을 위한 소요비용을 초과하는 등 이주대책의 수립·실시로 인하여 당해 공익사업의 시행이 사실상 곤란하게 되는 경우"를 들고 있다.

2. 원심은 그 채택 증거에 의하여 원고들이 수원－인천 간 복선전철화 사업(이하 '이 사건 사업'이라 한다)으로 인하여 거주하고 있던 주거용 건축물을 피고에게 제공하여 생활의 근거를 상실하게 되었다면서 이주대책을 수립하여 줄 것을 신청한 사실, 이에 대하여 피고는 2009.10.8. "한국토지주택공사에서 관계 법령에 의거 이주대책을 수립하는 단지형 사업과는 달리 피고의 경우 택지 또는 주택을 공급할 수 있는 관계 법령이 없고, 이 사건 사업은 선형사업으로서 철도건설에 꼭 필요한 최소한의 토지만 보상하므로 사실상 이주택지공급이 불가능하여 결국 이 사건 사업은 공익사업법 시행령 제40조 제2항에서 정하는 이주대책 수립이 불가능한 사유에 해당되어 공익사업법 시행령 제41조에 따라 이주정착금을 지급하고 있다."는 이유로 원고들의 신청을 거부하는 이 사건 처분을 한 사실을 인정한 다음, 이 사건 처분 당시 피고가 이주대책을 수립하지 못할 '부득이한 사유'가 있었다는 점을 인정할 수 없으므로 원고들의 신청을 거부한 이 사건 처분은 위법하다고 판단하였다.

나아가 원심은 원고들 중 일부가 당해 건축물에 계약체결일 또는 수용재결일까지 계속하여 거주하고 있지 아니하였거나 이주정착지로의 이주를 포기하고 이주정착금을 받은 자에 해당하여 피고에게 이주대책 수립·실시를 요구할 수 있는 이주대책대상자는 10호 미만이므로 공익사업법 시행령 제40조 제2항에 따라 이주대책 수립·실시를 거부한 이 사건 처분은 적법하다는 피고의 주장에 대하여, 피고의 이러한 주장사실은 이 사건 처분사유가 아닐 뿐만 아니라, 이 사건 처분사유와 기본적 사실관계에 있어 동일성도 인정되지 아니하므로 피고가 주장하는 위 사유를 이 사건 처분에 대한 적법성의 근거로 삼을 수 없다고 판단하였다.

3. 우선 관련 규정 및 원심이 적법하게 채택한 증거들에 비추어 살펴보면, 원심이 철도건설사업인 이 사건 사업이 공익사업법의 적용을 받는 이상 이주대책의 수립과 관련하여 택지 또는 주택을 공급할 수 있는 관계 법령이 없다고 볼 수 없고, 이 사건 처분 당시 피고가 이주대책을 수립하지 못할 '부득이한 사유'가 있었다는 점을 인정할 수 없다고 판단한 것은 정당하고, 거기에 상고이유 주장과 같이 공익사업법 시행령 제40조 및 공익사업법 시행규칙 제53조 소정의 '부득이한 사유'의 해석에 관한 법리를 오해한 위법이 없다.

4. 그러나 '이주대책대상자 중 이주정착지에 이주를 희망하는 자가 10호에 미치지 못한다.'는 피고의 주장에 관한 원심의 위와 같은 판단은 다음과 같은 이유로 수긍하기 어렵다.
행정처분의 취소를 구하는 항고소송에 있어서는 실질적 법치주의와 행정처분의 상대방인 국민에 대한 신뢰보호라는 견지에서 처분청은 당초 처분의 근거로 삼은 사유와 기본적 사실관계에 있어서 동일성이 있다고 인정되지 않는 별개의 사실을 들어 처분사유로 주장함은 허용되지 아니하나, 당초 처분의 근거로 삼은 사유와 기본적 사실관계에 있어서 동일성이 있다고 인정되는 한도 내에서는 다른 사유를 추가하거나 변경할 수 있다. 그리고 기본적 사실관계가 동일하다는 것은 처분사유를 법률적으로 평가하기 이전의 구체적인 사실에 착안하여 그 기초적인 사회적 사실관계가 기본적인 점에서 동일한 것을 말하며, 처분청이 처분 당시에 적시한 구체적 사실을 변경하지 아니하는 범위 내에서 단지 그 처분의 근거 법령만을 추가·변경하거나 당초의 처분사유를 구체적으로 표시하는 것에 불과한 경우에는 새로운 처분사유를 추가하거나 변경하는 것이라고 볼 수 없다(대판 2001.9.28, 2000두8684; 2008.2.28, 2007두13791·13807 등 참조).
기록에 의하면, 피고가 2009.10.8. 원고들에게 보낸 이주대책수립요구에 대한 회신(갑 제1호증)에는 원심이 이 사건 저분사유로 인정한 것 이외에도 "이주대책수립을 요구해 오신 사람 중에서 상당수(7인, 수용재결 중 3인)가 이미 계약을 체결한 후 보상금을 수령하신 상태에서 이주정착지를 요구하는 것은 실효성이 없는 것으로 판단되며"라고 기재되어 있는 것을 알 수 있는데, 거기에는 이주대책대상자 중에서 이주정착금을 지급 받은 자들은 이주대책의 수립·실시를 요구할 수 없으므로 전체 신청자 19명 중에서 이들을 제외하면 이주대책 수립 요구를 위한 10명에 미달하게 된다는 의미를 내포하고 있다고 볼 수 있다.
그렇다면 이 사건 처분사유에는 '이주대책을 수립·실시하지 못할 부득이한 사유에 해당한다.'는 점 이외에도 '이주대책대상자 중 이주정착지에 이주를 희망하는 자가 10호에 미치지 못한다.'는 점도 포함하고 있다고 할 수 있으므로 원심으로서는 이주대책대상자 중 10호 이상이 이주정착지에 이주를 희망하고 있는지, 그에 따라 피고가 이주대책을 수립·실시하여야 할 의무가 있는지 등을 심리하여 이 사건 처분의 적법 여부를 판단하였어야 옳다. 그럼에도 피고가 이 사건 소송에서 주장한 '이주대책대상자 중 이주정착지에 이주를 희망하는 자가 10호에 미치지 못한다.'는 사유에 관한 심리·판단을 생략한 채, 단지 공익사업법 시행령 제40조 및 공익사업법 시행규칙 제53조에서 정한 '부득이한 사유'에 해당하지 않는다는 이유만을 들어 이 사건 처분이 위법하다고 판단한 원심판결에는 처분사유의 추가·변경에 관한 법리를 오해하여 필요한 심리를 다하지 아니함으로써 판결에 영향을 미친 위법이 있다고 할 것이다. 이 점을 지적하는 상고이유 주장은 이유 있다.

5. 그러므로 원심판결을 파기하고 사건을 다시 심리·판단하게 하기 위하여 원심법원에 환송하기로 하여, 관여 대법관의 일치된 의견으로 주문과 같이 판결한다.

관련기출

1. 제27회 문제1 물음2

만약 甲이 거부처분 취소소송을 제기하였다면, 乙은 그 소송 계속 중에 처분의 적법성을 유지하기 위해 "甲은 주거용 건축물에 계약체결일까지 계속하여 거주하고 있지 아니하였을 뿐만 아니라 이주정착지로의 이주를 포기하고 이주정착금을 받은 자에 해당하므로 토지보상법 시행령 제40조 제2항에 따라 이주대책을 수립할 필요가 없다"는 사유를 추가·변경할 수 있는가?
20점

※ 출제위원 채점평

물음 2)는 처분 사유의 추가·변경의 허용성에 관한 문제로서, 이에 관한 판례와 학설을 적절히 언급하고, 허용범위 및 한계를 작성함과 아울러 기본적 사실관계의 동일성을 기준으로 사안 포섭을 제대로 하는 것이 중요하다.

판례 56 **2021두44425**

행정소송법상 항고소송으로 제기해야 할 사건을 민사소송으로 잘못 제기하여 수소법원이 관할법원에 이송하는 결정을 하고 이송결정이 확정된 후 원고가 항고소송으로 소 변경을 한 경우의 제소기간 판단기준

요점사항

▶ 행정소송법상 항고소송으로 제기해야 할 사건을 민사소송으로 잘못 제기한 경우에 수소법원이 관할법원에 이송하는 결정을 하였고, 그 이송결정이 확정된 후 원고가 항고소송으로 소 변경을 하였다면, 그 항고소송에 대한 제소기간의 준수 여부는 원칙적으로 처음에 소를 제기한 때를 기준으로 판단하여야 한다.

관련판례

✦ **대판 2022.11.17, 2021두44425[소유권이전등기]**

판시사항

원고가 행정소송법상 항고소송으로 제기해야 할 사건을 민사소송으로 잘못 제기하여 수소법원이 관할법원에 이송하는 결정을 하고 이송결정이 확정된 후 원고가 항고소송으로 소 변경을 한 경우, 그 항고소송에 대한 제소기간 준수 여부를 판단하는 기준 시기(=처음 소를 제기한 때)

판결요지

행정소송법 제8조 제2항은 "행정소송에 관하여 이 법에 특별한 규정이 없는 사항에 대하여는 법원조직법과 민사소송법 및 민사집행법의 규정을 준용한다."라고 규정하고 있고, 민사소송법 제40조 제1항은 "이송결정이 확정된 때에는 소송은 처음부터 이송받은 법원에 계속된 것으로 본다."라고 규정하고 있다. 한편 행정소송법 제21조 제1항, 제4항, 제37조, 제42조, 제14조 제4항은 행정소송 사이의 소 변경이 있는 경우 처음 소를 제기한 때에 변경된 청구에 관한 소송이 제기된 것으로 보도록 규정하고 있다. 이러한 규정 내용 및 취지 등에 비추어 보면, 원고가 행정소송법상 항고소송으로 제기해야 할 사건을 민사소송으로 잘못 제기한 경우에 수소법원이 그 항고소송에 대한 관할을 가지고 있지 아니하여 관할법원에 이송하는 결정을 하였고, 그 이송결정이 확정된 후 원고가 항고소송으로 소 변경을 하였다면, 그 항고소송에 대한 제소기간의 준수 여부는 원칙적으로 처음에 소를 제기한 때를 기준으로 판단하여야 한다.

 판례 57 **97다56150**

간접손실보상

 요점사항

▶ 당사자 간의 협의가 이루어지지 않은 경우 손실을 입은 자는 시행규칙상의 간접보상규정을 직접 근거로 사업시행자에게 구체적인 손실보상을 청구할 수 없다.
▶ 손실이 발생할 것을 예견할 수 있고 그 범위를 구체적으로 특정할 수 있다면 시행규칙상의 규정을 유추적용하여 민사소송으로 그 보상을 청구할 수 있다.

관련판례

✦ **대판 1999.6.11, 97다56150[보상금]**

1. 공공사업의 시행으로 손실을 입은 자가 사업시행자와 사이에 손실보상에 관한 협의가 이루어지지 않은 경우, (구)공공용지의 취득 및 손실보상에 관한 특례법 및 같은 법 시행규칙상의 간접보상에 관한 규정에 근거하여 직접 사업시행자에게 간접손실에 관한 구체적인 손실보상청구권을 행사할 수 있는지 여부(소극)

2. 택지개발촉진법에 따른 공공사업의 시행 결과 공공사업의 기업지 밖에서 간접손실이 발생한 경우, (구)토지수용법 제51조에 근거하여 간접손실에 대한 손실보상청구권이 발생하는지 여부(소극)

3. 공공사업의 시행 결과 공공사업의 기업지 밖에서 발생한 간접손실에 대하여 사업시행자와 협의가 이루어지지 아니하고, 그 보상에 관한 명문의 법령이 없는 경우, 피해자는 (구)공공용지의 취득 및 손실보상에 관한 특례법 시행규칙상의 손실보상에 관한 규정을 유추적용하여 사업시행자에게 보상을 청구할 수 있는지 여부(적극) 및 그 청구의 방법(=민사소송)

4. 사업시행자가 택지개발사업을 시행하면서 그 구역 내의 농지개량조합 소유 저수지의 몽리답을 취득함으로써 사업시행구역 외에 위치한 저수지가 기능을 상실하고, 그 기능상실에 따른 손실보상의 협의가 이루어지지 않은 경우, (구)공공용지의 취득 및 손실보상에 관한 특례법 시행규칙 제23조의6을 유추·적용하여 사업시행자를 상대로 민사소송으로서 그 보상을 청구할 수 있다고 본 사례

5. (구)공공용지의 취득 및 손실보상에 관한 특례법 시행규칙 제12조 제3항 제3호 (나)목 소정의 '저수지 시설이 몽리답에 화체된 경우'의 의미

관련조문

토지보상법 제79조(그 밖의 토지에 관한 비용보상 등)

판시사항

[1] (구)공공용지의 취득 및 손실보상에 관한 특례법은 사업시행자가 공공사업에 필요한 토지 등을 협의에 의하여 취득 또는 사용할 경우 이에 따르는 손실보상의 기준과 방법을 정하는 것을 목적으로 하는 법이므로, 공공사업의 시행으로 손실을 입은 자는 사업시행자와 사이에 손실보상에 관한 협의가 이루어지지 아니한 이상, 같은 법 시행규칙 제23조의5, 제23조의6 등의 간접보상에 관한 규정들에 근거하여 곧바로 사업시행자에게 간접손실에 관한 구체적인 손실보상청구권을 행사할 수는 없다.

[2] 택지개발촉진법에 따른 공공사업의 시행 결과 공공사업의 기업지 밖에서 간접손실이 발생한 경우, 택지개발촉진법 제12조 제4항에 의하여 준용되는 (구)토지수용법 제51조에서 보상하여야 하는 손실로 규정한 '영업상의 손실'이란 수용의 대상이 된 토지·건물 등을 이용하여 영업

을 하다가 그 토지·건물 등이 수용됨으로 인하여 영업을 할 수 없거나 제한을 받게 됨으로 인하여 생기는 직접적인 손실, 즉 수용손실을 말하는 것일 뿐이고 공공사업의 시행 결과 그 공공사업의 시행이 기업지 밖에 미치는 간접손실을 말하는 것은 아니므로, 그 영업상의 손실에 대한 보상액 산정에는 (구)토지수용법 제57조의2에 따라 (구)공공용지의 취득 및 손실보상에 관한 특례법 시행규칙 제23조의6 등의 간접보상에 관한 규정들을 준용할 수 없고, 따라서 (구)토지수용법 제51조에 근거하여 간접손실에 대한 손실보상청구권이 발생한다고 할 수 없다.

[3] 공공사업의 시행 결과 공공사업의 기업지 밖에서 발생한 간접손실에 관하여 그 피해자와 사업시행자 사이에 협의가 이루어지지 아니하고 그 보상에 관한 명문의 근거 법령이 없는 경우라고 하더라도, 헌법 제23조 제3항은 "공공필요에 의한 재산권의 수용·사용 또는 제한 및 그에 대한 보상은 법률로써 하되, 정당한 보상을 지급하여야 한다."고 규정하고 있고, 이에 따라 국민의 재산권을 침해하는 행위 그 자체는 반드시 형식적 법률에 근거하여야 하며, (구)토지수용법 등의 개별 법률에서 공익사업에 필요한 재산권 침해의 근거와 아울러 그로 인한 손실보상 규정을 두고 있는 점, (구)공공용지의 취득 및 손실보상에 관한 특례법 제3조 제1항은 "공공사업을 위한 토지 등의 취득 또는 사용으로 인하여 토지 등의 소유자가 입은 손실은 사업시행자가 이를 보상하여야 한다."고 규정하고, 같은 법 시행규칙 제23조의2 내지 7에서 <u>공공사업시행지구 밖에 위치한 영업과 공작물 등에 대한 간접손실에 대하여도 일정한 조건하에서 이를 보상하도록 규정하고 있는 점에 비추어, 공공사업의 시행으로 인하여 그러한 손실이 발생하리라는 것을 쉽게 예견할 수 있고 그 손실의 범위도 구체적으로 이를 특정할 수 있는 경우라면 그 손실의 보상에 관하여 (구)공공용지의 취득 및 손실보상에 관한 특례법 시행규칙의 관련규정 등을 유추적용할 수 있다고 해석함이 상당하고, 이러한 간접손실은 사법상의 권리인 영업권 등에 대한 손실을 본질적 내용으로 하고 있는 것으로서 그 보상청구권은 공법상의 권리가 아니라 사법상의 권리이고, 그 보상금의 결정방법, 불복절차 등에 관하여 아무런 규정도 마련되어 있지 아니하므로, 그 보상을 청구하려는 자는 사업시행자가 보상청구를 거부하거나 보상금액을 결정한 경우라도 이에 대하여 행정소송을 제기할 것이 아니라, 사업시행자를 상대로 민사소송으로 직접 손실보상금 지급청구를 하여야 한다.</u>

[4] 사업시행자가 택지개발사업을 시행하면서 그 구역 내의 농지개량조합 소유 저수지의 몽리답을 취득함으로써 사업시행구역 외에 위치한 저수지가 기능을 상실하고, 그 기능상실에 따른 손실보상의 협의가 이루어지지 않은 경우, 농지개량조합이 입은 손해는 공공사업지 밖에서 일어난 간접손실로서 (구)토지수용법 또는 (구)공공용지의 취득 및 손실보상에 관한 특례법 시행규칙의 간접보상에 관한 규정에 근거하여 직접 사업시행자에게 손실보상청구권을 가질 수는 없으나, (구)공공용지의 취득 및 손실보상에 관한 특례법 시행규칙 제23조의6을 유추적용하여 사업시행자를 상대로 민사소송으로서 그 보상을 청구할 수 있다고 본 사례

[5] 저수지시설이 몽리답에 화체된 경우에는 이를 평가·보상하지 아니한다고 규정한 (구)공공용
지의 취득 및 손실보상에 관한 특례법 시행규칙 제12조 제3항 제3호 (나)목은 공공사업용지
로 편입된 몽리답의 재산적 가치에 대한 평가에 저수지시설의 재산적 가치가 함께 포함된 것
으로 보이는 경우에 저수지시설에 대하여도 이를 평가하여 보상한다면 결과적으로 이중 보상
에 해당하게 되어 부당하므로 이를 방지하기 위한 것인 바, 몽리답의 소유자와 저수지시설의
소유자가 실질적으로 다른 경우에는 몽리답의 소유자에 대한 보상과는 별도로 저수지시설의
소유자에게 저수지시설에 대하여 보상한다고 하여 이를 이중 보상에 해당한다고 할 수는 없으
므로, 결국 저수지시설에 대하여 보상하지 아니하는 것은 몽리답의 소유자와 저수지시설의 소
유자가 실질적으로 동일하고 몽리답의 평가액에 저수지시설의 평가액이 포함되어 있다고 인
정되는 때에만 가능하다.

판례 58 2000다73612

공익사업시행지구 밖의 보상

요점사항

▶ 배후지 상실로 영업을 계속할 수 없는 경우 시행규칙상의 간접보상규정을 유추적용할 수 있다.

관련판례

✦ 대판 2002.3.12, 2000다73612[손해배상(기)]

1. 수산제조업 신고에 있어서 담당 공무원이 관계법령에 규정되지 아니한 서류를 요구하여 신고서를 제출
하지 못하였다는 사정만으로 신고가 있었던 것으로 볼 수 있는지 여부(소극)

2. 김 가공업자가 다른 사람 이름으로 수산제조업 신고를 한 경우, (구)수산업법에 따른 적법한 신고로
볼 수 있는지 여부(소극)

3. 공공사업시행지구 밖의 수산제조업자가 공공사업의 시행으로 그 배후지가 상실되어 영업을 할 수 없게
된 경우, 그 손실보상액 산정에 관하여 (구)공공용지의 취득 및 손실보상에 관한 특례법 시행규칙의
간접보상규정을 유추적용할 수 있는지 여부(적극)

4. 영업폐지에 대한 손실의 평가에 있어 최근 3년의 영업기간 중 영업실적이 없거나 현저히 감소한 기간을 제외할 수 있는지 여부(소극)

관련조문

토지보상법 제79조(그 밖의 토지에 관한 비용보상 등)

판시사항

[1] 수산제조업을 하고자 하는 사람이 형식적 요건을 모두 갖춘 수산제조업 신고서를 제출한 경우에는 담당 공무원이 관계법령에 규정되지 아니한 사유를 들어 그 신고를 수리하지 아니하고 반려하였다고 하더라도 그 신고서가 제출된 때에 신고가 있었다고 볼 것이나, 담당 공무원이 관계법령에 규정되지 아니한 서류를 요구하여 신고서를 제출하지 못하였다는 사정만으로는 신고가 있었던 것으로 볼 수 없다.

[2] (구)수산업법 제49조 제1항, 제51조 제2항, 제32조, 제35조 제6호, 제97조 제2호, (구)수산업법 시행령 제38조 제2항 제2호의 규정 등에 비추어 볼 때, 김 가공업자가 다른 사람의 이름으로 수산제조업 신고를 한 경우, 그 신고가 같은 법에 따른 적법한 신고로 볼 수 없고, 이는 김 가공업자가 신고 명의자와 동업으로 가공업을 하고 있는 경우에도 마찬가지이므로, 자기 명의로 수산제조업 신고를 하지 아니한 김 가공업자는 영업폐지에 대한 손실보상을 청구할 수 없다.

[3] 공공사업시행지구 밖에서 관계법령에 따라 신고를 하고 수산제조업을 하고 있는 사람에게 공공사업의 시행으로 인하여 그 배후지가 상실되어 영업을 할 수 없게 되었음을 이유로 손실보상을 하는 경우 그 보상액의 산정에 관하여는 (구)공공용지의 취득 및 손실보상에 관한 특례법 시행규칙의 간접보상에 관한 규정을 유추적용할 수 있다.

[4] (구)공공용지의 취득 및 손실보상에 관한 특례법 시행규칙 제24조 제1항과 제3항에 따르면, 폐지하는 영업의 영업이익은 해당 영업의 최근 3년간의 영업이익의 산술평균치를 기준으로 하여 산정하여야 하고, 그 3년의 기간 중 영업실적이 없거나 실적이 현저하게 감소된 시기가 있다고 하여 그 기간을 제외한 나머지 기간의 영업실적만을 기초로 하거나, 최근 3년 이전 기간의 영업실적을 기초로 하여 연평균 영업이익을 산정할 수는 없다.

판례 59 2002두4679

보삼금증감청구소송에 있어서 감정평가의 차이 시 채증방법

요점사항

▶ 개별요인비교로 인하여 감정결과에 차이가 생기게 된 경우 논리칙과 경험칙에 반하지 않는 이상 어느 것을 정당보상액으로 인정하는지는 법원의 재량에 속한다.

관련판례

✦ 대판 2005.1.28, 2002두4679[토지수용이의재결처분취소등]

1. 토지수용보상금 증감에 관한 소송에 있어서 이의재결의 기초가 된 각 감정기관의 감정평가와 법원 감정인의 감정평가가 개별요인비교에 관하여만 평가를 다소 달리한 관계로 감정결과에 차이가 생긴 경우의 채증방법
2. (구)토지수용법 제48조 제1항에서 정한 '종래의 목적'과 '사용하는 것이 현저히 곤란한 때'의 의미
3. 지방자치단체가 기업자로서 관할 토지수용위원회에 토지의 취득을 위한 재결신청을 하고 그 장이 관할 토지수용위원회의 재결신청서 및 관계서류 사본의 공고 및 열람의뢰에 따라 이를 공고 및 열람에 제공함에 있어서 토지소유자 등에게 의견제출할 것을 통지한 경우, 토지소유자가 해당 지방자치단체에 대하여 한 잔여지수용청구의 의사표시는 관할 토지수용위원회에 대하여 한 잔여지수용청구의 의사표시로 보아야 한다고 한 사례

관련조문

토지보상법 제85조(행정소송의 제기)

판시사항

[1] 토지수용보상금 증감에 관한 소송에 있어서 이의재결의 기초가 된 각 감정기관의 감정평가와 법원 감정인의 감정평가가 평가방법에 있어 위법사유가 없고 개별요인비교를 제외한 나머지 가격산정요인의 참작에 있어서는 서로 견해가 일치하나 개별요인비교에 관하여만 평가를 다소 달리한 관계로 감정결과(수용대상토지의 보상평가액)에 차이가 생기게 된 경우, 그 중 어느 감정평가의 개별요인비교의 내용에 오류가 있음을 인정할 자료가 없는 이상 각 감정평가 중 어느 것을 취신하여 정당보상가액으로 인정하는가 하는 것은 그것이 논리칙과 경험칙에 반하지 않는 이상 법원의 재량에 속한다.

[2] (구)토지수용법(1999.2.8. 법률 제5909호로 개정되기 전의 것) 제48조 제1항에서 규정한 '종래의 목적'이라 함은 수용재결 당시에 해당 잔여지가 현실적으로 사용되고 있는 구체적인 용도를 의미하고, '사용하는 것이 현저히 곤란한 때'라고 함은 물리적으로 사용하는 것이 곤란하게 된 경우는 물론 사회적, 경제적으로 사용하는 것이 곤란하게 된 경우, 즉 절대적으로 이용 불가능한 경우만이 아니라 이용은 가능하나 많은 비용이 소요되는 경우를 포함한다.

[3] 지방자치단체가 기업자로서 관할 토지수용위원회에 토지의 취득을 위한 재결신청을 하고 그 장이 관할 토지수용위원회의 재결신청서 및 관계서류 사본의 공고 및 열람의뢰에 따라 이를 공고 및 열람에 제공함에 있어서 토지소유자 등에게 의견제출할 것을 통지한 경우, 토지소유자가 해당 지방자치단체에 대하여 한 잔여지수용청구의 의사표시는 관할 토지수용위원회에 대하여 한 잔여지수용청구의 의사표시로 보아야 한다고 한 사례

판례 60 2008두9591

보상금증감청구소송에서 법원의 심리

요점사항

▶ 수용재결의 기초가 된 감정평가와 법원 감정평가가 모두 위법한 경우 청구를 기각할 것이 아니라 재감정을 명하는 등의 방법으로 정당보상액을 심리하여 청구의 인용 여부를 결정하여야 한다.

관련판례

✦ 대판 2008.9.25, 2008두9591[보상금]

> 공익사업을 위한 토지 등의 취득 및 보상에 관한 법률 제85조 제2항에 정한 보상금 증감에 관한 소송에서 수용재결의 기초가 된 감정기관의 감정평가가 위법하고 그 후 법원이 선임한 감정인의 감정평가도 위법한 경우 법원의 심리방법

관련조문

토지보상법 제85조(행정소송의 제기)

판시사항

사업시행자를 피고로 하여 제기하는 보상금의 증감에 관한 소송은 법원이 정당한 보상액을 심리하는 것을 전제로 하고 있으므로, 법원은 토지수용위원회 재결의 기초가 된 감정기관의 감정평가가 위법하다고 인정하는 경우에는 그 후 법원의 심리과정에서 선임된 감정인의 감정평가 역시 위법하다고 하더라도 곧바로 토지소유자 또는 관계인의 청구를 기각할 것이 아니라, 감정인 등에게 적법한 감정평가방법에 따른 재감정을 명하거나 사실조회를 하는 등의 방법으로 석명권을 행사하여 그 정당한 보상액을 심리한 다음, 이를 토지수용위원회 재결시의 보상액과 비교하여 청구의 인용 여부를 결정하여야 한다.

판례 61 2010두1231

대집행계고를 하기 위한 요건

요점사항

▶ 대집행계고처분을 하기 위해서는 의무자의 대체적 작위의무 위반행위가 있어야 한다.

관련판례

✦ 대판 2010.6.24, 2010두1231[행정대집행계고처분취소]

[1] 대집행계고처분을 하기 위한 요건

[2] 행정청이 토지구획정리사업의 환지예정지를 지정하고 그 사업에 편입되는 건축물 등 지장물의 소유자 또는 임차인에게 지장물의 자진이전을 요구한 후 이에 응하지 않자 지장물의 이전에 대한 대집행을 계고하고 다시 대집행영장을 통지한 사안에서, 위 계고처분 등은 행정대집행법 제2조에 따라 명령된 지장물 이전의무가 없음에도 그러한 의무의 불이행을 사유로 행하여진 것으로 위법하다고 한 사례

관련조문

토지보상법 제89조(대집행)

판시사항

상고이유를 본다.

2. 그러나 원심의 판단은 다음과 같은 이유로 수긍하기 어렵다.

행정대집행법 제2조는 대집행의 대상이 되는 의무를 '법률(법률의 위임에 의한 명령, 지방자치단체의 조례를 포함한다)에 의하여 직접 명령되었거나 또는 법률에 의거한 행정청의 명령에 의한 행위로서 타인이 대신하여 행할 수 있는 행위'라고 규정하고 있으므로, 대집행계고처분을 하기 위하여는 법령에 의하여 직접 명령되거나 법령에 근거한 행정청의 명령에 의한 의무자의 대체적 작위의무 위반행위가 있어야 한다(대판 1996.6.28, 96누4374 참조).

… 나아가, 이 사건 조항은 사업시행자로 하여금 사업의 목적을 달성하기 위하여 필요한 경우 시행지구 안에 있는 건축물 등을 이전하거나 제거할 수 있도록 규정하고 있으나 사업시행자가 건축물 등의 소유자 또는 점유자에 대하여 그 이전 또는 제거를 명할 수 있는 것으로는 규정하고 있지 아니한 점, 한편 사업시행지구 안에 있는 건축물 등이 법 제39조의 규정에 위반하여 설치된 위법 건축물 등일 경우에는 법 제39조 제3항에서 그 소유자 또는 점유자에게 이전 또는 원상회복이나 기타 필요한 조치를 명할 수 있도록 따로 규정하고 있는 점, 이 사건 조항의 취지는 사업의 시행에 장애가 되는 위법 상태를 시정하려는 것이 아니라 사업의 목적 달성에 필요한 상태를 적극적으로 실현하려는 데 있으므로 이 사건 조항에 의한 건축물 등의 이전 또는 제거에 소요되는 비용은 사업에 필요한 비용으로서 법 제72조에 따라 사업시행자가 부담한다고 해석되는 점, 따라서 사업시행자가 이 사건 조항에 근거하여 건축물 등의 소유자 또는 점유자에게 그 이전 또는 제거를 명함으로써 그러한 비용을 부담시킬 수 있다고 본다면 부당한 점 등을 종합해 보면, 이 사건 조항은 사업시행자에게 직접 건축물 등을 이전하거나 제거할 수 있는 권능을 부여하는 규정일 뿐, 사업시행자에게 건축물 등의 소유자 또는 점유자에 대하여 그 이전 또는 제거를 명할 수 있는 권능까지 부여하는 규정이라고 할 수 없다.

관련내용

대집행의 요건

1. 토지보상법상 요건(법 제89조)(이완공)

① 이 법 또는 이법에 의한 처분으로 인한 의무를 이행하여야 할 자가 의무를 이행하지 않거나, ② 기간 내 의무를 완료하기 어려운 경우, ③ 의무자로 하여금 그 의무를 이행하게 하는 것이 현저히 공익을 해한다고 인정되는 사유가 있는 경우 사업시행자가 시·도지사나 시장·군수 또는 구청장에게 대집행을 신청할 수 있다고 규정하고 있다.

> * 기한 내 완료하기 어려운 경우란(2002도4582)
> '기간 내에 완료할 가망이 없는 경우'라고 함은 그 의무의 내용과 이미 이루어진 이행의 정도 및 이행의 의사 등에 비추어 해당 의무자가 그 기한 내에 의무이행을 완료하지 못할 것이 명백하다고 인정되는 경우를 말한다.

2. 행정대집행법상 요건(행정대집행법 제2조)(대다방)
   ① 공법상 대체적 작위의무의 불이행이 있을 것, ② 다른 수단으로 이행의 확보가 곤란할 것, ③ 불이행을 방치함이 심히 공익을 해할 것의 요건을 모두 충족해야 한다.

3. 행정기본법상 대집행의 요건(행정기본법 제30조 제1항 제1호)

> 행정기본법 제30조(행정상 강제)
> ① 행정청은 행정목적을 달성하기 위하여 필요한 경우에는 법률로 정하는 바에 따라 필요한 최소한의 범위에서 다음 각 호의 어느 하나에 해당하는 조치를 할 수 있다.
> **제1호 행정대집행** : 의무자가 행정상 의무(법령등에서 직접 부과하거나 행정청이 법령 등에 따라 부과한 의무를 말한다. 이하 이 절에서 같다)로서 타인이 대신하여 행할 수 있는 의무를 이행하지 아니하는 경우 법률로 정하는 다른 수단으로는 그 이행을 확보하기 곤란하고 그 불이행을 방치하면 공익을 크게 해칠 것으로 인정될 때에 행정청이 의무자가 하여야 할 행위를 스스로 하거나 제3자에게 하게 하고 그 비용을 의무자로부터 징수하는 것

 **판례 62** 2006두7096

대집행의 대상

요점사항

▶ 협의취득 시 약정한 철거의무는 사법상 계약의 실질로서 행정대집행의 대상인 공법상의 의무에 해당하지 않는다.
▶ 강제적 이행은 행정대집행법상 대집행의 방법으로 실현할 수 없다.

관련판례

✦ **대판 2006.10.13, 2006두7096[건물철거대집행계고처분취소]**

1. (구)공공용지의 취득 및 손실보상에 관한 특례법에 의한 협의취득 시 건물소유자가 매매대상 건물에 대한 철거의무를 부담하겠다는 취지의 약정을 한 경우, 그 철거의무가 행정대집행법에 의한 대집행의 대상이 되는지 여부(소극)
2. (구)공공용지의 취득 및 손실보상에 관한 특례법에 의한 협의취득 시 건물소유자가 협의취득대상 건물에 대하여 약정한 철거의무의 강제적 이행을 행정대집행법상 대집행의 방법으로 실현할 수 있는지 여부(소극)

관련조문

토지보상법 제89조(대집행)

판시사항

[1] 행정대집행법상 대집행의 대상이 되는 대체적 작위의무는 공법상 의무이어야 할 것인데, (구)공공용지의 취득 및 손실보상에 관한 특례법(2002.2.4. 법률 제6656호 공익사업을 위한 토지 등의 취득 및 보상에 관한 법률 부칙 제2조로 폐지)에 따른 토지 등의 협의취득은 공공사업에 필요한 토지 등을 그 소유자와의 협의에 의하여 취득하는 것으로서 공공기관이 사경제주체로서 행하는 사법상 매매 내지 사법상 계약의 실질을 가지는 것이므로, 그 협의취득 시 건물소유자가 매매대상 건물에 대한 철거의무를 부담하겠다는 취지의 약정을 하였다고 하더라도 이러한 철거의무는 공법상의 의무가 될 수 없고, 이 경우에도 행정대집행법을 준용하여 대집행을 허용하는 별도의 규정이 없는 한 위와 같은 철거의무는 행정대집행법에 의한 대집행의 대상이 되지 않는다.

[2] (구)공공용지의 취득 및 손실보상에 관한 특례법(2002.2.4. 법률 제6656호 공익사업을 위한 토지 등의 취득 및 보상에 관한 법률 부칙 제2조로 폐지)에 의한 협의취득 시 건물소유자가 협의취득대상 건물에 대하여 약정한 철거의무는 공법상 의무가 아닐 뿐만 아니라, 공익사업을 위한 토지 등의 취득 및 보상에 관한 법률 제89조에서 정한 행정대집행법의 대상이 되는 '이 법 또는 이 법에 의한 처분으로 인한 의무'에도 해당하지 아니하므로 위 철거의무에 대한 강제적 이행은 행정대집행법상 대집행의 방법으로 실현할 수 없다.

관련내용

비대체적 작위의무의 불이행의 대책

독일은 실력행사를 규정하고, 일본은 공무집행방해죄 등을 적용하고 있으며 우리나라는 실무상 인도불응 시 소유권이전등기 및 명도소송을 활용하고 있다. 공익사업의 홍보 및 피수용자와 관계개선을 통하여 자발적 인도를 도모하는 것이 중요하고 입법적으로 직접강제 및 실효성 확보수단의 법적 근거를 마련해야 할 것이다.

관련기출

---

1. 제22회 문제3

   A시는 시가지 철도이설사업을 시행하기 위하여 공익사업을 위한 토지 등의 취득 및 보상에 관한 법률 제16조에 따라 주택용지를 협의 취득하면서 그에 따른 일체의 보상금을 B에게 지급하였고, B는 해당 주택을 자진철거하겠다고 약정하였다. B가 자진철거를 하지 않을 경우 B의 주택에 대하여 대집행을 할 수 있는지를 판단하시오. **20점**

판례 63 **2009다76270**

환매권 : 토지보상법 제91조 제2항의 입법취지

요점사항

▶ 토지보상법 제91조 제2항의 입법취지 : 토지의 전부를 사업에 이용하지 아니한 경우도 필요가 없게 되었을 때와 마찬가지로 보아 환매권의 행사를 허용한다.

관련판례

✦ 대판 2010.1.14, 2009다76270[소유권이전등기]

환매권 행사의 요건을 규정한 공익사업을 위한 토지 등의 취득 및 보상에 관한 법률 제91조 제2항의 입법취지

관련조문

토지보상법 제91조(환매권)

판시사항

상고이유를 판단한다.

공익사업을 위한 토지 등의 취득 및 보상에 관한 법률(이하 '공익사업법'이라고 한다) 제91조는 토지의 협의취득일로부터 10년 이내에 해당 사업의 폐지·변경 그 밖의 사유로 취득한 토지의 전부 또는 일부가 필요 없게 된 경우(제1항)뿐만 아니라, <u>취득일로부터 5년 이내에 취득한 토지의 전부를 해당 사업에 이용하지 아니한 때(제2항)에도 취득일 당시의 토지소유자 등이 그 토지를 매수할 수 있는 환매권을 행사할 수 있도록 규정하고 있는바,</u> 사업시행자가 공익사업에 필요하여 취득한 토지가 그 공익사업의 폐지·변경 등의 사유로 공익사업에 이용할 필요가 없게 된 것은 아니라고 하더라도, 사실상 그 전부를 공익사업에 이용하지도 아니할 토지를 미리 취득하여 두도록 허용하는 것은 공익사업법에 의하여 토지를 취득할 것을 인정한 원래의 취지에 어긋날 뿐 아니라 토지가 이용되지 아니한 채 방치되는 결과가 되어 사회경제적으로도 바람직한 일이 아니기 때문에, 취득한 토지가 공익사업에 이용할 필요가 없게 되었을 때와 마찬가지로 보아 환매권의 행사를 허용하려는 것이 공익사업법 제91조 제2항의 입법취지라고 할 수 있다(대판 1995.8.25, 94다41690 참조).

원심판결 이유에 의하면 원심은, 공익사업법 제91조 제2항에서 정한 '이용'이라 함은 해당 공익사업의 시행을 위하여 토지 자체를 현실적으로 사용하는 경우를 의미하는 것으로 봄이 상당하고, 이에 이르지 않고 단순히 공익사업의 시행을 위하여 공사시행 업체와 양해각서를 체결한다거나 같은 사업지구 내 토지매입을 위하여 예산을 책정하고 토지 주인과 접촉하는 등 피고가 들고 있는 판시와 같은 사정만으로는 위 조항에서 정한 '이용'에 해당한다고 보기 어렵다는 이유로, 위 조항의 환매권을 행사하여 이 사건 각 부동산에 관한 소유권이전등기절차의 이행을 구하는 원고의 청구를 인용하였는바, 앞에서 본 위 조항의 입법취지를 고려하고 위 조항의 문구 및 '이용'의 사전적 의미, 환매권 행사와 관련하여 '이용' 여부를 판단할 때에는 사업시행자의 의도에 관계없이 객관적 사실에 비추어 판단할 필요가 있는 점 등도 종합하여 보면 원심의 위와 같은 판단은 옳은 것으로 수긍할 수 있고, 거기에 상고이유 주장과 같은 환매권 행사의 요건에 관한 법리오해 등의 위법이 없다. 그러므로 상고를 모두 기각하고 상고비용은 패소자의 부담으로 하기로 하여 관여 대법관의 일치된 의견으로 주문과 같이 판결한다.

관련내용

제91조(환매권)

① 공익사업의 폐지·변경 또는 그 밖의 사유로 취득한 토지의 전부 또는 일부가 필요 없게 된 경우 토지의 협의취득일 또는 수용의 개시일(이하 이 조에서 "취득일"이라 한다) 당시의 토지소유자 또는 그 포괄승계인(이하 "환매권자"라 한다)은 다음 각 호의 구분에 따른 날부터 10년

이내에 그 토지에 대하여 받은 보상금에 상당하는 금액을 사업시행자에게 지급하고 그 토지를 환매할 수 있다.

1. 사업의 폐지·변경으로 취득한 토지의 전부 또는 일부가 필요 없게 된 경우: 관계 법률에 따라 사업이 폐지·변경된 날 또는 제24조에 따른 사업의 폐지·변경 고시가 있는 날
2. 그 밖의 사유로 취득한 토지의 전부 또는 일부가 필요 없게 된 경우: 사업완료일

② 취득일부터 5년 이내에 취득한 토지의 전부를 해당 사업에 이용하지 아니하였을 때에는 제1항을 준용한다. 이 경우 환매권은 취득일부터 6년 이내에 행사하여야 한다.

판례 64　2021다294889

법적 규율이 없는 사안에 대하여 그와 유사한 사안에 관한 법규범을 유추적용할 수 있는 경우

요점사항

▶ 유추를 위해서는 법적 규율이 없는 사안과 법적 규율이 있는 사안 사이에 공통점 또는 유사점이 있어야 할 뿐만 아니라, 법규범의 체계, 입법 의도와 목적 등에 비추어 유추적용이 정당하다고 평가되는 경우이어야 한다.

▶ 택지개발사업의 시행을 위하여 협의취득한 토지의 환매권 발생 요건에 관하여도 구 택지개발촉진법 제13조 제1항을 유추적용함이 타당하다.

관련판례

✦ 대판 2023.8.18, 2021다294889[손해배상(기)]

판시사항

[1] 법적 규율이 없는 사안에 대하여 그와 유사한 사안에 관한 법규범을 유추적용할 수 있는 경우

[2] 택지개발사업의 시행을 위하여 수용한 토지의 환매권 발생 요건에 관하여 정한 구 택지개발촉진법 제13조 제1항이 택지개발사업의 시행을 위하여 협의취득한 토지의 환매권 발생 요건에 관하여도 유추적용되는지 여부(적극)

판결요지

[1] 법적 규율이 없는 사안에 대하여 그와 유사한 사안에 관한 법규범을 적용함으로써 법률의 흠결을 보충하는 것을 유추적용이라고 한다. 이는 실정법 조항의 문리해석 또는 논리해석만으로는 현실적인 법적 분쟁을 해결할 수 없거나 사회적 정의관념에 현저히 반하게 되는 결과가 초래되는 경우 법원이 실정법의 입법 정신을 살려 법적 분쟁을 합리적으로 해결하고 정의관념에 적합한 결과를 도출하기 위한 것이다. 이러한 유추를 위해서는 법적 규율이 없는 사안과 법적 규율이 있는 사안 사이에 공통점 또는 유사점이 있어야 할 뿐만 아니라, 법규범의 체계, 입법 의도와 목적 등에 비추어 유추적용이 정당하다고 평가되는 경우이어야 한다.

[2] 구 택지개발촉진법(2011.5.30. 법률 제10764호로 개정되기 전의 것, 이하 같다) 제13조 제1항은 "예정지구의 지정의 해제 또는 변경, 실시계획의 승인의 취소 또는 변경 기타 등의 사유로 수용한 토지 등의 전부 또는 일부가 필요 없게 된 때에는 수용 당시의 토지 등의 소유자 또는 그 포괄승계인은 필요 없게 된 날로부터 1년 내에 토지 등의 수용 당시 지급받은 보상금에 대통령령으로 정한 금액을 가산하여 시행자에게 지급하고 이를 환매할 수 있다."라고 규정하여 택지개발사업의 시행을 위하여 수용한 토지의 환매권 발생 요건에 관하여 정하고 있는데, 택지개발사업의 시행을 위하여 협의취득한 토지의 환매권 발생 요건에 관하여도 구 택지개발촉진법 제13조 제1항을 유추적용함이 타당하다. 그 이유는 다음과 같다.

① 구 택지개발촉진법은 환매권 발생 요건에 관하여 별도로 정하고 있고(제13조 제1항) 환매권자의 권리의 소멸에 관하여 공익사업을 위한 토지 등의 취득 및 보상에 관한 법률(이하 '토지보상법'이라 한다) 제92조를 준용한다고 규정하고 있을 뿐(제13조 제3항), 택지개발사업의 경우 환매에 관하여 일반적으로 토지보상법을 준용한다는 규정을 두고 있지 않다. 이는 광업법 제73조 제1항, 구 도시재개발법(2002.12.30. 법률 제6852호 도시 및 주거환경정비법 부칙 제2조로 폐지) 제32조 제1항, 구 도시계획법(2002.2.4. 법률 제6655호 국토의 계획 및 이용에 관한 법률 부칙 제2조로 폐지) 제68조 제1항, 산업입지 및 개발에 관한 법률 제22조 제5항, 전원개발촉진법 제6조의2 제5항 등에서 '토지의 수용 또는 사용에 관하여 해당 법률에서 규정하고 있는 것 외에는 토지보상법을 적용한다.'라는 취지로 규정하고 환매에 관하여 별도로 규정하지 않은 것과는 규율의 형식과 내용이 다르다. 이러한 관련 규정의 형식과 내용의 차이 등에 비추어 볼 때, 구 택지개발촉진법상 택지개발사업의 시행에 따라 협의취득한 토지의 환매권과 관련하여 환매권자의 권리 소멸에 관한 사항이 아닌 부분에 대해서도 당연히 토지보상법이 준용되거나 적용된다고 보기는 어렵다.

② 구 택지개발촉진법은 도시지역의 시급한 주택난을 해소하기 위하여 주택건설에 필요한 택지를 대량으로 취득·개발·공급하는 것을 입법 목적으로 하고 있다(제1조 참조). 다른 공익사업과 비교하여 택지개발사업의 경우 택지를 대량으로 개발·공급하기 위하여 사업 준비에 오랜 기간이 소요될 수 있으므로, 사업시행자가 택지개발사업의 시행을 위하여 사업 부지를 취득한 이후에도 오랜 기간 사업 부지를 택지개발사업에 현실적으로 이용하지 못할

가능성이 있다. 구 택지개발촉진법은 이러한 사정을 고려하여 제13조 제1항에서 환매권 발생 사유를 별도로 정하면서, 토지보상법 제91조 제2항과는 달리 '취득일부터 5년 이내에 취득한 토지의 전부를 사업에 이용하지 아니하였을 때'를 환매권 발생 사유에서 제외하고 있는 것으로 봄이 타당하다.

③ 구 택지개발촉진법 제13조 제1항은 환매권 발생 요건에 관하여 '수용한 토지'라는 표현을 <u>사용하고 있으나 택지개발사업의 시행을 위하여 토지를 취득한 원인이 수용인지 협의취득 인지에 따라 환매권 발생 요건을 달리 보아야 할 합리적인 이유가 없다.</u> 협의취득과 수용은 모두 사업시행자가 공익사업의 수행을 위하여 필요한 토지를 취득하기 위한 수단으로서, 협의취득이 이루어지지 않을 경우 수용에 의한 강제취득방법이 후속조치로 기능을 하게 되므로 공용수용과 비슷한 공법적 기능을 수행하는 이상 협의취득한 토지와 수용한 토지는 환매권 발생 여부와 관련하여 법률상 같이 취급하는 것이 바람직하다. 구 택지개발촉진법 제13조 제1항에서 택지개발사업의 환매권 발생 요건에 관하여 정하면서 협의취득한 토지가 환매 대상 토지에서 누락된 것은 법률의 흠결로 보일 뿐이다.

④ 그런데 택지개발사업의 시행을 위하여 협의취득한 토지의 환매권 발생 요건에 관하여 구 택지개발촉진법 제13조 제1항에 정함이 없다는 이유로 토지보상법 제91조 제2항이 적용되어야 한다고 본다면, 사업시행자가 택지개발사업의 시행을 위하여 취득한 토지의 전부를 취득일부터 5년 이내에 사업에 이용하지 아니하였을 때, 협의취득한 토지의 경우에는 토지보상법 제91조 제2항에 따라 환매권이 발생하는 반면, 수용한 토지의 경우에는 구 택지개발촉진법 제13조 제1항이 정한 환매권 발생 사유에 해당하지 않아 환매권이 발생하지 아니하게 된다. 이처럼 택지개발사업의 시행을 위하여 토지를 취득한 원인에 따라 환매권 발생 여부가 달라진다고 보는 것은 부당하다.

판례 65 **2004다2809**

토지의 인도이전의무가 대집행의 대상이 되는지 여부

요점사항

▸ 토지의 인도이전의무는 대체적 작위의무로 볼 수 없으므로 특별한 사정이 없는 한 대집행의 대상이 될 수 없다.

관련판례

✦ **대판 2005.8.19, 2004다2809[가처분이의]**

[1] (구)토지수용법상 피수용자 등이 기업자에 대하여 부담하는 수용대상토지의 인도의무가 행정
대집행법에 의한 대집행의 대상이 될 수 있는지 여부(소극)

[2] (구)토지수용법상 피수용자 등이 기업자에 대하여 부담하는 수용대상토지의 인도 또는 그 지
장물의 명도의무를 피보전권리로 하는 명도단행가처분의 허용 여부(적극)

판결요지

[1] 피수용자 등이 기업자에 대하여 부담하는 수용대상토지의 인도의무에 관한 (구)토지수용법
(2002.2.4. 법률 제6656호 공익사업을 위한 토지 등의 취득 및 보상에 관한 법률 부칙 제2조
로 폐지) 제63조, 제64조, 제77조 규정에서의 '인도'에는 명도도 포함되는 것으로 보아야 하
고, 이러한 명도의무는 그것을 강제적으로 실현하면서 직접적인 실력행사가 필요한 것이지 대
체적 작위의무라고 볼 수 없으므로 특별한 사정이 없는 한 행정대집행법에 의한 대집행의 대
상이 될 수 있는 것이 아니다.

[2] (구)토지수용법(2002.2.4. 법률 제6656호 공익사업을 위한 토지 등의 취득 및 보상에 관한
법률 부칙 제2조로 폐지) 제63조의 규정에 따라 피수용자 등이 기업자에 대하여 부담하는 수
용대상토지의 인도 또는 그 지장물의 명도의무 등이 비록 공법상의 법률관계라고 하더라도,
그 권리를 피보전권리로 하는 명도단행가처분은 그 권리에 끼칠 현저한 손해를 피하거나 급박
한 위험을 방지하기 위하여 또는 그 밖의 필요한 이유가 있을 경우에는 허용될 수 있다.

관련내용

┌─────────────────────────────────┐
│ **인도 · 이전의무가 대집행의 대상인지** │
└─────────────────────────────────┘

1. 문제점

인도 · 이전의무는 비대체적 작위의무인데 토지보상법 제89조에서는 의무로 규정하고 있는바
행정대집행법의 특례규정으로 보아 대집행을 실행할 수 있는지가 문제된다. 즉, 인도를 신체의
점유로써 거부하는 경우 이를 실력으로 배제할 수 있는지가 문제된다.

2. 판례

① 도시공원시설인 매점점유자의 점유배제는 대체적 작위의무에 해당하지 아니하므로 대집행
의 대상이 아니라고 판시하였다.

② 토지보상법 제89조의 '인도'에는 명도도 포함되는 것으로 보아야 하고, 이러한 명도의무는 그것을 강제적으로 실현하면서 직접적인 실력행사가 필요한 것이지 대체적 작위의무라고 볼 수 없으므로 특별한 사정이 없는 한 행정대집행법에 의한 대집행의 대상이 될 수 있는 것은 아니라고 판시하였다.

③ 철거의무 약정을 하였다 하더라도 그 명도의무는 사법상의 매매내지 사법상 계약의 성질을 갖는 것이므로 대집행의 대상이 아니라고 판시한 바 있다.

3. 검토
대집행은 국민의 권익침해의 개연성이 높으므로 토지보상법 제89조의 의무를 법치행정의 원리상 명확한 근거 없이 비대체적 작위의무로까지 확대해석할 수 없다고 할 것이다.

판례 66 2010다12043 · 12050

환매권 : 토지보상법 제91조에 정한 환매권의 행사요건 및 그 판단기준

요점사항

▶ 취득된 토지가 해당 사업에 "필요 없게 되었는지"의 여부는 사업의 목적 · 내용, 토지 취득의 경위 · 범위, 토지와 사업의 관계 · 용도 등 제반 사정에 비추어 객관적, 합리적으로 판단하여야 한다.

관련판례

✦ 대판 2010.5.13, 2010다12043 · 12050[소유권이전등기]

[1] '공익사업을 위한 토지 등의 취득 및 보상에 관한 법률' 제91조에 정한 환매권의 행사요건 및 그 판단기준

[2] 수도권신공항건설 촉진법에 따른 신공항건설사업의 시행자가 인천국제공항 2단계 건설사업을 시행하면서 그 부대공사로서 항공기 안전운항에 장애가 되는 구릉을 제거하는 공사를 하기 위해 그 구릉 일대에 위치한 토지를 협의취득한 후 절토작업을 완료한 사안에서, 절토작업이 완료되었다는 사정만으로 그 토지가 해당 사업에 필요 없게 되었다고 보기 어려워 그 토지에 관한 환매권이 발생하지 않았다고 한 사례

PART 03

토지보상법 제91조(환매권)

판결요지

[1] '공익사업을 위한 토지 등의 취득 및 보상에 관한 법률' 제91조에서 정하는 환매권은 '해당 사업의 폐지·변경 그 밖의 사유로 인하여 취득한 토지의 전부 또는 일부가 필요 없게 된 경우'에 행사할 수 있다. 여기서 '해당 사업'이란 토지의 협의취득 또는 수용의 목적이 된 구체적인 특정 공익사업을 가리키는 것이고, 취득된 토지가 '필요 없게 된 경우'라 함은 그 토지가 취득의 목적이 된 특정 공익사업의 폐지·변경 그 밖의 사유로 인하여 그 사업에 이용할 필요가 없어진 경우를 의미하며, 위와 같이 취득된 토지가 필요 없게 되었는지의 여부는 해당 공익사업의 목적과 내용, 토지 취득의 경위와 범위, 해당 토지와 공익사업의 관계, 용도 등 제반 사정에 비추어 객관적, 합리적으로 판단하여야 한다.

[2] 수도권신공항건설 촉진법에 따른 신공항건설사업의 시행자가 인천국제공항 2단계 건설사업의 공항시설공사 선행작업인 부지조성공사를 시행하면서, 그 부대공사로서 항공기 안전운항에 장애가 되는 구릉을 제거하는 공사를 하기 위해 그 구릉 일대에 위치한 토지를 협의취득한 후 절토작업을 완료한 사안에서, 절토작업이 완료된 토지의 현황을 그대로 유지하는 것은 인천국제공항에 입·출항하는 항공기의 안전운행을 위해 반드시 필요한 것이므로 해당 사업의 목적은 장애 구릉의 제거에 그치지 않고 그 현상을 유지하는 것까지 포함하는 것이라고 봄이 상당하고, 그 토지는 해당 사업에 계속 이용되는 것이거나 필요한 것으로서 공익상 필요가 소멸하지 않았다고 볼 수 있다는 점 등 여러 사정을 고려하면, 절토작업이 완료되었다는 사정만으로 그 토지가 해당 사업에 필요 없게 되었다고 보기 어려워 그 토지에 관한 환매권이 발생하지 않았다고 한 사례

 판례 67 2010다30782

환매권 행사의 제한

 요점사항

▶ 토지보상법 제91조 제6항 '공익사업의 변환'은 사업인정을 받거나 사업인정을 받은 것으로 의제되는 경우에만 인정되며, 취득·수용된 토지가 제3자에게 처분된 경우 그 토지는 필요 없게 된 것으로 간주되어 공익사업의 변환을 인정할 수 없다.

관련판례

✦ **대판 2010.9.30, 2010다30782[소유권이전등기]**

토지보상법 제91조 제6항에서 다른 공익사업으로 변경되는 경우에는 변경된 공익사업의 경우에도 사업인정을 받아야 환매권 행사가 제한됨.

관련조문

토지보상법 제91조(환매권)

판시사항

[1] 환매권에 관하여 규정한 '공익사업을 위한 토지 등의 취득 및 보상에 관한 법률' 제91조 제1항에 정한 '해당 사업'의 의미 및 협의취득 또는 수용된 토지가 필요 없게 되었는지 여부의 판단 기준

[2] '공익사업을 위한 토지 등의 취득 및 보상에 관한 법률' 제91조 제1항에 정한 환매권 행사기간의 의미

[3] '공익사업을 위한 토지 등의 취득 및 보상에 관한 법률' 제91조 제6항에 정한 공익사업의 변환이 인정되는 경우, 환매권 행사가 제한되는지 여부(적극)

[4] '공익사업을 위한 토지 등의 취득 및 보상에 관한 법률' 제91조 제6항에 정한 공익사업의 변환은 새로운 공익사업에 관해서도 같은 법 제20조 제1항의 규정에 의해 사업인정을 받거나 위 규정에 따른 사업인정을 받은 것으로 의제되는 경우에만 인정할 수 있는지 여부(적극)

[5] 공익사업을 위해 협의취득하거나 수용한 토지가 변경된 사업의 사업시행자 아닌 제3자에게 처분된 경우에도 '공익사업의 변환'을 인정할 수 있는지 여부(소극)

[6] 지방자치단체가 도시관리계획상 초등학교 건립사업을 위하여 학교용지를 협의취득하였으나 위 학교용지 인근에서 아파트건설사업을 하던 주택건설사업시행자와 그 아파트단지 내에 들어설 새 초등학교 부지와 위 학교용지를 교환하고 위 학교용지에 중학교를 건립하는 것으로 도시관리계획을 변경한 사안에서, 위 학교용지에 관한 환매권 행사를 인정한 사례

판결요지

[1] 환매권에 관하여 규정한 '공익사업을 위한 토지 등의 취득 및 보상에 관한 법률'(이하 '공익사업법'이라고 한다) 제91조 제1항에서 말하는 '해당 사업'이란 토지의 협의취득 또는 수용의 목적이 된 구체적인 특정의 공익사업으로서 공익사업법 제20조 제1항에 의한 사업인정을 받을 때 구체적으로 특정된 공익사업을 말하고, '국토의 계획 및 이용에 관한 법률' 제88조, 제96조

제2항에 의해 도시계획시설사업에 관한 실시계획의 인가를 공익사업법 제20조 제1항의 사업 인정으로 보게 되는 경우에는 그 실시계획의 인가를 받을 때 구체적으로 특정된 공익사업이 바로 공익사업법 제91조 제1항에 정한 협의취득 또는 수용의 목적이 된 해당 사업에 해당한다. 또 위 규정에 정한 해당 사업의 '폐지·변경'이란 해당 사업을 아예 그만두거나 다른 사업으로 바꾸는 것을 말하고, 취득한 토지의 전부 또는 일부가 '필요 없게 된 때'란 사업시행자가 취득한 토지의 전부 또는 일부가 그 취득목적사업을 위하여 사용할 필요 자체가 없어진 경우를 말하며, 협의취득 또는 수용된 토지가 필요 없게 되었는지 여부는 사업시행자의 주관적인 의사를 표준으로 할 것이 아니라 해당 사업의 목적과 내용, 협의취득의 경위와 범위, 해당 토지와 사업의 관계, 용도 등 제반 사정에 비추어 객관적·합리적으로 판단하여야 한다.

[2] '공익사업을 위한 토지 등의 취득 및 보상에 관한 법률' 제91조 제1항에서 환매권의 행사요건으로 정한 "해당 토지의 전부 또는 일부가 필요 없게 된 때로부터 1년 또는 그 취득일로부터 10년 이내에 그 토지를 환매할 수 있다."라는 규정의 의미는 취득일로부터 10년 이내에 그 토지가 필요 없게 된 경우에는 그때로부터 1년 이내에 환매권을 행사할 수 있으며, 또 필요 없게 된 때로부터 1년이 지났더라도 취득일로부터 10년이 지나지 않았다면 환매권자는 적법하게 환매권을 행사할 수 있다는 의미로 해석함이 옳다.

[3] 공익사업의 변환을 인정한 입법취지 등에 비추어 볼 때, '공익사업을 위한 토지 등의 취득 및 보상에 관한 법률' 제91조 제6항은 사업인정을 받은 해당 공익사업의 폐지·변경으로 인하여 협의취득하거나 수용한 토지가 필요 없게 된 때라도 위 규정에 의하여 공익사업의 변환이 허용되는 다른 공익사업으로 변경되는 경우에는 해당 토지의 원소유자 또는 그 포괄승계인에게 환매권이 발생하지 않는다는 취지를 규정한 것이라고 보아야 하고, 위 조항에서 정한 "제1항 및 제2항의 규정에 의한 환매권 행사기간은 관보에 해당 공익사업의 변경을 고시한 날로부터 기산한다."는 의미는 새로 변경된 공익사업을 기준으로 다시 환매권 행사의 요건을 갖추지 못하는 한 환매권을 행사할 수 없고 환매권 행사요건을 갖추어 제1항 및 제2항에 정한 환매권을 행사할 수 있는 경우에 그 환매권 행사기간은 해당 공익사업의 변경을 관보에 고시한 날로부터 기산한다는 의미로 해석해야 한다.

[4] '공익사업을 위한 토지 등의 취득 및 보상에 관한 법률' 제91조 제6항에 정한 공익사업의 변환은 같은 법 제20조 제1항의 규정에 의한 사업인정을 받은 공익사업이 일정한 범위 내의 공익성이 높은 다른 공익사업으로 변경된 경우에 한하여 환매권의 행사를 제한하는 것이므로, 적어도 새로운 공익사업에 관해서도 같은 법 제20조 제1항의 규정에 의해 사업인정을 받거나 또는 위 규정에 따른 사업인정을 받은 것으로 의제하는 다른 법률의 규정에 의해 사업인정을 받은 것으로 볼 수 있는 경우에만 공익사업의 변환에 의한 환매권 행사의 제한을 인정할 수 있다.

[5] 공익사업의 원활한 시행을 위한 무익한 절차의 반복 방지라는 '공익사업의 변환'을 인정한 입법취지에 비추어 볼 때, 만약 사업시행자가 협의취득하거나 수용한 해당 토지를 제3자에게 처분해 버린 경우에는 어차피 변경된 사업시행자는 그 사업의 시행을 위하여 제3자로부터 토지를

재취득해야 하는 절차를 새로 거쳐야 하는 관계로 위와 같은 공익사업의 변환을 인정할 필요성도 없게 되므로, 공익사업의 변환을 인정하기 위해서는 적어도 변경된 사업의 사업시행자가 해당 토지를 소유하고 있어야 한다. 나아가 공익사업을 위해 협의취득하거나 수용한 토지가 제3자에게 처분된 경우에는 특별한 사정이 없는 한 그 토지는 해당 공익사업에는 필요 없게 된 것이라고 보아야 하고, 변경된 공익사업에 관해서도 마찬가지이므로, 그 토지가 변경된 사업의 사업시행자 아닌 제3자에게 처분된 경우에는 공익사업의 변환을 인정할 여지도 없다.

[6] 지방자치단체가 도시관리계획상 초등학교 건립사업을 위하여 학교용지를 협의취득하였으나 위 학교용지 인근에서 아파트 건설사업을 하던 주택건설사업 시행자와 그 아파트단지 내에 들어설 새 초등학교 부지와 위 학교용지를 교환하고 위 학교용지에 중학교를 건립하는 것으로 도시관리계획을 변경한 사안에서, 위 학교용지에 대한 협의취득의 목적이 된 해당 사업인 '초등학교 건립사업'의 폐지·변경으로 위 토지는 해당 사업에 필요 없게 되었고, 나아가 '중학교 건립사업'에 관하여 사업인정을 받지 않았을 뿐만 아니라 위 학교용지가 중학교 건립사업의 시행자 아닌 제3자에게 처분되었으므로 공익사업의 변환도 인정할 수 없다는 이유로 위 학교용지에 관한 환매권 행사를 인정한 사례

판례 68 2004헌가10

환매의 목적물 : 토지의 소유권에 한정

요점사항

▶ 환매의 목적물은 토지의 소유권에 한정되며 건물에 대한 환매권을 부인한 것은 재산권 침해로 볼 수 없다.

관련판례

✦ 헌재 2005.5.26, 2004헌가10

협의취득 내지 수용 후 해당사업의 폐지나 변경이 있은 경우 환매권을 인정하는 대상으로 토지만을 규정하고 있는 공익사업을 위한 토지 등의 취득 및 보상에 관한 법률 제91조 제1항이 (구)건물소유자의 재산권을 침해하는지 여부(소극)

토지보상법 제91조(환매권)

가. 재산권 침해의 심사기준

나. 협의취득 내지 수용 후 해당 사업의 폐지나 변경이 있은 경우 환매권을 인정하는 대상으로 토지만을 규정하고 있는 공익사업을 위한 토지 등의 취득 및 보상에 관한 법률 제91조 제1항이 (구)건물소유자의 재산권을 침해하는지 여부(소극)

다. 위 조항이 평등권을 침해하는지 여부(소극)

가. 헌법은 재산권을 보장하지만 다른 기본권과는 달리 "그 내용과 한계는 법률로 정한다."고 하여 입법자에게 재산권에 관한 규율권한을 유보하고 있다. 그러므로 재산권을 형성하거나 제한하는 입법에 대한 위헌심사에 있어서는 입법자의 재량이 고려되어야 한다. 재산권의 제한에 대하여는 재산권 행사의 대상이 되는 객체가 지닌 사회적인 연관성과 사회적 기능이 크면 클수록 입법자에 의한 보다 광범위한 제한이 허용되며, 한편 개별 재산권이 갖는 자유보장적 기능, 즉 국민 개개인의 자유실현의 물질적 바탕이 되는 정도가 강할수록 엄격한 심사가 이루어져야 한다.

나. 수용된 토지 등이 공공사업에 필요 없게 되었을 경우에는 피수용자가 그 토지 등의 소유권을 회복할 수 있는 권리, 즉 환매권은 헌법이 보장하는 재산권에 포함된다. 그러나 수용이 이루어진 후 공익사업이 폐지되거나 변경되었을 때, 건물에 대해서까지 환매권을 인정할 것인지에 관해서는 입법재량의 범위가 넓다. 토지의 경우에는 공익사업이 폐지·변경되더라도 기본적으로 형상의 변경이 없는 반면, 건물은 그 경우 통상 철거되거나 그렇지 않더라도 형상의 변경이 있게 되며, 토지에 대해서는 보상이 이루어지더라도 수용당한 소유자에게 감정상의 손실 등이 남아있게 되나, 건물의 경우 정당한 보상이 주어졌다면 그러한 손실이 남아있는 경우는 드물다. 따라서 토지에 대해서는 그 존속가치를 보장해 주기 위해 공익사업의 폐지·변경 등으로 토지가 불필요하게 된 경우 환매권이 인정되어야 할 것이나, 건물에 대해서는 그 존속가치를 보장하기 위하여 환매권을 인정하여야 할 필요성이 없거나 매우 적다. 따라서 건물에 대한 환매권을 인정하지 않는 입법이 자의적인 것이라거나 정당한 입법목적을 벗어난 것이라 할 수 없고, 이미 정당한 보상을 받은 건물소유자의 입장에서는 해당 건물을 반드시 환매 받아야 할 만한 중요한 사익이 있다고 보기 어려우며, 건물에 대한 환매권이 부인된다고 해서 종전 건물소유자의 자유실현에 여하한 지장을 초래한다고 볼 수 없다. 즉, 공익사업을 위한 토지 등의 취득 및 보상에 관한 법률(2002.2.4, 법률 제6656호로 제정된 것) 제91조 제1항 중 "토지" 부분(이하 '이 사건 조항'이라 한다)으로 인한 기본권 제한의 정도와 피해는 미비하고 이 사건 조항이 공익

에 비하여 사익을 과도하게 침해하는 것은 아니다. 입법자가 건물에 대한 환매권을 부인한 것은 헌법적 한계 내에 있는 입법재량권의 행사이므로 재산권을 침해하는 것이라 볼 수 없다.

다. 이 사건 조항은 종전 토지소유자와 건물소유자 간에 환매권 인정에 있어서 차별을 하고 있지만, 이는 건물에 대한 환매권을 인정할 실익이 거의 없다는 점에 기인한 것이므로, 그러한 차별이 합리적 이유가 없는 자의적인 것이라거나 입법목적과 수단 간에 비례성을 갖추지 못한 것이라고 볼 수 없다. 그러므로 이 사건 조항은 평등권을 침해하지 않는다.

판례 69   2006다35124

환매권의 제척기간 및 불법행위의 성립 여부

요점사항

▶ 사업시행자가 환매통지·공고를 하지 않거나 부적법하게 함으로써 환매권자로 하여금 손해를 입게 하였다면 불법행위가 성립한다.

관련판례

✦ **대판 2006.11.23, 2006다35124[소유권이전등기등]**

1. 징발재산 정리에 관한 특별조치법 부칙(1993.12.27.) 제2조에 정한 국방부장관의 환매통지가 없는 경우, 같은 조에 따른 환매권의 제척기간
2. 국방부장관이 징발재산 정리에 관한 특별조치법 부칙(1993.12.27.) 제2조에 정한 환매의 통지나 공고를 하지 않거나 부적법하게 함으로써 환매권자로 하여금 환매권 행사기간을 넘기게 하여 환매권을 상실하는 손해를 입게 한 경우, 불법행위의 성립 여부

관련조문

토지보상법 제91조(환매권)

판시사항

[1] 징발재산 정리에 관한 특별조치법 부칙(1993.12.27.) 제2조에 의한 환매권을 행사할 수 있는 기간은 같은 조 제3항, 같은 법 제20조 제3항에 의하여 국방부장관의 통지가 있을 때에는 그 통지를 받은 날로부터 3개월이고, 국방부장관의 통지가 없을 때에는, 같은 법 부칙 제2조의 환매권이 제척기간의 경과로 환매권이 소멸한 자에게 은혜적으로 환매권을 재행사할 수 있도록 배려한 것이라는 점과 그로 인한 법률관계가 조속하게 안정되어야 할 필요성 및 국방부장관의 통지가 있는 경우와의 균형에 비추어 볼 때 국방부장관의 통지가 있는 경우에 최종적으로 환매권을 행사할 수 있는 시한과 같은 1996.3.31.까지이다.

[2] 징발재산 정리에 관한 특별조치법 부칙(1993.12.27.) 제2조 제3항 및 같은 법 제20조 제2항이 환매권 행사의 실효성을 보장하기 위하여 국방부장관의 통지 또는 공고의무를 규정한 이상 국방부장관이 위 규정에 따라 환매권자에게 통지나 공고를 하여야 할 의무는 법적인 의무이므로, 국방부장관이 이러한 의무를 위반한 채 통지 또는 공고를 하지 아니하거나 통지 또는 공고를 하더라도 그 통지 또는 공고가 부적법하여 환매권자로 하여금 환매권 행사기간을 넘기게 하여 환매권을 상실하는 손해를 입게 하였다면 환매권자에 대하여 불법행위가 성립할 수 있다.

판례 70 99다45864

환매권의 통지의무

요점사항

▶ 사업시행자가 환매통지·공고를 하지 않거나 부적법하게 함으로써 환매권자로 하여금 손해를 입게 하였다면 불법행위가 성립한다.

🐾 관련판례

> ✦ **대판 2000.11.14, 99다45864[소유권이전등기]**
>
> 1. 환매할 토지가 생겼을 경우 기업자로 하여금 원소유자 등에게 지체 없이 통지하거나 공고하도록 규정한 토지수용법 제72조 제1항의 법적 성질 및 공공용지의 취득 및 손실보상에 관한 특례법상의 사업시행자가 환매할 토지가 생겼음에도 원소유자 등에게 통지나 공고를 하지 아니하여 환매권 행사기간이 도과되도록 함으로써 환매권 자체를 상실하게 하는 손해를 가한 경우, 불법행위의 성립 여부(적극)
> 2. 공공용지의 취득 및 손실보상에 관한 특례법상 원소유자 등의 환매권상실로 인한 손해배상액의 산정방법

관련조문

토지보상법 제91조(환매권)

판시사항

[1] 공공용지의 취득 및 손실보상에 관한 특례법 제9조 제5항에 의하여 준용되는 토지수용법 제72조 제1항이 환매할 토지가 생겼을 때에는 기업자(사업시행자)가 지체 없이 이를 원소유자 등에게 통지하거나 공고하도록 규정한 취지는 원래 공적인 부담의 최소한성의 요청과 비자발적으로 소유권을 상실한 원소유자를 보호할 필요성 및 공평의 원칙 등 환매권을 규정한 입법이유에 비추어 공익목적에 필요 없게 된 토지가 있을 때에는 먼저 원소유자에게 그 사실을 알려 주어 환매할 것인지 여부를 최고하도록 함으로써 법률상 당연히 인정되는 환매권 행사의 실효성을 보장하기 위한 것이라고 할 것이므로 위 규정은 단순한 선언적인 것이 아니라 기업자(사업시행자)의 법적인 의무를 정한 것이라고 보아야 할 것인바, 공공용지의 취득 및 손실보상에 관한 특례법상의 사업시행자가 위 각 규정에 의한 통지나 공고를 하여야 할 의무가 있는데도 불구하고 이러한 의무에 위배한 채 원소유자 등에게 통지나 공고를 하지 아니하여, 원소유자 등으로 하여금 환매권 행사기간이 도과되도록 하여 이로 인하여 법률에 의하여 인정되는 환매권 행사가 불가능하게 되어 환매권 그 자체를 상실하게 하는 손해를 가한 때에는 원소유자 등에 대하여 불법행위를 구성한다고 할 것이다.

[2] 공공용지의 취득 및 손실보상에 관한 특례법상 원소유자 등의 환매권상실로 인한 손해배상액은 환매권상실 당시의 목적물의 시가에서 환매권자가 환매권을 행사하였을 경우 반환하여야 할 환매가격을 공제한 금원으로 정하여야 할 것이므로, 환매권상실 당시의 환매목적물의 감정평가금액이 공공용지의 취득 및 손실보상에 관한 특례법 제9조 제1항 소정의 '지급한 보상금'에 그때까지의 해당 사업과 관계없는 인근유사토지의 지가변동률을 곱한 금액보다 적거나 같을 때에는 위 감정평가금액에서 위 '지급한 보상금'을 공제하는 방법으로 계산하면 되지만, 이를 초과할 때에는 {환매권 상실 당시의 감정평가금액 − (환매권 상실 당시의 감정평가금액 − 지급한 보상금 × 지가상승률)}로 산정한 금액, 즉 위 '지급한 보상금'에 당시의 인근유사토지의 지가상승률을 곱한 금액이 손해로 된다고 할 것이다.

관련내용

제92조(환매권의 통지 등)

① 사업시행자는 제91조 제1항 및 제2항에 따라 환매할 토지가 생겼을 때에는 지체 없이 그 사실을 환매권자에게 통지하여야 한다. 다만, 사업시행자가 과실 없이 환매권자를 알 수 없을 때에는 대통령령으로 정하는 바에 따라 공고하여야 한다.

② 환매권자는 제1항에 따른 통지를 받은 날 또는 공고를 한 날부터 6개월이 지난 후에는 제91조 제1항 및 제2항에도 불구하고 환매권을 행사하지 못한다.

PART 03

판례 71 **2006다49277**

환매권의 행사방법

요점사항

▶ 환매는 지급받은 보상금을 미리 지급함으로써 일방적인 의사표시에 의해 성립하고 사업시행자는 환매대금 증액청구권을 내세워 선이행·동시이행의 항변을 주장할 수 없다.

관련판례

✦ 대판 2006.12.21, 2006다49277[소유권이전등기]

공익사업을 위한 토지 등의 취득 및 보상에 관한 법률 제91조에서 정한 환매권의 행사방법 및 그 환매권 행사로 인한 소유권이전등기 청구소송에서 사업시행자가 환매대금 증액청구권을 내세워 선이행 또는 동시이행의 항변을 할 수 있는지 여부(소극)

관련조문

토지보상법 제91조(환매권)

판시사항

환매는 환매기간 내에 환매의 요건이 발생하면 환매권자가 지급받은 보상금에 상당한 금액을 사업시행자에게 미리 지급하고 일방적으로 의사표시를 함으로써 사업시행자의 의사와 관계없이 환매가

성립하고, 토지 등의 가격이 취득 당시에 비하여 현저히 변경되었더라도 같은 법 제91조 제4항에 의하여 당사자 간에 금액에 관하여 협의가 성립하거나 사업시행자 또는 환매권자가 그 금액의 증감을 법원에 청구하여 법원에서 그 금액이 확정되지 않는 한, 그 가격이 현저히 등귀한 경우이거나 하락한 경우이거나를 묻지 않고 환매권을 행사하기 위하여는 지급받은 보상금 상당액을 미리 지급하여야 하고 또한 이로써 족한 것이며, 사업시행자는 소로써 법원에 환매대금의 증액을 청구할 수 있을 뿐 환매권 행사로 인한 소유권이전등기 청구소송에서 환매대금 증액청구권을 내세워 증액된 환매대금과 보상금 상당액의 차액을 지급할 것을 선이행 또는 동시이행의 항변으로 주장할 수 없다.

판례 72 2009두3323

이주대책대상자 적격성 확인 청구(제20회 기출)

요점사항

▶ 이주대책대상자 선정 기준일 : 공익사업을 위한 관계법령에 의한 고시 등이 있은 날

관련판례

✦ **대판 2009.6.11, 2009두3323[은평뉴타운도시개발구역이주대책대상자적격성확인등청구]**

1. 도시개발사업에 따른 이주대책대상자와 아닌 자를 정하는 기준일(=공익사업을 위한 관계법령에 의한 고시 등이 있은 날)
2. 은평뉴타운 개발사업에 따른 이주대책대상자를 정하면서 이주대책기준일을 공익사업을 위한 토지 등의 취득 및 보상에 관한 법률 시행령 제40조 제3항 제2호에 정한 '공익사업을 위한 관계법령에 의한 고시 등이 있은 날'로 본 원심판결을 파기한 사례

관련조문

토지보상법 시행령 제40조(이주대책의 수립·실시)

판시사항

[1] (구)도시개발법(2007.4.11. 법률 제8376호로 개정되기 전의 것, 이하 '도시개발법'이라고 한

다) 제23조, 공익사업을 위한 토지 등의 취득 및 보상에 관한 법률(이하 '공익사업법'이라고 한다) 제78조 제1항, 공익사업법 시행령 제40조 제3항 제2호에 의하면(공익사업법은 2003.1.1.부터 시행되었고, 그 부칙 제3조에서 '이 법 시행 당시 종전의 토지수용법령 및 공공용지의 취득 및 손실보상에 관한 특례법령에 의하여 행하여진 처분·절차 그 밖의 행위는 이 법의 규정에 의하여 행하여진 것으로 본다'고 규정하고 있는 바, 아래에서 보는 바와 같은 이 사건 이주대책기준 내지 이 사건 처분에 적용될 법률은 공익사업법이라고 할 것이다), 사업시행자는 도시개발사업의 시행으로 인하여 주거용 건축물을 제공함에 따라 생활의 근거를 상실하게 되는 자(이하 '이주대책대상자'라고 한다)를 위하여 공익사업법 시행령이 정하는 바에 따라 이주대책을 수립·실시하거나 이주정착금을 지급하여야 하나, 해당 건축물에 공익사업을 위한 관계법령에 의한 고시 등이 있는 날부터 계약체결일 또는 수용재결일까지 계속하여 거주하고 있지 아니한 건축물의 소유자는 원칙적으로 이주대책대상자에서 제외하도록 되어 있다.

위 각 규정의 문언, 내용 및 입법취지 등을 종합하여 보면, 공익사업법 시행령 제40조 제3항 제2호에서 말하는 '공익사업을 위한 관계법령에 의한 고시 등이 있는 날'은 이주대책대상자와 아닌 자를 정하는 기준이라고 할 것이다.

[2] 원심이 인정한 사실과 기록에 의하면, 서울특별시장은 2002.10.23. 이 사건 은평뉴타운 개발사업 추진계획을 공표하고, 같은 해 11.25. 그 개발사업의 이주대책기준일을 같은 해 11.20.로 정하여 공고한 사실, 그 후 2004.2.25.에는 그 도시개발구역지정 및 개발계획승인을 고시한 사실, 피고는 같은 해 6.24. 관계법령에 따른 보상계획을 공고한 후, 같은 해 10.19. 이 사건 이주대책기준을 공고한 사실, 그 이주대책기준에서는, 이주대책대상자를 ① 이 사건 이주대책기준일 이전부터 사업구역 내 자기 토지상 주택을 소유하고 협의계약체결일 또는 수용재결일까지 해당 주택에 계속 거주한 자, ② 위 ①의 요건을 구비하고 보상에 협의하고 자진 이주한 자, ③ 위 ①의 요건을 구비하고 이 사건 이주대책기준일 현재 미거주자로서 전세대원이 그 기준일 이전부터 보상계획공고일까지 사업구역 내 주택 외에 무주택자인 경우, ④ 이 사건 이주대책기준일 이후 취득하여 보상계획공고일 현재 사업구역 내 주택을 소유하고 협의계약체결일 또는 수용재결일까지 해당 주택에 계속 거주하며 보상에 협의하고 자진 이주한 자로서 전세대원이 그 기준일 이전부터 보상계획공고일까지 사업구역 내 주택 외에 무주택자인 경우 등으로 구분하여 공급할 분양아파트의 전용면적을 달리 정하고 있는 사실, 원고는 이 사건 은평뉴타운 개발사업 계획이 공표되기 이전인 1989.7.12. 그 사업구역 내에 위치한 서울 은평구 진관외동(이하 지번 생략) 토지 및 지상 주택(이하 '이 사건 주택'이라 한다)을 소유하고 있다가, 이 사건 이주대책기준일 이후인 2004.2.13. 이 사건 주택으로 주민등록을 전입한 사실, 원고의 배우자 소외인은 이 사건 이주대책기준일 이후 위 보상계획공고일 이후까지 다른 주택을 소유하고 있었던 사실 등을 알 수 있다.

이러한 사실관계를 앞서 본 법리에 비추어 살펴보면, 이 사건 이주대책기준일인 2002.11.25.을 공익사업법 시행령 제40조 제3항 제2호에서 말하는 '공익사업을 위한 관계법령에 의한 공시 등이 있는 날'에 해당한다고 볼 아무런 근거가 없을 뿐만 아니라, 이 사건 이주대책기준은 이주대책기준일인 2002.11.25.을 기준으로 이주대책대상자와 아닌 자를 정한 것이 아니라, 보상계획 공고일을 기준으로 그 이전에 이 사건 사업구역 내에 주택을 취득한 사람들을 일단 이주대책대상자로 정한 다음, 협의계약과 자진 이주 여부, 협의계약 체결일 또는 수용재결일까지 해당 주택에 계속 거주하였는지 여부, 전세대원이 사업구역 내 주택 외에 무주택자인지 여부, 주택 취득 시점이 이 사건 이주대책기준일 전후인지 여부 등을 고려하여 이주대책대상자 중 이주대책을 수립·실시하여야 할 자를 선정하고, 그들에게 공급할 아파트의 종류 및 면적을 정한 것이라고 봄이 상당하고, 따라서 이 사건 보상계획공고일(2004.6.24.) 이전에 이 사건 사업구역 내에 주택을 취득, 소유하고 있었던 원고는 이주대책대상자 중 이주대책을 수립·실시하여야 할 자와 이주정착금을 지급하여야 할 자 중 어디에 해당하는지, 이주대책을 수립·실시하여야 할 자에 해당할 경우 공급할 아파트의 종류 및 면적은 어떠한지는 별론으로 하고 일단 이주대책대상자에는 해당한다고 할 것이다.

그럼에도 불구하고 원심은 이 사건 이주대책기준일이 '관계법령에 의한 고시 등이 있은 날'과 동일시할 수 있거나 그와 유사한 날로 보아야 할 것이라고 단정한 나머지 원고가 이 사건 보상계획의 내용에 따른 이주대책대상자에 해당하는지 여부를 나아가 따져 보지도 아니한 채 원고의 이 사건 청구를 배척하고 말았으니, 원심판결에는 이주대책에 관한 법리를 오해하였거나 이 사건 보상계획의 내용을 오해하여 판결에 영향을 미친 위법이 있다고 할 것이다. 이 점에 관한 상고이유의 주장은 정당하다.

 판례 73 2007두13340

이주대책대상자 제외처분취소

요점사항

▶ 이주대책의 대상이 되는 주거용 건축물의 판단은 수용재결 내지 협의계약 체결 당시가 아닌 '공익사업을 위한 관계법령에 의한 고시 등이 있은 날'을 기준으로 한다.

관련판례

✦ 대판 2009.2.26, 2007두13340[이주대책대상자제외처분취소]

1. 공익사업을 위한 토지 등의 취득 및 보상에 관한 법률 시행령 제40조 제3항 제2호의 '공익사업을 위한 관계법령에 의한 고시 등이 있은 날' 당시 주거용 건물이 아니었던 건물이 그 후 주거용으로 용도 변경된 경우, 이주대책대상이 되는 주거용 건축물인지 여부(소극)
3. 군인아파트의 관리실 용도로 신축되어 택지개발예정지구지정 공람공고일 당시까지도 관리실로 사용하다가 그 후에 주거용으로 개조한 건물은 이주대책대상이 되는 주거용 건축물에 해당하지 않는다고 한 사례

관련조문

토지보상법 시행령 제40조(이주대책의 수립 · 실시)

판시사항

[1] 공익사업을 위한 토지 등의 취득 및 보상에 관한 법률 제78조 제1항, 공익사업을 위한 토지 등의 취득 및 보상에 관한 법률 시행령 제40조 제3항 제2호 규정의 문언, 내용 및 입법취지 등을 종합하여 보면, 위 법 제78조 제1항에 정한 이주대책의 대상이 되는 주거용 건축물이란 위 시행령 제40조 제3항 제2호의 '공익사업을 위한 관계법령에 의한 고시 등이 있은 날' 당시 건축물의 용도가 주거용인 건물을 의미한다고 해석되므로, 그 당시 주거용 건물이 아니었던 건물이 그 이후에 주거용으로 용도 변경된 경우에는 건축 허가를 받았는지 여부에 상관없이 수용재결 내지 협의계약 체결 당시 주거용으로 사용된 건물이라 할지라도 이주대책대상이 되는 주거용 건축물이 될 수 없다.

[2] 이주대책기준일이 되는 공익사업을 위한 토지 등의 취득 및 보상에 관한 법률 시행령 제40조 제3항 제2호의 '공익사업을 위한 관계법령에 의한 고시 등이 있은 날'에는 토지수용 절차에 공익사업을 위한 토지 등의 취득 및 보상에 관한 법률을 준용하도록 한 관계법률에서 사업인정의 고시 외에 주민 등에 대한 공람공고를 예정하고 있는 경우에는 사업인정의 고시일뿐만 아니라 공람공고일도 포함될 수 있다.

[3] 군인아파트의 관리실 용도로 신축되어 택지개발예정지구지정 공람공고일 당시까지도 관리실로 사용하다가 그 후에 주거용으로 개조한 건물은 이주대책대상이 되는 주거용 건축물에 해당하지 않는다고 한 사례

판례 74 · 94누13725

해당 공익사업의 시행을 위한 용도지역의 변경

요점사항

▶ 해당 공익사업의 시행을 직접 목적으로 하는 공법상 제한으로 인한 가격변동은 이를 고려함이 없이 적정가격을 정하므로 용도지역 등의 변경을 고려하지 않는다.

관련판례

✦ 대판 1995.11.7, 94누13725[토지수용재결처분취소등]

개발이익을 배제하기 위한 방법으로 도시계획구역 내의 수용대상토지에 관하여 그와 용도지역과 지목이 다른 토지를 표준지로 선정한 것이 적법한지 여부

관련조문

토지보상법 시행규칙 제23조(공법상 제한을 받는 토지의 평가)

판시사항

토지수용으로 인한 손실보상액을 산정함에 있어서는 해당 공공사업의 시행을 직접 목적으로 하는 계획의 승인·고시로 인한 가격변동은 이를 고려함이 없이 수용재결 당시의 가격을 기준으로 하여 적정가격을 정하여야 하는 것이므로, 택지개발계획의 시행을 위하여 용도지역이 경지지역에서 도시지역으로 변경된 토지들에 대하여 그 이후 이 사업을 시행하기 위하여 이를 수용하였다면, 표준지의 선정이나 지가변동률의 적용, 품등비교 등 그 보상액 재결을 위한 평가를 함에 있어서는 용도지역의 변경을 고려함이 없이 평가하여야 할 것이다.

판례 75 **2003두14222**

공법상 제한을 받는 토지의 평가

 요점사항

▶ 공법상 제한이 해당 공익사업의 시행을 직접 목적으로 가하여진 경우가 아니라면 제한을 받는 상태대로 평가하여야 한다.

관련판례

✦ 대판 2005.2.18, 2003두14222[토지수용이의재결처분취소]

1. 공공사업지구에 포함된 토지에 대하여 공공사업시행 이후에 해당 공공사업의 시행을 직접 목적으로 하지 않는 공법상의 제한이 가하여진 경우, 그 공법상의 제한을 받는 토지의 수용보상액 평가방법
2. 문화재보호구역의 확대 지정이 해당 공공사업인 택지개발사업의 시행을 직접 목적으로 하여 가하여진 것이 아님이 명백하므로 토지의 수용보상액은 그러한 공법상 제한을 받는 상태대로 평가하여야 한다고 한 사례

관련조문

토지보상법 시행규칙 제23조(공법상 제한을 받는 토지의 평가)

판시사항

[1] 공법상의 제한을 받는 토지의 수용보상액을 산정함에 있어서는 그 공법상의 제한이 해당 공공사업의 시행을 직접 목적으로 하여 가하여진 경우에는 그 제한을 받지 아니하는 상태대로 평가하여야 할 것이지만, 공법상 제한이 해당 공공사업의 시행을 직접 목적으로 하여 가하여진 경우가 아니라면 그러한 제한을 받는 상태 그대로 평가하여야 하고, 그와 같은 제한이 해당 공공사업의 시행 이후에 가하여진 경우라고 하여 달리 볼 것은 아니다.

[2] 문화재보호구역의 확대 지정이 해당 공공사업인 택지개발사업의 시행을 직접 목적으로 하여 가하여진 것이 아님이 명백하므로 토지의 수용보상액은 그러한 공법상 제한을 받는 상태대로 평가하여야 한다고 한 사례

판례 76 2006두11507

보상액 산정 시 용도지역 판단

요점사항

▶ 공익사업의 시행을 직접 목적으로 용도지역 등의 변경이 이루어진 경우 종전의 용도지역을 기준하여 평가하여야 한다.

관련판례

✦ **대판 2007.7.12, 2006두11507[소실보상금증액청구]**

1. 공원조성사업의 시행을 직접 목적으로 일반주거지역에서 자연녹지지역으로 변경된 토지에 대한 수용보상액을 산정하는 경우, 그 대상토지의 용도지역을 일반주거지역으로 하여 평가하여야 한다고 한 사례

2. 수용보상액 산정을 위해 토지를 평가함에 있어 토지의 현재 상태가 산림으로서 사실상 개발이 어렵다는 사정이 개별요인의 비교 시에 이미 반영된 경우, 입목본수도가 높아 관계법령상 토지의 개발이 제한된다는 점을 기타요인에서 다시 반영하는 것은 이미 반영한 사유를 중복하여 반영하는 것으로서 위법하다고 한 사례

3. 한국감정평가업협회가 제정한 '토지보상평가지침'의 법적 성질 및 감정평가가 이에 반하여 이루어졌다는 사정만으로 위법하게 되는지 여부(소극)

4. 도시계획구역 내에 있는 수용대상토지에 대한 표준지 선정방법

5. 토지가격비준표가 토지수용에 따른 보상액 산정의 기준이 되는지 여부(소극)

6. 비교표준지와 수용대상토지에 대한 지역요인 및 개별요인 등 품등비교를 함에 있어서 현실적인 이용상황에 따른 비교수치 외에 공부상 지목에 따른 비교수치를 중복적용할 수 있는지 여부(소극)

7. 토지수용보상액 산정에 있어 인근 유사토지의 정상거래가격이나 보상선례를 참작할 수 있는지 여부(한정 적극)

관련조문

토지보상법 시행규칙 제23조(공법상 제한을 받는 토지의 평가)

판시사항

[1] 공원조성사업의 시행을 직접 목적으로 일반주거지역에서 자연녹지지역으로 변경된 토지에 대한 수용보상액을 산정하는 경우, 그 대상토지의 용도지역을 일반주거지역으로 하여 평가하여야 한다고 한 사례

[2] 수용보상액 산정을 위해 토지를 평가함에 있어 토지의 현재 상태가 산림으로서 사실상 개발이 어렵다는 사정이 개별요인의 비교 시에 이미 반영된 경우, 입목본수도가 높아 관계법령상 토지의 개발이 제한된다는 점을 기타요인에서 다시 반영하는 것은 이미 반영한 사유를 중복하여 반영하는 것으로서 위법하다고 한 사례

[3] 한국감정평가업협회가 제정한 토지보상평가지침에서 입목본수도 등에 따른 관계법령상의 사용 제한 등을 개별요인이 아닌 기타요인에서 평가하도록 정하고 있으나, 위 토지보상평가지침은 단지 한국감정평가업협회가 내부적으로 기준을 정한 것에 불과하여 일반국민이나 법원을 기속하는 것이 아니므로 위 지침에 반하여 위와 같은 법령상의 제한사항을 기타요인이 아닌 개별요인의 비교 시에 반영하였다는 사정만으로 감정평가가 위법하게 되는 것은 아니다.

[4] 수용대상토지가 도시계획구역 내에 있는 경우에는 그 용도지역이 토지의 가격형성에 미치는 영향을 고려하여 볼 때, 해당 토지와 같은 용도지역의 표준지가 있으면 다른 특별한 사정이 없는 한 용도지역이 같은 토지를 해당 토지에 적용할 표준지로 선정함이 상당하고, 가령 그 표준지와 해당 토지의 이용상황이나 주변환경 등에 다소 상이한 점이 있다 하더라도 이러한 점은 지역요인이나 개별요인의 분석 등 품등비교에서 참작하면 된다.

[5] 건설교통부장관이 작성하여 관계 행정기관에 제공하는 '지가형성요인에 관한 표준적인 비교표(토지가격비준표)'는 개별토지가격을 산정하기 위한 자료로 제공되는 것으로, 토지수용에 따른 보상액 산정의 기준이 되는 것은 아니고 단지 참작자료에 불과할 뿐이다.

[6] 토지의 수용·사용에 따른 보상액을 평가함에 있어서는 관계법령에서 들고 있는 모든 산정요인을 구체적·종합적으로 참작하여 그 각 요인들을 모두 반영하되 지적공부상의 지목에 불구하고 가격시점에 있어서의 현실적인 이용상황에 따라 평가되어야 하므로, 비교표준지와 수용대상토지의 지역요인 및 개별요인 등 품등비교를 함에 있어서도 현실적인 이용상황에 따른 비교수치 외에 다시 공부상의 지목에 따른 비교수치를 중복적용하는 것은 허용되지 아니한다.

[7] 토지수용보상액 산정에 관한 관계법령의 규정을 종합하여 보면, 수용대상토지에 대한 보상액을 산정하는 경우 거래사례나 보상선례 등을 반드시 조사하여 참작하여야 하는 것은 아니지만, 인근 유사토지가 거래되거나 보상이 된 사례가 있고 그 가격이 정상적인 것으로서 적정한 보상액 평가에 영향을 미칠 수 있는 것임이 입증된 경우에는 인근 유사토지의 정상거래가격을 참작할 수 있고, 보상선례가 인근 유사토지에 관한 것으로서 해당 수용대상토지의 적정가격을 평가하는 데 있어 중요한 자료가 되는 경우에는 이를 참작하는 것이 상당하다.

판례 77 2003두9565

불법형질변경토지의 평가

요점사항

▶ 불법형질변경토지에 대하여는 수용재결 당시의 '현실적인 이용상황'을 기준으로 하되 일시적
인 이용상황은 평가에 반영하지 않는다.

관련판례

✦ **대판 2005.5.12, 2003두9565[토지수용이의재결처분취소]**

(구)공공용지의 취득 및 손실보상에 관한 특례법 시행규칙 시행일인 1995.1.7. 이전에 도시계획시설(공
원) 부지로 결정·고시된 불법형질변경토지에 대한 평가방법

관련조문

토지보상법 시행규칙 제24조(무허가건축물 등의 부지 또는 불법형질변경된 토지의 평가)

판시사항

(구)공공용지의 취득 및 손실보상에 관한 특례법 시행규칙(1995.1.7. 건설교통부령 제3호로 개정
된 것) 부칙 제4항에 의하여 그 시행일인 1995.1.7. 이전에 도시계획시설(공원)의 부지로 결정·고
시된 불법형질변경토지에 대하여는 형질변경이 될 당시의 토지이용상황을 상정하여 평가하도록 한
같은 법 시행규칙 제6조 제6항을 적용할 수 없으므로 수용재결 당시의 현실적인 이용상황에 따라
평가되어야 할 것이나, 그 주위환경의 사정으로 보아 그 이용방법이 임시적인 것이라면 이는 일시
적인 이용상황에 불과하므로 그 토지를 평가함에 있어서 고려할 사항이 아니다.

판례 78 96누13651

사실상의 사도

요점사항

▶ 사실상의 사도를 인근 토지가격의 1/3 이내로 평가하기 위하여는 그 도로의 제반 사정에 비추어 낮은 가격으로 보상해주어도 될 만한 객관적인 사유가 인정되어야 한다.

관련판례

✦ **대판 1997.4.25, 96누13651[토지수용이의재결처분취소]**

> **1.** (구)공공용지의 취득 및 손실보상에 관한 특례법 시행규칙 제6조의2 제1항 제2호 소정의 '사도법에 의한 사도 외의 도로'의 범위
> **2.** '사도법에 의한 사도 외의 도로'가 사실상 도로인 경우, 공공용지의 취득 및 손실보상에 관한 특례법 시행규칙 제6조의2 제1항 제2호를 적용하기 위한 요건

관련조문

토지보상법 시행규칙 제26조(도로 및 구거부지의 평가)

판시사항

[1] (구)공공용지의 취득 및 손실보상에 관한 특례법 시행규칙(1995.1.7. 건설교통부령 제3호로 개정된 것) 제6조의2 제1항 제2호는 사도법에 의한 사도 외의 도로의 부지를 인근 토지에 대한 평가금액의 3분의 1 이내로 평가하도록 규정함으로써 그 규정의 문언상으로는 그것이 도로법·도시계획법 등에 의하여 설치된 도로이든 사실상 불특정 다수인의 통행에 제공되고 있는 도로이든 가리지 않고 모두 위 규정 소정의 사도법에 의한 사도 이외의 도로에 해당하는 것으로 보아야 한다.

[2] '사도법에 의한 사도 외의 도로'가 사실상 도로인 경우, (구)공공용지의 취득 및 손실보상에 관한 특례법 시행규칙 제6조의2 제1항 제2호의 규정 취지는 사실상 불특정 다수인의 통행에 제공되고 있는 토지이기만 하면 그 모두를 인근 토지의 3분의 1 이내로 평가한다는 것이 아니라 그 도로의 개설 경위, 목적, 주위 환경, 인접 토지의 획지면적, 소유관계, 이용 상태 등의 제반 사정에 비추어 해당 토지소유자가 자기 토지의 편익을 위하여 스스로 공중의 통행에 제공하는 등 인근 토지에 비하여 낮은 가격으로 보상하여 주어도 될 만한 객관적인 사유가 인정되는 경우에만 인근 토지의 3분의 1 이내에서 평가하고 그러한 사유가 인정되지 아니하는 경우에는 위 규정의 적용에서 제외한다는 것으로 봄이 상당하다.

판례 79 2006두18492

사실상의 사도 판단기준

요점사항

▸ '자기 토지의 편익을 위하여 스스로 설치한 도로' : 개/목/소/이/주/인
▸ '타인의 통행을 제한할 수 없는 도로' : 도로로의 이용상황이 고착화되어 표준적 이용상황으로 원상
  회복하는 것이 용이하지 않은 상태

관련판례

✦ **대판 2007.4.12, 2006두18492[보상금]**

> 공익사업을 위한 토지 등의 취득 및 보상에 관한 법률 시행규칙 제26조 제2항 제1호, 제2호에서 정한
> '도로개설 당시의 토지소유자가 자기 토지의 편익을 위하여 스스로 설치한 도로' 및 '토지소유자가 그 의
> 사에 의하여 타인의 통행을 제한할 수 없는 도로'의 판단기준

관련조문

토지보상법 시행규칙 제26조(도로 및 구거부지의 평가)

판시사항

(구)공익사업을 위한 토지 등의 취득 및 보상에 관한 법률 시행규칙(2005.2.5. 건설교통부령 제
424호로 개정되기 전의 것) 제26조 제1항 제2호, 제2항 제1호, 제2호는 사도법에 의한 사도 외의
도로(국토의 계획 및 이용에 관한 법률에 의한 도시관리계획에 의하여 도로로 결정된 후부터 도로
로 사용되고 있는 것을 제외한다)로서 '도로개설 당시의 토지소유자가 자기 토지의 편익을 위하여
스스로 설치한 도로'와 '토지소유자가 그 의사에 의하여 타인의 통행을 제한할 수 없는 도로'는 '사
실상의 사도'로서 인근 토지에 대한 평가액의 1/3 이내로 평가하도록 규정하고 있는데, 여기서 '도
로개설 당시의 토지소유자가 자기 토지의 편익을 위하여 스스로 설치한 도로'인지 여부는 인접 토지
의 획지면적, 소유관계, 이용상태 등이나 개설경위, 목적, 주위환경 등에 의하여 객관적으로 판단하
여야 하고, '토지소유자가 그 의사에 의하여 타인의 통행을 제한할 수 없는 도로'에는 법률상 소유권
을 행사하여 통행을 제한할 수 없는 경우뿐만 아니라 사실상 통행을 제한하는 것이 곤란하다고 보
이는 경우도 해당한다고 할 것이나, 적어도 도로로의 이용상황이 고착화되어 해당 토지의 표준적
이용상황으로 원상회복하는 것이 용이하지 않은 상태에 이르러야 할 것이어서 단순히 해당 토지가
불특정 다수인의 통행에 장기간 제공되어 왔고 이를 소유자가 용인하여 왔다는 사정만으로는 사실
상의 도로에 해당한다고 할 수 없다.

판례 80 2004두6853

토지보상법 시행규칙상 어업손실보상기준 적용 가능 여부

요점사항

▶ 사유수면에서 하는 면허어업권의 경우 토지보상법 시행규칙상 어업손실보상대상에 해당한다.

관련판례

✦ 대판 2007.4.26, 2004두6853[토지수용이의재결처분취소]

> (구)내수면어업개발 촉진법 제7조 제3항에 따라 사유수면에서 하는 양식어업면허를 받아 취득한 어업권
> 이 같은 법의 적용대상이 되는지 여부(적극) 및 위 양식어업에 대하여 (구)공공용지의 취득 및 손실보상
> 에 관한 특례법 시행규칙 제23조 제1항에 따른 어업손실보상기준을 적용할 수 있는지 여부(적극)

관련조문

토지보상법 시행규칙 제44조(어업권의 평가 등)

판시사항

참게양식장에 관하여 (구)내수면어업개발 촉진법 제7조 제3항에 따라 양식어업 면허를 받음으로써
같은 법 제11조에 의하여 어업권을 취득하였다면, 이와 같은 면허어업의 경우에는 비록 사유수면이
라 하더라도 같은 법 제3조의2 제1항 소정의 '특별한 규정'에 해당하여 위 법의 적용대상이 된다고
봄이 상당하고, 이는 종전의 내수면어업개발 촉진법 제7조 제3항의 규정에 의하여 사유수면에서
양식어업의 면허를 받은 자에 대하여는 그 어업의 유효기간 만료일까지 종전의 규정에 의한다는
내수면어업법 부칙(2000.1.28.) 제2조 제2항에 따라 같은 법 아래에서도 같으므로, 위 참게양식
장이 도로사업지구로 편입됨으로써 더 이상 양식어업이 불가능하게 되었다면, (구)내수면어업개발
촉진법 제16조, (구)수산업법(2007.4.11. 법률 제8377호로 개정되기 전의 것) 제35조 제8호, 제
34조 제1항 제5호, (구)수산업법 시행령(2001.2.3. 대통령령 제17123호로 개정되기 전의 것) 제
62조, (구)공공용지의 취득 및 손실보상에 관한 특례법 시행규칙 제23조 제1항에 따라 어업권이
취소되는 경우에 준한 손실보상이 이루어져야 한다.

판례 81 2005다44060

허가 및 신고어업자의 범위와 그 판단기준

요점사항

▶ 공유수면에 대한 공익사업 시행으로 인한 손실보상·손해배상 대상 : 고시 이전에 어업허가 또는 신고를 마치고 어업에 종사하는 자

관련판례

✦ **대판 2007.5.31, 2005다44060[손해배상(기)]**

1. 공유수면에 대한 공공사업의 시행으로 인한 손실보상 또는 손해배상의 대상이 되는 허가 및 신고어업자의 범위와 그 판단기준
2. 발전소 건설사업이 일괄하여 하나의 공공사업에 해당한다고 보는 경우, 전원개발사업구역 내의 공유수면 이용에 제한이 가해진 후에 새로 어업허가를 받은 자들은 위 발전소 부지 위에 추가로 시설이 건설되었다고 하여 위 구역 내의 공유수면 이용에 관하여 특별한 손실을 입게 되었다고 볼 수 없다고 한 사례

관련조문

토지보상법 시행규칙 제44조(어업권의 평가 등)

판시사항

[1] 공유수면의 어업자에게 공공사업의 시행으로 인한 손실보상 또는 손해배상을 청구할 수 있는 피해가 발생하였다고 볼 수 있으려면 그 사업시행에 관한 면허 등의 고시일 및 사업시행 당시 적법한 면허어업자이거나 허가 또는 신고어업자로서 어업에 종사하고 있어야 하고, 위 사업시행의 면허 등 고시 이후에 비로소 어업허가를 받았거나 어업신고를 한 경우에는 이는 그 공유수면에 대한 공공사업의 시행과 이로 인한 허가 또는 신고어업의 제한이 이미 객관적으로 확정되어 있는 상태에서 그 제한을 전제로 하여 한 것으로서 그 이전에 어업허가 또는 신고를 마친 자와는 달리 위 공공사업이 시행됨으로써 그렇지 않을 경우에 비하여 그 어업자가 얻을 수 있는 이익이 감소된다고 하더라도 손실보상의 대상이 되는 특별한 손실을 입게 되었다고 할 수 없어 이에 대하여는 손실보상 또는 손해배상을 청구할 수 없고, 어업허가 또는 신고의 경우 그러한 공공사업에 의한 제한이 있는 상태에서 이루어진 것인지 여부는 해당 어업허가 또는 신고를 기준으로 하여야 하며, 그 이전에 받았으나 이미 유효기간이 만료한 어업허가 또는 신고를 기준으로 할 수 없다.

[2] 발전소 건설사업이 일괄하여 하나의 공공사업에 해당한다고 보는 경우, 전원개발사업구역 내의 공유수면 이용에 제한이 가해진 후에 새로 어업허가를 받은 자들은 위 발전소 부지 위에 추가로 시설이 건설되었다고 하여 위 구역 내의 공유수면 이용에 관하여 특별한 손실을 입게 되었다고 볼 수 없다고 한 사례

판례 82 2010두11641

영업손실의 보상대상(가격시점)

요점사항

▶ 영업손실의 보상대상에 해당하는지의 여부는 협의성립, 수용재결 또는 사용재결 당시를 기준으로 판단하여야 한다.

관련판례

✦ 대판 2010.9.9, 2010두11641[영업손실보상거부처분취소]

영업손실의 보상대상인 영업을 정한 공익사업을 위한 토지 등의 취득 및 보상에 관한 법률 시행규칙 제45조 제1호에서 말하는 '적법한 장소에서 인적·물적 시설을 갖추고 계속적으로 행하고 있는 영업'에 해당하는지 여부의 판단기준시기

관련조문

토지보상법 시행규칙 제45조(영업손실의 보상대상인 영업)

판결요지

공익사업을 위한 토지 등의 취득 및 보상에 관한 법률 제67조 제1항은 공익사업의 시행으로 인한 손실보상액의 산정은 협의에 의한 경우에는 협의성립 당시의 가격을, 재결에 의한 경우에는 수용 또는 사용의 재결 당시의 가격을 기준으로 한다고 규정하므로, <u>위 법 제77조 제4항의 위임에 따라 영업손실의 보상대상인 영업을 정한 같은 법 시행규칙 제45조 제1호에서 말하는 '적법한 장소(무허가건축물 등, 불법형질변경토지, 그 밖에 다른 법령에서 물건을 쌓아놓는 행위가 금지되는 장소</u>

가 아닌 곳을 말한다)에서 인적·물적 시설을 갖추고 계속적으로 행하고 있는 영업'에 해당하는지 여부는 협의성립, 수용재결 또는 사용재결 당시를 기준으로 판단하여야 한다.

판례 83   2001다7209

가설건축물 수용 시 임차인의 영업손실보상 여부

요점사항

▶ '가설건축물' 수용 시 임차인은 그 철거의무를 부담할 뿐 아니라 철거에 따른 손실보상을 청구할 수 없으며, 이를 과도한 침해라거나 특별한 희생이라고 볼 수 없다.

관련판례

✦ 대판 2001.8.24, 2001두7209[영업보상금]

> (구)도시계획법 제14조의2 제4항 소정의 '가설건축물' 수용 시 임차인의 영업손실을 보상하여야 하는지 여부(소극)

판결요지

(구)도시계획법(2000.1.28. 법률 제6243호로 전문 개정되기 전의 것) 제14조의2 제4항의 규정은 도시계획시설사업의 집행계획이 공고된 토지에 대하여 건축물을 건축하고자 하는 자는 장차 도시계획사업이 시행될 때에는 건축한 건축물을 철거하는 등 원상회복의무가 있다는 점을 이미 알고 있으므로 건축물의 한시적 이용 및 원상회복에 따른 경제성 기타 이해득실을 형량하여 건축 여부를 결정할 수 있도록 한 것으로서, 이러한 사실을 알면서도 건축물을 건축하였다면 스스로 원상회복의무의 부담을 감수한 것이므로 도시계획사업을 시행함에 있어 무상으로 당해 건축물의 원상회복을 명하는 것이 과도한 침해라거나 특별한 희생이라고 볼 수 없다. 그러므로 토지소유자는 도시계획사업이 시행될 때까지 가설건축물을 건축하여 한시적으로 사용할 수 있는 대신 도시계획사업이 시행될 경우에는 자신의 비용으로 그 가설건축물을 철거하여야 할 의무를 부담할 뿐 아니라 가설건축물의 철거에 따른 손실보상을 청구할 수 없고, 보상을 청구할 수 없는 손실에는 가설건축물 자체의 철거에 따른 손실뿐만 아니라 가설건축물의 철거에 따른 영업손실도 포함된다고 할 것

이며, 소유자가 그 손실보상을 청구할 수 없는 이상 그의 가설건축물의 이용권능에 터잡은 임차인 역시 그 가설건축물의 철거에 따른 영업손실의 보상을 청구할 수는 없다.

판례 84 2004두14649

영업의 폐지와 휴업보상의 구별기준

요점사항

▶ 폐업보상과 휴업보상의 구별기준은 '영업의 이전가능성'에 달려있고 이러한 가능성의 여부는 사실상의 이전 장애사유 유무 등을 종합하여 판단하여야 한다.

관련판례

✦ 대판 2005.9.15, 2004두14649[토지수용이의재결처분취소등]

> (구)공공용지의 취득 및 손실보상에 관한 특례법 시행규칙 제24조, 제25조에서 정한 영업손실에 관한 보상에 있어서 영업의 폐지와 휴업의 구별기준(=영업의 이전가능성) 및 그 판단방법

관련조문

토지보상법 시행규칙 제46조(영업의 폐지에 대한 손실의 평가 등)
토지보상법 시행규칙 제47조(영업의 휴업 등에 대한 손실의 평가)

판시사항

[1] (구)공공용지의 취득 및 손실보상에 관한 특례법 시행규칙 제24조, 제25조에서 정한 영업손실에 관한 보상에 있어서 영업의 폐지와 휴업의 구별기준(=영업의 이전 가능성) 및 그 판단방법

[2] (구)공공용지의 취득 및 손실보상에 관한 특례법 시행규칙 제25조 제2항의 규정 취지

이유

1. (구)토지수용법 제57조에 의하여 준용되는 (구)공공용지의 취득 및 손실보상에 관한 특례법

(2002.2.4. 법률 제6656호로 폐지되기 전의 것, 이하 '(구)공특법'이라 한다) 제4조 제4항, (구)공특법 시행령(2002.12.30. 대통령령 제17854호로 폐지되기 전의 것) 제2조의10 제7항, (구)공특법 시행규칙(2002.12.31. 건설교통부령 제344호로 폐지되기 전의 것, 이하 '(구)공특법 시행규칙'이라 한다) 제24조 제1항, 제2항, 제25조 제1항, 제2항의 각 규정을 종합해 보면, 영업손실에 관한 보상의 경우 (구)공특법 시행규칙 제24조 제2항 제1호 내지 제3호에 의한 영업의 폐지로 볼 것인지 아니면 영업의 휴업으로 볼 것인지를 구별하는 기준은 해당 영업을 그 영업소 소재지나 인접 시·군 또는 구 지역 안의 다른 장소로 이전하는 것이 가능한지 여부에 달려 있고, 이러한 이전 가능성 여부는 법령상의 이전 장애사유 유무와 해당 영업의 종류와 특성, 영업시설의 규모, 인접 지역의 현황과 특성, 그 이전을 위하여 당사자가 들인 노력 등과 인근 주민들의 이전 반대 등과 같은 사실상의 이전 장애사유 유무 등을 종합하여 판단하여야 한다(대판 2002.10.8, 2002두5498, 대판 2003.10.10, 2002두8992 등 참조).

관련기출

1. 제16회 4번
   휴업보상에 대해 약술하시오. [10점]

판례 85 2013두13457

영업의 폐지에 대한 보상기준

요점사항

▶ 폐업보상액 산정 시 매각손실액 산정의 기초가 되는 재고자산의 가격에 판매이윤은 포함되지 않는다.

관련판례

PART 03

✦ 대판 2014.6.26, 2013두13457[수용보상금증액]

공익사업을 위한 토지 등의 취득 및 보상에 관한 법률 시행규칙 제46조 제1항에서 정한 '제품 및 상품 등 재고자산의 매각손실액'의 의미 및 매각손실액 산정의 기초가 되는 재고자산의 가격에 해당 재고자산 을 판매할 경우 거둘 수 있는 이윤이 포함되는지 여부(소극)

관련조문

토지보상법 시행규칙 제46조(영업의 폐지에 대한 손실의 평가 등)

판시사항

공익사업을 위한 토지 등의 취득 및 보상에 관한 법률 시행규칙 제46조 제1항에서 정한 '제품 및 상품 등 재고자산의 매각손실액'의 의미 및 매각손실액 산정의 기초가 되는 재고자산의 가격에 해 당 재고자산을 판매할 경우 거둘 수 있는 이윤이 포함되는지 여부(소극)

판결요지

공익사업을 위한 토지 등의 취득 및 보상에 관한 법률 시행규칙 제46조 제1항에 의하면, 공익사업 의 시행으로 인하여 영업을 폐지하는 경우에는 2년간의 영업이익에 영업용 고정자산·원재료·제 품 및 상품 등의 매각손실액을 더한 금액을 평가하여 보상한다. 여기에서 제품 및 상품 등 재고자 산의 매각손실액이란 영업의 폐지로 인하여 제품이나 상품 등을 정상적인 영업을 통하여 판매하지 못하고 일시에 매각해야 하거나 필요 없게 된 원재료 등을 매각해야 함으로써 발생하는 손실을 말한다. 그리고 위 영업이익에는 이윤이 이미 포함되어 있는 점 등에 비추어 보면 매각손실액 산정 의 기초가 되는 재고자산의 가격에 해당 재고자산을 판매할 경우 거둘 수 있는 이윤은 포함되지 않는다.

Chapter 01 공익사업을 위한 토지 등의 취득 및 보상에 관한 법률 677

판례 86 2000두1003

휴업보상

요점사항

▶ 폐업보상을 요청하는 이의를 신청하였으나 이의유보의 뜻을 표시하지 않고 증액된 휴업보상금을 수령한 경우 이의재결에 승복한 것으로 본다.

관련판례

✦ 대판 2001.11.13, 2000두1003[토지수용이의재결취소]

1. 휴업보상을 인정한 수용재결에 대하여 폐업보상을 요청하며 이의신청을 하였으나 이의재결에서 인용되지 않고 휴업보상금만 증액되었는데 그 휴업보상금을 이의유보 없이 수령한 경우, 이의재결의 결과에 승복한 것인지 여부(적극)
2. 영업손실에 관한 보상에 있어서 영업의 폐지 또는 영업의 휴업인지 여부의 구별 기준(=영업의 이전 가능성) 및 그 판단방법
3. 수자원개발사업 지역에 편입된 농기구수리업 또는 잡화소매업 영업소의 영업손실에 관한 보상은 폐업보상이 아니라 휴업보상에 해당한다고 한 사례

관련조문

토지보상법 시행규칙 제47조(영업의 휴업 등에 대한 손실의 평가)

판시사항

[1] 토지소유자가 수용재결에서 정한 손실보상금을 수령할 당시 이의유보의 뜻을 표시하였다 하더라도, 이의재결에서 증액된 손실보상금을 수령하면서 이의유보의 뜻을 표시하지 않은 이상 특별한 사정이 없는 한 이는 이의재결의 결과에 승복하여 수령한 것으로 보아야 하고, 위 증액된 손실보상금을 수령할 당시 이의재결을 다투는 행정소송이 계속 중이라는 사실만으로는 추가보상금의 수령에 관하여 이의유보의 의사표시가 있는 것과 같이 볼 수는 없다 할 것인바, 이러한 법리는 휴업보상을 인정한 수용재결에 대하여 폐업보상을 하여 줄 것을 요청하면서 이의를 신청하였으나 이의재결에서 이를 받아들이지 않으면서 증액하여 인정한 휴업보상금을 이의유보의 뜻을 표시하지 않고 수령한 경우에도 마찬가지로 적용된다.

[2] (구)토지수용법 제57조의2에 의하여 준용되는 공공용지의 취득 및 손실보상에 관한 특례법 제4조 제4항, 같은 법 시행령 제2조의10 제7항, 같은 법 시행규칙 제24조 제1항, 제2항 제1호

내지 제3호, 제25조 제1항, 제2항, 제5항의 각 규정을 종합하여 볼 때, 영업손실에 관한 보상에 있어 같은 법 시행규칙 제24조 제2항 제1호 내지 제3호에 의한 **영업의 폐지**로 볼 것인지 아니면 영업의 휴업으로 볼 것인지를 구별하는 기준은 해당 영업을 그 영업소 소재지나 인접 시·군 또는 구 지역 안의 다른 장소로 이전하는 것이 가능한지의 여부에 달려 있다 할 것이고, 이러한 이전가능 여부는 법령상의 이전장애사유 유무와 해당 영업의 종류와 특성, 영업시설의 규모, 인접 지역의 현황과 특성, 그 이전을 위하여 당사자가 들인 노력 등과 인근 주민들의 이전 반대 등과 같은 사실상의 이전장애사유 유무 등을 종합하여 판단함이 상당하다.

[3] 수자원개발사업 지역에 편입된 농기구수리업 또는 잡화소매업 영업소의 영업손실에 관한 보상은 폐업보상이 아니라 휴업보상에 해당한다고 한 사례

판례 87 2000다50237

사업인정고시 이후의 조건부 영업보상

요점사항

▶ 3년 내에 공장 이전을 조건으로 공장설립허가를 받은 경우 공장부지가 수용되었다면 휴업보상의 대상이 된다.

관련판례

✦ **대판 2001.4.27, 2000다50237[부당이득금반환]**

1. 공공사업의 시행으로 인한 손실보상액의 산정시기 및 영업의 폐지나 휴업에 대한 손실보상의 대상에서 제외되는 영업의 종류
2. 도로구역 결정고시 전에 공장을 운영하다가 고시 후에 시로부터 3년 내에 공장을 이전할 것을 조건으로 공장설립허가를 받았더라도 그 공장부지가 수용되었다면 휴업보상의 대상이 된다고 본 사례
3. 재결에 대하여 불복절차를 취하지 아니함으로써 그 재결에 대하여 더 이상 다툴 수 없게 된 경우, 기업자가 이미 보상금을 지급받은 자에 대하여 민사소송으로 부당이득의 반환을 구할 수 있는지 여부 (소극)

관련조문

토지보상법 시행규칙 제46조(영업의 폐지에 대한 손실의 평가 등)

 판시사항

[1] (구)토지수용법 제45조, 제46조, 제57조의2, (구)공공용지의 취득 및 손실보상에 관한 특례법 제3조, 제4조, 같은 법 시행규칙 제25조, 제25조의3 제1항의 각 규정에 의하면, 공공사업의 시행으로 인한 손실보상액은 (구)토지수용법에 의한 절차에 의하지 아니하고 협의에 의하여 토지 등을 취득 또는 사용하는 경우에는 그 계약체결 당시, (구)토지수용법 제25조 제1항의 규정에 의한 협의의 경우에는 그 협의성립 당시 그리고 같은 법 제29조의 규정에 의한 재결의 경우에는 그 재결 당시를 각각 기준으로 하여 산정하고, <u>영업의 폐지나 휴업에 대한 손실보상의 대상이 되는 영업의 범위에는, 관계법령에 의하여 해당 공공사업에 관한 계획의 고시 등이 있은 후에 해당 법률에 의하여 금지된 행위를 하거나 허가를 받아야 할 행위를 허가 없이 행한 경우 또는 관계법령에 의하여 허가·면허 또는 신고 등이나 일정한 자격이 있어야 행할 수 있는 영업이나 행위를 해당 허가·면허 또는 신고 등이나 자격 없이 행하고 있는 경우만 제외되므로, 공공사업에 관한 계획의 고시 등이 있기 이전은 물론이고 그 이후라도 계약체결, 협의성립 또는 수용재결 이전에 영업이나 행위에 필요한 허가·면허·신고나 자격을 정하고 있는 관계법령에 의하여 그 허가 등의 요건을 갖춘 영업이나 행위는 그것이 어느 법령에도 위반되지 아니하고 또한 위와 같은 보상제외사유의 어디에도 해당되지 아니하는 것으로서 손실보상의 대상이 된다.</u>

[2] 도로구역 결정고시 전에 공장을 운영하다가 고시 후에 시로부터 3년 내에 공장을 이전할 것을 조건으로 공장설립허가를 받았더라도 그 공장부지가 수용되었다면 휴업보상의 대상이 된다고 본 사례

[3] 재결에 대하여 불복절차를 취하지 아니함으로써 그 재결에 대하여 더 이상 다툴 수 없게 된 경우에는 기업자는 그 재결이 당연무효이거나 취소되지 않는 한, 이미 보상금을 지급받은 자에 대하여 민사소송으로 그 보상금을 부당이득이라 하여 반환을 구할 수 없다.
(구)토지수용법 제45조, 제46조, 제57조의2, (구)공공용지의 취득 및 손실보상에 관한 특례법 제3조, 제4조, 같은 법 시행규칙 제25조, 제25조의3 제1항의 각 규정에 의하면, 공공사업의 시행으로 인한 손실보상액은 (구)토지수용법에 의한 절차에 의하지 아니하고 협의에 의하여 토지 등을 취득 또는 사용하는 경우에는 그 계약체결 당시, (구)토지수용법 제25조 제1항의 규정에 의한 협의의 경우에는 그 협의성립 당시 그리고 같은 법 제29조의 규정에 의한 재결의 경우에는 그 재결 당시를 각각 기준으로 하여 산정하고, 영업의 폐지나 휴업에 대한 손실보상의 대상이 되는 영업의 범위에는, 관계법령에 의하여 해당 공공사업에 관한 계획의 고시 등이 있은 후에 해당 법률에 의하여 금지된 행위를 하거나 허가를 받아야 할 행위를 허가 없이 행한 경우 또는 관계법령에 의하여 허가·면허 또는 신고 등이나 일정한 자격이 있어야 행할 수 있는 영업이나

행위를 해당 허가·면허 또는 신고 등이나 자격 없이 행하고 있는 경우만 제외되므로, 공공사업에 관한 계획의 고시 등이 있기 이전은 물론이고 그 이후라도 계약체결, 협의성립 또는 수용재결 이전에 영업이나 행위에 필요한 허가·면허·신고나 자격을 정하고 있는 관계법령에 의하여 그 허가 등의 요건을 갖춘 영업이나 행위는 그것이 어느 법령에도 위반되지 아니하고 또한 위와 같은 보상제외사유의 어디에도 해당되지 아니하는 것으로서 손실보상의 대상이 된다고 보아야 할 것이다.

판례 88 2003두13106

기대이익의 보상대상 여부

요점사항

▶ 영업으로써 얻을 것으로 기대되는 이익은 손실보상의 대상이 아니다.

관련판례

✦ 대판 2006.1.27, 2003두13106[토지수용재결처분취소]

영업을 하기 위하여 투자한 비용이나 그 영업을 통하여 얻을 것으로 기대되는 이익이 손실보상의 대상이 되는지 여부(소극)

관련조문

토지보상법 시행규칙 제46조(영업의 폐지에 대한 손실의 평가 등)

판시사항

영업을 하기 위하여 투자한 비용이나 그 영업을 통하여 얻을 것으로 기대되는 이익은 손실보상의 근거규정이나 그 보상의 기준과 방법 등에 관한 규정이 없으므로 손실보상의 대상이 된다고 할 수 없다.

판례 89 2004두3458

일부편입 시 일실임대수입의 보상 등

요점사항

▶ 임대용 건물의 일부가 수용되어 잔여건물을 보수하여 3월 이상의 보수기간이나 임대하지 못한 기간에 대한 일실 임대수입은 수용으로 인한 보상액에 포함되어야 한다.

관련판례

✦ **대판 2006.7.28, 2004두3458[토지수용이의재결처분취소]**

> 수용대상토지 지상의 임대용 건물의 일부가 수용된 후 잔여건물을 보수하여 계속 임대용으로 사용함에 있어 3월 이상의 보수기간이나 임대하지 못한 기간이 소요되었다는 특별한 사정이 있는 경우, 그 기간 동안의 일실 임대수입을 보상함에 있어서 (구)공공용지의 취득 및 손실보상에 관한 특례법 시행규칙 제25조 제2항이 유추적용되는지 여부(적극)

관련조문

토지보상법 시행규칙 제46조(영업의 폐지에 대한 손실의 평가 등)

판시사항

(구)공공용지의 취득 및 손실보상에 관한 특례법 등 관계법령에 의하면, 수용대상토지 지상에 건물이 건립되어 있는 경우 그 건물에 대한 보상은 취득가액을 초과하지 아니하는 한도 내에서 건물의 구조·이용상태·면적·내구연한·유용성·이전 가능성 및 난이도 등의 여러 요인을 종합적으로 고려하여 원가법으로 산정한 이전비용으로 보상하고, 건물의 일부가 공공사업지구에 편입되어 그 건물의 잔여부분을 종래의 목적대로 사용할 수 없거나 사용이 현저히 곤란한 경우에는 그 잔여부분에 대하여는 위와 같이 평가하여 보상하되, 그 건물의 잔여부분을 보수하여 사용할 수 있는 경우에는 보수비로 평가하여 보상하도록 하고 있고, 임대용으로 제공되고 있던 건물의 일부가 수용된 후 잔여건물을 보수하여 계속 임대용으로 사용하는 경우 잔여건물의 보수비를 포함하여 위와 같은 기준에 따라 보상액을 지급하였다고 하더라도 그 보상액에는 보수기간이나 임대하지 못한 기간 동안의 일실 임대수입액은 포함되어 있지 않으므로 그러한 경우에는 (구)공공용지의 취득 및 손실보상에 관한 특례법 시행규칙(2002.12.31, 건설교통부령 제344호로 폐지되기 전의 것) 제25조 제3항에 따라 3월의 범위 내에서 보수기간이나 임대하지 못한 기간 동안의 일실 임대수입은 수용으로 인한 보상액에 포함되어야 하고, 다만 3월 이상의 보수기간이나 임대하지 못한 기간이 소요되었다는 특별한 사정이 있는 경우에는 같은 법 시행규칙 제25조 제2항을 유추적용하여 그 기간 동안

의 일실 임대수입 역시 수용으로 인한 보상액에 포함되어야 하며, 위와 같이 보수기간이나 임대하지 못한 기간이 3월 이상 소요되었다는 특별한 사정은 잔여건물이나 임대사업 자체의 고유한 특수성으로 인하여 3월 내에 잔여건물을 보수하거나 임대하는 것이 곤란하다고 객관적으로 인정되는 경우라야 한다.

판례 90 2006두8235

'농지법'상 농지의 판단

요점사항

▶ 불법형질변경이 이루어지기 전의 이용상황으로 원상회복이 용이한 상태에 있다면 그 변경상태가 일시적인 것으로 보아 형질변경되기 전의 지목으로 보아야 한다.

관련판례

✦ 대판 2007.5.31, 2006두8235[농지조성비부과결정등취소]

1. (구)농지법 제2조 제1호에서 정한 '농지'의 판단기준
2. 벼 경작지로 이용되어 오다가 건물부지, 주차장, 잔디밭 등으로 불법형질변경된 토지가 (구)농지법상 농지에 해당한다고 본 사례

관련조문

토지보상법 시행규칙 제48조(농업의 손실에 대한 보상)

판시사항

[1] 농지전용에 따른 농지조성비를 부과하기 위하여는 그 토지가 (구)농지법(2005.7.21. 법률 제7604호로 개정되기 전의 것) 제2조 제1호 소정의 농지여야 하는데, 위 법조 소정의 농지인지의 여부는 공부상의 지목 여하에 불구하고 해당 토지의 사실상의 현상에 따라 가려져야 할 것이고, 농지의 현상이 변경되었다고 하더라도 그 변경 상태가 일시적인 것에 불과하고 농지로서의 원상회복이 용이하게 이루어질 수 있다면 그 토지는 여전히 농지법에서 말하는 농지에 해당하며, 공부상 지목이 잡종지인 토지의 경우에도 이를 달리 볼 것은 아니다. 또한, (구)농지법 소정의 농지가 현실적으

로 다른 용도로 이용되고 있다고 하더라도 그 토지가 적법한 절차에 의하지 아니한 채 형질변경되거나 전용된 것이어서 어차피 복구되어야 할 상태이고 그 형태와 주변토지의 이용상황 등에 비추어 농지로 회복하는 것이 불가능한 상태가 아니라 농지로서의 성격을 일시적으로 상실한 데 불과한 경우라면 그 변경 상태가 일시적인 것에 불과하다고 보아야 한다.

[2] 벼 경작지로 이용되어 오다가 건물부지, 주차장, 잔디밭 등으로 불법형질변경된 토지에 대하여, 전체 토지면적 중 건물부지가 차지하는 부분이 극히 일부이고 주차장이나 잔디밭에 깔린 자갈, 잔디 등은 비교적 쉽게 걷어낼 수 있는 점 등에 비추어 농지의 성격을 완전히 상실하여 농지로 회복이 불가능한 상태에 있는 것이 아니라 농지의 성격을 일시적으로 상실하여 그 원상회복이 비교적 용이한 상태에 있다고 보아 (구)농지법상 농지에 해당한다고 한 사례

🔏 판례 91 2006두2435

주거이전비와 이사비의 법적 성격

🔏 요점사항

▸ 주거이전비와 이사비는 조기이주를 장려하는 정책적 목적과 사회보장적인 차원에서 지급하는 금원의 성격을 갖는다.

🔏 관련판례

✦ 대판 2006.4.27, 2006두2435[주거이정비 및 이사비지급청구]

공익사업의 시행으로 인하여 이주하는 주거용 건축물의 세입자에게 지급되는 주거이전비와 이사비의 법적 성격, 그 청구권의 취득시기 및 이사비의 지급금액

관련조문

토지보상법 시행규칙 제54조(주거이전비의 보상)
토지보상법 시행규칙 제55조(동산의 이전비 보상 등)

판시사항

공익사업을 위한 토지 등의 취득 및 보상에 관한 법률 제78조 제5항 및 같은 법 시행규칙 제54조 제2항, 제55조 제2항의 각 규정에 의하여 <u>공익사업의 시행에 따라 이주하는 주거용 건축물의 세입자에게 지급하는 주거이전비와 이사비는, 해당 공익사업시행지구 안에 거주하는 세입자들의 조기이주를 장려하여 사업추진을 원활하게 하려는 정책적인 목적과 주거이전으로 인하여 특별한 어려움을 겪게 될 세입자들을 대상으로 하는 사회보장적인 차원에서 지급하는 금원의 성격을 갖는다 할 것이므로,</u> 같은 법 시행규칙 제54조 제2항에 규정된 '공익사업의 시행으로 인하여 이주하게 되는 주거용 건축물의 세입자로서 사업인정고시일 등 당시 또는 공익사업을 위한 관계법령에 의한 고시 등이 있은 당시 해당 공익사업시행지구 안에서 3개월 이상 거주한 자'에 해당하는 세입자는 이후의 사업시행자의 주거이전비 산정통보일 또는 수용개시일까지 계속 거주할 것을 요함이 없이 위 사업인정고시일 등에 바로 같은 법 시행규칙 제54조 제2항의 주거이전비와 같은 법 시행규칙 제55조 제2항의 이사비 청구권을 취득한다고 볼 것이고, 한편 이사비의 경우 실제 이전할 동산의 유무나 다과를 묻지 않고 같은 법 시행규칙 제55조 제2항 [별표 4]에 규정된 금액을 지급받을 수 있다.

판례 92 **2007다8129**

주거이전비 보상청구권의 법적 성격 등

요점사항

▸ 주거이전비청구권은 공법상의 권리로서 행정소송에 의하며 보상금의 증감 부분에 대하여는 보상금 증감청구소송에 의한다.

관련판례

✦ 대판 2008.5.29, 2007다8129[주거이전비등]

1. (구)공익사업을 위한 토지 등의 취득 및 보상에 관한 법령에 의하여 주거용 건축물의 세입자에게 인정되는 주거이전비 보상청구권의 법적 성격(= 공법상의 권리) 및 그 보상에 관한 분쟁의 쟁송절차(= 행정소송)
2. (구)공익사업을 위한 토지 등의 취득 및 보상에 관한 법령에 따라 주거용 건축물의 세입자가 주거이전비 보상을 소구하는 경우 그 소송의 형태

토지보상법 시행규칙 제54조(주거이전비의 보상)

판시사항

[1] (구)공익사업을 위한 토지 등의 취득 및 보상에 관한 법령에 의하여 주거용 건축물의 세입자에 게 인정되는 주거이전비 보상청구권의 법적 성격(= 공법상의 권리) 및 그 보상에 관한 분쟁의 쟁송절차(= 행정소송)

[2] (구)공익사업을 위한 토지 등의 취득 및 보상에 관한 법령에 따라 주거용 건축물의 세입자가 주거이전비 보상을 소구하는 경우 그 소송의 형태는 보상금증감을 구하는 소송이다.

판결요지

[1] (구)공익사업을 위한 토지 등의 취득 및 보상에 관한 법률(2007.10.17. 법률 제8665호로 개 정되기 전의 것) 제2조, 제78조에 의하면, 세입자는 사업시행자가 취득 또는 사용할 토지에 관하여 임대차 등에 의한 권리를 가진 관계인으로서, 같은 법 시행규칙 제54조 제2항 본문에 해당하는 경우에는 주거이전에 필요한 비용을 보상받을 권리가 있다. 그런데 이러한 주거이전 비는 해당 공익사업시행지구 안에 거주하는 세입자들의 조기이주를 장려하여 사업추진을 원활 하게 하려는 정책적인 목적과 주거이전으로 인하여 특별한 어려움을 겪게 될 세입자들을 대상 으로 하는 사회보장적인 차원에서 지급되는 금원의 성격을 가지므로, 적법하게 시행된 공익사 업으로 인하여 이주하게 된 주거용 건축물 세입자의 주거이전비 보상청구권은 공법상의 권리 이고, 따라서 그 보상을 둘러싼 쟁송은 민사소송이 아니라 공법상의 법률관계를 대상으로 하 는 행정소송에 의하여야 한다.

[2] (구)공익사업을 위한 토지 등의 취득 및 보상에 관한 법률(2007.10.17. 법률 제8665호로 개 정되기 전의 것) 제78조 제5항, 제7항, 같은 법 시행규칙 제54조 제2항 본문, 제3항의 각 조 문을 종합하여 보면, 세입자의 주거이전비 보상청구권은 그 요건을 충족하는 경우에 당연히 발생하는 것이므로, 주거이전비 보상청구소송은 행정소송법 제3조 제2호에 규정된 당사자소송 에 의하여야 한다. 다만, (구)도시 및 주거환경정비법(2007.12.21. 법률 제8785호로 개정되 기 전의 것) 제40조 제1항에 의하여 준용되는 (구)공익사업을 위한 토지 등의 취득 및 보상에 관한 법률 제2조, 제50조, 제78조, 제85조 등의 각 조문을 종합하여 보면, 세입자의 주거이전 비 보상에 관하여 재결이 이루어진 다음 세입자가 보상금의 증감부분을 다투는 경우에는 같은 법 제85조 제2항에 규정된 행정소송에 따라, 보상금의 증감 이외의 부분을 다투는 경우에는 같은 조 제1항에 규정된 행정소송에 따라 권리구제를 받을 수 있다.

판례 93 2011두3685

주거이전비 등

 요점사항

▶ 주거이전비 지급의무를 정하고 있는 토지보상법(규칙) 제54조 제2항은 당사자 합의 또는 사업시행자의 재량에 의하여 적용을 배제할 수 없는 강행규정이다.

 관련판례

✦ **대판 2011.7.14, 2011두3685[주거이정비등]**

[1] 도시 및 주거환경정비법에 따라 사업시행자에게서 임시수용시설을 제공받는 세입자가 공익사업을 위한 토지 등의 취득 및 보상에 관한 법률 및 같은 법 시행규칙에서 정한 주거이전비를 별도로 청구할 수 있는지 여부(적극)

[2] 사업시행자의 세입자에 대한 주거이전비 지급의무를 정하고 있는 공익사업을 위한 토지 등의 취득 및 보상에 관한 법률 시행규칙 제54조 제2항이 강행규정인지 여부(적극)

[3] 주택재개발사업 정비구역 안에 있는 주거용 건축물에 거주하던 세입자 甲이 주거이전비를 받을 수 있는 권리를 포기한다는 취지의 주거이전비 포기각서를 제출하고 사업시행자가 제공한 임대아파트에 입주한 다음 별도로 주거이전비를 청구한 사안에서, 위 포기각서의 내용은 강행규정에 반하여 무효라고 한 사례

관련조문

토지보상법 시행규칙 제54조(주거이전비의 보상)

판결요지

[1] 도시 및 주거환경정비법(이하 '도시정비법'이라 한다) 제36조 제1항 제1문 등에서 정한 세입자에 대한 임시수용시설 제공 등은 주거환경개선사업 및 주택재개발사업의 사업시행자로 하여금 주거환경개선사업 및 주택재개발사업의 시행으로 철거되는 주택에 거주하던 세입자에게 거주할 임시수용시설을 제공하거나 주택자금 융자알선 등 임시수용시설 제공에 상응하는 조치를 취하도록 하여 사업시행기간 동안 세입자의 주거안정을 도모하기 위한 조치로 볼 수 있는 반면, 공익사업을 위한 토지 등의 취득 및 보상에 관한 법률(이하 '공익사업법'이라 한다) 제78조 제5항, 공익사업을 위한 토지 등의 취득 및 보상에 관한 법률 시행규칙(이하 '공익사업법 시행규칙'이라 한다) 제54조 제2항 본문의 각 규정에 의하여 공익사업 시행에 따라 이주하는 주거

용 건축물의 세입자에게 지급하는 주거이전비는 해당 공익사업시행지구 안에 거주하는 세입자들의 조기이주를 장려하여 사업추진을 원활하게 하려는 정책적인 목적과 주거이전으로 말미암아 특별한 어려움을 겪게 될 세입자들을 대상으로 하는 사회보장적인 차원에서 지급하는 돈의 성격을 갖는 것으로 볼 수 있는 점, 도시정비법 및 공익사업법 시행규칙 등의 관련법령에서 임시수용시설 등 제공과 주거이전비 지급을 사업시행자의 의무사항으로 규정하면서 임시수용시설 등을 제공받는 자를 주거이전비 지급대상에서 명시적으로 배제하지 않은 점을 비롯한 위 각 규정의 문언, 내용 및 입법취지 등을 종합해 보면, 도시정비법에 따라 사업시행자에게서 임시수용시설을 제공받는 세입자라 하더라도 공익사업법 및 공익사업법 시행규칙에 따른 주거이전비를 별도로 청구할 수 있다고 보는 것이 타당하다.

[2] 공익사업을 위한 토지 등의 취득 및 보상에 관한 법률은 공익사업에 필요한 토지 등을 협의 또는 수용에 의하여 취득하거나 사용함에 따른 손실의 보상에 관한 사항을 규정함으로써 공익사업의 효율적인 수행을 통하여 공공복리의 증진과 재산권의 적정한 보호를 도모함을 목적으로 하고 있고, 위 법에 근거하여 공익사업을 위한 토지 등의 취득 및 보상에 관한 법률 시행규칙(이하 '공익사업법 시행규칙'이라 한다)에서 정하고 있는 세입자에 대한 주거이전비는 공익사업 시행으로 인하여 생활근거를 상실하게 되는 세입자를 위하여 사회보장적 차원에서 지급하는 금원으로 보아야 하므로, 사업시행자의 세입자에 대한 주거이전비 지급의무를 정하고 있는 공익사업법 시행규칙 제54조 제2항은 당사자 합의 또는 사업시행자 재량에 의하여 적용을 배제할 수 없는 강행규정이라고 보아야 한다.

[3] 주택재개발사업 정비구역 안에 있는 주거용 건축물에 거주하던 세입자 甲이 주거이전비를 받을 수 있는 권리를 포기한다는 취지의 '이주단지 입주에 따른 주거이전비 포기각서'를 제출한 후 사업시행자가 제공한 임대아파트에 입주한 다음 별도로 주거이전비를 청구한 사안에서, 사업시행자는 주택재개발 사업으로 철거되는 주택에 거주하던 甲에게 임시수용시설 제공 또는 주택자금 융자알선 등 임시수용에 상응하는 조치를 취할 의무를 부담하는 한편, 甲이 공익사업을 위한 토지 등의 취득 및 보상에 관한 법률 시행규칙(이하 '공익사업법 시행규칙'이라 한다) 제54조 제2항에 규정된 주거이전비 지급요건에 해당하는 세입자인 경우, 임시수용시설인 임대아파트에 거주하게 하는 것과 별도로 주거이전비를 지급할 의무가 있고, 甲이 임대아파트에 입주하면서 주거이전비를 포기하는 취지의 포기각서를 제출하였다 하더라도, 포기각서의 내용은 강행규정인 공익사업법 시행규칙 제54조 제2항에 위배되어 무효라고 한 사례

판례 94 2011두23603

주거이전비 및 이사비 보상대상자

요점사항

▶ 이사비의 보상대상자는 주거용 건축물의 거주자로서 보상을 받기 위하여 보상계획의 공고일 내지 산정통보일까지 계속 거주하여야 할 필요는 없다.

관련판례

✦ 대판 2012.2.23, 2011두23603[주거이전비등]

[1] 도시 및 주거환경정비법상 주거용 건축물의 세입자가 주거이전비를 보상받기 위하여 정비사업 시행에 따른 관리처분계획인가고시 및 그에 따른 주거이전비에 관한 보상계획 공고일 내지 산정통보일까지 계속 거주해야 하는지 여부(소극)

[2] 공익사업을 위한 토지 등의 취득 및 보상에 관한 법률 제78조 제5항 등에 따른 이사비의 보상대상자

관련조문

• 토지보상법 제78조(이주대책의 수립 등)
• 토지보상법 시행규칙 제54조(주거이전비의 보상)
• 토지보상법 시행규칙 제55조(동산의 이전비 보상 등)

판결요지

상고이유를 판단한다.

1. 주거이전비에 관한 상고이유에 대하여

　'공익사업을 위한 토지 등의 취득 및 보상에 관한 법률'(이하 '공익사업법'이라고 한다) 제78조 제5항, 같은 법 시행규칙 제54조 제2항 본문의 각 규정에 의하면, 공익사업의 시행으로 인하여 이주하게 되는 주거용 건축물의 세입자로서 사업인정고시일 등 당시 또는 공익사업을 위한 관계법령에 의한 고시 등이 있은 당시 해당 공익사업시행지구 안에서 3월 이상 거주한 이에 대하여는 가구원의 수에 따라 4개월분의 주거이전비를 보상하여야 한다. 한편 (구)도시 및 주거환경정비법(2008.3.28. 법률 제9047호로 개정되기 전의 것. 이하 '도시정비법'이라고 한다) 제4조 제1항, 제2항, 같은 법 시행령 제11조 제1항의 각 규정에 의하면, 시장·군수는 정비구역 및 그 면적 등에 관한 사항이 포함된 정비계획을 수립하여 14일 이상 주민에게 공람하되 미리 공

람의 요지 및 공람장소를 해당 지방자치단체의 공보 등에 공고한 후 특별시장·광역시장·도지사(이하 '도지사 등'이라고 한다)에게 정비구역지정을 신청하여야 하고, 도지사 등은 소정의 심의를 거쳐 정비구역을 지정하여야 한다. 또한 같은 법 제40조 제1항은 같은 법 소정의 정비사업의 시행을 위한 수용 또는 사용에 관하여는 공익사업법이 준용된다고 정한다.

위와 같은 각 법규정의 내용, 형식 및 입법경위에다가 주거이전비는 해당 공익사업시행지구 안에 거주하는 세입자들의 조기이주를 장려하여 사업을 원활하게 추진하려는 정책적인 목적을 가지면서 동시에 주거이전으로 인하여 특별한 어려움을 겪게 될 세입자들을 대상으로 하는 사회보장적인 차원에서 지급하는 성격의 것인 점(대판 2006.4.27, 2006두2435 등 참조) 등을 종합하면, 도시정비법상 주거용 건축물의 세입자가 주거이전비를 보상받기 위하여 반드시 정비사업의 시행에 따른 관리처분계획인가고시 및 그에 따른 주거이전비에 관한 보상계획의 공고일 내지 그 산정통보일까지 계속 거주하여야 할 필요는 없다고 할 것이다.

같은 취지에서 원심이 피고의 주장, 즉 원고 1, 2 및 원고 3이 이 사건 정비사업에 관한 관리처분계획인가고시일까지 계속 거주하여야 함을 전제로 관리처분계획인가고시나 그에 따른 보상계획이 공고되기 전까지는 주거이전비의 지급을 구할 수 없다는 주장을 배척하고, 위 원고들에 대한 주거이전비의 지급을 명한 것은 정당한 것으로 수긍할 수 있다. 거기에 도시정비법상 주거이전비의 지급에 관한 법리를 오해한 위법이 있다고 할 수 없다.

2. 이사비에 관한 상고이유에 대하여

공익사업법 제78조 제5항, 같은 법 시행규칙 제55조 제2항의 각 규정 및 공익사업의 추진을 원활하게 함과 아울러 주거를 이전하게 되는 거주자들을 보호하려는 이사비(가재도구 등 동산의 운반에 필요한 비용을 말한다)제도의 취지에 비추어 보면, 이사비의 보상대상자는 공익사업시행지구에 편입되는 주거용 건축물의 거주자로서 공익사업의 시행으로 인하여 이주하게 되는 사람으로 봄이 상당하다(대판 2010.11.11, 2010두5332 참조).

이러한 법리에 비추어 기록을 살펴보면, 원심이 원고들이 이 사건 정비구역 안의 주거용 건축물에 전입하여 거주하다가 그 사업시행인가고시일 후에 이 사건 주택재개발사업의 시행으로 인하여 이주하게 되었다고 보아 이사비 보상대상자에 해당한다고 판단한 것은 정당하고, 거기에 이사비 보상대상자에 관한 법리를 오해한 위법이 있다고 할 수 없다.

3. 결론

그러므로 상고를 기각하고 상고비용은 패소자의 부담으로 하기로 하여, 관여 대법관의 일치된 의견으로 주문과 같이 판결한다.

판례 95 2012두11072

주거이전비 대상 판단

요점사항

▶ 주거용으로 불법용도변경하여 거주한 세입자는 주거이전비 보상대상인 '무허가건축물 등에 입주한 세입자'에 해당한다고 할 수 없다.

관련판례

✦ 대판 2013.5.23, 2012두11072[주거이전비등]

판시사항

(구)공익사업을 위한 토지 등의 취득 및 보상에 관한 법률 시행규칙 제54조 제2항 단서에서 주거이전비 보상 대상자로 정한 '무허가건축물 등에 입주한 세입자'에 공부상 주거용 용도가 아닌 건축물을 임차한 후 임의로 주거용으로 용도를 변경하여 거주한 세입자가 해당하는지 여부(소극)

이유

1. '공익사업을 위한 토지 등의 취득 및 보상에 관한 법률'(이하 '공익사업법'이라고 한다) 제78조 제5항, (구)공익사업법 시행규칙(2012.1.2. 국토해양부령 제427호로 일부 개정되기 전의 것. 이하 '구법 시행규칙'이라고 한다) 제24조, 제54조에 의하면, 사업시행자는 공익사업의 시행으로 인하여 이주하게 되는 '주거용 건축물'의 소유자와 일정 기간 거주 요건을 충족한 세입자에게 소정의 주거이전비를 보상하여야 하는 한편, 건축법 등 관계 법령에 의하여 허가를 받거나 신고를 하고 건축하여야 하는 건축물을 허가를 받지 아니하거나 신고를 하지 아니하고 건축한 건축물(구법 시행규칙 제24조, 제54조에서 '무허가건축물 등'이라고 약칭한다. 이하 '무허가건축물 등'이라고 한다)의 소유자는 주거이전비 보상 대상에서 제외되지만, '무허가건축물 등에 입주한 세입자'로서 일정 기간 거주의 요건을 충족한 세입자에 대하여는 주거이전비를 보상하도록 정하여져 있다. 위와 같은 법규정들의 문언·내용 및 입법 취지 등을 종합하여 보면, 공부상 주거용 용도가 아닌 건축물을 허가·신고 등의 적법한 절차 없이 임의로 주거용으로 용도를 변경하여 사용한 경우 그 건축물은 원칙적으로 주거이전비 보상 대상이 되는 '주거용 건축물'로는 볼 수 없고, 이는 단지 '무허가건축물 등'에 해당하여 예외적으로 그 건축물에 입주한 세입자가 주거이전비 보상 대상자로 될 수 있을 뿐이다. 나아가 구법 시행규칙 제54조 제2항 단서가 주거이전비 보상 대상자로 정하는 '무허가건축물 등에 입주한 세입자'는 기존에 주거용으로 사용되어 온 무허가건축물 등에 입주하여 일정 기간 거주한 세입자를 의미하고, 공부상 주거용 용도가 아닌 건축물을 임차한 후 임의로 주거용으로 용도를 변경하여 거주한 세입자는 이에 해당한다고 할 수 없다.

2. 원심판결 이유 및 기록에 의하면, 피고는 '인천가정오거리 도시개발사업'의 시행자로서 2006. 5.24. 도시개발구역지정을 위한 공람공고를 하였고 그 뒤 2007.8.31. 공익사업법에 의하여 보상계획을 공고한 사실, 원고는 2002.9.25.경 위 사업지구에 속한 인천 서구 (주소 생략) 지상 건물 1층 101호(이하 '이 사건 건물'이라고 한다)를 임차하여 식당 영업을 하면서 그 무렵 이 사건 건물 바깥쪽 창고 부분을 개조하여 건물 안쪽의 방과 함께 주거용으로 사용하면서 위 보상계획 공고 시까지 가족들과 거주하여 온 사실, 이 사건 건물의 용도는 집합건축물대장 및 등기부에 줄곧 '근린생활시설'로 등재되어 있는 사실 등을 알 수 있다.

위와 같은 사실관계를 앞서 본 법리에 비추어 보면, 원고는 공부상 주거용 용도가 아닌 이 사건 건물을 임차한 후 임의로 주거용으로 용도를 변경하여 사용한 세입자로서 구법 시행규칙 제54조 제2항 단서가 정한 '무허가건축물 등에 입주한 세입자'에 해당한다고 볼 수 없으므로 공익사업법 소정의 주거이전비 보상 대상자에서 제외된다고 할 것이다.

그럼에도 원심은 그 판시와 같은 사정만을 들어 원고의 이 사건 주거이전비 청구를 인용하였다. 이러한 원심판결에는 공익사업법상 주거이전비 보상 대상이 되는 세입자에 관한 법리를 오해하여 판결 결과에 영향을 미친 위법이 있다. 이 점을 지적하는 취지의 상고이유 주장은 이유 있다.

3. 그러므로 원심판결을 파기하고 사건을 다시 심리·판단하게 하기 위하여 원심법원에 환송하기로 하여, 관여 대법관의 일치된 의견으로 주문과 같이 판결한다.

관련기출

1. 제26회 문제2 물음2
   (1) B시에 거주하는 甲은 2005년 5월 자신의 토지 위에 주거용 건축물을 신축하였다. 그런데 甲은 건축허가 요건을 충족하지 못하여 행정기관의 허가 없이 건축하였다. 甲은 위 건축물에 입주하지 않았으나, 친척인 乙이 자신에게 임대해 달라고 요청하여 이를 허락하였다. 乙은 필요시 언제든 건물을 비워주겠으며, 공익사업시행으로 보상의 문제가 발생할 때에는 어떠한 보상도 받지 않겠다는 내용의 각서를 작성하여 임대차계약서에 첨부하였다. 乙은 2006년 2월 위 건축물에 입주하였는데, 당시부터 건축물의 일부를 임의로 용도변경하여 일반음식점으로 사용하여 왔다. 甲의 위 토지와 건축물은 2015년 5월 14일 국토교통부장관이 한 사업인정 고시에 따라서 공익사업시행지구에 편입되었다. 甲은 이 사실을 알고 동년 6월에 위 건축물을 증축하여 방의 개수를 2개 더 늘려 자신의 가족과 함께 입주하였다. 다음 물음에 답하시오. **30점**
   (2) 甲과 乙은 주거이전비 지급 대상자에 포함되는지 여부를 지급 요건에 따라서 각각 설명하시오. **20점**

※ 출제위원 채점평

무허가 건축물에 대한 평가와 그 주거이전비 보상에 관한 문제이다. 무허가 건축물에 대한 평가와 관련하여서는 단순히 답만 제시하는 데 그치지 않고 더 나아가 관련 법령, 학설, 판례를 충실하게 소개한 답안에 높은 점수를 부여하였다. 주거이전비 보상과 관련하여서는 관련 법령에 대한 정확한 이해 및 설문의 사실관계에 대한 정확한 분석 여부를 중점적으로 보았고, 합의서의 효력에 관한 판례 등 쟁점을 빠짐없이 골고루 서술한 답안에 높은 점수를 부여하였다.

판례 96 97누11720

보상금증감청구소송에서 동일한 사실에 대한 상반되는 수 개의 감정평가가 있는 경우 법원은 감정평가 일부만을 선택가능

요점사항

▶ 보상금증감청구소송에서 동일한 사실에 대한 수개의 감정평가가 있는 경우 법원은 감정평가 일부만을 선택할 수 있다.

관련판례

✦ 대판 2000.1.28, 97누11720[토지수용재결취소등]

판시사항

[1] (구)토지수용법에 의한 보상은 피보상자 개인별로 행하여지는 것인지 여부(적극) 및 피보상자가 수용 대상물건 중 전부 또는 일부에 관하여 불복이 있는 경우, 그 불복의 사유를 주장하여 행정소송을 제기할 수 있는지 여부(적극)

[2] 보상금의 증감에 관한 소송에 있어서 동일한 사실에 대한 상반되는 수개의 감정평가가 있는 경우, 법원이 각 감정평가 중 어느 하나를 채용하거나 하나의 감정평가 중 일부만에 의거하여 사실을 인정할 수 있는지 여부(한정 적극)

판결요지

[1] (구)토지수용법 제45조 제2항은 수용 또는 사용함으로 인한 보상은 피보상자의 개인별로 산정할 수 없을 때를 제외하고는 피보상자에게 개인별로 하여야 한다고 규정하고 있으므로, 보상은 수용 또는 사용의 대상이 되는 물건별로 하는 것이 아니라 피보상자 개인별로 행하여지는 것이라고 할 것이어서 피보상자는 수용대상물건 중 전부 또는 일부에 관하여 불복이 있는 경우 그 불복의 사유를 주장하여 행정소송을 제기할 수 있다.

[2] 보상금의 증감에 관한 소송에 있어서 동일한 사실에 대한 상반되는 수 개의 감정평가가 있고, 그 중 어느 하나의 감정평가가 오류가 있음을 인정할 자료가 없는 이상 법원이 각 감정평가 중 어느 하나를 채용하거나 하나의 감정평가 중 일부만에 의거하여 사실을 인정하였다 하더라도 그것이 경험법칙이나 논리법칙에 위배되지 않는 한 위법하다고 할 수 없다.

Chapter 02 부동산 가격공시에 관한 법률

판례 01 2018두50147

표준지로 선정된 토지의 표준지공시지가에 대한 불복방법 및 그러한 절차를 밟지 않은 채 토지 등에 관한 재산세 등 부과처분의 취소를 구하는 소송에서 표준지공시지가결정의 위법성을 다투는 것이 허용되는지 여부(원칙적 소극)

관련판례

✦ 대판 2022.5.13, 2018두50147[재산세부과처분취소]

판시사항

[1] 표준지로 선정된 토지의 표준지공시지가에 대한 불복방법 및 그러한 절차를 밟지 않은 채 토지 등에 관한 재산세 등 부과처분의 취소를 구하는 소송에서 표준지공시지가결정의 위법성을 다투는 것이 허용되는지 여부(원칙적 소극)

[2] 갑 주식회사가 강제경매절차에서 표준지로 선정된 토지를 대지권의 목적으로 하는 집합건물 중 구분건물 일부를 취득하자, 관할 구청장이 재산세를 부과한 사안에서, 위 부동산에 대한 시가표준액이 감정가액과 상당히 차이가 난다는 등의 이유로 시가표준액 산정이 위법하다고 본 원심판결에 법리오해 등의 잘못이 있다고 한 사례

판결요지

[1] 표준지로 선정된 토지의 표준지공시지가를 다투기 위해서는 처분청인 국토교통부장관에게 이의를 신청하거나 국토교통부장관을 상대로 공시지가결정의 취소를 구하는 행정심판이나 행정소송을 제기해야 한다. 그러한 절차를 밟지 않은 채 토지 등에 관한 재산세 등 부과처분의 취소를 구하는 소송에서 표준지공시지가결정의 위법성을 다투는 것은 원칙적으로 허용되지 않는다.

[2] 갑 주식회사가 강제경매절차에서 표준지로 선정된 토지를 대지권의 목적으로 하는 집합건물 중 구분건물 일부를 취득하자, 관할 구청장이 재산세를 부과한 사안에서, 위 토지는 표준지로서 시가표준액은 표준지공시지가결정에 따라 그대로 정해지고, 위 건축물에 대한 시가표준액은 거래가격 등을 고려하여 정한 기준가격에 건축물의 구조, 용도, 위치와 잔존가치 등 여러 사정을 반영하여 정한 기준에 따라 결정되므로, 법원이 위 건축물에 대한 시가표준액 결정이 위법하다고 판단하기 위해서는 위 각 산정 요소의 적정 여부를 따져보아야 하는데, 이를 따져 보지 않은 채 단지 위 건축물에 대한 시가표준액이 그 감정가액과 상당히 차이가 난다거나 위 건축물의 시가표준액을 결정할 때 위치지수로 반영되는 위 토지의 공시지가가 과도하게 높게

결정되었다는 등의 사정만으로 섣불리 시가표준액 결정이 위법하다고 단정할 수 없으므로, 위 부동산에 대한 시가표준액이 감정가액과 상당히 차이가 난다는 등의 이유로 시가표준액 산정이 위법하다고 본 원심판결에 법리오해 등의 잘못이 있다고 한 사례

판례 02 93누15588

개별공시지가가 정정되면 당초 공시기준일에 소급하여 효력이 발생하는지 여부 - 공시기준일에 소급하여 그 효력을 발생

요점사항

▸ 명백한 오류에 의하여 정정된 공시지가는 공시기준일에 소급하여 그 효력을 발생한다.

관련판례

✦ 대판 1994.10.7, 93누15588[토지초과이득세부과처분취소]

판시사항

가. 과세처분 등 행정처분의 취소를 구하는 행정소송에서 선행처분인 개별공시지가결정의 위법을 독립된 위법사유로 주장할 수 있는지 여부
나. 토지특성조사의 착오가 명백하여야만 개별토지가격경정결정을 할 수 있는지 여부
다. 개별토지가격이 경정되면 당초 공시기준일에 소급하여 효력이 발생하는지 여부
라. 과세기간 개시일의 개별토지가격을 소급적으로 하향 경정 결정함으로써 토지초과이득세 과세대상이 된 경우, 소급과세금지원칙·신의칙·신뢰보호원칙에 어긋나는지 여부

판결요지

가. 개별토지가격의 결정에 위법이 있는 경우에는 그 자체를 행정소송의 대상이 되는 행정처분으로 보아 그 위법 여부를 다툴 수 있음은 물론 이를 기초로 한 과세처분 등 행정처분의 취소를 구하는 행정소송에서도 선행처분인 개별토지가격결정의 위법을 독립된 위법사유로 주장할 수 있다.
나. 개별토지가격합동조사지침 제12조의3에 의하면 토지특성조사의 착오 기타 틀린 계산·오기 등 지가산정에 명백한 잘못이 있을 경우에는 시장·군수 또는 구청장이 지방토지평가위원회의 심의를

거쳐 경정 결정할 수 있고, 다만, 경미한 사항일 경우에는 지방토지평가위원회의 심의를 거치지 아니할 수 있다고 규정되어 있는바, 여기서 토지특성조사의 착오 또는 틀린 계산·오기는 지가산정에 명백한 잘못이 있는 경우의 예시로서 이러한 사유가 있으면 경정 결정하다 수 있는 것으로 보아야 하고 그 착오가 명백하여야 비로소 경정 결정하다 수 있다고 해석할 것은 아니다.

다. 개별토지가격이 지가산정에 명백한 잘못이 있어 경정결정 공고되었다면 당초에 결정 공고된 개별토지가격은 그 효력을 상실하고 경정 결정된 새로운 개별토지가격이 공시기준일에 소급하여 그 효력을 발생한다.

라. 소급과세금지의 원칙이란 조세법령의 효력발생 전에 종결된 과세요건 사실에 대하여 당해 법령을 적용할 수 없다는 취지일 뿐이지 과세표준의 계산에 착오가 있음을 이유로 나중에 이를 경정하는 것을 제한하려는 것은 아니므로 지가상승액 내지 토지초과이득세 과세표준을 계산함에 있어 공제항목이 되는 과세기간 개시일의 개별토지가격을 소급적으로 하향 경정 결정한 결과 토지초과이득세 과세대상으로 되었다고 하더라도 이는 소급과세의 문제와는 아무런 관련이 없고, 또한 개별토지가격합동조사지침 제12조의3에 근거하여 위법한 당초의 개별지가결정을 취소하고 새로운 개별지가를 결정한 것을 들어 신의성실의 원칙 또는 신뢰보호의 원칙에 어긋난다고 할 수 없다.

관련내용

개별공시지가 정정제도

1. 의의 및 취지(부동산공시법 제12조)
직권정정제도란 개별공시지가에 틀린 계산·오기 등 명백한 오류가 있는 경우 이를 직권으로 정정할 수 있는 제도이다. 이는 개별공시지가의 적정성을 담보하기 위한 수단으로써 불필요한 행정쟁송을 방지하여 행정의 능률화를 도모함에 취지가 있다.

2. 정정의 효과
개별공시지가가 정정된 경우에는 새로이 개별공시지가가 결정·공시된 것으로 본다. 다만, 그 효력발생시기에 대해 판례는 지가산정에 명백한 잘못이 있어 개별토지가격이 경정결정·공고되었다면 당초에 결정·공고된 개별토지가격은 그 효력을 상실하고 경정결정된 새로운 토지가격이 공시기준일에 소급하여 그 효력을 발생한다고 한다.

판례 03 2000두5043

개별공시지가 경정결정신청에 대한 행정청의 정정불가 결정 통지가 항고소송의 대상이 되는 처분인지 여부 - 처분성 부정

요점사항

▶ 개별공시지가 정정결정신청에 대한 정정불가 결정 통지는 이른바 관념의 통지에 불과할 뿐 항고소송의 대상이 되는 처분이 아니다.

관련판례

✦ 대판 2002.2.5, 2000두5043[개별공시지가정정불가처분취소]

판시사항

개별토지가격합동조사지침 제12조의3 소정의 개별공시지가 경정결정신청에 대한 행정청의 정정불가 결정 통지가 항고소송의 대상이 되는 처분인지 여부(소극)

판결요지

개별토지가격합동조사지침(1991.3.29. 국무총리훈령 제248호로 개정된 것) 제12조의3은 행정청이 개별토지가격결정에 틀린 계산·오기 등 명백한 오류가 있음을 발견한 경우 직권으로 이를 경정하도록 한 규정으로서 토지소유자 등 이해관계인이 그 경정결정을 신청할 수 있는 권리를 인정하고 있지 아니하므로, 토지소유자 등의 토지에 대한 개별공시지가 조정신청을 재조사청구가 아닌 경정결정신청으로 본다고 할지라도, 이는 행정청에 대하여 직권발동을 촉구하는 의미밖에 없으므로, 행정청이 위 조정신청에 대하여 정정불가 결정 통지를 한 것은 이른바 관념의 통지에 불과할 뿐 항고소송의 대상이 되는 처분이 아니다.

관련내용

정정신청에 대한 행정청의 거부행위에 대한 불복가능성

이는 행정청의 거부행위가 항고소송의 대상적격이 되기 위한 신청인의 권리·의무에 직접 관계가 있는 공권력 행사의 거부일 것, 법규상·조리상 신청권이 있을 것을 충족하고 있는지와 관계된다. 특히 신청권의 존부와 관련하여 문제되는데 판례는 국민의 정정신청은 행정청의 직권발동을 촉구하는 것에 지나지 않는다고 하여 그 거부가 항고소송의 대상이 되는 처분이 아니라고 판시하고 있다. 따라서 판례에 의할 경우 신청권이 부정되어 소제기가 불가능하게 된다. 그러나 이는 행정절

차법 제25조의 규정상 신청권이 인정된다는 점을 볼 때 판례의 태도는 비판의 여지가 있다고 생각된다.

판례 04 99두11592

개별공시지가 결정이 위법하여 그 개발부담금 부과처분도 위법한 경우, 내용상 하자의 치유는 인정 안 됨

요점사항

▶ 하자의 치유는 국민의 권익을 침해하지 않는 범위 내에서 예외적으로 허용되므로 위법한 개별공시지가에 기초한 개발부담금 부과처분도 위법한 경우, 내용상 하자의 치유는 인정되지 않는다.

관련판례

✦ 대판 2001.6.26, 99두11592[개발부담금부과처분취소]

판시사항

[1] (구)개발이익환수에 관한 법률 제10조 제1항 단서에 따른 개발 부담금의 감액징산의 싱질(=감액변경처분) 및 감액정산처분 후 다시 증액경정처분이 있는 경우, 쟁송의 대상(=증액경정처분) 및 당초 부과처분 중 감액정산처분에 의하여 취소되지 아니한 부분의 위법사유도 다툴 수 있는지 여부(적극)

[2] 하자 있는 행정행위에 있어서 하자의 치유의 허용 여부(한정 소극)

[3] 선행처분인 개별공시지가결정이 위법하여 그에 기초한 개발 부담금 부과처분도 위법하게 된 경우, 그 후 적법한 절차를 거쳐 공시된 개별공시지가결정이 종전의 위법한 공시지가결정과 그 내용이 동일하다는 사정만으로 그 개발 부담금 부과처분의 하자가 치유되어 적법하게 되는지 여부(소극)

판결요지

[1] (구)개발이익환수에 관한 법률(1997.8.30. 법률 제5409호로 개정되기 전의 것) 제10조 제1항 단서에 따른 개발 부담금의 감액정산은 당초 부과처분과 다른 별개의 처분이 아니라 그 감

액변경처분에 해당하고, 감액정산처분 후 다시 증액경정처분이 있는 경우에는 감액정산처분에 의하여 취소되지 아니한 부분에 해당하는 당초 부과처분은 증액경정처분에 흡수되어 소멸하고 증액경정처분만이 쟁송의 대상이 되며, 이때 증액경정처분의 위법사유뿐만 아니라 당초 부과처분 중 감액정산처분에 의하여 취소되지 아니한 부분의 위법사유도 다툴 수 있다.

[2] 하자 있는 행정행위에 있어서 <u>하자의 치유는 행정행위의 성질이나 법치주의의 관점에서 원칙적으로 허용될 수 없고, 행정행위의 무용한 반복을 피하고 당사자의 법적 안정성을 보호하기 위하여 국민의 권익을 침해하지 아니하는 범위 내에서 예외적으로만 허용된다.</u>

[3] <u>선행처분인 개별공시지가결정이 위법하여 그에 기초한 개발부담금 부과처분도 위법하게 된 경우 그 하자의 치유를 인정하면 개발 부담금 납부의무자로서는 위법한 처분에 대한 가산금 납부의무를 부담하게 되는 등 불이익이 있을 수 있으므로, 그 후 적법한 절차를 거쳐 공시된 개별공시지가결정이 종전의 위법한 공시지가결정과 그 내용이 동일하다는 사정만으로는 위법한 개별공시지가결정에 기초한 개발 부담금 부과처분이 적법하게 된다고 볼 수 없다.</u>

관련기출

1. 제30회 문제1 물음3

만약, A시장이 당초 공시지가에 근거하여 甲에게 부담금을 부과한 것이 위법한 것이더라도, 이후 A시장이 토지가격비준표를 제대로 적용하여 정정한 개별공시지가가 당초 공시지가와 동일하게 산정되었다면, 甲에 대한 부담금 부과의 하자는 치유되는가? `15점`

※ 출제위원 채점평

물음3)은 하자의 치유에 관한 일반적 법리를 묻고 있는 것으로 상대적으로 다른 설문에 비해 쟁점파악이 용이한 편입니다. 다만 하자의 치유와 하자의 승계를 혼동하는 답안도 적지 않았습니다.

판례 05 **96누8895**

표준지공시지가와 조세처분의 하자승계 부정

요점사항

▶ 표준지공시지가결정의 위법성을 다투는 이의절차를 밟지 아니한 채 조세소송에서 그 결정의 위법성을 다툴 수는 없다.

관련판례

✦ 대판 1997.4.11, 96누8895[토지초과이득세부과처분취소]

1. 표준지로 선정된 토지의 공시지가에 대하여는 지가공시 및 토지 등의 평가에 관한 법률(1995.12.29. 법률 제5108호로 개정되기 전의 것) 제8조 제1항 소정의 이의절차를 거쳐 처분청을 상대로 그 공시지가 결정의 위법성을 다툴 수 있을 뿐 그러한 절차를 밟지 아니한 채 조세소송에서 그 공시지가 결정의 위법성을 다툴 수는 없다.

2. 과세관청이 표준지인 토지를 토지초과이득세 과세대상인 나지에 해당하는 것으로 판단하여 그 세액을 산정함에 있어서는 그 토지의 기준시가로 정해진 지가공시 및 토지 등의 평가에 관한 법률 소정의 공시지가를 그대로 적용할 수 있을 뿐 그 공시지가를 가감조정할 수 있는 재량권을 갖고 있지 아니하므로, 토지초과이득세를 산정하면서 그 공시지가를 그대로 적용하였다고 하여 이를 위법하다 할 수 없고, 그 세액이 관계법령이 정하는 바에 의하여 결정된 이상 인접지에 대한 세액과 비교하여 다액이라 하더라도 그러한 사유만으로 과세형평의 원칙에 위배되는 것으로 보기도 어렵다.

관련조문

부동산 가격공시에 관한 법률 제7조(표준지공시지가에 대한 이의신청)

판시사항

[1] 제1점에 대하여

<u>표준지로 선정된 토지의 공시지가에 대하여는 지가공시 및 토지 등의 평가에 관한 법률 (1995.12.29. 법률 제5108호로 개정되기 전의 것. 이하 지가공시법이라 한다) 제8조 제1항 소정의 이의절차를 거쳐 처분청을 상대로 그 공시지가 결정의 위법성을 다툴 수 있을 뿐 그러한 절차를 밟지 아니한 채 조세소송에서 그 공시지가 결정의 위법성을 다툴 수는 없고</u>(당원 1995.11.10, 93누16468 참조), 또한 과세관청이 표준지인 이 사건 토지를 토지초과이득세 과세대상인 나지에 해당하는 것으로 판단하여 그 세액을 산정함에 있어서는 그 토지의 기준시가로 정해진 지가공시법 소정의 공시지가를 그대로 적용할 수 있을 뿐 그 공시지가를 가감조정할 수 있는 재량권을 갖고 있지 아니하므로, 원심이 이 사건 토지에 대한 토지초과이득세를 산정하면서 그 공시지가를 그대로 적용하였다고 하여 이를 위법하다 할 수 없고, 그 세액이 관계법령이 정하는 바에 의하여 결정된 이상 인접지에 대한 세액과 비교하여 다액이라 하더라도 그러한 사유만으로 과세형평의 원칙에 위배되는 것으로 보기도 어렵다고 할 것이다.

판례 06 2007두20140

표준지공시지가의 평가서 기재내용과 정도

요점사항

▶ 표준지공시지가의 평가서에는 평가원인 및 요인별 참작 내용과 정도를 구체적, 객관적으로 명시하여 적정가격을 평가한 것임을 인정할 수 있어야 한다.

관련판례

✦ 대판 2009.12.10, 2007두20140[공시지가확정처분취소]

판시사항

[1] 보통우편의 방법으로 우편물을 발송한 경우 그 송달을 추정할 수 있는지 여부(소극) 및 그 송달에 관한 증명책임자

[2] 표준지공시지가의 결정절차와 그 효력

[3] 감정평가업자의 토지 평가액 산정의 적정성을 인정하기 위한 감정평가서의 기재내용과 정도

[4] 건설교통부장관이 표준지공시지가를 결정·공시하는 절차에서 감정평가서에 토지의 전년도 공시지가와 세평가격 및 인근 표준지의 감정가격만을 참고가격으로 삼고 평가의견을 추상적으로만 기재한 사안에서, 평가요인별 참작 내용과 정도가 평가액 산정의 적정성을 알아볼 수 있을 만큼 객관적으로 설명되어 있다고 보기 어려워, 이를 근거로 한 표준지공시지가 결정은 토지의 적정가격을 반영한 것이라고 인정하기 어려워 위법하다고 한 사례

판결요지

[1] 내용증명우편이나 등기우편과는 달리, 보통우편의 방법으로 발송되었다는 사실만으로는 그 우편물이 상당한 기간 내에 도달하였다고 추정할 수 없고, 송달의 효력을 주장하는 측에서 증거에 의하여 이를 입증하여야 한다.

[2] (구)부동산 가격공시 및 감정평가에 관한 법률(2008.2.29. 법률 제8852호로 개정되기 전의 것) 제2조 제5호, 제6호, 제3조 제1항, 제5조, 제10조와 같은 법 시행령(2008.2.29. 대통령령 제20722호로 개정되기 전의 것) 제8조 등을 종합하여 보면, 건설교통부장관은 토지이용상황이나 주변 환경 그 밖의 자연적·사회적 조건이 일반적으로 유사하다고 인정되는 일단의 토지 중에서 표준지를 선정하고, 그에 관하여 매년 공시기준일 현재의 적정가격을 조사·평가한

후 중앙부동산평가위원회의 심의를 거쳐 이를 공시하여야 한다. 표준지의 적정가격을 조사·평가할 때에는 인근 유사토지의 거래가격, 임대료, 해당 토지와 유사한 이용가치를 지닌다고 인정되는 토지의 조성에 필요한 비용추정액 등을 종합적으로 참작하되, 둘 이상의 감정평가업자에게 이를 의뢰하여 평가한 금액의 산술평균치를 기준으로 하고, 감정평가업자가 행한 평가액이 관계법령을 위반하거나 부당하게 평가되었다고 인정되는 경우 등에는 해당 감정평가업자 혹은 다른 감정평가업자로 하여금 다시 조사·평가하도록 할 수 있으며, 여기서 '적정가격'이란 해당 토지에 대하여 통상적인 시장에서 정상적인 거래가 이루어지는 경우 성립될 가능성이 가장 높다고 인정되는 가격을 말하고, 한편 이러한 절차를 거쳐 결정·공시된 표준지공시지가는 토지시장의 지가정보를 제공하고 일반적인 토지거래의 지표가 되며, 국가·지방자치단체 등의 기관이 그 업무와 관련하여 지가를 산정하거나 감정평가업자가 개별적으로 토지를 감정평가하는 경우에 기준이 되는 효력을 갖는다.

[3] 표준지공시지가의 결정절차 및 그 효력과 기능 등에 비추어 보면, 표준지공시지가는 해당 토지뿐 아니라 인근 유사토지의 가격을 결정하는 데에 전제적·표준적 기능을 수행하는 것이어서 특히 그 가격의 적정성이 엄격하게 요구된다. 이를 위해서는 무엇보다도 적정가격 결정의 근거가 되는 감정평가업자의 평가액 산정이 적정하게 이루어졌음이 담보될 수 있어야 하므로, 그 감정평가서에는 평가원인을 구체적으로 특정하여 명시함과 아울러 각 요인별 참작 내용과 정도가 객관적으로 납득이 갈 수 있을 정도로 설명됨으로써, 그 평가액이 해당 토지의 적정가격을 평가한 것임을 인정할 수 있어야 한다.

[4] 건설교통부장관이 2개의 감정평가법인에 토지의 적정가격에 대한 평가를 의뢰하여 그 평가액을 산술평균한 금액을 그 토지의 적정가격으로 결정·공시하였으나, 감정평가서에 거래선례나 평가선례, 거래사례비교법, 원가법 및 수익환원법 등을 모두 공란으로 둔 채, 그 토지의 전년도 공시지가와 세평가격 및 인근 표준지의 감정가격만을 참고가격으로 삼으면서 그러한 참고가격이 평가액 산정에 어떻게 참작되었는지에 관한 별다른 설명 없이 평가의견을 추상적으로만 기재한 사안에서, 평가요인별 참작 내용과 정도가 평가액 산정의 적정성을 알아볼 수 있을 만큼 객관적으로 설명되어 있다고 보기 어려워, 이러한 감정평가액을 근거로 한 표준지공시지가 결정은 그 토지의 적정가격을 반영한 것이라고 인정하기 어려워 위법하다고 한 사례

판례 07 2007두13845

표준지공시지가의 위법을 독립사유로 다툴 수 있는지 여부

요점사항

▶ 수용대상토지 가격산정의 기초가 된 비교표준지공시지가 결정의 위법을 독립한 사유로 다툴 수 있다.

관련판례

✦ 대판 2008.8.21, 2007두13845[토지보상금]

표준지공시지가 결정은 이를 기초로 한 수용재결 등과는 별개의 독립된 처분으로서 서로 독립하여 별개의 법률효과를 목적으로 하지만, 표준지공시지가는 이를 인근 토지의 소유자나 기타 이해관계인에게 개별적으로 고지하도록 되어 있는 것이 아니어서 인근 토지의 소유자 등이 표준지공시지가 결정 내용을 알고 있었다고 전제하기가 곤란할 뿐만 아니라, 결정된 표준지공시지가가 공시될 당시 보상금 산정의 기준이 되는 표준지의 인근 토지를 함께 공시하는 것이 아니어서 인근 토지소유자는 보상금 산정의 기준이 되는 표준지가 어느 토지인지를 알 수 없으므로, 인근 토지소유자가 표준지의 공시지가가 확정되기 전에 이를 다투는 것은 불가능하다. 더욱이 장차 어떠한 수용재결 등 구체적인 불이익이 현실적으로 나타나게 되었을 경우에 비로소 권리구제의 길을 찾는 것이 우리 국민의 권리의식임을 감안하여 볼 때, 인근 토지소유자 등으로 하여금 결정된 표준지공시지가를 기초로 하여 장차 토지보상 등이 이루어질 것에 대비하여 항상 토지의 가격을 주시하고 표준지공시지가 결정이 잘못된 경우 정해진 시정절차를 통하여 이를 시정하도록 요구하는 것은 부당하게 높은 주의의무를 지우는 것이고, 위법한 표준지공시지가 결정에 대하여 그 정해진 시정절차를 통하여 시정하도록 요구하지 않았다는 이유로 위법한 표준지공시지가를 기초로 한 수용재결 등 후행 행정처분에서 표준지공시지가 결정의 위법을 주장할 수 없도록 하는 것은 수인한도를 넘는 불이익을 강요하는 것으로서 국민의 재산권과 재판받을 권리를 보장한 헌법의 이념에도 부합하는 것이 아니다. 따라서 표준지공시지가 결정이 위법한 경우에는 그 자체를 행정소송의 대상이 되는 행정처분으로 보아 그 위법 여부를 다툴 수 있음은 물론, 수용보상금의 증액을 구하는 소송에서도 선행처분으로서 그 수용대상토지 가격산정의 기초가 된 비교표준지공시지가 결정의 위법을 독립한 사유로 주장할 수 있다.

관련조문

부동산 가격공시에 관한 법률 제8조(표준지공시지가의 적용)

판시사항

[1] 가격시점에 대하여

토지 등을 수용함으로 인하여 그 소유자에게 보상하여야 할 손실액은 수용재결 당시의 가격을 기준으로 하여 산정하여야 할 것이고(대판 1991.12.24, 91누308; 1992.9.25, 91누13250 등 참조),

이와 달리 이의재결일을 그 평가기준일로 하여 보상액을 산정하여야 한다는 상고이유는 받아들일 수 없다.

[2] 표준지공시지가 결정의 위법성에 대하여

표준지공시지가 결정은 이를 기초로 한 수용재결 등과는 별개의 독립된 처분으로서 서로 독립하여 별개의 법률효과를 목적으로 하는 것이나, 표준지공시지가는 이를 인근 토지의 소유자나 기타 이해관계인에게 개별적으로 고지하도록 되어 있는 것이 아니어서 인근 토지의 소유자 등이 표준지공시지가 결정 내용을 알고 있었다고 전제하기가 곤란할 뿐만 아니라 결정된 표준지공시지가가 공시될 당시 보상금 산정의 기준이 되는 표준지의 인근 토지를 함께 공시하는 것이 아니어서 인근 토지소유자는 보상금 산정의 기준이 되는 표준지가 어느 토지인지를 알 수 없으므로(더욱이 표준지공시지가가 공시된 이후 자기 토지가 수용되리라는 것을 알 수도 없다) 인근 토지소유자가 표준지의 공시지가가 확정되기 전에 이를 다투는 것은 불가능하다. 더욱이 장차 어떠한 수용재결 등 구체적인 불이익이 현실적으로 나타나게 되었을 경우에 비로소 권리구제의 길을 찾는 것이 우리 국민의 권리의식임을 감안하여 볼 때 인근 토지소유자 등으로 하여금 결정된 표준지공시지가를 기초로 하여 장차 토지보상 등이 이루어질 것에 대비하여 항상 토지의 가격을 주시하고 표준지공시지가 결정이 잘못된 경우 정해진 시정절차를 통하여 이를 시정하도록 요구하는 것은 부당하게 높은 주의의무를 지우는 것이라 아니할 수 없고, 위법한 표준지공시지가 결정에 대하여 그 정해진 시정절차를 통하여 시정하도록 요구하지 아니하였다는 이유로 위법한 표준지공시지가를 기초로 한 수용재결 등 후행 행정처분에서 표준지공시지가 결정의 위법을 주장할 수 없도록 하는 것은 수인한도를 넘는 불이익을 강요하는 것으로서 국민의 재산권과 재판받을 권리를 보장한 헌법의 이념에도 부합하는 것이 아니라고 할 것이다. 따라서 표준지공시지가 결정에 위법이 있는 경우에는 그 자체를 행정소송의 대상이 되는 행정처분으로 보아 그 위법 여부를 다툴 수 있음은 물론, 수용보상금의 증액을 구하는 소송에서도 선행처분으로서 그 수용대상토지 가격산정의 기초가 된 비교표준지공시지가 결정의 위법을 독립된 사유로 주장할 수 있다.

그런데 기록에 의하면, 원고는 원심에 이르기까지 표준지공시지가가 낮게 책정되었다고만 주장하였을 뿐 이 사건 비교표준지공시지가 결정의 하자의 승계를 인정하지 않는다면 수인한도를 넘는 불이익이 있다거나 이 사건 비교표준지공시지가의 구체적인 위법사유에 대하여 아무런 주장도 하지 않고 있는데다가 이와 같은 사유를 인정할만한 증거도 없는 사실을 알 수 있는 바, 원심이 이유는 다르지만 원고의 이 사건 청구를 배척한 결론은 결과적으로 정당하고, 거기에 상고이유와 같은 심리미진의 위법이 없다.

판례 08 96누17103

토지가격비준표의 법규성

요점사항

▶ 토지가격비준표의 법적 성질 : 법령보충적 행정규칙

관련판례

✦ 대판 1998.5.26, 96누17103[개발부담금부과처분취소]

> (구)지가공시 및 토지 등의 평가에 관한 법률(1995.12.29. 법률 제5108호로 개정되기 전의 것) 제10조 제2항에 근거하여 건설부장관이 표준지와 지가산정 대상토지의 지가형성요인에 관한 표준적인 비교표로서 매년 관계 행정기관에 제공하는 토지가격비준표는 같은 법 제10조의 시행을 위한 집행명령인 개별토지가격합동조사지침과 더불어 법률보충적인 구실을 하는 법규적 성질을 가지고 있는 것으로 보아야 할 것인 바, 개발이익 환수에 관한 법률(1993.6.11. 법률 제4563호로 개정된 것) 제10조 제1항에 의하면 개발부담금의 부과기준으로서 부과종료시점의 지가는 (구)지가공시 및 토지 등의 평가에 관한 법률(1995.12.29. 법률 제5108호로 개정되기 전의 것) 제10조 제2항의 규정에 의한 비교표에 의하여 산정하도록 규정하고 있으므로, 토지가격비준표에 의하여 부과종료시점의 지가를 산정한 것은 정당하고, 조세법률주의나 재산권보장의 원칙을 위반한 잘못 등이 없다.

관련조문

부동산 가격공시에 관한 법률 제3조(표준지공시지가의 조사·평가 및 공시 등)

판시사항

[1] 도시계획법 제78조, 제92조 제1호, 토지의 형질변경 등 행위허가기준 등에 관한 규칙 제7조의 각 규정 등에 의하면, 토지형질변경의 허가를 받은 자는 그 허가 신청 시 제출한 설계도서 등에 따라 허가된 대로 시공하여야 할 것이고, 설계도서대로 시공하지 못할 사정이 있을 경우에는 사전 변경허가 등을 받아야 할 것이며, 사전 변경허가 등을 받지 아니한 채 설계도서 등과 다른 시공을 하게 되면 이는 형사처벌의 대상이 될 뿐만 아니라 허가관청으로서는 그 위법시설물이나 건축물의 철거 등을 명할 수 있고, 토지형질변경허가에 있어서의 설계변경허가는 준공검사 전에 원래의 허가사항이나 설계도서대로 시공하지 못할 사유가 발생한 경우에 그로 인한 위법상태를 방지 또는 시정하기 위하여 거치는 절차로서 종전의 토지형질변경허가의 변경에 해당하는 것일 뿐, 원래의 허가가 실효되는 등의 특별한 사정이 없는 한 개발부담금 부과대상이 되는 새로운 토지형질변경허가에 해당하는 것이 아니다.

[2] (구)지가공시 및 토지 등의 평가에 관한 법률(1995.12.29. 법률 제5108호로 개정되기 전의 것) 제10조 제2항에 근거하여 건설부장관이 표준지와 지가산정 대상토지의 지가형성요인에 관한 표준적인 비교표로서 매년 관계 행정기관에 제공하는 <u>토지가격비준표는 같은 법 제10조의 시행을 위한 집행명령인 개별토지가격합동조사지침과 더불어 법률보충적인 구실을 하는 법규적 성질을 가지고 있는 것으로 보아야 할 것인 바,</u> 개발이익 환수에 관한 법률(1993.6.11. 법률 제4563호로 개정된 것) 제10조 제1항에 의하면 개발부담금의 부과기준으로서 부과종료시점의 지가는 (구)지가공시 및 토지 등의 평가에 관한 법률(1995.12.29. 법률 제5108호로 개정되기 전의 것) 제10조 제2항의 규정에 의한 비교표에 의하여 산정하도록 규정하고 있으므로, 토지가격비준표에 의하여 부과종료시점의 지가를 산정한 것은 정당하고, 조세법률주의나 재산권보장의 원칙을 위반한 잘못 등이 없다.

관련내용

토지가격 비준표

1. 의의 및 취지(부동산공시법 제3조 제8항)
토지가격비준표란 표준지와 개별토지의 지가형성요인에 관한 표준적인 비교표이다. 행정목적을 위한 전문성 보완에 제도적 취지가 있다.

2. 법적 성질
(1) 법령보충적 행정규칙의 의의(행정기본법 2조)
훈령, 예규, 고시 등 행정규칙의 형식이나 상위법령과 결합하여 그 효력을 보충하는 법규사항을 정한 것을 말한다.

(2) 대외적 구속력 여부
1) 학설
① 헌법상 형식 중시하는 〈행정규칙설〉
② 실질을 중시하는 〈법규명령설〉
③ 헌법상 인정되지 않는 규범으로 무효라는 〈위헌무효설〉
④ 법률을 구체화한 것으로서 법규성을 긍정하는 〈규범구체화 행정규칙설〉
⑤ 원칙적으로 행정규칙이나 상위 법령과 결합하여 대외적 구속력이 인정된다고 보는 〈법규명령의 효력을 갖는 행정규칙설〉

2) 판례
① 수임행정기관이 행정규칙의 형식으로 그 법령의 내용이 될 사항을 구체적으로 정하고 있다면 위임의 한계를 벗어나지 않는 한 상위법령과 결합하여 대외적 구속력을 갖는다고 판시한 바 있다.

② 토지가격비준표는 상위법인 부동산공시법의 구체적 내용을 보충하는 기능을 하는 법규적 성질을 가진다고 판시한 바 있다.

3) 검토

판례의 태도 및 상위법령인 부동산공시법 제3조 8항의 위임을 받아 국토교통부장관이 작성한다는 점을 고려하면 토지가격비준표는 법령보충적 행정규칙으로서 법규성이 인정된다고 판단된다.

3. 하자와 권리구제

(1) 작성상의 하자

토지가격비준표는 그 작성 자체가 국민의 권리·의무에 직접 영향을 미친다고 보이지 않으므로, 작성상 하자가 있더라도 쟁송의 제기는 불가능하다 할 것이다. 위법을 다투려면 법원 심사으로 다툴 수 있다. ① 판례 역시 가격배율이나 토지특성 항목의 변경을 이유로 하는 행정쟁송의 제기를 부정하였다. ② 또한 비준표 상의 토지 특성 및 평가요소 등이 추가 또는 제외됨으로 인하여 가격상승 또는 가격하락이 있게 되었다는 것만으로는 개별토지가격 결정이 부당하다고 하여 이를 다툴 수 없다고 하였다.

(2) 활용상의 하자

토지가격비준표 적용 오류는 내용상 하자로서 통설, 판례인 중대명백설에 따를 때, 내용상 중대하나 외견상 명백하지 않기에 취소사유에 해당한다. 따라서 개별공시지가 공시의 처분성을 인정하는 견해에 따르면 이에 불복하는 행정쟁송을 제기할 수 있다.

관련기출

1. 제19회 문제2 물음1

甲은 A시장이 자신의 소유토지에 대한 개별공시지가를 결정함에 있어서 부동산 가격공시 및 감정평가에 관한 법률 제9조 제2항에 의하여 국토해양부장관이 작성한 토지가격비준표를 고려하지 않았다고 주장한다. 이에 A시장은 토지가격비준표를 고려하지 않은 것은 사실이나, 같은 법 제11조 제4항의 규정에 따른 산정지가 검증이 적정하게 행해졌으므로, 甲소유의 토지에 대한 개별공시지가결정은 적법하다고 주장한다. A시장 주장의 타당성을 검토하시오. **20점**

판례 09 **2012두15364**

개별공시지가가 토지가격비준표를 사용하여 산정한 지가와 달리 결정되었거나 감정평가사의 검증의견에 따라 결정되었다는 이유만으로 위법한 것인지 여부

요점사항

▶ 토지가격비준표를 사용하여 산정한 지가와 달리 결정되었거나 감정평가사의 검증의견에 따라 결정되었다는 이유만으로 그 개별공시지가 결정이 위법하다고 볼 수는 없다.

관련판례

✦ 대판 2013.11.14, 2012두15364[개별공시지가결정처분취소]

판시사항

시장 등이 어떠한 토지에 대하여 표준지공시지가와 균형을 유지하도록 결정한 개별공시지가가 토지가격비준표를 사용하여 산정한 지가와 달리 결정되었거나 감정평가사의 검증의견에 따라 결정되었다는 이유만으로 위법한 것인지 여부(원칙적 소극)

판시사항

부동산 가격공시 및 감정평가에 관한 법률 제11조, 부동산 가격공시 및 감정평가에 관한 법률 시행령 제17조 제2항의 취지와 문언에 비추어 보면, 시장·군수 또는 구청장은 표준지공시지가에 토지가격비준표를 사용하여 산정된 지가와 감정평가업자의 검증의견 및 토지소유자 등의 의견을 종합하여 당해 토지에 대하여 표준지공시지가와 균형을 유지한 개별공시지가를 결정할 수 있고, 그와 같이 결정된 개별공시지가가 표준지공시지가와 균형을 유지하지 못할 정도로 현저히 불합리하다는 등의 특별한 사정이 없는 한, 결과적으로 토지가격비준표를 사용하여 산정한 지가와 달리 결정되었거나 감정평가사의 검증의견에 따라 결정되었다는 이유만으로 그 개별공시지가 결정이 위법하다고 볼 수는 없다.

관련기출

1. 제29회 문제3
   B토지소유자는 토지가격비준표와 달리 결정된 개별공시지가결정은 위법하다고 주장한다. 이 주장은 타당한가? **20점**

※ 출제위원 채점평

이 문제는 토지가격비준표의 법적 성격과, 개별공시지가 산정 시 토지가격비준표의 구속력에
대한 근거법령의 해석 및 판례의 변화를 설명하는 문제입니다. 제시된 문제의 쟁점, 위법사항
그리고 근거법률를 바탕으로 결론을 적시하여야 합니다. 그러나 일부 수험생은 토지가격비준표
의 성격만으로, 근거법률의 해석만으로 결론을 도출하려 하거나 또는 근거법률에 대한 설명이
전혀 없는 경우가 많았습니다.

판례 10 94누12920, 95누9808

표준지공시지가와 개별공시지가의 하자승계 부정

요점사항

▶ 표준지공시지가결정의 취소를 구하는 행정소송을 제기하는 절차를 거치지 않고 개별공시지가결정
을 다투는 소송에서 그 가격의 기초가 된 표준지공시지가의 위법성을 주장할 수 없다.

관련판례

✦ 대판 1995.3.28, 94누12920, 대판 1996.5.10, 95누9808[개별공시지가결정처분취소]

1. 표준지로 선정된 토지의 공시지가에 대하여 불복하기 위하여는 지가공시 및 토지 등의 평가에 관한
   법률 제8조 제1항 소정의 이의절차를 거쳐 처분청을 상대로 그 공시지가 결정의 취소를 구하는 행정
   소송을 제기하여야 하는 것이지, 그러한 절차를 밟지 아니한 채 개별토지가격 결정을 다투는 소송에서
   그 개별토지가격 산정의 기초가 된 표준지공시지가의 위법성을 다툴 수는 없다.
2. 해당 토지와 용도지역, 지목, 이용상황, 지형 및 지세, 주위환경 등이 유사하여 표준지 선정기준에
   적합한 표준지를 비교표준지로 선정한 이상 종전의 비교표준지를 바꾼 것만으로는 비교표준지 선정에
   있어 어떠한 위법이 있다고 할 수 없다.
3. 해당 토지의 개별토지가격이 인근 토지의 개별토지가격 등에 비추어 현저하게 부당하다는 점에 대하
   여는 이를 다투는 자에게 그 입증의 필요가 있다.

부동산 가격공시에 관한 법률 제11조(개별공시지가에 대한 이의신청)

[1] 표준지로 선정된 토지의 공시지가에 대하여 불복하기 위하여는 지가공시 및 토지 등의 평가에 관한 법률 제8조 제1항 소정의 이의절차를 거쳐 처분청을 상대로 그 공시지가 결정의 취소를 구하는 행정소송을 제기하여야 하는 것이지(당원 1994.12.13. 94누5083 참조), 그러한 절차를 밟지 아니한 채 개별토지가격 결정을 다투는 소송에서 그 개별토지가격 산정의 기초가 된 표준지공시지가의 위법성을 다툴 수는 없다고 할 것이다. 같은 취지의 원심판단은 옳고, 거기에 소론과 같은 표준지공시지가에 대한 쟁송에 관한 법리오해의 위법이 있다고 할 수 없다. 논지는 이유가 없다.

[2] 해당 토지와 용도지역, 지목, 이용상황, 지형 및 지세, 주위환경 등이 유사하여 표준지 선정기준에 적합한 표준지를 비교표준지로 선정한 이상 종전의 비교표준지를 바꾼 것만으로는 비교표준지 선정에 있어 어떠한 위법이 있다고 할 수 없다고 할 것인 바, 원심이, 피고가 이 사건 토지의 1990-1992년도 개별토지가격을 산정함에 있어서 광명시 광명동 141의 1 토지를 비교표준지로 선정하였다가 1993년도 개별토지가격을 산정함에 있어서는 그 비교표준지로 다른 표준지를 선정하였다 하더라도, 그 표준지가 같은 용도지역 안에 있고 실제 토지이용상황이 같아 유사한 이용가치를 지닌다고 인정되며 거리가 가장 가까워서 비교표준지의 선정기준에 적합한 이상 비교표준지를 바꾼 것만으로는 어떠한 잘못이 있다 할 수 없다고 판단한 것은 위 법리에 따른 것이어서 정당하고, 거기에 소론과 같은 비교표준지 선정에 관한 법리오해의 위법이 있다고 할 수 없다. 논지도 이유가 없다.

[3] 이 사건 토지의 도로접면, 주변토지의 이용상황 등 소론이 지적하는 점에 관한 원심의 인정판단은 원심판결이 설시한 증거관계에 비추어 정당한 것으로 수긍이 가고, 그 과정에 소론과 같이 심리를 제대로 하지 아니한 채 채증법칙을 위반하여 사실을 잘못 인정한 위법이 있다고 볼 수 없다. 논지는 결국 원심의 전권사항인 사실인정을 비난하는 것에 지나지 아니하여 받아들일 수 없다.
그리고 소론과 같은 이 사건 소송에서 원고가 승소하여야 토지초과이득세법에 관한 헌법재판소의 결정에 부합된다는 등의 주장은 원심이 판단하지 아니한 사항에 대한 것이거나 적법한 상고이유가 되지 못하는 것이어서 받아들일 수 없다.

[4] 해당 토지의 개별토지가격이 인근 토지의 개별토지가격 등에 비추어 현저하게 부당하다는 점에 대하여는 이를 다투는 원고에게 그 입증의 필요가 있다고 할 것인 바, 원심이 같은 취지에서 판시 각 인근 토지의 개별토지가격산정경위에 관한 아무런 자료가 없는 이 사건에서 도로접면의 점만으로 이 사건 토지의 1993년도 개별토지가격이 위 토지들의 그것과 비교할 때 현

저하게 불균형하여 형평에 위배된다거나 부당하다고 단정할 수 없다고 판단한 것은 옳고, 거기에 소론과 같은 입증책임의 원칙에 관한 법리를 오해한 위법이 있다고 할 수 없다. 논지는 이유가 없다.

[5] 관계법령 및 기록에 의하여 살펴보면, 원심이 그 판시와 같은 이유에서 이 사건 토지에 관한 1993년도 개별토지가격이 현저하게 불합리하여 부당하다고 할 수 없다고 한 판단은 정당한 것으로 수긍이 되고, 거기에 소론과 같은 법리오해 내지 법령위반의 위법이 있다고 할 수 없다. 논지도 이유가 없다.

[6] 그러므로 상고를 기각하고 상고비용은 패소자의 부담으로 하기로 관여 법관의 의견이 일치되어 주문과 같이 판결한다.

판례 11 93누8542

개별공시지가와 과세처분의 하자승계 인정

요점사항

▶ 개별공시지가결정의 위법은 행정소송으로 다툴 수 있음은 물론 이를 기초로 한 과세처분 등의 취소를 구하는 소송에서 그 선행처분인 개별공시지가결정의 위법을 독립사유로 주장할 수 있다.

관련판례

✦ 대판 1994.1.25, 93누8542[양도소득세등부과처분취소]

1. 두 개 이상의 행정처분이 연속적으로 행하여지는 경우 선행처분과 후행처분이 서로 결합하여 1개의 법률효과를 완성하는 때에는 선행처분에 하자가 있으면 그 하자는 후행처분에 승계되므로 선행처분에 불가쟁력이 생겨 그 효력을 다툴 수 없게 된 경우에도 선행처분의 하자를 이유로 후행처분의 효력을 다툴 수 있는 반면 선행처분과 후행처분이 서로 독립하여 별개의 법률효과를 목적으로 하는 때에는 선행처분에 불가쟁력이 생겨 그 효력을 다툴 수 없게 된 경우에는 선행처분의 하자가 중대하고 명백하여 당연무효인 경우를 제외하고는 선행처분의 하자를 이유로 후행처분의 효력을 다툴 수 없는 것이 원칙이나 선행처분과 후행처분이 서로 독립하여 별개의 효과를 목적으로 하는 경우에도

선행처분의 불가쟁력이나 구속력이 그로 인하여 불이익을 입게 되는 자에게 수인한도를 넘는 가혹함을 가져오며, 그 결과가 당사자에게 예측가능한 것이 아닌 경우에는 국민의 재판받을 권리를 보장하고 있는 헌법의 이념에 비추어 선행처분의 후행처분에 대한 구속력은 인정될 수 없다.

2. 개별공시지가 결정은 이를 기초로 한 과세처분 등과는 별개의 독립된 처분으로서 서로 독립하여 별개의 법률효과를 목적으로 하는 것이나, 개별공시지가는 이를 토지소유자나 이해관계인에게 개별적으로 고지하도록 되어 있는 것이 아니어서 토지소유자 등이 개별공시지가 결정 내용을 알고 있었다고 전제하기도 곤란할 뿐만 아니라 결정된 개별공시지가가 자신에게 유리하게 작용될 것인지 또는 불이익하게 작용될 것인지 여부를 쉽사리 예견할 수 있는 것도 아니며, 더욱이 장차 어떠한 과세처분 등 구체적인 불이익이 현실적으로 나타나게 되었을 경우에 비로소 권리구제의 길을 찾는 것이 우리 국민의 권리의식임을 감안하여 볼 때 토지소유자 등으로 하여금 결정된 개별공시지가를 기초로 하여 장차 과세처분 등이 이루어질 것에 대비하여 항상 토지의 가격을 주시하고 개별공시지가 결정이 잘못된 경우 정해진 시정절차를 통하여 이를 시정하도록 요구하는 것은 부당하게 높은 주의의무를 지우는 것이라고 아니할 수 없고, 위법한 개별공시지가 결정에 대하여 그 정해진 시정절차를 통하여 시정하도록 요구하지 아니하였다는 이유로 위법한 개별공시지가를 기초로 한 과세처분 등 후행 행정처분에서 개별공시지가 결정의 위법을 주장할 수 없도록 하는 것은 수인한도를 넘는 불이익을 강요하는 것으로서 국민의 재산권과 재판받을 권리를 보장한 헌법의 이념에도 부합하는 것이 아니라고 할 것이므로, 개별공시지가 결정에 위법이 있는 경우에는 그 자체를 행정소송의 대상이 되는 행정처분으로 보아 그 위법 여부를 다툴 수 있음은 물론 이를 기초로 한 과세처분 등 행정처분의 취소를 구하는 행정소송에서도 선행처분인 개별공시지가 결정의 위법을 독립된 위법사유로 주장할 수 있다고 해석함이 타당하다.

관련조문

부동산 가격공시에 관한 법률 제11조(개별공시지가에 대한 이의신청)

판시사항

[1] 두 개 이상의 행정처분이 연속적으로 행하여지는 경우 선행처분과 후행처분이 서로 결합하여 1개의 법률효과를 완성하는 때에는 선행처분에 하자가 있으면 그 하자는 후행처분에 승계되는 것이므로 선행처분에 불가쟁력이 생겨 그 효력을 다툴 수 없게 된 경우에도 선행처분의 하자를 이유로 후행처분의 효력을 다툴 수 있는 것이며, 반면 선행처분과 후행처분이 서로 독립하여 별개의 법률효과를 목적으로 하는 때에는 선행처분에 불가쟁력이 생겨 그 효력을 다툴 수 없게 된 경우에는 선행처분의 하자가 중대하고 명백하여 당연 무효인 경우를 제외하고는 선행처분의 하자를 이유로 후행처분의 효력을 다툴 수 없는 것이 원칙이다.
그러나 선행처분과 후행처분이 서로 독립하여 별개의 효과를 목적으로 하는 경우에도 선행처분의 불가쟁력이나 구속력이 그로 인하여 불이익을 입게 되는 자에게 수인한도(受忍限度)를 넘는 가혹함을 가져오며, 그 결과가 당사자에게 예측가능한 것이 아닌 경우에는 국민의 재판받을 권리를 보장하고 있는 헌법의 이념에 비추어 선행처분의 후행처분에 대한 구속력은 인정될 수 없다고 봄이 타당할 것이다.

[2] 개별공시지가는 지가공시 및 토지 등의 평가에 관한 법률 제10조, 같은 법 시행령 제12조 등에 근거한 것인데, 지가공시 및 토지 등의 평가에 관한 법률이나 그 시행령에는 개별공시지가의 결정고지절차나 그에 대한 불복절차에 관하여 아무런 규정이 없고, 다만 국무총리훈령인 개별토지가격합동조사지침 제12조 제1항은 "시장·군수 또는 구청장이 제6조의 절차를 거쳐 조사·산정한 지가를 개별토지가격으로 결정한 때에는 지체 없이 지가를 결정한 사실 및 그 지가에 대하여 이의가 있는 자는 재조사청구를 할 수 있다는 내용과 청구방법 등을 읍·면·동 게시판 등에 공고하여야 한다"고 규정하고 있고, 제12조의2 제1항은 "개별토지가격에 대하여 이의가 있는 토지소유자 및 이해관계인은 개별토지가격이 결정된 날부터 60일 이내에 관할 시장·군수 또는 구청장에게 지가를 재조사하여 줄 것을 청구할 수 있다"고 규정하고 있을 따름이다.

개별공시지가의 결정은 이를 기초로 한 과세처분 등과는 별개의 독립된 처분으로서 서로 독립하여 별개의 법률효과를 목적으로 하는 것이나, 위와 같이 개별공시지가는 이를 토지소유자나 이해관계인에게 개별적으로 고지하도록 되어 있는 것이 아니어서 토지소유자 등이 개별공시지가의 결정내용을 알고 있었다고 전제하기도 곤란할 뿐만 아니라 결정된 개별공시지가가 자신에게 유리하게 작용될 것인지 또는 불이익하게 작용될 것인지 여부를 쉽사리 예견할 수 있는 것도 아니며, 더욱이 장차 어떠한 과세처분 등 구체적인 불이익이 현실적으로 나타나게 되었을 경우에 비로소 권리구제의 길을 찾는 것이 우리 국민의 권리의식임을 감안하여 볼 때 토지소유자 등으로 하여금 결정된 개별공시지가를 기초로 하여 장차 과세처분 등이 이루어질 것에 대비하여 항상 토지의 가격을 주시하고 개별공시지가의 결정이 잘못된 경우 정해진 시정절차를 통하여 이를 시정하도록 요구하는 것은 부당하게 높은 주의의무를 지우는 것이라고 아니할 수 없고, 위법한 개별공시지가의 결정에 대하여 그 정해진 시정절차를 통하여 시정하도록 요구하지 아니하였다는 이유로 위법한 개별공시지가를 기초로 한 과세처분 등 후행행정처분에서 개별공시지가 결정의 위법을 주장할 수 없도록 하는 것은 수인한도를 넘는 불이익을 강요하는 것으로서 국민의 재산권과 재판받을 권리를 보장한 헌법의 이념에도 부합하는 것이 아니라고 할 것이다.

<u>따라서 개별공시지가의 결정에 위법이 있는 경우에는 그 자체를 행정소송의 대상이 되는 행정처분으로 보아 그 위법여부를 다툴 수 있음은 물론 이를 기초로 한 과세처분 등 행정처분의 취소를 구하는 행정소송에서도 선행처분인 개별공시지가 결정의 위법을 독립된 위법사유로 주장할 수 있다고 해석함이 타당하다.</u>

[3] 원심이 같은 취지에서 원고가 1986.1.21. 취득하였다가 1990.10.10. 양도한 이 사건 토지 지분의 양도 당시의 기준시가로 삼은 이 사건 토지에 대한 개별공시지가가 그 판시와 같이 위법하게 결정되었다는 이유로 이를 기초로 한 피고의 이 사건 부과처분이 위법하다고 판단하였음은 정당하고, 거기에 소론과 같은 법리오해의 위법이 있다고 할 수 없다. 논지는 이유 없다.

> **Tip** 개별공시지가의 법적 성질
>
> [학설] 행정행위설, 행정규칙설, 사실행위설
> [판례] 개별토지가격 결정은 과세의 기준이 되는 등 국민의 권리·의무에 직접적으로 관계되는 것으로서 행정
>   소송법 제2조 제1항 제1호 소정의 행정청이 행하는 구체적 사실에 관한 법집행으로서의 공권력의 행사
>   이므로 항고소송의 대상이 되는 행정처분에 해당함

관련기출

1. 제34회 문제2 물음2

甲은 개별공시지가결정에 대하여 부동산 가격공시에 관한 법령에 따른 이의신청이나 행정심판
법에 따른 행정심판과 행정소송법에 따른 행정소송을 제기하지 않았다. 그 후 B시장은 2022.
9.15. 이 사건 토지에 대한 개별공시지가를 시가표준액으로 하여 재산세를 부과, 처분하였다.
이에 甲은 2022.12.5. 이 사건 토지에 대한 개별공시지가결정의 하자를 이유로 재산세부과처
분에 대하여 취소소송을 제기하였다. 甲의 청구가 인용될 수 있는지 여부에 관하여 설명하시
오. **15점**

2. 제21회 문제2 물음2

P가 소유 주택에 대하여 확정된 개별공시지가가 위법함을 이유로, 그 개별공시지가를 기초로
부과된 재산세에 대한 취소청구소송을 제기할 수 있는지에 대하여 논술하시오. **20점**

판례 12 96누6059

개별공시지가와 과세처분의 하자승계 부정

요점사항

> ▸ 개별공시지가 감액조정에 대하여 더 이상 불복하지 않은 경우 이를 기초로 한 과세처분의 취소소송
>   에서 다시 개별공시지가결정의 위법을 독립사유로 다툴 수 없다.

관련판례

✦ 대판 1998.3.13, 96누6059[양도소득세부과처분취소]

1. 두 개 이상의 행정처분이 연속적으로 행하여진 경우 선행처분과 후행처분이 서로 독립하여 별개의 법률효과를 목적으로 하는 때에는 선행처분에 불가쟁력이 생겨 그 효력을 다툴 수 없게 되면 선행처분의 하자가 중대하고 명백하여 당연무효인 경우를 제외하고는 선행처분의 하자를 이유로 후행처분을 다툴 수 없는 것이 원칙이나, 이 경우에도 선행처분의 불가쟁력이나 구속력이 그로 인하여 불이익을 입게 되는 자에게 수인한도를 넘는 가혹함을 가져오고 그 결과가 당사자에게 예측가능한 것이 아닌 경우에는 국민의 재판받을 권리를 보장하고 있는 헌법의 이념에 비추어 선행처분의 후행처분에 대한 구속력은 인정될 수 없다고 봄이 타당하므로, 선행처분에 위법이 있는 경우에는 그 자체를 행정소송의 대상으로 삼아 위법 여부를 다툴 수 있음은 물론 이를 기초로 한 후행처분의 취소를 구하는 행정소송에서도 선행처분의 위법을 독립된 위법사유로 주장할 수 있다.

2. 개별토지가격 결정에 대한 재조사 청구에 따른 감액조정에 대하여 더 이상 불복하지 아니한 경우, 이를 기초로 한 양도소득세 부과처분 취소소송에서 다시 개별토지가격 결정의 위법을 해당 과세처분의 위법사유로 주장할 수 없다고 한 사례

관련조문

부동산 가격공시에 관한 법률 제11조(개별공시지가에 대한 이의신청)

판시사항

두 개 이상의 행정처분이 연속적으로 행하여진 경우 선행처분과 후행처분이 서로 독립하여 별개의 법률효과를 목적으로 하는 때에는 선행처분에 불가쟁력이 생겨 그 효력을 다툴 수 없게 되면 선행처분의 하자가 중대하고 명백하여 당연무효인 경우를 제외하고는 선행처분의 하자를 이유로 후행처분을 다툴 수 없는 것이 원칙이나, 이 경우에도 선행처분의 불가쟁력이나 구속력이 그로 인하여 불이익을 입게 되는 자에게 수인한도를 넘는 가혹함을 가져오고 그 결과가 당사자에게 예측가능한 것이 아닌 경우에는 국민의 재판받을 권리를 보장하고 있는 헌법의 이념에 비추어 선행처분의 후행처분에 대한 구속력은 인정될 수 없다고 봄이 타당하므로, 선행처분에 위법이 있는 경우에는 그 자체를 행정소송의 대상으로 삼아 위법 여부를 다툴 수 있음은 물론 이를 기초로 한 후행처분의 취소를 구하는 행정소송에서도 선행처분의 위법을 독립된 위법사유로 주장할 수 있다 할 것이다(대판 1994.1.25, 93누8542 등 참조).

원심판결 이유에 의하면 원심은, 원고가 이 사건 토지에 관한 1993년도 개별공시지가 결정에 대하여 재조사청구를 하자, 소외 부산광역시 사하구청장은 이를 감액조정하여 1993.9.18. 원고에게 통지하고 같은 달 23일 공고하였으며, 원고는 이에 대하여 더 이상 불복하지 아니한 사실, 원고는 위 재조사청구에 따른 조정결정이 있기 전인 같은 해 8.19. 부산광역시 사하구에 이 사건 토지를 협의매도한 후 1994.5.31. 피고에게 양도가액을 위 조정된 개별공시지가로 하여 산출한 양도소득

세를 확정신고한 사실을 인정한 다음, 이와 같이 원고가 이 사건 토지를 매도한 이후에 그 양도소득세 산정의 기초가 되는 1993년도 개별공시지가 결정에 대하여 한 재조사청구에 따른 조정결정을 통지받고서도 더 이상 다투지 아니한 경우까지 선행처분인 개별공시지가 결정의 불가쟁력이나 구속력이 수인한도를 넘는 가혹한 것이거나 예측불가능하다고 볼 수 없어, 위 개별공시지가 결정의 위법을 이 사건 과세처분의 위법사유로 주장할 수 없다고 판단하고 있다. 기록과 위에서 본 법리에 비추어 살펴보면, 원심의 위와 같은 판단은 정당하고, 거기에 상고이유로 지적하는 바와 같은 법리오해 등의 위법이 있다고 할 수 없다. 이 점에 관한 상고이유는 받아들일 수 없다.

※ 참고 : 현재 양도소득세는 실거래가를 기준으로 과세되고 있음

판례 13 92누17204

개별공시지가의 불복 및 제기기간

요점사항

▶ 개별공시지가 결정에 대한 제소기간 : 처분이 있은 날로부터 180일 이내

개별공시지가의 법적 성질을 어떻게 보느냐에 따라 불복절차의 내용이 달라진다. 개별공시지가의 처분성을 인정하는 견해에 의하면 항고소송을 제기할 수 있으나, 처분성을 부정하는 견해에 의하면 후행(과세)처분단계에서 개별공시지가의 위법을 간접적으로 다툴 수 있다. 이하에서는 처분성을 인정하는 견해에 따라 설명하기로 한다.

관련판례

✦ 대판 1993.12.24, 92누17204[개별토지가격결정처분취소]

1. 개별토지가격 결정에 대한 불복방법
2. 개별토지가격 결정에 대한 재조사청구 또는 행정심판청구의 제기기간

관련조문

부동산 가격공시에 관한 법률 제11조(개별공시지가에 대한 이의신청)

판시사항

[1] 토지소유자 및 이해관계인이 <u>개별토지가격 결정에 대하여 재조사청구를 하지 않고 바로 행정심판법 소정의 행정심판을 제기하거나 또는 재조사청구를 하여 결과통지를 받은 후 다시 행정심판법 소정의 행정심판을 제기하여 그 재결을 거쳐 행정소송을 제기하는 것이 가능하고, 개별토지가격결정에 대하여 재조사청구를 하여 재조사 결과통지를 받은 자는 별도의 행정심판절차를 거치지 않더라도 곧바로 행정소송을 제기할 수 있다.</u>

[2] 개별토지가격 결정에 있어서는 그 처분의 고지방법에 있어 개별토지가격합동조사지침(국무총리 훈령 제248호)의 규정에 의하여 행정편의상 일단의 각 개별토지에 대한 가격 결정을 일괄하여 읍·면·동의 게시판에 공고하는 것일 뿐 그 처분의 효력은 각각의 토지 또는 각각의 소유자에 대하여 각별로 효력을 발생하는 것이므로 개별토지가격 결정의 공고는 공고일로부터 그 효력을 발생하지만 처분 상대방인 토지소유자 및 이해관계인이 공고일에 개별토지가격 결정처분이 있음을 알았다고까지 의제할 수는 없어 결국 개별토지가격 결정에 대한 재조사 또는 행정심판의 청구기간은 처분 상대방이 실제로 처분이 있음을 안 날로부터 기산하여야 할 것이나, <u>시장, 군수 또는 구청장이 개별토지가격 결정을 처분 상대방에 대하여 별도의 고지절차를 취하지 않는 이상 토지소유자 및 이해관계인이 위 처분이 있음을 알았다고 볼 경우는 그리 흔치 않을 것이므로, 특별히 위 처분을 알았다고 볼만한 사정이 없는 한 개별토지가격 결정에 대한 재조사청구 또는 행정심판청구는 행정심판법 제18조 제3항 소정의 처분이 있은 날로부터 180일 이내에 이를 제기하면 된다.</u>

관련내용

개별공시지가에 대한 이의신청

1. 이의신청

   (1) 이의신청의 성격

   1) 학설 : 강학상 이의신청, 특별법상 행정심판

   2) 판례 : 최근 개별공시지가와 관련된 판례(2008두19987)는 이의신청을 제기한 이후에도 별도로 행정심판을 제기할 수 있다고 판시한 바 있다.

   3) 검토 : 처분청인 시·군·구청장에게 이의신청을 제기한다는 점, 국민의 권리구제를 위해 본래의 강학상 이의신청이라 봄이 타당하다.

(2) 이의신청의 절차 및 효과

공시일로부터 30일 이내에 서면으로 시·군·구청장에게 이의신청을 하고 시·군·구청장은 기간만료일부터 30일 이내에 심사하고 그 결과를 신청인에게 통지해야 한다. 이의가 타당한 경우 개별공시지가를 조정하여 재공시해야 한다.

2. 행정심판

이의신청을 거치지 않은 경우, 거친 경우 모두 행정심판을 제기할 수 있을 것이며, 제소기간은 행정심판법 제27조에 의거 안 날로부터 90일, 있은 날로부터 180일 이내에 제기가 가능하다.

3. 행정쟁송

개별공시지가 결정에 중대·명백한 하자가 존재하는 경우 무효확인소송을, 그에 이르지 않은 경우 취소소송을 제기할 수 있으며, 행정소송법 제20조에 따라 처분이 있음을 안 날로부터 90일, 있은 날로부터 1년을 제소기간으로 한다. 다만, 이의신청을 거친 경우에는 행정기본법 제36조 제4항에 따라 결과를 통지받은 날로부터 90일 이내에, 행정심판을 거친 경우 판례에 따라 재결서 정본을 송달받은 날로부터 90일 이내에 제기가 가능하다.

판례 14 2008두19987

개별공시지가의 이의신청은 강학상 이의신청

요점사항

▶ 개별공시지가의 이의신청은 강학상 이의신청으로서 행정소송의 제소기간은 행정심판 재결서 정본을 송달받은 날부터 90일 이내이다.

관련판례

✦ 대판 2010.1.28, 2008두19987[개별공시지가결정처분취소]

판시사항

개별공시지가에 대하여 이의가 있는 자가 행정심판을 거쳐 행정소송을 제기하는 경우 제소기간의 기산점

판결요지

(구)부동산 가격공시 및 감정평가에 관한 법률 제12조, 행정소송법 제20조 제1항, 행정심판법 제3조 제1항의 규정 내용 및 취지와 아울러 부동산 가격공시 및 감정평가에 관한 법률에 행정심판의 제기를 배제하는 명시적인 규정이 없고 부동산 가격공시 및 감정평가에 관한 법률에 따른 이의신청과 행정심판은 그 절차 및 담당 기관에 차이가 있는 점을 종합하면, 부동산 가격공시 및 감정평가에 관한 법률이 이의신청에 관하여 규정하고 있다고 하여 이를 행정심판법 제3조 제1항에서 행정심판의 제기를 배제하는 '다른 법률에 특별한 규정이 있는 경우'에 해당한다고 볼 수 없으므로, 개별공시지가에 대하여 이의가 있는 자는 곧바로 행정소송을 제기하거나 부동산 가격공시 및 감정평가에 관한 법률에 따른 이의신청과 행정심판법에 따른 행정심판청구 중 어느 하나만을 거쳐 행정소송을 제기할 수 있을 뿐 아니라, 이의신청을 하여 그 결과 통지를 받은 후 다시 행정심판을 거쳐 행정소송을 제기할 수도 있다고 보아야 하고, 이 경우 행정소송의 제소기간은 그 행정심판 재결서 정본을 송달받은 날부터 기산한다.

Tip ┃ 개별공시지가의 이의신청이 강학상 이의신청이라고 판시함으로써 이의신청의 결과를 통지 받고 행정심판과 행정소송을 제기할 수 있음. 「감정평가 및 감정평가사에 관한 법률」상 과징금제도에서는 이의신청이 강학상 이의신청이고, 별도의 행정심판을 거칠 수 있도록 하는 규정을 두고 있음.

판례 15 **94누12920**

개별공시지가 부당의 입증책임

요점사항

▶ 부당한 개별공시지가에 대한 입증책임은 이를 다투는 자에게 있다.

관련판례

✦ 대판 1995.3.28, 94누12920[개별공시지가결정처분취소]

1. 개별토지가격 결정을 다투는 소송에서 그 개별토지가격 산정의 기초가 된 표준지공시지가의 위법성을 다툴 수 있는지 여부
2. 종전의 비교표준지를 바꾼 것만으로 비교표준지 선정에 위법이 있다고 할 수 있는지 여부
3. 해당 토지의 개별토지가격이 인근 토지에 비하여 현저하게 부당하다는 점에 대한 입증책임

관련조문

부동산 가격공시에 관한 법률 제11조(개별공시지가에 대한 이의신청)

판시사항

[1] 표준지로 선정된 토지의 공시지가에 대하여 불복하기 위하여는 지가공시 및 토지 등의 평가에 관한 법률 제8조 제1항 소정의 이의절차를 거쳐 처분청을 상대로 그 공시지가 결정의 취소를 구하는 행정소송을 제기하여야 하는 것이지, 그러한 절차를 밟지 아니한 채 개별토지가격 결정을 다투는 소송에서 그 개별토지가격 산정의 기초가 된 표준지공시지가의 위법성을 다툴 수는 없다.

[2] 해당 토지와 용도지역, 지목, 이용상황, 지형 및 지세, 주위환경 등이 유사하여 표준지선정기준에 적합한 표준지를 비교표준지로 선정한 이상 종전의 비교표준지를 바꾼 것만으로는 비교표준지 선정에 있어 어떠한 위법이 있다고 할 수 없다.

[3] 해당 토지의 개별토지가격이 인근 토지의 개별토지가격 등에 비추어 현저하게 부당하다는 점에 대하여는 이를 다투는 자에게 그 입증의 필요가 있다.

판례 16 2010다13527

개별공시지가 산정업무 손해배상책임

요점사항

▶ 개별공시지가는 담보가치를 보장하는 구속력을 갖는다고 볼 수 없으므로 개별공시지가를 믿고 거래하여 발생한 손해에 대해서까지 손해배상책임을 부담시키게 된다면 손해에 대하여 무차별적으로 책임을 추궁 당함으로써 많은 노력과 비용을 지출하는 결과가 초래되어 부동산공시법의 목적과 기능, 그 보호법익의 보호범위를 넘어서는 것이다.

관련판례

✦ 대판 2010.7.22, 2010다13527[손해배상(기)]

판시사항

[1] 개별공시지가 산정업무 담당 공무원 등이 부담하는 직무상 의무의 내용 및 그 담당 공무원 등이 직무상 의무에 위반하여 현저하게 불합리한 개별공시지가가 결정되도록 함으로써 국민 개개인의 재산권을 침해한 경우, 그 담당 공무원 등이 속한 지방자치단체가 손해배상책임을 지는지 여부(적극)

[2] 시장(市長)이 토지의 이용상황을 실제 이용되고 있는 '자연림'으로 하여 개별공시지가를 산정한 다음 감정평가법인에 검증을 의뢰하였는데, 감정평가법인이 그 토지의 이용상황을 '공업용'으로 잘못 정정하여 검증지가를 산정하고, 시 부동산평가위원회가 검증지가를 심의하면서 그 잘못을 발견하지 못함에 따라, 그 토지의 개별공시지가가 적정가격보다 훨씬 높은 가격으로 결정·공시된 사안에서, 이는 개별공시지가 산정업무 담당 공무원 등이 직무상 의무를 위반한 것으로 불법행위에 해당한다고 한 사례

[3] 개별공시지가가 토지의 거래 또는 담보제공에서 그 실제 거래가액 또는 담보가치를 보장하는 등의 구속력을 갖는지 여부(소극) 및 개개 토지에 관한 개별공시지가를 기준으로 거래하거나 담보제공을 받았다가 토지의 실제 거래가액 또는 담보가치가 개별공시지가에 미치지 못함으로 인하여 발생한 손해에 대해서도 개별공시지가를 결정·공시한 지방자치단체가 손해배상책임을 부담하는지 여부(소극)

[4] 개별공시지가 산정업무 담당 공무원 등이 잘못 산정·공시한 개별공시지가를 신뢰한 나머지 토지의 담보가치가 충분하다고 믿고 그 토지에 관하여 근저당권 설정등기를 경료한 후 물품을 추가로 공급함으로써 손해를 입었음을 이유로 그 담당 공무원이 속한 지방자치단체에 손해배

상을 구한 사안에서, 그 담당 공무원 등의 개별공시지가 산정에 관한 직무상 위반행위와 위 손해 사이에 상당인과관계가 있다고 보기 어렵다고 판단한 사례

판결요지

[1] 개별공시지가는 개발부담금의 부과, 토지 관련 조세 부과 등 다른 법령이 정하는 목적을 위해 지가를 산정하는 경우에 그 산정기준이 되는 관계로 납세자인 국민 등의 재산상 권리·의무에 직접적인 영향을 미치게 되므로, 개별공시지가 산정업무를 담당하는 공무원으로서는 해당 토지의 실제 이용상황 등 토지특성을 정확하게 조사하고 해당 토지와 토지이용상황이 유사한 비교표준지를 선정하여 그 특성을 비교하는 등 법령 및 '개별공시지가의 조사·산정지침'에서 정한 기준과 방법에 의하여 개별공시지가를 산정하고, 산정지가의 검증을 의뢰받은 감정평가업자나 시·군·구 부동산평가위원회로서는 위 산정지가 또는 검증지가가 위와 같은 기준과 방법에 의하여 제대로 산정된 것인지 여부를 검증, 심의함으로써 적정한 개별공시지가가 결정·공시되도록 조치할 직무상의 의무가 있고, 이러한 직무상 의무는 단순히 공공 일반의 이익을 위한 것이거나 행정기관 내부의 질서를 규율하기 위한 것이 아니고 전적으로 또는 부수적으로 국민 개개인의 재산권 보장을 목적으로 하여 규정된 것이라고 봄이 상당하다. 따라서 개별공시지가 산정업무 담당 공무원 등이 그 직무상 의무에 위반하여 현저하게 불합리한 개별공시지가가 결정되도록 함으로써 국민 개개인의 재산권을 침해한 경우에는 그 손해에 대하여 상당인과관계 있는 범위 내에서 그 담당 공무원 등이 소속된 지방자치단체가 배상책임을 지게 된다.

[2] 시장이 토지의 이용상황을 실제 이용되고 있는 '자연림'으로 하여 개별공시지가를 산정한 다음 감정평가법인에 검증을 의뢰하였는데, 감정평가법인이 그 토지의 이용상황을 '공업용'으로 잘못 정정하여 검증지가를 산정하고, 시 부동산평가위원회가 검증지가를 심의하면서 그 잘못을 발견하지 못함에 따라, 그 토지의 개별공시지가가 적정가격보다 훨씬 높은 가격으로 결정·공시된 사안에서, 이는 개별공시지가 산정업무 담당 공무원 등이 개별공시지가의 산정 및 검증, 심의에 관한 직무상 의무를 위반한 것으로 불법행위에 해당한다고 한 사례

[3] 개별공시지가는 그 산정 목적인 개발부담금의 부과, 토지 관련 조세 부과 등 다른 법령이 정하는 목적을 위해 지가를 산정하는 경우에 그 산정기준이 되는 범위 내에서는 납세자인 국민 등의 재산상 권리·의무에 직접적인 영향을 미칠 수 있지만, 이에 더 나아가 개별공시지가가 해당 토지의 거래 또는 담보제공을 받음에 있어 그 실제 거래가액 또는 담보가치를 보장한다거나 어떠한 구속력을 미친다고 할 수는 없다. 그럼에도 개개 토지에 관한 개별공시지가를 기준으로 거래하거나 담보제공을 받았다가 해당 토지의 실제 거래가액 또는 담보가치가 개별공시지가에 미치지 못함으로 인해 발생할 수 있는 손해에 대해서까지 그 개별공시지가를 결정·공시하는 지방자치단체에 손해배상책임을 부담시키게 된다면, 개개 거래당사자들 사이에 이루어지는 다양한 거래관계와 관련하여 발생한 손해에 대하여 무차별적으로 책임을 추궁 당하게 되고, 그 거래관계를 둘러싼 분쟁에 끌려들어가 많은 노력과 비용을 지출하는 결과가 초래되게 된다.

이는 결과발생에 대한 예견가능성의 범위를 넘어서는 것임은 물론이고, 행정기관이 사용하는 지가를 일원화하여 일정한 행정목적을 위한 기준으로 삼음으로써 국토의 효율적인 이용과 국민경제의 발전에 기여하려는 (구)부동산 가격공시 및 감정평가에 관한 법률(2008.2.29. 법률 제8852호로 개정되기 전의 것)의 목적과 기능, 그 보호법익의 보호범위를 넘어서는 것이다.

[4] 개별공시지가 산정업무 담당 공무원 등이 잘못 산정·공시한 개별공시지가를 신뢰한 나머지 토지의 담보가치가 충분하다고 믿고 그 토지에 관하여 근저당권 설정등기를 경료한 후 물품을 추가로 공급함으로써 손해를 입었음을 이유로 그 담당 공무원이 속한 지방자치단체에 손해배상을 구한 사안에서, 그 담당 공무원 등의 개별공시지가 산정에 관한 직무상 위반행위와 위 손해 사이에 상당인과관계가 있다고 보기 어렵다고 한 사례

판례 17 2005다62747

공무원의 직무상 의무 위반으로 국가가 배상책임을 지는 경우의 직무상 의무의 내용 및 상당인과관계 유무의 판단 기준

요점사항

▸ 상당인과관계의 유무를 판단함에 있어서는 일반적인 결과 발생의 개연성은 물론 직무상 의무를 부과하는 법령 기타 행동규범의 목적, 그 수행하는 직무의 목적 내지 기능으로부터 예견가능한 행위 후의 사정, 가해행위의 태양 및 피해의 정도 등을 종합적으로 고려하여야 한다.

관련판례

✦ 대판 2007.12.27, 2005다62747[손해배상(기)]

판시사항

[1] 공무원의 직무상 의무 위반으로 국가가 배상책임을 지는 경우의 직무상 의무의 내용 및 상당인과관계 유무의 판단 기준

[2] 경락대금 완납 후 경락허가결정에 대한 추완항고가 받아들여진 경우 경락허가결정의 확정 여부(소극) 및 적법한 경락대금의 납부가 있는 것으로 볼 수 있는지 여부(소극)

[3] 경락대금까지 납부하였다가 경매법원 공무원의 공유자통지 등에 관한 절차상의 과오로 경락허가결정이 취소된 경우, 위 과오와 경락인의 손해 발생 사이에 상당인과관계가 인정되는지 여부(적극)

[4] 경락허가결정에 대한 추완항고가 받아들여져 경락인이 소유권을 취득하지 못하게 됨으로써 입은 손해

[5] 경매법원 공무원의 과실로 위법한 경매절차가 진행되어 경락허가결정이 취소된 경우, 경락인의 국가에 대한 손해배상청구권의 발생시점(=경락대금납부일) 및 그 지연이자율(=민사법정이율)

[6] 경매법원 공무원의 과실로 위법한 경매절차가 진행되어 경락허가결정이 취소된 경우, 경락인이 경락부동산에 대한 소유권이전등기를 경료하기 위하여 지출한 국민주택채권 할인료 상당의 손해배상을 청구할 수 있는지 여부(적극)

판결요지

[1] 공무원에게 부과된 직무상 의무의 내용이 단순히 공공 일반의 이익을 위한 것이거나 행정기관 내부의 질서를 규율하기 위한 것이 아니고 전적으로 또는 부수적으로 사회구성원 개인의 안전과 이익을 보호하기 위하여 설정된 것이라면, 공무원이 그와 같은 직무상 의무를 위반함으로 인하여 피해자가 입은 손해에 대하여는 상당인과관계가 인정되는 범위 내에서 국가가 배상책임을 지는 것이고, 이때 상당인과관계의 유무를 판단함에 있어서는 일반적인 결과 발생의 개연성은 물론 직무상 의무를 부과하는 법령 기타 행동규범의 목적, 그 수행하는 직무의 목적 내지 기능으로부터 예견가능한 행위 후의 사정, 가해행위의 태양 및 피해의 정도 등을 종합적으로 고려하여야 한다.

[2] 공유자에 대한 통지 누락 등 경매절차상의 하자로 인하여 경락허가결정에 대한 추완항고가 받아들여지면 경락허가결정은 확정되지 아니하고 따라서 그 이전에 이미 경락허가결정이 확정된 것으로 알고 경매법원이 경락대금 납부기일을 정하여 경락인으로 하여금 경락대금을 납부하도록 하였더라도 이는 적법한 경락대금의 납부가 될 수 없다.

[3] 경매법원 공무원에게 부과된 공유자에 대한 통지의무가 직접적으로는 공유자의 우선매수권이나 이해관계인으로서의 절차상 이익과 관계되는 것이기는 하지만, 공유자에 대한 통지가 적법하게 행해지지 않은 채로 경매절차가 진행되면 뒤늦게라도 그 절차상의 하자를 이유로 경락허가결정이 취소될 수 있고 경매법원의 적법한 절차진행을 신뢰하고 경매에 참여하여 경락을 받고 법원의 지시에 따라 경락대금납부 및 소유권이전등기까지 마친 경락인으로서는 불측의 손해를 입을 수밖에 없어 위와 같은 통지 기타 적법절차의 준수 여부는 경락인의 이익과도 밀접한 관계가 있고, 위와 같은 일련의 과정에서 경매법원 스스로 그 하자를 시정하는 조치를 취하지 않는 이상 특별히 경락인이 불복절차 등을 통하여 이를 시정하거나 위 결과 발생을 막을

것을 기대할 수도 없으며, 경락인의 손해에 대하여 국가배상 이외의 방법으로 구제받을 방법이 있는 것도 아니라는 점에서, 경매법원 공무원의 위 공유자통지 등에 관한 절차상의 과오는 경락인의 손해 발생과 사이에 상당인과관계가 있다.

[4] 경락허가결정에 대하여 추완항고가 받아들여지면 그 경락허가결정 자체가 확정되지 않은 것으로 되고 설사 경락인이 이미 그 경락대금을 완납하고 소유권이전등기를 마쳤다고 하더라도 처음부터 소유권을 취득하지 못한 것으로 되므로, 이 경우 경락인이 입은 손해는 자신에 대한 경락이 적법 유효한 것으로 믿고 출연한 금액이 될 뿐이지, 그 경락부동산의 소유권을 일단 취득하였다거나 취득할 수 있는 권리가 있었음을 전제로 그 부동산의 시가와 경락대금반환액의 차액 또는 그 시가상승분의 일실손해로 파악할 것은 아니다.

[5] 경매법원 공무원의 과실로 인하여 경락허가결정 및 경락대금납부가 모두 소급적으로 효력을 잃고 무위로 돌아가게 되었다면 국가가 그로 인하여 경락인이 입은 손해로서 지출한 경락대금 상당액을 배상하여야 할 것인바, 이 경우 경락인의 국가에 대한 손해배상청구권은 그 손해 발생일인 경락대금납부일에 발생하고 그때 이행기가 도래하는 것이므로 국가는 그날부터 갚는 날까지 민법 소정의 연 5%의 비율에 의한 지연이자를 지급하여야 한다. 대법원규칙인 '법원보관금취급규칙' 제7조 및 대법원재판예규인 '법원보관금취급규칙의 시행에 따른 업무처리지침' 제3조 제2항의 규정에 의하면 경락대금 등 법원보관금에 대하여는 연 2%의 이자율을 적용하도록 되어 있으나, 이는 경락대금을 법령에 의하여 적법하게 보관하는 경우에 적용되는 것이지, 위법한 경매절차의 진행으로 뒤에 경락허가결정이 취소되고 경락대금의 납부도 모두 부적법한 것으로 평가되는 결과 그 대금을 경락인에게 반환하여 배상하는 경우에 적용되는 규정은 아니므로, 경매법원이 실제 경락대금을 반환하면서 경락대금에 대한 연 2%의 이율에 의한 이자만을 가산 지급하였다면 그 지급액과 민법이 정한 연 5%의 비율에 의한 지연이자와의 차액만큼은 여전히 전보되지 않은 손해로 남게 되어 국가는 경락인에게 이를 배상하여야 한다.

[6] 부동산에 관한 경락대금이 완납된 후 법원의 촉탁에 의하여 경락에 따른 소유권이전등기가 경료되기 위하여는 그 등기촉탁서에 국민주택채권매입필증이 첨부되어야 하고, 이를 위하여 경락인이 국민주택채권을 매입하는 데 지출한 비용은 위 경락으로 인한 소유권이전등기를 위한 필수적인 부대비용이며, 위와 같은 연유로 국민주택채권을 매입하게 되는 경우 일반적으로 위 채권의 상환기간이 장기이고 그 이율도 시중금리나 민사법정이율보다 낮아 이를 액면가보다 낮은 가격으로 매각하여 현금화하고 그 차액인 할인료 상당액을 등기비용으로 인식하는 것이 보통이므로, 경락인이 경락부동산에 대한 소유권이전등기를 경료하기 위하여 통상의 방법으로 국민주택채권을 매입하였다가 이를 액면가에 미달하는 금액으로 매각하였고 그 매각대금이 시세에 비추어 적정한 것이라면, 경매법원 공무원의 위법한 경매절차의 진행으로 경락허가결정이 취소된 경우에 경락인으로서는 그 차액 상당의 손해배상을 청구할 수 있다.

관련기출

1. 제25회 문제3

법원으로부터 근저당권에 근거한 경매를 위한 감정평가를 의뢰받은 감정평가사 乙이 감정평가 대상토지의 착오로 실제 대상토지의 가치보다 지나치게 낮게 감정평가액을 산정하였다. 토지소유자인 甲이 이에 대해 이의를 제기하였음에도 경매담당 법관 K는 乙의 감정평가액을 최저입찰가격으로 정하여 경매절차를 진행하였으며, 대상토지는 원래의 가치보다 결국 낮게 丙에게 낙찰되어 甲은 손해를 입게 되었다. 甲이 법관의 과실을 이유로 국가배상을 청구할 경우 이 청구의 인용가능성을 검토하시오. 20점

※ 출제위원 채점평

문제 3은 경매담당 법관의 경매절차 진행과정에 있어서의 과실 여부와 그와 관련된 국가배상청구의 가능성에 관한 것이다. 국가배상청구 문제는 감정평가사 업무와 관련해서 매우 중요할 뿐만 아니라, 이미 다수 출제된 적이 있어서 수험생들에게도 익숙하였을 것으로 생각한다. 그래서인지 예상대로 상당수 답안들이 공무원(법관)의 직무행위로 인한 국가배상청구소송 가능성을 주제로 하여 매우 잘 정리된 목차와 내용들을 기술하였다. 구체적으로는 법관이 공무원인지, 그 행위가 위법한지, 고의 또는 과실은 있는지 등 국가배상법 제2조의 기본적인 요건에 충족되는지를 논리적으로 연결하여 기술하였다. 또한 관련 요건의 서술에 있어서 대법원 판례를 검토하는 형식으로 작성한 답안도 많았다. 이 문제는 수험생 입장에서 국가배상법의 이론에 대해 깊이 있는 고민을 해본 사람이라면 쉽게 답안을 작성할 수 있었을 것이라고 생각한다.

판례 18 2003두12080

개별공시지가가 감정가액이나 실제거래가격을 초과한다는 사유만으로 그것이 현저하게 불합리한 가격이어서 그 가격결정이 위법한지 여부

요점사항

▶ 개별공시지가가 감정가액이나 실제거래가격을 초과한다고 하여 그 가격결정이 위법하다고 할 수는 없다.

관련판례

✦ 대판 2005.7.15, 2003두12080[종합토지세등부과처분취소]

판시사항

개별공시지가가 감정가액이나 실제 거래가격을 초과한다는 사유만으로 그 가격 결정이 위법한지 여부(소극)

판결이유

개별공시지가 결정의 적법 여부는 (구)지가공시 및 토지 등의 평가에 관한 법률 등 관련법령이 정하는 절차와 방법에 따라 이루어진 것인지 여부에 의하여 결정될 것이지, 해당 토지의 시가나 실제거래가격과 직접적인 관련이 있는 것은 아니므로 단지 그 공시지가가 감정가액이나 실제거래가격을 초과한다는 사유만으로 그것이 현저하게 불합리한 가격이어서 그 가격결정이 위법하다고 단정할 수는 없다(대판 1995.11.21, 94누15684; 1996.7.12, 93누13056; 1996.9.20, 95누11931 등 참조).

감정평가 및 감정평가사에 관한 법률

판례 01 97다36293

감정평가업자의 손해배상책임

요점사항

▶ 부실감정으로 인하여 손해를 입은 자는 감정평가법상 손해배상책임과 민법상의 손해배상책임을 함께 물을 수 있다.

제28조(손해배상책임)

① 감정평가법인등이 감정평가를 하면서 고의 또는 과실로 감정평가 당시의 적정가격과 현저한 차이가 있게 감정평가를 하거나 감정평가 서류에 거짓을 기록함으로써 감정평가 의뢰인이나 선의의 제3자에게 손해를 발생하게 하였을 때에는 감정평가법인등은 그 손해를 배상할 책임이 있다.

관련판례

✦ 대판 1998.9.22, 97다36293[손해배상(기)]

1. 부동산의 입찰절차에서 감정인이 감정평가의 잘못과 이를 신뢰한 낙찰자의 손해 사이에 상당인과관계가 있는지 여부(적극)
2. 감정평가업자의 부실감정으로 인한 손해배상책임의 법률적 성질
3. 부동산의 입찰절차에서 감정평가업자가 부실감정을 하여 낙찰자가 손해를 입은 경우, 감정평가업자의 낙찰자에 대한 손해배상의 범위

관련조문

감정평가 및 감정평가사에 관한 법률 제28조(손해배상책임)

판시사항

[1] 민사소송법 제615조가 법원은 감정인이 한 평가액을 참작하여 최저경매가격을 정하여야 한다고 하고 있지만, 특별한 사정이 없는 한 감정인의 평가액이 최저경매가격이 되는 것이므로, 감정평가의 잘못과 낙찰자의 손해 사이에는 상당인과관계가 있는 것으로 보아야 한다.

[2] 감정평가업자의 부실감정으로 인하여 손해를 입게 된 감정평가의뢰인이나 선의의 제3자는 지가공시 및 토지 등의 평가에 관한 법률상의 손해배상책임과 민법상의 불법행위로 인한 손해배상책임을 함께 물을 수 있다.

[3] 불법행위로 인한 재산상 손해는 위법한 가해행위로 인하여 발생한 재산상 불이익, 즉 위법행위가 없었더라면 존재하였을 재산상태와 위법행위가 가해진 현재의 재산 상태와의 차이이므로, 낙찰자가 감정평가업자의 불법행위로 인하여 입은 손해도 감정평가업자의 위법한 감정이 없었더라면 존재하였을 재산 상태와 위법한 감정으로 인한 재산 상태와의 차이가 되고, 이는 결국 위법한 감정이 없었다면 낙찰자가 낙찰 받을 수 있었던 낙찰대금과 실제 지급한 낙찰대금과의 차액이 된다(다만, 위법한 감정에도 불구하고 시가보다 더 낮은 가격으로 낙찰받은 경우, 위법한 감정이 없었다면 실제 지급한 낙찰대금보다 더 낮은 가격으로 낙찰받을 수 있었다는 사정은 이를 주장하는 자가 입증하여야 한다).

관련기출

1. 제33회 문제4
「감정평가 및 감정평가사에 관한 법률」상 감정평가법인등의 손해배상책임의 성립요건에 관하여 설명하시오. 10점

2. 제12회 문제4
지가공시 및 토지 등의 평가에 관한 법률 제26조 제1항의 규정에 의한 감정평가업자의 손해배상책임에 대하여 설명하시오. 10점

판례 02 96다52427

현저한 차이의 의미

요점사항

▶ 표준지공시지가 결정에 있어서 최고평가액과 최저평가액 사이에 1.3배 이상의 격차율이 평가액과 적정가격 사이의 '현저한 차이' 여부의 유일한 판단기준이 될 수 없으며 감정평가법인등의 귀책사유를 사회통념에 따라 탄력적으로 판단하여야 한다.

PART 03

관련판례

✦ 대판 1997.5.7, 96다52427[손해배상(기)]

1. 지가공시 및 토지 등의 평가에 관한 법률 제26조 제1항의 '현저한 차이'를 인정함에 있어서 최고평가액과 최저평가액 사이에 1.3배 이상의 격차율이 유일한 판단기준인지 여부(소극)
2. 1항의 '현저한 차이'를 인정하기 위하여 부당감정에 대한 감정평가업자의 귀책사유를 고려하여야 하는지 여부(적극)
3. 감정평가업자가 지가공시 및 토지 등의 평가에 관한 법률과 감정평가규칙의 기준을 무시하고 자의적 방법에 의하여 대상토지를 감정평가한 경우, 감정평가업자의 고의·중과실에 의한 부당감정을 근거로 하여 같은 법 제26조 제1항의 '현저한 차이'를 인정한 사례

관련조문

감정평가 및 감정평가사에 관한 법률 제28조(손해배상책임)

판시사항

[1] 지가공시 및 토지 등의 평가에 관한 법률 제5조 제2항, 같은 법 시행령 제7조 제4항, (구)공공용지의 취득 및 손실보상에 관한 특례법 시행규칙 제5조의4 제1항, 제4항의 각 규정들은 표준지공시지가를 정하거나 공공사업에 필요한 토지의 보상가를 산정함에 있어서 2인 이상의 감정평가업자에 평가를 의뢰하였는데 평가액 중 최고평가액이 최저평가액의 1.3배를 초과하는 경우에는 건설교통부장관이나 사업시행자가 다른 2인의 감정평가업자에게 대상 물건의 평가를 다시 의뢰할 수 있다는 것뿐으로서 여기서 정하고 있는 1.3배의 격차율이 바로 지가공시 및 토지 등의 평가에 관한 법률 제26조 제1항이 정하는 평가액과 적정가격 사이에 '현저한 차이'가 있는가의 유일한 판단기준이 될 수 없다.

[2] 지가공시 및 토지 등의 평가에 관한 법률 제26조 제1항은 고의에 의한 부당감정과 과실에 의한 부당감정의 경우를 한데 묶어서 그 평가액이 적정가격과 '현저한 차이'가 날 때에는 감정평가업자는 감정의뢰인이나 선의의 제3자에게 손해배상책임을 지도록 정하고 있는 바, 고의에 의한 부당감정의 경우와 과실에 의한 부당감정의 경우를 가리지 아니하고 획일적으로 감정평가액과 적정가격 사이에 일정한 비율 이상의 격차가 날 때에만 '현저한 차이'가 있다고 보아 감정평가업자의 손해배상책임을 인정한다면 오히려 정의의 관념에 반할 수도 있으므로, 결국 <u>감정평가액과 적정가격 사이에 '현저한 차이'가 있는지 여부는 부당감정에 이르게 된 감정평가업자의 귀책사유가 무엇인가 하는 점을 고려하여 사회통념에 따라 탄력적으로 판단하여야 한다.</u>

[3] 감정평가업자가 지가공시 및 토지 등의 평가에 관한 법률과 감정평가규칙의 기준을 무시하고 자의적 방법에 의하여 대상토지를 감정평가한 경우, 감정평가업자의 고의·중과실에 의한 부당감정을 근거로 하여 같은 법 제26조 제1항의 '현저한 차이'를 인정한 사례

판례 03 87도853

허위감정의 성립

 요점사항

▶ 허위감정죄는 고의범에 한정하여 처벌한다.

 관련판례

✦ 대판 1987.7.21, 87도853[감정평가에 관한 법률 위반]

> 감정업에 종사하는 자는 그 직무를 수행함에 있어서 고의로 진실을 숨기거나 허위의 감정을 하였을 때
> 처벌하도록 규정하고 있으므로 허위감정죄는 고의범에 한한다.
> 허위감정이라 함은 신빙성이 있는 감정자료에 의한 합리적인 감정결과에 현저히 반하는 근거가 시인되
> 지 아니하는 자의적 방법에 의한 감정을 일컫는 것이어서 위 범죄는 정당하게 조사수집하지 아니하여
> 사실에 맞지 아니하는 감정자료임을 알면서 그것을 기초로 감정함으로써 허무한 가격으로 평가하거나
> 정당한 감정자료에 의하여 평가함에 있어서도 합리적인 평가방법에 의하지 아니하고 고의로 그 평가액
> 을 그르치는 경우에 성립된다.

관련조문

감정평가 및 감정평가사에 관한 법률 제28조(손해배상책임)

판시사항

감정평가에 관한 법률 제16조, 제26조에 의하면, 감정업에 종사하는 자는 그 직무를 수행함에 있
어서 고의로 진실을 숨기거나 허위의 감정을 하였을 때 처벌하도록 규정하고 있으므로 위 법조에
따른 허위감정죄는 고의범에 한한다 할 것이고, 여기서 말하는 허위감정이라 함은 신빙성이 있는
감정자료에 의한 합리적인 감정결과에 현저히 반하는 근거가 시인되지 아니하는 자의적 방법에 의
한 감정을 일컫는다 할 것이다. 따라서 정당하게 조사 수집하지 아니하여 사실에 맞지 아니하는
감정자료임을 알면서 그것을 기초로 감정함으로써 허무한 가격으로 평가하거나 정당한 감정자료
에 의하여 평가함에 있어서도 합리적인 평가방법에 의하지 아니하고 고의로 그 평가액을 그르치는
경우에 그 범죄는 성립된다 할 것이다.

판례 04 2005다11954

손해배상소송에서 수 개의 감정평가가 상반되는 경우

요점사항

▸ 손해배상소송에서 수 개의 감정평가가 상반되는 경우 법원은 그중 어느 하나를 채용하거나 하나의
   감정평가 중 일부에 의거하여 사실을 인정할 수 있다.

관련판례

✦ 대판 2008.2.28, 2005다11954[손해배상(기)]

1. 손해배상소송에서 동일한 사실에 관한 수 개의 감정평가가 서로 상반되는 경우, 법원이 그 중 하나를
   채용하거나 그 일부에 의거하여 사실을 인정하는 것이 위법한지 여부(원칙적 소극)
2. 사업상 필요한 기계장비를 구입하는 데 들어가는 자본비용의 산정기준
3. 과실상계 사유에 관한 사실인정 및 비율확정이 사실심의 전권사항인지 여부(적극)
4. 파기환송판결이 갖는 기속력의 범위 및 환송판결이 부수적으로 지적한 사항에도 기속력이 미치는지
   여부(소극)
5. 상고법원으로부터 환송받은 법원이 변론을 거쳐 새로운 증거나 보강된 증거에 의하여 새로운 사실인정
   을 할 수 있는지 여부(적극)

관련조문

감정평가 및 감정평가사에 관한 법률 제28조(손해배상책임)

판시사항

[1] 감정은 법원이 어떤 사항을 판단함에 있어서 특별한 지식과 경험을 필요로 하는 경우 그 판단
    의 보조수단으로 그러한 지식이나 경험을 이용하는 데 지나지 않으므로, 손해배상소송에 있어
    서 동일한 사실에 관하여 상반되는 수 개의 감정평가가 있는 경우 법원이 그 중 어느 하나를
    채용하거나 하나의 감정평가 중 일부만에 의거하여 사실을 인정하였다 하더라도 그것이 경험
    칙이나 논리법칙에 위배되지 않는 한 위법하다고 할 수 없다.

[2] 자본비용이란 자본의 사용을 위하여 지급되는 비용, 즉 기업이 사업을 위하여 투하한 자본에
    대한 사용대가를 말하는 것으로서, 위와 같이 사업을 위하여 기계장비의 구입이 필요하다면
    그 구입비용, 즉 기계장비의 원가에 대하여 자본비용이 발생하는 것은 옳으나, 위 기계장비는

기간의 경과에 따라 매년 감가되므로 그 기계장비에 투하되는 자본은 기계장비의 구입비용에서 감가상각분을 차감한 금액이라고 봄이 상당하고 따라서 위 기계장비와 관련하여 매년 발생하는 자본비용 역시 위와 같은 감가상각 후의 잔존가액을 기준으로 산정함이 타당하다.

[3] 불법행위에 있어서 과실상계는 공평 내지 신의칙의 견지에서 손해배상액을 정함에 있어 피해자의 과실을 참작하는 것으로, 그 적용에 있어서는 가해자와 피해자의 고의·과실의 정도, 위법행위의 발생 및 손해의 확대에 관하여 어느 정도의 원인이 되어 있는가 등의 제반 사정을 고려하여 배상액의 범위를 정하는 것이나, 그 과실상계 사유에 관한 사실인정이나 그의 비율을 정하는 것은 그것이 형평의 원칙에 비추어 현저히 불합리하다고 인정되지 않는 한 사실심의 전권사항에 속한다 할 것이다.

[4] 위 민사소송법 규정에 의한 파기환송판결의 기속력이라 함은 사건을 환송받은 법원은 상고법원이 파기의 이유로 삼은 사실상 및 법률상 판단에 기속된다는 것으로서, 여기에서 '파기이유로 삼은 사실상의 판단'이란 상고법원이 절차상의 직권조사사항에 관하여 한 사실상의 판단을 말하고 본안에 관한 사실판단을 말하는 것이 아니며(대판 2000.4.25, 2000다6858 등 참조), 환송판결에서 파기이유로 하지 않은 부분에서 부수적으로 지적한 사항에 미치지도 아니하고(대판 1997.4.25, 97다904 등 참조), 또한 환송을 받은 법원은 변론을 거쳐 새로운 증거나 보강된 증거에 의하여 본안의 쟁점에 관하여 새로운 사실인정을 할 수 있는 것이므로, 그 심리과정에서 당사자의 주장·입증이 새로이 제출되거나 또는 보강되어 상고법원의 기속적 판단의 기초가 된 사실관계에 변동이 생긴 때에는 환송판결의 기속력은 미치지 않는 것이다(대판 1992.9.14, 92다4192 등 참조).

판례 05　2006다82625

감정평가업무협약에 따른 조사의무를 다하지 아니한 과실

요점사항

▶ 감정평가업자는 감정평가업무협약에 따른 조사의무를 다하여야 할 책임이 있다.

관련판례

✦ 대판 2007.4.12, 2006다82625[손해배상(기)]
(임대차관계 등을 조사함에 있어 단순히 다른 조사기관의 전화조사만으로 확인한 사건)

1. 감정평가업자가 금융기관과 감정평가업무협약을 체결하면서 감정목적물인 주택에 대한 임대차 사항을 상세히 조사할 것을 약정한 경우, 감정평가업자의 임대차관계 조사의무의 내용

2. 감정평가업자가 금융기관으로부터 조사를 의뢰받은 담보물건과 관련된 임대차관계 등을 조사함에 있어 단순히 다른 조사기관의 전화조사만으로 확인된 실제와는 다른 임대차관계 내용을 기재한 임대차확인조사서를 제출한 사안에서, 감정평가업자에게 감정평가업무협약에 따른 조사의무를 다하지 아니한 과실이 있다고 한 사례

3. 감정평가업자가 담보목적물에 대하여 부당한 감정을 함으로써 감정의뢰인이 그 감정을 믿고 정당한 감정가격을 초과한 대출을 한 경우, 감정의뢰인의 손해액의 산출방법 및 위 대출금의 연체로 인한 지연손해금이 감정평가업자의 부당한 감정으로 인하여 발생한 손해인지 여부(원칙적 소극)

관련조문

감정평가 및 감정평가사에 관한 법률 제28조(손해배상책임)

판시사항

[1] 감정평가업자가 금융기관과 감정평가업무협약을 체결하면서 감정목적물인 주택에 관한 임대차 사항을 상세히 조사할 것을 약정한 경우, 이는 금융기관이 감정평가업자에게 그 주택에 관한 대항력 있는 임차인의 존부 및 그 임차보증금의 액수에 대한 사실조사를 의뢰한 취지이므로, 감정평가업자로서는 협약에 따라 성실하고 공정하게 주택에 대한 위와 같은 임대차관계를 조사하여 금융기관에게 알림으로써 금융기관이 그 주택의 담보가치를 적정하게 평가하여 불측의 손해를 입지 않도록 협력하여야 할 의무가 있다.

[2] 감정평가업자가 금융기관으로부터 조사를 의뢰받은 담보물건과 관련된 임대차관계 등을 조사함에 있어 단순히 다른 조사기관의 전화조사만으로 확인된 실제와는 다른 임대차관계 내용을 기재한 임대차확인조사서를 제출한 사안에서, 감정평가업자에게 감정평가업무협약에 따른 조사의무를 다하지 아니한 과실이 있다고 한 사례

[3] 담보목적물에 대하여 감정평가업자가 부당한 감정을 함으로써 감정의뢰인이 그 감정을 믿고 정당한 감정가격을 초과한 대출을 한 경우에는 부당한 감정가격에 근거하여 산출된 담보가치와 정당한 감정가격에 근거하여 산출된 담보가치의 차액을 한도로 하여 대출금 중 정당한 감정가격에 근거하여 산출된 담보가치를 초과한 부분이 손해액이 되고, 통상 감정평가업자로서는 대출 당시 앞으로 대출금이 연체되리라는 사정을 알기는 어려우므로 대출 당시 감정평가업

자가 대출금이 연체되리라는 사정을 알았거나 알 수 있었다는 특별한 사정이 없는 한 연체된 약정 이율에 따른 지연손해금은 감정평가업자의 부당한 감정으로 인하여 발생한 손해라고 할 수 없다.

판례 06 **2003다24840**

임대차조사 손해배상책임 관련 판례 ①

요점사항

▶ 감정평가업자는 부실한 현장조사를 근거로 대출을 한 금융기관의 손해를 배상할 책임이 있다.

관련판례

✦ 대판 2004.5.27, 2003다24840[손해배상(기)]
  (소유자의 처로부터 확인받고 임대차 없음 기재한 사건)

판시사항

[1] 감정평가업자가 금융기관과 감정평가업무협약을 체결하면서 감정목적물인 주택에 대한 임대차 사항을 상세히 조사하기로 약정한 경우, 감정평가업자의 임대차관계 조사의무의 내용 및 그 이행 방법

[2] 감정평가업자가 현장조사 당시 감정대상 주택소유자의 처로부터 임대차가 없다는 확인을 받고 감정평가서에 "임대차 없음"이라고 기재하였으나 이후에 임차인의 존재가 밝혀진 경우, 감정평가업자는 감정평가서를 근거로 부실대출을 한 금융기관의 손해를 배상할 책임이 있다고 한 사례

[3] 감정평가업자가 담보목적물에 대하여 부당한 감정을 함으로써 감정의뢰인이 그 감정을 믿고 정당한 감정가격을 초과한 대출을 한 경우, 그 손해액의 산출 방법

[4] 담보목적물에 주택임대차보호법에서 정한 대항력을 갖춘 임차인이 있는 경우, 정당한 감정가격에 근거한 담보가치는 주택의 감정평가액에서 임차보증금을 공제한 금액에 담보평가요율을 곱하는 방법에 따라 계산한 금액이라고 한 사례

판결요지

[1] 감정평가업자가 금융기관과 감정평가업무협약을 체결하면서 감정 목적물인 주택에 관한 임대차 사항을 상세히 조사할 것을 약정한 경우, 이는 금융기관이 감정평가업자에게 그 주택에 관한 대항력 있는 임차인의 존부 및 그 임차보증금의 액수에 대한 사실 조사를 의뢰한 취지라 할 것이니, 감정평가업자로서는 협약에 따라 성실하고 공정하게 주택에 대한 위와 같은 임대차관계를 조사하여 금융기관에게 알림으로써 금융기관이 그 주택의 담보가치를 적정하게 평가하여 불측의 손해를 입지 않도록 협력하여야 할 의무가 있고, 1991.6.30.까지는 누구나 타인의 주민등록관계를 확인할 수 있었으나, 주민등록법 및 같은 법 시행령이 개정됨에 따라 1991.7.1.부터는 금융기관은 담보물의 취득을 위한 경우에 타인의 주민등록관계를 확인할 수 있되 일개 사설감정인에 불과한 감정평가업자로서는 법령상 이를 확인할 방법이 없게 되었으므로, 감정평가업자로서는 그 이후로는 주택의 현황 조사와 주택의 소유자, 거주자 및 인근의 주민들에 대한 탐문의 방법에 의해서 임대차의 유무 및 그 내용을 확인하여 그 확인 결과를 금융기관에게 알릴 의무가 있다.

[2] 감정평가업자가 현장조사 당시 감정대상 주택소유자의 처로부터 임대차가 없다는 확인을 받고 감정평가서에 "임대차 없음"이라고 기재하였으나 이후에 임차인의 존재가 밝혀진 경우, 감정평가업자는 감정평가서를 근거로 부실대출을 한 금융기관의 손해를 배상할 책임이 있다고 한 사례

[3] 담보목적물에 대하여 감정평가업자가 부당한 감정을 함으로써 감정의뢰인이 그 감정을 믿고 정당한 감정가격을 초과한 대출을 한 경우에는 부당한 감정가격에 근거하여 산출된 담보가치와 정당한 감정가격에 근거하여 산출된 담보가치의 차액을 한도로 하여 대출금 중 정당한 감정가격에 근거하여 산출된 담보가치를 초과한 부분이 손해액이 된다.

[4] 담보목적물에 주택임대차보호법에서 정한 대항력을 갖춘 임차인이 있는 경우, 정당한 감정가격에 근거한 담보가치는 주택의 감정평가액에서 임차보증금을 공제한 금액에 담보평가요율을 곱하는 방법에 따라 계산한 금액이라고 한 사례

판례 07 **97다41196**

임대차조사 손해배상책임 관련 판례 ②

요점사항

▶ 감정평가업자가 현장 조사 당시 대상물건이 공실 상태라는 사유만으로 탐문조사를 생략한 채 기재한 내용이 허위로 밝혀진 경우 그로 인해 발생한 금융기관의 손해를 배상할 책임이 있다.

관련판례

✦ 대판 1997.12.12, 97다41196[손해배상(기)]
(공실상태라는 사유만으로 탐문조사 생략한 채 임대차 없음 기재한 사건)

판시사항

[1] 감정평가업자가 금융기관과 감정평가업무협약을 체결하면서 감정 목적물인 주택에 대한 임대차 사항을 상세히 조사하기로 약정한 경우, 감정평가업자의 임대차관계 조사의무의 내용 및 그 이행방법

[2] 감정평가업자가 현장 조사 당시 감정대상주택이 공실 상태라는 사유만으로 탐문조사를 생략한 채 감정평가서에 '임대차 없음'이라고 기재했으나 그것이 허위로 밝혀진 경우, 감정평가업자는 그로 인해 부실대출을 한 금융기관의 손해를 배상할 책임이 있다고 한 사례

판결요지

[1] 감정평가업자가 금융기관과 감정평가업무협약을 체결하면서 감정목적물인 주택에 관한 임대차 사항을 상세히 조사할 것을 약정한 경우, 이는 금융기관이 감정평가업자에게 그 주택에 관한 대항력 있는 임차인의 존부 및 그 임차보증금의 액수에 대한 사실조사를 의뢰한 취지라 할 것이니, 감정평가업자로서는 협약에 따라 성실하고 공정하게 주택에 대한 위와 같은 임대차관계를 조사하여 금융기관에게 알림으로써 금융기관이 그 주택의 담보가치를 적정하게 평가하여 불측의 손해를 입지 않도록 협력하여야 할 의무가 있고, 1991.6.30.까지는 누구나 타인의 주민등록관계를 확인할 수 있었으나, 주민등록법 및 같은 법 시행령이 개정됨에 따라 1991.7.1.부터는 금융기관은 담보물의 취득을 위한 경우에 타인의 주민등록관계를 확인할 수 있되 일개 사설감정인에 불과한 감정평가업자로서는 법령상 이를 확인할 방법이 없게 되었으므로, 감정평가업자로서는 그 이후로는 주택의 현황조사와 주택의 소유자, 거주자 및 인근의 주민들에 대한 탐문의 방법에 의해서 임대차의 유무 및 그 내용을 확인하여 그 확인결과를 금융기관에게 알릴 의무가 있다.

[2] 감정평가업자가 금융기관으로부터 감정평가를 의뢰받은 주택에 대한 현장 조사를 행할 당시 그 주택에 거주하는 사람이 없어 공실 상태이었다고 하더라도, 감정평가업자로서는 일시적으로 임대차 조사 대상 주택에 거주하는 사람이 없었다는 사유만으로 그 주택에 관한 대항력 있는 임차인이 없다고 단정할 수는 없는 사실을 알고 있었다고 할 것이므로, 그 주택의 소유자나 인근의 주민들에게 그 주택이 공실 상태로 있게 된 경위와 임차인이 있는지 여부에 관하여 문의하는 등의 방법으로 임대차 사항을 조사하고 그러한 조사에 의해서도 임차인의 존재 여부를 밝힐 수 없었다거나 그러한 조사 자체가 불가능하였다면 금융기관에게 그와 같은 사정을 알림으로써, 적어도 금융기관으로 하여금 그 주택에 대항력 있는 임차인이 있을 수 있는 가능성이 있다는 점에 대하여 주의를 환기시키는 정도의 의무는 이행하였어야 함에도 불구하고 실제로는 대항력 있는 임차인이 있는데도 감정평가서에 '임대차 없음'이라고 단정적으로 기재하여 금융기관에 송부한 경우, 감정평가업자는 약정상의 임대차 조사의무를 제대로 이행하지 못한 것이므로, 금융기관이 위와 같이 기재한 임대차 조사사항을 믿고 그 주택의 담보가치를 잘못 평가하여 대출함으로써 입은 손해에 대하여 배상할 책임이 있다고 한 사례

판례 08 97다7400

임대차조사 손해배상책임 관련 판례 ③

요점사항

▶ 감정평가업자가 금융기관의 신속한 감정평가 요구에 따라 소유자를 통해 현장조사를 하였으나 허위로 밝혀진 경우 금융기관의 손해를 배상할 책임이 없다.

관련판례

✦ 대판 1997.9.12, 97다7400[손해배상(기)]
（금융기관의 신속한 감정평가 요구에 따라 그의 양해 아래 건물소유자에게 임대차관계 조사 : 손해배상책임 부정한 사례）

판시사항

[1] 감정평가업자가 감정평가서류에 감정평가를 의뢰받은 담보물의 임대차관계에 관한 허위의 기

재를 한 경우, 지가공시 및 토지 등의 평가에 관한 법률 제26조 제1항 소정의 손해배상책임을 지는지 여부(한정 적극)

[2] 감정평가업자가 금융기관의 신속한 감정평가 요구에 따라 그의 양해 아래 임차인이 아닌 건물 소유자를 통하여 담보물의 임대차관계를 조사하였으나 그것이 허위로 밝혀진 경우, 감정평가 업자에게는 과실이 없으므로 손해배상책임이 인정되지 않는다고 본 사례

판결요지

[1] 지가공시 및 토지 등의 평가에 관한 법률 제26조 제1항은 "감정평가업자가 타인의 의뢰에 의하여 감정평가를 함에 있어서 고의 또는 과실로 감정평가 당시의 적정가격과 현저한 차이가 있게 감정평가하거나 감정평가서류에 허위의 기재를 함으로써 감정평가의뢰인이나 선의의 제3자에게 손해를 발생하게 한 때에는 감정평가업자는 그 손해를 배상할 책임이 있다."고 규정하고 있고, 여기에서 '감정평가'라 함은 '토지 및 그 정착물 등 재산의 경제적 가치를 판정하여 그 결과를 가액으로 표시하는 것'을 말하는바, 금융기관이 담보물에 관한 감정평가를 감정평가업자에게 의뢰하면서 감정업무협약에 따라 감정 목적물에 관한 대항력 있는 임대차계약의 존부와 그 임차보증금의 액수에 대한 사실조사를 함께 의뢰한 경우에 그 감정평가의 직접적 대상은 그 담보물 자체의 경제적 가치에 있는 것이고, 임대차관계에 대한 사실조사는 그에 부수되는 업무로서 당연히 담보물에 대한 감정평가의 내용이 되는 것은 아니지만, 감정평가업자는 금융기관의 의뢰에 의한 토지 및 건물의 감정평가도 그 업무로 하고 있으므로 감정평가업자가 그 담보물에 대한 감정평가를 함에 있어서 고의 또는 과실로 감정평가서류에 그 담보물의 임대차관계에 관한 허위의 기재를 하여 결과적으로 감정평가의뢰인으로 하여금 부동산의 담보가치를 잘못 평가하게 함으로써 그에게 손해를 가하게 되었다면 감정평가업자는 이로 인한 손해를 배상할 책임이 있다.

[2] 감정평가업자가 금융기관의 신속한 감정평가 요구에 따라 그의 양해 아래 임차인이 아닌 건물 소유자를 통하여 담보물의 임대차관계를 조사하였으나 그것이 허위로 밝혀진 경우, 감정평가업자에게는 과실이 없으므로 손해배상책임이 인정되지 않는다고 본 사례

판례 09 2019도3595

제3자의 의뢰에 의한 감정평가도 포함되는지 여부

🔖 **요점사항**

▶ '금융기관·보험회사·신탁회사 등 타인의 의뢰에 의한 토지 등의 감정평가'에는 금융기관·보험회사·신탁회사와 이에 준하는 공신력 있는 기관의 의뢰에 의한 감정평가 외에 널리 제3자의 의뢰에 의한 감정평가도 포함된다.

🔖 **관련판례**

✦ 대판 2021.9.30, 2019도3595[부동산 가격공시 및 감정평가에 관한 법률위반]

판시사항

[1] 구 부동산 가격공시 및 감정평가에 관한 법률 제37조 제1항의 성실의무 등이 적용되는 감정평가업자의 업무 중 같은 법 제29조 제1항 제6호의 '금융기관·보험회사·신탁회사 등 타인의 의뢰에 의한 토지 등의 감정평가'에 금융기관·보험회사·신탁회사와 이에 준하는 공신력 있는 기관의 의뢰에 의한 감정평가 외에 널리 제3자의 의뢰에 의한 감정평가도 포함되는지 여부(적극)

[2] 구 부동산 가격공시 및 감정평가에 관한 법률 제43조 제4호 위반죄의 성립 범위

[3] 구 부동산 가격공시 및 감정평가에 관한 법률 제46조 양벌규정에 따라 사용자인 법인 또는 개인을 처벌하는 취지 및 이때 사용자인 법인 또는 개인이 상당한 주의 또는 감독 의무를 게을리하였는지 판단하는 기준

판결요지

[1] 구 부동산 가격공시 및 감정평가에 관한 법률(2013 8 6 법률 제12018호로 개정되기 전의 것, 이하 '구 부동산공시법'이라 한다) 제37조 제1항은 "감정평가업자는 제29조 제1항 각 호의 업무를 행함에 있어 품위를 유지하여야 하고, 신의와 성실로써 공정하게 감정평가를 하여야 하며, 고의 또는 중대한 과실로 잘못된 평가를 하여서는 아니 된다."라고 정하고 있고, 제43조 제4호는 "제37조 제1항의 규정을 위반하여 고의로 잘못된 평가를 한 자는 2년 이하의 징역 또는 3천만 원 이하의 벌금에 처한다."라고 정하고 있으며, 제46조는 법인 대표자 등의 위반행위에 대하여 법인을 처벌하는 양벌규정을 정하고 있다.

구 부동산공시법 제2조 제8호는 "감정평가업이라 함은 타인의 의뢰에 의하여 일정한 보수를 받고 토지 등의 감정평가를 업으로 행하는 것을 말한다."라고 정하고 있고, 제22조는 "감정평가사는 타인의 의뢰에 의하여 토지 등을 감정평가함을 그 직무로 한다."라고 정하고 있으며, 제29조 제1항 각 호는 감정평가업자가 행하는 업무에 대하여 구체적으로 열거하면서 그중 제6호로 '금융기관·보험회사·신탁회사 등 타인의 의뢰에 의한 토지 등의 감정평가'를 규정하고 있을 뿐 감정평가 의뢰인을 금융기관·보험회사·신탁회사와 이에 준하는 공신력을 가진 기관으로 한정하지 않고 있다.

구 부동산공시법은 토지 등의 적정가격 형성을 도모하고 국토의 효율적 이용과 국민경제의 발전에 이바지함을 목적으로 감정평가업무가 가지는 공공적 성질을 감안하여 일정한 자격을 갖춘 감정평가업자(제27조에 따라 신고한 감정평가사와 제28조에 따라 인가를 받은 감정평가법인)만 감정평가업을 영위할 수 있도록 하고, 감정평가업자가 아닌 자가 감정평가업을 영위하는 경우를 형사처벌하고 있다(제43조 제2호). 또한 이 법률은 감정평가의 공정성과 합리성을 보장하기 위하여 감정평가업자가 준수하여야 할 원칙과 기준을 정하고(제31조), 감정평가업자에게 성실의무 등을 부과하면서 이를 위반하여 고의 또는 중대한 과실로 잘못된 평가를 하는 경우 징계 또는 형사처벌하고 있다(제42조의2, 제43조 제4호).

위와 같은 구 부동산공시법의 규정 내용과 체계, 입법 목적을 종합하면, 구 부동산공시법 제37조 제1항의 성실의무 등이 적용되는 감정평가업자의 업무 중 제29조 제1항 제6호의 '금융기관·보험회사·신탁회사 등 타인의 의뢰에 의한 토지 등의 감정평가'에는 금융기관·보험회사·신탁회사와 이에 준하는 공신력 있는 기관의 의뢰에 의한 감정평가뿐만 아니라 널리 제3자의 의뢰에 의한 감정평가도 모두 포함된다고 보아야 한다.

[2] 구 부동산 가격공시 및 감정평가에 관한 법률(2013.8.6. 법률 제12018호로 개정되기 전의 것) 제43조 제4호 위반죄는 같은 법 제31조에 따라 제정된 '감정평가에 관한 규칙' 등에서 정한 감정평가의 원칙과 기준에 어긋나거나 신의성실의 의무에 위배되는 방법으로 감정평가를 함으로써 그 결과가 공정성과 합리성을 갖추지 못한 모든 경우에 성립한다.

[3] 구 부동산 가격공시 및 감정평가에 관한 법률(2013.8.6. 법률 제12018호로 개정되기 전의 것) 제46조는 "법인의 대표자나 법인 또는 개인의 대리인, 사용인, 그 밖의 종업원이 그 법인 또는 개인의 업무에 관하여 제43조 또는 제44조의 위반행위를 하면 그 행위자를 벌하는 외에 그 법인 또는 개인에게도 해당 조문의 벌금형을 과한다. 다만 법인 또는 개인이 그 위반행위를 방지하기 위하여 해당 업무에 관하여 상당한 주의와 감독을 게을리하지 아니한 경우에는 그러하지 아니하다."라고 정하고 있다. 이러한 양벌규정에 따라 사용자인 법인 또는 개인을 처벌하는 것은 형벌의 자기책임 원칙에 비추어 위반행위가 발생한 그 업무와 관련하여 사용자인 법인 또는 개인이 상당한 주의 또는 감독 의무를 게을리한 과실이 있기 때문이다. 이때 사용자인 법인 또는 개인이 상당한 주의 또는 감독 의무를 게을리하였는지는 해당 위반행위와 관련된 모든 사정, 즉 법률의 입법 취지, 처벌조항 위반으로 예상되는 법익 침해의 정도, 그 위반행위에 관하여 양벌조항을 마련한 취지 등은 물론 위반행위의 구체적인 모습과 그로 인하여 실제 야기된 피해 또는 결과의 정도, 법인 또는 개인의 영업 규모, 행위자에 대한 감독가능성 또는 구체적인 지휘감독 관계, 법인 또는 개인이 위반행위 방지를 위하여 실제 행한 조치 등을 전체적으로 종합하여 판단해야 한다.

판례 10 **2006다64627**

'선의의 제3자'의 의미 등

 요점사항

▶ 부당감정에 따른 손해배상책임의 '선의의 제3자'의 의미

관련판례

✦ 대판 2009.9.10, 2006다64627[손해배상(기)]

1. 토지의 감정평가를 위하여 비교표준지를 선정하는 방법
2. 형질변경 중에 있는 토지를 담보물로서 감정평가할 때 감정평가업자가 고려하여야 할 사항
3. 부당감정에 따른 감정평가업자의 손해배상책임에 관하여 정한 (구)지가공시 및 토지 등의 평가에 관한 법률 제26조 제1항의 '선의의 제3자'의 의미
4. 감정평가업자의 부당한 감정과 그 감정을 믿고 초과대출을 한 금융기관의 손해 사이에 인과관계가 있는지 여부(적극) 및 그 손해의 발생에 금융기관의 과실이 있는 경우 위 인과관계가 단절되는지 여부(소극)
5. 감정평가업자가 담보목적물에 대하여 부당한 감정을 함으로써 감정의뢰인이 그 감정을 믿고 정당한 감정가격을 초과한 대출을 한 경우, 감정의뢰인의 손해액
6. 불법행위로 인한 손해배상청구소송에서 재산적 손해의 발생 사실은 인정되나 구체적인 손해액을 증명하기가 곤란한 경우, 법원이 간접사실들을 종합하여 손해의 액수를 판단할 수 있는지 여부(적극) 및 그 구체적 손해액의 산정 방법

관련조문

감정평가 및 감정평가사에 관한 법률 제28조(손해배상책임)

판시사항

[1] 비교표준지는 특별한 사정이 없는 한 도시계획구역 내에서는 용도지역을 우선으로 하고, 도시계획구역 외에서는 현실적 이용상황에 따른 실제 지목을 우선으로 하여 선정하여야 하나, 이러한 토지가 없다면 지목, 용도, 주위 환경, 위치 등의 제반 특성을 참작하여 그 자연적, 사회적 조건이 감정대상토지와 동일 또는 가장 유사한 토지를 선정하여야 하고, 표준지와 감정대상토지의 용도지역이나 주변 환경 등에 다소 상이한 점이 있더라도 이러한 점은 지역요인이나 개별요인의 분석 등 품등비교에서 참작하면 되는 것이지 그러한 표준지의 선정 자체가 잘못된 것으로 단정할 수는 없다.

[2] 감정평가업자는 담보물에 대한 감정평가시 채권의 안전하고 확실한 회수를 위하여 대출기간 동안의 불확실성, 담보물의 변동가능성 등을 고려하여야 하고, 채무자가 정상적인 채무의 상환을 하지 않는 경우 채권자가 담보물의 처분을 통해 채권의 회수를 하게 되므로 채권자가 일정한 기간 내에 적정한 금액으로 환가처분할 수 있는 가격으로 평가하여야 한다. 그리고 형질변경 중에 있는 토지는 형질변경행위의 불법성 여부, 진행 정도, 완공가능성 등을 검토하여 담보로서의 적합성을 판단하여야 하고, 건축물 등의 건축을 목적으로 농지 또는 산림에 대하여 전용허가를 받거나 토지의 형질변경허가를 받아 택지 등으로 조성 중에 있는 토지는 과대평가를 방지하기 위하여 조성공사에 소요되는 비용 상당액과 공사 진행 정도, 택지조성에 소요되는 예상기간 등을 종합적으로 고려하여 평가하여야 한다.

[3] (구)지가공시 및 토지 등의 평가에 관한 법률(2005.1.14. 법률 제7335호 부동산 가격공시 및 감정평가에 관한 법률로 전부 개정되기 전의 것) 제26조 제1항은 감정평가업자가 타인의 의뢰에 의하여 감정평가를 함에 있어서 고의 또는 과실로 감정평가 당시의 적정가격과 현저한 차이가 있게 감정평가하거나 감정평가서류에 허위의 기재를 함으로써 감정평가의뢰인이나 선의의 제3자에게 손해를 발생하게 한 때에는 그 손해를 배상할 책임이 있다고 규정하고 있는데, 여기에서 '선의의 제3자'라 함은 감정 내용이 허위 또는 감정평가 당시의 적정가격과 현저한 차이가 있음을 인식하지 못한 것뿐만 아니라 감정평가서 자체에 그 감정평가서를 감정의뢰 목적 이외에 사용하거나 감정의뢰인 이외의 타인이 사용할 수 없음이 명시되어 있는 경우에는 그러한 사용사실까지 인식하지 못한 제3자를 의미한다.

[4] 감정평가업자가 담보목적물에 대하여 부당한 감정을 함으로 인하여 금융기관이 그 감정을 믿고 정당한 감정가격을 초과한 대출을 함으로써 재산상 손해를 입게 되리라는 것은 쉽사리 예견할 수 있으므로, 다른 특별한 사정이 없는 한 감정평가업자의 위법행위와 금융기관의 손해 사이에는 상당인과관계가 있다 할 것이고, 그 손해의 발생에 금융기관의 과실이 있다면 과실상계의 법리에 따라 그 과실의 정도를 비교·교량하여 감정평가업자의 책임을 면하게 하거나 감경하는 것은 별론으로 하고 그로 인하여 감정평가업자의 부당감정과 손해 사이에 존재하는 인과관계가 단절된다고는 할 수 없다.

[5] 담보목적물에 대하여 감정평가업자가 부당한 감정을 함으로써 감정의뢰인이 그 감정을 믿고 정당한 감정가격을 초과한 대출을 한 경우에는 부당한 감정가격에 근거하여 산출된 담보가치와 정당한 감정가격에 근거하여 산출된 담보가치의 차액을 한도로 하여 대출금 중 정당한 감정가격에 근거하여 산출된 담보가치를 초과한 부분이 손해액이 된다.

[6] 불법행위로 인한 손해배상청구소송에서 재산적 손해의 발생사실은 인정되나 구체적인 손해의 액수를 증명하는 것이 사안의 성질상 곤란한 경우, 법원은 증거조사의 결과와 변론 전체의 취지에 의하여 밝혀진 당사자들 사이의 관계, 불법행위와 그로 인한 재산적 손해가 발생하게 된 경위, 손해의 성격, 손해가 발생한 이후의 여러 정황 등 관련된 모든 간접사실들을 종합하여

손해의 액수를 판단할 수 있고, 이러한 법리는 자유심증주의하에서 손해의 발생 사실은 입증되었으나 사안의 성질상 손해액에 대한 입증이 곤란한 경우 증명도·심증도를 경감함으로써 손해의 공평·타당한 분담을 지도원리로 하는 손해배상제도의 이상과 기능을 실현하고자 함에 그 취지가 있는 것이지, 법관에게 손해액의 산정에 관한 자유재량을 부여한 것은 아니므로, 법원이 위와 같은 방법으로 구체적 손해액을 판단함에 있어서는, 손해액 산정의 근거가 되는 간접사실들의 탐색에 최선의 노력을 다해야 하고, 그와 같이 탐색해 낸 간접사실들을 합리적으로 평가하여 객관적으로 수긍할 수 있는 손해액을 산정해야 한다.

판례 11 99두5207

과징금부과처분취소 ①

요점사항

▸ 과징금처분기준에서 정한 과징금의 수액은 정액이 아니라 최고한도액이다.

과징금은 감정평가법 제41조에 의거 행정법규의 위반으로 경제상의 이익을 얻게 되는 경우에 해당 위반으로 인한 경제적 이익을 박탈하기 위하여 그 이익규모에 따라 행정기관이 과하는 행정상 제재금을 말한다.

> 제41조(과징금의 부과)
> ① 국토교통부장관은 감정평가법인등이 제32조 제1항 각 호의 어느 하나에 해당하게 되어 업무정지처분을 하여야 하는 경우로서 그 업무정지처분이 「부동산 가격공시에 관한 법률」 제3조에 따른 표준지공시지가의 공시 등의 업무를 정상적으로 수행하는 데에 지장을 초래하는 등 공익을 해칠 우려가 있는 경우에는 업무정지처분을 갈음하여 5천만원(감정평가법인인 경우는 5억원) 이하의 과징금을 부과할 수 있다.
> ② 국토교통부장관은 제1항에 따른 과징금을 부과하는 경우에는 다음 각 호의 사항을 고려하여야 한다.
> 1. 위반행위의 내용과 정도
> 2. 위반행위의 기간과 위반횟수
> 3. 위반행위로 취득한 이익의 규모

③ 국토교통부장관은 이 법을 위반한 감정평가법인이 합병을 하는 경우 그 감정평가법인이 행한 위반행위는 합병 후 존속하거나 합병으로 신설된 감정평가법인이 행한 행위로 보아 과징금을 부과·징수할 수 있다.

④ 제1항부터 제3항까지에 따른 과징금의 부과기준 등에 필요한 사항은 대통령령으로 정한다.

제42조(이의신청)

① 제41조에 따른 과징금의 부과에 이의가 있는 자는 이를 통보받은 날부터 30일 이내에 사유서를 갖추어 국토교통부장관에게 이의를 신청할 수 있다.

② 국토교통부장관은 제1항에 따른 이의신청에 대하여 30일 이내에 결정을 하여야 한다. 다만, 부득이한 사정으로 그 기간에 결정을 할 수 없을 때에는 30일의 범위에서 기간을 연장할 수 있다.

③ 제2항에 따른 결정에 이의가 있는 자는 「행정심판법」에 따라 행정심판을 청구할 수 있다.

제43조(과징금 납부기한의 연장과 분할납부)

① 국토교통부장관은 과징금을 부과받은 자(이하 "과징금납부의무자"라 한다)가 다음 각 호의 어느 하나에 해당하는 사유로 과징금의 전액을 일시에 납부하기 어렵다고 인정될 때에는 그 납부기한을 연장하거나 분할납부하게 할 수 있다. 이 경우 필요하다고 인정할 때에는 담보를 제공하게 할 수 있다.

1. 재해 등으로 재산에 큰 손실을 입은 경우
2. 과징금을 일시에 납부할 경우 자금사정에 큰 어려움이 예상되는 경우
3. 그 밖에 제1호나 제2호에 준하는 사유가 있는 경우

② 과징금납부의무자가 제1항에 따라 과징금 납부기한을 연장받거나 분할납부를 하려면 납부기한 10일 전까지 국토교통부장관에게 신청하여야 한다.

③ 국토교통부장관은 제1항에 따라 납부기한이 연장되거나 분할납부가 허용된 과징금납부의무자가 다음 각 호의 어느 하나에 해당할 때에는 납부기한 연장이나 분할납부 결정을 취소하고 과징금을 일시에 징수할 수 있다.

1. 분할납부가 결정된 과징금을 그 납부기한까지 납부하지 아니하였을 때
2. 담보의 변경이나 담보 보전에 필요한 국토교통부장관의 명령을 이행하지 아니하였을 때
3. 강제집행, 경매의 개시, 파산선고, 법인의 해산, 국세나 지방세의 체납처분을 받는 등 과징금의 전부나 나머지를 징수할 수 없다고 인정될 때
4. 그 밖에 제1호부터 제3호까지에 준하는 사유가 있을 때

④ 제1항부터 제3항까지에 따른 과징금 납부기한의 연장, 분할납부, 담보의 제공 등에 필요한 사항은 대통령령으로 정한다.

관련판례

✦ **대판 2001.3.9, 99두5207[과징금부과처분취소]**

> 1. (구)청소년보호법(1999.2.5. 법률 제5817호로 개정되기 전의 것) 제49조 제1항, 제2항에 따른 같은 법 시행령(1999.6.30. 대통령령 제16461호로 개정되기 전의 것) 제40조 [별표 6]의 위반행위의 종별에 따른 과징금처분기준은 법규명령이기는 하나 모법의 위임규정의 내용과 취지 및 헌법상의 과잉금지의 원칙과 평등의 원칙 등에 비추어 같은 유형의 위반행위라 하더라도 그 규모나 기간·사회적 비난 정도·위반행위로 인하여 다른 법률에 의하여 처벌받은 다른 사정·행위자의 개인적 사정 및 위반행위로 얻은 불법이익의 규모 등 여러 요소를 종합적으로 고려하여 사안에 따라 적정한 과징금의 액수를 정하여야 할 것이므로 그 수액은 정액이 아니라 최고한도액이다.
>
> 2. 제재적 행정처분이 사회통념상 재량권의 범위를 일탈하였거나 남용하였는지 여부는 처분사유로 된 위반행위의 내용과 해당 처분행위에 의하여 달성하려는 공익목적 및 이에 따르는 제반 사정 등을 객관적으로 심리하여 공익침해의 정도와 그 처분으로 인하여 개인이 입게 될 불이익을 비교 교량하여 판단하여야 한다.

관련조문

감정평가 및 감정평가사에 관한 법률 제41조(과징금의 부과)
감정평가 및 감정평가사에 관한 법률 제42조(이의신청)
감정평가 및 감정평가사에 관한 법률 제43조(과징금 납부기한의 연장과 분할납부)
감정평가 및 감정평가사에 관한 법률 제44조(과징금의 징수와 체납처분)

판시사항

(구)청소년보호법(1999.2.5. 법률 제5817호로 개정되기 전의 것, 이하 '법'이라고 한다) 제49조 제1항, 제2항에 따른 법 시행령(1999.6.30. 대통령령 제16461호로 개정되기 전의 것, 이하 '시행령'이라고 한다) 제40조 [별표 6]의 위반행위의 종별에 따른 과징금처분기준은 <u>법규명령이기는 하나 모법의 위임규정의 내용과 취지 및 헌법상의 과잉금지의 원칙과 평등의 원칙 등에 비추어 같은 유형의 위반행위라 하더라도 그 규모나 기간·사회적 비난 정도·위반행위로 인하여 다른 법률에 의하여 처벌받은 다른 사정·행위자의 개인적 사정 및 위반행위로 얻은 불법이익의 규모 등 여러 요소를 종합적으로 고려하여 사안에 따라 적정한 과징금의 액수를 정하여야 할 것이므로 그 수액은 정액이 아니라 최고한도액이라고 할 것이다.</u>
또한 제재적 행정처분이 사회통념상 재량권의 범위를 일탈하였거나 남용하였는지 여부는 처분사유로 된 위반행위의 내용과 해당 처분행위에 의하여 달성하려는 공익목적 및 이에 따르는 제반 사정 등을 객관적으로 심리하여 공익침해의 정도와 그 처분으로 인하여 개인이 입게 될 불이익을 비교 교량하여 판단하여야 한다.

판례 12 2006두3957, 2011두27247

과징금납부명령 무효확인 등

요점사항

▶ 과징금부과처분의 하자를 이유로 과징금의 액수를 감액하는 경우 항고소송의 대상은 당초의 부과처분 중 감액처분에 의하여 취소되지 않고 남은 부분이다.

관련판례

✦ 대판 2008.2.15, 2006두3957[과징금납부명령무효확인등]

과징금 부과처분에서 행정청이 납부의무자에 대하여 부과처분을 한 후 그 부과처분의 하자를 이유로 과징금의 액수를 감액하는 경우에 그 감액처분은 감액된 과징금 부분에 관하여만 법적 효과가 미치는 것으로서 처음의 부과처분과 별개 독립의 과징금 부과처분이 아니라 그 실질은 당초 부과처분의 변경이고, 그에 의하여 과징금의 일부취소라는 납부의무자에게 유리한 결과를 가져오는 처분이므로 처음의 부과처분이 전부 실효되는 것은 아니며, 그 감액처분으로도 아직 취소되지 않고 남아 있는 부분이 위법하다고 하여 다투는 경우 항고소송의 대상은 처음의 부과처분 중 감액처분에 의하여 취소되지 않고 남은 부분이고 감액처분이 항고소송의 대상이 되는 것은 아니다.

관련조문

• 감정평가 및 감정평가사에 관한 법률 제41조(과징금의 부과)
• 감정평가 및 감정평가사에 관한 법률 제42조(이의신청)
• 감정평가 및 감정평가사에 관한 법률 제43조(과징금 납부기한의 연장과 분할납부)
• 감정평가 및 감정평가사에 관한 법률 제44조(과징금의 징수와 체납처분)

판시사항

행정처분을 한 처분청은 그 처분에 하자가 있는 경우에는 별도의 법적 근거가 없더라도 스스로 이를 취소하거나 변경할 수 있다고 할 것인바(대판 1986.2.25, 85누664; 2006.5.25, 2003두4669 등 참조), 과징금 부과처분에 있어 행정청이 납부의무자에 대하여 부과처분을 한 후 그 부과처분의 하자를 이유로 과징금의 액수를 감액하는 경우에 그 감액처분은 감액된 과징금 부분에 관하여만 법적 효과가 미치는 것으로서 당초 부과처분과 별개 독립의 과징금 부과처분이 아니라 그 실질은 당초 부과처분의 변경이고, 그에 의하여 과징금의 일부취소라는 납부의무자에게 유리한 결과를 가져오는 처분이므로 당초 부과처분이 전부 실효되는 것은 아니며, 그 감액처분으로도 아직 취소되지 않고 남아 있는 부분이 위법하다 하여 다투는 경우, 항고소송의 대상은 당초 부과처분 중 감액처분에 의하여 취소되지 않고 남은 부분이고, 감액처분이 항고소송의 대상이 되는 것은 아니다. 이러한 법리는 감액처분 자체에 위법사유가 존재하는 경우에도, 그에 대한 별도의 쟁송수단을 인정하여야 할 특별한 사정이 없는 한 마찬가지로 적용된다고 할 것이다.

관련판례

✦ 대판 2012.9.27, 2011두27247[부당이득금부과처분취소]

판시사항

[1] 행정청이 산업재해보상보험법에 의한 보험급여 수급자에 대하여 부당이득 징수결정을 한 후 그 하자를 이유로 징수금 액수를 감액하는 경우, 징수의무자에게 감액처분의 취소를 구할 소의 이익이 있는지 여부(소극) 및 감액처분으로도 아직 취소되지 않고 남은 부분을 다투고자 하는 경우 항고소송의 대상과 제소기간 준수 여부의 판단 기준이 되는 처분(=당초 처분)

[2] 행정소송법 제20조 제1항의 취지 및 이미 제소기간이 지나 불가쟁력이 발생한 후에 행정청이 행정심판청구를 할 수 있다고 잘못 알린 경우, 그 안내에 따라 청구된 행정심판 재결서 정본을 송달받은 날부터 다시 취소소송의 제소기간이 기산되는지 여부(소극)

판결요지

[1] 행정청이 산업재해보상보험법에 의한 보험급여 수급자에 대하여 부당이득 징수결정을 한 후 징수결정의 하자를 이유로 징수금 액수를 감액하는 경우에 감액처분은 감액된 징수금 부분에 관해서만 법적 효과가 미치는 것으로서 당초 징수결정과 별개 독립의 징수금 결정처분이 아니라 그 실질은 처음 징수결정의 변경이고, 그에 의하여 징수금의 일부취소라는 징수의무자에게 유리한 결과를 가져오는 처분이므로 징수의무자에게는 그 취소를 구할 소의 이익이 없다. 이에 따라 감액처분으로도 아직 취소되지 않고 남아 있는 부분이 위법하다 하여 다투고자 하는 경우, 감액처분을 항고소송의 대상으로 할 수는 없고, 당초 징수결정 중 감액처분에 의하여 취소되지 않고 남은 부분을 항고소송의 대상으로 할 수 있을 뿐이며, 그 결과 제소기간의 준수 여부도 감액처분이 아닌 당초 처분을 기준으로 판단해야 한다.

[2] 행정소송법 제20조 제1항은 '취소소송은 처분 등이 있음을 안 날부터 90일 이내에 제기하여야 하나 행정청이 행정심판청구를 할 수 있다고 잘못 알린 경우에 행정심판청구가 있은 때의 기간은 재결서의 정본을 송달받은 날부터 기산한다'고 규정하고 있는데, 위 규정의 취지는 불가쟁력이 발생하지 않아 적법하게 불복청구를 할 수 있었던 처분 상대방에 대하여 행정청이 법령상 행정심판청구가 허용되지 않음에도 행정심판청구를 할 수 있다고 잘못 알린 경우에, 잘못된 안내를 신뢰하여 부적법한 행정심판을 거치느라 본래 제소기간 내에 취소소송을 제기하지 못

한 자를 구제하려는 데에 있다. 이와 달리 이미 제소기간이 지남으로써 불가쟁력이 발생하여 불복청구를 할 수 없었던 경우라면 그 이후에 행정청이 행정심판청구를 할 수 있다고 잘못 알렸다고 하더라도 그 때문에 처분 상대방이 적법한 제소기간 내에 취소소송을 제기할 수 있는 기회를 상실하게 된 것은 아니므로 이러한 경우에 잘못된 안내에 따라 청구된 행정심판 재결서 정본을 송달받은 날부터 다시 취소소송의 제소기간이 기산되는 것은 아니다. 불가쟁력이 발생하여 더 이상 불복청구를 할 수 없는 처분에 대하여 행정청의 잘못된 안내가 있었다고 하여 처분 상대방의 불복청구 권리가 새로이 생겨나거나 부활한다고 볼 수는 없기 때문이다.

관련기출

1. 제32회 문제3 물음1

갑은 부과된 과징금이 지나치게 과중하다는 이유로 국토교통부장관에게 이의신청을 하였고, 이에 대해서 국토교통부장관은 2021.4.30. 갑에 대하여 과징금을 2천만원으로 감액하는 결정을 하였다. 갑은 감액된 2천만원의 과징금도 과중하다고 생각하여 과징금부과처분의 취소를 구하는 소를 제기하고자 한다. 이 경우 갑이 취소를 구하여야 하는 대상은 무엇인지 검토하시오. **10점**

판례 13 96누6882

합격기준 선택이 재량행위인지 여부

요점사항

▸ 감정평가사시험의 합격기준 선택은 행정청의 정책적 판단에 맡겨진 것으로서 자유재량에 속한다.

관련판례

✦ 대판 1996.9.20, 96누6882[감정평가사시험불합격결정처분취소]

1. 감정평가사시험위원회의 운영에 관한 규정인 지가공시 및 토지 등의 평가에 관한 법률 시행령 제20조가 대외적 구속력을 갖는지 여부(소극)
2. 감정평가사시험의 합격기준 선택이 행정청의 자유재량에 속하는 것인지 여부(적극)

감정평가 및 감정평가사에 관한 법률 시행령 제10조(합격기준)

[1] 감정평가사시험위원회는 그 구성원의 임명절차, 지위 및 임기 등에 비추어 감정평가사시험 실시기관인 행정청을 보조하여 위 시험에 관한 전반적인 사항을 심의하기 위하여 설치된 것이고, 따라서 그 심의사항이나 회의절차에 관한 지가공시 및 토지 등의 평가에 관한 법률 시행령 제20조도 행정청 내의 사무처리준칙을 규정하는 것에 불과하여 대외적으로 국민이나 법원을 기속하는 효력이 있는 것은 아니다.

[2] 지가공시 및 토지 등의 평가에 관한 법률 시행령 제18조 제1항, 제2항은 감정평가사시험의 합격기준으로 절대평가제 방식을 원칙으로 하되, 행정청이 감정평가사의 수급상 필요하다고 인정할 때에는 상대평가제 방식으로 할 수 있다고 규정하고 있으므로, 감정평가사시험을 실시함에 있어 어떠한 합격기준을 선택할 것인가는 시험실시기관인 행정청의 고유한 정책적인 판단에 맡겨진 것으로서 자유재량에 속한다.

판례 14 **97누15418**

주택건설촉진법 [별표 1]이 법규명령에 해당하는지 여부

요점사항

▶ 개별법의 위임규정에 터 잡은 대통령령은 대외적으로 국민이나 법원을 구속하는 힘이 있는 법규명령에 해당한다.

관련판례

✦ 대판 1997.12.26, 97누15418[주택건설사업영업정지처분취소]

1. 기속행위와 재량행위의 구별기준
2. 주택건설촉진법 제7조 제2항의 위임에 터잡아 행정처분의 기준을 정한 같은 법 시행령 제10조의3 제1항 [별표 1]이 법규명령에 해당하는지 여부(적극)

관련조문

감정평가 및 감정평가사에 관한 법률 시행령 제29조(인가취소 등의 기준)

판시사항

[1] 어느 행정행위가 기속행위인지 재량행위인지 나아가 재량행위라고 할지라도 기속재량행위인지 또는 자유재량에 속하는 것인지의 여부는 이를 일률적으로 규정지을 수는 없는 것이고, 해당 처분의 근거가 된 규정의 형식이나 체재 또는 문언에 따라 개별적으로 판단하여야 한다.

[2] 해당 처분의 기준이 된 주택건설촉진법 시행령 제10조의3 제1항 [별표 1]은 주택건설촉진법 제7조 제2항의 위임규정에 터잡은 규정형식상 대통령령이므로 그 성질이 부령인 시행규칙이나 또는 지방자치단체의 규칙과 같이 통상적으로 행정조직 내부에 있어서의 행정명령에 지나지 않는 것이 아니라 대외적으로 국민이나 법원을 구속하는 힘이 있는 법규명령에 해당한다.

판례 15 2009다97062

부당이득금 반환

요점사항

▶ 표준지와 감정대상토지의 용도지역이나 주변환경 등이 상이한 경우 품등비교에서 참작할 수 있으므로 그러한 표준지의 선정 자체가 잘못되었다거나 위법하다고 할 수 없다.

관련판례

✦ 대판 2010.3.25, 2009다97062[부당이득금반환]

판시사항

[1] 한국감정평가업협회가 제정한 '토지보상평가지침'의 법적 성질(=협회의 내부기준)

[2] 토지의 감정평가를 위한 비교표준지의 선정 방법 및 표준지가 감정대상토지와 용도지역이나 주변환경 등에서 다소 상이하거나 감정대상토지로부터 상당히 떨어져 있다는 사정만으로 표준지 선정이 잘못되었다거나 위법하다고 할 수 있는지 여부(소극)

[3] 국가 또는 지방자치단체가 도로로 점유·사용하고 있는 토지에 대한 임료 상당의 부당이득액을 산정하기 위하여 토지의 기초가격과 기대이율을 결정하는 방법

[4] 토지가 공부상 하천으로 등재되어 있다는 사정만으로 그 토지를 하천구역이라고 단정할 수 있는지 여부(소극)

[5] 하천관리청 이외의 자가 설치하였거나 자연적으로 형성된 제방의 부지가 (구)하천법 제2조 제1항 제2호 (나)목에 정한 하천구역에 해당하기 위한 요건

이유

각 상고이유를 함께 판단한다.

1. 원심판시 별지목록 제1 내지 4 토지에 관한 원고의 상고이유에 대하여

가. 한국감정평가업협회가 제정한 '토지보상평가지침'은 단지 한국감정평가업협회가 내부적으로 기준을 정한 것에 불과하여 일반 국민이나 법원을 기속하는 것이 아니다(대판 2007.7.12, 2006두11507 등 참조).
비교표준지는 특별한 사정이 없는 한 도시계획구역 내에서는 용도지역을 우선으로 하고, 도시계획구역 외에서는 현실적 이용상황에 따른 실제 지목을 우선으로 하여 선정하여야 할 것이나, 이러한 토지가 없다면 지목, 용도, 주위환경, 위치 등의 제반 특성을 참작하여 그 자연적, 사회적 조건이 감정대상토지와 동일 또는 가장 유사한 토지를 선정하여야 하고, 표준지와 감정대상토지의 용도지역이나 주변환경 등에 다소 상이한 점이 있더라도 이러한 점은 지역요인이나 개별요인의 분석 등 품등비교에서 참작하면 되는 것이지 그러한 표준지의 선정 자체가 잘못된 것으로 단정할 수는 없으며(대판 2009.9.10, 2006다64627 등 참조), 표준지가 감정대상토지로부터 상당히 떨어져 있다는 것만으로는 표준지 선정이 위법하다고 말할 수 없다(대판 1997.4.8, 96누11396 등 참조).
같은 취지에서 원심이 그 판시 제3토지에서 비교적 거리가 떨어져 있으나 용도지역이 같은 토지를 위 제3토지의 표준지로 선정한 제1심 감정인 민해수의 감정촉탁 결과 등을 근거로 위 제3토지에 관한 부당이득의 액수를 산정한 것은 정당하고, 거기에 상고이유에서 주장하는 바와 같은 표준지 선정에 관한 법리오해 등의 위법이 없다.

나. 국가 또는 지방자치단체가 도로로 점유·사용하고 있는 토지에 대한 임료 상당의 부당이득액을 산정하기 위한 토지의 기초가격은, 국가 또는 지방자치단체가 종전부터 일반 공중의 교통에 사실상 공용되던 토지에 대하여 도로법 등에 의한 도로 설정을 하여 도로관리청으로서 점유하거나 또는 사실상 필요한 공사를 하여 도로로서의 형태를 갖춘 다음 사실상 지배주체로서 도로를 점유하게 된 경우에는 도로로 제한된 상태, 즉 도로인 현황대로 감정평가하여야 하고, 국가 또는 지방자치단체가 종전에는 일반 공중의 교통에 사실상 공용되지 않던 토지를 비로소 도로로 점유하게 된 경우에는 토지가 도로로 편입된 사정은 고려하지

않고 그 편입될 당시의 현실적 이용상황에 따라 감정평가하되 다만, 도로에 편입된 이후 해당 토지의 위치나 주위 토지의 개발 및 이용상황 등에 비추어 도로가 개설되지 아니하였더라도 해당 토지의 현실적 이용상황이 주위 토지와 같이 변경되었을 것임이 객관적으로 명백하게 된 때에는, 그 이후부터는 그 변경된 이용상황을 상정하여 토지의 가격을 평가한 다음 이를 기초로 임료 상당의 부당이득액을 산정하여야 하는 것이며(대판 2002.10.25, 2002 다31483 등 참조), 토지의 부당이득액을 산정함에 있어 그 요소가 되는 기대이율은 국공채이율, 은행의 장기대출금리, 일반시중의 금리, 정상적인 부동산거래이윤율, 국유재산법과 지방재정법이 정하는 대부료율 등을 참작하여 결정하여야 할 것이다(대판 2004.9.24, 2004다7286 등 참조).

원심은, 원심판결 제1 내지 4토지는 답으로 사용되고 있던 중 그 지목이 도로로 변경되면서 당시 도로관리청에 의하여 도로부지로 제공되었으므로, 위 토지들에 대하여는 도로부지에 제공될 당시의 현황대로 토지가격을 평가하여 임료를 산정하여야 할 것이라고 전제한 후 위 토지들의 기초가격을 위 감정촉탁 결과와 원심의 대일감정원 경남지사장에 대한 사실조회 결과 등을 종합하여 그 판시와 같이 인정하는 한편, 기대이율에 대해서는 국고채권수익률, 통화안정증권수익률, 예금금리 등을 참작한 위 감정촉탁 결과 외에 그 판시와 같은 여러 요소를 감안하여 2%를 적용하였다.

위 법리와 기록에 비추어 살펴보면 원심의 판단은 정당한 것으로 수긍이 가고, 거기에 상고이유에서 주장하는 바와 같은 법리오해, 대법원 판례 위반 등의 위법이 없다.(이하 생략)

판례 16 **2020두41689**

감정평가법인의 과징금 부과의 타당성 여부

요점사항

▸ 감정평가법인도 감정평가법 제25조 성실의무의 대상
▸ 감정평가법인에 대한 과징금 부과는 징계위원회의 의결을 거칠 필요 없음(규정 없음)
▸ 행정청의 재량권 일탈남용의 여지도 없음(대판 2015.12.10, 2014두5422)

관련판례

✦ 대판 2021.10.28, 2020두41689[과징금부과처분취소청구]

판시사항

[1] 감정평가업자가 감정평가법인인 경우, 감정평가법인이 감정평가 주체로서 구 부동산 가격공시 및 감정평가에 관한 법률 제37조 제1항에 따라 부담하는 성실의무의 의미

[2] 제재적 행정처분이 재량권의 범위를 일탈·남용하였는지 판단하는 방법

판결요지

[1] 구 부동산 가격공시 및 감정평가에 관한 법률(2016.1.19. 법률 제13796호 부동산 가격공시에 관한 법률로 전부 개정되기 전의 것) 제37조 제1항에 따르면, 감정평가업자(감정평가법인 또는 감정평가사사무소의 소속감정평가사를 포함한다)는 감정평가업무를 행함에 있어서 품위를 유지하여야 하고, 신의와 성실로써 공정하게 감정평가를 하여야 하며, 고의 또는 중대한 과실로 잘못된 평가를 하여서는 아니 된다. 한편 감정평가업자가 감정평가법인인 경우에 실질적인 감정평가업무는 소속감정평가사에 의하여 이루어질 수밖에 없으므로, 감정평가법인이 감정평가의 주체로서 부담하는 성실의무란, 소속감정평가사에 대한 관리·감독의무를 포함하여 감정평가서 심사 등을 통해 감정평가 과정을 면밀히 살펴 공정한 감정평가결과가 도출될 수 있도록 노력할 의무를 의미한다.

[2] 제재적 행정처분이 재량권의 범위를 일탈하였거나 남용하였는지는, 처분사유인 위반행위의 내용과 그 위반의 정도, 그 처분에 의하여 달성하려는 공익상의 필요와 개인이 입게 될 불이익 및 이에 따르는 제반 사정 등을 객관적으로 심리하여 공익침해의 정도와 처분으로 인하여 개인이 입게 될 불이익을 비교·교량하여 판단하여야 한다.

참조조문

구 부동산 가격공시 및 감정평가에 관한 법률(2016.1.19. 법률 제13796호 부동산 가격공시에 관한 법률로 전부 개정되기 전의 것) 제37조 제1항(현행 감정평가 및 감정평가사에 관한 법률 제25조 제1항 참조)

[2] 행정소송법 제1조[행정처분일반], 제27조

참조판례

대법원 2012.11.15. 선고 2011두31635 판결
대법원 2015.12.10. 선고 2014두5422 판결

【원고, 상고인】 주식회사 ○○감정평가법인 (소송대리인 변호사 임시규 외 3인)
【피고, 피상고인】 국토교통부장관 (소송대리인 법무법인 명륜 담당변호사 임형욱)
【원심판결】 서울고법 2020.6.11. 선고 2019누47331 판결

주문

상고를 기각한다. 상고비용은 원고가 부담한다.

이유

상고이유(상고이유서 제출기간이 경과한 후에 제출된 상고이유보충서의 기재는 상고이유를 보충하는 범위에서)를 판단한다.

1. 상고이유 제1, 3점에 관하여

구 「부동산 가격공시 및 감정평가에 관한 법률」(2016.1.19. 법률 제13796호로 전부 개정되기 전의 것, 이하 '구 부동산공시법'이라고 한다) 제37조 제1항에 의하면, 감정평가업자(감정평가법인 또는 감정평가사사무소의 소속감정평가사를 포함한다)는 감정평가업무를 행함에 있어서 품위를 유지하여야 하고, 신의와 성실로써 공정하게 감정평가를 하여야 하며, 고의 또는 중대한 과실로 잘못된 평가를 하여서는 아니 된다. 한편 감정평가업자가 감정평가법인인 경우에 실질적인 감정평가업무는 소속감정평가사에 의하여 이루어질 수밖에 없으므로, 감정평가법인이 감정평가의 주체로서 부담하는 성실의무란, 소속감정평가사에 대한 관리·감독의무를 포함하여 감정평가서 심사 등을 통해 감정평가 과정을 면밀히 살펴 공정한 감정평가결과가 도출될 수 있도록 노력할 의무를 의미한다고 보아야 한다.

원심은 위와 같은 취지에서 판시와 같은 이유를 들어, 원고 소속감정평가사 소외인의 이 사건 감정평가는 구 부동산공시법 제37조 제1항의 '잘못된 평가'에 해당하고, 원고가 이 사건 감정평가와 관련하여 소속감정평가사 소외인을 관리·감독할 의무를 성실히 이행하였다거나, 이 사건 감정평가서의 심사단계에서 기울여야 할 주의의무를 다하였다고 볼 수 없으므로, 원고는 구 부동산공시법 제37조 제1항의 성실의무를 위반하였다고 판단하였다.

앞서 본 법리와 기록에 비추어 살펴보면, 원심의 위와 같은 판단은 정당하고, 거기에 상고이유 주장과 같이 구 부동산공시법 제37조 제1항의 성실의무의 적용범위에 관한 법리를 오해하거나 필요한 심리를 다하지 않은 채 논리와 경험칙에 반하여 자유심증주의의 한계를 벗어나는 등으로 판결에 영향을 미친 잘못이 없다.

2. 상고이유 제2점에 관하여

원심은 판시와 같은 이유를 들어, 구 부동산 가격공시 및 감정평가에 관한 법률(2013.8.6. 법률 제12018호로 일부 개정되기 전의 것, 이하 '구 부동산공시법'이라고 한다) 제42조의3에 따라 감정평가법인에 대하여 과징금을 부과하는 경우에는 징계위원회의 의결을 반드시 거칠 필요

가 없다고 보아, 징계위원회의 의결을 거치지 않은 이 사건 처분에 절차적 하자가 있다는 원고의 주장을 배척하였다.

관련 법리와 기록에 비추어 살펴보면, 원심의 위와 같은 판단은 정당하고, 거기에 상고이유 주장과 같이 구 부동산공시법 제42조의2 제1항의 적용범위에 관한 법리를 오해하는 등으로 판결에 영향을 미친 잘못이 없다.

3. 상고이유 제4점에 관하여

제재적 행정처분이 재량권의 범위를 일탈하였거나 남용하였는지 여부는, 처분사유인 위반행위의 내용과 그 위반의 정도, 그 처분에 의하여 달성하려는 공익상의 필요와 개인이 입게 될 불이익 및 이에 따르는 제반 사정 등을 객관적으로 심리하여 공익침해의 정도와 처분으로 인하여 개인이 입게 될 불이익을 비교·교량하여 판단하여야 한다(대판 2015.12.10, 2014두5422 등 참조). 원심판결 이유에 의하면, 원심은 채택 증거들에 의하여 인정되는 판시와 같은 사정들, 즉 ① 원고는 신의성실의무에 위반하여 불공정한 이 사건 감정평가를 하였고, 이 사건 감정평가의 규모, 감정평가의 잘못된 정도 및 그 경위, 이에 대한 원고의 귀책 정도 등에 비추어 보면, 원고에 대하여 과징금을 부과할 필요성이 충분한 점, ② 피고는 과징금의 액수 산정에 있어 원고가 주장하는 여러 유리한 사정들을 참작하여 과징금의 액수를 이미 상당 부분 감액한 점, ③ 감정평가법인이 소속감정평가사의 관리·감독 의무를 소홀히 하였을 경우에도 피고가 이에 대한 제재처분을 하지 않는 지침을 되풀이 시행함으로써 이에 관한 행정관행이 이룩되었다고 보기에는 부족한 점 등에 비추어 보면, 이 사건 처분이 그 공익상의 필요에 비하여 원고에게 지나치게 가혹한 것으로서 재량권을 일탈·남용하였다고 보기 어렵다고 판단하였다.

앞서 본 법리와 기록에 비추어 살펴보면, 원심의 위와 같은 판단은 정당하고, 거기에 상고이유 주장과 같이 재량권 일탈·남용에 관한 법리를 오해하는 등으로 판결에 영향을 미친 잘못이 없다.

4. 결론

그러므로 상고를 기각하고, 상고비용은 패소자가 부담하도록 하여, 관여 대법관의 일치된 의견으로 주문과 같이 판결한다.

» 참고문헌

- 정남철, 한국행정법론, 법문사, 2024
- 박균성, 행정법 강의, 박영사, 2024
- 석종현·송동수, 일반행정법 총론, 박영사, 2024
- 홍정선, 행정기본법 해설, 박영사, 2024
- 정관영외4인, 분쟁해결을 위한 행정기본법 실무해설, 신조사, 2021
- 김철용, 행정법, 고시계사, 2023
- 홍정선, 기본행정법, 박영사, 2023
- 강정훈, 감평행정법, 박문각, 2024
- 강정훈, 감정평가 및 보상법규 기본서, 박문각, 2024
- 강정훈, 감정평가 및 보상법규 종합문제, 박문각, 2024
- 강정훈, 감정평가 및 보상법규 기출문제분석, 박문각, 2024
- 강정훈, 감정평가 및 보상법규 판례정리분석, 박문각, 2024
- 강정훈, 감정평가 및 보상법규 암기장 시리즈, 박문각, 2024
- 홍정선, 행정법 특강, 박영사, 2013
- 류해웅, 토지법제론, 부연사, 2012
- 류해웅, 신수용보상법론, 부연사, 2012
- 김성수·이정희, 행정법연구, 법우사, 2013
- 박균성, 신경향행정법연습, 삼조사, 2012
- 박정훈, 행정법사례연습, 법문사, 2012
- 김연태, 행정법사례연습, 홍문사, 2012
- 홍정선, 행정법연습, 신조사, 2011
- 김남진·김연태, 행정법Ⅰ, 법문사, 2007
- 김성수, 일반행정법, 법문사, 2005
- 김철용, 행정법Ⅰ, 박영사, 2004
- 류지태, 행정법신론, 신영사, 2008
- 박균성, 행정법론(상), 박영사, 2008
- 박윤흔, 최신행정법강의(상), 박영사, 2004
- 정하중, 행정법총론, 법문사, 2004
- 홍정선, 행정법원론(상), 박영사, 2008
- 노병철, 감정평가 및 보상법규, 회경사, 2008
- 강구철, 국토계획법, 2006, 국민대 출판부

- 강구철, 도시정비법, 2006, 국민대 출판부
- 佐久間 晟, 用地買收, 2004, 株式會社 プログレス
- 日本 エネルギー 研究所, 損失補償と事業損失, 1994, 日本 エネルギー 研究所
- 西埜 章·田邊愛壹, 損失補償の要否と內容, 1991, 一粒社
- 西埜 章·田邊愛壹, 損失補償法, 2000, 一粒社
- 한국토지공법학회, 토지공법연구 제40집(한국학술진흥재단등재), 2008.5
- 한국토지보상법 연구회, 토지보상법연구 제8집, 2008.2
- 월간감정평가사 편집부, 감정평가사 기출문제, 부연사, 2008
- 임호정·강교식, 부동산가격공시 및 감정평가, 부연사, 2007
- 가람동국평가연구원, 감정평가 및 보상판례요지, 부연사, 2007
- 김동희, 행정법(Ⅰ)(Ⅱ), 박영사, 2009
- 박균성, 행정법 강의, 박영사, 2011
- 홍정선, 행정법 특강, 박영사, 2011
- 강구철·강정훈, 감정평가사를 위한 쟁점행정법, 부연사, 2009
- 류해웅, 신수용보상법론, 부연사, 2009
- 한국감정평가협회, 감정평가 관련 판례 및 질의회신(제1,2집), 2009년
- 임호정, 보상법전, 부연사, 2007
- 강정훈, 감정평가 및 보상법규 강의, 리북스, 2010
- 강정훈, 감정평가 및 보상법규 판례정리, 리북스, 2010
- 한국토지공법학회, 토지공법연구(제51집), 2010
- 국토연구원, 국토연구 논문집(국토연구원 연구건집), 2011
- 감정평가 및 보상법전, 리북스, 2019
- 강구철·강정훈, 新 감정평가 및 보상법규, 2013
- 감정평가 관련 판례 및 질의 회신 Ⅰ.Ⅱ(한국감정평가사협회/2016년)
- 한국토지보상법연구회 발표집 제1집-제19집(한국토지보상법연구회/2019년)
- 한국토지보상법연구회 발표집 제1집-제20집(한국토지보상법연구회/2020년)
- 한국토지보상법연구회 발표집 제21집(한국토지보상법연구회/2021년)
- 한국토지보상법연구회 발표집 제22집(한국토지보상법연구회/2022년)
- 한국토지보상법연구회 발표집 제23집(한국토지보상법연구회/2023년)
- 토지보상법 해설(가람감정평가법인, 김원보, 2024년)
- 국가법령정보센터(2024년)
- 대법원 종합법률정보서비스(2024년)
- 국토교통부 정보마당(2024년)

박문각
감정평가사

강정훈
감정평가 및 보상법규

2차 | 판례정리분석

제7판 인쇄 2024. 7. 25. | **제7판 발행** 2024. 7. 30. | **편저자** 강정훈

발행인 박 용 | **발행처** (주)박문각출판 | **등록** 2015년 4월 29일 제2019-0000137호

주소 06654 서울시 서초구 효령로 283 서경 B/D 4층 | **팩스** (02)584-2927

전화 교재 문의 (02)6466-7202

저자와의
협의하에
인지생략

정가 50,000원
ISBN 979-11-7262-053-0